KB111282

ALTERNATIVE DISPUTE RESOLUTION

대체적 분쟁해결 총론

박철규

도서출판 오 래

대체적 분쟁해결 총론

머 리 말

천학비재한 사람이 책을 쓰려니 세월이 많이 지나가 버렸다. 필자가 대체적 분쟁해결(ADR)에 마음의 심지를 꽂고 ADR에 관한 책을 쓰기 위해 아이디어를 모색하고 자료 수집에 착수한 것이 2006년이었으니, 그 결과물인 책이 나오기까지 그로부터 10년이란 세월이 흘렀다. 모아진 논문이나 자료를 읽고 분석해가면서 실제적인 집필에 착수한 것이 2012년이었으니 초고를 탈고하기까지 꼬박 만 4년이 걸렸다. 4년 동안은 마침 국회의정연수원 교수로 협상과 갈등관리에 대해 강의를 맡던 기간이 포함되어 있어서 강의 준비와 곁들여 집필에 집중할 수 있었다. 때로는 사무실에서 때로는 집이나 지역의 공립도서관에서 주말까지 밤늦게 논문을 읽고 강의 준비와 집필을 병행하던 때는 밝은 조명과 쾌적한 실내에서 해도 이렇게 외롭고 힘든 작업인데, 선조들은 춥거나 무더운 열악한 환경 속에서 학문과 집필에 얼마나 힘든 과정을 겪으셨을까 하고 몸으로 느끼기도 하였다. 식사 시간을 빼놓고 하루 12시간 이상을 의자에 계속하여 앉아 있으면 평소에 보디빌딩으로 단련된 신체조차 엉덩이 살이 빠진다는 것도 이번에 알게 되었다. 깨알 같은 글자를 계속 보고 있으니 시력이 떨어지는 것도 확연히 느껴졌음은 물론이다.

나름 괜찮은 책을 세상에 탄생시키기 위해서 부분의 정확성과 전체의 유기적인 흐름을 동시에 다잡아 갔다. 실개천이 개울이 되자 개울을 강으로, 강을 대양으로 만들기 위해서 보완을 거듭하였다. 불모지와 같은 ADR을 미력한 재능으로나마 학문의 근처까지라도 가려고 애를 썼다. 일천한 ADR 역사로 인한 당연한 귀결로서 국내에 중재법 같은 하나의 분과가 아닌 전반적인 차원의 ADR에 관한 서적을 찾기가 어려웠고, 그나마 ADR 기본서에 가까운 심도와 체계를 갖춘 서적은 거의 없다시피한 상황에서 시작한 집필은 사막에 혼자 서 있는 기분이었다. 다행히 훌륭하신 교수님들과 학자 분들의 국내 논문들이 많은 이해와 영감을 주었지만, ADR에 관한 본체를 흔들어 정수를 뽑아내기 위해서는 결국 ADR의 발상지인 미국을 비롯한 영미 문헌에 집중할 수밖에 없었다. 많은 논문들과 서적들을 포함한 영미 문헌들을 읽고 분석하여 내 것을 찾아 한올 한올 실을 뽑아 천을 짜내는 데는 부족한 필자의 중단 없는 끈기와 고도의 집중력을 요구하였다. 결국 대어를 잡기 위해서는 수많은 시간과 정력을 영미문헌의 독파와 이해에 쏟아 부어야 했다. 설사 최초가 아니더라도 최초이고 싶은 도전 의식과 필자의 인생 나머지 반평생은 ADR과 함께 하며 우리나라에 ADR을 보급하고 정착시키는 데 밑거름이라도 되겠다는 결의가 없었다면, 필자의 재능으로 보나 공허하게 비어 있는 주변을 보나 몇 번이고 중간에 포기하고 싶은 마음이 파도처럼 밀려와서 연약한 심신을 때리고 가곤 하였다. 그러나 바위 위에 꾸준히 떨어지는 물방울이 조그마한 홈을 만들어 내듯 이제 미약하나마 한국 ADR계에 조그마한 충격파를 던지고 싶은 마음이 어느 정도까지는 이루어졌다고 생각할 때쯤 탈고가 이루어졌다. 그럼에도 불구하고 출판에 즈음해서는 보다 치밀하고 풍요로운 구성이 아쉬운 심정이다. 외국의 제도에 대해서는 자료에 입각하다보니 최근의 변화상을 제대로 담아냈는가에 대한 두려움도 있다. 하지만 한국 ADR의 발전을 위한 디딤돌 하나 놓았다는 넉넉한 마음으로부터의 격려 한 마디라도 받을 수 있다면, 앞으로의 매진에 더욱 힘이 될 수 있을 것이다.

　우리나라에 ADR제도가 소개되고 이를 학문이나 실무적으로 다루기 시작한 것은 그리 오래되지 않았다. 또 대체적 분쟁해결이라는 방식이 당장 눈에 띄게 성과를 보여주는 것도 아니어서 뜻이 있는 분들의 외로운 논문이 가끔씩 출현하였지만 ADR의 정착은 요원해 보였다. 얼마 전까지만 해도 ADR은 학문으로 인정을 받는 의미를 지닌 대학에서의 강의 대상이 되거나 학생들의 수강 신청의 대상이 되는 것도 아니었다. 그러다가 우리나라에 2009년부터 법학전문대학원이 출범하면서 변호사들의 분쟁해결 마인드와 기법이 중요시됨에 따라 대체적 분쟁해결에 대한 관심이 점증하게 되어 대학들이 앞서거니 뒤서거니 하면서 과목 설강이 늘어나기 시작하였고, ADR에 대한 갈망과 교육 수요는 실무계에서도 빠르게 증가하고 있다. 그동안 대한상사중재원과 한국중재학회 위주의 명맥을 유지하던, 그것도 과거에는 대체적 분쟁해결 중에서도 중재에 치우쳤던 것이 이제는 조정학회도 생기고 ADR 관련 논문이나 세미나도 상당히 활발해졌으며, ADR을 가르치는 각종 공공기관이나 사적인 단체들이 늘고 있는 것은 다행스러운 일이다. 이 책의 내용에도 있지만 미국의 로스쿨에서 1983년에는 전체 로스쿨의 25%만이 ADR 과목을 수강 과목으로 제공하고 있었으나, 2003년도 조사에서는 전체 184개 로스쿨이 887개의 대체적 분쟁해결과 관련된 복수의 ADR 코스를 제공하였다. 미국 대학 경영학부의 ADR 관련 과목 설강을 파악하기 위하여 미국 톱 스쿨에 해당하는 대학 50개를 선별하여 조사한 바에 의하면, 2002년도에는 전체 50개 중 34%인 17개 대학에서 '갈등해결', '갈등관리', '협상', '중재', '조정' 등의 과목을 개설하였고, 2010년도에는 전체의 56%인 28개 대학에서 ADR 관련 과목을 설강한 것으로 나타났다. 미국의 로스쿨을 참조하는 우리나라의 법학전문대학원에서도 (예비)법조인 들이 대체적 분쟁해결에 대한 지식과 기법 습득이 중요하다고 판단하여 ADR 이론이나 실무 및 협상·조정의 이론이나 기법 등의 과목의 설강이 점차 늘어나고 있는 실정이다. 법조인들의 경쟁 환경이 심해지고 실제적인 분쟁해결 능력이 중요시됨에 따라 법학전문대학원에서 앞으로 ADR에 대한 과목 설강이나 코스 개발에 대한 요구는 더욱 거세질 것이다.

하지만 우리나라의 ADR에 대한 연구 역사가 오래되지 않았고, 이를 직접적으로 전공한 학자나 오랜 기간 실무적으로 경험한 실무가가 극히 드물다보니 대체적 분쟁해결에 대한 기본서라고 할 수 있을 정도의 심도 있고 체계를 갖춘 교재가 거의 없다시피 한 것이 현실이었다. 필자가 이 책을 쓰기 시작한 계기도 대체적 분쟁해결에 대한 기본서에 가까운 책을 대학이나 실무계에 제공함으로써 우리나라의 ADR 발전에 조그마한 초석을 세우는 데 기여하고자 하는 것이었다.

그렇다면 우리나라의 ADR 실무계는 어떠한가. 우선 민간형 ADR과 관련하여 대한상사중재원을 제외하면 과연 우리나라에 민간형 ADR 기관이 존재한다고 할 수 있는가라는 질문부터 하고 싶은 심정이다. 다른 민간형 ADR 기관은 직접적으로 사건을 맡아 분쟁해결을 하기보다는 ADR에 대한 교육의 수준을 벗어나지 못하고 있는 실정이다. 학계와 실무계는 물론 정부와의 협조 및 외국 ADR 기관과의 교류 측면에서 대한상사중재원과 같은 정도로 활성화되어 있는 민간형 ADR기구는 국내에서 찾아보기 힘든 것이 사실이다. 이러한 대한상사중재원의 한국 ADR에 있어서의 독보적이고도 선도적인 역할은 높이 평가할 만하지만, 우리나라 ADR 제도의 균형적 발전을 위해서는 다른 민간형 ADR기구의 추가적인 설립 및 자율적인 성장을 위한 법률적·제도적인 환경 조성과 함께 전반적인 지원이 수반되어야 한다. 민간형 ADR을 정착시키기 위한 구체적인 방안을 하나만 얘기하라고 하면, 법원이나 경찰서 등 사건 접수가 많은 기관과 민간형 ADR 기관과의 사이에 사건회부시스템을 구축하고 이를 지원하기 위한 입법적 보완이 필요하다. 그 외의 방안들은 이 책의 본문에 포진되어 있다.

다음으로 행정형 ADR은 각종 분쟁조정위원회의 형태로 운영되고 있지만 그 위원회들의 기능이 사업시행을 위한 심사나 심판청구에 대한 의결, 기본계획의 심의 등 분쟁해결의 조정이라고 보기 어려운 업무까지 겸하는 경우가 많이 있는 것은 차치하고서라도, 우리가 이 땅에 전파하기 위해 고민하고 있는 조정을 말할 때, 적으면 10명 많으면 30명이 넘기도 하는 회의체인 '조정위원회' 방식을(분과위나 소위원회가 있다 하더라도) 1명이나 많아야 3명의 조정인들이 당사자와 긴밀하게 상의하고 타협을 유도하여 분쟁해결에 이르는 진정한 의미의 조정과 같은 맥락의 조정이라고 할 수 있는가. 이에 대한 대책은 이 책의 한 가운데에 펼쳐져 있다.

이 책이 역점을 둠과 동시에 다른 문헌들과의 차별성이 뚜렷한 부분은 제3편 지역사회 분쟁해결(Community Mediation) 부분일 것이다. 필자는 세계의 지역사회 주민분쟁해결 추세를 파악하고 이 주제를 본 책의 중요한 하나의 파트로 삼고, Community Mediation을 집중적으로 연구 조사하였다. 그 과정에서 다른 자료도 많이 참고하였지만 미국의 이웃분쟁해결센터(주민조정센터)에 관한 중요한 보고서들이 미국 국립사법연구소에서 발간되어 이를 긴요하게 참조하였다. 동 보고서의 번역을 허락하여준 미국 국립사법연구소에 깊은 감사를 드린다. 지역사회 분쟁해결(Community Mediation)편을 집필하던 중 이를 정리하여 국내에서 처음으로 Community Mediation이라는 단일 주제로 논문을 발표했고 이어 두 번째 논문까지 낼 수 있었다(논문은 이 책의 참고문헌 참조). 지역사회의 분쟁을 해결하는 방식으로서의 Community Mediation은 이제는 지구상에서 하나의 유행(popular)이라고까지 각종 연구에서 표현하고 있다. 이러한 추세에 우리도 주의를 기울일 필요가 있다. 현재의 골목길 주차문제나 층간소음, 학교폭력을 비롯하여 항공기 소음으로 인한 비행장 이전 문제, 혐오시설 입지에 대한 갈등 같은 공적인 분쟁에 이르기까지 다양하고도 복잡한 그 수많은 지역사회 분쟁들에 대응해서 그때 그때 임기응변식으로 일일이 개별적인 분쟁해결기구를 양산해 내는 것은 너무 큰 자원낭비라 할 수 있고 분쟁해결의 효율성 측면에서도 문제가 있는 방식이라 할 수 있다. 따라서 지역사회 분쟁해결의 효율적이고도 종합적인 대안으로서 국가 차원의 주민분쟁해결센터의 도입을 제안한다.

이 책은 이러한 우리나라 ADR의 현실에 대한 고민을 설명하고 분석하며 향후의 나아갈 방향과 구체적인 방안을 제시하고자 노력하였다. 이 책을 집필하면서 집필 원고 내용을 기약 없는 출판 때까지 사장시킬 수 없어서 어느 정도 진도가 나갈 때마다 논문의 형식에 맞추어 기고하는 형식으로 세상에 먼저 선을 보여 왔다. 그러한 논문이 쌓여서 등재지에 5편이 되었다.

이 책이 나오기까지는 많은 분들의 도움과 마음의 지지가 있었다. 먼저 ADR에 눈을 뜨게 해 주신 우리나라와 세계의 ADR 학자분들께 경의와 존경을 표하고자 한다. 그리고 필자의 중재 분야 박사 학위논문을 엄격함과 인자함으로 지도해 주신 John Haley 교수님께 감사의 인사를 올리고 싶다. ADR과 중재를 매개로 인연을 맺고 이론과 실무에 대한 지식과 정보에 도움을 주셨던 박삼규 전 대한상사중재원장님과 김상호 교수님, 이강빈 교수님, 조정곤 교수님, 윤진기 교수님, 김석철 교수님, 이주원 교수님, 고 김광수 교수님, 서정일 교수님, 심상렬 교수님, 대한상사중재원의 도재문 전 원장님과 김경배 본부장님, 이영호 전 본부장님께도 감사의 인사를 드린다. ADR의 지적 유대를 나누어 주신 조남신 교수님, 이송호 교수님, 권성우 교수님, 김승철 교수님과 전자문서·전자거래분쟁조정위원장이신 정용상 교수님께도 감사드린다.

장문철 교수님, 김유환 교수님, 정선주 교수님, 함영주 교수님, 김상찬 교수님, 이로리 교수님, 양경승 판사님, 정준영 판사님, 황승태 판사님, 계인국 연구위원님 등의 옥고들은 집필의 심화에 많은 도움을 주셨다.

7부 능선의 지혜를 가르쳐 주신 대한민국헌정회 신경식 회장님을 비롯하여 권해옥 부회장님, 서영희 부회장님, 이민섭 부회장님, 김일윤 부회장님, 김옥두 부회장님, 이윤수 부회장님, 임복진 부회장님께도 지도와 격려에 대한 감사의 말씀을 드리고 싶다. 이재환 사무총장님은 지엄함과 인자하심으로 필자를 단련시켜 주셨다. 전 과학기술처 장관이셨던 이상희 정책위원회 의장님은 젊은이들보다 더한 열정과 활동으로 필자에게 영감과 감동을 주신 분이다. 이원창 대변인님과 강금식 정책실장님, 그리고 KDI 김영수 실장님의 애정어린 성원과 자상하고 따뜻하신 신명 한국여성의정 사무총장님께도 감사드린다. 진정한 변호사의 정신과 자세를 보여주신 미국 변호사이신 유재건 전 국회국방위원장님과 IGM의 전성철 회장님, IIPAC의 김철호 회장님께도 감사함을 드리고 싶다.

지방의회연구소의 주영진 전 예산정책처장님을 위시하여 항시 따뜻한 조언과 가르침을 주신 백환기 교수님과 전영복 교수님의 애정을 잊을 수 없다.

필자의 원고를 읽으시고 바로 출판을 결정하신 황인욱 대표님과 초라한 원고를 옥고에 가깝게 가도록 도와주신 출판사의 여러 선생님들께도 깊은 감사의 말씀을 드리고 싶다.

뇌졸중으로 힘드심에도 항시 긍정적이시고 자작시까지 읊으시는 끊임없는 정열의 할머니이신 저의 어머니는 살아계신 것만으로도 너무 감사한 일이며 필자에게 티끌만큼이라도 영광이 있다면 이는 모두 당신의 것이라고 할 수 있다. 묵묵히 지켜본 아내를 비롯한 가족들에게도 감사함과 미안한 마음이며, 그 외 일일이 열거할 수 없을 정도로 부족한 저를 사랑해 주고 도와준 분들에게 감사와 은혜를 되돌려 주고 싶다.

끝으로 이 책이 법학전문대학원생이나 경영학·행정학 전공 학생들을 비롯하여 법과대학이나 여타 대학원 등에서 ADR 강의와 학습을 위한 교재로, 또는 법원·검찰·경찰 등의 분쟁해결 담당 법관 및 공무원과 변호사 등 법조 직역 전문인들을 위시하여 행정부의 갈등관리나 분쟁조정 관련 공무원이나 공공기관 직원 및 분쟁해결을 담당하는 중재인(중재위원)·조정위원(조정인)들의 ADR 이론이나 실무의 참고서로 유용하게 사용될 수 있기를 바라는 바이다.

2016년 8월

여의도에서 박철규 씀

차 례

제1편 총 론

제2편 외국의 ADR제도

제1장 서구의 ADR제도

제2장 아시아의 ADR제도

제3장 세계의 ADR 발전추세에 대한 평가

제3편 지역사회의 분쟁해결(Community Mediation)

제1장 서 설

제3장 우리나라의 주민분쟁해결센터 도입 방안

제4편 한국의 ADR제도

제1장 한국 ADR제도의 현황

제5편 ADR 입법론

제1장 한국 ADR 법령체계

제2장 대체적 분쟁해결 기본법의 제정안

제1편 총 론

제1장 대체적 분쟁해결(ADR)의 본질

제1절 대체적 분쟁해결의 개념

인류 역사상 갈등이나 분쟁은 불가피하였고, 인류 초기에는 그러한 분쟁이 있을 경우 가족의 장이나 집단의 우두머리에 의해서 해결되곤 하였다. 이러한 분쟁해결방식은 오늘날의 중재 형식으로 발전하였으니 중재는 법이나 법원이 생기기 이전부터 먼저 발달하여 온 셈이다. 분쟁해결에 있어서 법원을 이용하는 것은 보다 공정하고 효율적인 해결을 모색하기 위해 국가라는 힘을 원용하는 것이며, 법을 해석하고 적용하는 법원의 작용에 의해 인류의 분쟁은 해결점을 찾아 왔다고 할 수 있다. 그런데 현대사회의 발전과 함께 도시화와 산업화가 급격히 진진되자 그로 인한 분쟁 또한 복잡 다양해졌을 뿐만 아니라 양적인 면에서도 급증하게 되었다. 하지만 법원에 의한 분쟁해결 방식은 그러한 변화에도 불구하고 큰 변동이 없었고, 늘어가는 분쟁은 소송 지연과 그로 인한 비용 증가를 확대하였으며, 그에 따른 분쟁 당사자들의 불만은 보다 빠르고 비용을 줄일 수 있는 분쟁해결방식에 대한 관심을 증대시켰다. ADR(Alternative Dispute Resolution)은 이와 같이 재판에 의한 전통적인 분쟁해결 방식에 대한 불만으로부터 시작되었다고 할 수 있다.

1960년대 후반부터 미국에서 발전의 모멘텀을 갖게 된 ADR운동은 이론적이거나 과학적이라기보다는 실용적이고 정치적인 이유로 그 발전의 동인을 찾을 수 있다.[1] 미국 법원의 민·형사 사건의 증가로 인한 법원 업무 처리의 적체 현상, 또 그로 인해 수반되는 법원시스템 절차의 지연과 비용의 증가로 인하여 누구에게나 적용되던 '정의에의 접근'이 사실상 어렵게 되었다는 점, 상사중재와 같이 특수한 영역에서 차별화된 분쟁해결 방식을 유지할 필요성 등이 어우러져 ADR의 등장을 촉발시킨 것이다. 이러한 ADR은 오늘날 세계 각국에서 널리 사용되게 되었다. ADR에 대한 논문이나 서적들이 광범위하게 간행되고 각종 컨퍼런스나 세미나도 널리 행해지고 있다. ADR을 서비스하는 관련 기관이 증가하고 있고, 로스쿨과 비즈니스 스쿨 등 각급 학교에서는 ADR 관련 교과목들이 늘고 있다. 변호사나 법학계는 물론 법원이나 정부에서 ADR의 사용을 지원하고 장려하는 추세이다.

ADR(Alternative Dispute Resolution)은 일반적으로 인정되는 추상적인 또는 이론적인 개념을 가지고 있지는 않다. 따라서 많은 ADR 관련 서적에서 ADR의 정의를 찾아보기가 쉽지 않다. DR(Dispute Resolution)과의 차이를 설명하거나, ADR운동과 관련하여 ADR의 발전과정을 설명하는 정도이거나 ADR 명칭의 적절성에 대한 다양한 견해를 소개하는 정도인 경우가 많다. 특히 ADR에서 'Alternative'의 의미가 무엇이며(Alternative to What?), Alternative를 사용하는 것이 적정한가에 대하여도 논란이 있다. 'Alternative'가 재판에 대한 것으로 이해하는 경우가 많지만, 전통적인 쌍방의 협상 그 이상일 것을 요구한다는 측면에서 보통의 협상 절차에 대한 'Alternative'로 보기도 한다.[2]

그런가 하면 궁극적으로 분쟁의 적정하고 공정한 해결을 지향한다는 측면

---

1) William Twining, "Alternative to What? Theories of Litigation, Procedure and Dispute Settlement in Anglo-American Jurisprudence: Some Neglected Classics", 56 Mod. L. Rev. 380, 1993, p. 380.

2) Henry J. Brown & Arthur Marriott Q.C., ADR Principles and Practice, Sweet & Maxwell, 2011, p. 2.

에서 'Alternative' 대신 'Appropriate'이 되어야 한다는 주장도 있다. 이 주장은 상당히 많은 공적 기관이나 ADR 전문가들로부터 합당한 것으로 지지를 받고 있기도 하다. 그런가 하면 ICC(the International Chamber of Commerce)는 'Amicable Dispute Resolution'을 선호하고, 영국의 ADR 기관인 CEDR(the Center for Effective Dispute Resolution)은 'Effective Dispute Resolution'이라는 개념을 도입하는가 하면, 기관에 따라서는 'Proportionate Dispute Resolution'을 사용하기도 한다.[3] 또한 재판을 포함하여 아예 'Dispute Resolution'로 단순화하면서 포괄적으로 개념화하기도 한다. 하지만 국제적으로 일반적으로 통용되는 용어는 'Appropriate Dispute Resolution'이 아닌 'Alternative Dispute Resolution'이다. 세계적으로 이에 대한 용어의 사용이 어떻게 이루어지는가를 확인하기 위해 인터넷 검색을 해 본 결과, 'Alternative Dispute Resolution'이 6,590,000 건이 나온 데 비해, 'Appropriate Dispute Resolution'은 59,200 건이 나온 적이 있다고 한다.[4]

생각건대 'Appropriate Dispute Resolution', 'Amicable Dispute Resolution', 'Effective Dispute Resolution'은 분쟁해결의 바람직한 지향점을 표현해 주고는 있으나, 이는 재판을 포함해서도 역시 추구해야 할 분쟁해결의 방향일 뿐만 아니라 ADR이 가져야 할 특성이나 장점의 단면만을 나타내 주고 있는 측면이 있는 것을 부정할 수 없다고 할 것이다. Alternative to What?과 관련하여 ADR이 재판을 대체한다고 하면, 법원 안에서 재판을 하는 과정에서 이용되는 ADR은 어떻게 설명할 것이냐 하는 문제가 생길 수 있다. 따라서 최근에 법원에 의한 ADR이 활성화되어 소송 진행 중에도 이용되므로 ADR을 반드시 소송 외적이라고만 볼 수는 없다는 측면에서 ADR을 재판에 대한 대안이라기보다는 전통적인 법원 중심적 법문화에 대한 대안으로 보기도 한다.

하지만 꼭 그렇게까지 확장하지 않더라도 인류 역사상 처음부터 법원에서 ADR이 재판과 동시에 출발한 것은 아니었고, ADR의 장점을 인식하여 법원에서 나중에 채택한 역사적 배경을 감안하면 법원 내에서 분쟁해결의 보조적 방법으로 이용된다고 하여 재판을 '대체하는' ADR의 본성을 잃는 것은 아닌 것으로 판단된다. 법원 내에서 이용되더라도 결국은 재판보다 더 나을 점이 있으리라

---

3) *Id.*, p. 3.
4) *Id.*

기대하고 재판을 '대체해서' 활용되고 있지 아니한가? 또한 하나의 학문이나 운
동(movement)은 그 명칭에서 차별화와 지향성을 명확하게 표현해 주어야 한다
는 점을 감안하면 앞에서 거론된 막연한 다양한 명칭들보다는 분쟁해결을 함에
있어서 재판을 대체한다는 뜻이 명확하게 담겨 있는 'Alternative Dispute
Resolution'이 적정한 표현이라 할 수 있을 것이다. 게다가 미국 ADR운동의 발현
배경이나 ADR운동의 시초라 일컬어지는 파운드 회의(the Pound Conference)에서
보듯이 ADR은 오래 걸리고 비용이 많이 드는 재판에 대한 비판적 시각이 가장 중
요한 ADR 출발점 중의 하나라는 것을 잊어서는 안 될 것이다. 추가적으로 그 어떤
용어보다 국제적으로도 'Alternative Dispute Resolution'은 가장 보편적으로 사용되
고 있는 점도 간과할 수 없는 것이다.

　　ADR에 관하여 일반적으로 인정되는 개념은 없지만, Jethro K. Lieberman
과 James F. Henry는 ADR을 모든 분쟁 당사자의 이익이 되도록 법원 외에서
분쟁의 해결을 도모하고, 전통적인 소송의 지연이나 비용을 감축하며, 소송으로
갈 수 있는 분쟁을 예방하는 목적을 가진 일련의 기술들(techniques)을 의미한다
고 하였다.[5] 이는 ADR이 분쟁해결에 있어서의 비용 절감과 분쟁해결 결과의 질
적인 면에서의 향상이 ADR의 중요한 전제조건이 되어야 한다는 측면에서 내리
는 개념이다.

　　Laurie S. Coltri는 분쟁해결(Dispute Resolution)과 대체적 분쟁해결(Alterna-
tive Dispute Resolution)을 구분하고, ADR은 협상(negotiation)과 소송(litigation)이
아닌 분쟁해결 방식이라고 하여 순수한 협상을 ADR로부터 제외하기도 한다.[6]
또한 구속력 있는 중재나 법관에 의한 화해를 그 범위에 포함해야 하는가에
대하여도 논란이 있다.[7] 화해 절차를 ADR이 아닌 사건관리의 측면에서 보아야
한다는 견해도 있다. 그에 따라 국제상거래법위원회의 국제상사조정에 관한 모
델법(UNCITRAL Model Law on International Commercial Conciliation)에서도 그
개념의 불분명성 때문에 ADR이라는 용어를 사용하지 않고 있다고 하기도 한

---

5) Jethro K. Lieberman & James F. Henry, "Lessons From the Alternatives Dispute
Resolution Movement", 53 U. Chi. L. Rev. 424, 1986, pp. 425-426.
　　6) Laurie S. Coltri, Alternative Dispute Resolution: A Conflict Diagnosis Approach (2nd
Edition), Prentice Hall, 2010, p. 1.
　　7) Judith Resnik, "Many Doors? Closing Doors? Alternative Dispute Resolution and Adjudi-
cation", 10 Ohio St. J. on Disp. Res. 211, 1995, p. 221.

다.[8] Stephen J. Ware는 Coltri와 달리 ADR의 범주에 협상을 포함하고, ADR을 재판이 아닌 법적으로 허용되는 모든 분쟁해결 절차로 규정하고 있다.[9] Ware가 '법적으로 허용되는'이라는 표현을 넣은 것은 폭력 등을 ADR의 범주에서 제외시키기 위한 것으로 상당히 세심한 주의를 기울인 정의이다. 하지만 폭력이나 전쟁을 ADR로 간주하거나 그렇게 오해하는 경우는 거의 없다는 점에서 그러한 표현은 굳이 넣지 않아도 되는 부분이 아닌가 한다. 또 일부 ADR 찬성론자는 ADR을 재판을 대체하는 분쟁해결 방식이라고 하면 재판에 너무 특혜를 주는 것이 아니냐는 입장도 있다.[10] 그렇게 정의하면 재판이 표준적이고 정통의 분쟁해결 방식이라는 것을 인정하는 것이 되고, ADR은 그 정통에서 벗어난 변형으로만 치부될 수 있다는 것이다. 이 또한 대범하지 못한 일부 학자들의 과장으로 들린다. 국민들의 분쟁해결에 있어 재판을 대체할 수 있다는 것만으로도 ADR은 그 중요성을 인정받는 것이고, ADR이 재판의 단점을 보완하기 위해 탄생 및 발전하고 있으며, 법원 내에서조차 ADR의 장점을 인정하여 채택을 늘려가는 상황에 있음을 인식하여야 할 것이다.

이상으로 ADR은 재판 외적인 여타의 방법에 의한 분쟁의 실질적인 해결을 추구하는 것을 말한다고 보았을 때, 위의 Lieberman과 Henry의 개념보다 간결하게 하고 Ware의 정의를 감안하여 제시할 수 있는 개념은 'ADR(Alternative Dispute Resolution)은 전통적인 분쟁해결 방식인 재판을 대체하는 다양한 분쟁해결의 기술(techniques)이나 절차(processes)'를 의미한다고 할 수 있다.[11]

---

8) 황승태·계인국, 한국형 대체적 분쟁해결(ADR) 제도의 발전 방향에 관한 연구, 사법정책연구총서 2016-04, 대법원 사법정책연구원, 2016. 2, 37-38 쪽.

9) Stephen J. Ware, Principles of Alternative Dispute Resolution, Thomson/West, 2007, p. 5.

10) *Id.*

11) ADR을 우리나라에서는 대체적 분쟁해결제도, 소송외적 분쟁해결제도, 재판외적 분쟁해결제도, 대안적 분쟁해결제도 등으로 다양하게 표현하고 있다.

제2절 ADR의 기원과 역사적 발전

서양에서는 ADR의 기원을 고대 그리스에서 찾기도 한다. 그리스 신화나 성경에도 중재의 예가 나오고,[12] 기원전 500년경에 그리스 도시국가에서 광범위하게 중재의 형식이 인정되어 왔다고 한다.[13] 현실적으로 아테네의 법원이 복잡해지자 도시국가는 B.C. 400년경에 공공 중재인(Public Arbitrator)제도를 도입하였다.[14] 60세에 달하면 모든 사람들이 이 직책을 수행하게 되어 있었는데, 분쟁 당사자들이 기간이 오래 걸리는 법원에 갈 필요가 없다고 느끼는 민사 사건에 대하여 결정을 내려주는 것이었다고 한다. 중재인은 당사자가 선택할 수는 없었고 추첨에 의해 결정된다. 중재인은 처음에는 부드럽게 화해를 시도하고, 이것이 제대로 안 되면 증인을 부르거나 증거를 제출하게 하여 결정을 내린다. 당사자는 중재인의 결정에 불응하여 중재인협회(the College of Arbitrators)에 이의를 제기할 수도 있었다고 한다. 아리스토텔레스나 키케로(Cicero)는 중재에 대해 호의적이었으며 중재는 재판을 대체할 수 있다고 하였다.[15] 아리스토텔레스에 따르면 중재는 분쟁의 공정한 해결을 위해 도입되었고, 키케로에 의하면 재판이 분명한 분쟁의 해결을 할 수는 있지만 중재는 부드럽고 적절한 해결을 기할 수 있다고 하였다.

세계 각국의 전통사회에서도 ADR의 흔적을 찾을 수 있다.[16] 칼라하리의 부시맨은 조정과 합의 도출을 통한 분쟁의 해결을 도모하였고, 하와이 원주민들은 분쟁이 있을 때 존경받는 리더에게 조정인 역할을 하게 하였다. 리베리아 중부 지역의 크펠르족은 가족 분쟁의 해결을 위해 모의법정 같은 형식을 이용하기도 하였다고 한다.

중세 시대에도 ADR 형식의 분쟁해결은 존재하였다고 할 수 있으나 다음과

---

12) Steven C. Bennett, Arbitration: Essential Concepts, 2002, p. 9.

13) Henry T. King, Jr. & Marc A. LeForestier, "Arbitration in Ancient Greece", 49-SEP Disp. Resol. J., September, 1994, p. 38.

14) Jerome T. Barrett, A History of Alternative Dispute Resolution: The Story of a Political, Cultural, and Social Movement, Jossey-Bass, 2004, pp. 6-8.

15) Id., p. 8.

16) Id., pp. 2-6.

같이 상당히 중세적인 방식으로 이루어졌다.[17] 문서로 볼 수 있는 ADR의 예로는 왕 앞에서 판단을 구하는 것으로서 많은 재산 분쟁이 왕의 결정으로 해결되었다고 한다. 그런가 하면 중세의 분쟁으로 인한 결투를 ADR의 또 다른 형식으로 보기도 한다. 결투를 통한 승패를 신의 결정을 예측할 수 있는 방식으로 여긴 것이다. 재산 분쟁을 해결하기 위해서 각자의 아이를 바다에 빠뜨려 살아남는 쪽이 이기거나 둘 다 살아남으면 공평하게 반씩 나누어 갖는 방식으로 결정되기도 하였다. 또는 쇠를 불에 달구어 손 위에 놓고 며칠 후에 그 상처가 아무는 결과를 가지고 결정하기도 하였다. 이러한 방식들은 가장 공평한 중재자라고 할 수 있는 신의 뜻에 따라 결정하는 의미를 가지고 있었다. 하지만 새로운 방식도 발전하였으니 동료 귀족으로 구성된 중재인단이나 귀족 또는 교회에 의한 조정 등이 시행되기도 하였다.

　10세기와 11세기에는 유럽의 도시에서 정부의 입법이 아닌 상관습법으로서의 상사중재가 널리 이용되었다.[18] 이러한 ADR은 자발적으로 발전되어 온 것이며 상인들에 의해 판정되고 집행되는 것이었다. 이 상관습법은 상인들의 오랜 경험과 관행에 의해 발전한 것이었으며, 그 절차에 있어서도 자발적인 참여를 발판으로 하여 많은 상인들이 활용하게 되었다. 그 성립 근거로는 공평, 상호 이익, 권리의 상호주의 등과 같은 원리에 의해 뒷받침되었다. 이러한 원리와 관행에 따른 판정에 불복하는 상인은 다른 상인들에 의해 거래에서 배척되었다. 중세 후반에는 이러한 상관습에 대하여 법원에서도 원용하기에 이르렀으나 법원은 상인 판정자와 같은 상거래상의 기술적인 전문성이 부족하였다.

　1698년에 아일랜드는 최초로 중재법(arbitration law)을 제정하기도 하였다.[19] 이 법은 당사자가 중재인을 선정한다든지, 법원은 중재판정을 집행하는 데 개입한다든지 하는 식으로 오늘날의 중재가 갖는 특징들을 가지고 있었다. 17세기에 서유럽 국가들은 상거래와 해사 활동이 왕성하였는데, 이러한 국가들의 상업과 외교 활동은 ADR의 필요성을 증가시켰다. 중산층과 외교관들 사이에서 상거래에서 발생하는 분쟁이나 국제적인 분쟁을 해결하기 위한 수단으로 전쟁 대신 협상, 조정, 중재와 같은 분쟁의 대체적 해결 수단이 선호되었던 것이다.

---

17) *Id.*, pp. 14-16.
18) *Id.*, pp. 16-18.
19) *Id.*, p. 17.

미국에서의 ADR 발전은 1600년대 초부터 아메리카 대륙에 들어오기 시작한 식민지 주민들이 생존과 영구 정착을 최우선으로 하는 과정에서 분쟁해결을 위한 수단으로 점진적으로 발전하기 시작하였다. 네덜란드 식민시대(1624-1664)와 영국의 식민시대(1664-1776)에는 뉴욕을 중심으로 상사중재가 널리 사용되었으며, 다른 식민지에서도 상인들이 자신들의 상사중재 경험과 기술들을 아메리카 신세계에 도입하였다.[20] 필그림(Pilgrim) 식민주민들은 변호사가 그리스도적 조화를 위협한다 하여 변호사와 법원을 회피하고, 지역사회 갈등을 해결하기 위해 자신들의 조정 기법을 선호하였다고 한다. 분쟁이 발생하면 둘 또는 세 명의 지역멤버가 조정을 시도하는데, 이는 조정인의 결정을 지역사회가 집행하는 형식으로서 오늘날의 조정-중재(med-arb)와 같은 것이었다고 한다. 18세기말까지 뉴욕은 해운업과 관련된 중재가 성행하였고, 19세기에는 상업 활동과 인구의 증가에 따라 상사분쟁이 많게 됨에 따라 ADR은 서서히 지지자를 얻어갔으나 그때그때 필요에 따라 이용되는 데 국한되었다고 할 수 있다.

제3절 근대적 ADR의 형성배경과 발전단계

1. 근대적 ADR의 형성배경

ADR이라는 것은 갈등이나 분쟁을 예방하고 해결하기 위하여 전통적인 분쟁해결 방식인 재판을 대체하거나 적절한 절차를 사용하는 것을 말한다. 비록 ADR이 법원에서 이루어지는 전통적 분쟁해결에 대한 대체적 방안으로 고안되었다고 할지라도, 그러한 방식의 분쟁해결이 최근에 발전한 것만은 아니다. 토착적인 전래의 분쟁해결 방식은 가족이나 집단의 우두머리, 마을의 성직자 등에 의해서 해결되곤 하였던 것이다.

하지만 근대적인 의미에서의 ADR운동은 미국에서 1960년대 후반에 발전

---

20) *Id.*, pp. 41-42.

의 모멘텀을 얻은 것으로 간주된다. 그 당시에 민권운동과 베트남전 항의와 같은 사회적 대립과 갈등은 고조되었고,[21] 각종 투쟁과 갈등의 결과로 인해 분쟁이 빈발하고 법원에서의 비효율성과 혼잡이 심해지면서 법원의 소송 폭증을 완화시키고자 하는 노력과 함께 대체적 분쟁해결에 대한 관심이 증폭되었다. 그런 운동은 후에 이어지는 ADR 관련 단체들의 발전, law school의 강좌, 지속적인 법률교육(CLE), 광범위한 ADR 문헌들로 예시되는 ADR의 급격한 성장의 초석이 되었다.[22] 이처럼 미국사회에서 근대적인 대체적 분쟁해결운동은 소송의 병리현상에 대한 깊은 반성과 사회정의를 달성하기 위한 수단으로 발전하게 된 것이다. 따라서 미국에서 대체적 분쟁해결은 1960년대 후반에 출현하기 시작하여 1980년대에 이르러서는 이에 대한 연구와 현실사회에의 적용이 급속히 발전되었다.

이와 같은 ADR운동은 일반적으로 네 가지의 목표를 가지고 있는 것으로 인정된다.[23] 첫째는 재판의 비용과 시간을 줄이고 법원의 업무 부담을 감축하는 것, 둘째는 분쟁해결 절차에 있어서 지역사회의 관여를 확산하는 것, 셋째는 사법에의 접근을 촉진하는 것, 넷째는 분쟁해결 기회를 증진하고 그 절차에 더 쉽게 접할 수 있게 하는 것 등이다.

미국은 ADR에 관해 긴 역사가 있었으나, '근대적인' ADR운동의 기원은 일반적으로 1976년에 개최되었던 파운드 회의(the Pound Conference)로 거슬러 올라간다.[24] 이 회의는 미국변호사협회(American Bar Association), 미국사법회의(the Judicial Conference of the United States)와 대법관회의(the Conference of Chief Justice)가 공동으로 개최한 것으로 70년 전에 미국변호사협회에서 유명한 연설("사법행정에 불만이 많은 이유")을 한 Roscoe Pound 학장의 이름을 따서 명명되었으며, 근대적 ADR운동의 시초로 간주된다.[25] 판사·변호사·법원실무가·법학

---

21) Frank E.A. Sander, "Alternative Methods of Dispute Resolution: An Overview", 37 University of Florida Law Review 1, 1985, p. 2.

22) William Twining, *op. cit.*, pp. 380-383.

23) E. Wendy Trachte-Huber & Stephen K. Huber, Mediation and Negotiation: Reaching Agreement in Law and Business, LexisNexis, 2007, p. 4.

24) *Id.*, p. 6.

25) *Id.*, pp. 5-6. 파운드회의의 정식 명칭은 '사법행정에 대한 대중의 불만 원인에 관한 전국회의'(the National Conference on the Causes of Popular Dissatisfaction with the Administration of Justice)이며, 1976년 4월 7일부터 9일까지 미네소타주 미네아폴리스에서 개최되었다.

교수들이 모인 이 자리에서 하버드 로스쿨의 Frank Sander 교수는 법원이 단순히 재판정으로만 머무르지 말고 사건의 특성에 맞는 분쟁해결을 제시해 주는 '분쟁해결센터'가 되어야 한다는 멀티도어 코트하우스(Multi-Door Courthouse)라는 개념으로 법원에 대한 새로운 비전을 제시하였다. 따라서 근대적 ADR운동은 재판에 비해 더 효율적이고 효과적인 대안을 추구할 필요성에 응답하기 위하여 1970년대에 미국에서 시작되었다고 할 수 있다. ADR운동 이전에도 소송 이외의 다른 분쟁해결 방법이 이미 이용되어 왔으나, 1970년대 이후의 ADR은 전통적인 법원시스템을 대체하거나 보완하면서도 법원시스템의 일부로서 자리잡기 시작하였다는 특성을 가지고 있다. 오늘날 ADR은 전 세계를 통하여 법원시스템의 일부로서 또는 전반적인 분쟁해결 시스템의 일환으로 제도화가 진행되고 있다.

2. ADR의 발전단계[26]

(1) 1970년대 : 성찰과 모색의 시기

1970년대에 미국은 월남전 패배, 석유 파동과 같은 천연자원의 한계, 경제 침체 등으로 인한 미국 역할의 한계 등을 처절하게 인식하는 시기였다. 그 대신 여성·노인층·인디언 등과 같은 소수자들에 대하여는 민권운동의 영향으로 새로운 인식이 주어지는 시기였다. 이러한 한계와 확산이라는 두 개의 큰 흐름은 ADR의 발전에 새로운 성장 기반을 제공하였다.[27] 자원의 한계에 대한 인식은 상대와의 덜 적대적인 관계에 대한 중요성을 일깨워주었고, 소수자의 인권 강화 요구에 대응하면서 정부와 불만 집단에서는 공히 폭력적인 시위나 시간을 끄는 법정 다툼보다는 ADR이 더 생산적인 방식을 제공한다는 인식을 갖게 되었다.

---

26) 근대적인 ADR의 발전이 미국의 파운드 회의를 시발점으로 본다면 결국 ADR의 발전과정은 미국 ADR의 발전과정을 통해 논의될 수 있을 것이다. 따라서 이하에서는 Jerome T. Barrett의 책과 Stephen B. Goldberg, Frank E. A. Sander, Nancy H. Rogers가 공저한 책에 미국 ADR의 발전과정이 잘 설명되고 있어 이를 참고하여 시기별로 정리하여 소개하고자 한다. Jerome T. Barrett, *op. cit.*; Stephen B. Goldberg, Frank E. A. Sander, Nancy H. Rogers, Dispute Resolution: Negotiation, Mediation and Other Processes, Aspen Law & Business, 1999 참조.

27) Jerome T. Barrett, *op. cit.*, p. 159.

이러한 도전들에 대해 대응하는 과정에서 새롭고 다양한 ADR 방식들이 모색되어 갔다.

재판 대신 조정이나 중재 등을 사용하자는 ADR운동은 1970년대에 많은 지지를 받게 되었는데 그러한 옹호자들이 추구하는 목적도 다양하였다.[28] 그 중의 하나는 1960년대와 1970년대에 걸쳐 인종 차별에 대한 민권운동의 일환으로 하는 것이었다. 이 시기를 전후하여 법원들도 ADR에 개입하기 시작하였다. 1976년에 있었던 파운드 회의에서는 소송비용의 증가와 재판 절차의 지연에 대해 비판을 하였다. 파운드 회의 결과 태스크 포스가 꾸려지고 ADR을 실험하기 위한 공적자금 지원 계획이 수립되었으며, 미국변호사협회의 분쟁해결위원회는 멀티도어 코트하우스의 착수를 지지하였다. 법원이나 소송인들은 ADR을 비용절감 쪽에 관심의 초점을 둔 반면에, 다른 옹호자들은 조정을 통해 좀 더 융통성 있게 분쟁해결을 하는 것에 관심을 두었다. 그들은 ADR이 당사자의 요구에 더 부응하고 법이나 변호사에의 의존도를 줄이며, 지역사회를 재건하고 장기적인 관계를 회복할 수 있다는 것과, 이혼부부의 자녀에게 처한 상황에서와 같이 분쟁 당사자 이외의 이해관계인에 대한 구제를 더 적합하게 할 수 있다는 것에도 관심을 기울였다. 이러한 목표를 반영하여 도시의 이웃 간에도 유대를 강화하고 사법제도를 대체할 방법을 모색하자는 San Francisco Community Board의 조정프로그램이 1976년에 등장하게 되었다.

1970년대는 ADR이 사적 부문에서 전문직업화가 되고 실무에 적용되어 가는 시기이기도 했다. 1972년에 설립된 분쟁해결전문가협회(the Society of Professionals in Dispute Resolution: SPIDR)는 ADR의 영역을 노동 분야에서 더 나아가 떠오르는 다양한 분쟁 분야로 확장시키는 역할을 하였다.[29] SPIDR은 설립 후 10년 이내에 새로운 분쟁 영역을 대표하는 천여 명의 회원을 유지하기도 하였다. 이러한 경향은 변호사협회, 로스쿨, 대학, 주 정부, 비영리단체와 같은 조직들에 의해 ADR이 촉진되어 가면서 확산되었다. 결국 1970년대는 전통적인 ADR 영역은 강화되면서 새로운 영역이 확산되는 시기라 할 수 있다. 이 시기에는 노동 관련 ADR 서적이 서가를 지배하였는데, ADR이라는 용어가 아직 일반화되지는 않은 시기였다.

---

28) Stephen B. Goldberg, Frank E. A. Sander, Nancy H. Rogers, *op. cit.*, 1999, pp. 7-8.
29) Jerome T. Barrett, *op. cit.*, p. 177.

(2) 1980년대 : 확산과 논쟁의 시기

1980년대는 노동 분야가 아닌 비전통적인 ADR 분야가 힘을 얻어가는 시기였다. 이 시기에는 ADR을 지원하고 후원하는 새로운 조직들이 폭발적으로 증가하였고, 전국에 흩어져 있던 개별 ADR 종사자들이 ADR 산업으로 발전되기 시작하는 시기라 할 수 있다. 1972년에 설립된 분쟁해결전문가협회(the Society of Professionals in Dispute Resolution: SPIDR)는 회원조직으로서 10년 동안 경쟁자가 없었으나 1980년대에 들어서 가족, 교육, 법률, 옴부즈맨 등의 부문에서 회원조직이 경쟁적으로 발전하였고, 이러한 조직들은 컨퍼런스, 저널 발행, 지역 활동, 비공식 모임, 네트워크 등을 통해 ADR을 활발히 촉진하는 역할을 하였다.[30] 그 회원조직체들로는 가족조정인아카데미(Academy of Family Mediators), 갈등해결교육네트워크(the Conflict Resolution Education Network: CREnet)), 미국변호사협회(American Bar Association), 미국옴부즈맨협회(the U.S. Association of Ombudsmen) 등이 있다. 1970년대와 1980년대에는 이혼이 매우 많았는데 이혼으로 인한 가족 문제와 분쟁에 대해 1982년에 비영리조직으로 가족조정인아카데미가 탄생하여 가족조정을 시행하기도 하였다. 1980년대에 가장 활발하게 발전한 ADR 분야 중 또 하나는 어린이 교육 관련 분야인데, 1982년에 샌프란시스코의 Community Board에 의해 시작된 학교조정 프로그램은 그러한 프로그램의 선구라 할 수 있다. 갈등해결교육네트워크(Conflict Resolution Education Network: CREnet)는 1984년에 전미조정교육협회(the National Association for Mediation Education: NAME)의 창설과 함께 출범하였다. 1977년에 경미분쟁특별위원회(the Special Committee on the Resolution of Minor Disputes)를 설치한 바 있는 미국변호사협회는 점증하는 ADR의 성장에 부응하여 1987년에는 분쟁해결상임위원회(the Standing Committee on Dispute Resolution)를 설치하였고, 1993년에는 이를 분쟁해결 분과(the Section of Dispute Resolution)로 전환하였다. 옴부즈맨(약칭은 Ombuds)은 1980년대에 성행하였는데, 1983년에는 천 명이 넘는 개인들이 정부, 사기업, 대학 등의 조직에서 옴부즈맨으로 활약하였다. 이들은 자신의 회원조직인 미국옴부즈맨협회(the U.S. Association of Ombudsmen)를 결성하여 활동하였다.

---

30) *Id.*, pp. 215-221.

이 시기에 갈등해결 분야에 대한 학문적인 관심도 활발하였는데,[31] 하버드 대와 조지 메이슨대의 프로그램이 가장 눈에 띄었다. 각 대학에는 ADR 관련 학위, 자격증 과정 등 2000년까지 100개가 넘는 프로그램들이 개설되었다. 1981년에 조지 메이슨대는 갈등관리 분야 석사학위를 부여하는 프로그램을 설치하였고, 1983년에 하버드대는 갈등해결에 대한 연구와 교육을 통합하는 노력의 일환으로 협상 프로그램(the Program on Negotiation: PON)을 출범시켰다. 그런가 하면 1989년에는 최초로 미국에서 ADR 분야 박사학위를 수여하는 프로그램이 생기기도 하였다.

1980년대에 들어서 미국 로스쿨에서는 ADR 과목들을 개설하기 시작하였다. 미국변호사협회에 의하면, 1983년까지 약 43개의 로스쿨(전체의 약 25%)이 ADR 코스를 제공하고, 1986년까지는 대다수의 로스쿨들이 ADR 코스나 클리닉을 개설하였다. 심지어 1998년에는 공인된 로스쿨 인가 사항에 ADR 코스를 포함하도록 권유되기도 하였다.

한편 1970년대 후반에 걸쳐 1980년대는 ADR 관련 논문이나 서적 등 문헌들이 쏟아져 나왔다. 이러한 문헌들은 세 가지 큰 줄기가 있었다.[32] 첫째는 여러 유형의 분쟁에 적합한 분쟁해결의 방식과 관련된 것들이었는데 이에는 Lon Fuller의 선구적인 글들이 그 전형적인 예라 할 수 있다.[33] 둘째는 ADR 발전의 필요성과 바람직함에 대한 일련의 정치적 논쟁과 관련된 것으로 Jerold Auerbach와 Richard Abel을 비롯하여 Owen Fiss의 논쟁을 들 수 있다. 셋째는 매우 교육적인 의미를 갖는 것으로서 변호사들로 하여금 이러한 대체적인 분쟁해결 방식에 적응하도록 카운슬링, 인터뷰잉, 협상, 조정 등에 대한 기술을 익히도록 하는 것과 관련된 것이다. 1981년에 Roger Fisher와 William Ury는 'Getting to Yes: Negotiation Agreements Without Giving In'이라는 베스트셀러 책에서 'Interest' 기반의 협상이라는 개념과 'win-win' 협상을 유행시켰다. 이를 필두로 Moore, Haynes, Goldberg, Green, Sander 등의 서적들이 줄을 이었다.

1980년대는 ADR서비스 기관도 현저하게 증가하였다.[34] Warren Burger

---

31) *Id.*, pp. 211-215.
32) William Twining, *op. cit.*, pp. 380-381.
33) L. L. Fuller, "Mediation-Its Forms and Functions", 44 S California L. Rev. 305, 1971; "The Forms and Limits of Adjudication", 92 Harv. L. Rev. 353, 1979 참조.
34) Jerome T. Barrett, *op. cit.*, pp. 231-234.

대법원장이 ADR을 지지하고 미국변호사협회가 ADR에 우호적이 되며, 로스쿨에
서 ADR 과목이 개설되고 고객들이 ADR을 요구하게 되자 로펌에서도 ADR 친
화적인 전략을 구사하기 시작하였다. 캘리포니아의 전직 판사였던 Warren
Knight는 법정에서의 현직 판사 경험이 변호사나 의뢰인들로 하여금 퇴직 판사
를 신뢰하게 할 것이라는 믿음으로 1979년에 사법중재조정서비스(Judicial Arbitra-
tion and Mediation Service: JAMS)를 설립하였다. 이 예상은 맞아 떨어져서 1980
년대 중반에는 JAMS가 90%의 분쟁해결률을 보이고 미국에서 가장 많은 전직
판사와 경험 많은 변호사를 보유한 ADR 기관이라고 선언할 정도로 성장하게
되었다. 후에 JAMS는 EnDispute와 합병하여 JAMS/EnDispute가 되었다. 또한
1979년에 500대 기업 변호사와 주요 로펌, 저명 교수들이 모여 CPR(the Center
for Public Resource)을 설립하였다. CPR은 중립인의 도움을 받아 당사자가 '스스
로 관리하는 ADR'을 추구하였다. 한편, ADR은 보수를 받지 않는 자원봉사자에
의해 제공되는 경우가 많았으므로 ADR 프로그램들을 운영하기 위해서는 항시
재원이 부족하였다. 고객들도 ADR은 무료라는 인식을 가져 더욱 재원조달이 어
려웠다. 이러한 상황하에 1960년대 후반과 1970년대 초에는 포드재단이 도움을 줬지
만, 1980년대에는 전미분쟁해결연구소(the National Institute for Dispute Resolution:
NIDR)와 휴렛패커드 재단이 ADR의 재원에 큰 도움을 주기도 하였다.

　1980년대에는 법원이나 의회 등 정부기관에서의 ADR 프로그램에 대한 지
지도 점차 확대되어 갔다.[35] 미국변호사협회의 후원으로 워싱턴 디씨, 털사, 휴
스턴 등 세 곳에 실험적인 '멀티도어 분쟁해결' 프로그램을 설치하였다. 이 실험
은 사건의 비용을 낮추고 법원의 업무 경감에 기여한다는 것으로 평가되어 확대
되었는데, 그 운영은 동 프로그램에 의해 훈련된 자원봉사 조정인들과 전임직
조정인들에 의해서 이루어졌다. 법원에서의 ADR 프로그램은 주나 지역 법원에
서뿐만 아니라 연방 차원에서도 확대되었는데, 연방지방법원은 물론 연방항소
법원에서도 주요 공공정책이나 복잡한 사건을 대상으로 조정 프로그램이 운영
되었다. 한편, 의회 차원에서도 ADR을 지지하는 노력을 보였다. 연방의회는 행
정기관의 효율성, 적정성, 공정성을 검토하고 개선방안을 제시하기 위하여 1968
년에 미국행정컨퍼런스(the Administrative Conference of the United States: ACUS)

---

35) *Id.*, pp. 234-237.

를 설치한 바 있는데, 1980년대에 ACUS는 연방정부의 ADR 이용을 강력히 지지하였으며 1990년까지 행정기관에서 ADR의 이용을 권유하는 17개의 보고서를 내기도 하였다. 미국변호사협회도 ACUS의 활동에 힘을 보탰는바, 이 두 기구의 ADR 입법 지원 노력의 결과 1990년에 행정기관을 대상으로 하는 두 개의 ADR법이 탄생하였으니, 이것이 협상에 의한 규칙제정법(the Negotiated Rulemaking Act)과 행정분쟁해결법(the Administrative Dispute Resolution Act)이다. 이 시기에 의회에서는 ADR의 공정성을 보장하는 규정, 공공정책과 같이 ADR에서 배제되는 사건의 기준을 제시하는 규정, 예산지원을 위한 전제조건으로서 프로그램의 평가를 요구하는 규정 등을 통하여 ADR에 대한 지지 활동을 하였던 것이다.

그런가 하면, ADR 프로그램들이 ADR에서 추구하는 모든 목적을 달성하기는 어렵다는 인식을 갖고 이룩하고자 하는 목표의 우선순위를 부여하기 시작한 것도 1980년대였다.[36] 그러한 우선순위로는 법원의 소송적체와 비용의 감소, 당사자의 소송비용과 시간의 감소, 지역 공동체나 가족문제의 분쟁에 대한 신속한 해결, 사법시스템에 대한 일반 대중들의 만족도 향상, 당사자의 요구에 적합한 해결, 분쟁해결 결과에 대한 자발적 이행, 지역 공동체의 가치와 응집력의 복구, 분쟁의 당사자가 보다 쉽게 접근할 수 있는 분쟁해결의 장 제공, 더욱 효과적인 분쟁해결 절차에 대한 대중교육 등에 두었다. 이러한 우선순위들은 법원이 운영하는 프로그램보다 지역주민에 토대를 둔 분쟁해결프로그램을 더 선호하게 만들고, 재판보다는 조정 프로그램을 위한 자금 지원을 옹호하게 하였으며, 유료의 분쟁해결 서비스보다는 무료 분쟁해결 프로그램을 선호하게 하는 경향을 이끌게 되었다. 이로 인해 분쟁해결 절차를 위한 정책결정의 방향에 대한 논쟁을 불러일으키기도 하였다.

게다가 1980년대에는 분쟁해결의 고객 집단들이 자신에게 유리한 분쟁해결 방식을 적극적으로 모색하기도 하였다. 보험회사는 소송비용을 줄이기 위해 실험적 프로그램에 자금을 지원하였고, 회사의 고문변호사들은 업계에서 이용되는 분쟁해결 방식을 제도화하려는 비영리 기관인 CPR(the Center for Public Resource)의 노력을 지지하기도 하였다. 또, 이 시기에는 중재인이나 퇴직판사를 이용하

---

36) Stephen B. Goldberg, Frank E. A. Sander, Nancy H. Rogers, *op. cit.*, 1999, p. 8.

는 사적인 판정절차의 이용이 증가하였고, 기업적 환경에 적합한 간이심리나 조
정 같은 실험적 방식들이 증가하였다.

    1980년대의 또 다른 경향은 ADR운동에 대한 비판적인 논평이 출현한 것이
었다.[37] 예일대 법대 교수인 Owen Fiss를 비롯한 비판론자들은 대중적인 지지
를 받는 ADR 방식들로 인하여 사법시스템이 침해되고 있다는 주장을 제기하였
다. 일부 사회과학자들과 법학자들은 ADR운동의 기본 전제에 도전하는 연구결
과를 보고하기도 하였다. '소송 폭발' 현상이 정말로 있는 것인가? ADR이 단순
히 좀 더 편안한 분쟁해결 절차를 제공한 것에 지나지 않는가, 아니면 진짜 변
화를 가져왔는가? 지역공동체 조정프로그램이 이웃사회에 실제 영향을 미쳤는
가? ADR의 결과로 실제로 소송비용이나 지연이 감소되었는가? 이러한 주제들
은 그 예를 말해 준다.

(3) 1990년대 : 제도화와 번성의 시기

    1990년대는 ADR이 활짝 개화를 한 시기라 할 수 있다.[38] 경제와 주식시장
도 이러한 흐름을 받쳐주었다. ADR은 미국 사회의 거의 모든 영역에 미치게 되
었다. 대부분의 주에서도 연방정부를 따라하였고, 법원이나 변호사는 물론 심지
어 초등학교 아이들까지도 ADR의 환경에 놓이게 되었다. ADR은 미국 국경을
넘어 국제적으로 뻗어 나갔고, 컴퓨터와 인터넷의 발달은 온라인 ADR을 출현시
켰다.[39] 자원봉사자가 여전히 환영받는 것은 물론이지만, ADR은 이제는 탄탄한
직업의 대상으로도 자리매김을 하게 되었다. 따라서 이 시기를 'ADR의 시대'가
도래하였다고 하여도 될 정도에 이르렀다. 그 예로 1995년에 Martindale-Hubbel
이라는 법률정보회사는 미국중재협회와의 협조로 광대한 ADR 안내 책자인 분
쟁해결안내서(the Dispute Resolution Directory)을 발간한 바 있다. 이 책은 분쟁
해결을 취급하는 기관이나 개인에 대한 리스트와 전문 영역, 분쟁해결 규칙 등
이 광범위하게 실려 있었다. 또한 ADR이 비즈니스가 되어 1999년에는 한 분쟁
해결 전문가가 자신의 ADR 사업을 고가에 판매하기 위한 편지를 뿌려 ADR 관

---

37) *Id.*
38) Jerome T. Barrett, *op. cit.*, pp. 239-243.
39) 1990년대 후반에 온라인 ADR은 on-line dispute resolution(ODR)이라는 이름을 얻게 되었다.

계자들을 놀라게 한 적도 있을 정도였다.

1990년대는 법률과 논쟁의 초점이 ADR의 실험에서 제도화 쪽으로 이동하였다.[40] ADR이 행정작용의 일부가 된 것도 이 시기의 특징인데, 입법부의 적극적인 입법적 지원과 대통령의 지지가 이어진 것도 큰 의미가 있는 현상이라 할 수 있을 것이다. 전술한 바와 같이 1990년에 연방의회는 연방기관의 ADR 사용을 촉진할 수 있게 하는 두 개의 법률을 통과시켰다. 하나는 행정기관이 ADR 기법들을 광범위하게 사용하도록 하는 권한을 부여하는 행정분쟁해결법(the Administrative Dispute Resolution Act)이다. 행정분쟁해결법은 각 행정청이 ADR을 적용할 것을 요구하고, 고위공무원을 분쟁해결 전문가로 지정하여 이 법에 따른 당해 행정청의 ADR 정책을 집행하는 책임을 지게하며, 각 행정청으로 하여금 ADR에 대한 정기적인 교육을 실시하도록 하고, 그 행정청의 계약이나 보조금, 협정 등을 검토하여 ADR을 적극 활용할 것을 규정하였다.[41] 또 다른 하나는 행정기관이 규칙을 정할 때 일방적이고 적대적으로 하는 대신에 협상을 통해서 하도록 하는 협상에 의한 규칙제정법(the Negotiated Rulemaking Act)이다. 협상에 의한 규칙제정법은 정부가 규제 관련 규칙을 최종적으로 결정하기 전에 그 규칙에 의해 영향을 받을 것으로 예상되는 이해관계자들을 참여시켜 합의를 형성하려는 자발적인 과정에 관한 법으로 공공갈등의 예방과 해결에 기여하는 법이다. 이러한 연방의회뿐만 아니라 주 의회 차원에서도 특정한 유형의 사건에 대하여는 행정기관 ADR 절차가 마련되기도 하였다.

행정부에서도 대통령의 ADR에 대한 적극적 지원이 있었다. 1991년에는 부시 대통령이 행정명령(Executive Order)을 시달함으로써 연방 소속의 변호사들로 하여금 미국 정부를 상대로 하는 분쟁에 대하여 ADR을 이용하게 하고, 개인 당사자들에게도 ADR을 이용하도록 권유하게 하였다.[42] 1998년에는 클린턴 대통

---

40) Stephen B. Goldberg, Frank E. A. Sander, Nancy H. Rogers, *op. cit.*, p. 9.

41) 이 법에는 몇 가지 제한이 있었다. 중재를 했더라도 정부는 30일 이내에 중재 판정에 대하여 철회하는 것이 허용되었다. 이런 점에서 정부의 구속적인 중재는 마지못해 중재에 합의한 사인에게만 구속적인 효력을 발생하였다. 게다가 이 법은 일반인에게 정부 문서의 접근을 허용하는 정보공개법(the Freedom of Information Act)에서의 어떤 예외도 인정하지 않으므로써 중재 절차의 비밀보호에 소홀히였다. 이 법은 5년의 한시법으로 제정되었었는데, 1996년에 의회는 이 법을 다시 제정하면서 위의 제한들을 없앴다. 그 결과 정부도 중재판정에 구속되게 되었고 정보공개법(the Freedom of Information Act)으로부터의 예외조항도 생겨서 당사자와 중재인 사이에 교환한 ADR 서류들에 대해 비밀유지가 가능하게 되었다. Jeffrey M. Senger, Federal dispute resolution: using ADR with the United States government, Jossey-Bass, 2004, p. 14.

42) Stephen B. Goldberg, Frank E. A. Sander, Nancy H. Rogers, *op. cit.*, p. 10.

령이 업무지시(Memorandum)를 통하여 정부기관에서 ADR 이용을 활성화할 수 있게 정부간위원회까지 설립하기도 하였다. 이로 인하여 '정부기관 간 대체적 분쟁해결 실무그룹(the Interagency Alternative Dispute Resolution Working Group: IADRWG)'이 설치되고, 이는 업무현장 갈등관리 부문(The Workplace Conflict Management Section), 계약 및 조달 부문(The Contracts and Procurement Section), 법집행 및 규제 부문(The Enforcement and Regulatory Section), 정부에 대한 소송청구 부문(The Litigation Claims Against the Government Section)으로 나뉘어 운영되고 있다.[43] IADRWG은 법무장관의 지휘 아래 대체적 분쟁해결을 활용할 수 있는 프로그램의 개발을 촉진하고 정부기관 간의 계획들을 조정하며, ADR을 위한 정책과 지침들을 전파하는 기능을 수행하면서 대통령에게 ADR 활용과 그 실적 등에 대하여 보고서를 제출한다. 또한 1990년대는 연방조정알선청(the Federal Mediation and Conciliation Service: FMCS)이 ADR 활동 영역을 더욱 넓힌 시기이기도 했다.[44] 행정분쟁해결법(the Administrative Dispute Resolution Act)과 협상에 의한 규칙제정법(the Negotiated Rulemaking Act)은 FMCS의 ADR 역할을 증가시켰다. 1990년대 후반에는 조정 프로그램을 위한 훈련을 강화하기 위하여 the FMCS Institute를 설립하기도 하였다. 1999년 한 해 동안 FMCS는 586건의 ADR 사건을 취급하였고, 외국 관련 사건은 61건을 취급하였다고 한다.[45]

또한 사법부에서도 큰 변혁이 있게 되었다. 1990년에 제정된 민사사법개혁법(the Civil Justice Reform Act)은 사법부에 민사재판에서의 비용과 소송지연을 감소시킬 대책(EDRP: Civil Justice Expense and Delay Reduction Plan)을 요구하면서 ADR을 분쟁해결 지도원리로 명백하게 규정하였다. 이 법에서는 민사사건에 대한 신속·공정·저렴한 분쟁해결 방법을 보장하기 위하여 모든 연방지방법원으로 하여금 적절한 사건을 조정, 간이심리, 약식배심심리를 포함한 ADR 프로그램에 회부하도록 하는 조치를 포함하고 있었다. 이로 인해 법원에서의 ADR은 획기적 전기를 마련하는 계기가 되었다. 분쟁해결에 대한 열망은 이제 각 주의 법원 내의 절차까지 변화를 가져 왔으니,[46] 워싱턴 디씨 법원(the District of

---

43) IADRWG 홈페이지 참조 (http://www.adr.gov/activities.htm).
44) Jerome T. Barrett, *op. cit.*, pp. 247-248.
45) *Id.*
46) Stephen B. Goldberg, Frank E. A. Sander, Nancy H. Rogers, *op. cit.*, p. 10.

Columbia Superior Court)의 멀티도어 담당 직원은 사건을 분쟁해결의 특성에 맞게 배치하였고, 다른 관할 지역에서는 판사가 사건을 대체적 분쟁해결 절차로 회부하도록 하게도 하였다. 일부 주에서는 어린이 양육과 방문에 관한 사건에 대해 조정을 우선적으로 적용하도록 하는 곳도 있었다.

1998년에 연방의회는 연방법원에서도 ADR을 시행할 것을 요구하는 대체적 분쟁해결법(the Alternative Dispute Resolution Act of 1998)을 통과시켰다. 이 법은 각 연방지방법원들이 자체적인 ADR 프로그램을 고안하고 실행할 것을 요구하고 있으며, 모든 민사사건에서 소송인에게 재판의 적절한 단계에서 ADR의 사용을 고려해 볼 것을 권하도록 하고 법원이 소송당사자에게 최소한의 비용으로 ADR 절차를 제공하도록 하고 있다.[47] 또한 법원은 당사자들에게 중재를 명령할 수는 없지만 조정이나 조기중립평가에 참여할 것을 요구할 수 있게 하였다.

1990년대가 ADR이 활짝 핀 시기라는 것은 ADR 회원조직의 성장과 왕성한 활동을 통하여 알 수가 있다. 세 개의 ADR 회원조직이 통합된 분쟁해결협회(the Association for Conflict Resolution: ACR), 1990년대 후반까지 미국 전역에 걸쳐 780여 곳의 연계 프로그램을 가진 희생자·가해자 조정협회(the Victim Offender Mediation Association: VOMA), 1970년대부터 발전하기 시작하여 1990년대에 이르러서 전국적인 조직으로 결성된 지역사회 조정센터들의 연합체인 전미지역사회조정협회(National Association for Community Mediation: NAFCM) 등이 있었고, 캐나다에서도 분쟁해결네트워크(the Conflict Resolution Network Canada: CRNC)라는 거대한 ADR 회원조직이 탄생하였다.

1980년대 후반에서 1990년대에 걸쳐 민간부문에서도 ADR이 번창하였다.[48] 수백 개의 학교에서 동료 조정 프로그램이 운영되었는데, 미시간에서는 ADR이 필수 교과과정이 되기도 하였다. 독립적인 비영리 기관에서 운영하는 분쟁해결 프로그램들이 지속적으로 늘어나서 500여 개에 이르기도 하였다. 전통적인 ADR 기관인 미국중재협회나 ADR을 이용하는 종교단체들의 처리 사건 수가 증가하였고, 새로운 ADR기구들이 생겨났으며 분쟁해결의 새로운 기법들이 개발되기도 하였다. 또한 전문대학원을 비롯한 교육기관에서 협상 관련 교과목이 증설되었다.

---

47) Jeffrey M. Senger, *op. cit.*, p. 14.
48) Stephen B. Goldberg, Frank E. A. Sander, Nancy H. Rogers, *op. cit.*, pp. 10-11.

이러한 ADR의 새로운 적용이 법의 실무 영역, 사법 시스템 및 분쟁의 양상에 어느 정도 영향을 끼쳤는가는 정확하게 가늠하기가 어렵다. 하지만 명백한 것은 분쟁해결의 최우선 수단으로서의 협상에 대한 새로운 관심이 두드러졌다는 것이다. 1990년대는 기업고객들의 ADR의 이용에 대한 요구도 더 커져, 이제 법조계에서는 더욱 복잡해지고 증가하는 사건들을 잘 처리할 수 있는 새로운 분쟁해결 기술을 익혀야 인정받는 상황으로 이끌어졌다. 변호사들의 분쟁해결에 대한 전문성이 더 요구되었고, 변호사들은 고객에 더 합당한 분쟁해결 절차를 자문해 주면서 고객을 대리하거나 직접 중립인으로 활동하기도 하였다.

(4) 2000년대: 새로운 도전과 지속적 성장을 위한 노력

Goldberg 등은 ADR의 미래를 예측하면서 ADR이 지속적으로 발전해 나가기 위해서 고려하고 극복되어야 할 장애 요인들을 설명하였다.[49] 그것은 첫째로 ADR에 대해서 사람들이 잘 모른다는 것이다. 또한 ADR제도가 공적인 기관으로서의 위치를 갖지 못한데다 분쟁 당사자에게 도움이 될 수 있는 공적 자금을 확보하지 못하는 것도 ADR의 확대에 어려움이 있다고 한다. 또 ADR제도는 법적인 보호 장치나 서비스의 질적인 수준을 보장하는 장치가 취약한 측면이 있다고 한다. 게다가 분쟁에 처한 커다란 기관의 경우에는 ADR보다는 재판과 같은 구속력 있는 선례를 더 선호하고, 정부와 같은 관료조직에서 저항이 적고 리스크가 작은 방법을 선호하는 것도 ADR의 선택을 제약할 수 있다고 한다. 로펌 같은 연관 조직에서의 수익성에 대한 고려나 ADR의 비용 대비 효과성에 대한 입증이 어려운 정책적 요인 역시 ADR의 빠른 확산에 장애 요인으로 작용하였다고 한다.

1990년대의 잘 나가던 경제가 위축되고 2000년대에 들어 와서는 미국의 9.11 사태와 커다란 자연재해와 같은 재앙으로 세계는 새로운 시련과 도전에 직면하게 되었다. ADR도 이러한 어두운 세계의 흐름에서 완전히 자유로울 수는 없었다. 그러나 ADR은 이러한 어려운 환경과 갈등의 상황을 창조적으로 해결하고 이끌어나가는 데 그 존립의 의의가 더 크다고 할 수 있다. 2000년대에도

---

49) *Id.*

ADR이 지속적으로 발전해 나갈 수 있는 징후는 얼마든지 발견할 수가 있는 것이다.[50]

그 중에서 컴퓨터와 인터넷의 견조한 발달로 인한 온라인 ADR(ODR)을 먼저 들 수 있다. ODR은 무엇보다도 시간과 지리적인 장애를 극복할 수 있다는 데서, 전 세계 어디에 있든 분쟁 당사자들이 빠르고 편리하게 상호 의사소통과 문제해결을 시도할 수 있다는 것이 강점이다. 따라서 이슈가 되는 자료가 방대한 사건이나 여러 언어가 요구되는 상황에서 ODR은 유효하게 이용될 수 있다. 2000년에 연방조정알선청(FMCS)은 분쟁해결을 위해 모바일 컴퓨터와 소프트웨어를 활용한 TAGS (Technology Assisted Group Solutions) 시스템을 도입한 바 있다. 이는 먼 곳에 떨어져 있는 당사자들의 여행 시간과 비용을 줄여주고 회의 시간을 감축하는 등의 장점으로 호평을 받았다. FMCS는 웹사이트상에서 분쟁해결을 할 수 있는 장치도 마련하였다.

다음으로는 어린이를 대상으로 하는 조정 교육과 학교폭력 예방 활동에 ADR이 유용하게 활용될 수 있다. 오스트레일리아의 한 초등학교에서 발간되는 'Cool Kids Mediation Newsletter'는 온라인으로 제공되는데, 학교에서의 조정을 활용하는 이야기와 제안에 대한 시상을 하기도 하고, 조정에 관한 시나 그림을 게재하기도 한다. 이는 어린이의 조정에 대한 인식을 확산시키고 학교생활에 도움이 되는 자료로 평가되어 성공적으로 여겨지고 있다. 2000년에 연방의회는 FMCS의 TAGS 시스템에서 청소년 폭력 문제를 취급할 수 있도록 자금을 지원하기도 하였다.

2000년대에 들어서 세계 각국에서는 ADR의 발전과 확산에 부응하고, ADR의 분쟁해결 수단으로서의 중요성을 인정하는 의미에서의 ADR 관련법에 대한 입법적 지원을 강화해 나가고 있는 현상을 주목할 필요가 있다. ADR법의 독자적인 입법화에 가장 적극적인 나라는 단연 미국이다. 일찍이 1925년에 연방중재법을 마련했던 미국은 1990년대에 행정형 ADR법인 행정분쟁해결법과 사법형 ADR법인 대체적 분쟁해결법을 제정하였고, 2000년대에 들어서서 각 주의 입법을 위한 통일중재법의 대대적인 개편과 함께 통일조정법을 마련하였다. 미국의 ADR 전문가와 학자들은 전미통일주법위원회(the National Conference of

---

50) Jerome T. Barrett, *op. cit.*, pp. 259-269.

Commissioners on Uniform State Law: NCCUSL)를 중심으로 조정법이나 중재법에 대해 새로운 ADR의 발전 이론이나 기술들을 도입하고 법률에 있어서도 통일성을 기하려는 움직임이 활발하였다. 전미통일주법위원회는 1955년의 통일중재법(the Uniform Arbitration Act of 1955)이 반세기 가까운 세월동안 중재에 관하여 새로운 발전들을 담아내지 못하고 있다는 인식하에 개정통일중재법(the Revised Uniform Arbitration Act of 2000)을 마련하여 많은 중재법에 관한 이슈와 중재 사건의 발전 사항들을 반영하게 되었다. 또한 2001년에 미국통일주법위원회는 미국에서 대체적 분쟁해결 방법 중 가장 많이 이용되는 조정에 직·간접적으로 영향을 미치는 각 주의 법률이 2,500개가 넘는 상황을 주시하고, 조정법의 전국적인 통일성을 제고하고 조정 절차에서의 당사자와 조정인의 비밀 유지(confidentiality) 및 당사자의 자율성 등을 강화하는 것을 골자로 하는 통일조정법(Uniform Mediation Act)을 채택하였고, 이 통일조정법을 모델로 각 주에서 조정법을 마련할 수 있도록 하였다. 그 후 이 법은 2002년의 UNCITRAL 모델조정법의 내용들을 반영할 수 있게 하기 위하여 2003년에 개정되었다.

그 외 영국은 2000년의 길목인 1999년에 비탄력적이고 지연되는 영국의 사법 절차를 비판하면서 새롭게 채택한 민사소송규칙(CPR)으로 법원이 사건을 정당하고 사안에 비례적으로 맞게 처리하는 것을 최우선 목표로 하여 사건의 중요성 및 복잡성이나 당사자의 재무 상황 등에 맞는 신속하고 공정한(expeditious and fair) 처리를 위한 ADR의 이용을 적극 권장하는 것을 내용으로 하는 개혁을 단행하였다. 독일은 법원의 업무 부담을 감소시키는 데 도움이 되는 법들을 발전시켜 나가다가 1999년의 재판소 외의 분쟁해결 촉진법을 제정하고, 오랜 전통을 기지고 있는 화해제도의 적극 활용을 위한 민사소송법을 개정하며, 2012년에는 법원 내 조정의 법적 근거를 명확히 하는 조정법을 제정하기도 하였다. 일본은 자국의 경제규모와 세계경제에서 차지하는 위상에 비해서 일본의 중재법 제도가 너무 낙후되고 국제적 상거래 기준에 부합되지 못한다는 비판을 반영하여 2003년에 구 중재법을 신 중재법으로 대체하였다. 이는 일본의 구 중재법이 1890년에 제정된 이래 100여 년에 걸쳐 실질적으로는 변화 없이 유지되어 왔던 것에 대한 개혁이었다. 최근에는 2004년에 민간형 ADR의 인증제를 시행하는 ADR촉진법을 마련하여 ADR의 확산을 추진하고 있다. 이와 같이 ADR을 발전시킨 세계 각국은 ADR을 지원하기 위하여 독립된 법률을 제정하여 주거나 ADR 관련법들의 보완을 통하여 ADR제도가 정착되고 확산될 수 있도록 ADR의 법적 기반을 지속적으로 확충하고 있다.

추가적으로 ADR과 재판과의 사건 처리 추세를 비교해 보면 ADR을 통한 분쟁해결의 선호에 대한 향후의 전망이 밝다는 것을 알 수 있다. Warren Berger를 비롯하여 Rehnquist 등 미국의 연방대법원장들이 ADR을 적극 옹호한 것은 법원을 통한 전통적인 분쟁해결 방식에 대한 반성에서 비롯된 것이라 할 수 있다. Marc Galanter 교수의 논문에 의하면 연방민사 사건이 재판에까지 이르는 비율이 1962년에 11.5%였는데 2002년에는 1.8%까지 추락하는 현상을 지적하였는데, 이렇게 '사라져 가는 재판(Vanishing Trials)'의 주요 요인 중의 하나로 ADR에 의해 사건이 해결되는 비율이 증가하고 있는 추세를 꼽기도 한다.[51] 그런가 하면 미국중재협회의 활동은 그 출범 시기로 보나 취급하는 사건 수에 있어서나 그대로 미국 ADR의 역사라 해도 과언이 아니다. 이러한 미국중재협회의 활동 추이를 보더라도 1956년에는 3,000건이 못 미치는 2,817건의 사건 수였지만, 당해 연도에 접수되는 사건 수가 1966년에는 1만 3천 건에 이르렀고, 1976년에는 3만 5천 건, 1986년에는 4만 7천 건, 1996년에는 7만 2천 건이었으며, 2000년에는 200,000건에 육박하였고, 2002년에는 23만 건이었다. 최근 경제적인 위축으로 2009년에는 11만 3천 건 정도까지 하락하였지만,[52] 과거의 추세를 분석해 볼 때 미국중재협회가 다룬 사건 수는 매 10년마다 급증하여 왔고 2002년도에 최고조에 도달할 때까지 최근으로 올수록 그 숫자는 더 크게 증가하였다. 최근의 통계에서도 국제 사건은 증가하는 추세에 있고, 다양한 ADR 영역의 개척을 통하여 미국중재협회의 활동은 꾸준한 성장을 유지하고 있다고 할 수 있다. 이와 같은 상황들을 종합해 볼 때 21세기의 ADR은 지속적인 발전을 이어나갈 것으로 전망되고 있다.

---

51) Marc Galanter, "The Vanishing Trial: An Examination of Trials and Related Matters in Federal and State Courts", 1(3) Journal of Empirical Legal Studies 459, 2004, p. 461.

52) Luis M. Martinez & Thomas Ventrone, "The International Center for Dispute Resolution Mediation Practice" (https://www.adr.org).

제4절 ADR의 특징

1. ADR의 특성

ADR은 법원의 판결과 같이 엄격한 소송 절차에 의해서 분쟁을 해결하기보다는 간이한 절차에 따라 당사자 사이의 상호 양보를 통하여 실정에 맞게 문제를 해결하는 것을 목적으로 한다. 이러한 ADR의 특성을 비공식성, 법외화, 비법조화라고 한다.[53] 이 중에서 얼마나 공식적인 절차에 의존하느냐의 여부에 기준점을 두고 판단하는 것이 비공식성의 문제이고, 법 규범에 얼마나 밀착되어 수행되느냐의 여부에 기준점을 두고 판단하는 것이 법외화의 문제이며, 법관을 비롯한 법조인들의 전속적인 영역이냐의 여부에 기준점을 두고 판단하는 것이 비법조화의 문제이다.

(1) 비공식성

ADR이 간이한 절차에 의해 진행되고 소송과 같이 엄격한 공식적인 법적 절차를 요구하지 않는다는 것을 비공식성(Informalization)이라 한다. 분쟁해결 절차가 공식화되면 될수록 절차의 엄격성과 적정성은 보장되겠지만 절차가 더욱 복잡해지고 경직화되는 현상을 피하기가 어려울 것이다. 분쟁해결 절차의 공식화 정도가 약화될수록 탄력성 있게 운영될 수 있으며 국민들의 접근성은 더 용이해질 수 있을 것이다.

그러나 비공식성을 강조할수록 국민들의 절차기본권의 보장이라는 면에서 문제가 될 수 있다는 지적이 있다.[54] 예를 들어 민사조정법 제29조에 따라 조정에 확정판결과 동일한 효력을 주는 것은 당사자의 대등변론이 보장되지 않기 때문에 당사자의 절차기본권을 침해할 위험성이 크다는 것이다. 조정당사자 사

---

53) ADR의 특성으로 분쟁해결이 민영기관에 의해 운영되고 당사자에 의한 자율적인 절차의 결정이 보장되는 민영화(Privatization)를 추가로 들기도 한다.

54) 강현중, 민사소송법, 박영사, 2004, 50-52쪽.

이에 합의가 있다고 해서 그러한 합의가 조정에서의 모든 하자를 씻어낼 수는 없기 때문에 대등변론과 당사자 절차기본권의 보장을 전제로 인정되는 확정판결의 효력을 비공식적인 조정에까지 인정한다는 것은 문제가 있다는 것이다.

(2) 법 외 화

ADR이 법 규범보다는 사회적 통념이나 상식, 조리에 의해 분쟁해결을 하려는 것을 법외화(Delegalization)라 한다. 법적용이 현실에 맞지 않거나 법해석을 하는 사람이 너무 독선에 빠질 위험성이 있는 경우에 법외화의 필요성은 높아지게 된다. 그런데 이러한 법외화를 너무 강조하는 것은 국민의 재판을 받을 권리의 보장에 역행할 수 있고, ADR의 장점인 원만성으로 인하여 적당한 타협과 원만한 해결은 그 범위에서 공정한 해결의 이념이 후퇴될 수밖에 없다는 지적이 있다.[55] 따라서 ADR의 운영에는 법조 유자격자를 참여시키고 그 절차에 당사자의 절차기본권을 일정 범위에서 보장하도록 배려하여야 한다는 것이다.

(3) 비법조화

ADR이 법관이나 변호사 등의 법조인들만으로 분쟁해결을 하지 않고 비법조인에 의한 분쟁해결이 가능하다는 것이 비법조화(Deprofessionalization)이다. 전통적인 분쟁해결 절차인 재판에는 국가에 의해 일정한 자격을 부여받은 법관이나 변호사들에 의해 절차가 이루어진다. 그에 따라 법률을 해석하고 사건을 적용하는 것은 법률전문가에 의해 전담되게 되는 것이다. 그러나 분쟁을 보다 신속·저비용으로 좋은 분위기에서 비법조인에 의해서도 해결할 수 있는 경우에는 그들의 참여에 의해 보다 효율적으로 문제를 해결할 수 있다는 것이 ADR의 기본 정신이다. 하지만 이 역시 필요 이상의 비법조화는 국민의 재판청구권을 침해할 위험성이 있으므로 ADR의 법정절차에서도 법조 유자격자 또는 이에 준하는 자를 중심으로 하여야 한다는 지적이 있다.[56] 사실 ADR운동이 시작된 미국

---

55) 상동.
56) 상동.

에서도 변호사나 퇴직판사 등 법률전문가가 꾸준히 ADR 활동이나 ADR 기관에 참여하였으며, 오늘날의 조정인·중재인 등 중립인에는 법률전문가가 중대한 역할을 하고 있는 것이 사실이다.

2. ADR의 장단점

Blake 등은 ADR의 잠재적(potential) 장단점이라는 표현을 사용하고 있다.[57] 이는 단언할 수는 없고 상황과 사건에 따라 다를 수 있겠지만 대체적으로 그렇게 볼 수 있다는 측면을 고려한 의미인 것으로 보인다. Blake 등이 제시한 ADR의 장점으로는 더 낮은 비용, 신속한 합의, 절차의 콘트롤, 심리장소의 선택, 보다 광범위한 이슈의 고려, 보다 넓은 결과의 선택, 절차의 신축성, 증거에 대한 신축성, 비밀의 보장, 문제해결적 접근, 승부에 따른 리스크의 감소, 고객만족 등을 제시하고 있다. ADR의 단점으로는 비용의 추가, 추가적인 절차로 인한 지연, 승리로 인해 얻을 수 있는 결과의 축소, 승리로 인한 확실한 결과의 결여, 절차적 단계에 따른 전략의 부재, 증거 법칙에 따른 이익의 상실, 절차의 혼란 등을 들고 있다. 이러한 ADR의 장단점은 결국 재판의 특성과의 상대적인 비교를 통해 나온 것으로 생각된다.

이하에서는 ADR의 장점을 먼저 살펴보고 다음으로 단점에 대하여 생각해 보고자 한다.

(1) ADR의 장점

사람 사이에서 발생하는 분쟁들이 옛날에는 가족이나 주민들의 리더에 의해 해결되곤 하였으나 이제는 국가기관인 법원이 해결해 주고 있다. 하지만 법원에 의해 진행되는 재판절차는 비용도 많이 들고 진행과정이 느리며, 사건에 대한 지배권이 당사자가 아닌 제3자에게 넘어감으로 인해 주민들은 좌절과 무

---

57) Susan Blake, Julie Browne & Stuart Sime, A Practical Approach To Alternative Dispute Resolution, Oxford University Press, 2011, pp. 13-17.

력감을 갖게 되었다. 특히 가족이나 주민들 간의 관계와 같이 가까운 사람끼리의 대인관계에서 발생하는 분쟁의 해결에 법원은 적절하지 않은 것으로 생각하게 되었다. 법원에 의한 분쟁해결은 일반인들에게는 접근이 쉽지 않고, 재판 과정이 지연되며 사법행정이 지나치게 관료화되었다는 비판을 받아 왔다.[58] 사실 많은 경우에 있어서 분쟁은 단순히 누가 옳고 그르냐 하는 단순한 문제는 아니고 분쟁의 당사자는 어떻게든 문제가 크게 확대되기 전에 타협을 해 보려고 하는 경우가 많다. 그런데 전통적인 재판 방식은 당사자를 대립적인 상태로 해 놓고 승자가 모든 것을 가져가는 방식으로 되어 있는 것이다. ADR은 재판이 갖는 한계를 극복하고자 하는 측면에서 상대적으로 다음과 장점을 가지고 있다.

첫째, 분쟁해결의 신속성과 저비용을 들 수 있다. 근대적 ADR운동의 시초라 할 수 있는 파운드 회의는 사법행정의 비효율성으로 인한 소송의 지연과 변호사 비용을 포함한 소송비용의 증가에 대한 비판에서 비롯되었다. 조정은 이웃분쟁해결센터의 가장 많이 이용되는 분쟁해결 방식이었으며 이용자의 경제적인 형편에 맞추어 무료이거나 소액으로 서비스가 제공되었다. 중재도 기본적으로는 소송보다 비용이 적게 들고 결론이 빨리 도출된다고 할 수 있다. 하지만 중재의 경우 사건의 규모와 성격에 따라 소송 못지않은 중재비용과 시간이 걸리기도 한다.

둘째, 절차에 있어서 유연성이 있으며 소송보다 접근성이 용이하다. 소송에서 당사자는 절차에 대해 거의 관여를 하지 못한다. 소송에서 절차에 대한 통제권은 대부분 법원이나 변호사에게 있고 당사자는 소송절차에서 소외되는 것이 현실이다. 이에 비해 ADR의 절차는 보다 탄력적이며 유연한 절차가 적용된다. ADR은 당사자가 절차에 관여할 수 있으므로 당사자의 합의에 의해 절차나 장소를 바꿀 수도 있으며 이러한 탄력성은 이용자의 편의성과 자율성을 높여준다. 또한 비용이 적게 드는 것은 일반 대중의 접근성을 높여주고 소송보다 가벼운 마음으로 분쟁해결에 참여할 수 있게도 해 준다.

셋째, 문제의 본질에 가까운 효과적인 분쟁해결을 달성할 수 있다. 소송에서는 법적 문제에 치중한 나머지 분쟁의 근본적인 해결에 접근하기 이려운 경우

---

58) Royer F. Cook, Janifer A. Roehl & David I. Sheppard, Neighborhood Justice Centers Field Test - Final Evaluation Report -, U.S. Department of Justice & National Institute of Justice, 1980, pp. 2-3.

가 있다. 법적 쟁점이 분쟁의 본질과 반드시 일치한다고 보기 어려운 경우가 있는 것이다. 소송이 법적인 이슈와 법률의 해석에 치중한 나머지 사안의 실체를 해결하지 못하는 경우가 있는 반면, ADR은 보다 실체적 진실에 부합되는 문제의 해결을 도모할 수 있는 것이다.

넷째, 전문지식과 경험을 가진 전문가를 분쟁해결에 직접 참여시켜 보다 효율적인 문제해결을 할 수 있다. 법관이 현대사회의 기술 발달과 정보의 홍수 속에서 발생하는 분쟁에 대하여 모든 분야에 정통할 수는 없는 일이다. 법관은 특정한 분야에 대한 전문지식을 갖추고 있지 않다. 전문성이 결여된 상태에서 내려진 판결은 사건을 올바로 보지 못한 채 실체적 진실에 부합되는 합당한 판결을 내리지 못할 수도 있다. ADR은 절차의 탄력성과 당사자의 선택권을 통하여 사건과 직접적으로 관련된 전문가를 분쟁해결 중립인으로 선임할 수가 있는 것이다.

다섯째, 분쟁해결 절차가 종료된 뒤에도 분쟁의 당사자끼리 좋은 관계를 유지할 수가 있다. 일반적으로 소송에서는 대립당사자주의를 채택하므로 당사자가 양극화되어 서로 상대방의 행위를 비난하는 데 몰두한다. 이러한 당사자 관계는 소송이 끝난 이후 승자와 패자로 구별되거나 앙금이 남아 차후의 관계에도 부정적 영향을 미친다. 그러나 ADR은 상호 양보와 합의에 의해 분쟁이 해결됨으로써 좋은 분위기와 지속적인 관계를 유지할 수가 있는 것이다.

여섯째, ADR 절차는 비공개적으로 진행되고 사후에도 공개를 금지하고 있어 특허나 기업 비밀에 해당하는 사항에 대한 기밀유지가 가능하다. 소송은 공개주의를 원칙으로 하므로 기업비밀이 누설될 수도 있고, 경우에 따라서는 기업에 대한 소송제기 사실의 공개만으로도 소송이 제기된 기업체는 승소 여부와 관계없이 제품에 대한 신뢰도가 실추되고 영업에 막대한 손실을 입을 수 있는 것이다. 그러나 ADR은 비공개원칙에 따라 이러한 우려 없이 분쟁해결에 임할 수 있는 장점이 있다.

일곱째, 지역주민들을 분쟁해결에 참여시킴으로써 자율적이고 합의적인 문제해결을 할 수 있다. 공공갈등의 경우 행정기관의 일방적인 정책결정이나 사업집행은 주민들의 반감과 갈등을 불러일으키고, 이로 인한 사회적 비용이나 정책지체 현상은 막대한 국가적 손실로 이어진다. 따라서 주민들을 사전 또는 중간에 참여시켜서 갈등이나 분쟁의 협의 내지는 조정을 함으로써 분쟁을 예방하거나 원활한 문제해결에 이를 수 있다.

여덟째, 그 외에도 법원의 업무 부담을 덜고 법원의 서비스 수준을 향상시킬 수 있다. 이는 ADR의 장점에 따른 부수적 효과라고 할 수 있을 것이다. 현대사회의 갈등과 그로 인한 소송 폭발 현상은 법원의 업무를 과중하게 하고 주어진 인력과 조직의 한계로 소송의 지연은 물론 사법서비스의 질이 저하되어 국민 불만의 대상이 되므로 ADR로 인한 법원 업무 경감은 보다 복잡하고 법률적인 사건에 법원을 집중하게 함으로써 사법 서비스의 질을 높이는 데 기여할 수 있다.

(2) ADR의 단점

ADR은 여러 가지 장점에도 불구하고 다음과 같은 단점 내지는 한계를 가지고 있다.

첫째, 국민의 재판을 받을 권리인 재판청구권을 침해할 위험성이 있다. ADR은 국가에 의해 공정한 절차가 보장되는 재판에 의해 분쟁을 해결하기보다는 적절한 타협과 협의에 의해 사건이 종결되므로 절차적 기본권을 침해할 위험성이 크다는 것이다.

둘째, ADR이 분쟁해결을 위해 협의하는 과정에서 사회적 약자로부터 양보를 얻어내는 절차로 전락할 수 있다는 것이다. 재판은 사회적 강자와 약자와 관계없이 동일한 법원칙이 적용됨으로써 결과적으로 약자를 보호하는 기능을 하게 된다. 이에 비해 ADR은 적절한 타협점을 찾는 과정에서 사회적 강자의 장래에 대한 위협의 암시나 설득으로 사회적 약자의 양보를 얻는 선에서 결론이 날 수가 있다는 것이다.

셋째, ADR의 결과는 재판과 달리 구속력이 없는 경우가 많고 강제집행을 할 수 있는 집행력이 부족하다. 당사자가 합의의 내용을 이행하지 않으면 다시 재판에 호소해야 하는 등 문제의 해결에 있어 확실하게 보장을 받지 못하는 경우가 많다.

넷째, ADR은 결과에 대한 예측 가능성이 부족하다. 재판에서는 법이나 선례와 같은 확립된 규범이 적용됨으로써 재판의 결과에 대한 예측 가능성이 높은 반면, ADR은 선례가 적용되지 아니하고 사안에 따라 적절한 타협으로 합의함으로써 그 결과를 예상하기가 어렵다.

3. ADR과 소송의 비교

(1) ADR과 소송의 차이에 관한 논의들

우선 아래에서는 ADR과 소송의 차이에 관한 다른 학자들의 견해에 대해 살펴보고자 한다. 강현중은 ADR과 소송과의 관계에 대하여 삼각형설과 동심원설을 소개하고 있다.[59] 먼저 삼각형설에 의하면, 소송은 피라미드의 정상에 위치하고 그 외측 내지 저변에 ADR이 위치한다는 설이다. 소송이 삼각형의 정상에 위치하는 것은 분쟁이 ADR에 의하여 해결될 수 없는 경우에는 최종적으로 소송에 의하여 종국적·강행적으로 처리되기 때문이라는 것이다. 이는 분쟁처리 시스템의 전체를 재판을 중심으로 하고 소송을 법적 기준에 의한 판단으로 보며 다른 분쟁해결 방식과는 이질적인 것으로 생각하는 입장이다. 따라서 이 설에 의하면 ADR의 결과도 다시 소송에 의하여 확인 내지 재심사할 수 있어야 한다는 것이다. 그러나 이는 ADR의 독자적 내지는 소송 대체적인 효과를 도외시하는 것으로서 오늘날의 ADR의 발전 현상과는 괴리가 있는 입장이라 할 수 있을 것이다.

다음으로 동심원설은 소송이나 ADR이나 모두 기본적으로 동일한 수준이고 같은 성질의 절차라는 설이다. 이는 소송도 기본적으로는 분쟁해결을 위한 장치의 하나로 ADR과 같은 차원이며 동질의 절차라고 본다. 따라서 소송도 결국 당사자 사이의 대화 절차를 잘 정비한 것에 불과하기 때문에 ADR과 차이가 없고, ADR의 결과를 소송에 의하여 재심사할 필요가 없다는 것이다. 동심원을 네 개의 원으로 구성하여 가장 안쪽의 원에는 소송, 두 번째 원에는 조정, 중재 및 소송상의 화해, 세 번째 원에는 행정상담·소비자상담이나 옴부즈맨이, 제일 바깥쪽 원에는 사적 교섭(화해나 협상)이 자리하고 있어서 소송은 다른 ADR 방식에,

---

다른 ADR 방식은 소송에 상호 영향을 미치고 있는 것으로 본다.[60]

강현중은 위의 두 입장에서 벗어나 소송과 ADR은 상호보완관계에 있어 소송의 기준이 ADR의 분쟁처리에 큰 영향을 주고, 소송으로 처리가 곤란한 분쟁을 ADR이 해결하여 주므로 ADR의 결과를 소송에 의하여 확인 내지 재심사할 필요는 없으며, 양쪽 모두 같은 성질의 절차로 볼 필요도 없다는 견해를 취하고 있다. 또 ADR은 소송의 한계를 초월한 분쟁해결이 가능하므로 소송도 자기개선을 태만히 하면 ADR에 그 영역이 침식되어 멀지 않은 장래에 소송이 ADR로 대체될 수도 있다고 한다. 결국 양자의 관계를 단순히 삼각형으로 보거나 동심원으로 보는 것보다는 양쪽을 함께 고려하여야 한다는 입장을 피력하였다.

Lieberman과 Henry는 ADR이 법원의 판결보다 우위에 있는 근거를 다음과 같이 들고 있다.[61] 첫째로 판결은 이기는 쪽에서 모든 것을 가져가는(winner-take-all) 결과를 가져오는데 ADR은 그와 같은 zero-sum 게임이 적용되지 않는다는 것이다. ADR의 당사자들은 법적인 문제를 넘어서 창의적인 해결책을 모색할 수 있다는 것이다. 둘째, 기업과 관련된 복잡한 분쟁의 경우에는 변호사보다 기업의 관리자가 기업의 전체 환경을 고려하여 자신들에게 처해진 상황을 더 빠르게 더 창조적으로 대응하여 문제를 해결할 수 있다는 것이다. 셋째, ADR은 변호사보다는 당사자가 직접 참여함으로써 문제해결을 잘 할 여지가 많다는 것이다. 넷째, ADR 절차는 당사자끼리 서로 커뮤니케이션이 잘 이루어져 협상의 기교에 의존하기보다 현실에 대한 평가가 정확히 이루어질 수 있다. 다섯째, 잘 고안된 ADR 절차는 사안의 본질에 접근함으로써 더 정당하고 효율적인 해결을 가져 올 수 있다. 끝으로, ADR은 해당 분쟁 문제에 전문적인 식견을 가진 전문가를 중립인으로 선임하여 문제를 잘 해결할 수 있다는 것이다.

Acland에 의하면 재판과 ADR은 다음과 같은 차이점을 가지고 있다고 한다.[62] 첫째로 재판은 ADR보다 당사자를 더 적대적인 입장에 있는 것으로 간주하고, 또 변호사들은 그럴 필요가 없어도 그러한 상황으로 몰고 가는 경향이 있다는 것이다. 둘째로 재판에서는 법이 상황을 어떻게 규정하는가에 관심이 많은

---

60) 小島武司·伊藤眞編, 裁判外紛争処理法, 有斐閣, 1998, 249面.

61) Jethro K. Lieberman & James F. Henry, *op. cit.*, p. 429.

62) Andrew Floyer Acland, Resolving Disputes Without Going to Court: A Consumer Guide to Alternative Dispute Resolution, C Century, 1995, pp. 25-28.

반면, ADR은 사건이 처해진 현실이 더 중요하다. 셋째로 재판은 많은 경우 어느 쪽이 이기든 결과에 관계없이 법적 절차에 의해 진행되지만, ADR은 보다 고객인 당사자의 이익과 당사자가 지불한 가치에 걸맞은 결과를 내놓으려 애쓰는 절차라고 할 수 있다. 넷째로 재판에서 이루어지는 커뮤니케이션이나 사용 용어는 경직적이고 고객인 당사자에게 친숙하지 않은 경우가 많고 혼동을 초래하기도 한다. 그러나 ADR의 커뮤니케이션은 보다 친밀하고 고객 지향의 소통이나 용어가 사용된다. 다섯째로 재판이 주로 법률의 적용을 위한 훈련의 장이라면 ADR은 협상이나 조정을 위해 훈련을 받은 전문가들에 의한 분쟁해결 절차이다. 여섯째로 재판에서는 사람들이 왜 그러한 행동을 하게 되었는가에 대한 지식보다는 개념적이고 기술적인 지식이 위주인 반면에, ADR은 인간의 행동이나 심리에 보다 관심을 기울이는 지식이 요구되며 따라서 인간을 더 이해하는 가운데 문제해결을 꾀한다고 할 수 있다. 이러한 사항을 표로 정리하면 아래와 같다.

<표 1-1> 재판과 ADR의 차이점

	재 판	ADR
입장	적대적 입장	비적대적 입장
상황 인식	법에 의해 규정된 상황	현실 자체에 근거한 상황
주체	법(법관) 주도적	당사자 주도적
의사소통	법률용어의 사용으로 의사소통이 어렵고 오히려 장애가 될 수 있음	일상 언어의 사용으로 명확하고 효과적인 의사소통이 가능함
훈련	법률 훈련	협상과 조정에 대한 훈련
필요 지식	법적 절차에 관한 지식	인간과 심리학에 관한 지식

Andrew Floyer Acland(1995, pp. 25-28) 참고하여 재작성.

위에서 Acland의 재판과 ADR의 차이점에 대해서는 참고할 만하나, ADR의 장점을 강조하려고 하다 보니 재판의 경직성과 단편적인 면만 부각시킨 측면이 있는 것으로 보인다. 정도의 차이는 있지만 위의 비교 대상이 되는 사항 중에서 재판도 ADR이 가지는 특징들을 어느 정도 포함하고 있다고 보는 것이 더 정확할 것이다. 다만 상대적으로 더 그렇다는 정도로만 이해하는 것이 좋을 것으로 생각된다.

또 Acland는 당사자 간의 분쟁 상황을 해결하기 위한 협상이 성공하지 못하는 네 가지 장애 요인을 설명하였는데, 이것도 재판과 ADR의 특성의 차이를 설명한 것으로 보아도 좋을 것 같아 소개하고자 한다.[63] 첫째로 재판은 이기느냐 지느냐의 양 갈림길을 전제로 다투는 경우가 많다. 그에 비해 ADR은 상호간에 win-win할 수 있는 공통 영역이 있을 수 있다는 전제를 인정하고 있다. 둘째로 재판은 힘에 의한 다툼을 벌이는 경직된 입장에 놓이는 반면, ADR은 요구·관심·두려움 등이 상호간에 다른 부분도 있고 같은 부분도 있다는 것을 인정한다. 셋째로 재판은 적대적인 입장에서 불확실성을 키우고 이는 두려움과 적대감을 유발한다. 그에 비해 ADR은 불확실성을 감소해 나간다. 넷째로 재판은 과거 지향적이고 상대에게 책임을 전가하려 한다. 그에 비해 ADR은 미래 지향적이며 상호 간의 관계를 회복하려고 하고 새로운 기회를 탐색하려고 한다.

Acland는 Blame Frame과 Aid Frame의 개념을 사용하여 재판이 보여주는 과거 지향의 특성과 미래 지향의 ADR의 특성을 설명하기도 한다. Blame Frame의 측면에서는 변호사는 오직 이기는 재판이냐에 전전긍긍하고 그 고객은 재판의 결과에 대한 불안한 미래에 대해 역시 불안에 떤다. 그러나 Aid Frame에서는 ADR을 수행하는 자는 당사자들이 미래를 내다볼 수 있게 하고 궁극적으로는 과거와 같은 분쟁 상황에 다시 빠지지 않도록 돕는다고 할 수 있다. Blame Frame과 Aid Frame에서는 다음과 같이 서로 관심 사항이 다르다.

<표 1-2> Blame Frame과 Aid Frame의 차이

Blame Frame	Aid Frame
1. 무엇이 문제인가? 2. 왜 그렇게 되었나? 3. 누가 잘못인가? 4. 왜 해결되지 않았나? 5. 무엇을 시도했나? 6. 왜 그것이 유효하지 않았나? 7. 다음에 무엇을 시도할 것인가?	1. 무엇을 진정으로 원하나? 2. 그렇게 된 것을 어떻게 아나? 3. 그것과 관련해서 지금 어떤 입장인가? 4. 그 목적달성을 돕는 어떠한 자원을 가지고 있나? 5. 어떠한 옵션이 있으며 그것은 상대가 받아줄 만한가? 6. 당신이 진실로 원하는 옵션은 무엇인가? 7. 그것을 얻기 위해 무엇을 할 것이며, 상대를 움직일 수 있는 것은 무엇인가? 8. 다음 단계로 취할 수 있는 것은 무엇인가?

Andrew Floyer Acland(1995, p. 54).

---

63) *Id.*, pp. 45-55.

　　한편 일본 ADR검토회는 小島武司·伊藤眞의 책자를 참조하여 민사소송과 ADR
을 비교한 바 있는데, 이 또한 일본에서 재판과 ADR의 차이를 어떻게 보고
있는가를 알 수 있게 한다.[64] 이를 참조하여 재작성하면 다음의 표와 같다.

<표 1-3> 재판과 ADR의 비교

	재 판	ADR
절차의 주재	법관	법관에 국한되지 않음 (ADR 전문가)
절차의 공개	공개 원칙	비공개 원칙
분쟁해결 기준	실체법(법률상의 권리 의무 중시)	실체법에 얽매이지 않음(실체법 이 외의 조리를 중시하고, 분쟁의 실정 에 맞는 해결 모색)
사실의 존부에 대한 판단	사실의 존부에 대해 심증이 있어도 입증책임에 의 해 확인 필요	반드시 사실의 존부를 확정할 필요 는 없고 심증의 정도에 따라 유연한 해결책 가능
이해관계인의 참여	판단의 대상이 당사자 간의 권 리관계에 한정 되므로 당사자 사이에서만 분쟁해결	판단의 대상이 당사자의 권리 관계 에 한정되지 않기 때문에 이해관계 인을 널리 참여시킴으로써 분쟁의 전반적인 해결 가능
상대방의 응답 의무	응소 부담을 짐. 따라서 피고 가 응소 하지 않는 경우에도 강제력이 있음	응답 의무가 없음
절차에 필요한 비용	재판 신청비용 외에 변호사 비 용 및 감정 비용이 필요한 경 우가 많음	당사자 스스로 분쟁을 해결함이 원 칙이나 변호사 비용 및 감정 비용이 필요한 경우도 있음

(2) 분쟁해결시스템으로서의 ADR과 소송의 비교

　　ADR과 소송을 비교할 때 과연 ADR이 소송보다 얼마나 처리 기간이 짧으
며, 당사자들의 만족도는 어느 것이 우위에 있을까 논란이 있어 왔다. 이에 대해
서는 서로 다루는 사건이 다르고 사건의 성격과 내용이 상이하여 일률적으로
단순 비교하기가 어려운 것이 현실이다. 미국의 초기 ADR인 이웃분쟁해결센터

---

64) ADR검토회 제1회 배포자료 일람 (http://www.kantei.go.jp/jp/singi/sihou/kentoukai/-
adr/dai1/1siryou_list.html 참조).

와 당시의 법원 사건 처리에 대해 비교 분석한 자료에 의하면, 이웃분쟁해결센터가 재판을 대체하는 실험적인 분쟁해결 방식으로서의 조정을 통한 분쟁해결이 당시의 사법시스템보다 빠르고 더 효과적이라는 것을 입증하기 위하여 캔사스 시티와 애틀란타에서 법원을 선정하여 이웃분쟁해결센터에서의 사건 처리와 비교하였다.[65] 당시의 조사 결과에 의하면 법원에서의 사건 처리 기간(processing time)은 이웃분쟁해결센터보다 5배에서 10배 정도 더 걸리는 것으로 나타났다고 한다. 애틀란타의 법원에서는 소송 제기에서 재판(trial)까지 사건 처리 소요 기간이 98일이었으나, 이웃분쟁해결센터에서는 사건 접수에서 조정 심리(hearing) 사이에 걸린 기간이 평균적으로 9일밖에 되지 않았다. 또 동 센터에서 조정 심리 없이 해결된 사건 처리기간은 평균 8일이었다. 한편 캔사스 시티의 법원에서는 평균 63일이 걸렸고, 같은 지역의 이웃분쟁해결센터에서는 조정 사건이 평균 13일 정도였다.

그런가 하면 캔사스 시티 및 애틀란타의 이웃분쟁해결센터와 동 지역의 선별된 법원을 대상으로 조정이나 소송을 신청한 당사자에 대해 조사한 결과는 다음과 같다.[66] 법원 원고의 70%가 소송이 중간에 멈추었든 판결까지 갔든 간에 분쟁이 해결된 것으로 응답하였는 데 비해, 이웃분쟁해결센터에서는 신청인의 69%-90%가 자신이나 상대방이 합의 사항을 준수한 것으로 답변하였고 74%는 분쟁 상대방과 추가적인 문제가 발생하지 않았다고 하였다. 법원 원고의 33-42%는 자신들의 사건이 재판 절차에서 잘 처리되었다고 한 반면, 40-77%는 자신들의 사건의 진행 상황에 대해 제대로 알려주지 않았다고 하였다. 이에 비해 이웃분쟁해결센터에서는 조정 절차에 대해 84%가 만족을 표시하였고 88%는 이웃분쟁해결센터에서의 전반적인 경험에 대하여 만족감을 나타내었다. 또 법원 원고의 64-69%가 판사에 대해 만족감을 표시한 반면, 조정 신청인의 88%가 조정인에 대해 만족감을 표시하였다. 그런가 하면 법원 원고의 64-81%는 비슷한 상황이 생기면 법원에 다시 오겠다고 답했음에 비하여 센터의 신청인은 71%가 다시 이웃분쟁해결센터에 오겠다는 의사표시를 하였다고 한다.

사회분석연구원(the Institute for Social Analysis)이 실시한 바 있는 애틀란타, 캔사스 씨티, 로스 앤젤레스의 이웃분쟁해결센터들에 관한 연구보고에서는 신

---

65) Royer F. Cook, Janifer A. Roehl & David I. Sheppard, *op. cit.*, p. 99.
66) *Id.*, p. 100.

청인의 80%와 피신청인의 83%가 합의의 내용(the terms of agreement)에 대하여 만족하는 것으로 나타난 바 있다.[67]

이러한 결과들을 놓고 볼 때 분쟁해결 비율의 측면에서는 그다지 큰 차이가 없다 할 수 있으나, 해당 기관들을 이용한 당사자들의 만족도 측면에서는 ADR인 이웃분쟁해결센터 측이 훨씬 우세한 것으로 나타났다. 따라서 당시의 ADR인 이웃분쟁해결센터가 법원보다는 사건 처리에 있어서 훨씬 빠르고 분쟁 당사자들에게 만족스러운 경험을 준 것으로 평가할 수 있다.

1980년에 Davis, Tichane, Grayson이 수행한 브루클린 분쟁해결센터(the Brooklyn Dispute Resolution Center)의 조정프로그램에 관한 연구는 지역사회 형사사건에 대한 조정과 재판의 만족도를 비교한 바 있다.[68] 이 연구에 따르면 조정에 회부된 사건의 신청인 중 73%가 결과에 만족한다고 하였음에 비해 재판의 결과에 대해서는 신청인의 54%가 만족한다고 답변하였다. 조정의 피신청인은 79%가 만족을 표시하였으나 재판의 피고인은 59%가 재판 결과에 만족하였다. 동 연구에서 해당 사건을 판사나 조정인이 제대로 귀기울여 들었느냐에 대한 조사에서는 조정의 피신청인 중 90%가 제대로 들었다고 한 반면에, 재판의 피고는 44%만이 같은 의견을 표시하였다. 신청인을 기준으로 보면 조정의 신청인이 94%를 위와 같이 표시함에 비하여 재판의 원고는 65%만이 같은 생각을 표시하였다. 동 연구에서 절차의 공정성에 대해서는 조정이나 재판의 참가자들이 대체적으로 조정인이나 판사들에 대하여는 공정한 것으로 여기는 반면에, 사건의 결과에 대한 공정성에 대하여는 인식 차이가 꽤 있는 것으로 나타났다.[69] 조정에서는 신청인의 77%와 피신청인의 79%가 조정 결과에 대하여 공정하다고 인식하고 있음에 비해, 재판에서는 원고의 56%와 피고의 59%가 그 결과에 대하여 공정하다고 인식하였다고 한다.

ADR은 재판에 비해서 비용을 절감할 수 있고, 비용에 대한 예측이 더 가능하며, 비용에 대해 더 콘트롤이 가능하다는 측면에서 매력적일 수 있다고 한다. 영국에서 2009년에 Jackson 판사에 의해 시행된 민사소송 비용에 관한 검토 보

---

67) Daniel McGillis, Community Mediation Programs: Developments and Challenges, National Institute of Justice, July 1997, p. 56.

68) *Id.*, p. 54.

69) *Id.*, pp. 55-56.

고서에서는 ADR(특히 조정)이 민사 분쟁을 조기에 해결함으로써 분쟁해결 비용을 줄이는 데 지대한 역할을 할 수 있다고 하였으며, 변호사와 법관 등 관련자들은 ADR이 어떻게 작동되는지 그로 인한 장점은 무엇인지에 대해 숙지하고, 분쟁 당사자들에게 적합한 ADR 절차를 권유할 수 있어야 한다고 하였다.[70] 그런가 하면 Genn 교수는 ADR로서의 조정이 당사자 사이에 힘의 불균형(Imbalance of Power)이 존재하는 경우에는 적절하지 않을 수 있다고 하였다.[71] 그에 더하여 경험(experience)이나 기술(skill)의 불균형도 역시 공정한 조정을 수행하기 어렵게 하는 요인이 될 수 있다는 주장도 있다. 또한 분쟁의 상대가 ADR 절차에 동의하지 않으면 결국 재판에 의존할 수밖에 없다는 주장을 펴기도 한다.

한편, 재판과 ADR의 다른 점은 무엇보다도 재판은 공무원인 법관에 의해 내려진 판결에 대하여 궁극적으로 국가에 의한 집행이 이루어진다는 데 있다고 할 수 있을 것이다. 법원의 판결에 불복하는 당사자에게는 국가에 의한 벌칙이 주어지거나 강제집행이 이루어지는 것이다. ADR에서는 그 절차에 따르기로 계약한 당사자들에게만 그 효력이 미침에 비하여, 재판의 경우에는 재판의 결과에 따르기로 합의하지 않은 사람들에게까지도 구속력을 가진다.

제5절 ADR에 대한 논쟁

ADR이 1970년대와 1980년대에 걸쳐 미국에서 급격히 발전한 것은 사실이지만 법원이나 변호사들로부터 처음부터 쌍수를 들어 환영을 받은 것은 아니다. ADR이 정착화되고 제도화되는 과정에서 ADR 지지자들은 ADR의 필요성과 장점에 대하여 이론적 또는 실증적인 근거를 제시하려고 노력하였지만, 전통적인 분쟁해결 방식에 익숙한 소송 관련 종사자들로부터 많은 저항과 거부감을 받기도 하였다. 또한 일부 법학자들의 비판에도 직면하게 되었는데, 그 논란을 촉발

---

70) Susan Blake, Julie Browne & Stuart Sime, A Practical Approach To Alternative Dispute Resolution, Oxford University Press, 2011, p. 11.

71) Loukas A. Mistelis, "ADR in England and Wales", 12 Am, Rev. Int'l Arb. 167, 2001, p. 184.

시킨 것은 예일대의 Fiss 교수가 1984년에 샌프란시스코에서 개최된 전국로스 쿨협회 세미나에서 한 연설을 정리한 "Against Settlement"라는 논문이었다. 이 하에서는 ADR에 대한 찬반 논쟁을 살펴보고자 한다.

1. ADR에 대한 옹호론

　　Warren Berger 연방대법원장은 1982년 미국변호사협회 연례회의에서 "Isn't There a Better Way?"라는 제목하에 미국에서의 소송의 폭증과 지연에 대한 대응책으로 조정이나 중재와 같은 대체적 분쟁해결수단이 더욱 활용되어 야 한다고 주장하였다.[72] Berger 연방대법원장은 여러 가지 분쟁 중에서도 이 혼이나 양육권에 관한 분쟁 및 주택임대차 분쟁 등이 대체적 분쟁해결 절차를 이용하기에 적절하다고 보았으며, ADR 절차가 사법 절차의 추가적인 절차가 되 어서는 아니 되고 현실적인 대체수단이 되어야 한다고 하였다. Burger 연방대법 원장의 이러한 제안은 법원의 ADR 도입에도 상당한 영향을 미쳤으며 미국변호 사협회의 대체적분쟁해결수단특별위원회를 비롯한 법조계와 학자들로부터 많은 지지를 받았다. Warren Berger의 뒤를 이은 William Rehnquist 연방대법원장도 미국변호사협회의 모임이나 많은 세미나에서 ADR이 분쟁해결의 일상적인 방식 이 되어야 함을 주장하곤 하였다. 하버드대 총장 Derek Bok은 미국의 법학교육 이 법률적 전투를 준비하는 데 매우 몰두하고 있다고 비판하면서 이보다는 오히려 화해와 순응을 유도하는 유화적인 기술을 가르치는 법학교육이 필요하다고 주장하 면서 ADR을 지지하였다.[73] Jethro K. Lieberman과 James F. Henry는 Fiss 교수 등의 반대에 대하여 ADR 옹호론자들이 모든 소송을 ADR로 전환하자는 것은 아니며 ADR에 적합하지 않은 성격의 사건이 있음을 인정하고 있다는 사실은 간과하고 있다고 하고, ADR이 사회적 규범을 외면하거나 경제적 강자에 의해서 만 이용되는 것은 아니며 Fiss 교수도 법원 판결이 ADR보다 더 공정하다는 것을 입증하지는 못하고 있다는 점 등을 지적하였다.[74] 그 외에 Carrie Menkel-

---

72) Warren E. Burger, "Isn't There a Better Way?", 68 A. B. A. J. 274, 1982, pp. 274-277.
73) Derek C. Bok, "A Flawed System", Harv. Mag., May-June 1983, p 38.
74) Jethro K. Lieberman & James F. Henry, *op. cit.*, pp. 432-435.

Meadow,[75] Judith Resnik,[76] Paul D. Carrington[77] 등의 학자들은 ADR의 장점을 강조하면서 ADR이 소송보다 질적인 측면에서 우위에 있음을 주장하였다.

2. ADR에 대한 비판론과 그에 대한 반론 논쟁

ADR은 인권론자들에 의해 비판을 받기도 하였는데 ADR이 사회적 약자에게 합의를 강요함에 따라 오히려 그들에게 불리하게 작용할 수도 있다는 우려를 표명하였다. 그 합의가 당사자의 자발적인 동의에 의한 것이 아니고 당사자 간의 경제·사회적 힘의 불균형으로 인하여 강자가 약자로부터 양보를 얻어내는 절차로 전락하기 쉬우며, 결과적으로 ADR은 신속·저렴한 분쟁해결에 치중한 나머지 분쟁의 공정한 해결이란 가치와 멀어질 수 있다는 것이다. 1980년대는 ADR이 비약적으로 발전하기도 하였지만 ADR운동에 대한 비판과 다시 그에 대한 반발로 인한 논쟁이 일어난 것이 또 하나의 흐름이었다. Jerold Auerbach와 Richard Abel은 상당히 과격한 비판을 하였는데, ADR은 정의에의 접근을 향상시키는 것도 아니거니와 소외계층이 자신들의 권리를 주장하는 것도 더 멀어지게 할 뿐이라고 하였다.[78]

이들과는 좀 다른 측면에서 이러한 논쟁에 불을 지핀 것은 예일대 법대의 Fiss 교수가 1984년에 발표한 논문 "Against Settlement"였다. 이 논문에서 법원의 임무는 사인의 이익을 극대화하는 것도 아니며 평화를 추구하는 것도 아니고, 헌법과 법률에 구현된 가치를 해석하고 권위를 부여하는 것이라고 하였다. 즉 소송의 목적은 만족이나 평화가 아닌 정의이며, 당사자들이 합의(settlement)한다고 해서 법원의 의무가 해제되는 것은 아니라는 것이다.[79] 그는 합의가 판결보다 더 선호되어서도 아니 되고 무분별하게 제도화되어서도 아니 될 것

---

75) Carrie Menkel-Meadow, "Whose dispute is it anyway?: A Philosophical and Democratic Defense of Settlement(In Some Cases)", 83 Geo. L. J. 2663, 1995 참조.

76) Judith Resnik, *op. cit.* 참조.

77) Paul D. Carrington, "Civil Procedure and Alternative Dispute Resolution", 34 J. Legal Educ. 298, 1984 참조.

78) William Twining, *op. cit.*, pp. 380-381.

79) Owen M. Fiss, "Against Settlement", 93 Yale L. J. 1073, 1984, p. 1085.

이라 하였다. 합의는 민사 사건의 plea bargaining에 지나지 않으며, 동의는 흔히 강요될 수 있고 재판이나 판결이 없으면 결국 후속의 법원 절차를 더 복잡하게만 할 수 있다는 것이다. 따라서 합의는 고무되거나 칭찬할만한 것이 아니라고 한다.[80] ADR은 실체적인 진실의 발견보다는 타협에 따른 표면적인 평화만이 이루어지고, ADR을 시행하는 중립인은 국가에 의해 임명되는 판사와는 달리 그 자격요건이 엄격하지 않아 절차의 신뢰성에도 문제가 있을 수 있다는 것이다. 결국 ADR은 당사자 사이의 힘의 불균형(Imbalance of Power), 합당한 동의의 부재(Absence of Authoritative Consent), 지속적인 사법적 관여의 기반 결여(Lack of Foundation for Continuing Judicial Involvement) 등으로 인하여 정의를 구현하는 것과는 거리가 멀다는 것이다.

Fiss 교수의 이러한 주장에 대해 Andrew W. McThenia와 Thomas L. Shaffer 교수가 "For Reconciliation"이라는 논문을 통하여 반박하였다.[81] 그들에 의하면 ADR이 추구하는 바는 Fiss 교수가 생각하는 바와 달리 분쟁의 회피나 휴전이 아니라고 한다. Fiss 교수는 법과 정의를 거의 동일시하는데 법과 정의를 동의어로 보는 것은 문제가 있다고 한다. 또한 사람들이 정부로부터 정의를 항시 얻는 것은 아니며, 법원도 정의를 베푸는 유일하거나 가장 중요한 기관은 아니라고 반박하였다. 이에 Fiss 교수는 위와 같은 McThenia와 Shaffer 교수의 견해를 "Out of Eden"이란 논문으로 다시 반박하였는데,[82] 그들은 종교적인 측면을 가미해서 합의(settlement)라기보다는 화해(reconciliation)를 강조할 뿐이라고 하였다. 또한 McThenia와 Shaffer 교수는 사람들 간의 사랑스러운 관계를 회복하거나 유지하는 사회 메카니즘을 주장하면서 법원의 판결은 그러한 목적에는 부적합하다고 본다는 것이다. Fiss 교수는 이러한 그들의 주장이 원래의 ADR운동론자들이 주장한 것과는 다르다고 하였다. Berger 대법원장이 보였던 관심은 사랑스러운 관계를 회복하거나 유지하는 방법을 찾으려 함에 있지 않고, 법원의 업무 부담을 감소하기 위한 대체적인 방법을 찾고자 하는 효율성의 문제나 정치에 관심을 가지고 있다고 한다. 또한 사람들은 서로 상대의 이야기에 귀 기

---

80) *Id.*, p. 1075.

81) Andrew W. McThenia & Thomas L. Shaffer, "For Reconciliation", 94 Yale L. J. 1660, 1985, pp. 1664-1665.

82) Owen M. Fiss, "Out of Eden", 94 The Yale Law Journal 1669, 1985, pp. 1669-1673.

울이고 말해야 하지만 현실에서는 그게 잘 안 되며, 특히 강자는 약자의 말을 듣
거나 대화하지 않으려 하기 때문에 국가의 힘을 활용하여 법관으로 하여금 강자
가 약자의 말에 귀 기울이게 하는 것이 바로 정의를 실현하는 것이라고 하였다.

한편, Edwards 판사는 ADR이 헌법이나 공법에 관한 어려운 이슈를 해결하
기 위해 확장되어 적용되는 것은 우려할 만한 것이라고 하였다.[83] 법원의 판결
은 공공가치의 적용을 보장하기 때문에 소송을 대체하는 제도를 수용함에 있어
서 법이 성취한 것을 위태롭게 하거나 판결의 중요한 기능을 파괴하지 않도록
주의해야 한다는 것이다. 또한 ADR이 사회적 약자들의 법적 권리를 위한 사법
적 발전을 약화시키는 도구가 되지 않도록 해야 하며, ADR이 가난한 사람들이
나 사회적 혜택을 받지 못한 사람들을 위한 정의와 사법적 효율성을 강조하지만
저렴하고, 신속하고, 격식 없는 결정이 항상 공정하고 정의로운 결과와 일치하
는 것은 아니라고 한다. 그럼에도 불구하고 Edwards 판사는 전통적 소송을 대
신하여 ADR이 잘 사용될 수 있는 분야가 많다는 것도 인정하였다. 법의 지배나
공법 영역 등에 대한 한계를 지킨다면 ADR은 법원의 소송건수를 줄일 수 있는
효과적인 수단이 될 수 있다는 것이다. 또한 ADR에 의해 잘 개발된 실질적인
전문성과 기준을 특정 분야의 분쟁해결에 잘 활용할 수도 있다는 것이다. 법은
원칙을 기반으로 분쟁해결을 하는 반면에 ADR은 비법률적인 가치에 의존하므
로, 만약 분쟁이 법의 지배에 의해 해결되어야 한다면 판사로 하여금 분쟁을 해
결하게 해야 하지만 비법률적 가치에 의해 분쟁을 해결해야 한다면 실질적인 전
문가가 필요할 수 있다는 것이다.

Nader 교수는 Burger 대법원장의 주장이 변호사는 검투사가 아닌 치료자
가 되어야 하고 원고를 치료가 필요한 환자로 보면서 권리라든가 힘의 불균형
같은 것에 대해서는 경시하고 있다고 지적하였다.[84] 또한 이러한 조화(harmony)
를 강조하는 생각이 뿌리내리고 제도화하는 ADR이 1970년대와 1980년에 걸쳐
폭증하고 있으며, 더구나 미국의 대법원장이 이러한 ADR운동의 선봉이 되어 지
휘하고 있다는 점을 비판하였다. Nader 교수는 ADR에 의한 인위적인 동의는

---

83) Harry T. Edwards, "Alternative Dispute Resolution: Panacea or Anathema?", 99 Harv. L. Rev. 668, 1986, pp. 668-684.

84) Laura Nader, "Controlling Processes in the Practice of Law: Hierarchy and Pacification on the Movement to Re-Form Dispute Ideology", 9 Ohio St. J. on Disp. Resol. 1, 1993, pp. 1-25.

불평등한 힘의 관계를 은폐하는 것이며, 이러한 간접적인 통제는 사람을 침묵하게 하는 정교한 기술이라 하였다. 또한 강제적인(mandatory) 조정은 절차의 선택을 못하게 하고 동등한 보호를 제거함으로써 자유를 약화시킨다는 것이다. 이에 대해 다시 Gallant 교수는 Nader 교수가 '강요된 조화는 자유를 부정하는 것이다(Harmony Coerced is Freedom Denied)'라고 하는 것은 ADR을 잘못 이해하는 것이라고 하고, ADR은 정의와 조화를 맞바꾸는 것이 아니며 분쟁 당사자의 이해관계를 이해하고 분쟁을 건설적으로 해결해 주는 것임을 알아야 한다고 반박하였다.[85]

David Schoenbrod 교수는 환경 분야와 관련하여 환경 분쟁은 흔히 지배적인 법이 없고 너무 많은 단계와 너무 많은 이슈를 담고 있어 빨리 해결되거나 종국성(finality)을 갖기가 어려우므로 해결을 위해서는 기간이 많이 소요되는데 협상으로는 그러한 지연을 해결할 수가 없다고 하였다. 또 환경법은 일반적인 소송 기간보다 짧은 주기로 자주 개정되므로 중요 이슈가 해결되기 전에 새로운 법 규정에 의거하여 다시 소송을 해야 하는 상황에 놓여 해결이 더 어렵다고 한다. 환경 분쟁을 해결하기 위한 조정은 공익을 실현할 수 있게 고안된 규제 절차를 침해할 수 있고, 당사자에게 조정을 강요하는 것은 그들의 중요한 권리를 제약할 수 있다는 것이다.[86]

그런가 하면 Brunet은 ADR과 소송이 분쟁해결에 있어서 경쟁자이자 파트너로서의 성격을 가지고 있음을 설명하였다.[87] ADR이 효율적인 분쟁해결에 기여하였지만 절차적 효율성이 실체법의 역할을 감소시킬 수 있으며, 질 높은 정의는 정확한 사실과 법의 파악이 요구되는데 ADR은 이를 달성하는 데 제약이 될 수 있다는 점을 지적하면서 분쟁해결의 효율성을 떨어뜨리지 않는 범위에서 준사법적인 절차를 보완할 필요가 있다고 하였다. 결국 Brunet은 ADR의 문제점을 제기하면서도 ADR과 소송의 경쟁 상황이 분쟁해결의 건전성을 높이고 그 결과의 질을 제고할 수 있다는 조화론적 입장을 취하였다.

한편, 2009년에 포드햄 로스쿨에서는 Fiss 교수가 'Against Settlement'를 발표한 이후 25년이 지난 시점에 ADR과 소송에 대한 논쟁을 다시 점검해 보는

---

85) https://groups.yahoo.com/neo/groups/dispute-res/conversations/topics/6750 참조.

86) David Schoenbrod, "Limits and Dangers of Environmental Mediation: A Review Essay", 58 N. Y. U. L. Rev. 1453, 1983, pp. 1453-1476.

87) Edward Brunet, "Questioning the Quality of Alternate Dispute Resolution", 62 Tul. L. Rev. 1, 1987-1988, pp. 1-56.

심포지엄을 개최하였다. 이 토론회에서는 합의(settlement)를 추구하는 ADR이 현대의 대중 상업시대에는 더 바람직한 분쟁해결 방법이며 재판에 의해 얻을 수 있는 것보다 더 큰 정의를 실현할 수도 있고 정의를 실현하는 역할을 법원만이 독점할 수 있는 것은 아니라는 주장에서부터, Fiss 교수의 견해는 실질적으로는 'against settlement'가 아니고 그가 반대하는 것보다는 무엇을 추구하는지에 주의를 기울이면 Fiss 교수의 주장과 ADR이 꼭 배치되는 것은 아니므로 ADR도 공적 가치를 실현하는 역량을 갖는 것이 좋다고 하면서 양쪽의 조화를 찾으려는 입장과, 재판이야말로 법의 발견·공정성·참여 등을 통하여 인간을 만족시킬 수 있다고 하여 Fiss 교수의 주장을 더욱 지지하는 입장에 이르기까지 다양한 논의가 전개되었다.[88] 이러한 논의에 대해 Fiss 교수는 자신이 그러한 논문을 발표하게 된 배경과 과정을 설명하면서 자신의 입장을 다시 한 번 견지하기도 하였다.[89] 그에 따르면 합의(settlement)를 위한 협상 과정은 이기심, 물질적 불균형, 정보의 차이, 전략적 행동을 나타내고 정의와는 관계가 없다는 것이며, 그러한 것들이 정의를 가져오는 수단이 될 수도 없다는 것이다. 때때로 법원이 불공정한 결과를 낳을 때가 있는 것처럼 이따금 협상이 공정한 결과를 가져올 경우가 있지만, 그렇다고 그 협상의 결과가 정당한 것이라고는 할 수 없다는 것이다. 합의가 가져오는 평화는 깨지기 쉽고 임시적인 것이며, 비록 그 평화가 정의를 달성할 수 있는 전제조건이 될 수는 있지만 그것이 정의 자체가 될 수는 없다는 것이다. 하지만 이와 같이 ADR에 대한 찬반 논쟁이 계속되는 와중에도 ADR은 지속적으로 그 적용범위를 넓혀가고 있다.

---

88) "Symposium: Against Settlement: Twenty-Five Years Later", 78 Fordham L. Rev., 2009, pp. 1117-1280에 아래의 논의들이 실려 있다. Howard M. Erichson, "Foreword: reflections on the adjudication-settlement divide", 78 Fordham L. Rev., 2009, pp. 1117-1127; John Bronsteen, "Some thoughts about the economics of settlement", 78 Fordham L. Rev., 2009, pp. 1129-1141; Amy J. Cohen, "Revisiting Against Settlement: some reflections on dispute resolution and public values", 78 Fordham L. Rev., 2009, pp. 1143-1170; Kenneth R. Feinberg, "Reexamining the arguments in Owen M. Fiss, Against Settlement", 78 Fordham L. Rev., 2009, pp. 1171-1176; Samuel Issacharoff and Robert H. Klonoff. "The public value of settlement", 78 Fordham L. Rev., 2009, pp. 1177-1202; Michael Moffitt, "Three things to be against ("settlement" not included)", 78 Fordham L. Rev., 2009, pp. 1203-1245; Jacqueline Nolan-Haley, "Mediation exceptionality", 78 Fordham L. Rev., 2009, pp. 1247-1264; Hon. Jack B. Weinstein, "Comments on Owen M. Fiss, Against Settlement (1984)", 78 Fordham L. Rev., 2009, pp. 1265-1272; Owen M. Fiss, "The history of an idea", 78 Fordham L. Rev., 2009, pp. 1273-1280.

89) Owen M. Fiss, "The history of an idea", 78 Fordham L. Rev., 2009, pp. 1273-1280.

제2장 ADR의 유형

제1절 분쟁해결 스펙트럼

분쟁이 발생할 때 당사자들은 기본적으로 세 가지 접근방식을 생각하게 된다.[90] 첫째는 분쟁 당사자 한 쪽의 일방적인 행동, 둘째는 양 당사자들이 서로 직면하게 되는 역동적인 선택, 셋째는 제3자가 개입되는 상황으로 조정, 중재, 재판 등이다. 분쟁이 발생할 때 분쟁 당사자 한 쪽이 취할 수 있는 일방적인 행동들로서는 문제에 대한 인식을 다시 한다든지, 무대응, 회피 등을 들 수 있다. 이러한 행동들은 분쟁 당사자 간의 관계가 유지되기를 바람으로써 대응을 자제하거나 아니면 아예 관계를 정리함으로써 미래의 분쟁을 피하려 하는 경우에 취할 수 있는 행동들이다. 이러한 일방적인 행동들은 무책임을 야기하고 지역사회나 조직의 응집력을 약화시킬 수 있다. 따라서 첫 번째 방법은 재판을 대체할수 있는 좋은 방안이 아니다. 분쟁해결을 위해 양 당사자들이 서로 직면하게 되는 선택 상황에서는 한 쪽이 강요를 한다든지 서로 협상을 하게 된다. 강요는한 쪽의 힘이 우세할 경우 상대에게 따르도록 위협을 가하게 된다. 협상은 분쟁해결을 위해 좋은 방법이기는 하지만 당사자들이 서로 의존적인 관계에 있고 타협할 마음이 있으며 제3자의 개입이 없어야 가능하다. 따라서 어떤 경우에는 위첫 번째나 두 번째 방법이 분쟁해결을 위해 유효하기도 하지만 전통적인 재판방식에 대한 대안으로서 안정적인 해결의 장을 항시 마련해 주지는 못한다. 조정이나 중재와 같이 제3자가 개입하여 분쟁을 해결하는 것이 가장 적절하고 만족스러운 방법이 될 수도 있다.

분쟁해결 방식은 다양한 형식과 절차가 망라된 많은 방법들이 있으며 자발적인 것에서 의무적인 것까지, 비구속적인 것에서 구속적인 것까지 연속성을 따

---

90) Royer F. Cook, Janifer A. Roehl & David I. Sheppard, *op. cit.*, pp. 3-4.

라 포진해 있다. E. Wendy Trachte-Huber와 Stephen K. Huber는 분쟁해결의 방식이 얼마나 당사자의 자율성을 침범하느냐, 분쟁해결 절차에의 참여가 얼마나 자발적이냐, 분쟁해결 결과에 얼마나 구속력이 있느냐에 따라 분쟁해결 절차의 배열을 달리 할 수 있다고 하였다.[91] 또한 합의에 의한 분쟁해결 방식 중 가장 핵심이 되는 것은 협상과 조정으로 간주한다. E. Wendy Trachte-Huber와 Stephen K. Huber가 제시하는 분쟁해결 절차의 배열은 다음과 같다. 분쟁해결 절차 배열의 가장 왼쪽은 갈등이 발생하여도 당사자가 직접 해결하기 위한 대응을 하지 않는 것이며, 가장 오른쪽은 자신의 목적을 달성하기 위하여 폭력이나 전쟁을 서슴치 않는 것을 말한다.

<그림 1-1> 분쟁해결 절차의 배열

Laurie S. Coltri는 사람들의 갈등을 해결하기 위한 방식을 재판을 포함하여 크게 '분쟁해결'로 규정한다. 그러한 분쟁해결 방식으로 전쟁이나 폭력과 같이 비합법적이거나 폭력적인 수단들은 분쟁해결에서 제외하고 있다. Coltri는 분쟁의 결과를 누가 결정짓느냐에 따라 분쟁해결 절차의 분류체계를 다음과 같이 제시하였다.[92] 먼저 분쟁의 결과를 분쟁 당사자나 그 대리인이 결정할 수 있으면 협상(Negotiation)이라 하고, 당사자가 아닌 제3자가 결정하고 그 결정이 당사자를 구속하는 경우에는 판정(adjudication)으로 나눈다.

협상(Negotiation)은 다시 분쟁 당사자가 타인의 도움을 받느냐의 여부에 따라 단순협상(simple 또는 unassisted negotiation)과 지원협상(facilitated 또는 assisted negotiation)으로 나눈다. 타인의 도움을 받는 지원협상은 다시 누구의 도움을 받느냐에 따라 ① 변호사 등의 도움을 받는 대리인 협상(agent or advocate assisted negotiation), ② 조정인의 도움을 받는 협상이라 할 수 있는 조정(mediation), ③ 당사자가 제3자 앞에서 자신의 입장을 주장하고 제3자는 이에 대한 비구속적인 결

---

91) E. Wendy Trachte-Huber & Stephen K. Huber, *op. cit.*, pp. 4-5.
92) Laurie S. Coltri, *op. cit.*, pp. 7-10.

정이나 의견을 제시하는 비구속적 평가(nonbinding evaluation)로 나눌 수 있다. 조정(mediation)의 경우 조정인은 당사자의 협상을 도울 뿐이며, 결정권은 당사자에게 유보되어 있다. 비구속적 평가(nonbinding evaluation)의 경우에 제3자는 분쟁의 결과에 대한 의견이나 예측을 제시하기도 하며 당사자의 입장에 대해 강점이나 약점에 대한 의견을 주기도 한다. 당사자는 이러한 비구속적 평가로부터 나온 의견을 참작하여 후속의 분쟁해결 절차에서 이를 참조하며 진행할 수 있다.

한편 분쟁의 결과를 당사자가 아닌 제3자가 결정하는 판정(adjudication)의 가장 전형적인 형식은 법원에 의해 엄격한 절차에 따라 진행되는 재판(litigation)이 있고, 다음으로 행정기관의 행정행위에 의해 이루어지는 행정기관 판정(agency adjudication)과 제3자인 중재인에게 구속력 있는 판정을 의뢰하는 중재(arbitration)가 있다. 행정기관에 의해서 이루어지는 행정기관 판정으로는 운전면허의 정지나 취소와 같은 행정행위를 비롯하여 행정행위에 대한 불복을 위해서 제기하는 행정심판을 들 수 있을 것이다. 중재는 정부기관 판정과 달리 당사자가 법률적으로 구속력이 있는 계약을 체결하게 되는데, 미래의 분쟁에 대비하여 중재 계약을 하는 경우(executory arbitration)와 이미 발생한 분쟁에 대해 나중에 중재 계약을 체결하는 경우(ad-hoc arbitration)로 나눌 수 있다. Coltri는 분쟁해결(Dispute Resolution)과 대체적 분쟁해결(Alternative Dispute Resolution)을 구분하고, ADR은 협상(negotiation)과 소송(litigation)이 아닌 분쟁해결 방식이라고 하여 순수한 협상을 ADR로부터 제외하기도 한다.[93]

위의 분쟁해결 방식들 외에 협상(negotiation)과 판정(adjudication)의 요소들을 적절히 혼합한 분쟁해결 절차를 혼합형 ADR(mixed 또는 hybrid ADR)이라고 하고 있다. Laurie S. Coltri의 이러한 분쟁해결 절차에 관한 분류체계를 도표화하면 다음과 같다.

---

93) *Id.*, p. 1.

<그림 1-2> 분쟁해결 절차의 분류체계

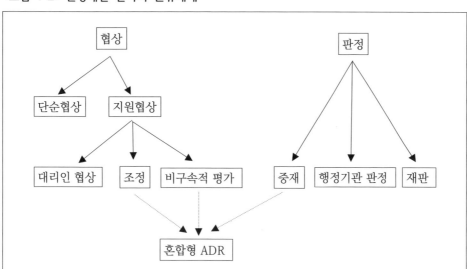

Laurie S. Coltri(2010, p. 10) 참조하여 재작성.

Goldberg 등은 분쟁해결의 세 가지 기본적인 유형을 협상(negotiation), 조정(mediation), 판정(adjudication)으로 설정하고, 이 세 가지가 적절히 조합된 형태의 다양한 분쟁해결 절차가 가능한 것으로 설명한다.[94] 예를 들어 중재가 법원 판정과 결합된 것이 rent-a-judge 또는 private judging이고, 조정이 중재와 결합된 것이 med-arb이다.

Henry J. Brown과 Arthur Marriott Q.C.는 절차의 경직성 정도와 당사자의 자율성을 기준으로 하여 가장 절차의 신축성이 좋고 당사자의 자율성이 큰 분쟁해결 방식을 협상으로 하여 왼쪽의 맨 아래에 두고, 절차의 경직성이 가장 심하고 당사자의 자율성이 가장 작은 방식을 소송으로 하여 오른쪽 맨 위에 두며, 그 사이에는 협상, 촉진, 판정 등의 요소가 결합된 혼합적 ADR(hybrid ADR) 절차를 나타내는 분쟁해결 절차의 배열표를 다음과 같이 제시하였다.[95] 이는 당사자의 자율성이 크고 절차의 신축성이 좋을수록 제3자에 의한 판단보다는 당사자 사이의 합의에 의해 분쟁이 해결될 가능성이 더욱 크다는 것을 의미한다.

---

94) Stephen B. Goldberg, Frank E. A. Sander, Nancy H. Rogers, *op. cit.*, p. 3.
95) Henry J. Brown & Arthur Marriott Q.C., *op. cit.*, pp. 19-24.

<그림 1-3> 분쟁해결 절차의 배열

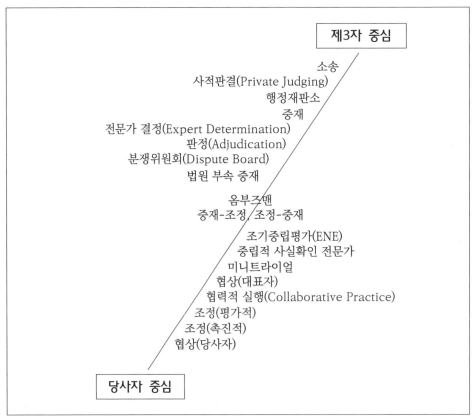

제3자 중심

소송
사적판결(Private Judging)
행정재판소
중재
전문가 결정(Expert Determination)
판정(Adjudication)
분쟁위원회(Dispute Board)
법원 부속 중재

옴부즈맨
중재-조정/조정-중재
조기중립평가(ENE)
중립적 사실확인 전문가
미니트라이얼
협상(대표자)
협력적 실행(Collaborative Practice)
조정(평가적)
조정(촉진적)
협상(당사자)

당사자 중심

Henry J. Brown & Arthur Marriott Q.C.(2011, p. 20).

제 2 절 ADR의 종류

ADR도 다양한 형식의 많은 방법들이 있으며 당사자의 자발성, 제3자의 개입 정도, 분쟁해결 결과의 구속력의 정도, 절차의 공식성의 정도 등에 따라 구분할 수 있다. Stephen B. Goldberg 등은 분쟁해결 절차를 협상, 조정, 중재, 판정(Adjudication)과 같은 기본적(Primary) 분쟁해결 절차와 그러한 기본적 절차들을 적절히 혼합해서 만든 혼합적(Hybrid) 분쟁해결 절차로 나누어 그 특성들을 설명하고 있다. 기본적 분쟁해결 절차와 혼합적 분쟁해결 절차들의 특성을 비교하

면 아래의 표와 같다.[96]

<표 1-4> 기본적(Primary) 분쟁해결 절차의 특성

구 분	협 상	조 정	중 재	판정(Adjudication)
참여의 자발성	자발적	자발적	자발적	비자발적
결과의 구속성	계약으로 합의하면 집행 가능	계약으로 합의하면 집행 가능	구속력 (예외 가능)	구속력(항소 가능)
제3자의 개입	없 음	당사자 선임의 조정인 개입	당사자 선임의 중재인 개입	당사자가 선임하지 않은 판정자의 개입
공식성의 정도	대체로 비공식적	대체로 비공식적	공식성 약함, 당사자 합의로 변경 가능	엄격한 소송 절차, 공식성 강함
절차의 성격	무제한적 주장 입증	무제한적 주장 입증	중재약정 따른 주장 입증	소송 절차에 따른 주장 입증
결정	상호 만족할 만한 합의	상호 만족할 만한 합의	중재인에 의한 중재판정	판정자의 판단에 의한 판정
공공성	사적 절차	사적 절차	사적 절차 (취소 사유에는 법원 개입)	공적 절차

그런데 위의 기본적(Primary) 분쟁해결 절차로서의 판정(Adjudication)은 법원의 재판이나 행정기관에 의한 판정을 말한다. 여기에서 그와는 달리 영국의 건설 산업관련 분쟁해결에 사용되던 방식으로서의 'Adjudication'에 대한 설명이 필요하다. 영국에서 발전된 Adjudication은 1996년의 주택보조건설부흥법(The Housing Grants, Construction and Regeneration Act 1996) Part Ⅱ에 규정된 건설 계약 관련 분쟁이 있을 경우에 사용되는 임시적(interim) 분쟁해결 기법이다. 건설 계약은 보통 그 완성에 오랜 기간이 필요하고 규모가 크며, 다양한 건설 주체들이 복합적으로 협동하여 일을 진행하므로 어느 한 분야에 분쟁이 발생되어 공사가 멈추거나 지연되면 문제가 커지게 되기 때문에 중립적인 Adjudicator로 하여금 주로 공사비용에 대하여 결정을 하게 하고, 이에 대한 구속력

---

96) Stephen B. Goldberg, Frank E. A. Sander, Nancy H. Rogers, *op. cit.*, pp. 4-5. <표 1-4>와 <표 1-5>는 동 자료를 참조해서 재작성함.

(binding)을 부여하는 것이다. 하지만 중재판정과 달리 판정으로서 기록되지는 않으며 결정에 승복하지 않는 상대는 중재를 신청하거나 재판을 청구할 수 있기 때문에 Adjudicator의 결정은 임시적이며, 실제에 있어서는 궁극적인 구속력이 있다고 하기는 어렵다.

Stephen B. Goldberg 등은 기본적(Primary) 분쟁해결 절차들을 적절히 혼합해서 만든 혼합적(Hybrid) 분쟁해결 절차로 약식배심재판, 옴부즈맨, 미니트라이얼, 중립적 사실확인 전문가, 사적 판결 등을 들고 그 특성들을 나누어 설명하였다.

<표 1-5> 혼합적(Hybrid) 분쟁해결 절차의 특성

구 분	약식배심 재판	옴부즈맨	미니트라이얼	중립적 사실확인 전문가	사적 판결
참여의 자발성	자발적/ 비자발적	자발적	자발적	자발적/ 비자발적	자발적
결과의 구속성	비구속력 (계약으로 합의하면 집행 가능)	비구속력	비구속력 (계약으로 합의하면 집행 가능)	비구속력	구속력 (항소 가능)
제3자의 개입	법원이 모의 배심원 선정	옴부즈맨 선정	당사자 선임 중립 어드바이저	당사자 또는 법원 선임의 중립적 전문가	당사자 선임의 전직 법관이나 변호사
공식성의 정도	판정보다 덜 공식적인 절차	비공식적	판정보다 덜 공식적인 절차(당사자가 결정 가능)	비공식적	법규적 절차(그러나, 매우 신축적)
절차의 성격	약식 증거와 주장 가능	조사 방식	약식 증거와 주장이 가능	조사 방식	증거와 주장이 가능
결정	합의를 촉진할 자문적 평결	보고	서로 수용할 수 있는 합의 추구	보고 또는 증언	사실확인과 법률적 판단에 따른 결정
공공성	대체로 공적 절차	사적 절차	대체로 사적 절차	(법원에서의 절차가 아니면) 사적 절차	(사법적 집행절차가 아니면) 사적 절차

Coltri는 ADR을 기본적(basic) ADR, 혼합적(mixed) ADR, 복합적 (Multimodal) ADR 절차로 나눈다.[97] 이 중에서 기본적인 ADR 형식을 조정, 중재와 비구속적 평가(nonbinding evaluation)로 구분한다. 여기에서 비구속적 평가란 분쟁이 재판에서 나타날 결과를 미리 평가해 주는 일종의 협상 지원절차로서 비구속적

---

97) S. Coltri, *op. cit.*, pp. 193-232 참조.

중재, 미니트라이얼, 약식배심재판, 중립평가(neutral evaluation), 분쟁검토위원회 (dispute review board) 등을 들고 있다. 그리고 기본적 절차들의 특정한 조합을 혼합 적 또는 hybrid ADR로 규정하는데, 혼합적 ADR에는 조정-중재, 중재-조정, Mediation Windowing,[98] Incentive Arbitration,[99] Minitrial[100] 등으로 구분한 다. 복합적(Multimodal) ADR 절차로는 Ombuds, 분쟁해결시스템(Dispute Resolution Systems), 재판연계 ADR, 온라인 ADR 등으로 나누고 있다.

Zimmer는 법원 관련 분쟁해결 절차에 대하여 세 개의 카테고리인 촉진적 절차(facilitative processes), 자문적 절차(advisory processes), 판정적 절차(adjudicative processes)로 나누었다.[101] 이 중에서 촉진적 절차로는 촉진적 조정(facilitative mediation)과 컨실리에이션을 예로 들고 자문적 절차로는 평가적 조정 (evaluative mediation), 중립평가, 비구속적 중재, 미니트라이얼을 예로 들며, 판 정적 절차로는 법원 판결과 구속적 중재를 예로 들고 있다.

Tom Arnold는 ADR 방식에 대한 개념이 모든 국가에서 통일적으로 사용 되고 있는 것은 아니라고 지적하면서 ADR로 알려진 다양한 형식을 소개하였 다.[102] 위와 같이 학자에 따라 다양하게 분류하고 있음에도 불구하고 일반적으 로 대체적 분쟁해결 방식은 가장 기본적인 형식으로 협상, 조정, 중재의 세 가지 유형으로 나누고, 그에 대한 혼합형으로 다양한 분쟁해결 방식을 든다. 많은 ADR 메카니즘은 다양한 분쟁해결 수단의 혼합물을 내포하고 있는 것이다. 따라 서 이하에서는 ADR의 기본적인 형식이라 할 수 있는 협상, 조정, 중재를 먼저

---

98) 이는 중재 절차 중에 중재판정 대신 중재인에 의해서 시행되는 비공식적인 조정을 촉진하는 것 이다. *Id.* 참조.

99) 이는 비구속적 평가와 중재 사이에 해당하는 혼합절차로서 중재에 부쳐진 사건은 중재판정이 내 려지는데, 이 중재판정은 비구속적이지만 이를 수용하지 않을 경우에 벌칙이 내려지는 것이다. *Id.* 참조.

100) Coltri는 비구속적 평가로서의 미니트라이얼 외에 별도로 혼합적 절차로서의 미니트라이얼이 존재한다고 설명한다. *Id.* 참조.

101) Markus Zimmer, Overview of Alternative Dispute Resolution: A Primer for Judges and Administrators, International Journal for Court Administration, December 2011, p. 1.

102) 이에는 'negotiation,' 'neutral fact finder,' 'ombudsman,' 'early neutral evaluation,' 'summary jury trial,' 'binding hi-low summary jury trial,' 'mediation,' 'conciliation,' 'case-managed, hybrid mediation,' 'mediation and arbitration hybrid,' 'non-binding arbitration,' binding arbitration,' 'court-annexed arbitration,' 'caucus arbitration,' 'baseball or final-offer arbitration,' 'MEDALOA(alternatives A and B),' 'mini-trial,' 'rent-a-judge,' 'partnering,' 'meetings facilitation,' 등이 있다. Tom Arnold, "Vocabulary of ADR Procedures", 50 Disp. Resol. J. 69 (1995); 51 Disp. Resol. J. 60 (1996); 51-OCT Disp. Resol. J. 74 (1996); 52-SUM Disp. Resol. J. 82 (1997) 참조.

살펴보고 다음으로 이들이 다양한 형태로 섞여 있는 혼합형 ADR에 대해 검토하고자 한다.

1. 협 상

(1) 협상의 개요

협상(Negotiation)은 분쟁해결의 가장 보편적이고 고전적인 형식이며, 그 과정을 통해서 당사자들은 분쟁 또는 잠재적인 분쟁사항에 관한 합의에 도달하기 위한 시도를 하는 교섭과정이다.[103] 협상이 조정이나 중재와 다른 점은 제3자의 개입이나 판단을 포함하지 않는다는 점이다. 결과에 영향을 미치는 제3자의 결정은 협상과 다양한 형식의 다른 판정 사이에 근본적인 차이를 이루는 요소이다. 협상에 있어 당사자들은 쌍방의 만족스러운 결과를 얻기 위해 정보교환을 하며 서로를 설득하려고 한다. 협상의 결과는 흔히 당사자들의 최초의 요구 사이에서 타협을 가져온다. 왜냐하면 협상의 결과는 그들의 힘과 자원의 상대적 우위나, 도덕적 또는 실제적인 환경의 제약을 반영하기 때문이다.[104] 협상은 당사자들에 의한 자발적인 문제해결 과정을 기초로 하기 때문에, 그들 당사자 스스로가 갈등을 해결하기 위한 의지가 있을 때만이 협상이 가능하다. 더욱이, 일방 또는 쌍방이 타방을 접촉하는 것을 거부할 때는 당사자들은 협상을 위한 진도를 나갈 수가 없다.

이달곤은 협상이 핵심적인 구성요소를 가지고 있다고 한다.[105] 그 구성요소를 보면 첫째로 협상은 둘 이상의 의사결정주체나 당사자를 필요로 한다는 것이다. 둘째로 협상은 공통적이거나 충돌하는 목적이나 이해관계를 갖는다는 것이다. 셋째로 협상은 당사자의 협상결과가 상대방에 의존한다는 것이다. 넷째로 협상과정은 불완전한 정보의 상태에서 상대의 입장을 탐색해가는 정보의 의존

---

103) Bryan A. Garner et al. ed., Black's Law Dictionary, West Group, 2001, p. 472.

104) P. H. Gulliver, Disputes and Negotiations: A Cross-Cultural Perspective, Academic Press, 1979, p. 79.

105) 이달곤, 협상론-협상의 과정, 구조, 그리고 전략-, 법문사, 2005, 17-22쪽.

성을 요소로 한다는 것이다. 다섯째로 협상 상황에서는 상대를 자신이 원하는 방향으로 이끌 수 있는 협상력이 중요한 요소로 작용한다는 것이다.

협상은 미래의 사안에 대하여 하는 거래적 협상(deal-making 또는 transactional negotiation)과 이미 발생된 사건으로 인한 갈등상태에서 하는 분쟁협상(dispute negotiation)으로 구분할 수 있다.106) 전자가 당사자 스스로 해결해야 하는 상황이라면 후자는 법관이나 중재인과 같은 제3자에 의해서 흔히 해결되기도 한다. 따라서 분쟁협상의 경우에는 소송으로 가기 위한 서곡이 되기도 한다. 거래적 협상은 부동산을 구입한다든지 고용 계약을 체결한다든지 하는 데 이용되므로, 일반적으로 ADR에서 말하는 협상은 분쟁이 발생된 상태에서 하게 되는 분쟁협상이라고 할 수 있다.

또한 협상은 분배적 협상(distributive negotiation)과 통합적 협상(integrative negotiation) 상황으로 구분하기도 한다.107) 분배적 협상 상황에서는 자원이 한정된 상태에 있다는 믿음에서 발생하는데, 협상자는 포지션(position)에 입각한 협상을 시도한다. 분배적 협상 상황에서는 불균형적인 정보에 의해서, 또는 상대의 결정을 좌우할 수 있는 정보의 인위적 조작에 의해 영향을 많이 받는다. 상대가 많이 가지면 내가 적게 갖는다는 제로 섬 게임의 딜레마를 상정하는 것이다. 이에 비해 통합적 협상 상황에서는 각자의 목표가 상충하지 않을 수 있고, 상호 이익이 가능할 뿐만 아니라 서로에게 이익이 되도록 행동하는 것을 바람직한 것으로 여긴다. 이는 포지션보다는 숨어 있는 욕구나 이익(interest)에 입각한 협상을 시도하는 것으로, 서로에게 이익이 되는 해결책을 탐색한다. 따라서 분배적 협상은 제로 섬 협상(zero-sum negotiation)이라고 하고 통합적 협상은 포지티브 섬 협상(positive-sum negotiation)이라고도 한다.108) 제로 섬 협상 상황에서 협상자는 전체를 나누어 각자가 크게 얻으려는 데 관심이 있는 반면, 포지티브 섬 협상 상황에서 협상자는 전체의 크기를 키워 함께 이익을 크게 하는 데 주의를 기울인다. 많은 경우에 협상은 제로 섬 상황과 포지티브 섬 상황이 혼재되어 있는 경우가 많다.

협상을 할 때는 최저선(bottom line)과 협상 영역(bargaining 또는 settlement

---

106) Jacqueline Nolan-Haley, Alternative Dispute Resolution in a Nutshell, WestGroup, 2001, pp. 15-16.

107) *Id.*, pp. 17-18.

108) Stephen J. Ware, *op. cit.*, pp. 176-181.

zone)을 생각해야 한다.[109] 최저선이란 협상 당사자들이 수용할 수 있는 최저한도를 말하는바, 소송에서 원고가 최소 120만 원을 받아야겠다고 생각할 때 피고 측에서는 100만 원 이상은 줄 수 없다고 생각하는 경우에 이 금액들은 당사자들에게 최저선이 되는 것이다. 이 경우에는 서로가 받아들일 수 있는 협상 영역이 존재하지 않기 때문에 협상은 성립되기가 어렵게 된다. 그러나 원고가 최소 120만 원을 받아야겠다고 생각할 때 피고 측에서는 150만 원 이상은 줄 수 없다고 생각하는 경우에는 120만 원과 150만 원 사이에 협상 영역이 생기므로 협상의 성립 가능성이 높아지는 것이다.

협상의 분류는 변호사가 협상을 임할 때 취하는 접근법과도 관계가 있는바, 이에는 적대적/경쟁적 접근(adversarial/competitive approach), 협력적 접근(cooperative approach)과 문제해결적 접근(problem-solving approach)이 있다.[110] 적대적/경쟁적 접근과 협력적 접근은 포지션에 입각한 협상을 통하여 개인의 이익을 극대화하는 데 초점을 두므로 제로 섬 협상을 지향하고, 문제해결적 접근은 개인적 이익보다는 서로에게 만족을 주는 해결 방안을 탐색하므로 포지티브 섬 협상을 지향한다고 할 수 있다. 적대적/경쟁적 접근과 협력적 접근의 차이는 후자의 경우에 협상자는 전자의 경우보다 더 양보하고, 정직하며 정중하게 협상에 임하여 협상 영역(bargaining zone)에서 협상을 타결할 수 있는 가능성을 높인다는 데 있다. 문제해결적 접근은 협상을 문제해결을 위한 협력의 과정으로 간주하고 부가적인 가치를 얻기 위해 기회를 창출하려 한다.

Coltri는 Roger Fisher와 William Ury가 주장한 이해관계(interest)에 근거한 협상과 포지션(position)을 바탕으로 하는 협상을 구별하고 포지션에 입각한 협상자는 두 가지 목적을 가지고 있다고 한다.[111] 하나는 상대의 협상 최저가격(bottom line 또는 reservation price)을 정확히 알아내려고 하는 것이고, 다른 하나는 협상자가 생각하는 최저가격이 더 낮거나 높다고 생각하도록 상대방을 인식시키는 데 있다고 한다. 하지만 포지션에 입각한 협상은 협상자를 심리적으로 포지션에 갇히도록 하며, 협상 상대자를 협상의 파트너가 아닌 적으로만 볼 수 있고, 협상에 임할 때 포지션과 관계없는 이슈들에 대해서는 파악할 수 없는 등

---

109) *Id.*, pp. 182-189.
110) *Id.*
111) Laurie S. Coltri, *op. cit.*. p. 27.

의 단점이 있다고 한다. Coltri는 협상에 임하여 갈등 상황에 있는 당사자의 개인적인 동기는 다른 동기들과 층을 이루고 있다고 하고, 포지션과 이해관계의 개념을 이용하여 다음과 같은 갈등양파(Conflict Onion)라는 도표를 제시하고 있다.[112]

<그림 1-4> 갈등양파(Conflict Onion)

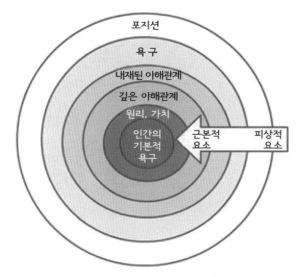

Laurie S. Coltri, p. 2 참조하여 재작성.

(2) 협 상 론

갈등이나 분쟁이 발생할 경우 이를 해결하기 위해 인간은 여러 가지 행동들을 하게 되는데 그 중에서 가장 기본적이고 빈번하게 이용되는 방식은 협상이라 할 수 있다. 분쟁의 당사자들은 가능하다면 제3자(국가나 중립인)의 개입이 없이 당사자들끼리 문제를 해결하고 싶어하는 것은 당연한 것이다. 또 당사자끼리 대화를 통하여 해결하면 시간이나 비용 면에서 제3자가 관여하는 것보다 훨씬 효율적일 것이다. 그렇지만 이러한 협상의 상황에서 어떻게 협상하는 것이 문제를 해결할 뿐만 아니라 협상자의 의도대로 상황을 이끌어갈 수 있을까에 대하여 많은 연구와 이론이 있다.

---

112) *Id.*, p. 29.

협상은 태초부터 인류가 생활에 필요한 자원이 부족한 환경하에서 의식주를 해결하기 위해 경쟁하고 소통하는 과정에서 이용되었으리라 충분히 이해할 수 있다. 하지만 근대적 의미의 협상에 대한 이론은 1592년 베이컨(Francis Bacon)의 「협상론(On Negotiation)」이나 1723년 로마의 물리학자인 펠리스(De Felice)의 「협상의 기술(The Art of Negotiation)」에서 시작된 것으로 흔히 인용된다.[113] 서구에서는 2차대전 이후 사회심리학, 국제정치학, 경제학, 수학 등의 힘을 빌어 단편적으로 연구를 하여 왔으나, 1950년대 초부터는 복합적으로 학제적인 연구가 진행되고 최근에 와서는 법학, 정책학, 경영학 등 실무적인 차원의 전문 분야에서 더 활발하게 연구와 실용적인 적용이 이루어지고 있다.[114] 이달곤은 협상 연구의 접근방법을 역사적 접근방법, 구조적 접근법, 전략적 접근법, 행태적·기술적 접근법, 과정변수적 접근법으로 대별하여 설명하고 있다.[115]

많은 협상 이론 중에서도 가장 주목을 끄는 방법을 대별하면 이해관계에 기반을 둔 문제해결 접근법(interest-based problem-solving approach)과 경쟁적 접근법(competitive approach)이 있다. 이해관계에 기반을 둔 문제해결 접근법은 효과적인 합의를 이끌어내는 접근법으로서 협상 당사자에게 상호 이익이 되는 이해관계에 초점을 두는 방향으로 '통합적(integrative)' 협상을 하는 것을 말한다.[116] 경쟁적 접근법은 포지션에 입각한 협상 또는 '분배적(distributive)' 협상이라고도 하는데, 이는 제한된 자원을 분배하여 한 쪽이 많이 취할수록 상대의 몫이 줄어든다는 것을 전제로 하는 접근법이다. 이에 따르면 협상 과정은 승자와 패자로 나누어지게 되며, 협상자는 자신의 이익을 최대로 하기 위하여 강하게 밀어붙이고 기교를 쓴다고 한다. 하지만 실제 협상에서는 이 두 가지 접근법을 적절히 사용할 필요가 있으며, 협상 과정에서 너무 몰아붙이거나 연약하게 하는 것보다는 때로는 협력적으로 때로는 경쟁적으로 상황에 맞게 협상에 임하는 것이 좋을 수 있다.[117] 그 밖의 협상 이론으로는 P. H. Gulliver에 의한 사회인류학적인 기반을 가진 협상 모델이 있으며,[118] Murray, Rau 및 Sherman의 게임이

---

113) 이달곤, 전게서, 28-29쪽.
114) 상게서, 29쪽.
115) 상게서, 34-46쪽 참조.
116) Henry J. Brown & Arthur Marriott Q.C., *op. cit.*, p. 50.
117) *Id.*, p. 53-56.
118) P. H. Gulliver, *op. cit.* 참조.

론,[119] Steven J. Brams와 Alan D. Taylor의 공정한 분할(fair division)에 관한 이론[120] 등이 있다.

최근에는 협상에 관한 관심이 증대하여 협상과 관련된 서적만 해도 수십 종이 시중에 나와 있다. 그런데 협상의 원칙이나 기술 등에 관한 여러 문헌 중에서도 하버드 협상연구소의 Roger Fisher와 William Ury는 겉으로 드러나는 입장(Position)에 기반을 두는 것보다 내재된 이해관계(Interest)에 근거를 둔 협상의 원칙과 전략들을 제시하는 'Getting to Yes: Negotiation Agreements Without Giving In'이라는 책을 세상에 내놓아 협상 분야에 커다란 임팩트를 가져 왔다.[121] 이하에서는 그들의 이론과 후속의 문헌들에 담긴 협상의 접근 방법들에 대하여 발췌·요약하여 소개하고자 한다.

1) Getting to Yes: Negotiation Agreements Without Giving In

Roger Fisher와 William Ury는 종래의 입장(Position)에 근거한 협상을 벗어나서 이해관계(Interest) 기반의 협상의 기법을 개발하고 이를 활용하여 'win-win' 협상을 이룰 수 있음을 강조하였다. 이는 1981년에 처음으로 발간된 'Getting to Yes: Negotiation Agreements Without Giving In'이라는 베스트셀러 책을 통하여 전파되었다. 그들은 '원칙화된 협상(Principled Negotiation)'[122]이라는 개념을 도입하고 이 방법을 네 가지 기본 항목(사람, 이해관계, 옵션, 기준)으로 나누어 설명하고 있다.

첫째로 문제와 사람을 분리시키고, 사람에게는 부드럽게 대하되 문제에는 강경하게 대할 것을 주문하고 있다.[123] 그들은 상대방이 보는 그대로의 상황을

---

119) John S. Murray, Alan Scott Rau, Edward F. Sherman, Processes of Dispute Resolution: The Role of Lawyers, Foundation Press, 1989 참조.

120) Steven J. Brams, Alan D. Taylor, Fair division: From Cake-Cutting to Dispute Resolution, Cambridge University Press, 1996 참조.

121) 2001년에 한국 대학의 협상 강의안을 분석한 자료에 의하면 조사대상 대학원과 학부의 협상 과목 교재로 가장 많이 활용되는 것은 Roger Fisher & William Ury의 'Getting to Yes'이고, 그 다음으로는 Bazerman & Neale의 'Negotiating Rationally'였다고 한다. 조기숙, "한국 대학의 협상 강의안(Syllabus) 분석", 한국협상학회 학술·세미나 발표자료집, 한국협상하회, 2001, 134쪽.

122) 이 '원칙화된 협상'은 '통합적(integrative) 협상', '문제해결적(problem-solving) 협상', '이해관계에 기반을 둔(interests-based) 협상', '원-윈(win-win) 협상', '협력적(cooperative) 협상' 등으로도 불린다. Stephen B. Goldberg, Frank E. A. Sander, Nancy H. Rogers, op. cit., p. 38.

123) 로저 피셔, 윌리엄 유리, 브루스 패튼 지음, 박영환 옮김, YES를 이끌어내는 협상법, 도서출판 장락, 2013, 43-75쪽 참조.

볼 수 있는 능력을 협상자가 지녀야 할 가장 중요한 역량 중의 하나로 보았다. 협상자는 협상 내용과 인간관계라는 두 종류의 이해관계를 이해하여야 한다고 한다. 협상에 임해서는 자신의 감정을 숨기지 말고 솔직히 이야기하되, 상대의 행동을 지적하기보다는 상대로부터 받은 본인의 느낌을 설명해 주는 것이 좋으며 상대방이 대화를 통해서 감정을 분출하게 해 주는 것이 좋다고 한다. 이 때 상대의 비방에 동요하지 말고 하고 싶은 말을 다하게 하는 것이 좋다는 것이다. 결국 상대를 적대관계가 아닌 동행관계로 생각하는 것이 중요한데, 인간관계가 아무리 어려워도 협상의 과제를 공동의 이해관계로 바라볼 때 우호적으로 조화시킬 수 있게 된다는 것이다.

둘째로 입장(Position)이 아니라 이해관계(Interest)에 초점을 맞춰야 한다는 것이다.[124] 상대가 자신의 이해관계를 알아주길 바란다면 먼저 상대의 이해관계를 잘 알고 있다는 것을 보여주는 것부터 시작하는 것이 중요하고, 나아가서 상대의 이해관계에도 부합하는 해결방안을 모색할 필요가 있다는 것이다. 이해관계에 근거한 협상의 예로 시나이 반도를 둘러싼 이스라엘과 이집트의 분쟁을 들 수 있다. 이스라엘은 1967년에 6일 전쟁을 통해 이집트의 시나이 반도를 점령하였다. 서로의 입장 차이 때문에 도무지 타협점을 찾지 못하였으나, 캠프 데이비드에서 이집트의 사다트 대통령과 이스라엘의 베긴 수상은 시나이 반도에 대한 이집트의 주권회복을 인정하는 대신 비무장 지대를 설정하여 이스라엘의 안전을 보장하여 줌으로써 서로의 이해관계가 충족되고 win-win하는 결과를 가져왔다. 이와 같이 입장보다 이해관계를 중요시하는 것은 두 가지 측면에서 의미가 있는데, 첫째는 모든 이해관계에는 그것을 충족시킬 수 있는 가능한 방안이 존재하기 마련이라는 점이다. 둘째는 아무리 상반된 이해관계라도 그 뒤에는 상치된 이해관계뿐만 아니라 공유와 양립이 가능한 이해관계가 있기 마련이므로 그러한 이해관계를 파악해서 공략하는 것이 중요하다는 것이다.

셋째로 상호에게 이익이 되는 옵션을 개발하는 것이 중요하다는 것이다.[125] 무엇을 할 것인지 결정하기 전에 다양한 가능성을 만들어 내고, 많은 옵션을 개발하되 결정은 나중에 하라는 것이다. 이들은 풍부한 옵션을 개발하는 데 있어서 네 가지의 장애를 주의하여야 한다고 하였다. 그것은 성급한 판단, 한 가지

---

124) 상게서, 76-98쪽 참조.
125) 상게서, 99-133쪽 참조.

해답만을 찾으려는 태도, 파이의 크기가 정해져 있다는 생각, 상대방의 문제를 해결하는 것은 상대방이 할 일이라는 생각 등이다. 이를 극복하고 창의적인 옵션을 개발하기 위해서는 옵션을 창안하는 것과 결정하는 것을 분리시키고, 한 가지 해답만을 찾지 말고 옵션의 폭을 넓히며, 서로에게 득이 되는 것을 찾는 것이 중요하다는 것이다. 예를 들어 오렌지 하나를 놓고 다투는 아이들의 경우 한 명은 오렌지 알맹이를 먹기 원하고, 한 명은 빵 굽는 데 쓸 껍질을 원하는 경우의 이해관계를 파악하면 오렌지 하나로도 모두를 충족시키는 방법이 있다는 것이다. 또한 상대방이 쉽게 결정할 수 있는 방법을 찾아주는 것이 좋다는 것이다.

넷째로 협상에 임하여 상대방을 설득할 때 객관적 기준에 근거한 결과를 주장하는 것이 중요하다.[126) 상호 만족할 수 있는 합의에 도달하기 위해서는 먼저 적용할 기준에 합의하고, 양보할 경우에도 상대의 압력이 아니라 원칙에 양보하는 것이 좋다는 것이다. 또 공정한 기준을 위해서는 공정한 절차를 사용하는 것이 필요한데, 두 아이가 케이크를 공정하게 나누는 방법은 한 명이 케이크를 자르고 다른 한 명이 먼저 고르게 하는 것이 그 예이다.

다음으로 협상에 임하다 보면 상대방이 본인보다 훨씬 우월한 위치에 있는 경우나 상대방이 협상에 응하지 않는 경우, 또는 응하더라도 술수를 쓰는 경우 등 다양한 상황이 존재할 수가 있다. 이러한 경우에 대해서도 Roger Fisher와 William Ury는 대응 전략을 제시하고 있다.

첫째로 상대방이 자신보다 훨씬 우월한 위치에 있는 경우에는 BATNA(Best Alternative to a Negotiated Agreement)라는 개념을 이용한다.[127) 이는 협상에서 떠나더라도 자신의 이익을 극대화할 수 있는 최적의 대안을 말하는 것으로 강력한 BATNA를 가지고 있거나 개발하면 협상력이 강해지고 협상에서 유리한 위치를 점할 수 있다.[128) 이러한 BATNA를 개발하는 방법은 합의에 이르지 못할 경우 취할 수 있는 행동의 목록을 작성하고, 가능성 있는 아이디어를 더욱 발전

---

126) 상게서, 134-152쪽 참조.

127) 상게서, 155-168쪽 참조.

128) Haynes는 협상에 실패할 경우 발생할 수 있는 최악의 결과를 의미하는 WATNA(Worst Alternative to a Negotiated Agreement)라는 개념을 개발했다. 그에 의하면 협상자는 협상에 임하여 자신의 BATNA와 WATNA를 함께 알아야 할 필요가 있고, 이를 통하여 협상을 타결할 것인지의 여부와 그 합의 내용에 대해 더 잘 결정할 수가 있다는 것이다. John Haynes and Gretchen Haynes, Mediating Divorce, Jossey-Bass, 1989, p. 11 참조.

시켜 그것들을 실현 가능한 대안으로 전환하며, 도출된 여러 대안 중 최고의 대안을 고르는 방식으로 한다. 자신이 가지고 있는 BATNA도 강약이 있게 마련인데 강한 BATNA는 상대가 알게 하고 BATNA가 약하면 상대가 모르게 하는 것이 좋다. 마찬가지로 상대의 BATNA를 알수록 그리고 상대가 자신의 BATNA를 낮게 평가하게 할수록 자신에게는 유리하다는 것이다.

둘째로 상대방이 협상에 응하지 않는 경우에는 어떻게 할 것인가?[129] 이에 대해서는 '협상에서의 유도형 기술'을 설명하고 있다. 상대가 성실하게 협상에 임하려 하지 않고 자신을 공격하면서 협상을 회피하는 경우에는 상대방의 비판을 바로 반박하기보다 그 입장의 이면을 살펴보는 것이 필요하다. 그리고 오히려 상대의 비판과 조언을 요청하는 것이 좋다. 상대방이 자신의 위치에 있다면 어떻게 할지를 물어본다든지, 자신에 대한 인신공격을 당면문제에 관한 공격으로 전환하는 전략으로 대응하는 것이 좋다는 것이다. 협상에 있어서의 유도형 기술을 적용할 때는 첫째, 상대방의 저항을 불러올 수 있는 단언을 하지 말고 질문하는 방식으로 접근하는 것이 좋다. 둘째, 상대방이 비이성적인 제안을 하거나 정당하지 못한 공격을 해 올 경우에는 잠시 침묵을 하는 시간을 가지면 상대로 하여금 새로운 제안을 하게 하거나 상대는 그 침묵을 깨고 무언가를 얘기해야 하는 압박감을 갖게 된다는 것이다. 결국 훌륭한 협상자는 즉석에서 중요한 문제를 결정하기보다 시간을 갖고 좀 떨어져서 여유를 갖는 것이 사람과 문제를 분리시키는 데 도움이 된다는 것을 염두에 두는 것이 좋다고 한다.

셋째로 상대방이 협상에 응하더라도 술수를 쓰는 경우가 있다.[130] 상대방이 속임수를 쓰고 있다고 생각되는 경우에는 첫째, 속임수 전략을 파악한다. 둘째, 그 협상의 문제점을 뚜렷이 부각시킨다. 셋째, 그 속임수 전략이 합법적이며 바람직한 방법인지 상대에게 묻는 방식으로 대응하는 것이 좋다는 것이다. 협상에 흔히 쓰이는 세 가지 속임수 전략은 고의적인 사기, 심리전, 입장(position)에 근거한 압력 전술이 있는데, 심리전과 관련하여 물리적 환경이 편파적이라 생각되면 망설이지 말고 상대에게 지적하는 것이 좋으며, 그러한 위협에 대해 가장 좋은 대응책은 원칙을 고수하는 것이라는 점이다. 입장에 근거한 압력 전술이 나오면 상대의 강요 전략에 대하여 일부러 그 의도를 다르게 해석하는 방법을 사

---

129) 로저 피셔, 윌리엄 유리, 브루스 패튼 지음, 박영환 옮김, 전게서, 169-198쪽 참조.
130) 상게서, 199-221쪽 참조.

용하는 것도 상대의 의도를 약화시킬 수 있는 좋은 방법이다. 하지만 이 때 상대의 공언 사실을 크게 문제 삼지는 않고 가볍게 다루는 것이 상대가 모양새 좋게 항복할 수 있게 해 주는 것이다. 또 상대가 택하든지 그만 두든지 하라고 압력을 가하면 이를 무시하거나 화제를 바꿔주고, 피할 수 없으면 협상 환경을 바꾸든지 해서 상대가 체면을 구기지 않으면서 빠져나가게 하는 것이 좋다는 것이다.

협상의 마지막 단계에서는 좀 더 은밀한 타협의 기회를 찾는 것이 좋다. 협상이 끝난 후에는 성과에 대하여 생각하는 시간을 가질 필요가 있으며, 협상과정을 나중에 볼 수 있게 일지나 일기 형식으로 기록하는 것도 좋다. 한편 협상을 할 때 상대의 말을 경청하는 것은 상대의 이해관계를 파악할 수 있고 가능한 옵션에 대한 정보를 제공하기 때문에 자신의 협상력을 향상시킬 수 있다고 한다. 상대의 숨겨진 이해관계를 찾기 위해 노력할 뿐만 아니라 상대의 표현된 입장 뒤에도 자신의 이해와 일치하는 이해관계가 숨어 있을 수 있음을 알아야 한다는 것이다.

그런데 White에 의하면, 이러한 Roger Fisher와 William Ury의 'Getting to Yes'에서 주장된 '원칙화된 협상(Principled Negotiation)'은 전통적인 협상법에 비해서 다양한 협상기법과 영리하고 효과적인 협상법을 제시하고 있지만, 협상 절차에 내재하는 복잡한 상황을 너무 단순화하여 설명하고 있다는 비판이 있다.[131]

2) Getting Past NO

베스트셀러인 'Getting to Yes'에 이어 William Ury는 1991년에 'Getting Past NO'를 다시 발간하였다. 이 서적에서 그는 상대의 이해관계를 알아내기 위해서는 그가 가장 중요하게 생각하고 있는 것이 무엇인지 상상하는 연습을 하는 것이 중요하다고 한다. 유능한 협상가는 먼저 파이를 최대한 크게 부풀릴 방법을 찾는다는 것이다. 또 협상에서 자주 저지르는 실수는 자신의 한 가지 입장에만 집착하는 것이다. 가능한 여러 옵션들을 숙고하면 새로운 가능성을 발견할 수 있다는 것이다. 협상 준비는 다른 사람들과 대화를 나누면서 준비하는 것이 좋은데, 이는 새로운 관점을 알 수 있고 회피하고 싶은 것을 피하지 않게도 해

---

131) Stephen B. Goldberg, Frank E. A. Sander, Nancy H. Rogers, *op. cit.*, p. 47.

주며 격려도 될 수 있기 때문이다. William Ury는 어려운 협상 상황에서 성공적인 협상을 위해 적용할 수 있는 방법을 아래와 같이 5단계 장벽 돌파 협상법(Breakthrough Negotiation)으로 제시하였다.

첫째로 상대에 대해 반사적으로 반응하지 말고 잠시 발코니로 가는 여유를 가질 필요가 있다는 것이다.[132] 협상을 시작하기 전에도 준비 작업을 위해서 발코니로 나가고, 협상이 진행되는 중에도 기회가 있을 때마다 발코니로 나가서 여유를 가지고 생각해야 한다. 협상 중에 생각할 시간을 벌기 위해서는 좀 전에 상대가 했던 말을 반복하면서 "이런 뜻이었습니까?" 하고 묻는 것도 유용한 방법이다. 상대가 여러 정보를 정신없이 계속 쏟아 내놓을 때는 "다시 한 번 말씀해 주시겠습니까?"라고 하거나 상대의 말을 일부러 천천히 받아 적는 방법도 좋다. 또 다른 방법은 파트너를 대동하여 한 사람이 협상하는 동안 나머지 한 사람은 발코니에 가서 협상의 내용을 정리하게 하는 것이다. 상대의 언어적 공격에는 심각하게 받아들이지 말고 가볍게 화제를 돌리는 등 통제력을 잃게 하려는 상대의 술수에 넘어가지 않도록 주의해야 한다는 것이다.

둘째로 가능한 한 상대의 입장에 서서 생각하고 상대와 논쟁하지 말라는 것이다.[133] 성공적인 협상을 위해서는 상대가 적대적인 감정을 갖지 않게 해 주는 것이 필요하다. 이러한 무장해제의 비결은 의외성에 있는데, 무장해제를 위해서는 상대가 기대하는 것과 정반대로 행동하는 것이 좋다고 한다. 공격을 예상하는 상대에게 오히려 상대의 편에 서 주는 말을 하고 상대의 의견에 동의해 주면 상대 역시 나를 경청하게 된다는 것이다. 상대의 견해를 인정한다는 것이 상대의 말에 전부 동의한다는 뜻은 아니다. 타당한 견해 중 하나로 받아들이라는 뜻이다. 한편 상대를 인정하는 가장 분명한 형식은 사과이다. 비록 상대에게 책임이 있을지라도 자신이 잘못한 부분에 대하여 사과하면 상대도 사과할 마음이 생긴다는 것이다. 상대를 인정해 줄수록 상대는 협상자로부터 힘을 느낀다고 한다. 그 힘을 제대로 알아볼 수 있도록 상대를 인정해 주는 자신감을 보여줄 필요가 있다는 것이다.

또한 협상 중에 가능한 '예스'를 많이 사용하는 것은 상대를 무장해제시키는 유용한 도구가 될 수 있다고 한다. 자신에게 동의를 해 주는 사람에게 공격

---

132) 윌리엄 유리 지음, 이수정 옮김, 혼자 이기지 마라, 스몰빅라이프, 2016, 53-80쪽 참조.
133) 상게서. 81-113쪽 참조.

하기는 어렵기 때문이다. 이 경우에 유머가 가미되면 더욱 인간적으로 느끼게 하여 친밀감을 준다. 그런데 상대가 자존심에 민감한 사람이라면 오히려 좋은 기회로 생각할 수 있다고 한다. 이런 사람은 인정받고자 하는 욕구만 충족시켜 주면 쉽게 무장해제 되기 때문이다. 상대를 내 편으로 만드는 가장 좋은 방법은 그를 친구로 만드는 것이며, 상대와 다른 의견일 때는 처음부터 '하지만'이라고 하는 대신 '맞습니다. 그리고...'로 시작하는 것이 좋다. 협상내용을 설명하는 경우에도 상대를 공격하지 말고 나의 느낌을 설명하는 방식을 택하면, 상대가 나를 이해하기 쉽게 하는 효과가 있다는 것이다.

셋째로 상대와 맞서지 말고 게임의 틀을 바꾸는 데 집중하는 것이 좋다는 것이다.[134] 협상에서 대립하고 있는 입장에 초점을 맞추는 대신 서로의 이해관계를 만족시켜 줄 방법을 모색하는 쪽으로 대화의 틀을 바꿔 줌으로써 게임의 틀을 바꿀 수 있고, 상대를 문제해결의 틀에 끼워 넣을 수 있다는 것이다. 또한 협상자는 상대가 준비하지 않았을 질문을 할 줄 알아야 한다고 한다.

한편 상대가 입장을 고수하는 이유가 본인의 이해관계 때문이 아니라 주변의 이해관계 때문인 경우도 있다. 그럴 경우 상대가 자신의 이해관계를 드러내지 않으면 "이 방법으로 안 되는 이유라도 있습니까?"라고 물어보는 방법도 좋다. 그래도 드러내지 않으면 먼저 그의 이해관계를 언급하고 그것이 틀리면 고쳐달라고 유도할 수 있다. 사람은 자신의 이해관계를 잘못 이해하고 있는 사람을 바로 잡아주고 싶은 유혹을 떨쳐버리기가 쉽지 않기 때문이다. 그래도 상대가 여전히 털어놓지 않으면 내 이해관계를 조금씩 먼저 털어놓는 것도 좋은 방법이다. 그리고 상대의 이해관계를 물어보고 자신의 정보를 조금 더 주는 식으로 점진적으로 신뢰를 구축해 간다. 다음 단계는 상대를 옵션에 관한 토론에 참여시킨다. 상대가 고집하고 있는 경우에는 그렇게 생각하는 이유를 말해 달라고 요청한다. 나의 기준을 거부할 경우에는 상대에게 더 좋은 아이디어가 있는지 물어보고, 한 가지 질문으로 안 될 때에는 다른 여러 가지 질문을 하는 것이 좋다. 훌륭한 협상가는 질문을 계속하여야 한다는 것이다.

상대가 자신을 공격하는 경우에는 어떻게 할 것인가. 이 때는 상대의 공격을 못들은 척하고 하던 이야기를 계속 하는 방법이 좋다고 한다. 상대의 공격을

---

134) 상게서. 114-156쪽 참조.

재해석하고 상대의 말 요지만 받아들이고 그 비판을 자신에 대한 공격이 아닌 문제에 대한 공격으로 재해석하거나, 공격을 의도적으로 우호적인 표현으로 '오해'하는 것도 좋은 방법이 될 수 있다는 것이다. 상대가 속임수 전술을 내 놓을 때는 상대를 정면으로 지적하여 공격한다는 인상을 주는 것보다 오해한 것처럼 상대의 체면을 살려주면서 후퇴하도록 유도하는 것이 좋다는 것이다.

넷째로 상대를 너무 몰아붙이지 말고 퇴각하는 상대에게 황금의 다리를 놓아 주는 것이 좋다.[135] 협상에서 상대의 체면을 생각하지 않고 너무 몰아붙이면 실패할 가능성이 높다. 합의라는 목적지로 인도하기 위해서는 내가 있는 곳이 아니라 상대가 있는 곳이 출발 지점이 되어야 한다. 나의 제안이 상대의 아이디어에서 비롯되거나 관련이 있다는 사실을 보여 주는 것이 필요하다는 것이다. 또 상대가 나와 대화하는 것을 자꾸 미룰 때는 상대에게 선택권을 주어서 참여를 유도한다.

테러리스트와 협상하는 경우에도 황금의 다리가 유용하다. 테러리스트들은 자신의 투쟁을 대중에게 널리 인정받고자 하는 욕구를 가지고 있다. 그들과 타협이 불가능해 보이던 것도 티브이나 라디오에서 자신의 요구사항이나 저항하는 의미를 설명하게 하여 해결된 경우가 많다고 한다. 또 체면 살리기는 협상 과정의 핵심이다. 협상에서 입장을 바꾸는 상대의 체면을 살려 주는 것이 중요하다는 것이다. 그 예로, 1962년 10월 케네디 대통령은 흐루시초프에게 쿠바에서 미사일을 철수시키도록 하면서 미국이 쿠바를 공격하지 않겠다고 약속하였다. 흐루시초프는 미국으로부터 쿠바 공격을 막아낼 수 있다고 천명하였고, 이를 위해 미사일 철수 결정을 자신의 체면을 살리면서 정당화할 수 있었다.

상대방이 끝까지 망설이고 협상에 동의를 하지 않는 경우에는 파이를 크게 만드는 방법을 제시해 보는 것이 좋다. 파이를 크게 하기 위해서는 'If then'의 공식을 활용한다. 예를 들어 1만 5천 달러를 받고자 하는데 상대가 1만 달러 이상을 주지 않으려 하면 "1만 달러로 하되 만일 앞으로 6개월 동안 수익률이 30% 이상 증가하게 되면 보너스로 5천 달러를 추가로 주시겠습니까?"라고 제안하면 수용될 가능성이 높다는 것이다.

---

135) 상게서. 157-191쪽 참조.

다섯째로 상대와 전투를 확대하지 말고 자신의 힘과 능력을 이용하여 상대에게 힘을 실어주는 것이 필요하다.[136] 협상이 마지막 단계까지 가면 이제 남은 것은 파워게임인 경우가 많다. 그러나 이 때 문제 해결형 게임을 포기하고 바로 파워게임으로 들어가면 안 된다. 이 단계에서는 상대가 '노'라고 말하기 어렵게 하고 '예스'라고 쉽게 말할 수 있게 여건을 만들어야 한다. 이를 위해서는 win-win 하는 방법을 상대에게 가르쳐 주어야 한다. 상대가 합의에 이르지 못했을 때 일어날 결과의 심각성에 대해 확실히 알려 주는 것도 좋은 방법이다. 합의를 이루지 못할 경우 직면할 현실과 위험을 경고의 방식으로 일깨워주는 것이다. 이 때 주의할 것은 상대를 경고하되 위협으로 느끼게 해서는 안 된다는 것이다. 아울러 자신의 강한 BATNA를 시위하는 것도 좋은 방법이다.

협상에 임할 때 처음부터 전부를 합의하기 위하여 무리할 필요가 없음을 아는 것이 중요하다. 일괄 합의가 안 되던 것도 단계적으로 합의가 쉬운 것부터 해결해 가면 점차 가능한 쪽으로 분위기가 바뀌게 된다. 부분 합의가 쌓이면 눈에 보이지 않던 기회가 만들어지기 때문이다. 쉬운 것부터 '예스'가 되면 어려운 문제로 넘어가기가 쉽다. 합의를 이룬 부분을 확대하고 합의를 보지 못한 부분을 축소하여 협상의 추진력을 확보하는 것이 중요하다. 또 내가 낸 아이디어라도 상대와 공을 나누어 갖거나 그에게 공을 돌리는 것은 현재의 협상뿐만 아니라 미래의 협상에 대한 좋은 투자가 될 수 있다고 한다.

3) The Power of a Positive No: How to Say No and Still Get to Yes

'Getting to Yes'에 이어 1991년에 'Getting Past NO'를 발간하여 협상이라는 주제로 커다란 성공을 이룬 William Ury는 2007년에 또 다시 'The Power of a Positive No: How to Say No and Still Get to Yes'를 발간하였다. 'Getting to Yes'는 이해관계를 기반으로 하는 협상을 통하여 두 당사자들이 합의에 이르는 것에 중점이 있다면, 'Getting Past NO'는 상대방이 공동으로 문제 해결을 하는 것에 협조적이지 않고 자신을 공격한다든지 협력을 거부하는 경우에 극복하는 전략을 제시하는 것이었다. 그에 비해 'The Power of a Positive No'는 협상자 본인의 입장에서 자신의 이해관계를 강조하고 자신을 지켜나가는

---

136) 상게서. 192-226쪽 참조.

방법에 초점을 두고 있다.

William Ury는 우리가 '예'에 이르는 데 있어서 넘어야 할 난관으로는 어떻게 '아니오'를 적절히 말해야 하는지를 아는 것이 중요하다고 한다. '아니오'로 시작해서 '아니오'로 끝나는 일반적인 '아니오'와는 달리, 긍정적인 '아니오'(a Positive No)는 '예'로 시작해서 '예'로 끝나는 것이라고 한다.[137] 긍정적인 '아니오'는 무엇보다 자신과 자신의 깊은 곳에 자리하는 욕구나 가치들에 대한 '예'를 의미한다고 한다. 긍정적인 '아니오'는 한마디로 하면 '예', '아니오', '예'이다.[138] 첫 번째 '예'는 자신의 욕구와 가치들을 나타내고, '아니오'는 자신의 힘을 강조하며, 두 번째 '예'는 자신의 관계를 심화시킨다. 여기서 중요한 핵심은 자신과 타인에 대한 존중이다. 긍정적인 '아니오'는 가장 근본적인 두 단어인 '예'와 '아니오'의 결합을 나타낸다.

'아니오'가 없는 '예'는 자신의 만족감을 소멸시키는 반면, '예'가 없는 '아니오'는 다른 사람과의 관계를 파괴하므로 우리는 '예'와 '아니오'가 동시에 필요하다고 한다.[139] '예'가 공동체와 평화를 표현하는 핵심 단어라면, '아니오'는 개별성과 정의를 나타내는 핵심 단어라고 한다. 긍정적인 '아니오'를 적절히 구현할 때 다른 사람과 보다 진정한 관계가 형성될 수 있다고 한다. 따라서 William Ury는 '예'와 '아니오'의 긍정적 결합을 이루도록 하는 것이 중요하다고 한다.

4) Beyond Reason: Using Emotions as You Negotiate

William Ury와 'Getting to Yes'의 공동 저자였던 Roger Fisher는 같은 하버드협상연구소의 Daniel Shapiro와 2005년에 'Beyond Reason: Using Emotions As You Negotiate'를 출간하였다. 이 책에서 Daniel Shapiro와 Roger Fisher는 협상에서 성공하기 위해서는 협상 상대와 좋은 관계를 유지할 것과 긍정적 감정을 자극할 것을 권유하고 있다.[140] 모든 사람들이 공유하는 5가지 보편적 동기인 '핵심관심(Core Concerns)'을 제시하고, 이 관심들(인정감, 소속감, 자

---

137) William Ury, "The Power of a Positive No", Oxford Leadership Journal(Volume 2, Issue 1), January 2011, p. 2.

138) *Id*.

139) *Id.*, p. 3.

140) http://ombudsfac.unm.edu/Article_Summaries/Beyond_Reason.pdf 참조. <표 1-6> 과 <표 1-7> 은 동 자료를 참조하여 재작성한 것임.

율성, 위상, 역할)이 갈등과 협상의 성패를 좌우하는 감정을 움직인다는 것이다. 사람은 누구나 이러한 핵심관심을 가지고 있기 때문에 상대가 핵심관심에 적절한 수준으로 충족되게 함으로써 긍정적 감정을 이끌어내게 하는 것이 협상의 성공에 중요한 요건이 된다는 것이다. 아래의 표는 핵심관심들이 충족될 경우와 무시될 경우의 느끼는 감정들과 그에 따른 반응들을 보여주는 것이다.

<표 1-6> 핵심관심이 무시될 경우

핵심관심	핵심관심이 충족되지 않는 경우	느끼는 감정	결과에 따른 반응
인정감	인정받지 못함	화남, 짜증	내 의도와는 반대로 부정적으로 행동함
소속감	적대자로 취급됨	분노, 혐오, 화남	홀로 함
자율성	자율성이 침해됨	죄책감, 창피, 후회	경직된 사고를 함
위상	나의 위상이 깎임	당황, 슬픔	기만적으로 행동하고 신뢰감이 없게 보임
역할	나의 역할이 하찮아 보이고 제한됨	시기와 질투, 불안	위축되어 비협조적으로 행동함

<표 1-7> 핵심관심이 충족될 경우

핵심관심	핵심관심이 충족되는 경우	느끼는 감정	결과에 따른 반응
인정감	인정받음	열정, 배려	협조적으로 행동함
소속감	동료로 취급됨	동질감, 만족감	함께 일함
자율성	결정할 자유를 인정받음	만족, 즐거움, 희망	창조적이 됨
위상	나의 높은 위상이 합당하게 인정됨	긍지, 성취, 용기	신뢰감 있게 됨
역할	나의 역할이 성취감을 주고, 변화를 이끌 수 있다는 확신을 줌	침착, 안도, 평안, 행복감	자신감 있고 협조적으로 행동함

2. 조 정

(1) 조정의 의의

조정(Mediation)이란 촉진되는 협상으로서 ADR의 또 다른 기본적 수단이다. 그것은 분쟁 당사자가 합의 가능한 해결안에 도달할 수 있도록 도와주는 제

3자를 포함하는 일종의 비구속적인 분쟁해결 방법이다.[141] 조정은 동양의 여러 나라나 아프리카 등에서 수 천 년 전부터 오랫동안 이용되어 온 분쟁해결 방식 이며, 미국에서도 지속적인 거래 관계를 유지하기 위해 상업 영역에서 수 세기 동안 이용되어 왔다고 한다.[142] 조정은 당사자들 사이에 우호적인 관계를 유지 시킬 수 있고, '적대적이며 분배적인 합의라기보다는, 협조적이며 통합적인 문제 해결'을 유도함으로써 '창조적인 win-win 결과'를 가져 온다.[143] 따라서, 당사자 들 사이에 신뢰를 유지시켜 그들이 가능한 선택을 찾도록 해 준다. 조정은 중재 와 같이 제3자의 개입을 초래하나, 사업적 이해관계를 반영하여 당사자들이 조 정의 결과를 통제할 수가 있다. 그러므로 조정이 중재와 다른 점은 조정의 당사 자는 분쟁을 통제할 수 있고, 조정인에게 의사결정권을 넘기지 않으며 조정인의 제안은 일반적으로 구속력이 없다는 점이다. 반면, 중재인의 결정은 일반적으로 구속력이 있다. 조정은 전술한 바와 같이 협상의 연장으로서 조정인의 도움을 받는 협상이라고 할 수 있다.

(2) 조정의 장점과 단점

조정은 장점이 있는 반면 그에 대한 단점도 고려해야 한다.[144] 우선 조정은 빠르고, 비용이 적게 들며, 간편한 절차로 진행되는 분쟁해결 방식이다. 또한 조 정은 분쟁 당사자들로 하여금 자신의 갈등 상황을 단순히 법적인 측면으로만 보 지 않고 자신과 상대의 입장에 대해서 다른 관점에서 볼 수 있는 시각을 갖게 한다. 조정에 있어서는 당사자가 절차에 대해 어느 정도 자율성을 가질 뿐만 아 니라 결과에 대한 지배권을 갖는다. 따라서 합의된 사항에 대하여도 나중에 잘 이행된다는 장점을 가진다. 2000-2001년에 영국에서 시행된 조사에 의하면,[145] 조정을 이용하고자 하는 이유에 대해서 응답자의 61%가 비용이 적게 들기 때 문이라 하였고, 응답자의 47%는 보다 빠른 결과를 얻을 수 있기 때문이라 하였

---

141) Bryan A. Garner et al. ed., *op. cit.*, p. 444.
142) Laurie S. Coltri, *op. cit.*, p. 64.
143) Laurie S. Coltri, & Joseph P. Folger, The Promise of Mediation: Responding to Conflict through Empowerment and Recognition, Jossey-Bass Inc., 1994, p. 16.
144) Jacqueline Nolan-Haley, *op. cit.*, pp. 63-66.
145) Loukas A. Mistelis, *op. cit.*, p. 207.

으며, 지속적인 관계를 유지할 수 있어서 라는 응답은 40%에 달하였다. 그 외 21%는 비밀 유지가 가능해서, 14%는 재판을 피할 수 있어서, 10%는 양자 간에 이득이 되어서, 8%는 객관적인 관점을 얻을 수 있어서, 7%는 보다 효과적인 해결이기 때문에 등의 순으로 조정의 장점을 꼽았다고 한다.

그런가 하면 조정은 재판과는 달리 배심원 재판을 받는 것과 같은 헌법적 권리나 절차적 보호가 취약해질 수 있다. 또한 조정은 이혼하는 부모 사이의 어린 자녀와 같이 조정 절차에 참여하지 않은 제3자에게 영향을 주는 조정의 결과는 공정성 면에서 문제가 될 수도 있다. 분쟁 당사자가 법적인 측면에서 어떠한 권리가 있는지를 모르는 상태에서 조정에 합의해 버리면 이 또한 불공정한 결과를 야기할 수도 있다. 법의 보호가 필요한 상태이거나 명백히 잘못된 상황에 대하여 확실한 판단이 필요한 경우에 조정 절차는 상당히 불만족스러운 결과를 가져 올 수 있다. 그리고 조정은 조정에 임하는 상대가 선의를 가지고 협상의 장에 나올 때 유효한 방식이다. 분쟁 당사자가 상대의 의중을 떠보거나 재판에의 절차를 지연시킬 목적으로 조정에 임하는 경우에는 조정 절차가 악용될 수 있는 것이다. 따라서 조정인은 조정 절차가 악용되거나 남용되지 않도록 조정을 시행하는 과정에서 주의를 기울여야 하며, 그러한 분위기가 느껴지면 필요에 따라 조정을 중지하거나 당사자에게 주의를 환기시켜야 한다. 위의 영국 조사에 의하면,[146] 조정의 단점에 대한 설문에서 응답자의 34%는 해결책에 대한 보장이 없다는 것이고, 21%는 구속력이 없다는 점이며, 15%는 조정 절차의 진행이 느리다는 것과 추가적인 비용이 든다는 점을 각각 응답하였고, 14%는 상대가 조정에 정직하게 임하지 않을 수 있다는 점을 우려하였으며, 11%는 상대가 조정에 응하지 않을 수 있다는 점이었고, 10%는 조정은 승자가 없다는 점 등의 순으로 꼽았다고 한다.

(3) 조정의 유형

조정은 몇 가지 기준에 나라 분류할 수 있다.[147] 우선 조정은 거래적 조정(transac-

---

146) *Id.*
147) Stephen J. Ware, *op. cit.*, pp. 267-268.

tional mediation)과 분쟁조정(dispute mediation)으로 구분할 수 있다. 거래적 조정은 노사 간의 협상에서와 같이 조정인이 거래를 성사시키는 데 이용되는 것을 말한다. 그렇지만 일반적으로 조정이라 하면 분쟁이 발생한 경우 이를 해결하기 위해서 하는 분쟁조정을 말한다. 또 다른 분류로 자발성의 유무에 따라 강제적 조정(mandatory mediation)과 자발적 조정(voluntary mediation)이 있다. 전자는 법원이나 정부기관에 의해 의무적으로 부과되는 조정 절차를 말하며, 후자는 당사자가 자발적으로 조정 절차를 선택하는 경우이다.

보다 의미 있는 분류로는 Riskin이 그의 논문에서 시도한 평가적 조정(evaluative mediation)과 촉진적 조정(facilitative mediation)이 있다.[148] 평가적 조정은 조정인이 분쟁 당사자들의 입장에 대한 강점과 약점에 대해 평가하여 각 당사자들의 요구 사이의 차이를 좁혀주는 것이다. 이를 위해 평가적 조정인은 평가 결과를 통하여 당사자에게 전략적으로 소통한다. 여기서의 협상 기술은 포지션에 입각한 개입을 시도하며, 당사자의 포지션의 차이를 최소화하고 가능하면 공통영역을 확보하려 한다. 그에 비해 촉진적 조정은 조정인이 효과적인 협상을 추구한다. 촉진적 조정인은 협상을 최적화하기 위하여 노력한다. 그들은 당사자 간의 효과적인 소통을 증진시키고, 당사자 간의 상호 이익을 발견하도록 돕는 역할을 한다. 당사자들이 협동적 협상을 하도록 유도하고 가능하면 갈등 상황을 비경쟁적인 상태로 유지하도록 한다. 그리고 촉진적 조정인은 당사자들의 입장에 대한 강점이나 약점에 대해 평가하는 것을 피한다.

여기에서 평가적 조정(evaluative mediation)과 촉진적 조정(facilitative mediation)은 조정에 있어 중요한 개념상의 분류로 자리매김하고 있어 Riskin의 이론을 보다 상세하게 소개하고자 한다.[149] Riskin은 조정인의 성향(orientation)에 대해 두 개의 continuum(연속체)을 이용해 설명하고 있다. 첫 번째 continuum은 조정의 목표(goals)를 표시하는데, 이는 조정으로 해결하고자 하는 문제의 범위(scope)를 나타낸다. 이 continuum의 한 쪽 끝은 한 쪽 당사자가 상대편 당사자에게 얼마를 지불하여야 하느냐 하는 것과 같은 좁은 문제(narrow problems)를 나타낸다. 그 반대편의 끝은 지역사회나 산업에 있어서의 여건을 어떻게 개선할

---

148) Laurie S. Coltri, *op. cit.*, pp. 59-60.
149) Leonard L. Riskin, "Understanding Mediators' Orientations, Strategies, and Techniques: A Grid for the Perplexed", Harvard Negotiation Law Review, Vol. 1, No. 7, 1996, pp. 7-51 참조.

수 있느냐 하는 것과 같은 광범한 문제(broad problems)를 나타낸다. 따라서 중간에는 중간 정도의 범위를 가진 문제들이 해당될 것이다. Riskin은 첫 번째 continuum을 해결하고자 하는 문제의 범위에 따라 Level Ⅰ에서 Ⅳ에 이르기까지 네 단계로 나누고 있다. Level Ⅰ은 소송 이슈(litigation issue)로서 가장 중요한 목표는 소송의 결과가 어떻게 나올 것인가이다. 따라서 Level Ⅰ의 조정은 당사자 각각의 강점과 약점에 대해 초점을 둔다. Level Ⅱ는 사업 이슈(business interests)로서 기업의 이해관계에 관련된 이슈이다. 이 경우의 조정은 기업의 영속성을 유지한다든가, 이윤의 창출 또는 좋은 명성을 유지한다든가 하는 것과 관련된 이슈이다. Level Ⅲ는 개인적/관계적 이슈(personal/relational issues)로서 개인의 감정적인 측면과 관련된 이슈이다. 이 대목에서 Riskin은 Fisher 등이 '사람과 문제를 분리하라'라고 하지만, 때로는 사람이 더 문제인 경우가 있다는 의견을 표명하면서 이런 경우에는 보다 좁은 경제적 이슈의 해결을 위해서 분쟁 당사자들의 상호작용에서 일어나는 관계적 또는 감정적인 문제를 잘 다루어야 함을 역설한다. 이 경우의 조정은 당사자들이 용서나 관계 인식을 통하여 상호 간의 관계를 회복할 수 있게 하는 것이 중요하다고 한다. Level Ⅳ는 지역사회 이슈(community interests)로서 훨씬 광활한 범주를 가진 지역사회나 분쟁 당사자와는 동떨어진 주체와 관련된 이슈이다. 이 경우 당사자는 지역사회를 개선하는 데 중심을 둘 수 있다.

두 번째 continuum은 조정인의 행위(activities)를 표시하는데, 이는 조정인이 문제를 해결하기 위해 구사하는 전략(strategies)과 기술들(techniques)을 나타낸다. 이 continuum의 한 쪽 끝은 당사자의 협상을 '촉진하는(facilitate)' 전략과 기술들을 나타낸다. 그 반대편의 끝은 조정에 있어 중요한 문제들을 '평가하는(evaluate)' 전략과 기술들을 나타낸다. 촉진하는 조정인은 당사자들이 스스로 결정할 수 있도록 상호간에 커뮤니케이션을 촉진하고 서로를 이해하도록 하는 행동들을 나타내고, 평가하는 조정인은 법이나 기업 관행, 기술 등에 근거하여 당사자들이 합의할 적절한 근거들에 대한 조언을 해주는 것을 가정한다.

Riskin은 이러한 두 개의 continuum(연속체)을 조합하여 아래와 같은 노표를 만들어 조정인의 성향(orientation)을 설명하였다.

<그림 1-5> 조정인의 성향

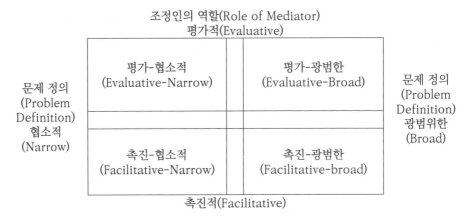

조정인의 역할(Role of Mediator)
평가적(Evaluative)

평가-협소적 (Evaluative-Narrow)	평가-광범한 (Evaluative-Broad)
촉진-협소적 (Facilitative-Narrow)	촉진-광범한 (Facilitative-broad)

문제 정의
(Problem
Definition)
협소적
(Narrow)

문제 정의
(Problem
Definition)
광범위한
(Broad)

촉진적(Facilitative)

Leonard L. Riskin(1996, p. 51) 참조하여 재작성.

　　이 도표에 의하면 대부분의 조정인은 조정을 수행하는 전략(strategies)과 그러한 전략을 구사하기 위한 기술들(techniques)을 사용하는 특징적인 성향을 가진다는 것이다. 그리하여 네 분면에 표시되는 성향들을 구별하여 설명한다. 첫 번째는 평가-협소적인(evaluative-narrow) 조정인이다. 평가-협소적 조정인은 당사자로 하여금 자신들의 포지션에 대한 강약이나 소송의 결과는 어떻게 될 것인가 등에 대하여 이해하게 하는 데 주안을 둔다. 평가-협소적 조정인은 관련 서류에 대한 숙지를 중요시하고, 당사자의 포지션에 대해 파악하며 평가적인 기술들을 사용한다. 두 번째는 촉진-협소적인(facilitative-narrow) 조정인이다. 촉진-협소적인 조정인은 사안의 강약과 합의에 실패했을 경우의 결과 등에 대하여 당사자를 교육시키고자 하는 측면에서는 동일한 '전략(strategies)'을 사용한다. 하지만 이러한 전략을 실행하기 위한 '기술(techniques)'은 다르다. 그는 당사자가 의사결정의 부담을 가져야 한다는 생각을 가지고 있다. 따라서 당사자의 포지션에 대하여 스스로 이해하도록 돕는 질문을 하거나, 당사자가 스스로의 제안을 도출하도록 돕고 그 제안을 교환하고 평가하도록 돕는 역할을 한다. 세 번째는 평가-광범위한(evaluative-broad) 조정인이다. 평가-광범위한 조정인의 전략은 당사자와 다른 관계자 사이에 처해 있는 환경과 내재적인 이해관계를 파악하여 그러한 이해관계에 상응하는 결과들에 당사자를 이끄는 데 있다. 이러한 전략을 수행하기 위하여 평가-광범위한 조정인은 다양한 기술들을 구사한다. 그러한 기술들로는 이해관계에 관한 관련 서류를 숙지하거나 당사자의 포지션보다는 내재된 이해관계를 파악하는 데 주력한다. 또 합의가 성립되지 않을 경우의 결과를 예측하거나 이해관계에 기반한 제안을 개발하여 당사자에게 권유하기도 한다. 네 번째는 촉진-광범위한(facilitative-broad) 조정인이다. 촉진-광범위한 조정인의 전략은 내재된 이해관계의 견지에서 조정의 대상을 탐색하고 당사자들이 스스로 해결책을 선택할 수 있게 하는 것이다. 이러한 전략을 수행하기 위하여 촉진-광범위한 조정인은 다양한 기술들을 구사한다. 그러한 기술들로는 당사자들이 내재된 이해관계를 이해하도록 돕고, 광범위하면서도 이해관계에 기반한 합의 옵션을 개발하여 제안하며, 그 제안들의 다양한 의미나 합의하지 않을 경우의 영향 등을 당사자가 평가하게끔 도와준다.

　　Riskin은 조정인의 성향(orientation)이 조정인의 성격이나 본인이 받은 교육, 경험 등에 의해서 결정된다고 하였다. 대부분의 퇴직 법관의 경우에는 매우 평가-협소적인(evaluative-narrow) 성향을 띠며, 심리학이나 카운슬링의 배경을 지닌 많은 이혼전문 조정인들은 촉진-광범위한(facilitative-broad) 성향을 지니고 있다고 한다. 하지만 Riskin은 조정인이 신축성 있는 진행의 필요성을 인식하거나 당사자의 요구 또는 조정 환경에 맞추어 행동하므로 조정인의 성향(orientation)에 딱 들어맞는 일관된 행동을 하는 것은 아니라는 한계를 인정하고 있다. 그럼에도 불구하고 조정인의 성향 분류표는 조정인을 선정함에 있어서 조정 과정이 어떻게 진행될 것인가에 대하여 참여자들에게 정보를 제공해 주고, 당사자들이 조정을 진행할 것인지 아니면 다른 분쟁해결 절차를 이용할 것인지에 대하여 판단할 수 있게 한다는 것이다.

(4) 조정과의 유사 개념[150]

1) 화의조정협의

　　화의조정협의(settlement conference)란 법원에서 법관이나 보조 판사가 소송의 절차에서 재판에서 다룰 법적 이슈에 대해 협의하거나 재판을 효율적으로 운

---

150) Laurie S. Coltri, *op. cit.*, pp. 62-63.

영하기 위한 계획을 수립한다든지, 증인이나 증거 서류와 관련하여 다툼이 있는 지에 대해 결정하는 것을 말한다. 이 경우 합의를 촉진하기 위하여 조정 같은 테크닉을 사용하는데, 실제로 화의조정협의를 시행하는 판사들은 이 절차에 대해 조정한다고 표현하기도 한다.

2) 퍼실리테이션

퍼실리테이션(facilitation)은 대개 중립적인 제3자가 당사자를 위하여 복잡한 협상에 잘 대비하도록 돕는 것을 말한다. 주로 다수의 이해관계 주체가 참여하는 환경오염 문제에 대해 협의에 의한 규칙을 제정하는 경우와 같이 복잡하고 많은 당사자가 관련되는 사람들 사이의 갈등과 관련된 경우에 이용된다. 퍼실리테이터(facilitator)는 갈등의 이해당사자를 식별하거나 다수 이해관계인이 개입되는 사건에서 협상 테이블에 나설 대표자를 선정한다든지, 협상에 나설 조정인 같은 중립인을 결정하거나 협상의 시간, 장소 등을 계획 또는 결정하는 일 등을 돕는 역할을 한다. 유능한 퍼실리테이터는 협상의 어느 참가자도 협상 과정에서 소외감을 갖지 않도록 효율적으로 관리한다.

3) 알선(conciliation)

조정이 무엇인가를 이해하는 것과 관련하여 mediation과 conciliation의 차이점을 이해할 필요가 있다. 가끔 양자는 각종 문헌에서나 실무적으로 동일한 의미로 혼용되어 사용되기도 한다. conciliation은 때로는 facilitation을 의미할 때도 있고 비구속적 평가(nonbinding evaluation)로 사용될 때도 있다.[151] 따라서 conciliation에 대해서는 전체적인 맥락에서 그 의미를 이해할 수 있도록 주의를 기울여야 한다.

mediation에 대해 국내에서는 '알선'으로 해석하는 경우가 있는가 하면 '조정'으로 보거나 '중개'로 해석하는 등 다양하게 나뉘어 있다.[152] 민간형 ADR의 대표기관이라 할 수 있는 대한상사중재원은 홈페이지에 mediation을 알선으로

---

151) *Id.*, p. 63.
152) 최장호, "우리나라 알선, 조정상의 문제점과 그 개선방안", 무역학회지 제27권제4호, 2002, 48-50쪽.

표기하다가 최근에는 조정으로 표기하고 있다. 대한 상사중재원의 '알선'은 제3의 중립인이 아닌 내부 직원들에 의한 조언과 타협 권유에 의한 합의를 유도한다는 점에서 일반적으로 말하는 알선이냐 조정이냐의 문제와는 또 다른 별개의 문제이다.

　　ADR의 본류라 할 수 있는 미국에서도 mediation과 conciliation에 대해서 일치된 의견이 있거나 구별이 명확하지는 않다. 많은 문헌에서는 ADR의 기본적인 절차로 negotiation, mediation, arbitration의 세 가지를 들고 있으며, ADR의 다양성과 관련하여 conciliation을 추가적으로 설명하는 정도이다. Ware도 그 저서에서 ADR의 다양한 방식으로서 conciliation을 나열하고 있으나, 조정으로서의 mediation은 negotiation 및 arbitration과 함께 설명하고 있을 뿐이다.[153] Tom Arnold에 의하면, mediation은 '촉진적(facilitative)이거나 전형적인(classic) 조정'인 데 반하여, conciliation은 보다 명백히 평가적(evaluative)이고 지시적인(directive) 절차로서 '평가적 조정(evaluative mediation)'으로 규정된다.[154] conciliation은 그 사건의 가치가 어떠하며, 어떻게 그것을 해결해야 하는가에 관심을 갖는다. 만약, 당사자들이 conciliator의 제안에 만족하지 않으면 그들은 합의함이 없이 그만둘 것이다. Tom Arnold에 따르면 conciliation은 전형적인 촉진적 조정(mediation) 절차가 끝날 때 이용되면 적어도 효율적일 수 있다고 하였다. Susan Blake 등에 의하면,[155] 영국에서는 mediation과 conciliation에 대해서 명확히 구별하는 통일된 기준은 없으며 같은 뜻으로 사용되는 경우가 많다고 한다. 하지만 mediation이 민사 분쟁이나 상사분쟁의 경우에 조정의 의미로 보다 일반적으로 사용되는 데 비해, conciliation은 가족 간의 분쟁이나 고용문제에 관한 분쟁에서 조정의 의미로 사용된다고 한다. 추가적으로 conciliation은 분쟁의 내용에 대한 의견을 표명하고 당사자에게 분쟁의 해결책을 제시하게 되므로 평가적 조정(evaluative mediation)이라 할 수 있다고 한다.

　　그렇다면 대륙법계에서는 mediation과 conciliation의 차이점을 어떻게 보는가. Alessandra Sgubini는 양자 사이에는 다음과 같이 중대한 차이가 있다고

---

153) Stephen J. Ware, *op. cit.*, p. 4.
154) Tom Arnold, *op. cit.* 참조.
155) Susan Blake, *op. cit.*, p. 304.

한다.[156] conciliation은 conciliator가 분쟁해결에 있어 보다 직접적인 역할을 하고 당사자에게 문제해결에 필요한 대안을 제시한다고 한다. conciliator는 최적의 해결방안을 탐색하는 데 보다 적극적인 역할을 하게 되며 당사자가 아닌 conciliator가 해결 방안의 조건들을 개발하고 제안한다고 한다. 당사자는 이러한 제안에 최종적으로 결정을 하는 것이다. 하지만 mediator는 항시 중립성과 공평성을 유지하려고 한다. mediator는 해결방안을 탐색하는 데 있어 자신이 혼자서 책임을 떠맡지 않으며, 당사자와 문제해결을 위한 파트너로서 협동한다. mediator는 당사자의 입장을 표출하도록 유도하고 당사자들이 스스로 최적의 해결방안을 찾도록 도와주는 역할을 하는 것이다. 따라서 mediation에 있어서는 중립인이 아닌 당사자가 적극적이 되며 상대의 제안을 받아들일 것인가를 스스로 결정하는 것이다. 결국 mediator의 역할은 당사자들이 스스로 해결책을 찾도록 돕는 데 있다는 것이다. 변호사의 역할도 양자에 있어서 차이가 있게 되는데, mediation에 있어서는 문제해결에 변호사의 역할이 보다 적극적이 되며, conciliation에 있어서는 conciliator가 제안한 해결방안을 조언하고 안내하는 데 그친다고 보는 것이다.

그런데 우리나라에서 일반적으로 조정(調停)과 대비되는 의미에서의 '알선(斡旋)'이라고 표현하는 경우에는 당사자 사이의 의사소통을 촉진하고 합의를 돕는 역할을 하는 것임에 비해, 조정은 사실관계의 조사나 조정안의 제시 등을 통하여 보다 적극적인 역할을 하는 것으로 많이 이용된다.[157] 이는 일본에서도 마찬가지이다. 그렇게 된다면 우리나라와 일본에서 사용하는 알선과 조정의 구별은 각각 영미의 mediation과 conciliation과 유사하게 됨으로써, 우리나라에서 mediation을 조정으로, conciliation을 알선으로 해석하여 사용하는 것이 더욱 혼란을 부채질하게 된다. 이러한 용어의 구별에 대해서는 보다 정립된 이론과 입법상의 용어 정의가 필요한 것으로 판단된다.

---

156) Alessandra Sgubini, Mara Prieditis, & Andrea Marighetto, "Arbitration, Mediation and Conciliation: Differences and Similarities From an International and Italian Business Perspective," August 2004, (http://www.mediate.com/articles/sgubiniA2.cfm# 참조).

157) 황승태·계인국, 전게서, 40-41쪽.

(5) 조정의 절차

조정을 시행함에 있어서의 절차에 대해서도 학자에 따라 또는 조정을 시행하는 조정인에 따라 다양하게 설명되고 있다. Kovach에 따르면 조정 절차로 ① 예비 단계, ② 조정인의 소개말, ③ 당사자 진술, ④ 정보 수집, ⑤ 이슈와 이해관계 확인, ⑥ 선택 사항 발굴, ⑦ 흥정과 협상, ⑧ 합의, ⑨ 종료 등의 순서를 제시하였다.[158] 조정인에 따라서는 이슈와 이해관계 확인 단계와 선택 사항 발굴 단계 사이에 'caucus'라고 하여 조정인이 개별 당사자를 은밀히 소통하는 단계를 추가하기도 한다. Christopher W. Moore는 ① 당사자 접촉, ② 조정 전략 선택, ③ 정보 수집과 분석, ④ 세부계획 수립, ⑤ 신뢰와 협조 구축, ⑥ 조정 세션 착수, ⑦ 이슈 확인 및 의제 설정, ⑧ 숨어 있는 이해관계 탐색, ⑨ 합의를 위한 선택사항 발굴, ⑩ 선택사항에 대한 평가, ⑪ 최후 협상, ⑫ 합의 형성과 같은 단계를 제시하고 있다.[159] 한편 Jay Folberg & Alison Taylor는 ① 소개, ② 사실 확인 및 이슈 발굴, ③ 선택사항 및 대안 발굴, ④ 협상 및 의사결정, ⑤ 계획 작성, ⑥ 법적인 문제 검토, ⑦ 시행 및 검토, 수정 등을 들고 있다.[160]

이하에서는 Coltri의 조정 절차 단계에 근거하여 살펴보고자 한다.[161]

① 최초 고객 접촉 단계: 이 단계에서는 분쟁 당사자와 조정인이 처음으로 만나는 단계로서 조정인은 조정의 특성을 설명하고 관련 질문에 대해 답변을 하는 단계이다. 이 경우 조정인은 분쟁에 대해 너무 세부적인 사항에 대해 토론하는 것은 삼가야 한다.

② 소개 단계: 이 단계에서는 분위기를 부드럽게 하고 조정 절차에 대해 소개하며 규정, 권리, 책임 등에 대해 설명을 하게 된다. 계약 서류를 검토하고 주장된 이슈에 대해 정리한다.

③ 이슈 명료화 및 커뮤니케이션: 조정인은 분쟁 당사자 간에 일치하거나 서로 다른 쟁점에 대해 주의 깊게 듣고, 동의하거나 부동의 하는 부분을 식별하

---

158) Kinberlee Kovach, "Mediation", The Handbook of Dispute Resolution, (edited by Michael L. Moffitt & Robert C. Bordone), Jossey-Bass, 2005, pp. 306-308.

159) Jacqueline Nolan-Haley, *op. cit.*, p. 69.

160) *Id.*

161) Laurie S. Coltri, *op. cit.*, pp. 83-90.

여 정리하고 내면의 이해관계에 대해 탐색해낸다. 조정인의 적극적 청취는 분쟁 당사자의 포지션에 입각한 주장을 숨어 있는 이해관계에 근거한 협상으로 이끌어낼 수 있도록 해준다.

④ 생산적 단계: 이 단계는 이슈가 해결되고 합의가 문서화되는 단계다. 당사자 간에 상호 이익이 되는 공동 선택사항을 식별하고 미세 조정하며, 합의에 이를 내용에 대해 타협하여 결과를 도출한다.

⑤ 합의 형성: 공식적인 합의를 이루는 단계이다.

⑥ 재검토 단계: 합의가 성립되면 조정인과 당사자는 조정에서 결정된 것과 추가적으로 결정되어야 하는 것, 조정 절차에서 나온 문제점 등에 대해서 재검토한다. 조정인은 다음 단계에 취해야 할 사항들에 대한 안내도 시행한다.

조정은 전후 관계가 중시되는 분쟁해결 절차이다. 당사자들과 조정인 간의 긴밀한 커뮤니케이션과 상호작용이 중요한 이유이다. 따라서 조정의 진행 과정에서 위에서 살펴 본 단계를 순서대로 할 수도 있지만 필요에 따라 다시 앞으로 되돌아가거나 단계를 건너뛸 수도 있다. 조정인은 당사자 사이의 적대적인 상황과 감정을 잘 이해해야 하며 정보를 교환하거나 협상을 진행할 때도 이러한 점에 유의해야 한다. 조정인이 양 당사자와 함께 동시에 의견 교환을 하는 경우(joint 또는 open session)에는 조정인이 당사자들의 감정이 격해지지 않도록 질서를 유지하며 커뮤니케이션을 촉진하는 역할을 하는 것이 중요하다.[162] 또한 당사자가 함께 있는 자리에서 털어 놓기 곤란한 사항에 대해서는 개별적으로 한 당사자씩 접촉하여 마음속에 있는 생각이나 정보를 획득하는 것(caucus)이 합의 형성에 큰 도움이 될 수 있다. 이렇게 조정인이 당사자 한 쪽을 왔다 갔다 하면서 의견 교환을 하여 조정을 시도하는 것을 'shuttle diplomacy'라고 한다. 이는 당사자가 서로에게 분노를 표출함으로써 조정 분위기를 그릇되게 하는 것을 방지해 준다. 어떤 경우에는 조정의 시작과 끝만 joint session으로 이루어지고 거의 caucus에 의해 조정이 진행되는 경우도 있다. 한 쪽만을 만나서 조정을 시도하는 경우에 조정자는 당사자가 노출을 꺼리는 사항에 대해서는 상대에게 비밀을 유지해줘야 한다.

---

162) Stephen J. Ware, *op. cit.*, p. 275.

(6) 조정인 관련 이슈

조정에 의한 분쟁해결에서 가장 중요한 요소는 어떠한 조정인이 절차를 진행하느냐 하는 것이다. Mistelis는 조정인이 갖춰야 할 네 가지 기본적인 자질로서 ① 이론적 이해력(theoretical understanding), ② 실용적 기술(practical skill), ③ 윤리의식(ethical awareness), ④ 정서적 감수성(emotional sensitivity)을 들고, 거기에 건전한 판단력(sound judgment), 개인적인 공감력(personal empathy), 실제적 지식(substantive knowledge), 창의성(creativity), 신축성(flexibility), 균형감(balance), 청취능력(good listening skills), 언어 구사력(good use of language), 요약능력(the ability to summarise), 관리능력(management skills) 등이 더해지면 더욱 바람직한 것으로 인용하고 있다.[163]

조정인이 될 수 있는 자격은 나라마다 그 요건을 달리하고 있다. 또 조정인 양성방안과 조정인 자격 취득 전후의 교육·훈련 및 조정인으로서의 윤리성의 확보 방안 등은 조정인과 관련하여 중요한 이슈에 해당한다. 이러한 사항들은 이 책의 후반부에서 다시 상세하게 다루고자 한다.

3. 중 재

(1) 중재의 의의

중재(Arbitration)는 중립적인 제3자가 개입되는 분쟁해결의 한 형태이며, 중재인의 판정은 구속력이 있다. 사람들은 여러 이유로 중재를 선택한다. 일반적으로 중재는 당사자들 간에 계약으로부터 발생하며 당사자들이 중재를 선택하기로 하는 상황에서 이루어진다. 중재는 계약자유의 원칙에 기초하므로 중재판정이 부적절하거나 실수가 있다 하더라도 그 판정이 법률이나 다른 공공정책에 저촉되어 무효가 되거나 취소 사유에 해당하지 않는 한, 당사자들은 기본적으로 법정에서 다시 다툴 수 없다. 본질적으로 중재의 존재 근거는 중재합의에 있으

---

163) Loukas A. Mistelis, *op. cit.*, pp. 181-182.

므로 당사자가 합의를 하여야 하고, 분쟁당사자들은 중재인이 내린 중재판정에 의해 분쟁을 해결한다.[164]

중재는 분쟁 발생 전과 후에 중재 약정을 정하는 바에 따라, 분쟁이 발생하기 전에 미리 장차 분쟁이 있을 경우에 중재에 회부하기로 합의하는 executory arbitration과 분쟁이 발생한 후에 비로소 중재에 회부하기로 합의하는 ad-hoc arbitration으로 나눌 수 있다. 또한 중재기관의 도움을 받느냐에 따라 중재기관이 개입하여 중재를 시행하면 관리중재(administered arbitration), 중재기관에 의해 관리되지 않으면 비관리중재(nonadministered arbitration)로 나눌 수 있다.

한편 전통적인 분쟁해결 방법인 소송(litigation)은 법원의 판결에 의해 결정되는 사법적 절차이다. 소송은 어려운 법률적 또는 사실적 문제를 내포하고 있는 경우, 배심원 판결 또는 항소가 필요한 경우, 또는 정당한 절차적 안전장치가 요구되는 경우에 선호된다.[165] 만일 분쟁 당사자가 분쟁을 해결하는 방법으로 중재를 택한다면, 소송과 비교하여 중재가 더 낫다는 다양한 이점이 존재하여야 한다. 그러면 소송이 아닌 중재를 택함으로써 얻게 되는 장점은 무엇인가?

첫째, 중재는 소송보다 판정에 따르는 비용과 시간을 더 줄일 수 있다는 데 장점이 있다. 그런데 중재가 실제로 소송보다 더 저렴하고 신속한가에 관해서는 논란이 있는 것도 사실이다. 소송과 비교한 중재의 장점들을 실제적으로 입증한 경험적인 연구는 아직 충분하지 않다. 그럼에도 불구하고 이에 대한 직간접적인 조사나 연구를 통한 최근의 노력들은 눈여겨 볼만하다. 1998년에 코넬대학(Cornell University)은 미국 내 1,000개 대기업 중 ADR의 사용에 대한 조사 보고서를 발표하였다.[166] 606개 응답자로부터 얻은 결론은 응답자의 88%가 조정을

---

164) 미국 연방중재법이나 통일중재법은 중재의 정의를 직접 규정하고 있지 않다. 대신, 그 법들은 중재합의의 유효성, 취소불가성, 집행에 관한 규정을 통하여 간접적으로 규정하고 있을 뿐이다. The Federal Arbitration Act , 9 U.S.C. § 2 (1925); The Uniform Arbitration Act, § 1 (1955) 참고.

165) Cameron K. Wehringer, Arbitration: Precepts and Principles, Oceana Publications, 1969, pp. 8-9.

166) David B. Lipsky & Ronald L. Seeber, The Appropriate Resolution of Corporate Disputes: A Report on the Growing Use of ADR by U.S. Corporations, Cornell Unversity, 1998 참조. 대체적 분쟁해결의 우월성에 대한 경험적 연구가 거의 없기 때문에 이 보고서는 분쟁해결 분야에서 몇 안 되는 중요한 경험적 연구 중의 하나로 간주되고 있다. 이어서, 2003년에 미국중재협회는 중재와 조정의 이용 추세를 파악하고자 조사에 착수하였다. 이 조사는 중재와 조정을 이용하는 주요 이유가 비용과 시간의 절약임을 보여 준다. American Arbitration Association, Dispute-Wise Management: Executive Summary, 2003 참조.

이용하고 있으며, 79%는 중재를 이용하고 있음을 보여주고 있다. 또한 응답자의 89.2%는 비용절감을 위해 조정을 이용하며, 응답자의 68%가 같은 이유로 중재를 이용하고 있음을 보여 주었다. 그 외 다른 연구들에서는 소송과 중재의 사건 처리 기간을 비교해 볼 수 있다. 한 연구에서는 배심원 재판까지 가는 민사 사건의 평균기간은 2년 반(30.2 개월) 이상이었으며[167] 중재의 평균은 8.6 개월이었음을 보여 준다.[168] 사건의 성격과 규모에 따라 처리 기간이 달라지므로 위의 연구 결과들을 동일선상의 비교 기준이나 판단 근거로 하기에는 어려움이 있으나, 중재의 저비용과 신속성에 대한 논란에도 불구하고 중재는 일반적으로 소송보다 더 저렴하고 신속한 것으로 간주되고 있다고 할 수 있다.

둘째, 중재 절차는 기술적 전문성을 최대한 활용할 수 있다. 일반적으로 법원의 판사는 일반 업무를 처리할 수 있는 제너럴리스트(generalist)로서 특수하고 복잡한 영역인 상업적 또는 기술적 지식이 부족할 수 있는 반면, 중재인들은 대개 전문분야에서 오랜 경력이 있는 전문가들 중에서 위촉된다.[169] 따라서 상업적 또는 기술적 지식에 관한 것이거나, 상거래 관습이나 관행에 대한 오랜 경험이 필요한 경우에는 중재를 더 선호하게 된다.

셋째, 중재 절차는 판정이 내려진 후에도 감정적인 문제를 덜 남기며 당사자들의 우호적 관계가 지속될 수 있는 가능성이 높은 반면, 소송은 당사자들이 공격과 방어를 통해 승리하기 위해 서로 대립되며 결과적으로 감정적인 앙금을 더 남길 수 있다.

넷째, 중재 절차는 비공개로 진행된다. 중재 심리는 비공개리에 진행되고 중재인들의 결정이 공표되지 않기 때문에 당사자들은 중요 거래나 사업상의 비밀이 누설되는 것을 방지할 수 있다.

다섯째, 중재는 소송보다 더 유연한 절차를 가지고 있다. 당사자들이 자유롭게 중재합의를 할 수 있으므로, 그들은 중재 규칙·절차·중재의 장소·그들이

---

167) Michael Heise, "Justice Delayed?: An Empirical Analysis of Civil Case Disposition Time", 50 Case W. Res. L. Rev. 813, Summer, 2000, p. 834.

168) Lewis L. Malty, "Private Justice: Employment Arbitration and Civil Rights", 30 Colum. Human Rights L. Rev. 29, Fall, 1998, p. 55.

169) National Arbitration Forum, Business-to-Business Mediation/Arbitration vs. Litigation (http://www.adrforum.com/users/naf/resources/GeneralCommercialWP.pdf) (Jan. 2005).

생각하는 최상의 시작 시기 등을 협의하에 선택할 수 있다.[170]

여섯째, 국제적 상거래 사건인 경우에는 국경을 초월하여 불확실한 환경에 놓이기가 쉬운데 국경을 넘어서 중재 판정을 집행하기가 법원의 판결을 집행하는 것보다 훨씬 쉽다.[171] 중재는 국제적인 환경에서 소송보다 더 쉽게 집행이 가능하다고 간주되고 있다. 1958년의 뉴욕협약은 계약국간에 중재의 집행을 보장하고 있다. 이에 비해 외국법원의 판결을 집행하기 위한 국제적인 협약은 없다. 그 이유는 국가 간의 이익에 대한 갈등이 그러한 국제협약을 성사시키는 것을 방해하고 있기 때문이다. Aksen에 따르면 사업에 종사하는 사람들은 외국 법원의 불확실성과 불가예측성을 피하고자 하는 경향이 있다는 것이다. 외국법, 외국 변호사, 언어, 상당한 경비, 긴 재판기간 등에 대한 불안감이 소송보다 국제상사중재를 선호하게 하는 것이다. 이상의 장점 이외에 중재 절차는 일반적으로 개별 회의실에서 진행되므로 분위기가 소송보다 훨씬 부드럽고 편안하게 느껴질 수 있다.[172]

그렇지만 이러한 많은 장점에도 불구하고 중재는 단점도 가지고 있다. 다른 어떤 것도 그렇지만 장점이라는 것이 가끔은 단점으로 작용하게 마련이다. 첫째, 중재판정은 예측 가능성 면에서 법원의 판결보다 더 낮을 수 있다. 법보다는 관행, 무역 관습, 경험 등에 기초하므로 중재는 중재인의 주관적인 판단에 의존하는 경향이 있으며 비슷한 사례에 관한 중재판정이 다르게 내려질 수 있다. 따라서 중재는 소송보다 법적 안정성과 예측가능성 측면에서 우위에 있지 못하다고 할 수 있다.

둘째, 중재판정은 최종적이기 때문에 법률이나 다른 공공정책에 위배되어 무효나 취소 사유에 해당하지 않는 한 그 실수를 되돌릴 수 없는 것이 원칙이므로, 중재의 최종성(finality)으로 인하여 부적절한 결과를 초래할 수 있다. 중요한 절차상의 흠결 또는 실질적인 무효가 주장될 수는 있지만 정당하게 내려진 중재인들에 의한 판정 오류는 취소될 수 없다. 그러므로 중재는 불만족한 당사자가 항소심을 청구할 수 있는 소송보다는 당사자의 이익을 덜 보호할 수 있다는 주장이 있다.

---

170) Steven C. Bennett, *op. cit.*, p. 7.
171) Gerald Aksen, Ad Hoc versus Institutional Arbitration, 2 ICC ICArb. Bull., 1991, pp. 8-14.
172) *Id.*, pp. 6-8.

셋째, 중재인이 법률가가 아닌 경우에는 사건의 법적 측면을 소홀히 할 수 있다. 양 당사자가 자신의 중재인을 지명하는 경우 중재인은 법적 측면에서 객관적으로 판단하기보다 흔히 각각의 당사자 이익을 대변하기가 쉽다. 또 사건이 어렵고 복잡한 법적 판단의 문제를 내포할 때는 소송이 중재보다도 더욱 효과적일 경우가 많다.[173)]

(2) 중재에 관한 최근의 추세

최근 미국 통일주법위원회가 법적 환경에 대한 변화된 요구에 부응하여 2000년도에 개정통일중재법을 채택하였다. 개정통일중재법은 미국 전역에 걸쳐 워싱턴 디씨를 비롯하여 각 주에서 속속 도입되고 있다. 미국에서 개정통일중재법의 채택 전에 영국은 21세기의 새로운 도전에 대처하고 중재의 국제적 추세에 부응하기 위하여 UNCITRAL 모델법을 과감하게 수용하여 1996년에 새로운 중재법을 마련하여 시행함으로써 중재의 새로운 시대를 열었다. 이러한 경향은 대륙법계 국가들에 있어서도 마찬가지이다. 외국 투자자들에게 신뢰할 수 있는 법적 환경의 중요성을 깨달은 중국은 1994년에 새로운 중재법을 제정하였는바, 그것은 중국 역사상 최초의 통일된 중재법이었으며 여러 계층의 행정기관들에 종속되어 있었던 이전의 국내 중재기관들을 폐지함으로써 중국 중재제도의 근본적인 변화를 가져 왔다.[174)] 독일도 역시 UNCITRAL 모델법을 대폭 받아 들여 1998년에 신 중재법을 채택하였는바, 이는 1877년 제정되어 실질적인 변화 없이 유지되어 왔던 독일 중재법의 대변혁이라 할 수 있다. 구 중재법은 독일의 중재제도가 국제적 추세와 표준에 적합하지 않아서 세계에서 차지하는 독일의 경제적 지위에 걸맞는 법적 지원을 제공하지 못하였다는 비판이 있어 왔다. 그로부터 1 년 후, 한국은 구 중재법의 비효율성과 국제적 기준에의 불일치 등에 관한 비판들을 반영하여 1999년에 개정 중재법을 통과시켰다. 이는 비록 구 중재법을 개정한 것이면서도 그 범위와 내용면에서는 거의 새로운 제정에 가까운 것이었고, 21세기를 향힌 발진된 중재제도를 도입하는 대변혁이었다. 또한

---

173) Cameron K. Wehringer, *op. cit.*, pp. 8-9.

174) Li Hu, Introduction to Commercial Arbitration in China(SOFTIC SYMPOSIUM 2002)(http://www.softic.or.jp/symposium/open_materials/11th/index-en.htm.).

2003년에 일본은 사법개혁 계획의 일환으로 구 중재법을 신 중재법으로 대체하였다. 그것은 일본의 경제규모에 비하여 중재 건수가 많지 않은 이유 중의 하나가 그들의 중재법 제도가 너무 낙후되었다는 지적을 반영한 것이기도 했다.[175] 일본의 구 중재법이 1890년 제정된 이래 100여 년에 걸쳐 실질적으로 변화되지 않았기 때문에 신 중재법은 조문을 쉽게 하고 국제적 표준에 따라 규정되었다. 프랑스도 2011년에 최신의 판례적 발전들을 반영하여 중재제도의 효율성을 높이고, 프랑스 중재제도가 국제거래 당사자들로부터 더 매력적인 것으로 느끼게 하기 위한 개혁의 일환으로 새 중재법령을 도입하였다.

중재법 분야에 있어 최근에 긴박하게 전개되고 있는 이러한 일련의 현상들은 무엇을 의미하는 것인가? 세계적인 경제대국들이 그들의 중재법과 중재제도를 개혁하고자 앞을 다투어 경쟁하는 데는 그만한 이유가 있을 것이다. 우선, 이러한 국가들은 동서양을 막론하고 국제거래 분쟁의 대체적 해결수단으로서 증가 추세에 있는 중재를 중요하게 다루어야 할 필요성을 인식하고 있다고 할 수 있다. 둘째로, 국제거래 증가와 분쟁 가능성이 확대됨에 따라 '점점 좁아지는 세계에서 쉽게 접근할 수 있고, 사용이 용이한 중재법의 필요성은 명백하다'[176]는 것이다. 세계의 경제적 주체인 국가들은 그들의 오래된 중재법을 개정하고 있으며, 중재제도를 활발하게 변화시키고 있는 것이다. 결국, 이런 추세는 중재를 포함한 대체적 분쟁해결(ADR)에 관한 점증하는 관심 및 수요와 밀접한 관계가 있다고 할 수 있다.

(3) 중재합의

중재합의(Arbitration Agreement)란 일반적으로 당사자들 사이에 분쟁이 존재하거나 후에 분쟁이 일어날 경우 당사자 간의 합의로 중재에 의해 해결하기로 하는 약정이다. 중재합의는 계약에 의한 것이든 아니든 간에 사적인 법률관계에 의해 발생하는 모든 분쟁을 대상으로 한다. 원칙적으로는 당사자들의 자율성이

---

175) Japan Commercial Arbitration Association, JCA Newsletter, No. 15, 2, August 2002.
176) Jeffery Terry, "A new US arbitration statute for the 21stcentury: an English Perspective in the wake of the English Arbitration Act 1996", in Arbitration Now: Opportunities for Fairness, Process Renewal and Invigoration, 111, 128 (Paul H. Haagen, ed.), American Bar Association, 1999.

중재합의의 내용을 지배한다. 실제로 미국의 연방중재법이나 통일중재법은 물론 우리나라의 중재법은 중재합의에 관한 당사자들의 자율성을 우선적으로 인정해 준다. 원래 중재합의는 분쟁이 발생한 후에 그 분쟁을 중재에 회부하기로 하는 중재의뢰합의(arbitration submission agreement)만을 중재로 인정하였으나, 19세기 후반에 들어서서 미래에 발생할 분쟁에 대해서도 계약서 안에 나중에 분쟁이 발생하면 중재에 회부하기로 하는 조항을 넣는 중재조항(arbitration clause)도 인정되게 되었다.

그런데 '미래의 분쟁'에 대하여 중재에 회부하기로 하는 중재합의를 인정하느냐의 여부는 과거에 근대적인 중재법으로 인정받느냐와 같은 중요한 요소 중의 하나였다. 미국의 예를 들면 19세기에 있어 미국사회는 산업 발전과 인구의 증가로 더욱 복잡하게 되면서 미국 대부분의 주들은 중재법을 통과시켰지만, 그 법들은 영국의 커먼로(common law) 중재적 배경을 단순히 성문화한 것이었다.[177] 커먼로(common law)하에서 중재인들의 결정은 미래의 분쟁에 관해서는 구속력이 없었고, 소송이 계류 중이 아니면 법원에서 집행할 수가 없었다.[178] 그러다가 1873년의 일리노이 법(the Illinois Statute of 1873)은 거의 근대적 중재법으로 간주되었는데, 그 법하에서는 거의 어떤 종류의 분쟁도 중재에 회부할 수가 있었고, 당사자의 합의에 따라 '현존하는' 분쟁이든 '미래의' 분쟁이든 상관없이 중재 판정에 대해 집행 가능하게 하였다.[179] 그러나 1917년에 일리노이 주의회는 그 1873년법을 폐지하고 개정 중재법을 새로이 제정하였다. 비록 그 1917년법이 중재의뢰의 '철회불가성(irrevocability)'을 규정하였지만, 그 법은 '미래(future)'의 분쟁을 중재에 적용하는 데는 실패함으로써 이 법은 사실상 거꾸로 일보 후퇴하여 근대적 중재법으로 인정받지 못하였다.[180]

미국에서 20세기 초에 들어서 새로운 경제적, 정치적 발전은 중재를 더욱 매력적인 것으로 만들었다. 그 중 한 요인은 노동운동이었는데, 그것은 노조와 경영진 공히 그들의 갈등을 신속하고 저렴하며 공정하게 해결할 필요가 있다는 것을 깨닫게 되었기 때문이다. 이 시기의 또 하나의 현저한 특징은 거래소나

---

177) Ian R. Macneil, American Arbitration Law, 1992, p. 183.

178) John R. Van Winkle, "An Analysis of the Arbitration Rule of the Indiana Rules of Alternative Dispute Resolution", 27 Indiana Law Review 735, 1994, p. 736 .

179) Ian R. Macneil, *op. cit.*, p. 19.

180) *Id.*, pp. 31-33.

무역협회와 같은 많은 경제조직이 발전되었고, 그들은 자신들의 회원들을 위한 중재 규정을 유지하였다. 이러한 배경을 바탕으로 마침내 1920년 뉴욕 중재법이 탄생하게 되었는데, 이 1920년의 뉴욕 중재법은 '현존하는' 분쟁과 '미래의' 분쟁에 대해 공히 중재합의의 유효성(validity), 집행 가능성(enforceability)과 철회 불가능성(irrevocability)을 인정한 미국 최초의 근대 중재법이라 할 수 있다.[181]

한국의 중재법상 중재합의는 독립된 합의 또는 계약에 중재조항을 포함하는 형식으로 할 수 있게 하고 있다.[182] 중재합의의 형식은 일반적으로 서면으로 작성되어야 하며, 한국의 중재법에도 중재합의는 서면으로 하여야 한다고 되어 있다. 또한 당사자들이 서명한 문서에 중재합의가 포함된 경우나 편지, 전보, 전신, 팩스 또는 그 밖의 통신수단에 의하여 교환된 문서에 중재합의가 포함된 경우, 어느 한쪽 당사자가 당사자 간에 교환된 문서의 내용에 중재합의가 있는 것을 주장하고 상대방 당사자가 이에 대하여 다투지 아니하는 경우에는 서면에 의한 중재합의로 보고 있다. 미국의 개정통일중재법(RUAA)은 '서면(in writing)'이란 표현 대신 '기록(in a record)'이라고 함으로써 중재합의의 범위를 보다 넓히고 있다. 여기에서 기록이란 의미는 유형의 매개체나 전자적 수단 등에 기록 되어 있어 인식이 가능한 형태로 복구가 가능한 정보를 의미한다. 또한 개정통일중재법은 중재합의의 형식을 '기록'으로 하도록 하였지만, 중재 계약의 내용에 관한 후속의 '구두(oral)' 계약은 유효하다고 본다.[183] 따라서 개정통일중재법은 후속의 구두계약을 중재합의의 일부로 허용함으로써 중재합의의 서면성을 일부 완화하였다고 할 수 있다.

(4) 중 재 인

중재인은 분쟁 사건에 대하여 중재판정을 내릴 수 있는 권한이 부여된 중립인이다. 한국 중재법은 '중재인'을 직접 정의하는 규정을 두고 있지는 않다.

---

181) Mentschikoff, "Commercial Arbitration", 61 Colum. L. Rev. 846, 1961, pp. 855-856.
182) 중재법 제8조 이하 참조.
183) National Conference of Commissioners on Uniform State Laws, Revised Uniform Arbitration Act(2000), p. 11.

다만 중재법 제3조에 '중재판정부'란 중재절차를 진행하고 중재판정을 내리는 단독중재인 또는 여러 명의 중재인으로 구성되는 중재인단을 의미한다고만 되어 있다. 주식회사나 합명회사 또는 정부기관은 한국 중재법하에서는 중재인이 될 수 없다. 중재인을 선정함에 있어서는 당사자들의 중재인 임명 방식에 합의가 있으면 당사자의 합의가 무엇보다 우선하여 적용된다.[184] 하지만 당사자의 합의가 있다 하더라도 합의된 절차에 따라 중재인을 선정하지 못하였을 때는 당사자의 신청에 따라 법원이 선정할 수가 있다. 한국 중재법은 제12조에서 중재인은 국적에 관계없이 선정될 수 있음을 천명하여 한국 중재제도의 국제화에 대한 의지를 밝히고 있다. 당사자들이 중재인을 선정해야 한다는 중재 조항이 있음에도 불구하고 만약 당사자들이 심문 절차가 진행될 때까지 중재기관이 선정해준 중재인을 반대하지 않았다면 어떻게 될까? 이에 대해 대법원은 중재조항에도 불구하고 만약 당사자들이 이의를 제기하지 아니하고 중재절차를 진행하였다면 이를 중재기관의 중재인 선정에 대한 동의가 있는 것으로 간주할 수 있다고 하였다.[185]

공정한 중재인의 확보는 성공적인 중재 여부를 판가름한다. 중재인의 중립성은 정직성, 공평성, 이해관계의 여부에 달려 있다. 개인이 중재인 선정 요청을 받을 경우 그 예정된 중재인은 당사자와 관련하여 금전적인 혹은 개인적인 친분이나 과거에 친분이 있었던 사실 등 누가 봐도 중재인의 공정성에 영향을 줄 것 같은 사실이 있으면 이를 고지해야 한다. 이러한 고지의무(disclosure)는 중재인으로 선정된 이후에도 마찬가지이다. 미국 연방중재법에는 중재인의 고지의무에 관해 직접적인 조문은 없지만 Commonwealth Coating Corp. v. Continental Casualty Co.[186] 판례에서 보는 바와 같이 인정되어 왔다. 중재인이 당사자와의 이해관계나 친분을 고지하지 않아 당사자가 반대함에도 불구하고 중재절차를 계속 진행할 경우에는 중재판정의 취소 사유가 될 수 있다. 그러나 한국 중재법은 고지의무를 어긴 중재인에 대하여 당사자의 반대에도 불구하고 중재인이 계속 진행한 후 중재판정을 내릴 경우에 대하여 중재판정 취소 사유에 직접적으로 명시하고 있지는 않다.

---

184) 중재법 제11조 이하 참조.
185) 대법원 판결 2000다29264(2001. 11. 27) 참조.
186) 393 US. 145(1968).

중재인의 면책(Immunity)과 관련하여 한국 중재법은 중재인의 면책에 대한 직접적인 조문이 없지만 미국의 개정통일중재법은 중재인의 면책에 대하여 새로이 규정한 바 있다. 중재인의 면책은 법관의 역할과 '기능적으로 양립(functional comparability)'할 수 있다는 커먼로의 사법적 면책 사상으로부터 유래하였다.[187] 이 면책은 중재인 혹은 중재기관이 정당하게 중재를 진행하였음에도 혹시나 있을지도 모르는 어떤 민사적인 책임에 대한 우려가 없이 중재절차를 진행할 수 있게 하려는 것이다. 이는 중재인이 기본적으로 법관과 같은 정도로 민사소송에 대한 면책뿐만 아니라, 중재절차 중에 있었던 일에 대하여 나중에 증언을 요구받는 것으로부터도 면책을 받는다는 것을 의미한다.

(5) 중재절차

중재절차는 선정된 중재인이 그 역할을 개시할 때 시작 되고 중재판정이 내려지면 종결된다. 당사자가 자유롭게 합의하는 경우를 제외하고는 중재인은 그 절차와 증거능력을 결정하는 광범위한 재량권을 갖는다. 중재인들은 절차 진행 중 확보한 증거들을 바탕으로 정보를 수집하고, 심문을 시행하며 최종적으로 중재판정을 내린다. 중재인은 중재절차를 진행함에 있어 공정성과 신속성을 달성할 수 있는 방식으로 하여야 한다. 한국 중재법에 의하면 중재절차는 당사자 간에 다른 합의가 없는 경우 피신청인이 중재요청서를 받은 날부터 시작되고 중재인으로부터 중재판정이 내려지면 종결된다.[188] 한국 중재법에서는 중재절차에 관한 당사자의 합의가 중재판정부보다 우선권을 가진다고 명백하게 규정하고 있다.[189] 당사자의 합의가 없는 경우에는 중재판정부가 적절한 방식으로 절차를 진행하면 된다. 중재의 신청인은 당사자들이 합의하였거나 중재판정부가 정한 기간 내에 신청취지와 신청 원인이 된 사실을 적은 신청서를 중재판정부에 제출하여야 하며, 이 경우 당사자는 신청 또는 답변에 중요하다고 인정되는 서류를 첨부하거나 향후 사용할 증거 방법을 표시할 수 있다.[190]

---

187) National Conference of Commissioners on Uniform State Laws, Revised Uniform Arbitration Act(2000), p. 43.
188) 중재법 제19조 이하 참조.
189) 중재법 제20조.
190) 중재법 제24조.

한국 중재법 제25조에 의하면 중재판정부는 당사자 간에 다른 합의가 없는 경우 구술심리를 할 것인지 서면심리만으로 충분한지에 대하여 결정하여야 한다. 다만 당사자들이 구술심리를 하지 않기로 합의한 경우를 제외하고는 어느 한 쪽 당사자의 신청이 있으면 적절한 단계에서 구술심리를 하여야 한다. 특히 제25조는 구술심리나 증거조사를 하기 전에 충분한 시간을 두고 통지하도록 하고 있는데, 여기서 통지에 관하여 탄력성을 부여한 것 같이 보이지만 '충분한'이란 표현은 상대적인 개념이기 때문에 명확한 기한을 규정하여 주는 것이 좋을 것으로 보인다.

만약 당사자가 중재절차가 적합하지 않다고 주장하며 법원에 중재절차를 정지시키기 위한 가처분 신청을 하면 어떻게 될까? 한국의 대법원은 당사자가 상대방에 대하여 법원에 그 중재절차의 위법 확인을 구하는 본안소송을 제기하거나 중재판정이 있은 후에 중재판정 취소의 소를 제기하여 중재절차의 위법을 다투는 경우를 제외하고는 곧바로 그 중재절차의 위법을 들어 법원에 중재절차 정지의 가처분을 구할 수는 없다고 하였다.[191] 이는 법원이 중재절차에 더 많은 독립성을 확보해 주기 위한 고려로 보인다.

중재절차의 진행 과정에서 증인의 소환이나 증거의 조사가 중재판정을 내리는 데 있어 중요한 역할을 하는 경우가 있다. 하지만 한국 중재법의 경우 증인의 소환이나 증거의 조사와 관련한 중재인의 권한에 대해서는 명확한 규정을 하지 않고 있다. 물론 중재판정부는 증거의 제시를 '요청'할 수 있고, 심문 중에 증인의 '자발적인' 출석을 요구 할 수 있다. 이런 측면에서 한국 중재법하에서 중재인의 권한은 증인의 소환을 허용하는 미국의 개정통일중재법상의 중재인의 권한보다 제한적이다. 이것은 한국의 입법자들이 중재인의 권한은 공권력이 아니라는 판단에 기인한 것으로 보인다. 또한 한국의 중재인은 증인에게 선서를 시행하게 하지 못한다고 할 수 있는 반면에, 미국은 일찍부터 중재인의 선서 시행 권한을 인정해 주었고 이는 일찍이 1955년의 통일중재법에도 규정되어 있었다. 한국 중재법의 제27조는 당사자 간에 다른 합의가 없으면 중재판정부에게 특정 쟁점에 대한 감정을 위하여 감정인을 지정할 수 있게 하였다. 특히 독립적인 감정인의 확보를 위해 제13조(중재인에 대한 기피 사유)와 제14조(중재

---

191) 대법원 판결 96마149(1996. 6. 11) 참조.

인에 대한 기피절차)는 중재판정부에 의해 임명된 감정인에게도 적용된다고 할 수 있다.

한국의 중재법상 증거조사에 대한 중재인의 권한의 한계로 인하여 증거조사가 필요한 경우 중재판정부는 직권으로 또는 당사자의 신청으로 법원에 증거조사를 촉탁할 수 있다.[192] 이 경우 수탁법원은 증거조사를 마친 후 증거조사에 관한 기록을 지체 없이 중재판정부에 보내도록 함으로써 중재인의 절차적 권한을 보충할 뿐만 아니라 법원의 증거조사 협조 의무를 부과하고 있다. 그럼에도 불구하고 한국 법원의 절차적 특성을 고려해 볼 때, 중재판정부에 증거조사 등에 관한 실질적인 절차적 권한이 주어지지 않으면 신속한 중재절차를 진행함에는 한계가 있다고 해야 할 것이다.

다음으로 중재절차에서 처분에는 임시적(provisional)인 것과 최종적(final)인 처분이 있다. 그 중에서 임시적 처분은 중재의 대상인 재산의 비정상적인 장애나 양도를 방지하는 데 유용한 방법이다. 그런데 여기서 중재인이 아닌 법원이 임시적 처분을 할 수 있게 하면 분쟁의 본질을 결정할 수 있는 중재인의 권한을 대체하는 것이 되고, 사건을 오히려 지체 시키며 더 많은 비용과 혼잡을 초래할 수 있다는 우려가 있다.[193] 그런가 하면 법원이 아닌 중재인이 임시적 처분의 권한을 갖게 되면 중재인의 결정은 스스로 집행할 수 있는 힘을 가지고 있지 못하다는 사실로부터 비롯되는 우려가 다시 나올 수 있다. 하지만 비록 이런 임시적 처분이 사건을 지체 시키며 비용 증가와 함께 혼잡을 증가시키고 법원의 중재인 권한 대체라는 문제는 있겠지만 중재판정의 집행력을 향상시키는 데 도움이 되는 것은 사실이다. 미국에서도 1954년의 통일중재법 초안에 임시적 처분에 관한 규정이 포함되어 있었으나 1955년에 발표된 통일중재법에는 이것이 생략되었다.[194] 비록 규정화에는 실패했지만, 이 임시적 조치는 통일중재법하에서

---

192) 중재법 제28조.

193) Timothy J. Heinsz, The Revised Uniform Arbitration Act: Modernizing, Revising, and Clarifying Arbitration Law, 2001 J. Disp. Resol. 1, 2001, p. 11.

194) National Conference of Commissioners on Uniform State Laws, Revised Uniform Arbitration Act(2000), p. 20. 그 규정은 다음과 같다.

"At any time prior to judgment on the award, the court on application of a party may grant any remedy available for the preservation of property or securing the satisfaction of the judgment to the same extent and under the same conditions as if the dispute were in litigation rather than arbitration."

Salvucci v. Sheehan에서와 같이 판례에 의해 인정되었다.[195] 이러한 매사츄세츠 대법원의 입장은 다른 많은 주에서도 지지를 얻었다.[196] 미국의 연방중재법에는 임시적 조치에 관한 직접적인 규정은 없지만 대부분의 연방법원들은 Salvucci 판례와 같은 임시적 조치에 동의하였다. 그런가 하면 2000년의 개정통일중재법은 상당히 자세하게 임시적 조치에 대하여 규정하였다.[197] 개정통일중재법은 중재인 선정 전과 후, 두 가지 상황으로 나누어 임시적 처분을 규정하였는데 중재인이 선정되기 전에는 법원이 당사자의 청구에 의하여 중재절차의 대상이 되는 재산의 현상 유지를 하도록 임시적 처분을 명할 수 있다. 하지만 중재인이 선정된 후에는 법원이 아닌 중재인에게 임시적 처분을 할 수 있는 권한을 부여하였다. 이 경우에 당사자는 법원에 중재인의 사전 판정(pre-award)의 집행을 청구할 수 있다.[198] 더 나아가 중재인이 선정되고 난 후에도 문제가 시급하거나 중재인의 응답이 늦거나 중재인이 적절한 임시적 처분을 할 수 없을 경우에는 법원에 직접 구제를 요청할 수도 있다.

　　한국 중재법의 제10조는 중재절차의 개시 전이나 진행 중에 법원에 보전처분을 신청할 수 있게 하였고, 제18조는 당사자 간에 다른 합의가 없는 경우에 중재판정부는 어느 한 쪽 당사자의 신청에 따라 필요하다고 인정하는 임시적 처분을 내릴 수 있다고 하고 있다. 실제적으로는 중재절차가 시작되기 전이나 중재인이 선정되기 전에는 법원의 보전처분이 유용하고, 중재절차가 진행 중일 때에는 중재판정부에 의한 임시적 처분이 법원의 관여 없이 편리하게 이용될 수 있을 것이다. 따라서 당사자는 자신의 상황과 편의에 맞추어 법원이나 중재판정부의 임시적 조치를 선택할 수 있다. 여기서 당사자의 중재 합의 시에 임시적 처분을 포기할 것을 합의할 수 있느냐의 문제가 있을 수 있다. 생각건대 임시적 처분의 공익적 기능을 고려할 때 당사자들은 분쟁이 일어나기 전에 중재합의에 의해 임시적 조치를 포기할 수는 없는 것으로 보아야 할 것이다. 이에 대해 미

---

195) 349 Mass. 659, 212 N.E. 2d 243(1965).

196) Ross v. Blanchard, 251 Cal. App. 2d 739, 59 Cal. Rptr. 783(1967); Merrill Lynch, Pierce, Fenner & Smith, Inc. v. District Court, 672 P.2d 1015(Colo. 1983); Lambert v. Superior Court, 228 Cal. App. 3d 383, 279 Cal. Rptr. 32(1991); BancAmerica Commercial Corp. v. Brown, 806 P.2d 897(Ariz. Ct. App. 1991); Langston v. National Media Corp., 420 Pa.Super. 611, 617 A.2d 354(1992); Hughley v. Rocky Mountain Health Maint. Org., Inc., 927 P.2d 1325(Colo.1996).

197) 개정통일중재법 Section 8 참조.

198) 개정통일중재법 Section 18 참조.

국의 개정통일중재법은 분쟁이 발생하기 전에 임시적 처분을 포기하는 것을 금지하고 있다.

(6) 중재판정

중재판정은 당사자가 제출한 분쟁 사안에 대한 중재인들의 최종적인 결정이다. 일반적으로 중재판정은 당사자에게는 법원의 판결과 같은 효과를 갖는다. 그러나 중재판정은 스스로 집행력을 갖지는 못하기 때문에 이긴 쪽이 중재판정을 집행하기 위해서는 법원에 집행결정을 신청할 필요가 있게 된다.[199] 중재판정이 사기, 편파적 결정 또는 법에 정한 취소 사유에 의해 이루어지면 당사자는 법원에 그 중재판정의 취소를 청구할 수 있다. 분쟁의 실체에 적용될 법과 관련하여 한국 중재법 제29조는 중재판정부가 당사자들이 지정한 법에 따라 판정을 내리게 하고 있고, 특정 국가의 법 또는 법체계가 지정된 경우에 달리 명시된 것이 없으면 그 국가의 국제사법이 아닌 분쟁의 실체에 적용될 법을 지정한 것으로 본다고 하고 있다. 하지만 그러한 지정이 없는 경우에 중재판정부는 분쟁의 대상과 가장 밀접한 관련이 있는 국가의 법을 적용한다. 이 조문은 한국 중재법이 국내뿐만 아니라 국제중재까지 포함하므로 국제적 사건에 적용될 것을 의도하고 있는 규정이다.

한국 중재법에 의하면[200] 중재판정을 하는 데 있어서 당사자 간에 다른 합의가 없는 경우에는 3명 이상의 중재인으로 구성된 중재판정부의 의사결정은 과반수의 결의에 따른다. 다만, 중재절차는 당사자 간의 합의가 있거나 중재인 전원이 권한을 부여하는 경우에는 절차를 주관하는 중재인이 단독으로 결정할 수 있다. 특히 중재절차의 진행 중에 당사자들이 화해한 경우에 중재판정부는 그 절차를 종료할 수 있다. 이 경우 중재판정부는 당사자들의 요구에 따라 그 화해 내용을 중재판정의 형식으로 적을 수 있다. 화해 중재판정은 해당 사건의 본안에 관한 중재판정과 동일한 효력을 가진다. 한국 중재법에 의하면 중재판정은 서면으로 작성하여야 하며, 당사자의 합의가 있거나 화해 중재판정의 경우를

---

199) 2016년 5월 개정으로 종전의 집행판결이 집행결정으로 가능하게 되었다.
200) 중재법 제30조-제33조 참조.

제외하고는 판정의 근거가 되는 이유를 기재해야 한다. 또 판정에는 작성날짜와 중재지를 기입해야 한다. 중재절차는 종국판정이 있으면 종료되는데, 그 외 신청인이 중재신청을 철회하는 경우, 당사자들이 중재절차를 종료하기로 합의하는 경우, 중재판정부가 중재절차를 계속 진행하는 것이 불필요하거나 불가능하다고 인정하는 경우 등에 대해 중재판정부의 결정이 있으면 종료된다.

중재합의는 당사자들의 자율성에 근거하고 있기 때문에 당사자들은 중재판정을 따라야 한다. 만일 패한 당사자가 중재판정에 순응하지 않을 경우 승리한 당사자는 법원의 판결을 청구할 필요가 있게 된다. 미국의 연방중재법에 의하면 당사자는 중재판정이 내려진 후 1년 이내에 법원에 중재판정의 승인을 구하여야 한다. 이 경우 상대 당사자에게 고지가 되어야 하고, 중재판정의 취소나 수정의 사유가 없으면 법원은 승인하게 되어 있다. 개정통일중재법은 중재판정의 승인을 구할 경우 연방중재법상의 1년이라는 기간 제한을 삭제함으로써 각 주의 법률에 규정한 바에 따르도록 하였다.[201]

한국 중재법 제35조는 중재판정이 법원의 확정판결과 동일한 효력을 가진다고 명시하고 있다. 그러나 중재는 스스로 집행력이 있는 것은 아니기 때문에 집행은 법원의 승인 또는 집행결정에 따라 하여야 한다. 또한 한국 중재법은 국내뿐만 아니라 국제중재도 다루기 때문에 동일 법하에서 국내 중재판정과 국제 중재판정에 대하여 각각 규정하고 있다. 제38조에 의하면 대한민국에서 내려진 중재판정은 중재판정 취소의 소를 제기할 수 있는 사유 등이 없으면 승인되거나 집행되어야 한다고 하고 있다. 한편 제39조는 「외국 중재판정의 승인 및 집행에 관한 협약」을 적용받는 외국 중재판정의 승인 또는 집행은 같은 협약에 따라 한다고 되어 있고, 「외국 중재판정의 승인 및 집행에 관한 협약」을 적용받지 아니하는 외국 중재판정의 승인 또는 집행에 관하여는 「민사소송법」과 「민사집행법」을 준용하여 적용한다고 되어 있다. 한국은 상호주의의 조건하에 1973년 뉴욕협정에 가입하였으므로 뉴욕협정의 가입국이 아닌 외국에서 내려진 중재판정인 경우에는 그 외국 중재판정의 승인과 집행은 중재법이 아닌 「민사소송법」과 「민사집행법」을 준용하여 적용하여야 할 것이다. 이에 대해서는 결과적으로 외국의 중재판정이 당사자의 합의에 근거하지 않은 사건을 결정하는 외국 법원의 판결

---

201) National Conference of Commissioners on Uniform State Laws, Revised Uniform Arbitration Act(2000), p. 67.

처럼 취급되는 것은 문제가 있다는 논란이 있다.

중재판정은 최종성(finality)을 가지는 것으로 간주되기 때문에 중재인에 의한 단순한 사실이나 법의 오류는 중재판정을 취소하는 사유에 해당하지 않는다. 일반적으로 중재판정의 취소 사유는 중재법에 명시되어 있는 사항들로 한정된다. 실제로 미국 연방중재법은 중재판정의 취소 사유를 한정하고 있다. 동법 제10조에 의하면 당사자는 중재판정이 매수, 사기 혹은 부당한 방법으로 이루어졌을 경우나 중재인의 편파적 판정이나 매수가 명백한 경우, 중재절차에서의 중재인의 부정행위나 당사자의 권리를 손상시키는 기타 부정행위를 했을 경우, 중재인의 권한을 초과하거나 권한의 부당한 집행의 경우에 중재판정의 취소를 청구할 수 있다. 이 경우에 법원은 중재판정을 내린 중재인에게 재심리를 요구할 수 있다. 이 절차는 중재인으로 하여금 법원의 입장을 반영하고 그 사건을 다시 검토하라는 의미이지만 실질적으로는 시간 지체와 비용의 추가 문제가 생길 수 있다는 우려가 있다.[202] 그러면 그와 같은 염려를 의식하는 법원은 중재판정에 대해 세밀히 검토하는 것을 꺼려할 수도 있을 것이다. 그럼에도 불구하고 동법 제10조는 중재의 공평성 확보를 위한 정당한 절차를 구체화하는 효과를 갖는다고 할 수 있다. 개정통일중재법에서의 중재판정 취소 사유도 연방중재법의 경우와 거의 같다고 할 수 있으나 보다 세분화한 것이 특징이다.

한국 중재법 제36조에 따르면, 중재판정에 대한 불복은 법원에 중재판정 취소의 소를 제기하는 방법으로만 할 수 있다. 중재판정의 취소 사유는 두 가지 경우로 나누어 규정되고 있다. 하나는 중재판정의 취소를 구하는 당사자가 증명하는 경우로서 ① 중재합의의 당사자가 해당 준거법에 따라 중재합의 당시 무능력자였던 사실 또는 중재합의가 당사자들이 지정한 법에 따라 무효이거나 그러한 지정이 없는 경우에는 대한민국의 법에 따라 무효인 사실을 증명하거나, ② 중재판정의 취소를 구하는 당사자가 중재인의 선정 또는 중재절차에 관하여 적절한 통지를 받지 못하였거나 그 밖의 사유로 변론을 할 수 없었던 사실을 증명한다든지, ③ 중재판정이 중재합의의 대상이 아닌 분쟁을 다룬 사실 또는 중재판정이 중재합의의 범위를 벗어난 사항을 다룬 사실을 증명하는 경우, ④ 중재판정부의 구성 또는 중재절차가 중재법의 강행규정에 반하지 아니하는 당사자

---

202) Steven C. Bennett, Arbitration: Essential Concepts, 33, 2002, p. 27.

간의 합의에 따르지 아니하였거나 그러한 합의가 없는 경우에는 중재법에 따르지 아니하였다는 사실을 증명하는 경우가 있다. 다른 하나는 법원이 직권으로 취소 사유가 있다고 인정하는 경우로서 ① 중재판정의 대상이 된 분쟁이 대한민국의 법에 따라 중재로 해결될 수 없는 경우, ② 중재판정의 승인 또는 집행이 대한민국의 선량한 풍속이나 그 밖의 사회질서에 위배되는 경우를 들 수 있다.

중재판정을 취소할 수는 없지만 단순한 오기나 숫자상의 단순 실수 등에 대해서는 정정할 수 있는 기회가 주어지는 것이 진실에 합당한 일일 것이다. 한국의 중재법 제34조에 의하면, 당사자들의 다른 합의가 없으면 각 당사자는 중재판정의 정본을 받은 날부터 30일 이내에 중재판정의 오산·오기, 그 밖에 이와 유사한 오류의 정정이 필요하거나, 당사자 간의 합의가 있는 경우에 중재판정의 일부 또는 특정 쟁점에 대한 해석을 요하거나, 중재절차에서 주장되었으나 중재판정에 포함되지 아니한 청구에 관한 추가 판정이 필요한 경우에 이를 허용하는 규정을 두고 있다.

4. 혼합형 ADR

협상, 조정, 중재가 세 가지의 기본적인 대체적 분쟁해결 방식이라면 그 세 가지를 적절히 조합한 다양한 대체적 분쟁해결 방식을 혼합형(Hybrid) ADR 이라고 할 수 있다. 예를 들면 간이심리(minitrial)는 재판에서의 증거 제시와 주장이 협상과 적절히 조합을 이루는 것이라 할 수 있고, private judging은 중재가 재판적인 성격과 조합된 것으로 볼 수 있으며, med-arb은 조정과 중재가 혼합된 것이다.[203] 그렇지만 혼합형(Hybrid) ADR에 대한 분류나 종류에 대해서도 다양한 견해가 존재한다. Goldberg 등에 의하면,[204] 혼합형 ADR로서 중재의 변형(final offer arbitration, arbitration under "high-low", med-arb), 간이심리(minitrial), 약식 배심심리(summary jury trial), 옴부즈맨(ombudsman) 등을 들고 있다. Coltri는 혼합형 ADR로서 med-arb, arb-med, mediation windowing, incentive arbi-

---

203) Stephen B. Goldberg, Frank E. A. Sander, Nancy H. Rogers, *op. cit.*, p. 3.
204) *Id.*, pp. 272-290.

tration, minitrial을 예시하고 있다.[205] Nolan-Haley는 minitrial, reference proce-dures(private judging), med-arb, conciliation에 덧붙여서 negotiated rule-making과 ombudsman까지 포함하고 있다.[206] 그런가 하면 Menkel-Meadow 등은 혼합형(Hybrid) ADR을 사적 혼합형(Private Hybrid)과 공적 혼합형(Public Hybrid)으로 구분하여 설명하기도 한다. 사적 혼합형(Private Hybrid)으로는 med-arb, minitrial, private judges & juries, ombuds, online dispute resolution mecha-nism 등을 들고 있고, 공적 혼합형(Public Hybrid)으로는 mandatory judicial settlement conference, special master, summary jury trial, early neutral evaluation, court-connected mediation, nonbinding arbitration 등을 예시하고 있다.[207] 혼합형(Hybrid) ADR 방식은 ADR의 종주국인 미국에서 주로 이용되고 발전하여 왔으므로 대표적인 혼합형 ADR의 종류와 특성에 대한 개별적인 설명은 다음 장에서 미국 ADR제도를 살펴보면서 하고자 한다.

---

205) Laurie S. Coltri, *op. cit.*, pp. 200-203.

206) Jacqueline Nolan-Haley, *op. cit.*, pp. 220-234.

207) Menkel-Meadow et al., Dispute Resolution: Beyond the Adversarial Model, ASPEN Publishers, 2005, pp. 615-678.

제2편 외국의 ADR제도

제1장 서구의 ADR제도

제1절 미국의 ADR제도

미국에서 대체적 분쟁해결은 1960년대 후반에 출현하기 시작하여 1980년대에 이르러 이에 대한 연구와 현실 사회에의 적용이 급속히 이루어졌다. 1980년대 후반에서 1990년대에 있어서는 미국의 민간부문에서도 ADR이 번창하게 되었다. 명실 공히 미국은 전 세계에서 ADR에 관한 논의와 실제적 활용에 있어서나, 또 ADR에 관련되는 산업이 가장 활발하게 발전된 나라라고 할 수 있다.

그렇다면 미국에서 이렇게 ADR이 성공하게 된 요인은 어디에 있을까? 이에 대해 이동근은 다음과 같이 분석하고 있다.[1] 첫째로 사회심리적인 요인을 들 수 있다. 미국은 초등학교 때부터 공교육이 상호간에 토론하고 양보하는 태도를 체득할 수 있게 한다는 것이다. 둘째로 법률제도적 요인을 들 수 있다. 미국은

---

1) 이동근, "민사사건과 ADR 토론문", 법학연구 제26집, 전북대학교 법학연구소, 2008. 6, 57-60쪽.

배심제도가 발달되어 있는데, 법률전문가가 아닌 일반인들로 배심원이 구성되어 있어 불확실한 배심재판에서 패소하느니 권리를 조금이라도 양보하는 ADR에 순응하는 편이 낫다고 생각한다는 것이다. 또 징벌적 손해배상제도의 발달로 파산에 이를 수 있는 거액의 징벌적 손해배상 판결을 피하기 위해서 ADR에 응하게 된다는 것이다. 미국에서 변호사 비용은 시간당 보수로 산정되고 특별한 사정이 없는 한 변호사 비용은 각자 부담하게 되어 있으므로 오래 끌수록 부담이 커지게 되어 ADR에 응하게 된다는 것이다. 게다가 미국은 1심만이 사실심이고 항소심 이후는 사후심이어서 실질적인 재판은 1심에서 끝나는 것으로 인식되고 있어 그 이전 단계인 ADR로 끝내려 한다는 것이다. 셋째로 ADR제도가 가지는 여러 장치로 인한 요인을 들 수 있다. 소송 당사자들이 ADR에 합의한 경우 ADR의 결과에 불복하는 경우 적절한 제재가 이루어지도록 하고 있거나, ADR 절차와 본안재판의 구분이 잘 지켜지므로 ADR 자료는 본안재판에서 현출되지 않는 등 ADR 절차에서 허심탄회하게 의견을 교환할 수 있는 보장이 잘 되어 있다거나, 미국의 본안재판에서는 철저한 증거법에 의한 재판이 진행됨에 비해 ADR 절차에서는 문제해결을 위한 다양한 관점의 토론이 가능하게 되어 있다는 점 등을 들고 있다. 이에 비해 우리나라는 위에서 언급한 미국의 성공 요인들과는 정반대인 경우가 많아 미국에서 발달한 ADR이 우리나라에서도 성공할 수 있을지는 의문이라는 입장을 보이기도 하였다. 이하에서는 미국의 ADR제도에 대해서 법원에서의 ADR제도와 행정형 ADR제도의 종류와 그 특성을 고찰하고, 미국에서 ADR 산업으로 성장하고 있는 민간형 ADR 기관에 대해서 살펴보고자 한다.

1. 법원에서의 ADR제도(Court-annexed ADR System)

미국은 일찍이 1937년에 연방 민사소송규칙(the Federal Rules of Civil Procedure)으로 모든 연방 민사 사건에서 판사가 화의조정협의(settlement conference)를 할 수 있도록 권한을 부여하였다. 하지만 사법형 ADR과 관련하여 1960년대의 ADR운동 배경과 1970년대의 사법행정에 대한 불만 요인을 주제로 하는 파운드 회의(the Pound Conference)를 거친 후, 1978년에 펜실베니아 주 동부지방 법원이 법원중재를 채택 시행한 것이 연방 차원에서 사법형 ADR의 선구라 할 수 있다.[2] 또 Sander 교수는 '분쟁해결센터'로 알려진 포괄적이고 다양한 메카니즘인 'Multi-Door Courthouse(MDC)'를 제시하였다.[3] 이는 그동안 재판이라는 한 개의 문만을 가지는 법원에 다양한 방식으로 분쟁을 해결할 수 있는 여러 개의 문을 두자는 취지이다. MDC의 중요한 첫 단계는 접수된 사건들을 진단하고 가장 적합한 분쟁해결 방식으로 분류하고 회부하는 사건 회부이다. MDC의 여러 문으로는 조정을 비롯하여 중재, 법원 판결, 사실조사, 전화 상담, 옴부즈맨 등이 있다. MDC에 대하여 미국변호사협회의 후원하에 툴사, 휴스톤, 워싱턴 D.C. 등 세 도시에 최초로 실험적인 프로젝트가 실시된 바 있다.

미국의 연방 민사소송규칙에서 최초로 ADR이 승인된 것은 1983년의 개정이라 할 수 있다. 그 개정 민사소송규칙에서는 분쟁해결을 위해 화해나 재판 외의 다양한 절차(extrajudicial procedures)의 활용에 대하여 규정하였다.[4] 하지만 여기에서 ADR을 명시적으로 규정하지는 않았다. 1988년에는 사법개혁법(the Judicial Improvements and Access to Justice Act)을 통하여 일부 연방지방법원에서 시행하던 기존의 의무적인(mandatory) 중재 외에 다른 지방법원에서의 임의적인(voluntary) 중재의 이용을 승인하였다. 1990년에는 민사사법개혁법(the Civil Justice Reform Act)을 제정하여 사법부에 민사재판에서의 비용과 소송지연을 감소시킬 대책(Civil Justice Expense and Delay Reduction Plan)을 요구하면서 ADR을 분쟁해결의 지도원리로 규정하였다. 이는 그동안 각 법원에서 자율적으로 실시하고 있던 개혁이 부진하고 소송의 지연과 비용 증가로 말미암아 미국의 경쟁력을 떨어뜨린다는 연방의회의 인식이 반영된 결과로서 각 지방법원에서 비용 및 지연의 축소계획을 작성하게 하고 제한적으로만 실시했던 ADR에 대하여 전국에 걸쳐 포괄적으로 도입하도록 하는 실험적 개혁의 일환이었다.[5] 이로 인해 대부분의 연방지방법원에서 하나 이상의 법원 부속형 ADR 프로그램을 채택하는 등 연방

---

2) 손수일, "미국 법원에서의 ADR의 발전과 캘리포니아 북부 연방지방법원의 Early Neutral Evaluation(ENE)", 외국사법연수논집 13, 법원도서관, 1996, 57쪽.

3) Frank E. A. Sander, "Alternative Methods of Dispute Resolution: An Overview", University of Florida Law Review, Winter 1985, p. 12.

4) 이준상, "미국에서의 ADR 운영 현황(법원실무를 중심으로)과 우리나라에서의 활성화 방안", 외국사법연수논집 25, 법원도서관, 217-218쪽.

5) 이점인, "재판외분쟁해결제도-미국의 ADR을 중심으로-", 동아법학 제26호, 1999, 80-81쪽.

지방법원의 ADR을 획기적으로 보급한 것으로 여겨진다. 또 이 법에서는 계획의 성과에 대한 보고서를 연방의회에 제출하도록 하였는데, 동 보고서에서 연방법관회의는 일선 법원에서 비구속적 중재를 포함한 ADR 프로그램을 계속 발전시켜 나갈 것을 권장하였고, 법원에서 시행된 ADR의 성과를 검토하고 ADR의 이용을 촉진하기 위하여 관련 법령의 개정을 추진해 줄 것을 권고하기도 하였다.[6) 하지만 이 법은 한시법으로서 1997년 12월에 만료되었고, 의회의 예산 지원에도 불구하고 적지 않은 법원에서 ADR 프로그램을 실시하지 않았으며[7) 뚜렷한 ADR 도입 효과도 보이지 않은 것으로 평가되기도 한다.[8)

  그 후 1998년에 연방의회는 모든 연방법원에서 ADR을 시행할 것을 구체적으로 규율하는 근거법인 대체적 분쟁해결법(the Alternative Dispute Resolution Act of 1998)을 통과시켰다. 대체적 분쟁해결법은 사법형 ADR의 예로서 조정, 조기중립평가, 미니트라이얼, 중재 등을 들면서 각 지방법원으로 하여금 모든 민사소송의 당사자들에게 소송의 적절한 단계에서 ADR의 이용을 고려할 수 있게 하였다.[9) 또한 대체적 분쟁해결을 주재하는 중립인은 적절한 ADR 교육을 받은 자격이 있는 사람이어야 하는데, ADR 교육을 받은 부판사(magistrate judges)나 사적 부문의 전문적 중립인, 또는 중립인 교육을 받은 사람이 될 수 있게 하였다.[10)

  이하에서는 미국의 사법형 ADR이라 할 수 있는 법원에서의 ADR제도를 살펴보고자 한다. 미국의 사법형 ADR은 혼합형(Hybrid) ADR 방식을 많이 이용하므로 법원에서의 ADR제도를 고찰한다는 것은 미국의 대표적인 혼합형 ADR의 종류와 특성을 살펴보는 것과 같다고 할 수 있다.

---

6) 황승태·계인국, 한국형 대체적 분쟁해결(ADR) 제도의 발전 방향에 관한 연구, 사법정책연구총서 2016-04, 대법원 사법정책연구원, 2016. 2, 97-101쪽.
  7) 함영주, 분쟁해결방법론, 진원사, 2010. 8, 331쪽.
  8) 김태한, "미국의 재판외 분쟁해결제도", 중재연구, 제13권 제2호, 2004. 2, 189쪽.
  9) ADR법 Sec. 652. Jurisdiction의 (a) CONSIDERATION OF ALTERNATIVE DISPUTE RESOLUTION IN APPROPRIATE CASES 참조.
  10) ADR법 Sec. 653. Neutrals 참조.

(1) 법원 조정

법원 조정(Court-Annexed Mediation: CAM)은 중립적인 제3자인 조정인의 도움으로 분쟁 당사자가 상호간에 받아들일 수 있는 분쟁의 해결을 기하는 것을 말한다. 일반적으로 조정인은 분쟁의 결론을 직접 제시하지는 않고 당사자들이 서로 협의하여 스스로 해결에 이르도록 돕는 역할을 한다. 즉 결과에 대한 지배권을 당사자에게 맡겨 놓는 것이다.

1998년의 대체적 분쟁해결법은 모든 연방지방법원에 대하여 분쟁 당사자에게 최소한 하나의 ADR을 제공하는 ADR 프로그램을 운용하도록 하였는바, 연방법원이 조정이나 조기중립평가에 참여하도록 하였다. 이에 따라 조정은 미국 연방법원에서 가장 빠르게 성장하는 ADR 방식으로 자리매김하게 되었다.[11] 하지만 조정은 실제 미국의 각 주 법원 별로 다양한 형태로 시행된다. 조정의 이용이 의무적인(mandatory)인 곳도 있고, 임의적인(voluntary)인 곳도 있다. 조정인에 대한 보수도 무료인 곳이 있는가 하면 시장 가격이나 그보다는 감액된 비용을 지불하는 곳도 있다. 조정인도 법원 직원인 경우가 있는가 하면, 자원봉사자이거나 외부의 사적 조정인인 경우도 있다. 조정인의 조정 기법 측면에서도 평가적(evaluative)으로 접근하기도 하고, 촉진적(facilitative)인 역할을 하는 경우가 있다.

2011년에 발간된 연방사법센터[12]의 보고서를 살펴보면 미국 연방법원에서의 ADR 활용 상황을 파악할 수가 있는데,[13] 아래의 표에서와 같이 전체 연방지방법원 중에서 자료가 가능한 49개의 연방지방법원에서 20011년 6월말까지의 1년 기간 동안에 이용된 법원 ADR의 유형 중에서 조정이 전체의 63.08%를 차지하여 가장 빈번히 활용되는 방식인 것으로 나타났다.

---

11) Ettie Ward, "Mandatory Court-Annexed Alternative Dispute Resolution in the United States Federal Courts: Panacea or Pandemic Symposium: Transatlantic Perspectives on Alternative Dispute Resolution", 81 St. John's L. Rev. 77, 2007, pp. 83-85.

12) 연방사법센터는 연방사법제도에 관한 자료 조사, 연구, 교육 등을 담당하는 기관이다.

13) Donna Stienstra, ADR in the Federal District Courts: An Initial Report, Federal Judicial Center, November, 2011 참조.

<표 2-1> 연방지방법원에 회부된 ADR 방식에 따른 사건 수

ADR 방식	사건 수	비율(%)
조정	17,833	63.08
중재	2,799	9.9
CA-N multi-option program *	4,222	14.93
조기중립평가(ENE)	1,320	4.66
화해 주간(Settlement Week)	522	1.84
약식배심심리	0	0
미니트라이얼	0	0
기타	1,571	5.55
계	28,267	100

＊CA-N multi-option program은 캘리포니아 북구 연방지방법원(the Northern DistrictCourt of California)에서
소송 당사자에게 가장 적합한 대체적 분쟁해결 방식을 택하도록 지원하는 방식이다.
＊Donna Stienstra, ADR in the Federal District Courts: An Initial Report, 2011, p. 15.

(2) 법원 중재

법원 중재(Court-Annexed Arbitration: CAA)는 1952년에 펜실베이니아 주에서 처음으로 시행되었으며[14] 미국 20여 개 주의 주법원에서 꽤 광범위하게 실시되어 왔고, 1990년 민사사법개혁법 시행 이전부터 일부 연방지방법원에서도 실험적으로 시도되었다. 연방법원에 있어서의 법원중재는 1978년 법무장관 Griffin Bell의 주도로 샌프란시스코, 필라델피아, 코네티컷 소재의 연방지방법원에서 먼저 실험적으로 도입하여 일정한 조건을 충족하는 사건에 대하여 의무적인 중재 프로그램을 시행하는 규정을 도입하였다. 이 실험적 프로그램들은 두 가지 제한을 두었는데,[15] 하나는 오직 금전적인 청구를 요구하는 사건에 한정하였고, 다른 하나는 소송 가액이 너무 큰 사건은 재판을 통해 해결할 필요성이 더 크므로 그 대상 사건에 대해 일정한 소송 가액의 제한을 두는 것이었다. 이러한 법원 중재는 사건 처리에 상당한 시간 절감을 가져오는 효과가 인정되었던 것인데, 미국 연방과 주를 불문하고 가장 오랜 역사를 가지고 있고 널리 이용되고 있는 사법형 ADR 중 하나이다.

---

14) Diane P. Wood, "Court-Annexed Arbitration: The Wrong Cure The Role of the Jury in Civil Dispute Resolution," 1990 University of Chicago Legal Forum 421, 1990, p. 432.

15) Id., p. 433.

법원 중재는 법원이 당사자들의 동의가 있을 경우 법원에서 선임한 중재인으로 하여금 중재판정을 내리게 하고 이에 대하여는 이의 신청을 허용하지 않는 구속적인 법원 중재(Court-Annexed Voluntary Binding Arbitration)도 있으나 보다 일반적인 형태는 의무적(mandatory)이지만 비구속적인(nonbinding) 중재이다. 이는 제기된 소송 중에서 일정한 분쟁의 종류에 해당하거나 소송물의 가액이 일정한 요건에 해당될 경우, 법원에 부속된 중재 절차를 거치지 않으면 정식재판을 받을 수 없도록 하여 일종의 중재전치주의를 채택한 것과 같은 제도이다. 사건의 성격이 맞지 않다고 생각되면 법원에 의해 법원중재가 면제되기도 하는가 하면, 법원중재에 해당되지 않는 사건인 경우에도 자발적으로 신청하여 인정되는 경우도 있다고 한다.[16]

법원에 의해 선임된 중재인은 보통 무보수로 봉사하거나 최소한의 수당을 받는 변호사나 퇴직한 판사 중에서 선발되는데 간소화된 비공식적인 방식으로 심리를 진행한다. 심리 종결 후 중재판정을 내리면 당사자로부터 이의신청이 없는 경우 판결과 같은 최종적인 효력을 갖게 되고, 이의 신청이 있으면 본래의 소송 절차로 돌아가게 된다. 이 때 이의신청을 제기한 당사자가 나중에 더 유리한 판결을 얻지 못할 경우에는 변호사 보수를 포함한 소송비용을 부담하게 한다든지 함으로써 이의신청의 남용을 방지하는 제도를 두고 있다.[17] 법원중재가 의무적으로 운용되는 경우 헌법상 재판을 받을 권리를 침해한다든가, 사법권을 판사에게 부여한 연방 헌법에 위배된다든가, 특정한 분쟁이나 일정한 소가 이하의 분쟁에만 법원중재를 적용하는 것이 평등권 침해라는 등의 논란이 있으나, 정식재판을 받을 권리를 부여하는 한 헌법에의 위반은 아니라는 것이 미국 법원들의 입장이다.[18]

법원중재는 주로 법률이나 법원 규칙에 의해 규정되어 있는데, 1980년대 후반에 10개의 연방지방법원이 법원중재를 실험적으로 도입할 때만 해도 상당히 긍정적이었으며 한때는 미국 3분의 2 이상의 주와 많은 연방지방법원에서

---

16) Stephen B. Goldberg, Frank E. A. Sander, Nancy H. Rogers, Dispute Resolution: Negotiation, Mediation and Other Processes, Aspen Law & Business, 1999, p. 373.

17) *Id.*

18) In re Smith, 381 Pa. 223, 112 A.2d625(1955); Kimbrough v. Holiday Inn, 478 F. Supp. 566(E.D.Pa 1979); United States v. Kras, 409 U.S. 434, 447(1973); Davis v. Gaona, 396 S.E. 2D 218, 221(Ga. 1990); Gianfinanciera v. Norberg, 492 U.S. 33, 53-55(1989) 등 참조.

채택하기도 하였다.[19] 캘리포니아 북구 법원에서 시행된 법원중재 이용자에 대한 조사에서는 비용, 시간, 공정성 측면에서 가장 선호하는 사건 결정자가 누구이냐는 질문에서 응답자의 54%가 중재인, 29%가 판사, 11%가 배심원, 무관함이 7%였다고 한다.[20] 하지만 최근으로 올수록 법원중재는 그 이용 빈도가 점차 줄어들고 있으며, 법원중재가 그렇게 효과가 있지도 않고 비용 절감에도 도움이 되지 않으므로 폐지되어야 한다는 주장도 많이 제기되고 있다.[21] 1998년에 제정된 ADR법에서 미국 의회가 ADR의 의무적 이용을 허용하면서도 의무적 법원중재에 대해서는 배제하였다. 따라서 연방법원은 모든 당사자의 동의가 없으면 사건을 법원중재에 회부할 수가 없게 되었다. 법원중재는 일부 주에서 여전히 활용되고 있지만 대체적으로는 조정이나 다른 ADR 방식에 의해 잠식되고 있다고 한다.

(3) 조기중립평가

조기중립평가(Early Neutral Evaluation)는 1982년에 캘리포니아 북구 연방지방법원장이었던 Robert F. Peckham 판사가 전통적인 민사소송 절차에 따르는 비용과 시간을 경감하기 위하여 효율적인 ADR제도를 개발하도록 임명한 Task Force를 통해 연구와 검토를 거쳐 나온 산물이다.[22] Task Force는 대부분 변호사들로 구성되어 있었는데 법원의 업무경감보다는 소송에서 본안심리 전 비용과 소송 절차의 지연을 줄일 수 있는 요소가 무엇인가를 찾아내는 데 주안을 두었다. 이들은 소송 당사자들이 분쟁의 내용과 성격에 대해 제대로 이해하고 있지 않는 경우가 많으므로 소송 초기 단계에서 당사자 간의 의사소통을 직접적이고 원활하게 해 주는 것이 중요하다고 생각하여 소송 초기에 사건의 쟁점을 제대로 분석, 평가하여 합의안을 제시해 줌으로써 보다 시간과 비용을 줄이며 분쟁해결을 조기에 달성할 수 있다는 점을 확인하였다. 이들은 소송절차 중에서

---

19) Stephen B. Goldberg, Frank E. A. Sander, Nancy H. Rogers, *op. cit.*, p. 373.

20) E. Wendy Trachte-Huber & Stephen K. Huber, Mediation and Negotiation: Reaching Agreement in Law and Business, LexisNexis, 2007, p. 460.

21) *Id.*, pp. 460-461.

22) Wayne D. Brazil et al., "Early Neutral Evaluation: An Experimental Effort to Expedite Dispute Resolution", 69 Judicature 279, 1986, p. 279.

당사자의 비용을 가장 절감할 수 있는 부분은 개시(discovery)를 포함한 쟁점형 성과정이라고 판단하였다. 2년여에 걸쳐 조기중립평가를 시험적으로 실시한 결과, 당사자 및 대리인 쌍방으로부터 사건에 대해 보다 확실하게 이해되었으며 핵심적인 쟁점의 확인을 통하여 사건의 본질에 더 접근함으로써 사건 해결을 촉진할 수 있었다는 호평을 받았고, 마침내는 1985년에 성문화되어 제도화하기에 이르렀다.

중립평가인(neutral evaluator)은 법률문제에 경험이 많으며 존경을 받는 중립적인 변호사를 임명하여 법원에서 중립평가인으로 훈련을 시키는데, 자원봉사 형식으로 무보수로 맡는 것을 원칙으로 하지만 사건의 성격상 너무 많은 시간이 소요되고 당사자들의 부담 능력이 있다고 인정되는 경우에는 때로는 비용 부담을 명하는 경우도 있다. 또 처음의 세션은 무료로 하고 그 이상의 세션에서는 평가자의 선택에 따라 무료로 계속하거나 유료로 전환할 수도 있다. 대개 중립평가인이 2시간 정도의 표준시간 동안 각 당사자와 그들의 변호사들을 소송의 초기 단계에서 개시(discovery)가 있기 전에 만나 그들의 주장 및 증거를 확인하고 쟁점을 평가하여 그 사건에 대한 합의안을 제시하는 방식으로 절차를 주재하게 된다. 조기중립평가에 회부되는 사건은 양 당사자가 회부를 합의하거나 한쪽 당사자가 법관에게 신청하여 허락을 받아 진행하는 경우도 있지만, 법원 규칙에 의하여 일정한 요건에 해당하면 의무적으로 회부되게끔 되어 있는 경우가 많다.

조기중립평가의 진행 절차는 우선 법원이 중립평가인을 인선하여 양 당사자에게 통지하게 되는데 중립평가인은 중립평가 기일을 정해 양 당사자에게 통지하는 식으로 진행된다.[23] 양 당사자는 중립평가 기일 전에 소송에 계류 중인 사건의 쟁점이나 출석예정자 등을 기록한 서면을 중립평가인에게 제출한다. 당사자는 변호사와 함께 참석하는데, 모두가 참석하면 먼저 중립평가인의 절차와 방식에 대한 개요 설명이 있은 다음 원고나 원고 측 대리인이 교대로 약 15분에 걸쳐 사건에 대해 진술하고 관련 증거를 설명한다. 이 때 상대방이 이의를 제기하거나 중립평가인이 중간에 끼어드는 것은 인정되지 아니한다. 또한 증인이나 관련 전문가를 대동할 수는 있으나 증인에 대한 신문은 허용되지 아니한다. 양

---

23) Joshua D. Rosenberg & H. Jay Folberg, "Alternative Dispute Resolution: An Empirical Analysis", 46 Stan.L. Rev. 1487, 1993-1994, pp. 1490-1491; 이점인, 전게서, 91-93쪽.

측의 진술이 끝나면, 중립평가인은 양 당사자에게 이슈를 명확히 하게 하기 위해 보충 진술을 시키고 양측 주장의 강약을 탐색하기 위한 질문과 답변 시간을 갖는다. 이를 바탕으로 중립평가인은 분쟁의 주된 원인이 무엇인가를 특정짓고, 사건의 쟁점과 양측의 입장에 대한 평가서를 작성하게 된다. 평가서에는 주장 및 증거의 강약과 어느 측이 유리한가를 판단하여 원고가 승소할 경우 배상액의 상하한선을 산정하기도 한다. 최종적으로 중립평가인은 평가서를 공개하기 전에 양 당사자에게 합의를 하겠는지에 대한 의견을 물어 계속 논의하여 이를 조정하고, 합의에 이르지 못하게 되면 평가서를 양 당사자에게 공개하여 양자의 차이를 인식시키며 보다 쉽게 해결에 이를 수 있는 대안을 제시하기도 한다. 조기중립평가 절차가 끝나면 양 당사자는 후속의 세션을 합의할 수 있는데, 법원의 동의하에 평가자로 하여금 추가적인 세션을 진행하게 할 수가 있다. 평가인은 사건을 단순화시키고 재판 절차에서 보다 신속하고 효율적으로 대응할 수 있도록 당사자에게 도움을 주는 것이다.[24] 조기중립평가 절차에서 당사자의 변호사와 당사자, 그리고 사안에 따라서 보험업자의 동의가 필요한 경우에는 그들의 참석은 필수적이다. 조기중립평가 절차를 진행할 때 교환된 정보나 합의내용은 관계자 전원의 동의가 없는 한 나중에 재판하는 법원은 물론 제3자에게 비밀로 한다.

　　오늘날의 조기중립평가 절차는 원래의 그것과는 차이가 있다. 이제는 단순히 조기중립평가의 평가적 기능에서 나아가 당사자가 모두 동의하면 조정이나 화해 협상으로 전환할 수가 있다. 캘리포니아 북구 연방지방법원에 따르면 법원이 전문적 지식이 있는 평가자를 확보하고 있는 경우에는 조기중립평가가 모든 민사적 사건에 적용될 수 있으며, 그 중에서도 기술적이거나 특별한 전문성이 필요한 사건이나 커뮤니케이션을 통하여 사건 해결이 용이해질 수 있는 사안에 적합한 것으로 소개하고 있다.[25]

---

24) Stephen B. Goldberg, Frank E. A. Sander, Nancy H. Rogers, *op. cit.*, p. 374.
25) http://www.cand.uscourts.gov/ene 참조.

(4) 간이심리

간이심리(Mini-Trial)는 사실상 재판이 아니며 판사에 의해 시행되지 않고 법원 밖에서 주로 시행되기 때문에, 법원부속형 ADR이라기보다는 사적인 ADR로 자주 분류되기도 한다. 간이심리는 1977년에 TRW사와 Telecredit사 간의 특허권 침해 분쟁사건의 해결을 위해 캘리포니아에서 최초로 사용된 것으로 알려져 있다.[26] Telecredit사의 특허권이 TRW사의 제품에 의해 침해되었다는 주장에 대해, TRW사는 Telecredit사의 특허권이 효력이 없는 것이라고 반박하였다. 그 분쟁은 원래 1974년에 연방지방법원에 소송 상태로 있었는데 3년 가까운 세월 동안 재판 일정도 정해지지 않고 Telecredit사 측의 중재 제안이 TRW에 의해 거절되고 있던 상태였다. 이에 새로운 화해교섭 절차가 고안되게 되었고, 양사의 대표 임원 앞에서 쌍방의 변호사가 회합을 가진 후에 다시 대표 임원 간에 화해 협의를 통해 결국에는 합의가 성립되었는데, 이에 따라 막대한 소송비용을 절감할 수 있게 되었다. 간이심리는 법원 밖에서 많이 사용되는 방법이었는데 법원에서도 이를 약간 변형하여 채택하였다. 이는 주로 기업 간의 분쟁 해결을 위해 잘 이용되는 방식이다.

간이심리는 기업의 의사결정권을 가지는 기업의 임원들과 중립조언자(Neutral Adviser)로 구성되는 패널 앞에서 각 당사자의 변호사들이 간단한 변론을 한 후, 기업의 임원들이 직접 협상을 행함으로써 해결책을 모색하게 된다.[27] 이 때 협의가 잘 안 되면 중립조언자에게 재판에 들어섰을 경우 결과가 어떻게 될 것인가에 대해 의견을 묻는다. 간이심리 절차는 기본적으로 당사자의 자율적인 협의에 의해 결정되는데 소송이 제기되기 전이나 소송 계속 중에 당사자들이 간이심리 절차에 대해 합의를 하게 된다. 따라서 간이심리 절차는 법률적으로나 계약상 의무적으로 하게 되어 있지는 않으며, 언제든지 당사자가 원하면 그 절차를 끝낼 수 있다. 간이심리 절차에 대해 합의를 하면 합의서에 서명하게 된다. 그 합의서의 내용으로는 대상이 되는 분쟁, 개시(Discovery), 교환할 문서의 서식, 화해 합의를 할 권한을 갖게 되는 심리패널(hearing panel)의 구성, 당사자의

---

26) Ronald L. Olson, "Dispute Resolution: An Alternative for Large Case Litigation", 6 Litigation 22, 1979-1980, p. 22.

27) Stephen B. Goldberg, Frank E. A. Sander, Nancy H. Rogers, *op. cit.*, p. 281.

권한과 의무 등이 담기게 된다. 간이심리에 들어가기 이전에 당사자는 중요 서류, 증거물, 증인들의 증언 등에 대해 비공식적으로 교환을 하여 당사자 대표들이 간이심리 전에 읽을 수 있도록 하고, 신속 증거 개시 절차에 대해 합의할 수 있다.[28] 또한 퇴직판사나 분쟁해결 전문가 또는 특정 분야 전문가 중에서 중립조언자(Neutral Adviser)를 선임하여 간이심리 절차를 주재하게 한다. 이렇게 하여 심리패널이 구성되면 그 앞에서 쌍방 당사자의 입장을 대변하는 변호사나 전문가 증인이 각각의 입장을 요약하여 주장하게 한다. 이 때 심리패널은 변호사의 주장에 대해 판사나 배심원처럼 자유로이 의문점을 질문할 수 있다. 중립조언자(Neutral Adviser)는 구속력 있는 결정은 할 수 없으며 질문이나 조정만을 할 수 있다.

간이심리 절차의 가장 큰 특징은 변호사에 의한 변론의 대상이 판사나, 배심원과 같은 제3자가 아니라 변호사가 대리하고 있는 심리패널이라는 점이다. 따라서 당사자 쌍방의 대표자들은 당사자의 입장을 떠나 제3자의 시각으로 자신의 입장의 강약을 판단하여 교섭에 임할 수 있다. 간이심리가 끝나면 심리패널들은 변호사들을 배제한 상태에서 교섭에 들어가는데, 이 때 중립조언자가 그 교섭에 참가하여 조정을 시도하고 판결 결과에 대한 예측도 해 준다. 따라서 간이심리에서 유능하고 경험 많은 중립조언자(Neutral Adviser)를 선임하는 것이 매우 중요한데, 당사자의 주요 관심사는 그 중립인이 상대방 당사자에게 재판 대신 합의에 이르는 것이 훨씬 낫다는 것을 조언해서 유도해 주기를 바라는 것이다.[29] 그래서 대부분의 경우에는 전직 판사를 중립조언자로 선호한다. 하지만 특정 부문의 전문가를 선호하는 경우도 있고 자신의 기업을 대표하는 사람이 가장 사정을 잘 안다는 판단하에 기업 대표자들이 협상해주기를 원하기도 한다.

간이심리 절차는 2일 정도가 평균이지만 짧게는 반나절에서 길게는 3-4일 정도 소요된다.[30] 따라서 각 당사자를 대리하는 변호사의 설명은 대개 1시간에서 6시간 정도로 한정된다. 그 짧은 시간을 이용하여 최대의 효과를 내기 위해 증인을 부르거나 중요 서류, 또는 시청각 도구 등을 적절히 활용한다. 간이심리 절차에서 증거 법칙은 적용되지 않는다. 따라서 증인의 증언은 재판에서처럼 질

---

28) *Id.*

29) *Id.*

30) *Id.*

문과 답변 형식으로 하지 않고, 변호사가 비공식인 질문을 하는 과정에서 대화하는 형식으로 이루어진다. 간이심리 절차는 비공개로 진행되며, 후속의 절차에서도 간이심리에서 언급된 사항들에 대해서는 비밀이 유지된다. 간이심리 절차는 법원중재와는 달리 복잡한 사건의 해결에 이용되는 것이 보통이므로 고액 사건에 많이 쓰이거나 다소 비용이 많이 드는 절차로 알려져 있는데, 법률적으로 복잡하거나 전문적인 분야인 특허권 침해 사건, 독점금지 사건, 제조물 책임 사건, 불공정 거래 사건이나 부당해고 사건 등의 해결에 많이 활용된다.[31] 간이심리 절차의 장점으로는 회사의 사정을 잘 아는 관리자에게 결정권을 준다는 것, 절차의 신축성이 높은 것, 관계나 비밀이 보장된다는 것, 시간과 비용을 절약할 수 있다는 것 등을 들 수 있다. 한계로는 일부 이슈에 대해서는 적합지 않을 수 있다는 것, 관리자에게 추가적인 업무 부담을 준다는 것, 최선의 대안은 아니라는 것, 간이심리에 합의하는 것은 스스로 약점을 가지기 때문이라는 것, 간이심리가 특별히 새로운 해결방법은 아니라는 것 등이 거론된다.[32]

(5) 약식배심심리

약식배심심리(Summary Jury Trial: SJT)는 간이심리(Mini-Trial)를 통한 중립 조언자의 예측보다도 사건을 보는 배심원의 반응에 의해 보다 직접적인 정보를 얻고자 하는 간이심리의 응용이라 할 수 있다.[33] 약식배심심리는 1980년 오하이오 북부지구 연방지방법원 Lambros 판사에 의해 화해를 촉진할 목적으로 고안된 제도로서, 배심심리에 적합한 사건에 대하여 당사자(통상은 대리인인 변호사)가 배심원에게 중요 쟁점을 설명하고 이에 대하여 배심원이 구속력이 없는 권고적 평결을 내리면 이것을 협상의 시발점으로 하여 당사자 간에 화해가 이루어질 수 있도록 하는 분쟁해결 방식이다.[34] 이는 사건의 결과에 대해 과대한 기대를

---

31) Philip J. Harter et al., Alternative Dispute Resolution: A Handbook for Judges,American Bar Association, 1991, pp. 534-537.

32) E. Wendy Trachte-Huber & Stephen K. Huber, *op. cit.*, p. 494.

33) Stephen B. Goldberg, Frank E. A. Sander, Nancy H. Rogers, *op. cit.*, p. 286.

34) Thomas D. Lambros, The Summary Jury Trial and Other Alternative Methods of Dispute Resolution: A Report to the Judical Conference of the Unites States, Committee on the Operation of the Jury System,103 F. R. D. 461, 1984 참조.

걸기 쉬운 당사자에게 합리적인 평결을 예측할 수 있도록 현실성 있는 실험을 해 볼 기회를 준다는 데 의의가 있다.

약식배심심리의 실시 순서는 일반 재판의 경우와 거의 변함이 없이 되는데, 개시(Discovery)나 Pretrial Conference 등이 종료된 단계에서 당사자의 신청이나 판사의 직권으로 약식배심심리로 이행된다. 약식배심심리는 연방지방판사 또는 부판사(magistrate judge)에 의해 주재되는데, 배심원은 배심원 명부에서 선출되며 배심원에게 평결이 구속력이 없다는 사실을 고지하는 경우도 있으나 대개는 모의재판이라는 사실을 알려주지 않고 실시된다. 따라서 약식이라고 하지만 정규 배심원에 의한 공식적인 배심재판처럼 시행한다. 각 당사자를 위한 변호사들이 개시(discovery)의 대상이 되고 재판에서 채택될 수 있는 증거들에 근거해서 간략한 설명을 하면, 배심원들은 신중히 듣고 평결을 내린다.[35] 따라서 약식배심심리에 있어 가장 중요한 요소는 변호사들의 증거에 대한 약식 설명이 된다.[36] 배심원들의 평결이 나오면 양 당사자 및 변호사는 배심원들의 평결과 관련하여 배심원들의 의견이나 소감에 대해 질문을 할 수 있는데, 평결에서 공개된 숫자나 사실 인정을 화해 협의의 기준으로 삼을 수가 있다. 화해가 실패로 끝났을 경우에는 당사자는 다시 통상적인 재판을 받을 수 있는데, 배심원의 평결은 재판에서 받아들여지지 않는다.[37]

약식배심심리는 사건의 종류와 관계없이 적용할 수 있지만 공정거래 사건, 제조물 책임을 비롯한 상사 분쟁 사건이나 상해 사건 등 분쟁 내용이 특이하거나 복잡하고 사건이 오래 끄는 경우에 적합한 것으로 알려지고 있다. 약식배심심리는 아마추어 집단인 배심원들의 반응을 시험적으로 확인해 볼 수 있다는 점이 장점이기는 하지만 배심원의 구성이 달라지면 평결도 달라질 수 있어 법원중재나 조기중립평가보다 결과에 대한 예측력이 떨어질 수 있다는 비판이 있고, 배심원의 평결이 구속력이 없다는 사실이 알려지면 배심원들의 자각이 손상될 수 있다는 우려가 있다.[38] 또 약식배심심리가 복잡한 사건을 해결하는 경우가

---

35) Stephen B. Goldberg, Frank E. A. Sander, Nancy H. Rogers, *op. cit.*, p. 286.
36) Stephen J. Ware, Principles of Alternative Dispute Resolution, Thomson/West, 2007, pp. 342-343.
37) Stephen B. Goldberg, Frank E. A. Sander, Nancy H. Rogers, *op. cit.*, p. 286.
38) Richard A. Posner, "The Summary Jury Trial and Other Methods of Alternative Dispute Resolution: Some Cautionary Observations", 53 University of Chicago Law Review 366, 1986, pp. 386-387.

있지만 어느 정도의 성공률을 가지는지는 알기 어렵고, 사건의 신속한 해결이란 측면에서도 약식배심심리 이전 단계에서 개시(discovery) 절차와 많은 비용이 이미 발생되어 그리 강점을 제공하고 있지는 않다고도 할 수 있다. 약식배심심리는 사건 당사자들이 간략한 심문 절차를 통해 신속하고 효율적으로 자신들의 입장을 주장함으로써 실제 배심원들로부터 얻어질 가능성이 높은 평결을 미리 알아보는 데 의미가 있으며, 약식배심심리에서 합의가 이루어지지 않는 경우에는 신속 일정으로 다시 정식 재판에 회부된다.[39]

약식배심심리가 실제 현장에서는 약간씩 다르게 운용될 수밖에 없는데 이하에서는 플로리다 주에서 실시되는 약식배심심리의 경우를 살펴보고자 한다.[40] 플로리다 주에서는 약식배심심리가 조정이나 중재와 같은 다른 ADR 방식이 실패할 경우에 성공적으로 사용되기도 한다고 한다. 약식배심심리는 실제 재판보다 낮은 비용과 리스크를 적게 하여 배심원의 사건에 대한 인식을 알아보는 데 사용된다. 보통 반나절 정도의 시간 동안 이루어지며 당사자의 다른 합의가 없는 한 구속력은 없는 것으로 한다. 이는 당사자의 합의가 있으면 구속력이 있는 것으로 할 수도 있다는 의미이다. 약식배심심리의 절차에는 신속한 합의 형성에 목적이 있으므로 완전한 합의 권한이 있는 당사자의 대표가 참석할 것이 요구된다. 그 절차는 일반에게 공개되지 않으며 당사자의 요청에 따른 법원의 명령이 없으면 기록되지도 않는 것이 원칙이다. 진짜 재판과 같은 분위기를 위해서 판사나 심리관(hearing officer)이 직접 주재한다. 배심원은 10명에서 12명으로 되어 있는 후보 중에서 6명 정도가 선정된다. 주재자는 절차의 모두에서 약식배심심리의 취지와 목적을 설명하지만, 당사자의 요청이 없으면 그들의 평결이 비구속적이라는 것을 강조하지는 않는다. 각자의 변호사는 증거를 제시하고 읽을 수 있지만 너무 장황하게 길게 읽는 것은 장려되지 않으며, 증인을 대동하는 것도 인정되지 않는다. 일반적으로 변호사는 1시간 정도 설명을 하며, 양측은 주장의 요지를 배심원들에게 배부한다. 이 때 배심원들의 질문이 허용되며

---

39) Neil Vidmar & Jeffrey J. Rice, "Jury-Determined Settlements and Summary Jury Trials: Observations About Alternative Dispute Resolution in an Adversary Culture", 9 Fla. St. U. L. Rev. 89, 1991-1992, p. 96.

40) Thomas H. Bateman Ⅲ, The Summary Jury Trial: An Introduction, Leon County Circuit Court, Florida (http://www.nadn.org/articles/BatemanThomas-TheSummaryJuryTrial-AnIntroduction-(June2010). pdf 참조).

메모도 허용된다. 판단 단계에서 배심원들은 만장일치나 합의된 평결을 내놓게 되는데, 합의가 안 되는 경우에는 각자의 평결을 내놓기도 한다. 그러면 주재자나 당사자 및 변호사는 배심원들에게 평결이 어떻게 이루어졌는지 또는 사건의 내용에 대한 의견 등에 대한 질문을 할 수 있다. 약식배심심리의 종반에서 주재자와 변호사들은 후속 회의를 갖게 되는데, 여기에서는 합의가 주요 토의 목적이다. 합의를 위한 토의가 실패하면 원래의 스케줄에 따라 정식 재판으로 넘어가게 되는 것이다.

(6) 사적판결

사적판결(Private Judging)은 1970년대에 캘리포니아에서 발전한 제도로서 소송 계속 중에 당사자의 합의가 있으면 소송에 관련된 쟁점을 심리하기 위해 필요한 판사로서의 모든 권한을 부여받은 판결수탁자가 법원 밖에서 내린 판정의 결과를 판사에게 보고하여 이를 법원의 판결로 성립하게 하는 것이다. 캘리포니아에서는 민사 분야, 그 중에서도 가족법에 관한 사건에 주로 이용되었다. 사적판결(Private Judging)은 Rent-a-Judge, Judge for Hire, Order of Reference 등으로 다양하게 불린다. 이러한 판결은 법원에 의한 판결과 동일한 효과를 갖는다. 판결수탁자(Referee)는 재판의 경험이 많은 퇴직판사를 선임하는 경우가 많은데 쟁점이 되는 사업이나 기술 분야의 전문가나 분쟁해결 절차에 관한 전문가를 선정하기도 한다. 사적 판결은 협상이나 조정으로 해결되기 어려운 사건을 비교적 신속하게 전문가의 결정으로 해결한다는 측면에서 중재와 유사하다고 할 수 있다. 그 차이점은 사적 판결이 중재와 달리 법원의 감독하에 이루어진다는데 있다고 할 수 있다.[41]

사적판결을 이용하려면 먼저 법원에 통지를 하고, 판결수탁자의 역할 등 합의한 사항에 대해 법원에서 사인을 해야 한다. 판결수탁자의 판정에 불만이 있으면 해당 법원의 판사에게 이의를 제기할 수 있으며, 이 신청이 기각되면 항소가 가능하다. 사적판결은 소송과 같은 절차를 이용하는 대신 당사자만을 위한

---

41) Chris Honeyman, "Private Judging" (http://www.crinfo.org/coreknowledge/private-judging 참조).

판결수탁자를 통하여 시간을 절약하는 신속성이 가장 큰 장점이다. 또한 절차에 있어서도 당사자가 유연하게 구성할 수 있어 당사자가 상당한 통제권을 행사할 수 있다. 그러나 퇴직판사나 경험 많은 전문가를 이용하다 보니 판결수탁자에게 상당한 보수를 지급하게 되어 비용이 많이 든다는 단점이 있다. 따라서 사적판결은 복잡한 상사분쟁이나 유명연예인의 이혼관련 사건 등에 이용되는 경우가 많고 부자들만을 위한 제도라는 비판이 있다. 그러나 정식 재판에 걸리는 기간과 재판을 위해 기다리는 시간 등을 고려한 비용을 감안하면 궁극적으로는 사적판결이 비싸다고만 할 수도 없다는 반론이 있기도 하다.[42]

(7) 특별보조판사에의 사건신탁(Reference to Special Masters)

특별보조판사는 원래 법원의 명령이 제대로 수행되는지를 감독하는 역할이지만 현재는 특정 업무를 처리하기 위해 법원에 의해 임명되어 제한적인 사법적 권한을 행사한다. 일반보조판사(General Masters)가 보다 넓은 의미의 전반적인 업무를 처리한다고 하면, 특별보조판사(Special Masters)는 특정 업무에 국한되는 점에 차이가 있다고 할 수 있으나 양자는 구별 없이 사용되기도 한다.[43] 재판관을 돕는 보조판사는 미국법률제도에 앞서 영국 보통법에서 비롯되었다. 미국에서는 보조판사의 이용이 일찍이 식민지 시기부터 법원에서의 업무과중을 덜기 위하여 사용되었다. 그 후 연방민사송규칙과 각 주의 민사소송규칙에 규정되어 활용되고 있다. 소송이 갈수록 규모가 커지고 복잡해짐에 따라 보조판사의 활용 필요성이 증가하였음은 당연하다 할 것이다. 보조판사의 업무는 재판 전 개시(discovery), 조정의 촉진, 판사에의 권고나 보고, 복잡한 이슈에 대한 조언, 변호사로 구성된 자문위원회의 의장 역할, 집단 소송 보조 등에 이르기까지 광범위하다. 보조판사가 되기 위한 자격은 특별히 정해지지는 않으나 일반적으로 변호사일 것을 요하는 경우가 많다. 다만 회계, 특허, 과학기술 등 전문적인 분야에

---

42) Jill S. Robbins, "The Private Judge: California Anomaly or Wave of the Future?", p. 13 (https:// www.iaml.org/cms_media/files/the_private_judge_california_anomaly_or_wave_of_the_future.pdf 참조).

43) Howard R. Marsee, "Utilizing 'Special Masters' in Florida: Unanswered Questions, Practical Considerations, and the Order of Appointment", The Florida Bar Journal, Vol. 81, No. 9, October, 2007 참조.

있어서는 반드시 변호사일 것을 요구하지 않는 경우도 있다. 보조판사에 대한 보수는 법원이 그 수준을 정하지만, 당사자로부터 받거나 기금 등으로부터 주어진다. 당사자가 주는 경우에는 소송에 진 측에서 부담하게 하거나 법원이 양 당사자에게 부담액을 정하기도 한다.

　　연방민사소송규칙 제53조는 법원이 특별보조판사를 임명할 수 있는 요건을 규정하고 있다.[44] 법원은 당사자의 동의를 얻은 사항을 수행하기 위해서만 특별보조판사를 임명할 수 있다. 또한 비배심 사건에서 아주 예외적인 고려가 필요한 사건이나 기술적인 회계 처리가 필요한 사건, 손해액 산정이 매우 어려운 사건 등에서 재판 절차를 진행하거나 중요한 사실 관계에 대한 조언을 하는 경우에 임명된다. 그 외 재판 전 단계나 재판 후속 단계에서 판사들이 할 경우 시간적으로나 효율성의 측면에서 제대로 처리하기 어렵다고 인정될 때 보조판사를 이용한다. 특별보조판사의 임명은 예외적으로 인정되어야지 어떤 규칙에 의해 자동으로 되는 것은 아니라는 것이 기본적인 취지이다. 특히 보조판사를 임명할 때 법원은 당사자에게 통보를 하여야 하며 당사자는 후보자를 제안할 수도 있다. 그런데 La Buy v. Howes Leather Co. 사건에 대한 판결에서 대법원은 독점금지 사건에 대해 사안이 복잡하다고 하여 연방민사소송규칙 제53조에 합치되는 것은 아니라고 엄격한 입장을 피력하였다.[45] 단순히 법적 이슈나 증거의 성격으로 인한 복잡성, 누적된 법원 서류로 인한 지연 등이 특별보조판사를 임명할 수 있는 요건을 충족시키는 것은 아니라는 것이다. 특별보조판사는 중요 내용을 결정하지 않는 사항, 재판 전 단계, 후속 배상 조치 문제 등과 같이 보다 제한적인 사항을 위탁하는 것에 한정해야 한다는 취지이다.

　　하지만 현실적으로 이러한 입장은 오늘날 실제의 법원에서는 많이 완화되어 운영되고 있다고 할 수 있다. 현재는 과학적 지식이나 기술적 전문성이 필요한 사건이나 복잡한 사안의 경우에 특별보조판사에게 재판 전 절차에서 증거 개시(discovery) 절차의 관리, 사건에 대한 판사에의 전문적 조언, 과학적 정보 제공을 통하여 당사자의 입장 차이를 줄이기 위한 조정 역할, 심지어 책임을 결정하는 데 필요한 사실 관계에 대한 권고 단계와 배상 명령에의 조언에 이르기까지

---

44) Federal Rules of Civil Procedure, Rule 53. Masters 참조.

45) Margaret G. Farrell, "Coping with Science Evidence; The Use of Special Masters", 43 Emory L. J. 927, 1994, p. 945.

다양한 권한을 부여하여 그 사건의 원활한 처리를 돕게 하고 있다.[46) 이러한 예로 1980년대 초 오하이오 주의 석면 중독 집단소송에서 Lambros 판사는 Eric Green과 Francis McGovern 두 법학 교수를 특별보조판사로 임명하여 석면 사건의 각 단계별로 사건관리계획을 개발하도록 한 바 있다.[47) 두 교수는 사건 변호사들과 긴밀히 협력하여 유사 석면 사건 관련 자료를 검토하고, 두 개의 표준화된 자료를 마련하였다. 하나는 원고들에게 제공하기 위한 정보 수집을 위한 질문지이고, 다른 하나는 질문이나 서류 요청 또는 증인 확보 등을 위한 증거개시(discovery)의 양식이었다. 이를 통해 사건의 관리를 효율적이고 용이하게 할 수 있었다. 추가적으로 Lambros 판사와 Eric Green, Francis McGovern 등은 합리적이고 신속한 화해가 최선의 해결책임을 인식하고, 보조판사들의 전문지식을 활용하여 다른 석면 소송에 대한 평가와 보상해야 할 피해액의 산정에 대한 계량화를 통하여 컴퓨터를 활용하여 석면 사건들에 관한 데이터를 정리하고 사건 당사자들의 합리적인 책임범위나 보상액에 대한 자료를 제공한 바 있다.

한편 특별보조판사는 부판사(magistrate)와 구별된다. 부판사(magistrate)는 주로 전임직이고[48) 정부가 보수를 지급하며 제너럴리스트인 법원 공무원인 데 반해,[49) 특별보조판사는 파트 타임직이고 당사자가 보수를 지급하며 스페셜리스트인 사인으로서 변호사나 법학교수, 퇴직판사 등이 사건에 따라 위촉된다. 특별보조판사는 자신의 판단으로 회계사나 기타 전문가를 고용할 수도 있다. 특별보조판사를 임명하는 것은 법원 고유의 권한 범위 내에 있는 것으로 인정된다. 당사자는 특별보조판사에게 사건을 위탁하는 것에 대해 반대할 수 있으며 법원은 이 반대를 고려해 결정한다. 하지만 이 반대는 위탁 시점이나 그 직후에 해야 하며, 특별보조판사와의 심리 진행 과정에서 반대한다든가 하는 것은 허용되지 않는다.[50) 그런데 보조판사의 명칭에 있어 플로리다주 법원에서는 과거의

---

46) *Id.*, pp. 954-967.

47) Wayne D. Brazil, "Special Masters in Complex Cases; Extending the Judiciary or Reshaping Adjudication?", 53 U. Chi. L. Rev. 394, 1986, pp. 399-402.

48) 부판사(magistrate)는 주로 변호사 자격이 있는 사람을 전임직으로 임명하지만, 그러한 자격요건이 있는 사람을 구하기 어려운 관할에서는 비변호사를 파트 타임으로 고용하는 경우도 있다.

49) 부판사(magistrate)는 과거 미국에서 'commissioners'라는 제도가 있었는데, 1968년에 the Federal Magistrate Act를 제정하면서 그 명칭을 magistrates로 대체하였다. 이는 주별로 조금씩 다르게 발전해 가는데, 웨스트 버지니아나 조지아 주에서는 임명되지 않고 선거에 의해 선출되기도 한다. Coolley, "Magistrates and Masters in Patent Cases", 66. J. PAT. Off. Soc'y 374, 1984, p. 375 참조.

50) Coolley, *op. cit.*, pp. 400-401.

'master'에서 2004년도 소송규칙을 개정하여 'magistrate'로 변경하였다.[51] 이는 행정적인 측면의 이유와 함께 명칭을 좀 더 법원의 특성에 맞추어 그럴듯하게 하기 위한 것이었다.

위와 같은 특별보조판사는 법원의 업무부담 경감과 제3자인 전문가의 전문지식 활용을 통해 사건에 대한 분석과 관리, 조정의 촉진 등을 수행하므로 혼합형 ADR의 일종으로 나열하기도 하나, 특별보조판사는 미국 법원의 역사에서 판사의 업무를 덜어주고 전문지식의 활용을 위해 전문가를 빌려 쓰는 것으로 ADR운동과는 관계없이 발전되어 온 탓에 많은 ADR 문헌에서는 혼합형 ADR의 예시에서 빠져 있는 것도 사실이다.

2. 행정형 ADR제도

미국은 법률, 대통령령, 행정규칙 등 입법적 형식을 통하여 연방정부에서 ADR의 사용을 촉진시켜 왔다.[52] 연방정부 차원에서 ADR은 19세기 후반에 시작되었는데, 1888년 법(the Act of 1888)이 최초의 연방 ADR 관련 법률로서 철도회사와 노조원과의 분쟁으로 인한 문제 해결을 위해 자율적인 중재위원회를 설치하도록 하였다. 그로부터 10년 뒤인 1898년에 미국 의회는 이러한 분쟁에 조정을 제공한다는 내용을 담은 the Erdman Act를 통과시켰다. 연방정부는 다음으로 노동분쟁 이외의 분야에도 ADR을 적용하기 시작하였다. 1925년에 통과된 연방중재법(the Federal Arbitration Act)은 상행위 분야에 ADR 절차를 두고 중재에 우호적인 국가정책을 선언하였다. 1946년 행정절차법(the Administrative Procedure Act)은 행정기관이 특정 사건에 대해서 연방법원의 재판 없이 해결할 수 있는 절차를 규정하였다. 1964년에 공민권법(the Civil Rights Act)은 법무부에 주민관계실(Community Relations Service)을 설치하도록 하여 인종·피부색·국적 등의 차이로 발생하는 지역사회의 분쟁해결에 도움을 주도록 하였다. 미국 의회는 1978년에 공직개혁법(the Civil Service Reform Act)을 통하여 연방정부가 연방

---

51) Howard R. Marsee, *op. cit.*, p. 12.
52) 미국 연방정부의 ADR 관련법 제정 과정과 입법적 지원에 대하여는 Jeffrey M. Senger의 「Federal Dispute Resolution」의 pp. 11-17에 잘 설명되어 있어 이를 참조하여 요약 정리하였다.

공무원들과의 직장 내 분쟁에서 조정과 알선, 중재를 사용할 수 있도록 하였으며, 2년 후인 1980년에는 분쟁해결법(the Dispute Resolution Act)에서 비록 예산을 지원해 주지는 않았지만 주정부나 지방정부에서 ADR을 실험적으로 이용해 보도록 장려하였다.

미국 연방정부에서의 ADR제도는 1990년대부터 획기적인 발전을 보였다. 우선 1990년에 연방의회는 연방기관이 ADR의 사용을 촉진하게 하는 두 개의 법률을 통과시켰는데, 하나는 행정기관이 ADR 기법들을 광범위하게 사용하도록 하는 권한을 부여하는 행정분쟁해결법(the Administrative Dispute Resolution Act)이고, 또 다른 하나는 행정기관이 규칙을 정할 때 일방적이고 적대적으로 하는 대신에 협상을 통해서 하도록 하는 협상에 의한 규칙제정법(the Negotiated Rulemaking Act)이다.

미국의 연방정부는 비상 상황이나 노동 문제에 대해 ADR 서비스를 제공해 왔고, 정부와 계약자 사이의 분쟁을 해결하기 위해서도 ADR 절차를 이용해 왔다.[53] 그런가 하면 연방정부는 사적인 ADR 기관으로부터 ADR 서비스의 구매자 역할도 해 왔다. 이와 같이 미국 연방정부는 다양한 측면에서 ADR을 이용해 왔으나 ADR에 관한 명백한 법적 근거를 부여한 것은 1990년의 행정분쟁해결법 제정이었다.[54] 이 법의 제정으로 미국 연방정부의 ADR 이용은 비약적인 발전을 하였다. 1990년대에 조정은 연방정부에서 가장 많이 이용하는 ADR 방식이었고, 비구속적 중재 또한 환경 분야나 공군 등 여러 곳에서 이용되었다. 하지만 1990년의 행정분쟁해결법은 비구속적 중재에 관한 규정이라든지 정보공개법(the Freedom of Information Act: FOIA) 면제 조항의 부재와 관련하여 비밀 보장의 미흡 등 몇 가지 점에서 한계를 가지고 있었는바, 이와 같은 장애들을 제거해 주고 보완하여 줌으로써 행정형 ADR에 보다 박차를 가한 것이 1996년의 행정분쟁해결법 제정인 것이다.

미국의 공공갈등을 포함한 행정형 ADR 관련 기구로는 정부기관 간 대체적 분쟁해결 실무그룹(The Interagency Alternative Dispute Resolution Working Group), 법무부의 법률정책실(Office of Legal Policy) 내에 있는 분쟁해결실(Office of Dispute Resolution), 갈등예방 및 해결센터(Conflict Prevention and Resolution Center),

---

53) E. Wendy Trachte-Huber & Stephen K. Huber, *op. cit.*, p. 530.
54) PUBLIC LAW 101-552—NOV. 15, 1990 참조.

미국환경분쟁해결원(U.S Institute for Environmental Conflict Resolution), 연방조정알선청(Federal Mediation and Conciliation Service) 등이 있다.

　미국에서 입법부·사법부·행정부 중 가장 ADR을 많이 이용하는 곳은 행정부의 정부기관인 것으로 알려지고 있다.[55] 2007년 4월에 미국의 법무부장관이 '연방정부의 집행기관 ADR 이용 현황에 관한 보고서'를 대통령에게 제출한 바 있는데,[56] 이에 의하면 행정부에서 사용하는 ADR의 종류는 가장 많이 이용되는 조정(mediation)을 비롯하여 중재(arbitration), 퍼실리테이션(facilitation), 화의조정협의(settlement conference), 파트너링(partnering), 갈등코칭(conflict coaching), 협상에 의한 규칙제정(negotiated rulemaking), 합의형성(consensus building), 공공참여(public participation), 옴부즈맨(ombuds)과 기타 분쟁해결 방식으로 분쟁패널(dispute panels), 조기중립평가(ENE), 사실조사(fact-finding), 컨설테이션(consultation), 팀구축(team building) 등을 들고 있다. 이하에서는 Senger가 미국 연방정부에서 가장 흔히 이용되는 것으로 설명하는 절차들을 위주로 미국 행정형 ADR의 기법들을 살펴보고자 한다.

(1) 조 정

　과거에는 행정부에서 조정 절차를 많이 이용하지 않았으나 최근으로 올수록 미국 연방분쟁에서 가장 많이 사용되는 ADR 방식은 조정(Mediation)이다. 특히 일반 행정 절차보다는 정부고용 영역에서 상대적으로 조정이 많이 이용되어 왔다. 조정은 정부가 참여하는 ADR 중에서 약 95%를 차지한다고 한다.[57] 전통적으로 조정을 많이 이용하는 행정 부문은 해군, 공군 등이 군수품 조달과 관련하여 많이 이용하고 보건복지 분야나 정부고용 관계, 우정서비스 분야이다.

　조정은 대부분의 경우 조정인 한 명이 사건을 처리하지만 독립된 전문적인 분야가 필요할 경우에는 두 명의 조정인을 선임하기도 한다.[58] 조정의 방식은

---

55) Tina Nabatchi, "The Institutionalization of Alternative Dispute Resolution in the Federal Government", Public Administration Review, 67(4), 2007, p. 646.

56) Report for the President on the Use and Results of Alternative Dispute Resolution in the Executive Branch of the Federal Government, April 2007 (http://www.adr.gov/about-adr.html 참조).

57) Jeffrey M. Senger, "Federal Dispute Resolution," Jossey-Bass, 2004, p. 33.

58) Id., p. 35.

대부분이 당사자와 조정인이 직접 만나서 시행되지만 전화를 사용하여 간단하게 처리되는 수도 있다. 조정은 시간과 비용을 절약할 수 있고 합의된 조정안은 자발적이어서 재판보다도 결과에 대한 이행률이 높을 수 있다는 장점이 있는 반면, 조정이 합의에 이르지 못할 경우에는 소송 전략을 미리 노출시키는 결과가 될 수 있다.

(2) 조기중립평가

조기중립평가(Early Neutral Evaluation)는 전술했듯이 1980년대에 캘리포니아 북구지역의 연방법원에서 실험적으로 시작되어서 이후 다른 법원에까지 널리 사용되게 된 것으로 연방정부에서도 이용하고 있다. 조기중립평가는 당사자들이 재판에서 시간과 돈을 쓰기 전에 중립평가자로 하여금 재판결과를 예측하게 하고 사건을 조기에 해결하고자 하는 것이다. 이 절차는 특히 사건의 당사자가 사건에 대해 비현실적으로 낙관하거나 금전적인 기대를 하는 경우에 현실적이고 객관적인 사건 평가를 받아보는 데에 유용하다.[59] 그러나 당사자들은 조기중립인평가에 구속되지 않고 어떻게 사건을 진행해 나갈 것인지 선택할 수 있다. 조정이 당사자 상호간에 합의하는 안을 만드는 협력적인 절차임에 비해 조기중립평가는 자신들의 입장에서 상대를 공격하는 상황이 되므로 당사자들 간의 관계를 증진시키지는 못하는 단점이 있다.

(3) 간이심리

간이심리(Minitrial)는 국방부, 법무부, 항공우주국 등에서 복잡한 정부계약 분쟁을 해결하기 위하여 효과적으로 이용되고 있다. 양측의 대표자들은 사건을 합의할 수 있는 권한을 가진 고위직에 있는 사람이 되는데 이들이 배심원의 역할을 한다. 중립인은 전 과정의 절차적인 측면을 감독한다. 간이심리를 시작하기 전에 discovery를 실시하여 사건을 정확하게 평가하기 위한 정보를 얻은 후,

---

59) *Id.*, pp. 36-37.

간이심리가 시작되면 당사자들이 참석하여 진술하고 증거를 제출하거나 증인·전문가들을 참여시킬 수 있다. 당사자들은 그러한 절차를 위한 기간을 합의할 수가 있는데 보통은 하루에서 4일 정도가 걸린다.[60] 간이심리 절차가 끝나면 당사자 대표들이 사건의 결과에 대하여 협상한다. 그 협상 과정에는 가능하면 당사자의 자율적인 합의 형성을 위하여 중립인은 관여하지 아니한다.

간이심리도 그리 저렴한 절차는 아니고, 당사자 간의 협력보다는 논쟁에 중점을 두기 때문에 양측의 관계개선이 어렵다는 단점이 있다.[61] 또한 조기중립평가보다 소송전략을 더 많이 노출하게 되기도 한다. 합의할 권한이 있는 고위직 관리자가 간이심리 절차에 계속 참석할 수 있는 시간을 내는 것도 현실적으로 어려운 문제이다.

(4) 약식배심심리

약식배심심리(Summary Jury Trial)는 실제 법원에서 판사와 배심원 앞에서 진행되는 간략한 심리 절차이다. 이는 전술한 바와 같이 연방지방법원 Thomas Lambros 판사가 고안해낸 절차로서 그 전에는 해결이 어려웠던 석면사건(asbestos cases)들을 다수 해결하는 데 이용되었다. 약식배심심리는 연방정부 차원에서는 거의 사용되지 않는 절차이지만, 유독성물질이 포함된 복잡한 환경문제 사건이나 당사자들이 사건의 예상 결과에 대하여 커다란 인식의 차이를 보여서 합의에 이르기 어려운 사건 같은 경우에는 유용할 수도 있다.[62] 약식배심심리는 배심원이 해당 사건에 대해 어떻게 반응하는가를 아는 데에 있기 때문에 어떤 법정에서는 당사자들로 하여금 배심원들이 토론하는 장면을 CCTV를 통해서 볼 수 있게 하기도 한다.

이 절차의 단점은 사건이 재판에 회부될 준비가 거의 된 시점에서만 사용될 수 있다는 점이다. 절차상으로 비용이 많이 드는 개시(discovery)를 모두 거친 후에 이용되는 것이다. 약식배심심리는 비록 실제 재판보다는 짧지만 여전히 하루에서 2주 정도의 시간이 소요되고, 관리하는 데 비용이 많이 드는 절차이므로

---

60) *Id.*, p. 38.
61) *Id.*, pp. 37-39.
62) *Id.*, pp. 39-41.

법원은 실제 재판에서 훨씬 더 많은 비용이 드는 것이 분명한 사건에 대해서만 적용하여야 한다.

(5) 중 재

연방정부에서는 중재(Arbitration)의 사용이 상대적으로 드물지만 그 사용은 늘어나는 추세이다. 최근까지도 정부가 행정사건의 결과에 대한 통제권을 사인에게 양도하는 것은 허용되지 않는다고 생각했기 때문에 연방정부가 중재 절차에 참여하는 것은 금지되었다. 그러다 연방의회는 1990년에 연방 행정청의 분쟁에 중재의 권한을 명백하게 부여하는 행정분쟁해결법(the Administrative Dispute Resolution Act)을 통과시킴으로써 연방정부에서도 중재를 사용할 수 있게 하였다.[63]

하지만 1990년의 행정분쟁해결법은 몇 가지 점에서 한계를 가지고 있었는 바, 정부가 판단하여 중재판정을 취소시킬 수 있는 비구속적 중재에 관한 규정과 행정형 ADR 이용 시 정보공개법(the Freedom of Information Act: FOIA)으로부터의 명확한 면제 조항의 부재가 그 대표적인 것이다.[64] 가장 큰 문제는 비구속적 중재에 관한 조항인데, 이는 선출되지도 않고 공적으로 임명되지도 않은 사인인 중재인에게 공적인 분쟁에 대하여 구속력 있는 중재판정을 할 수 있게 하는 것은 헌법을 위반할 수 있다는 법무부의 우려가 있었기 때문에 동 법에서는 정부의 판단에 따라 중재인의 판정을 취소할 수 있게 하는 비구속적 중재로 하였던 것이다. 그 후 1995년에 미국 법무부는 행정형 분쟁에 대한 구속력 있는 중재판정이 당사자가 동의하는 한 허용될 수 있다는 식으로 헌법 위반의 문제에 대해 입장을 바꾸게 되었다. 이러한 법무부의 입장 변화에 힘입어 연방의회는 1996년의 행정분쟁해결법에 구속력 있는 중재에 관한 조항을 포함하고, 정부가 판단하여 중재판정을 취소시킬 수 있는 조항을 삭제할 수 있었던 것이다. 다음으로 정보공개법 면제 조항의 부재와 관련하여 비밀 보장이 미흡하였기 때문에,

---

63) *Id.*, pp. 41-45.

64) Jonathan D. Meister, "Administrative Dispute Resolution Act of 1996: Will the New Era of ADR in Federal Administrative Agencies Occur at the Expense of Public Accountability?", 13 Ohio St. J. on Disp. Resol. 167, 1997-1998, pp. 169-173.

행정형 ADR 이용자가 상업적 거래 등의 원하지 않는 정보의 공개를 꺼려함으로써 ADR 이용에 소극적일 수밖에 없었다. 이와 같은 장애들을 제거해주고 보완하여 다시 제정한 것이 1996년의 행정분쟁해결법인 것이다.

　　행정분쟁해결법에 의하면 연방정부는 모든 당사자가 동의하는 경우에만 중재를 사용할 수 있으며[65] 당사자들은 중재를 시작하기 전에 중재를 위한 합의문에 서명해야 한다.[66] 그리고 정부는 계약을 체결하거나 어떤 이익을 주는 것을 조건으로 하여 중재를 사용할 것을 당사자에게 요구할 수 없다.[67] 정부와 관련해서 두 개의 조문이 특히 중요한데, 첫째는 중재합의서에 중재인이 결정할 수 있는 최대 금액이 명시되어 있어야 한다는 것이고,[68] 둘째는 해당 사건에 해결 권한을 가진 정부 관계자가 미리 중재를 사용하는 것에 대해 승인을 해야만 한다는 것이다.[69] 이러한 규정들은 나중에 정부가 다툴 수 없는 중재의 결과에 대해 사인인 중재인이 가지는 자유재량권을 제한하는 안전장치 역할을 하도록 하기 위해 둔 규정들이다. 사건이 연방법원으로 간 경우에도 정부는 여건에 따라서 여전히 중재를 고려해 볼 수 있다고 한다. 중재판정에 대해서는 당사자나 중재인의 부패, 사기 등 제한적으로만 취소할 수 있고 일반적인 사실적, 법적 항소는 인정되지 않는다. 행정분쟁해결법에서 인정하는 연방정부의 중재에 관한 일반 권한 외에 특별법에서 특정한 기관에 대해 중재 실행의 권한을 부여하는 경우도 있다.[70] 예를 들면 국세청은 국세청 개혁법(the IRS Restructuring and Reform Act of 1998)에 의해 특정 조세분쟁을 해결하기 위하여 중재를 제공하기도 한다. 또한 환경보호청은 통합환경보상책임법(the Comprehensive Environmental Response, Compensation and Liability Act)에 의해 50만 달러 이하의 손해배상 사건을 중재한다.[71]

　　연방정부가 사용하는 중재는 여러 종류가 있다.[72] 첫째로 민간영역에서 흔히 쓰이는 당사자중재(party arbitration)가 있다. 이 절차에서는 각각의 당사자가

---

65) U.S. Code, Title 5, § 575(a)(1).
66) *Id.*, § 575(a)(2).
67) *Id.*, § 575(a)(3).
68) *Id.*, § 575(a)(2).
69) *Id.*, § 575(b).
70) Jeffrey M. Senger, *op. cit.*, p. 43.
71) U.S. Code, Title 5, Title 42, § 9622(h)(2).
72) Jeffrey M. Senger, *op. cit.*, pp. 43-44.

한 명씩 중재인을 선정하고 선정된 두 중재인이 함께 세 번째 중재인을 선택한
다. 세 명의 중재인을 사용하는 것은 각각의 독립된 배경지식을 어우름으로써
사건의 해결에 더 도움이 되는 복잡한 사건의 경우에 적합하다. 하지만 이런 경
우 중재비용은 더 높아지게 되고, 세 명의 중재인들이 일정을 맞춰야 하므로 절
차가 더 까다로워질 수 있다. 하지만 대부분의 연방분쟁의 경우에는 중재인 한
명으로도 충분하다고 한다. 다음으로 관리중재(administerd arbitration)도 있는데
이는 당사자들이 외부기관에 위임하면 그 기관이 전 과정을 관리하고, 적용할
규칙과 중재 일정을 마련하여 중재를 시행한다. 또 다른 중재의 유형으로는 야
구중재(baseball arbitration)가 있다. 이는 메이저 리그에서의 야구선수들의 연봉
결정과 관련된 분쟁의 해결에 쓰인 방법에서 따온 이름이다. 이 야구중재에서
당사자는 각각 최선의 입장에 다다를 때까지 협상을 한다. 중재인은 독자적으로
결정을 내리고 각 당사자들의 제안이 공개되면 중재인의 결정과 가장 가까운 당
사자의 제안이 최종 해결안이 되며 금액 조정은 허용되지 않는다. 야구중재는
당사자들에게 합리적인 제안을 할 수 있게 유도하는 효과를 갖는다.

정부사건에서 중재를 사용함에 있어서도 여러 가지 단점이 있다. 중재 절차
도 양 당사자가 대립적이라서 재판에서와 같이 당사자 간의 관계 증진을 기하기
에는 어려움이 있다. 그리고 정부는 사인이 주재하는 중재보다는 항소가 허용될
경우 항소에서 승리할 가능성이 높은 특성이 있기 때문에 중재인의 결정에 항소
할 수 있는 권리를 포기한다는 것은 정부 입장에서는 매우 어렵고 중요한 문제
가 될 수 있다. 일반적으로 중재는 재판보다 훨씬 비밀유지가 되는 절차이지만,
행정분쟁해결법에서는 당사자들이 중재에서 발생한 일에 대해서 공개하는 것은
자유이다.[73]

(6) 혼합절차(Hybrid Processes)

어떤 경우에는 당사자들은 조정과 중재를 혼합한 형태를 선호하기도 한
다.[74] 조정-중재(med-arb)는 ADR의 두 가지 유형을 모두 포함하는 혼합된 절차

---

73) *Id.,* p. 45. 미국의 행정분쟁해결법은 당사자에 대해서 일반적인 비밀유지 의무를 규정하고 있지
않다. U.S. Code, Title 5, § 574(b)(7).

74) *Id.*.

이다. 조정-중재 제도는 제2차 세계대전 당시 미국의 산업 현장에서 근로자와 사용자가 동맹파업을 막으면서도 직장폐쇄를 하지 않고 노사분쟁을 평화적으로 해결하기 위한 수단으로 이용하기 시작한 데서 기원을 두고 있다고 한다. 그 후 이는 1978년 미국 위스콘신 주에서 지방공무원 조정-중재법((Med-Arb Law)으로부터 하나의 독립된 분쟁해결 수단으로 널리 활용되기 시작하였으며, 이어서 엔터테인먼트산업 분쟁, 가사분쟁, 국제상사분쟁에 이르기까지 그 이용이 폭넓게 발전되었다.[75] 조정-중재(med-arb) 절차에서 당사자들은 먼저 문제의 해결을 위해서 조정인과 함께 자발적으로 쟁점에 대해서 합의를 할 수 있는 데까지 하고 이후에는 남은 쟁점에 대하여 중재인에게 마지막 결정을 내려 줄 것을 부탁한다. 따라서 조정-중재를 통하여 당사자들은 조정에서의 협력적인 이점뿐만 아니라 비교적 신속하게 분쟁해결을 할 수 있고 중재의 최종성(finality)까지도 얻게 된다. 하지만 단점도 존재한다. 이 경우 당사자들이 조정과 중재에서 동일한 중립인을 둔다면 조정과정에서 솔직하게 얘기하기 어려울 수 있다. 또 조정-중재인의 권한이 과도하게 되어 해결책이 강요될 소지가 있다. 반대로 각각 다른 중립인을 쓴다면 양쪽 모두에게 사건을 설명해야 하므로 비용과 시간이 그만큼 더 소비될 것이다. 한편 중재-조정(arb-med)도 있는데 이 절차에서 당사자들은 먼저 중재인 앞에서 자신들의 입장을 설명한다. 이에 대해 중재인은 중재결정을 내려 당사자들은 보지 못하도록 봉인해 둔다. 당사자들은 자신들끼리, 혹은 조정인과 함께 협상을 하여 협의안을 마련한다. 당사자들이 합의안을 만드는 것에 실패하는 경우에는 중재인의 결정을 공개하고 그것이 최종안이 된다. 중재-조정은 중재인의 결정을 모르는 상태에서 협상을 하게 함으로써 중재인의 결정보다는 자신들의 합의안을 만들고자 하는 동기를 부여하는 효과를 갖는다.

3. 민간형 ADR

1980년대 후반에서 1990년대에 있어서는 미국의 민간부문에서도 ADR이

---

75) 정용균, "미국의 조정-중재(Med-Arb) 제도에 관한 연구", 중재연구, 제24권 제1호, 2014. 3, 85-109쪽 참조.

번창하게 되었다. 명실 공히 미국은 전 세계에서 ADR에 관한 논의와 실제적 활용에 있어서나 ADR에 관련되는 산업이 가장 활발하게 발전된 나라라고 할 수 있다. 앞에서 언급된 사법형 또는 행정형 ADR 관련법을 통한 입법적 지원은 미국의 민간형 ADR 발전에도 밑거름이 되었다. 꼭 민간형 조정에만 적용하도록 한정하는 것은 아니지만 2001년에 미국통일주법위원회(the National Conference of Commissioners on Uniform State Laws)는 미국에서 대체적 분쟁해결 방법 중 가장 많이 이용되는 조정에 직·간접적으로 영향을 미치는 각 주의 법률이 2,500개가 넘는 상황을 주시하고 통일조정법(Uniform Mediation Act)을 채택하였고, 이 통일조정법을 모델로 각 주에서 조정법을 마련할 수 있게 한 바 있다. 그 후이 법은 2002년의 UNCITRAL 모델조정법의 내용들을 반영할 수 있게 하기 위하여 2003년에 개정되었다. 2016년 4월 현재 워싱턴 D.C. 외에 일리노이, 아이오와, 뉴저지 등 11개 주에서 조정법을 제정하였고 2개 주에서 심의 중에 있다.[76)

또한 미국에는 ADR 종주국답게 많은 민간형 ADR 기관이 발달해 있다. ADR 자체가 분쟁해결을 위한 하나의 산업을 형성하여 비영리단체의 형태뿐만 아니라 영리기관으로도 충분히 자생 능력을 가지고 운영되고 있는 것이다. 그 중에서 대표적인 민간형 ADR 기관인 미국중재협회(American Arbitration Association), 분쟁해결협회(The Association for Conflict Resolution), 국제갈등예방해결연구소(The International Institute for Conflict Prevention and Resolution: CPR), 사법중재조정서비스(Judicial Arbitration and Mediation Services: JAMS), 전미중재포럼(National Arbitration Forum), 금융규제원(Financial Industry Regulatory Authority), 전미중재조정원(National Arbitration and Mediation)을 비롯하여 각종 온라인 ADR 제공기관을 살펴보고자 한다. 한편 미국 전역에 걸쳐 있는 지역사회의 주민분쟁조정기관인 지역사회 분쟁해결센터(Community Mediation Center)에 대하여는 이어지는 제3편 지역사회의 분쟁해결(Community Mediation)에서 살펴보기로 한다.

---

76) http://www.uniformlawcommission.com/LegislativeFactSheet.aspx?title=Mediation Act 참조(2016. 4. 22 방문).

(1) 미국중재협회

1) 미국중재협회의 조직

미국중재협회(the American Arbitration Association: AAA)는 그 동안 따로 존재하던 미국중재회(the Arbitration Society of America), 중재재단(the Arbitration Foundation) 및 중재회의(the Arbitration Conference) 세 개의 기관이 통합하여 1926년에 설립되었다. 1922년에 Moses H. Grossman은 미국중재회(the Arbitration Society of America)를 조직하고 전국적으로 중재를 활성화시키기 위한 교육 캠페인을 전개하였다. 1925년에는 뉴욕주 상업회의소가 미국중재재단(the American Arbitration Foundation)을 설립하였고, Charles L. Bernheimer가 초대 회장이 되었다.[77] 이 두 조직 중 전자는 법조인 단체로, 후자는 비법조인인 사업가 단체로서 서로 경쟁하였다. 후에 그들은 서로의 차이를 극복하기 위해 만났으며, 결국 1926년에는 두 조직을 통합하여 미국중재협회를 창립하는 데 합의하였던 것이다.[78]

1981년까지만 해도 24개의 지역 사무소와 본부에 170여 명, 각 지역에 10명-15명의 직원으로 운영되던[79] 미국중재협회는 2002년 말 기준으로 미국 내에 35개의 사무소와 800명이 넘는 직원을 보유하는 조직으로 성장하였다.[80] 1996년에 사건관리센터(Case Management Centers)가 처음으로 만들어진 이후 2002년에는 네 번째 사건관리센터가 설립되었다.[81] 역시 1996년에 설립된 미국중재협회의 국제분쟁해결센터(The International Center for Dispute Resolution: ICDR)는 2002년 5월을 기하여 미국중재협회가 세계에서 가장 큰 국제상사중재기관이 되었다고 발표한 바 있다.[82] 다양한 상거래에서 발생하는 분쟁들을 해결하기

---

77) Ian R. Macneil, American Arbitration Law: Reformation—Nationalization--Interna-tionalization, Oxford University Press, USA, 1992, pp. 38-40.

78) *Id.*, pp. 40-41.

79) 신한동, "미국중재협회 연수보고", 중재 제108호, 대한상사중재원, 1981. 1, 42-45쪽.

80) American Arbitration Association, Public Service at the American Arbitration Associa-tion, 2003, p. 9.

81) 첫 번째 센터는 1996년 달라스에 설립 되었고 두 번째는 1998년 애틀란타, 세 번째는 2000년도에 캘리포니아의 프레스노, 네 번째는 로드아일랜드의 프로비덴스에 설립되었다.

82) American Arbitration Association, Press Release, 2003 (http://www.adr.org).

위해 미국중재협회는 50개가 넘는 검증된 규칙과 절차들을 제공한다. 2004년 3월 기준으로 미국중재협회는 43개국과 61개의 협력 협정을 체결하였다.[83] 미국중재협회는 초기에 480여 명의 중재인으로 운영되었으나, 1976년에는 37,000명으로 급속히 증가하였고 1986년에는 60,000여 명으로까지 불어났다. 하지만 협회 중립인들의 공신력을 높이고 효율적으로 운영하기 위하여 2002년에는 11,000여 명으로 줄였으며 2003년 이후에는 전 세계적으로 8,000여 명 정도로 유지하였다.[84] 그들은 산업계나 변호사 등 전문직업인 중에서 위촉되는데 미국중재협회의 중재인 및 조정인 명부에 등록되어 있다.

2007년에는 싱가포르 국제중재센터와 합작으로 싱가포르에 ICDR의 아시아 센터를 설립하기도 하였다. 또한 조정의 점증하는 중요성에 부응하여 2007년에는 GE와 같이 조정을 이용하는 대기업들과 싱가포르 조정센터와의 합작으로 국제조정연구소(the International Mediation Institute)를 출범시키기도 하였다. 국제조정연구소에는 350여 명의 조정인이 등록되어 있다. 미국중재협회는 2010년에 고객정보관리부(the Customer Information Management Department)를 설치하였고, 같은 해에 아랍권역의 ADR 허브로서 바레인에 분쟁해결회의소를 설치하기도 하였다.

2) 미국중재협회의 기능

미국중재협회는 다양한 분야의 분쟁을 해결하기 위해 폭넓은 서비스를 제공한다. ADR에 대한 교육과 훈련은 물론 조정, 중재, 사법화해협의 서비스와 각종 선거까지 관리·시행하고 있다.

a. 조 정

세계 최대의 비영리 민간 ADR 기관이라 할 수 있는 미국중재협회는 최근의 조정 수요가 높아가는 점에 부응하고 있다. 조정은 1974년에 미국중재협회에서 기관분쟁 해결을 위한 옵션으로 도입되었다. 조정은 중립적인 조정인이 당사자에게 조언을 해주고 비구속적인 역할을 통하여 문제해결에 이르도록 도와준다. 미국중재협회는 조정 사건이 꾸준히 증가하고 있는 것을 실감하고 있으

---

83) American Arbitration Association, Fast Facts (http://www.adr.org), March 2004.

84) American Arbitration Association, Public Service at the American Arbitration Association, 2003, p. 9.

며, 미국중재협회에 제출된 조정 사건들의 85% 이상이 해결되는 것으로 보고하고 있다.[85] 미국중재협회는 2013년에 'Mediation.org'라는 조정 웹사이트를 개설하였다.[86] 이는 조정에 관한 정보제공, 조정인들을 위한 공간, 일정한 사건의 온라인 조정의 시행, 조정에 관한 교육훈련 정보 등을 제공하는 웹사이트로서의 역할을 한다. 미국중재협회는 조정 사건이 꾸준히 증가하고 있는 것을 실감하고 있으며, 특히 2013년에는 75,000달러를 초과하는 사건의 경우에 상사중재 중에 조정에 회부할 수 있도록 하는 절차를 신설함으로써 조정으로 처리되는 사건이 2014년도에 전년도보다 51%나 증가되었다고 한다.[87] 미국중재협회의 상사중재 규칙에 의하면 중재 절차의 어느 단계에 와 있든지 당사자들은 사건 해결을 촉진하기 위해 조정 협의에 착수할 것을 합의할 수 있는데, 이 경우 모든 당사자와 조정인의 합의가 없으면 조정인은 그 사건을 다루는 중재인으로 임명될 수 없다.[88] 또한 조정을 먼저 시도하고 이 조정의 합의에 실패하는 경우에 당사자는 중재를 선택할 수도 있다. 이 때 조정 절차에서 제시된 정보는 이후의 중재나 소송 단계에서 원용될 수 없다.

b. 중 재

당사자들은 미국중재협회가 마련한 분쟁해결 조항을 이용하여 자신들의 여건에 맞게 중재 조항을 변경할 수 있다. 일단 당사자들이 중재를 하기로 결정하면 중재인은 심문을 시행하는데, 당사자들의 다른 합의가 없거나 법률에 다른 규정이 없으면 중재 판정은 심문이 끝난 후 30일 이내에 하여야 한다.[89] 보통 한 사건의 중재 기간은 처음부터 끝까지 통상 6개월 이하인 것으로 보고된다.[90]

---

85) American Arbitration Association, 2000 Annual Report, 2001, p. 25.

86) https://www.mediation.org 참조.

87) American Arbitration Association, 2014 Annual Report, 2015, p. 8.

88) Commercial Arbitration Rules and Mediation Procedures(Including Procedures for Large, Complex Commercial Disputes) (https://www.adr.org/aaa/ShowPDF?doc=ADRSTG_-004130), p. 10 참조.

89) *Id.,* p. 20 참조.

90) American Arbitration Association, 2000 Annual Report, 2001, p. 25.

c. 사법화해협의

미국중재협회는 2010년에 전통적으로 법원에서 사용하던 사법화해협의 (Judicial Settlement Conference) 서비스를 시작하였다.[91] 이는 기업, 개인, 정부기관들로 하여금 자신의 시간 스케줄을 고려하게 하고, 전직판사 출신 중립인을 선택하여 재판이나 중재에서 비용이 발생하기 전에 합의를 시도함으로써 빠르고 경제적인 분쟁해결을 할 수 있게 하는 기법이다. 중립인이 되는 전직 판사는 판사로서 10년 이상의 경험과 명망이 있어야 하며, 중재나 조정 등의 ADR 경험과 교육을 수료하여야 하는 등 엄격한 기준을 두고 있다. 주로 규모가 크고 복잡한 상사 분쟁에 대해 적용하고 있다.

d. ADR에 대한 교육과 훈련

미국중재협회의 또 다른 주요 임무는 바로 ADR에 대한 교육과 훈련 서비스이다. 미국중재협회는 그들의 직원, 중립인들 그리고 고객들을 교육시키고 훈련시킨다. 이는 주로 커뮤니케이션 기법, 사려 깊은 청취, 협상 그리고 효과적인 갈등관리 등에 대한 훈련을 시키는 데 중점을 둔다. 미국중재협회는 또 고객의 특성에 맞춘 최적화된 교육을 제공하기 위해 신경을 많이 쓴다. 예를 들면 법률 스텝, 인사 관리자, ADR 관련 직원 등을 위한 사내 갈등관리 훈련을 비롯하여 조정과 중재를 전문으로 하는 변호사를 위한 훈련과 법관들을 위한 훈련 등을 제공한다.

e. 선거 서비스

미국중재협회는 1943년부터 특수한 서비스 프로그램의 일환으로 공정한 선거관리를 운영해 왔다. 미국중재협회는 노동조합 간부 선거, 계약 인준, 각종 대표자 선거, 정관 개정, 합병, 위임선거 등 매년 250건이 넘는 선거를 관리한다.[92] 이러한 선거관리를 함에 있어 미국중재협회는 전반적인 선거과정에 대한 계획적이고 전략적인 관리와 지속적인 감독을 강화함으로써 선거관리의 질, 공평성 그리고 정직성을 유지시키는 데 주의를 기울인다. 그들은 신뢰감과 기밀

---

91) American Arbitration Association, President's Letter & Financial Statement 2010, p. 4.

92) American Arbitration Association, Public Service at the American Arbitration Association, 2003, p. 41.

을 지키는 선거관리 시스템을 발전시켜 왔기 때문에 반세기가 넘는 기간 동안 다양한 선거를 관리할 수 있었다. 2000년에는 온라인상에서 할 수 있는 "click-and-vote" 선거 방식을 채택하였고, 우편물 투표, 이메일 투표, 전화 투표, 터치스크린 투표 등 다양하고 복합적인 선거 방식을 제공하고 있다. 이제는 국내 선거를 관리해 주는 것에서 더 나아가 국제 선거를 관리해 주는 서비스까지 고려하기도 한다.

f. 분쟁 예방 및 해결 서비스

그 외 미국중재협회는 분쟁의 예방과 회피를 도와주는 다양한 프로그램들을 운용하고 있다. 분쟁이 발생하기 전에 분쟁을 예방하거나 불가피하게 발생한다 하더라도 그 초기에 해결하는 것을 도와줌으로써 분쟁으로 인한 충격을 최소화하고자 한다. 그러한 것들로는 사실 확인(fact-finding), 분쟁검토회의(the dispute review board: DRB), 조기중립평가(early neutral evaluation), 파트너링(partnering), 프로젝트 중립인(project neutrals), 초기 의사결정자(Initial Decision Maker: IDM) 등이 있다.

미국중재협회가 취급하는 분쟁 해결은 거의 모든 분야를 포괄한다. 예를 들면 기업, 건설, 소비자, 고용, 연방정부, 건강관리, 보험, 노무, 집단분쟁, 국제사건 등 다양한 사건을 취급한다. 미국중재협회는 그 기능을 확장시키고 변화무쌍한 분쟁해결 환경에 적극적으로 대응하기 위하여 2000년에는 건설 현장에서 사업주와 계약자 사이에 건설 현장에서 실시간으로 자문과 권고를 할 수 있도록 공공건설 분야에서 사용되어 왔던 분쟁검토회의(the dispute review board: DRB) 같은 절차를 도입하기도 하였다.[93] 여기서 중요한 점은 미국중재협회가 단순히 서비스를 확대시켰다는 것뿐만이 아니라, 분쟁검토회(DRB)와 같은 예방적 분쟁예방 절차를 개발하고 도입하여 사건이 돌이킬 수 없게 되기 전에 초기 단계부터 분쟁의 확산을 방지하고 해결할 수 있게 하는 데 새로운 노력을 경주하고 있다는 점이다.[94] 분쟁검토회(DRB)는 주로 대형 건설 사업에 이용되었는데, 매사추세츠 대형터널공사, 로스앤젤레스 지하철, 존 에프 케네디 공항의 터미널 신

---

93) American Arbitration Association, Construction (http://www.adr.org).

94) Id. DRB는 초기에는 주로 공공건설 프로젝트에 쓰이게 되었으며 99%의 성공률을 보였다. 이에 미국중재협회는 이 절차를 공공건설뿐만 아니라 민간건설에까지 더욱 폭넓게 알리고 사용을 권장하기 위하여 안내모형(Guide Specification), 삼자협정(the Three-Party Agreement) 및 DRB 명부를 개발하였다.

축공사 등이 그 예이다.[95] 또한 미국중재협회는 2002년에 '독립적 사실확인 서비스'(the Independent Fact-Finding Services: IFFS)로 알려진 새로운 서비스를 개발하였다. 이것은 조직의 공신력에 나쁜 영향을 미치거나 회사의 명성을 훼손시킨다든지, 또는 주주의 가치를 떨어뜨릴 가능성이 있거나 그렇게 진행되고 있는 문제를 조사하여 그에 대처하도록 개발된 것이다.[96] 이처럼 위기가 현실화되기 전에 잠재적 갈등을 미리 해결하려는 미국중재협회의 새로운 노력은 주목할 만한 부분이라 할 것이다.

3) 미국중재협회의 성과

미국중재협회는 미국 최대의 분쟁해결 서비스 기관이며, 세계적으로도 ADR 분야의 리더 역할을 한다. ADR 서비스를 제공하기 시작한 첫 번째 해에는 270건의 사건에 불과하던 것이 1992년 8월에 들어서는 백만 건에 도달하였고, 2002년에는 누적으로 2백만 건이 넘게 접수되었다.[97] 미국중재협회의 성과와 활동을 살펴보면 미국에서 중재가 어떻게 발전하고 진화되어 왔는지를 알 수가 있다고 해도 과언이 아닐 것이다. 미국중재협회의 전신이었던 미국중재회(the Arbitration Society of America)와 미국중재재단(the Arbitration Foundation)은 1925년의 연방중재법이 통과되기 이전부터 활발하게 활동하여 왔다. 따라서 미국중재협회의 역사는 그 자체만으로도 미국 중재가 어떻게 그리고 어느 정도로 발전되어 왔는지를 설명해 준다 할 것이다.

미국중재협회의 사건 접수 증가 추세는 대체적 분쟁해결 제도가 미국에서 유망한 분야임을 잘 나타내고 있다. 아래에 있는 <표 2-2>를 보면, 설립 이후 미국중재협회의 처리 사건 수는 지속적으로 그리고 빠르게 증가해 왔다. 당해 연도에 접수되는 사건 수가 1956년에는 3천 건에 못 미치는 2,817건이었지만, 1960년대에 들어서는 1만 건이 넘었고 1970년대에는 3만 건이 넘었으며, 1980년대에는 4만 건이 넘었고 1990년대에는 7만 건이 넘었으며, 2000년대에 들어

---

95) E. Wendy Trachte-Huber & Stephen K. Huber, *op. cit.*, p. 530.

96) American Arbitration Association, President's Letter and Financial Statements 2002, 2003, p. 5.

97) American Arbitration Association, Public Service at the American Arbitration Association, 2003, p. 122.

서는 20만 건을 넘게 되었다. 미국중재협회가 다룬 사건 수는 매 10년마다 급증
하였고 2002년도에 최고조에 도달할 때까지 최근으로 올수록 그 숫자는 더 크
게 증가하였다. 특히 1990년에서 2001년 사이에 미국중재협회는 누적으로 117
만 건을 처리하였는데, 이 수치는 미국중재협회의 설립 이래 과거 65년 동안에
다뤘던 사건의 누적 숫자보다도 더 많다고 한다.[98]

<표 2-2> 미국중재협회 사건접수 건수의 추세

연 도	1956	1966	1976	1986	1996	2002	2005
접수 건수	2,817	12,957	35,156	46,683	72,200	230,255	142,338

American Arbitration Association, Chronology of Important Events in the History of the AAA and ADR and About Us (http://www.adr.org).

미국중재협회는 2000년대에 이를 때까지 최근으로 올수록 그들의 활동 영
역을 확장시키고 더 많은 대중들의 관심을 이끌어내면서 성과를 이루어 왔다는
것을 아래에 있는 <표 2-3>을 보면 알 수 있다. 미국중재협회가 처리한 사건
수를 보면, 1990년대에는 10만 건 미만의 범주에서 완만한 증가세를 보였으나
1999년부터는 빠르게 10만 건을 넘김으로써 새로운 기록을 이어 갔음을 알 수
있다. 게다가 2001년도에는 20만 건의 장벽을 깨뜨리기도 했다. 이러한 증가 추
세에서도 1998년, 1999년 그리고 2000년도가 증가율 면에서 가장 높아 이 시기
를 전후해서 미국의 ADR이 급격히 발전했던 시기임을 짐작케 한다. 이 시기의
도약은 미국중재협회가 고용, 의료, 기술 그리고 국제 사건 등으로 새로운 분야
를 확장한 이유도 있긴 하지만, 뉴욕 무과실 보험 분쟁해결을 촉진하기 위해
1999년에 설립된 뉴욕 무과실 알선센터(the New York No-Fault Conciliation
Center)에 힘입어 처리한 보험관련 사건 수가 증가한 것이 그 주 이유라고 할 수
있다.[99] 충격적인 미국의 9·11 사건과 그로 인한 기업들의 쇠퇴에도 불구하고
2001년도에는 9.8%의 사건 수가 증가하였고, 2002년도에도 5.6%가 늘어났다.

---

98) American Arbitration Association, Fair Play: Perspective from American Arbitration Association on Consumer and Employment Arbitration, January 2003, p. 7.

99) American Arbitration Association, Dispute Resolution Times, April-June 2001, p. 19. 미국중재협회의 사건 접수 중 가장 큰 분야가 보험 관련 사건이다. 2000년 한 해만 해도 접수된 전체 198,491건 중 뉴욕 무과실 알선 사건이 87,885건이었고, 뉴저지, 미네소타 그리고 뉴욕 주에서 접수된 자동차 무과실 중재 사건이 68,200건이었다.

그 후 미국중재협회가 다루는 사건에 효자 노릇을 하던 보험사건 수가 보험사와 개인 간의 보증 등의 문제에 관한 법원 판결의 영향으로 인해 2003년 이후에는 유사한 사건의 접수 감소로 인해 처리 사건 수가 줄었지만 여전히 전체적으로 14만 건 이상의 사건이 처리되고 있음을 알 수 있다.[100] 2009년에는 11만 3천 건 이상의 사건이 제출되었다.[101]

<표 2-3> 미국중재협회 취급 사건 수의 추세

연 도	1997	1998	1999	2000	2001	2002	2003	2004	2005
사건 수	78,769	95,143	140,188	198,491	218,032	230,255	174,865	159,629	142,338
증가율(%)	9.1	20.8	47.3	41.6	9.8	5.6	-24	-8.7	-10.8

American Arbitration Association, Dispute Resolution Times, 1997-2006.
American Arbitration Association, President's Letter and Financial Statements. 2003.

<그림 2-1> 최근 미국중재협회의 취급 사건 수의 추세

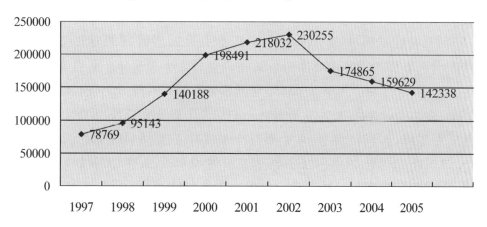

미국의 초기 중재는 주로 국내 분쟁해결만 다루었다. 그러나 미국은 세계 경제와 국제 무역의 실질적인 대국이기 때문에 세계 각국 무역 파트너와의 다양한 분쟁을 경험하였고, 국제적으로 허용될 수 있는 효과적인 분쟁해결 방안을

---

100) 2005년에 뉴욕알선센터는 66,000건의 사건을 처리하였고, 알선률에 있어서도 1998년의 22%에서 2005년에는 42%로 높아졌다고 밝힌 바 있다. Minutes of the executive committee of the board of directors of the American Arbitration Association, 2006 참조.

101) Luis M. Martinez & Thomas Ventrone, "The International Center for Dispute Resolution Mediation Practice" (https://www.adr.org).

찾을 필요가 있게 되었다. 이러한 문제를 해결하기 위하여 미국중재협회는 1996년에 국제분쟁해결센터(ICDR)를 설립하였고, 2001년에는 유럽 시장에의 교두보를 확보하기 위하여 아일랜드의 더블린(Dublin)에 국제분쟁해결센터를 추가로 설치하였다. 그 후 멕시코 시티에 사무소를 추가하였고, 2007년에는 싱가포르 국제중재센터와 합작으로 싱가포르에 ICDR의 아시아 센터를 설립하였으며, 2010년에는 바레인에 아랍권역의 ADR 허브를 설치하였다. 전 세계에 걸쳐 46개국의 중재기관들과 협력적인 네트워크를 형성해 운영하고 있다.

아래에 있는 <표 2-4>에서 보듯이 1996년에 미국중재협회의 국제 사건이 200건을 초과한 이래 2001년까지는 계속하여 두 자릿수의 증가율을 보여 왔다. 2001년 이후 600건 근처에서 오르내리던 국제사건은 2008년에 700건을 깨고 올라섰으며, 2010년을 제외하고 2011년까지 3년간 10% 이상의 증가율을 기록한 것은 눈여겨 볼 대목이다. 2012년에는 92개국을 포괄하는 당사자가 포함된 국제 사건 수가 996건이었고,[102] 2013년에는 전년도보다 17%가 증가한 1,165건을 달성하였다.[103]

국제사건 중에서 조정은 아래의 표에서 괄호 안에 표기되고 있다. 이에 의하면 국제조정 사건은 100건 이하로 유지됨으로써 중재사건에 비해 상대적으로 적음을 알 수 있다.[104] 평균적으로 국제조정은 당사자의 8%에서 12%가 선택하는데, 조정 성공률은 90%에 달한다고 한다.[105] 조정에 대해 비판하는 입장은 조정으로 인해 궁극적으로는 중재 절차가 늦어지는 것 아니냐 하는 우려에서 나온다. 그러나 그러한 지연은 소소한 정도이며 오히려 조정 절차에서 완전한 합의에 이르지 못할지라도 부분적인 합의를 보는 경우가 많으며, 특히 상대방의 생각과 입장을 이해하는 데 큰 도움이 있는 것으로 여겨진다.

---

102) The ICDR International Arbitration Reporter, International Center for Dispute Resolution, Sep. 2013/ Vol. 4, p. 3.

103) American Arbitration Association, 2013 Annual Report & Financial Statements, p. 18.

104) The ICDR International Arbitration Reporter, Sep. 2013/ Vol. 4에 의하면 2012년에 국제조정 사건은 105건이었다.

105) "Inside the ICDR: an interview with Luis Martinez", Oct. 2011 (http://globalarbitrationreview.com/news/article/29888/inside-icdr-interview-luis-martinez).

<표 2-4> 미국중재협회의 국제사건 취급 추이

연 도	1996	1997	1998	1999	2000	2001	2002	2003
사건 수	226	320	387	453	510	649	672	646
증가율(%)	25.6	41.6	20.9	17.1	12.6	27.3	3.5	3.9

연 도	2004	2005	2006	2007	2008	2009	2010	2011
사건 수	614	580 (68)	586 (74)	621 (74)	703 (94)	836	888	994 (93)
증가율(%)	-5	-5.5	1.0	6.0	13.2	18.9	6.2	11.9

American Arbitration Association, Dispute Resolution Times, (1997-2004).
The ICDR International Arbitration Reporter 2011.
President's Letter & Financial Statement (2010-2011).
Luis M. Martinez & Thomas Ventrone, "The International Center for Dispute ResolutionMediation Practice" (https://www.adr.org).

<그림 2-2> 외국중재기관의 국제 사건 취급 수 비교

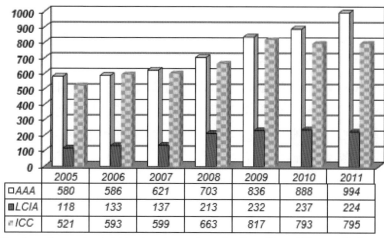

	2005	2006	2007	2008	2009	2010	2011
□AAA	580	586	621	703	836	888	994
■LCIA	118	133	137	213	232	237	224
▨ICC	521	593	599	663	817	793	795

Hongkong International Arbitration Center, Statistics (http://www.hkiac.org 참조).
AAA: American Arbitration Association.
LCIA*: London Court of International Arbitration(2010년은 11월까지 숫자임).
ICC: International Chamber of Commerce.

다음으로 미국중재협회의 최근 국제사건 취급 건수를 외국의 다른 중재기관괴 비교해 보면, <그림 2-2>에서와 같이 미국중재협회는 국제상업회의소(the International Chamber of Commerce: ICC)[106]나 런던국제중재법원(the London Court

---

106) 1919년에 설립된 국제상업회의소는 1923년에 중재기관으로서 국제중재법원(the International Court of Arbitration)을 설립하였다. 이 국제중재법원은 가장 효과적인 방법으로 국제상사분쟁을 해결하는 기

of International Arbitration: LCIA)[107] 같은 전통적인 국제상사중재기관보다 앞서 나간다는 것을 알 수가 있다.

(2) 분쟁해결협회[108]

분쟁해결협회(the Association for Conflict Resolution: ACR)는 미국 최대의 조정인, 중재인 등 분쟁해결 전문가 단체로서 전미분쟁해결연구소(the National Institute for Dispute Resolution: NIDR)의 후신인 갈등해결교육네트워크(the Conflict Resolution Education Network: CREnet)와 가족조정인아카데미(the Academy of Family Mediators: AFM), 분쟁해결전문가협회(the Society of Professionals in Dispute Resolution, Inc.: SPIDR) 등 세 개의 기관이 2001년도에 통합된 단체이다. 이 중 1972년 노동분쟁의 조정·중재운동을 계기로 설립된 분쟁해결전문가협회(SPIDR)는 미국중재협회나 국제갈등예방해결연구소(CPR)보다는 학술적인 색채가 강한 조직으로서 ADR절차 또는 연수 프로그램을 연구하고 중립인의 행위기준이나 윤리규정을 마련하여 제안하는 등의 역할을 하다가 분쟁해결협회로 통합되었다. 분쟁해결협회는 ADR의 확산과 발전을 위하여 각종 컨퍼런스 개최, 분쟁해결 전문가에 대한 교육 훈련, 분야별 분과 활동, 조정인의 윤리 기준 설정 및 조정인 인증프로그램의 모델기준 제시 등을 하고 있다. 2013년 기준으로 2,600명이 넘는 회원 수를 보유하고 있다.

(3) CPR[109]

CPR(The International Institute for Conflict Prevention and Resolution)은 1979년 창립되어 주로 상사분쟁의 해결을 위해 기업에 ADR 서비스를 제공하는 단체로 발전해 왔다. ADR에 관한 교육훈련과 연구 기능을 해 왔으며 조정이나 중

관으로 인식되어 왔고 전 세계적으로 중재 사건을 처리함에 있어 선도적 역할을 해 왔다 (http://www.iccwbo.org).

107) 1892년 설립된 런던국제중재법원은 상사분쟁을 해결하는 주요 국제중재 기관 중에서 가장 역사가 오래되었다. 런던국제중재법원은 회사, 중재 법원, 사무처 등 세 구성을 이루고 있다 (http://www.lcia.org).

108) https://www.acrnet.org 참조.

109) http://www.cpradr.org 참조.

재 등을 통한 분쟁해결 서비스를 수행한다. CPR은 기업이 ADR 이용을 쉽게 하게 하는 분위기를 조성하는 데 역점을 두었는데, 기업의 필요에 맞는 소비자 고충처리 절차를 제안하여 화해율의 향상을 실현하였다. 또한 계약문서에 그대로 삽입할 수 있는 분쟁해결 조항 및 모델을 제시함으로써 당사자 사이에 약간의 보충을 하면 완성되거나 보다 적합한 절차를 선택할 수 있게 하는 등 기업이 선호할 수 있는 방식을 제시하였다. 그리하여 1980년대 이래 4,000개가 넘는 기업과 1,500여 개의 로펌으로부터 소송 전에 ADR 절차를 이용하겠다는 비구속적이지만 선언적인 효과를 갖는 서약(ADR Pledge)을 받았다고 한다.[110] CPR은 그 명칭을 과거의 CPR Institute for Dispute Resolution에서 2005년에는 International Institute for Conflict Prevention and Resolution으로 바꾼 바 있다.

(4) JAMS[111]

JAMS(Judicial Arbitration and Mediation Services)는 1979년에 캘리포니아의 퇴임법관이었던 Warren Knight에 의해 창립되었으며 현재는 캘리포니아의 어바인에 본부를 두고 있다. 1994년에 Endispute과의 합병으로 급격히 성장하게 되었다. 2013년 기준으로 약 300명의 퇴임법관이나 저명 변호사들로 구성된 전임직 중립인들을 보유하고 있으며, 195명의 스탭이 근무하고 있다. JAMS는 자신의 홈페이지에 스스로가 세계에서 가장 큰 ADR 기관이라고 소개하고 있다. ADR 서비스로는 조정, 중재를 비롯하여 중립적 사건 평가, 간이심리, 약식배심재판, 중립적 사실 확인 등 다양한 서비스를 제공하고 있다. 사건은 당사자로부터 접수받거나 법원으로부터 회부받기도 한다. JAMS는 연간 평균적으로 1,200건 정도의 사건을 취급하고 있다고 한다. 취급 사건은 반독점, 건설, 고용, 엔터테인먼트와 스포츠, 환경 등 기업과 상사에 관한 거의 모든 유형의 사건을 처리한다. JAMS는 ADR 서비스 제공 외에도 ADR의 확산을 위해 세미나, 훈련 등의 교육 서비스도 제공한다.

JAMS는 특히 자사의 중립인들이 다수 당사자가 연관된 사건이나 복잡한

사건을 해결하는 데 유용한 우수한 패널들이라는 것을 강조한다. 중립인의 질적 수준을 유지하기 위하여 중립인을 평가하는 시스템을 운용하고 있는데, 평가 양식을 통하여 사건에 대한 사전 준비의 정도, 사건의 이해도, 조정인으로서의 필요 지식, 사건 처리에 대한 당사자의 만족도나 분쟁해결 과정 등을 평가한다고 한다.[112] 중립인의 보수는 스스로 정하는데 사건의 난이도나 의뢰인에 따라서 결정되며, 조정인의 경우 시간당 약 1,000달러에서 50만 달러까지도 받는 경우도 있어 보수는 상당히 높은 편이라 한다.[113] 2011년에는 국제성을 강화하기 위하여 이태리의 ADR센터와 공동으로 영국 런던에 본부를 두는 JAMS International을 설립하였다. 미국 전역에 걸쳐 20개가 넘는 분쟁해결센터를 두고 있으며, 캐나다의 토론토에도 센터가 있다.

(5) National Arbitration Forum[114]

National Arbitration Forum은 1,600명 이상의 조정인, 중재인으로 된 중립인단체이며, 중립인은 퇴직판사, 변호사 등 법조인으로만 구성되는 것이 특징이다. National Arbitration Forum은 중재결정 시 중재인의 주관보다는 실체법과 규칙에 근거한 결정으로 예측가능성을 제고하는데 주의를 기울인다. 1999년부터는 도메인 네임 분쟁해결을 시작하였는데 2013년 기준으로 누적 2만 건 이상의 도메인 네임 관련 분쟁을 처리하였다.

(6) FINRA[115]

FINRA(Financial Industry Regulatory Authority)는 2007년에 NASD(National Association Of Securities Dealers)와 NYSE(The New York Stock Exchange)의 규제, 중재 등의 기능을 합병시킨 기관으로서 3,400명의 직원을 보유하고 있다. 주로 증권 분쟁의 조정이나 중재 사건을 처리하며 옴부즈만제도를 운용하기도 한다.

---

112) 함영주, "우리나라 민간분쟁해결기관 구축시의 유의점", 민사소송 15(2), 2011. 11,19-20쪽.
113) 상게서, 20쪽.
114) http://www.adrforum.com 참조.
115) http://www.finra.org 참조.

(7) NAM[116]

NAM(National Arbitration and Mediation)은 1992년에 설립되어 2,000여 명의 중립인을 보유하고 있다. 중재와 조정을 비롯하여 Online and Offline Case Management(ADR 관련 데이터 관리), Trial Preparation Services(소송 준비 서비스), Mock Jury Trials(소송 및 화해 전략) 등 다양한 서비스를 제공하고 있다.

(8) 온라인 ADR 제공기관들

온라인 ADR 제공기관으로는 Cybersettle[117]이 1996년에 설립되어 보험·의료·정부업무 등의 분야에서 온라인 분쟁해결을 제공하고 있고, BBB(Better Business Bureau)[118]는 1912년에 설립되어 미국과 캐나다에 걸쳐 약 3백만여 기업과 자선단체에 대한 평가관리를 하며, 분쟁해결로는 조정, 중재 외에 온라인 불만처리 시스템을 운영하고 있다. Square Trade는 1999년에 설립된 제품 보증 서비스를 제공하는 온라인 회사로 소비자에게 제품을 판매하는 판매자를 인증하며, 소비자와 판매자 사이에 분쟁이 발생하였을 때 Square Trade의 온라인 분쟁해결 시스템을 이용하도록 한다.[119] 온라인 거래를 하는 eBay를 통하여 주로 알려져 있다. Square Trade의 인증을 통하여 판매업자는 소비자의 신뢰를 얻을 수 있고, 소비자는 Square Trade의 인증 마크를 보고 안심하고 거래할 수 있게 한다. 그 외 clickNsettle.com, Cyberarbitration, Online Mediators 등 다양한 온라인 분쟁해결 서비스 제공기관이 있으나, 소수의 온라인 ADR 서비스 제공기관을 제외하면 고객의 이용 빈도 면에서나 수익성 측면에서 얼마나 견고하게 운영되고 있는지는 보다 검증이 필요하다고 할 수 있다.

---

116) http://www.namadr.com 참조.
117) http://www.cybersettle.com 참조.
118) http://www.bbb.org 참조.
119) http://www.squaretrade.com 참조.

4. 미국의 중재제도[120]

미국에는 중재 서비스를 제공하는 ADR 기관이 다양하게 발전되고 있을 뿐만 아니라 분쟁해결 수단으로서의 중재의 이용도가 세계에서 가장 활발하게 이루어지고 있다고 해도 과언이 아니다. 미국은 소송천국이라고 할 정도로 소송이 만연하는 국가임에도 불구하고 왜 중재가 세계에서 가장 활성화된 나라 중의 하나가 되었을까? 반면에 한국은 전통적으로 소송에의 접근이 쉽지 않아서 분쟁 당사자가 소송을 쉽게 선호할 수 없어 분쟁해결의 소송 대체적인 수단인 중재가 많이 이용될 수 있을 텐데도 왜 중재기관도 별로 없고 중재 사건 의뢰 건수가 적은가?

미국의 식민지 개척자들이 상인들과 해운업계에서 존재했던 영국의 중재제도를 가지고 온 이래 미국의 중재제도는 그들의 일상생활에서 활용되었다. 뉴욕과 필라델피아처럼 서로 다른 식민지 지역에 있는 사업자들조차 서로의 분쟁을 해결하기 위해 중재를 이용하였다.[121] 식민지 개척자들이 가져 온 커먼로(common law) 중재제도하에서 상인들은 자신들의 분쟁 해결을 위해 소송에 연루되는 것을 극히 꺼렸다.[122] 상인들이 생각하기에 커먼로는 일반적(general)이라기보다는 국지적(local)이며, 그 절차가 느리고(slow) 공식성(formal)을 띠는 것이었다.[123] 그들은 소송의 고비용과 지연이라는 문제 이외에도 지속적인 거래관계 유지를 중시했기 때문에 상인법(the law of merchants)을 선호하였다.[124] 미국의 중재는 풍부한 이론과 판정 사례를 축적하였을 뿐만 아니라 지속적으로 다양한 영역으로 중재 이용의 범위를 확대시켜 왔다. 특히 20세기 초에 있었던 노동운동은 노조와 경영진에게 그들의 갈등을 신속하고, 저렴하며 공정하게 해결할 필요를 느끼게 하였다. 게다가 1960년대 말 미국에서의 민권운동과 베트남전 반

---

120) 이 부분은 필자의 박사학위 논문의 일부를 정리 번역하고 업데이트하여 실은 것이다. Park, Chul-Gyoo, A Comparative Study on Histories, Realities, and Legal Issues of Arbitration Systems in the United States and Korea: Evaluation and Proposals, Doctoral Dissertation, Washington University School of Law, August 2004 참조.

121) Bruce L. Benson, "An Exploration of the Impact of Modern Arbitration Statutes on the Development of Arbitration in the United States", 11 J.L. Econ. & Org. 479, October, 1995, pp. 481-482.

122) Earl S. Wolaver, "The historical background of Commercial Arbitration", 83 U. Pa. L. Rev. 132, 1934, p. 144.

123) *Id.*

124) *Id.*

대 시위와 같은 사회적 대립과 갈등은 중재를 포함한 대체적 분쟁해결(ADR)을 극적으로 성장시킬 수 있는 계기를 제공하였다.

미국의 중재제도는 법원이 보였던 미국 초기의 중재에 대한 적대감과 반감으로부터 인정의 단계를 거쳐 최근의 활발한 도입에 이르기까지 중재에 대한 법원의 태도 변화와 함께 발전해 왔다. 또한 미국은 각 주의 연합국가로서의 미합중국의 성격을 반영하여 연방중재법의 지도하에 각 주 별로 중재법이 시행되는 다중적인 중재법 제도를 발전시켜 왔다. 미국의 중재가 발전하는 데는 중재에 관한 판정 사례와 이론들을 발전시켜 가면서도 의회에 의한 입법적 지원이 중재제도의 발전에 기폭제가 되었다. 각 주의 중재법들은 국민들의 중재의 이용을 자극시켰다.[125] 미국 연방의회는 1925년의 연방중재법의 제정 이후 1998년의 대체적 분쟁해결법 통과에 이르기까지 중재제도의 정착에 기여하였다. 또 중재제도를 발전시키는 과정에 있어서 통일주법위원회(NCCUSL) 같은 단체가 중재를 입법화하고 제도화시키는 데 있어 중요한 역할을 하였다. 이하에서는 미국 중재제도의 역사적 발전 과정을 살펴보고 단계별 특성들에 대하여 검토하고자 한다.

(1) 미국 중재의 역사적 발전 과정

미국에서는 중재가 영국인들의 이주 초기부터 중대한 역할을 하였다. 미국의 식민지 개척자들은 그들이 신세계에 상륙했을 때, 상인들과 해운업계에 존재했던 17세기의 영국 중재제도를 가지고 왔다.[126] 미국의 초기 역사에서 중재는 식민지 개척자들에 의해 상당히 광범위하게 사용되었다고 한다. 하지만 식민지 시대의 미국에서 중재를 허용하는 초기의 법들은 그 적용에 있어 제한적이었다. 커먼로의 배경과 중재에 관한 성문법의 발전과정은 미국의 중재가 어떻게 발전해 왔는가를 보여 준다. 미국 중재의 역사는 1920년의 뉴욕중재법을 기준으로 하여 전근대적 중재법 시대와 근대적 중재법 시대로 나눌 수 있다.[127] 따라서

---

125) Bruce L. Benson, *op. cit.*, p. 481.

126) Steven C. Bennett, Arbitration: Essential Concepts, ALM Publishing, 2002, p. 9.

127) Ian R. Macneil은 그의 저서에서 미국중재법에 관해 '근대'와 '전 근대'로 구분하였다. 전자는 '미래의' 분쟁에 대한 중재합의를 취소 불가능하게 하고 온전하게 집행 가능하게 하는 반면, 후자는 그렇지 아니한 것을 의미한다. 근대적인 미국 중재법 시대의 효시로서 1920년의 뉴욕 중재법은 그 양자를 나누는 하나의 분수령이 된다. Ian R. Macneil, *op. cit.*, p. 15 참조.

미국 중재의 역사를 전근대적인 미국 중재법 시대와 근대적인 미국 중재법 시대로 나누어 살펴보고자 한다.

1) 전 근대적 중재법 시대

a. 영국적 배경

미국의 중재법 역사를 이해하는 데 있어서는 영국의 상사중재 발전 과정을 먼저 살펴보는 것이 도움이 된다. 영국 상사중재의 기원은 중세의 형평법원(fair courts)과 상인길드(merchant guilds)에서 출발한 것으로 알려지고 있다.[128] 특히 12, 13세기의 상인길드는 그들의 회원을 규율하고 분쟁을 해결하기 위하여 잘 정비된 규정과 절차로 사건을 판정하던 그들 자신의 법정(tribunals)을 발전시켰다.[129] 영국의 일반 법원이 상인들의 사건을 취급하기에는 상관습에 관한 전문성 등 여러 면에서 상당히 열악하였으므로 자신들만의 상인의 법(the law of merchants)을 선호하였던 것이다. 게다가 소송으로 인한 고비용과 지연 문제 외에도 그들은 사인 간의 지속적인 거래관계를 중시하였기 때문이다.

그런데 커먼로하에서는 당사자들은 언제라도 철회의 통지에 의해 계약 상의 중재 조항을 철회시킬 수 있었다. 이 철회(revocation)가 이슈가 된 것은 일반적으로 1609년 Vynior 판례에서 유래된 것으로 간주된다.[130] Vynior 사건에서 법원은 중재인이 언제라도 철회할 수 있는 양 당사자의 대리인이라는 개념에 근거하여 당사자 어느 쪽이나 중재판정이 있기 전에는 하시라도 중재합의의 철회가 가능하다고 판시하였다.[131] 그 후 이 철회가능성의 원칙(the doctrine of revocability)은 Kill v. Hollister[132]와 Wellington v. Macintosh[133] 판례들에 의해 지지되고 강화되었다. 당시의 영국 법원들은 중재를 분쟁해결에 대한 자신들

---

128) 당시에는 상인들의 일반적 관습에 따른 '형평법(fair law)'이 있었다. 형평법원은 'consuls'와 'prudhommes'로 구성되어 있었는데, 그들은 상인들과 함께 여행하면서 분쟁사건이 발생하면 조언을 해 주었다. 이 형평법원들은 오늘날의 중재인단의 역할을 한 것으로 추정된다. Earl S. Wolaver, *op. cit.*, pp. 133-137 참조.

129) *Id.*, pp. 133-135.

130) Paul L. Sayre, "Development of Commercial Arbitration Law", 37 YALE L. J. 595, 1928, p. 602; 8 Co. 80a, 81b (1609) 참조.

131) William M. Howard, "The Evolution of Contractually Mandated Arbitration", 48 ARB. J. 27, 1993, pp. 27-28.

132) 1 Wilson 129 (K. B. 1746) 참조.

133) 2 Atk. 569 (Ch. 1743) 참조.

의 지배권에 대한 바람직하지 않은 위협으로 간주하고 경쟁자(competitor)로 간주하였다.[134] 그 후 영국 커먼로(common law)의 지배원리인 철회가능성의 원칙이 변화된 것은 아니지만, 1856년의 Scott v. Avery[135] 판례에서는 계약 당사자가 중재인들에게 회부되어 판정이 내려질 때까지는 소송을 제기할 수 없다는 것을 계약으로 합의할 수 있다는 정도로까지 진화되었다.

한편 커먼로 중재제도의 원리가 점차 파괴되는 시류를 깨달은 영국은 1698년에 최초의 중재법을 제정하였다. 이는 중재 의뢰를 철회한 사람들이 법정모욕죄로 처벌을 받도록 법원규칙을 만들어 규정함으로써 철회가 불가능하도록 하는 것을 목표로 한 입법이었다.[136] 따라서 영국에서 커먼로의 철회성의 원칙이 깨지기 시작한 것은 영국 최초로 제정된 1698년의 중재법 이후라고 할 수 있다.[137] 그러나 그 법은 당시에 법원의 명령을 확보할 때까지는 한 쪽 당사자가 여전히 철회가 가능하였기 때문에 현실적으로 광범위하게 적용되지는 못하였다. 중재인들이 더 효과적인 판정을 내릴 수 있도록 제정되었던 1698년의 중재법이 제정된 이래 영국에서는 많은 중재법들이 통과되었다. 하지만 1889년의 중재법이 통과된 이후에야 중재합의는 실질적으로 철회 불가능한 것으로 되었고, 중재인들은 사실문제(question of fact)에 대해서 최종적인 결정을 내릴 수 있었다.[138] 그러나 과거 영국의 중재법하에서는 현존하는(existing) 분쟁에 대한 중재 의뢰와 미래의(future) 분쟁에 대한 중재 의뢰 간에 구별이 없었으며, 그러한 구별은 나중에 미국의 중재법에서 나타나기 시작했다는 점을 유의하여야 한다.

b. 식민지 시대

전술하였듯이 영국인들의 정착 이후 미국에서는 식민지 개척자들에 의해 영국에서 도입된 커먼로 중재제도가 발전하였다. 커먼로 중재제도하에서 분쟁 당사자들은 둘 또는 그 이상의 중재인들을 선임할 수 있었는데, 구두나 서면으로 중재인들에게 분쟁해결에 대한 방향을 제시하였고 사건의 성질과 분쟁의

---

134) Bruce L. Benson, *op. cit.*, p. 483.
135) 5 H. L. Cas. 811 (1856) 참조.
136) Paul L. Sayre, *op. cit.*, p. 605.
137) 영국 첫 번째 중재법의 명칭은 'An Act for Determining Differences by Arbitration' 8 & 9 Wm. III, C. 15 (1698)이다.
138) Paul L. Sayre, *op. cit.*, p. 607.

한계를 규정짓기도 했으며, 중재인들에게 증거를 심문하고 판정을 내릴 수 있는 권한을 부여하기도 하였다.[139] 자발적인 중재 의뢰는 어느 한 쪽에서 철회가 가능하였기 때문에 당사자들은 중재 의뢰를 철회하는 것을 방지하고자 'deed'라고 하는 서면 증서를 사용하기도 하였다. 그러나 그 서면 증서도 법원이 그 위반에 대하여 명목적인 소액의 배상만을 허용하였기 때문에, 한 쪽에서 철회할 수 있는 자발적인 과정의 한계를 극복하기에는 마찬가지로 역부족이었다.[140] 따라서 중재판정은 집행력이 없었고, 중재판정의 집행이 성공하느냐의 여부는 법적 권위보다 당사자들의 신용에 의존하게 되었다. 결과적으로 커먼로 중재는 소송이 계류 중이 아니면 중재인의 결정이 법원에서 집행력이 있는 판정이 되지 못하였고, 중재인의 판정이 미래의 분쟁이 아닌 단지 현존하는 분쟁에 대해서만 구속력이 있었다는 측면에서 상당한 한계가 있었다.[141] 한편 식민지시대의 미국에서 중재의 이용에 관한 상당한 증거가 있었으나, 문서화의 부족으로 그 기간 동안의 중재에 관한 법원 기록은 아주 제한적인 자료만이 남아 있다. 독립전쟁 이전 기간 동안의 식민지 시대 판사들의 판결에 대하여는 1심이든 항소심이든 어떤 보고서도 없는 것이나 다름없다고 한다.[142]

　　미국의 식민지시대 중재에 관한 초기의 법들에 관한 일부 연구가 있었다. 1647년에 뉴 암스텔담 지역에서 식민지 주민들에 의해 선출되어 시장과 시의회에 자문을 하는 9인 위원회가 있었는데, Sabra A. Jones는 이에 관한 '9인 위원회령(the ordinance of The Board of Nine Men)'을 미국의 상사중재에 관한 최초의 일반법으로 인용하였다.[143] 식민지 시대 미국의 초기 법들은 중재에 대한 조항을 갖고 있었으나, 그 대부분의 법들은 중재할 수 있는 대상을 상당히 제한하고 있었다.[144] 중재의 대상을 나타내는 초기의 법에 대한 예로는 불법침입

---

139) Bruce H. Mann, "The Formalization of Informal Law: Arbitration Before the American Revolution", 59 N.Y.U. L. Rev. 443, 1984, p. 446.

140) *Id.*

141) John R. Van Winkle, "An Analysis of the Arbitration Rule of the Indiana Rules of Alternative Dispute Resolution", 27 Indiana Law Review 735, 1994, p. 736.

142) William Catron Jones, "Three centuries of Commercial Arbitration in NewYork: A Brief Survey", Wash. U. L. Q. 193, 1956, p. 198.

143) Sabra A. Jones, "Historical Development of Commercial Arbitration in the United States", 12 Minn. L. Rev. 240, 1927, p. 246.

144) *Id.*

(Trespasses)을 포함하고 있는 1650년의 커넥티컷법, 채무(Debt)나 불법침입을 포함하고 있는 1664년의 펜실베니아법, 역시 불법침입을 포함하고 있는 1646년의 매사츄세츠법과 1694년의 사우스 캐롤라이나법 등을 들 수 있다.[145] 이 법들은 공통적으로 불법침입에 관한 분쟁의 중재를 포함하고 있었다. 이로 미루어 볼 때 그 당시 중재는 재산의 보호에 관한 분쟁해결을 위해서 많이 사용되었음을 알 수 있다. 펜실베니아에서는 대체적 분쟁해결을 촉진시키기 위한 법을 1683년에 통과시켰다.[146] 그 후 조지아에서 1698년에 중재에 관한 일반법을 통과시켰다. 1753년에 커넥티컷은 '중재에 의해 더 쉽고 효과적으로 분쟁을 종결시키기 위한 법(An Act for the more easy and effectually finishing of Controversies by Arbitration)'을 제정하였다.[147] 이는 중재인에게 이전의 법들보다 더욱 판사와 유사한 권한을 부여하였고, 심리 시 양 당사자로 하여금 선서를 하게 하였으며, 변호사가 양 당사자의 법률자문으로 참석할 수 있도록 한 것이 특징이다.[148]

William Cartron Jones가 1674년부터 1784년까지의 뉴욕의 Mayor's Court에서의 판례를 수집한 것을 보면 뉴욕에서의 다양한 사건에서 사용된 중재에 관한 언급을 알 수 있으며, 뉴욕에서는 중재 조항을 포함한 성문법이 1768년에 제정되었다.[149] 흥미롭게도 그 법은 당시 상황을 설명하는 입법취지를 기술하고 있는데, 상인의 소송과 오랜 신용거래에 대한 사건들은 오류가 많은 판결로 인해 상당한 시간이 그러한 재판에 소비되어야만 함에 따라 다른 소송은 지연되었다는 내용이 들어 있다.[150] 이는 중재가 재판의 지연성을 보정하고 신속하게 분쟁을 해결하기 위한 수단으로 도입되었다는 것을 추론하게 한다.

한편 1768년에 뉴욕 시에 의해 설립된 뉴욕상업회의소는 미국 최초의 항구적인 중재위원회를 설치하였다. 그 회의소는 독립전쟁 당시 영국이 점령하는 기간 동안 유일한 민사 재판소로서 자신들의 회원들 간의 분쟁을 중재로 해

---

145) *Id.*

146) Paul H. Haagen, "forward" in Arbitration Now: Opportunities for Fairness, Process Renewal and Invigoration, xv (Paul H. Haagen, ed.), American Bar Association, 1999.

147) Bruce H. Mann, *op. cit.*, p. 468. Bruce H. Mann은 1753년의 코네티컷법이 식민지 시대 미국의 중재에 관한 첫 번째의 공식적인 법률로 간주된다고 주장한다.

148) *Id.*, pp. 475-477.

149) William Catron Jones, *op. cit.*, pp. 198-211.

150) 4 Colonial Laws of New York 1040 참조.

결하였다.[151] 이러한 뉴욕상업회의소에 관한 기록은 18세기 후반 미국에서 중재재판소에 관한 가장 뚜렷한 기록이라 할 수 있다.[152] William Cartron Jones가 뉴욕 상업회의소 회의록을 검토한 바에 의하면 중재인들은 중재위원회의 위원 중에서 선정되었으며, 당사자들에 의해 제기된 분쟁을 중재하기 위하여 매달 (monthly) 임명되었다고 한다.[153]

c. 식민지 시대 후 1920년의 뉴욕법 이전의 시기

19세기에 있어 미국사회는 산업 발전과 인구의 증가로 더욱 복잡하게 되었다. 미국 대부분의 주들은 중재법을 통과시켰지만, 그 법들은 커먼로 중재의 배경을 단순히 성문화 한 것이었다.[154] 그러나 불행하게도 사실상 내용이 그렇게 풍부했던 19세기 중재법에 대해 초점을 맞춘 심도 있는 연구는 찾아보기가 어렵다고 한다.[155] 미국의 전 근대적인 법들은 커먼로와 혼합되는 경향이 있었으며, 이러한 커먼로하에서 중재인들의 결정은 미래의 분쟁에 관해서는 구속력이 없었고, 소송이 계류 중이 아니면 법원에서 집행할 수가 없었다. 1852년의 인디아나 중재법(the Indiana Arbitration Act)은 커먼로 중재를 확대시켰고 오직 '현존하는' 분쟁에 대해서만 중재에 의뢰될 수 있도록 규정하였다.[156] 1970년에 인디아나에서 통일중재법이 채택되고 나서야 '미래의' 분쟁에 대해 중재에 부칠 수 없는 결함이 시정되었다.

그런가 하면 1873년의 일리노이법(the Illinois Statute of 1873)은 거의 근대적 중재법으로 간주될 수 있는 법이었다. 그 법하에서는 거의 어떤 종류의 분쟁도 중재에 부칠 수가 있었고, 당사자의 합의에 따라 현존하는 분쟁이든 미래의 분쟁이든 상관없이 중재 판정은 집행 가능하게 하였기 때문이다.[157] 그 법은 중재에 관한 명백한 모범적인 입법으로 간주되었다. 특히 중재인에게 중재 심리 도중의 모욕에 대해서 당사자를 처벌할 수 있는 권한까지도 주어졌다. 중재판정

---

151) Soia Mentschikoff, "Commercial Arbitration", 61 Colum. L. Rev. 846, 1961, p. 855.

152) Bruce L. Benson, *op. cit.*5, p.482.

153) William Catron Jones, *op. cit.*, pp. 207-210.

154) Ian R. Macneil, *op. cit.*, p. 183.

155) *Id.*, pp. 16-17.

156) John R. Van Winkle, *op. cit.*, pp. 603-604.

157) Ian R. Macneil, *op. cit.*, pp. 18-19.

은 서명을 한 서면으로 내려지도록 하였다. 구 커먼로와는 달리 유효한 판정을 내리기 위해 중재인 전원 일치가 아닌 다수결로 하였다. 법원은 법적 하자, 사기, 부패, 중재인의 비행과 그 밖의 부정당한 수단에 대해서는 판정을 취소할 수가 있었다. 그 후 1917년에 일리노이 주 의회는 그 1873년 법을 폐지하였고 개정 중재법을 새로이 입법하였다. 하지만 비록 그 1917년 법이 중재 의뢰의 '철회 불가성'을 규정하였고 중재인들의 '사실에 관한 판단'을 재검토 할 수 있는 법원의 권한을 제한하는 등의 진전이 있었음에도 불구하고, '미래'의 분쟁에 대한 중재 합의에 적용하는 데는 실패하였고 법률문제(question of law)에 관한 결정권한을 중재인들로부터 법원으로 이동하였으므로 이 법은 사실상 그 전 법보다 일보 후퇴하여 근대 중재법이 되기에는 미흡한 것으로 평가된다.[158]

이 시기의 중재법의 특성을 요약하면, 대부분의 주에서 중재법이 통과되었음에도 불구하고 각 주 법들의 통일성의 결여는 19세기 중재법들의 특성이었다. 특히 중재합의의 '철회 불가능성'에 대한 규정은 각 주 사이에 더욱 통일성이 부족하였다. 게다가 어떤 주의 법도 '미래의' 분쟁에 대한 중재합의도 집행 가능하다는 정도까지는 도달하지 못했다. 따라서 중재계약의 집행 불가능성으로 인해 분쟁자들은 법정 쇼핑(forum-shopping)을 하러 다녔고 중재는 분쟁해결에 있어 덜 매력적인 수단이 되어갔다.

그러나 20세기 초의 새로운 경제적, 정치적 발전은 중재를 다시 매력적인 것으로 만들었다. 그 중 한 요인은 노동운동이었는데 그것은 노조와 경영진 공히 그들의 갈등을 신속하고 저렴하며, 공정하게 해결할 필요가 있다는 것을 깨닫게 되었기 때문이다. 이 시대의 또 하나의 현저한 특징은 거래소나 무역협회와 같은 많은 경제조직이 발전되었고, 그들은 자기 회원들을 위하여 중재 규정을 유지하였다. 1916년까지 미국에는 약 6,000개의 상업, 산업, 무역 조직들이 있었는데 그들 가운데 많은 조직이 자신의 중재 규정을 갖고 있었다.[159] 그러나 그들의 중재 규정하의 중재합의는 그들 회원들에게만 구속력이 있었으므로 비회원은 흔히 판정에 불복하였고, 두 조직의 회원 간에 분쟁이 발생하였을 경우에는 어느 쪽 규정이 적용되어야 하는가 하는 문제가 빈발하였다. 결국 그러한 문제 해결의 필요성을 느낀 뉴욕 주 상업회의소와 뉴욕 변호사협회에서는 법의

---

158) *Id.*, pp. 31-33.
159) Sabra A. Jones, *op. cit.*, p. 248.

초안을 만들어 주 의회에 입법을 요구하였으며, 이로써 마침내 1920년의 뉴욕 중재법이 탄생하게 되었던 것이다.[160]

　　　이 시기의 중재에 대한 미국 법원의 태도 변화에 대해 살펴보는 것은 의미가 크다 할 것이다. 근대 중재법 시대 이전의 중재에 관한 법원의 태도와 관련하여 미국의 초기 법원의 입장은 1609년 Vynior 사건의 철회 가능성의 원칙을 따르고 있었다. 미국의 커먼로 판사들은 18세기와 19세기 초기에 걸쳐 중재에 대하여 적대적이었다.[161] 1803년의 Gross v. Zorger 판결에서 펜실베니아 대법원은 19세기 초반의 미국 법원들의 전형적인 견해를 나타냈고,[162] 미국 연방대법원도 1803년 Williams v. Paschall[163] 판결에서 유사한 결정을 보여 주었다. 그러나 1842년에 연방대법원은 중재에 대한 엄격한 사법 심사와 적대감을 보였던 태도의 종료를 암시하는 신호를 보냈다.[164] 이는 중재에 관한 연방법원의 견해에 변화를 보여 주기 시작하였다는 것을 의미한다. 1842년의 Hobson v. McArthur[165] 판결을 통해 법원은 훨씬 진보적인 입장으로 발전해 갔다.

　　　1854년의 Burchell v. Marsh 판결에서는 1803년의 Williams v. Paschall 판례를 암묵적으로 뒤집어 놓았다.[166] Burchell v. Marsh[167] 사건에서 지방 소매상인인 Burchell과 뉴욕 회사들간에 분쟁이 일어났다. 채권자들은 Burchell에 대해 소송을 제기하였다. 후에 그들은 중재인들에게 판정을 위임하는 것에 합의하였다. 이 사건에 대해 결과적으로 대법원은 "중재인들은 위임한 사건을 최종적으로 판정하기 위해 당사자들이 뽑은 심판관들이다. … 만약 중재 판정이 중재 의뢰 범위 내에 있고 당사자들에 대한 충분하고 공정한 심리 후에 중재인들의 성실한 결정이 내려졌으면, 법원은 법률 상의 오류든 사실 상의 오류든 간에 중재인들의 판정 오류를 취소시킬 수는 없다"고 판결하였다.

　　　비록 미국의 법원이 1874년의 Home Insurance company v. Morse[168]

---

160) *Id.*, p. 248..
161) Bruce L. Benson, *op. cit.*, p. 483.
162) *Id.*, p. 484.
163) 4 U. S. 284 (1803) 참조.
164) Bruce L. Benson, *op. cit.*, p. 485.
165) 41 U.S.182 (1842) 참조.
166) Bruce L. Benson, *op. cit.*, p. 486.
167) 58 U.S.344(1854) 참조.
168) 87 U.S. 445, 451 (1874) 참조.

사건에서 미래의 분쟁에 대한 중재합의에 대해서 사법적 적대감(judicial hostility)을 계속 보였지만, 중재에 대한 법원의 입장은 1911년의 Toledo Steamship Co. v. Zenith Trans. Co.[169] 판례에서 보여준 바와 같이 계속적으로 그리고 점진적으로 변해 갔다. Toledo Steamship Co. 사건에서 두 증기선이 충돌하자 각 선주들은 법원 소송을 피하기 위해 중재에 합의하였다. 3인의 중재인들 중에서 2인이 신청인에게 충돌 사고의 과실 책임이 있는 것으로 하자 신청인은 중재 의뢰를 철회하려고 하였다. 또한 그 신청인이 임명한 중재인은 더 이상의 중재 진행을 거부하였다. 신청인은 중재판정이 내려지기 전에는 언제라도 파기될 수 있다는 커먼로 중재법을 근거로 주장하였고, 판정을 내리는데도 모든 중재인들이 참가하지 않았다고 다투었다. 이에 법원은 중재판정은 신청인의 제소를 불허하는 완전한 판정이라고 하면서 '규칙의 엄격성은 과거 커먼로 판사들의 질시(jealousy)와 두려움에서 비롯되었고, … 반면, 근대적 견해와 관행에서 보면 중재에 의한 분쟁의 해결은 법원에 의해서 장려된다'고 판시하였다. 그러므로 중재에 대한 법원의 적대감과 중재 계약의 철회가능성의 원칙은 1920년대 근대 중재법들의 통과 전에 이미 당시의 법원에 의해서 바뀌었거나 수정되었다고 봐야 한다.[170]

2) 근대 중재법의 시대

a. 근대화(Modernization)와 연방화(Federalization)

1920년의 뉴욕 중재법은 '현존하는' 분쟁과 '미래의' 분쟁에 대해 공히 중재합의의 '유효성(validity)', '집행 가능성(enforceability)'과 '철회 불가능성(irrevocability)'을 인정한 미국 최초의 근대 중재법이라 할 수 있다.[171] 1923년에 뉴져지 주는 뉴욕 중재법을 모방하여 중재법을 제정하였다. 1925년에 오레곤 주는 중재법을 제정하였으나 아직까지 중재에 대한 사법적 적대감이 잔존하였기 때문에 '미래의' 분쟁에 대한 중재 합의를 포함하는 조항을 명기하지는 못했다.[172] 1927년에는 유사한 중재법들이 캘리포니아, 펜실베니아, 유타, 와이오밍과 노스

---

169) 184 F. 391 (1911) 참조.
170) Bruce L. Benson, *op. cit.*, p. 486.
171) N.Y. Laws 1920, chap. 275 참조.
172) Ian R. Macneil, *op. cit.*, pp. 45-46.

캐롤라이나에서 통과되었는데, 그 중에서 유타와 노스 캐롤라이나 법들은 '현존하는' 분쟁의 중재만을 취급하였다.[173] 이와 같이 비록 1920년의 뉴욕 중재법이 다른 주들의 중재법 통과에 영향을 주었지만 그 영향의 강도와 내용은 달랐다. 따라서 1920년의 뉴욕 중재법이 전근대적 중재법 시대와 근대적 중재법 시대를 구분을 하는 데 있어 완전한 분기점이 된다고 말하기에는 어려운 측면도 있다. 하지만 1925년의 미국중재법(후에 연방중재법으로 명칭 변경함)이 1920년의 뉴욕 중재법을 따랐고, 이는 다시 1955년의 통일중재법으로 이어져 뉴욕 중재법 이후의 주요 흐름은 근대적 중재법 시대라고 하여도 될 것이다.

1920년 뉴욕 중재법 통과 이후 개혁주의자들은 두 가지의 중요한 입법에 그들의 노력을 집중하였으니, 그것은 미국 중재법(the United States Arbitration Act)과 각 주들의 입법을 위한 모델법인 통일중재법(the Uniform Arbitration Act)의 마련이었다. 미국변호사협회(ABA)는 1920년 연차 총회에서 산하의 상업, 무역 및 상사법위원회(the Committee on Commerce, Trade and Commercial Law)에 상사중재의 전국적인 확산을 위한 보고서를 작성토록 지시하였고, 1921년에 동 위원회는 해사(Admiralty), 주간(Interstate), 외국 상사(Foreign Commerce) 분쟁의 중재에 관한 법률과 중재에 관한 통일주법(the Uniform State Act on Arbitration) 등 두 개의 법률안 초안과 함께 보고서를 제출하였다. 그 중에서 전자는 1925년에 미 연방의회에서 통과되었고,[174] 후자는 추가 검토를 위해 통일주법위원회에 회부되었다. 통일주법위원회는 1921년에 중재위원회를 설립하고 1924년에 통일중재법 초안을 제출하였으나, 동 초안은 '미래의' 분쟁을 중재 대상에서 제외했고 법률문제를 법원에 회부하게 하는 전술했던 일리노이 주법 조항을 첨가시켰다.[175] 격론 끝에 반개혁적이었던 통일주법위원회는 1924년에 그 초안을 통일중재법으로 승인하였으며, 그 다음 해에 역시 길고 치열했던 논쟁 끝에 미국변호사협회는 통일주법위원회가 제안했던 '전 근대적인(non-modern)' 통일중재법을 승인하게 되었다.[176] 당시에 시카고 같은 중서부의 사업가들은 1917년의 일리노

---

173) Richard C. Curtis, "A Comparison of the Recent Arbitration Statutes", 13 Am. Bar Ass'n J. 567, 1927.

174) 연방의회는 1954년에 미국 중재법(the United Sates Arbitration Act)의 명칭을 연방중재법(the Federal Arbitration Act)으로 수정하였다.

175) Ian R. Macneil, *op. cit.*, p. 49.

176) *Id.*, pp. 52-55.

이법을 선호하였고 미래의 분쟁을 중재에 회부하는 것에 반대하였다. 게다가 미국변호사협회도 뉴욕이나 연방의 기대에 부응하지 못하였다. 따라서 결과적으로 이러한 전 근대적인 법은 1925년에 네바다(Nevada), 1927년에 유타, 와이오밍, 노스 캐롤라이나에서만 채택되었고 그 법을 미국 전역으로 확산시키는 데는 실패하였다.

b. 통일중재법의 근대화

1930년대에 잠시 소강상태였던 중재 개혁의 이슈는 근대적 뉴욕법을 모방한 '주 중재법을 위한 초안(draft for a State Arbitration Act)'이 1942년에 미국중재협회(AAA)에 의해 발간되면서 다시 불붙게 되었다. 한편 통일주법위원회는 냉소적인 분위기를 반영하여 '전 근대적인' 1924년의 통일중재법을 1943년에 철회하기에 이르렀고, 개정안을 마련하여 진지하게 검토한 후에 1955년의 통일중재법을 채택하였는바, 이는 미국변호사협회의 1955년도 총회에서 특별한 격론이 없이 승인되었다.[177] 1955년의 새로운 통일중재법은 각 주에서 개혁주의자들의 마지막 추진 과정에서의 기폭제가 되었고, 1957년 미네소타, 1960년 매사츄세츠, 1961년에는 일리노이, 그리고 델라웨어를 포함하여 9개의 또 다른 주가 1960년대 말까지 합세하였고, 1970년대에는 8개의 주가 추가적으로 채택하였다. 그 후 미국 대부분의 주들은 '근대적인' 1955년 통일중재법을 채택하였다.

c. 미국 중재법의 국제화(Internationalization)

1922년에 뉴욕 상업회의소와 미국변호사협회가 중재조약(arbitration treaty) 모델 초안을 제시하여 미국변호사협회의 1922년도 총회에서 승인하였으나, 1923년에 국제연맹경제위원회(the Economic Committee of the League of Nations)는 조약안의 '충분한 신뢰와 신용(full faith and credit)' 조항을 거부하여 그 모델 조약은 수 십 년 동안 수면 아래로 잠기게 되었다.[178] 국제연합이 1958년에 외국 중재판정의 승인 및 집행에 관한 협약(the Convention on the Recognition and Enforcement of Foreign Arbitral Awards)을 채택하였을 때, 미국 국무부는 그 협약이 미국의 국가이익에 도움이 될 것인가에 관해서는 보다 철저한 연구가 필요하

---

177) *Id.*, pp. 55-56.
178) *Id.*, pp. 159-161.

다는 취지로 동 협약에 대하여 꺼려하는 태도가 담긴 서한을 연방의회에 제출하였으나, 미국변호사협회는 미국이 세계 최대의 교역국가로서의 위상을 고려하여 그 협약을 인준하는 것이 좋겠다는 권고를 하였다. 하지만 결국 1970년에 가서야 비로소 미국은 미국변호사협회의 견해를 받아들여서 협약에 동의하였으며, 이는 미국 연방중재법 제2장에 도입되게 되었다.[179]

미국 내의 중재법의 국제화는 1988년의 플로리다 국제중재법(the Florida International Arbitration Act of 1988)의 제정과 함께 다른 주들로 확산되기 시작하였다. 플로리다는 국제중재법의 제정을 통하여 다른 나라들, 특히 라틴 아메리카나 카리브 연안 국가들과의 국제중재 활성화를 희망하였다.[180] 일부는 연방중재법 외에 별도의 주 국제중재법의 필요성에 의구심을 가졌지만, 플로리다 법의 통과는 다른 주들로 하여금 '중재 딜러'라는 새로운 추세에 참여하려는 욕구를 부추김으로써 국제중재법 문제를 검토하게 만들었다.[181] 이러한 법들의 동기는 중재에 대한 각 주의 우호적 분위기를 보여 줌으로써 외국의 무역 주체들을 끌어 들이려는 데 목적이 있었다고 할 수 있다.

그런데 비록 각 주의 국제중재법들은 연방중재법보다 더 최신이고 더 중재에 친화적이기는 하지만, 그 법들이 연방중재법의 조문들과 상충될 수 있다는 염려가 제기되었다. 이러한 염려와 논란에 대법원의 다음과 같은 판결은 국제중재법의 존재 의미를 고양시키게 되었다. 1989년 Volt information Sciences, Inc. v. Stanford Univ. 사건에서 Volt와 Stanford는 건축 계약을 체결하고 Volt는 Stanford 캠퍼스에 전기 시스템을 설치하기로 하였다.[182] 그 계약은 양당사자들 간의 모든 분쟁은 중재로 해결한다는 합의와 준거법은 공사가 진행되는 장소의 법에 따른다는 것이 포함되어 있었다. 추가 작업의 보상에 대해 분쟁이 발생되자 Volt는 중재에 대한 공식요청을 하였고, 이에 Stanford는 캘리포니아 중재법인 캘리포니아 민사소송절차법(the California Civil Procedure Code)에 근거하여 중재의 중지를 청구하게 되었다. 대법원은 주 항소법원의 판결을 지지하면서, 양 당사자가 중재합의에 대하여 캘리포니아법에 따른다고 합의한 경우에는 연방중재법

---

179) 9 USC §§ 201-208.

180) Heather A. Purcell, "State International Arbitration statutes: Why They Matter", 32 Tex. Int'l L. J. 525, 1997, p. 528.

181) *Id.*

182) 489 U.S.468 (1989) 참조.

이 캘리포니아 법에 우선적으로 적용되지 않는다고 판시하였다. 주법이 연방중재법과 배치되는 경우라 할지라도 당사자들의 의도가 가장 우선적인 고려사항이라는 대법원의 판결로 인하여 분쟁 당사자들은 그들의 국제중재에 적용하기 위한 특정 주법을 선택함에 있어 훨씬 자신감을 갖게 되었다.[183)]

d. 21세기를 향한 미국 중재법

미국의 통일중재법은 1955년에 통일주법위원회에 의해 채택된 이래 개정된 적이 없었다. 그러나 중재의 발전과 더 복잡해진 분쟁 양상을 반영할 필요성이 제기되자 통일주법위원회는 동 법의 개정을 위한 초안위원회를 설치하여 개정통일중재법(the Revised Uniform Arbitration Act)을 입안하도록 하였고, 이는 2000년에 완결되어 승인을 얻게 되었다.[184)] 동 초안위원회는 낡은 통일중재법(UAA)의 낙후된 조항들을 근대화시켰고, 애매한 문제를 해결하였으며 판례법의 발전들을 새 조문에 반영하였다.[185)] 그 결과 개정통일중재법(RUAA)은 별개의 중재절차의 병합, 임시적 처분(provisional remedies), 중재인들의 면책, 전자정보의 사용 등과 같이 1955년의 통일중재법에서 다루지 못했던 많은 새로운 이슈들을 포함시켰다. 개정통일중재법은 미국 대부분의 주들이 채택하였던 1955년 통일중재법과는 달리 그 채택 속도가 느리지만, 각 주에서 꾸준히 채택되고 있다. 개정통일중재법은 2016년 4월 기준으로 워싱턴 D.C. 외에 18개 주에서 채택하고 펜실베니아를 비롯한 2개 주에서 심의 중에 있다.[186)]

(2) 미국의 중재법 개혁과 새로운 입법과제

1) 개정통일중재법의 의의

2000년 8월 통일주법위원회는 개정통일중재법(the Revised Uniform Arbitra-

---

183) Heather A. Purcell, *op. cit.*, p.540.

184) National Conference of Commissioners on Uniform Sate Laws, The Revised Uniform Arbitration Act(PREFATORY NOTE) (http://www.uniformlaws.org/Act.aspx?title=Arbitration Act (2000)).

185) Timothy J. Heinsz, "The Revised Uniform Arbitration Act: Modernizing, Revising, and Clarifying Arbitration Law", 2001 J. Disp. Resol. 1, 2001, p. 2.

186) http://www.uniformlawcommission.com/LegislativeFactSheet.aspx?title=Arbitration Act (2000) 참조.

tion Act)을 채택 발표하였다. 이는 연방중재법(the Federal Arbitration Act of 1925)으로부터는 75년 만에, 그리고 통일중재법(the Uniform Arbitration Act of 1955)으로부터는 45년 만에 그동안 논란이 되었던 중재법 분야의 법적 이슈와 케이스의 발전들을 담아내고 시대에 뒤진 조문들을 정리한 사실상 미국 중재법의 대개혁이었다. 그동안 통일중재법은 미국의 거의 전체 주에서 그대로 또는 변형을 가해 채택해 왔으나,[187] 복잡 다양해진 중재 이슈들을 규율하기에는 미흡하다는 비판이 있어 왔으므로 이를 수용하여 미국 전역의 각계 중재 전문가들의 토론과 연구 끝에 마련되었다. 그러나 개정통일중재법이 변화된 중재환경에 맞추어 중재에 관한 발전들을 다루어 줌으로써 진일보한 최신의 법인 것은 사실이지만, 중재절차를 너무 완벽하게 하려다 보니 소송과 비슷해져 버린 측면이 있는가 하면, 법안기초위원들이 추구했던 본래의 목적과는 다르게 효율성과 중재의 최종성(finality)이라는 본연의 특성이 오히려 훼손되는 측면도 발견된다.

앞에서 초기의 미국 중재법 제도의 형성과정과 개혁을 위한 연혁적 발전 노력들을 탐색하였으므로, 이하에서는 1955년의 통일중재법이 규율하지 않았던 이슈를 중심으로 2000년의 개정통일중재법의 주요 개혁내용을 살펴보고 미국 중재법의 남은 입법적(legislative) 과제들을 고찰하고자 한다.

2) 개정통일중재법의 주요 개혁내용

a. 중재적합성과 분리가능성

개정통일중재법은 중재적합성(arbitrability)과 분리가능성(separability)에 대해 명백한 입장을 표명하고 있다. 동법의 Section 6(b)는 법원이 실체적 중재적합성(substantive arbitrability)을 결정하고, Section 6(c)는 중재인이 절차적 중재적합성(procedural arbitrability)을 결정한다고 규정하고 있다. 따라서 법원은 중재합의가 존재하는지와 분쟁이 중재합의에 부칠 대상인가를 결정하고, 중재인은 중재에 부칠 조건이 성취되었는가를 판단한다. 한편 중재조항(arbitration clause)을 그를 포함하고 있는 계약(main contract)과 분리하여 독립된 합의로 볼 수 있

---

187) 통일주법위원회에 의하면, 35개주에서 통일중재법(the Uniform Arbitration Act of 1955)을 그대로 채택하고, 14개주에서는 통일중재법을 바탕으로 변형하여 채택하였으며, 도합 49개주에서 통일중재법을 채택하였다고 밝히고 있다. http://www.uniformlawcommission.com 참조.

는가 하는 분리가능성의 원칙(the separability doctrine)과 관련하여, Section 6(c)
는 비록 본 계약(main contract)이 사기에 의해 체결되었다고 하더라도 중재조항
(arbitration clause)을 본 계약과 분리하여 볼 수 있으므로 그에 기하여 중재절차를
진행할 수 있다는 대법원의 Prima Paint Corp. v. Flood & Conklin Manufac-
turing Co. 판결을 지지하는 규정을 두고 있다.[188] 따라서 개정통일중재법하에
서 중재 합의의 효력을 부정하고자 할 경우에는 본 계약이 아닌 그 중재 조항
자체가 사기에 의해 이루어졌다는 것을 별도로 입증하여야 한다.

b. 병 합

이는 다자가 참여하는 중재 상황에서 복수의 중재절차를 병합(Consoli-
dation)하여 하는 것으로서, 개정통일중재법이 미국 중재법의 가장 최근 버전이
라는 것을 입증해 주는 조항이기도 하다. 중재 절차의 병합 처리는 캘리포니아
와 조지아법에서 원용된 것으로서, 그동안의 연방중재법 하의 판례와 상반되는
입법이라는 면에서도 획기적인 의미를 가지고 있다.[189] 중재 절차의 병합은 건
설, 보험, 해상이나 대량 소비자와 관련된 사건과 같이 복수의 다툼 장소에서
법률문제나 사실 관계의 선결이 필요하거나, 큰 비용이 예상되고 유사한 거래
가 서로 다른 중재판정을 가져올 가능성이 있을 때 그 유효성이 높다 할 것이
다. 개정통일중재법의 Section 10은 보다 효율적인 중재에 관한 이러한 요구
를 반영하여, 당사자의 요청이 있으면 동 법의 요구 사항이 충족될 경우에 법
원은 분리된 중재 절차의 전부 또는 일부에 대하여 병합을 명령할 수 있게 하
였다.

c. 고 지

고지(Disclosure)는 중재인의 중립성 확보를 위한 것으로서, 개정통일중재
법은 Section 12에서 중재인의 윤리적 의무로서 중재인이 어느 당사자와 현재
나 과거에 금전적, 개인적 이해관계가 있으면 모든 당사자와 다른 중재인에 대
하여 이를 통보하도록 하였다. 이러한 의무는 비록 연방중재법이 중재인의 고시
의무에 관한 직접적인 규정을 두고 있지는 않았지만 중재의 중립성을 위해 연방

---

188) 388 U.S. 395 (1967) 참조.
189) Timothy J. Heinsz, *op. cit.*, p. 2.

중재법하의 판례[190]에서도 인정되었던 것을 명문화한 것이라 할 수 있다.

d. 임시적 처분

임시적 처분(Provisional Remedies)은 중재의 대상이 된 재산을 양도하거나 담보를 잡힌다든지 하여 중재 판정의 결과를 회피하고자 할 경우에 이를 미연에 방지하기 위해 유용하다. 이 조항으로 오히려 중재 절차가 지연되고 비용이 추가되며 복잡성을 증가시킬 수 있지 않나 하는 우려도 있으나 중재판정의 집행력을 높이기 위해 도입된 것으로 볼 수 있다. 개정통일중재법은 Section 8에서 임시적 처분과 관련하여 상당히 치밀한 규정을 두고 있다. 중재인이 임명되기 전과 후로 경우를 나누어 규정하고 있는바, 중재인 임명 전이나 활동할 수 있는 상황 이전에는 법원에 임시적 처분을 당사자가 요청할 수 있고, 중재인 임명 후에는 중재인으로 하여금 임시적 처분을 할 수 있게 하되, 긴급한 상황이나 중재인이 적시에 움직이지 않을 경우에는 당사자는 법원에 임시적 처분을 신청할 수 있게 하였다. 과거에 1954년의 통일중재법 초안의 Section 4에는 임시적 처분에 관한 규정을 포함하였지만 정작 1955년의 통일중재법에는 그 조문이 빠져버렸다.[191] 그럼에도 통일중재법하에서 Salvucci v. Sheehan[192]와 같은 판례를 통하여 임시적 처분은 인정되었었다. 연방중재법도 임시적 처분에 관한 규정은 없었지만 대부분의 연방법원들은 Salvucci 판례의 예를 동의하였다.

e. 중재인 면책

개정통일중재법은 Section 14에서 중재인으로 하여금 중재 결과에 대하여 민사적 책임을 면할 수 있도록 하였고 중재와 관련하여 증언할 수 없도록 규정하였는바, 이는 중재인이 장래의 어떤 책임질 일에 대한 우려가 없이 공정하게 중재에 임하도록 한 취지이다. 개정통일중재법은 그러한 원칙에 대한 예외로서 중재인이 당사자에 대하여 소송을 제기하거나, 동 법이 규정하고 있는 중재판정의 취소 사유가 있는 경우에는 중재인이 증언하거나 증거물을 제출할 수 있게 하였다. 중재인 면책(Immunity of Arbitrator)은 중재인을 민사에 있어 법관과

---

190) 393 U.S. 145 (1968) 참조.

191) National Conference of Commissioners on Uniform State Laws, Revised Uniform Arbitration Act (2000), p. 20.

192) 349 Mass. 659, 212 N.E. 2d 243 (1965).

'기능적 동등성(functional comparability)'을 인정한 데서 비롯된다. 여기서의 면책은 민사책임으로부터의 면책만을 의미하며 중재인의 비행으로 인한 형사책임은 면제되지 않음은 물론이다.

f. 전자 중재

1925년의 연방중재법이 제정될 때나 1955년의 통일중재법이 도입될 때는 오늘날과 같은 혁명적인 컴퓨터 발전이나 인터넷 환경에 대하여 상상도 못할 시기였다. 분쟁 해결에 있어서도 의사소통이나 정보관리가 전자문서로 가능해짐에 따라, 전자 중재(Electronic Arbitration) 시대에 맞추어 개정통일중재법은 전자문서나 전자서명은 물론 e-arbitration도 가능토록 하였다. 그 외 개정통일중재법은 중재 절차를 진행시키는 중재인의 권한을 이전보다 훨씬 강화하는 등 중재의 효율성과 실효성을 확보하기 위해 필요한 규정들을 보완하였다.

3) 미국 중재법들의 문제점 검토

a. 연방중재법 규정의 중첩성

연방중재법은 외국중재판정의 승인과 집행에 관한 협약(the Convention on the Recognition and Enforcement of Foreign Arbitral Awards of 1958)을 제2장에, 아메리카간 국제상사중재에 관한 협약(the Inter-American Convention on International Commercial Arbitration of 1975)을 제3장에 반영한 바 있다. 그러나 제1장을 구성하는 중재에 관한 일반적 규정(general provisions)들은 부적절한 입법형식과 시대에 뒤떨어지는 내용으로 인하여 많은 비판을 받고 있다. 먼저 조문의 중첩성과 관련하여, 연방중재법은 제2장과 제3장을 추가하는 형식으로 외국중재판정의 승인과 집행에 관한 협약(뉴욕협약)과 아메리카간 국제상사중재에 관한 협약(파나마협약)을 반영하였는데, 이러한 개정 형식은 동 법률의 상당한 중첩성을 야기하였다. 예를 들면, 뉴욕협약이나 파나마협약 하의 중재합의나 판정은 각각 그들 협약 자체의 규율을 받을 뿐만 아니라 연방중재법 제2장과 제3장의 적용을 받는가 하면, 연방중재법 제2장과 제3장에 의한 규율과 연방중재법 일반조항(general provisons)인 제1장의 규율까지 중첩적으로 받게 되어 있는 것이다.[193]

---

193) Heather A. Purcell, *op. cit.*, p. 532.

따라서, 연방중재법은 입법론적으로 볼 때 '입법경제의 원리'의 측면에서 비효율적으로 규정되어 있다.

b. 연방중재법과 각 주 국제중재법 간의 불일치

미국의 일부 주에서는 자신의 주가 국제중재에 친하다는 것을 보임으로써, 외국 거래주체들을 유인하고 국제 상거래를 활성화하기 위하여 중재법의 국제화를 시도하고 있다.[194] 이러한 경향에 앞장선 주는 플로리다인데, 라틴아메리카와 카리브해 국가들과의 국제중재를 활성화하기 위해 1988년에 플로리다 국제중재법(the Florida International Arbitration Act of 1988)을 제정하였다. 당연히 최근에 입법된 각 주의 국제중재법들은 오래된 연방중재법보다 훨씬 중재 친화적일 뿐만 아니라 최근의 진전된 이론들을 반영하였다. 그러다보니, 각 주의 중재법들은 연방중재법의 규정들과 상충할 수 있다는 우려가 대두되었다. 앞에서 살펴본 Volt Information Sciences Inc. v. Stanford Univ. 사건은 그러한 논란의 한 예이다.[195] 이는 주법이 연방중재법에 반한다 할지라도 당사자의 의사가 우선적인 고려대상임을 인정한 판례이다.

국제중재법으로서 연방중재법과 각 주의 법들 간의 이중구조는 차치하고라도, 연방법과 주법 사이의 그리고 서로 다른 주사이의 중첩되는 법원(法源)들로 인하여 '국제중재에 있어 필수적인 일치성(uniformity)과 예측가능성(predict-ability)'이 심각하게 훼손되고 있는 실정이다.[196] 이로 인해 소송이 야기될 가능성은 더 높아지고 외국 거래인들은 다기화된 미국 법정 사이에서 혼돈과 어려움을 호소하게 된다. 국제중재는 대개 다양한 당사자가 개입되고 미국 연방의 이익이 걸린 문제가 많음을 감안할 때, 최근의 국제거래에서 도출되는 이슈들을 반영한 연방중재법의 개정이 이루어지지 않으면 연방중재법과 괴리가 있는 각

---

194) *Id.*, pp. 529-531. Heather A. Purcell에 의하면, 국제중재법을 제정한 주들은 다음의 세 가지 유형으로 대별된다고 한다.

  a) statutes based on UNCITRAL Model Law (California, Texas, Connecticut, Ohio, North Carolina,Oregon),

  b) statutes based on Uniform Arbitration Act (Georgia, Colorado, Maryland),

  c) Ad Hoc Laws (Florida, Hawaii).

195) 489 U.S. 468 (1989).

196) Jack Garvey & Totten Heffelfinger, "Towards Federalizing U.S. International Commercial Arbitration Law", 25 INT'L LAW. 209, 1991, p. 221.

주의 국제중재법들의 지속적인 확산은 연방법과 주법들 간에 그리고 그에 근거한 각급 법원의 판결에 혼돈과 불일치를 더욱 증대시킬 것이다.

c. 연방중재법의 불명확하고 고어체적인 법조문

최근 우리나라 국회와 법제처에서는 법조문 중 일본식 표현이나 어려운 한자가 들어 있는 조문을 일반 국민이 알기 쉽게 하기 위하여 법문을 개정하는 노력을 하고 있다. 이는 늦으나마 적절한 조치이며 그 성과도 시급히 달성되어야 할 것이다. 법이란 법률가나 전문가를 위하여 있는 것이 아니며 궁극적으로는 일반 국민을 위해 존재하는 것이다. 따라서 지켜야 할 일반 국민들이 특별한 노력을 기울이지 않더라도 법조문을 이해할 수 있어야 좋은 법이다. 그러한 의미에서 본 미국의 연방중재법은 성공적이지 않은 것 같다. 연방중재법을 들여다보면 어려운 법률용어는 차치하고서라도 복문으로 계속해서 연결되거나 고풍스러운 표현으로 인하여 일반국민이 이해하기가 어렵게 되어 있다.[197] 그 예로 연방중재법의 조문 중 Section 4의 경우에는 세부 항(項)도 없는 상태에서 한 페이지 분량에 해당하는 387 단어로 구성되어 있어, 그 조문을 읽는 데 있어 지리할 뿐만 아니라 무엇을 규율하고자 하는가에 있어서도 이해 전달이 분명치 못하게 되어 있다.[198] 이러한 문제점들이 발생하는 이유는 연방중재법이 1925년에 제정된 오래된 법이라는 사실에 상당 부분 기인하는 듯하다. 그 시대 이후로 입법기술(legislative technique)이 많이 발전하였으므로 향후 연방중재법의 개정 시에는 일반국민들이 편하고 쉽게 이해할 수 있도록 법조문이 수정되어야 할 것이다. 실제로 2000년의 개정통일중재법에서는 이러한 문제점을 의식한 법안 기초위원들이 일반국민들이 훨씬 '이해하기 쉬운 법조문(articulate provisions)'으로 구성하였음을 밝히고 있다.

---

197) 필자가 미국에서 연방중재법을 분석하면서 원어민인 미국 변호사와 몇 명의 영문학 박사과정에 있는 Writing Center의 Tutor들에게 연방중재법의 조문을 보여 주면서 그들의 이해도를 실험해 본 바가 있다. 그들은 미국인 중에서도 영어 문장의 이해에 있어 최고 수준의 그룹에 속하고 있었음에도 불구하고, 조문을 읽는 도중 고통스러움을 표현하였으며 조문의 일부에 대해서는 규율하고자 하는 내용이 무엇인가에 대하여 정확히 이해하는 데 실패하였다.

198) Purcell은 "The FAA has not evolved legislatively with experience over many decades. Instead it remains almost entirely frozen in a state of perpetual 1925 immaturity."라고 지적하였다. Heather A. Purcell, *op. cit.*, p. 532 & p. 541.

d. 개정통일중재법의 문제점

개정통일중재법은 2000년 8월에 통일주법위원회에서 채택되었다. 동 위원회는 그 동안의 통일중재법(the Uniform Arbitration Act of 1955)이 늘어 가는 중재 수요, 중재 의뢰된 분쟁의 복잡성 증대, 중재법 분야의 법적 이슈 발전 등에 부응하지 못하고 있음을 인식하고 이를 반영하기 위하여 개정안 기초위원회를 1996년에 구성하고, 미국변호사협회, 중재기관, 이해집단 등을 포함한 대표들과 함께 초안과 관련된 법적 이슈를 논의하기 위한 회의를 1997년에서 2000년까지 여덟 번에 걸쳐 가졌다.[199] 그들의 목표는 중재절차를 어떻게 하면 보다 효율적이고, 빠르며, 비용을 절감할 수 있는가 하는 데 초점을 두었다. 그 결과 기존의 통일중재법보다 훨씬 세련되고 진보된 법안을 도출해 내는 데 성공하였다, 그러나 가능한 한 많은 이슈들을 포함시키고 중재절차를 철저히 하고자 하는 노력들은 오히려 중재절차들을 소송과 유사한 구조로 만듦으로써 중재절차의 효율성과 최종성(finality)을 약화시킨 것이 아닌가 하는 지적도 있다.

개정통일중재법의 초안 작성에 많은 중재전문가가 다양하게 참여한 것은 사실이지만, 기초위원회에 얼마나 많은 입법전문가(legislative specialists)가 참여하였는가는 명백하지가 않다. 개정통일중재법이 기존의 통일중재법보다 더 체계적이고 이해하기 쉽게 법조문이 구성되어 있고 법문의 내용도 명료해진 것은 사실이다. 그러나 전체적으로는 개선된 입법체계를 보이고 있음에도 불구하고 개정통일중재법은 입법기술적 측면에서 세련되지 않은 부분이 발견되기도 한다. 예를 들면, Section 3(When Act applies)은 일종의 경과 규정으로서 동법의 말미에 유사한 성격의 규정들인 Section 31(Effective date), 32(Repeal) 및 33(Savings clause) 근처에 배치하는 것이 나을 것이다.

한편 전술했듯이 법안 기초위원회가 새 통일중재법을 보다 완벽하게 하려다 보니 개정통일중재법의 일부 조문들은 순환적(circular)이고 중복적(redundant)일 뿐만 아니라, 중재절차의 효율성과 중재판정의 최종성(finality)이 감손되는 결과가 야기되기도 한다. 아이러니컬하게도 이는 법안 기초위원회가 원래 의도한 바와 상반된 결과를 초래한 셈이 되는 것이다. 예를 들면 Section 20은 중재인의 판정 변경권(Change of award by arbitrator)을 규정한 것인데, Section 20(d)

---

199) Timothy J. Heinsz, *op. cit.*, p. 2.

에 의하면, 중재판정의 확인(Section 22), 중재판정의 취소(Section 23) 및 중재판
정의 수정이나 정정(Section 24)을 위한 청구가 법원에 제기되어 있는 경우에, 법
원은 중재인이 그 판정을 수정하거나 정정할 수 있도록 그 청구를 다시 중재인
에게 회부할 수 있도록 규정하고 있다. 하지만 중재인이 판정의 오류 등을 발견
하여 스스로 수정할 수 있는 조항(Section 20(a))이 별도로 있고, 중재인에 의하
여 그러한 오류가 정정되지 않으면 나중에 법원에 의하여 그러한 오류 등이 발
견되어 법원이 스스로 수정할 수 있도록 조문(Section 24)이 마련된 상황에서, 또
다시 Section 20(d)와 같이 중재인이 그 판정을 수정하거나 정정할 수 있도록
그 청구를 '법원이 다시 중재인에게' 회부할 수 있게 한 규정의 중복적이고 순환
론적인 절차의 비효율성을 지적하지 않을 수 없다. 또한 Section 20(d)는 입법
기술 측면에서도 불필요한 반복을 보이고 있다. 만일 Section 20(d)가 꼭 필요
한 조항이라 할지라도, 같은 조 내에서 Section 20(a)와 (d)는 똑같은 수정의 근
거(grounds)들을 나열하고 있으므로 Section 20(d)에서는 (a)에서 이미 나열된
근거들을 다시 반복할 필요 없이 다음과 같은 방식으로 처리하여 주는 것이 입
법기술면에서 더 나을 것이다.[200)]

> "(d) If a motion to the court is pending under Section 22, 23, or 24, the court
> may submit the claim to the arbitrator to consider whether to modify or correct
> the award based on a ground provided in Section 20(a)(1), (2), or (3)"

이와 같이 개정통일중재법의 완벽을 기하려는 듯한 입법 노력은 본래의

---

200) Section 20(Change of award by arbitrator)은 다음과 같이 규정되어 있다.
　(a) On [motion] to an arbitrator by a party to an arbitration proceeding, the arbitrator may
modify or correct an award:
　(1) upon a ground stated in Section 24(a)(1) or (3);
　(2) because the arbitrator has not made a final and definite award upon a claim submitted
bythe parties to the arbitration proceeding; or
　(3) to clarify the award.
　...(중략)...
　(d) If a [motion] to the court is pending under Section 22, 23, or 24, the court may submit
theclaim to the arbitrator to consider whether to modify or correct the award:
　(1) upon a ground stated in Section 24(a)(1) or (3);
　(2) because the arbitrator has not made a final and definite award upon a claim submitted
by the parties to the arbitration proceeding; or
　(3) to clarify the award.

취지와는 달리 불필요한 반복과 비효율적인 절차의 추가를 통하여 중재법이 본래 추구하는 효율성과 최종성(finality)을 오히려 저감시키는 결과를 초래할 수 있을 뿐만 아니라, 입법기술 측면에서도 좀 더 세심한 검토가 있었어야 하는 것이 아닌가 한다.

4) 미국 중재법의 입법적(legislative) 과제

미국은 세계에서 ADR이 가장 왕성한 나라라고 하여도 지나치지 않을 것이다. 우리의 상사중재원과 대비되는 미국중재협회(the American Arbitration Association: AAA)만 하더라도 1926년 출범 당시 270건에 지나지 않던 케이스가 2002년까지 2백만여 건으로 누적되었다.[201] 또한 2002년도에 미국중재협회는 세계에서 가장 거대한 국제상사중재기관으로 자리매김하였음을 선언하였다.[202] 그럼에도 불구하고 연방중재법은 1925년에 제정된 이래 이렇다 할 입법적 보완이 미흡한 상태에서 법 제정 이후의 진전된 법적 이슈들과 케이스의 발전들을 담아내지 못한 구태의연한 법이라는 비판에 자주 노출되곤 한다.[203] 1955년의 통일중재법(the Uniform Arbitration Act of 1955) 또한 반세기 가까운 세월동안 새로운 발전들을 담아내지 못하고 있었으나, 2000년에 개정통일중재법의 제시로 많은 법적 이론과 판례의 발전을 반영하게 되었다. 그러나 미국의 공식적인 중재법은 연방중재법이며, 통일중재법을 반영한 각 주의 중재법들은 원칙적으로 연방중재법에 반하는 규정들을 담고 있어서는 아니 된다.[204] 또 상이한 판결로 논란이

---

201) American Arbitration Association, Public Service at the American Arbitration Association, 2003, p. 122.

202) American Arbitration Association, Press Release (http://www.adr.org).

203) Jeferry Terry, "A New US Arbitration Statute for the 21st century: An English Perspective in the wake of the English Arbitration Act 1996" in Arbitration Now: Opportunities for Fairness, Process Renewal and Invigoration(Pail H. Haagen ed., American Bar Association), 1999; Gary B. Born, International Commercial Arbitration in the United States: Commentary and Materials, 1994, p. 188 참조.

204) 학위논문을 비롯한 많은 국내 문헌 중에 '미국에는 연방중재법과 통일중재법 두 가지가 있으며 통일중재법은 1955년에 제정되었다'는 표현이 자주 등장하는바, 이는 미국 중재법제도를 정확히 이해한 상태에서 나온 서술이 아니다. 미국의 공식적인 중재법은 연방중재법이며, 통일중재법(the Uniform Arbitration Act)은 의회 등 국가기관이 제정한 법이 아니라 학자나 실무가인 변호사들로 구성된 The National Conference of Commissioners on Uniform State Laws(NCCUSL)가 각 주의 법이 통일성(uniformity)을 기할 수 있도록 하는 목표하에, 주 의회에서 중재법을 제정할 때 그대로 채택하거나 일부 자기 주에 합당한 형태로 약간 변형하여 채택(adopt)할 수 있도록 제시(propose)한 모델법안의

있기는 하지만, 각 주의 법원이 중재조항이 포함된 사건을 다룰 때에도 연방중재법에 배치되는 해석을 내려서도 아니 되는 것이 원칙이다.

1925년에 연방중재법이 제정된 이후로 중재에 관한 많은 이론과 케이스가 발전하였고, 중재 이슈를 둘러싼 환경 또한 크게 변화하였다. 비록 연방중재법이 외국중재판정의 승인과 집행에 관한 협약(the Convention on the Recognition and Enforcement of Foreign Arbitral Awards of 1958)과, 아메리카 간 국제상사중재에 관한 협약(the Inter- American Convention on International Commercial Arbitration of 1975)을 집행하기 위한 제2장과 제3장을 신설하여 국제적 또는 지역적 수요들을 반영한 바 있지만, 중재에 관한 일반 규정(general provisions)과 관련하여 입법적으로는 중재 이슈의 발전들을 제대로 담아내지 못하고 있다. 연방중재법은 전술한 제2장과 제3장을 제외하면, 중재에 관한 일반적 규정들을 다루고 있는 조문이 겨우 16개에 지나지 않는다.[205] 참고로 최근에 제시된 개정통일중재법은 국내중재 규정만으로도 33개 조로 구성되어 있고, 1996년에 개정된 영국 중재법은 110개조로 구성하였다.

개정통일중재법의 법안 기초위원들이 밝혔듯이, 중재 환경과 수요가 이제는 매우 복잡해져서 연방중재법의 조문만으로는 그 법적 이슈들을 다루기에 충분치 못한 상태에 있다. Gary Born은 연방중재법의 조문들이 산만하게 기술되어 있는가 하면 실체적, 절차적인 규정과 관할 및 구제 규정이 혼재되어 있어 규율하고자 하는 범위와 의미가 무엇이지 잘 알 수 없도록 되어 있다고 비판하였다.[206] 그러나 개정통일중재법은 최근의 발전들을 반영한 최신법에 해당한다. 법안 기초위원회의 보고서에 의하면, 최근의 법적 이슈들을 담기 위하여 연방법원은 물론 각 주법원의 케이스들과 주법들을 중재법은 물론이고 관련 법률까지 광범위하게 조사 검토한 것으로 보인다. 게다가 동 기초위원들은 UNCITRAL 모델법, 뉴욕협약 및 1996년 개정된 영국의 중재법까지 참조하여 반영하였

성격을 가지고 있는 것이다. 실제로 많은 주에서는 NCCUSL이 제시한 통일중재법(the Uniform Arbitration Act)의 일부 조항을 자기 주의 상황에 맞게 바꿔서 통과시켰다.

205) Jeffery Terry는 1996년의 영국 중재법이 110조로 구성되어 있으나, 미국의 연방중재법은 조문이 너무 빈약하게 되어 있다고 하면서 연방중재법의 진부함과 취약함을 지적하였다. Jeferry Terry, *op. cit.*, pp. 115-116.

206) Gary B. Born은 연방중재법의 조문들이 "are couched in rambling prose and contain a mix of substantive, jurisdictional, procedural, and remedial provisions whose reach and meaning is poorly articulated."라고 비판하였다. Gary B. Born, *op. cit.*, p. 188.

다.[207] 그리하여 개정통일중재법은 연방중재법이 다루지 않은 많은 이슈를 다루고, 1955년의 통일중재법을 한층 보완하였다.

그러나 완벽한 중재의 모델법으로 만들기 위한 노력에도 불구하고 개정통일중재법은 국제중재 이슈를 다루지 않았다. 법안 기초위원회는 주 법원에서 국제중재가 이슈가 되는 경우가 거의 드물고, 국제적인 케이스를 위해 제정된 주법들이 워낙 다양하게 나타나고 있기 때문에 개정통일중재법에서는 국제중재 이슈를 포함시키지 않기로 결정하였다고 하였다.[208] 그러나 세계화 및 지역화의 추세와 함께 국제거래가 점증하는 현실에서 개정통일중재법에 국제중재 이슈를 담았어야 했다. 법안 기초위원회가 말했듯이 그동안 국제중재 케이스가 적었다 하더라도 점증할 미래를 대비해서라도 국제중재 관련 규정을 마련하는 것이 좋았을 것이다. 이미 제정된 각 주의 국제중재법들이 다양하게 나타나고 있다는 것이 오히려 개정통일중재법에서 통일된 모델을 제시해 줄 필요가 있다는 근거가 될 수 있다는 의미에서도 아쉬운 대목이 아닐 수 없다. 국제중재법을 만들 때 어떤 주들은 UNCITRAL 모델법을 기준으로 하고, 다른 주들은 서로 다른 국제중재법들을 만들었으며, 그 외 많은 주에서는 국제중재법을 도입하는 데 망설이고 있는 실정이다.[209] 주 별로 서로 다른 국제중재법들은 서로 다른 국내 주법들이 미국시민권자들조차 혼동스럽게 하듯이 외국 거래자들에게는 더욱 혼란스럽고 어려운 일이다. 법안 기초위원들의 얘기대로 국제중재 이슈들이 아직 본격화되지 않았다고 인정하더라도, 45년만의 통일중재법 개정은 그러한 혼동과 문제가 본격화되기 이전에 미리 개정통일중재법에서 국제중재 이슈들을 다루었어야 할 좋은 기회였다.

이제 미국의 연방의회는 연방중재법을 개정하는 데 눈을 돌릴 때이다. 이는 미국의 기본적인 중재법이 연방중재법이기 때문이다. 전술하였듯이 과거의 1955년 통일중재법은 미국 거의 전체 주에서 채택한 바 있고, 2000년 제시된 개정통일중재법도 여러 주에 의해 속속 채택되고 있다. 따라서 미국에서는 (개

---

207) National Conference of Commissioners on Uniform State Laws, Revised Uniform Arbitration Act (2000), vi.

208) *Id.*

209) National Conference of Commissioners on Uniform State Laws, Revised Uniform Arbitration Act (2000), v. 법안기초위원회는 당시의 보고서에서 12개 주에서 국제중재법을 제정하였다고 밝힌 바 있다.

정)통일중재법이 오히려 미국중재법의 기본법인 것 같은 양상을 띠고 있다. 연방중재법은 최근의 다양한 중재환경을 담기엔 너무 오래되고 빈약한(scanty) 내용의 법이다. 그럼에도 불구하고 연방중재법은 연방법으로서 각 주법에 우선적으로 적용(preempt)되는 것으로 간주되기 때문에, 낡고 취약한 법(the Federal Arbitration Act of 1925)이 최신의 발전된 법(the Revised Uniform Arbitration Act of 2000)을 통제하고 발목을 잡는 형국이다. 낡은 연방중재법과 발전된 주 중재법 사이에서 충돌이 일어날 때 판결을 내려야 하는 법원(연방법원이든 주법원이든)도 곤혹스럽기는 마찬가지이다. 낡은 연방중재법은 각 주가 새로운 중재 이슈와 국제적 추세에 발맞추어 나아가고자 할 때마다 장애물이 되고 있으며, 게다가 서로 다른 양상으로 전개되고 있는 각 주의 국제중재법들은 이러한 혼동을 더욱 부채질 하고 있는 실정이다. 따라서 미국 의회는 다이나믹한 국내의 움직임(RUAA와 각 주의 국제중재법 추이)과 세계적인 추세(최근의 중국, 영국, 독일, 한국, 일본 등의 중재법 대개혁)에 귀 기울여서 낡고 뒤떨어진 연방중재법의 개정에 나서야 할 것이다.

제2절 영국의 ADR제도

1. ADR의 발전과정

영국에서 중재는 오래 전부터 발전해오다가 1698년에 처음으로 중재법(the Arbitration Act 1698)이 제정되었다.[210] 하지만 근대적 의미에서의 ADR의 역사가 그리 오래 되었다고 하기는 어렵다. 영국 ADR의 역사는 민사 사법절차의 개혁에 대한 논쟁의 역사와 맥을 같이한다고 할 수 있다. 영국의 ADR은 미국에서 1960년대와 70년대에 걸쳐 법정 밖에서 분쟁을 해결하는 대체적인 방법들이 제

---

210) 영국 최초의 중재법은 1697년에 제정된 것으로 인용되기도 한다. 이는 입법과정에서 어느 시점을 동 법의 제정 기준으로 한 것인가에 기인한 것으로 보인다. Susan Blake, Julie Browne & Stuart Sime, A Practical Approach To Alternative Dispute Resolution, Oxford University Press, 2011, p. 8 참조.

기되면서 이에 대한 반발과 논쟁들이 있던 과정을 지켜보면서 싹을 틔우고 있었
다. 영국에서 조정을 시행하는 ADR 기관은 산업 분쟁을 취급하기 위하여 1975
년에 설립된 자문·알선·중재 서비스(Advisory, Conciliation and Arbitration Service:
ACAS)에서 그 뿌리를 찾을 수 있다고 한다.[211) ACAS는 노사갈등 및 고용 분야의
분쟁을 해결하기 위해 ADR을 이용하였다. ACAS는 노사 분쟁에 대해 집단적 알선
(collective conciliation)과 중재(arbitration)를 통해 파업을 방지하는 역할을 하며,
개별 근로자들의 권리보호를 위해 개별적 알선(individual conciliation)을 제공하
기도 하는데, 그 외 노사관계에 대한 자문·정보제공·조사 활동·노사관계를 위
한 지침서 발간 등을 하였다.[212)

　　1980년대에 들어서 비공식적 정의(informal justice)라는 개념이 도입되었고
'화해(settlement)'라는 주제가 논쟁의 중심이 되었으며, ADR이라는 용어가 서서
히 일반화되어 사용되기 시작하였다고 할 수 있다.[213) 1980년대 후반에 이르러
서는 영국에 초기의 ADR 기관들이 들어서기 시작하였다. 상사 조정은 나중에
ADR Group이 된 IDR Europe Limited가 1989년에 서비스를 시작하였다. 1990
년에는 the Center for Dispute Resolution(CEDR)이 설립되어 국내뿐만 아니라
국제적으로 ADR을 활용하는 기관이 되었고 특히 상사 사건에 대해 조정을 제
공하였다. 1990년대 초에 변호사단체들(the General Council of the Bar와 the Law
Society)에 의해서 ADR을 권장하는 두 개의 보고서가 각각 발표되었다. 1990년
대에 정부 측에서는 the Lord Chancellor's Department[214)와 the Department
of Trade and Industry가 ADR의 보급에 중대한 역할을 하였다.[215) 1995년에는
국립보건서비스(the National Health Service)가 의료과실 분쟁에 조정을 실험적으
로 사용하였다. 한편 1990년대 초에 들어서는 이웃 간의 분쟁에 관한 불만과 보
고가 늘어나게 되자 Community Mediation Program이 이웃 간의 분쟁해결을
위한 유용한 수단으로 모색되기 시작하였는데,[216) Newham Conflict and Change

---

211) Loukas A. Mistelis, "ADR in England and Wales", 12 Am, Rev. Int'l Arb. 167, 2001, p. 195.

212) 심준섭 외, 공공갈등민원 해결의 제도화 방안 정책연구, 한국정책학회, 2013, 131쪽.

213) Loukas A. Mistelis, *op. cit.*, p. 172.

214) 1885년에 설치된 the Lord Chancellor's Office에 뿌리를 가진 the Lord Chancellor's
Department는 2003년에 the Department for Constitutional Affairs(DCA)로 통합되었고, 이는 다시
2007년에 법무성(the Ministry of Justice)으로 명칭이 바뀌었다.

215) Loukas A. Mistelis, *op. cit.*, p. 173.

216) Marian Liebmann, Community & Neighbour Mediation, Cavendish Publishing,

Project, Bristol Mediation, Mediation UK 등이 그 예이다.

　법원 내부에서도 ADR에 대해서 서서히 인정의 단계를 거쳐 지원의 단계로 발전해 나갔다.[217] 1976년의 Calderbank v. Calderbank 판결에서는 소송 중 화해의 제안이 지지되었다. 1990년대에 들어서는 영국 법원의 가족분쟁부에서도 조정이 활발하게 이용되었다. 영국법원에서 ADR은 가족법 분야에서 먼저 실험적으로 시도되었고, 다음으로 상사법원(the Commercial Court)에서 시간과 비용을 줄이기 위해 복잡한 상사 문제에 대해 재판의 초기 단계나 특별한 이슈가 있을 때 당사자에게 조정을 권유하였다. 1994년에 상사법원은 상사사건에 있어서 당사자들에게 가장 비용 효과적인 분쟁해결 방법이 어떤 것인지 알게 하고, 변호사에게 조정 등을 통한 해결을 고려하도록 하기 위하여 ADR을 장려하는 지침을 발표하였다. 이러한 흐름은 1995년에 민사 분야에서도 비용감축과 재판의 지연을 줄이기 위해 고객들에게 ADR의 사용을 고려하도록 상의하게 하는 사건관리(Case Management)라는 지침으로 이어졌다. 영국 법원이 ADR의 이용을 실제적으로 촉진하기 시작한 것은 1990년대 중반 이후이다.[218] 1996년과 1997년에 각급 법원에서는 자발적인 전제로 조정을 사용하게 하는 방안들이 마련되었다.

　1990년대 중반 이후 영국은 ADR을 향한 개혁 움직임이 활발해졌다. 영국은 21세기의 새로운 중재 환경에 대응하기 위하여 1996년의 중재법을 통과시킴으로써 새로운 중재법의 시대를 맞이한 바 있다. 또한 영국의 사법제도의 문제점에 대한 조사나 보고들이 등장하였다. 1995년에 실시된 영국 소비자위원회(the National Consumer Council)의 조사에 의하면 법률 분쟁을 겪는 사람들의 75%가 민사소송제도에 불만을 가지고 있으며, 1,019명의 조사 대상자 중 77%는 사법제도가 너무 느리고 74%는 너무 복잡하며, 73%는 달갑지 않고 시대에 뒤떨어진 것으로 인식하고 있었다.[219] 같은 취지에서 울프경(Lord Wolf)은 1996년에 발표된 '사법에의 접근(Access to Justice)'이라는 보고서에서 비탄력적이고 지연되는 사법 절차를 비판하면서, 민사사법제도의 두 가지 골칫거리가 소송의 지연과 고비용이라고 하였다.[220] 그는 당시의 영국 사법제도가 너무 비용이 많이 들고 결론

Limited, 1998, p. 28.

　217) Susan Blake, Julie Browne & Stuart Sime, *op. cit.*, pp. 8-9.

　218) *Id.*, p. 76.

　219) Loukas A. Mistelis, *op. cit.*, p. 178.

　220) *Id.*

에 이르기까지 너무 시간이 많이 걸리며 가진 자와 못가진 자와의 사이에 공평하지 못하고 사법 절차에 있어서도 단편적이어서 문제가 많다고 지적하였다. 또 영국의 사법제도는 당사자에게 이해하기 어렵고 근대적 기술의 사용에도 뒤떨어져 있다고 하였다. 따라서 분쟁의 핵심 쟁점에 사법 자원을 집중하여 분쟁 당사자의 시간과 비용을 절감해줘야 한다는 것을 강조하였다.[221] 또한 당사자들도 가능하면 소송에 이르기 전에 분쟁을 해결하는 것이 좋으며 소송을 피할 수 없으면 소송의 초기 단계에서 해결하는 것이 좋다고 강조하였다. 그렇지만 그 보고서는 법원연계 ADR(the court-annexed ADR)이나 ADR 절차의 의무화에 대하여는 아직 시기상조임을 밝혔다. 또 당사자가 자발적으로 선택하지 않으면 ADR은 덜 효과적일 수 있고, 당사자가 처음부터 ADR을 이용하려 하면 상대방에 의해 자신의 입지가 약해서 그런 것으로 인식될까봐 ADR 이용을 꺼릴 수 있다고도 하였다. 이러한 태도는 ADR 경험이 적은 법률 조력자에게도 마찬가지이기 때문에, 중립적인 입장에 있는 법원이 당사자에게 어떠한 분쟁해결 방식이 좋은가를 알려주는 적극적인 역할을 해야 한다고 하였다.

　　이후 정부는 1997년 2월에 개혁 민사소송법(the Civil Procedure Act 1997)에 대한 국왕의 재가를 얻었다. 울프경의 보고서와 1997년 민사소송법에 이어 1999년 4월에는 민사소송규칙(the Civil Procedure Rules 1998: CPR)이 발효되었는데, 이는 최근 100여 년간 민사소송 절차를 가장 근본적으로 혁신시킨 것으로 평가되었다. 민사법의 개혁에는 다음과 같은 네 개의 주요 목표가 있었다.[222] ① 편리함과 비용절감을 포함하는 소송절차의 단순화, ② 소송절차의 적대적인 특성을 희석시킴으로써 분쟁해결을 적극적으로 관리하는 법관에 의한 사건 관리, ③ 당사자 간의 접촉과 정보교환을 통해 화해를 촉진하는 소송 전 프로토콜(pre-action protocols), ④ 법원 절차의 대체적 분쟁해결 방식 등이다. 이로써 법정 밖에서 화해에 힘입어 소송 절차를 단순화하는 목표는 그 후의 조사에서 성공적인 것으로 간주되었고, 조정이나 ADR은 점점 힘을 얻어 나갔다. 1999년의 사법에의 접근법(Access to Justice Act 1999)에서는 조정과 조기중립평가 등의 ADR을 법률부조의 대상으로 포함하기도 하였다.

---

221) 양경승, 우리나라 ADR의 활성화방안과 기본법 제정을 위한 연구-해외 주요국의 언론법제 및 대체적 분쟁해결제도(ADR)의 비교분석을 통하여-, 언론중재위원회, 2010. 11, 19쪽.

222) Loukas A. Mistelis, *op. cit.*, p. 179.

이와 같이 1990년대는 영국의 ADR에 있어서 중대한 개혁의 기간이라 할 수 있으니, 하나는 1996년의 새로운 중재법의 탄생이고, 또 하나는 1998년의 새로운 민사소송규칙이었던 것이다. 영국 법원의 ADR에의 지지는 Cowl v. Plymouth City Council이라는 유명한 판결에 더욱 힘을 얻었다.[223] 2001년의 Cowl v. Plymouth City Council 사건의 항소심에서 개혁 민사소송규칙의 기획자이기도 했던 울프경은 분쟁이 ADR 절차에 의해 해결될 수 있는가를 고민해야 하고 소송은 최후의 보루가 되어야 한다는 것을 명백히 하였다. 이는 ADR의 이용에 대한 법원 및 변호사의 역할과 직업적 의무를 강조한 것이다. 이와 같이 ADR, 그 중에서도 조정은 수십 년 동안 가족·소비자 등의 분야에서 성공적으로 도입되었고, 기업분쟁은 나중에 ADR이 적용되었는데 이 중 건설 분야의 분쟁은 2000년대에 이르러 가장 ADR 이용자가 많은 분야가 되기도 하였다.

2. 민사소송규칙(CPR)과 ADR

1996년 울프경의 보고서에 의하면 민사사법제도는 소송 당사자에게 공정하고 합리적인 비용으로 적정한 절차가 보장되어야 하며, 그 제도를 이용하는 사람에게 반응적이어서 효과적이면서도 정당한 결과를 낳는 것이어야 한다는 것이다.[224] 이와 관련하여 소송의 비용을 감축시키는 데 중점을 두고 사건을 효율적으로 처리하기 위해서는 사건의 모든 이슈를 검토하는 것보다는 주요 이슈에 한정시켜야 한다는 것이다. 민사소송규칙(CPR)은 그러한 울프경의 보고서에 기초하고 있다.

민사소송규칙(CPR)은 법원이 사건을 정당하고 사안에 비례적으로 맞게 처리하는 것을 최우선 목표로 하고 당사자의 동등한 보장(equal footing), 비용 절감(saving expense), 소송 가액과 사건의 중요성 및 복잡성이나 당사자의 재무 상황 등에 맞는 사건의 처리, 신속하고 공정한(expeditious and fair) 처리, 법원의

---

223) *Id.*, pp. 181-182; 박노형·이로리, 유럽의 대체적 분쟁해결(ADR)제도에 관한 연구, 법제처, 2008, 48-49쪽.

224) the Lord Woolf, ACCESS TO JUSTICE Final Report, JULY 1996 (http://webarchive.national archives. gov.uk/+/http://www.dca.gov.uk/civil/final/overview.htm 참조).

자원에 맞도록 사건의 적절한 배분(appropriate share) 등을 잘하는 것을 골자로 하고 있다.[225] 법원에는 그러한 최우선 목표를 달성할 수 있도록 권한을 행사하는 의무를 부여하며, 당사자는 법원이 최우선 목표를 추구하는 것에 협조하도록 요구하고 있다. 여기에서 적극적으로 사건을 관리하는 법원의 의무가 중요한데 적극적으로 사건을 관리한다고 함은 당사자 간에 절차에서 상호 협조하도록 하고, 쟁점의 초기 단계에서 인지하게 하며, 어느 쟁점에 집중하고 어느 사안은 간략히 할 것인가를 결정하여 먼저 해결될 쟁점의 순서를 도출하고, 재판에 가지 않아도 될 것을 분별하게 하고 재판에 임하더라도 어떻게 빨리 효율적으로 분쟁을 해결할 수 있을 것인가 등에 대하여 관리해 주는 것이다. 원고가 소장을 제출하면 피고는 원고의 청구를 인정하거나 부인하는 답변서를 제출해야 하는데 14일 이내에 답변이 없으면 법원은 재판을 하지 않고 의제자백 판결(Default Judgment)을 한다.[226] 만일 피고가 원고의 주장을 부인하는 답변서를 제출하면 청구 금액이 일정한 금액을 넘지 않는 경우에는 소액청구 방식(Small Claims Track), 소액청구 방식에 해당하지 않고 일정한 기간을 넘지 않는 경우에는 신속 방식(Fast Track), 위의 어느 쪽에도 해당되지 않는 사건은 복합 방식(Multi Track)으로 넘겨 심리를 진행한다.[227]

민사소송규칙(CPR)은 과거의 County Court Rules와 Rules of the Supreme Court를 대체한 것으로서[228] 시행지침(practice direction)으로서의 소송 전 규칙(pre-action rules)을 통하여 분쟁 당사자들이 소송을 제기하기 전에 지켜야 할 절차를 정하고 있는 점에 특성이 있다. 이는 당사자들이 제소에 이르기 전에 스스로 다툼에 대하여 해결하거나 법원에 의한 사건관리를 돕기 위하여 사건의 이슈에 관한 충분한 의견과 정보를 교환하고 ADR에 의한 분쟁해결을 고려하도록 하는 목적을 가지고 있다. 영국 법원에서 소송을 하고자 하는 당사자가 이러한 소송 전의 규칙을 준수하지 않는 경우에는 나중의 재판 절차에서 제재가 가해질 수 있으므로 재판에 들어가기 전에 소송 전의 규칙에 대하여 유념

---

225) CPR Rule 1.1 참조.
226) 양경승, 전게서, 19쪽.
227) CPR Part 27-29 참조.
228) 1999년의 민사소송규칙(CPR) 이전에는 구역법원(County Court)의 재판 절차를 규율하는 County Court Rules와 그를 제외한 나머지 법원의 재판 절차를 규율하는 Rules of the Supreme Court 두 개의 규칙으로 구분되어 있었다. 황승태·계인국, 전게서, 180쪽.

하여야 한다. 소송에 들어가기 전에 당사자나 변호사에게 분쟁을 해결하는 노력을 하도록 의무를 부여하는 영국 민사사법제도는 재판에 부쳐지는 분쟁을 줄이고 그 전 단계에서 해결을 유도하며 재판은 최후의 수단이 되게 하기 위해 얼마나 신경을 쓰고 있는가를 알 수가 있다.

영국은 CPR하에서 소송 전에 취해야 할 행위나 의무를 소송 전 프로토콜(pre-action protocols)과 소송 전 행위(pre-action conduct)로 규율하고 있다.[229] 개별 사건 유형에 따라 소송 전에 정보를 교환하기 위하여 밟아야 할 절차를 규정하는 것이 소송 전 프로토콜이고, 소송 전 프로토콜이 적용되지 않는 나머지 사건에 대해서 시행지침(practice direction)에 근거하여 적용되는 것이 소송 전 행위이다. 2013년 기준으로 소송 전 프로토콜에 해당하는 청구 사건의 종류는 건설 청구(construction and engineering claims), 명예훼손 청구(defamation claims), 신체 손상 청구(personal injury claims), 의료분쟁 청구(clinical disputes claims), 직무상 과실 청구(professional negligence claims), 사법 서비스(judicial review), 질병 청구(disease and illness claims), 주택 파손 청구(housing disrepair claims), 집세 연체에 의한 인도 청구(possession claims based on rent arrears), 모기지나 주택 구입 연체에 기한 인도 청구(possession claims based on mortgage or home purchase plan arrears in respect of residential property), 임차 종료 시의 상가 건물의 훼손 청구(claims for damages in relation to the physical state of commercial property at termination of a tenancy), 육상 교통사고로 인한 신체 손상에 대한 소액 청구(low value personal injury claims in road traffic accidents), 고용주나 공공기관의 책임에 의한 신체 손상에 대한 소액 청구(low value personal injury (employers' liability and public liability) claims) 등 13개가 있다.[230] 이 유형에 들지 않는 사건들에 대해서도 그 당사자들은 민사소송규칙(CPR)의 목적과 소송 전 프로토콜의 기본 취지에 맞게 합리적으로 관련 정보나 증거를 교환하고 재판에 이르기 전에 해결할 수 있는 노력을 기울여야 한다. 그럼에도 불구하고 당사자들이 비합리적으로 임했을 경우에는 이 역시 법원의 제재의 대상이 될 수 있다.

그러면 소송 전 취해야 할 사항이란 구체적으로 무엇인가?[231] 우선 정보의

---

229) 상게서, 183쪽.

230) Quick Guide: Pre-action Conduct in English Courts, Ashurst LLP, 2013, p. 2 (www.ashurst.-com/doc.aspx?id_Resource=4656 참조).

231) *Id.*, pp. 3-4.

교환이다. 당사자들은 서로의 입장과 화해에 관한 결정, 어떻게 진행될 것인지에 대하여 충분한 정보를 주고받을 것이 요구된다. 두 번째는 ADR의 이용을 고려할 의무이다. 당사자들은 소송에 의지하지 않고 분쟁의 해결을 시도하고 그를 위해 ADR 사용을 고려할 것이 기대된다. 법원은 당사자들이 어떤 ADR 방식을 고려했는지 입증하라고 요구하기도 한다. 셋째는 비례성의 원칙이다. 당사자는 합리적이고 비례성의 원칙에 맞게 행동할 것이 요구되며, 당사자가 소송 전의 단계에서 지나치게 많은 시간을 허비하지 않도록 하자는 원칙이다.

2009년에는 PDPAC(Practice Direction on pre-action conduct)을 새로 두었는데, 이는 그 전의 Practice Direction on Protocols을 대체한 것으로서 프로토콜이 적용되지 않을 경우의 소송 전 절차에 대한 안내로서의 소송 전 행위(pre-action conduct)의 지침이 되며, 모든 사건에 적용되는 요건들을 규정하기도 한다.[232] 하지만 PDPAC은 합리적으로 준수되기를 요구하는 것으로 의무적(mandatory)이지는 않다. 만일 당사자가 PDPAC을 준수하지 않는다면 법원은 그에 대해 제재를 명할 것인가에 대하여 재량권을 갖는다. 그러면 소송 전 프로토콜과 PDPAC의 관계는 어떠한가? 특정 소송 전 프로토콜이 적용되면 그 관련된 프로토콜과 PDPAC의 규정을 함께 보아야 하며, 프로토콜의 영역에 해당하지 않는 사건의 경우에는 PDPAC이 적용될 소송 전 행위의 유일한 지침이 되는 것이다.

소송 전 규칙을 준수하지 않았을 경우에는 법원의 제재가 수반된다.[233] 이 경우 법원은 당사자가 실질적으로 위반했는지를 사건의 규모나 성격, 문제의 시급성 등에 근거하여 비례의 원칙에 따라 보며 미미한 해태는 무시된다. 불출분한 정보의 제공, 시간제한 내에 대응하지 않는 경우, ADR 절차에 비합리적으로 참여하지 않는 경우, 정당한 이유 없이 요청 받은 서류를 제출하지 않는 경우 등이 소송 전 규칙을 준수하지 않는 경우에 해당한다. 법원이 벌칙을 줄 때는 전반적인 상황을 고려하며, 소송의 아주 초기 단계에 그러한 위반을 판단한 경우에는 준수가 이루어질 때까지 소송 절차를 중지하기도 한다. 이러한 소송 전 절차에 대해서 비판도 있다. 소송 전 절차는 민사소송의 비용을 증가시키고 절차를 지연시킬 수 있다는 것이다. 당사자의 지나친 정보나 서류 요구는 절차를 지연시

---

232) *Id.*, p. 2.
233) *Id.*, p. 4.

킬 수 있을 뿐만 아니라 자신에 대한 방어용으로 오용되기도 하기 때문이다.

조정을 포함한 ADR은 당사자의 신청이나 법원의 제의에 의해 이루어지는데, ADR을 이용할 것인가에 대한 궁극적인 판단은 당사자의 재량에 달려 있다. 그렇다면 법원이 ADR의 이용을 명령 등을 통하여 강제할 수 있는가? 이에 대해 Halsey v. Milton Keynes General NHS Trust(2004) 사건에서 법원이 강력하게 권유할 수는 있어도 ADR 절차를 선택하기를 거부하는 당사자에게 강요하는 것은 유럽인권협약상의 사법에의 접근권을 침해하는 것으로 확인하였다.[234]

민사소송규칙(CPR)은 국민들이 분쟁해결을 위한 법적 절차를 보다 저렴하고 빠르며 쉽게 함으로써 사법에의 접근성을 높이자는 데 목표를 두고 있었다. 민사소송규칙(CPR)은 ADR을 영국 민사사법제도의 중심에 갖다 놓았으며, 민사소송규칙(CPR)의 핵심 정신도 ADR이 분쟁해결의 주된 방법이어야 하고 소송은 마지막 수단이 되어야 한다는 것이었다.[235] 따라서 영국에서 민사소송규칙(CPR)이 발효된 이래 ADR 절차가, 그 중에서도 조정의 이용이 현저하게 증가한 것은 당연한 수순이었다.

3. 영국의 ADR 기관

영국은 근대적 의미의 ADR 역사가 비교적 짧은 것에 비해서 ADR의 이용과 ADR 기관들의 운영에 있어서는 상당히 활발한 동향을 보이고 있다. ADR 기관에 의해 처리되는 다양한 분쟁들과 ADR 기관들 간의 건전한 경쟁들이 영국의 ADR에 대한 대중들의 인지를 넓히고 ADR의 발전에 크게 기여하였다. 영국에서 ADR은 상당히 발전되어 왔다고 할 수 있으며, 특히 민사나 상사 분야에서 중요한 역할을 한다. 영국에서 ADR 기관은 주로 자선기관이나 비영리기관의 형태로 운영되지만 점점 사업으로서도 커나가고 있다.

영국의 주요 ADR 기관을 살펴보면[236] 첫째, ADR Group은 1989년에 설립

---

234) 이로리, "ADR의 활성화와 법원의 역할-영국의 민형사 법원중개제도를 중심으로-", 경영법률, 2009, 494-496쪽.

235) Susan Blake, Julie Browne & Stuart Sime, *op. cit.*, p. 76.

236) Loukas A. Mistelis, *op. cit.*, pp. 196-201.

되어 조정을 전문으로 하는 기관이다. 은행, 보험 계약, 공증, 재무, 의료 과실, 신체 상해 등과 관련된 분쟁의 조정을 시행한다. 또한 조정 교육을 제공하는데 가족조정을 위한 특화 교육도 시행한다. 둘째, the Center for Dispute Resolution(CEDR)은 1990년에 설립되어 영국에서 가장 유명한 ADR 기관이자 ADR계를 이끄는 선도적인 국제적 ADR 기관의 하나이기도 하다. CEDR은 자사의 홈페이지에 스스로 세계에서 가장 큰 갈등관리 및 분쟁해결 자문회사라고 소개하고 있다.[237] 주로 상사 조정을 하며 2008년 500여 건, 2009년 600여 건, 2010년 600여 건의 조정 사건을 처리하였고, 설립 이후 지난 20여 년에 걸쳐 전 세계에서 약 4만여 명의 고객의 분쟁을 처리해 주었다.[238] 셋째, Mediation UK는 1984년에 Forum for Initiatives in Reparation and Mediation(FIRM)으로 출범하였으나 1991년에 Mediation UK로 명칭을 바꿨다. 결혼, 기업, 고용, 신체 상해, 의료 과실 사건을 취급하며 또 다른 중요 활동은 지역사회(Community) 분쟁해결이다. 그러나 Mediation UK는 2006년에 청산 절차에 들어갔고, 현재 Mediation UK의 홈페이지는 폐쇄되었다. 그 외 Advisory, Conciliation and Arbitration Service (ACAS), the Academy of Experts, ADR Chambers, ADR NOW, Midlands Mediation 등 많은 민간형 ADR 기관이 있다.

한편, 영국에서는 조정 서비스 기관의 품질을 관리하거나 조정에 대한 홍보 및 서비스 기관을 연결해주는 전국망을 가진 지원조직이 발달하였다. 민사조정협의회(the Civil Mediation Council: CMC)는 조정 서비스 기관, 독립적인 조정인, 학자, 법률 관련 단체, 정부 부처 등이 협력하여 2003년에 만든 조직으로서 2005년만 해도 19개의 조정 서비스 기관들만을 회원으로 유지하고 있었으나 현재는 400여 개인 및 기관 회원을 유지하고 있다.[239] 회원이 되기 위해서는 소정의 기준을 충족해야 한다. CMC는 조정 서비스 제공기관의 건전성을 유지하기 위하여 서비스 기관 인증제도(accreditation scheme)를 실시하기도 하였다.[240] 이는 법무성에서 조정서비스 기관의 품질을 인정해주는 기준으로 사용되었다. 전국조정지원라인(National Mediation Helpline: NMH)은 조정을 보급하기 위하여 2004년에 시

---

237) http://www.cedr.com/about_us/ 참조.
238) http://www.cedr.com/about_us/library/resolutions.php 참조.
239) http://www.civilmediation.org 참조.
240) http://www.civilmediation.org/downloads-get?id=442 참조.

범적으로 실시하다 2005년에 출범하였는데, 법무성은 민사조정협의회(the Civil Mediation Council: CMC)와의 협조로 NMH를 지원하였다. NMH는 직접 조정 서비스를 제공하지는 않고 조정제도에 대한 일반적인 질문에 응답하며 정보 제공과 홍보하는 역할을 하였으며, 상담자가 원하면 조정 서비스기관에 연결시켜주기도 했다.[241] 그러나 2011년 10월에 영국 정부와 법무성은 NMH를 종결시키고 그 대신에 온라인상에 법원 외부의 조정 서비스기관 리스트를 제공하고 있다.[242]

영국에서 조정인이 되기 위해서는 6일에서 10일간에 걸친 평가가 포함된 교육훈련을 받아야 한다. 상사조정에는 한 명의 조정인이 조정을 시행하는 경우가 많으며, 직장문제 조정이나 주민조정에는 두 명의 조정인이 하는 경우가 많다. 일부 유능한 조정인들은 어느 기관에 소속되어 있지 않고 독자적으로 활동한다.

그 밖에 중재를 비롯한 ADR 서비스를 시행하거나 교육을 시행하는 영국의 ADR 기관으로는 런던국제중재재판소(The London Court of International Arbitration: LCIA), 공인중재인협회(the Chartered Institute of Arbitrators: CIArb), 런던해사중재인협회(The London Maritime Arbitrators Association: LMAA), 민간엔지니어회(The Institution of Civil Engineers: ICE), 왕립공인감정평가사회(the Royal Institution of Chartered Surveyors: RICS) 등이 있다.

제3절 독일의 ADR제도

1. 독일 ADR의 발전 과정

독일에서는 전통적으로 국민들로부터 신뢰가 높은 법원과 법관에 의한 재

---

241) 김태홍, 사회갈등 해소를 위한 갈등관리제도의 구축 및 효율적 운영방안 연구, 한국여성개발원, 2005. 12, 203-205쪽.

242) http://www.civilmediation.justice.gov.uk/ 참조.

판을 통한 분쟁해결에 대한 자부심이 높았다. 또 영미권의 국가들보다 판결에 이르는 기간이 상대적으로 짧고 소송비용도 많지 않은 점 등을 이유로 화해 제도를 제외하고는 재판 외의 분쟁해결 방식에 대한 관심도 적었다고 한다.[243] 따라서 독일에서는 1970년대부터 있었던 미국의 이웃분쟁해결센터(neighbourhood justice center)운동이나 스칸디나비아 제국에서 발전한 옴부즈만 제도와 같이 주민이나 소비자들의 분쟁해결 과정에 시민들이 관여하기 시작한 것에 자극을 받은 1970년대 후반에 이르러 ADR에 관한 논의가 활발하게 되었다고 한다.[244] ADR에 관한 논의는 주로 고액의 절차비용과 장기화되는 절차기간, 법률 지식의 결여, 복잡한 법률전문용어, 절차와 심급에 대한 무지나 불안으로 인한 정의에의 접근 어려움을 개선해야 한다는 주장들이 포함되었다.[245] 또한 ADR에는 모든 당사자들이 포괄적인 토론을 할 수 있도록 하고 깊이 내재되어 있는 분쟁의 원인을 찾아 해결하는 것이 중요하였다. 특히 기업을 둘러싼 분쟁의 해결은 절차를 공개하는 것보다 비공개로 진행하는 것이 바람직하다는 측면이 있고, 일반 시민의 소액사건에 대해서는 가능하면 간소한 방법으로 저비용이면서도 신속하게 해결하려는 실제상의 필요성이 있었다.[246]

1977년에 법사회학회에서 '대체적 분쟁해결 방식'에 관한 토론을 개최하였고, 1979년에는 Hessen에서 있었던 독일법관회의에서 연방헌법재판소의 Ernst Benda 재판관과 연방법원의 Gerd Pfeiffer 연방판사가 법원의 업무량 증가를 '불충분한 권리보호'라고 표현하면서 독일에서의 재판 외 분쟁해결제도에 관심이 쏠리게 되었던 원인을 법원의 사건 수 증가에 따른 업무 부담에서 찾아도 좋은가에 대한 문제 제기를 하였다.[247] 그 후 1981년 연방법무부의 주관으로 'Alternativen in der Ziviljustiz'란 주제의 학술대회가 열리게 되었다.[248] 1980년대에는 많은 학자들에 의한 민사재판의 대체성에 관한 연구가 활발히 전개되었다. 또한 1983년 개최됐던 민사소송법 국제회의에서 B. von Hoffmann 교수는 그의 논

---

243) 황승태·계인국, 전게서, 154쪽.

244) 三上威彦, "比較法的視点からみた わが国 ADRの特質 -ドイツ法から", ジュリスト, NO.1207, 2001, 66面.

245) Rottleuthner, "Probleme der Beobachtung von Arbeitsgerichtsverfahren" in: Alternativen in Ziviljustiz 1982, S. 146.

246) Hanns Prütting, "Schlichten statt Richten?", JZ 1985, S. 263.

247) 양병회, "ADR의 활성화를 위한 화해제도의 개선방안 - 독일의 변호사화해제도를 중심으로 - ", 민사소송, 제1권, 1998, 414쪽.

248) Blankenburg Gottwald(Hrsg.), Alternativen in der Ziviljustiz, Köln 1982.

문을 통하여 재판외의 분쟁해결제도를 소송의 의무적 사전절차로서 제도화하자는 주장에 대해 그 이점은 인정하면서도 재판 외 분쟁해결제도가 법원의 부담경감을 촉진하는 요소가 있다는 점에 대하여는 동의하지 않았다.[249] 그에 의하면 분쟁해결에 있어 재판 또는 재판 외의 분쟁해결제도를 이용할 것인지는 당사자의 판단에 맡기는 것이 좋고, 재판의 사전 절차로 재판 외의 분쟁해결제도를 도입한다면 법적 심문을 요구할 수 있는 헌법상의 권리가 침해될 수 있다는 것이다.

　법원의 업무 부담 가중이라는 것이 중대한 이슈가 되자 그에 대처하기 위하여 법원의 업무나 기능을 분배하는 것이 중요하다는 인식이 확대되었다. 그 일환으로 독일의 법무부는 '조정은 재판보다도 좋다(Schlichten ist besser als Richten)'는 책자를 통하여 ADR에 대한 계몽활동을 해 나갔다.[250] 이와 같은 법원의 업무 부담을 경감하기 위한 경향은 1974년의 지방재판소의 부담경감과 재판상의 의사록의 간소화에 관한 법률(Gesetz zur Entlastung der Landgerichte und zur Vereinfachung des gerichtlichen Protokolls), 1976년의 재판절차의 간소화와 촉진에 관한 법률(Gesetz zur Vereinfachung und Beschleunigung gerichtlicher Verfahren), 1990년의 사법간소화법(Rechtspflegevereinfachungsgesetz)을 거쳐 법원의 업무 부담을 덜기 위한 1993년의 사법부담경감법(Rechtspflegeentlastungsgesetz) 등 일련의 입법을 통하여 법원에 계속된 사건의 신속한 처리를 도모하여 갔다.[251] 1999년에는 재판소 외의 분쟁해결의 촉진에 관한 법률(Gesetz zur Förderung der außergerichtlichen Streitbeilegung vom 15. 10. 1999)을 제정하여 국가적으로 직접 ADR의 이용을 촉진하는 정책을 채택하게 되었다. 이 법률은 법원의 업무 부담 경감, 신속하고 저렴한 분쟁해결, 실질적이고도 지속적인 권리의 충족을 목적으로 하여 민사사건에 대해서 각 주에 있는 화해소(Gütestelle)에서의 화해를 의무적으로 민사소송에 전치하도록 한 것에 특색이 있다. 이러한 화해의 전치주의는 독일 ADR의 이용 건수를 크게 증가시키는 요인이 되었다.

　2001년에는 민사소송개혁법(Geset Zur Reform des Zivilprozesses)을 제정하여 분쟁의 화해적 해결, 1심의 집중 및 강화, 상소제도의 개편을 기하고, 이어서

---

249) 양병회, 전게서, 415쪽.
250) 三上威彦, 前揭書, 66面.
251) 上揭書, 67面;. Prütting, aaO., JZ 1985, S. 263.

2002년의 민사소송법 개정에서는 재판 외 분쟁해결의 장려를 위해 화해를 위한 변론, 법원 외의 화해, 서면화해제도 등을 도입하였는데, 노동법원 절차의 화해 선행제도를 모방하여 화해를 위한 변론제도를 채택함에 따라 법원은 법원 외 조정기구에서 이미 화해를 시도하였거나 화해를 위한 변론이 명백하게 의미가 없는 경우를 제외하고는 구술변론 전에 화해를 위한 변론을 개시하여야 한다.[252] 그런데 이러한 선행적 화해변론제도는 이 제도의 모델이 되었던 노동법원 절차와는 달리 절차의 초반에 당사자의 화해체결 의사를 기대하기가 어려워 지속적으로 폐지가 주장되어 왔다.

최근 2012년에 독일은 유럽연합의 조정지침에 의거하여 '조정 및 재판 외 분쟁해결 절차의 촉진을 위한 법(Gesetz zur Förderung der Mediation und anderer Verfahren der außergerichtlichen Konfliktbeilegung)을 제정하였다. 그동안 독일에서는 조정제도에 관한 일반법이 없이 법원의 소송 절차와 무관하게 행해지는 재판 외 조정, 소송 진행 중에 다른 기관에서 시행되는 법원 외 조정이나 수소법원이 아닌 법관에 의한 법원 내 조정 등 다양한 형태의 조정이 법적인 근거가 미약한 상태에서 시행되어 왔다.[253] 2012년 조정법은 그러한 상황에서 법원 내 조정에 관한 법적인 근거를 명확히 하였다는 점에 의의가 크다고 할 수 있다. 또 조정인에 대한 교육과 자격 부여 등에 대해 명시적으로 규정한 것도 이채를 띤다. 동 법에서는조정은 물론 옴부즈맨, adjudication, 미니 트라이얼, 조기중립평가 등의 다양한 분쟁해결 기법의 활용을 가능하게 하고, 실행력을 제고하기 위해서는 조정기법이나 기타 ADR 기법으로 분쟁을 해결한 경우에 비용을 경감하거나 면제해주는 방안을 도입하고 있다.[254] 독일 조정법은 연방정부로 하여금 5년 후 이 법의 영향을 평가하고 추가적인 입법조치의 필요성을 판단하게 하고 있다.

2. 소송 절차상의 화해제도

독일은 화해제도에 관하여 오랜 전통을 가지고 있었다. 일찍이 보통법 시대

---

252) 정선주, "2012년 독일 조정법의 내용과 평가", 민사소송 제16권 2호, 2012. 11, 415쪽.
253) 상게서, 417쪽.
254) 심준섭 외, 전게서, 128쪽.

의 민사소송에서 법관은 화해 권유의 의무가 있었고, 프로이센 사법제도하에서
도 화해 시도를 하도록 되어 있었다고 한다.[255] 1870년의 민사소송법에는 화해
절차에 대해 별다른 태도를 보이지 않다가 1924년 민사소송법 개정에서 간이
사건이나 소액 사건에 대해 의무적으로 화해를 제도화하는 듯하였으나 1950년
에 폐지되었으며, 1976년 개정에서는 소송 절차의 어떤 단계에서도 법관은 화
해 권고를 하도록 한 바 있다.[256]

　　1990년 민사소송법 개정에서는 사물 관할의 소가기준을 인상하여 단독판
사의 관할 확대, 소가의 인상에 의한 상소제한, 서면절차 및 증거신청과 증거조
사 절차의 간소화 등을 통하여 신속하게 소송절차를 진행시킬 수 있도록 하였는
데, 제1044b조를 신설하여 새로운 형태의 재판화해로서 변호사화해(Anwaltsvergleich)
제도를 도입한 것이 특징이라 할 수 있다.[257] 변호사화해 제도가 마련되기 전에
도 실무에서는 변호사들에 의해 화해가 이루어져 왔으나 이러한 화해는 소송
외의 화해였기 때문에 채무자에 대한 집행의 필요가 있게 되면 다시 법원에 소
를 제기하여 판결을 구해야 했다. 변호사화해 제도는 양쪽 당사자가 선임한 변호
사의 관여하에 성립한 화해에 대하여 화해 내용에 강제집행을 승낙하는 취지의
기재가 있으면, 당사자 일방의 신청에 따라 집행력을 부여하도록 한 것으로서 법
정에서의 재판에 대체될 수 있는 분쟁해결의 구체적이고 효과적인 대안을 제도
화한 것으로 평가된다. 이 제도는 무엇보다도 사법제도 개선을 통한 민사법원의
업무경감을 목적으로 하고 있으며, 번거롭고 절차가 어려운 소송 절차를 변호사,
공증인에 의해 분쟁을 해결하는 재판 외 민사 분쟁해결제도라 할 수 있다.

　　2002년에 개정된 민사소송법에서는 모든 심급의 법원은 소송 절차의 모든
단계에서 화해적 해결을 위해 노력하여야 한다는 기본 원칙을 선언하고 재판 외
분쟁해결을 강화하였다.[258] 이 법에 의하면 의무적인 화해 변론은 소송 외에서
ADR을 거쳤거나 화해의 가능성이 명백하지 않은 이상 본안에 관한 구술변론에
앞서 실시되어야 하며(ZPO 제278조제2항), 이를 위해 법원은 분쟁에 관하여 당사
자들과 토론하거나 심문할 수가 있다. 수소법원은 화해를 위해 사건을 수탁판사

---

255) 양병회, 전게서, 414쪽.
256) 상계서, 415쪽.
257) 상계서, 416-421쪽.
258) 양경승, 전게서, 29-31쪽.

나 수명법관에게 회부할 수도 있고, 법원 외 조정을 제안할 수도 있는데(ZPO 제278조제5항), 화해 교섭이 진행 중인 경우 당사자 쌍방의 신청으로 소송 절차를 중지한다(ZPO 제251조). 화해가 이루어지면 법원은 결정으로써 그 내용을 확인하게 되지만(ZPO 제278조제6항) 집행권원을 위해 따로 화해조서를 작성하여야 한다(ZPO 제160조제3항제1호). 화해가 성립하지 않은 경우에는 어떤 화해안이 제시되었고 거절 이유가 무엇인지 등 화해변론의 결과를 조서에 기재하여 심리의 자료로 한다(ZPO 제160조제3항제10호).

3. 소송 절차 외의 ADR제도

독일 ADR제도는 크게 법률에 근거하여 설치되는 ADR제도와 꼭 법률에 의하지 않고도 설치될 수 있는 ADR제도로 나누어 볼 수 있다고 한다. 또 법률에 근거하여 설치되는 ADR제도는 사전 이용이 의무화되어 있는 ADR제도와 그렇지 아니한 ADR제도로 구분할 수 있다. 이하에서는 三上威彦가「ジュリスト」에 정리·소개한 독일의 소송 절차 외의 ADR제도에 대하여 살펴보고자 한다.[259]

(1) 법률에 근거하여 설치되는 ADR제도

1) 사전 이용이 의무화되어 있는 ADR제도

법률에 근거하여 설치되는 ADR제도 중 사전 이용이 의무화되어 있는 것으로는 발명품에 관한 분쟁, 저작권사용료를 둘러싼 분쟁, 부정경쟁과 관련된 분쟁, 자동차사고보상기금에 관한 분쟁, 직업훈련 중의 분쟁, 사용자와 경영협의회 사이의 분쟁 등 다양한 것이 있다. 이 중 발명품에 관한 분쟁이나 저작권사용료를 둘러싼 분쟁해결을 위한 ADR기구에 접수된 사건의 대다수는 성공적으로 해결되고 있다는 보고는 있지만, 부정경쟁을 둘러싼 분쟁을 비롯한 여타의 분쟁의 ADR기구를 통한 해결에 대해서는 그 이용 빈도가 현저히 낮은 실

---

259) 三上威彦, 前揭書, 67-68面 참조.

정이라 한다.

2) 사전 이용이 의무화되어 있지 않은 ADR제도

① 중 재: 중재는 독일민사소송법 규정에 따라 당사자의 합의에 의해 제3자에게 분쟁해결을 위한 판단을 맡기는 제도이다. 지속적인 경제활동을 하고 있는 기업에 있어서 대부분의 중재판정이 강제집행까지 갈 필요도 없이 당사자에 의해서 임의로 이행되는 측면에서 선호될 수 있으며, 특히 국제상거래에 있어서 더욱 필요한 분쟁해결 절차라 할 수 있다. 그러나 일반 시민에게 있어서 중재는 흥미를 끌지 못하고 있는 것으로 여겨진다.[260]

독일 중재법은 1877년에 제정된 이래 민사소송법 제10편에 규정되어 왔으며, 본질적인 개정이 없이 유지되어 왔다. 몇 번의 개정 중의 대표적인 예로는 1930년의 외국 중재판정의 집행선고에 관한 개정과, 1986년의 국제중재의 요청에 부응하여 중재판정의 형식적인 유효 요건의 완화를 한 개정 정도라고 할 수 있다.[261]

독일 중재법은 비교적 중재를 지원하는 입장에서 출발하였고, 엄격한 법률 체계로부터의 자주성을 지지한 점에 특징이 있다.[262] 그러나 독일의 중재법은 국제중재 절차에 대해서는 거의 규정하는 바가 없었고 국제적 추세에 따라가지 못함으로써, 독일의 세계 경제적 위치에서 국제적 기준에 적합한 중재법의 개혁에 대한 필요성이 있었다. 이러한 요청은 국제기구의 중재법 제·개정 움직임과 스위스, 네덜란드, 오스트리아, 프랑스 등 유럽 각국의 대대적인 중재법 개정 동향, 1990년의 독일 통일과 함께 동독보다 뒤떨어진 서독의 중재법 현실에 대한 반성 등이 복합적으로 어우러져 이루어낸 중재법의 대개혁으로 UNCITRAL 모델중재법을 대폭 수용한 1998년의 새로운 중재법이 탄생하게 되었다.[263]

② 중개인(Schiedsfrau/Schiedsmann) 제도: 중개인제도는 각 주의 법률이라 할 수 있는 중개인법(Schiedsmannordnung)에 의해 규제되고 있으며 베를린, 헤

---

260) Prütting, aaO., JZ 1985, S. 264.
261) 장문철,정선주, 강병근, 서정일, UNCITRAL 모델중재법의 수용론, 세창출판사, 1999, 3, 57쪽.
262) 장문철, 현대중재법의 이해, 세창출판사, 2000, 9, 206-207쪽.
263) 장문철,정선주, 강병근, 서정일, 전게서, 57-61쪽.

센, 니드작센, 노르트라인베스트팔렌, 라인란트팔츠, 자아르, 슈레스뷔히홀슈타인 등의 주에서 도입하였다. 중개인은 경미한 형사사건 외에 민사 분쟁을 취급하지만 1910년에는 연간 사건처리 수가 221,000 건이었던 것이 1980년에는 3,000 건으로 떨어졌고 그 중 민사사건은 고작 887 건이었다 한다.[264] 따라서 중개인제도는 사실상 그 기능을 상실하였다고 볼 수 있다.

③ 함부르크의 공공법률정보 및 화해소(Öffentliche Rechtsauskunft-und Ver-gleichsstelle): 함부르크의 공공법률정보 및 화해소는 중개인제도가 없는 함부르크 주에서 그것과 비슷한 역할을 하고 있는 것으로 경미한 형사사건과 민사사건에 대한 분쟁해결을 맡았다.

④ 상공회의소 및 수공업회의소의 조정: 상공회의소와 수공업회의소 또는 각종 동업조합에 설치되어 있는 조정소(Schlichtungsstelle)에서 조정이 이루어진다. 도르트문트, 뒤셀도르프, 아우쿠스부르크, 프랑크푸르트, 부레멘, 함부르크의 각 수공업회의소에는 상설의 건축조정소(Bauschlichtungsstelle)가 설치되어 있다.

⑤ 노동관계 분쟁의 다양한 ADR: 직업훈련생과 지도자 사이의 분쟁에 대한 사전절차 규정, 종업원의 발명에 관한 법률에 의한 특허청에서의 중재소의 이용청구권 규정, 경영조직법에 의한 기업합의소 규정 등과 같이 다양한 ADR제도를 두고 있다.

⑥ 변호사회의 조정: 변호사회 내에 화해소(Gütestelle)를 두고 변호사끼리의 분쟁이나 회원인 변호사와 그 의뢰인과의 분쟁을 해결하게 하고 있다.

(2) 반드시 법률에 근거하지 않아도 설치할 수 있는 ADR제도

독일에서 반드시 법률에 근거하지 않아도 설치할 수 있는 ADR제도로는 각종 동업자조합 등에 의해 운영되고 있는 ADR을 들 수 있다. 자동차수공업회의 중재소, 라디오·TV 관련 기술자의 중재소, 중고차판매업자의 중재소, 건축가회의소의 조정소, 각 주의 의사회의 조정소 등이 그 예이다. 한편 동업자조합에 의

---

264) Prütting, aaO., JZ 1985, S. 264; 波多野雅子, "裁判と裁判外の紛争解決制度との關係", 判夕 610号, 1982.

한 것이 아닌 ADR제도로는 임대차조정소나 전자데이터 매체나 소프트웨어 등에 관한 분쟁을 해결하기 위한 ADR기구가 본의 독일상공의회와 상공회의소, 프랑크푸르트의 정보기술·법협회에 설치되어 있는 것 등을 예로 들 수 있다고 한다.[265]

4. 독일 ADR제도 발전의 장애요인

독일의 ADR제도는 그 수와 종류에 있어서 상당히 다양화되어 있다. 하지만 그 개별적인 제도가 그리 활발하게 이용되고 있는 것 같지는 않다. 독일의 ADR제도가 활성화되지 않는 요인에 대해 三上威彦은 다음과 같이 지적한 바 있다.[266]

(1) 소멸시효, 제척기간 또는 제소기간으로 인한 문제

ADR에 의해 분쟁해결을 하려고 할 때 시효기간, 제척기간 또는 제소기간이 지나버리게 되면 실제적인 권리행사가 방해받게 될 수 있다는 우려가 있을 수 있다. 이에 대하여는 특히 단기소멸시효가 정해져 있는 권리에 대해 ADR을 이용하는 경우 더욱 중대한 문제가 될 것이다. 독일에서는 몇몇 실체법에서의 ADR에 대하여 시효중단 효력을 인정하고 있기도 하지만, 제척기간과 제소기간에 대해서는 그러한 규정의 적용이 없기 때문에 당사자들이 ADR의 이용을 꺼릴 수 있다는 것이다.

(2) 소송비용부조의 문제

독일에서는 1981년에 소송비용부조법을 개정하여 권리의 행사에 따른 비용의 장해를 광범위하게 제거한 바 있다. 하지만 ADR은 그 대상에서 제외되어 있

---

265) 三上威彦譯, 比較裁判外紛爭解決制度, 1997, 43-50항 참조.
266) 三上威彦, 前揭書, 69-71面 참조.

으로로 ADR을 발전시키기 위해서는 비용을 지불할 능력이 없는 자에 대해 공적인 비용부조가 가능하게 하여야 한다는 것이다.

(3) 중립인의 중립성 및 독립성 문제

독일에서 ADR이 활성화되지 않는 또 하나의 큰 이유는 독일의 법원에 의한 권리보호가 잘 되어 있고 그에 대한 법원의 기능이 잘 작동되고 있다는 국민적인 신뢰에도 있다. 그에 비해 ADR에 대하여는 민사소송 절차에 비해 조정인 같은 중립인의 중립성과 독립성에 의문을 가지고 있고, ADR 절차의 비공개성도 문제시되고 있다. 예를 들면 의료과실에 관한 분쟁이 있는 경우 ADR제도를 설치하는 기관이 주(州)의 의사회라면 중립인의 중립성에 대한 의구심을 지우지 못하는 것과 같은 것이다.

제 4 절 프랑스의 ADR제도

프랑스의 ADR제도는 다른 선진 외국과는 다른 독자적인 특성을 가지고 200년 이상 발달하여 왔다. 1980년대까지 프랑스에서는 사법 절차가 너무 느리고, 비싸고, 복잡하다는 비판을 받아왔다. 이러한 상황에서 프랑스의 ADR제도인 MARC(Modes Alternatifs de Règlement des Conflits)가 발전하기 시작하였다. 프랑스식 ADR인 MARC에는 합의권고, 화해, 조정, 중재 등을 포함하고 있는데, 1989년 1월 Jacques Larché 상원의원이 제출한 법률안(La proposition de loi du 11 janvier 1989), 1989년 4월의 정부제출 법률안(Le projet de loi du 26 avril 1989) 및 1995년 2월 8일의 법(Loi n° 95-125 du 8 février 1995 relative à l'organisation des juri-dictions et à la procédure civile, pénale et administrative)에 의하여 정립되기 시작하였다.[267] 이 가운데 ADR제도를 규정한 가장 핵심적인 법이 1995년 2월 8일의

---

267) 원용수, "프랑스 ADR제도의 특성", 지역학논집, 제8집, 숙명여자대학교 지역학연구소, 2004,

법으로 평가된다. 이 법은 82개 조문으로 구성되어 있는데, 사법적 화해 및 조정을 규정하고 있다. 또 소송 전 조정 내지 소송 중 조정 회부 및 그 절차 등을 규정하였다(이것은 1996년 7월 22일 decree에 의해 민사소송법전에 도입되었다).[268] 그 후 1998년 12월 18일의 법에서는 법률부조의 범위를 확대하고 일부 ADR에도 적용한다는 취지의 규정을 신설하였다.

프랑스의 ADR은 조정이나 중재에 관한 독립적인 법률을 제정하는 대신 민사소송법에 화해, 조정, 중재에 관한 규정을 두는 방식으로 되어 있다. 또 프랑스의 ADR은 노동법과 가족법에서 특히 중요한 역할을 하고 있다. 프랑스 ADR기관은 다수가 존재하는데, 가장 잘 알려진 것으로는 Paris 상공회의소에 의하여 설립된 CMAP(Centre de M'ediation et d'Arbitrage de Paris)이다. CMAP는 자체의 조정규칙을 가지고 있으며 시행령이 요구하는 자격을 가진 조정인 명부를 보유하고 있다. 또 국제적으로 명성을 가진 중재기관으로 국제상업회의소(ICC)의 국제중재법원(the International Court of Arbitration)이 있다.

1. 화해제도[269]

프랑스에서 화해(conciliation)는 1789년 프랑스 대혁명 시기에 처음으로 제도화되기 시작하였는데 그 당시 분쟁해결의 이상적인 방법으로 여겨졌다. 1790년 8월의 법(La loi des 16-24 août 1790)은 처음으로 보통의 민사법원 관할에 속하는 모든 사안에 대하여 의무적 화해절차를 규정하였다.[270] 이에 따라 직업적 법관이 아니고 형평의 원칙에 의해 판결하는 치안판사(juges de paix)가 관습상 화해를 예비적 분쟁해결의 차원에서 활용하다가 1855년부터는 법에 근거한 화해를 이용하기 시작하였다. 화해를 시도하고자 하는 민사판사에 대한 의무 조항

164-165쪽.

268) 프랑스는 2012년에 이 법의 조정 부분을 다시 개정하였다.

269) 프랑스의 ADR과 관련하여 conciliation과 médiation을 어떻게 해석할 것인가에 대하여는 통일되어 있지 않다. 전자를 '조정' 후자를 '중개'라고 하는 입장이 있는가 하면, 각각 '조정'과 '알선' 또는 '화해'와 '조정'이라고 하는 경우도 있다. 여기에서는 원용수의 논문을 참조하여 인용하고 있으므로 그에 따라 conciliation과 médiation을 각각 '화해'와 '조정'이라고 하고자 한다.

270) 원용수, 전게서, 166-167쪽.

은 1906년의 프랑스 민사소송법에 처음으로 규정되었다.[271]

그러나 20세기 초에는 이러한 의무적 화해제도가 쇠퇴하게 되었고, 1940년
대와 1950년대에 프랑스 사법부에 대한 신뢰도가 증가함에 따라 법적 요건으로
서의 화해제도가 포기되었다.[272] 하지만 실무적으로 화해는 사법부에 의하여 많
이 이용되는 현실이었고, 프랑스 민사소송법 제21조는 임의적 화해를 민사판사
의 임무중 하나로 규정하였다.

1970년대에는 재판외의 화해(La conciliation extrajudiciaire) 제도를 옹호하는
움직임이 나타났는데, 사법부의 개입 없이 분쟁 당사자 간의 화해 시도를 법관
이 아닌 사법화해인(conciliateurs judiciaires)이 감독하게 되었다. 이러한 사법 외
적 화해제도는 사법부의 우려에도 불구하고, 단체협약(노동법 제523-1조), 지주
와 임차인 간의 분쟁(1989년 7월 6일의 법), 개인파산(1989년 12월 31일의 법, 후에
1992년 2월 8일의 법에 의하여 개정됨)의 경우와 같이 특수한 형태의 화해가 제도
화된 경우에 더욱 성공적이었다.[273] 최근에는 화해제도의 사법적 성격을 강화
하여 1995년 2월 8일의 법과 여러 관련 시행령은 판사의 감독하에 당사자 간의
예비적 화해를 시행할 제3자를 판사로 하여금 선임하게 하는 권한을 부여하고
있다.

화해는 다수설에 따르면 재판외의 화해(la conciliation extrajudiciaire), 재판상
화해(la conciliation judiciaire) 및 재판 관련 화해(la conciliation para-judiciaire)로
나누어진다.[274] 재판외의 화해는 판사 또는 사법부와 전혀 관련이 없는 화해로
서 절차의 형식에 따라 동의 화해 또는 특별 화해(la conciliation consensuelle ou
ad hoc)와 제도적 화해(la conciliation institutionnelle)로 나누어진다. 동의 화해 또
는 특별화해는 형식을 갖출 필요가 없이 당사자의 의사에 따라 자유로운 방식으
로 이루어진다. 이에 비해 제도적 화해는 특정 기관에 의하여 제정된 화해 규정
에 따라 이루어진다. 재판상 화해는 판사의 보호하에 법원 심급의 범주 내에서
이루어지는 화해이다. 재판상 화해는 법원이 선임하는 자발적 화해인(concil-
iateur bénévole)에 의하여 진행될 수 있으며, 모든 심급의 법원에서 언제나 이루

---

271) Emmanuel Gaillard & Jenny Edelstein, "Mediation in France", Dispute Resolution
Journal, Jan. 2001, p. 74.
272) *Id.*
273) 원용수, "프랑스의 ADR과 그 활용 현황에 관한 고찰", 중재연구 제17권 제1호, 2007, 102쪽.
274) 상게서, 104쪽.

어질 수 있다. 재판관련 화해는 재판외의 화해와 재판상 화해를 제외한 모든 화해로서 법원이 선임하는 화해인에 의하여 이루어지므로 법원과 간접적으로 관련성을 가지고 있다. 재판관련 화해는 관련 분야 전문가의 개입이 전제되는 제도적 화해의 특수한 형태에 해당한다고 한다. 소송 절차에서의 화해의 효력과 관련하여, 판사에 의한 화해 절차에서 합의가 성립하여 당사자들이 서명한 화해조서는 집행권원이 되며, 사법화해인에 의한 화해 절차에서 합의가 성립하여 사법화해인이 작성한 합의서에 대해 판사가 승인하면 그 합의서도 집행권원이 된다고 한다.275)

화해가 일반적으로 임의적 성격을 갖지만 의무적 화해제도는 일부의 재판관할에서 유지되어 왔다. 예컨대, 노동법 R 516-3조에 따라 노동법원에 제기된 분쟁에 대하여 예비적 단계로서의 화해나 민사소송법 제840조제1항의 소액사건 법원에서의 화해는 필수적이다.276) 또한 이혼이나 법정 별거가 불법행위나 공동생활의 종결로 인하여 추구되는 경우에는 가정법원에서의 이혼이나 법정 별거 소송에서 예비적 화해가 의무적이다. 그리고 피고용인에 대한 보수의 압류를 포함하는 분쟁에서도 제1심법원에서 시도된 화해가 요구된다.

ADR은 가족법의 영역에서 중요한 역할을 한다고 할 수 있는데 이혼 소송에서 화해는 많은 경우에 법정 소송에 앞서 필수적으로 이루어진다.277) 조정과 화해가 성공적으로 활용되는 기타 분야로는 소비자분쟁, 지주와 임차인 간의 분쟁, 이혼 또는 별거 시 부모의 방문권, 아이 양육분쟁 및 이웃 간 분쟁의 영역이다.278) 최근에는 상사 및 회사 분쟁에서도 화해의 장점을 인정하게 되었고, 1990년대에 들어서는 형사법 분야에서도 화해를 장려하게 되었다. 행정 분쟁의 경우 행정법원이 예비적 화해제도를 필수적인 것으로 하려는 시도에 대하여 강한 저항감을 보이고 있지만 점차적으로 그 이용이 빈번하게 되고 있다.279)

---

275) 황승태·계인국, 전게서, 206-207쪽.
276) 원용수, 전게서, 105쪽.
277) 상동.
278) G. Pluyette, "La médiation judiciaire en matière civile", Gaz. Pal. 1994, p. 1098.
279) Ch. Jarrosson, "La médiation et la conciliation: Essai de présentation", Droit et Patrimoine, décembre 1999, p. 39.

2. 조정제도

프랑스에서 조정(médiation)은 오랜 세월 동안 행해져 왔으나, 법으로 규율된 것은 1995년에 와서부터이다. 1995년의 법은 프랑스 법률 상 처음으로 조정(médiation)에 관한 규정을 두었다.[280] 프랑스의 조정제도는 크게 둘로 나눌 수 있다. 하나는 우리의 민사조정과 비슷한 법원에 의한 조정(court-annexed mediation)이고, 다른 하나는 당사자가 자율적으로 할 수 있는 계약에 의한 조정(contractual mediation)이다.[281] 조정은 기본적으로 모든 분야에 관한 분쟁에 대하여 할 수 있지만, 사법적 조정은 주로 민사·상사·가족·노동 분야에 국한되어 적용된다. 1995년의 법과 1996년 7월 22일의 관련 시행령에 의하면 사법적 조정(judicial mediation)은 선택적인 규정이고, 분쟁해결을 위해 당사자를 돕는 제3자인 조정인을 임명하는 데 있어 당사자의 동의가 필요하다.[282] 사법적 조정은 판사의 보호하에 법원의 심급의 범주 내에서 이루어지는 조정이다. 사법적 조정은 언제나 모든 심급의 법원에서 이루어질 수 있으며, 조정이 실패하면 재판 절차가 다시 진행되어 판결이 내려지게 된다. 민사소송법 조정 규정에 의한 법원 조정 외에 법원 외의 절차로서의 조정은 가사분쟁, 보험 및 금융을 비롯한 상사 분쟁에서 활용되나 실제 분쟁 현장에서 조정은 그리 활성화되어 있지 않은 것으로 보인다.[283]

파리 항소법원의 경우에 2000년 기준으로 사회 사건을 포함한 민사, 상사 재판 35,000개의 판결 중에서 185건만이 조정을 명령한 것으로 나타나고 있는데, 사법조정의 성공률이 50% 이상으로 비교적 높은 결과를 보였다고 한다.[284] 법원 외에서의 조정에 대하여는 그것을 규율하는 일반적인 규정은 존재하지 않으나 민사소송법에 따르면 법원 밖에서 수행된 조정의 집행을 위하여 당사자는

---

280) X. Tarabeux, "La pratique de la médiation judiciaire devant la Cour d'Appel de Paris", Droit et Patrimoine, Décembre 1999, p. 42 참조.

281) Katrin Deckert, Mediation in France: Legal Framework and Practical Experiences, Mediation: Principles and Regulation in Comparative Perspective, (Klaus J. Hopt and Felix Steffek Ed.), Oxford University Press, 2012.

282) 박노형 외, 전게서, 29쪽.

283) 상동.

284) Alain Lacabarats, The Role of mediation in French judicial practice, TIS198/3, p. 5.

고등법원의 재판장에게 집행영장을 청구할 수 있다.[285] 민사소송법 외에 민법에도 2002년 3월 4일 법에 의하여 판사가 분쟁 당사자에게 조정인을 권유할 수 있게 하는 규정이 포함되게 되었고, 민법의 2004년 5월 26일 이혼 개혁 관련 규정의 통과로 가사전문 판사가 당사자의 동의가 있으면 조정인에게 사건을 회부해 주거나 당사자에게 조정인을 만나도록 권유할 수 있게 하였다.[286]

2008년 5월 유럽 의회는 상사와 민사에 관한 조정지침을 발표하였다. 이 지침의 목적은 국경을 넘는 상사와 민사 분쟁을 해결하기 위하여 조정을 활성화 하고 유럽 전역에 걸쳐 합의에 이른 조정의 적용과 집행에 있어 통일성을 기하기 위한 것이었다. 반면에 EU회원국의 ADR법은 자국 내에서 발생하는 분쟁을 해결하는 데 적용된다. 이러한 유럽조정지침의 영향으로 프랑스의 민사, 상사 등의 계약에 의한 조정제도의 운용에 상당한 변형을 가져 왔으나 사법적 조정에는 크게 변화가 없었다고 한다.

(1) 민사조정제도

프랑스 법원에서의 조정은 민사소송법에 근거하고 있으며, 법원은 조정을 위해 상대편 당사자를 조정 절차에 부를 수 있다. 이 경우 당사자의 자발성을 중시하며 판사는 조정 절차를 명령할 수는 있으나 당사자의 의사에 반하여 사건을 조정에 회부할 수는 없다. 또 판사는 조정인을 선임할 권한을 갖지만 조정 절차에는 관여하지 않으며 당사자에게 조정안을 수락하도록 요구할 수 없다는 점에 유의해야 한다.[287] 조정의 대상은 분쟁의 종류에 관계없이 될 수 있으며, 분쟁의 전부를 조정의 대상으로 하거나 일부 쟁점에 대하여도 조정이 가능하다. 조정을 담당하는 조정인의 자격 요건은 민사소송법이 정하는 소극적 요건과 적극적 요건을 충족하여야 한다.[288] 소극적 요건으로는 형사벌을 받지 않아야 되고 행위무능력자나 자격상실의 대상이 된 적이 없어야 하며, 명예나 청렴 및 공

---

285) 박노형 외, 전게서, 30쪽.

286) 상동.

287) Laurent Jaeger, "Commercial mediation in France", Latham & Watkins, p. 3 (www.law-seminars.com/.../imedny%20m%2017%20Jaeger.doc).

288) 박노형 외, 전게서, 33쪽.

서양속에 반하는 행동을 한 적이 없어야 한다. 적극적 요건으로는 조정에 필요한 합당한 훈련이나 경험을 갖추어야 하며, 조정을 수행하는 데 있어 요구되는 독립성을 증명하기 위하여 조정실무 자격증을 구비해야 한다. 그런데 실제에 있어 조정인은 퇴직판사인 경우가 꽤 있는데, 일부 퇴직판사인 조정인은 조정에 대하여 경험과 이해 부족으로 권위적이거나 합의를 강요하는 경우도 있다고 한다.[289]

조정 절차를 진행하는 중에 조정인은 당사자에 대하여 지시 권한을 갖지 않지만, 당사자의 동의를 얻어 자발적인 제3자의 증언을 들을 수 있다.[290] 판사는 당사자의 요구가 있거나 조정인의 제의가 있으면 하시라도 조정을 중단시킬 수 있다. 사법조정에 의하여 분쟁이 합의에 이른 경우 판사는 당사자들에 의해 제출된 합의를 승인한다. 이 때의 합의는 프랑스 민사법원에서의 ex parte proceedings를 통하여 법원의 판결과 같은 효력을 갖는다.[291] 조정 절차에서 수집된 정보에 대하여는 후속 절차를 비롯한 어느 경우에도 인용되거나 공표되어서는 안 되며, 조정인은 조정의 합의 여부만을 판사에게 통보할 수 있고 조정 절차에서 알게 된 정보에 대하여는 보고하지 않는다.[292] 프랑스 최고 법원은 조정의 이행이 출소기간 규정의 적용을 정지시킨다고 결정함으로써 조정이 실패한 경우에도 후속적인 법적 소송을 제기하는데 장애가 되지 않도록 하고 있다.[293]

(2) 상사조정제도

상사조정은 민사조정처럼 민사소송법의 적용을 받는다. 상사조정은 법원 밖에서 할 수도 있고 법원에서 소송을 진행하다가 판사의 감독하에 시행될 수도 있다. 이 경우 판사는 공정하고 독립적인 제3자를 조정인으로 임명한다. 조정 절차는 3개월을 초과해서는 안 되며, 조정인에 대한 보수는 판사가 정하는데 당

---

289) Laurent Jaeger, *op. cit.*, p. 3.
290) 박노형 외, 전게서, 34쪽.
291) 상게서, 35쪽.
292) 상동.
293) Laurent Jaeger, *op. cit.*, p. 5.

사자가 부담하고 분쟁의 당사자는 절차를 진행시키기 전에 예비금을 납부하여야 한다.[294] 프랑스에서는 상사 분야에서 분쟁이 발생하였을 경우 조정을 이용하여 신속하면서도 우호적으로 해결해 나가기 위하여 2005년 11월 22일에 45개의 주요 기업들이 재정부의 후원하에 조정헌장(Charte de mediation Inter-en-treprises pour le Règlement des Conflits Commerciaux)을 채택한 바 있다.[295] 상사조정을 수행하는 주요 기관은 파리 상공회의소에 의해 1995년에 설립된 CMAP인데 연간 약 250건 내외(2005년에는 223건)의 상사조정을 처리하는 것으로 알려지고 있다. 파리상사법원이 매년 6만-8만 건의 소송을 처리하는 것에 비하면 미약하지만, CMAP는 조정 성공률이 70%에 이른다고 하며 조정에 걸리는 기간은 보통 2-3개월로서 길어야 6개월 이내에 종결된다고 한다. 또 CMAP는 그 자체의 조정규칙을 보유하고 시행령이 요구하는 자격을 가진 조정인 명부를 유지하고 있어 전문적인 상사조정 수행기관으로서의 명성을 가지고 있다고 할 수 있다.[296] 프랑스 상사조정의 이용이 빠르게 증가하고 있지만 아직도 상대적으로 조정 처리 수가 적은 것은 프랑스에서 조정이라는 것이 비교적 최근에 도입되었고 아직은 전통적인 상사법원을 통한 분쟁해결을 선호하기 때문이다. 하지만 최근에 재무부나 법무부 같은 프랑스 정부가 조정을 적극적으로 지원하며 장려하고 있는 점은 프랑스 조정의 발전 가능성을 더해 주고 있는 대목이라 할 수 있을 것이다.

3. 중재제도

Craig에 의하면 국적이 다른 상인 간의 분쟁에 대한 중재(arbitrage)는 최근에 발전된 것이 아니다. 로마법에서 이미 중재인 제도를 두고 있었고, 상인들 사이의 분쟁해결제도는 상업 자체의 역사와 함께 오랫동안 궤를 같이 하고 있다고 할 수 있다.[297] 중재제도는 중세에 유럽의 상인들에 의해서도 널리 사용되었다. 중

---

294) 박노형 외, 전게서, 38쪽.
295) 상동.
296) Laurent Jaeger, *op. cit.*, p. 1.
297) W. Lawrence Craig, "Some Trends and Developments in the Laws an Practice of

세 시대 상인들이 다른 상인들과 상거래를 하는 곳에 시장이 형성되었는데, 특정한 시장에서 오래 머물 수 없기 때문에 상거래로부터 불가피하게 발생하는 분쟁을 빨리 해결하여 시장을 빨리 떠날 수 있고, 상인들 사이의 관계도 원활하게 하기 위한 분쟁해결 방안으로 중재제도가 발전하게 되었다.[298] 따라서 중재는 그 연원을 국제 상사분쟁 해결에서 찾을 수 있다고 할 수 있다. 중세의 상인단체가 국경을 넘나드는 상사분쟁을 해결할 수 있는 신속하고 공정한 방법으로서 중재를 발전시켜 온 것이다. 이 중재제도가 프랑스에 정착되게 되었으며, 프랑스에는 파리의 국제상업회의소 (Chambre Internationale de Commerce)가 국제적인 표준과 조화를 유지시키면서 중재제도를 발전시켜 나가고 있다.

프랑스는 과거 1806년의 민사소송법과 1807년의 상법이 제한된 범위의 중재를 허용하였으며, 당시에는 해운 보험이나 상사 기업과 관련된 분쟁만이 중재가 가능하였다.[299] 또 그 때는 대부분의 경우에 이미 발생된 분쟁에 대해서만 중재를 할 수가 있었다. 1980년과 1981년에는 민사소송법(CPC)에 전향적인 중재 조항들을 도입하는 개혁적인 시행령이 통과되었는데, 하나는 국내중재와 관련된 Decree No 80-354이고 다른 하나는 국제중재와 관련된 Decree No 81-500이다.[300] 이 두 시행령의 주요 목표는 당사자의 자치권을 확대하고, 중재 절차에 있어서 법원의 간섭을 제한하고자 함에 있었다.

2001년에는 국내 중재 합의와 관련된 민법의 조문을 개정하여 그동안 상사 문제에만 중재가능성(arbitrability)을 인정하던 제한을 제거하였다.[301] 그로부터 10년 후인 2011년에는 중재제도의 효율성을 높이고 프랑스 중재제도가 국제거래 당사자들로부터 더 매력적인 것으로 느끼게 하기 위하여 최신의 판례적 발전들을 반영하여 중재에 있어서 법원의 역할을 재정립하고, 중재판정에 대한 사법적 심사 절차를 간소화하는 등의 개혁을 단행하였다.[302] 2011년의 새로운 시행령은 국내중재와 국제중재를 구별하는 프랑스 중재법의 이원적 특성을 유지하

InternationalCommercial Arbitration", 30 Texas International Law Journal 1, 1995, p. 5.

298) 원용수, 전게서, 108-109쪽.

299) https://eguides.cmslegal.com/pdf/arbitration_volume_I/CMS%20GtA_Vol%20I_FRANCE.pdf, p. 333.

300) *Id.*, p. 334.

301) *Id.*, p. 335.

302) *Id.*

되, 가장 진취적이고 중재친화적인 법을 지향하는 것으로 여겨진다. 프랑스의 중재를 규율하는 법령은 민사소송법이 중심이 되며, 보충적으로 민법과 법원조직법 등이 있다.

프랑스에서는 화해와 조정의 시도가 잘 되지 않으면 당사자들은 자신들의 분쟁을 중재에 회부할 수 있다는 규정을 두는 포괄적인 분쟁해결 협약을 이용하는 경우가 흔하지만, 그러한 조항이 항상 잘 활용되는 것은 아니며 가끔 중재, 화해 또는 조정이 혼동된다고 한다.[303] 그러한 경우에 명확하지 않은 분쟁해결 조항에 관하여 프랑스 법원은 당사자의 의향을 존중하여 결정한다. 일반적으로 프랑스 법원은 화해는 중재인의 임무에 포함되어 있는 것으로 생각한다.[304] 1984년에 파리 고등법원은 재판상 화해를 수반하는 화해는 중재의 자연스러운 결과라고 판결을 한 바 있다.[305]

제3의 중립인이 계속하여 화해인과 중재인의 역할을 하는 경우에 프랑스 법에서는 양자의 연속성에 대하여 명백히 금지하는 규정은 없다. 그럼에도 불구하고 프랑스 상사조정기관인 CMAP의 조정규칙은 조정인에게 계속적으로 중재인의 역할을 하는 것을 금지하고 있다. 또 민사소송법은 화해 또는 조정 시도 기간 동안 계속적인 재판절차에서 취하여진 입장에 대하여 조회하는 것을 금지하고 있다.[306] CMAP를 포함한 대부분의 조정 또는 화해기관들은 그와 유사한 제한을 둔다고 한다.

프랑스의 주요 중재기구로는 국제중재법원(International Court of Arbitration: ICC), 프랑스중재협회(French Arbitration Association), 프랑스중재위원회(French Commission on Arbitration), 파리국제중재단(International Arbitration Chamber of Paris), 파리해사중재단(Paris Maritime Arbitration Chamber)을 비롯하여 Paris, the Home of International Arbitration 등이 있다.

---

303) 원용수, 전게서, 108쪽.
304) 상게서, 109쪽.
305) C. A. Paris, 13 janvier 1984, Rev. Arb., p. 530.
306) 원용수, 전게서, 109쪽.

제2장 아시아의 ADR제도

제1절 일본의 ADR제도

일본에서는 법원을 비롯하여 행정기관이나 민간 부문에서 다양한 형태의 ADR이 존재하고 있다. 그런데 일본에서는 법원 조정 등은 많이 이용되고 있으나 민간 사업자가 실시하는 ADR은 일부를 제외하고 그 역할을 제대로 하지 못하고 있어 국민들의 일상생활 속에 민간형 ADR이 뿌리를 내리지 못하고 있는 점에서는 우리나라와 유사한 측면이 있다. 일본 ADR의 특색은 국가가 예산과 정보를 이용하고 전문가를 활용하여 저렴한 수수료로 실효성 있는 조정 서비스를 제공하고 있는 점에서 찾을 수 있다고 할 수 있다. 그러한 의미에서 일본의 행정형 ADR은 그동안 꾸준히 발전하여 왔다. 그에 비해 민간형 ADR은 교통사고와 같이 한정된 분야에서는 상당한 성과를 올리고 있고 변호사회의 중재센터, 공업소유권중재센터 등 민간형 ADR 기관이 등장해 왔지만, 오늘날의 다양한 분쟁에 대해서 충분한 대응을 하고 있다고는 할 수는 없다.[307]

한귀현은 일본에 있어서 ADR의 발전을 3기로 나누어 소개하고 있다.[308] 제1기는 전후부터 1970년대까지 가사심판법·민사조정법이 성립하고 독립행정위원회 등 행정형ADR(노동위원회 및 건설공사분쟁심사회 등)이 설치·개시된 시기로 본다. 이 시기에는 ADR이 사법제도상의 완충재로서 계몽적 사법정책과 전통적 윤리관에 기초하는 융화적인 조정이라는 2중 구조하에서 조정자는 분쟁당사자를 지도하는 역할을 수행하는 교화형 조정으로 본다.[309] 제2기는 1974년의 민사조정법 개정 전후부터 1980년대 말까지의 ADR의 법화, 전문가화와 정형화의

---

307) 笠井正俊, "比較法的視点から見た我が国ADRの特質-アメリカ法から", ジュリスト, N0.1207, 2001. 57-58面.

308) 한귀현, 행정상의 갈등해소를 위한 법제개선방안 연구, 한국법제연구원, 2004, 102-107쪽.

309) 棚瀬孝雄, "法化社會の調停モデル", 法學論叢 第126卷 第4, 5, 6號, 1990 참조.

시대로 나눈다. 이는 민사조정에 있어서의 조정을 변호사나 기타 분쟁해결에 전문적 지식과 경험을 가지고 있는 전문가에 의한 판단형 조정을 지향하는 것으로 본다. 또한 이 시기에는 공해문제, 소비자문제 같은 새로운 분쟁에 대하여 관할 행정청이 전문가를 활용한 ADR을 통해 행정적 구제(공해등조정위원회나 지방자치단체의 소비자창구 등)를 확대하기 시작하였다. 따라서 ADR이 행정에 있어서도 정책추진의 유효한 수단으로 이용되기 시작한 시기이다. 제3기는 1990년의 변호사회중재센터 설립 시기부터 ADR의 독자적 기능·역할이 모색되기 시작한 시기이다. 이 시기에는 일본 사회의 법화의 진전에 수반하여 과거의 교화형, 구제형 ADR에 대한 비판도 나오게 되었다. 절차 주재자가 재단적 조정을 통하여 합의를 강제한다든가, 반대로 절차 주재자의 소극적 조정으로 절차가 비효율로 흐른다든가, 절차 주재자의 중립성 문제나 절차의 불투명성으로 인한 제도의 불신, 분쟁처리의 획일화 등에 대한 비판이다. 이 시기는 당사자와 절차 주재자 간의 수평관계에 가치를 두고 당사자 간의 교섭과 자율성을 중시하는 대화형 조정 모델로 본다. ADR의 독자적 기능으로서 법 이외의 전문적 지식의 활용을 강조한 것도 이 시기의 특징이다. 그 외에 추가로 제4기를 예측하고 있다. 이는 ADR 기본법을 제정한 후의 시기로서 재판절차를 포함한 여러 가지 다양한 분쟁해결 절차가 총체적으로 사법기능과 연결되고, ADR의 법률상, 사실상 제도화의 진전과 함께 각 기관의 네트워크화에 의해 분쟁의 이종 혼합적 해결이 모색되는 단계로 본다.

이하에서는 일본의 ADR제도를 사법형, 행정형, 민간형 ADR로 나누어 살펴보고자 한다.

1. 사법형 ADR

(1) 사법형 ADR의 개요

일본 법원에 있어서의 ADR에는 민사조정과 가사조정을 들 수 있고, 우리나라와 같이 소송상의 화해와 제소전화해가 있다. 일본에서의 조정제도의 시작은

1922년에 시행된 차지차가조정법으로부터 시작되었으며, 그 후 소작조정법, 상사조정법 및 노동쟁의조정법과 1932년 금전채무임시조정법, 1939년 인사조정법, 1940년에 광업법의 개정법에서 광해배상조정이 시행되는 등 개별 법률에 기하여 조정제도가 발달하였다.[310] 2차 세계대전 후 1948년에 가사심판법이 시행되어 현행의 가사조정제도가 시작되었고, 1951년에 노동쟁의조정과 가사조정을 제외한 각종 조정법을 정리 통합한 민사조정법이 제정되어 현재의 민사조정제도가 정립되었다.[311] 일본의 2차 대전 이전에 초기의 조정제도는 크게 주목을 받지 못하다가 동경을 강타한 대지진으로 집주인과 세입자 사이의 분쟁이 급증하게 되고, 이 때의 조정제도가 정식 재판보다 더 신속하고 접근성이 용이하다는 것을 인지한 당사자들이 선호하게 되었다고 한다.[312] 조정이 이렇게 인기를 끌면서 연이어 소작, 상사, 금전채무 등에 조정이 도입되어 갔던 것이다. 당시의 조정의 증가는 통계적으로도 알 수가 있는바, 일본 전역에 걸쳐 법원에서의 조정 신청이 1928년에 15,224건에서 1935년에는 113,270건으로 7배가 넘게 증가하였는 데 비하여, 소송은 지방법원의 경우 1928년에 22,041건에서 1935년에는 20,150건으로 오히려 감소하였다.[313]

일본의 민사소송법상으로는 재판상 화해가 인정되는데, 당사자가 미리 법원이 제시하는 화해 조항을 수락한다는 취지의 서면을 제출하고 상대방이 변론기일에 출석하여 법원이 제시한 화해 조항을 수락하는 때에 화해가 성립하며, 제소전 화해 신청은 간이재판소에 하는데 제소전 화해 기일에 당사자 일방이 출석하지 않은 경우 법원은 화해가 성립하지 않은 것으로 간주할 수 있다.[314] 화해조서는 확정판결과 동일한 효력이 있다.

한편 일본의 사법형 ADR 중 특이한 것으로 일본 경제의 장기불황으로 채무변제에 대한 조정의 필요성과 유용성이 높아짐에 따라 지급불능의 우려가 있는 채무자 등의 경제적 회생을 위해 금전채무의 조정을 촉진하기 위한 민사조정법의 특례로서 1999년 제정되어 2000년부터 시행되는 '특정채무 등의 조정 촉

---

310) 최병록, "소송외적 분쟁해결제도의 활성화방안에 관한 연구", 사회과학연구(제13집), 2000, 327쪽.

311) 小島武司・伊藤眞, 裁判外紛爭處理法, 東京: 有斐閣, 1998, 68面.

312) Aya Yamada, ADR in Japan: Does The New Law Liberalize ADR from Historical Shackles or Legalize It?, 2(1) Contemp. Asia Arb. J. 1, 2009, p. 5.

313) *Id.*

314) 양경승, 전게서, 46-47쪽.

진을 위한 특정조정에 관한 법률'이 있는데, 이는 법원의 조정을 통해 채무액을 탕감하거나 변제기를 유예하여 줌으로써 채무자 갱생에 도움을 준다.[315]

(2) 민사조정제도

일본 법원 내에서 시행되는 민사조정의 대체적인 내용은 우리나라의 민사조정과 비슷한 상황이다. 제소전 조정과 소송중의 조정이 모두 인정되고, 조정은 조정담당판사, 조정관, 조정위원회, 수소법원이 하며 조정기관은 조정에 갈음하는 결정을 내릴 수 있고 조정의 성립으로 조정조서가 작성되면 재판상 화해와 동일한 효력이 인정되는 것 등이다.[316] 특히 일본은 2004년 이래 민사조정관(가사조정 사건의 경우에는 가사조정관) 제도를 운영하고 있는데, 이는 변호사 5년 이상의 경력자 중에서 최고재판소가 임명하고 임기 2년으로 비상근으로 일한다. 우리나라의 상임조정위원과 비슷하나 비상근인 점에 차이가 있으며, 2013년을 12월을 기준으로 일본 전체에 민사조정관 74명, 가사조정관 45명이 임명되어 있다.[317] 2015년도 4월 기준으로 민사조정위원의 수는 10,301명이며 그 구성은 변호사를 비롯하여 공인회계사, 세무사, 건축사, 부동산감정사 등으로 전문직업인의 참여가 다양하게 분포되어 있다.[318]

일본에서는 수소법원에서 직접 조정하는 경우는 매우 적고 사건을 조정전담부에 보내 처리하는데, 실무상 수소법원은 쟁점정리가 모두 끝난 후에 조정절차에 회부하며 증거조사가 끝났을 경우에는 민사소송법에 따라 이를 조정에 회부하지 아니한다고 한다. 또 일본은 1991년 민사조정법의 개정을 통하여 지대 또는 토지나 건물의 차임 증감 청구와 같은 일부 사건에 대해서는 조정전치주의를 채택하고 있는데, 이는 지료나 차임에 관한 전반에 관한 것이 아니고 경제 사정 등의 변동에 따른 지료나 차임의 증감이라는 매우 한정적인 분야에 국한하는 것으로서 조정을 촉진하기 위해 특별히 규정된 것이라기보다는 민사조정법 개정 이전부터 부동산감정사 등 전문지식을 가진 조정위원을 통하여 조정 전

---

315) 상계서, 49-50쪽.

316) 상계서, 47-50쪽.

317) 황승태·계인국, 전게서, 218-219쪽.

318) http://choutei.jp/about/chouteiiin/index.html 참조.

치를 하던 실무상의 관행을 입법에 반영한 측면이 있음을 유의하여야 한다.[319]

　　조정 사건에 관한 통계를 보면, 2010년도 기준으로 제1심 소송 수리 건수 839,494건 중에서 민사조정 신청은 87,808건이었고 가사조정의 경우는 140,557 건으로, 민사조정은 일반소송의 약 10%에 달해 과거에 비해 줄어들고 있는 반면 가사조정 비율은 늘어나는 추세에 있다고 한다.[320] 일본 최고재판소 사법통계 자료에 근거해 최근 제1심 민사소송 및 민사조정 사건의 접수 추이를 매 3년의 간격을 두고 분석해 보면, 소송은 2008년에서 2011년 사이에 가장 많은 접수 추이를 보이다가 2012년에서 2014년으로 가면서 다시 감소하고 있고, 조정은 2002년까지 두 자리 숫자의 증가세를 보이다가 2005년을 지나면서 급격하게 사건 접수가 감소하고 있음을 알 수 있다. 소송 사건 접수 대비 조정사건 접수 비율을 보면, 조정 사건 접수가 꾸준히 증가하여 2002년도 근처에서는 소송 사건 접수보다 조정 사건 접수 건수가 오히려 많을 정도로 조정이 활발하였으나, 2005 년도 이후 급격하게 감소하여 2014년도에는 소송 대비 조정 비율이 10%에도 미치지 못할 정도에 이르게 되었다.

〈표 2-5〉 제1심 민사소송 및 민사조정 사건의 접수 추이

연 도		1996	1999	2002	2005	2008	2011	2014
소송	건수	409,369	464,496	479,999	512,972	773,244	737,267	473,883
	증가율	9.8	13.5	3.3	6.9	50.7	-4.7	-35.7
조정	건수	165,099	263,498	489,948	322,982	150,158	74,891	43,855
	증가율	46.3	59.6	85.9	-34.1	-53.5	-50.1	-41.4
소송 대비 조정비율(%)		40.3	56.7	102.1	63.0	19.4	10.2	9.3

＊황승태·계인국(2016, 233-234쪽) 참조하여 재구성.

　　그런데 최근 6년간 간이재판소 조정 사건 처리 내역에 관한 통계를 보면, '조정 성립'과 '조정에 갈음하는 결정'을 조정 해결로 볼 때 아래의 표에서와 같이 민사조정의 경우에는 50-60%대의 해결률을 유지하고 있고, 특정조정의 경우에는 민사조정의 경우보다 높아서 60-80% 선의 해결률을 유지하고 있다. 다만 2010년

---

319) 황승태·계인국, 전게서, 225-226쪽.
320) 이마다 겐타로, "일본 ADR제도의 특징", 형평과 정의 제27집, 대구지방변호사회, 2012, 174쪽

대에 들어서서 최근으로 올수록 둘 다 해결률이 떨어지는 공통된 현상을 보이고 있음을 알 수 있다.

<표 2-6> 최근 6년간 간이재판소 조정 사건 처리 내역

연 도	구 분	합 계	해 결			조정 불성립	취 하	조정을 하지 아니하는 경우
			조정 성립	조정 갈음 결정	해결률			
2009	민사조정	48,795	16,331 (33.46)	11,791 (24.16)	57.62	13,707 (28.09)	6,547 (13.41)	174 (0.35)
	특정조정	60,984	810 (1.32)	48,129 (78.92)	80.24	936 (1.53)	10,338 (16.95)	719 (1.17)
2010	민사조정	51,425	15,932 (30.98)	14,947 (29.06)	60.04	13,653 (26.54)	6,156 (11.97)	221 (0.42)
	특정조정	31,115	518 (1.66)	23,821 (76.55)	78.21	512 (1.64)	5,720 (18.38)	490 (1.57)
2011	민사조정	52,814	18,209 (34.47)	14,639 (27.71)	62.18	13,244 (25.07)	5,352 (10.13)	320 (0.60)
	특정조정	13,458	329 (2.44)	9,731 (72.30)	74.74	339 (2.51)	2,805 (20.84)	238 (1.76)
2012	민사조정	43,915	14,931 (33.99)	9,836 (22.39)	56.38	13,228 (30.12)	5,026 (11.44)	178 (0.40)
	특정조정	6,217	167 (2.6)	4,145 (66.67)	69.27	253 (4.06)	1,534 (24.67)	106 (1.70)
2013	민사조정	38,829	13,494 (34.75)	7,345 (18.91)	53.66	11,961 (30.80)	5,311 (13.67)	159 (0.40)
	특정조정	3,843	178 (4.63)	2,345 (61.02)	65.65	173 (4.50)	1,037 (26.98)	99 (2.57)
2014	민사조정	37,252	12,917 (34.67)	6,260 (16.80)	51.47	11,179 (30.00)	6,165 (16.54)	145 (0.38)
	특정조정	3,406	183 (5.37)	1,925 (56.51)	61.88	280 (8.22)	963 (28.27)	51 (1.49)

* 황승태·계인국(2016, 238-239쪽) 참조하여 재구성(괄호 안은 %임).

(3) 노동심판제도

일본은 사법개혁의 일환으로 2004년에 노동심판법을 제정하여 노동사건을 법원에서 조정과 심판을 통하여 처리하는 특이한 제도를 두고 있다. 여기에서 노동 사건이란 노동자와 사업주와의 사이에 개별적인 노동관계에서 발생하는 민사 분쟁을 의미한다. 노동 심판은 지방재판소에서 관할하는데, 노동심판위원회는 재판관인 심판관 1인과 재판관 아닌 노동심판원[321] 2인으로 구성한다.[322] 노동심판위원회는 노동관계의 민사 분쟁에 대해 먼저 조정을 시도하고 조정이 성립되지 않으면 노동심판을 한다. 조정이 성립되면 민사조정법이 준용되어 조서에 기재된 합의는 재판상 화해와 같은 효력을 갖는다. 조정이 성립되지 않으면 노동심판을 하는데 이에 대해서는 2주 이내에 이의신청을 할 수 있고, 이의 신청에 의해 심판은 효력이 상실되지만 이의신청이 없으면 재판상 화해와 같은 효력이 발생한다. 한편 이의신청이 있으면 노동심판을 신청한 때에 소가 제기된 것으로 간주된다. 2006년 노동심판법이 시행된 이래 노동심판 사건 수가 증가하여 노동관계 소송보다 많은 사건이 접수되고 있지만, 노동심판제도가 활성화된다고 해서 노동관계 소송이 줄지는 않는다고 한다.[323]

2. 행정형 ADR

일본의 행정형 ADR은 2차 대전 이후 1940년대 후반에 미국법의 영향을 받아 불공정한 노동 관행과 노동 관련 분쟁의 해결을 위해 ADR을 이용한 것으로부터 시작된 것으로 알려지고 있다.[324] 1960년대에는 환경·소비자·공공 소란 등과 같은 사회적 문제 해결을 위해 ADR이 활용되었다. 일본에는 많은 행정기관들이 자신의 업무와 관련된 분쟁의 해결을 위해 ADR제도를 유지하고 있는데, 행정형 ADR은 행정기관에게 필요한 정보를 제공해주는 역할을 하고 있다고 한다. Yamada에 의하면, 행정형 ADR은 민간형에 비해 가해자인 기업이 소비자에 대해 보다 성실하게 분쟁해결에 임할 수 있게 감시하는 역할을 함으로써 소비자를 보호하는 효과가 크고, 규제 대상에 대하여도 어느 정도의 규제를 하는 것이 필요한가에 대한 기업이나 산업에 대한 정보를 획득하기가 수월한 이점이

---

321) 재판관이 아닌 노동심판원은 노동 분야의 전문적인 지식과 경험을 가진 68세 미만의 인사로 임명한다. 2014년 6월 기준으로 1,475명의 노동심판원을 확보하고 있다고 한다.

322) 황승태·계인국, 전게서, 243-245쪽 참조.

323) 상게서, 246쪽.

324) Aya Yamada, *op. cit.*, pp. 8-9.

있다는 것이다.[325] 또한 사법 절차에 비해 행정형은 무료이거나 저비용인 경우가 많다는 것도 장점에 해당할 수 있다는 것이다. 결국 일본의 행정형 ADR은 독립성이 인정되고 신뢰가 높으며 분쟁해결의 비용을 절감할 수 있는 유효한 방안으로 자리매김하고 있다는 것이다.

행정형 ADR에는 인사원, 특허청, 해난심판청과 같은 행정기관을 비롯하여 각 개별법에 근거해 설립된 분쟁조정을 위한 위원회가 설치되어 운영된다. ADR을 시행하는 대표적인 분쟁해결기구로는 공해분쟁처리법에 의해 환경분쟁을 해결하기 위해 설립된 공해등조정위원회를 비롯하여 전파감리심의회, 공정거래위원회, 중앙 및 지방 노동위원회, 증권거래등감시위원회 등이 있다. 노동위원회는 우리나라와 같이 행정위원회의 성격을 가지며, 공익·사용자·노동자를 각각 대표하는 동수의 위원으로 구성되어 노동조합과 사용자와의 사이에 발생하는 노동쟁의와 부당노동행위사건에 대한 조정을 맡는다. 건설업법에 의하여 건설 분쟁에 대해 알선·조정·중재를 실시하는 건설공사분쟁심사회는 건설부에 설치되어 있는 중앙건설공사분쟁심사회와 도도부현에 설치되어 있는 도도부현 건설공사분쟁심사회가 있다.[326] 건설공사의 도급에 관한 분쟁은 그 내용이 기술적인 사항을 많이 포함하고 있고, 도급계약에 관한 다양한 관행이 존재한다는 점에서 해결이 어려운 경우가 많은데, 공사완성인도청구, 하자보수청구, 미지불된 공사대금청구 등의 분쟁해결을 시행한다.

한편, 우리의 소비자분쟁조정위원회처럼 소비자 피해를 구제하고 소비자 분쟁을 해결하기 위하여 국민생활센터법에 근거하여 설립된 국민생활센터가 있다. 이는 1970년에 내각부 관할의 특수법인으로 출발하여 독립행정법인이 된 행정형 분쟁해결기관으로서, 소비자 불만의 상담에서 정보 제공과 개별 사건의 분쟁 처리뿐만 아니라 상품테스트를 통한 소비자 피해의 확대 방지 및 분쟁의 사전 예방 활동과 소비생활을 위한 교육연수 및 자격제도 운용 등의 기능을 수행하고 있다. 2008년에는 국민생활센터법을 개정하여 분쟁해결위원회를 설치하고 새로운 소비자분쟁해결제도를 시행하였다.[327] 그 주요 내용으로는 중요 소비

---

325) *Id.*, pp. 10-11.

326) 최병록, 전게서, 327-328쪽.

327) 고형석, "일본 개정 독립행정법인국민생활센터법상 대안적 분쟁해결제도", 법제, 2009. 1, 5-19쪽 참조.

자분쟁에 대하여 '화해의 중개'와 '중재'를 실시하여 분쟁을 처리하는 것이다. 여기에서 중요 소비자분쟁이란 동종의 피해가 다수자에게 발생하거나, 국민의 생명·신체 또는 재산에 중대한 위해를 발생시킬 우려가 있는 사건, 기타 사건이 복잡하거나 그 외의 사정으로 인하여 분쟁해결위원회가 실시하는 해결절차에 의하여 처리하는 것이 적당하다고 인정되는 소비자분쟁으로서 국민생활센터가 지정하는 것을 말한다.

'화해의 중개'는 중요 소비자분쟁에 대하여 중개위원이 당사자 사이의 교섭을 중개하고, 화해를 통해 분쟁의 해결을 도모한다. 중요 소비자분쟁의 당사자 쌍방 또는 일방은 위원회에 서면으로 화해의 중개를 신청할 수 있다. 중개는 1인 또는 2인 이상의 중개위원이 실시한다. 중개위원은 화해안을 작성하고 당사자에 대하여 그 수락을 권고할 수 있다. 화해의 중개와 관련하여 시효의 중단, 소송절차의 중지 규정을 두고 있다. 한편 '중재'는 중요 소비자분쟁의 쌍방 또는 일방 당사자가 중재위원회에 서면으로 청구할 수 있다. 일방 당사자가 중재를 청구할 경우 중재에 의하여 분쟁을 해결한다는 합의가 존재하여야 한다. 중재는 1인 또는 2인 이상의 중재위원이 실시하고, 중재위원은 중재법상의 중재인으로 본다. 위의 두 가지 분쟁해결 절차는 모두 비공개로 실시되고, 비용은 무료이지만 통신료, 교통비 등은 각 당사자가 부담하여야 한다. 그 외 소비자분쟁에 관하여 재판 외 분쟁해결절차를 실시하는 국가기관, 지방자치단체 및 민간사업자와의 협력과 제휴를 도모함으로써 분쟁의 실정에 적합하고 신속한 해결이 이루어질 수 있도록 하고 있다.

일본은 사법개혁을 추진하기 위해 1999년에 사법제도개혁심의회를 설치하고 2001년에는 내각에 사법제도개혁 추진본부를 설치한 후 그 사무국에 ADR검토회를 둔 바 있다. 그 때 ADR검토회가 배포한 자료에 의하면 일본의 주요 행정형 ADR 기관은 다음과 같다.[328]

<표 2-7> 일본의 주요 행정형 ADR 기관

· 공해등조정위원회 · 중앙노동위원회 · 선원노동위원회

---

328) http://www.kantei.go.jp/jp/singi/sihou/kentoukai/adr/dai1/1siryou_list.html 참조.

· 중앙건설공사분쟁심사회
· 공정거래위원회
· 인사원
· 특허청
· 해난심판청
· 전파감리심의회
· 국세불복심판소
· 증권거래등감시위원회
· 총무성관구행정감찰국 (예: 관동관구 행정감찰국)
· 법무국인권옹호부 (예: 동경법무국 인권옹호부)
· 국민생활센터 (소비자고충처리전문위원회)
· 공해심사회 (예: 동경도공해심사회)
· 지방노동위원회 (예: 동경도지방노동위원회)
· 인사위원회 (예: 동경도인사위원회)
· 건설공사분쟁심사회 (예: 동경도건설공사분쟁심사회)
· 동경도도시계획국건설지도부 건축분쟁조정위원회 및 건축분쟁조정실
· 수용위원회 (예: 동경도수용위원회)
· 개발심사회 (예: 동경도개발심사회)
· 소비생활센터등 (예: 동경도소비생활종합센터)
· 소비자피해구제위원회 (예: 동경도소비자피해구제위원회)
· 고충처리위원회등 (예: 도도부현, 정령시의 고정처리위원회등)

일본의 행정형 ADR의 특징에 대하여 정정화는 다음과 같이 소개하고 있다.[329]

첫째, 당사자의 자율성과 관련하여 공해등조정위원회의 예를 들면서, 이는 공해에 관한 피해에 대한 민사상의 분쟁을 알선·조정·중재 및 재정을 통해 해결하는데 알선이나 조정에 앞서 초기 단계인 진정을 통해 대부분의 분쟁을 해결하고 있다고 한다. 진정에서 해결되지 못하는 경우에도 대부분 조정 단계에서 타결되고 재정으로 넘어가는 비율이 16%에 지나지 않아 우리나라의 환경 분쟁에서 90% 이상이 재정을 통해 해결되는 것과 차이를 보인다고 한다. 하지만 당사자에게 조정위원 선임권을 부여하지 않고 있어 당사자의 자율성이 높지 않다고 한다. 또한 국민생활센터의 경우에도 조정 절차에서 중개위원이 인정하는 경우에만 당사자의 참여를 허용하고 있는 것 등을 볼 때 일본의 행정형 ADR은 당사자의 자율성이 높게 보장되는 편은 아니라는 것이다.

둘째, 조정인의 중립성 확보와 관련하여 국민생활센터의 경우 위원에 관한

정보공개와 함께 당사자에게 선임된 위원의 성명을 즉시 통지하도록 하고 위원에 대한 기피제도를 두고 있으며, 공해등조정위원회의 위원의 경우에는 5년 임기 보장에 독립적이고 준사법적인 지위를 주어 중립성을 보장하고 있음을 설명하고 있다. 그렇지만 우리나라의 경우 위원의 자격 요건을 법령에 상세히 열거하고 있음에 비하여 일본의 경우에는 '인격이 고결하고 식견이 높은 자'와 같이 구체성이 결여되고 있음을 지적하고 있다.

셋째, 조정인의 전문성과 관련하여 국민생활센터의 경우 위원의 법률적 지식이나 상품 등의 거래에 대한 전문지식이 있을 것을 요구하고 있지만, 위원의 전문성 강화를 위한 교육 프로그램이나 사후 평가 등에 대해서는 취약하다고 하고 있다.

넷째, 행정형 ADR의 경우 알선이나 조정은 민법상 화해의 효력이 있지만 구속력은 부여하지 않고, 중재는 확정 판결과 같은 효력을 주고 있다고 한다.

3. 민간형 ADR

(1) 민간형 ADR의 개요

山田 文은 일본의 민간형 ADR을 운영자·운영비 부담자의 관계, 변호사의 관여, 인접 법률전문직의 참여, 절차 이용계약의 유무 등을 기준으로 다음과 같이 분류할 수 있다고 하고 있다.[330] ① 산업형 ADR로서 가전제품 PL센터 등과 같은 PL센터, 전국은행협회 알선위원회 등과 같은 금융 ADR이 있고, ② 독립형 ADR로서 일본해운집회소나 일본상사중재협회 등과 같은 내부자 간의 분쟁해결, 오사카변호사회 민사분쟁해결센터 등과 같은 법전문직단체에 의한 ADR, 투자자보호단체나 NPO·자원봉사단체 등과 같은 그 외의 기타 ADR이 있으며, ③ 혼합형 ADR로서 교통사고분쟁처리센터 등과 같이 절차운영을 변호사회에 맡기는 유형이 있다고 한다.

---

330) 山田 文, "ADR(裁判外紛争解決手続)の現状と課題", 2008. 11 (http://www.courts.go.jp/osaka/vcms_lf/10401006.pdf 참조).

1890년에 마련된 일본의 중재법규는 과거에 민사소송법 제8편에 규정되어 있었으나, 새로운 중재법이 제정될 때까지 실질적인 개정이 없이 이어져 왔다. 비록 1890년에 중재법을 가지기는 했지만 일본의 민간형 ADR은 사법형이나 행정형보다는 그 출발이 늦다고 할 수 있다. 해운 분쟁의 해결을 위해 1926년에 중재기관이 설립되었으나 1950년대에 와서야 상사분쟁을 위한 국제중재기관이 출현하였으며, 그 밖의 민간형 ADR 기관은 주로 1990년대에 와서야 발달하였다.[331] 일본은 1999년에 내각에 사법제도개혁심의회를 설치하고, 종합적인 ADR제도 기반을 마련하기 위하여 2001년에는 사법제도개혁추진본부의 사무국에 ADR 검토회를 설치하여 구체적인 ADR 검토작업을 시작하였다.[332] 그 개혁 중의 하나로 일본은 1996년 민사소송법 개정 시 구 중재법 규정을 그대로 떼어내 공시권고절차 및 중재절차에 관한 법률에 담았던 것을[333] 2003년에 독립된 법으로서의 신 중재법으로 대체하였다. 그것은 일본의 경제규모와 세계경제에서 차지하는 위상을 고려해 볼 때 상거래에서 발생하는 분쟁해결을 위해 사용되는 중재의 이용 건수가 너무 적었고, 그렇게 부진한 중요한 이유 중의 하나는 일본의 중재법 제도가 너무 낙후되고 국제적 상거래 기준에 부합되지 못한다는 비판을 반영한 것이기도 했다.[334] 신 중재법은 조문을 쉽게 하면서도 국제적 표준에 따라 규정하는 등 UNCITRAL 모델중재법의 내용을 가능한 한 충실하게 반영하려고 하였다. 일본의 대표적인 민간형 ADR 기관으로는 일본상사중재협회, 해사중재위원회, 동경변호사회, 재단법인인 교통사고분쟁처리센터, 각종 소비자센터나 PL센터 등을 들 수 있다.

일본의 민간형 ADR은 두 가지 큰 특징을 가지고 있는데 하나는 변호사나 변호사단체가 민간형 ADR을 확산시키는 데 중요한 역할을 하고 있다는 점이고, 또 다른 하나는 기업과 소비자 사이의 분쟁을 해결하기 위하여 설립되고 그 분쟁과 관련된 기업이 속해 있는 협회나 단체에 의해 지원을 받는 'PL센터'가 활성화 되어 있다는 점이다.[335]

일본변호사회는 동경을 위시하여 히로시마, 나고야, 니가타현, 사이타마 변

---

331) Aya Yamada, *op. cit.*, p. 11.

332) http://www.kantei.go.jp/jp/sihouseido/report/ikensyo/ 참조.

333) 三木浩一, "仲裁制度の国際的動向と仲裁法の改正の課題", ジュリスト, N0.1207, 2001. 9, 51面.

334) JCA Newsletter, No. 15, 2002. 8, p. 2.

335) Aya Yamada, *op. cit.*, pp. 12-13.

호사회 등에서 각종 화해, 알선, 중재센터를 운영하고 있다. 한편 일본변호사연합회는 2001년 6월에 'ADR센터'를 설치하고, 2002년부터는 '중재통계연보'(후에 '중재ADR통계연보'로 변경)를 발행해 왔다. 이에 의하면 2012년도 기준으로 일본 각지의 변호사회 중재센터나 분쟁해결 센터에서의 사건 신청 건수는 1,046건 (2011년도는 1,370건)이었고, 분쟁의 상대방이 교섭 테이블로 나온 응낙률은 69.3%였으며 그 중에서 해결률은 57.2%에 이르렀다고 한다.[336) 재단법인 교통사고분쟁처리센터는 항공기나 선박 등을 제외한 육상운송 교통사고에 대한 합의, 알선 및 재정을 시행하고 있다.

　　1995년에 시행된 제조물책임법으로 제품의 결함을 원인으로 발생하는 분쟁해결제도가 강화되었는바 이로 인해 제품분야별로 전문적인 지식이나 경험을 활용하는 민간형 ADR이 확대되었다. 이에 앞서 통상산업성은 1994년 10월에 '제품분야별 재판 외 분쟁처리체제의 정비에 대하여'라고 하는 통달을 내고 민간주도형의 ADR 기관을 설립하도록 각 업계에 요청한바 있는데, 이러한 정부의 노력으로 의약품PL센터, 화학제품PL상담센터, 가스석유기기PL센터, 가전제품PL센터, 일본화장품공업회PL상담실, (재)자동차 제조물책임상담센터, 주택부품PL센터, 소비생활용PL센터, 생활용품PL센터, 일본 자동차수입조합소비자상담실, 방재제품PL센터와 같은 민간형 ADR 기관인 PL센터 등이 설립되었다고 한다.[337)

　　일본에서 민간형 ADR의 발전이 부진한 것은 우리나라와 비슷한 사회적 환경 때문으로 생각된다. 우리나라와 마찬가지로 일본에서도 개인이나 기업이 관련된 분쟁은 공신력 있는 국가기관과 같은 공적인 기관에서 결정해줘야 한다는 국민들의 의식, 재판의 결과에 대한 확실성과 집행 가능성, 예측 가능성의 문제 등이 민간형 ADR의 발전을 더디게 하는 요인이 되고 있다고 할 수 있다.

　　한편 2001년에 사법제도개혁 추진본부 사무국에 설치한 ADR검토회가 배포한 자료에 의하면 일본의 주요 민간형 ADR 기관을 다음과 같이 나열하고 있다.[338)

---

336) 仲裁ＡＤＲ統計年報(全国版), 日本弁護士連合会ＡＤＲ(裁判外紛争解決機関)センター, 2013 참조.
337) 최병록, 전게서, 329-330쪽.
338) http://www.kantei.go.jp/jp/singi/sihou/kentoukai/adr/dai1/1siryou_list.html 참조.

<표 2-8> 일본의 주요 민간형 ADR 기관

- (사) 국제상사중재협회
- (사) 일본해운집회소
- (재) 교통사고분쟁처리센터
- (재) 일본크레디트카운셀링협회
- (재) 부동산적정거래추진기구
- 의약품PL센터
- 화학제품PL상담센터
- 가스석유기기PL센터
- 가전제품PL센터
- (재) 자동차제조물책임상담센터
- 주택부품PL센터
- 소비생활용제품PL센터
- 생활용품PL센터
- 청량음료상담센터
- 일본화장품공업연합회PL상담실
- 방재제품PL센터
- (사) 일본방문판매협회
- (사) 동경도대금업협회
- (사) 동경은행협회동경어음교환소부도어음전문위원회
- 동경곡물상품거래소분의조정위원회
- (사) 일본증권업협회
- 클리닝배상문제협의회
- 동경도치과의사회의사처리부위원회
- (사) 동경도택지건물거래업협회부동산상담소
- (재) 부동산적정거래추진기구
- (사) 일본광고심사기구
- 제2동경변호사회중재센터
- 오사카변호사회종합법률상담센터
- 니가타현변호사회합의알선센터
- 동경변호사회알선·중재센터
- 히로시마변호사회중재센터
- 요코하마 변호사 회 알선·중재센터
- 제1동경변호사회중재센터
- 사이타마 변호사회 합의알선센터
- 오카야마 중재센터
- 나고야변호사회알선·중재센터
- (재) 일변연교통사고상담센터
- 일본지적재산중재센터
- 분의조정위원회 (예: 동경변호사회분의조정위원회)

(2) 일본의 중재기관: 일본상사중재협회(JCAA)

일본의 대표적인 중재기관으로는 일본상사중재협회(the Japan Commercial Arbitration Association: JCAA)를 들 수 있다. 일본상사중재협회는 1950년에 경제단체의 후원으로 일본 상공회의소 안에 국제상사중재위원회(The International Commercial Arbitration Committee)라는 명칭으로 출발하여, 점증하는 국제거래에 부응하고 활성화를 도모하기 위하여 1953년에 상공회의소로부터 독립하여 현재의 일본상사중재협회로 재탄생하여 일본의 국제거래와 관련된 무역 분쟁의 예방 및 해결에 힘써왔다.[339] 일본상사중재협회는 다수의 법인, 단체 및 개인 회원으로 구성되어 있으며, 도쿄에 본부를 두고 오사카, 고베, 나고야, 요코하마에 각각 사무소를 두고 있다. 일본상사중재협회가 분쟁해결과 예방을 위해 제공하는 서비스로는 중재를 비롯하여 조정, 알선 및 상담을 실시하고 있다. 그 외 기업 거래에 필요한 법률 상담, 계약 및 무역 상담과 그에 필요한 자료를 수집하고 정보를 제공하는 역할을 하고 있으며, 일본상사중재협회의 기관정보지로서 'JCA 저널'과 'JCAA Newsletter'를 발행하고 있다. 특이한 것으로 일본상사중재협회는 1973년부터 ATA 까르네(carnets)를 발급하고 있다. 이는 ATA협약(물품의 일시 수입을 위한 통관증서에 관한 협약)에 근거하여 박람회 출품물, 작업 용구, 상품 견본 등의 물품을 외국에 일시적으로 반입하는 경우 ATA협약 가입국 간에 복잡한 통관 서류나 담보금을 대신하는 증서로서 통관절차를 신속하고 편리하게 하는 제도이다.[340]

그런데 일본상사중재협회는 일본의 경제 규모나 세계경제에서 차지하는 위상을 고려할 때 중재 등 사건을 처리하는 건수가 너무 적어 분쟁해결 기능보다는 기업 거래와 분쟁해결을 위한 조사 연구, ADR과 중재를 위한 세미나·강연회, 외국 ADR 기관과의 국제 교류 등을 통한 홍보나 교육 기능에서 더 의미를 찾을 수 있다고 할 수 있다. 일본의 중재 접수 건수는 협회의 창립 이래 1995년까지 평균 4.02건으로 1990년대 중반까지도 매년 10건을 밑도는 수준(1991년: 6

---

339) http://www.jcaa.or.jp 참조.
340) ATA 협약가입국 간에 ATA 까르네를 이용하면 부가적인 통관서류의 작성이 필요 없음은 물론 관세 및 부가세, 담보금 등을 수입국 세관에 납부할 필요 없이 신속하고 원활한 통관을 할 수가 있다. 우리나라에서는 대한상공회의소에서 이에 대한 발급을 담당하고 있다.

건, 1992년: 6건, 1993년: 3건, 1994년 4건, 1995년: 8건)에 그쳤다.[341] 2000년대에 들
어서서도 10건 전후의 수준(1999년: 12건, 2000년: 10건, 2001년: 17건, 2002년: 9건,
2003년: 14건)을 크게 벗어나지 못하는 실정이었으며, 2010년에 들어와서야 국내
외 중재 접수 건수가 20건을 돌파하는 실정에 있다. 특히 일본상사중재협회의
중재 접수 건수는 국제사건에 비해 국내 사건이 매우 저조한상태에 있는바, 이
는 일본 국민들의 중재에 대한 인식과 홍보가 제대로 정착되지 않은 것에 기인
한 것으로 보인다.

<표 2-9> 일본상사중재협회의 중재 사건 접수 건수

연 도	국제중재	국내중재	계
2006	11	-	11
2007	12	3	15
2008	12	-	12
2009	17	1	18
2010	21	6	27

JCAA Newslette No. 27, 2012. 1. 참조하여 작성.

4. 일본 ADR법의 개혁과 시행 현황

(1) 일본 ADR법의 개혁 배경과 추진과정

일본은 2003년에 사법개혁 계획의 일환으로 구 중재법을 신 중재법으로 대
체하였다. 그것은 일본의 경제규모와 세계경제에서 차지하는 위상에 비해 중재
의 이용 건수가 너무 적었고, 일본의 중재법 제도가 국제적 기준에 뒤떨어져
있다는 비판을 반영한 것이기도 했다.[342] 일본의 구 중재법은 1890년에 제정된
이래 100여 년에 걸쳐 실질적으로는 변화 없이 유지되어 왔었기 때문에 신 중
재법은 조문을 쉽게 하면서도 국제적 표준에 따라 규정하는 데 주안을 두었다.
이 법은 2004년 3월에 시행되었는데 UNCITRAL 모델중재법을 가능한 한 충실

---

341) JCAA Newsletter 참조.
342) JCA Newsletter, No. 15, 2002. 8, p. 2.

하게 반영하려고 하였으며 국제적으로 일본은 45번째로 모델법을 채택한 나라로 인식되었다.

또한 2004년에 일본은 '재판 외 분쟁 해결 절차의 이용 촉진에 관한 법률'을 제정하여 ADR촉진법을 마련하였다. 일본이 ADR법을 제정하게 된 배경에는 ADR 입법에 대한 세계적인 추세에 주의를 기울이고 그러한 동향에 부응하기 위해서였다. 山本和彦에 의하면,[343] 당시의 배경으로 독일은 1999년 민사소송법 시행법 개정에 의한 동법 15조 a에서 소액사건, 인인(隣人)분쟁, 명예훼손(매스미디어에 의하지 않은 것)에 대해 주법에 따라 조정전치를 의무화할 수 있도록 하는 제도를 도입하였다. 또한 프랑스는 1995년 2월 8일법에 의해 소송 전 조정 내지 소송 중 조정 회부 및 그 절차 등에 관하여 정하고, 1998년 12월 18일법은 법률부조의 범위를 확대하고 일부 ADR에도 적용한다는 취지의 규정을 신설하였다. 영국은 울프경의 권고를 기본적으로 채택한 1998년 민사소송규칙에서 ADR에의 회부, 소송절차의 정지, 비협력 당사자에 대한 비용부담 제재 등 ADR의 촉진에 대해 규정하고, 1996년의 가족법과 1999년 사법에의 Access법에서 조정과 조기중립평가 등의 ADR을 법률부조의 대상으로 포함하였다. 미국은 1998년 연방 ADR법에서 법원의 ADR이용촉진의무·당사자의 검토의무, ADR 담당자의 규율·비밀보호·보수, ADR 회부의 조건 등을 규정하고 있고, 나아가서 2001년에는 ADR 절차 내 정보의 개시가능성, 증거능력, 담당자의 비밀 준수 의무, 간이한 집행력부여 등에 관하여 규정한 통일조정법(Uniform Mediation Act)을 채택하는 등 세계적인 ADR법 발전 추세의 동향을 주시하였다. 게다가 국제적인 움직임으로 국제조정에 대해 UNCITRAL에서 모델법을 제정하는 움직임도 함께 고려하였다.

일본은 종합적인 ADR제도 기반을 마련하기 위하여 ADR 검토회를 설치하여 구체적인 ADR 검토작업을 시작하였다.[344] ADR 검토회는 ADR의 확충·활성화를 촉진하고 ADR의 재판절차와의 연계 강화를 위한 방안 모색 등에 초점을 두고 2002년 2월 5일부터 2004년 11월 8일까지 약 2년 10개월에 걸쳐 총 38회의 검토회의를 거듭한 결과 2003년에는 ADR에 관한 기본적인 법률을 제정할 경우의 주요 논점을 정리한 중간보고를 발표하였다. 그리하여 2004년 10월 12일에

---

343) 山本和彦, "ADR 基本法に関する一試論 −ADRの紛争解決機能の強化に向けて", ジュリスト, N0.1207, 2001, 26−27面.

344) http://www.kantei.go.jp/jp/sihouseido/report/ikensyo/ 참조.

'재판 외 분쟁해결 절차의 이용 촉진에 관한 법률(裁判外紛争解決手続の利用の促進に関する法律)'이 마침내 국회에 제출되어 통과되었다. 시행시기는 부칙 제1조에 의해 '공포한 날로부터 기산하여 2년 6개월을 넘지 않는 범위 내에서 정령으로 정하는 날로부터 시행'하게 됨에 따라, 나중에 정령으로 정한 2007년 4월 1일부터 ADR촉진법이 시행되게 되었다. 현재 일본은 동법의 시행령과 시행규칙까지 제정하여 시행하고 있다.

(2) ADR 검토회의 심의 경과[345]

ADR 검토회는 기존의 ADR 기관이나 이용자로부터 의견을 청취하고, 민간 ADR 기관에 대한 앙케이트 조사 등을 실시하여 현황 파악을 하였다. 그 결과 ADR이 충분한 기능을 하지 못하고 있다는 결론에 이르게 되고, 그 이유로는 ADR의 존재나 의의에 대하여 국민의 인식·이해가 충분하지 않고, 민간 ADR에 대한 정보가 부족하여 이용에 불안감이 있고 미흡하며, ADR을 적극적으로 이용하고자 하더라도 제도상의 제약이 장애로 작용하고 있다는 점을 인식하였다. 이러한 점을 감안하여 ADR 검토회는 ADR이 그 장점을 살리면서 활성화되기 위해서는 ① ADR에 관한 기본이념이나 국가 등의 책무, ② ADR의 공정성·신뢰성을 확보하기 위해서 ADR 기관이나 ADR의 담당자가 준수해야 할 규칙 명시, ③ ADR에 시효중단 효력 및 집행력 부여, ④ ADR에 관한 제도상의 제약을 해소하기 위한 ADR 이용의 촉진이나 재판 절차와의 제휴 촉진에 기여하는 법제의 정비, ⑤ 국제적 동향을 감안하면서 조정·알선 절차에 관해서도 일반적인 절차 규범을 정하는 법제의 정비 등 많은 과제를 검토할 필요가 있다는 결론에 이르게 되었다.

위의 검토 과제를 중심으로 2003년 8월에는 전반적인 추진 논점을 정리한 '종합적인 ADR의 제도 기반의 정비에 대하여'라는 중간보고서를 작성하였다. 그 후 사법제도개혁추진본부 사무국은 토쿄, 후쿠오카, 오사카 등 전국 6개 도시에서 설명회를 개최하였고, ADR 검토회에서도 ADR 기관이나 인접 법률전문 직종단체 등 관련 단체로부터 의견을 청취하였다. 한편 ADR 검토회는 ADR의

---

345) http://www.kantei.go.jp/jp/singi/sihou/enkaku.html 참조.

제도 기반 확충을 위하여 사법서사, 변리사, 사회보험노무사, 토지가옥조사원, 세무사, 부동산감정사, 행정서사와 같은 인접 법률전문직종이 ADR의 절차를 실시할 수 있는 위치에 있다는 점을 인식하고, 분쟁해결에 관한 전문적 능력을 가지는 그 외의 사람들도 폭넓게 활용해 나가는 것이 ADR 절차의 실시에 도움이 된다고 생각하여 ADR법에 인증 요건을 정비하게 되었다.[346] 또 ADR 확충을 위해서는 관계 기관 등의 제휴 강화가 중요하다고 보고, 'ADR의 확충·활성화를 위한 관계 기관 등의 제휴 강화에 관한 action plan'[347]을 마련하였다. 이는 관계 기관이 중점적으로 실시해야 할 시책으로서 ADR에 대한 국민의 이해와 촉진, ADR 기관에의 접근성 향상, 담당자의 확보·육성, 관계기관 연락협의회의 정비 지원 등을 내용으로 하였다.

(3) 일본 ADR법의 구성과 특색

일본 ADR법의 전체적인 구조는 제1장 총칙, 제2장 인증분쟁해결절차의 업무, 제3장 인증분쟁해결절차의 이용에 관한 특례, 제4장 잡칙, 제5장 벌칙으로 구성되어 있다. 이를 보다 세부적으로 살펴보면, 제1장 총칙에는 목적, 정의, 기본이념 등, 국가 등의 책무 등의 규정을 두고 있다. 제2장 인증분쟁해결절차의 업무에는 제1절 민간분쟁해결절차 업무의 인증에서 민간분쟁해결절차 업무의 인증, 인증의 기준, 결격사유, 인증의 신청, 인증에 관한 의견청취, 인증심사 참여원, 인증의 공시 등, 변경의 인증, 변경의 신고를 규정하고 있고, 제2절 인증분쟁해결사업자의 업무에서는 설명의무, 폭력단원 등의 사용의 금지, 절차실시기록의 작성 및 보존, 합병의 신고 등, 해산의 신고 등, 인증의 실효 등을 규정하였으며, 제3절 보고 등에서는 사업보고서 등의 제출, 보고 및 검사, 권고 등, 인증의 취소, 민간분쟁해결절차의 업무특성에 대한 배려 등의 규정을 두고 있다. 제3장 인증분쟁해결절차의 이용에 관한 특례에서는 시효의 중단, 소송절차의 중지, 조정의 전치에 관한 특칙 등의 규정을 두고 있고, 제4장 잡칙에서는 보수, 협력의뢰, 법무대신에 대한 의견, 인증분쟁해결절차의 업무에 관한 정보의 공표 등의 규정을 두고 있다. 제5장에서는 벌칙 규정을 두고 있고,

---

346) 정영수, "일본의 ADR법에 관한 소개", 중앙법학 제7집제1호(2005.2), 394-395쪽.
347) http://www.kantei.go.jp/jp/singi/sihou/pc/0729adr/seibi.html 참조.

마지막에 부칙을 두고 있다. 이러한 편제를 바탕으로 일본 ADR법의 체계를 도표화 하면 다음과 같다.

<그림 2-3> 일본의 ADR법의 체계

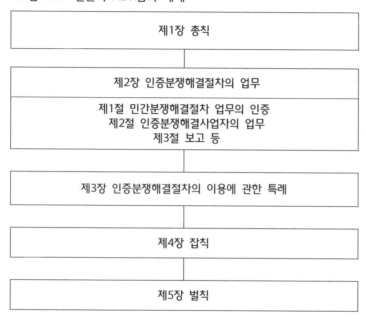

일본의 ADR법은 민간형 ADR 기관이 ADR 절차를 이용하여 공신력 있게 분쟁해결을 하고자 하는 경우 법무성장관의 인증을 받을 수 있게 하였다. 그러 나 이는 의무적이지 않으며 인증을 받지 않고도 ADR 서비스를 제공할 수는 있 다. 또한 시효의 중단 효력을 인정하였다는 점이 특색이다. 그동안 ADR 절차의 이용을 주저하게 된 이유 중의 하나인 ADR 절차의 이용 중에 시효가 완성될 우 려가 있어 안심하고 ADR을 이용할 수 없다는 지적을 반영한 결과였다. 이에 일 본 ADR법은 인증을 받은 ADR 기관을 이용하는 경우에 시효 중단의 효력을 인 정함으로써 ADR 절차의 이용 촉진을 기대할 수 있게 되었다. 다음으로 민사조 정법이나 가사조정법 상으로 특정 사건들에 대한 소송을 제기하기 전에 소정 신 청을 하도록 되어 있었는데, 이에 대해 ADR법은 조정 전치에 관한 특칙을 둠으 로써 인증을 받은 ADR 기관을 이용하는 경우에는 그 사건에 대하여 다시 조정 절차를 거치지 않고 바로 소송을 제기할 수 있게 하였다. 또 ADR의 활성화를 위

해 소송 절차의 중지제도도 도입하였다.

(4) 일본 ADR법상 인증제도 시행 현황

2004년 일본 ADR법이 통과되고 2007년 4월부터 시행에 들어간 시기를 전후하여 일본의 ADR계는 적지 않은 변화를 가져 왔다. 2004년에는 중재ADR법학회가 출범하여 ADR법의 개정, 제도 보완, 정책적 제안 등을 꾸준히 하고 있고, 2010년에는 ADR에 의한 분쟁의 원활하고 원만한 해결이 사회에 이익을 가져올 수 있다는 믿음하에 ADR에 대한 사회의 이해와 신뢰를 조성하고 ADR제도의 진흥을 도모하기 위하여 ADR에 관한 조사·연구 사업, ADR의 이용에 관한 홍보 및 계몽 활동, ADR 종사자에 대한 교육 등을 시행하는 일본ADR협회가 설립되었다.[348] 동 협회는 2012년 4월에 'ADR법의 개정을 향하여'라는 보고서를 통하여 ADR법의 개선 사항에 대한 제언을 하기도 했으며[349] ADR검토회의 보고서에 대하여 의견을 제시하기도 했다.

미국의 1998년 ADR법이 사법형 ADR을 입법화한 것이라면 일본의 2004년 ADR법은 민간형 ADR을 입법화한 것으로서, 특히 ADR을 시행하는 민간 사업자에 대한 인증제도는 동 법의 핵심이자 일본 ADR법의 특성을 반영하는 사항이라 할 수 있다. 따라서 일본 ADR법이 제정된 이래 민간 사업자에 대한 인증제도가 어떻게 운용되고 있고, 그 성과는 어떠한지를 살펴보는 것은 우리나라의 ADR 기본법 제정에 관한 논의에 있어서나 ADR의 확산·발전을 위해 참고가 되는 중요한 시사점을 줄 수 있다고 할 수 있다. 최근 일본의 ADR법검토회는 법무성장관에게 ADR법에 관한 검토 보고서를 제출하였는데,[350] 이 보고서의 내용을 보면 ADR법 시행 이후 ADR 인증사업자의 실적 추이를 파악할 수 있으므로, 이하에서는 이에 근거하여 일본의 현행 ADR 인증제도의 실태에 대한 분석을 해 보고자 한다.

먼저 아래의 표에서와 같이 일본 법무부성으로부터 인증을 받은 사업자는

---

348) 일본ADR협회는 2014년 4월 기준으로 29개 기관회원을 두고 있다. http://japan-adr.or.jp/-kaiin-top.html 참조.

349) http://www.japan-adr.or.jp/teigen.pdf 참조.

350) ADR법에 관한 검토회 보고서 (http://japan-adr.or.jp/000121361.pdf 참조).

ADR법 시행이 개시된 2007년까지는 10개에 지나지 않았으나, 2009년도와 2010년도에 크게 증가되어 2010년도 말에는 96개의 인증사업자가 되었고, 2014년 3월 기준으로 128개의 인증사업자가 존재하고 있음을 알 수 있다.[351] 인증사업자의 종류별로는 2011년 기준으로 사회보험노무사회, 사법서사회, 토지가옥조사사회, 행정서사회, 변호사회 등의 사업자단체가 전체의 78%로 가장 많은 비율을 차지하고 있다. 그 다음으로는 사단·재단이 많고, 다음으로 비영리단체의 순으로 되어 있다.

〈표 2-10〉 인증사업자 수 추이

	2007	2008	2009	2010	2011	2012 이후
사업자수	10	16	38	32	16	16
계	10	26	64	96	112	128

* '2012년 이후'는 2014년 3. 17일까지의 통계임.
* ADR법에 관한 검토회 보고서 자료를 참조하여 재작성함(이하 표 작성에서 동일함).

다음으로 인증사업자의 ADR 실적을 보면, ADR법 시행이 개시된 2007년에 분쟁해결 사건의 수리건수가 68건, 성립건수가 11건에 지나지 않았으나, 2008년도부터 크게 증가하기 시작하여 2010년부터는 1,000건이 넘는 분쟁해결 사건이 수리되었고, 성립건수도 2011년부터는 500건이 넘게 되었다.[352] 따라서 2007년 인증사업 착수 이래 인증사업자에 의한 분쟁해결은 누적으로 볼 때 2011년도 말 기준으로 4,157건이 수리되어 3,755건이 종료되고 그 중 1,474건이 해결된 것으로 나타났다.

〈표 2-11〉 인증사업자의 ADR 실적 추이

	2007	2008	2009	2010	2011	계
수리건수	68	721	887	1,129	1,352	4,157
종료건수	34	515	875	1.058	1,273	3,755
성립건수	11	208	339	415	501	1,474

---

351) 상게서, 52-53쪽.
352) 상게서, 54쪽.

인증사업자의 ADR 실적 중 분쟁해결 절차의 종료 내용을 보면,[353] 성립률은 첫 해에 32.4%(불응한 경우를 제외하면 42.3%)였던 것이 2011년도에는 약 40%(불응한 경우를 제외하면 51%) 정도로 증가하였음을 알 수가 있다. 분쟁해결 절차를 철회하거나 이탈하는 경우는 첫 해에 20%를 상회하였으나 제도화가 진전되면서 10% 전후로 낮아졌음을 알 수 있다. 한편 분쟁해결 상대방의 ADR 절차에의 참여는 분쟁해결의 시작점이자 분쟁해결의 가능성이라고 할 수 있는데, 상대방이 ADR 절차에 불응하는 비율은 20% 대에서 큰 진전을 나타내지 않는 것으로 보인다. 이러한 불응은 아직까지 일본에서 ADR에 대한 국민들의 인식이 부족하고 홍보가 더 필요한 데 기인한 것으로 생각된다.

<표 2-12> 분쟁해결 절차의 종료 사유

(단위: %)

	2007	2008	2009	2010	2011
성립	32.4(42.3)	40.4(53.1)	38.8(48.6)	39.2(53.8)	39.4(51.0)
가망 없음	23.5	26.8	30.5	23.0	26.2
철회 또는이탈	20.6	7.9	9.8	9.6	11.2
불응락	23.5	23.9	20.2	27.1	22.9
기타	-	1.0	0.7	1.1	0.3

* 괄호안의 숫자는 상대가 불응한 경우를 제외한 성립률임.

다음으로 상대의 불응을 제외한 인증사업자의 분쟁해결 절차의 소요기간을 보면,[354] 2007년부터 2008년 까지는 3개월 미만의 기간 동안에 분쟁해결 절차가 끝난 경우가 60% 정도였으나 최근으로 올수록 40%대로 하락하였는데, 이는 ADR 인증사업이 정착되어 감에 따라 더 복잡하고 어려운 분쟁해결을 의뢰하는 비율이 늘고 있기 때문인 것으로 보인다. 또 초기인 2007년과 2008년도에 6개월 이상 소요되는 비율이 5% 미만이었으나 2009년부터 10%를 넘어서고 있는 것도 역시 비슷한 이유에 근거하는 것으로 보인다. 전체적으로는 1개월 이상에서 3개월 미만의 기간이 가장 많은 비율을 차지하고 있고, 6개월 안에 종료되는 비율이 최근 85%가 넘어서고 있어 ADR 인증사업자의 분쟁해결 절차가 상당히 신속하게 이루어지고 있다고 평가할 수 있을 것이다.

---

353) 상게서, 55쪽.
354) 상게서, 56쪽.

<표 2-13> 인증사업자의 분쟁해결 절차의 소요기간

(단위: %)

	2007	2008	2009	2010	2011
1개월 미만	3.9	6.2	5.3	6.4	6.4
1개월-3개월 미만	61.5	60.6	41.7	46.8	40.8
3개월-6개월 미만	34.6	29.9	35.8	33.5	38.9
6개월-1년 미만	-	3.3	15.3	11.8	10.9
1년-2년 미만	-	-	1.9	1.5	0.1

다음으로 인증사업자의 분쟁해결 절차상 심리 횟수를 살펴보면,[355] 아래의 표에서 보듯이 1회로 종결되는 경우가 30-40% 사이에 있고, 3회 이내에 종결 되는 경우는 2009년을 제외하고 모두 80% 근처이거나 넘고 있어 대부분의 절 차가 3회 이내의 심리를 갖는 것으로 나타나고 있다.

<표 2-14> 인증사업자의 분쟁해결 절차상 심리 횟수

(단위: %)

	2007	2008	2009	2010	2011
1회	34.6	40.0	29.6	31.6	36.2
2회	26.9	28.7	25.9	28.1	31.7
3회	23.1	17.9	19.1	19.5	15.9
4회	7.7	6.6	10.8	8.8	7.1
5-10회	7.7	6.3	13.9	10.6	8.3
11회 이상	-	0.5	0.7	1.4	0.8

끝으로 인증사업자가 취급한 사건의 분쟁해결 금액별 분류를 보면,[356] 금액 을 측정하기가 어려운 사건이 상당히 높은 비율을 차지하고 있음을 알 수 있다. 그런가 하면 60만 엔 이하의 작은 금액의 비율도 상대적으로 높은 비율을 차지 하고 있다. 1억을 초과하는 큰 금액의 사건은 숫자적으로는 적지만 전체적으로 는 비교적 고르게 분포되어 있다고 평가할 수 있다.

---

355) 상동.
356) 상동.

<표 2-15> 인증사업자의 분쟁해결 가액별 분류

(단위: ¥,%)

	2007	2008	2009	2010	2011
60만 이하	20	17	15	17	18
60만-140만 이하	6	10	11	12	10
140-300만 이하	12	14	11	11	12
300만-1천만 이하	9	17	16	15	14
1천만-1억 이하	3	12	14	10	16
1억 초과	-	1	2	2	4
산정 불능, 불명	50	29	31	33	26

(5) 일본 ADR법상 인증제도 시행에 대한 평가

2013년 4월1 일부터 2014년 3월 31일까지의 최근 현황을 보면, 누적 사업자 수가 128개로서 1,121건을 접수받고 1,192건을 처리하였는바 처리 건수의 41.86%가 화해 성립되어 적지 않은 해결률을 보이고 있으나, 상대방이 분쟁해결에 응낙하지 않는 비율도 20%를 상회하는 것으로 나타나고 있다.[357] 인증제도 시행의 민사소송과 민사조정에의 영향과 관련하여, 일본 ADR법이 2007년 시행된 이후인 2009년부터 민사소송과 민사조정이 감소하는 것으로 나타나고 있지만 이러한 현상이 인증에 따른 민간기관의 분쟁해결에 기인한 것으로 단정하기는 어렵다고 볼 수 있는바, 이에 대해서는 인구 감소, 고령화, 과불금 등 사건의 감소, 특정조정의 감소 등에서 그 이유를 찾기도 한다.[358] 한편 ADR법 부칙 제2조에 따라 법률 시행 후 5년이 경과하면 이 법률의 시행상황에 관하여 검토하고 필요하다고 인정할 때는 그 결과에 근거하여 필요한 조치를 강구하도록 되어 있는바, 일본 ADR협회는 2012년 4월에 법무성에 동 ADR법의 개정을 위한 제안을 하였고 2013년에 설립된 ADR법에 관한 검토회는 2014년 3월 법무성에 ADR법의 개정을 위한 보고서를 제출한 바 있지만, 아직까지 동 ADR법의 개정에 대해 구체적인 조치는 없는 상황에 있다. 이러한 점들을 고려할 때 ADR법

---

357) 황승태·계인국, 전게서, 267쪽.
358) 상게서, 268쪽.

의 시행으로 인한 효과에 대한 판단과 개선 방안에 대해서는 보다 장기적이고 점진적인 접근이 필요할 것으로 보인다.

제2절 중국의 ADR제도

중국의 ADR제도는 오래 전부터 발달해 온 유교문화의 영향으로 인해 비공식적이고 비적대적인 분쟁해결의 전통에서 그 발전의 특징을 알 수 있다. 중국의 비적대적인 갈등해결 방식은 서로의 체면을 살려주고 나아가 거래관계도 지속되게 해 줄 수 있다는 측면에서 의미가 있다. 이러한 배경하에서 조정(conciliation)[359]이 중국에서 가장 많이 사용되는 분쟁해결 방식이라는 것도 자연스럽게 도출된다. 또한 중국의 재판이나 중재 과정에서 다양한 조정 형식이 사용되는 것도 이러한 배경을 바탕으로 한다. 따라서 중국의 ADR은 재판이나 중재와 결합된 혼합절차(hybrid processes)가 많이 활용되며 그 절차는 분쟁 당사자가 동의하면 궁극적으로 법적 구속력을 갖는 경우가 많다.[360] 이러한 혼합절차는 미국을 비롯한 서양의 ADR제도와는 성격을 좀 다르게 볼 필요가 있다.[361] 또한 법적 구속력을 가진다고 하여 계약상의 의무가 바로 집행될 수 있는 것은 아니고 당사자의 청구에 따라 법원에 의해서 집행될 수 있다.

그런데 중국에서 ADR이라 하면 제3자가 반드시 개입되는 것을 의미하므로

---

359) 조정이라 할 때 중국에서는 'mediation'과 'conciliation'을 혼용하여 사용하는 경우가 많다. 그러나 그것을 구분하는 경우에는 'mediation'이 분쟁을 해결하기 위해 분쟁 당사자의 실제적 관심이나 강점에 중점을 두고, mediator가 합당하다고 생각되는 안을 적극적으로 권유하지 않으며 단순히 당사자들이 스스로 합의할 수 있도록 돕는데 그친다. 이에 비해 'conciliation'은 mediation보다 당사자에게 개입을 더하여 해결을 유도한다는데 차이가 있다. 하지만 둘 다 당사자들에게 합의를 강요하지는 않는다는 점에서 공통점이 있다. Zheng Rungao, "ADR in P.R. China", SOFTIC Symposium 2002, p. 3 (http://www.softic.or.jp/symposium/open_materials/11th/en/RZheng.pdf) 참조.

360) 중국 ADR제도를 크게 나누면 재판이나 중재 절차와 혼합된 혼합절차(hybrid processes)와 ADR 기관에 의해서 시행되는 비혼합절차(non-hybrid processes)로 대별할 수 있다. *Id.*, p. 3.

361) Wei Yanming, New Development of ADR in China, (http://www.stf.jus.br/arquivo/cms-/sobreStfCooperacaoInternacional/anexo/BRIC_intercambio/China__New_Development_of_ADR_in_China.pdf 참조).

일반적으로 협상은 ADR에 해당되지 않는다고 생각한다. 그런가 하면 중재는 궁극적으로 중재판정을 통하여 집행이 가능하고 법적 구속력을 가지므로 ADR의 형태로 보지 않는 경우가 많고, ADR이라 하면 소송이나 중재를 대체할 수 있는 분쟁해결 절차를 의미하기도 한다.[362] 따라서 중국에서는 법원의 판결이나 중재판정에 대해서는 얼마나 효율적이고 효과적으로 집행할 수 있도록 할 것이냐 하는 문제가 입법부나 행정부의 주요 관심사항이다.

1. 사법형 ADR

중국의 사법형 ADR은 법원조정과 소송화해가 있다. 법원조정은 인민법원이 민사사건, 경제분쟁 관련 사건과 경미한 형사사건에 대하여 법원 내에서 하는 조정이다. 이에 비해 소송화해는 당사자가 재판 절차에서 자발적인 협의를 통하여 분쟁을 종결하기 위한 당사자의 처분행위를 말한다.

(1) 법원 조정

법원조정(Court Conciliation)은 민사소송법에 의하여 자원(自願)의 원칙과 합법의 원칙에 따라 당사자들이 자발적으로 합의를 도출하여 민사 분쟁을 해결하는 것을 말한다. 법원조정을 원활하게 하기 위하여 인민법원의 조정업무에 관한 규정과 간이절차에 대하여는 별도의 간이규정을 두고 있다.[363] 법원조정은 당사자의 자발적인 처분권과 인민법원의 재판권을 조화롭게 결합하여 운용되는 제도로서 기본적으로는 법원에 의해 시행되는 사법 활동이라 할 수 있다. 중국의 법원에서 판사는 민사 사건이 넘어오면 당사자의 의사를 존중하며 조정을 하려고 노력한다. 조정규정에 따르면 조정이 가능한 민사사건에 대해 법원은 반드시 조정을 진행해야 한다. 다만 독촉절차, 공시최고절차, 파산절차를 비롯하여 혼인이

---

362) Zheng Rungao, *op. cit.*, pp. 2-3.
363) 김호, 중국의 ADR제도에 관한 연구-한국 제도와의 비교-, 연세대학교 대학원 박사학위 논문, 2008. 6, 4쪽.

나 신분관계를 확인하는 사건 및 성격상 조정을 하기 곤란한 사건의 경우에는 제외하게 되어 있다. 조정의 진행은 공개재판의 원칙에 따라 공개로 진행하며 당사자가 비공개를 원하면 법원의 허가를 얻어 비공개로 할 수 있다.[364] 당사자가 합의하면 조정합의가 성립되고, 이를 조정조서에 기록하고 법원이 확인하면 조정합의의 내용에 따라 법적 효력을 갖게 된다. 당사자가 요청하여 조정합의의 내용에 따라 법원이 조정서를 작성하게 될 경우에는 당사자 쌍방이 서명하고 이를 수령하면 즉시 법적 효력을 갖는다. 상대방이 조정합의를 이행하지 않으면 당사자는 조정서를 기초로 법원에 강제집행을 신청할 수 있다. 법원조정은 당사자 사이의 법률관계를 확정하여 법원의 판결과 같은 효력을 가지며 그에 대해서는 항소할 수 없다.

(2) 소송화해

소송화해는 당사자가 소송 절차에서 자발적인 협의를 통하여 합의를 도출하고 분쟁을 종료하고자 하는 절차를 말한다. 법원조정이 민사소송법에 따른 절차에 의해 진행되어야 하는 것에 비해 소송화해는 전적으로 양 당사자의 의사에 따라 진행되는 것에 차이가 있다. 따라서 법원조정이 판결과 동일한 효력을 갖는 데 비하여, 소송화해는 판결과 같은 효력이라기보다는 한 쪽 당사자가 합의의 내용에 기초하여 소를 취하하는 방식으로 소를 종결시키게 된다.[365] 또한 소송화해는 법원조정과 달리 강제집행력이 없이 당사자의 의사에 의해 그 이행 여부가 좌우된다고 하겠다. 하지만 소송화해는 당사자의 자발적인 합의를 전제로 서로가 만족할 수 있는 결과를 도출하여 공통의 이해가 증진될 수 있다는 장점을 가지고 있다.

---

364) 상게서, 9-14쪽.
365) 상게서, 23-26쪽.

2. 행정형 ADR

중국의 행정형 ADR은 노동쟁의중재를 비롯하여 의료분쟁, 교통사고 및 환경 관련 분쟁 처리제도 등이 있으며, 중국 특유의 신방제도(信訪制度)가 있다.

노동쟁의중재제도는 1994년에 통과된 중국의 노동법에 노동쟁의 처리제도에 대한 규정을 둔 것과 2007년에 중국의 노동쟁의조정중재법을 제정함으로써 정립되게 되었다.[366] 노동쟁의는 노동계약 관계에서 고용주와 노동자 사이에 발생하는 권리관계의 분쟁을 말하는바, 노동쟁의중재는 노동쟁의중재기구가 당사자의 신청에 따라 중립적인 입장에서 조정을 하거나 재결을 하는 것이다. 노동쟁의중재기구로는 노동자 대표와 기업 대표로 구성되는 기업노동쟁의조정위원회와 성, 자치구 인민정부나 직할시 인민정부 등에서 설립하는 노동쟁의중재위원회를 들 수 있다. 당사자가 노동조정을 신청하여 조정합의를 이루지 못하거나, 조정합의를 이룬 후에 상대방이 의무를 이행하지 않는 경우에는 당사자는 법에 따라 중재를 신청할 수 있다. 당사자는 노동쟁의에 대하여 반드시 중재절차를 거쳐야 재판을 받을 수 있는데, 중재의 효과는 최종성을 갖지 아니하며 중재판정에 불복하는 경우 인민법원에 소송을 제기할 수 있다. 그러므로 노동중재는 최종성의 측면에서 상사중재와는 효과를 달리한다.

의료분쟁 처리와 관련하여 1987년에 국무원은 의료사고처리판법(醫療事故處理辦法)을 제정하여 의료사고의 감정과 사고 처리, 환자에 대한 배상, 책임 있는 자에 대한 처분 등을 규정하였는데, 2002년에는 의료사고처리판법을 대체하는 의료사고처리조례를 공포하여 의료사고의 유책자로 의료기관도 처음으로 인정할 수 있게 하였고, 과실로 인한 신체 손상에 대한 의료과실 행위를 의료사고의 범주에 넣는 등 의료사고의 범위를 확장하였다.[367] 의료분쟁이란 의료 과정에서 야기되는 의료제공 주체와 환자 사이에 발생하는 분쟁을 말하는데, 의료사고가 발생하면 당사자가 보건주무부처에 분쟁의 처리를 신청할 수 있다. 이 때 반드시 서면으로 신청하여야 한다. 분쟁이 발생한 경우 당사자 간에 협의를 통하여 해결이 잘 되지 않을 때 당사자는 주무부처에 조정을 신청할 수 있는데 인민법원에

---

366) 상게서, 30-37쪽.
367) 상게서, 40-45쪽.

직접 재판을 청구할 수도 있다.

중국에서 교통사고와 관련된 분쟁의 해결은 공안국 교통관리부에서 담당을 해 왔는데, 공안국 교통관리부는 조정과 행정결정을 결합하는 방식으로 사건을 처리하여 왔다.[368] 1991년에 국무원은 도로교통사고처리판법을 공포하여 정식으로 교통사고 처리제도를 확립하게 되었고, 2003년에는 별도의 도로교통안전법이 제정되었다. 2005년에는 도로교통안전법과 더불어 공안부의 교통사고처리공작규범(交通事故處理工作規範)이 시행되게 되었다. 교통사고와 관련한 분쟁이 발생하면 당사자는 공안국 교통관리부에 조정을 신청할 수 있는데, 조정을 거쳐도 당사자 간에 합의가 이루어지지 않거나 합의가 성립한 후 조정서의 내용을 이행하지 않으면 당사자는 민사소송을 제기할 수 있다.

중국의 환경과 관련된 분쟁의 해결을 위해서는 환경분쟁행정처리제도가 있다. 환경분쟁이 발생한 경우 당사자는 환경주무부처나 관련 부처에 분쟁해결을 신청할 수 있다. 환경분쟁의 행정처리와 관련된 법규는 환경보호법을 비롯하여 각종 오염방지법 등이 있다. 환경분쟁의 행정처리는 행정조정의 성격을 가지며 조정 합의가 성립되었다 하더라도 행정기관은 강제 집행을 할 수 없으며, 당사자도 인민법원에 강제집행을 청구할 수 없다.[369] 따라서 당사자가 조정 결과에 대하여 자발적으로 이행하지 않는 경우에는 인민법원에 민사소송을 제기할 수밖에 없다.

신방제도(信訪制度)는 사회주의적인 특성을 가지고 있는 전형적인 민원해결 제도로서 분쟁의 당사자들에게 좀 더 저렴하면서도 신속, 편리한 분쟁해결을 제공하는 중국의 특유한 제도이다.[370] 신방제도란 자신의 권리가 공권력에 의해 침해를 받았다고 생각하는 경우에 서신이나 직접적인 방문을 통하여 신방기관(信訪機關)에 권리의 구제를 신청하는 제도를 말한다. 국무원은 1995년에 신방조례를 제정, 공포한 바 있다. 신방기관은 현(縣)급 이상의 인민정부에 설치되어 전문적으로 신방업무를 처리하는 기관을 말하며, 신청인인 신방인이 제기한 신방 사건의 수리를 결정하고 신방사건을 처리하게 된다. 중국의 신방제도는 분쟁 해결에 있어 당사자의 편익을 도모하고 분쟁해결 비용을 절감시키며, 당사자에

---

368) 상게서, 48-51쪽.
369) 상게서, 53-58쪽.
370) 상게서, 62-73쪽.

게 필요한 정보와 자문을 제공함으로써 효과적인 분쟁해결 절차를 선택하게 하는 역할을 해 준다고 한다.

3. 민간형 ADR

(1) 조 정

중국 전통사회에서는 사법기능과 행정기능이 분화되지 않았고, 광대한 국토에 비해 관료의 수가 충분하지 않아서 사적인 분쟁의 해결은 마을공동체에 맡겨지는 경우가 많았다고 한다.[371] 일찍이 진나라에서는 5천 호 이상의 큰 향(鄕)에는 유질(有秩), 작은 향에는 색부(嗇夫)라는 관직을 두어 조세와 부역을 부과하고 민간 분쟁을 조정하게 하는 책임을 맡게 했다고 하며, 한나라의 한무제는 법률보다는 유교적 가르침을 우선하여 법률로써 시비를 가리기보다는 사전 조정을 선호하였다고 한다. 명나라에서는 '리갑노인(里甲老人)'이라고 하여 마을에서 존경을 받는 원로를 추대하여 경미한 분쟁은 반드시 이들의 판단을 거친 뒤에야 관청에 소송을 제기할 수 있게 하였으며, 청나라에서는 상업경제의 발전 등으로 재산권을 다투는 민사 소송이 급격히 증가하였는데, 이러한 분쟁에 대해 조정과 소송절차를 병용하여 처리하게 하고 소송 제기 이후 지역의 권위자가 조정을 통해 해결하도록 하는 경우가 많았다고 한다.

중국의 조정제도를 우광명은 인민조정, 행정조정, 중재조정, 법원조정의 네 가지로 분류하고 있다.[372] 이만희는 민간조정, 사법행정적 조정, 법원조정, 섭외조정기구에 의한 조정, 섭외중재기구에 의한 조정 등 다섯 개의 분류를 한다.[373] 그런가 하면 齊樹潔은 조정위원의 성격에 따라 인민조정, 법원조정, 행정조정, 중재조정 등으로 나눈다.[374] 이하에서는 그 주체에 따라 법원조정, 인민조정위

---

371) 언론중재위원회(편), "중국의 법문화로 살펴본 인민조해(人民調解) 제도의 특징", 조정을 위한 설득과 수사의 자료, vol. 7 월차보고서 12월호, 2013. 12, 52-53쪽.

372) 우광명, "중국 재판외분쟁해결제도의 문제점과 활성화방안에 관한 연구-인민조정제도와 중재제도를 중심으로-", 국제상학 제21권 제1호, 2006. 3, 119쪽.

373) 이만희, "중국의 조정제도", 저스티스, 26. 1, 1993. 7, 97쪽.

374) 齊樹潔, 民事審前程式, 廈門大學出版社, 2009, 255面.

원회에서의 인민조정, 조정기관에서의 조정, 중재기관에서의 조정으로 나누되, 앞에서 검토한 법원조정을 제외한 세 가지의 조정에 대하여 검토하고자 한다.

1) 인민조정(人民調解)

인민조정제도는 중국의 역사와 문화적인 전통을 기초로 발전한 제도로서 인민군중이 봉건통치에 항거하던 토지혁명 전쟁 시기를 거쳐 항일전쟁과 신중국의 성립을 통하여 발전하여 왔다.[375] 1949년 중화인민공화국이 성립한 이래 1953년에는 전국적으로 기층정부에 인민조정기구를 설치하였고, 1954년에 국무원은 '인민조해위원회잠행조직통칙(人民調解委員會潛行組織通則)'을 공포하여 인민조정위원회라는 상설적 민간조직을 법적 제도로 확립하여 전국적 범위로 인민조정을 보급하였다. 1989년에는 국무원이 '인민조해위원회조직조례(人民調解委員會組織條例)'를 공포하여 인민조정위원회의 조직형식, 원칙, 임무 등에 대하여 구체적으로 규정하였다. 2002년에는 최고인민법원이 인민조정에 관한 규정을 공포하여 인민조정 합의가 민사계약의 성격을 가진다고 규정함으로써 최초로 인민조정 합의에 대하여 법적 효력을 부여하기도 하였다. 최근 중국에서는 인민조정에 관한 법적 정비를 위해 인민조정법을 제정하고 2011년부터 시행에 들어갔다.

인민조정은 민간분쟁을 해결하는 대중적 자치조직인 인민조정위원회를 통하여 시행된다. 인민조정위원회는 중국의 헌법을 기초로 하여 민사소송법에 '인민조정위원회는 기층인민정부 및 기층인민법원의 지도 아래 민간분쟁을 조정하는 대중적 성격의 조직이다'라는 규정이 있고, 인민조해위원회조직조례에서는 '인민조정위원회는 촌민위원회 및 주민위원회 아래에 설치되는 민간분쟁을 조정하는 대중적 조직으로서 기층인민정부와 기층인민법원의 지도하에서 사업을 시행한다'고 하고 있다.[376] 인민조정위원회에 관한 통칙에 따르면 인민조정위원회는 민사 분쟁 및 경미한 형사사건에 대한 조정을 수행하고 조정을 통해 법령과 정책을 교육한다고 되어 있지만, 인민조정위원회에 관한 조례에서는 통칙에 포함되어 있던 '경미한 형사사건'에 관한 조정에 대해서는 삭제하였다.[377] 이로써 형사 사건에 대하여는 그 분쟁의 처리를 인민조정위원회에서 공안기관으로

---

375) 김호, 전게서, 80-81쪽.
376) 이만희, 전게서, 101-103쪽.
377) 상게서, 103쪽.

소관을 변경한 것으로 볼 수 있으나, 현실적으로는 인민조정위원회와 공안기관에서 경합적으로 함께 처리하고 있는 것으로 알려진다.[378] 인민조정위원회는 주민위원회나 촌민위원회를 기초로 하여 조직되지만 기업이나 사업단위로도 필요에 따라 설치할 수 있다.

　인민조정은 한 때 그 조직이 90만에 이르고 인민조정인은 약 800만 명 정도가 있었으나 최근 점차 인민조정으로 인한 분쟁해결의 건수가 감소하고 있으며 이러한 감소 요인 중 하나는 조정합의가 법적효력을 갖지 못한데 있다고 한다.[379] 아래의 표에서와 같이 1992년부터 2004년까지의 통계 추이를 볼 때 민사소송의 접수 건수는 꾸준히 증가하였으나 인민조정 접수 건수는 반대로 지속적으로 감소하는 것을 볼 수 있다. 인민조정의 감소 이유는 산업화와 도시화에 따른 인구 유동성의 증가로 전통적인 인간관계를 기반으로 하는 인민조정제도가 약화되었고, 인민조정원의 낮은 자질에 따른 인민조정에 대한 신뢰도 저하, 조정제도를 구시대적인 것으로 생각하고 소송에 비해 권리 실현이 확실하지 않다는 생각의 확산, 전술하였던 인민조정의 법적 효력 부재, 입법화의 부진 등을 꼽기도 한다.[380] 한편 2004년부터 2009년까지의 사이에 이전과 달리 인민조정의 접수 건수가 크게 증가한 것은 인민조정법의 입법 추진 배경과 함께 인민조정을 포함한 ADR제도가 중국 전체에 주목을 끌면서 인민조정에 대한 재평가와 함께 일어난 활성화로 평가하고 있다.[381]

<표 2-16> 인민조정 사건과 민사소송 사건 비교

	인민조정 접수	제1심 민사소송 접수	합 계	인민조정 비율(%)
1992	6,173,209	1,948,786	8,121,995	76.0
1999	5,188,646	3,519,244	8,707,890	59.6
2004	4,414,233	4,322,727	8,746,960	50.5
2009	7,676,064	5,800,144	13,476,208	57.0

＊연도별 중국법률연감을 참조하여 작성(허대원)한 것을 재인용함.

---

378) 楊磊, "中華人民共和國における 人民調停制度", 修道法學 제12권 제2호, 1990. 3, 164面.
379) 우광명, 전게서, 120쪽.
380) 허대원, "중국 인민조정법에 관한 연구", 일감법학 제22호, 2012. 6, 335-338쪽.
381) 상게서, 336쪽.

2) 조정기관에서의 조정

법원조정이나 중재조정은 소송이나 중재 절차에 부수적으로 하는 혼합적 조정절차(Hybrid Conciliation Proceedings)인데 비하여, 조정기관에서 하는 조정은 순수한 의미의 독립적 민간조정으로서 '기관조정(Institutional Conciliation)'이라고도 한다.[382] 중국에서 가장 뚜렷한 민간조정기관으로는 1987년에 설립된 국제무역촉진위원회(China Council for the Promotion of International Trade: CCPIT)[383]의 조정센터를 들 수 있다. 이는 '북경조정센터(Beijing Conciliation Center)'라고도 하는데 국제상거래와 해사 분쟁을 해결하기 위한 중국 유일의 섭외조정기구이다.[384] 1992년부터는 중국의 지방과 주요 도시에 40개의 지부 센터를 설치하였다. 이러한 조정센터들은 중국 전역에 걸쳐 조정서비스 네트워크를 형성하고 있다. 이 센터들은 국제 사건을 주로 취급하며 중국의 무역과 투자 환경을 증대하기 위하여 국제거래 실무와 기준에 맞는 조정 서비스 체계를 구축하는 역할을 하고 있다. 이 조정센터들은 2001년도까지 3,000여 건의 사건을 취급하였으며 약 80%의 분쟁해결 비율을 보였다고 한다.[385]

조정센터에서 하는 조정은 앞의 법원조정이나 중재조정과 비교해서 당사자의 자치가 더욱 중요시되며, 당사자가 합의하면 조정의 규칙을 변경할 수도 있고 일부 조항을 배제하거나 변경할 수도 있다. 조정 신청이 접수되면 센터의 조정위원 명부에서 당사자가 조정위원을 선임할 수 있고 선임된 조정위원은 당사자들로부터 접수된 진술서와 서류상 주장들을 검토하게 된다. 조정위원들의 권유로 화해가 성립하면 조정위원은 그 내용에 따라 조정안을 만들게 된다. 조정이 성립하지 못하면 조정 절차에서 언급된 사항들이 속개된 중재 절차에서는 증거로 사용될 수 없다. 하지만 조정위원들이 속개되는 중재 절차에서 중재위원으로 활동하는 것은 허용된다.[386] 조정센터에서 하는 조정 합의는 민사계약의 성

---

382) Zheng Rungao, *op. cit.*, pp. 4-5.

383) 국제무역촉진위원회(CCPIT)는 1952년에 중국의 대외무역을 촉진하기 위해 설립된 가장 큰 기구이며, 1988년에는 중국 정부의 승인하에 중국상업회의소(China Chamber of International Commerce: CCOIC)란 별칭을 갖게 되었다.

384) 이만희, 전게서, 109-110쪽.

385) Zheng Rungao, *op. cit.*, p. 5.

386) 이만희, 전게서, 109-110쪽.

격을 가지며, 직접적으로 집행력을 갖는다는 법적인 근거는 찾아보기 어렵다. 대신 양 당사자가 조정안을 법원에 제출하여 사법확인을 받거나, 중재기관에 제출하여 중재 판정문을 받는 방식으로 집행력을 확보할 수 있는 방안이 있다.[387] 북경조정센터는 최근에 독일의 함부르크 조정센터와 함께 국제상거래와 해사분쟁 해결을 위한 공동보조를 맞추기 위하여 약정을 체결하여 합동조정을 시행하고 있다.

3) 중재기관에서의 조정

중재 절차 중에 시행되는 조정은 중국의 조정을 중시하는 오랜 전통이 녹아 있는 특수한 경우이다. 중국의 중재인들은 중재 중에 조정을 해서 해결할 수 있으면 조정을 하려고 한다. 이는 결국 중재절차의 일환이며 '중재조정(Arbitration- Conciliation)'이라고도 일컬어진다. 중국의 중재법에는 중재 절차가 진행되는 중에 시행되는 조정에 대한 규정을 두고 있다. 따라서 중국의 중재판정부는 중재를 진행하다가 당사자들이 조정을 원하는 경우에는 조정을 시행할 수 있다. 당사자들이 분쟁에 대하여 합의안에 서명하면 중재판정부는 조정안을 작성하거나 당사자의 합의안에 근거한 중재판정을 내릴 수 있다. 중재조정 절차에서 합의를 도출해내지 못하는 때는 그 절차에서의 발언, 제안, 인정, 거절된 내용에 대하여 후속의 중재 절차나 재판 절차에서 원용하거나 주장의 근거로 될 수가 없다.[388] 중재기관에 의한 조정을 시행하는 주요 기관으로는 중국국제경제무역중재위원회(the China International Economic and Trade Arbitration Commission: CIETAC)와 중국국제해사중재위원회(China Maritime Arbitration Commission: CIMAC)가 있다. 두 기관은 국제상거래와 해사분쟁에 대한 해결을 위해 당사자들이 조정을 의뢰하면 양 기관의 중재위원들에 의해 조정이 시행된다. 조정이 성립되지 않으면 해당 조정위원이 속개되는 중재 절차에서 중재위원으로 활동할 수 있다.[389] 조정이 성립되면 중재판정부는 구성되지 않으며 사건은 종결 처리된다. 만일 중재판정부의 구성 후에 당사자가 조정을 요청하는 경우에는 중재 절차가 진행되는 동안에 중재판정부에 의해 조정이 시행된다. 조정이 성립되면 중재판정부는 합의한 내용에

---

387) 김중년, "중국의 상사조정제도와 그 시사점에 관한 연구", 무역상사연구, 제66권, 2015. 5, 177쪽.
388) Zheng Rungao, *op. cit.*, p. 4.
389) 이만희, 전게서, 110-111쪽.

따라 중재판정을 하게 된다.

이러한 중재와 조정의 결합 방식은 조정을 시행할 때의 신뢰성이나 객관성 부족으로 인한 후속의 중재 절차에서의 문제나 조정인과 중재인을 겸함으로써 발생할 수 있는 역할 상의 혼동 같은 문제점이 있기는 하지만, 융통성 있는 절차를 비롯하여 자발적 합의 과정에 근거한 최종성과 강제집행력으로 인한 높은 집행률, 절차의 결합으로 인한 비용 절감, 우호적인 분위기 등과 같은 장점을 가지고 있다.[390]

(2) 중 재

1) 발전과정

중국 중재제도의 초기는 1933년의 중화소비에트노동법에서 출발한 노동분쟁의 해결에 적용하면서 발달하였다고 한다.[391] 국제상사중재의 시작은 신중국 성립 이후라 할 수 있는데, 1956년에 CIETAC의 전신인 중국국제무역촉진위원회 대외무역중재위원회가 설립되고 1959년에는 중국국제무역촉진위원회 해사중재위원회가 설립되어 각각 국제경제무역과 국제해사 분쟁사건의 중재를 담당하게 되었다. 1970년대에 중국은 대외경제 개방정책을 표방하고 시민경제의 원리를 도입하여 경제가 발전해 감에 따라 경제계약분쟁, 기술계약분쟁, 부동산분쟁, 지적재산권분쟁, 농촌도급계약분쟁에 대한 중재 등 국내 중재제도를 단계적으로 발전시켜 갔다.[392] 초기의 중재제도는 행정수단을 통하여 경제계약분쟁을 해결하는 수준에 머물다가 계획경제로부터 개혁개방과 상품경제로의 전환을 추진하면서 법규와 조례가 정비되었는데, 계약 관련 중재기관에 중재 신청을 하여 중재판정에 불복이 있으면 그 중재에 대한 재심의 신청이 가능하고 재심결과에도 불복하는 경우 다시 인민법원에 소를 제기할 수 있었다. 그 후 경제계약법과 경제계약중재조례가 시행되면서는 중재를 1회의 판정만으로 한정하여 중재의 재심을 허용하지 않는 대신 인민법원에 소를 제기하는 것은 허용하는 단계가 되

---

390) 오원석, 이경화, "중국의 "중재와 조정의 결합" 제도와 시사점", 무역학회지 제38권 제4호, 101-104쪽.

391) 우광명, 전게서, 121쪽.

392) 김호, 전게서, 101-104쪽.

었다. 1986년에는 국제상사중재의 국제적 기준에 부응하기 위하여 전국인민대
표대회상무위원회에 의해 뉴욕협약 가입을 위한 비준이 이루어졌다. 1991년 민
사소송법이 시행되면서는 중재판정의 최종성을 인정하여 중재판정에 대하여 재
심을 허용하지 않을 뿐만 아니라 인민법원에도 소를 제기하지 못하게 하였다.

1994년 중재법을 제정한 이후에는 국제중재를 특별규정으로 하는 동시에
국내중재를 행정중재로부터 민간중재로 전환하고 중재의 사적 자치의 원칙과
독자성을 보장하는 단계로 발전하였다. 1994년 중재법은 중재에 관한 최초의
단행법이자 현대적 중재제도의 채택을 표방하였는데, 이 중재법의 시행으로 국
내중재에 대한 개혁이 단행되었다. 당사자의 자유의사를 중시하고 과거의 강제
중재제도는 폐지하였으며, 중재기관과 행정기관 사이의 예속관계를 분리하고
독립적이며 새로운 중재위원회를 창설하는 것이었다.[393]

2) 중재기구

a. 중국국제경제무역중재위원회

중국국제경제무역중재위원회(the China International Economic and Trade
Arbitration Commission: CIETAC)는 중국 최초로 설립된 국제상사중재기구로서 1956
년 설립당시 명칭은 대외무역중재위원회였으며, 1980년 대외개방정책 이후 국
제경제무역관계에 대한 대응을 위해 대외경제무역중재위원회로 개칭하였다가
1988년 현재의 명칭으로 변경하였으며 2000년 10월 1일부터 중국국제상회중재원
이라는 명칭을 같이 쓰고 있다.[394] 본부는 북경에 있고 심천과 상해, 중경 등에
분회(지부)와 함께 연락사무소를 두고 있다. 본부나 분회에서는 실제 중재 및 조
정 등의 업무를 수행하나 연락사무소는 중재상담, 심리 준비, 연구, 기타 업무만
을 수행한다. 한편 중국은 2012년에 홍콩의 국제 경제적 지위를 고려하여 처음으로
중국 본토를 벗어난 지부로서 CIETAC Hong Kong Arbitration Center(CIETAC HK)
를 설립하였다.[395]

1956년에 대외무역중재위원회중재절차잠정규칙을 제정한 이후, 1988년

---

393) 우광명, 전게서, 122쪽.
394) http://www.cietac.org 참조.
395) http://www.doj.gov.hk/mobile/eng/public/arbitration.html 참조.

에는 새로운 중재규칙을 제정하여 중국의 국제 경제적 발전과 중재업무의 변화를 반영하여 2012년까지 6차에 걸쳐 개정하여 시행하고 있다.[396] 2012년 개정에는 최신의 국제상사 발전 추세와 보조를 맞추기 위하여 '합병중재', '절차 중지', '분쟁의 대상인 실체에 적용될 준거법의 결정' '간이절차가 적용될 수 있는 분쟁 금액의 기준을 50만 원 미만에서 200만 원 미만으로 설정' 등의 내용이 추가되거나 개정되었다. 중국국제경제무역중재위원회의 중재인 명부에는 2016년 기준으로 1,212명이 등록되어 있으며, 그 중 약 300명 정도가 외국 중재인이다.[397] 1986년에는 외국중재판정의 승인과 집행에 관한 국제협약(뉴욕협약)에 가입함으로써 호혜주의의 원칙하에 중국 법률에 의하여 계약성 또는 비계약성 상사 법률관계에 속한다고 인정하는 분쟁의 발생에 대하여 본 계약을 적용한다고 하였다.

중국국제경제무역중재위원회는 점차 국제무역 분쟁을 공평하고 합리적으로 해결하는 중재기관으로 국제적 신뢰를 얻어 감에 따라 처리 사건 수도 증가하고 있다. 아래의 표에서와 같이 1985년에 국내와 국제 사건을 포함하여 37건에 불과하던 중재 사건 접수 건수는 4년 후인 1989년에 524%가 급증하였고, 1990년대와 2000년대에 들어서 지속적으로 증가하였다. 2000년대에 들어서는 1,000건 근처에서 변동성을 보였으나 2009년에는 1,000건을 크게 돌파하였으며(실제는 1,118건이 접수된 2007년에 처음으로 돌파함), 2007년 이후 꾸준히 1,000건이 넘는 중재 사건 접수가 이어지고 있다.

<표 2-17> 중국국제경제무역중재위원회의 사건 접수추이

	1985	1989	1993	1997	2001	2005	2009	2013
접수	37	231	486	723	731	979	1,482	1,256
증가율(%)	-	524	110	49	1	34	51	-15

＊중국국제경제무역중재위원회(CIETAC) 홈페이지 참조하여 작성(이하 같음).

중재사건의 접수와 처리에 관한 최근의 추세를 보면, 아래의 표에서와 같이 2007년에 1,000건을 넘은 이후 2011년에는 1,500건에 근접하였으며, 2012년의

---

396) 이홍숙, 중국내 소송과 중재에서 준거법 결정에 관한 연구, 성균관대학교 박사학위 논문, 2013, 98–99쪽.

397) http://www.cietac.org 참조.

처리 건수를 제외하고는 지속적으로 연간 평균 1,000건 이상의 중재 사건을 접수·처리하고 있다. 특히 2015년에는 1,968건의 중재사건을 접수하여 2천 건에 근접하고 있다.

<표 2-18> 중국국제경제무역중재위원회의 접수 및 처리 사건 수

	2007	2008	2009	2010	2011	2012	2013	2014	2015
접수	1,118	1,230	1,482	1,352	1,435	1,060	1,256	1,610	1,968
처리	1,051	1,097	1,329	1,382	1,282	720	1,043	1,432	1,821

CIETAC의 국제중재기관으로서의 위상을 살펴보기 위해 최근의 국제중재 사건의 접수 추세를 보면, 아래의 표에서와 같이 2001년에 562건을 기록한 이후 2010년까지 400건을 넘던 국제 사건 수가 2013년에는 375건으로 400건에 미치지 못하는 등 감소 추이에 있다가 2015년에는 다시 437건으로 증가하였다. 한편 중국국제경제무역중재위원회의 국내중재 사건은 2001년에 169건을 접수하였고 3년 후인 2004년에는 130%가 증가한 388건이었다. 그 후 지속적으로 증가 추세가 이어져서 2010년에는 1,000건에 육박하였으나 2013년에 6%가 감소하였고, 2015년에는 1,531건으로 크게 증가하였다. 이상으로 볼 때 국제중재 사건 접수는 2001년도 이후 2015년도까지 400건 전후로 큰 변화가 없지만, 국내중재 사건의 접수는 2001년도에 200건을 하회하였던 것이 2015년도에는 1,500여 건을 달성하여 크게 증가하고 있음을 알 수 있다.

<표 2-19> 중국국제경제무역중재위원회의 국제중재 사건 접수 추이

	2001	2004	2007	2010	2013	2015
국제사건 접수	562	462	429	418	375	437
증가율(%)	-	-18	-7	-3	-10	17
국내사건 접수	169	388	689	934	881	1,531
증가율(%)	-	130	78	36	-6	74

중국국제경제무역중재위원회는 2000년에 도메인 네임 분쟁해결센터(the Domain Name Dispute Resolution Center)를 국제무역촉진위원회(China Council for the Promotion of International Trade: CCPIT)의 승인을 얻어 설치하였다.[398] 동 센터는 지적재산권과 정보기술 분야에 분쟁이 발생하였을 때 대체적 분쟁해결 서비스를 제공하고 있다. 이는 도메인 네임 분쟁해결 절차를 온라인으로 시행하여 CIETAC의 온라인 분쟁해결기관으로서도 운영되고 있다. 조직 구성은 위원장과 두 명의 부위원장이 있으며, 사무처가 있다.

b. 중국해사중재위원회

중국해사중재위원회(the China Maritime Arbitration Commission: CMAC)는 중국국제상업회의소 내에 설립되어 해사, 해상, 물류 분쟁을 해결하는 ADR 기관이다. 본부는 북경시에 있고 상해 분회가 설치되어 있으며 산하에는 광주, 천진 등의 연락사무소와 사무처가 있다. 조직은 주임과 부주임, 위원으로 구성되어 있으며 산하에 전문가자문위원회, 사례편집위원회, 중재원자격심사위원회 등 3개의 전문위원회가 있다. 2000년에 총 4장 85개 조문으로 중재규칙을 제정한 이래 개정하여 현재에 이르고 있다. 중재인은 해상·보험·법률 등의 분야에서의 실무 경험과 지식이 있는 전문가를 대상으로 중재인을 선임한다. 2014년 기준으로 약 240여 명의 중재인 명부를 보유하고 있는데 그 중 중국인 중재인은 약 200명 가까이 되며 외국 국적의 중재인은 40여 명이다.[399] 2008년 기준으로 CMAC의 사건 접수 건수는 60건이었고, 처리는 41건이었다고 한다.[400]

c. 중재위원회

1994년에 중재법을 제정하면서 중국은 민간적 성격과 행정적 성격을 갖는 중재를 하나로 통일하기 위하여 행정중재제도를 폐지하고 비교적 큰 도시에 중재위원회(Arbitration Commission)를 설립하였다. 중재법 제정 이전에는 국제중재는 CIETAC과 CMAC만이 가능하였으나 법 제정 이후로는 지방에 산재해 있는 이러한 중재위원회도 국제중재를 처리할 수 있게 되었다. 이는 중국의 기업과 거래하기 위해서는 이와 같은 중재위원회에 대해서도 이해를 제대로 할 필요가 있다는 것을 의미한다. 중재위원회는 기구 수에 있어서니 사건 처리 수에 있

---

398) http://dndrc.cietac.org/static/english/engfrmain.html 참조.
399) http://www.cmac-sh.org 참조(2014. 7월 방문).
400) 2008 CIETAC Newsletter, 27 Feb. 2008 참조.

어서 급속하게 성장하였는데, 2000년에는 전국 160개 기구에서 총 9,577건의 중재 사건을 처리하였던 것이 2003년에는 중재 사건이 26,000건이 넘게 되었고, 2009년에는 전체 202개 기구에서 74,811건으로 비약적으로 증가하였다.[401] 중재위원회가 분쟁해결을 위해 처리하는 사건 수는 지역별로 차이가 크다. 무한, 광주, 중경, 북경, 상해 등은 사건 처리가 비교적 활발하고, 연간 중재 사건 처리 수가 1천 건을 넘는 곳이 10여 군데이지만 50건 미만의 중재위원회도 상당수에 이르고 있다.[402] 경제 성장이 가속화되는 지역일수록 그에 따른 분쟁과 중재 사건이 많은 것으로 보인다.

그 중 가장 규모가 큰 북경중재위원회(Beijing Arbitration Commission)는 1995년에 설립되었고 자체의 중재규칙과 조정규칙을 가지고 있으며, 2016년 3월 기준으로 위원장 1명, 부위원장 4명, 위원 10명과 사무국으로 구성되어 있다.[403] 위원회 위원은 법률·경제·무역 분야의 전문가 중에서 선임된다. 북경중재위원회는 국제중재 사건을 처리할 수 있지만 대부분 국내분쟁 사건을 처리한다. 설립된 1995년에는 7건의 중재 사건 접수에 그쳤으나, 2003년에는 1,000건이 넘는 중재 사건 접수가 있었고[404] 2007년에는 접수한 사건이 1,863건에 달하였으며,[405] 2009년에는 1,830건의 중재 사건이 처리되었다.[406] 2012년에 접수된 사건 수는 1,473건이었는데 이 중 국제상사중재 사건은 26건이었으며, 북경중재위원회가 중재 사건에 대하여 중재판정부를 구성하여 심결까지 걸리는 기간은 평균 70일 미만이다.[407] 북경중재위원회에는 2016년 3월 기준으로 506명의 중재인이 있으며,[408] 대학과 연구기관의 전문가, 경험이 풍부한 변호사, 정부의 고급 관리, 퇴직 법관과 검찰 등으로 선임되어 있다. 북경중재위원회의 중재판정부는 독립적으로 중재를 하며 중재위원회는 그 판정에 대해 어떤 영향도 미칠 수 없는데, 중재판정부의 의견불일치가 있거나 다른 전문적 의견을 참고하기

---

401) 정용균·이승석, "중재기관평가모형을 통한 중국 지방중재위원회의 특성 연구", 중재연구 제20권 제2호, 2010. 8, 206쪽; 왕홍송, "중국중재제도", 중재연구 제13권 제2호, 2004. 2, 32쪽.
402) 상계서, 207쪽.
403) http://www.bjac.org.cn 참조.
404) 왕홍송, 전게서, 34쪽.
405) http://www.bjac.org.cn 참조.
406) 정용균·이승석, 전게서, 207쪽.
407) http://www.bjac.org.cn 참조.
408) http://www.bjac.org.cn 참조.

위해 전문가위원회를 구성할 수 있지만 전문가위원회의 의견에 중재판정부가 반드시 구속되는 것은 아니다.[409]

제3절 홍콩의 ADR

홍콩은 영국의 식민지로서 오랜 역사를 가지고 있었기 때문에 법원제도나 분쟁해결에 적용되는 절차가 영국법의 영향을 많이 받았다. 1997년 영국으로부터 중국으로 영토가 반환된 이후에도 중국의 특별행정구역으로서의 홍콩은 어느 정도 변화는 있었지만 기존의 사법적 시스템이 기본적으로 유지되었다.

홍콩에서 조정 서비스는 1985년에 설립된 홍콩국제중재센터(the Hong Kong International Arbitration Center: HKIAC)에서 시행하고 있다. HKIAC는 홍콩 정부의 조정 규칙과 HKIAC 조정규칙에 입각하여 조정을 시행한다.[410] 조정은 보통 한 명의 조정인에 의해 이루어지는데, 당사자의 동의가 없으면 3개월 이내에 조정을 마쳐야 하고, 조정이 성립되면 계약서에 그 합의된 내용이 기록된다.[411]

홍콩중재법(the Arbitration Ordinance)은 영국중재법을 모델로 하여 1963년에 제정되었다. 1992년에는 UNCITRAL 모델법의 원리들을 적용하기 위하여 동법의 개정이 있었다. 최근 2011년에는 이를 다시 개정하여 UNCITRAL 모델법을 기반으로 국내중재와 국제중재를 통일적으로 규율하도록 중재법을 개혁하였다. 중재법(the Arbitration Ordinance)은 지나친 비용을 들이지 않고 공정하고 신속한 분쟁해결을 촉진하기 위해 마련된 것으로서, 중재법에서 유효한 것으로 명시되는 UNCITRAL 모델법의 규정들은 중재법에서 수정하거나 보완되는 전제로 효력을 갖는다.[412]

홍콩의 ADR 기관은 홍콩국제중재센터(the Hong Kong International Arbitration

---

409) 신군재·김경배, "중국의 ADR제도와 국제중재판정의 강제집행절차에 관한 연구", 국제상학 제19권 제1호, 2004. 3, 222쪽.

410) Michael Pryles, Dispute Resolution in Asia, Kluwer Law International, 2006, p. 116.

411) *Id.*

412) the Arbitration Ordinance 제4조 참조.

Center: HKIAC)를 비롯하여 그 예하 조직인 홍콩조정위원회(Hong Kong Mediation Council), HKIAC 조정인인증위원회(HKIAC Mediator Accreditation Committee)와 홍콩조정인증협회(Hong Kong Mediation Accreditation Association Limited: HKMAAL), 1996년에 설립되어 조정과 중재의 홍보, 중립인 교육, 중립인 윤리 규정 연구, ADR법 개혁 등의 역할을 하는 홍콩중재인협회(Hong Kong Institute of Arbitrators: HKIArb), 1999년에 설립된 홍콩조정센터(Hong Kong Mediation Centre: HKMC) 등이 있다.

그 중에서 홍콩국제중재센터(the Hong Kong International Arbitration Center: HKIAC)는 홍콩의 국내중재와 국제중재를 담당하도록 경제단체와 홍콩정부의 지원하에 설립된 비영리기관으로서 중재·조정·도메인 네임 분쟁해결·Adjudication 등의 서비스를 제공하는데, 최근의 분쟁해결 실적을 보면 아래와 같다. 2009년까지 지속적으로 성장하던 HKIAC의 분쟁해결 실적은 2009년을 정점으로 감소하는 추세에서 크게 벗어나지 못하고 있음을 알 수 있다.

<표 2-20> 최근 홍콩국제중재센터의 분쟁해결 실적

	2007	2008	2009	2010	2011	2012	2013	2014
분쟁해결 건수	448	602	649	624	502	456	463	477
증가율(%)	13.7	34.4	7.8	-3.9	-19.6	-9.2	1.5	3.0

* http://www.hkiac.org 참조하여 작성.
* 분쟁해결 건수는 중재, 조정, 도메인 네임 분쟁해결 등 모든 서비스를 포함한 수치임.

제4절 싱가포르의 ADR제도

1. 싱가포르의 ADR 발전 과정

싱가포르는 최근 들어 많은 변화를 보이고 있지만 기본적으로는 영국법에 그 뿌리를 두고 있다. 싱가포르의 법원은 ADR의 이용을 많이 권장하며 특히 조정을 활발히 사용하고 있다. 싱가포르에서 ADR운동은 1994년에 법원과 대학들이 분쟁해결 수단으로 조정을 권장하는 프로그램을 시작하면서부터이다. 이러한 운동에 박차를 가한 것은 Young Pung How 대법원장이었다. 그는 재판 없이 분쟁을 해결하기 위하여 민사 절차에 커다란 변화가 필요하다고 보고 법원 내에 조정의 도입을 이끌었다. 싱가포르의 대법원과 하급 법원들은 민사소송 절차의 개정과 사건관리시스템을 통해 사건 처리의 지연과 소송 대기 시간을 줄이는 데 성공하였다.[413) Young Pung How 대법원장이 재판 직전의 마지막 순간에 사건이 해결되는 경우가 많다는 점을 경험에 의해 적시한 것이 계기가 되어 대법원에서의 재판전 협의(pre-trial conference: PTC)제도도 시행되었다고 한다. 또한 하급법원에서는 1994년부터 'Court Dispute Resolution(CDR)'이라는 법원기반의 조정을 도입하였다. 가정법원은 1995년에 설립되었는데 이혼 사건에 조정을 이용하기도 하였다. 하급법원은 1996년에 동료조정 프로그램(Peer Mediation Programme)을 착수하기도 했는데, 이것이 발전하여 2000년도에는 교육부 주관으로 1천명의 학생들과 254명의 교사들이 동료조정훈련 프로그램에 참여하기도 하였다.[414) 1996년에는 부모부양법(the Maintenance of Parents Act)이 공포되었는데, 부모의 부양과 관련된 분쟁도 조정에 회부할 수 있게 하였다. 1997년에는 싱가포르 조정센터((the Singapore Mediation Centre: SMC)가 설립되었고 1998년에는 주민조정센터법(the Community Mediation Centres Act)에 기반한 주민조정센터(the Community Mediation Centres)가 출범하였는데, Community Mediation은 법무부의 ADR과에서 인정하는 풀뿌리 리더들에 의해 수행되며 경찰·국회의원·지역사회 리더들로부터 사건이 회부된다.[415)

2. 싱가포르의 조정제도

싱가포르에서 조정은 완전히 새로운 개념은 아니다. 영국의 법체계가 도입되기 전부터 분쟁이 생기면 아시아의 많은 나라가 그렇듯이 마을의 원로에 의해

---

413) Michael Pryles, *op. cit.*, p. 388.
414) *Id.*, p. 391.
415) *Id.*, pp. 391-392.

조정되거나 해결되는 오래된 전통이 있어 왔다. 싱가포르에는 세 가지 종류의 조정이 있다.

첫째는 법원조정제도(Court-based mediation)이다. 이는 1994년에 실험적으로 실시되다가 1995년에는 법원조정센터(the Court Mediation Center)가 설립되었다. 이후 1998년에는 제1차분쟁해결센터(the Primary Dispute Resolution Center: PDRC)로 명칭이 변경되었다. 1999년부터는 온라인 조정도 제공하고 있다고 한다. 법원은 법원 ADR로서 조정, 중재, 중립평가(Neutral Evaluation) 등의 옵션을 마련하고 분쟁 당사자의 비용 절감, 비밀유지, 절차의 신속성, 사건 종료 후의 상대방과의 관계유지 등 자신의 주요 관심 사항을 고려하여 선택하도록 안내하고 있다.[416) 싱가포르에서의 법원조정은 무료로 제공되고 있다고 한다.

둘째는 1990년대 중반에 조정운동과 함께 발전한 사적 조정(private mediation)이다. 이는 싱가포르조정센터(the Singapore Mediation Centre: SMC)에서 주로 행해진다.

셋째는 정부기관이나 산업기반의 조정으로서 the Community Mediation Centres나 the Tribunal for the Maintenance of Parents와 the Consumers' Association of Singapore 등에서 시행된다. 그 외 Financial Industry Disputes Resolution Centre(FIDREC)에서도 소비자와 금융기관 사이의 분쟁에 대하여 조정 서비스를 제공하고, Singapore Institute of Surveyors and Valuers(SISV)는 부동산과 건설 분쟁을 조정한다.

3. 싱가포르의 중재제도

싱가포르의 중재는 중재의 성격에 따라 다른 법이 적용된다. 국제중재는 국제중재법(the International Arbitration Act)의 적용을 받으며, 싱가포르가 중재지인 경우와 국제중재법 Part Ⅱ가 적용되지 않는 경우에는 중재법(the Arbitration Act 2001)이 적용된다.[417) 싱가포르 중재법에 의하면, 중재합의의 당사자들이 법

---

416) https://app.statecourts.gov.sg/civil/page.aspx?pageid=54106#Public 참조.
417) Michael Pryles, *op. cit.*, pp. 398-399.

의 선택을 우선적으로 하도록 하고 중재 판정부는 그 선택된 법에 따라 분쟁을 결정하여야 한다. 중재를 위해 법원 절차를 중지할 것을 법원에 요청할 수 있도록 허용하고 있다. 당사자는 중재인의 수나 중재인 선정 절차 및 중재 절차를 자유롭게 합의하여 결정할 수 있으며, 중재인은 당사자가 반대하지 않는 한 국적에 상관없이 될 수 있게 하고 있다. 법원은 당사자의 신청으로 중재 절차 과정에 발생하는 법률문제에 대해서 결정할 수 있고, 외국 중재판정은 뉴욕협약을 인정하는 국제중재법하에서 법원의 허가를 얻어 집행할 수 있다.

싱가포르의 중재기관으로는 싱가포르 국제중재센터(Singapore International Arbitration Centre: SIAC)를 비롯하여 싱가포르 해사중재회의소(Singapore Chamber of Maritime Arbitration: SCMA), 싱가포르 중재인협회(Singapore Institute of Arbitrators: SIArb) 등이 있다.

(1) 싱가포르 국제중재센터

싱가포르 국제중재센터(SIAC)는 비영리 단체로서 1991년에 설립되었다. 아시아의 국제상사 분쟁의 원만하고 중립적이며 효율적인 해결을 위한 ADR 기관을 지향하고 있다. 조직으로는 이사회와 중재법원 및 사무처를 두고 있고, 중재 규칙을 운용하고 있다.[418] SIAC은 21016년 기준으로 430여 명의 중재인 명부를 유지하고 있는데,[419] 이 중 싱가포르 중재인은 125명이고 영국(56명), 홍콩(22명), 미국(24명), 중국(24명) 등 외국 국적의 중재인도 다수 확보되어 있다. 이와는 별도로 SIAC은 18명의 지적 재산권 분쟁의 해결을 위한 중재인 명부를 유지하고 있다. 2013년에는 인도의 뭄바이에 해외 사무소를 설립하였는데, 이는 SIAC의 중재사건에서 인도의 당사자가 차지하는 비율이 가장 높았던 추세를 반영하는 결과였다.

SIAC이 취급한 중재 사건의 연도별 추이는 아래의 표와 같다. 2008년까지 100건 미만에 머물던 중재사건 수가 2009년에 160건으로 급격히 증가하였고, 2012년에는 200건을 훌쩍 돌파하였으며 그 후 200여 건에 머물던 것이 2015년

---

418) http://www.siac.org.sg 참조.
419) http://www.siac.org.sg/our-arbitrators/siac-panel 참조(2016년 6월 방문).

에 이르러서는 600건을 넘어서는 등 급속한 신장세를 보이고 있다. 이는 앞에서 홍콩국제중재센터(HKIAC)가 2009년을 정점으로 감소하는 추세에서 크게 벗어나지 못하고 2012년 이후 400여 건에 머물고 있는 경향과 대비되는 현상이다.

<표 2-21> 싱가포르 국제중재센터(SIAC)의 중재 사건 취급 수

	2007	2008	2009	2010	2011	2012	2013	2014	2015
접수	86	99	160	198	188	235	259	222	600
증가율	-4.4	15.1	61.6	23.8	-5.1	25.0	10.2	-14.3	170.3

* http://www.siac.org.sg 참조하여 재작성.
* 2015년은 10월 1일 기준 잠정 수치임.

(2) 싱가포르 해사중재회의소

싱가포르 해사중재회의소(SCMA)는 해사분쟁과 관련된 해사중재를 제공하기 위하여 2004년에 설립되었으며, 원래 SIAC의 소속으로 되어 있었으나 2009년에 독립하였다.[420] 조직으로는 이사회와 사무처가 있다. 해사중재는 SCMA 규칙과 함께 싱가포르 국제중재법이 적용된다.

(3) 싱가포르 중재인협회

싱가포르 중재인협회(SIArb)는 1981년에 설립된 중재인단체로서 ADR 교육과 홍보, 중재 기법 개발, 중립인의 전문성 및 윤리의식 제고 등을 목표로 활동하고 있다.

(4) 맥스웰 회의소

그 밖에 맥스웰 회의소(Maxwell Chambers)가 있는데, 이는 분쟁해결 복합회의소로서 분쟁해결을 위한 심리실을 제공하거나 국제적 ADR 기관의 회의 및 세

---

420) http://www.scma.org.sg 참조.

미나 등의 활용 장소로 이용되고 있다. 주로 국제적 중재기관의 심리장소로 이용된다. 싱가포르 경제 중심지에 위치하고 있어 이용자의 편의를 제공하고 있다.

제5절 말레이시아의 ADR제도[421]

말레이시아의 ADR은 주로 조정을 많이 의미하지만 ADR이나 조정에 대한 국민들의 이해도가 그리 높지 않아서 실제 활용도는 그리 높지 않다고 한다. 조정 절차를 일종의 협상으로 생각하며, 이중으로 비용을 소비하는 것보다는 처음부터 중재를 활용하여 확실한 판정을 얻어내는 것이 더 효율적이라고 생각하는 경향도 있다고 한다.[422] 말레이시아 정부는 ADR에 대한 국민들의 이해를 제고하기 위해 꾸준히 홍보와 교육을 실시하고 있다. 말레이시아의 ADR 관련법으로는 1950년의 영국중재법을 모방하여 1952년에 중재법(The Arbitration Act of 1952)을 제정하였다. 말레이시아에서는 국내중재와 국제중재의 적용이 달랐다. 국내중재는 1952년의 중재법이 적용되고, 국제중재는 ICC규칙, LCIA규정, UNCITRAL 규칙 등 당사자가 원하는 것을 합의하여 적용할 수 있었다.[423] 그 후 말레이시아 중재법은 2005년에 뉴질랜드 중재법과 UNCITRAL Model Law를 참조하여 새로운 중재법 개혁의 일환으로 'The Arbitration Act of 2005(revised 2011)'로 다시 탄생한다.

그 외 'Construction Industry Payment & Adjudication Act 2012'가 있다. 말레이시아에는 'adjudication'이라는 분쟁해결 방식을 법제화하고 있는데 아직 본격적으로 서비스가 제공되고 있지는 않지만, 주로 건설 분야의 건설계약에서 공사를 중단함이 없이 발생 비용의 규칙적이고 적시적인 지불을 촉진하고 신속한 분쟁의 해결을 위해 사용되는 방식이라 한다.[424] 동 법은 서면으로 되어 있

---

421) 말레이시아와 인도네시아의 ADR 관련 법령과 제도에 대하여는 필자가 직접 관계자와의 면담과 자료 수집한 것을 정리하였다.
422) 류창호, "말레이시아의 사법제도와 소송외 분쟁해결제도", 아시아 법제연구 제7호, 2000. 3, 51쪽.
423) 상게서, 53쪽.
424) 이는 영국의 주택보조건설부흥법(The Housing Grants, Construction and Regeneration

는 건설 계약에 적용되는데 4층 미만의 건물이나 완전히 개인 자신의 거주를 목적으로 하는 건물에는 적용되지 않는다(동 법 제2조 및 제3조). 건설 계약에서 비용을 받지 못한 당사자는 비용 지불 의무가 있는 상대에게 분쟁의 내용과 요구사항을 적은 서면으로 adjudication 고지를 함으로써 절차가 시작되게 된다. adjudication 결정의 의뢰를 받은 adjudicator는 상대방의 답변이 있은 지 45일 이내에 결정하거나 당사자가 합의한 기간 안에 결정하게 되는데, 그 결정은 서면으로 하여야 하며 당사자가 안 해도 된다고 하지 않는 이상 결정 이유를 명시하여야 한다(동 법 제12조). 그 결정은 the High Court에 의해 취소되거나 당사자가 서면으로 해결을 하였을 경우 외에는 구속력(binding)을 갖는다고 되어 있으나, 중재나 법원의 판결에 의해 최종적으로(finally) 결정될 수 있다는 점에서 실질적으로 최종성을 갖는 구속력이 있는 것은 아니라고 볼 수 있다(동 법 제13조 참조). 따라서 이 절차는 adjudicator의 결정에 의해서 사전에 계약된 내용대로 준수할 수 있도록 유도하는 효과를 갖는다. adjudication 결정에 대한 집행은 the High Court에 집행명령을 신청하여 시행된다(동법 제28조).

    말레이시아의 대표적인 ADR 관련 기관은 쿠알라룸푸르아시아지역중재센터(The Kuala Lumpur Regional Centre for Arbitration: Klrca), 말레이시아조정센터(the Malaysian Mediation Centre: MMC)가 있고, 정부기관에서 운영하는 Biro Bantuan Guaman(BBG: Legal Aid Bureau), 독자적으로 민간에서 운영하는 말레이시아 중재인협회(the Malaysian Institute of Arbitrators: MIarb)와 각 산업 분야별로 운영되는 소규모 ADR 관련 조직들이 있다. 특히 보험조정국(the Insurance Mediation Bureau), 은행조정국(the Banking Mediation Bureau), 금융조정국(the Financial Mediation Bureau), 소비자분쟁심판원(the Tribunal for Consumer Complaints), 소득세특별위원회(the Special Commissioners of Income Tax), 저작권심판원(the Copyright Tribunal) 등은 소위 우리가 말하는 행정형 ADR 기관이라 할 수 있을 것이다.[425] 참고로 영국의 ADR 기관인 CIArb(the Chartered Institute of Arbitrators)의 지사(branch)가 말레이시아에서 운영되고 있다. 이하에서는 대표적인 ADR 기관에 대해서 살펴보고자 한다.

Act 1996)의 영향을 받은 것으로 보인다.

    425) Mohammad Naqib Ishan Jan & Ashgar Ali Ali Mohamed, Mediation in Malaysia: the Law and Practice, LexisNexis, 2010, pp. 89-112; 류창호, 전게서, 56-60쪽 참조.

1. 쿠알라룸푸르아시아지역중재센터

쿠알라룸푸르아시아지역중재센터(Klrca)는 아시아-아프리카 법률 자문단체 (the Asian-African Legal Consultative Organization: AALCO)의 후원으로 설립된 기구로서 비정부·비영리조직이지만 말레이시아 정부로부터 모든 재정(fully funded) 을 지원받는다. 2012년 기준으로 소장을 포함하여 23명의 직원이 행정업무를 담당하고, 6명의 자문위원을 두고 있다. 쿠알라룸푸르아시아지역중재센터(Klrca) 에서 조정·중재인으로 활동하기 위해서는 영국의 ADR 기관인 CIArb(the Chartered Institute of Arbitrators)의 펠로우십(fellowship)이 되어야 가능하다. 이를 위해서는 일정한 단계를 거쳐 시험을 치르고 수료증(diploma)을 받아야 한다. 이러한 과정 은 영국, 호주 등의 대학과도 연계하여 진행되고 있다.

2012년 기준으로 700명 정도의 중재인(200명의 내국인, 500명의 외국인)과 70 명 정도의 조정인이 등록되어 국내 및 국외 사건을 처리하고 있다. Klrca는 adjudication을 시행하는 adjudicator를 양성하기 위한 교육과정도 운영하고 있다. 자체 규칙으로는 '중재규칙', '조정규칙', '신속중재규칙', '전자중재규칙' 등이 있으며, 2011년에는 약 90건의 중재 사건(이 중 20%는 국외 사건)을 처리하였다.

2. 말레이시아조정센터

말레이시아조정센터(MMC)는 1999년에 말레이시아 변호사협회에 의해 설립되었다. 말레이시아조정센터의 설립에는 싱가포르조정센터의 선행적인 경험과 인력의 도움이 컸다. 말레이시아조정센터에서는 상사, 민사 및 가족 분쟁 등에 대한 조정을 시행하고 있다. 조정인의 인증 및 조정절차 등에 대해 자체 규칙을 유지하고 있으며, 조정인이 준수해야 할 윤리규정을 두고 있다.

3. 말레이시아 중재인협회

　　말레이시아 중재인협회(MIarb)는 중재를 통한 분쟁 해결을 장려하고, 일반 대중의 ADR에 대한 인식을 높이고자 1991년에 설립된 민간 비영리기구이다. 2012년 기준으로 1명의 상근자가 행정업무를 담당하고 있고, 12명의 council member(자원봉사 형태의 무급 전문직으로 구성된 위원)중 5명이 기관을 대표하는 직위를 가지고 있다. 30여 명의 중재인이 조정·중재서비스를 제공하고 있으나 주로 중재에 초점을 두고 있다. 쿠알라룸푸르 아시아지역중재센터(Klrca)가 직접적으로 중재 서비스를 제공하면서 싱가포르의 SIAC(the Singapore International Arbitration Centre)나 인도네시아의 BANI(Indonesian National Board of Arbitration)와 유사한 기능을 하고 있는데 비해, MIarb는 ADR에 대한 국민적 관심을 고취시키고 홍보하는데 초점을 맞추고 있다고 할 수 있다.

　　말레이시아 중재인협회(MIarb)에서는 3가지 범주의 회원이 있는데 단계에 따라 'Associate', 'Member', 'Fellow'로 구분된다. 특히 평가코스(Assessment Courses)를 통해 중재 활동의 전반에 대해 교육을 시킴으로써 전문 회원(fellow member)들을 양성하고 있다. 이는 MIarb의 차별화된 과정으로서 일반 회원(normal member)들을 대상으로 중재에 대한 이론과 실제적 교육을 실시하고, 모의사건(mock cases)을 주고 해석과 판정까지 해야 하는 높은 수준의 필기시험까지 실시하는 단계이다. MIarb은 정부기관 및 다양한 협회나 단체 등과 연계하여 ADR에 관한 규정을 만들고 자문 역할을 하는 등 말레이시아의 ADR 관련법 개혁을 위한 활동도 하고 있다. 재정은 교육·강연의 참가비와 사건의 규모에 따라 부과되는 중재 수수료, 회원들이 내는 회비(subscription)로 충당된다. 2012년 기준으로 약 450여 명의 회원이 등록되어 있으며 주로 변호사·엔지니어·건축가·기업가 등이 중심을 이룬다. MIarb는 '중재규칙', '조정규칙'과 같은 자체 규칙을 만들어 운용하고 있으며, 기관의 주요 목적이 교육과 훈련, 홍보에 있기 때문에 조정·중재 건수가 그리 많지는 않은바 매년 10-15건 정도의 분쟁사건을 처리하고 있다고 한다.

제6절 인도네시아의 ADR제도

인도네시아에서 조정이나 중재와 같은 분쟁해결 방식은 전통적으로 분쟁당사자들을 화해시키는 형태에서 발달해 왔다. 전통적인 분쟁해결은 지역의 추장같이 신망 받는 인물이 분쟁 당사자를 화해시키는 간단한 방식이었고 구속력이 없는 것이었다.[426] 인도네시아의 ADR 관련법으로는 1999년에 제정된 '중재 및 대체적 분쟁해결법'(RI Law No. 30 of 1999 concerning Arbitration and Alternative Dispute Resolution)이 있는데 이는 주로 중재와 관련된 사항을 규정하고 있다. 인도네시아에서 제공되는 ADR 서비스 중 독특한 것이 'Binding Opinion'인데, 이것은 1999년 ADR 법의 Article 52에 명시되어 있다. 이는 중재 과정 중에 편견(bias)을 줄이기 위한 장치로서 계약 조항(clauses of contract) 등에 관한 해석(interpretation)을 명확하게 할 필요가 있을 때 중재기관에 의뢰하며, 일단 'Binding Opinion'이 내려지면 당사자는 이에 구속되고 그에 반대되는 행위를 하면 계약을 위반한 것으로 간주된다고 한다. 2003년에는 대법원의 지도 아래 법원부속조정(court-annexed mediation)이 적극 권장되어 공식적인 재판 전에 조정을 하고 있다.

인도네시아의 ADR 관련 기관은 인도네시아 중재위원회(Indonesian National Board of Arbitration: BANI)와 인도네시아 자본시장중재위원회(the Indonesian Capital Market Arbitration Board: BAPMI)를 비롯하여, 인도네시아 조정 센터(the Indonesian Mediation Center: PMN)와 Penyelesaian Perselisihan Hubungan Industrial(Industrial Dispute Resolution), Badan Mediasi Asuransi Indonesia(Indonesia Insurance Mediation Board) 등이 있으며 2012년에는 Badan Arbitrase dan Mediasi Hak Kekayaan Intelektual(Intellectual Property Rights Arbitration and Mediation Agency)이 설립되었다. 그 중 주요 ADR 기관에 대해 살펴보면 다음과 같다.

---

426) 인도네시아는 국민성이나 종교적 특성상 분쟁이나 갈등을 오래 끌고 가는 것을 꺼려하고, 조정이나 중재 또는 재판과 같은 과정을 통해 문제를 해결하기 보다는 사전에 서로 합의하고 마무리하는 경우가 많다고 한다.

1. 인도네시아 중재위원회

　　인도네시아 중재위원회(BANI)는 1977년에 설립되어 본부에 해당되는 자카르타 외에 8개의 지역 위원회가 있으며, 2016년 3월 기준으로 121명 정도(이 중 53명이 외국인)의 중재인을 유지하고 조정, 중재, Binding Opinion 등의 대체적 분쟁해결 서비스를 제공하고 있다. 일반 대중을 대상으로 ADR에 대한 이해를 높이기 위한 교육을 시행하기도 한다. 인도네시아 중재위원회(BANI)에서 중재인이 되기 위해서는 1999년 ADR 법의 Article 12에 정해진 최소 요건과 중재인으로서 필요한 경력과 역량 등을 자체 평가하여 중재인으로 활동할 수 있도록 하고 있다. 인도네시아 중재위원회(BANI) 자카르타 본부는 2012년 기준으로 13명이 행정업무 등을 위해 상근자로 근무하고 있고, 다른 8개 지역에는 각각 7명 전후가 상근하고 있다. 본부와 각 지역은 한 조직의 본사와 지점 같은 관계는 아니고 사실상 독립적으로 업무를 하며 서비스를 제공하고 있으나 동일한 규칙의 적용을 받는다. BANI의 재정은 정부로부터 지원은 없으며, 분쟁당사자들로부터 받는 중재 수수료로 충당한다. 초창기에 일반 대중에게 알려지지 않고 담당 사건 수가 적었을 때는 재정문제로 운영이 어려웠으나, 현재는 인도네시아의 ADR 관련 기관 중 가장 탄탄하고 재정적으로 안정되게 운영되고 있는 것으로 평가된다.

　　BANI는 인도네시아의 타 ADR 기관에 비해 오래된 역사와 역량으로 인도네시아의 ADR 발전을 위해 다방면으로 노력하고 있는바, 1999년 ADR 법의 기초를 만드는 데 일조를 하기도 했다. BANI는 서비스의 합리성을 높이고, 다른 지역 위원회와의 일관성을 유지하기 위해 조직 운영과 서비스에 관한 규칙인 'The Rules Of Arbitral Procedure Of The Indonesia National Board Of Arbitration'을 만들어 적용하고 있다. 2011년에 처리한 사건은 58건이며, 2012년에는 11월까지 56건의 사건을 처리했는바, 처리 건수가 증가하고 있는 추세라 한다. 이는 1999년 ADR법이 제정되면서 사건처리의 수가 큰 폭으로 증가하기 시작한 것과 관련이 있다.

2. 인도네시아 자본시장중재위원회

　　인도네시아 자본시장중재위원회(BAPMI)는 2012년 기준으로 15명의 중립인과 4명의 행정 인력으로 구성된 비영리 민간조직(non-profit organization)이다. 이 기구에서 제공하는 서비스는 조정, 중재, Binding Opinion이며 별도로 중립인을 양성하기 위한 교육프로그램을 운영하지는 않는다. BAPMI에서 제공하는 서비스 중 Binding Opinion은 중립인에 의해 이루어지지 않고 BAPMI의 행정을 책임지는 경영진에 의해 수행된다. BAPMI는 등록된 회원들이 서비스를 받기 위해 매년 내는 회비(membership fees)와 Indonesian Capital Market Supervisory Agency, Jakarta Stock Exchange(BEJ), Surabaya Stock Exchange(BES), Indonesian Clearing and Guarantee Corporation, Indonesian Central Securities Depository 등 약 20개 단체가 지원하는 운영경비로 운영되는데, 2009년에 처음으로 조정사건을 다루기 시작하였지만 아직 축적된 처리 사건 수가 미미하다고 한다. BAPMI는 조직 운영과 서비스에 대한 자체 법규를 가지고 있다.

3. 인도네시아 조정센터

　　인도네시아 조정센터(PMN)는 2003년에 설립되어 조정인을 교육시키고 자격증을 부여하며, 조정인들과의 연계를 통하여 조정 서비스를 제공하는 비영리 민간조직(non-profit organization)이다. PMN에 대한 정부의 보조금은 없고, 조정교육을 받는 교육생들의 수업료와 조정을 신청하는 분쟁당사자들이 내는 조정비용으로 기관을 운영하고 있다. 2012년 기준으로 약 800명의 조정인 명부를 유지하고 있으며, 조정 대상은 대부분 민사(civil case)인데 기업 간 계약문제(business contract)나 노동분쟁(labor dispute)을 많이 처리하고 있다. 형사문제(criminal case)는 극히 일부 처리하기도 하는데 경찰을 교육시켜 현장에서 분쟁을 조정하는 능력을 배양하는 역할을 하기도 한다. 또 법원부속조정(court-annexed mediation)과 관련하여 판사들의 조정 기법을 훈련시키는 교육기관으로 지정되기도 했다. PMN은 조정 서비스에 대한 합리성을 높이고 고객 신뢰와 만족도를 높이기 위해 자체적인 조정 절차(Mediation Procedure)를 만들어 적용하고 있다.

제 7 절 필리핀의 ADR제도

필리핀 사람들은 적대적인 대치 상황이나 비용도 많이 들고 오래 끄는 재판에 대한 반감으로 인해 분쟁이 발생하면 적당히 타협하여 해결하는 것을 오래 전부터 선호하였다고 한다.[427] 심지어 재판을 하는 것도 판결에 의한 옳고 그름을 판단하기보다는 상대로 하여금 협상에 임하도록 하기 위한 수단으로 종종 사용되기도 한다는 것이다. 법원 밖에서의 분쟁해결뿐만 아니라, 소송을 청구한 경우에도 재판 전 단계에서 분쟁을 해결하도록 많이 권장된다. 과거 식민지 시대 이전의 바랑가이(barangay)와 같은 공동체에서는 그 지역 내의 소소한 다툼은 다투(datu)라고 하는 가부장적 권위를 가지는 지도자의 결정으로 해결되곤 하였다.[428] 또 바랑가이에서는 Lupong tagapamayapa라는 회의체에 분쟁이 회부되기도 하였는데, 이 Lupong은 10명 내지 20명의 지역 명망인사로 구성되는 조정 패널이라 할 수 있으며 이들에 의한 결정은 당사자를 구속하였고, 바랑가이 체제에 회부되는 유형의 사건은 Lupong을 거치지 않으면 바로 재판을 신청해도 기각되었다.[429] 하지만 바랑가이 체제는 한 쪽 당사자가 회사인 경우에는 적용되지 않았다.

---

427) Michael Pryles, *op. cit.*, p. 307.
428) 김선정, "필리핀의 2004년 대체적 분쟁해결법 소고-UNCITRAL 모범법 수용과 관련하여-", 중재연구 제19권 제호, 2009, 199쪽.
429) Michael Pryles, *op. cit.*, pp. 307-308.

1. 필리핀의 조정제도

필리핀 조정제도는 전통적인 분쟁해결 방식, 이웃분쟁해결제도, 법원부속 조정, 행정형 조정, 사적 조정 등 다섯 가지로 나눌 수 있다.[430] 전통적인 분쟁해결 방식인 IDR(Indigenous Dispute Resolution)은 수백 년 동안 지속되었던 시민지 시대에도 견조하게 유지되었는데, 마을의 권위 있는 연장자들이 공개적인 절차를 통해 개인적인 차원의 회복보다는 마을 전체의 평화나 조화를 달성하기 위해 조언하고 판단해 주는 절차이다. 다음으로 이웃분쟁해결제도(Neighborhood or Village Justice System)는 전통적인 분쟁해결 방식이 'Katarungang Pambarangay(KP)'라는 보다 공식적인 구조로 통합된 형태로서, 이는 1972년 마르코스 대통령이 계엄령을 선포하여 국가를 중앙집권화하고 반대파를 잠재우기 위한 수단으로 활용하였다고 한다. 표명된 목적은 법원의 혼잡을 줄이고 부드러운 분쟁해결 방식을 추구하는 것이었으나, 실제로는 전통적인 방식을 이용한 중앙집권화를 위한 사회 통제에 있었다고 한다. KP시스템은 'Punong Barangay(또는 Barangay Captain)'에게 분쟁해결을 의뢰하는데, 15일 동안 Barangay Captain에 의해 분쟁해결이 안되면 3명으로 구성되는 조정 패널인 'Pangkat'으로 하여금 30일 내에 분쟁을 해결하게 한다.[431] 하지만 지역민들은 그들의 공정성에 대하여 그다지 신뢰하지 않는다고 한다.

필리핀의 법원부속 조정은 전술한 이웃분쟁해결제도를 기획했던 사람들이 고안한 제도인데, 처음에 두 군데에서 실험적으로 시행되었던 것이 이제는 전체 법원의 3분의 2정도 이상이 실천하고 있다고 한다. 2001년에 대법원은 필리핀 조정센터(the Philippine Mediation Center: PMC)를 설립하고 필리핀 사법원(the Philippine Judicial Academy: PHILJA)을 지정하였는데, 2010년 기준으로 필리핀조정센터는 전국에 걸쳐 98군데가 운영되고 798명의 조정인이 활동하고 있다고 한다.[432] 법원조정은 모든 민사 사건은 물론 형사 사건 중 민사적 요소를 포함

---

430) Eduardo R. C. Capulong, "Mediation and the Neocolonial Legal Order: Access to Justice and Self-Determination in the Philippines", Ohio State Journal on Dispute Resolution, 2012, p. 650.

431) *Id.*, p. 656.

432) *Id.*, p. 659. 조정인은 기본적으로 자원봉사자로 구성되는데 사건 당 수당을 받으며, 조정이 성공적으로 끝나면 실패할 경우보다 세 배 정도의 수당을 받는다고 한다.

한 사건에 대해 적용되는데, 사건이 접수되면 법원은 당사자에게 필리핀조정센터에 먼저 보고하도록 명령하고 조정인에게 조정을 하게 하지만, 조정이 성립되지 않으면 사법적 분쟁해결(Judicial Dispute Resolution: JDR) 단계로 넘어간다. JDR은 재판을 주재하지 않는 판사가 조정인에 의해 조정이 실패한 사건에 대해 조기중립평가인, 컨실리에이터 또는 조정인의 역할을 해주는 것으로서 이 JDR 판사는 각 당사자의 입장의 강약과 성공 가능성 등에 대해 비구속적 평가나 의견을 주는 것이다.[433] 2009년 기준으로 필리핀 전국 법원의 68%가 조정이나 컨실리에이션을 활용하고 있는데, 필리핀조정센터에서는 1심 법원에서 회부된 238,672 사건 중 96,158건이 조정되었고, 항소법원에 회부된 579 사건 중 108건과 JDR에 회부된 22,103 사건 중 5,831건이 조정되었다고 한다.[434]

2. 필리핀의 중재제도와 ADR법

필리핀 중재제도의 역사적 발전과 관련하여 김선정은 식민지 시대 이전의 부락 중재시대를 거쳐 중재에 관한 조문을 포함한 1950년 필리핀 민법 시대, 중재에 대한 법제를 이룬 1953년 중재법 시대와 2004년의 ADR법 시대에 이르기까지 단계적으로 발전해 온 것으로 설명하고 있다.[435] 2004년에 제정된 대체적 분쟁해결법(ADR Act)은 전체 8장 56개 조문으로 구성되었는데, 이는 1953년에 제정된 중재법 이후 50년만의 새로운 중재법이라 할 수 있다. 동 법의 제2조는 분쟁해결에 있어서 당사자의 자율성을 제고하기 위하여 신속하고 공정하며 법원의 업무 부담을 덜어주는 대체적 분쟁해결 방식을 활발하게 촉진한다는 선언을 하고 있다. 이 ADR법은 대체적 분쟁해결 방식으로 조정 외에도 중재, 조기중립평가, 조정-중재, 미니트라이얼 등에 대해 규정하고 있다. 또한 ADR법이 제정되기 전에는 필리핀에 국제상사중재를 위한 규율법이 사실상 존재하지 않는 것과 마찬가지여서 필리핀에서는 기업들이 국제상사분쟁을 해결하기 위해

---

433) JDR 판사에게는 사건 해결을 위해 30일에서 60일 정도의 기간이 주어지는데, 2010년 기준으로 226명 정도가 JDR 판사로서의 훈련을 받았다고 한다. *Id.*, p. 661.

434) *Id.*, p. 662.

435) 김선정, 전게서, 197-225쪽.

서는 당사자 간의 합의에 따라 외국법의 적용을 하는 것이 일반적이었는데 ADR법 제4장에 국제상사중재를 규정하였다.[436] 제5장은 국내 중재를 규정하였는바, 이 법의 적용을 받지 않는 사항에 대하여는 그 전의 중재법을 그대로 적용하도록 하였다. 제6장에서는 국내 건설 분쟁의 중재를 건설산업중재법(Construction Industry Arbitration Law)에 의해 계속 규율하도록 하고 약간의 보충을 하고 있다. 또 동 법은 사적 부문과 공적 부문의 ADR의 이용을 활성화하고 그에 필요한 지원을 할 수 있도록 ADR처(the Office for Alternative Dispute Resolution: OADR)를 법무부 소속기관으로 설치하고 있으며, 사무처를 두고 그 처장은 대통령이 임명하게 하고 있다(동 법 제49조).[437] ADR처는 ADR 종사자와 서비스 제공자에 대한 교육기준을 설정하고 인증하며 정부에 의한 ADR 프로그램의 개발·시행·감독·평가를 조정하며, ADR법의 시행을 위해 필요한 조치들을 할 수 있게 하였다(동 법 제50조). 이에 따라 ADR처는 미국변호사협회의 ABA-ROLI(the American Bar Association-Rule of Law Initiative)의 도움을 받아 ADR서비스 기관들의 인증 가이드라인을 마련하고 ADR 종사자의 훈련기준을 설정하여 운용하고 있다.[438] 또 정부의 모든 ADR 프로그램을 개발하고 그 집행에 대하여 평가하기도 한다. 이와 같은 필리핀 ADR법에 의한 ADR 지원기구에 대한 설립과 그에 대한 규정은 향후의 우리나라 분쟁해결지원센터를 설치할 때에도 참조할 수 있는 대목이라 할 것이다. ADR을 지원하는 ADR처와 함께 필리핀의 중재기관으로 필리핀분쟁해결센터(the Philippine Dispute Resolution Center Inc.: PDRCI)가 있다.

---

436) 상게서, 214쪽.

437) ADR처(the Office for Alternative Dispute Resolution: OADR)는 동 법에 따라 2009년에 설립되었다.

438) http://www.doj.gov.ph/annual-reports.html 참조.

제3장 세계의 ADR 발전추세에 대한 평가

위에서 서구와 아시아의 주요국을 중심으로 세계의 ADR법·제도의 발전과 정과 그 특성에 대하여 살펴보았다. 이러한 주요국의 ADR 발전 동향을 통하여 세계의 ADR제도의 발전 추세에 대한 전체를 파악하기에는 무리가 있으나, 그러 한 주요국의 ADR 발전과정과 특성을 고찰함으로써 우리나라 ADR의 나아가야 할 길을 모색해 보는 것은 의미가 있다 할 것이다. 이하에서는 ADR의 세계적인 공통적인 발전적 특성들을 주로 ADR법의 발전 추세를 통하여 알아보고 우리나 라의 경우와 대비하여 코멘트 하고자 한다.

1. 중재의 ADR로서의 선도적 위치

ADR법은 조정법, 중재법, ADR기본법, 기타 ADR 관련법 등으로 나누어 볼 수 있을 것이다. 이 중 ADR법으로서 가장 역사적으로 일찍 발전된 것은 중재법 영역임을 알 수 있다. 고대로부터의 중재제도의 시작은 차치하고서라도 중세 상 인들에 의해 발전된 중재제도에 이어 영국에서 1698년에 최초의 중재법을 제정 한 바 있다. 미국은 식민시대에 영국으로부터 들어 온 커먼로의 중재법들이 발전 하여 17세기~19세기의 각 주에서 제정된 초기의 중재법들로 이어졌고, 1925년 에 와서는 미국 연방중재법이 제정되었다. 독일과 프랑스 및 일본 등 주요국의 중재법 역시 ADR 관련법 중 가장 먼저 발전되어 왔다고 할 수 있다. 우리나라 도 1966년에 처음으로 근대적인 중재법이 제정되어 그에 근거한 중재제도의 발 전은 1990년의 민사조정법과 각종 행정형 ADR법의 탄생과 진전을 유도하였다 고 할 수 있다.

2. 중재제도에 대한 법원의 태도 변화

비교적 중재를 지원하는 측면에서 출발한 독일과는 달리 미국, 영국, 프랑스 등 대부분 국가의 중재법 발전과정을 살펴볼 때, 중재는 법원에 의한 질서의 대상에서 중재 이론과 사례의 발전에 따라 점차 중재에 대한 인정과 중재 친화적인 상태로 발전해가는 과정을 겪었다. 미국의 초기 법원의 입장은 철회 가능성의 원칙(the doctrine of revocability)을 따르고 있었으며, 미국의 커먼로 판사들은 18세기와 19세기 초기에 걸쳐 중재에 대하여 적대적이었다.[439] 그러나 1842년의 Hobson v. McArthur[440] 판결을 통해 연방대법원은 중재에 대한 엄격한 사법 심사와 적대감을 보였던 태도의 종료를 암시하는 신호를 보냈다.[441] 이후 미국 법원은 훨씬 진보적인 입장으로 발전해 갔다. 영국도 Vynior 사건에서 보듯 법원은 중재인이 언제라도 철회할 수 있는 양 당사자의 대리인이라는 개념에 근거하여 당사자 어느 쪽이나 중재판정이 있기 전에는 하시라도 중재합의의 철회가 가능하다고 판시한 바 있다.[442] 당시의 영국 법원들은 중재를 분쟁해결에 대한 자신들의 지배권에 대한 위협으로 간주하였으며 경쟁자로 간주하였다. 1806년의 프랑스 중재법도 중재인이 법률 규정을 엄격하게 적용할 것을 기대하였고, 법원의 적의적인 환경에서 출발하였다.[443] 우리나라의 법원도 이러한 경향과 변화 추세에 다르지 않다고 할 수 있다. 이와 같이 세계의 각국은 법원에 의한 초기의 중재에 대한 적대감을 극복해 가면서 중재법과 중재제도를 중재 친화적인 환경으로 발전시켜 나갔다.

3. 최근의 조정에 대한 중시와 조정법의 입법화 추세

ADR로서 과거에는 중재를 중요시하였으나 최근으로 올수록 조정과 중재를

---

439) Bruce L. Benson, *op. cit.*, p. 483.
440) 41 U.S.182 (1842) 참조.
441) Bruce L. Benson, *op. cit.*, p. 485.
442) William M. Howard, *op. cit.*, pp. 27-28.
443) 장문철, 전게서, 211-212쪽.

함께 중요시하거나 조정에 대한 관심과 확산의 속도가 커짐을 알 수가 있다. 그에 따라 조정의 법적 근거를 부여하려는 시도가 증가하고 있다. 미국의 경우 일찍이 1925년의 연방중재법과 1955년 및 2000년에 (개정)통일중재법을 마련하였으나, 그보다 최근인 2001년에는 전술한 바와 같이 미국에서 대체적 분쟁해결 방법 중 가장 많이 이용되는 조정에 직·간접적으로 영향을 미치는 각 주의 법률이 2,500개가 넘는 상황을 주시하고 통일조정법을 마련한 바 있다. 2012년에 독일은 그동안 조정제도에 관한 일반법이 없어 다양한 형태의 조정이 법적 근거가 미약한 상태에서 시행되어 왔으나, 조정에 관한 법적인 근거를 명확히 하는 조정법을 제정하였다. 우리나라도 사법형 ADR법인 민사조정법을 근거로 법원 내 조정에서 나아가서 외부 ADR 기관에 조정을 의뢰하는 조기조정제도와 법원연계조정의 확산에 이르렀고, 최근에는 민간형 ADR 기관에서도 조정을 원활하게 수행할 수 있도록 하는 조정절차법의 제정 주장이나 주민분쟁해결센터의 설립을 위한 Community Mediation의 근거법 조항의 마련에 이르기까지 조정을 위한 ADR법에도 관심이 증대되고 있다.[444]

4. ADR 기본법의 구축 노력

미국은 1990년과 1996년에 행정형 ADR의 기본법이라 할 수 있는 행정분쟁해결법을 채택하였고, 1998년에는 사법형 ADR의 기본법이라 할 수 있는 대체적분쟁해결법을 통과시킨 바 있다. 일본 역시 2004년에 민간형 ADR의 공신력을 제고하고 그 이용을 촉진하기 위하여 민간형 ADR의 기본법이라 할 수 있는 '재판 외 분쟁 해결 절차의 이용 촉진에 관한 법률'을 제정하였다. 2012년에 제정한 독일의 '조정 및 재판 외 분쟁해결 절차의 촉진을 위한 법'은 법원내의 조정뿐만 아니라 법원 외에서의 다양한 분쟁해결 절차를 촉진하기 위해 옴부즈맨, adjudication, 미니 트라이얼, 조기중립평가 등의 다양한 기법의 활용이 가능하게 함으로써[445] 조정에 관한 일반법으로서의 위치와 함께 ADR 기본법으로

---

444) 박철규, "외국의 Community Mediation 제도를 통해 본 민간형 ADR로서의 우리나라 주민분쟁해결센터 도입 방안에 관한 연구", 의정논총, 제9권 제1호, 2014. 6 참조.

445) 심준섭 외, 전게서, 128쪽.

의 성격도 가지고 있다고 할 수 있다. 우리나라는 최근 ADR의 활성화를 위해 ADR기본법을 조속히 제정할 필요가 있다는 각종 세미나와 논문이 지속되고 있으며, 그러한 노력의 일환으로 '대체적 분쟁해결 기본법안'이 19대 국회에 제출되기도 하였다.[446)]

5. ADR법과 제도의 국제적 기준에의 부합 노력

1985년 UNCITRAL이 국제상사에 관한 모델중재법을 채택한 이래 각국에서는 자국의 중재법을 국제상사중재의 국제적 기준에 맞추기 위하여 앞 다투어 중재법의 개혁에 착수하였다. 먼저 영국에서는 UNCITRAL 모델중재법을 연구하여 1996년에 국제적 추세에 걸맞은 중재법 개정에 착수하였고, 독일은 1998년에 역시 UNCITRAL 모델중재법을 대폭 수용하여 1877년 이래 큰 변화 없이 유지되어 온 중재법을 새로이 전면 개정하였다. 일본의 중재법은 1890년에 마련된 이래 100여 년에 걸쳐 실질적으로는 변화 없이 유지되어 왔었으나 2003년에는 UNCITRAL 모델중재법을 가능한 한 충실하게 반영하고 조문을 쉽게 하며 국제적 표준에 부응하는 중재법의 대변혁을 이루었다. 우리나라 역시 이러한 국제적 추세에 발맞추어 1999년에 UNCITRAL 모델중재법을 최대한 반영하여 거의 제정에 가까운 중재법의 대변혁을 기한바 있다. 또한 미국은 2001년에 통일조정법을 채택하여 제시하였으나 2002년의 UNCITRAL 모델조정법의 내용들을 반영할 수 있도록 2003년에 개정하였다. 이후 1985년의 모델중재법을 시행하는 과정에서 제기된 문제점들을 반영하여 2006년에 UNCITRAL 모델 중재법이 다시 개정되었고,[447)] 2010년에는 UNCITRAL 중재규칙도 개정하였다. 이에 홍콩, 싱가포르, 호주 등의 아시아 국가와 유럽의 스코틀랜드, 아일랜드, 오스트리아에 이어 프랑스까지 2006년의 새로운 모델중재법의 취지에 맞게 중재법을 개정하였다.[448)]

---

446) 대체적 분쟁해결 기본법안(의안번호 1908392, 우윤근 의원)은 2013년 12월 6일에 19대 국회에 제출되었나.

447) 그 주요 개정내용은 중재합의의 성립에 필요한 서면성을 완화하고, 중재판정부의 임시적 처분을 폭넓게 인정하는 등 운용상의 개선을 포함하는 것이었다. 노태악, "UNCITRAL 모델중재법 및 중재규칙 개정에 따른 국내법 개정의 필요성 검토", 국제사법연구(16), 2010. 12, 111-150쪽 참조.

448) 장문철, "중재법의 개정방향", 중재, 제335호, 2011년 봄, 7쪽.

한편 2012년에 독일은 유럽연합의 조정지침에 의거하여 '조정 및 재판 외 분쟁해결 절차의 촉진을 위한 법'을 제정하였다. 이와 같이 세계는 중재법이나 조정법 등 ADR법을 정비하는 과정에서 국제적인 기준에의 부합과 통일성을 추구하는 경향에 있음을 알 수 있다.

이러한 ADR법의 국제적인 기준 마련과 통일성을 위한 노력은 온라인 분쟁해결(ODR) 부문에서도 활발하게 움직이고 있다. UNCITRAL은 2010년에 ODR Working Group을 설치하고 온라인 분쟁해결에 관한 법적 기준을 검토하게 하였다. 2011년에 동 Working Group은 그 절차적 규정들을 고안하고, 2014년의 비엔나 회의나 2015년의 뉴욕 회의에 이르기까지 지속적으로 회원국이나 관련 기관과의 협의를 통해 이를 정립하기 위한 협조적인 노력을 하고 있다.

제3편 지역사회의 분쟁해결
(Community Mediation)

제1장 서 설

제1절 Community Mediation의 의의

우리나라의 지역사회에서 발생하는 주민들 간의 갈등이나 주민과 분쟁유발 주체와의 분쟁은 공동주택의 층간 소음을 비롯하여 골목길 주차 문제, 집주인과 세입자 간의 분쟁, 위층으로부터의 누수, 이웃 간의 가축 문제, 상습음주자로 인한 주폭, 학교 폭력, 공사장의 소음·진동·먼지, 토지 경계 분쟁, 일조권이나 조망권 문제에서 항공기 소음, 혐오시설 입지에 대한 갈등 같은 공적인 분쟁에 이르기까지 다양하다. 최근에는 애완동물로 인한 갈등, 외국인들의 증가로 인한 이주민과의 갈등, 태양열 주택으로 인한 갈등까지 사회적 변화나 추세에 따른 갈등까지 새롭게 생겨나고 있는 실정이다. 지역사회 내에서 이와 같은 주민들의 생활과 관련된 분쟁을 소송 외의 방법으로 간편하게 해결하고자 하는 것이

Community Mediation[1]이다. 이는 지역사회에서 주민들의 크고 작은 분쟁들에 대하여 자원봉사자인 주민들로 구성된 조정기구에서 더 문제가 커져서 복잡하고 비용이 많이 들며 시간도 많이 들어 고통을 크게 하는 상황이 되기 전에 자율적으로 분쟁을 해결하여 이웃 간의 관계도 회복하고, 지역민들이 서로 조화되고 더불어 사는 지역사회를 가꾸어 나가자는 것이 그 기본적인 출발점이라 할 수 있다. 또한 대인관계에서 일어나는 갈등이나 사회적인 다툼은 법률시스템이 개입할 필요가 없다는 생각에서 비롯된다고 할 수 있다.[2]

　　Community Mediation은 미국에서 실험적으로 시작되어 현재도 미국 내에 많은 Community Mediation Center가 운영되고 있을 뿐만 아니라 영국, 오스트레일리아, 캐나다 등의 선진국을 비롯하여 아시아에서도 싱가포르, 말레이시아, 네팔 등에서 도입되어 운영되고 있다. 이제는 Community Mediation이 지역사회 분쟁해결의 새로운 추세의 한 흐름이 되고 있다.[3] 미국이나 영국에서는 이에 대한 연구가 활발하여 1980년에는 미국 법무부와 국립사법연구소가 초기의 이웃분쟁해결센터(Neighbourhood Justice Center) 실시에 대한 평가 보고서를 낸 적이 있고, 1990년대에 이미 Community Mediation이라는 단일 주제로 단행본들이 출간되었으며,[4] Daniel McGillis는 1997년에 미국의 Community Mediation 프로그램에 대해서 그 발전과정과 도전 과제들에 대한 보고서를 작성하기도 하였다.[5] 그 외 많은 Community Mediation 관련 연구가 있다.[6]

---

1) Community Mediation을 번역함에 있어 '지역사회 조정' 또는 '주민조정'으로 할 수 있으나, 나라와 상황에 따라 지역사회 조정이 더 맞는 경우가 있고 주민조정이 더 좋은 경우가 있어 여기에서는 그대로 Community Mediation으로 사용하고자 한다.

2) Loukas A. Mistelis, "ADR in England and Wales", 12 Am, Rev. Int'l Arb. 167, 2001, p. 211.

3) Hanna Binti Ambaras Khan, "Community Mediation in Malaysia: A Comparison Between Rukun Tetangga and Community Mediation in Singapore", Journal of Literature and Studies Vol. 3, No. 3, 2013. 3, p. 180; Cheryl Cutrona, "Fitting the Fuss to the Community Mediation Center Forum", 19 No. 2 Disp. Resol. Mag. 11, Winter, 2013, p. 11 참조; Community Mediation Policy Brief 참조 (http://www.edgroup.com.au/wp-content/uploads/2014/03/ESP-CM-Policy-Brief -Final.pdf).

4) Karen Grover Duffy, James W. Grosch, Paul V. Olczak, Community Mediation: A Handbook for Practitioners and Researchers, The Guilford Press, 1991; George C. Pavlich, Justice Fragmented: Mediating Community Disputes Under Postmodern Conditions, Routledge, 1996; Marian Liebmann, Community and Neighbourhood Mediation, Cavendish Publishing Limited, 1998.

5) Daniel McGillis, Community Mediation Programs: Developments and Challenges, National Institute of Justice, July 1997.

6) Edith B. Primm, "The neighborhood Justice Center Movement", 81 Ky. L. J. 1067, Summer, 1992-1993; Thomas J. Stipanowich, "The Quiet Revolution Comes To Kentucky: A Case Study In Community Mediation", 81 Ky. L. J. 855,1992-1993; Jill Richey Rayburn, "Neighborhood Justice

그러나 국내에서는 일반적인 ADR 이론이나 제도, 행정형 분쟁조정, 사법형 ADR로서의 민사조정 등에 대해서는 연구가 활성화되어 있지만 Community Mediation 이라는 단일 주제로서의 연구는 거의 없는 실정이다.[7] 지역사회의 주민 관련 분쟁에 관한 연구라 할지라도 사회적으로 파장이 큰 층간소음이나 학교 폭력에 관한 연구로 편중되어 있으며, 지역사회의 종합적인 분쟁해결 접근방법으로서의 Community Mediation 자체를 연구 대상으로 하는 경우는 찾아보기 힘든 상황이다. 단지 미국 ADR제도를 검토하면서 그 일부로 이웃분쟁해결센터(Neighbourhood Justice Center) 또는 지역조정센터를 소개하거나 외국의 ADR에 대한 연구 또는 국내 ADR 관련 제도에 관한 연구에서 조금씩 언급하는 정도에 머무르고 있다.[8]

따라서 이 장에서는 외국에서 Community Mediation 제도가 속속 도입되는 추세에 주의를 기울이고, 외국의 이러한 움직임에도 불구하고 우리나라에서의 Community Mediation 관련 연구가 부족한 상황에 주목하였다. 이하에서는 ADR로서의 Community Mediation의 출발이라 할 수 있는 미국의 이웃분쟁해결센터(Neighbourhood Justice Center)[9]의 실험과 그 결과에 대한 평가를 살펴보고, 외국의 Commu-

---

Centers: Community Use of ADR-Does It Really Work?", 26 U. Mem. L. Rev. 1197, Spring, 1996; Timothy Hedeen & Patrick G. Coy, "Community Mediation And The Court System: The Ties That Bind", 17 Mediation Quarterly 351, 2000; John Gray, Responding to Community Conflict: A Review of Community Mediation, Joseph Rowntree Foundation, 2002; Patrick G. Coy & Timothy Hedeen, "A Stage Model of Social Movement Co-optation: Community Mediation in the United States", The Sociological Quarterly 46(3), 2005; Wendy E. Hollingshead Corbett & Justin R. Corbett, "Community Mediation in Economic Crisis: the Reemergence of Precarious Sustainability", 11 Nev. L. J. 458, Spring 2011; Doug Van Epps, "Public Funding of Community Dispute Resolution Centres", 19 No. 2 Disp. Resol. Mag. 7, Winter, 2013 등 참조.

7) 그동안 미국의 이웃분쟁해결센터 등 지역사회 분쟁해결센터에 대한 개략적인 소개는 있어 왔으나, Community Mediation을 단일 주제로 연구한 논문은 2014년 6월에 발간되었다. Community Mediation 을 단일 주제로 연구한 두 번째 연구논문은 2016년 2월에 발간되었다. 위 두 논문은 이 책의 제3편을 집필하는 과정에서 그 집필 내용을 발췌하고 논문 형식으로 정리하여 기고한 것이다(박철규, "외국의 Community Mediation 제도를 통해 본 민간형 ADR로서의 우리나라 주민분쟁해결센터 도입 방안에 관한 연구", 의정논총, 제9권 제1호 제1호, 2014. 6; "미국 민간형 ADR로서의 주민조정프로그램(Community Mediation Program)의 역사적 발전과정과 현황에 관한 연구", 서울법학 제23권 제3호, 2016. 2 참조).

8) 유병현, "미국의 소송대체분쟁해결제도(ADR)의 현황과 그 도입방안", 민사소송 13(1), 2009, 490-521쪽; 임동진, 대안적 갈등해결방식(ADR)제도의 운영실태 및 개선방안 연구, 한국행정연구원, 2012, 298-299쪽; 양경승, 우리나라 ADR의 활성화방안과 기본법 제정을 위한 연구-해외 주요국의 언론법제 및 대체적 분쟁해결제도(ADR)의 비교분석을 통하여-, 언론중재위원회, 2010. 11, 41-42쪽; 김민중, "민사사건과 ADR", 법학연구 제26집, 전북대학교 법학연구소, 2008. 6, 39쪽 참조.

9) Community Mediation Center는 지역에 따라 'Neighbourhood Justice Center', 'Community Dispute Center', 'Community Dispute Resolution Center', 'Citizen Complaint Center', 'Community Boards' 등으로 다양하게 불리었고, 운영 면에서도 독립적으로 되는 곳이 있는가 하면 법원과 연계된 곳

nity Mediation이 어디서 어느 정도로 발전되고 있는지를 검토한 후 우리나라에
서의 지역사회 분쟁해결을 위해 Community Mediation으로서의 주민분쟁해결
센터의 도입방안을 제시하고자 한다.

제2절 미국 이웃분쟁해결센터의 실험과 결과

지역사회 분쟁해결센터인 샌프란시스코의 Community Boards에서 20년간
근무했던 Terry Amsler는 Community Mediation이 미국에서 시작된 이래 35
년 동안 놀라울 정도로 발전해 왔다고 하였다.[10] 그가 이 글을 기고한 것이 2013
년 겨울이었으니 35년 전인 1978년 전후해서 미국에서는 Community Mediation
과 관련하여 어떤 일이 있었는지에 대하여 살펴보고자 한다.

1976년 미네소타에서 근대적 ADR의 서막을 알리는 파운드 회의가 개최되
었다. 이는 당시로부터 70년 전에 미국변호사협회에서 유명한 연설("사법행정에
불만이 많은 이유")을 한 Roscoe Pound 학장 이름을 따서 명명되었으며, 파운드
회의는 '근대적' ADR운동의 시초로 간주된다.[11] 파운드 회의 후 카터 대통령은
그리핀 벨(Griffin Bell) 판사를 법무장관으로 임명하였는데, 이 후 미국 법무부는
1978년에 이웃분쟁해결센터(Neighbourhood Justice Center)를 시험적으로 도입하
였다. 미국 정부는 이웃 간의 분쟁을 해결할 수 있도록 캔사스 시티, 애틀란타,
로스앤젤레스 등 세 곳에 각각 212,000달러를 투입하여 18개월간 이웃분쟁해결
센터를 시험적으로 운영하였는데, 그 의도에는 이웃 간에 일어나는 분쟁을 지역
사회에 설립된 센터에서 해결하기 위한 목적 이외에도, 중재와 조정 중 어느 분
쟁해결 절차가 또는 어떠한 절차의 조합이 소송을 대체하기에 가장 적합한 것인

이 있었다. Frank E.A. Sander, "Alternative Methods of Dispute Resolution: An Overview", 37
University of Florida Law Review 1, 1985, p. 6.

10) Terry Amsler, "Community Dispute Resolution: Assessing Its Importance and
Addressing Its Challenges", Vol. 19 No. 2 Disp. Resol. Mag. 4, 2012-2013, p. 4.

11) E. Wendy Trachte-Huber & Stephen K. Huber, Alternative Dispute Resolution:
Strategies for Law and Business, Anderson Pub. Co., 1996, pp. 5-6.

가를 결정하기 위한 것이기도 했다.[12]

　　사회분석연구원(the Institute of Social Analysis: ISA)은 법무부의 자금 지원을 받아 2년간 동 프로그램들을 조사한 바 있다.[13] 이에 따른 경과보고서는 세 이웃분쟁해결센터의 시험적인 운영기간(1978년-1980년) 동안 그 이웃분쟁해결센터의 진행상황을 조절할 수 있게 해 주었을 뿐만 아니라, 차후의 이웃분쟁해결센터 프로그램들에게는 귀중한 안내지침서가 되었다.[14] 1980년에 법무부와 국립사법연구소가 출간한 이웃분쟁해결센터 현장시험 최종 보고서(Neighborhood Justice Centers Field Test-Final Evaluation Report)는 이웃분쟁해결센터의 탄생에서부터 운영 방식, 성과 및 그에 대한 평가와 향후의 제안에 이르기까지 세밀한 사항들을 담고 있다. 미국 초창기 이웃분쟁해결센터의 운영 방식과 결과는 우리나라 주민분쟁해결센터의 도입 계획을 세울 때에도 참조할 수 있는 매우 긴요한 내용이라 할 수 있으므로, 이하에서는 동 보고서의 내용을 발췌하여 소개하고자 한다.

1. 이웃분쟁해결센터의 출발 과정

　　이웃분쟁해결센터(Neighborhood Justice Centers)는 Danzig를 비롯하여 Fisher, Sander의 아이디어들에서 출발하였다.[15] 그 중에서도 이웃분쟁해결센터라는 개념의 기초는 1973년에 지역사회 모의법정(community moots)을 설립하자는 Danzig에 의해 시작되었다. 지역사회 모의법정은 무죄냐 유죄냐를 떠나서 여러 가지 분쟁을 해결하기 위한 이웃 기반의 비강제적 법정을 말한다. 그러나 이 모의법정은 강제력이 없어 유용성이 떨어진다는 비판을 받았다. 이러한 비판을 의식하여 1975년에 Fisher는 지역사회 법원(community courts)을 제안했는데, 이는 선

---

12) Edith B. Primm, *op. cit.*, pp. 1067-1069.

13) *Id.*, pp. 1071-1072.

14) 사회분석연구원의 보고서는 이웃분쟁해결센터의 시험 운영기간이 끝난 후에 조사한 것이 아니라 시험 운영이 이루어지는 기간 동안 이웃분쟁해결센터의 운영과 동시에 이루어진 조사였기 때문에 바로 피드백을 통한 조절이 가능하였다.

15) Royer F. Cook, Janifer A. Roehl & David I. Sheppard, Neighborhood Justice Centers Field Test - Final Evaluation Report -, U.S. Department of Justice & National Institute of Justice, 1980, p. 4.

출된 지역주민들로 구성되어 배상이나 퇴거 같은 강제적 제재를 행사할 수 있게 한 것이었다. 그 후 1976년에 Sander는 분쟁해결센터(Dispute Resolution Centers)를 제안하였다. 이는 Danzig의 강제력이 전혀 없는 지역사회 모의법정과 Fisher의 강제력이 높은 지역사회 법원을 절충한 것이었다. Sander의 분쟁해결센터는 지역사회 법원(community courts)과 비슷하지만 법원과 긴밀하게 연계된 정부기관(government agencies)이었고, 조정이 실패하면 구속력 있는(binding) 중재도 가능하게 한 것이었다.

법원 대신 지역사회의 분쟁을 해결하려는 이웃분쟁해결센터와 같은 개념의 가장 초기 프로그램들 중의 하나는 1969년에 미국중재협회(the American Arbitration Association)의 분쟁해결센터에 의해 필라델피아에서 개발된 '대안으로서의 중재 프로젝트'(the Arbitration-as-an-Alternative(4-A) Project)였다.[16] 이는 시 법원과 직접 연계되어 운영되는 것으로서 가벼운 폭행이나 기물파손 등에 대한 사건을 취급하였다. 1971년에 시작된 오하이오 주 콜럼버스의 야간검사프로그램(Night Prosecutor Program)은 대인관계에서 일어나는 분쟁이나 부도수표 분쟁 등에 대해 조정을 시행하였다. 이 프로그램은 지속적으로 확대되어 형사나 민사 사건뿐만 아니라 콜럼버스 보건부와 교통국을 위한 특별사건을 처리하기도 하였다. 이러한 프로그램들은 1970년대 초중반에 생긴 많은 분쟁해결 프로그램들의 터를 닦는 것이었다. 위의 4-A 프로젝트는 뉴욕 주의 로체스터와 캘리포니아 주의 샌프란시스코에서도 추가적으로 미국중재협회에 의해서 착수되었다.

이웃분쟁해결센터의 모델로서 작용한 프로그램들로는 1974년에 창설된 신시내티의 사적 고충 프로그램(the Private Complaint Program)을 비롯하여 1975년에는 보스톤의 돌체스터 도시법원 프로그램(the Dorchester Urban Court Program)과 마이애미의 시민분쟁해결 프로그램(the Citizen Dispute Settlement Program), 1976년에 롱 아일랜드의 주민조정센터(the Community Mediation Center) 등이 있다.[17] 그 중에서도 두드러지는 것으로 샌프란시스코의 지역사회 이사회 프로그램(the Community Board Program)이 있었는데, 이는 완전히 사적인 재단에 의해 재원이 조달되며 법원과는 아주 제한된 연계만을 유지하고 지역 내 주민들의 분쟁해결에 집중하는 것이었다.

---

16) *Id.*, p. 5.
17) *Id.*

대부분의 프로그램들은 법원으로부터의 회부뿐만 아니라 사적인 기관이나 분쟁 당사자로부터 직접 접수받기도 하는 등 다양한 사건 접수 경로를 이용하였다.[18] 콜럼버스의 야간검사프로그램, 마이애미의 시민분쟁해결 프로그램, 돌체스터 도시법원 프로그램, 뉴욕의 브루클린 법원 프로그램(Brooklyn Court Program) 등은 기본적으로 법원의 연장선과 같은 프로그램들이다. 그렇지만 다른 프로그램들은 법원과 긴밀히 연계되어 있기는 하지만 추가적으로 다른 사법기관이나 사회서비스 기관으로부터 사건을 회부받거나 주민들로부터 직접 사건을 접수받기도 하였다. 이러한 프로그램들로는 뉴욕의 분쟁해결센터, 신시내티의 사적 고충 프로그램, 뉴욕 서포크 카운티의 주민조정센터(the Community Mediation Center) 등이 있다.

지역사회에서 개인으로부터 직접 접수받는 사건이 많이 차지하는 프로그램은 거의 없었는데, 예외적으로 샌프란시스코의 지역사회 이사회 프로그램(the Community Board Program)은 지역 사회의 분쟁 사건을 다른 기관으로부터 회부 받는 것보다는 주민들로부터 바로 유치하려 노력하였다. 이 프로그램은 재원도 정부 지원 없이 직접 마련하여 운영하고 있었으며 시민 패널을 두어 사건을 공개적으로 심리하기도 하였다. 학교 기물 파손이나 이웃집단 간의 분쟁 등이 그 공개심리의 대상이었다. 이러한 샌프란시스코의 방식은 지역사회 발전과 자력구제(self help)에 획기적이었으며, 당시의 분쟁해결 프로그램들과는 확연히 구별되는 것이었다. 분쟁은 조정인 패널에 의해 처리되었는데 이 프로그램에 의해 조정되는 사건은 1년에 100건이 못되었으며, 다른 분쟁해결 프로그램들과는 달리 대인관계에서 오는 분쟁해결보다는 지역의 기관과 이웃 간의 관계를 강화하는 것에 더 주안을 두었다는 점이 특색이었다고 할 수 있다.

1976년 파운드 회의에서는 사법행정에 대한 불만족의 원인들에 대하여 숙의하면서 분쟁을 만족스럽게 처리할 역량을 갖추지 못한 법원의 부담을 덜어주기 위한 분쟁해결의 대체적 방안들에 대하여 논의하였다. 그 회의의 후속조치로 정부 차원에서 재판의 대체적 분쟁해결 수단으로서 이웃분쟁해결센터(Neighborhood Justice Centers)의 설립이 권장되었다. 카터 대통령에 의해 법무장관으로 임명된 그리핀 벨(Griffin Bell)은 이웃분쟁해결센터 프로그램의 개발을 지시하였다.

---

18) *Id.*, pp. 6-7.

이에 사법행정증진국(the Office for Improvements in the Administration of Justice: OIAJ)이 이웃분쟁해결센터 프로그램의 개념화에 착수하였고, 국립법집행 및 형사연구소(the National Institute of Law Enforcement and Criminal Justice: NILECJ)[19]에는 최종계획 입안과 현장시험 임무가 주어졌다. 이에 1977년에 국립법집행 및 형사연구소는 사법행정증진국과 함께 이웃분쟁해결센터를 실험적으로 운영해 보는 현장시험을 위한 프로그램을 개발하였으니, 이는 애틀란타, 캔사스 시티, 로스앤젤레스 세 곳에 이웃분쟁해결센터를 설치하여 주민들 사이의 경미한 분쟁에 대해 법원에 가도록 하는 대신 조정이나 중재를 통해 해결하게 해 보자는 것이었다.

이웃분쟁해결센터의 전반적인 목표는 ① 조정을 통하여 경미한 민·형사 분쟁을 해결하기 위한 지역사회 분쟁해결 메카니즘을 설치한다. ② 소송과 같이 대립적인 절차로 해결하기에는 부적합한 분쟁을 해결해 줌으로써 법원의 사건부담을 덜어준다. ③ 분쟁 당사자들에게 공정하면서도 분쟁이 재연되지 않는 영속적인 해결을 도모할 수 있게 한다. ④ 법원 외의 다른 기관에 의해 더 적절하게 분쟁을 해결할 수 있는 정보와 서비스를 제공한다는 취지로 되어 있었다.[20] 또한 이웃분쟁해결센터로 선정될 수 있는 자격 요건은 공공기관이거나 정부자금을 받아 관리해 본 경험이 있는 비영리 사적 기관이어야 하고, 센터의 위치는 법원 시스템과는 상당히 떨어져 있되 지역민들이 쉽게 접근할 수 있는 이웃 범주 내에 있어야 하며, 각각의 센터는 18개월 동안 시험적으로 운영을 하도록 되어 있었다.

이웃분쟁해결센터에 대한 현장 시험 평가 보고서에 따르면 평가는 크게 세 가지로 나누어져 있다.[21] 첫째는 집행연구(an implementation study)로 이웃분쟁해결센터 프로그램의 개발과 운영에 대한 평가이다. 둘째는 절차연구(a process study)로 이웃분쟁해결센터의 절차와 담당 사건에 대한 평가이다. 셋째는 영향연구(an impact study)로 분쟁 당사자에 대한 영향과 이웃분쟁해결센터에 사건을 회부해 주는 법원·경찰 등의 사법시스템에 대한 영향 및 지역사회에 대한 영향을 평가하였다.

---

19) 이는 나중에 국립사법연구소(the National Institute of Justice)로 바뀌었다.
20) Royer F. Cook, Janifer A. Roehl & David I. Sheppard, *op. cit.*, p. 8.
21) *Id.*

2. 세 이웃분쟁해결센터 프로그램의 개발과 운영 방식

(1) 애틀란타 이웃분쟁해결센터[22]

애틀란타 이웃분쟁해결센터는 법원 직원, 변호사, 경찰이나 지역사회 기관에서 대표로 나온 사람들로 구성된 이사회(a Board of Directors)의 지도하에 운영되었다. 이사회는 이웃분쟁해결센터의 유일한 정책결정 기구였으며, 이사회를 자문할 어떤 자문기구도 갖지 않았다. 이사회에는 저명한 전직 판사가 의장을 하였으며, 영향력 있는 법원 관리나 법원에 깊은 유대가 있는 변호사들이 이사회 멤버로 참여하였는데 이들은 이웃분쟁해결센터와 법원의 가교 역할을 하였다.

애틀란타 이웃분쟁해결센터는 책임자(a Project Director)의 지휘하에 4-5명의 전임직원, 헌신적인 자원봉사자들과 여러 명의 인턴 학생들로 구성되어 있었다. 55명의 조정인들이 주로 조정을 시행했지만 조정인들은 센터의 일반 업무나 홍보 활동도 함께 도왔다. 그 중 여성청년단(the Junior League)과 같은 지역단체나 지역사회 대학에서 채용한 자원봉사자들은 법원의 판사나 서기로부터 이웃분쟁해결센터로 회부되는 사건을 선별하여 접수하는 역할을 하였다. 자원봉사자이자 조정인인 주민들은 이웃분쟁해결센터에 없어서는 안 될 존재이고 아주 효율적으로 일을 하였다. 애틀란타 이웃분쟁해결센터는 그 운영의 첫 18개월 동안 전임직원이 한 명도 직장을 옮기지 않을 정도로 잘 관리되었다고 한다.

애틀란타 이웃분쟁해결센터는 판사나 법원 서기에 의해 회부되는 사건에 많이 의존함으로써 법원과 연관이 가장 많은 프로그램이었다. 하지만 지역사회, 지방정부, 지역기관들, 경찰들로부터도 사건을 접수하였다. 약 70% 정도가 법원에 의한 회부이고, 나머지 30% 정도가 분쟁 당사자가 직접 접수하거나 기타 기관으로부터 회부된 것이었다. 이웃분쟁해결센터의 직원은 법원에 자주 방문하여 판사나 서기에게 센터의 활동 상황이나 회부된 사건의 진행 사항 등에 대하여 소통하곤 하였다. 애틀란타 이웃분쟁해결센터는 높은 사건 수를 유지하였는데, 월 평균 150건에서 200건의 사건을 처리하였다.

---

22) *Id.*, pp. 12-14.

(2) 캔사스 시티 이웃분쟁해결센터[23]

캔사스 시티 이웃분쟁해결센터는 1977년 후반에 개발되었는데, 그 구성과 후원 방식이 분쟁해결 프로그램 중 독특하였다. 센터의 공식적인 후원자는 시 정부였으며 지역서비스과(the Community Services Department)에 의해서 운영되었다.[24] 정책 형성은 센터의 책임자와 시의 관계직원들의 상호 협조로 이루어졌다. 시 정부는 센터에 회계 서비스도 제공하였다. 시 정부의 일부가 된다는 것은 장점과 단점이 있었다. 시가 후원함으로써 센터에 합법성을 부여하고 집행을 신속하게 하며, 사법시스템을 사건 회부의 공급원으로 하는 관계 설정에도 도움을 주었다. 그러나 센터를 운영함에 있어서 관료화, 과중한 서류 업무, 비탄력적인 인사제도, 기준을 준수해야 하는 등의 단점도 있었다. 시 정부 외의 지원기관으로는 자문위원회(the Advisory Board)가 있었는데, 이는 주민·지역사회기관·시 정부의 대표 등으로 구성되어 있었다. 자문위원회는 월 단위로 만났으며 센터의 직원들에게 지역사회의 이슈에 대해 지식과 전문성으로 도움을 주었다고 한다.

캔사스 시티 이웃분쟁해결센터의 직원은 센터의 책임자(a Project Director) 외에 4-5명의 직원과 자원봉사자, 인턴 학생들로 구성되어 있었으며 약 45명의 조정인을 유지하였다. 캔사스 시티 이웃분쟁해결센터는 상당히 높은 이직률을 보였는데 이는 시의 인사규정상 한 곳에 고정적으로 근무하지 않게 하였기 때문이기도 하다. 센터는 중심상업 지역의 은행 건물 3층에 자리하였으며, 조정 심리를 할 때 상당히 공식적이고 진지한 분위기에서 진행되었다. 분쟁 당사자들이 무기를 가지고 있지 않다는 자술서에 사인을 하게 하고, 심리전에는 조정인에게 선서를 하게 하며 조정 합의안에 대해서는 공증을 하게 하였다고 한다.

캔사스 시티 이웃분쟁해결센터는 형사 사법시스템과 긴밀한 연계가 있었는데 회부 사건의 3분의 2는 검사, 경찰, 판사들로부터 회부된 것이었다. 다음으로 많은 사건 회부는 지역사회의 기관으로부터 받거나 분쟁 당사자들로부터의 직접 접수였으며, 그 다음으로는 정부기관, 법률지원기관의 순이었다. 경찰들로부터 사건 회부를 지원 받기 위해 소규모의 인원을 대상으로 세 시간씩 교육을 하

---

23) *Id.*, pp. 14-15.
24) 캔사스 시티 이웃분쟁해결센터는 1974년에 경찰에서 시행되었던 분쟁해결 프로그램을 모방해서 만들어졌으며, 당시의 프로그램 책임자가 이웃분쟁해결센터의 책임자가 되었다.

기도 하였다. 회부 사건은 이웃 분쟁과 같이 가까운 사람 사이의 대인관계에서 발생하는 사건이 주종을 이루었다. 사건의 70% 이상이 부부, 친척, 이웃, 친구들에 관한 것이었고 나머지는 집주인과 세입자, 상인과 소비자 사이의 분쟁과 같은 민사 사건이었다고 한다.

캔사스 시티 이웃분쟁해결센터는 적당한 사건 수를 가지고 있었는바 월 평균 60건 정도의 사건을 처리하였고, 그 중 약 22건 정도가 조정으로 해결되었으며 10건 정도는 심리 없이 해결되었다고 한다. 캔사스 시티 이웃분쟁해결센터는 중재를 사용한 유일한 센터였는데, 분쟁 당사자가 조정이나 중재를 선택할 수 있었다. 먼저 조정에 착수하고 합의에 이르지 못하면 그 조정인은 중재인으로 전환되고 그에 의해 중재 결정이 내려지는 식이었다. 시험 운영기간 동안 모두 25건만이 중재로 처리되었는데, 이는 캔사스 시티 이웃분쟁해결센터에서 조정 심리가 진행된 사건 중에서 약 8%에 해당한다. 일부 당사자는 중재 결정에 대하여 불만을 나타내기도 하였는데, 이는 센터의 중재에 집행력이 없었기 때문이며 센터에 대한 불만 요인으로 작용하기도 하였다. 캔사스 시티 이웃분쟁해결센터는 중재 결정이 내려지면 재판에 회부될 수 없는 것으로 하였지만 이 역시 제대로 지켜지지도 않았다고 한다. 이러한 문제들로 인하여 나중에는 캔사스 시티에서도 중재 서비스가 중지되었다. 캔사스 시티 센터는 주로 알선(Conciliation)[25]과 조정을 활용하였으며 드물게는 외부기관에 분쟁해결을 의뢰하기도 하였다고 한다.

(3) 로스앤젤레스 이웃분쟁해결센터[26]

애틀란타나 캔사스 시티의 이웃분쟁해결센터는 형사 사법시스템 중심의 분쟁해결인 데 비해 로스앤젤레스 이웃분쟁해결센터는 철저히 지역사회 중심의 이웃분쟁해결센터였다. 로스앤젤레스 이웃분쟁해결센터는 로스앤젤레스 카운티 변호사협회에 의해 후원되었다. 센터를 감시하고 정책결정을 위하여 이사회(a Board of Directors)가 만들어졌는데 이는 변호사협회 관계자나 지역사회 또는 공

---

25) 뒤에서 자세한 설명이 나오지만 당시의 알선은 분쟁의 해결을 위해 당사자 간에 직접 대면을 하게 하지 않고 중립적인 제3자가 왔다 갔다 하면서 분쟁해결을 돕는 과정을 말한다. 알선이 실패하면 알선으로 끝내기도 하지만 조정이나 중재의 전 단계로 사용하기도 했다.

26) Royer F. Cook, Janifer A. Roehl & David I. Sheppard, *op. cit.*, pp. 16-18.

공기관의 대표들로 구성되었다. 그 외 다른 자문기관이나 후원기관은 없었다. 이사회는 초기에는 소위원회를 여러 개 만들어 직원이나 조정인의 충원, 사무실 위치 선정, 윤리 기준 및 사건 선정 기준 마련 등 주요 사안들에 대하여 활발히 활동하였으나, 후에는 센터 책임자(a Project Director)에게 의사결정 권한을 위임 하였다. 로스앤젤레스 이웃분쟁해결센터는 다른 두 센터와 비슷하게 책임자가 5-6명의 전임직원과 여러 명의 임시직 직원들을 관리하며, 25명의 조정인을 두 었는데 조정인은 조정 심리뿐만 아니라 지원업무와 대외적인 홍보 활동도 하였 다. 로스앤젤레스 센터는 캔사스 시티처럼 관리상의 문제를 보이기도 하고 높은 이직률을 나타내었다.

　　로스앤젤레스 이웃분쟁해결센터는 지역사회 기반의 분쟁해결을 널리 알리 기 위해 신문·방송 등을 이용한 광범위한 미디어 캠페인을 벌였으며, 이웃분쟁 해결센터 홍보물을 쇼핑센터나 해변에서 뿌리거나 지역사회 기관들에게 배부하 기도 하였다. 지역사회로부터 직접 사건을 유치하려 하였으므로 조직 분위기는 느슨하고 개인적인 서비스에 중점을 두었다. 그런데 로스앤젤레스의 베니스 (Venice) 지역은 다양한 인종이 거주하여 공통의 가치가 빈약했고, 많은 지역사 회 기관들이 영역 다툼을 하는가 하면 연방 프로그램에 대한 반감이 크고 인구 의 이동성도 심한 곳이어서 결과적으로는 목표지역 설정이 잘못된 셈이 되었다. 따라서 지역사회 기관들의 이웃분쟁해결센터에의 사건 회부는 부진하였고, 지 역사회 기관이 회부한 사건은 센터가 처리하는 전체 사건의 6% 정도에 그쳤다. 오히려 지역사회에서 개인들이 직접 접수하는 경우가 가장 큰 비중을 차지하였 는바 50% 이상을 차지하였다. 직접 접수가 상당히 많은 수를 차지한 것은 TV 나 라디오 같은 대중매체를 광범위하게 활용한 덕분이라고도 할 수 있다. 사건 의 약 3분의 1 정도는 법원이나 경찰 같은 사법시스템에서 회부되었고, 그 외 법률지원기관, 지역정부기관 등으로부터 적은 수의 회부가 있었다.

　　이웃분쟁해결센터에 접수되는 사건의 유형으로는 대부분이 민사 소액 사건 이었으며, 집주인과 세입자, 상인과 소비자 간의 분쟁과 같은 민사 사건들이 센 터 전체 사건의 절반 이상을 차지하였다. 형사 사건은 매우 적었다. 로스앤젤레 스 이웃분쟁해결센터는 로스앤젤레스의 지방검찰청(the District Attorney's office) 에서 시행하는 심문관 프로그램(the Hearing Officer Program)의 등장으로 인하여 형사법원시스템과의 사건 회부 협조관계를 발전시키지 못하였기 때문이다. 심문관 프로그램은 주민 간의 긴밀한 관계에서 발생하는 경미한 사건들에 대하여 법원이나 경찰로부터 사건을 넘겨받아 조정 비슷하게 심문을 하여 분쟁을 해결하는 것이었다. 따라서 법원이나 경찰은 이 프로그램을 주로 활용하였으며 이웃분쟁해결센터 서비스를 이용하지 않았던 것이다.

로스앤젤레스 이웃분쟁해결센터는 월평균 약 50건의 사건을 처리하였는데 평균적으로 16건 정도가 조정, 7건 정도가 알선의 형식으로 분쟁이 처리되었다고 한다. 사건 수는 변동이 심하였는데 대중매체 홍보활동이 새롭게 시작되거나 새롭게 법원과의 관계가 형성될 때는 증가하다가 그러한 활동들이 시간이 지나면 다시 사건 접수가 줄어들었다. 대중매체에 홍보를 하면 많은 전화가 오곤 하였는데, 센터는 스스로 해결이 어렵다고 생각되는 사건들에 대해서는 외부의 다른 기관들에게 사건을 넘겨주기도 하였다.

3. 세 이웃분쟁해결센터의 분쟁해결 절차와 사건 처리

(1) 분쟁해결 절차

세 이웃분쟁해결센터의 분쟁해결 절차는 거의 비슷하였다. 이웃분쟁해결센터에 의해 해결된 사건의 3분의 2가 조정에 의해서 해결되었다. 각 센터는 대개 한 명의 조정인이 조정을 시행하였는데, 캔사스 시티에서만 이웃 간의 분쟁에 대하여 또한 훈련과 학습의 목적으로 두 명의 조정인을 사용하였다고 한다.[27] 조정인은 당사자에게 조정안을 강제할 권한이 없었는데, 예외적으로 캔사스 시티에서는 조정 시도 후 안 되면 중재를 하는 혼합모델을 사용하기도 하였다. 조정인이 심리(hearing)할 때는 대체로 조정 및 갈등해결연구소(the Institute for Mediation and Conflict Resolution)와 미국중재협회에서 만든 절차들을 사용하였다. 또한 이 두 기관은 이웃분쟁해결센터 운영 초기에 센터의 직원들과 조정인들을 대상으로 훈련을 시행하기도 하였다. 따라서 이웃분쟁해결센터의 조정인 훈련 프로그램 역시 이 두 기관의 방식을 모방한 것이었다.

---

27) *Id.*, p. 18.

이웃분쟁해결센터에서 조정인에 의해서 시행된 심리(hearing) 절차는 대개 다음과 같은 방식으로 시행되었다.[28]

① 조정인이 조정 개시를 선언하고, 자신을 소개하며 조정인의 역할과 조정 절차를 설명한다.

② 분쟁 당사자가 분쟁에 대하여 각각 자신의 입장을 설명한다.

③ 분쟁 당사자와 조정인이 쟁점(issues)에 대하여 논의한다. 이 때 조정인은 쟁점을 명확히 하기 위한 질문을 하고, 당사자들이 합의에 이르도록 유도해 나간다.

④ 당사자와 개별적으로 비밀회합을 가질 수 있다.

⑤ 사실조사(fact-finding), 쟁점의 재확인, 협상(negotiation)을 동반한 전체 회의를 다시 진행하여 합의에 이른다. 이 과정에서 합의에 이르지 못하면 다시 개별적인 비밀회합을 가질 수 있다.

⑥ 합의에 이르면 문서화하여 양 당사자와 조정인이 사인을 한다. 복사본은 양 당사자에게 교부하며 원본은 사건 파일에 보관한다.

⑦ 조정인은 양 당사자의 참석에 감사를 표하고 조정을 종료한다.

이웃분쟁해결센터에서 사건이 접수된 후 조정 심리가 있기 전에 양 당사자로부터 정보를 수집하고 조정 심리를 계획하는 과정에서 이웃분쟁해결센터의 직원들이 흔히 분쟁해결을 촉진하는 경우가 있었다. 이웃분쟁해결센터에 접수된 사건 중 약 16.5%가 심리가 있기 전에 해결되었는데, 이는 해결된 사건의 3분의 1에 해당하는 것이었다.[29] 어떤 경우는 사건 접수 후 당사자들이 스스로 분쟁을 해결하고 센터에 전화하는 경우도 있었고, 어떤 경우는 센터의 직원이 분쟁 상대자에게 사건 접수 사실을 알리고 조정에 참석해 달라는 전화만 해도 해결되는 경우도 있었다. 또 센터의 직원이 정보 수집을 위해 여러 차례 전화를 하여 질문을 하는 등의 과정에서 합의가 이루어지기도 하였다. 이웃분쟁해결센터는 자신들이 해결하기에 부적절한 분쟁에 대하여는 법원, 법률지원기관, 상담기관 등 분쟁 당사자에게 도움을 줄 수 있는 기관에 사건을 전달하기도 하였다.

---

28) *Id.*, pp. 18-19.
29) *Id.*, p. 19.

(2) 조정인의 선발과 훈련

이웃분쟁해결센터의 조정인을 선발함에 있어서는 인종·연령·직업 등이 고르게 고려되었다. 이웃분쟁해결센터의 직원들이 조정인을 선발할 때는 센터를 감시하는 자문위원회 등을 활용하였다. 조정인에게는 조정을 시행하는데 있어 들어가는 개인적인 비용을 감당할 정도의 약간의 급료(stipend)가 주어졌지만, 조정인은 기본적으로 자원봉사자(volunteers)로 간주되었다.[30] 애틀란타 이웃분쟁해결센터의 조정인은 시간과 관계없이 사건 당 25달러가 주어졌고, 캔사스 시티 이웃분쟁해결센터의 조정인은 두 명을 사용하는 경우가 흔히 있었으므로 책임 조정인이나 혼자 하는 경우에는 사건당 25달러를, 보조 조정인에게는 15달러를 지급하였다. 로스앤젤레스 이웃분쟁해결센터의 조정인에게는 조정을 포함하여 어떠한 종류의 일이 되었든 시간당 6달러가 주어졌다. 각 이웃분쟁해결센터는 심리 장소에 분쟁 당사자가 나타나지 않아도 조정인이 출석하면 약 5달러 정도를 지급하였다.

세 이웃분쟁해결센터는 조정인을 훈련함에 있어 각자가 다른 방법을 사용하였다.[31] 애틀란타 센터는 지역의 조정인 훈련기관과 미국중재협회를 활용하여 40시간의 2주 훈련 프로그램을 시행하였다. 또한 처음의 훈련이 있은 후 60일 뒤에는 80시간의 보충 훈련도 하였다. 캔사스 시티 센터는 조정 및 갈등해결연구소(the Institute for Mediation and Conflict Resolution)와 미국중재협회와의 계약을 통해 합동으로 48시간의 2주 훈련 프로그램을 운영하였다. 로스앤젤레스 센터는 주로 지역의 조정 훈련 전문가를 이용하고 미국중재협회의 도움도 약간 얻어 70시간의 교육훈련 프로그램을 고안하였다.

(3) 세 이웃분쟁해결센터에서 처리한 사건의 분석

15개월간의 현장시험 기간 동안 세 이웃분쟁해결센터의 사건 처리 수는 거의 4,000건에 이르렀다.[32] 그 중의 60%는 애틀란타 이웃분생해설센터에서 처

---

30) *Id.*, p. 20.
31) *Id.*
32) 현장시험 기간 동안 세 이웃분쟁해결센터에서 처리한 사건은 3,947건이었는데 그 중 애틀란타 센터는 2,351건(59.6%), 캔사스 시티 센터에서는 845건(21.4%), 로스앤젤레스 센터는 751건(19.0%)

리하였다. 전체 사건의 62%는 판사, 법원 직원, 검사, 경찰 등과 같은 사법시스템으로부터 회부된 것이었고, 나머지는 개인으로부터 직접 접수를 받거나 지역사회의 다양한 기관이나 정부기관으로부터 회부된 것이었다.[33] 사건을 크게 양분하면 이웃, 가족 등과 같이 긴밀한 대인관계에서 비롯된 것이 45%를 차지하였고, 세입자와 집주인, 상인과 소비자, 고용인과 종업원과 같은 관계에서 발생하는 민사 분쟁 사건이 55%를 차지하였다. 대체적으로 긴밀한 대인관계에서 발생하는 사건들은 법원이나 경찰 같은 사법시스템으로부터 회부되었고, 민사 분쟁 사건은 개인적으로 직접 접수하거나 소액 사건 법원, 지역사회 기관 등 여타 기관으로부터 회부되었다.

전체적으로 접수된 약 4,000건의 사건의 처리 결과를 보면, 전체 사건의 16.5%는 분쟁 당사자를 접촉하는 과정에서 알선(Conciliation)의 형식으로 조정심리 이전에 해결되었다.[34] 심리까지 간 사건은 전체의 약 35%로서 3분의 1이 넘었는데, 이렇게 심리된 사건 중에서 약 82%는 상호 합의로 해결되었다. 따라서 전체 사건의 약 45%는 심리 이전에 해결되거나 심리를 거쳐 해결되었다고 할 수 있다.

세 이웃분쟁해결센터는 심리 진행과 분쟁해결 비율에 있어 차이가 있었다. 먼저 애틀란타 센터는 접수된 사건의 약 35%에 대해 조정 심리를 진행하였고 전체 접수 사건 중 44%의 해결률을 보였다. 캔사스 시티 센터는 접수된 사건의 약 39%에 대해 조정 심리를 진행하였고 알선과 조정을 합하여 전체 사건의 56%를 해결하였다. 로스앤젤레스 센터는 각각 31%와 35%였다. 심리에 회부된 사건의 해결률은 상당히 높았다. 캔사스 시티 센터에서는 심리에 회부된 사건의 95%가 조정이나 중재로 해결되었고, 애틀란타 센터와 로스앤젤레스 센터에서는 심리에 회부된 사건이 조정에 의해 합의에 이른 비율이 각각 81%와 66%였다.

15개월간의 현장시험 기간 동안 세 이웃분쟁해결센터의 사건 처리 상황을 좀 더 구체적으로 살펴보면 다음과 같다.[35] 전체 처리 사건 수는 3,947건이었는데 전체의 45%인 1,777건이 해결되었으며 55%인 2,170건은 해결되지 않은 것

을 처리하였다.

33) Royer F. Cook, Janifer A. Roehl & David I. Sheppard, *op. cit.*, p. 22.
34) *Id.*, p. 24.
35) *Id.*, p. 26.

으로 나타났다. 그 중 심리 전에 16.5%의 사건이 해결되었고 심리가 진행된 사건은 34.9%였으며 나머지 48.7%는 심리도 열리지 않았고 해결되지도 않은 사건이었다. 심리에 회부된 사건 중 평균적으로 80%가 조정 합의에 이르렀고 1.8%는 중재 결정이 내려졌으며 나머지 18.2%는 조정이 합의에 이르지 못한 것이었다. 심리도 없었고 해결되지도 않은 사건 중에서 피신청인이 거절한 것의 비율은 49.8%였고, 센터가 피신청인과 연락이 닿지 않은 것이 17.8%, 심리일에 한쪽 당사자나 양쪽 당사자가 출석하지 않은 것이 11.5%, 신청인이 신청을 철회한 것이 13%, 기타 이유가 8.2%에 해당하였다.

세 이웃분쟁해결센터로의 사건 회부는 민·형사 사법시스템으로부터 회부되는 것이 세 센터 전체의 62%를 차지하여 주종을 이루고 있었다. 그런데 애틀란타 센터나 캔사스 시티 센터와 달리 로스앤젤레스 센터에서는 보다 지역사회를 기반으로 하는 이웃분쟁해결센터로서의 특성을 가졌다.[36] 가장 많은 비중을 차지한 것은 사법시스템으로부터가 아닌 분쟁 당사자 개인들이 직접 접수한 것으로서 절반 이상의 사건 접수를 보였던 것이다. 다음으로는 판사로부터의 회부가 15%였고, 법원 서기나 검사로부터의 회부는 11%, 경찰로부터의 회부는 8%였으며 지역사회 기관으로부터의 사건 회부는 6%에 불과하였다.

세 이웃분쟁해결센터로의 사건 회부 전체를 보다 세부적으로 보면 법원 서기나 검사실에서 회부된 것이 35.6%로 가장 높았고, 민·형사 판사실로부터는 19%였으며, 개인적으로 직접 접수한 것이 17.4%, 경찰로부터는 7.2%, 정부기관으로부터는 6.2%, 법률지원기관으로부터는 5%, 지역사회 기관으로부터는 4.7%였고 기타가 5%에 해당하였다.[37] 이 중에서 지역사회 기관으로부터 회부된 사건은 전체의 4.7%로 기타를 제외하면 가장 낮은 회부를 보여 원래 기대했던 것보다 훨씬 못하는 현상을 나타내었다. 이는 당시의 지역사회 기관들 사이의 높은 경쟁으로 인하여 이웃분쟁해결센터 역시 지역사회 기관들과의 경쟁자로 여겨졌기 때문에 그러한 기관들로부터 이웃분쟁해결센터에 사건 회부가 제한된 것으로 보여진다.

회부된 사건을 유형별로 보면[38] 긴밀한 사이의 대인관계로부터 발생하는

---

36) *Id.*, p. 37.
37) *Id.*, p. 27.
38) *Id.*, pp. 28-30.

분쟁이 45%이고 상인과 소비자처럼 보다 우연한 관계에서 비롯되는 민사 분쟁이 55%였다. 또 긴밀한 사이의 대인관계로부터 발생하는 분쟁 중에서 형사 분쟁이 약 65%이었고, 민사 분쟁 사건이 35%이었다. 이를 종류별로 보다 세분화해서 살펴보면 상인과 소비자 간의 분쟁이 21.4%로 가장 높은 비율을 차지하였고, 다음으로는 집주인과 세입자 간의 분쟁이 17.1%, 친구 간의 폭력이나 괴롭힘이 10.1%, 고용인과 종업원 간의 분쟁이 9.3%, 가정폭력이나 괴롭힘이 8.3%, 이웃 간의 폭력이나 괴롭힘이 7.8%, 이웃의 소란행위 등이 7.2%, 재산 승계 문제 등이 7.1%, 가족 간의 분쟁이 5%, 기타가 6.7%로 나타났다.

해결되지 않는 사건에 대하여 세 이웃분쟁해결센터의 접수에서부터 미해결 종료 결정까지의 평균적인 기간을 보면,[39] 애틀란타 센터의 경우 최장 93일까지 걸린 경우도 있었지만 평균적으로는 10일 정도였다. 캔사스 시티 센터는 최장 91일까지 있지만 평균적으로 21일 정도였으며, 로스앤젤레스 센터는 최장 98일까지 있지만 평균 18일이었다.

(4) 세 이웃분쟁해결센터에서 처리한 사건의 특성

세 이웃분쟁해결센터에서 처리한 사건들에 대한 특성을 요약하면 다음과 같다.[40]

① 세 이웃분쟁해결센터는 상당히 많은 수의 다양한 민·형사 사건을 취급하였다.

② 이웃분쟁해결센터가 취급한 사건 수는 애틀란타 센터가 60%를 차지하여 가장 많고 나머지를 캔사스 시티 센터와 로스앤젤레스 센터에서 처리하였다.

③ 애틀란타 센터와 캔사스 시티 센터는 형사사법시스템과 긴밀히 연계되어 있었으나 로스앤젤레스 센터는 지역사회로부터 사건을 직접 취급하려고 노력하였다.

④ 캔사스 시티 센터는 긴밀한 대인관계와 관련된 사건이 가장 많았고 애틀란타 센터와 로스앤젤레스 센터는 보다 우연한 관계에서 발생하는 분쟁

---

39) *Id.*, pp. 34, 37, 39.
40) *Id.*, pp. 43-44 참조.

인 민사 사건이 주종을 이루었다.

⑤ 이웃분쟁해결센터는 전체 사건의 45% 정도를 해결하였다.

⑥ 긴밀한 대인관계와 관련된 사건이 우연한 관계에서 발생하는 분쟁인 민사 사건보다 더 조정 심리를 거쳐서 해결되는 경향이 있었다. 긴밀한 대인관계와 관련된 사건은 사법시스템, 그 중에서도 판사로부터 많이 회부되어 왔는데 그로 인해 분쟁 당사자들이 압박을 더 느꼈기 때문으로 보인다. 긴밀한 대인관계와 관련된 사건은 보다 지속적이고 상대에게 피해를 입히는 성격을 가지고 있었다. 그에 비해 집주인과 세입자 간의 분쟁 같은 민사 사건은 심리(hearing) 이전에 알선을 통해 더 잘 해결되는 경향이 있었는데, 이는 민사 사건의 분쟁 피신청인이 집주인이나, 상인 또는 고용인인 경우가 많아 심리 단계에 이르기 전에 해결에 응하는 경우가 많았기 때문으로 보인다. 그들은 신청인인 당사자보다 센터의 분쟁해결 절차에는 잘 참석하지 않았다고 한다.

⑦ 판사로부터 회부되는 사건은 조정 심리까지 가는 경우가 가장 많았고, 그 밖의 다른 곳으로부터 회부되는 사건은 심리 이전에 알선을 통해 해결되는 경향이 있었다.

⑧ 이웃분쟁해결센터 사건의 분포는 지역사회의 분쟁 당사자들의 인종적 특성을 반영하였지만, 소득과 관련하여서는 신청인이 저소득층이 많았던 데 비해 피신청인은 분쟁의 상대로서 상인, 고용인, 집주인 등도 있었기 때문에 다양하게 분포되었다.

4. 세 이웃분쟁해결센터의 운영 결과

(1) 만족도 분석

이웃분쟁해결센터에서 조정에 회부된 사건에 대해 만족도를 알아보기 위하여 센터의 관계자가 아닌 별개의 조사기관으로 하여금 분쟁 당사자들을 대상으로 전화로 인터뷰를 하여 그 만족도에 대해 조사를 한 적이 있다. 그 결과를 요약하여 정리하면 다음과 같다.[41] 이웃분쟁해결센터에서의 전반적인 경험에 만족하느냐는 질문에 대하여 '만족한다'는 신청인이 87%, 피신청인이 88%였고, '약간 만족한다'는 신청인이 4%, 피신청인이 4%였으며, '불만족한다'는 신청인이 9%, 피신청인이 8%였다. 조정 절차에 만족하느냐는 질문에 대하여는 '만족한다'는 신청인이 84%, 피신청인이 89%였고, '약간 만족한다'는 신청인이 3%, 피신청인이 5%였으며, '불만족한다'는 신청인이 12%, 피신청인이 10%였다. 조정인에 대하여 만족하느냐는 질문에 대하여는 '만족한다'는 신청인이 88%, 피신청인이 88%였고, '약간 만족한다'는 신청인이 4%, 피신청인이 5%였으며, '불만족한다'는 신청인이 8%, 피신청인이 7%였다. 합의의 내용에 대하여 만족하느냐는 질문에 대하여는 '만족한다'는 신청인이 80%, 피신청인이 83%였고, '약간 만족한다'는 신청인이 5%, 피신청인이 5%였으며, '불만족한다'는 신청인이 15%, 피신청인이 13%였다.

또, 나중에 비슷한 분쟁이 생기면 그 해결을 위해 어느 곳을 선택할 것이냐는 질문에 대하여는 '이웃분쟁해결센터'를 선택한 신청인이 72%, 피신청인이 73%였고, '법원'은 신청인이 16%, 피신청인이 12%였으며, '변호사'는 신청인이 4%, 피신청인이 4%였고, '기타 기관'은 신청인이 4%, 피신청인이 5%였으며, '아무 곳에도 가지 않겠다'는 신청인이 3%, 피신청인이 6%였다.

이웃분쟁해결센터에서 취급한 사건의 분쟁 당사자들에 대한 인터뷰를 통하여 얻은 결과를 종합적으로 정리하면 다음과 같다.[42]

① 많은 분쟁 당사자들이 이웃분쟁해결센터에서의 경험과 조정 절차에 대하여 만족감을 표시하였고, 향후 비슷한 분쟁이 생기면 이웃분쟁해결센터를 다시 찾겠다는 응답이 많았다.

② 분쟁의 종류와 관계없이 만족스러우면서도 지속적인 분쟁해결 결과를 얻었고, 이웃분쟁해결센터는 경미한 다양한 분쟁들에 대해서 효과적으로 해결하였다.

③ 조정 심리 이전 단계에 해결될 것으로 생각되는 분쟁들이 실제로 많은 경우에 있어 그렇게 해결되었고 그렇게 해결된 문제는 다시 반복되지 않았다.

---

41) *Id.*, pp. 48-49.
42) *Id.*, pp. 68-69.

④ 이웃분쟁해결센터는 직접적인 분쟁해결 외에 사법기관을 포함한 다른 기관에 분쟁 당사자들을 연결시켜주기도 하였는데, 이러한 간접적인 기능들은 지역사회의 사법기관들에 대한 이미지를 높이는 데 기여하기도 하였다.

(2) 세 이웃분쟁해결센터에 대한 현장시험 평가 보고서의 결론

이웃분쟁해결센터에 대한 인지도 조사에서는 약 30%의 주민과 사업체가 이웃분쟁해결센터를 알고 있다고 답변하였고, 약 70%는 잘 모른다고 답변하였다.[43] 이는 이를 이용해 본 주민들에게는 효과적인 분쟁해결의 장으로 인식될 수 있었으나 이용해 본 적이 없는 주민이 많아 인지도 면에서 홍보 전략에 성공하지 못했음을 나타내고 있다. 따라서 이웃분쟁해결센터에 대한 홍보와 긴밀한 지역사회와의 네트워크 형성이 필요한 것으로 나타났다.

그렇지만 세 이웃분쟁해결센터에서는 사건의 처리 속도, 분쟁해결의 안정성 및 분쟁 처리에 대한 만족도 면에서 좋은 결과를 가져왔다. 조정 심리는 처음으로 당사자를 접촉한 이후 1주일에서 2주일 내에 개최되었고, 약 2시간 동안 진행되었다. 이웃분쟁해결센터의 사법기관에 대한 영향에 대해서는 정확한 데이터를 내기가 어렵지만 판사, 검사 등 사법기관 관계자들을 인터뷰한 결과는 이웃분쟁해결센터에 대한 그들의 반응이 매우 긍정적이었다. 판결로는 부적합하여 시간만 허비할 수 있는 사건이나 기각되어도 얼마 지나지 않아 다시 제기될 수 있는 사건들에 대하여 이웃분쟁해결센터의 사건 처리는 환영할 만한 것으로 여겨졌다.

이웃분쟁해결센터가 효과적이었던 또 다른 중요한 이유 중의 하나는 그들이 제공하는 서비스가 빠르고, 고객에게 즉각적인 대응을 보이며, 인간중시의 특성을 보였다는 것이다.[44] 이웃분쟁해결센터를 이용하고 나서 인터뷰한 분쟁 당사자들의 생각은 자신들이 고객으로서 관심의 중심에 있었다는 점, 보살핌과 존중감을 갖게끔 취급되었다는 점, 자신들이 분쟁해결 절차에서 어느 정도 콘트

---

43) *Id.*, p. 95.
44) *Id.*, p. 91.

롤할 수 있는 권한을 가질 수 있었다는 점, 그리고 가장 중요한 것으로는 자신의 입장을 귀 기울여 듣는 자에게 말할 수 있었다는 점이었다.

이웃분쟁해결센터에 대한 현장시험 평가 보고서는 최종적으로 다음과 같은 결론을 제시하였다.[45) 이 중에서 우리나라에서 주민분쟁해결센터를 설립할 때 참고가 될 수 있는 유의미한 사항들을 소개하고 코멘트 하고자 한다.

첫째, 이웃분쟁해결센터는 경미한 분쟁의 해결에 필요하고도 효과적인 대체적 방법이다. 평가 보고서는 당시의 이웃분쟁해결센터가 취약점과 불확실성을 가지고는 있으나 전반적으로는 성공적이라고 결론을 내렸다. 이웃분쟁해결센터가 성과와 만족도 면에서 대중들의 욕구를 충족시켰다는 것이다. 그러나 법원의 업무 부담 감소와 지역사회의 긴장을 해소하는 데 있어서 그 영향력은 평가 당시의 시점으로는 그다지 크지는 않은 것으로 생각하였다.

둘째, 이웃분쟁해결센터에 대한 인지도를 향상시킴과 동시에 사건을 더 많이 유치하기 위한 보다 효과적인 홍보방안을 모색할 필요가 있다. 평가 보고서는 이웃분쟁해결센터에서 심리에 이른 사건의 18% 정도가 합의에 도달하지는 않았지만, 분쟁해결 방식으로 사용된 그들의 알선과 조정이 매우 효율적이고, 만족감이 높으며, 효과가 지속되는 해결 방법이 되었다고 평가하였다.[46) 하지만 가장 첫 번째로 들 수 있는 문제점은 대중들의 이웃분쟁해결센터에 대한 태도와 낮은 인지도라 하였다. 이웃분쟁해결센터에 대한 인지도를 향상시킴과 동시에 사건을 더 많이 유치하기 위한 보다 효과적인 홍보방안을 모색할 필요가 있다는 것이다. 로스앤젤레스 센터에서는 다양한 매체를 통하여 많은 홍보 노력을 하였음에도 불구하고 해당 주민들의 약 70%가 이웃분쟁해결센터에 대해 들어 본 적이 없다고 답하였다고 한다. 이에는 홍보에 집중할 수 있는 직원들의 시간과 재원이 빈약했던 것도 한 요인으로 보았다.

사법시스템과의 연계를 통하여 사건 회부를 늘리고자 하는 이웃분쟁해결센터는 판사, 검사, 법원 서기와 같은 사법시스템과의 관계를 구축하기 위하여 적은 수의 직원들이 많은 시간을 쏟아야 했다. 특히 캔사스 시티에서는 경찰에 대한 교육 훈련에 많은 노력을 쏟아 부은 결과 다른 센터들보다 경찰로부터 사건

---

45) *Id.*, pp. 103-107.

46) 세 이웃분쟁해결센터의 전체 사건 3,947건 중에서 조정 심리에 회부된 것은 1,370건이었으며 그 중 1,127건(82%)이 해결되었고 250건(18%)은 합의에 이르지 못하였다.

을 더 많이 유치할 수가 있었다. 이와 같이 캔사스 시티에서는 경찰에 대해서, 애틀란타에서는 법원에 대해서, 로스앤젤레스에서는 지역사회에 대해서 상대적으로 더 노력을 집중함으로써 각각 그러한 대상들로부터 사건을 더 끌어 올 수가 있었던 것은 흥미로운 사실이다.

셋째, 이웃분쟁해결센터는 부부나 가족과 같은 긴밀한 관계에서 유발되는 경미한 분쟁의 해결에 법원보다 더 효율적인 경향이 있다는 것이다. 법원의 분쟁 당사자들은 법원이 자신들에게 정보 제공을 충분히 하지 않으며 사건 관리에 성의가 없는 것으로 여겼다. 그에 비해 이웃분쟁해결센터의 당사자들은 센터에서 자신들의 말을 더 경청해 주고 존중해주며 보살펴 줌을 느끼게 할 뿐만 아니라 절차에 대해서도 정보 제공을 더 해 주는 것으로 생각하였다고 한다.

넷째, 지역의 사법시스템과 연계되어 있는 이웃분쟁해결센터가 그렇지 않은 곳보다 더 사건을 유치하고 더 많은 분쟁을 해결하였다. 로스앤젤레스 센터와 같이 분쟁 당사자가 직접 접수하거나 사법시스템이 아닌 지역사회나 지역기관에서 사건을 회부받으면 어느 정도는 사건을 유치할 수 있으나 나중에는 점차 사건을 끌어오는 데 어려움을 겪었다.

다섯째, 이웃분쟁해결센터는 소비자 분쟁 같은 민사 분쟁은 물론 긴밀한 대인관계에서 유발되는 분쟁까지 다양하게 분쟁을 취급하였다. 이웃분쟁해결센터에서 취급하는 사건 중 소비자 분쟁 같은 민사 분쟁과 이웃이나 가족 같은 긴밀한 대인관계에서 유발되는 분쟁 사이에 사건 수에 있어서는 큰 차이는 없었다. 그러나 긴밀한 대인관계에서 유발되는 분쟁이 소비자 분쟁 같은 민사 분쟁보다 더 조정 심리까지 가는 경우가 많았고, 민사 분쟁은 심리에 이르기 전에 해결되는 비율이 더 높았다. 그리고 전반적으로 볼 때 긴밀한 대인관계에서 유발되는 분쟁이 민사 분쟁보다 더 해결률이 높았다고 한다.

여섯째, 사건당 처리 비용에 대하여 아직 신뢰할만한 연구 자료가 나오지는 않았지만 일부 연구에 의하면, 이웃분쟁해결센터에서의 사건당 처리 비용이 법원의 처리 비용과 비교해 볼 때 더 경쟁력이 있다고 판단하였다.

일곱째, 세 이웃분쟁해결센터는 사건 처리 수, 분쟁의 유형, 그리고 이것은 차이가 좀 더 작기는 하지만 분쟁 해결의 효과성의 측면에서 각각 차이를 보였다. 이러한 차이의 이유로는 첫째는 각 센터의 철학이나 접근방법, 둘째는 각 센터의 사회문화적 배경, 그리고 셋째는 각 센터의 조직과 경영 방식이라고 할 수 있다.

여덟째, 이웃분쟁해결센터의 분쟁 당사자들의 분포는 지역사회의 인종적 특성을 반영하고 있다. 하지만 소득의 측면에서는 저소득층의 주민들이 더 많이 이용하였다. 이는 원래 이웃분쟁해결센터가 의도했던 바는 아니며 보다 소득이 많은 주민들의 이용도 활성화될 수 있도록 해야 할 것이다.

(3) 대체적 분쟁해결제도의 정착을 위한 제안

이웃분쟁해결센터에 대한 현장시험 평가 보고서는 위에서와 같은 결론을 내리고, 대체적 분쟁해결제도의 정착과 발전을 위하여 다음과 같은 제안을 하였다.[47]

첫째, 연방 정부, 주 정부 및 지방 정부는 이웃분쟁해결센터와 같은 역할을 하는 기관들을 포함한 대체적 분쟁해결제도의 지속적인 발전을 위해 지원을 하여야 한다. 당시에 연방의회에 의해 통과된 새로운 법률은 분쟁해결센터와 분쟁해결연구센터를 설립할 수 있는 기반이 되어 주었다.

둘째, 분쟁해결센터의 홍보 활동을 효율적으로 시행하기 위한 전략과 기술들이 개발되어야 한다. 이에는 개별 분쟁해결기관 자체의 홍보 미디어 전략은 물론 대중매체를 활용하여 대체적 분쟁해결제도에 관한 전국적인 캠페인을 정기적으로 시행하는 것이 좋을 것이다.

셋째, 이웃분쟁해결센터를 포함한 대체적 분쟁해결제도에 관하여 지역 내의 판사, 검사, 경찰을 비롯한 사법시스템 기관에 종사하는 사람들을 대상으로 하는 오리엔테이션, 워크샵, 훈련 등을 시행해야 한다.

넷째, 이웃분쟁해결센터를 포함한 대체적 분쟁해결기관에 관한 전국적인 운영상황과 실적에 대하여 전반적인 연구 및 평가 프로그램을 실시하여야 한다. 또한 대체적 분쟁해결제도에 관한 조직과 성과들에 대하여 통일적인 데이터 시스템을 구축하여야 한다.

---

47) Royer F. Cook, Janifer A. Roehl & David I. Sheppard, *op. cit.*, pp. 107-109.

5. 운영 실무자의 시각에서 본 이웃분쟁해결센터에 대한 평가와 그 후의 이야기

여기에서는 초기의 세 이웃분쟁해결센터에 대하여 앞에서 살펴본 법무부 보고서와 달리 이웃분쟁해결센터를 직접 운영해 본 경험이 있는 Edith B. Primm의 시각을 통하여 본 초기의 이웃분쟁해결센터에 관한 평가와 그 후의 진전된 상황을 살펴보고자 한다.[48)]

전통적인 소송에 대한 대체적 제도의 실험적인 일환으로 고안된 이웃분쟁해결센터는 조정을 통한 분쟁의 해결이 법원을 통해서 하는 것보다는 빠르고 효과적일 수 있다는 개념을 시험해 보기 위한 것이었다. 이웃분쟁해결센터는 직원과 자원봉사 조정인을 채용함에 있어 20대에서 70대에 걸쳐 나이와 인종 및 사회경제적으로 다양하게 구성하였다.[49)] 조정인의 구성에 있어 애틀란타는 한 명으로만 하였고, 다른 두 곳은 한 명도 해 보고 복수로도 해 보았다고 한다. 그 결과 조정 성공률은 조정인의 숫자에 따라 차이가 없었으나, 복수의 조정인을 둔 경우가 시간적으로 해결이 지체되는 경우가 많음을 알았다. 조정인 교육은 트레이너의 시범과 의사소통 기술, 롤 플레이 등을 시행하였다. 세 이웃분쟁해결센터 프로그램 초기에 법무부는 분쟁 당사자들이 밤에 조정을 하는 것을 선호할 것으로 보았으나, 야간에 하는 조정은 안전하지 않다는 미국 사회의 현실에 따라 주간 조정이 더 활성화되었다.

비록 이웃분쟁해결센터 프로그램들이 소액의 사건들을 주로 다루고 있었지만 판사나 변호사들에게는 허가받지 않은 법률사무의 문제나 이웃분쟁해결센터를 이용하는 사람들의 절차적 권리에 대한 침해 가능성에 대하여 우려를 갖게 하였다.[50)] 이에 대해 세 이웃분쟁해결센터는 약간씩 다르게 접근하였다. 로스앤젤레스 이웃분쟁해결센터는 법원과 직접적인 유대를 갖지 않으려고 했고, 반대로 애틀란타 이웃분쟁해결센터는 법원과 긴밀하게 협조하는 방식을 채택했다. 애틀란타 이웃분쟁해결센터는 변호사협회와 함께 조정을 시행함으로써 그러한

---

48) Edith B. Primm은 애틀란타 이웃분쟁해결센터가 출범한 1977년부터 동 센터와 함께 해 왔으며, 현재까지도 센터의 소장을 맡고 있다. 따라서 Primm은 미국 이웃분쟁해결센터의 실무가로서 산 증인이라 할 수 있다.

49) Edith B. Primm, *op. cit.*, pp. 1069-1070.

50) *Id.*, p. 1074.

우려를 불식시키려고도 하였다. 이웃분쟁해결센터의 주창자들은 사건이 반드시 법원으로부터 회부되어 와야 한다고 생각지는 않았지만, 법원이 소송 전에 대체적 분쟁해결을 이용하도록 권장한다면 가장 강력한 대체적 분쟁해결 제도에 대한 지원책이 되리라고는 생각하였다.

이웃분쟁해결센터의 역사를 볼 때 판사나 변호사의 참여가 조정이나 중재를 함에 있어 분쟁 당사자들에게 조언하고 합의 사항을 집행하는 데 가장 확실한 담보가 된다는 것을 알 수 있었다. 이웃분쟁해결 프로그램은 사건 회부에 있어 법원과의 유대가 강할수록 신뢰성도 얻고 공적이거나 사적인 재정 지원뿐만 아니라 법원의 예산을 지원받기도 수월하였던 것이다.[51] 법원으로부터 사건회부를 크게 의존하지 않고도 이웃분쟁해결센터 프로그램이 존재할 수는 있다. 그러나 그러면 취급 사건 수나 재원 문제가 심화될 것이다.

이웃분쟁해결센터가 운영된 처음의 18개월 기간이 지난 후에는, 12,000달러를 지역에서 모금하는 데 성공하면 다시 연방정부가 148,000달러를 1년간 추가적으로 지원해 줄 수 있게 되어 있었는데 상당한 어려움이 있었지만 세 곳 모두 연방정부의 지원을 받는 데 성공할 수 있었다.[52] 그러나 1980년 7월 이후에는 연방자금이 지원되지 않았다. 법무부에 자금 신청을 할 때는 지역분쟁해결 프로그램의 행정과 재정을 감시할 수 있는 후원조직을 선정하도록 하였는바, 로스앤젤레스에서는 로스앤젤레스 변호사협회가 되고 캔사스 시티에서는 시청이 되었으며 애틀란타에서는 조세가 면제되는 비영리 독립조직인 '애틀란타 이웃분쟁해결센터(The Neighborhood Justice Center of Atlanta, Inc.)'를 직접 설립하였다.[53] 따라서 애틀란타 이웃분쟁해결센터는 직접 의사결정도 하고 동시에 최종적인 법률상의 책임을 지게 되어 있었다.[54]

초기의 프로그램 다음으로 하와이 호놀룰루의 이웃분쟁해결센터가 1979년에 착수되었는데, 이는 연방정부의 자금 지원은 없었고 대신 각종 재단이나 법원, 주정부에서 자금 지원을 받았다.[55] 이후 연방정부의 자금 지원 없이 지역의 재원으로만 설립된 분쟁해결기구가 늘어났다. 예를 들면 맨하탄의 조정 및 분쟁

---

51) *Id.*, p. 1079.

52) *Id.*, pp. 1070-1071.

53) 이는 1988년에 애틀란타 사법센터(Justice Center of Atlanta, Inc.)로 개명되었다.

54) 애틀란타 이웃분쟁해결센터는 조정 서비스의 대상을 점차 확대하였는바, 초기의 세 이웃분쟁해결센터 중에서 장애인 학생들을 위한 분쟁 조정프로그램을 시작하였다.

55) Edith B. Primm, *op. cit.*, p. 1073.

해결연구소(the Institute for Mediation and Conflict Resolution), 샌프란시스코의 지역 이사회(Community Boards) 등이다.

세 이웃분쟁해결센터에 연방재원이 끊기게 되자 공·사의 재단, 지역 기업, 변호사단체, 주정부, 시청, 카운티 정부, 학교 이사회, 교회, 시민단체 등 다른 재정지원 단체들이 등장하게 되었다. 1983년에는 분쟁해결 분야를 지원할 역량과 자금을 지닌 전미분쟁해결연구소(the National Institute for Dispute Resolution: NIDR)가 재단과 기업들에 의해 설립되었다.[56] NIDR는 캘리포니아와 조지아 주에서 양로원 산업에 조정을 시험적으로 시행하도록 지원하였고, 지역사회 조정 프로그램을 새로 시작하려 하거나 이웃분쟁해결센터를 운영 중인 사람들을 위한 지침서인 '지역사회 분쟁해결 매뉴얼(Community Dispute Resolution Manual)'의 개발을 지원하기도 하였다. NIDR가 지원한 이웃분쟁해결센터 프로그램 중에 가장 두드러진 것은 1991년 조지아주 애틀란타의 '대통령 도로(Presidential Parkway)' 사건이었다.[57] 이는 애틀란타 시내를 관통하여 '카터대통령 도서관'에 이어지는 도로로서 다른 지역을 연결하는 것이었는데 수 년간의 소송 끝에 주 법원 판사에 의해 애틀란타의 분쟁해결센터(the Justice Center of Atlanta: JCA)의 조정에 회부되었다. 분쟁이 되는 도로의 비용은 2,700만 달러에 이르렀는데 당사자들은 애틀란타시, 조지아주와 시민연합이었다. 이 사건은 이웃분쟁해결센터에 의해 조정이 되었는데 단순히 사건의 해결 측면뿐만 아니라 적은 금액의 사건만 다루던 이웃분쟁해결센터가 이렇게 큰 사건도 소송이 아닌 조정으로 해결할 수 있다는 것을 알게 해 주었다는 점에서 커다란 의미를 갖게 되었다. 그것은 실로 분쟁해결에 있어 전문가들과 학자들 그리고 공·사 재단들의 노력이 결집된 다이나믹한 파트너십의 결과였던 것이다.

한편 이웃분쟁해결센터 프로그램들과 대체적 분쟁해결(ADR)의 발전은 미국변호사협회(ABA)에도 직접적인 영향을 주었다. 미국변호사협회는 1976년에 설치한 경미분쟁해결특별위원회(the Special Committee on the Resolution of Minor

---

56) The National Institute for Dispute Resolution(NIDR)은 후에 the Conflict Resolution Education Network(CREnet)로 이어졌고, CREnet와 the Academy of Family Mediators(AFM) 및 the Society of Professionals in Dispute Resolution, Inc.(SPIDR)가 합해져서 2001년도에 the Association for Conflict Resolution, Inc.(ACR)로 통합되었다. 앞의 세 조직은 분쟁해결 업무에 보다 효과적으로 대응하고 상호간의 협력적인 의사결정을 위해 각자의 회원들과 이사회의 투표를 거쳐 2001년 1월에 통합되었는데, 동년 8월에야 뉴욕 주에 의해 공식적으로 승인되었다.

57) Edith B. Primm, *op. cit.*, pp. 1080-1081.

Disputes)를 통하여 이웃분쟁해결센터의 활동들을 유심히 살펴보고 있었는데, 대체적 분쟁해결의 발전에 부응하여 1980년대 초에는 동 위원회의 명칭을 대체적 분쟁해결특별위원회(the Special Committee on Alternative Means of Dispute Resolution)로 변경하였고, 대체적 분쟁해결 방식의 확산 경향을 반영하여 1985년에는 분쟁해결특별위원회(the Special Committee on Dispute Resolution)로 다시 변경하였다.[58] 이는 그 전에 분쟁해결의 첫 번째 수단인 소송을 차선의 두 번째 수단이라 할 수 있는 분쟁해결 방식으로 대체한다는 개념을 넘어 대체적 분쟁해결을 소송과 동일한 연속선상에 있는 분쟁해결 수단의 하나로 인식하는 분쟁해결 패러다임의 변화를 반영한 것이었다. 이 특별위원회는 ADR 방식에 대한 홍보에 많은 노력을 기울였는데 그러한 노력은 많은 논문과 팜플렛을 통하여 이루어졌다. 그 중 도움이 가장 컸던 상세한 팜플렛은 판사와 변호사들에게 배부된 '대체적 분쟁해결: ADR입문(Alternative Dispute Resolution: An ADR Primer)'이었다. 미국변호사협회는 법조계에 대체적 분쟁해결의 사용을 확산시키는 데 크게 기여하였으며, 1989년 하와이 호놀룰루에서 열린 변호사대회에서는 주제를 '태평양 방식으로 분쟁해결하기(Settling Dispute in Pacific Ways)'라 하여 대체적 분쟁해결을 중시하였다. 그 후 특별위원회는 상설위원회로 바뀌었고, 1993년에는 위원회를 공식적인 분과로 변경하여 미국변호사협회 분쟁해결 분과(The ABA's Section on Dispute Resolution)로 하였으니, 이는 이웃분쟁해결센터 프로그램의 놀라운 성장과 전국에 걸친 영향을 반영한 것이었다. 미국변호사협회의 노력과 이웃분쟁해결센터 프로그램의 발전에 힘입어 대체적 분쟁해결 방식이 보다 대중에 확산될 수 있도록 각 지역과 주에서는 법원 규칙과 입법이 이루어졌다.

끝으로 Primm은 이웃분쟁해결센터가 분쟁해결의 방식으로서 가지는 장점으로 다음과 같은 것을 제시하고 있다.[59] ① 자원봉사로 된 지역사회 조정인이 참여한다는 점, ② 사건의 규모는 작지만 복잡한 문제를 해결하는 서비스에의 접근성을 높인다는 점, ③ 재원의 다양성, ④ 법조계가 자문, 이사회, 조정인 등으로 활발하게 참여할 수 있다는 점, ⑤ 조정인, 직원, 이사회 멤버로서 지역사회의 구성원들이 다양하게 참여한다는 점 등이다. 이러한 이웃분쟁해결센터의 강점은 정치적 지향성을 떠나 지역사회, 후원재단, 법조계 등으로부터 다양한 지지를 받을 수 있다는 것이다.

---

58) *Id.*, pp. 1077-1078.
59) *Id.*, p. 1083.

제2장 외국 Community Mediation제도의 발전과정과 현황

제1절 미 국

1. 소송 폭발과 ADR운동의 전개

　　미국에서는 2차 대전 이후 소송의 폭발(litigation explosion) 현상이 발생하였는바 하버드대학의 Miller교수는 이러한 소송 폭발의 원인을 다음과 같이 요약하고 있다.[60] 첫째, 변호사 숫자의 증가와 함께 1960년대에 미국사회는 인종·소비자·환경 문제 등 여러 가지 갈등을 겪으며 새로운 소송분야가 증가하게 되었다. 둘째, 1964년의 민권법(the Civil Rights Act)과 1965년의 선거권법과 같이 실체적 권리를 증가시키는 입법을 통하여 새로운 소송의 영역을 확대하였다. 셋째, 소송서식의 요건 완화와 같은 소송절차의 간이화가 소송의 증가를 촉진시켰다. 넷째, 소송에 대한 경제적 유인책이라 할 수 있는 소송경비의 손비 처리와 같은 세법 등의 영향으로 소송이 증가하게 되었다.

　　그런데 이러한 소송의 증가는 분쟁의 복잡화와 더불어 소송의 지연을 초래하였고 관료적이고 비효율적인 재판절차에 대한 국민들의 불만이 팽배해 감에 따라 소송 외의 대체적인 방법에 의한 분쟁해결에 대한 관심이 증가하였으며, 미국 정부는 1964년의 민권법에 따라 인종분쟁의 해결을 위해 지역사회관계실(the Community Relations Service)을 창설하였다. 포드재단은 1968년에 미국중재협회의 협조하에 분쟁해결센터(National Center for Dispute Settlement)의 설치를 후원하여 인종갈등과 지역사회의 분쟁을 해결하는 데 기여하였고, 이어서 1970년에는

---

60) Arthur R. Miller, "The Adversary System: Dinosaur or Phoenix", 69 Minnesota L. Rev. 1, 1984-1985, pp. 2-12.

조정 및 갈등해결연구소(the Institute for Mediation and Conflict Resolution)의 설립을 후원하였다.

미국의 ADR에 관한 역사를 살펴보면 여러 가지의 발생 요인을 가지고 있었는데, 그 중에서 1960년대 말에서 1970년대 초에 걸쳐 지역사회 권한회복 운동의 일환으로 있었던 '지역사회 정의운동(community justice movement)'을 들 수 있다.[61] 이는 법원과 같은 공식적인 법률기관들을 엘리트 집단의 권력을 유지하기 위한 메카니즘이자 힘없는 자들을 지배하기 위한 수단이라고 보며, 엘리트 집단은 분쟁해결 수단도 독점함으로써 지역사회 주민들이 자신들의 환경과 인생을 스스로 통제해 나가지 못하게끔 한다는 것이다. 이에 지역사회 정의를 부르짖는 사람들은 풀뿌리 정의를 실현할 기관을 세우고 지역사회 기반의 규범을 통하여 분쟁을 해결하며, 지역사회 주민들이 자신들의 문제를 스스로 해결해야 한다고 주장하기에 이르렀다. 이러한 지역사회 정의운동은 1960년대의 흑인들에 의한 인종폭동으로 가세되었으며, 존슨 행정부의 지역사회나 이웃에 권한을 이양하려는 '가난과의 전쟁' 이데올로기와도 일치하였다.

1976년 미네소타에서 열린 파운드회의에서는 '사법행정의 불만요인'이란 제목으로 판사, 변호사, 교수, 법원 직원들이 모여서 미국 사법절차의 고비용과 소송 지연의 문제점에 대하여 논의를 하였다. Berger 대법원장은 1982년 시카고에서 있었던 미국변호사협회 연례회의에서 "Isn't there a better way?"라는 강연을 통해 ADR의 필요성을 역설하였다. 하버드대학의 Sander교수는 분쟁해결의 다양성(Varieties of Dispute Resolution)을 주창하면서 Multi-Door Courthouse라는 개념을 제시하였다. 이에 따라 미국 법원에서는 텍사스 주의 휴스턴, 오클라호마 주의 툴사, 워싱턴 디씨 등 세 곳에 멀티도어코트하우스를 설치하여 운영한 후 이에 대한 성공적인 평가로 현재는 미국의 거의 모든 법원에서 ADR을 이용하는 프로그램이 확대되게 되었다.

---

61) Deborah R. Hensler, "Our Courts, Ourselves: How the Alternative Dispute Resolution Movement Is Reshaping Our Legal System", 108 Penn St. L. Rev. 165, 2003-2004, p. 170.

2. 미국 Community Mediation의 태동과 발전

Albie Davis는 Community Mediation을 ADR운동의 '정신(soul)'이라고까지 표현한 바 있다.[62] 지역사회에서의 전통적인 분쟁해결 방식으로 마을의 연장자나 촌장에 의해서 조정되거나 중재되는 것은 어느 사회나 예로부터 있었다고 할 수 있을 것이다. 그러나 산업화와 도시화에 따라 그들의 역할은 축소되거나 사라지게 되었다. ADR로서의 근대적인 Community Mediation운동은 미국의 1960년대에서 1970년대에 걸친 사회적 상황에서 출발한 것으로 간주된다.[63] Community Mediation의 기원은 학자에 따라서는 1964년의 민권법(the Civil Rights Act)에 따라 지역사회에서의 폭력을 방지하고 건설적인 대화를 촉진하기 위하여 설립된 법무부의 지역사회관계실(the Community Relations Service)에서 시작된 것으로 인용되기도 한다.[64]

이러한 미국 Community Mediation 발전의 흐름은 크게 두 가지로 요약될 수 있다.[65] 하나는 1960년대 후반에서 1970년대 초반에 걸쳐 주로 인종 차별[66] 및 도시 무질서와 관련된 사회 정치적 행동주의(activism)에서 비롯된 지역사회 기반의 운동(community-focused movement)이고,[67] 다른 하나는 정부 안팎에서 사법시스템을 개혁하려는 법원에 초점을 둔 운동(court-focused movement)이다.

먼저 지역사회에 초점을 두는 센터들은 1960년대의 사회 혼동에 대한 대응으로 설치되기 시작하였는데, 지역사회의 조정 메카니즘은 시민들이 직접 갈등의 예방과 조기 개입에 참여하는 것을 의미했다. 시민들의 권리와 책임 및 지역사회 단체들의 관여라는 민주적 참여는 초기 지역사회 조정운동의 핵심이었다. 갈등에 대한 조정을 통하여 사람들은 권한을 갖는다는 느낌을 갖게 되며 자신의

---

62) Cheryl Cutrona, *op. cit.*, p. 12.

63) Wendy E. Hollingshead Corbett & Justin R. Corbett, *op. cit.*, p. 460.

64) Timothy Hedeen & Patrick G. Coy, *op. cit.*, pp. 351–367 참조.

65) Knoxville Community Mediation Center in Tennessee 홈페이지 (http://2mediat-e.org/history1.html) 참조; 테네시 내슈빌 Conflict Resolution Center의 워크숍 자료 (http://www.tsc.state.-tn.us/sites/default/files/docs/hulse_letterman_losel2013.pdf) 참조. 2013년 기준으로 테네시 주에는 12개의 주민조정센터가 있다고 한다.

66) Deborah R. Hensler, *op. cit.*, pp. 170–173 참조.

67) 이 시기의 워터게이트나 월남전과 같은 주요 사건들이 이러한 분위기를 촉발시켰다. Karen Grover Duffy, James W. Grosch, Paul V. Olczak, *op. cit.*, p. 26.

인생을 스스로 지배할 수 있다고 믿게 되었다. 조정은 지역사회나 개인들로 하여금 그들의 인생에 대한 지배권을 비효율적이고 억압적이며 불공정하다고 여겨지는 정부기관(법원)으로부터 자신들에게 되찾아오는 것으로 여겼던 것이다.

　　이러한 성격을 가지는 초기 지역사회 중심의 모델들은 인종의 균형이 깨어짐으로 인해 오는 지역사회의 갈등에 대응하기 위한 1973년의 로체스터 미국중재협회 지역사회 분쟁서비스 프로젝트(the Rochester American Arbitration Association Community Dispute Service Project), 점증하는 인종 간의 긴장과 범죄에 대한 공포로 비롯된 법원 연계의 도시이웃사법센터인 1975년의 보스턴 도시법원 프로그램(the Boston Urban Court Program)과 1977년의 샌프란시스코 지역사회 이사회 프로그램(the San Francisco Community Board Program)이 있다.[68] 이들을 통해 그들은 지역사회에서의 의사결정 권한을 분산하고, 공식적인 법률시스템에 들어가기 전에 분쟁을 취급할 지역사회 기반의 분쟁해결시스템을 구축하며, 토착의 지역사회 리더십을 발전시키고, 갈등을 효과적으로 다루기 위하여 이웃·교회·학교·사회서비스단체 등의 능력을 확장하여 지역사회의 긴장감을 줄이며, 지역의 민주적 절차에 시민들이 활발하게 참여하는 능력을 증대시키고자 하였다.

　　다음으로 법원 개혁에 초점을 둔 운동은 사법제도의 비효율성에 대한 인식에서 주로 비롯되었다. 그들은 법원의 사건 처리 부담을 덜어주고 시민들에게 보다 효율적이며 접근성이 용이한 사법 서비스를 제공하고자 하였다. 또한 법원 절차의 처리 비용을 줄여줌으로써 시민들의 법원 시스템에 대한 만족감을 증진시켜 주는데 그 목적을 두고 추진한 것이다. 미국의 법원은 빈발하는 이웃이나 친척간의 작은 형사 사건들을 효율적으로 처리하기 위해 많은 노력을 기울였으나, 재판의 결과는 갈등을 종식시키지 못하고 오히려 더 큰 갈등과 불만으로 다시 돌아오는 등의 문제가 있어 왔다. 이에 1960년대 후반에서 1970년대 초반에 걸쳐 이러한 사건들을 효과적으로 해결할 몇 개의 실험적인 프로그램들이 경미한 형사 사건들을 대상으로 개발되었다. 또 1965년에 법 집행과 사법행정에 관한 대통령위원회(the President's Commission on Law Enforcement and Administration of Justice)[69]는 사법부의 업무 과중에 대한 관심을 갖고 사법시스템의 개혁

---

68) the San Francisco Community Boards는 홈페이지에서 스스로 1976년에 설립되었다고 하고 있다.
69) 이 위원회는 존슨 대통령이 임명한 19명의 위원으로 구성되어 있으며, 당시의 미국 범죄 상황 및 형사사법제도를 연구하고 개혁할 수 있는 방안을 내는 역할을 하였다.

과 실험적인 방안들의 필요성을 검토하였다. 특히 이웃, 친척이나 지인들과 관련하여 발생하는 경미한 형사 사건에 초점을 두었다.

이러한 초기의 프로그램들은 1969년의 필라델피아 도시법원 중재원(the Philadelphia Municipal Court Arbitration Tribunal), 로스쿨의 법학도들이 30분 동안 경미한 사건을 조정하는 1971년의 콜럼버스 야간검사 프로그램(the Columbus Night Prosecutors Program), 1975년의 맨하탄 조정 및 갈등해결연구소(the Institute for Mediation and Conflict Resolution in Manhattan)와 마이애미 시민 분쟁해결 프로그램(the Miami Citizen Dispute Settlement Program) 등이 있다.

이들이 공식적으로 발전된 것은 미국 법무부의 법집행지원처(the Law Enforcement Assistance Administration)를 통해서이며, 1969년의 필라델피아 도시법원 중재원(the Philadelphia Municipal Court Arbitration Tribunal)에서 형사 분쟁을 대안적 방법으로 실험한 것이 초기의 프로그램이었다. 이는 미국중재협회, 필라델피아 지방검사, 시 법원의 합작으로 개발된 것이었으며 분쟁 당사자에게 구속력 있는 중재(binding arbitration)를 선택할 수 있게 제시하였다. 1971년 오하이오 주의 콜럼버스 야간검사 프로그램(the Columbus Night Prosecutors Program)은 필라델피아 프로그램과는 달리 분쟁 당사자들에게 중재 대신에 조정을 선택할 수 있게 하였다. 처음에는 그 지역의 로스쿨 교수들이 조정인으로 역할을 하였으나 그 프로그램이 확대됨에 따라 로스쿨 학생들이 조정인으로 활동하게 되었다. 이 두 프로그램은 나중의 미국 전역에서 나타날 프로그램들의 모델이 되었으며, 다른 실험적인 방법들의 출현을 촉진시키는 결과가 되었다. 1975년의 맨해튼의 조정 및 갈등해결연구소(the Institute for Mediation and Conflict Resolution)는 다른 프로그램들을 위한 교육을 제공하였다.[70] 이러한 관점은 1976년의 파운드 회의에서 한층 강화되었다. 이들은 보다 적절하고 접근이 용이한 분쟁해결 방식을 개발하기 위하여 법원을 개혁해야 한다는 공통된 목적이 있었다. 이러한 법원 개혁 프로그램들의 목적은 법원의 업무 부담을 덜어주고 선택된 사건에 대하여 보다 적절한 해결 절차를 제시하며, 시민들에게 더 효율적이고 접근이 용이한 서비스를 제공하고 사법시스템의 처리 비용을 경감시키며, 사법시스템에 대한 시민들의 이용 만족도를 제고하는 데 있었다.

---

70) 맨하탄 조정 및 갈등해결연구소의 George Nicolau는 조정인을 구성할 때 지역사회의 다양성을 반영하여야 함을 강조하였다.

3. 미국 Community Mediation Program의 유형

미국의 Community Mediation Program의 유형은 후원 주체에 따라 크게 두 종류로 분류될 수 있다. 하나는 정부후원 프로그램(Government-Sponsored Mediation Programs)이고, 다른 하나는 지역사회 기반의 프로그램(Community-Based Mediation Programs)이다.[71]

정부후원 프로그램은 공적 재원을 사용하고 대개 경찰서, 검사, 법원과 같은 사법기관에 의해 후원받아 운영되었다. 범죄 가해자와 피해자 간 조정은 교정기관에 의해 후원받아 운영되기도 했다. 사법기관 기반의 프로그램 직원들은 대개 사법기관의 직원들이지만, 조정인들은 지역사회의 자원봉사자들이었다. 사법기관 기반의 프로그램은 많은 사건을 그들을 후원하는 사법기관으로부터 회부 받았는데, 분쟁 당사자들에게 분쟁해결 절차에 참석하도록 편지를 보낼 때 그 기관 이름이 인쇄된 용지를 사용하기도 하였으며 이는 당사자들이 불참석할 경우 불이익을 받을 수도 있다는 생각을 갖게 하였다. 사무실도 대개 후원기관이 운영하는 공공건물에 입주해 있었다. 대표적인 예로는 플로리다 주 검사실이 후원한 시민분쟁해결프로그램(Citizen's Dispute Settlement Program)과 오하이오 주의 톨레도 시 법원이 후원한 시민분쟁해결프로그램(Citizen's Dispute Settlement Program)이 있다.

정부후원 프로그램들이 발전해 나가자 지역에서는 지역기반의 분쟁해결 프로그램들이 시작되었다. 지역사회 기반의 조정 프로그램들(Community-Based Mediation Programs)은 대개 분쟁해결 서비스를 제공하기 위하여 설립된 비영리 조직에 의해 후원되었는데, 일부는 교회에서도 그러한 프로그램을 후원하였다. 지역사회 기반의 프로그램은 분쟁해결뿐만 아니라 의사결정 권한의 분산이나 지역사회 리더십 개발 및 지역사회 긴장의 감소 등을 추구하기도 하였다. 그 운영의 무게 중심은 사업의 성격이나 후원기관의 특성, 지역의 요구 및 관련 이슈 등에 따라 달랐다. 지역사회 기반의 프로그램은 사법기관이나 정부기관으로부터의 사건 회부 외에 상당한 부분의 사건을 지역민들로부터 직접 접수를 받는 데 노력을 기울였다. 그러한 사건을 유치하는 데 사용된 테크닉은 서비스의 내용을

---

71) Daniel McGillis, *op. cit.*, pp. 9-10.

설명하는 전단지를 배부하거나 지역사회의 각종 회의에서 조정제도에 대하여 안내하기도 하고, 포스터·게시판·스티커를 위시하여 TV·라디오 등 언론매체를 활용하기도 하였다. 조정을 위한 심리(hearings) 장소는 조정을 진행하는 조정서비스 제공기관 외에 교회 지하실이나 탁아소 같은 비공식적인 장소를 활용하기도 하였다. 이러한 프로그램은 보스턴의 돌체스터 도시법원 프로그램(Dorchester Urban Court Program), 뉴욕의 로체스터 지역분쟁해결 서비스(Rochester Community Dispute Services)와 샌프란시스코의 지역이사회 프로그램(Community Boards Program)이 있다.[72] 그 외 지역사회 기반의 프로그램으로는 노스 캐롤라이나의 오렌지 카운티 분쟁해결센터(the Orange County Dispute Settlement Center), 뉴욕의 알바니 대체적 분쟁해결센터(the Albany Center for Alternative Dispute Resolution, Inc.)와 애틀란타 사법센터(the Justice Center of Atlanta) 등이 있다. 지역사회 기반의 조정프로그램에 자금을 지원하는 뉴욕이나 미시간 같은 많은 주에서는 자금 지원을 하는 조건으로서 자금 수혜자가 정부기관이 아닌 비영리기관일 것을 요구하기도 하였고, 지역에서 직접 사건을 의뢰받거나 사법기관으로부터 회부 받도록 하였다.

여기에서 샌프란시스코의 Community Boards program은 수십 년간 뛰어난 지역사회 기반의 프로그램 역할을 해 왔는데, 특히 그 운영의 초기에는 분쟁해결뿐만 아니라 지역사회 개발과 권한 이양에 주안을 두는 강력한 지역사회 기반의 철학을 시현하였다.[73] 따라서 샌프란시스코의 Community Boards program에 대해서 좀 더 자세히 알아보고, 최근의 운영 실태까지 살펴보고자 한다. Rayburn에 의하면 원래 샌프란시스코의 Community Boards는 Raymond Shonholtz가 이웃 간의 분쟁을 적대적이지 않은 방식으로 해결할 필요성을 인식하여 만들어 낸 것이다.[74] 그들의 운영 방식은 이웃 분쟁의 한 당사자가 센터에 연락을 해 오면 사건 담당자(a case developer)가 그 당사자를 방문하여 사건에 관한 얘기를 듣고 Community Boards에 적합한 사건인지를 먼저 판단한다고 한다.

---

72) Timothy Hedeen & Patrick G. Coy, *op. cit.*, pp. 351-367 참조.

73) 샌프란시스코의 Community Boards Program은 지역사회의 문제를 주민 스스로 해결하도록 돕는 것을 중시하였는데, 이는 미국뿐만 아니라 전 세계를 통한 모델이 되어 러시아, 폴란드, 체코, 슬로바키아, 헝가리, 불가리아 등에서 이와 같은 철학을 시현할 수 있는 센터들이 설립되었다. Jill Richey Rayburn, *op. cit.*, pp. 1206-1208.

74) *Id.*

적합한 것으로 인정되면 심문 절차의 일정이 잡히는데, 당사자들이 3명에서 5명으로 구성된 패널들에게 교대로 자신의 입장을 전달하고 쟁점이 되는 이슈에 대해 협의한다. 그 다음에는 당사자들로 하여금 직접 상호간에 소통하게 하여 상대방의 관점을 주지시킨다. 하지만 여기서 패널들이 해결책을 제시하지는 않고 당자자들이 문제를 스스로 해결해 나갈 수 있도록 도와주기만 하며, 당사자들이 스스로 해결해 나가도록(struggle for the solution)하기 때문에 해결률이 90%에 이른다고 한다. Community Boards는 300명이 넘는 자원봉사 중립인을 유지하였고, 그들의 분포는 14세에서 75세에 이르기까지 다양하게 분포되어 있었다고 한다. 자원봉사 중립인들은 의사소통(communication), 알선(conciliation) 등의 분쟁해결 관련 기법에 관하여 26시간의 교육을 받았다고 한다.

　　최근의 Community Boards 웹사이트에 의하면 동 프로그램은 다음과 같이 소개되어 있다.[75] 샌프란시스코 주민들이나 비영리 단체, 중소기업 등에게 주로 조정을 통하여 갈등에 대한 평화적인 해결책을 찾는데 도움을 주며, 매 년 100명 이상의 새로운 조정인을 교육하여 배출하고 있다. 주로 이웃, 룸메이트, 청소년, 가족들 사이의 갈등이 소송으로 이어지기 전에 또는 폭력이나 재산 피해로 발전하기 전에 분쟁을 해결하는 것을 목적으로 하고 있다. Community Boards는 미국에서 가장 오래된 역사를 가진 민간 조정 서비스라는 것을 스스로 자랑으로 여긴다. 적은 수수료로 서비스를 제공하며 샌프란시스코 주민의 다양성을 반영하는 자원봉사 조정인들을 보유하고 있다. 제기된 분쟁의 85% 이상이 만족스럽게 해결된다고 한다.

　　1976년 설립 이래 다양한 인종과 연령대에서 16,000명 이상의 자원봉사 조정인을 훈련시켰고, 공공 및 비영리 기관에 대해 2,000회 이상의 의사결정 회의를 촉진하도록 도움을 주었으며, 미국 전역 3,000여 학교에 동료조정 프로그램(peer mediation program)을 제공하였다. 특히 Community Boards는 학교에서 발생하는 갈등을 해결하기 위해 입증된 다양한 기술을 제공한다. 조정(mediation) 및 퍼실리테이션(facilitation)을 통해 교사, 학부모, 학생들을 포함한 학교 이해관계자들의 갈등을 해결하기도 하고, 또래(동료) 조정(peer mediation)을 통해 학생들이 갈등관리자 역할을 하도록 선발된 학생들을 교육하는 프로그램을 갖추고 있다.

---

75) http://communityboards.org 참조.

Community Boards는 운영을 위해 복수의 재단이나 기금 단체에서 재정적 지원을 받는데 ADR 기관인 JAMS의 도움을 많이 받고 있으며, 업무와 관련된 각 사회단체들과의 네트워크가 형성되어 있다. 분쟁해결 서비스 비용은 두 가지로 나누어 받는데 첫째는 '이웃 서비스(Neighborhood Services)'로 조정 신청비로만 20달러를 받고, 조정이 성립되면 당사자의 형편에 따라 기부금을 내도록 유도하나 반드시 어떤 정액을 내야 하는 것은 아니다. 돈을 낼 수 없어도 서비스를 거절하지는 않는다. 둘째는 '특화 서비스(Specialized Services)'인데 이는 신청금으로 35달러를 내게 하고 일단 조정이 착수되면 시간당 150달러를 내야 하며 최소 두 시간 이상의 비용을 받는데, 당사자 간에 분담하게 한다.

조정을 신청하면 실제로 조정이 착수되기까지 10일 내지 15일 정도가 소요되며, 조정이 시작되면 세 시간 정도에 걸쳐 이루어진다. 조정 기간 동안 공개된 모든 정보는 캘리포니아 주법에 의해 보호되며 조정을 시작하기 전에 조정인을 포함한 모든 당사자는 법적 구속력이 있는 비밀보호 조항에 사인을 하여야 한다. 처음에 조정이 있고 나서 실행이 준수되지 않으면 나중에 Community Boards에 다시 조정을 신청해도 된다.

4. Community Mediation Program의 발전 과정

전술하였듯이 지역사회의 인종차별 문제를 해결하기 위하여 1964년의 민권법(the Civil Rights Act)이 법무부에 지역사회관계실(the Community Relations Service: CRS)을 설치한 것이 미국 Community Mediation의 시초로 보는 견해도 있지만,[76] Community Mediation Program이 미국에서 처음으로 도입된 것은 1969년부터 시작된 펜실베니아 주의 필라델피아와 오하이오 주의 콜럼버스에서 경미한 형사문제를 처리하면서부터이다.[77] 그 후 1970년대 중반만 해도 12개 이내였던 프로그램들이 1970년대 후반에서 1980년대에 들어서는 비약적

---

76) Carrie J. Menkel-Meadow et al, Dispute Resolution: Beyond the Adversarial Model, Aspen Publishers, Inc., 2005, p. 273; Timothy Hedeen, "Institutionalizing Community Mediation: Can Dispute Resolution 'Of, By, and For the People' Long Endure?" 108 Penn. St. L. Rev. 265, Summer, 2003, p. 267.

77) Karen Grover Duffy, James W. Grosch, Paul V. Olczak, *op. cit.*, p. 26.

으로 발전하기 시작하였다. 학자에 따라서는 1980년대 중반에 180개였다고 하는가 하면 400개가 존재했다고 주장하기도 하였다.[78] Community Mediation Program이 많이 운영된 주는 뉴욕, 미시간, 노스 캐롤라이나, 매사츄세츠, 캘리포니아, 플로리다, 오하이오, 텍사스, 뉴 저지 등이다. 미국 전역에 걸쳐 1975년에는 약 10개의 프로그램이 있었으나 1985년에는 170개 이상의 프로그램, 1995년에는 300개에 육박하였으며 1998년에는 650개까지 있었던 적도 있다고 한다.[79]

미국변호사협회와 전미지역사회조정협회(National Association for Community Mediation: NAFCM)[80]에서 제시하는 프로그램 목록을 기준으로 볼 때 1960년대에 시작하여 1990년대 중반에 걸쳐 미국 전역에서 생성된 Community Mediation Program은 다음의 표와 같다.[81] 표에서 보는 바와 같이 1960년대에 1개에 불과하던 동 프로그램은 1970년대에 70개로 늘었고 1980년대에는 200개를 초과하였으며, 1990년대 초에 이미 250개를 넘어서게 되었다. 따라서 1980년대에 가장 활발하게 Community Mediation Program이 증가하였음을 알 수가 있다.

<표 3-1> 미국 Community Mediation Program의 증가 추이

연도	69	70	71	72	73	74	75	76	77	78	79	80	81	82	83	84	85	86	87	88	89	90	91	92	93	94	95
개수	1	0	3	0	1	2	4	10	13	11	25	6	22	24	34	17	4	10	15	8	9	11	8	18	11	8	8
누계	1	1	4	4	5	7	11	21	34	45	70	76	98	122	156	173	177	187	202	210	219	230	238	256	267	275	283

* McGillis, 1997, pp. 2-6 참조하여 재작성.

NAFCM이 2013년에 발표한 2011년도 연간 보고서에 의하면,[82] 현재 미국

---

78) *Id.*

79) Timothy Hedeen & Patrick G. Coy, *op. cit.*, pp. 351-367 참조. 2000년도 발행된 Sander 교수의 논문에는 미국 전역에 550개의 Community Mediation Center가 있고 2만 명의 조정인이 있음을 언급하고 있다. Frank E. A. Sander, "The Future of ADR", J. Disp. Resol. 3, 2000, p. 4.

80) NAFCM은 1993년에 주민조정센터의 리더들에 의해 조직된 작은 집합체로 출발하였다.

81) Daniel McGillis, *op. cit.*, pp. 2-4. 이 통계 숫자는 두 기관의 목록에 나타난 것만을 표로 재작성한 것으로, 복수의 분쟁 형태가 아닌 하나의 분쟁 형태만을 운영하는 프로그램(예를 들어 가족 조정 또는 소비자 조정만을 취급하는 프로그램)은 제외되고 또한 목록에 등록되지 않은 프로그램도 있어 실제로는 이보다 더 많았다고 볼 수 있다.

82) NAFCM의 2011년도 연간 보고서 참조 (http://www.nafcm.org/Resources/state/field-overview).

에는 약 400여 개의 프로그램에 약 1,300명의 전임종사자들이 있으며, 2만 명이 넘는 자원봉사 조정인들이 연간 40만 건의 사건을 취급하고 있다고 한다.

5. Community Mediation Program의 특성

지역사회 조정프로그램은 사건해결의 다양화와 전문화, 지역사회 분쟁해결 기법으로서 학교·병원 등 기관분쟁해결 방식의 도입, 지역민·학생·교사·기업체 직원이나 공무원 등을 대상으로 한 분쟁해결 교육훈련, 도시구역이나 공공시설 입지 등과 같은 공공분쟁 해결, 갱단이나 인종집단 간의 분쟁 같은 집단 간 분쟁해결, 조정인들에 대한 자질 향상이나 자격제도의 필요성에 대한 인식 확산 등과 함께 다양한 특성을 보이면서 발전해 나갔다.

미국의 지역사회 조정프로그램에 종사하는 직원들은 1997년을 기준으로 전국 208개 프로그램 중에서 56%가 3명 이하로 되어 있었는데, 많은 곳은 5명에서 12명까지도 되었으며 가장 많은 곳은 25명의 직원을 유지한 곳도 있었다.[83] 지역사회 프로그램의 65%가 50명 이하의 자원봉사 조정인들을 유지하고 있었으며, 조정인은 지역사회를 대표하는 인구학적인 특징을 반영하여 위촉되었다. 당시의 프로그램들은 다양한 재원 조달원을 가지고 있었는데, 주정부나 지방정부 예산, 각종 재단, 서비스에 대한 수수료 수입 그 밖의 재원조성 활동들로 되어 있었다. 지역사회 조정프로그램에서 가장 많이 차지하는 예산 범주는 5만 달러에서 15만 달러 사이인데, 이는 전체의 49%에 해당하였다. 하지만 예산이 가장 많은 전체의 3% 정도의 프로그램들은 50만 달러 이상을 유지하기도 하였다고 한다.

지역사회 조정프로그램의 분쟁해결 성공률을 보면, 1978년에 시행된 플로리다의 다섯 군데에서 이루어진 조정프로그램의 경우[84] 2,448건을 접수받아 93%인 2,276건이 조정에 회부하기로 계획되었으며, 그 회부 예정된 사건의 59%인 1,332건이 실제로 조정 절차가 진행되었다. 그 결과 절차 진행된 사건의

---

83) Daniel McGillis, *op. cit.*, pp.16-21.

84) *Id.*, p.51.

81%인 1,075건이 조정 성립되었다. 조정안에 대해 신청인들은 조정 사건의 52%는 문제가 완전히 해결되었다고 평가하고 있는데, 조정심리(hearings)가 있은 후 6개월에서 12개월 사이에 조사한 결과에 따르면 75%는 전부 또는 일부가 해결되었다고 밝히고 있다.

NAFCM은 지역사회 조정프로그램의 특징들을 다음과 같이 정리하였다.[85]

① 지역사회의 자원봉사 조정인들을 주로 활용하였으며, 그들에게 학문적으로나 전문직으로서의 자격증을 가질 것을 요구하지는 않았다.

② 사적인 비영리기관이나 공공기관이 운영하는 프로그램이었으며 그에 대해 감시·지원하는 이사회를 가지고 있었다.

③ 조정인, 직원, 이사회는 지역사회의 다양성을 반영하여 구성되었다.

④ 일반인들이 조정기관에 사건의뢰를 직접 쉽게 하도록 하고, 사건의뢰를 할 때도 신체적·언어적·문화적·경제적 장벽을 없게 하기 위하여 노력하였다.

⑤ 의뢰인들의 지불 능력에 관계없이 서비스를 제공하였다.

⑥ 지역사회의 상호 협조적인 관계형성을 증진시키기 위해 노력하였다.

⑦ 조정의 장점과 그 활용성에 대하여 대중에 교육하고 인식시키기 위해 노력하였다.

⑧ 분쟁의 발생 초기 단계부터 분쟁해결의 장을 제공하였다.

⑨ 분쟁의 어느 단계에서도 사법시스템에 대한 대안적인 방안을 제공하였다.

6. Community Mediation Program의 분쟁해결 종류[86]

(1) 알 선

알선(Conciliation)은 분쟁의 해결을 위해 당사자 간에 직접 대면을 하게 하지 않고 중립적인 제3자가 분쟁해결을 돕는 과정을 말한다. 제3자는 당사자를 개별적으로 만나거나 전화나 편지 또는 당사자를 왕복하며 만나는 방식을 사용

---

85) *Id.*, pp. 10-11.
86) *Id.*, pp.11-16 참조.

한다. 알선이 실패하면 알선으로 끝내기도 하지만 조정이나 중재의 전 단계로 사용하기도 한다.

(2) 조 정

조정(Mediation)은 당사자 간의 대면을 통하여 중립적인 제3자가 당사자의 분쟁해결을 돕는 과정이다. 제3자는 당사자 간에 상호 만족스러운 해결을 할 수 있도록 돕되 조정안을 강요하는 것은 허용되지 않는다. 조정 및 분쟁해결연구소 (the Institute for Mediation and Conflict resolution)와 미국변호사협회는 초기의 지역사회 조정프로그램들에 대해 조정 교육을 시행하였다. 조정프로그램들은 한 명의 조정인을 사용한 적도 있었고 어떤 프로그램은 두 명, 심지어 어떤 프로그램은 5명의 조정인을 사용하기도 하였다. 복수의 조정인은 주로 성(gender)이나 다양한 인종을 대표하기 위하여 이용되었다. 복수의 조정인 사용은 경험이 적은 조정인에게 교육의 기회도 되었고, 사건 의뢰가 충분하지 않은 경우에 조정인들에게 골고루 조정에 참여하는 기회를 주는 효과도 있었다.

(3) 중 재

중재(arbitration)는 중립적인 제3자가 심리를 거친 후에 분쟁 당사자들에게 중재안을 제시하는 분쟁해결 절차이다. 중재인들은 흔히 처음에는 조정을 시도하다가 최후의 수단으로 중재 판정을 내린다. 뉴욕과 로체스터에서 행해진 지역사회 분쟁해결 프로그램들은 중재를 적용했고 민사법정에서 집행 가능한 구속적인 합의(binding agreements)를 발전시켰다. 이 프로그램들은 처음에 조정을 시도하다 조정이 실패로 되면 중재로 전환하는 방식으로 운영되었다. 그 프로그램에서 오직 5%만이 중재로 넘어가고, 95%는 조정에 의해 합의에 도달하였다고 한다. 조정 합의는 집행에 동의한다는 합의로서 문서에 의해 작성된다. 뉴욕 주의 조정-중재 프로그램에서 사용된 절차는 1991년에 법원 판결에 의해 수정되게 되었다. 원래 뉴욕 주의 조정-중재 프로그램에서는 조정 심리가 있기 전에 당사자로 하여금 중재에 대해서도 동의하는 사인을 미리 하게 하여 조정이 불성립되면 바로 중재로 넘어가게 하였으나, 그 판결 이후 조정과 중재에 대해서 각각 사인을 하게 함으로써 당사자로 하여금 중재 판정이 최종적이고 구속적이란 사실을 명확히 인지하게 하였다.

(4) 퍼실리테이션

지역사회 조정프로그램은 정책 이슈를 다루는 회의의 촉진에 관여하기도 하였다. 예를 들면 지역사회 조정프로그램이 쓰레기 매립지 선정이나 학교 이사회의 통합 같은 공적인 이슈를 취급하는 것이다. 이는 시민들이 정부기관이나 관련기관의 관계자들과 지역사회에 영향을 미치는 정책에 대하여 토의할 수 있도록 조정프로그램 훈련을 받은 담당자들이 공공회의(public meetings)를 주선하는 것이다. 퍼실리테이션(Facilitation)은 제3자의 중립적인 역할이나 당사자 간의 직접 대면 협의를 포함한다는 측면에서는 조정과 공통적인 특징들을 가지고 있다. 그러나 퍼실리테이션 회의는 당사자의 분쟁 해결을 위해 서면 합의를 도출하는 것이 아니라, 분쟁해결 절차에 대한 합의를 하거나 회의 주제를 결정한다든지 다양한 주체들이 관련되어 있는 회의의 관리 등을 수행하는 점이 특징이다.

7. Community Mediation Program의 운영 재원

Community Mediation Program을 운영하기 위한 재원은 어떻게 조달되었을까를 알아보는 것은 우리나라의 주민분쟁해결센터를 도입함에 있어 고려해야 할 가장 큰 관심 사항 중의 하나라고 할 수 있을 것이다. 지역 사회의 다양한 분쟁해결 서비스를 제공하기 위하여 필요한 재원을 조달함에 있어 미국의 Mediation Program들은 지속적인 어려움을 겪어왔다.[87] 동 프로그램들은 아주 적은 수의 직원들로만 유지되고 직원들의 급여도 하는 일에 비해 빈약하였기 때문에 높은 이직률을 보였다. 정부 지원 예산은 줄어가는데 다른 사회서비스 기관이나 단체와 한정된 예산을 따기 위해 경쟁해야 했고, 분쟁해결을 위한 재원을 확보

---

87) *Id.*, p.73.

하는 데 있어서는 지역변호사단체나 법원과도 경쟁해야 했다.

일부 주에서는 지역사회 조정프로그램을 위해 주정부 예산으로 지원하기도 하였는데, 뉴욕 주의 경우는 매년 3백만 달러 이상을 지원하기도 하였다. 조정 프로그램은 주정부에서 지원하는 금액으로 프로그램 연간 예산의 최대 50%까지 충당하기도 하였고, 나머지는 연방정부, 카운티 및 그 이하의 지방정부, 교육 훈련 수입, 제공되는 서비스 요금, 재단이나 단체, 모금 행사 등으로부터 재원을 조달하였다. 뉴욕과 달리 많은 다른 주에서는 민사소송 접수 수수료에 법정 할당금을 부가하는 방식으로 조달되기도 하였는데, 예를 들어 미시간주 법원의 경우 민사소송료에 2달러의 부가금을 받았으며, 민사소송료에 조정프로그램을 위한 부가금을 걷는 방식은 캘리포니아에서도 이용되었다.[88] 재원 조달에 한계를 느끼는 Community Mediation Program들은 지역의 다른 사회서비스 기관이나 관련 기관과 연계하기도 하였는데, 그들과 사무실을 같이 사용한다든지 간접비를 분담하는 방식을 채택하기도 하였다.[89] 많은 지역에서 학교의 방과 후나 주말, 방학 기간을 이용한 학교 건물을 활용하는 센터를 운영하기도 하였다. 이러한 재원 조달 방식과 다양한 장소를 활용하는 노력은 우리의 주민분쟁해결센터 도입 시에도 충분히 참조가 될 수 있는 사항이다.

한편 최근의 NAFCM 보고서에서는 주민조정센터의 재원조달의 어려움을 극복하기 위한 방안을 제시한 바 있다.[90] 그것은 ① 재원 마련을 기술적으로 하고, ② 전문성 제고, ③ 대중의 인지도 향상, ④ 표준화와 같은 방식을 통한 규모의 경제 추구, ⑤ 재원조달의 다양성 확보, ⑥ 데이터의 수집과 평가 방식 개선 등을 들고 있다.

8. Community Mediation Program의 지역 경찰과의 업무협조 관계

지역사회 조정프로그램은 치안활동에 중대한 공헌을 할 수가 있고 경찰과 긴밀한 관계를 유지하면 다음과 같은 장점이 있다.[91]

---

88) *Id.*, pp.73-74.
89) *Id.*, pp. 74-75.
90) Doug Van Epps, *op. cit.*, pp. 8-9.
91) Daniel McGillis, *op. cit.*, pp. 75-77.

첫째는 경찰로부터의 사건회부를 통하여 개인이나 집단 간 갈등을 직접 해결할 수 있다. 이웃이나 친척, 지인들 사이에 발생하는 분쟁을 대상으로 하는 경찰 서비스의 상당 부분은 조정에 회부하기에 적당하다. 1995년 Shepherd의 연구에 의하면 이웃 간의 분쟁을 조정으로 해결한 후에 지역사회 내의 경찰 서비스에 대한 수요가 급격히 감소한 것으로 나타났다.[92] 지역사회 조정프로그램은 이웃 간의 분쟁이 소소한 분쟁 상태일 때 해결함으로써 심각한 범죄로 발전하는 것을 예방해 주는 효과가 있다. 이는 지역사회의 삶의 질을 향상시켜주고 경찰인력이 다른 범죄에 집중할 수 있도록 해 준다. 경찰로부터의 조정 사건 회부를 촉진하기 위하여 사용된 기법들로는 경찰학교의 훈련생들을 대상으로 조정 서비스에 대하여 설명하거나 근무 중인 일선 경찰관을 대상으로 조회 시간에 조정 서비스의 유용성을 설명하는 방법이 있고, 조정으로의 사건회부를 촉진하기 위하여 경찰서 민원인들이 쉽게 볼 수 있도록 다양한 언어로 작성된 조정회부 신청카드나 양식을 경찰서에 비치하는 방법도 사용되었으며, 조정에 회부된 사건의 경과나 결과에 대해 사건을 회부해주었던 경찰들에게 알려 주는 방법 등이 동원되었다.

둘째는 경찰이나 지역사회의 문제해결을 위한 노력에 도움을 준다. 지역사회 조정프로그램은 범죄나 무질서와 같은 지역문제들을 인지하고 개선하는 경찰의 협력자이다. 또한 도시 서비스의 결핍문제나 학교구역 결정, 유해폐기물 장소 선정 등 지역문제를 해결하기 위한 지역사회의 다양한 회의에도 깊이 관여한다.

셋째는 경찰관들에게 갈등관리 기술 습득을 위한 훈련 기회를 제공한다. 일부 지역사회 조정프로그램은 지역 경찰들에게 갈등관리 기법들을 훈련하기 시작했다. 연구에 의하면 경찰을 필요로 하는 많은 서비스 신청 중에서 집주인과 세입자 간의 분쟁이라든지 소란을 일으키는 십대 청소년에 관한 문제, 이웃 간의 분쟁, 주차 문제 등은 개입이 쉽지 않은 영역이다. 이러한 문제들의 경우 경찰은 흔히 빠른 대응, 순찰, 조사 등을 통하여 해결해 왔다. 하지만 그와 같이 이미 발생된 사건 위주의 치안활동은 문제의 결과만을 다루고 원인을 치유하지

---

92) R. Shepherd, Neighborhood Dispute Settlement: An Evaluation of Neighborhood Dispute Settlement Center's Program with the City of Harrisburg Bureau of Police, Unpublished paper, Shippensburg: Shippensburg State University, 1995 참조.

못한다는 단점을 안고 있다. 그 결과 그러한 문제해결 방식은 폭력을 유발하거나 당사자 또는 경찰에 대한 위협만을 반복적으로 증가하게 되기 때문에 경찰들의 갈등관리에 대한 이해와 갈등을 효율적으로 해결할 수 있는 기법들을 습득할 필요가 있다는 것이다.

9. Community Mediation Program에 대한 평가

Community Mediation Program을 전체적으로 평가해 볼 때 이용자의 만족도는 높은데 분쟁 당사자의 자발적인 이용은 저조한 것으로 나타나고 있다. 이러한 모순적인 상황에 대해 실무가와 학자들의 고민이 깊었던 것으로 보인다.[93] 이의 원인으로는 많은 분쟁 당사자들이 지역사회 조정프로그램에 대해 잘 모르는 경우가 많았고, 사건을 담당하는 변호사들이 자신의 직업적인 영역에 대한 침해를 느끼고 수임료 수입의 감소를 두려워했기 때문이라는 설명도 있다. Community Mediation Program은 처음 시작할 당시 예상했던 것 이상으로 발전한 것도 있었고 예상 이하인 것도 있었다고 한다. 이를 정리하면 다음과 같다.

(1) 기대 이상으로 발전한 사항들[94]

첫째, 지역사회 조정프로그램은 지속적으로 생존해 왔고 그 숫자가 크게 증가해 왔다. 일부에서는 지역사회 조정프로그램을 한 때의 유행으로 생각하고 미국 법무부의 법집행지원처(the Federal Law Enforcement Assistance Administration) 보조금의 산물이며, 그러한 보조금이 끝나면 지역사회 조정프로그램도 마찬가지일거라 생각했다. 그러나 그 프로그램들의 지속적인 성장은 그러한 예측을 빗나가게 하였다. 재원을 조달하는 곳도 다양하였으며 많은 정책결정자나 자금 지원자들이 조정프로그램을 효과적인 분쟁해결책으로 인식하였다. 조정프로

---

93) Calvin Morrill, Cindy McKee, "Institutional Isomorphism and Informal Social Control: Evidence from a Community Mediation Center", 40 Soc. Probs. 445, 1993, pp. 447-449.

94) Daniel McGillis, *op. cit.*, pp. 84-86.

그램의 리더들도 재원조달 노력을 활발하게 전개해 왔다.

둘째, 지역사회 조정프로그램은 서비스를 다양하게 제공해 왔다. 지역사회 조정프로그램은 개인들의 분쟁을 조정할 뿐만 아니라 학교구역 통합이나 시설 입지에 대한 이슈 등 주요 공공정책 문제를 취급하였다. 학교 기반의 갈등 문제나 학생간의 동료조정 프로그램은 미국 전체에서 5,000개가 넘는 초등학교와 중등학교에서 시행되고 있다. 또한 가족 간에 발생하는 문제나 양육권 분쟁에까지도 관여하고 있다.

셋째, 주 차원의 조정프로그램 지원제도가 중요한 역할을 하였다. 지역사회 조정프로그램이 시작되었을 때는 판사나 검사를 포함한 정부 관료나 개인들로 이루어진 지역 프로그램 개발자들이나 미국변호사협회, 법무부 같은 전국 단위 조직체가 주도하였으나, 차츰 주 정부기관이나 주 단위의 협회가 중요한 역할을 하게 되었다. 특히 주 단위의 조직들은 기술지원이나 훈련, 컨퍼런스 등을 통하여 지역사회 조정프로그램의 제도화(institutionalization)에 결정적인 역할을 하였다.

넷째, 비영리 지역사회 조정프로그램들이 확대되었다. 전술하였듯이 지역사회 조정프로그램은 두 종류가 있는데 하나는 법원, 검사, 시청 같은 정부기관이 후원하는 것이고, 다른 하나는 비영리단체가 후원하는 것이다. 그러나 시간이 흐름에 따라 정부 지원 프로그램보다는 비영리단체가 후원하는 모델이 더 발전하게 되었다. 이러한 계기는 첫째로는 뉴욕이나 미시간 주처럼 지역사회 조정프로그램에 자금 지원을 하는 주에서는 지역자문위원회를 가진 비영리단체에 의해 조정프로그램이 후원되도록 설계되었다. 이는 조정프로그램을 지역사회와 더 가깝게 하였고 운영에 있어서나 추가적인 자금 모집을 할 때 더 신축적일 수 있게 하였다. 둘째로는 서비스의 다양화 측면에서도 비영리 단체에서 더 수월하게 할 수 있기 때문이기도 하다.

다섯째, 분쟁해결 절차에 관한 비교연구가 행해졌다. 조정프로그램은 사건 처리의 품질이 높고, 갈등과 상대 당사자에 대한 이해를 촉진시킨다는 측면에서 재판보다도 만족도가 높다는 연구가 있어 왔다.

여섯째, 미국의 Community Mediation Program은 국제적으로 확산되었다. 미국 Community Mediation의 리더들은 니카라과, 러시아, 남아프리카, 오스트레일리아, 터키 등에 기술적 지원과 훈련을 제공하였다. 국제개발처(the U.S. Agency for International Development)는 사법제도 개혁을 시행하는 국가들을 상대로 대체적 분쟁해결 프로그램의 개발을 지원하기도 하였다. 그런가 하면 거꾸로 다른 나라에서 미국으로 정보가 들어오는 경우도 있었으며, 많은 국제회의에서 지역사회 조정에 대한 미국과 외국의 조정 관계자들 간의 교류가 증가했다.

(2) 기대에 미치지 못한 사항들[95]

첫째, 지역사회 조정프로그램에 대한 대중의 인지도가 상대적으로 낮다. 대중들에게 지역사회 조정프로그램에 대한 인지도가 낮은 이유는 첫째로 조정프로그램이 흥미로운 갈등 문제를 다루고 있음에도 언론이 별로 관심을 갖지 않는다는 점이고, 둘째는 조정프로그램에 의뢰되는 사건 수가 상대적으로 적어 그 프로그램에 접촉할 수 있는 사람들이 적다는 점이며, 셋째는 국가적으로나 주 또는 지역 수준에서 대대적으로 홍보하는 캠페인이 드물다는 점 때문이다. 이렇게 낮은 인지도는 시민들로 하여금 이러한 조정프로그램이 자신들을 도울 수 있다는 사실을 모르게 하고, 입법자나 다른 잠재적인 자금 후원자들로 하여금 조정프로그램을 지원하기 어렵게 한다.

둘째, 지역사회 조정프로그램에 대한 자금 지원이 낮고 불안정하다. 전미지역사회조정협회(NAFCM)에 의한 당시의 조사에 의하면 49%의 지역사회 조정프로그램이 5만 달러에서 15만 달러의 예산으로 운영되고, 오직 10%만이 30만 달러 이상의 예산으로 운영되었다고 한다. 이렇게 적은 예산은 직원들에게 매우 낮은 급여를 지급하게 되고 이직률을 높이게 된다. 또한 적극적으로 사건을 유치하기 어렵게도 하고, 조정에 적합하지 않은 사건들을 골라내는 일을 더 어렵게 한다. 자금 지원이 불안정하면 자금 확보를 위해 많은 에너지를 쓰게 되고, 결국 조정 서비스와 프로그램의 품질향상에 쏟아야 할 직원들의 시간을 빼앗게 된다.

셋째, 조정프로그램의 담당사건 수가 예상보다 적었고 사법제도 상의 담당사건 감축에 대한 영향도 예상보다 낮았다. 노스캐롤라이나 대학 정부연구소의 연구에 따르면, 조정프로그램을 가진 세 개의 노스캐롤라이나 카운티에서 조정의 대상이 될 수 있었던 사건들의 22.8%만이 실제로 조정에 회부되었다고 한

---

95) *Id.*, pp. 86-89.

다. 이러한 낮은 조정 사건 수는 법원의 사건 부담이나 처리비용을 낮추는 데 아주 제한적인 영향만을 가졌다. 이러한 이유로는 프로그램의 낮은 예산으로 인해 지역 경찰이나 법원과의 사건 회부 유대를 돈독히 유지해 나가기가 어렵다는 데 있으며, 지역사회 조정프로그램의 서비스 다양화가 심화되면 될수록 더욱 사법제도와의 사건회부 연계는 멀어지게 되었다. 조정회부 사건 수가 너무 적으면 조정인들이 맡는 사건 수가 적게 되고 이는 조정인들의 조정기술이 감퇴되는 요인이 되며, 결국 조정인들의 불만족으로 이어져 그 업계를 떠나게 된다는 것이다.

넷째, 미국 전역에 걸쳐 골고루 조정프로그램들이 발전하지 못하였다. 조정프로그램을 지지하는 사람들은 조정이 도시든 농촌이든 어느 곳이나 관계없이 적합하다고 한다. 그러나 주별로 보면 인구가 많은 주에 상대적으로 집중되어 있다. 당시의 조사에 의하면 조정프로그램들의 3분의 2는 미국의 12개 주에 몰려 있다고 한다. 이를 순위상으로 보면캘리포니아, 뉴욕, 노스캐롤라이나, 미시간, 매사추세츠, 텍사스, 워싱턴, 오레곤, 버지니아, 미네소타, 네브라스카, 펜실베니아 주의 순이다. 이 12개 주의 인구의 합은 미국 전체 인구의 47%를 차지한다고 한다.

10. 지역사회 조정프로그램의 발전 과제

위와 같은 사항들을 종합적으로 고려해 볼 때 지역사회 조정프로그램이 지향해야 할 발전 과제들로는 다음과 같은 것들이 제시되었다.[96]

(1) 지역사회 조정에 대한 공공교육의 확대

지역사회 조정에 대한 낮은 인지도는 낮은 의뢰 사건 수, 자금 지원의 축소 등의 문제를 야기한다. NAFCM도 지역사회 조정프로그램과 그 활약에 관한 홍보에 주안을 두었다. 국민들의 지역사회 조정에 대한 낮은 인지도를 제고하기

---

96) *Id.*, pp. 89-91.

위한 추가적인 방책들이 추구되어야 할 것이다.

(2) 자금조달 증가의 필요

1990년대를 기준으로 볼 때 지역사회 조정프로그램의 전국적인 연간 재정 규모는 매우 낮아서 약 5천만 달러 정도였다. 이는 1979년의 분쟁해결법(the Dispute Resolution Act)에 의해 미국 의회가 지역사회 조정프로그램을 위해 미국 법무부에 원래 편성해줬던 6천만 달러보다도 적다. 모든 자금 지원을 합한 지역사회 조정프로그램의 연간 예산은 지역 치안활동을 위한 연방예산액의 5%보다 적은 실정이라 한다. 따라서 지역사회 조정활동이 지역사회에 기여하는 것을 입법자들에게 적극적으로 설명하여 예산을 확보하려는 노력이 중요하다는 것이다.

(3) 사건접수와 회부 시스템의 개선 및 회부 사건 수의 증가 필요

지역사회 조정프로그램의 센터장이나 자문위원회는 지역사회 서비스 기관이나 사법시스템 기관들을 포괄하는 사건회부 시스템을 향상시킬 수 있는 방법을 강구해야 한다. 공공분야에서 자금조달과 함께 경찰, 검사, 법원들과 같은 사법시스템 기관에서 사건회부를 훨씬 더 적극적으로 유치할 수 있도록 해야 할 것이다.

(4) 프로그램 센터장에 대한 교육 강화 필요

프로그램 센터장은 지역사회 조정프로그램을 실제적으로 운영해 나가는 중요한 위치에 있다. 따라서 그들에 대한 특화된 교육 커리큘럼을 개발하는 것이 필요하다.

(5) 프로그램에 대한 이해를 증진시키기 위한 연구의 증가

추가적인 연구를 통하여 어떻게 하면 지역사회 조정프로그램이 지역을 위해 잘 사용되어질 수 있는가에 대한 이해를 높여주고, 정책결정자들로부터 추가적인 자금 지원을 받을 수 있게 하는 방안을 제시해 줄 수 있는 연구들이 더 늘어야 할 것이다.

(6) 서비스가 충분하지 못한 지역으로의 확산 필요

지역사회 조정프로그램이 적거나 아주 없는 지역에 대해서는 비영리 단체, 사법시스템 기관, 변호사협회, 지방정부 등을 통하여 활성화되어 있는 다른 지역과 공동회의를 개최하거나, 서비스가 충분하지 못한 지역에서 낮은 비용으로 프로그램을 운영할 수 있도록 기술 지원이나 훈련팀을 보내주는 방법, 저렴한 실험적 프로그램들을 운영할 수 있도록 지방정부 차원에서 자금지원을 해 주는 방법 등을 통하여 조정서비스를 확산시킬 필요가 있다.

11. 지역사회 조정프로그램의 최근 현황

미국의 지역사회 조정프로그램은 40년 이상 유지되어 온 것이 있는가 하면 최근에 생긴 것까지 다양하게 발전되어 왔다. 이 프로그램은 비영리의 사적인 단체에 의해 운영되기도 하고 공공기관의 공공프로그램으로 운영되기도 한다. 지역사회의 훈련된 자원봉사자를 조정인으로 사용하며, 지역민들의 문화적·경제적·언어적·육체적 제약을 감소시키는 기능을 수행하기도 한다. 또한 민원인의 지불능력과 관계없이 서비스를 제공하고, 민족·인종·피부·종교·성별·연령·장애·국적·결혼 여부·정치적 지향성·소득 등에 관계없이 서비스를 제공하거나 고용을 한다. 갈등의 초기 단계에 개입하여 문제해결 서비스를 제공하고, 사법절차의 어느 단계에서나 대체적 서비스가 가능하다. 조정프로그램을 통하여 지역민들의 협조적 관계 형성에도 도움을 주며, 지역민들에게 조정의 장점에 대하여 홍보와 교육 활동을 하기도 한다.

최근에 NAFCM은 지역사회 조정센터(Community Mediation Center)가 준수해야 할 다음과 같은 10대 모델 강령을 발표한 바 있다.[97]

---

97) http://2mediate.org/history1.html 참조(2016년 6월 방문).

① 훈련된 자원봉사 조정인을 운용할 것, ② 자원봉사 조정인에 대하여는 학문적, 직업적 자격증을 선결요건으로 하지 않을 것, ③ 감시할 수 있는 자문위원회를 수반한 비영리 공적 또는 사적 단체일 것, ④ 조정인, 직원, 자문위원회를 구성함에 있어 지역사회의 다양성을 대표할 수 있을 것, ⑤ 대중에게 접근이 용이하게 하고 육체적·언어적·문화적·경제적 등의 이유로 서비스 장애를 느끼지 않도록 할 것, ⑥ 지불능력과 관계없이 서비스를 제공할 것, ⑦ 지역사회에 긍정적 변화를 가져올 수 있도록 지역민들의 협조적 관계를 유도할 것, ⑧ 조정의 가치와 시행에 대하여 대중 인지 캠페인과 교육을 실시할 것, ⑨ 갈등의 초기단계에 분쟁해결을 시도할 것, ⑩ 법원 절차에 대한 대안이 될 때는 분쟁의 어느 단계에서든 조정이 가능하게 할 것 등이다.

(1) 주민조정프로그램의 개요와 서비스 유형

NAFCM이 2013년에 발표한 2011년도 연간 보고서에 의하면,[98] 현재 미국에는 약 400여 개의 프로그램이 운영되고 있고 1,300명의 전임종사자들이 있으며, 2만 명이 넘는 자원봉사 조정인들이 활동하고 있다. 지역사회 조정프로그램은 연간 40만 건의 사건을 다루고 그 서비스를 받는 사람들도 연간 90만 명에 이르고 있다. 구조적으로 Community Mediation Program의 운영 주체는 86%가 비영리단체의 형태이고 11%는 시나 카운티 관련 정부기관이며, 3%는 관민의 혼합형이다. 평균적으로 대부분 프로그램 당 3명의 전임종사자가 있으며, 자원봉사 조정인은 한 곳에 평균 50명 정도를 유지하고 있다고 한다.[99]

지역사회 조정프로그램의 평균 예산은 15만 달러에서 20만 달러로 운영되는데, 20만 달러 이하의 예산으로 3명의 전임종사자와 약 50명의 조정인들이 약 1,000건의 사건을 통하여 거의 2,500명의 개인들을 돕는 상황이며 다수의 훈련 서비스까지 시행하고 있다. 미국 전역에 2만여 명의 조정인이 활동하는데 이는 조정프로그램 전임종사자의 16배 정도 된다. 지원봉사의 조정인들은 비즈니

---

98) NAFCM의 2011년도 연간 보고서 참조 (http://www.nafcm.org/Resources/state/field-overview).

99) 뉴욕 퀸즈 카운티에 있는 Community Mediation Services(CMS)는 2013년 기준으로 100여 명의 직원과 200명의 자원봉사자를 두고, 연간 수 천 건의 사건을 취급하기도 한다고 한다. Mark Kleiman, "Mending the Fabric of Community", 19 No. 2 Disp. Resol. Mag. 16, Winter, 2013, pp. 16-17.

스 리더, 교육자, 가정주부, 법률종사자, 종교지도자, 사회복지사, 은퇴자, 학생 등 다양한 계층에서 참여한다. 조정인은 연간 35시간 정도 봉사를 한다. 조정인들은 평균적으로 연간 1-5건을 처리하는 비율이 17%이고, 6-10건을 처리하는 비율은 25%, 11-15건을 처리하는 비율은 20%, 16-20건을 처리하는 비율은 10%, 21-40건을 처리하는 비율은 18%, 41건 이상을 처리하는 비율이 10%에 이른다고 한다. 따라서 전체 조정인들의 실제 활용률은 낮은 편이며, 전체의 60% 이상의 조정인들이 한 달에 1건 미만의 조정 사건을 처리한다고 한다.

지역사회 프로그램에서는 30여 종류의 서비스를 제공하고 있는데, 평균적으로는 9종의 서비스를 제공하고 있다. 조정은 모든 프로그램이 제공하고 있으며 프로그램의 84%는 퍼실리테이션(facilitation), 81%는 교육훈련(training), 50%는 갈등 코칭(conflict coaching), 36%는 알선(conciliation), 17%는 협상/협상코칭(negotiations/negotiation coaching) 등을 하고 있으며 12%는 중재(arbitration) 서비스도 하고 있다.

지역사회 조정프로그램은 서비스를 다양화하기도 하였지만, 그 중에서 조정 서비스의 대상도 과거의 이웃 간의 갈등 해결에서 지역사회, 가족, 법원 연계, 주택, 학교, 직장 등의 문제에 이르기까지 확대되었으며, 이를 세분화하면 100여 종류의 갈등해결 사건이 된다.[100] 조정프로그램 당 취급하는 사건의 종류는 평균 4종에서 70여 종까지가 대부분인데, 전체 평균은 프로그램 당 36종의 조정 사건을 다루고 있다고 한다.

(2) 주민조정프로그램의 재원과 연계시스템

위의 2011년도 조사에 의하면 조정프로그램은 크게 다섯 가지 카테고리의 재원조달원을 가지고 있는데, 연방이나 주 또는 지방 정부 수준의 정부 지원이 전체의 49%를 차지해 가장 많은 비중을 차지하며, 다음으로 서비스 수수료가

---

100) 메릴랜드 주에는 2012년 기준으로 17개의 Community Mediation Center가 있는데, 전통적인 이웃 갈등은 물론 재소자의 사회 복귀, 직장 갈등, 지역계획, 환경 문제 등에까지 다양하게 영역을 넓히고 있다고 한다. Cynthia M. Jurrius, "Building More Peaceful Communities Through Community Mediation", Md. B. J. 30, Vol. 45 No. 2, March/April, 2012, pp. 32-33.

15%, 재단으로부터의 지원이 12%, 훈련 수입이 10%, 자선단체 지원이 8%, 기타 6%로 되어 있다.

최근에는 세계의 경제적 위기와 정부의 예산 감축 등으로 인하여 유지하기가 매우 힘들어져서 Community Mediation Program은 스스로 혁신 전략을 개발하여 어려움을 극복하는가 하면 실패하여 문을 닫는 곳도 있다고 한다.[101] 또한 동 프로그램들의 자금을 지원하는 기관이나 단체의 요구나 원칙들에 맞추다 보니 원래의 프로그램이 추구하던 원리나 방향이 변질되는 경우도 있음을 경계해야 한다는 지적도 있다.[102]

2011년도 조사에 따르면 조정 사건을 지역사회 조정프로그램에 회부해 주는 연계기관은 프로그램별로 평균 9군데의 연계기관을 가지고 있는데, 법원 연계가 가장 많고 다음으로 정부 기관, 학교 등 교육기관, 지역 비영리단체, 변호사, 경찰, 법률서비스 기관, 사업자단체, 종교단체 등의 순으로 되어 있다.

제2절 영 국

1. Community Mediation의 발전과정

영국에서 조정을 시행하는 ADR 기관은 1970년대 중반에 설립된 ACAS(the Advisory, Conciliation and Arbitration Service)에서 그 뿌리를 찾을 수 있다.[103] 1980년대에 들어서는 '화해(settlement)'라는 주제가 논쟁의 중심이 되었으며, ADR이라는 용어가 서서히 일반화되어 사용되기 시작하였다. 영국에서 Community Mediation은 1980년대에 범죄 피해자와 가해자 분야의 조정으로부터 시작하였다. 1980년대 초에 Newham Conflict and Change Project와 Edgware Mediation Service라는 두 개의 Community Mediation 서비스가 출현하고, 1985

---

101) Doug Van Epps, *op. cit.*, pp. 8-9.
102) Wendy E. Hollingshead Corbett & Justin R. Corbett, *op. cit.*, pp. 464-465.
103) Loukas A. Mistelis, *op. cit.*, p. 195.

년에는 서비스 제공기관이 7개가 되었다.[104] 1983년에는 범죄 피해자와 가해자에 관한 포럼을 결성하여 Forum for Initiatives in Reparation and Mediation(FIRM)이 탄생하였고, FIRM의 후신인 Mediation UK가 Community Mediation 서비스기관의 멤버십을 관할하는 전국적인 조직으로 발전하였다.[105] 1990년대 초에 들어서는 이웃 간의 분쟁에 관한 보고가 늘어나게 되고 Community Mediation Program이 이웃 간의 분쟁해결을 위한 유용한 수단으로 사용되기 시작하였는데,[106] Newham Conflict and Change Project, Bristol Mediation, Mediation UK 등이 그 대표적인 예이다.[107] 이 시기에 영국 법원의 가족분쟁부에서도 조정이 활발하게 이용되었다.

한편, 전국조정지원라인(National Mediation Helpline: NMH)은 조정을 보급하기 위하여 2005년에 출범하였는데, 법무부와의 협조로 민사조정협의회(the Civil Mediation Council: CMC)는 NMH를 지원하였다. NMH는 직접 조정 서비스를 제공하지는 않고 조정제도에 대한 정보 제공과 홍보하는 역할을 하였다.[108] 그러나 2011년 10월에 영국 정부는 NMH를 종결시키고 그 대신에 온라인상에 조정 서비스기관 리스트를 제공하고 있다.[109]

2. Community Mediation의 운영 현황

(1) Community Mediation의 유형

Community Mediation은 지역에 따라 강약의 차이는 있지만 영국 전역에

---

104) Marian Liebmann, *op. cit.*, p. 19.

105) Mediation UK는 Forum for Initiatives in Reparation and Mediation(FIRM)으로 출범하여 1991년에 명칭을 바꿨다. 결혼, 기업, 고용, 신체 상해, 의료 과실 사건을 취급하였는데 또 다른 중요 활동은 지역사회 분쟁해결이었다. 그러나 Mediation UK는 2006년에 청산 절차에 들어갔고, 현재 Mediation UK의 홈페이지는 폐쇄되었다.

106) Marian Liebmann, *op. cit.*, p. 28.

107) Loukas A. Mistelis, *op. cit.*, p. 195.

108) 김태홍, 사회갈등 해소를 위한 갈등관리제도의 구축 및 효율적 운영방안 연구, 한국여성개발원, 2005, 203-205쪽.

109) http://www.civilmediation.justice.gov.uk/ 참조.

걸쳐 발전해 왔다. Community Mediation의 기본원리는 대인관계나 사회적 관계에서 발생하는 분쟁에 대해서는 사법시스템이 관여할 필요가 없다는 생각에 두고 있다. 영국에서 발전한 Community Mediation의 주요 분쟁해결 대상으로는 크게 이웃 분쟁, 학생 사이의 분쟁, 범죄의 가해자와 피해자 사이에 발생하는 분쟁으로 나눌 수 있다.[110]

첫째로 이웃 조정(neighborhood mediation)은 소음, 반사회적 행위, 경계 문제, 언어폭력 등의 분쟁을 취급한다. 이러한 분쟁들은 얼굴을 맞대고 조정을 시도하면 매우 높은 조정 성공률을 보이는 특성을 가지고 있는데, 흔히 지역사회에서 특별히 훈련된 무보수의 자원봉사자인 조정인들에 의해 시행된다. 잉글랜드와 웨일스에는 이러한 이웃조정 프로그램이 많이 운영되고 있다. 때로는 지방정부나 단체에서 기관 내 서비스로 제공되기도 한다. 조정은 보통 한 시간이나 두 시간이 걸리며, 가끔 추가적인 조정회의를 갖기도 하지만 한 번으로 끝난다. 조정에 참석하는 당사자의 법적 권리는 전혀 영향을 받지 않으므로 당사자는 원하면 언제든지 소송에 들어갈 수 있다.

둘째로 학교 동료 조정(school peer mediation)은 학교 내의 학생이 동료들의 싸움을 해결하도록 훈련받아서 조정하는 것이다. 이러한 조정 기술을 익힌 학생을 동료 조정인(peer mediator)이라 한다. 동료 조정인은 같은 학생이므로 조정에 한계가 있으며 폭력, 형벌에 해당하는 행위, 자해행위 등이 있으면 바로 권한 있는 성인에게 넘겨야 한다. 동료 조정인은 책임교사와 규칙적이면서도 비밀이 지켜지는 지도·감독을 통해 발생된 문제에 대해 의견을 나눈다. 보통 성인 조정인이 초빙되어 동료 조정인에게 조정기술을 훈련시킨다.

셋째로 가해자·피해자 조정(victim offender mediation)은 형사적인 문제로 인한 조정이라 다른 조정과는 차이가 있다. 이 조정은 피해자의 요구와 가해자가 저지른 피해에 대한 보상에 초점이 있다. 또한 당사자들의 입장을 서로에게 소통시키는 것이 중요하다. 이 조정은 형사 절차의 어느 단계에서나 가능하다. 영국에서는 이 조정이 청년층 가해자들이 처음이나 두 번째로 범죄를 저질렀을 때 많이 이용되는데, 가벼운 절도죄에서 살인에 이르기까지 가해자·피해자 조정은 성공적으로 활용되고 있다. 이 조정은 형의 선고에 대한 대체적 방법으로

---

110) Loukas A. Mistelis, *op. cit.*, pp. 211-213.

보다는 범죄의 결과로 분노나 상처가 큰 피해자를 돕는 데 많이 이용된다. 또 공적인 형벌시스템이 하기 어려운 기능을 하는데, 가해자·피해자·지역사회로 하여금 범죄로 인하여 받은 심리적 충격에 어떻게 대처해야 하는지를 돕는 역할을 한다. 이 서비스는 지역사회 조정기구나 보호관찰 종사자, 경찰들에 의해 주로 수행된다.

(2) Community Mediation의 재원과 서비스의 유료성

이웃조정 서비스의 재원은 크게 세 가지로 나뉜다.[111] 첫째는 지방정부나 단체로서 주택, 보건복지, 환경 관련 행정기관이나 경찰, 주택협회 등을 들 수 있다. 둘째, 자선단체나 정부의 지역사회 구호자금을 들 수 있다.[112] 셋째, 서비스기관 자체수입이다. 이는 교육비 수입, 컨설팅 수수료, 분쟁해결 수입 등이다. 조정기관 자체 수입이 점증하기는 하나 조정에 대하여는 주로 무료이거나 적은 금액만을 받고 있다. 한편 John Gray에 의하면, 중앙 정부로부터의 재정 지원은 잉글랜드 지역에서는 복지부·법무부·내무부·교통부 등에서 재정 지원을 하고, 웨일스 지역에서는 웨일스 의회에서 직접 예산을 지원하는 점이 특이하다.[113]

영국에서 Community Mediation은 주로 자원봉사자들에 의해 서비스가 제공되지만 사건 수가 증가하고 낮에 조정을 원하는 사람들의 요청에 부응한다든지 하는 서비스 향상을 위해 유료 조정 서비스가 증가하고 있다. 주로 무료로 제공되는 이유는 조정 서비스가 지역사회에 무료로 널리 이용되어야 한다는 도덕적 믿음과 이웃은 개인이 선택할 수 있는 것이 아니므로 개인적인 책임의 문제가 아니라는 것 등이 작용한다.[114] 유료 조정인의 경우에 전임직 상근 조정인을 고용하는 경우도 있으나 주로 시간당, 또는 세션별 보수가 지급된다. 조정 서비스를 이용하는 당사자는 남자보다는 여자가 더 많이 이용하며, 낮은 사회경제적 계층의 사람들이 많은데 이는 조정 서비스가 대체로 무료로 제공되는 것과

---

111) John Gray, *op. cit.*, pp. 44-46.
112) The National Lottery Charities Board, Single Regeneration Budget, Health and Education Action Zones, the New Community Regeneration 등이 있다. John Gray, *op. cit.*, p. 45.
113) *Id.,* pp. 59-62.
114) *Id.*, p. 47.

무관치 않아 보인다.

(3) 스코틀랜드의 Community Mediation

한편 스코틀랜드 지역에서는 정부가 조정에 대해 상당히 체계적인 발전을 도모하고 있다고 한다. 스코틀랜드에 Community Mediation 서비스가 처음으로 시작된 것은 1995년에 에든버러에서 출범한 것이라고 한다.[115] 또한 30여 개의 서비스 기관에 의해서 매년 3,000건 이상의 지역사회 갈등이 Community Mediation을 통해서 해결된다고 한다. 스코틀랜드에는 2008년에 스코틀랜드 주민조정센터(The Scottish Community Mediation Centre: SCMC)와 스코틀랜드 주민조정네트워크(The Scottish Community Mediation Network: SCMN)가 함께 출범하였는데, SCMC는 주민조정을 위한 기준 설정, 조정실무 가이드, 조정인 훈련 지침 등을 개발하여 보급하고 훈련 과정을 운용하기도 한다.[116] 훈련과정에는 갈등관리 교육, 조정인 및 선임조정인 훈련 프로그램 등이 있다. 또한 SCMN과의 협력으로 조정인, 조정서비스기관, 훈련과정 등에 대한 인증사업을 수행하기도 한다.

스코틀랜드의 Community Mediation 제도는 1971년에 설립된 The Scottish Association for the Care and Resettlement of Offenders(SACRO)라는 NGO 단체를 통하여 스코틀랜드 정부가 재정 지원을 많이 한다. SACRO의 지원을 받는 Angus Community Mediation이라는 서비스 기관의 주민조정을 위한 홍보물에는 다음과 같은 문구가 있다.[117] 그러한 홍보물로부터 주민조정센터에서 어떻게 사건을 유치하고 홍보하는가를 알 수가 있다.

"우리가 모든 문제를 해결할 수는 없지만 이웃 간의 대부분의 문제는 해결됩니다. 우리 직원들은 친절하고 효율적으로 분쟁을 처리합니다. 우리의 모든 조정인들은 고도로 훈련되어 있습니다. 절차와 관련해서는 철저히 비밀을 보장하고 있습니다. 우리 기관은 인

---

115) Community Mediation andcommunity development in scotland(http://www.restorativejustice.org/editions/2006/september06/community-mediation-and-community-development-in-scotland) 참조.

116) http://www.scmc.sacro.org.uk 참조.

117) Angus Community Mediation leaflet (http://archive.angus.gov.uk/atoz/pdfs/Angusmediationleaflet.pdf) 참조.

증기관의 기준들을 잘 준수하며, 분쟁해결을 함에 있어 중립적이고 한 쪽 편을 들지 않습니다. 이용자께서 절차 진행 중에 불만족스러우시면 언제라도 중지할 수 있으며 우리는 절차의 계속을 강요하지 않습니다.”

영국 그 중에서도 스코틀랜드에서의 Community Mediation 운영 절차를 살펴보면 다음과 같다.[118] 먼저 주민조정센터에 사건이 주택, 환경 관련 부서와 같은 정부기관에서 회부되어 오거나 분쟁 당사자가 직접 사건을 접수하는데, 조정을 진행하기 위해서는 보통 오직 한 쪽 당사자의 접수만으로도 충분하다. 상대편 당사자가 조정에 참여하도록 설득하는 것은 조정인의 몫이기 때문이다. 사건이 접수되면 두 명의 조정인이 문제를 제기한 한 쪽 당사자를 방문하여 분쟁의 요인과 현황 등을 듣고 조정 절차에서 상대를 대면할 의사가 있는가를 물어본다. 다음으로 문제를 제기한 당사자의 동의하에 조정인은 상대편 당사자를 방문하여 같은 절차를 진행한다. 상대편 당사자가 조정 절차에 동의하면 중립적인 장소에서 조정을 위한 회합이 마련된다. 이 때 대면 절차가 적절치 않다고 생각되면 한 쪽 당사자를 오가며 협상을 진행하는데 많은 분쟁들이 이 단계에서 정식 조정을 위한 회합에 이르기 전에 해결된다고 한다. 마지막으로 조정 세션은 정해진 절차에 따라 진행되는데, 모든 당사자가 자유롭게 발언하게 하고 분쟁의 주된 요인에 대해 의견을 개진하게 한다. 그 정해진 절차는 첫째로 조정 절차의 개시 발언에서 조정 세션의 목적과 절차에 대한 개요와 당사자의 행동 준칙을 설명한다. 다음으로는 양 당사자가 방해받음이 없이 사건에 대해 설명하고 현재는 분쟁에 대해 어떻게 생각하고 있는지를 설명하도록 한다. 다음으로는 조정인이 당사자들로 하여금 핵심 논점에 대해 잘 식별할 수 있도록 도와주고 합의점의 실마리를 찾도록 유도하며, 최종적으로는 세부적인 합의에 이를 수 있도록 도와준다.

---

118) Helping to build positive communities(www.scmc.sacro.org.uk/.../COMMUNITY%-20MEDIATION%206.pdf) 참조.

3. Community Mediation의 통계적 자료

Mediation UK라는 조정 서비스기관에 의해 2000년 4월-2001년 3월에 걸쳐 실시된 The 2001 Community Mediation Disputes Survey에 의하면,[119] Mediation UK의 전체 174개 회원기관 중에서 140개가 이웃분쟁을 조정하는 서비스 기관이고, 나머지 34개 회원기관이 학교의 동료 조정(peer mediation)이나 가해자-피해자 조정(victim-offender mediation)을 다루는 서비스 기관이었다고 한다. 당시에 영국에서는 1년에 16,000건 정도의 주민분쟁 조정 사건 의뢰가 이루어지는데 그 중 12,000건 정도가 조정에 적합한 사건으로 접수되었다고 한다. 약 4만 명이 주민분쟁 서비스기관에 의해 조정인 교육을 받고 그 중 약 3,500명의 조정인이 주민분쟁 조정 업무에 종사하였다. 그 보고서는 사건 회부기관으로 39%가 주택 관련 부서였고, 30%는 당사자가 스스로 접수했다고 했다. 다음으로 주택협회가 12%였으며 경찰이 9%의 순으로 사건을 회부하였으며, 그 외 환경관련 부서, 어드바이스 센터, 지방의원, 변호사 등이 회부하였다. 주택 관련 기관에서 사건 회부가 많은 것은 주택에서의 소음 관련 분쟁이 많기 때문인 것으로 보인다. Mediation Sheffield와 같은 일부 서비스 기관에서는 당사자가 스스로 접수(self-referrals)하는 사건만 취급하는 곳도 있었다는 점이 주목할 사항인데, 이는 주민들의 적극적인 참여를 유도하기 위한 것이었다고 한다.

이웃분쟁의 종류를 보면 소음이 거의 절반에 가까운 45%로 이웃분쟁의 가장 큰 비율을 차지하고, 폭행이나 위협이 20%, 경계나 재산권 행사 문제가 17%, 어린아이 행동으로 인한 분쟁이 17%, 반사회적 행동 15% 등이 주종을 이루며, 이 중 2% 정도가 인종 괴롭힘인데 이는 조정에 적합하지 않은 사건으로 분류되기도 했다.[120] 동 보고서는 조정에 회부되는 사건의 약 30%가 완전히 또는 부분적으로 합의에 도달하는 것으로 보고하고 있다. 이는 외견상 낮은 성공률로 보이나 이웃 간의 감정적인 분쟁을 합리적이고 차분한 분쟁해결 절차를 통하여 당사자 간의 소통을 증가시키고 상황에 대한 객관적인 이해를 승가시킨다는

---

119) John Gray, *op. cit.*, pp. 21-22.

120) *Id.*, p. 22. 여기의 비율(%)은 도합 100%가 아니고 100%가 넘는다. 그 이유는 이웃 분쟁의 경우 분쟁 요인의 종류가 혼재되어 있는 경우가 많고 분류가 중복적으로 될 수 있기 때문이다. 따라서 주로 많이 발생하는 분쟁의 비율과 그 서열을 판단할 수 있다.

부가적인 효과를 생각하면 그 성공률은 중요한 의미를 갖는다고 하고 있다.

　동 조사에 의하면 조정의 방식은 당사자와 조정인이 동시에 함께 만나서 하는 대면 조정(a face-to-face meeting: joint meeting)이 12%이고, 조정인이 한 쪽 당사자를 왔다갔다 하면서 조정(shuttle mediation)을 하는 방식이 16%로 당사자를 동시에 만나는 경우보다 더 많으며, 한 쪽만 조정인이 만나거나 전화로만 당사자를 접촉하기도 하였다.[121] Joint Meeting을 통한 조정의 비율이 더 낮은 이유는 조정을 위하여 다툰 상대를 당사자가 다시 만나는 것에 대해 꺼려하고 두려움을 갖기 때문인 것으로 보인다. 하지만 조정에 있어서 당사 간의 직접적인 대면과 협의가 중요함은 당연하다 할 것이다.

　그런데, 여기서 Shuttle Mediation의 개념은 조정 서비스기관들에 의해서 세 가지 뜻으로 사용된다고 한다.[122] 첫 번째는 당사자들이 만나기를 거절하거나 조정기관이 안전이나 그 밖의 이유로 Joint Meeting을 마련하려 하지 않을 때 이용하는 개념이다. 이 경우 조정인은 당사자의 주거지에 각각 방문하거나 중립적인 별도의 공간에 있는 당사자를 따로 만나는 것을 의미한다. 두 번째는 하루에 여러 번 왔다갔다 하는 것이 아니라 조정이 이루어지는 수 주 동안에 걸쳐 여러 번 방문하는 것을 의미한다. 이 경우는 당사자들이 서로 만나기를 아직 거절하지는 않았으나, 분쟁의 결론에 대해 확실한 결정을 내리는 것을 아직 꺼려하는 상황에 해당된다. 세 번째는 Joint Meeting을 하기 전이나 Joint Meeting이 이루어지지 않을 경우에 조정인과 당사자들 간에 접촉하는 것을 의미한다. 이 역시 분쟁의 합의를 이루기 전에 조정의 절차에 대해 설명하거나 분쟁의 쟁점 등에 대해 당사자의 설명을 듣는다든지, Joint Meeting을 권유한다든지 하는 경우에 이용되는 것을 의미한다. 그러나 이러한 개념의 구별이 명확한 것은 아니며, 여전히 혼동을 가져오기 때문에 차라리 Joint Meeting과 Shuttle Mediation을 각각 직접조정(direct mediation)과 간접조정(indirect mediation)으로 구분하자는 주장도 있다고 한다.

　한편 그 후에 조사된 Mediation UK의 2004-2005년도 Community Mediation 통계 자료에 의하면, 잉글랜드와 웨일스를 합한 지역의 Community Mediation 서비스기관은 20,444건의 조정 사건을 접수받아 대면 조정(a face-to-face meet-

---

121) *Id.*, p. 28.
122) *Id.*, pp. 29-31.

ing)으로 전부 또는 부분적 합의를 본 것이 70%에 이르렀고, 조정인이 한 쪽 당사자를 왔다갔다 하면서 조정(shuttle mediation)한 경우는 72%의 결과를 가져온 것으로 발표하고 있다.[123) 지역사회 분쟁의 회부기관은 당사자가 스스로 접수한 경우가 33%로 가장 높았고, 주택 관련 부서에서 29%, 주택협회에서 12%, 경찰로부터 8%였으며, 지역 어드바이스 센터에서는 4%만 차지하였다. 미국에서와 달리 분쟁당사자가 직접 사건 해결을 의뢰하는 경우가 제일 큰 비율을 차지한다는 점과 법원으로부터의 회부가 없다는 점은 이채를 띠는 대목이다. 이 조사에서 지역사회 분쟁의 유형은 소음이 38%로 가장 높았고, 반사회적 행동이 21%, 어린아이의 행동이 14%, 경계 분쟁이 13% 등이었다.

스코틀랜드의 경우는 스코틀랜드 주민조정센터(the Scottish Community Mediation Centre)와 스코틀랜드 주민조정네트워크(the Scottish Community Mediation Network)가 2008년에 동시에 출범하였는데, 스코틀랜드 주민조정센터의 자료에 의하면 2008년도 기준으로 양 당사자가 조정을 하기로 합의한 경우에는 완전히 해결되거나 상당한 진전이 있는 경우가 75-85%에 이른다고 한다.[124) 또한 2005-2006 조사에 의하면, SACRO에 의한 조정 회부 사건 중 52%는 소음에 관한 분쟁이었다고 한다.[125)

4. Community Mediation에 대한 비판

Community Mediation에 대하여 영국의 학계에서는 다음과 같은 비판이 있다고 한다.[126) 주민조정제도가 지역사회의 전역에 미치거나 지역사회의 균열을 모두 치유해 주지는 못한다는 점과 정부의 통제를 줄이고 주민 개개인의 자율성을 강화하려는 원래의 의도에서 벗어나 정부의 대체가 되겠다고 하면서 오히려 그 대상인 정부나 기관들로부터 자금 지원을 받거나 행정적 도움을 받음으

123) ADR Update No. 17, ASA(Advice Services Alliance), p. 10.
124) 스코틀랜드 주민조정센터 자료 참조(http://www.scmc.sacro.org.uk/1_Resolving_Neighbour-hood_Problems_Informally_.pdf).
125) Henry J. Brown & Arthur Marriott Q.C., ADR Principles and Practice, Sweet & Maxwell, 2011, p. 303.
126) John Gray, *op. cit.*, pp. 76-78.

로 인하여 그 기능의 자율성이 침식된다는 것이다. 또한 분쟁 당사자 간에 힘의 불균형이 존재하는 경우에 그러한 현상을 오히려 강화하는 데 기여하거나 당사자 간의 합의를 강자에게 유리하도록 강요하는 데 이용되기도 한다는 것이다. 게다가 조정인의 평화에 대한 지나친 강조는 당사자 간의 타협을 조장하는 반면, 갈등은 소통이나 이해에 전혀 도움이 되지 않는 것으로 너무 치부해 버리는 것도 문제라는 것이다.

제3절 싱가포르

1. Community Mediation 제도의 개요

싱가포르의 조정을 비롯한 ADR의 발전은 정부의 적극적인 역할이 컸다. 1996년에 ADR위원회를 설치하여 조정의 도입 여부를 검토하게 한 결과, 동 위원회는 사적 조정을 상사조정(commercial mediation)과 주민조정(community mediation)으로 나누어 발전시키도록 권유하게 된다.127) 그 결과 1997년에 상사 부문에 싱가포르 법학원(the Singapore Academy of Law)에 의해 싱가포르 조정센터(the Singapore Mediation Centre: SMC)가 설립되어 연간 175건 정도의 사건을 처리하며 조정 성립률은 약 75%라 한다.128) 또 사회적인 융화를 위하여 주민들이 쉽게 접근하여 분쟁을 해결할 수 있도록 주민조정센터법(the Community Mediation Centres Act 1997)을 제정하고, 그 직후 1998년에는 주민조정센터(the Community Mediation Centre: CMC)를 출범시킨다. 싱가포르의 주민조정센터는 법무부의 한 부서로서의 소속기관인 셈이며 법무부에서 감독하고 후원한다는 특성을 가지고 있다.

2004년에는 주민조정센터법을 개정하여 치안판사(Magistrates)가 판결 전에

---

127) http://www.singaporelaw.sg/sglaw/laws-of-singapore/overview/chapter-3#Section3 참조.
128) 김상찬, "ADR제도의 비교법적 연구: 아시아의 주요 국가를 중심으로", 중재연구 제19권 제3호, 2009, 75쪽.

조정에 적합한 사건을 의무(mandatory) 조정에 회부할 수 있도록 하였다. 또 동년에 중등학교를 대상으로 동료조정(Peer Mediation) 프로그램을 시범 실시하여 2013년까지 10회에 이르렀다. 2011년에는 주민조정자문위원회(the Advisory Committee on Community Mediation: ACCM)를 설치하여 자원봉사 조정인의 지속적인 양성, CMC 활동의 대중 홍보, 효율적인 주민조정을 이루기 위한 사회 네트워크 강화를 지원하고 있다. 2012년에는 싱가포르 법원을 비롯한 ADR 기관들과 합동으로 '2012 ADR컨퍼런스'를 개최하기도 하였다

2. Community Mediation Centre(CMC)의 운영 실태

싱가포르는 주민들의 CMC에의 접근성을 용이하게 하기 위해서 많은 신경을 썼는데 동부에 1998년 처음으로 CMC(Regional East)[129]가 설치된 후 1999년에는 중앙(Central)에, 2001년에는 북부(Regional North)에, 2004년에는 하위법원 내에 네 번째의 CMC(Subordinate Courts)가 설치되었다. 또한 주민들의 편의를 높이기 위하여 관련 기관과 협조하여 외부 조정 서비스 장소(satellite mediation venues)를 늘렸다.[130]

CMC의 조정사건 처리 추이를 살펴보면, 2년마다 처리 사건 수를 기록한 아래의 표에서와 같이 1998년 설립 첫 해에 100여 건의 사건을 처리한 이래 점차 처리 사건 수가 증가하여 2002년까지 누적 사건 처리 수가 1천 건을 돌파하였고, 2014년도까지는 7,600건을 넘어서는 기록을 달성하였다. CMC에 소속된 자원봉사 조정인도 처음에는 소수로 시작하였으나 2014년 기준으로 140여 명으로 늘었다.[131] 조정으로 분쟁이 해결되는 성공률도 그동안 70% 초반을 유지하다가, 2013년 기준으로는 75%, 2014년 기준으로는 76%에 이르는 등 조정 성공률이 높아지고 있음을 알 수 있다.

---

129) 2007년에 중앙에 있는 본부로 통합되어 장소를 옮겼다.

130) 그들은 Community Centres, Community Club 등으로 구성된다.

131) CMC Annual Report 2013/2014 참조 (http://www.cmc.gov.sg); 싱가포르의 인구는 500만 명이 약간 넘고 면적은 692.7㎢로 전라북도 정읍시 정도로 작은 국가이다.

<표 3-2> 싱가포르 CMC의 조정사건 처리 추이[132]

	1998	99-00	01-02	03-04	05-06	07-08	09-10	11-12	13-14
조정 건수	120	390	553	793	1,022	1,211	1,240	1,203	1,096
누계	120	510	1,063	1,856	2,878	4,089	5,329	6,532	7,628

＊싱가포르 CMC의 연차보고서를 취합하여 작성함.
＊1998년만 제외하고 2년씩 합한 사건 수의 추이임.

최근 6년간 CMC의 조정사건 처리 수를 살펴보면, 2009년에 742건으로 높은 기록을 보이다가 2010년 이후에는 500건과 600건 사이에서 꾸준한 사건처리 건수를 보이고 있다.

<표 3-3> 최근 6년간 싱가포르 CMC의 조정사건 처리 수

	2009	2010	2011	2012	2013	2014
조정 건수	742	498	593	610	525	571
증가율	10.4	△32.9	19.8	2.9	△13.9	8.8

＊싱가포르 CMC의 연차보고서를 취합하여 작성함.

다음으로 CMC에 조정 사건을 회부하는 기관의 유형을 살펴보면, 2014/2015년도 CMC 연차보고서에 의하면,[133] 법원이 69%로 가장 많았으며 다음으로 신청인이 직접 접수하는 경우가 15%, 주택 관련기관 7%, 경찰, 국회의원, 시의회 순으로 되어 있다. 여기서 민원이나 분쟁 사건을 의회에서 CMC로 회부하는 사건이 적지 않은 것은 눈에 띠는 대목이다.

<표 3-4> 싱가포르 CMC의 조정사건 회부기관

	법원 (Magistrates)	직접 접수	주택개발 위원회	경찰	국회의원	시 의회	기타*
비율(%)	69	15	7	4	3	1	1

＊ 기타는 정부기관, 가족 서비스 센터, 커뮤니티 클럽 등이 있음.

---

132) 조정 사건 처리 수는 CMC에 접수된 사건 중 조정으로 진행된 숫자를 말하며, CMC에 접수된 사건은 2008년 말을 기준으로 누적 11,507건이었으며 이 중 조정으로 진행된 것은 4,100건 정도였다. CMC Annual Report 2008/2009 참조.

133) CMC Annual Report 2014/2015 참조.

동 보고서 상 CMC에 의뢰되는 조정 사건의 분쟁 양상을 보면, 아래에서와 같이 이웃 간의 분쟁이 56%로 가장 많고, 집주인과 세입자의 분쟁이나 서로 관련 없는 낯선 사람끼리의 분쟁 등이 23%, 친구 사이는 9%, 직장 동료나 가족 구성원은 6%인 것으로 나타났다.

<표 3-5> 싱가포르 CMC의 조정사건 분쟁의 종류

	이웃	기타*	친구	직장 동료	가족
비율(%)	56	23	9	6	6

* 기타는 집주인과 세입자, 상거래 상 관계인 사람, 관련 없는 낯선 사람 등임.

CMC는 싱가포르의 사회 변화에 긴밀히 대응하기 위해 인구 변화나 분쟁의 양상에 부응하여 조정인을 다양화하여 갔다. 따라서 CMC의 조정인은 영어는 물론 다양한 지역 언어와 지방어를 습득하고 있는 자원봉사자들을 확보하고 있다. 조정인은 25세 이상의 싱가포르인과 영주권자가 신청할 수 있으며, 신청자에 대해서는 면접을 통해 적합성을 타진하고 16시간의 조정 기본교육을 받아야 한다.[134] 그 후 선임 조정인의 안내에 따라 두 건의 조정 세션을 직접 시행하게 된다. 여기에서 통과되면 법무부장관에 의해 임명되는데 조정인은 윤리규정(Code of Conduct)을 준수하여야 한다. 법무부장관에 의해 임명되는 것은 CMC가 법무부의 한 부서로서 소속기관의 성격을 갖기 때문인 것으로 보인다. 조정인은 경력에 따라 Senior Master Mediator, Master Mediator, Mediator로 나누어 관리된다. 2012년에는 조정인들의 조정 기술과 지역사회에 대한 이해도를 제고하기 위하여 조정인 관리체계(Mediator Management Framework)를 도입하기도 하였다.

CMC의 조정 절차는 비공식적이며 부드러운 분위기로 진행되며, 증거 법칙(rules of evidence)은 적용되지 않는다. 당사자는 조정 중의 어느 때나 조정 절차를 철회할 수 있다. 하지만 치안판사가 회부한 사건의 경우에 치안판사의 명령을 거부하면 법정 모독으로 처벌될 수 있다. 조정 서비스에 대한 비용은 무료이며 하찮은 사건으로 남용하는 것을 방지할 수 있을 정도의 소소한(5 싱가포르 달러 정도) 행정수수료만 받는다.[135]

---

134) CMC Annual Report 2012/2013 참조.
135) Hanna Binti Ambaras Khan, *op. cit.*, p. 189.

제4절 말레이시아

말레이시아는 60개가 넘는 인종·문화적 차이를 가진 집단으로 구성되어 있다고 한다. 따라서 말레이시아에서는 오래 전부터 주민들의 조화와 화목이 매우 중요시되어 왔다. 말레이시아 정부가 자국민들의 통합과 조화를 위해 매우 노력하고 있는 것도 사실이다. 영국법이 도입되기 전에는 마을에 문제가 생기면 Penghulu 또는 KetuaKampung라는 추장이 제3자의 입장에서 문제를 해결하곤 하였다.[136) 따라서 말레이시아에서도 미국에서 1970년대에 실험적으로 시작되어 다른 나라에서 도입하고 있는 Community Mediation Center와는 의미가 다르지만 Community Mediation이라는 분쟁해결 방식이 전혀 낯선 개념은 아니다.

1969년에 많은 사상자를 낸 인종분쟁에 대한 반성으로 자국민의 통합과 조화를 위한 말레이시아 정부의 노력으로 같은 해에 국민통일부(Department of National Unity: DNU)가 설립되고, 1975년에는 이 DNU의 관할하에 지역주민들의 안전을 보장하기 위하여 Rukun Tetangga(Peaceful Neighbor) 제도를 도입하였다. 이 Rukun Tetangga는 인종 간의 관계를 강화하고 지역사회의 발전에 기여하게 하였는데 그 중의 중요한 역할이 이웃 간의 분쟁을 조정하고 인종 간의 긴장을 해소하는 것이었으며, 2012년에는 Rukun Tetangga Act(Peaceful Neighbor Act)가 통과되어 지역사회의 분쟁에 대하여 조정을 제공하는 법적 근거를 갖게 되었다.[137) 그 이전에 2008년에 Rukun Tetangga 인사들을 'community mediator'로 훈련시키는 프로그램이 도입되었었는데, 이 프로그램은 성공적으로 진행되어 2010년에는 200건이 넘는 분쟁 사건들을 처리하기도 하였다. 따라서 말레이시아의 주민조정에는 풀뿌리 지도자로서의 Rukun Tetangga와 그러한 Rukun Tetangga 인사로서 조정인 훈련을 받은 'community mediator'의 두 그룹이 개입되어 있는 것이 특징이다. DNU의 지원하에 주민조정에 대한 예산도 증액되었으며 2012년에는 519명의 Rukun Tetangga 인사들이 'community

---

136) *Id.*, p. 182.
137) 그러나 이 법이 Community Mediation에 대한 직접적인 법적 근거라 하기에는 무리가 있다. *Id.* pp. 183-184.

mediator'로 훈련받았다.[138]

그동안 'community mediator'를 직접 규제하는 규칙이나 가이드라인이 없었으나 2012년에는 조정법(the Mediation Act 2012)이 통과되어 동 절차에 의해 'community mediator'가 조정을 수행할 수 있는 법적인 가이드라인이 되었다. 말레이시아에서 조정은 무료로 시행되며 조정인들도 보수가 없는 자원봉사자들이다.[139] 말레이시아 정부는 ADR에 대한 국민들의 이해를 제고하기 위해 꾸준히 홍보와 교육을 실시하고 있다고 한다.

제5절 네 팔

1. 네팔의 Community Mediation 관련 법규

네팔은 60여 인종 집단으로 구성된 다문화적인 국가이다. 법률 시스템은 힌두 카스트의 전통과 가부장적인 제도에 기반을 두고 있다. 이러한 배경하에서 네팔의 Community Mediation은 단순히 주민간의 분쟁해결 이상의 의미를 가지고 있다. 불공정한 사회에서 평등과 공정을 가져오는 사회적 소통 절차로 간주되고 있다. 네팔의 Community Mediation 관련 법규는 2011년 제정된 조정법(the Mediation Act of 2011), 지구개발위원회 및 마을개발위원회 가이드라인(the District Development Committee(DDC) and Village Development Committee(VDC) guidelines of 2010), 지방자치법(the Local Self-governance Act(LSGA) of 1999) 등이다.[140] 이 중 조정법은 Community Mediation을 'Chapter-6: Provisions Relating to Community Mediation'이라는 별도의 장으로 규정함으로써 지역 분쟁

---

138) *Id.*, pp. 184-185.

139) *Id.*, p. 186.

140) Jeannine Suurmond & Prakash Mani Sharma, "Like Yeast That Leavens the Dough? Community Mediation as Local Infrastructure for Peace in Nepal", Jounal of Peacebuilding & Development, Vol. 7 No. 3, 2012, p. 82.

해결 방식으로 인정하고 있고,[141] 지구개발위원회 및 마을개발위원회 가이드라인은 지방정부로 하여금 Community Mediation Center에 자금 지원을 권장하고 있다. 지방자치법은 지방정부의 분쟁해결 근거를 부여하고 있다.

2. 네팔의 Community Mediation 운용 현황

네팔은 2009년 2월 기준으로 전체 75지구(District) 중에서 약 50개의 지구에서 Community Mediation 프로그램이 시행된다고 한다.[142] 이 프로그램들은 각종 재정적, 기술적 지원을 하는 외국의 재단이나 단체들과 협력하여 지역 NGO를 통해 운영된다.[143] 그 중 아시아재단(the Asia Foundation)은 지역개발부(the Ministry of Local Development)를 지원함으로써 네팔의 지역사회 기반의 분쟁해결 시험 프로그램을 2002년 초에 시작하였다. 그 결과 그 프로젝트에 참여하는 지구의 134개 VDCs에서 4,200명의 community mediator가 활동하고 있고, 2013년 9월 기준으로 22,400건의 조정 사건을 접수하여 85% 이상의 분쟁해결 성공률을 보였다.[144] 한편, 평화롭고 조화로운 사회를 위한 주민조정 능력 강화 프로젝트(The Strengthening Community Mediation Capacity for Peaceful and Harmonious Society Project: COMCAP)는 네팔 정부와 일본 정부의 후원으로 네팔의 Sindhuli와 Mahottari 지구의 20개 VDCs에서 2010년부터 Community Mediation 프로그램을 시행해 왔다.[145] 2012년 12월까지의 통계를 보면 287건의 분쟁을 접수하여 224건(52건은 진행 중)을 해결하였으며, 분쟁의 양상을 보면 다음의 표와 같다. 전체 224건 중에서 가장 많은 분쟁은 언어상의 모욕이었고, 다음으로는 금전 차용, 폭행, 경계(boundaries) 등의 순이었다.

---

141) the Mediation Act, 2068(2011) 참조.

142) Jeannine Suurmond & Prakash Mani Sharma, *op. cit.*, p. 82.

143) 재정적, 기술적 지원을 하는 단체들은 UNDP, DFID, COMCAP/JICA, DanidaHUGOU, TAF 등이 있다. *Id.*, pp. 82-83 참조.

144) Community Mediation in Nepal, the Asia Foundation, 2014. 1. (http://asiafoundation.org/resources/pdfs/CommunityMediationinNepal.pdf 참조).

145) COMCAP Newsletter, Vol. 5(2013. 1), pp. 1-5.

<표 3-6> 네팔 Sindhuli와 Mahottari 지구의 분쟁 유형

	재산	가족	금전차용	폭행	모욕	곡물피해	급수	절도	경계	기타	계
건수	27	22	35	27	48	18	7	11	26	3	224
비율 (%)	12.1	9.8	15.6	12.1	21.4	8.0	3.1	4.9	11.6	1.4	100

COMCAP Newsletter, Vol. 5(2013. 1)의 자료를 취합하여 재작성함.

ESP(Enabling State Programme)는 책임성 있고 투명한 정부를 지원하기 위한 영국 국제개발부의 프로그램의 일종이다. ESP-Nepal은 네팔 내의 갈등이 극심했던 2001년에 시작되어 2013년에는 10개 지구 안의 140 VDCs에서 Community Mediation을 지원하였다. 2013년 HUCODAN(the Human Rights and Community Development Agency Nepal) 자료에 의하면, 10개 지구에 접수된 조정 사건 수는 총 10,982건이었으며 각 지구의 평균 분쟁 해결률은 81.2%였다.[146]

네팔의 NGO, 그 중에서도 고문희생자센터(the Center for Victims of Torture: CVICT), 성평등프로그램(the Mainstreaming Gender Equity Programme: MGEP)과 카투만두 법대(KSOL)는 조정과 인권 교육을 혼합한 분쟁해결 프로그램을 운영한 바 있다.[147] 이 중 CVICT는 농촌 지역에서 주민조정(Community Mediation)을 시행하여 왔으며 조정위원의 최소 25%는 여성으로 하였다고 한다. MGEP는 166명의 community mediator를 배출하였는데 그 중의 44%인 73명은 여성이었다. 이를 통해 여성들은 사회적 활동성과 공적인 역할, 자존감을 확인하게 되었다. 이와 같이 Community Mediation은 네팔의 여성의 지위를 향상시키는 데 중요한 역할을 하고 있고, 전통적으로 홀대받던 사람들의 자존감을 높여 주며 사회적인 조화와 소통, 협력을 증진시키고 있다. 또한 지방정부와 지역 주민들 간의 관계를 긴밀하게 해 줌으로써 지방자치의 발전에도 기여하고 있다. 그러나 농촌 지역의 불안전하고 위험한 환경은 네팔의 Community Mediation 프로그램의 운용을 지속적으로 발전시키는데 있어 장애 요인으로 작용하기도 한다.

---

146) http://www.edgroup.com.au/wp-content/uploads/2014/03/ESP-CM-Policy-Brief-Final.pdf 참조 (Community Mediation Policy Brief, pp. 1-4).

147) Pamela A. De Voe & C. J. Larkin, "Community Mediation asTool for Addressing Social Exclusion in Nepal", Critical Half, Women for Women International, Vol. 3 No.2, Fall 2005, pp. 22-23.

제6절 외국의 Community Mediation 제도에 대한 평가

위에서 살펴본 외국의 Community Mediation 제도는 개별 국가의 상황에 따라 다양하게 발전하였지만 다음과 같은 특성을 찾을 수 있다.

첫째, 미국에서 1960-1970년대에 걸쳐 서서히 발전하기 시작했던 Community Mediation 제도는 1980년대에 들어서서 영국으로 전해졌고, 아시아에서는 싱가포르가 1990년대 후반이기는 하지만 상당히 일찍이 주민조정센터법(the Community Mediation Centres Act 1997)과 주민조정센터(the Community Mediation Centre: CMC)를 출범시켰다. 말레이시아는 2008년에 Rukun Tetangga (Peaceful Neighbor) 인사들을 'community mediator'로 훈련시키는 프로그램을 도입하고, 2012년에는 Rukun Tetangga ACT(Peaceful Neighbor Act)를 통과시켜 지역사회의 분쟁에 대하여 조정을 제공하는 법적 근거를 부여하였다. 네팔은 2000년대 초반부터 각종 NGO를 통하여 Community Mediation 프로젝트를 시행하였고 2011년에는 조정법(the Mediation Act of 2011)을 제정하여 Community Mediation을 입법에 반영하였다. 이와 같이 근대적 의미의 ADR로서의 Community Mediation은 그 역사가 50년 정도 밖에 되지 않지만 최근으로 오면서 각 개별국가에서 채택을 늘려 가는 양상을 보이고 있다.

둘째, Community Mediation은 직접적인 법적 근거가 없어도 지역사회에서의 '조정'을 시행하는 형식으로 도입이 가능하다는 점이다. 미국과 영국이 그렇고, 아시아 국가에서도 싱가포르에서 1996년에 설치된 ADR위원회의 권유로 주민조정센터법(the Community Mediation Centres Act 1997)을 통과시킨 후 주민조정센터(CMC)를 설립한 경우를 제외하면, 말레이시아나 네팔 모두 법 제정 이전에 Community Mediation 프로그램이 작동하였다.

셋째, Community Mediation으로 인한 분쟁해결 성공률은 초기의 미국 이웃분쟁해결센터가 1978년-1980년 운영기간 동안 약 70%였다. 영국에서는 2000-2001년 시행된 조사에서 약 30%가 완전히 또는 일부 합의에 이르렀고, 2004-2005년도 통계 자료에 의하면 잉글랜드와 웨일즈를 합한 지역은 대면 조정(a face-to-face meeting)의 경우 전부 또는 부분적 합의를 본 것이 70%에 이르렀으며, 스코틀랜드의 경우는 2008년도 기준으로 양 당사자가 조정을 하기로 합의한 경우에는 완전히 해결되거나 상당한 진전이 있는 경우가 75-85%에 이른다고 보고되었다. 싱가포르에서는 2014년 기준으로 CMC의 조정 성공률이 76%였고, 네팔에서는 각 VDCs에서 평균 80% 이상의 분쟁해결 성공률을 보였다. 이상으로 볼 때 Community Mediation을 도입한 나라들은 지역사회의 다양한 분쟁에 대하여 상당히 높은 해결률을 보이고 있음을 알 수 있다.

마지막으로 Community Mediation은 단순히 분쟁해결 건수나 성공률에 의미를 부여하는 것에 그치지 않고, 지역사회 주민 간에 커뮤니케이션 증가, 긴장 또는 갈등의 완화, 지방정부와 주민 간의 관계 증진 등의 부수적인 또는 질적인 측면을 중시해야 한다는 점이다.

제3장 우리나라의 주민분쟁해결센터 도입 방안

제1절 우리나라 지역사회 주민분쟁의 새로운 해결방식의 필요성

1. 갈등이 많은 한국사회

우리나라는 사회갈등의 정도가 심한 국가에 속한다. 삼성경제연구소의 자료에 의하면 2009년 사회갈등지수가 OECD 회원국 중 4위였던 것이 2010년 기준으로는 종교적 갈등이 심한 터키에 이어 두 번째로 갈등 정도가 심한 것으로 나타났다.[148] 이 보고서에 따르면 한국사회의 갈등수위는 점차 낮아지기는커녕 더 높아지고 있는 셈이다. 이러한 사회 갈등 중에서 우리나라의 지역사회에서 발생하는 주민들 간의 갈등이나 주민과 분쟁유발 주체와의 분쟁은 공동주택의 층간 소음, 공사장의 소음·진동·먼지, 골목길 주차 문제, 공동주택 관리비 갈등, 집주인과 세입자 간의 분쟁, 학교 폭력, 혐오시설 입지에 대한 갈등 등으로 다양하게 발생한다. 그런데 이렇게 다양한 주민 분쟁으로 인하여 폭언, 폭행뿐만 아니라 심한 경우는 살인이나 방화가 수반되어 사회적인 문제가 되고 이슈가 되기도 한다. 그러나 이에 대해서 근본적인 고민이나 체계적인 대책이 없이 일과성으로 치부하거나 기계적인 기준만을 적용하거나 해당 법규를 개정하는 정도에 그치고 있는 것이 현재의 실정이다.

특히 제주 해군기지나 밀양 송전탑 갈등과 같은 공공갈등이 개입되는 경우에는 그 갈등의 규모나 정도의 측면에서 막대한 사회적 비용과 함께 해당 주민들의 대립 양상으로 인한 정신적인 상처가 치유되기 어려운 상황까지 가는 경우가 많다. 이러한 지역사회의 갈등이나 분쟁이 초기에 해결되거나 예방이 될 수

---

148) 박준·김용기·이동원·김선빈, "한국의 사회갈등과 경제적 비용", CEO Information 제710호, 삼성경제연구소, 2009. 6. 24 참조.

있다면, 시간의 흐름에 따라 갈등의 정도가 심해지고 그에 따른 해결비용이 급속하게 증가되는 상황을 방지할 수 있다는 차원에서도 분쟁의 초기 단계에서 해결할 수 있는 기회가 되는 지역사회의 분쟁관리가 중요한 의미가 있는 것이다.

2. 지역사회 분쟁해결 방식의 문제점: 지역사회 분쟁의 대표격인 층간소음과 학교 폭력의 경우의 예

(1) 층간소음 대처방안의 문제점

우리나라에서 지역사회에서 일어나는 주민의 일상생활 속의 분쟁과 관련하여 가장 사회적으로 크게 대두되는 대표적인 문제는 층간소음과 학교폭력의 문제일 것이다. 중앙환경분쟁조정위원회가 1991년 7월부터 2012년 6월까지 약 21년간 처리한 분쟁 중에서 소음·진동과 관련된 분쟁이 전체의 86%로 가장 많은 비율을 차지하였다고 한다.[149] 그 중에서도 도시화의 발달에 따라 우리나라는 2010년 말 기준으로 71.6%가 공동주택의 주거 형태를 보이고 있는데, 최근에 사회적으로 문제가 반복되는 공동주택 층간소음 분쟁은 16개 시·도에서만 2005년 114건이었던 것이 2011년에는 362건으로 약 3.2배가 증가한 바 있다.[150] 또 환경부 이웃사이센터에 의하면, 층간소음으로 인한 상담건수는 2012년에 7,021건, 2013년에 15,455건, 2014년에 16,370건으로 해마다 증가하고 있다고 한다.[151]

이러한 층간소음 분쟁은 '소음'이라는 주택법상의 기준과 환경적인 피해보상 기준에 초점을 두고 해결하려고 하는 실정에 있다. 층간소음 관련 법규는 일차적으로 주택건설기준 등에 관한 규정(대통령령)과 주택법령, 환경분쟁조정법이 있고 추가적으로 경범죄처벌법, 소음·진동 관리법 등을 들 수 있다. 그런데 이러한 층간소음 분쟁을 해결하기 위한 국가적 차원의 접근은 관련 법규의 충격음과 관련된 기준을 강화하고 분쟁해결기구로서 2012년 3월에 개설한 '층간소음 이웃사이센터'를 통해 전화상담과 현장 진단 및 측정서비스를 실시하며, 이를

---

149) 이창호, 공동주택의 층간소음의 현황과 개선과제-주택의 건설기준과 관리방안을 기준으로-, 국회입법조사처 현안보고서, 2013. 7. 24, 10쪽.

150) 상게서, 12쪽.

151) 이춘원, "공동주택의 층간소음분쟁에 관한 연구", 집합건물법학 제5집, 2015년 6월, 47쪽.

통해서 만족하지 못할 경우 환경분쟁조정위원회에 재정을 신청하게 하는 방식으로 되어 있다.

그러나 '층간소음이웃사이센터'는 뚜렷한 법적 근거가 없고 2016년 6월 기준으로 한국환경공단의 공식적인 조직도에도 나타나 있지 않으며 TF팀과 같은 역할을 하고 있다. 국민권익위원회의 110정부민원안내콜센터가 2013년 11월7일-22일까지 실시한 층간소음 설문조사에 의하면, 층간소음이 발생하였을 때 응답자의 46%는 층간소음을 참는다고 했고, 방문해서 부탁을 하는 경우는 25%, 경비실에 알리기는 19%, 방문 후 항의는 7%였으며, 경찰이나 층간소음이웃사이센터에 신고하는 비율은 1% 미만이었다고 답변했다.[152) 이에 정부는 추가적으로 2014년 6월에는 국토교통부와 환경부가 소음·진동관리법의 개정과 주택법의 개정을 통하여 하위법령 위임사항을 규정한 '공동주택 층간소음의 범위와 기준에 관한 규칙'을 공동 부령으로 마련하였다. 2015년에는 공동주택의 층간소음에 관한 사항을 처리하기 위한 공동주택관리 분쟁조정위원회의 설치 등을 규정한 공동주택관리법을 제정하기도 하였다.

층간소음 발생은 2013년도 층간소음이웃사이센터의 자료에 따르면 아이들이 뛰거나 발걸음 소리가 전체 소음 발생 2,503건 중 1,856건으로 74.2%를 차지하는 것으로 나타나고 있다.[153) 그 외는 각각 5% 미만으로서 다양한 생활 속의 소리가 층간소음의 요인을 차지하였다. 그런데 어린아이의 뛰는 소리는 일정하지 않을 뿐만 아니라 그 소리를 느끼는 것도 피해자의 주관적인 특성에도 많이 영향을 받는다. 또 중요한 것은 층간소음의 대부분(74.2%)을 차지하는 것은 사람이 내는 소리라는 점이다. 이에 대해 충격음을 기준으로 기계적으로 판단하고 문제의 해결도 피해배상에 중점을 두는 현재의 접근은 한계가 있을 수밖에 없다. 결국 층간소음도 인간의 문제이며 주민간의 소통이 전제되어야 할 것이다. 소음을 줄이려는 노력 및 배려와 함께 어느 정도의 생활 소음은 이해하고 더불어 살아가는 이웃이라는 인식이 중요한 해결의 실마리가 될 수 있을 것이다. 이는 공동의 커뮤니티 안의 주민이라는 인식과 그에 따른 상호 커뮤니케이션, 분쟁이 발생된 장소의 특성을 잘 알고 있는 같은 지역의 주민으로 구성된 조정인의 설득과 조정이라는 시스템이 필요한 이유이다.

---

152) 2013. 12. 3 국민권익위원회 보도자료 참조(at http://www.acrc.go.kr).
153) 이창호, 전게서, 18쪽.

(2) 학교폭력 대처방안의 문제점

다음으로 학교폭력 문제는 정부에서 오랫동안 관리하여 왔음에도 불구하고 학교폭력의 특성상 따돌림이나 사이버 괴롭힘, 금품갈취, 심부름 강요 등 은밀하고 드러나지 않는 학교폭력이 지속되고 있는 실정이다. 학교폭력에 관련된 분쟁을 해결하기 위해서는 학교폭력 예방 및 대책에 관한 법률에 근거하여 학교폭력대책자치위원회가 설치되어 있다. 그런데 동법 시행령에 따르면[154] 학교폭력대책자치위원회의 구성은 ① 해당 학교의 교감, ② 해당 학교의 교사 중 학생생활지도 경력이 있는 교사, ③ 법 제13조제1항에 따라 선출된 학부모대표, ④ 판사·검사·변호사, ⑤ 해당 학교를 관할하는 경찰서 소속 경찰공무원, ⑥ 의사 자격이 있는 사람, ⑦ 그 밖에 학교폭력 예방 및 청소년보호에 대한 지식과 경험이 풍부한 사람으로 되어 있는바, 교사를 포함한 학교 당국자가 위원으로 참여하게 되면 학교 측도 학교폭력에 대한 손해배상 책임을 지는 경우도 있어 그 분쟁조정에 중립성과 공정성을 확보하기 어려울 수 있는가 하면,[155] 법조인이 아닌 분쟁해결 전문가의 위원 참여에 대해서는 규정이 미비 되어 있는 실정이다. 또 학교 폭력의 경우에는 가해자에 대해 형사 처벌을 원하는 경우가 있으나, 피해자의 입장에서는 가해자에 대한 형사 처벌이 가볍다고 실망하는 반면 가해자의 입장에서는 법적인 처분에 의해 책임을 다한 것으로 치부하여 화해와 반성이 결여된 채로 양측의 심리적인 갈등과 앙금이 남아있는 경우가 많이 발생한다.[156] 따라서 분쟁조정 절차의 객관성과 공정성을 기하고, 학교폭력이 손해배상이나 고소·고발보다도 범죄행위로 발생된 손해를 복구하고 가해자와 피해자의 관계회복과 화해를 통한 건전한 학교생활의 지속을 위해서는 제3의 민간조정기관에서 분쟁조정을 할 수 있게 하는 것이 필요하다.[157] 이러한 중립적인 지역사회 분쟁조정기관으로 학부모이자 지역주민이 조정위원으로 참여할 수 있는 주민조정센터가 유효한 방안이 될 수 있을 것이다.

---

154) 학교폭력예방 및 대책에 관한 법률 시행령 제14조 참조.

155) 도중진, "학교폭력의 분쟁조정과 회복적 사법 - 학교폭력 예방 및 대책에 관한 법률 및 시행령상의 분쟁조정제도의 실효적 개선 방안을 중심으로 -", 형사법의 신동향 통권 제35호, 2012. 6, 66쪽.

156) 상게서, 71쪽.

157) 상게서, 71-72쪽.

참고로 미국의 Community Mediation 프로그램은 학생 개인들의 분쟁을 조정할 뿐만 아니라 학교구역 통합이나 시설 입지에 대한 이슈 등 학교와 관련된 주요 공공정책 문제를 취급하기도 한다. 학교 기반의 갈등 문제나 학생간의 동료조정 프로그램은 1990년대 후반에 이미 미국 전체에서 5,000개가 넘는 초·중등학교에서 시행되고 있다.[158]

3. 지역사회 종합분쟁해결센터의 필요성

2007년 11월에 전국 16개 시도에서 성인 남녀 1,500명을 대상으로 한 면접조사방식으로 진행된 "한국인의 사회갈등 의식조사"에서 한국인의 갈등의식, 갈등해결방식 등을 측정한 바 있다.[159] 그 결과 당사자 사이에 해결이 쉽지 않은 경우의 갈등해결 방식은 이웃과의 갈등이나 분쟁이 있을 경우에 아래의 표에서와 같이, 가능하면 당사자끼리 해결하려 하는 경우가 60.3%였고 전문가 등 제3자를 통해서 화해를 시도하는 경우가 24.1%였으며 법적으로 해결하고자 하는 경우는 9.8%에 지나지 않았다. 따라서 법적인 방식으로 해결하려는 노력은 이웃과 같은 사적 영역에서는 선호되지 않는 것으로 나타났다.

<표 3-7> 당사자 사이에 해결이 쉽지 않은 경우 갈등 조정 방식

(단위:%)

갈등조정 방식	국가기관이나 국가정책	사기업이나 사적기관	이 웃
그래도 끝까지 당사자끼리의 합의를 통해서 해결하겠다	11.2	12.6	60.3
비합법적 방법을 포함하여 모든 수단을 동원하여 해결한다	5.3	6.3	5.8
전문가 등 제3자를 통한 조정과 화해를 시도한다	54.1	45.9	24.1
법적으로 해결한다	29.5	35.2	9.8

*윤인진, "한국인의 갈등의식과 갈등조정방식", 한국의 갈등관리시스템: 선진적 시스템 구축을 위한 과제, 한국개발연구원, 2008. 12. 15 발표, 166쪽.

---

158) Daniel McGillis, *op. cit.*, p. 85.

159) 윤인진, "한국인의 갈등의식과 갈등조정방식", 한국의 갈등관리시스템: 선진적 시스템 구축을 위한 과제, 한국개발연구원, 2008. 12. 15 발표, 166쪽.

이와 같이 지역사회의 주민과 관련된 크고 작은 분쟁들에 대하여 주민들의 문제는 주민들 스스로 해결에 나서거나 그렇게 되도록 지원해 주는 것이 외부의 어떤 힘이나 공식적인 제도(행정 처분이나 소송 등)에 의하는 것보다도 더 부작용이 작고, 적은 비용으로 분쟁을 해결할 수 있을 뿐만 아니라 지역주민들 간의 조화롭고 평화로운 삶을 유지하게 할 수 있다는 생각에 바탕을 둔 것이 바로 Community Mediation이다. 지역주민들의 분쟁인 층간소음, 주차 시비, 토지 경계, 학교폭력, 애완동물로 인한 갈등 등 그 수많은 분쟁의 종류에 대응해서 일일이 개별적인 분쟁해결기구를 둔다는 것은 너무 큰 자원낭비라 할 수 있고 분쟁해결의 효율성 측면에서도 문제가 있는 방식이라 할 수 있다. 이는 이러한 지역사회의 분쟁들에 대해서 종합적인 주민분쟁해결기구를 두어 지역사회의 주민이자 분쟁해결에 전문성과 경험을 가진 조정인들이 효율적으로 문제를 해결하는 주민분쟁해결센터(주민조정센터)의 도입이 필요한 이유인 것이다.

4. 주민분쟁해결센터에 적합한 분쟁이 따로 있는가?

Community Mediation에 적합한 분쟁이 따로 있는지 아니면 지역사회에서 발생하는 모든 분쟁에 대하여 주민분쟁해결센터 조정이 가능한 것인지에 대해서는 명확하게 판단하기가 어렵다. 하지만 이에 대해서는 양론이 있다.[160] 첫째는 주민조정은 경미한 다툼을 해결하는 데 한정되고 중요한 사건에는 적용되지 않는다는 입장이다. 둘째는 분쟁의 특성이나 정도와 관계없이 이웃 간에 발생하는 분쟁은 어느 것이나 해결의 대상이 될 수 있다는 것이다. 그런데 실제로는 대부분의 조정기관이 나름대로의 사건 회부기준이 있고 회부해 주는 기관과 의논을 하고 있으며, 부적합하다고 생각되는 사건을 걸러내는 기능을 가지고 있다고 한다.

주민분쟁해결센터에서 다루기에 적합하지 않은 것으로 구별되는 유형의 사건들은 다음과 같은 것들이 있다고 한다. 분쟁이 폭력적인 상태로 진행된 경우,

---

160) Resolving Neighbourhood Problems Informally (http://www.scmc.sacro.org.uk/-sites/default/files/resource/COMMUNITY%20MEDIATION%201.pdf) 참조.

법률적인 측면이 중요한 고려요인으로 개입되어 있는 경우, 공공연한 편견이 작용하는 경우, 쟁점이 결정적이고 협상의 여지가 없는 경우, 당사자의 어느 한 쪽이 정신적으로 문제가 있거나 심한 중독 상태에 있어 조정 절차를 진행하기가 어려울 경우 등을 꼽을 수 있다.

제2절 우리나라 Community Mediation의 실례

1. 서울 YMCA의 시민중계실

서울 YMCA는 1978년 4월에 시민중계실(Civil Mediation Center)을 개설하고 일상생활 의제나 주민분쟁 등에 관한 상담센터를 운영하였다. 그 후 직접적인 분쟁해결 서비스를 제공하기보다는 상담이나 고발 등 주로 시민운동 성격의 활동을 하여 오다가, 2006년에는 서울YMCA 시민중계실 내 갈등예방센터를 운영하게 된다. 2011년에는 갈등조정전문가 교육을 시행하고, 시민중계실 내 이웃분쟁조정센터를 운영하고 층간소음 등에 관한 주민갈등을 상담하였다. 2013년에는 서울특별시와 층간소음 해결을 위한 주민자율모델에 관해 협의하고, 은평 뉴타운 제각말 5단지 아파트를 대상으로 공동주택에서의 갈등이나 분쟁들을 해결하기 위한 주민자율조정위원회를 구성 운영하기 시작하였다.[161] 주민자율조정위원회는 아파트동호회 회원, 경로당 노인, 추천된 주민 등의 위원으로 구성되었으며, 이들에 대한 갈등조정 교육, 관련 법규 및 아이디어 워크숍 등을 실시하였다. 또한 공동주택 공동체 활성화 사업을 위해 이웃들이 함께 소통하는 프로그램들을 운영하였다.

이러한 YMCA의 활동들은 내 이웃의 문제들을 주민 스스로 해결할 수 있도록 지원한다는 측면에서는 지역사회 분쟁해결을 위한 Community Mediation

---

161) 신종원, "이웃분쟁 해결을 위한 주민자율조정위원회 구성 – 은평구 제각말 주민자율조정 활동 사례 –", 학문 분야별 협상사례, 한국협상학회 2014 추계 정기학술대회, 5-12쪽 참조.

의 일종으로 볼 수 있다. 따라서 이는 지역사회에 독립적인 분쟁해결센터를 설립하고 조정인 명부를 유지하며 분쟁해결 의뢰 접수를 받아 조정 서비스를 제공하는 의미의 Community Mediation 제도로 나아가기 전 단계의 발전적 과정의 일환으로 볼 수 있을 것이다.

2. 광주광역시 마을분쟁해결센터

2015년 9월에 광주광역시는 층간소음, 골목길 주차분쟁, 악취문제 등 마을 주민들 사이에 빈번하게 발생하는 소소하고 다양한 갈등에 대해 당사자 간 대화와 타협을 통해 주민 스스로 자율적으로 해결할 수 있도록 화해의 장을 마련한다는 취지로 마을분쟁해결센터를 설립하였다.[162] 이는 사실상 우리나라에서 Community Mediation Program이 최초로 출범한 것으로 평가될 수 있다. 마을분쟁해결센터는 광주시와 광주지방법원, 광주 남구가 추진 주체가 되고, 전남대 법학전문대학원, 광주지방변호사회, 광주전남지방법무사회 등 지역의 법조 관련 조직이 협력하는 방식으로 되어 있다. 주민들의 분쟁 조정 신청이 접수되면 센터는 분쟁 상대방에게 신청 사실을 알리고 화해절차에 참여할 것인지 의사를 물어 참여의사를 밝히면 화해지원인을 선임해 조정을 하는 방식으로 운영된다. 분쟁의 해결을 지원하는 화해지원인은 광주지방변호사회와 광주전남지방법무사회 소속 변호사와 법무사, 전남대 법학전문대학교 교수, 층간소음관리사, 지역 덕망가 등으로 구성되며, 2016년 3월 기준으로 30명이 자원봉사자로 참여하고 있다.

광주의 마을분쟁해결센터의 운영과 관련하여 미국을 비롯한 외국의 Community Mediation Program과 비교해 볼 때, 다음과 같은 사항들을 검토해 볼 수 있다.

첫째, 분쟁해결센터는 광주시의 남구에 있는 마을공동체협력센터 내에 위치하고 있다. 이는 앞에서 설명한 바와 같이 지역사회 분쟁해결센터를 독립적으로 설치하되, 재정 측면을 고려하여 기존의 공공센터인 마을공동체협력센터를 활용하고 있음을 알 수 있다.

---

162) 광주광역시 마을분쟁해결센터에 관한 자료는 2016년 3월 기준으로 동 센터 담당자와의 전화 인터뷰로 파악하였다.

둘째, 마을분쟁해결센터의 설립을 광주지방법원에서 먼저 제안하고 광주시가 이에 동의하는 방식으로 추진되었다는 것은 우리나라 법원의 ADR이나 Community Mediation에 대한 인식을 알 수 있는 사안으로서, 우리나라 법원이 지역사회의 분쟁 해결을 위해 Community Mediation에 긍정적인 인식과 기대를 갖고 있다는 것을 알 수 있다.

셋째, 분쟁의 해결을 지원하는 중립인을 '화해지원인'으로 위촉하여 운영하고 있다. 주민조정인(Community Mediator)으로 하지 않고 화해지원인으로 명명한 것은 법원의 조정인과 구별하고, 그 역할에 있어서도 적극적인 조정보다는 소통의 장을 마련하여 자율적인 해결을 지원한다는 의미인 것으로 보인다.

넷째, 마을분쟁해결센터 화해지원인의 활동을 자원봉사로 하고 무료로 운영한다는 점이다. 이는 운영 초기에 Community Mediation에 대한 주민들의 인식이 낮은 상태에서 신뢰성이 확보될 때까지는 무료로 운영하여 주민들의 참여를 제고하기 위한 것으로 보인다. 향후 계속적으로 무료로 운영될지 유료로 전환될지는 얼마나 많은 사건의뢰 접수의 증가가 있을 것인가에 달려 있다고 해야 할 것이다.

제3절 우리나라 주민분쟁해결센터 도입방안

우리나라 지역사회 주민분쟁해결은 위에서 살펴본 바와 같이 Community Mediation Program이 늦으나마 광주에서 2015년에 시작되었다는 것에 커다란 의미가 있다. 이 외에도 서울시의 갈등관리 차원의 지역사회 갈등해결을 위한 프로그램이 있고 공동주택의 층간소음 및 학교폭력 등을 해결하기 위한 각종 분쟁조정기구들이 있지만, 이들은 순수한 의미의 Community Mediation이라기 보다는 행정형 ADR로 보는 것이 나을 것이다.

전술하였듯이 NAFCM의 2011년도 연간 보고서에 의하면,[163] 현재 미국의

---

163) NAFCM의 2011년도 연간 보고서 참조 (http://www.nafcm.org/Resources/state/field-overview).

Community Mediation Program 운영 주체는 86%가 비영리단체의 형태이고 11%는 시나 카운티 관련 정부기관이며, 3%는 관민의 혼합형으로 알려져 있다. 따라서 우리나라의 각종 지역사회 분쟁해결을 위한 프로그램들을 어디까지 Community Mediation Program으로 분류할 것이냐에 대한 추가적인 논의도 필요하다고 할 것이다.

이하에서는 이제 시작된 광주 마을분쟁해결센터를 발전시켜 나가기 위한 고려 사항들과 우리나라에 Community Mediation Program을 본격적으로 도입하기 위해 추진할 사항들을 중심으로 살펴보되, 향후에 전국에 걸쳐 주민분쟁해결센터를 도입하는 방안을 제안한다는 전제로 그 도입방안을 제시하고자 한다.

1. 주민분쟁해결센터의 성공적인 도입 요건

주민분쟁해결센터를 성공적으로 도입하기 위해서는 먼저 주민분쟁해결센터의 조직과 구성을 어느 수준으로 할 것이며 조직을 유지하기 위한 재원의 확보와 지속적인 업무를 보장할 정도의 분쟁사건 유치 등이 검토되어야 할 것이다. 영국의 2001년도 연구에서는 주민분쟁해결기관의 지속가능성(sustainability)에 대한 장애요인은 조직의 능력 문제, 재원의 부족, 연관 기관과의 연계성 부족, 홍보 부족 등을 들었다.[164] 또한 성공적으로 유지해 나가는 서비스 기관은 주어진 환경에 맞게 스스로를 재정비하고 서비스를 다양화하며, 주민분쟁해결제도의 홍보 등에 노력과 자원을 투입하는 것으로 보고하고 있다. 주민분쟁해결센터의 지속적 업무활동을 위해서는 그와 같은 장애요인을 제거하는 노력이 경주되어야 할 것이다.

다음으로는 이러한 조직이 건전하게 유지·발전할 수 있도록 지원할 수 있는 중앙조직체계나 정부의 측면지원체계에 대한 검토가 필요할 것이다. 마지막으로 이러한 주민분쟁해결기구가 유기적으로 연결되고 지속적인 전문 인력을 공급할 수 있도록 ADR 인력에 대한 교육을 강화하고, 국민들의 주민분쟁해결센터 이용을 활성화하기 위해 주민조정에 대한 인식을 확산시키며 주민조정의 장점

---

164) John Gray, *op. cit.*, p. 59.

을 홍보하는 전략이 수반되어야 할 것이다. 이하에서는 그 구체적인 방법을 순차적으로 검토해 보고자 한다.

2. 주민분쟁해결센터 도입 시 고려 사항

(1) 개별 주민분쟁해결센터의 구성 및 업무의 구축

주민분쟁해결센터를 도입하자고 하면 가장 먼저 화두에 오를 수 있는 문제가 새로운 기관이나 기구를 설치함에 있어서 막대한 예산이 필요하지 않겠는가 하는 것과 주민분쟁해결센터가 설립되면 그 지속성(sustainability)을 유지할 정도의 분쟁 사건이 접수될 수 있겠는가 하는 염려일 것이다. 이에 대해서는 고민과 연구를 하면 방법이 나오기 마련이다. 먼저 큰 예산을 들이지 않고도 Community Mediation 제도를 도입하기 위한 방안으로 검토할 사항은 각 주민분쟁해결센터의 사무실, 운영 인력, 자원봉사 조정인 확보 등이 핵심요소이다.

첫째, 주민분쟁해결센터의 장소 확보 문제를 생각해 볼 수 있을 것이다. 그 장소로는 센터의 사무공간과 조정 세션을 위한 공간으로 나누어 볼 수 있다. 센터 사무공간은 전국 읍·면·동에 설치되어 있는 주민자치센터의 공간을 활용할 수 있을 것으로 생각된다.[165] 다음으로 조정을 위한 세션이나 조정인 교육을 위한 공간으로는 주민자치센터를 비롯하여 미국에서와 같이 학교, 교회, 평생학습관, 비영리사회단체 등 지역사회에 산재되어 있는 회의실이나 강당 등을 활용하는 방안을 모색할 수 있을 것이다.

둘째, 주민분쟁해결센터의 운영 인력과 관련하여 센터의 소장은 공익법무관의 배치, 퇴직법관이나 변호사의 공익(pro bono)활동을 활용하거나 분쟁해결 전문가를 배치할 수 있다. 다음으로 1명의 전임 사무직원이 필요할 것이며, 추가로 조정인 중에서 행정 업무를 겸직하게 하거나 행정 업무를 전담할 수 있는 자원봉사자를 두면 될 것이다. 그러면 최소한의 유급(paid) 인력과 자원봉사자의 조합으로 경제적인 운영이 가능

---

165) 2013년 1월 1일 기준으로 전국 읍·면·동에 2,734개의 주민자치센터가 설치되어있다. 2013년 주민자치센터 운영현황 참조 (http://www.mospa.go.kr).

할 것이다.

셋째, 조정인은 Community Mediation제도를 도입한 다른 나라에서 보듯 자원봉사자인 주민들을 조정인으로 교육·훈련시켜 조정인 명부를 유지할 수 있다. 이렇게 되면 주민분쟁해결센터별로 2-3명의 최소 유급 인력과 수십 명의 자원봉사자인 조정인을 확보하여 주민분쟁해결센터의 유지가 가능하다 할 것이다.

(2) 주민조정을 위한 재원 확보

지역사회의 분쟁해결을 위한 주민조정프로그램의 발전을 위해서는 다양한 재원 조달 방식을 모색해야 한다. 주민조정센터 설립 초기에는 국가의 재정적인 지원이 필요하겠지만 미국의 예에서와 같이 지방자치단체를 비롯하여 각종 재단이나 자선단체 등을 통하여 자생적으로 주민조정프로그램이 작동될 수 있도록 다각도로 재정지원 방안이 이루어져야 할 것이다. 주민분쟁해결센터를 유지하기 위한 최소한의 운영 재원은 미국이나 싱가포르의 초기 Community Mediation에서 보듯이 국가 및 지방정부 차원에서 예산을 지원하되, 추가적으로 사회공헌을 하는 기관이나 단체(사행 관련 산업, 대기업 사회공헌 프로그램, 각종 자선단체, 지역 NGO 등)로부터의 지원이나 기부를 이용할 수 있을 것이다.

(3) 주민분쟁해결센터의 네트워크 체계의 정립

전체적인 Community Mediation 체계를 구상하면 중앙과 지역의 네트워크 구도를 상정해 볼 수 있다. 도입 초기에는 서울과 6대 광역시에 먼저 주민분쟁해결센터를 우선적으로 설치하여 운영하면서 홍보와 교육을 통해 점차 시·군·구의 단위까지 확대해 나가는 것이 좋을 것으로 생각된다. 또 각 지역단위 주민분쟁해결센터에 대하여 총괄적인 지도와 지원을 해 줄 중앙기관이 필요한 바, 이는 중앙부처 단위에 분쟁해결지원센터(가칭)를 설치하는 것이 좋을 것이다. 그 중앙부처로는 법무부나[166] 공공갈등관리를 지도·교육하는 총괄부서인 국

---

166) 미국 법무부의 법률정책실(Office of Legal Policy) 내에 있는 분쟁해결실(Office of Dispute Resolution)의 기능에서 힌트를 얻을 수 있을 것이다 (http://www.justice.gov/olp/adr/index.html 참조).

무총리 국무조정실에 설치하거나 주민자치센터를 통합하는 행정자치부도 고려
해 볼 수 있겠으나, ADR을 전반적으로 지원할 수 있는 분쟁해결지원센터를 별
도의 독립적인 기구로 설립하는 방안이 유력하게 검토될 수 있을 것이다.

또한 전국에 산재되어 있는 주민분쟁해결센터 간의 상호 정보교환과 경험
공유, 분쟁조정 기술개발 등을 위하여 '주민분쟁해결센터협의회'가 구성될 수
있을 것이다. 개별 주민분쟁해결센터에는 법원 관계자, 지역 변호사단체나 교
수, 지역사회 리더들로 구성되는 주민조정자문위원회를 설치하여 센터의 업무
를 지원하고 조언해 줄 뿐만 아니라, 법원을 포함한 각종 기관들로부터의 사건
회부를 유치하는 데 도움이 되게 할 수 있을 것이다. 미국의 주민분쟁해결센터
들도 주민의 자율적인 분쟁해결이라는 가치를 실천하고 센터의 재정적인 안정성
과 지속가능성을 위하여 법원이나 정부기관은 물론 지역사회의 다른 사회단체, 변
호사 및 변호사 단체, 지역 법학대학원 등과의 연계 시스템을 중시하고 있다.[167] 아
울러 주민분쟁해결센터에 대한 조직과 실적들에 대하여는 통일적인 데이터 시스템
을 구축하여 관리하여야 할 것이다.

(4) 주민조정을 위한 홍보와 인력양성 전략

주민분쟁해결센터의 성공적인 정착 여부는 무엇보다도 주민조정제도에 대
한 국민들의 인식과 인지도에 달려 있다고 해도 과언이 아니다. 주민조정제도에
대한 낮은 인지도는 결국에는 의뢰 사건도 적게 하고, 사회단체 등의 자금 지원
의 축소 등의 문제를 낳게 한다. 미국 주민조정프로그램의 발전 과정과 그에 대
한 평가들에서 보았듯이 주민조정제도가 무엇이고 어떠한 기대 효과를 가지고
있는지에 대해 국민들의 인식 확산과 이에 대한 홍보가 중요하다. 주민조정을
위한 홍보 전략은 이러한 제도가 왜 필요하며 어떠한 점이 좋은지에 대해 명확
히 알게 하고, 주민들이 분쟁으로 인한 어려운 처지에 있을 때 '그것을 해결해
줄 주민조정제도가 바로 가까운 이웃이나 주민자치센터 내에 있으며 비용도 거
의 들지 않을 뿐만 아니라 문턱도 낮아서 편안한 상태에서 갈등에 대해 상담할
수 있고 그 해결이 의외로 쉽게 이루어진다'는 점을 국민들이 알게 하여야 한다

---

167) Terry Amsler, *op. cit.*, p. 6.

는 것이다. 따라서 주민조정제도에 대한 홍보는 이러한 점을 명백히 할 수 있는 방향으로 이루어져야 할 것이다.

개별 주민분쟁해결센터 자체의 홍보 미디어 활용은 물론 분쟁해결지원센터나 주민분쟁해결센터협의회 차원에서 대중매체를 활용하여 주민조정제도에 대한 전국적인 캠페인이나 세미나, 컨퍼런스를 정기적으로 시행하는 것이 좋을 것이다. 이 경우 개별 주민분쟁해결센터 자체의 홍보 수단이 예산의 한정으로 제한적일 수밖에 없을 것이므로 주민분쟁해결센터의 장이나 스탭들은 사건 회부기관이 될 수 있는 지역 내의 법집행기관이나 지원기관에 대하여 직접적인 접촉을 통한 노력을 경주해야 한다. 주민분쟁해결센터를 포함한 주민조정제도에 대하여 지역 내의 법원, 검찰, 경찰을 비롯한 사법기관에 종사하는 사람들을 대상으로 하는 워크숍이나 업무 협약은 사건 회부에도 도움이 될 것이다. 또한 자문위원회(advisory board)를 구성하여 지역의 경찰·법원 등 사법서비스 종사자, 학교 상담교사나 교육청 등 교육 관계자, 지역사회의 기업인 등 다양한 인사들을 자문위원으로 참여하게 하는 홍보 방안도 있다. 주민분쟁해결센터의 자문위원회는 주민분쟁해결센터의 신뢰성을 높이고 자문위원들로부터 조언이나 실질적인 지원을 이끌어 낼 수 있으며, 그들이 다시 자신들이 사는 지역이나 직장으로 돌아가 자신의 활동 영역에서 주민분쟁 해결을 홍보하는 효과를 가져 올 수 있다.[168]

다음으로 주민조정을 위한 인력 양성은 지역 주민들 중 자원봉사 조정인이 되고자 하는 지원자들을 대상으로 하는 훈련과 조정인·주민분쟁해결센터·조정제도 전반에 대한 대학 등 교육기관에서의 훈련·교육을 들 수 있을 것이다. 전자가 주민 조정인(community mediator)으로 바로 활동할 수 있게 하는 데 중점이 있다면, 후자는 조정인 훈련뿐만 아니라 조정제도를 비롯하여 주민조정제도 전반에 대한 체계적인 교육을 통하여 주민조정제도의 인식 확산과 미래의 장기적인 발전을 도모하는 데 중점이 있다 하겠다. 앞에서 영국의 경우 약 40,000명이

---

168) Karen Grover Duffy, James W. Grosch, Paul V. Olczak, *op. cit.*, p. 80. 텍사스 주에서는 휴스턴 변호사협회의 대체적 분쟁해결센터(DRC)가 이웃분쟁해결센터로서의 Neighborhood Justice, Inc.,를 1980년에 출범시키기도 하였다. 이러한 DRC의 성공에는 주 의회의 입법적 지원이 큰 역할을 하였는데, 1983년에는 the Alternative Dispute Resolution Systems and Financing Act를 통과시켰고 1987년에는 the Texas Alternative Dispute Resolution Procedures Act를 통과시켰으며 그 후에는 the Settlement Weeks Act를 제정하기도 하였다. Jill Richey Rayburn, *op. cit.*, pp. 1213-1220.

이웃조정 조정인 교육을 받고 그 중 약 3,500명의 조정인이 이웃분쟁 조정 업무에 종사하고 있다고 한 바와 같이 지속적인 조정인 교육은 지역사회 내에 주민조정제도의 인식 확산에도 기여할 것이다. 전국에 걸쳐 지역사회 곳곳에 조정교육을 받은 조정인이 포진하게 되면 자신의 이웃에 있는 주민들 간의 분쟁을 주민조정센터에 사건이 접수되기 이전 단계에서부터라도 자발적으로 조정해 주는 것과 같은 효과를 기대할 수 있기 때문이다. 대학 등 교육기관에서는 주민조정에 관한 강의 과목 개설[169]과 주민조정연구센터의 설립이 도움이 될 것이며, 대학에서 주관하는 (주민)조정인 교육 프로그램은 대학과 주민조정센터 상호 이익이 될 것이다.[170]

(5) 사건회부시스템의 구축

이는 주민분쟁해결센터 업무의 지속성과 관련한 사건접수의 확보 문제이다. 미국의 주민조정프로그램에서 보았듯이 법원이나 경찰서 등 사건 접수가 많은 기관과 주민조정센터와의 사이에 사건회부시스템을 구축하여야 한다. 주민조정센터가 주민들로부터 직접 자발적인 분쟁해결 의뢰를 접수할 수도 있으나 도입 초기에는 국민들의 인지 부족으로 사건 접수가 미미할 것이 예상된다. 따라서 제도 출범 시부터 법원이나 경찰 등으로부터 사건회부를 받는 시스템을 구비하게 되면 지속적인 분쟁해결 업무가 가능하게 되고 주민분쟁해결제도의 정착에 시금석이 될 수 있을 것이다.

최근 우리나라에서는 사법사상 최초로 서울중앙지법을 필두로 하여 법원연계조정(Court-Connected Mediation)이 시행되었다. 이는 법원이 외부 조정기관에 조정을 의뢰하고 조정이 불성립되면 다시 법원에서 재판을 진행하게 하는 제도이다. 법원연계조정을 시행하는 외부 조정기관으로는 2010년에 대한상사중재원

---

169) 미국 오하이오 법대에서는 최근 고등학교에서의 휴대폰 사용 규제에 대한 불만과 분쟁이 일자, 복수당사자 조정 수업의 일환으로 이러한 새로운 지역사회 분쟁의 양상에 대해 어떻게 조정하고 갈등을 해결할 것인가에 대한 프로그램을 시행하였다. Rishi Batra, "Providing Dispute Resolution Expertise to the Community", 19 No. 2 Disp. Resol. Mag. 24, Winter, 2013, p. 24.

170) 호주 시드니대 법대의 Community Mediation 코스 매뉴얼 참조 (http://sydney.ed-u.au/arts/peace_conflict/docs/teaching/Course%20Outlines,%20PACS%206928%20final.pdf); 호주 시드니대 법대의 Community Mediation 코스에 대한 정보는 http://sydney.ed-u.au/courses/uos/PACS6928/community-mediation-theory-and-practice 참조.

과 서울지방변호사회가 먼저 시작되었다. 이에 대한 반응이 좋아지자 2012년에
는 한국공정거래조정원, 한국거래소 시장감시위원회, 소비자분쟁조정위원회, 콘
텐츠분쟁조정위원회, 한국기독교화해중재원 등으로 확대한 바 있다. 따라서 지
역사회 주민분쟁에 대하여 법원으로부터의 사건 회부는 분쟁해결센터 취급 사
건의 지속성 확보를 위하여 큰 비중을 차지할 수 있고, 그 밖에 경찰, 주택 관련
기관, 학교 등으로부터의 '사건 회부 협조시스템'을 구축하며, 분쟁 당사자의 직
접 접수까지 받게 하면 될 것이다.

　　특히 미국에서와 같이 경찰과의 업무 협약 등을 통하여 사건 회부를 받으
면 조정 건수의 확보에 크게 도움이 될 것이다. 1995년 Shepherd의 연구에 의
하면 이웃 간의 분쟁을 조정으로 해결한 후에 지역사회 내의 경찰 서비스에 대
한 수요가 급격히 감소한 것으로 나타났다.[171] 지역사회 조정프로그램은 이웃
간의 분쟁이 소소한 분쟁 상태일 때 해결함으로써 심각한 범죄로 발전하는 것을
예방해 주는 효과가 있다. 따라서 지역사회의 삶의 질을 향상시켜 주고 경찰 인
력이 다른 범죄에 집중할 수 있도록 해 준다. 이는 주민분쟁해결센터와 경찰 간
의 협력이 win-win할 수 있는 좋은 토양을 제공해 주는 방안이라 할 수 있을
것이다.

(6) 주민조정센터의 품질관리제도 시행

　　주민조정센터(주민분쟁해결센터)의 도입과 정착을 위해서는 주민조정센터가
건전한 분쟁해결기관으로서 요건을 구비해야 할 것이다. 국가기관인 법원에 대
해서는 그 서비스에 대한 불만은 차치하더라도 사건을 판결하는 법관이나 법적
절차에 대한 질적인 신뢰는 높은 것이 사실이다. 그에 비해 지역분쟁해결기관으
로서의 주민조정센터에 대해서는 제도의 생소함과 더불어 분쟁해결 절차나 지
역 주민으로 구성되는 조정인의 질적인 측면의 신뢰도에 대해 의구심을 가질 수
가 있다. 따라서 주민조정센터나 조정인 등에 대한 품질관리에 대해서도 신경을
써야 할 것이다.

　　그러한 품질관리제도(quality system)는 크게 세 가지로 나누어 볼 수 있는

---

171) Daniel McGillis, *op. cit.*, p. 75.

바,[172] 첫째는 주민조정센터 자체에 대한 품질관리이다. 이에 대해서는 기관의 인적 구성, 재정 상태, 조정인 확보 및 관리 실태, 내부 문서관리, 분쟁해결절차 등을 종합적으로 판단하여야 할 것이다. 영국의 주민분쟁해결기관의 멤버십을 관할하던 Mediation UK는 2001년도에 전체 회원 기관의 10%가 조금 넘는 15개만을 인증(accreditation)하여 지역분쟁해결센터의 품질관리를 매우 엄격하게 적용한 적이 있다. 둘째는 조정인에 대한 품질관리이다. 조정인의 품질에 대한 국가적인 신뢰를 확보하기 위해 일정한 기준을 마련하고 다양한 분야의 사람들이 조정인으로 참여하게 하여야 할 것이다. Mediation UK는 이러한 자격 요건을 둠에 있어서 학위와 같은 기준보다는 조정인으로서의 경험을 중시하고 조정을 시행하는 과정에 대한 관찰에 의한 평가를 하는 것들에 보다 초점을 두었다. 셋째는 교육과정에 대한 품질관리이다. 조정 및 조정인 교육을 위한 과목이 정밀하게 설계되어야 할 것이며 교육 이수 시간도 선진 외국의 경우와 우리나라의 실정을 감안하여 적정한 설정이 이루어져야 할 것이다. 그런데 여기에서 주의할 것은 요구되는 교육과정의 이수가 훈련받은 조정인의 품질을 보장하는 것은 아니라는 것이다. 따라서 교육의 성공을 위해서는 그에 합당한 평가 방식의 도입도 고려해야 할 것이다. 또한 조정인 교육에는 조정 기법이 포함되어야 하는 것은 물론이거니와 공정한 분쟁해결을 위해 중립성과 윤리성에 대한 교육이 필수적으로 포함되어야 주민조정제도의 신뢰성이 확보될 수 있을 것이다.

참고로 뉴욕 주 통합법원시스템(the New York State Unified Court System: UCS)에 의해 주도되는 1981년에 출범한 뉴욕 주의 지역사회 분쟁해결센터 프로그램(Community Dispute Resolution Centers Program: CDRCP)은 1,400명이 넘는 자원봉사 조정인들을 유지하고 있는데, 지역사회 분쟁해결센터(CDRC)는 상당히 엄격한 조정인 인증절차를 마련하고 있다.[173] 지역사회 조정인은 조정 절차의 목적, 효과적인 청취 및 질문 기술, 윤리 등이 포함된 최소 30시간의 조정 교육을 이수해야 하며, 이 교육을 성공적으로 이수하면 지역사회 분쟁해결센터에서

---

172) John Gray, *op. cit.*, pp. 63-73.

173) New York State United Court System, Community Dispute Resolution Centers Program Annual Report (2013-2014), p. 7 (http://www.nycourts.gov/ip/adr/AnnualReport_2013-14.pdf 참조, (2016. 4. 30 방문).

실습과정을 거쳐야 한다. 그 실습과정에는 역할극(role playing), 실제 사건의 관찰과 동반 조정(co-mediating)을 포함한다. 조정인 지원자가 최소 5건의 동반조정을 마치면, 지역사회 분쟁해결센터의 직원이 실습과정을 관찰하고 필기시험도 부여한다. 이런 모든 과정을 거친 후에야 조정인 자격이 주어지는데, 계속적으로 조정인 자격을 유지하기 위해서는 매년 3건 이상의 사건을 처리하여야 하고, 최소 6시간의 유지 교육을 받아야 한다고 한다.

(7) 주민조정을 위한 입법 지원

ADR의 발전 역사를 보면 각국에서 입법적인 지원을 통해 ADR이 확산되고 발전해 왔다.[174] Comunity Mediation도 미국에서는 전술한 바와 같이 법원 서비스 개혁과 지역사회 자율적인 분쟁해결운동으로 시작되었지만 미시건 주와 같이 주 차원에서 법률을 제정하기도 하였고,[175] 나중에 도입된 국가들은 입법적인 근거를 확실히 하였다. 싱가포르에서는 주민조정센터법(the Community Mediation Centres Act 1997)을 제정하였다. 특히 싱가포르에서는 정부의 적극적인 역할로 ADR위원회를 설치하고 사적 조정을 상사조정과 주민조정으로 나누어 발전시키도록 한 것에 주목할 필요가 있다. 말레이시아는 2012년에 조정법(the Mediation Act 2012)을 통과시켜 Community Mediation의 법적인 가이드라인이 되게 하였고, 네팔에서는 2011년 제정된 조정법(the Mediation Act of 2011)에 Community Mediation에 관한 별도의 장을 규정하였다.

이러한 경향을 고려할 때 우리나라에서 Community Mediation제도를 도입할 때도 법적인 근거를 명확히 해 주는 것이 좋을 것으로 생각된다. 그 입법

---

174) 미국에서는 1925년의 연방중재법, 1937년 연방 민사소송절차규칙(the Federal Rules of Civil Procedure), 1946년 행정절차법(the Administrative Procedure Act), 1964년 공민권법(the Civil Rights Act), 1978년 공직개혁법(the Civil Service Reform Act), 1980년 분쟁해결법(the Dispute Resolution Act), 1990년 행정분쟁해결법(the Administrative Dispute Resolution Act)과 협상에 의한 규칙제정법(the Negotiated Rulemaking Act), 1998년 대체적 분쟁해결법(the Alternative Dispute Resolution Act), 2001년에는 UNCITRAL 모델조정법을 기초로 한 통일조정법(Uniform Mediation Act) 등의 제정, 개정 및 채택을 보듯이 ADR에 대한 부단한 입법적인 지원이 있어 왔다. Jeffrey M. Senger, Federal dispute resolution: using ADR with the United States government, Jossey-Bass, 2004, pp. 11-14 참조.

175) 미시간 주에서는 1988년에 'Community Dispute Resolution Act'를 제정하였다. Doug Van Epps, *op. cit.*, p. 7; 양경승, 전게서, 41쪽.

형식에 있어서는 싱가포르와 같이 Community Mediation에 관한 법률을 별도로 제정하는 방식을 적극적으로 검토해 보는 것도 좋을 것이다. 이는 ADR기본법[176]을 제정하기 이전에라도 전국적인 주민분쟁해결제도의 출범을 먼저 쉽게 하는 좋은 방안이 될 수 있기 때문이다. 하지만 만일 ADR기본법의 제정이나 민간형 ADR법으로서의 조정절차법 등이 바로 추진될 수 있는 상황에 있게 된다면, 그들 법 안에 Community Mediation에 관한 별도의 장이나 조문을 넣는 방식으로도 해결될 수 있을 것이다. 또한 추가적으로 고려할 사항으로는 주민조정센터에서 시행되는 분쟁해결은 민사는 물론 공공갈등이나 형사 사건도 다룰 수 있으므로 이의 적용에 있어 관련법과의 충돌이 발생하지 않도록 관련법의 정비를 함께 해 주는 것이 좋을 것이다.

3. 주민분쟁해결센터 도입 시 부수적 효과와 기타 사항

Community Mediation은 제공하는 서비스가 빠르고 고객에게 즉각적인 대응을 보이며, 인간중시의 특성을 가지고 있다. 분쟁 당사자들이 고객으로서 관심의 중심에 있으며 존중감을 느끼게 취급된다는 점과 자신들이 분쟁해결 절차에서 어느 정도 콘트롤할 수 있고 자신의 입장을 귀 기울여 듣는 자에게 말할 수 있다는 점 등은 사법시스템에서 겪어보기 힘든 고객 지향의 서비스 정신을 담고 있다. 우리나라에 주민분쟁해결센터를 도입하면 지역주민들에 대한 광범위한 조정인 양성과 그를 위한 조정인 교육은 지역사회의 분쟁을 해결하는 데 있어 대립과 반목보다 상호 협상과 양보를 통한 분쟁해결이 서로에게 좋다는 인식을 지역사회에 확산하게 되고, 이는 지역사회의 도처에 있는 수많은 주민인 조정인들의 '음으로 양으로' 하는 역할로 인하여 최근의 지역 공공갈등 문제도 의외로 쉽게 풀리는 효과까지 기대할 수 있다.[177]

---

176) 2013년 12월 6일에 대체적 분쟁해결 기본법안(의안번호 1908392, 우윤근 의원)이 19대국회에 제출되었다. 이 법안은 '조정'에 관한 별도의 장을 담고 있어 여기에 Community Mediation에 관한 조문을 추가하면 될 것이다.

177) 김학린, "한국 공공분쟁해결의 현황 및 특징: 공공분쟁해결시스템 구축에의 시사점을 중심으로", 분쟁해결연구 제9권 제1호, 2011.4, 198-203쪽; 황재영, "국토개발분쟁의 조정제도에 관한 연구-정부와 지역주민간의 분쟁을 중심으로-", 한국토지행정학회보 제7호, 2000. 3, 193-196쪽 참조.

전국에 주민분쟁해결센터를 설치하면 다른 현안들의 해결을 위한 마중물이 될 수 있다. 우선 최근의 변호사 양산으로 인한 변호사들의 취업 어려움 해소와 직역 확대를 위해서도 활용될 수 있다. 미국에서의 주민분쟁해결센터 발전 과정을 보면 수많은 변호사들이 기본적인 조정훈련을 주민분쟁해결센터에서 처음으로 받았고, 최초의 조정 경험도 역시 주민분쟁해결센터에서 이루진 경우가 많았다고 한다.[178] 그들은 미국의 많은 주민분쟁해결센터의 센터장이나 프로그램 매니저로서의 역할을 수행하였고 주민분쟁해결센터에 사건을 회부하는 데도 지대한 기여를 하였다. 다음으로 다른 나라에 비해 높은 교육 수준을 가지고 있고 산업 역군으로서의 경험이 많은 우리나라 50대 이상의 퇴직자나 노령층에게는 그 어떤 나라에서보다도 지역사회 조정인으로서의 합당한 자원이 될 수 있다고 할 수 있다.[179] 그러면 무력해질 수 있는 시기에 있는 그들에게도 조정인이라는 역할로 인하여 사회의 중요한 기능을 담당할 수 있는 자원봉사 일자리로서 Community Mediation은 좋은 정책적 대안이 될 것으로 생각된다. 게다가 경력단절 여성을 비롯하여 공감 능력이 좋은 여성 인력의 활용 또한 같은 맥락에서 조정인으로서의 활약을 기대할 수 있고 여성의 사회적 참여를 높이는 데 주민분쟁해결센터는 중대한 역할을 할 수 있을 것이다.

여기에서 주민분쟁해결센터에서 조정을 수행하는 조정인의 보수 문제와 관련하여 순수하게 무급의 자원봉사만으로 할 것인지, 유급의 조정인도 포함할 것인지에 대하여 고려할 사항이 있다. 유급의 조정인이란 주민조정센터에 전임직(full-time)으로 근무하는 경우와 파트타임으로 와서 사건을 맡는 경우로 나누어진다. 영국의 경우 처음에는 자원봉사자로 시행되다가 주민조정제도가 발전해 나감에 따라 유급의 조정인 수나 비율이 늘어간 현상을 참고할 수 있을 것이다. 자원봉사 조정인은 규칙적으로 자주 조정을 하는 기회를 갖지 못하다보니 조정 기술을 습득하는 데 시간이 많이 걸리고, 사건의 처음부터 끝까지 관여하지 않는 경우도 많아 절차 진행에 어려움이 있는 경우도 있으며, 사건을 회부해주는 기관의 입장에서도 전임직인 유급 조정인과의 연락이나 소통이 수월하여 그들을 선호하는 등 자원봉사 조정인제도의 단점들을 가지고 있으므로 지원봉사로

---

178) Terry Amsler, *op. cit.*, p. 4.

179) 노순규, 지역갈등·주민갈등·사회갈등-학교갈등과 공무원갈등의 해결 포함-, 한국기업경영연구원, 2010, 160-162쪽.

하는 무급의 조정인이 반드시 주민조정제도의 발전에 유리한 것만은 아니라고 한다.[180]

앞에서 밝혔듯이 Community Mediation이 이제는 지역사회의 분쟁을 해결하는 방식으로서 하나의 유행(popular)이라고까지 각종 연구에서 표현하고 있다. 이러한 추세에 주의를 기울이고 우리도 현재의 주거지 층간소음, 학교폭력을 비롯하여 항공기 소음으로 인한 비행장 이전 문제, 혐오시설 입지에 대한 갈등 같은 공적인 분쟁에 이르기까지 다양하고도 복잡한 그 수많은 지역사회 분쟁들을 해결하기 위해 비체계적으로 그때 그때 임기응변식으로 개별적인 분쟁해결기구들을 양산해 낼게 아니라, 지역사회 분쟁해결의 효율적이고도 종합적인 대안으로서 Community Mediation을 위한 국가 차원의 주민분쟁해결센터의 도입을 추진하여야 할 것이다.

---

180) John Gray, *op. cit.*, pp. 17-19.

제4편 한국의 ADR제도

제1장 한국 ADR제도의 현황

우리나라에서는 본래 고조선 시대부터 사적인 갈등이나 분쟁을 법에 의존하여 해결하기보다 자치적인 규율과 도덕에 따라 조정을 하거나 마을공동체의 풍습을 바탕으로 하는 중재의 형식으로 해결되는 경우가 많았다.[1] 한국에서 공동체 사회의 질서는 위반 시 사회적 처벌이 수반되는 주민들의 협동과 유대 관계를 통하여 유지되고 있었다. 자치적인 처벌은 상당히 가혹하였는데, '멍석말이'를 시켜 위반자를 때리거나 위반자의 집을 부수고 마을로부터 추방하기도 하였다고 한다.[2] 종중의 관습이나 상인 조합의 자치 규약은 상업적 계약을 포함한 사적인 분쟁을 해결하는 데 이용되었고, 한국 사람들은 직접적으로 법에 호소하기보다는 자치적인 대체적 분쟁해결 수단을 더 선호했다고 할 수 있는 것이다. 조선시대에는 향약이 마을의 분쟁해결 규범으로 작용하였으며, 유교를 중심으로 하는 동양석 가치관에 따라 집단 구성원들 간의 규율이 중시되었고 사회적 협동이 강조되었다. 형사 사건과 관련하여 조선시대에는 사화(私和)라는 비공식

---

1) 대한상사중재원, 상사중재30년사, 1996, 37쪽
2) 상게서, 37-38쪽.

적인 제도를 통하여 갈등이나 분쟁이 발생하였을 때 소송이 아닌 당사자 간의 조정과 화해를 통해 해결하기도 하였다.[3] 따라서 국가의 재판제도 외에 조정이나 중재에 가까운 분쟁해결제도가 오래 전부터 이용되어 왔다. 그렇지만 전통적인 분쟁해결 수단은 그 특성상 현재의 ADR제도와는 성격이 다른 것이었다.

그런가 하면 우리나라 사람들은 분쟁을 소송으로 해결하는 것을 좋아했던 것으로 설명하는 연구도 있다. 조선시대에는 급증하는 소송을 줄이는 데 신경을 많이 썼다고 하며, 조선 초기의 개국공신들은 고려의 멸망 원인 중 하나로 소송의 폭주를 들기도 했다는 것이다.[4] 그러한 현상은 현대에 이르러서도 다르지 않아서 인구에 대비하는 소송 사건의 수가 일본 등 외국에 비해 월등히 높은 것에서도 알 수가 있다고 한다.[5] 그런데 우리나라 사람들이 예로부터 분쟁의 해결수단으로 소송을 선호하였는지 법원 외의 수단들을 더 이용하였는지는 분쟁이 발생한 그 시대의 분쟁 중에서 어느 정도의 비율이 소송으로 진행되었는지에 대한 상대적인 판단 자료가 없어 외관상의 소송 숫자나 소송 때문에 관리들이 신경을 많이 썼다는 정황으로는 단정하기가 어려울 수 있다. 이는 소송제도와 비법적 분쟁해결 수단의 상대적 이용도 및 분쟁 발생의 유형이나 통계에 대한 정확한 기록이 없고, 시대에 따라 분쟁에 대한 대응 문화가 다를 수 있기 때문에 더욱 판단에 어려움이 있게 된다.

우리나라에 조정이라는 제도가 법률에 정식으로 도입된 것은 1962년에 차지차가 사건에 대하여 조정에 의한 분쟁해결을 할 수 있도록 시행된 차지차가조정법이라 할 수 있다.[6] 이어 간이절차에 의한 단독사건 조정을 위하여 1970년에 제정된 민사분쟁처리특례법과 소액사건 조정을 위하여 1973년에 제정된 소액사건심판법에서 조정제도를 도입한 바 있다. 그러나 실무에서 조정제도의 활용이 미흡하자 대법원에서는 외국의 ADR제도의 발전을 참고하여 1987년에 대법원예규로 '민사조정제도의 활용지침'을 제정하여 조정제도의 활성화를 도모하였다. 그 후 이들을 통합하여 1990년 1월 13일에 법률 제4202호에 의해 민사조

---

3) 안성훈·심재우·조균석·김선혜, 형사사건에서의 전통적 대체분쟁해결방안에 대한 기초 연구 – 한·중·일의 대체적 분쟁해결방안 비교연구 –, 한국형사정책연구원, 2014, 74쪽.

4) 임상혁, 조선전기 민사소송과 소송이론의 전개, 서울대학교 박사학위논문, 2000, 29쪽 이하 참조.

5) 호문혁, "판결과 ADR 체계의 정립에 관한 연구", 서울대학교 법학, 제53권 제1호, 2012년 3월, 579쪽.

6) 김민중, "민사사건과 ADR", 법학연구 제26집, 2008년 6월, 29쪽.

정법이 제정되고, 이에 따라 민사조정규칙(1990. 8. 21, 대법원규칙 제1120호)이 마련됨으로써 과거의 한정적인 적용에서 그 범위를 확대해 이제는 민사소송제도와 함께 일반적인 분쟁해결제도로서의 지위를 차지하게 되었다.

제1절 민간형 ADR

1. 민간형 ADR의 종류

우리나라의 민간형 ADR은 가장 대표적인 것으로 대한상사중재원의 중재가 있고, 각종 민간단체에는 법령에 근거하여 설립되거나 자율적으로 설치한 분쟁해결기구가 있다. 이에는 변호사회 같은 직역단체에서 운영하는 분쟁조정기구, 경실련·한국가정법률상담소 같은 민간단체의 각종 상담기구, 한국기독교화해중재원이나 대한불법화해중재원과 같이 종교단체에서 운영하는 분쟁해결기구, 인터넷분쟁·스포츠분쟁·온라인광고 분쟁 등을 해결하기 위한 각종 ADR기구를 들 수 있을 것이다. 2012년에는 경제의 세계화 현상과 세계경제의 중심지가 아시아로 급격히 이동하는 추세를 감안하여 대한변호사협회, 대한상사중재원, 서울특별시, 법무부 등 여러 기관들이 컨소시엄을 구성하여 공익사단법인으로 서울국제중재센터(the Seoul International Arbitration Centre)를 설립하기도 하였다. 서울국제중재센터는 업무협약을 통하여 런던국제중재법원, 파리의 국제상사중재재판소, 싱가포르국제중재센터, 홍콩국제중재센터 등의 서울 사무소를 유치하는 등 국제적 분쟁해결의 장으로서의 도약을 진행하고 있다. 그러나 순수한 민간형 ADR기구로서의 활동은 대한상사중재원을 제외하면 미미한 수준에 머물러 있는 것이 현실이다.

양경승은 민간형 ADR 기관을 크게 협회나 단체 등이 설치한 내부형 ADR 기관과 당사자 이외의 제3자가 설치하는 외부형 ADR 기관으로 나누고,[7] 전자에는 한국금융투자협회 분쟁조정센터, 한국신문윤리위원회, 한국스포츠중재위

---

7) 양경승, 우리나라 ADR의 활성화 방안과 기본법 제정을 위한 연구-해외 주요국의 언론법제 및 대체적 분쟁해결제도(ADR)의 비교분석을 통하여-, 언론중재위원회, 2010, 81-82쪽.

원회, 철도산업위원회 실무위원회, 어린이집안전공제회 분쟁조정센터, 제조하도급분쟁조정협의회, 화물운송사업분쟁조정협의회, 가맹사업거래분쟁조정협의회, 자동차보험구상금분쟁심의위원회, 중소기업제조물책임분쟁조정위원회, 신용회복위원회, 노사협의회, 새마을금고 공제분쟁조정심의위원회, 지방변호사회 분쟁조정위원회, 지방법무사회 분쟁조정위원회, 공인회계사회 분쟁조정위원회 등을 들고 있고, 후자로는 한국거래소 시장감시위원회, 대한상사중재원, 한국소비자단체협의회 자율분쟁조정위원회, 서울지방변호사회 중재센터, 한국범죄피해자지원중앙센터, 한국사회복지사회가 각 지역에 설치·운영하는 지역사회분쟁조정위원회, 수원시노사민정협의회, 한국기독교화해중재원, 한국중재원 등을 들고 있다. 위에 나열된 일부 분쟁조정기구에 대해서는 연구자에 따라 민간형이 아닌 행정형 ADR로 분류될 수 있는 것이 있기는 하지만, 내부형 ADR 기관과 외부형 ADR 기관으로 나누는 방법은 의미 있는 분류라 할 수 있다.

또한 민간형 ADR을 조정형과 중재형으로 나누기도 하는데,[8] 가맹사업거래분쟁조정협의회, 한국소비자단체협의회 등은 조정형에 해당하며, 중재형에 해당하는 한국스포츠중재위원회, 서울지방변호사회 중재센터, 대한상사중재원, 한국중재원 등은 중재만을 제공하기보다는 조정 절차 서비스를 병행하는 양자 병합형으로 보기도 한다.

민간형 ADR기구가 제공하는 서비스는 외부형 ADR 기관에서는 ADR 관련 이론이나 사례 연구를 비롯하여 조정인과 같은 중립인이 되고자 하는 사람들을 대상으로 시행하는 교육이 가장 많고, 그 밖에 알선, 조정, 중재 등을 제공하지만 ADR서비스의 사건 수는 대한상사중재원 등 소수를 제외하면 낮은 수준에 있다. 내부형은 상담을 통하여 많은 분쟁이 해결되기도 한다. 앞에서 보았던 일본에서도 전문 직역단체에서 제공하는 민간형 분쟁해결기구가 많이 있으나 ADR에 대한 홍보가 미흡하여 그 활용도가 낮은 것처럼, 우리나라의 민간형 ADR도 비슷한 상황이므로 민간형 ADR을 보다 활성화하기 위해서는 입법적 지원과 교육, 홍보 등을 확대할 수 있는 대책을 강구하여야 할 것이다. 이하에서는 우리나라 민간형 ADR 기관 중에서 가장 역사가 깊고 그 운영이 활발하며 분쟁해결 실적이 많은 대한상사중재원의 발전 과정, 조직과 기능, 실적에 대하여 살펴보고자 한다. 대한상사중재원의 발전 과정은 곧 우리나라 민간형 ADR의 발전과정의 역사라고

---

8) 상게서, 82쪽.

하여도 지나치지 않다고 할 수 있기 때문이다.

2. 민간형 ADR의 대표적인 대한상사중재원

(1) 중재법과 대한상사중재원의 발전 과정

한국에서 중재에 관한 첫 기록은 1895년의 법에 나타나고 있는데, 여기에서는 당사자들의 요청에 따라서 상사 분쟁을 해결하는 조항을 포함하고 있었다.[9] 그러나 중재에 관한 직접적인 조항은 일제 치하의 1912년 조선민사령에서 처음으로 성문화된 것으로 일반적으로 알려지고 있다. 후에, 그 법은 1945년 한국의 독립으로 자동적으로 효력이 없어지게 되었으나 미군에 의한 과도정부는 그 법의 내용(중재 조항)을 채택하였고, 결국 그 중재에 관한 조항은 1960년 민사소송법의 제정으로 삭제될 때까지 효력을 지속하였다.[10] 민사소송법을 제정하면서 그 전까지 존재하던 중재에 관한 규정을 삭제하였고, 단일법으로도 중재법을 제정하지 않았다. 독립된 중재법이 1966년에 "중재법"으로 제정될 때까지 거의 6년 동안은 근대 한국에서 어떠한 중재에 관한 법률도 없던 시기가 있었던 것이다. 게다가, 일제 36년간의 인위적인 법적 제도는 한국 고유의 법률 시스템을 심각하게 붕괴시켰기 때문에, 한국은 그 전통적인 분쟁해결방법을 한국의 중재제도로 발전시키지 못하였다.

그 후 1962년에 시작된 경제개발 5개년 계획은 무역 거래를 증가시켰고 한국의 상공인들에게 중재의 중요성을 인식시켰다. 한국의 수출촉진 정책은 무역 분쟁의 환경에 직접적으로 처하게 되었고 외국의 무역업자는 많은 클레임을 제기하였는데, 이는 한국의 상공업계와 정부로 하여금 그런 문제를 해결할 수 있는 근본적인 수단을 강구하도록 촉진시켰다. 1964년에 정부, 산업계, 대학 및 법조계는 국제상사중재 제도를 정립하기 위한 회의를 가졌다.[11] 대한상공회의소

---

9) 대한상사중재원, 전게서, 38-39쪽. 대한상사중재원은 한국 중재의 역사가 이씨 조선시대 (1392-1910)로 거슬러 올라 가지만, 현재의 국제무역에서 적용되는 상사중재 관행은 최근의 현상이라고 그 홈 페이지에서 설명하고 있다 (http://www.kcab.or.kr 참조).
10) 김홍규, "우리나라 중재제도의 연혁과 특질", 연세행정논총 17, 1992, 108쪽. 중재에 관한 조항이 1960년 민사 소송법의 제정 시 제거된 이유는 확실치 않다. 중재가 그 때까지 사용된 적이 없기 때문에 입법자들은 그 조항이 유명무실하다고 생각했을 것으로 추측된다.
11) 대한상사중재원, 전게서, 41쪽.

(KCCI)는 첫 번째 입법 이전부터 상사분쟁과 일반중재조정 사업을 다루어 왔는데, 공식적인 중재기관인 상사중재위원회를 별도로 설치하는 것이 필요하다는데 의견이 모아졌다. 동 회의소는 세계 각국의 주요 중재제도를 조사·연구하는등 중재법의 도입에 있어서도 중대한 역할을 하였다. 1965년 12월에는 행정부에서 많은 회의와 토론을 거쳐 준비된 최종안이 국회에서 통과되었다. 대한상공회의소는 1966년 3월 상사중재를 전담하는 국제상사중재위원회를 설립하였고, 이어서 같은 해에 대법원의 승인을 얻어 상사중재규칙을 제정하였다.[12] 그러나, 국제상사중재위원회는 전문성의 부족으로 얼마 못 가서 해체되어 1970년 3월 사단법인 대한상사중재협회로 대체되었고, 이는 다시 1980년에 사단법인 대한상사중재원(KCAB)으로 이름을 바꾸게 되었다.[13] 대한상사중재원은 국내와 국제 중재를 처리하는 전문적인 중재기관으로서 그 활동영역을 확대해 가고 있다. 한국은 1968년에 외국 중재판정의 승인 및 집행에 관한 협약(1958년 뉴욕 협약)에 가입하였고, 1973년 가입문서를 유엔에 기탁함으로써 한국에서 발효시켰다. 1996년에는 국제상사중재협회(ICCA) 총회가 한국에서 개최되었는데, 대한상사중재원은 그 총회를 주최하였으며 동아시아 지역의 분쟁해결 중심지로서의 한국의 국제적 지위를 향상시키는 데 중요한 역할을 수행하였다.

비록 한국민은 예로부터 재판이 아닌 대체적 분쟁해결 수단을 선호해 왔으나, 전통적인 분쟁 해결 수단은 그 성격상 현재의 중재제도와는 다른 것이었다. 게다가, 1966년 최초의 입법이 되기 전까지는 중재 사건에 관한 기록이 거의 없었다. 중재법이 제정된 이후조차도 10년(1967-1976)동안 중재 케이스가 100건에도 미달하였다.[14] 그러한 이유로 입법 전의 중재 역사에 관한 심도 있는 연구 또한 희소한 편이다. 그러나 1996년을 시작으로 중재는 매년 100건을 초과하였고 그 숫자도 매년 증가하고 있으므로 한국의 경제 규모나 무역규모를 감안할 때 한국은 중재제도가 발전할 수 있는 큰 잠재력을 갖고 있다고 할 수 있다.

1966년 최초의 중재법은 18개 조항으로 구성되어 있었다. 1999년에 중재법에 대대적인 변화가 있기 전 1973년, 1993년과 1997년에 개정이 있었지만, 이는 내용의 실질적인 변화 없이 관련 조항을 정리하는 정도의 명목적인 개정이었다.

---

12) 상동.

13) 상게서, 42쪽.

14) 이순우, 상사중재제도의 법적구조에 관한 연구, 성균관대학교 박사학위 논문, 2002, 46-47쪽.

구 중재법은 빈약한 조항으로 구성되어 있었고, 국제상사중재 절차를 다루지 않았기 때문에 시대에 뒤진 구 중재법의 비효율성과 국제기준에의 불일치에 대하여 많은 비판이 있었다. 따라서 변화된 국제환경과 새로운 요구를 반영하여 한국은 구 중재법의 전면적인 개정작업을 시작하였다. 먼저 대한상사중재원은 수년 동안 전문가, 법조인 및 관련기관과의 검토를 거쳐 개정중재법 초안을 준비하였다. 한편 법무부는 1998년 12월에 중재법 개정을 위한 특별위원회를 설립하였으며, 교수·판사·변호사 및 관련 전문가들을 위원으로 위촉하였다. 동 위원회는 1999년 7월까지 9회에 걸쳐 회의를 개최한 끝에 법무부에 그 초안을 제출하였고, 법무부는 1999년 8월에 공청회를 개최하여 다양한 의견을 수렴하였다.[15) 그 초안은 공청회의 결과를 반영한 후 국회에 제출되었으며 1999년 12월에 통과하게 되었다. 그 1999년 중재법은 비록 한국의 법체계에 따라 수정하고 보완한 것이기는 하지만 UNCITRAL 모델법을 채택한 것이라고 할 수 있다.[16) 게다가 동 법은 구 중재법을 전면적으로 개정한 것이어서 그 범위와 내용면에서는 거의 새로운 입법에 해당하는 것이었으며, 국제적이고도 선진화된 중재제도를 한국에 도입하여 21세기를 향해 나아갈 수 있도록 한 법이었다. 그 후 실질적인 변화가 없다가 2016년 5월에 개정을 하여 중재제도 활성화를 위하여 중재합의 요건을 완화하는 한편, 중재판정의 신속성과 실효성을 확보하기 위하여 중재판정부의 임시적 처분 제도를 정비하고, 중재판정의 승인·집행을 판결이 아닌 결정으로 하는 등 중재제도를 국제기준에 맞게 보다 선진화하고 중재 친화적인 환경으로 전환하였다.

(2) 대한상사중재원의 조직과 기능

1) 대한상사중재원의 조직

1966년에 설립된 국제상사중재위원회(the Committee of International Commercial Arbitration)의 계승자인 대한상사중재원은 국제적으로 인정되는 중재기관이 되기 위해 그 역할과 활동을 확장시키고 있다. 대한상사중재원은 중재에 대한

---

15) 하용득, 중재법의 개정경과 및 주요 내용, 중재 295, 2000년 봄호, 6-24쪽 참조.
16) 원칙적으로 UNCITRAL 모델법은 국제상사중재를 다루고 있으나, 1999년 한국의 중재법은 상사분규와 민사분쟁을 함께 다루었고 국내중재는 물론 국제중재까지 하나의 중재법으로 규율하고 있다.

짧은 역사와 국내의 취약한 ADR 환경을 감안할 때 빠르게 성장하고 있으며 그 업무영역을 지속적으로 넓혀가고 있다고 할 수 있다. 1973년에 일본국제상사중재협회와 중재협정을 맺은 이래 2016년 기준으로 24개의 외국 중재기관과 중재협정을 맺었다.[17]

중재의 역사가 길지 않고 대륙법 국가로서의 법적 배경에도 불구하고, 한국의 중재제도는 독일이나 일본의 중재와는 차별화하며, 오히려 미국의 중재제도와 연관성을 높여 가며 꾸준히 발전해 왔다. 비록 한국은 전형적인 대륙법 국가 중의 하나이며 초기의 중재법은 독일과 일본의 법을 기반으로 하였지만, 중재관행은 미국의 것을 모방하였고 미국의 영향을 많이 받아 왔다. 대한상사중재원은 직원들을 미국에 파견하여 훈련시키고 미국중재협회의 실무 관행과 절차들을 모방함으로써 미국중재시스템을 도입하는 데 노력을 기울였다. 그 결과 한국의 중재는 독일, 일본과는 다른 방식으로 그리고 어떻게 보면 더욱 활발하게 발전해 왔다.[18] 특히 한국의 중재는 한국의 예전 중재법의 뿌리를 제공해 준 일본보다도 현재 훨씬 더 활발하다. 아래의 표는 한국과 일본의 중재에 관련된 지표들을 간략하게 비교해 놓은 것이다. 경제 규모와 중재법의 역사를 고려해 보면 한국의 중재가 일본보다 얼마나 더 활발한지를 보여준다.

<표 4-1> 한국과 일본의 중재 환경 비교

		한 국	일 본
GDP 2014 (세계은행, 2016)		$1.410 trillion	$4.601 trillion
최초의 성문 규정 연도		1912	1890
상사중재기구의 창설 연도		1966	1950
중재법의 (근본적인) 전부 개정 연도		1999	2003
중재 건수	2007	233	15
	2008	262	12
	2009	318	18
	2010	316	27
	계	1,129	72

* 대한상사중재원 홈페이지와 일본상사중재협회 JCAA Newsletter 참조하여 작성.

---

17) 대한상사중재원 홈페이지 참조.
18) 장문철, 현대중재법의 이해, 세창출판사, 2000, 225쪽.

대한상사중재원은 2016년 기준으로 서울 본부와 부산지부 두 개의 국내 사무소에 40명 정도의 직원이 있고, 중재인 수는 아래의 표와 같이 국내중재인이 923명이며 국제중재인은 301명인데 그 중 157명은 외국에 거주하는 순수 국제중재인이다. 2014년 기준으로 중재인 수는 국내중재인이 1,006명이며 국제중재인은 218명인데 그 중 외국에 거주하는 순수 국제중재인이 84명이었음을 감안해 볼 때, 국내중재인 수는 감소하였고 국제중재인은 대폭 증가하였다. 특히 외국에 거주하는 순수 국제중재인이 거의 2배에 가까이 증가하였음을 볼 때, 대한상사중재원이 국제상사중재기관으로서의 위상을 지향하고 있음을 알 수 있다.

<표 4-2> 대한상사중재원 중재인 현황

직종명	국내중재인	국제중재인	합계
법조계	416	213(116)	532
실업계	208	18(6)	214
학계	225	53(19)	244
공공단체 및 기타	53	17(16)	69
공인회계사 및 변리사	21	0(0)	21
합계	923	301(157)	1,080

* ( )은 순수 국제중재인 숫자임.
* 대한상사중재원 홈페이지 참조하여 작성함.

2) 대한상사중재원의 기능

대한상사중재원은 행정, 형사 그리고 가족 문제를 제외하고는 사법에 의해 해결 가능한 모든 분쟁 문제를 해결할 수 있도록 다양한 서비스를 제공하고 있다. 중재를 비롯하여 알선, 조정, 상담 그리고 교육과 훈련 서비스를 운영하고 있다. 대한상사중재원의 분쟁해결 활동은 다양하다. 예를 들면 무역, 공동 투자, 건설, 광고, 교통, 해상, 특허, 부동산, 고용, 지적 소유권, 보험 등 다양한 상업적 분쟁을 포함한다. 결국 사법(private law)에 의해 해결되어야 할 사업 영역의 서의 모든 분쟁을 다루고 있는 셈이다. 대한상사중재원은 이러한 분쟁해결을 위해 다음과 같은 기능을 수행하고 있다. 이하에서는 주로 대한상사중재원의 홈페이지 자료에 입각하여 소개하고자 한다.

a. 중 재

대한상사중재원은 계약서에 다음과 같은 표준중재 조항을 포함시킬 것을 권장한다. "이 계약으로부터 발생되는 모든 분쟁은 대한상사중재원의 중재로 최종 해결한다." 만약 당사자가 국제상사 분쟁을 이용하려면 그들은 중재 절차를 지배하는 규정을 자유롭게 정할 수 있으며, 그 경우에는 대한상사중재원 규칙이나 국제상업회의소의 국제중재법원, UNCITRAL 또는 다른 공인되는 국제중재기관의 규칙 중 어느 것이나 가능하다. 또 중재의 방식으로는 중재의 대상이 되는 분쟁이 발생하기 전에 합의해 두는 사전 중재합의 방식과 이미 발생된 분쟁을 중재로 해결하기 위하여 합의하는 사후 중재합의 방식이 있는바, 대부분의 경우 분쟁이 발생한 후에는 중재합의가 이루어지기가 어려우므로 주된 계약 체결 시에 계약서의 한 조항으로서 중재조항을 삽입하여 두기를 권유하고 있다.

b. 알 선

완전히 자발적이고 위험 부담이 적은 절차인 알선은 중립적인 대한상사중재원의 직원이 당사자로부터 분쟁의 핵심을 파악하고, 그들 스스로 해결책을 찾도록 도와주는 것이다. 계약에 중재 조항이 포함되어 있지 않은 경우에는 분쟁은 우선 알선에 회부된다. 알선의 성공률은 50% 정도이며 무료로 제공되고 있다. 상사중재원은 국내 분쟁의 해결을 위한 경우에 더 빠른 분쟁 해결을 위하여 사이버 알선(Cyber Mediation)을 제공하고 있다. 알선은 국내알선과 국제알선으로 나누어 시행된다. 국내알선은 제기자와 피제기자가 모두 우리나라 사람 또는 법인인 경우의 분쟁을 해결하고, 국제알선은 분쟁당사자의 일방이 외국의 사람 또는 법인인 경우의 분쟁해결을 유도하며 대내알선과 대외알선으로 구분한다. 대내알선은 외국사람 또는 법인이 수출입과 관련하여 우리나라 사람 또는 법인을 상대로 제기하는 것을 말하며, 대외알선은 수출입과 관련하여 우리나라 사람 또는 법인이 외국사람 또는 법인을 상대로 제기하는 클레임을 대상으로 한다.

c. 조 정

조정 서비스는 분쟁이 중재까지 가기 전에 당사자들이 해결점에 이르도록 도와주는 것이다. 보통 이런 조정 서비스는 분쟁이 빨리 해결되도록 사용된다. 이에는 대외무역법에 근거한 무역분쟁조정과 부품·소재전문기업 등의 육성에 관한 특별조치법에 근거한 신뢰성 분쟁조정이 있다. 하지만 아직까지 이 조정 서비스는 제대로 정착되지 못하고 있다. 한편 2010년부터는 우리나라 사법 사상 최초로 법원이 외부조정기관에 조정을 의뢰하여 조정을 하게 하고 조정이 불성립되면 다시 법원에서 재판을 진행하게 하는 법원연계조정(Court-Connected Mediation)을 시행하였는바, 대한상사중재원이 법원연계조정을 시행하는 외부조정기관으로 지정되어 서비스를 시행하고 있다. 대한상사중재원의 경우에 법원으로부터 의뢰받은 조정 사건은 2011년에 694건, 2012년에 588건, 2013년에 793건에서 2014년에는 960건으로 지속적으로 증가하고 있다.[19] 조정 성공률은 2012년도에 45.2%였고 2013년도에는 34.9% 정도 되는 것으로 나타나고 있다.[20]

d. 상담 서비스

대한상사중재원은 전화, 팩스 그리고 방문 서비스의 방식으로 업무지식이 풍부하고 경험이 많은 상담직원들로 하여금 상담 서비스를 제공하게 하고 있다. 이 상담 서비스는 무료이기 때문에 연간 수천 건이 넘기도 한다. 더욱 더 편리하고 효율적인 상담을 위하여 상사중재원은 온라인 실시간 상담서비스를 제공하기도 한다.

e. 교육과 훈련

이는 중재와 ADR에 관한 인식을 제고하기 위한 홍보에 초점을 맞춘다. 그 노력들 중에는 중소기업을 위한 무료 강연 순회, 중재 홍보 자료와 간행물 발행, 직원의 훈련과 파견 그리고 중재인들을 위한 교육과 세미나 등이 있다.

---

19) 2013년도 및 2014년도 대한상사중재원 연례보고서 참조 (http://www.kcab.or.kr).
20) 대한상사중재원, 2013년도 사업실적서, 2014, 16-17쪽.

(3) 대한상사중재원의 성과

중재가 비록 한국에서는 아직 일반 사람들에게 익숙하지 않고 낮은 인지도와 홍보 부족으로 인해 그 이용률이 그리 높지는 않지만, 중재의 짧은 역사에도 불구하고 점차 최근으로 올수록 중재에 의한 사건 처리가 증가하고 있다. 대한상사중재원은 한국 중재법 하의 유일한 중재기관으로 활동해 왔기 때문에 그들의 성과는 바로 근대 한국 중재의 역사이자 기록이라고 할 수 있다. 따라서 대한상사중재원의 성과를 검토하면 그것이 곧 한국 중재의 발전과정과 특성을 말한다고 해도 과언이 아니다.

대한상사중재원의 성과를 검토하기 위해서는 처리되는 중재와 알선 사건의 접수 추이를 통해 가능하다. 1967년과 1973년 사이에 접수된 중재 사건의 수는 일 년에 평균 열 건도 채 안 되는 총 35건이었다. 하지만, 한국의 중재는 서서히 성장을 보이며 1974년에는 13건 그리고 대한상사중재원이라는 새로운 이름을 갖게 된 1980년에는 26건에 도달하였다. 그 후에 지속적으로 증가하였지만 1995년까지는 연 평균 100건 아래에서 머무르다 1996년에는 드디어 109건에 도달하는 데 성공하였다. 이는 한국의 중재 역사에서 근대적 중재제도가 도입된 이래 30년 만에 처음으로 100건의 장벽을 깨는 역사적인 사건이었다. 2002년도에는 상사중재원이 다룬 중재 건수만 200건이 넘었다.

<표 4-3>에서 보듯이, 한국의 중재는 1990년대 초반을 제외하고는 지속적으로 큰 증가율을 보이고 있다. 중재건수를 5년 단위로 나누어 살펴보면, 당해 연도를 기준으로 중재 건수가 1986년부터 1991년 사이에 10%가 감소한 것을 제외하고는, 1976년부터 1981년 사이엔 127%가 증가하였고, 1981년부터 1986년까지는 68%, 1991년부터 1996년 까지는 114%, 그리고 1996년부터 2001년까지 81%가 증가하였다. 2001년부터 2006년 사이에는 9% 증가로 주춤하는 듯하지만 2006년부터 2011년 사이에 다시 50%나 증가하였다. 이처럼 최근으로 올수록 중재 건수는 더욱 늘어나고 있다. 1990년부터 2001년 사이 상사중재원은 누적으로 약 1,300여 건의 중재사건을 처리하였는데, 이는 상사중재원의 설립 이후 23년간의 중재 건수보다 거의 두 배가 되는 수치이다.[21]

---

21) 대한상사중재원, 상사중재30년사, 1996; 클레임 통계 (http://www.kcab.or.kr) 참조.

한편 대한상사중재원의 중립적인 직원들에 의해 처리되는 알선을 살펴보면, 1970년대까지는 200건을 전후로 낮은 수준을 유지하였지만 1980년대에는 500건 전후로 크게 증가하였다. 이후 1990년대와 2000년대에 걸쳐 수치가 오르내리긴 했지만 400건에서 600건의 범위에서 비교적 안정적인 수치를 유지하였다. 그러다가 2011년에는 900건이 넘어 중재뿐만 아니라 알선에 있어서도 사건 처리가 더 활발해졌음을 알 수 있다.

〈표 4-3〉 대한상사중재원 사건 처리의 추세

	67-71	1976	1981	1986	1991	1996	2001	2006	2011
중재	26	15	34	57	51	109	197	215	323
증가율(%)	-	-	127	68	-10	114	81	9	50
알선	268	188	569	482	560	585	446	534	915
증가율(%)	-	-	203	-15	16	4	-24	20	71
계	294	203	603	539	611	694	643	749	1,238

* 대한상사중재원, 상사중재30년사, 1996 & 클레임 통계 (http://www.kcab.or.kr).

〈표 4-4〉 상사중재원 중재 사건의 최근 증가율

	2007	2008	2009	2010	2011	2012	2013
사건 수	233	262	318	316	323	360	338
증가율(%)	8.4	12.4	21.4	-0.6	2.2	11.5	-6.1
금액 ($1,000)	215,716	169,748	653,842	534,890	382,847	1,975,174	601,001

* 대한상사중재원 클레임 자료 (http:// www.kcab.or.kr).

1996년에 109건으로 100건 돌파 후 2002년에는 202건으로 200건을 돌파한 대한상사중재원의 최근 중재 처리 사건 수 추이를 〈표 4-4〉를 통해 보면, 지속적인 홍보와 노력으로 인하여 2009년에는 318건으로 300건을 돌파하였다. 이는 한국의 중재제도의 발전상을 보여 주고 있는 것이라 할 수 있을 것이다. 중재 사건의 클레임 총액에 있어서도 2007년도에 $215,716,000이었고 2009년도에는 $653,842,000까지 상승하다가 2011년도에는 $382,847,000까지 하락하였으나 2012년도와 2013년도에 다시 크게 증가하여 그 규모가 과거에 비해 비약적으로 커져 있음을 알 수 있다. 2007년도에 비해 2013년도의 중재 사건 클레임 총액은 거의 세 배에 육박하는 179%가 증가한 것이다.

위에 살펴 본 대한상사중재원의 중재 사건 처리 추세에는 국내와 국제 중재 모두 포함되어 있다. 그렇다면 상사중재원이 다룬 국제 사건의 추세는 어떠한가? 아래의 <표 4-5>를 보면 2000년대에 국제중재 처리건수는 2008년까지 매년 50건 내외로 큰 변화가 없다가 2009년에 78건으로 증가한 후 2010년에 52건으로 감소하였으나 2011년 이후 계속하여 70건을 초과한 수치를 보이고 있음을 알 수 있다. 국제알선 사건은 지속적으로 200건이 넘다가 오히려 2010년 이후에는 165건으로 감소하다가 2013년에는 97건으로 100건 밑으로 떨어지는 현상을 보이고 있다. 어떻든 국제중재와 국제알선 사건을 합해 매년 300건 가까이 처리하고 있다가 최근 그 수가 감소하고 있는 것은 우리나라의 무역 규모와 국제적인 경제 위상을 고려할 때 대한상사중재원의 국제중재기관으로서의 역할 정립에는 아직 시간이 더 필요한 것으로 평가된다.

<표 4-5> 상사중재원의 국제중재와 국제알선 사건

	2005	2006	2007	2008	2009	2010	2011	2012	2013
중재	53	47	59	47	78	52	77	85	77
알선	253	258	215	257	210	165	149	141	97
계	306	305	274	304	288	217	226	226	174

＊ 대한상사중재원 클레임 자료 (http://www.kcab.or.kr).

(4) 기타 대한상사중재원의 ADR 관련 활동

대한상사중재원은 위에서 본 성과 외에도 ADR을 발전시키기 위한 다양한 홍보 및 교육 활동을 하고 있는바 이에 있어서도 국내 ADR 기관 중 두드러진다고 할 수 있다. 이하에서는 대한상사중재원의 홈페이지 자료에 의거하여 정리·소개하고자 한다.

첫째로 ADR이나 중재제도를 국내에 소개·보급하기 위하여 ADR 관련 법규 및 제도를 소개하기 위한 책자를 발간한다. 그 예로는 '알기 쉬운 중재법 규칙' 발간을 비롯하여 '중재인을 위한 중재실무', '중재판정사례집', '건설중재판정사례집'이나 국제중재전문가 과정 안내책자, 중재제도 활용 안내 브로셔 등을 발간하여 배포하고, 영국 중재법 번역본이나 중국 중재법 번역문을 게재하는 등 외국 ADR 법규를 번역하여 제공하고 있다. 또한 정기 간행물로 계간 '중재'를 발간하고 있다.

둘째로 인접 학문과의 공동 연구나 관련 기관과의 세미나, 학술대회 등을 개최하여 ADR의 확산과 인식 제고에 일익을 담당하고 있다. 그 예로는 한국건설관리학회, 사단법인 기술과 법연구소, 한국중재학회 및 대한중재인협회, 한국국제경제법학회, 대한상공회의소, 한국무역협회, 대한상공회의소, 한국국제사법학회, 대한토목학회, 주한유럽연합상공회의소 등과의 공동 세미나를 개최하고, 해운학회와의 학술대회와 한·중·일 간의 국제중재 학술대회 등을 개최하였다.

셋째로 중재의 성공은 중재인의 전문성과 윤리가 좌우한다 할 수 있으므로 중재인들의 자질 향상을 위한 교육에도 신경을 쓰고 있다. 그 예로 신규 위촉 중재인 간담회를 비롯하여 중재판정문 작성 실무 강연회, 건설분야 중재인 세미나, 해사분야 중재인 세미나, M&A 및 합작투자분야 중재인 세미나, 건설중재인 포럼 결성 및 세미나, 해사중재인 포럼, 무역중재인 포럼 개최를 비롯하여 대한중재인협회와 합동포럼을 개최하기도 하였다. 또한 부산 경남지역 중재인 간담회를 개최하는 등 지역별 중재인 서비스도 제공하고 있다.

넷째로 ADR 및 중재제도의 인식 제고와 확신을 위하여 대학과의 연계를 통하여 대학생이나 젊은이들을 위한 다양한 프로그램도 개발 운영하고 있다. 모의상사중재대회, 중재논문 현상 공모, 모의 국제상사중재 경연대회 개최를 비롯하여, 국내 다수의 대학과 산학 협력을 위한 협정을 체결한다든지 법학전문대학원 국제중재포럼(LSAF: Law School Arbitration Forum)을 개최하기도 하였다.

다섯째로 ADR의 보급과 교육을 위하여 ADR과 중재에 관심이 있는 직장인, 전문가 등을 위한 각종 프로그램과 ADR 인력양성에도 힘을 쏟고 있다. 그 예로 최고경영자 과정인 중재CEO아카데미를 비롯하여 건설클레임 전문가과정, 조정전문가 과정, 공공계약 클레임 전문가과정, 국제중재전문가과정 등을 제공하고 있다.

여섯째로 법조인에게도 ADR 친화적인 여건을 조성하고 ADR 전문가로 양성하기 위하여 법조인들을 위한 법조인특화 프로그램도 지원하고 있다. 예비법조인인 사법연수생을 대상으로 하는 중재 실무수습 교육을 비롯하여 변호사 의무전문연수 인정을 위한 중재실무 연수 과정을 제공하고 있다.

일곱째로 대한상사중재원은 중재법을 근거로 원활한 중재 시행을 위하여 자체 법규를 제정하여 운용하고 있다. 중재규칙을 비롯하여 국제중재규칙을 제정하고 중재사무처리규정, 해사중재관리규정, 전자상거래 중재관리내규 및 도메인 중재관리내규 등을 제정 시행하고 있다.

여덟째로 중재 이용을 제고하고 분쟁해결 편의를 제공하기 위하여 각종 협회나 단체, 기업들과의 업무 협약을 체결하고 있다. 그 예로는 한국수출보험공사·㈜한미신용정보·대한변리사회·한국수입업협회·중소기업협동조합중앙회·대한기술사회·한국전시주최자협회·실내건축공사업협의회와의 업무협조 약정을 비롯하여, 외국기업 및 외국인 투자기업의 건전한 성장을 돕고 경영상의 애로를 해소하며, 국내외 상거래 상에서 발생하는 분쟁의 효율적인 예방 및 해결을 위하여 사단법인 한국외국기업협회와 업무협조 약정, 경기중소기업종합지원센터와 수출기업사후관리사업의 일환으로 국제계약 자문서비스를 수행하기 위한 업무협약 등을 체결하는 것을 들 수 있다. 그 외 콘텐츠분쟁조정위원회와 교류협력 MOU 체결도 하였다.

아홉째로 대한상사중재원은 외국의 ADR 기관과의 교류와 협력을 통하여 국내의 ADR 현황을 외국에 알리고 선진 ADR 기법에 대한 협조·수용·확산 등을 꾀하고 있다. 그 예로는 국제상사중재협의회(ICCA) 회의 참석, 한·중 국제중재 심포지엄 및 중재간담회 개최, 동북아지역 중재기관 간 상호 정보 교류 및 협력 증진을 목적으로 동북아중재기관 회의 참석 또는 개최, ADR in Asia Conference 참가, UNCITRAL-법무부-KCAB Annual Conference 개최, 국제투자중재법에 관한 국제컨퍼런스 공동 개최 등을 비롯하여, 대한상사중재원과 중국·일본·홍콩·싱가포르·호주 등 아시아 태평양 지역 30개 중재기관 또는 중재단체 등 APRAG(아·태 지역 중재그룹) 회원들이 참여하여 중재제도 선진화 및 중재활성화를 도모하기 위한 APRAG 컨퍼런스를 개최하기도 하였다.

열째로 대한상사중재원은 기존의 업무 외에도 새로이 업무 영역과 기구를 확대함으로써 ADR의 활성화를 위한 다양한 활동을 전개하고 있다. 그 예로는 인천경제자유구역 내에 상사중재업무를 개시하고, 남북경제교류협력의 증대로 남북의 사업자간 상사분쟁을 해결하기 위한 기구 설치 필요성이 절실해짐에 따라 통일부로부터 남북중재 사무처리기관으로 지정되기도 하였다. 또 프랜차이즈 업계에서 사용하던 계약서에 대하여 감수 및 표준계약서의 작성 서비스를 제공하고, FTA 투자분쟁과 관련한 분석 및 대비를 위하여 자문위원단을 구성 운영하였다. 또한 서울특별시와는 민간위탁교육 운영협약을 체결하였다. 한편 2005년부터 대한상사중재원은 교역거래가 활발한 주요 국가와 국내 광역시의 명망 있는 인사를 중재원의 명예지원장으로 선정하여 중재 및 중재원에 대한 홍보활동을 촉진하고, 국내·외 중재네트워크 구성을 통해 중재사건 증대와 중재제도 활성화를 도모하기 위한 명예지원장 제도를 시행하고 있다.

2008년부터는 거래 당사자가 분쟁 발생 시 이를 보다 손쉽고 편리하게 해결할 수 있도록 중재원 내에 분쟁종합지원센터를 설치하였고, 외국기업이나 외국 로펌 등 국제중재 이용고객들에게 대한상사중재원의 역할과 기능을 적극적으로 홍보하기 위하여 국제중재홍보위원회를 발족하였다. 또 FTA 체결 확대에 따라 외국인의 국내투자 및 국내기업의 해외투자가 크게 증가하고 투자분쟁 역시 많이 발생될 것으로 예상됨에 따라, 업무의 효율적 처리를 위하여 투자분쟁 모니터링센터를 설치 운영하고 있다. 또한 국제중재규칙으로 진행하는 사건의 효율적인 운영 및 공정한 판정을 위하여 국제중재위원회를 구성하고, 주한유럽연합상공회의소와 국제분쟁을 위한 ADR 전략에 대한 세미나를 개최하는가 하면 지방의 중재 수요를 위하여 광주전라중재센터와 대전충청중재센터를 개소하기도 하였다.

(5) 우리나라 중재제도와 대한상사중재원의 발전 과정에 대한 평가

지금까지 우리나라 민간형 ADR의 선구라 할 수 있는 중재제도와 대한상사중재원의 역사적 발전 과정을 비롯하여 대한상사중재원의 조직, 기능 및 실적 등을 살펴본 결과 다음과 같은 점을 도출해 낼 수 있다.[22]

첫째, 한국은 중재에 관한 법적 기반을 마련함에 있어서 20세기 초에 들어서야 자신의 중재 관련법을 가졌다. 중재에 관한 직접적인 법규는 일제 치하의 1912년 조선민사령에서 처음으로 성문화된 것으로 볼 때 한국의 중재세노는 길게 보아야 100년 정도의 짧은 역사를 가지고 있다고 할 수 있다. 그러나 한국이

---

22) 이 부분은 주요국의 ADR법 발전과정에 관한 필자의 연구논문에서 우리나라의 중재제도의 특성을 평가하는 방식으로 기술하였다. 박철규, "ADR법 발전과정에 관한 비교법적 연구-미·영·독·불·일을 중심으로-", 미국헌법연구 제27권 제1호, 2016년 4월 참조.

1966년에 중재법이 제정될 때까지 그 초기의 중재 관련법에 근거한 중재사건은 거의 없었으므로 한국의 중재제도의 실제적인 역사는 기껏해야 50년 정도밖에 되지 못한다고 할 수 있다.

둘째, 한국은 유교주의하의 전형적인 농업국가로 19세기 후반까지 폐쇄정책을 고수해 왔으므로 과거에 국제상사중재를 발전시킬만한 기회를 거의 갖지 못하였다. 한국은 근대에 이르기까지 쇄국정책을 유지함으로써 19세기 말까지 미국·프랑스·러시아와 같은 세계열강에 의한 통상 문호개방 요구를 거절하였다. 이어서 일본의 식민통치가 1910년부터 1945년 한국의 독립 때까지 지속되었다. 그러므로 한국에서는 1960년대의 경제개발계획이 추진되어 외국과의 무역거래가 활성화됨과 함께 발생하는 분쟁들이 노정되던 시기까지 국제상사중재 문제가 본격적으로 이슈가 되거나 국제중재가 발전할 기회를 갖지 못하였다.

셋째, 한국은 통일된 하나의 중재법제도를 유지하여 왔다. 외국은 국내중재와는 별도로 국제중재에 관한 법률이 제정되어 있는 경우가 있으나, 한국의 중재법은 상사 분쟁은 물론 민사 분쟁도 함께 다루도록 되어 있으며, 우리의 중재법 체계는 국내분쟁뿐만 아니라 국제분쟁까지 통일적으로 하나의 중재법에 의해 다루어지도록 규율되고 있다.

넷째, ADR이 매우 발전해 있는 미국에서는 국내중재가 먼저 발전된 후 국제무역의 증가로 국제중재가 점진적으로 증가하는 양상을 띤 반면, 한국에서는 외국 무역업자와의 분쟁을 해결하기 위한 정책적 수단의 산물로 중재법이 정비되면서 국제상사중재가 먼저 이슈화되고 발전한 후에 국내중재가 나중에 점진적으로 보급되고 발전하는 양상을 보였다.

다섯째, 한국은 1966년 중재법 제정을 통하여 외국의 중재제도를 도입하였기 때문에 우리의 현행 중재제도는 국민들의 실제 삶 속의 전통이나 관습의 구현이라기보다는 새로운 제도화(institutionalization)의 산물이라고 할 수 있다. 미국은 연방중재법과 각 주의 통일중재법이 제정되기 이전부터 350년 이상 지속적으로 그들의 중재이론과 케이스를 발전시켜 왔다. 따라서 그들의 중재 역사는 현재에 이르러 꽃이 활짝 핀 단계라고 할 수 있다. 반면에 한국은 1960년대 경제개발계획을 추진하는 과정에서 외국 무역업자들과의 분쟁을 해결하기 위하여 외국 중재제도의 연구를 통해 도입된 중재법이 제정될 때까지 한국의 실생활에서는 중재제도가 뿌리를 내리지 못하였었다. 그러므로 한국의 중재제도는 50년 정도의 짧은 역사를 가졌으며, 이제 꽃이 피기 시작하는 개화기에 들어서는 단계라 할 수 있을 것이다.

끝으로, 우리나라의 ADR기구, 그 중에서도 민간형 ADR기구는 실적 면에서나 전문성 면에서 대한상사중재원으로 편향되어 있는 실정이다. 위에서 대한상사중재원의 다양한 ADR 활동을 살펴본 바와 같이 학계와 실무계는 물론 정부와의 협조 및 외국 ADR 기관과의 교류 측면에서 대한상사중재원과 같은 정도로 활성화되어 있는 민간형 ADR기구는 국내에서 찾아보기 힘든 것이 사실이다. 이러한 대한상사중재원의 한국 ADR에 있어서의 독보적이고도 선도적인 역할은 높이 평가할 만하지만, 우리나라 ADR제도의 균형적 발전을 위해서는 다른 ADR기구의 추가적인 설립 및 자율적인 성장을 위한 법률적·제도적인 환경 조성과 함께 전반적인 지원이 수반되어야 할 것이다.

제2절 행정형 ADR[23)]

1. 서 설

(1) 행정형 ADR의 의의

ADR은 수행하는 주체가 어디인가를 기준으로 흔히 사법형, 민간형, 행정형으로 분류된다. ① 사법형 ADR은 법원에 의해 이루어지는 민사조정, 가사조정을 비롯해서 재판상 화해, 제소전 화해 등을 들 수 있다. ② 민간형 ADR은 사인간의 분쟁을 해결하기 위하여 민간기관이나 단체에 설치되어 있는 경우로 대한

---

23) 제2절 행정형 ADR은 법제연구에 게재된 필자의 논문을 기본으로 하되, 논문이 발표된 2014년 6월 이후에 개정된 내용을 반영하고, 분석대상기관을 조정하여 본 책의 편제에 맞게 수정하여 실은 것이다. 박철규, "행정형 ADR의 입법현황과 개선방안에 관한 연구", 법제연구 통권 제46호, 2014. 6, 209-246쪽 참조.

상사중재원을 대표적인 민간형 ADR기구로 꼽는 데 이의가 없는 것 같다. ③ 행정형 ADR이란 법령에 근거하여 행정부나 정부 산하의 공적인 기관 등에 설치된 분쟁해결기구에 의해서 소송 외의 방법으로 분쟁을 해결하는 제도를 말한다.[24) 국가기관이나 지방자치단체에 직접 분쟁해결기구를 설치하거나 정부 산하의 공공기관 등에 분쟁 조정을 위탁하여 시행된다. 이러한 분쟁해결기구는 정부와 민간 사이 또는 정부기관 간의 갈등이나 분쟁을 조정할 뿐만 아니라 공공기관의 업무와 관련하여 민간 사이에 발생하는 이해관계에 관한 분쟁을 해결하기도 한다. 미국에서는 연방정부나 주정부 차원에서 다양한 행정형 분쟁해결기구가 있고,[25) 우리나라에서는 법령상의 근거하에 분쟁조정위원회, 분쟁심의회, 분쟁조정협의회 등 다양한 형태로 설치되어 운영되고 있다.

그런데 행정형 ADR은 그 분류가 그리 간단하지는 않다. 첫째로 행정기관 자체이거나 행정기관 내에 설치된 ADR기구가 있다. 둘째로 행정기관 산하기관에 설치되어 있는 경우이다. 셋째로 민간기관이나 단체에 설치되어 있는 경우가 있다. 여기에서 행정형 ADR 중 세 번째인 민간기관이나 단체에 설치되어 있는 경우에는 순수한 민간형 ADR과의 구별이 어려운 경우가 발생할 수 있다. 실제로 적지 않은 연구에서 그 구별을 달리하는 경우가 나타나고 있다. 가맹사업거래분쟁조정협의회에 대하여 민간형으로 분류하는 견해가 있는가 하면[26) 행정형으로 분류하기도 한다.[27) 하도급분쟁조정협의회에 대하여도 민간형으로 분류하

---

24) 행정형 ADR기구에 행정심판위원회를 포함하여야 하는가에 대해서는 통일되어 있지 않다. '소송 외의' 방법으로 분쟁을 해결한다는 점을 엄격히 해석하면 행정심판도 행정형 ADR의 일종이라는 입장이 있는가 하면, 행정심판도 당사자 사이에 소송과 같이 대립적(adversarial)인 구조하에서 타협이나 조정보다는 법률적 판단에 근거하여 승리와 패배를 구별한다는 점에서 ADR의 형식으로 볼 수 없다는 입장도 있다. 본 연구에서는 행정심판의 소송과 같은 정도의 공식적 성격과 유연한 타협 과정의 결여 등을 감안하여 행정형 ADR에서 제외하고자 한다. Tina Nabatchi는 미국 연방정부의 ADR제도화에 관한 연구에서 행정심판을 소송과 같이 ADR에서 제외하고 있다. "Alternative dispute resolution … is an umbrella term … used in lieu of traditional judicial and administrative dispute resolution processes, such as litigation and administrative adjudication." Tina Nabatchi, "The Institutionalization of Alternative Dispute Resolution in the Federal Government", Public Administration Review, 67(4), 2007, p. 646.

25) 임동진, 대안적 갈등해결방식(ADR)제도의 운영실태 및 개선방안 연구, 한국행정연구원, 2012. 290-296쪽 참조.

26) 김연, "법원이 관여하지 않는 특별 조정절차의 검토". 민사소송, 2010, 50쪽; 유병현, "법원 외 분쟁조정위원회의 발전방향", 고려법학 제43호, 2004, 246쪽.

27) 하혜영, "행정형ADR 기구의 제도설계에 대한 비교 연구", 분쟁해결연구 제10권제2호, 2012. 8, 43쪽; 함영주, "우리 법제 하 행정형 ADR의 현황과 과제", 언론중재,제29권제1호, 언론중재위원회, 2009 봄, 29쪽.

는 견해가 있는가 하면[28] 행정형으로 분류하기도 한다.[29] 이 밖에 소비자단체의 자율분쟁조정위원회를 민간형으로 분류하는 견해(하혜영, 2012; 유병현, 2004)가 있는가 하면 행정형으로 분류하기도 한다(함영주, 2009). 소비자분쟁조정위원회에 대하여는 일반적으로 행정형으로 분류되는데 비하여(하혜영, 2012; 유병현, 2004; 서순복, 2005; 김준한, 1996) 민간형으로 분류하기도 한다(김연, 2010). 인터넷주소분쟁조정위원회에 대하여 민간형으로 분류하는 견해(함영주, 2010)가 있는가 하면 행정형으로 분류하기도 한다(하혜영, 2012; 김연, 2010; 유병현, 2004). 이와 같이 행정형 ADR 중에서 민간기관에 의해서 설치되는 ADR기구와 순수한 민간형 ADR기구를 구별하는 데 뚜렷한 기준을 찾아보기가 어려운 것이 현실이다.

이에 대해서는 민간기관에 의해 설치되는 분쟁조정기구라 할지라도 법률이나 대통령령에 그 고유 명칭까지 규정되어 있고, 그 민간기관이 정부로부터 재정적 지원을 받거나 업무적으로 긴밀히 연계되어 정부의 사업을 대행하는 역할을 하는 성격을 가질 경우 행정형 ADR로 분류하는 것이 좋을 것으로 생각된다. 법률이나 대통령령에 그 고유 명칭까지 직접 규정하는 것은 정부의 관리 의지가 표현된 것이라 할 수 있고, 민간기관의 ADR은 기본적으로 그 명칭이나 설치 여부를 민간기관의 자율에 맡기는 것이 원칙이라고 판단되기 때문이다.

(2) 행정형 ADR에 대한 선행 연구

행정형 ADR에 대한 그동안의 연구에서는 환경분쟁조정위원회나 언론중재위원회, 소비자분쟁조정위원회와 같이 운영 실적이 축적된 분쟁조정기구들을 중심으로 그 운영실태와 개선방안들을 제시하는 연구들이 주로 많았다.[30] 그러나 행정형 ADR기구의 전체적인 현황이나 전반적인 운영실태 등에 대한 실증적

---

28) 김연, 전게서, 50쪽.

29) 하혜영, 전게서, 43쪽; 함영주, 전게서, 29쪽.

30) 김영욱·임유진, "언론-소스 간 갈등해소와 '주정' 기능 강회강치로서의 언론중재제도 연구", 한국언론학보 제54권1호, 2010; 홍준형, "환경갈등과 조정: 쟁점과 대안", 환경법연구, 2010; 하혜영, 전게서; 강정혜, "대체적 분쟁해결(ADR)로서의 환경분쟁조정과 환경소송", 환경법연구 제30권3호, 2008; 김인숙, "내용분석을 통한 소비자 분쟁조정 실태 연구", 소비자문제연구 제32호, 2007; 조홍식, "대안적(代案的) 분쟁해결제도(ADR)의 경제학: 환경분쟁조정제도에 대한 평가를 중심으로", 법학, 2006; 김상수, "환경분쟁해결을 위한 재판과 ADR의 역할 분담," 환경법연구 제28권1호, 2006; 이희정, "환경분쟁의 발생배경, 유형, 그리고 대책", 환경법연구, 2006.

인 연구는 거의 없는 실정이다.[31) 심준섭은 ADR의 법적·제도적 기반, 구조 및 기능, ADR 자원을 기준으로 11개의 행정형 ADR기구들을 비교 분석하였다.[32) 하혜영은 중앙정부와 정부 산하의 공공기관 등에 설치된 ADR기구 35개를 대상으로 분쟁해결 방식과 그 효력, 조직과 권한 등 제도적 특성들을 분석하였다.[33) 김연은 법원 외 조정기관으로 행정형뿐만 아니라 민간형 ADR 기관 69종을 근거법령, 대상, 효력, 비고로 나눈 표를 제시하고, 조정위원회의 구성, 조정 당사자, 조정의 요건, 조정절차, 조정의 효력으로 나누어 검토하였다.[34) 함영주는 행정형 ADR로서 32개의 조정위원회의 특징을 하나의 표로 제시하고, 그 중에서 대표적인 환경분쟁조정위원회, 소비자분쟁조정위원회, 언론중재위원회를 중심으로 실적과 문제점들을 평가하였다.[35) 유병현은 행정형과 민간형 ADR 중 대표적인 34개를 중심으로 문제점과 개선방향 등에 대해 논의하였다.[36) 김준한은 행정부가 제공하고 있는 행정형 ADR을 행정부처에 소속된 위원회, 공공법인의 위원회, 기타 위원회로 나누어 개관하고 그 특징을 분석하였다.[37) 위에서 보듯이 행정형 ADR기구에 대한 연구가 부분적으로는 많으나 전체적인 현황에 대하여 총체적으로 망라하여 분석한 연구는 없다시피하는 상황이다. 따라서 이하에서는 행정형 ADR기구의 전체적인 현황에 대한 분석·검토를 위한 입법상의 전수조사를 시도하되, 그 모든 행정형 ADR기구들에 대하여 운영 실태나 실적 등을 파헤치는 것은 현실적으로 불가능하므로 행정형 ADR기구의 입법 현황을 정리하고 분석해 냄으로써 법령상의 전체적인 실태와 문제점을 진단하여 그 개선방안을 도출하고자 한다.

---

31) 임동진, "행정형 ADR기구의 운영실태 및 개선방안 연구", 한국행정학보 제47권제3호, 2013 가을, 136쪽.

32) 심준섭, "국내 행정형 ADR 기구의 비교분석: 문제점과 대안", 공존협력연구 창간호, 2012. 12.

33) 하혜영, 전게서, 2012. 8.

34) 김연, 전게서, 2010.

35) 함영주, "우리 법제 하 행정형 ADR의 현황과 과제", 언론중재 제29권제1호, 언론중재위원회, 2009 봄.

36) 유병현, 전게서, 2004.

37) 김준한, "행정부와 대체적 분쟁해결제도", 한국행정학보, 1996.

2. 행정형 ADR의 분석 기준과 방법

(1) 분석의 범위 및 기준

우리나라 행정형 ADR의 전체적인 입법 현황을 분석하기 위해 그 분석 대상의 범위를 정하는데 몇 가지 점에 착안하였다.

첫째로 ADR 관련 연구를 보면 흔히 행정형 ADR기구로서 ADR기능을 갖는 기관이나 분쟁조정위원회를 열거하는 경우가 많은데, 과연 어디까지가 ADR기구이고 ADR기구로 보기 어려운 것은 어느 것인가에 대한 논의나 뚜렷한 기준은 찾아보기가 어려웠다. 요즈음은 ADR에 관한 관심과 요구가 높아감에 따라 행정기관 스스로도 ADR 기능을 갖는다거나 ADR기구임을 강조하는 경우도 늘고 있다.[38] 조형석·신민철은 감사원에 대하여도 분쟁해결기구로서의 역할을 강조하는 연구를 발표한 바 있다.[39] 사실 ADR기구가 소송 외의 방법으로 분쟁을 해결하는 방식이라는 점을 감안한다면 ADR 기관이나 기구의 개념은 생각보다 넓다고 할 수 있다. 그러한 개념으로 생각한다면 국민들의 불만이나 분쟁을 소송 외의 방식으로 처리해 주는 가장 커다란 국가기관은 입법부라고 할 수 있다. 입법부는 법안이나 예산 심의는 물론 행정부의 정책 수립과 집행 과정에서 발생하는 갈등이나 분쟁을 진정, 청원, 국정감·조사, 상임위 활동, 의회 옴부즈맨 등을 통하여 해결해 주는 ADR 기관이라 할 수 있을 것이다. 그러나 일반적으로 입법부를 ADR 기관으로 분류하는 경우는 찾아보기 어렵다. 이는 각 행정부처의 경우도 마찬가지이다. 행정부처가 정책을 수립하고 집행하는 과정에서 무수한 갈등과 민원이 있게 되는데 이를 소송 외의 방식인 민원 상담, 협의, 설명회에서부터 협상, 조정에 이르기까지 국민들의 많은 불만과 분쟁이 행정 절차가 이루어지는 과정에서 처리되거나 해결된다. 모든 행정부처에서 자연스럽게 ADR 기능이 이루어지는 것이다. 그렇다고 전체 행정부처를 ADR 기관으로 분류하지도 않는다.

---

38) "..... 선진국들은 오래 전에 중립적인 제3자가 제안하는 '대안석 분쟁해결'을 갈등해결의 주요 방식으로 잘 정착시켰지만 우리나라에서는 아직 낯설다 ..... 국민권익위원회는 국가적 현안인 집단 갈등 민원을 선제적으로 해결해 사회적 갈등을 예방하고 비용도 줄이는 갈등조정 전문부처의 역할을 적극적으로 해 나갈 것이다." 이성보 국민권익위원장, "집단갈등 조정할 인프라 보완해야", 문화일보, 2014. 2. 5 기고 참조.

39) 조형석·신민철, "대체적 분쟁해결기구로서의 감사원의 역할 탐색", 한국행정연구 제21권제3호, 2012.

그렇다면 ADR 기관의 기준은 어떻게 정해야 할까. 이에 대해서는 분쟁해결 절차, 분쟁해결을 돕는 제3자인 중립인 존재 여부, 분쟁해결 방식에 따른 효력 등 일정한 기준을 마련하여 판단하는 별도의 추가적인 연구가 있어야 할 것으로 보인다.

　일반적으로 행정형 ADR 기관으로 분류되는 것을 살펴보면, 행정기관으로 국민권익위원회, 국가인권위원회, 노동위원회, 환경분쟁조정위원회 등이 있고,[40] 행정기관의 산하기관으로는 한국소비자원, 한국인터넷진흥원, 한국공정거래조정원, 한국의료분쟁조정중재원 등이 있으며, 그 외 언론중재위원회 같은 독립적인 기관이 있다. 그런데 행정기관의 산하기관의 경우 그 기관 자체와는 별도로 그 소속하에 분쟁해결을 위한 분쟁조정위원회 등 분쟁해결기구를 두고 있는 경우가 많다. 따라서 분석의 통일성과 기준 마련을 위하여 다음과 같은 원칙을 세우고자 한다.

　먼저 ADR 기능을 수행하는 관련 행정기관에 대해서는 그 중에서 위원회의 명칭을 가지고 있는 행정기관을 분석대상으로 하고, 행정기관의 산하기관이나 민간기관에 대해서는 한국공정거래조정원, 한국의료분쟁조정중재원, 한국소비자원과 같은 기관 자체들을 대상으로 하기보다 그 기관에서 분쟁해결을 위해 부수적으로 설치되어 있는 위원회 형식의 ADR기구(공정거래분쟁조정협의회, 의료분쟁조정위원회, 소비자분쟁조정위원회 등)들을 분석의 대상으로 하고자 한다.

　둘째로 행정형 ADR기구의 입법 현황에 대한 분석의 범위를 정함에 있어 현행 법령 중에서 법률과 대통령령 상에 규정된 ADR기구를 대상으로 하고자 한다. 대통령령보다 하위에 있는 부령(시행규칙)이나 각 기관의 자체 법규 또는 정관상에 분쟁조정위원회의 설치가 규정되는 경우도 있으나[41] 분석의 일관성과 입법 현황의 전체적인 파악을 쉽게 하기 위하여 부령 이하의 설치 규정에 대하여는 제외하기로 한다.

　셋째로 집행기관에 부수적으로 설치되어 있는 행정형 ADR기구가 분쟁조정위원회의 명칭으로 되어 있는 경우가 많으나 개별법령과 기구의 성격에 따라 심의위원회, 분쟁심의회, 협의회, 관리위원회, 조정부와 같이 다양하게 설치되어 있는 것이 현실이다. 여기에서는 그 명칭과 관계없이 분쟁의 조정 내지는 해

---

40) 하혜영, 전게서, 43쪽.

41) 자본시장과 금융투자업에 관한 법률에 의한 시장감시위원회는 자체 규정으로 분쟁조정규정을 두고 있고, 그 규정에 '분쟁조정심의위원회'의 설치를 규정하고 있다. 따라서 민간형 ADR로 볼 수 있으나 시장감시위원회 자체가 법률에 의해 규정되어 있어 본 연구에서는 행정형ADR로 분류하였다. 시장감시위원회 분쟁조정규정(제13조) 참조.

결을 위하여 설치되어 ADR 기능을 하는 기구들을 모두 분석의 대상으로 하고
자 한다.

(2) 분석의 목적 및 방법

이 분석의 목적은 첫째로 행정형 ADR기구의 전체적인 입법 현황을 정리하
여 파악하는 데 있다. 현행 우리나라의 법령상 어느 분야에 어떠한 행정형 ADR
기구가 어느 정도로 구성되어 있는가를 파악하고자 하는 것이다. 어느 부처 소
관에서 ADR을 많이 활용하는지도 드러나게 될 것이다.

둘째로 최근 들어 ADR이 확산되고 행정형 ADR기구를 설치하는 법령이 증
가하고 있는 현상에 주목하고, 행정상의 분쟁조정기구를 규정함에 있어 입법상
의 어떠한 추세나 기준이 있는지를 탐색해 보고자 한다.

셋째로 행정형 ADR기구에 대하여 전체적으로 법률에 근거한 기구와 하위
대통령령에 의거하여 규정된 기구의 실태를 알아보고, 어떠한 형식으로 구성되
어 있으며 사무국의 지원을 받고 있는 기구와 그렇지 않은 기구의 현황 및 그
설치의 기준이 있는지 등을 알아보고자 한다.

넷째로 개별적인 분석으로서 법령상 규정되어 있는 행정형 ADR기구의 분쟁
해결 절차에 있어 공통적으로 중요하게 취급되는 사항이 무엇이고, 소홀하게 규정
되고 있는 절차는 어느 것인가를 식별하고자 한다. 위원들의 수, 임기, 의사결정의
방식, 조정안 작성 기일, 당사자의 절차 참여, 절차의 비공개 등 행정형 분쟁해결
기구의 구성과 분쟁해결 절차에서 어떠한 특성을 보이고 있는지를 살펴볼 것이다.

다섯째로 행정형 ADR에서 가장 논란이 되고 있는 행정상의 조정의 효력에
대하여 법령에서 주로 택하고 있는 입장은 어느 것이며 추세상의 변화는 어떤지
등에 대하여 알아보고자 한다.

이러한 분석을 위해 선행 연구에서 분석 대상이 된 행정형 ADR기구들을
검토하였다. 그 결과 기존 연구에서 예시된 행정형 ADR기구들은 대상 기구의
숫자로나 분석 단위에 있어 제한적인 경향을 보였다. 또 일부 연구는 오래 전에
이루어져서 언급된 행정형 ADR기구가 법령의 제·개정, 기관의 통·폐합, 기구의
신설·폐지 등으로 인해 현실과 다르게 기술되어 있는 경우도 있었다. 아직까지

행정형 ADR을 정부에서 공식적으로 일괄하여 조사를 하거나 통계를 내어 발표한 자료는 찾아볼 수가 없기 때문에, 분석 대상을 정함에 있어 선행 연구에서 분석 대상이 된 행정형 ADR기구들을 중복적으로 체크하였고 추가적으로 국회 법률정보시스템과 법제처의 국가법령정보센터에서 '분쟁조정', '조정위원회' 등의 키워드를 사용하여 각 법령의 내용을 검색하여 현행 법령상의 행정형 ADR 기구들에 대한 '전수 조사'를 시도한다는 차원에서 탐색해 냈다.

분석 대상 위원회를 선정함에 있어서 전체적인 탐색도 어려움이 있지만 분석 대상을 정함에 있어 어떤 기준으로 하여야 할지를 정하는 것도 쉽지 않았다. 우선 독립적인 조직 자체인 위원회(국가인권위원회, 노동위원회 등)와 그 안에 있는 분쟁조정위원회를 어떻게 취급할 것인가도 문제가 되었다. 예를 들어 국가인권 위원회는 그 안에 별도의 조정위원회가 있으므로 조정위원회를 분석 대상으로 한 반면, 국민권익위원회는 그 안에 소위원회와 분과위원회를 가지고 있으나 별도의 분쟁조정위원회 같은 기구가 설치되어 있지 않으므로 국민권익위원회 자체를 분석 대상으로 하였다. 또한 노동위원회의 경우에는 그 안에 있는 분과위원회가 노동위원회의 분과위원회이면서도 독립적인 분쟁조정을 위한 독자적인 분쟁해결기구로서의 성격42)을 함께 갖고 있는 차별시정위원회, 조정위원회, 중재위원회, 교원노동관계조정위원회, 공무원노동관계조정위원회 등은 노동위원 회와는 별도로 분석대상으로 추가하였다.43) 또한 법령에 따라서는 그 명칭이 ○○심의위원회, ○○협의회 등으로 되어 있는 것 중에서 일부는 분쟁해결을 위한 ADR기구로 분명히 구별될 수 있으나, 어느 것은 애매한 경우도 있어 이러한 경우에는 분석의 대상에서 제외된 것도 있다. 끝으로 분쟁조정위원회 등 행정형 ADR기구들이 법령에 따라 중앙위원회와 지방위원회로 이원화 되어 있는 경우도 있어, 이러한 경우에는 다른 행정형 ADR기구와의 비교를 위해 중앙위원회를 기준으로 하였다. 다만 지방위원회의 해당 사항은 참고를 위해 괄호로 처리하여 참조할 수 있게 하였다.

---

42) 공무원의 노동조합 설립 및 운영 등에 관한 법률 제15조제1항에 의하면 공무원노동관계조정위원회는 전원회의와 소위원회를 두게 되어 있어 독립적인 분쟁조정을 위한 ADR기구로서의 성격을 가짐을 알 수 있다.

43) 노동위원회법 제15조(회의의 구성등) ①노동위원회에는 전원회의 외에 그 권한에 속하는 업무를 부문별로 처리하기 위하여 다른 법률에 특별한 규정이 있는 경우를 제외하고는 심판위원회·차별시정 위원회·조정위원회·특별조정위원회·중재위원회(仲裁委員會)·교원노동관계조정위원회 및 공무원노동 관계조정위원회(이하 "부문별위원회"라 한다)를 둔다.

3. 우리나라 행정형 ADR의 입법현황 분석표

위와 같은 과정을 거쳐 탐색한 우리나라의 현행 법령상 규정되어 있는 전체적인 행정형 ADR기구는 60개가 도출되었다. 이하에서는 앞에서 설명한 분석의 범위 및 기준을 적용하여 현행 법령상 규정되어 있는 전체적인 행정형 ADR 현황을 표로 정리하였다.[44] 행정형 ADR의 입법현황 분석표를 작성함에 있어서는 행정형 분쟁해결 절차에 있어 법령상 갖춰야 할 기본적인 핵심사항이 무엇일까에 중점을 두어 분석요소를 결정하였다. 그 요소로는 설치 근거, 기구의 구성, 분쟁해결 절차, 행정형 ADR의 유형과 효력 등으로 하고, 그러한 분석요소를 파악하기 위한 세부 항목을 분석요소에 맞추어 그룹화 하였다.

우선 ADR기구의 설치근거를 보기 위하여 근거법령과 그 소관부처를 세부적인 분석 항목으로 하였고, ADR기구의 구성을 알아보기 위하여 사무국(처), 위원 수, 위원장 결정 방식, 위원의 임기, 위원의 제척·기피·회피 등을 세부적인 분석 항목으로 삼았다. 또 행정형 ADR의 분쟁해결 절차를 파악하기 위해 의결정족수, 절차의 비공개, 비밀유지, 조정안 작성기일, 조정안 수락기간, 당사자 등의 절차참여 등을 세부적인 분석 항목으로 하였으며, 우리나라 행정형 ADR이 사용되는 유형과 효력을 알아보기 위하여 분쟁해결의 유형과 그에 대한 효력, 소멸시효 등을 세부적인 분석항목으로 삼았다. 이러한 분석요소들을 기준으로 하여 우리나라 행정형 ADR의 전체적인 입법현황 분석표를 작성하면 다음과 같다.[45]

---

44) 2016년 4월을 기준으로 현행 법률과 대통령령을 분석하여 작성하였다.

45) 2014년 6월에 발표된 필자의 논문에 포함시켰던 지방자치법에 의한 (지방자치단체)분쟁조정위원회, 대·중소기업 상생협력 촉진에 관한 법률 시행령에 의한 수·위탁분쟁조정협의회, 농업협동조합법 시행령에 의한 분쟁조정위원회, 산림조합법에 의한 분쟁조정위원회를 빼고, 이번 분석에서는 정보보호산업의 진흥에 관한 법률에 의한 정보보호산업분쟁조정위원회, 집합건물의 소유 및 관리에 관한 법률에 의한 집합건물분쟁조정위원회, 공공데이터의 제공 및 이용 활성화에 관한 법률에 의한 공공데이터제공분쟁조정위원회, 산업디자인진흥법에 의한 디자인분쟁조정위원회를 추가하였다. (지방자치단체)분쟁조정위원회는 지방자치단체 상호 간이나 지방자치단체의 장 상호 간의 다툼을 조정(調整)하는 것으로서 사실상 조정(調停)을 의미하는 ADR기구로 보기 어렵다는 판단을 하였기 때문이고, 그 밖에 수·위탁분쟁조정협의회나 농업협동조합법 시행령 및 산림조합법에 의한 분쟁조정위원회들은 법령에 규정되어 있기는 하지만 그 성격상 민간형 ADR로 분류하는 것이 좋겠다는 판단에 따른 것이다. 대신 추가한 조정위원회들은 그 전의 분석에서 누락되었거나 논문 발표 이후에 새로이 신설된 ADR기구들이다. 박철규, 전게서 참조.

번 호	1	2	3	4	5
위원회명	국가계약분쟁 조정위원회	민간투자사업 분쟁조정 위원회	교권보호 위원회	사학분쟁조정 위원회	학교폭력 대책 자치위원회
근거법	국가를 당사자로 하는 계약에 관한 법률	사회기반시설 에 대한 민간투자법	교원 예우에 관한 규정 (시행령)	사립 학교법	학교폭력 예방 및 대책에 관한 법률
소관 부처	기획재정부	기획재정부	교육부	교육부	교육부
사무국(처) 규정	X	X	X	O (시행령)	X
위원 수	15인 이내	9인 이내	학교: 5인~10인 시·도: 7인~10인 (시행령)	11인	5인~10인
위원장 결정방식	기획부장관이 지명하는 공무원	기획재정부 장관이 지명	위원 중 호선 (시행령)	대법원장이 추천하는 위원 중 호선	위원 중 호선 (시행령)
위원의 임기(연임)	2년(연임가능)	2년(시행령) (연임여부X)	학교: X 시·도: 3년(한 차례 연임) (시행령)	2년 (한 차례 연임)	2년(시행령) (연임여부X)
의결정족수	재적 과반수의 출석으로 개의, 출석 과반수의 찬성으로 의결 (시행령)	재적 과반수의 출석으로 개의, 출석 과반수의 찬성으로 의결 (시행령)	X	X	재적 과반수의 출석 개의, 출석 과반수의 찬성으로 의결(시행령)
위원의 제척·기피·회피	O	O(시행령)	X	O (시행령)	O (시행령)
절차의 비공개	X	X	X	X	O
비밀유지	X	X	X	X	O
분쟁해결의 유형	조정	조정 전 합의, 조정	조정	조정	조정
조정안 작성 기일	50일 이내	90일 이내	X	X	1개월
수락 기간	15일	15일	X	X	X
효력	재판상 화해	당사자 간에 조정서와 같은 내용 합의	X	X	X
소멸시효 중단 등 규정	X	X	X	X	X
절차 참여	OO(시행령)	O	X	O (시행령)	X

번 호	6	7	8	9	10	11
위원회명	우체국보험 분쟁조정 위원회	인터넷 주소 분쟁조정 위원회	전자문서· 전자거래 분쟁조정 위원회	정보보호 산업 분쟁조정 위원회	집합건물 분쟁 조정위원회	개인정보 분쟁조정 위원회
근거법	우체국예금· 보험에 관한 법률	인터넷주소 자원에 관한법률	전자문서 및 전자거래 기본법	정보보호 산업의 진흥에 관한 법률	집합건물의 소유 및 관리에 관한 법률	개인정보보 호법
소관 부처	미래창조 과학부	미래창조 과학부	미래창조 과학부	미래창조 과학부	법무부	행정 자치부
사무국(처) 규정	X	O	O	O	X	O
위원 수	11인 이내	30인 이내	15~50인	10인~30인	10인 이내	20인 이내
위원장 결정방식	위원 중 미래창조 과학부장관 이 지명	위원 중 미래창조 과학부 장관이 임명	위원 중 호선	위원 중 호선	시·도지사가 위원 중에서 임명(위촉)	개인정보 보호위원회 위원장이 위촉
위원의 임기(연임)	2년(연임가 능)	3년(연임여 부X)	3년(한 차례 연임가능)	3년(1회 연임가능)	2년(시행령) (연임여부X)	2년(1차 연임가능)
의결정족수	재적 과반수의 출석으로 개의, 출석 과반수의 찬성으로 의결(시행령)	재적 과반수의 출석으로 개의, 출석 과반수의 찬성으로 의결(시행령)	재적 과반수의 출석으로 개의, 출석 과반수의 찬성 의결(시행령)	재적 과반수의 출석으로 개의, 출석 과반수의 찬성으로 의결(시행령)	재적 과반수의 출석과 출석 과반수의 찬성으로 의결	재적 과반수의 출석 개의, 출석 과반수의 찬성 의결
위원의 제척·기피·회피	O(시행령)	O	O	O	O	O
절차의 비공개	O(시행령)	X	X	O(시행령)	X	O(시행령)
비밀유지	X	O	O	O	X	X
분쟁해결의 유형	조정	조정	조정 전 합의, 조정	조정 전 합의(시행령), 조정	조정	조정 전 합의, 조정
조정안 작성 기일	60일 이내 (시행령)	조정부 구성 후 14일 이내	45일 이내	60일 이내	60일 이내	60일 이내
수락 기간	X	15일	15일	15일	14일	15일
효력	X	당사자 간 조정안과 동일한 내용의 합의	재판상 화해	당사자 간 조정안과 동일한 내용의 합의	당사자 간 조정서와 동일한 내용 합의	재판상 화해
소멸시효 중단 등 규정	X	X	O	X	X	X
절차 참여	O(시행령)	O	O	O	O(시행령)	O

번 호	12	13	14	15	16	17
위원회명	공제분쟁 조정심의 위원회	공공데이터 제공분쟁 조정위원회	언론중재 위원회	콘텐츠분쟁 조정위원회	한국저작권 위원회	농수산물 전자거래 분쟁조정 위원회
근거법	새마을 금고법	공공데이터의 제공 및 이용 성화에 관한 법률	언론중재 및 피해구제 등에 관한 법률	콘텐츠산업 진흥법	저작권법	농수산물 유통 및 가격안정에 관한 법률
소관 부처	행정 자치부	행정자치부	문화체육 관광부	문화체육 관광부	문화체육 관광부	농림축산 식품부
사무국(처) 규정	X	O	O	O	X	X
위원 수	5인~9인 (시행령)	25인 이내	40인~90인	10인~30인	20인~25인	9인 이내
위원장 결정방식	위원 중 호선 (시행령)	위원 중 행정자치부 장관이 임명	위원 중 호선	위원 중 호선	위원 중 호선	위원 중 호선
위원의 임기(연임)	X	2년(1회 연임가능)	3년(한 차례 연임)	3년(1회 연임가능)	3년 (연임가능)	2년 (연임여부X) (시행령)
의결정족수	재적 반수의 출석과 출석 과반수의 찬성 의결 (시행령)	재적 반수의 출석으로 개의, 출석 반수의 찬성으로 의결	재적 반수의 출석과 출석 과반수의 찬성으로 의결	X	재적 반수의 출석 개의, 출석 3분의 2 이상의 찬성 의결(시행령)	재적 반수의 출석 개의, 출석 반수의 찬성 의결 (시행령)
위원의 제척· 기피·회피	X	O	O	O	O(시행령)	O(시행령)
절차의 비공개	X	O	O	X	O	X
비밀유지	X	X	X	O	X	X
분쟁해결의 유형	조정	조정 전 합의, 조정	조정 전 합의, 조정 직권 조정, 중재	조정	알선, 조정	조정 전 합의, 조정
조정안 작성 기일	60일 (시행령)	30일 이내	14일 이내	60일 이내	3개월 이내 (시행령)	20일 이내 (시행령)
수락 기간	X	15일	7일 (직권조정)	5일	X	X
효력	X	재판상 화해	조정,직권조정: 재판상 화해 중재: 확정판결	재판상 화해	재판상 화해	X
소멸시효 중단 등 규정	X	X	X	X	X	X
절차 참여	O(시행령)	O	OO	O	O(시행령)	X

번 호	18	19	20	21	22	23
위원회명	축산계열화사업. 분쟁조정 위원회	환지심의 위원회	배치설계 심의조정 위원회	산업기술 분쟁조정 위원회	산업재산권 분쟁조정 위원회	디자인 분쟁조정 위원회
근거법	축산계열화사업에관한법률	농어촌 정비법	반도체집적회로의 배치설계에 관한 법률	산업기술의 유출방지 및 보호에 관한 법률	발명진흥법	산업 디자인 진흥법
소관 부처	농림축산 식품부	농림축산 식품부	산업통상 자원부	산업통상 자원부	산업통상 자원부	산업통상 자원부
사무국(처) 규정	X	X	X	X	X	O
위원 수	9인 이내	20인 이내 (시행령)	10인~15인	15인 이내	15인~40인	20인 이내
위원장 결정방식	공익 대표 위원 중 호선	농업생산기반정 비사업을 시행하는 기관의 장((시행령)	위원 중 호선	위원 중에서 산업통상자원 부장관이 임명	위원 중 특허청장이 지명	X
위원의 임기(연임)	2년 (연임가능)	X	3년 (연임가능)	3년 (연임가능)	3년 (연임여부X)	X
의결정족수	재적 과반수의 출석과 출석 과반수의 찬성으로 의결	재적 반수의 출석으로 개의, 출석 과반수의 찬성으로 의결(시행령)	재적 분의2의 출석으로 개의, 출석 과반수의 찬성으로 의결	재적 반수의 출석으로 개의, 출석 과반수의 찬성으로 의결	재적 반수의 출석과 출석 과반수의 찬성으로 의결 (시행령)	X
위원의 제척·기피·회피	O	X	O	O	O	X
절차의 비공개	X	X	X	O	X	X
비밀유지	X	X	X	O	O	X
분쟁해결의 유형	조정	조정	조정	조정 전 합의, 조정	조정	조정
조정안 작성 기일	60일 이내	X	6개월 이내	3개월 이내	3개월 이내	3개월 이내
수락 기간	X	X	X	15일	X	15일
효력	재판상 화해	X	재판상 화해	재판상 화해	재판상 화해	재판상 화해
소멸시효 중단 등 규정	O	X	O	X	O	X
절차 참여	X	X	OO (시행령)	O	O	X

번 호	24	25	26	27	28
위원회명	시장분쟁조정위원회	유통분쟁조정위원회	건강보험분쟁조정위원회	의료분쟁조정위원회	환경분쟁조정위원회
근거법	전통시장 및 상점가 육성을 위한 특별법	유통산업발전법	국민건강보험법	의료사고 피해구제 및 의료분쟁 조정 등에 관한 법률	환경분쟁조정법
소관 부처	산업통상자원부	산업통상자원부	보건복지부	보건복지부	환경부
사무국(처)규정	X	X	O	X	O
위원 수	11~15인	11인~15인	60인 이내	50인~100인	중앙: 30인 이내
위원장 결정방식	시·도 소속 공무원 중 시·도지사가 지명	위원 중호선	보건복지부 장관 제청으로 대통령이 임명 (시행령)	의료분쟁조정 중재원장의 제청으로 보건복지부장관이 위촉	중앙: 환경부장관의제청에 의해 대통령이 임명 (지방: 시·도지사가 임명)
위원의 임기(연임)	2년 (연임가능)	2년 (연임 여부X)	3년(시행령) (연임 여부X)	3년 (연임가능)	2년 (연임가능)
의결정족수	X	X	재적 과반수의 출석과 출석 과반수의 찬성으로 의결	재적 과반수의 출석과 출석 과반수의 찬성으로 의결	전원의 출석으로 개의, 재적 과반수의 찬성으로 의결
위원의 제척·기피·회피	X	X	O(시행령)	O	O
절차의 비공개	X	X	X	O	O
비밀유지	X	X	X	O	X
분쟁해결의 유형	조정	조정	조정	조정 전 합의, 조정, 중재	알선, 조정, 직권 조정, 합의, 재정
조정안 작성 기일	45일 이내	시군구: 60일 이내 (시도: 30일 이내)	60일 이내(시행령)	90일 이내	알선: 3개월 조정, 재정: 9개월 (시행령)
수락 기간	15일	15일	X	15일	재정: 60일
효력	당사자 간에 조정서와 같은 내용의 합의	당사자 간 조정서와 동일한 내용의 합의	X	조정: 재판상화해 중재: 확정판결	조정, 재정: 재판상 화해
소멸시효 중단 등 규정	X	X	X	O	O
절차 참여	O	O	X	OO	OO

번 호	29	30	31	32
위원회명	노동위원회	차별시정위원회 (노동위원회)	조정위원회 (노동위원회)	특별조정위원회 (노동위원회)
근거법	노동위원회법	노동위원회법, 기간제 및 단시간근로자 보호 등에 관한 법률	노동위원회법, 노동조합 및 노동관계조정법	노동위원회법, 노동조합 및 노동관계조정법
소관 부처	고용노동부	고용노동부	고용노동부	고용노동부
사무국(처) 규정	O	X	X	X
위원 수	근로자위원, 사용자위원:10인~50인 공익위원: 10~70인	3인	3인	3인
위원장 결정방식	중앙: 공익위원 자격자 중에서 고용노동부장관의 제청으로 대통령이 임명(지방: 공익위원 자격자 중에서 중앙노동위원장의 추천과 고용노동부장관의 제청으로 대통령이 임명)	차별시정위원회 위원 중에서 호선 (노동위원회법)	공익을 대표하는 조정위원	특별조정위원 중에서 호선
위원의 임기(연임)	3년(연임가능)	3년(연임가능) (노동위원회법)	3년(연임가능) (노동위원회법)	3년(연임가능) (노동위원회법)
의결정족수	재적 과반수의 출석으로 개의, 출석 과반수의 찬성으로 의결		전원 출석으로 개의, 출석 과반수의 찬성으로 의결(노동위원회법 적용)	
위원의 제척· 기피·회피	O(노동위원회법 적용)			
절차의 비공개	X(노동위원회법 제19조: 공개의 원칙 적용)			
비밀유지	O(노동위원회법 적용)			
분쟁해결의 유형	화해, 조정, 중재 등	조정, 중재	조정, 조정안에 대한 해석 또는 이행방법에 관한 견해 제시	조정,
조정안 작성 기일	X	60일 이내	일반사업: 10일 공익사업: 15일	X
수락 기간	X	X	X	X
효력	화해: 재판상 화해	조정, 중재: 재판상 화해	조정:단체협약과 동일 효력 조정안에 대한 해석 또는 이행방법에 관한 견해: 중재재정과 동일 효력	X
소멸시효 중단 등 규정	X	X	X	X
절차 참여	O	OO	OO	X

번 호	33	34	35	36	37
위원회명	중재위원회 (노동위원회)	교원노동관계 조정위원회 (노동위원회)	공무원노동관 계조정위원회 (노동위원회)	건설분쟁 조정위원회	건축분쟁 전문위원회
근거법	노동위원회법, 노동조합 및 노동관계조정법	노동위원회법, 교원의 노동조합설립 및 운영 등에 관한 법률	노동위원회법, 공무원의 노동조합 설립 및 운영 등에 관한 법률	건설산업 기본법	건축법
소관 부처	고용노동부	고용노동부	고용노동부	국토교통부	국토교통부
사무국(처) 규정	X	X	X	O	O(위탁)
위원 수	3인	3인	7인 이내	15인 이내	15인 이내
위원장 결정방식	중재위원 중에서 호선	위원 중 호선	위원 중 호선 (노동위원회법)	국토교통부 장관이 위원 중 임명	국토교통부 장관이 위원 중 위촉
위원의 임기(연임)	3년(연임가능) (노동위원회법 적용)		3년 (연임가능)		3년 (연임가능)
의결정족수	전원 출석으로 개의, 출석 과반수의 찬성으로 의결(노동위원회법 적용)	재적 과반수의 출석으로 개의, 출석 과반수의 찬성으로 의결(노동위원회법)	재적 과반수의 출석과 출석 과반수의 찬성으로 의결		재적 과반수의 출석으로 개의, 출석 과반수의 찬성으로 의결
위원의 제척· 기피·회피	O(노동위원회법 적용)	O(시행령)		O(시행령)	
절차의 비공개	X(노동위원회법 제19조: 공개의 원칙 적용)	O		O(시행령)	
비밀유지	O(노동위원회법 적용)	X		X	
분쟁해결의 유형	중재	조정, 중재	조정, 중재	조정 전 합의, 조정	조정, 재정, 직권 조정
조정안 작성 기일	X	30일 이내	30일 이내	60일 이내	조정: 60일 이내 재정: 120일 이내
수락 기간	15일	15일	15일	15일	조정: 15일 재정: 60일
효력	중재재정: 단체협약과 동일 효력 중재재정에 대한 해석 또는 이행방법에 관한 견해: 중재재정과 동일 효력	중재재정: 단체협약과 같은 효력	중재재정: 단체협약과 같은 효력	재판상 화해	당사자 간 조정서 또는 재정 내용과 동일한 내용의 합의
소멸시효 중단 등 규정	X	X	X	O	O
절차 참여	OO	X	X	OO	O

번 호	38	39	40	41	42	43
위원회명	하자심사·분쟁조정위원회	중앙공동주택관리분쟁조정위원회	공제분쟁조정위원회	도시분쟁조정위원회	임대주택분쟁조정위원회	자동차보험진료수가분쟁심의회
근거법	공동주택관리법	공동주택관리법	여객자동차운수사업법	도시 및 주거환경정비법	임대주택법	자동차손해배상 보장법
소관 부처	국토교통부	국토교통부	국토교통부	국토교통부	국토교통부	국토교통부
사무국(처)규정	O	X	X	X	X	O(시행령)
위원 수	50인 이내	15인 이내	15인 이내	10인 이내	10인 이내	18인
위원장결정방식	국토교통부장관이 위원 중 임명	위원 중 국토교통부장관이 임명	위원 중 호선	부시장·부지사·부구청장 또는 부군수가 겸임	해당 지방자치단체의 장이 겸임	위원 중 호선
위원의임기(연임)	2년(연임가능)	2년(연임 가능)	2년(연임가능)	X	2년(연임가능)(시행령)	2년(연임가능)
의결정족수	재적 과반수의 출석으로 개의, 출석 과반수의 찬성으로 의결	재적 과반수의 출석으로 개의, 출석 과반수의 찬성으로 의결	재적 과반수의 출석과 출석 과반수의 찬성 의결(시행령)	X	재적 과반수의 출석 개의, 출석 과반수의 찬성 의결(시행령)	X
위원의 제척·기피·회피	O	O	O	X	X	X
절차의 비공개	O	O	X	X	X	X
비밀유지	O	O	X	X	X	X
분쟁해결의유형	조정 전 합의, 조정	조정 전 합의, 조정	조정(법률) 조정 전 합의(시행령)	조정	조정	조정
조정안 작성기일	60일 이내	30일 이내	30일 이내	60일 이내	X	X
수락 기간	30일	30일	15일	15일	X	30일
효력	재판상 화해	중앙: 재판상 화해(지방: 당사자 조정서와 동일한 내용 합의)	당사자 간 조정서와 동일한 내용의 합의	당사자 간에 조정서와 같은 내용 합의	당사자 간에 소성조서와 같은 내용 합의	당사자 간 결정내용과 같은 내용의 합의
소멸시효 중단 등 규정	O	O	X	X	X	X
절차 참여	O	O	O(시행령)	X	X	O

번 호	44	45	46	47	48	49
위원회명	중앙하천 관리위원회	화물운송 사업분쟁조 정협의회	중앙수산 조정위원회	방송분쟁 조정위원회	명예훼손 분쟁조정부	조정위원회 (국가인권 위원회)
근거법	하천법	화물자동차 운수사업법	수산업법	방송법	정보통신망 이용촉진 및 정보보호 등 에 관한 법률	국가인권 위원회법
소관 부처	국토교통부	국토교통부	해양수산부	방송통신위원회	방송통신위원회	국가인권 위원회
사무국(처) 규정	X	X	X	X	X	X
위원 수	중앙: 50인 이내(지방: 30인 이내)	5~10인 (시행령)	19인 이내	5명~7명 (시행령)	5인 이하	3인
위원장 결정방식	국토교통부 장관이 지명 (지방: 시도 지사가 지명)	X	해양수산부 차관이 겸임	방송통신위 원장이 분쟁 조정위원회 위원 중 지명 (시행령)	방송통신심 의위원장이 위원 중에서 지명(시행령)	X
위원의 임기(연임)	2년 (연임가능)	X	4년 (시행령) (연임 여부X)	2년 (1회 연임) (시행령)	X	X
의결정족수	X	X	재적 과반수 의 출석 개의, 출석 과반수 의 찬성 의결 (시행령)	X	재적위원 과 반수의 출석 개의, 출석위 원 과반수의 찬성 의결 (시행령)	X
위원의 제척· 기피·회피	X	X	O(시행령)	X	X	O
절차의 비공개	X	X	X	X	O(시행령)	O
비밀유지	X	X	X	X	X	O
분쟁해결의 유형	조정	조정	조정	조정	조정	조정, 조정을 갈음 결정
조정안 작성 기일	90일 이내	X	X	X	X	X
수락 기간	15일	X	X	X	X	14일(조정 갈음 결정)
효력	당사자 간에 조정서와 같 은 내용 합의	X	X	X	X	재판상 화해
소멸시효 중단 등 규정	X	X	X	X	X	X
절차 참여	O	O(시행령)	O	X	X	X

번 호	50	51	52	53	54
위원회명	가맹사업거래분쟁조정협의회	공정거래분쟁조정협의회	대규모유통업거래분쟁조정협의회	약관분쟁조정협의회	소비자분쟁조정위원회
근거법	가맹사업거래의 공정화에 관한 법률	독점규제 및 공정거래에 관한 법률	대규모유통업에서의 거래 공정화에 관한 법률	약관의 규제에 관한 법률	소비자기본법
소관 부처	공정거래위원회	공정거래위원회	공정거래위원회	공정거래위원회	공정거래위원회
사무국(처)규정	X	X	X	X	O(시행령)
위원 수	9인	7인 이내	9인	9인	50인 이내
위원장 결정방식	공익대표 위원 중 공정거래위원장이 위촉	공정거래조정원장이 겸임	공익대표 위원 중 공정거래위원장이 임명	공정거래조정원장 제청으로 공정거래위원장이 위촉	상임위원 중에서 공정거래위원장이 임명
위원의 임기(연임)	3년(연임가능)	3년(연임가능)	3년(연임가능)	3년(연임 가능)	3년(연임가능)
의결정족수	재적 과반수의 출석 개의, 출석 과반수의 찬성 의결	재적 과반수의 출석 개의, 출석 과반수의 찬성 의결	재적 과반수의 출석 개의, 출석 과반수의 찬성 의결	재적 과반수의 출석 개의, 출석 과반수의 찬성 의결	재적 과반수의 출석과 출석 과반수의 찬성 의결
위원의 제척·기피·회피	O	O	O	O	O
절차의 비공개	O(시행령)	O(시행령)	O(시행령)	O(시행령)	X
비밀유지	X	X	X	X	X
분쟁해결의 유형	조정 전 합의, 조정	조정 전 합의, 조정	조정 전 합의, 조정	조정 전 합의, 조정	조정 전 합의(시행령), 조정(법률)
조정안 작성 기일	60일 이내	60일 이내	60일 이내	60일 이내	30일 이내
수락 기간	X	X	X	X	15일
효력	당사자 간 조정서와 같은 내용 합의	당사자 간에 조정서와 같은 내용 합의	당사자 간 조정서와 같은 내용 합의	당사자 간 조정조서와 같은 내용합의	재판상 화해
소멸시효 중단 등 규정	X	X	X	X	X
절차 참여	O	O	O	O	O

번 호	55	56	57	58	59	60
위원회명	하도급분쟁 조정협의회	금융분쟁 조정위원회	(대부업 관련) 분쟁조정위원회	시장감시 위원회	국민권익 위원회	원자력 손해배상 심의회
근거법	하도급거래 공정화에 관한 법률	금융위원회의 설치 등에 관한 법률	대부업 등의 등록 및 금융이용자 보호에 관한 법률	자본시장과 금융투자업에 관한 법률	부패방지 및 국민권익위원회의 설치와 운영에 관한 법률	원자력손해 배상법
소관 부처	공정거래 위원회	금융위원회	금융위원회	금융 위원회	국민권익 위원회	원자력안전 위원회
사무국(처) 규정	X	X	X	X	O	X
위원 수	9인 이내	30인 이내	5인(시행령)	5인	15인	11인 이내 (시행령)
위원장 결정방식	공익을 대표하는 위원 중에서 협의회가 선출	금융감독원장이 그 소속 부원장 중 지명	위원 중 호선 (시행령)	주주총회에서 선임	국무총리의 제청으로 대통령이 임명	원자력안전위원회 사무처장 겸임(시행령)
위원의 임기(연임)	2년 (연임여부X)	2년 (연임가능)	1년 (연임가능) (시행령)	3년 (연임가능)	3년(1차 연임가능)	X
의결정족수	재적 과반수의 출석개의, 출석 과반수의 찬성 의결	재적 과반수의 출석과 출석 과반수의 찬성으로 의결	재적위원 3분의2의 찬성으로 의결 (시행령)	X	재적위원 과반수의 출석 개의, 출석위원 과반수의 찬성 의결	재적과반수의 출석과 출석과반수의 찬성 의결 (시행령)
위원의 제척·기피·회피	O	O(시행령)	X	X	O	O(시행령)
절차의 비공개	X	O(시행령)	X	X	X(공개원칙) (시행령)	X
비밀유지	X	X	X	O	X	X
분쟁해결의 유형	조정	조정 전 합의, 조정	조정	조정	조정, 중재	조정
조정안 작성 기일	60일 이내	60일 이내	X	X	X	X
수락 기간	X	20일 (시행령)	X	X	X	X
효력	당사자 간 조정조서와 동일한 내용의 합의	재판상 화해	X	X	X	X
소멸시효 중단 등 규정	X	X	X	X	X	X
절차 참여	O	O(시행령)	X	O	X	X

4. 우리나라 행정형 ADR 입법현황에 대한 분석과 평가

(1) 행정형 ADR의 설치 근거

1) 행정형 ADR의 근거 법령

분석 대상 행정형 ADR기구의 근거 법령을 살펴보면, 전체 60개 기구 중 98.3%인 59개가 법률이었고 1.7%인 1개가 시행령(대통령령)이었다. 따라서 행정형 ADR기구를 설치함에 있어서는 주로 시행령 이하의 하위 법보다는 법률에 근거하고 있음을 알 수 있다.[46] 그런데 분쟁조정기구를 설치하는 데 어떠한 기준이 있거나 그 필요성 여부에 대해서 평가해 주는 기관이 없어 행정형 ADR기구의 설치가 해당 부처의 분쟁해결에 대한 이해 정도나 의지에 따라 결정되고 있는 실정이다. 그 결과 하나의 법률 소관에 복수의 ADR기구가 설치되어 있는가 하면[47] 어떤 분야는 분쟁해결기구의 모색이 필요함에도 주무 부처의 무관심으로 아무런 ADR기구도 없는 경우가 있다는 것이 문제이다.

2) 행정형 ADR 근거 법령의 소관부처

분쟁조정위원회를 포함한 각종 행정형 ADR 근거 법령의 소관부처를 살펴보면, 전체 60개 ADR기구를 규율하고 있는 법령 중 국토교통부 소관법령이 16.7%인 10개 법령으로 가장 많았고 그 다음으로는 고용노동부 소관법령이 11.7%인 7개 법령이었으며, 다음으로는 산업통산자원부, 공정거래위원회, 미래창조과학부 등의 소관 법령이 4개 이상이었다. 따라서 우리나라에서 행정형 ADR기구는 국민들의 경제생활과 관련되는 민원과 갈등이 많은 국토교통부, 고용노동부, 산업통산자원부, 공정거래위원회, 미래창조과학부 등의 부처나 그 산하기관에서

---

46) 행정형 ADR기구의 설치가 시행규칙 이하의 법규에 근거하는 경우도 발견할 수 있었으나 그런 경우는 극히 드물었고, 정관이나 자체 규정이 설치 근거가 되는 경우는 행정형이라기 보다는 민간형 ADR로 보아야 할 것이다. 따라서 본 연구를 함에 있어서는 시행령 이상의 법령만을 분석대상으로 하였고 간혹 시행규칙 이하에서 행정형 ADR기구의 설치를 규정하고 있다 하더라도 분석대상에서 제외하였다.

47) 공동주택관리분쟁조정위원회와 하자심사·분쟁조정위원회는 새로이 제정된 동일한 공동주택관리법 상에 설치 근거가 있다.

많이 활용하고 있는 것으로 보인다.

(2) 행정형 ADR기구의 구성

1) 행정형 ADR기구의 사무국(처) 설치

분석 대상 행정형 ADR기구 중 전체의 30%인 18개가 사무국(처)을 설치하고 있었다. 이 중 법률에 사무국(처)의 설치 근거를 두는 경우는 15개이고 시행령에 설치 근거를 두는 경우가 3개였다. 사무국(처)을 설치하는 경우는 크게 네 가지로 나눌 수 있었다. ① 국민권익위원회, 중앙노동위원회, 중앙환경분쟁조정위원회, 언론중재위원회 같은 행정기관이나 독립기관의 경우, ② 한국인터넷진흥원, 한국콘텐츠진흥원, 한국시설안전공단과 같은 산하기관에 두어 조정위원회의 사무를 지원하는 경우, ③ 행정부처의 자문위원회로 되어 있는 조정위원회(사학분쟁조정위원회, 건강보험분쟁조정위원회, 건설분쟁조정위원회) 등에 두는 경우, ④ 기타 민간기관의 협의체 형식의 ADR기구에 두는 경우이다.

그런데 여기서 어느 경우에는 사무국을 설치하고 어느 경우에는 설치하지 않는가를 판단하는 기준이 없는 것이 현실이었다. 예를 들어 위의 ②의 경우라 할지라도 금융감독원(금융분쟁조정위원회), 의료분쟁조정중재원(의료분쟁조정위원회), 공정거래조정원(공정거래분쟁조정협의회) 등에는 사무국을 설치하지 않고 있었다. ③의 경우에도 행정부처의 자문위원회로 되어 있는 공제분쟁조정위원회, 우체국보험분쟁조정위원회, 배치설계심의조정위원회 등 많은 분쟁조정위원회에서는 사무국을 설치하지 않고 있었다. 사무국을 설치하는 경우에 법령상으로 나타난 설치 이유에 있어서는 주로 '업무지원'이나 '사무처리'를 위해 사무국(처)을 설치한다고 막연하게 규정되는 것이 보통이었다. 따라서 행정형 ADR기구를 지원하기 위하여 사무국(처)을 설치하기 위한 어떤 기준이나 이유가 뚜렷하지 않으므로 인력과 예산이 추가적으로 소요되는 사무국(처)을 설치함에 있어서는 그 기준을 마련할 필요가 있는 것으로 보인다.[48]

---

48) 한편, 각자 근거법령은 다르지만 한국인터넷진흥원에는 인터넷주소분쟁조정위원회 사무국과 개인정보 분쟁조정위원회 사무국, 정보보호산업 분쟁조정위원회 사무국, 전자문서·전자거래 분쟁조정위원회 사무국을 비롯하여 온라인광고협회의 민간형 ADR이라 할 수 있는 온라인광고분쟁조정위원회 사무국까지 함께 설치되어 있다.

2) 행정형 ADR기구의 위원 구성

첫째, ADR기구를 구성하는 위원들의 수에 있어서는 분석 대상 행정형 ADR기구 중 전체의 88.3%인 53개가 법률에 규정되어 있고 11.7%인 7개가 시행령에 규정되어 있었다. 법령상 규정되어 있는 위원 수는 '○명 이내', '○명 이상 ○명 이하'로 범위를 제시하는 경우가 많았으나 '○명'이라고 위원 수를 고정하여 규정하는 경우도 있었다. 분석 대상 기구 중 규정된 최대 위원수를 기준으로 분류하면, 10명 이하가 전체의 43.3%인 26개, 11-20명 사이가 30%인 18개, 21-30명 사이가 11.7%인 7개, 31명 이상이 15%인 9개로 되어 있었다.

<표 4-6> 행정형 ADR기구의 위원 수 규정 분포

최대 위원 수	10명 이하	11-20명	21-30명	31명 이상	합계
개수	26	18	7	9	60
비율(%)	43.3	30	11.7	15	100

둘째, 행정형 ADR기구의 위원장 결정 방식은 전체 60개 중 대통령, 장관 등 행정기관의 장이 지명(임명, 위촉 포함)하는 경우가 38.3%인 23개, 위원 중에서 호선하는 방식이 36.7%인 22개, 시·도지사 등 자치단체의 장이 지명(임명, 위촉 포함)하는 경우가 3.3%인 2개, 자치단체장, 산하기관장이나 소속 간부가 직접 겸임하는 경우가 10%인 6개, 기타 방식이 6.7%인 4개이며, 위원장의 결정 방식에 대해 법률이나 시행령에 규정이 없는 경우도 5%인 3개가 있었다. 행정기관의 장이 지명(임명, 위촉)하는 경우와 위원 중에서 호선하는 방식의 비율이 비슷하게 되어 있는 것은 행정형 ADR기구의 특성을 반영하면서도 위원 중에서 호선하는 비율이 상당히 높게 나타남으로써 분쟁조정기구의 자율성을 존중하려는 측면을 나타내고 있다 할 수 있다.

셋째, 위원들의 임기는 법률에 68.3%인 41개, 시행령에 16.7%인 10개가 규정되어 있으며 15%인 9개는 법률이나 시행령 상에 임기에 관한 규정이 없었다. 위원들에 대한 임기 규정은 대부분이 2년이나 3년으로 되어 있었는데 연임 허용 여부에 따라 차이를 보였다. 연임을 허용하는 경우에도 한 차례만 연임을 허용하는 경우도 꽤 있었다. 위원의 임기는 3년으로 하는 경우가 가장 많았는데 전체의 46.7%인 28개였다(이 중 한 차례만 연임을 허용하는 경우는 6개였음). 다음으로는 2년으로 하는 경우였는데 전체의 36.7%인 22개였으며(이 중 한 차례만 연임을 허용하는 경우는 4개였음), 1년으로 하는 경우는 1개로 극히 드물었다. 연임 허용 여부에 대해 밝히지 않은 규정은 임기 2년의 경우에 6개가 있고 3년의 경우에도 3개가 있었는데, 이에 대해서는 연임을 제한한다는 규정을 두지 않고 별도로 위원들에 대한 제척 등의 규정이 있는 것 등을 감안할 때 연임이 가능한 것으로 해석하는 것이 좋을 것이다.

3) 위원의 제척·기피·회피

위원의 제척·기피·회피 규정은 ADR 절차의 공정한 진행을 위해 필수적인 요소이다. 행정형 ADR은 전술한 바와 같이 많은 위원들이 의사결정에 참여하기 때문에 위원 개개인이 분쟁과 직·간접적인 관련이 있는지의 여부를 면밀히 살펴보는 것이 중요하다 할 것이다. 우선 법률에 위원의 제척·기피·회피 규정을 두는 경우는 전체의 55%인 33개였고 시행령에 두는 경우는 20%인 12개였으며 25%인 15개에서는 법률이나 시행령에서 이에 대한 규정을 두고 있지 않았다. 물론 시행령 하위의 시행규칙이나 자체 규정에 제척·기피·회피 규정을 둘 수도 있겠지만 이 규정의 중요성을 감안할 때 법률이나 시행령으로 올려서 규정하거나, 그러한 규정을 아예 두지 않은 경우는 입법상의 보완을 요한다고 할 것이다.

(3) 행정형 ADR의 절차 관련 규정

1) 의결정족수

행정형 ADR기구의 의결정족수를 법률에 규정하는 경우가 48.3%인 29개였고 시행령에 규정하는 경우는 30%인 18개였으며, 법률이나 시행령에 규정을 두고 있지 않은 경우는 21.7%인 13개였다. 행정형 ADR은 많은 위원들이 참여하여 회의체 형식으로 결정하는 경우가 많으므로 의결정족수에 대하여도 명확하게 규정을 하는 것이 필요하다 할 것이다. 행정형 ADR은 많은 경우에 심의의 효율성을 위해 소위원회나 분과위원회를 두고 있었다. 이러한 경우에도 전체회의의 의결정족수 방식을 따르는 경우가 있는가 하면, 소위원회나 분과위원회의 의결정족수는 다르게 규정하고 있는 경우가 있었다.

전체회의의 가장 많은 의결정족수 방식은 재적 과반수의 출석으로 개의하고 출석 과반수의 찬성으로 의결하는 것으로 전체의 43.3%인 26개였고, 다음으로는 재적과반수의 출석과 출석 과반수의 찬성으로 의결하는 것으로 20%인 12개였다. 전원 출석으로 개의하고 출석 과반수의 찬성으로 의결하는 경우도 8.3%인 5개였는데 이는 노동 관련 분쟁의 해결에서 주로 사용되었다. 그 외 재적위원 3분의2의 찬성으로 의결하는 경우, 재적 3분의2의 출석으로 개의하고 출석 과반수의 찬성으로 의결하는 경우, 재적 과반수의 출석으로 개의하고 출석 3분의 2이상의 찬성으로 의결하는 경우 등이 1개씩 있었다.

2) 절차의 비공개와 비밀유지

분쟁해결 절차를 비밀로 하는 것은 당사자의 입장이나 이해관계를 보호하기 위해서 필요할 뿐만 아니라 영업상의 비밀을 지켜주기도 한다. 법률이나 시행령을 통틀어서 절차의 비공개를 규정하고 있는 경우는 전체의 35%인 21개였고 나머지 65%인 39개는 절차의 비공개에 관한 규정을 두지 않았다. 특히 노동위원회와 국민권익위원회는 오히려 회의 공개의 원칙을 밝히는 규정을 두고 있었다. 이는 합의제 행정기관으로서의 특성을 반영한 듯하나, 노동위원회는 '다만, 해당 회의에서 공개하지 아니하기로 의결하면 공개하지 아니할 수 있다'[49]는 단서를 두는 데 그침에 비하여, 국민권익위원회는 공개를 원칙으로 하되, 신청인의 비공개 요청이 있는 경우 등 비공개로 할 수 있는 경우를 구체적으로 규정하고 있고, 국민권익위원회와 소위원회의 고충민원 사항에 관한 사항의 심의의결 과정은 공개하지 아니한다는 조항을 별도로 두는 등 입법에 있어 세심한 주의를 기울인 것으로 보인다.[50] 노동위원회법도 차후 법률 개정 시 검토되어야 할 사항이다.

비밀유지 규정은 전술한 절차의 비공개와도 긴밀히 연관되어 있을 뿐만 아니라 행정형 ADR은 분쟁해결 과정에 당사자는 물론 조정위원, 이해관계자, 감정인,

---

49) 노동위원회법 제19조(회의의 공개) 참조.
50) 부패방지 및 국민권익위원회의 설치와 운영에 관한 법률 시행령 제20조(회의의 공개 등) 참조.

관계 공무원 등 많은 사람이 분쟁해결 과정에서 비밀을 알게 될 수 있다는 특징을 가지고 있다. 따라서 비밀유지 규정도 행정형 ADR에서 필수적으로 구비해야 할 요소로 판단된다. 그럼에도 불구하고 법률이나 시행령을 통틀어서 비밀유지 의무를 규정하고 있는 경우는 전체의 33.3%인 20개였고, 나머지 66.7%인 40개는 비밀유지에 대한 규정을 법률이나 시행령에 두고 있지 않았다. 많은 주체들이 복합적으로 참여하게 되는 행정형 ADR의 특성을 고려할 때 비밀유지 규정이 각 개별법의 개정 시 도입되어야 할 것이다.

3) 조정안 작성 기일과 조정안 수락 기간

법률이나 시행령을 통틀어서 조정 신청을 받은 날이나 조정회의에 부쳐진 날부터 조정안을 작성해야 하는 조정안 작성 기일에 대한 규정은 다양하게 되어 있다. 조정안 작성 기일이 1개월 이내의 비교적 짧은 기간으로 되어 있는 경우는 전체 60개 중 18.3%인 11개였고 31일-60일 이내인 경우는 38.3%인 23개였으며, 61일-90일 이내인 경우는 11.7%인 7개였고 6개월이나 9개월 등 상당히 장기를 요하는 경우는 3.3%인 2개가 있었다. 조정기일을 장기로 하는 경우는 분쟁의 규모가 크거나 분쟁의 원인을 찾기 어려운 특성을 갖는 환경분쟁 등을 위해 규정되었다.

다음으로 조정안을 제시받은 당사자는 조정안을 수락할 것인가를 결정해야 하는데 일정한 기간을 넘기면 조정안을 수락한 것으로 간주되어 조정안은 확정되게 된다. 법률이나 시행령을 통틀어서 수락기간을 15일로 하는 경우가 대부분을 차지하고 있었다. 수락기간을 규정하고 있는 법률과 시행령 전체 60개 중 35%인 21개가 15일로 하고 있고, 나머지 5%인 3개가 30일로 하고 있으며, 나머지 10%인 6개는 5일, 7일, 14일(2개), 20일, 60일로 다양하게 분포되어 있었다. 수락기간을 규정하고 있지 않은 경우는 전체 60개 중에서 50%인 30개였다.

4) 당사자의 절차 참여

분쟁해결 절차에서 당사자의 참여를 보장하는 것은 분쟁의 진상 파악을 위해 핵심적인 요소이다. 당사자의 주장이 엇갈리거나 추가적인 검증이 필요할 경우에는 이해관계인이나 감정인 등의 참여도 필요할 것이다. 조정은 적대적, 분배적 협상이라기

보다는 협동적이고 통합적인 문제해결을 촉진하는 것이 되어야 한다.[51] 그러한 분쟁
해결 절차에서 당사자가 참여하여 자신의 입장을 피력하고 피해 여부나 진위를 주장
할 수 있게 하는 것은 분쟁해결 절차가 누구를 위해 존재하느냐 하는 문제와 직결된
다. 따라서 행정형 ADR 절차에서 당사자의 참여 보장 규정은 빠져서는 안 되는 중요
한 사항이라 할 것이다. 그런데, 당사자를 참여시키는 규정을 두는 경우라 할지라도
'참여시켜야 한다'와 '참여시킬 수 있다'는 차이가 있다. 전자는 후자에 비해 당사자의
절차 참여를 분쟁해결 과정의 공정성과 투명성을 보장하기 위한 핵심적인 요소로 간
주한다고 볼 수 있다.

분석 대상 ADR기구의 근거 법률과 시행령을 통틀어서 당사자의 절차 참여
를 의무 조항으로 규정하는 경우는 15%인 9개에 불과하였고, ADR기구에서 필요
하면 참여시킬 수 있다는 선택적 참여 조항으로 규정하는 경우는 55%인 33개였
다.[52] 나머지 30%인 18개는 당사자의 절차 참여에 대한 규정 자체가 없는 실정
이었다. 분쟁을 조정하는 위원회의 성격에 따라 차이는 있겠지만 현재의 행정형
ADR은 당사자 참여와 분쟁해결 과정에서의 의사소통 기회가 매우 제한적으로 되
어 있어 당사자의 참여를 강화하는 것이 필요하며,[53] 특히 당사자의 참여 규정이
없는 법령의 경우 향후 법령 개정 시 이에 대한 반영이 요구된다 할 것이다.

(4) 행정형 ADR의 유형과 효력

1) 분쟁해결의 유형

조기중립평가(Early Neutral Evaluation)부터 약식배심원심리(Summary Jury
Trial), 간이심리(Minitrial), 중재(Arbitration), 조정-중재(med-arb), 중재-조정(arb-med)
에 이르기까지 다양한 ADR 기법을 사용하는 미국과 달리[54] 우리나라의 행정형 ADR은
조정을 위주로 제한적인 분쟁해결 방식을 사용하고 있다. 전체 60개 기구 중 대체적 분

---

51) Robert A. Baruch Bush & Joseph P. Folger, The Promise of Mediation: Responding to
Conflict through Empowerment and Recognition, Jossey-Bass Publishers, 1994, p. 16.

52) 분석표에서 절차 참여를 의무 조항으로 규정하는 경우는 '00', 필요하면 참여시킬 수 있다는 선
택적 참여 조항으로 규정하는 경우는 '0'으로 구분하였다.

53) 하혜영, 전게서, 58쪽.

54) Jeffrey M. Senger, Federal Dispute Resolution, Jossey-Bass, 2004, pp. 32-46.

쟁해결 방식으로 오로지 조정만을 사용하는 기구는 전체의 절반이 넘는 50%인 30개
가 해당되었다. 그런가 하면 조정과 함께 조정 전 합의를 권고하거나 직권조정을 사용
하는 경우가 있고, 그 밖에 조정과 함께 알선이나 화해 등을 활용하는 곳도 있었다.

 우리나라 행정형 ADR기구의 법령상 많이 사용하는 분쟁해결 방식을 구체적
으로 살펴보면, 분석대상 전체 60개 중 조정의 방식을 사용하는 경우는 98.3%인
59개였고,[55] 다음으로 많이 사용하는 유형은 조정 전 합의를 권고하는 것으로 전
체 60개 중 33.3%인 20개였다.[56] 다음으로 중재도 전체의 13.3%인 8개로 많은
편이었다. 직권조정이나 조정을 갈음하는 결정으로 규정되어 있는 경우는 6.7%
인 4개였고, 그 외 알선, 재정, 화해 등을 매우 제한적으로 규정하고 있었다. 이
중 재정은 행정형 ADR에 특유한 분쟁해결 방식으로서 재정을 담당하는 기구에서
사실관계를 조사하고 재정 결정을 하면, 당사자가 일정 기간 내에 법원에 소를 제
기하여 불복의 뜻을 밝힐 수도 있고 수용의 뜻으로 소를 제기하지 않으면 재정
결정이 그대로 확정되는 방식이다. 재정위원(재정인)과 같은 제3자가 결정한다는
측면에서는 중재와 비슷하나 중재와 달리 구속력이 없다는 점에 차이가 있다. 분
쟁이 발생하기 전에 당사자의 합의로 재정을 미리 전제로 하지 않으며, 일반적으
로 재정 절차나 재정위원(재정인)을 당사자가 선택할 수는 없다.[57] 이러한 재정 방

---

55) 나머지 1개는 노동위원회의 중재위원회로서 당연히 조정 대신 중재를 분쟁해결 방식으로 사용
하고 있다.

56) 사학분쟁조정위원회의 경우 동 위원회의 기능을 ADR 유형의 하나인 '조정'이라고 볼 수 있을
것인가에 대하여 고민하였다. 사립학교법 제24조의2(사학분쟁조정위원회의 설치 및 기능) 제2항에서
임시이사의 선임, 해임에 관한 사항이나 임시이사가 선임된 학교법인의 정상화 추진에 관한 사항을 심의
하는 것이 과연 조정이라고 볼 수 있는가이다. 물론 학교에 분쟁이 생겨서 임시이사를 선임하거나 해임
하여 분쟁의 해결에 이르게 한다는 측면에서 넓게 해석하면 조정의 일환으로 볼 수도 있겠으나, 그렇게
본다면 행정부처에서 하는 다른 행정행위나 다른 정책 관련 수많은 위원회가 활동하는데 있어 조정을 내
포하지 않는 것이 있을까라는 생각에 이르게 한다. 게다가 동 법령은 시행령에 위원의 제척 등에 관한 규
정을 둔 것 외에 의결정족수나 조정안 작성 기일, 분쟁해결의 효력 등에 관해 아무런 규정이 없어 더욱 의
문이다. 하지만 법률이 스스로 사학분쟁조정위원회라는 명칭을 쓰고 다른 연구에서도 행정형으로 많이
열거하므로 행정형 ADR로 구분할 수밖에 없었다. 건강보험분쟁조정위원회 역시 비슷한 경우이다.

 *사립학교법 제24조의2(사학분쟁조정위원회의 설치 및 기능)

 ① ......

 ② 조정위원회는 다음 각 호의 사항을 심의한다.

 1. 임시이사의 선임에 관한 사항

 2. 임시이사의 해임에 관한 사항

 3. 임시이사가 선임된 학교법인의 정상화 추진에 관한 사항

 4. 그 밖에 관할청이 조정위원회에 심의를 요청한 사항

57) 황승태·계인국, 한국형 대체적 분쟁해결(ADR) 제도의 발전 방향에 관한 연구, 사법정책연구총
서 2016-04, 대법원 사법정책연구원, 2016. 2, 334쪽.

식을 사용하는 기구는 환경분쟁조정위원회와 건축분쟁전문위원회였다.

한편 노동위원회의 조정위원회는 조정안에 대한 해석이나 이행방법에 대해 논란이 있을 경우 의견을 제시하는 방식도 규정되고 있었는데, 이러한 의견제시의 효력을 중재재정과 같은 효력을 부여하고 있는 점에 특색이 있었다. 그런데 우리나라의 행정형 ADR기구는 단순히 분쟁조정만을 하기보다 대책의 수립에서부터 사업시행을 위한 심사나 심의·의결 등을 비롯하여, 이의신청에 불복하여 제기하는 심판청구에 대한 심리·의결,[58] 하자 여부에 대한 판정,[59] 기본계획의 심의,[60] 민원의 조사와 분석을 하기도 하며[61] 심지어 징계요구의 결정[62] 기능까지 수행하는 복합적 기능을 가진 기구에서 ADR을 수행하는 경우가 많은 실정이다.

2) 행정형 ADR의 유형에 따른 효력

전술한 바와 같이 분석 대상 ADR기구의 대부분인 98.3%가 분쟁해결 방식으로 조정을 택하고 있는데 그 조정의 효력이 소관 법령과 ADR기구에 따라 다르게 규정되고 있었다. 조정에 대한 효력을 규정함에 있어 분석 대상 60개 중 59개가 조정에 대한 규정을 두고 있었는데 그 59개 중 35.6%인 21개가 조정의 효력에 대하여 재판상 화해를 규정하고 있어 가장 많았고, 28.8%인 17개가 당사자 간에 조정서와 같은 내용의 합의가 성립된 것으로 하여 다음으로 많았다. 노동위원회의 조정위원회는 조정에 대하여 단체협약과 동일한 효력을 부여하기도 하였다. 조정의 효력에 대하여 법령상에 규정하지 않는 경우도 상당히 있었는바 59개 중 27.1%인 16개가 조정의 효력에 대해 법률이나 시행령 상에 아무런 규정을 두지 않았다. 이 또한 시행규칙 이하에 그 효력 규정을 둘 수도 있겠지만, 조정의 효력에 관한 문제는 행정부가 분쟁해결의 주체가 되어 사법권을 행사함으로써 권력분립주의에 반한다거나[63] 재판상 화해와 같은 효력을 주는 것은 법관에 의한 재판을 받을 권리를 침해한다고 하는 것과 같이 학자들 간에도 논란이 많은 중요한 사항이므로 법률에 명확히 규정하는 것이 좋을 것이다.

---

58) 국민건강보험법 제88조 참조.
59) 공동주택관리법 제39조 참조.
60) 수산업법 제89조 참조.
61) 환경분쟁조정법 제5조 참조.
62) 자본시장과 금융투자업에 관한 법률 제402조 참조.
63) 황승태·계인국, 전게서, 345쪽.

그런데 행정형 ADR에 있어서의 조정의 효력을 규정함에 있어 입법상 연혁을 추적해보면 최근으로 올수록 재판상 화해와 같은 효력을 부여하는 경우가 증가하고 있음을 알 수 있다. 예를 들어 조정의 효력을 당사자 간에 조정서와 같은 내용의 합의가 성립된 것으로 하다가 최근의 법 개정을 통하여 재판상 화해로 변경한 경우는 환경분쟁조정위원회(2008.3.21 법률 제8955호), 전자문서·전자거래분쟁조정위원회(2012.6.1. 법률 제11461호), 하자심사·분쟁조정위원회(2012.12.18. 법률 제11590호), 건설분쟁조정위원회(2013.8.6. 법률 제12012호) 등이 있다. 한편, 하자심사·분쟁조정위원회와 공동주택관리분쟁조정위원회는 공동주택관리법이 제정되기 이전에 동일한 주택법상의 행정형 ADR기구였는데, 조정의 효력에 대해 전자는 재판상 화해와 같은 효력을 인정하고 후자는 당사자 간에 조정서와 같은 내용의 합의가 성립된 것으로 하였었는데, 같은 법 내에서 조정의 효력이 다르게 규정되고 있는 것은 의문이라는 필자 논문의 지적이 있었다.[64] 이후에 공동주택관리법을 제정하면서 공동주택관리분쟁조정위원회를 국토교통부에 설치하는 중앙분쟁조정위원회와 시·군·구에 설치하는 지방분쟁조정위원회로 나누어 규정하고, 전자에 의한 조정의 효력은 재판상 화해와 같은 효력을 인정하고 후자에 의한 조정의 효력은 당사자 간에 조정조서와 같은 내용의 합의가 성립된 것으로 하였는데, 동법에 의하면 중앙분쟁조정위원회의 업무 관할이 둘 이상의 시·군·구의 구역에 걸친 분쟁이거나 시·군·구에 지방분쟁조정위원회가 설치되지 아니한 지역의 분쟁 등임을 감안할 때,[65] 중앙과 지방분쟁조정위원회의 조정의 효력을 다르게 규정하는 것은 역시 이해가 어려운 대목이 아닐 수 없다. 조정결과를 이행하지 않을 경우 실효성 확보가 곤란한 것에 대비하여 재판상 화해의 효력을 부여함으로써 당사자의 소송비용이나 시간부담을 줄여줄 필요성은 중앙과 지방분쟁조정위원회의 공통된 고민이기 때문이다.

3) 소멸시효의 중단 등

조정 등 행정형 ADR 절차를 신청하면 시효중단의 효력이 있어야 신청인이 추가적인 법적 구제의 진행 가능성에 대한 염려 없이 대체적 분쟁해결을 이용할

---

64) 박철규, 전게서, 235쪽.
65) 공동주택관리법(법률 제13786호) 제72조 참조.

수 있을 것이다. 분석 대상 전체 60개 중에서 16.7%인 10개만이 시효중단 등의 효력에 관한 규정이 있었고 나머지 83.3%인 50개는 시효중단 등의 효력에 대해 규정을 두지 않았다.

5. 우리나라 행정형 ADR제도의 개선방안

(1) 행정부처에 대한 ADR의 지도 및 홍보 전담기구 필요

행정형 ADR을 이용함에 있어서 각 부처 간의 업무의 특성에 따라 다르겠지만 국토교통부, 고용노동부, 산업통상자원부, 공정거래위원회, 농림축산식품부 등의 부처나 그 산하기관에서는 상대적으로 많이 활용하고 있는 데 비해, 국방부·통일부·여성가족부 등은 ADR의 이용이 저조한 것으로 보인다.[66] 따라서 분쟁조정기구 설치의 필요성 여부에 대해서 평가해 주거나 행정부처에 공통적으로 ADR을 보급하고 지도할 기구를 설정하여 운영하는 것이 필요하다. 이에 걸 맞는 부처로는 법무부로 하거나[67] 공공갈등관리를 지도·교육하는 총괄부서인 국무총리 국무조정실에서 담당할 수도 있을 것이다. 아니면 공공갈등관리를 포함하여 ADR을 전반적으로 지원할 수 있는 분쟁해결지원센터를 별도로 설립하는 방안이 유력하게 검토될 수 있을 것이다.[68]

한편 각 부처에서는 행정형 ADR 전문인력을 양성하는 프로그램을 시행하

---

66) 민사소송의 실효성 측면에서 국민들이 민사 분쟁을 형사 고소함에 따라 수사기관이 사인 간 분쟁의 해결기구화 되고, 이로 인해 폭주하는 소송과 민사 분쟁성 고소로 인하여 법원과 검찰은 업무과중과 함께 실제로 수사가 필요한 사건에 대한 국가 공권력의 누수가 빈발하였다. 이러한 상태의 해소를 위해 형사 분쟁으로 유입되는 사인 간의 분쟁을 제어하고, 형사절차에서도 분쟁의 원활한 해결에 기여할 수 있는 ADR제도의 활용이 중요해짐에 따라 법무부는 범죄피해자 보호법에 근거하여 자체적으로 각급 지방검찰청 및 지청에 형사조정위원회를 운영하고 있다. 형사조정위원회는 2006년부터 일부 검찰청에서 시범적으로 하다가 2007년부터 전국 검찰청으로 확대하여 시행하던 것을 2010년 입법화에 성공한 후 매년 조정회부나 성립건수가 증가하고 있다. 송길룡, "ADR 관련 입법에 대한 검토", 사법선진화를 위한 개혁: 연구보고서·참고 자료 VI-10, 사법제도개혁추진위원회, 2006, 60-67쪽; 이보영, "형사조정제도의 법이론적 문제점 및 효과성 검토", 「경희법학」제48권제2호, 경희법학연구소, 2013. 6, 243-265쪽 참조.

67) 미국 법무부의 법률정책실(Office of Legal Policy) 내에 있는 분쟁해결실(Office of Dispute Resolution)의 기능에서 힌트를 얻을 수 있을 것이다. http://www.justice.gov/olp/adr/index.html 참조.

68) 미국은 대체적 분쟁해결 실무그룹(The Interagency Alternative Dispute Resolution Working Group)을 설치하여 연방정부의 ADR을 지도하고 그 이용을 촉진하는 역할을 하고 있다. http://www.adr.gov/index.html 참조.

고 ADR 담당관제를 도입하여, 해당 부처의 ADR 전담인력과 위에서 언급한 분쟁해결지원센터와의 유기적인 협력을 통하여 행정형 ADR의 안정적인 운용과 전문적인 서비스가 가능하도록 하여야 할 것이다.

(2) 행정형 ADR기구의 사무국 설치 기준 마련

전술한 바와 같이 분석 대상 ADR기구의 30%가 인력과 예산이 추가적으로 소요되는 사무국(처)을 설치·운영하고 있었다. 이에 대해서는 ADR기구의 규모나 조정 사건 수, 현장 조사의 필요성 등 다양한 요소들을 고려하여 그 필요성과 적정성이 검토된 후 사무국(처)을 설치할 수 있도록 기준 및 설치 요건 등이 마련되어야 할 것이다. 이를 위해서는 ADR기구의 사무국(처) 설치 요건에 대한 법령상의 보완과 함께 그 필요성의 평가를 담당할 부서로서 위의 국무조정실 또는 분쟁해결지원센터 등을 생각할 수 있을 것이다.

(3) 행정형 ADR 절차의 공통 사항 통일성 필요

행정형 ADR의 경우 각 행정부처나 행정업무의 성격에 따라 다양하게 발전시킬 수 있는 것은 어느 정도 불가피하다. 그렇지만 행정형 ADR기구는 각 개별법의 필요에 따라 그때 그때 만들어왔기 때문에 기본적인 절차마저 통일성이 결여되어 국민들의 입장에서는 그 절차를 이해하기 힘들고 사건에 따라 다른 절차에 적응하기가 어렵게 되어 있다. 또 행정형 ADR 절차로서 빠뜨려서는 안 될 절차인 위원의 제척·기피·회피 규정이나 당사자의 절차 참여를 통한 의사 표시 규정, 절차의 비공개와 비밀유지 의무 등을 빠트린 경우도 많이 있다. 따라서 분쟁해결 절차로서 갖추어야할 기본적인 사항들에 대해서는 통일성과 체계성을 갖추도록 정비할 필요가 있다.

(4) 행정형 ADR 방식의 개선 및 다양화 모색

우리나라 행정형 ADR 방식은 거의 조정 방식을 사용하고 있다. 그와 함께 조정 전 합의를 권고하기도 하고 조정과 중재를 함께 사용하기도 한다. 그런데 여기서 조정은 엄밀히 말하면 '조정'이라기보다는 '조정위원회' 방식이다. 전체 회의와 다른 분과위원회나 소위원회를 두고 사건을 다루게 하기도 하나 기본적으로는 사건을 심의·의결하는 회의체 방식이다. 따라서 당사자의 출석과 당사자의 자발적인 의사에 의한 합의를 촉진하는 본래의 의미의 조정과는 기본 방식과 절차가 커다란 차이가 있다.[69] 게다가 ADR기구가 조정뿐만 아니라 사업시행을 위한 심사나 심판청구에 대한 의결, 기본계획의 심의 등 분쟁해결의 조정이라고 보기 어려운 업무까지 겸하는 경우가 많이 존재한다. 이는 조직의 효율성과 예산 절약을 위하여 위원회를 가능하면 적게 설치하기 위한 노력으로 이해되나, 그렇게 되면 위원회의 위원 구성에 있어 요구되는 자질과 전문성에 차이가 있게 되고 ADR기구로서의 특성이 손상될 수 있다.[70]

미국은 과거에 행정부에서 조정 절차를 많이 이용하지 않았으나 최근으로 올수록 미국 연방분쟁에서 조정이 가장 많이 이용되고 있다. 조정은 정부가 참여하는 ADR 중에서 약 95%를 차지한다고 한다.[71] 그런데 여기의 조정은 우리나라의 조정위원회에서 하는 조정과는 그 형식과 운영이 다르다. 미국의 행정형 ADR로서의 조정은 대부분의 경우 조정인 한 명이 사건을 처리하고 독립된 전문적인 분야가 필요할 경우에는 두 명의 조정인을 선임하기도 한다.[72] 조정의 방식은 대부분이 당사자와 조정인이 직접 만나서 시행되지만 전화를 이용하여 간단하게 처리하는 경우도 있다. 이에 비해 우리나라 행정형 ADR 방식으로서의 조정은 당사자와 의사소통하여 직접 해결책을 모색하는 데 중점이 있기보다는 회의체 형식으로서 분쟁을 심의하고 그 의결에 의해 사건을 처리하는 민원처리 기구로서의 의미가 강하다. 우리나라의 많은 행정형 ADR은 구제 신청에 경제적 부담이 적어 액세스권 확대에 유리하고, 전문적 사실조사와 행정기관의 후견적 기능으로 인한 당사자 간의 격차 감소 등의 장점을 가지고 있으나,[73] 국민들은 행정형 분쟁조정위원회를 일종의 행정기관으로 생각하고 분쟁조정 신청을 피해

---

69) 황승태·계인국, 전게서, 334쪽.

70) Leonard L. Riskin, "Mediator Orientations, Strategies and Techniques", Alternative to the High Cost of Litigation, 12, 1994, pp. 111-114 참조.

71) Jeffrey M. Senger, *op. cit.*, p. 33.

72) *Id.*, p. 35.

73) 김상수, "바람직한 ADR의 운영기관", 중재, 대한상사중재원, 2009년 가을, 12쪽.

구제로 생각하는 경향이 강하다.[74]

또 우리나라의 행정형 ADR기구는 주로 분쟁으로 인한 민원이 많은 분야나 행정기관의 ADR에 대한 인식 정도에 따라 법령에 의해 설치되는 경우가 많다. 행정형 ADR기구를 법령에 설치하는 데 있어 어떠한 기준이나 가이드가 별도로 있는 것도 아니다. 하지만 행정의 모든 영역에서 갈등과 분쟁이 발생할 여지가 있으며 민원 건수가 적어도 그 손실보상액이 막대하게 클 수도 있고, 과거에는 분쟁이 적었으나 시대가 변함에 따라 그 갈등의 정도가 점차 커지는 것도 있고 새로운 분쟁 양상이 전개되는 경우도 있다. 최근 들어서 설립된 공공데이터제공 분쟁조정위원회나 정보보호산업분쟁조정위원회 등이 그 예이다. 이러한 새로운 행정형 ADR기구를 설치하는 데 있어서는 그 필요성에 대한 논의 과정과 예산 상의 문제 및 입법화까지의 짧지 않은 기간의 경과 등이 필요하다. 따라서 행정 기관을 비롯한 공공기관 등에 설치하는 이러한 분쟁조정위원회 등의 행정형 ADR기구와는 별도로 조정위원회 등이 설치되지 않은 분야의 갈등이나 분쟁을 해결할 수 있는 보완적인 ADR 형식이 필요하다. 이를 위해서는 각 공공기관 등에 대체적 분쟁해결을 담당할 수 있는 중립인 명부를 유지할 필요가 있다. 조정 위원회와 별도로 중립인 명부를 유지하면 분쟁해결의 신청인은 조정위원회나 중립인 중에서 본인의 편의와 선호에 따라 대체적 분쟁해결 방식을 선택할 수 있을 것이다. 이러한 중립인제도는 분쟁 당사자의 선택권을 넓힐 수 있을 뿐만 아니라 조정위원회 등 행정형 ADR기구가 미설치된 분야에 대한 분쟁의 해결에 도 유용하게 사용될 수 있을 것이다.

따라서 우리나라의 ADR로서의 조정은 중립인제도를 도입하여 조정위원회 또는 중립인(조정인) 중에 선택이 가능하도록 보완하는 것을 검토해야 할 것이 며,[75] ADR이 당사자의 자율성과 절차의 신축성이 핵심임을 감안하여,[76] 궁극적 으로는 1명에서 3명의 조정인을 통하여 당사자와 긴밀히 협의하여 분쟁해결을 하게 함으로써 '조정위원회'가 아닌 '조정' 위주로 전환하거나, 알선 및 중재를

---

74) 김상수, "우리나라 ADR법제의 운영현황과 발전방향", 국회입법조사처 세미나 자료, 2012. 2. 27, 10쪽.

75) '조정위원회'가 아닌 '조정'으로의 전환은 ADR로서의 원래의 의미의 조정이 가지는 특장점과 그 효과를 달성하기 위해 필요할 것이다. Carrie J. Menkel-Meadow, et tal., Dispute Resolution: Beyod the Adversarial Model, ASPEN Publishers, 2005, pp. 266-271 참조.

76) Stephen B. Goldberg, Frank E. A. Sander & Nancy H. Rogers, Dispute Resolution: Negotiation, Mediation and Other Processes, Aspen Law & Business, 1999, p. 123.

비롯하여 조정-중재(med-arb)나 중재-조정(arb-med) 같은 혼합 절차를 활용하는 방안을 추진하는 것도 좋을 것이다.

(5) ADR기본법 또는 행정형 ADR법의 제정

앞의 미시적인 방안에서 더 나아가 보다 근본적으로는 미국의 행정분쟁해결법처럼 행정형 ADR법을 별도로 제정하여 공통적인 사항과 절차들을 동 법에 담아 행정형 ADR제도의 통일을 기하고 체계를 정립하는 방안을 생각해 볼 수 있다. 이렇게 되면 논란이 되고 있는 조정의 효력에 대해 재판상의 효력과 같은 효력을 줄 것인가에 대하여 법률 제정과정에서 공론화가 진행될 수 있을 것이다.[77] 즉 일정한 기준에 따라 그 효력을 당사자 간의 합의로 보든지 재판상의 효력과 같이 보든지 하거나, 아니면 전체에 대해 어느 한 쪽으로 통일되는 방안이 도출될 수도 있을 것이다. 이 법을 제정하게 되면 현재 그 절차나 효력 등에 있어서 일관성이나 통일성이 없이 규정되어 있는 개별법을 찾아 유사 규정들을 삭제하는 대신 공통적인 절차적 규정들을 동 법에 마련하고 각각의 개별법에는 특별히 규정해야 할 사항만을 남겨 놓을 수 있는바, 과거 행정절차법을 제정하면서 많은 개별법들을 정비한 것에서 그 예를 찾아 볼 수가 있다.[78]

또는 행정형 ADR법을 별도로 제정하는 전 단계를 생각해 볼 수 있다. 현재 각 개별법에서 행정형 ADR제도가 나름대로 각 개별법 상의 특성을 반영하여 발전해 왔음을 감안하여 이러한 현실을 당분간 움직이지 말고 개별법 상의 규정들은 그대로 남겨두되, ADR기본법을 제정하여 현행의 각종 '조정위원회' 방식 외에 추가적으로 '조정' 등을 수행하기 위한 중립인(조정인, 중재인 등)을 통한 대체적 분쟁해결 방식과 절차를 보충해주는 조문을 두는 방법을 고려해 볼 수 있다. 이러한 ADR기본법은 각 ADR법(민사조정법, 중재법 등)에 공통적으로 적용할 원칙이나 지도원리 등을 규정하고, 민간형과 사법형 ADR뿐만 아니라 행정형 ADR의 공통적인 절차나 원칙들을 보완해서 규율하여 줌으로써 명실 공히 ADR의 총괄적인 기본법이 되게

---

77) 서정일, "ADR 분쟁조정제도의 통합적 운영방안", 중재 제331호, 2010년 봄, 53-54쪽 참조.

78) 김유환, "행정형 ADR 정비방안-모델절차법(안)", 사법 선진화를 위한 개혁, 사법제도개혁추진위원회, 2006, 393-407쪽, 박철규, "한국 ADR법제의 체계화 및 대체적 분쟁해결 기본법의 제정 방향에 관한 고찰", 중재 제339호, 2013년 봄·여름, 41쪽; 서정일, 전게서, 53쪽 참조.

하는 방안이다.[79]

6. 결 어

지금까지 우리나라 행정형 ADR의 전체적인 입법 현황에 대하여 전수 조사를 시도하여 고찰하고, 이에 대해 ADR기구의 구성과 운영 절차, 분쟁해결의 효력 등에 관하여 분석·검토하였다. 발견된 문제점들에 대해서는 개선방안을 제시하고 거시적으로는 ADR기본법 및 행정형 ADR법의 제정을 제안하기도 하였다. 행정형 ADR의 전체적인 입법 현황을 망라하고자 하였으나 일부 법령은 검토 대상에서 빠진 것도 있을 것이다. 이는 민간형 ADR로 분류되거나 행정형과 민간형 사이에서 판단하기가 애매한 것이 있을 수 있기 때문이다. 하지만 여기에서의 분석으로도 우리나라 행정형 ADR의 거의 전부를 탐색했다 할 수 있고, 전체적인 현황을 판단하여 유의미한 결과를 도출함에는 큰 문제가 없을 것으로 본다. 과거 공공갈등 해결 문제를 다룬 갈등관리기본법이 입법 추진되다가 중지된 바 있는데, 최근 공공갈등의 막대한 사회적 손실과[80] 해결의 어려움으로 인하여[81] 동 법에 대한 관심과 입법화가 다시 부상하고 있다. 그러면 이러한 공공갈등관리법과 ADR기본법이 추진될 때 양자를 포함하는 우리나라의 ADR 법령체계를 어떻게 정립해 나가야 할 것인가에 대한 논의가 확대되어야 할 것이다. 또한 ADR제도의 정착을 위해서는 미국에서와 같이 지속적인 입법적 지원이 이어져야 한다는 사실을 잊어서는 안 될 것이다.[82]

한편, 우리나라의 행정형 ADR은 당사자 사이의 자율적인 합의보다는 행정

---

79) 이에 대해서는 박철규, 한국 ADR법령체계의 현황과 정립방안 연구 - 대체적 분쟁해결 기본법(안) 제안을 중심으로, 한국개발연구원(KDI), 2012.12 참조.

80) 박준·김용기·이동원·김선빈, "한국의 사회갈등과 경제적 비용", CEO Information 제710호, 삼성경제연구소 2009. 6. 24 참조.

81) Frank E. A. Sander, Alternative Methods of Dispute Resolution: An Overview, University of Florida Law Review 37, 1985, p. 8.

82) 미국의 꾸준한 입법적 지원에 대해서는 Tina Nabatchi, *op. cit.*, pp. 646-661; Zhiyong Lan, "A Conflict Resolution Approach to Public Administration," Public Administration Review, 57(1), 1997, pp. 27-35; Nancy J. Manring, "ADR and Administrative Responsiveness: Challenges for Public Administrators", Public Administration Review 54(2), 1994, pp. 197-203 참조.

기관의 권위적 재결(adjudication)에 의한 민원 해결적 측면이 강하고, 환경·노동 등 일부를 제외하면 많은 분쟁조정위원회가 운영이 제대로 되지 않고 일반인들로부터 기피되고 있으며, 조정위원의 선정에 있어서도 관련 공무원이나 명망가 위주로만 구성되고 민간 분쟁해결전문가의 참여가 저조하고, 정부 차원에서의 조정위원 양성을 위한 훈련프로그램의 부재, 전문적인 ADR 지원인력의 부족, 행정형 ADR의 지방분쟁해결기구의 상대적 취약성 심화등이 지적[83]되고 있음을 인식하여 행정형 ADR에 대한 근본적인 개혁방안이 입법적 측면에서나 운영 방식의 개선 측면에서 모색되어야 할 것이다.

제3절 사법형 ADR

사법형 ADR은 법원이 주관하는 소송 이외의 분쟁해결제도이다. 우리나라의 경우는 민사조정법 상의 민사조정, 가사소송법 상의 가사조정을 비롯하여 소송상 화해, 제소전 화해 등이 있으며,[84] 최근에 민사조정법 개정으로 도입된 상임조정위원을 둔 법원조정센터의 조정은 민사조정의 개선된 형태에 해당한다. 따라서 사법형 ADR 관련 법규는 민사소송법, 민사조정법, 가사소송법과 같은 법률을 비롯하여, 민사조정규칙, 가사소송규칙, 조정위원규칙 등과 같은 대법원규칙이 있으며, 민사 및 가사조정의 사무처리에 관한 예규와 같은 대법원예규가 있다.

사법형 ADR과 관련하여 우리나라에서는 1980년대까지도 '판사는 판결문만을 말한다'고 하며 민사분쟁의 해결은 판결이 유일한 수단으로 통용되었다.[85] 당시에도 민사소송법에 화해권고 규정이 있었으나, 거의 이용되지 않았고 판결

---

83) 임동진, 전게서, 149-151쪽; 심준섭, 전게서, 62-66쪽; 정정화, "공공갈등해결을 위한 ADR의 활성화 방안-미국, 일본, 한국의 조정제도 비교분석-", 한국자치행정학보 제26권 제2호, 2012 여름, 16-17쪽 등 참조.

84) 우리나라의 법원에 의해 실무상 행해지고 있는 행정소송상 조정을 사법형 ADR로 분류하여 설명하기도 한다. 정남철, "행정형 ADR과 언론조정·중재제도", 언론조정·중재제도와 ADR기본법 제정방향, 언론중재위원회·한국조정학회, 2010. 11. 10쪽.

85) 이시윤, "한국에서의 ADR의 경험과 진전", 민사소송 제19권 제1호, 2015. 5, 477-478쪽.

이 아닌 화해를 선호하는 법관은 무능한 것으로 치부되던 때도 있을 정도였다. 그러다가 1980년 후반기에 김용철 대법원장이 취임하면서 민사사법의 선진화의 일환으로 조정과 화해라는 유연한 절차를 강조함에 따라 민사조정이 활성화되기 시작하였다고 한다.

그럼에도 불구하고 1979년부터 2008년까지 지난 30년간 우리나라의 1심법원 민사소송 접수 건수는 약 16배가 증가되어 소송 폭발이라고 표현해도 될 정도에 이르렀는데, 판결 처리건수는 약 20배가 증가하였으나 판결 외 처리건수는 6.6배의 증가로 그쳤고 판결 외 처리 비율(조정, 화해, 인낙, 소 취하 등으로 판결 없이 종결된 경우)은 37.2%에서 14.4%로 오히려 감소한 것으로 나타났다고 한다.[86] 이는 조정이나 화해와 같은 사법형 ADR로 인한 판결 외 처리건수 자체는 증가하고 있음에도 사법형 ADR이 전체적인 판결 외 처리 비율을 의미 있게 높이는 데에는 기여하지 못하고 있는 증거라고 한다. 다만 무변론 등에 의한 판결을 제외한 실질 처리건수 중 실질 조정·화해율은 증가하고 있다.

1. 민사조정

(1) 개 요

민사조정법에 따라 민사에 관한 분쟁을 법관이나 법원에 설치된 조정위원회를 통하여 조정을 시행하는 것을 민사조정이라 한다. 이는 일반 소송절차보다 융통성이 많고 당사자의 비밀을 유지할 수 있으며 각계의 전문가들로 구성된 조정위원들의 참여로 그들의 전문적인 지식과 경험을 원활한 분쟁해결을 위해 활용할 수 있는 장점이 있다. 민사조정은 제소전 조정 외에 소송이 계속 중인 경우에도 조정에 회부할 수 있다. 민사조정의 담당기관은 수소법원, 조정담당판사, 조정위원회 등이 있다.[87] 이 중에서 수소법원이 조정을 하는 경우에는 조정과 판결절차의 비분리성, 조정담당기관의 중립성 문제, 당사자의 자발성 측면에

---

86) 정준영, "가칭 ADR기본법의 제정방향과 선결과제", 언론조정·중재제도와 ADR기본법 제정방향, 언론중재위원회·한국조정학회, 2010. 11. 53-54쪽.

87) 민사조정법 제7조 이하 참조.

서 문제가 있다는 비판이 있다.[88] 또 수소법원이 변론종결 이후에 결론을 제시하면서 조정을 시도하는 것은 부적절하다는 의견도 있다.[89] 이러한 비판에 대해서 법원의 조정에 대한 권고 내지 설득이 결론의 불확실성을 이용하여 당사자에게 압박을 가하는 것이 아니라, 법원의 법률적 식견에 기초하여 객관적 상황 인식에 바탕을 두고 당사자의 의사결정 과정이 합리적인 방향으로 이루어지도록 유도하는 것이라면 반드시 부정적으로 볼 것만은 아니라는 의견도 있다.[90] 수소법원은 필요하다고 인정되면 항소심 판결 선고 전까지 소송이 계속 중인 사건을 결정으로 조정에 회부할 수 있고, 스스로 조정하는 것이 적절하다고 인정되면 스스로 처리할 수도 있다.

조정전담판사에 의한 조정은 소송사건 처리를 주로 하면서 조정을 부수적으로 하는 수소법원의 조정과는 차이가 있으나, 기본적으로 수소법원 판사와 동일한 자격을 갖춘 법률전문가의 조언을 바탕으로 한다는 장점이 있음에도 역시 당사자의 자율성이 충분히 고려되지 않고 소송절차와의 절연이 취약하다는 비판이 있다.[91] 조정담당판사는 스스로 조정을 하거나, 상임 조정위원 또는 조정위원회로 하여금 조정을 하게 할 수 있다. 다만, 당사자가 처음부터 조정위원회에서 처리해 달라는 신청이 있을 때에는 조정위원회로 하여금 조정을 하게 하여야 한다. 조정담당판사로 지정을 받은 판사는 조정업무만을 전담하는 것이 원칙이다.

조정 절차에서 조정의 결과로 인한 이해관계가 있는 자는 조정담당판사의 허가를 얻어 조정에 참가할 수 있다.[92] 공동의 이해관계가 있는 다수 당사자가 있을 경우에는 그 중 한 사람이나 여러 사람을 대표당사자로 선정하여 진행할 수 있다. 조정절차는 비공개로 진행하는 것이 원칙이다.[93] 다만, 이 경우에도 조

---

88) 수소법원 조정은 대체로 재판이 상당히 진행한 후에 시작하여 시간과 비용의 감소 효과를 보기 어렵고, 재판부가 조정을 하는 과정에서 심증의 개시가 있을 수 있으며, 당사자도 조정에서의 진술 등이 나중의 재판에 영향을 미칠 것을 우려하여 진솔한 참여가 어렵고, 수소법원이 조정에 갈음하는 결정을 내릴 경우에 이의가 제기되어 나중에 그 결정과 다른 판결이 나오면 이로 인해 법원의 신뢰가 떨어질 수 있고, 심지어 민사조정법 제23조의 "조정절차에서의 당사자 또는 이해관계인의 진술은 민사소송에서 원용(援用)하지 못한다."는 규정도 수소법원의 조정이 실시되면 해당 조문은 의미가 없게 된다는 측면에서 수소법원 조정제도는 폐지하는 것이 좋다는 견해도 있다. 황승태·계인국, 전게서, 400-403쪽 참조.

89) 이준상, "ADR 활성화를 위한 실천적 과제", 민사사법제도개선세미나, 2005. 10. 25.

90) 김성수, "ADR 활성화를 위한 법원의 노력", 사법선진화를 위한 개혁: 연구보고서·참고 자료 Ⅵ-10, 사법제도개혁추진위원회, 2006, 51쪽.

91) 상게서, 54쪽.

92) 민사조정법 제16조 이하 참조.

93) 민사조정법 제20조(비공개)는 "조정절차는 공개하지 아니할 수 있다. 다만, …"라고 규정되어 있어

정담당판사는 적당하다고 인정하는 자에게 방청을 허가할 수 있다. 조정에 관하여 조정담당판사가 필요하다고 인정하면 적당한 방법으로 사실 또는 증거를 조사할 수 있다. 하지만 조정절차에서 당사자나 이해관계인이 한 진술은 후속의 민사소송에서 원용하지 못한다. 이는 조정과정에서 당사자의 문제해결을 위한 자유로운 진술을 보장하려는 취지이나, 조정절차에서 협의된 내용들이 변론 과정에서 사실상 소송에 반영될 가능성을 전혀 배제할 수는 없다. 따라서 조정과정에서 진술된 내용이나 제출된 참고자료 등을 소송으로 복귀한 후의 재판절차에 있어서 본안재판부에 상정되는 것을 제한하는 운용이 필요하다.[94] 이 경우에도 당사자들이 동의하거나 공익 목적이 있는 경우에는 예외를 인정하는 것이 좋을 것이다.

조정담당판사는 사건이 그 성질상 조정을 하기에 적당하다고 인정되지 않거나 당사자가 부당한 목적으로 조정신청을 한 것이라고 판단하는 경우에는 조정을 하지 않는 결정을 내릴 수 있다. 당사자 사이에 합의가 성립되지 않거나 성립된 합의의 내용이 적당하지 않은 것으로 인정되는 경우에는 조정이 성립되지 않은 것으로 사건을 종결시켜야 한다. 이 경우 조정담당판사는 상당한 이유가 없으면 직권으로 신청인의 신청 취지에 반하지 않은 한도에서 모든 사정을 고려한 공평한 해결을 위한 조정에 갈음하는 결정을 할 수 있다.[95] 조정에 갈음하는 결정에 대해 이의 신청이 없으면 그 결정 내용과 같은 합의가 이루어진 것으로 간주한다. 당사자의 합의 사항이 조서에 기록되면 조정이 성립되며 이는 재판상 화해와 같은 효력이 발생한다. 따라서 조정의 효력에는 집행력이 있고 대법원

공개가 원칙이나 비공개로도 할 수 있는 것처럼 애매하게 되어 있다. 이는 조정의 성격이나 원래의 입법 취지상으로도 어색하므로 "조정절차는 공개하지 아니한다. 다만, …"으로 명확히 해주는 것이 좋을 것으로 생각된다.

94) 김성수, 전게서, 55쪽.

95) '조정에 갈음하는 결정'의 성격에 대하여도 논란이 있다. '조정에 갈음하는 결정'은 당사자의 자발성이 핵심인 조정의 취지에 맞지 않고, 그 효력도 재판상 화해와 같다는 측면에서 당사자의 재판청구권을 침해할 소지가 크다는 비판이 있다. 하지만 '조정에 갈음하는 결정'은 대부분의 사항에 합의가 되고 사소한 내용에 대한 의견 차이가 있는 경우나 양 당사자가 조정에 응할 마음을 가지고 있으나 감정과 체면 등으로 인하여 합의의 의사표시를 못하는 경우, 당사자가 아닌 제3자와의 이해관계에서 조정에 갈음하는 결정을 원하는 경우, 분쟁의 대상이 주로 법률의 해석과 적용에 관한 것인 경우, 당사자 사이에 다툼이 심한 사건에서 잠정적인 합의 사항에 대해 재고할 수 있는 여지가 필요한 경우, 법원 연계형 조정 등에서 당사자의 합의가 성립되었으나 조정담당판사의 면전에서 그 합의 의사를 확인할 수 없는 경우 등 실무적으로 많은 유용성을 가지고 있다는 견해가 있다. 또 그 용어에 있어서도 조정을 '갈음하는' 결정보다는 '조정권고결정'이라고 하는 것이 더 적합하다는 의견도 있다. 황승태·계인국, 전게서, 414-417쪽.

과 헌법재판소의 입장에 따르면 기판력이 발생한다.[96) 그리고 민사조정법상으로 조정신청은 시효중단의 효력이 있다. 조정절차의 비용은 조정이 성립되면 당사자가 각자 부담하는 것이 원칙이고 성립되지 않은 경우에는 신청인이 부담한다.[97)

민사조정 절차의 흐름을 도표로 소개하면 아래와 같다.[98)

<그림 4-1> 민사조정 절차의 흐름

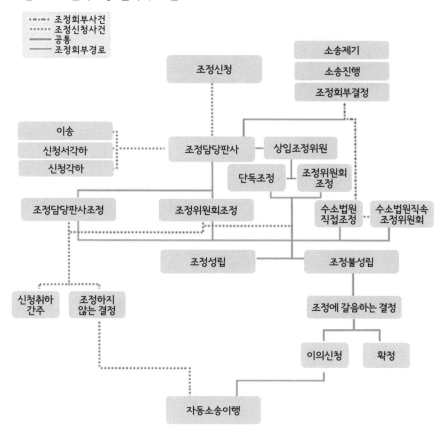

___

96) 양경승, 전게서, 146-158쪽.

97) 민사조정법 제16조 이하 참조.

98) 대한민국 법원 전자민원센터, 민사조정 절차의 흐름(http://help.scourt.go.kr/nm/min_1/min_1_6/-min_1_6_1/) (2016. 4. 22 방문).

(2) 조정위원

민사조정법 제8조에 의하면 조정위원회는 조정장 1명과 조정위원 2명 이상으로 구성한다고 되어 있는바, 구성은 3명으로 하더라도 사건의 특성에 따라 신축적으로 조정위원 1명 내지 2명으로도 조정이 가능하도록 하는 보충 규정을 두는 쪽으로 법률이 개정되는 것이 좋을 것으로 보인다. 조정장은 조정담당판사나 상임 조정위원이 주로 하며 조정위원은 학식과 덕망이 있는 사람 중에서 위촉된다. 조정위원의 임기는 2년이며 재위촉을 통하여 연장될 수 있다. 조정위원에게는 대법원규칙으로 정하는 바에 따라 조정수당을 지급한다. 조정위원회의 활성화는 비교적 성공적인 것으로 평가되고 있으나, 조정위원의 위촉은 분쟁해결에 대한 전문성이나 교육을 받은 사람을 대상으로 하기보다는 각 분야에서 경험이나 지식이 많다고 생각되는 명망가 위주로 위촉되고 있는 실정이다. 미국이나 독일 등에서는 법원 내 조정인들이 본인의 책임하에 조정을 진행하며 조정인 교육은 일종의 조정인 자격취득 요건으로 운용되어 교육 시간이나 과목이 보다 엄격하게 되어 있는 반면,[99] 우리나라에서는 명망가 위주로 위촉되어 조정위원 중의 일원으로 참여하는 성격을 가지고 있어 근본적인 개선 여부를 검토하는 것이 좋을 것으로 보인다. 따라서 위촉 단계에서부터 분쟁해결에 대한 일정한 경험이나 교육이 있는 경우로 요건을 두거나, 기존 조정위원들에 대하여는 재위촉 요건으로 단순한 세미나 수준을 넘어서는 체계적인 분쟁해결기법이나 기본적인 법률지식 등에 대한 교육을 시행하는 것이 좋을 것이다. 그런데 조정위원의 위촉 요건을 강화하기 위해서는 조정인에 대한 전문직업인으로서의 제도 정립과 동시에 조정인 수당을 보다 현실화하는 방안 등이 함께 고려되어야 할 것이다.

상임조정위원은 2009년부터 도입되었는데 조정위원규칙에 의하면, 판사·검사·변호사 등의 직에 15년 이상의 경력이 있는 사람 중에서 법원행정처장이 위촉하게 되어 있다. 상임 조정위원은 다른 직무에 겸하지 않는 것이 원칙이며, 법원행정처장의 허가를 받는 일정한 사건 외는 민사조정법 상의 조정에 관한 사무 이외에 변호사 직무를 할 수 없다. 상임조정위원은 조정담당판사와 동일한

---

99) 황승태·계인국, 전게서, 428-431쪽.

권한을 부여하여 법관의 관여를 최소화하고 종전의 수소법원의 비중이 압도적이었던 문제를 완화하였으며, 비상시적으로 운영되었던 조정위원회를 상시화하고 전문적 지식과 경험을 갖춘 조정 주재자로 인한 조정의 활성화에 기여하게 되었다.[100] 한편 2009년부터 법원에 조정센터를 설치할 수 있게 하였는바, 2009년 서울·부산에 이어 2011년 대구·대전·광주에 조정센터를 설치한 이후 2013년에 서울남부·북부·서부와 의정부지법에, 2014년에는 인천지방법원에 조정센터를 설치하여 각 지역에 확대하고 있다.

한편 조정위원의 구성을 살펴보면, 각급 법원에 있는 민사·가사·노동조정위원은 2014년 기준으로 6,597명으로 되어 있는바 각 조정위원들의 직업별 분포를 알아보면 다음의 표와 같다. 사업가가 18.0%로 가장 많고 그 다음으로 변호사, 교육자, 법무사, 의사 등의 순으로 주로 업무와 관련된 지식이나 경험이 중시되는 전문직에서 조정위원으로 많이 위촉되어 있음을 알 수 있다. 하지만 기타로 분류되는 경우도 30%에 육박하는 반면, 어느 한 직군에서 20%를 넘는 곳이 없어 대체적으로 조정위원의 위촉은 고루 분포되어 있는 편이라 할 수 있을 것이다.

<표 4-7> 2013년도 조정위원 직업분포

사업가	변호사	교육자	법무사	의사	상업	공무원	공업	회사원	농업	기타	계
1,189	864	761	624	490	300	201	107	89	51	1,921	6,597 (명)
18.0	13.1	11.5	9.5	7.4	4.6	3.1	1.6	1.3	0.8	29.1	100 (%)

＊2014년도 사법연감 참조하여 작성함.

(3) 민사조정 제도화의 실태

민사조정의 제도화와 관련하여, 아래의 표에서와 같이 처음부터 분쟁당사자가 조정신청을 하는 비율은 전국 제1심 민사본안사건 접수 대비 1% 근처에 낮게 머무르고 있다. 이에 대해서는 우리나라에서 외국처럼 소송의 증가 현상이

---

100) 상게서, 311쪽.

있었음에도 불구하고 소송이 지연되거나 체감되는 소송비용이 증가하지 않았기 때문이라는 견해가 있다.[101] 그 근거로서 세계은행에서 2014년 6월부터 2015년 6월까지 조사한 '기업환경평가보고서'에 의하면, 우리나라는 소의 제기에서 강제집행까지를 의미하는 '계약의 이행(enforcing contracts)' 부문에서 189개 국가 중 2위를 차지했고, 그 계약의 이행에 소요되는 기간이 230일로서 OECD 국가들의 평균인 538일보다 훨씬 적으며 소송기간(trial and judgment)은 90일에 불과한 것으로 나타났다는 것이다.[102] 또 소송목적의 값 대비 소송비용의 경우도 다른 나라에 비해 상당히 적은 것으로 평가되었다고 한다. 이는 객관적인 분석으로 인정될 수 있는 사안이지만, 우리나라의 조정 신청률이 낮은 이유를 통계적인 수치를 바탕으로 하는 단편적인 근거로만 보기는 어렵다고 할 수 있을 것이다. 아직도 국민들의 조정에 대한 인식이 부족한 실정을 부정할 수 없는 현실과 조정제도에 대한 홍보의 확대와 조정 절차 및 내용상의 신뢰성 제고가 긴요한 상태에 있음을 아울러 고려하는 것이 좋을 것이다.

한편 사건을 조정에 회부하는 경우에도 재판부가 직접 하는 수소법원에 의한 조정 처리비율과 조정담당판사나 조정위원회에 의한 조정 처리비율을 비교해 보면, 수소법원에 의한 조정 처리비율이 절대적으로 높다. 수소법원이 직접 조정을 하면 재판기관과 조정기관이 분리되지 않는 결과가 되고, 조정 과정에서의 내용들이 재판 절차에 반영되어 비밀성의 원칙이 훼손되는 문제가 있다. 그런데 다행인 것은 몇 년 전만 해도 조정회부 사건 중 수소법원 조정비율이 90%를 넘었으나 2012년도에 79.5%, 2013년도에 63.2% 등 최근으로 올수록 그 비율이 급격하게 감소하고 있다는 것은 그나마 상당히 고무적이라 할 수 있다. 이는 최근 법원의 조정위원회 제도의 활성화, 상임조정위원제 시행, 법원조정센터 증설 등의 노력에 힘입은 것으로 보인다.

---

101) 2014년 제1심 민사본안사건을 기준으로 볼 때, 연간 100만건 이상의 소가 제기되었음에도 불구하고 평균 소송기간이 1년 미만이며, 단독사건의 경우에는 평균 5개월 정도이고 소액사건의 경우에는 평균 4개월에도 미치지 못한다고 한다. 상게서, 328-333쪽.

102) 상게서, 329-332쪽.

<표 4-8> 제1심 민사본안접수 대비 조정신청 및 조정회부 사건 처리 비율

연 도	민사본안 접수	조정 신청	본안접수대비 조정신청비율 (%)	조정회부 사건 처리		
				조정담당판사 및 조정위원회 조정	수소법원조정	조정회부 사건 중 수소법원 조정비율(%)
2013	1,095,915	9,934	0.9	30,926	53,225	63.2
2012	1,044,928	8,112	0.8	15,378	59,655	79.5
2011	985,553	7,722	0.8	9,616	57,474	85.7
2010	981,188	10,166	1.0	6,206	58,729	90.4
2009	1,074,236	11,382	1.1	2,226	56,446	96.2
2008	1,259,031	9,216	0.7	1,546	56,278	97.3

* 연도별 사법연감 및 황승태·계인국(2016, 326쪽) 참조하여 작성함.

아래의 표에서 보듯이 최근 6년간 민사사건에 대하여 스스로 조정을 신청한 사건과 조정담당판사 및 조정위원회에 회부하여 처리한 사건의 상황을 보면, 스스로 조정을 신청한 사건의 처리 수는 2009년도와 2010년도에 걸쳐 1만 건이 넘다가 2011년 이후 다시 1만 건 아래에 머무는 양상을 띠고 있음을 알 수 있다. 그런가 하면 조정담당판사 및 조정위원회에 조정을 회부하여 처리한 경우는 2008년도에 1,617건이었으나 2010년도에 5,658건으로 늘었고, 2011년도에 9,330건, 2012년도에 15,087건, 2013년도에는 28,736건으로 급증하는 추세에 있음을 발견할 수 있다. 이는 조정위원회의 활성화를 통한 조정 증가를 위한 법원의 관심과 노력의 방향을 알 수 있는 대목이라 할 것이다. 그런데 조정성공률은 2008년도의 25.0%에서 2013년도의 33.5%까지 점진적으로 높아지는 양상을 보이고 있으나, 아직 30% 초반 대에 머물고 있어 큰 차이를 보이고 있지 아니하다.

<표 4-9> 민사 조정신청 및 조정회부 사건처리 상황

		처 리						이의신청	조정신청 사건의 조정 성공률 (%)
		합 계	조정 성립	조정 불성립	조정 갈음 결정	취 하	기 타		
2013	조정신청	9,721	1,798	2,115	2,031	2,302	1,475	574	33.5
	조정회부	28,736	5,260	12,737	9,155	522	1,062	4,177	
2012	조정신청	7,740	1,470	1,814	1,374	2,084	998	408	31.5
	조정회부	15,087	3,195	6,147	4,760	-	985	2,125	
2011	조정신청	8.018	1,440	1,648	1,453	2,486	991	341	31.8
	조정회부	9,330	1,760	3,850	3,239	-	481	1,439	
2010	조정신청	10,761	1,798	2,124	1,887	3,623	1,329	408	30.5
	조정회부	5,658	1,188	2,149	2,060	-	261	970	
2009	조정신청	10,739	1,777	2,103	1,819	3,826	1,214	364	30.1
	조정회부	2,056	761	646	586	-	63	365	
2008	조정신청	8,698	1,473	1,716	969	3,411	1,129	271	25.0
	조정회부	1,617	662	630	134	-	191	126	

* 조정회부 건수는 수소법원을 제외한 조정담당판사 및 조정위원회에 회부하여 처리한 사건임.
* 조정성공률=(조정성립건수+조정에 갈음하는 결정 건수-이의신청·조정에 갈음하는 결정 취소 건수)÷조정처리 건수×100.
* 2009-2014년도 사법연감 참조하여 작성함.

(4) 민사조정의 활성화를 위한 법원의 개혁 노력과 추가적 과제

최근 법원은 업무부담을 줄이고 민사조정을 활성화하기 위하여 다양한 시도를 하고 있다. 전술한 바와 같이 2009년부터는 민사조정법의 개정으로 변호사 자격이 있는 경력자를 상임조정위원으로 위촉해 활용하고 있다. 상임조정위원은 변호사로서 자신의 사건을 수임할 수 없고 법원이 의뢰하는 조정 사건만을 전담하여 처리한다. 2009년에 서울과 부산에 법원조정센터를 개설하여 상임조정위원으로 하여금 조정전담판사와 같은 권한을 부여하고 전직 대법관을 조정센터장으로 하는 등 상임조정위원제도를 정착시켰다. 그런데 조정센터가 단순히 조정사건을 처리하는 기능을 넘어서 조정정책 개발, 조정위원의 관리와 교육, 외부 ADR기구와의 연계 추진 등을 위하여 인적·물적 조직의 확충이 필요하고, 이를 위해 현행의 조정위원규칙으로 되어 있는 조정센터의 근거규정을 민사조정법으로 하여 명시하는 것이 좋다는 견해가 있다.[103]

2010년부터는 서울지방법원에서 조기조정(Early Mediation)을 도입하여 시범 실시하였다. 조기조정은 본격적인 재판 전 재판기일을 기다리는 동안에 당사자와 민간조정위원들이 대화를 통해 조정을 할 수 있게 하는 제도로서 대개 소장 접수 후 첫 변론 기일까지 2개월의 기간이 소요됨을 감안하여 그 기간 동안에 조정을 통하여 분쟁을 해결할 수 있게 하려는 것이다. 조기조정을 위하여 본안재판부가 조정에 적합한 사건을 조정담당판사에게 회부하면 조정담당판사는 상임조정위원에게 배정하여 처리하게 하거나 비상임조정위원 또는 외부조정기관에 의뢰하고 그 결과를 다시 조정담당판사에게 보고하게 하여 합의가 성립된 사건은 합의 내용에 따라 '조정에 갈음하는 결정'에 따라 사건을 결말짓게 하고, 합의가 성립하지 않으면 소송에 복귀하게 하여 재판을 진행한다.

특히 외부조정기관에 의뢰하는 경우 이는 우리나라에서 사법사상 최초로 서울중앙지법을 필두로 하여 법원이 민간기관을 비롯한 외부조정기관에 조정을 의뢰하여 조정을 하게 하는 법원연계조정(Court-Connected Mediation)의 시행을 의미한다.[104] 이에 따라 2010년 5월부터는 대한상사중재원, 2010년 6월부터는 서울지방변호사회 등이 법원연계조정을 시행하는 외부조정기관으로 최초로 지정되어 서비스를 시행하였다. 법원연계조정에 대한 반응이 좋아지자 2012년에는 한국공정거래조정원, 한국거래소 시장감시위원회, 소비자분쟁조정위원회, 콘텐츠분쟁조정위원회, 한국기독교화해중재원 등으로 확대하였고, 2014년에는 법학전문대학원, 2015년에는 대한불법중재원 등으로 확대하였다. 법원연계조정의 조정성공률은 대체로 높은 것으로 나타나고 있는데, 이는 외부조정기관에의 의뢰가 사건 유형에 맞추어 진행되고 외부 전문가의 노련한 경험과 노하우를 활용할 수 있기 때문인 것으로 알려지고 있다.[105]

조기조정제도의 실시로 조정 회부 사건 수가 크게 증가하였으며, 조정 장소도 법원 외의 기관에서 시행함에 따른 자유스러운 분위기에서 당사자들의 만족도

---

103) 상게서, 396쪽.

104) 외부조정기관의 주요 담당자나 책임자를 법원의 조정위원으로 위촉하면 그 조정위원이 직접 의견 청취 절차를 진행하거나 내부의 다른 전문가를 활용하여 진행하게 되는데, 그 외부조정기관을 대표하여 조정 업무를 수행하는 조정위원을 '총괄 조정위원'이라고 한다. 상게서, 320-321쪽 참조.

105) 상게서, 320-322쪽.

가 상당히 높은 것으로 평가되고 있다. 조기조정제도에 대해 사건 당사자들이 높은 만족감을 표시하고 있는 것은 강제조정 논란이 제기되고 있는 수소법원 조정과 달리 재판부의 직접적인 개입이 없이 서울지방변호사회 조정중재센터, 대한상사중재원 등과 같은 법원 외의 장소에서 변호사나 ADR 전문가들과 사건당사자가 보다 자유로운 분위기에서 분쟁해결을 모색할 수 있을 뿐만 아니라, 본격적인 재판에서 당사자의 감정이 격화되기 전에 대화를 통해 조정을 시행함으로써 신속한 분쟁해결은 물론 비용절감 효과까지 기대할 수 있기 때문이라는 것이다.[106] 또 재판기일을 기다리는 동안에 조정을 할 수 있게 함으로써 당사자에게는 사건 처리의 지연 없이 분쟁해결을 도모할 수 있는 기회를 주는 효과가 있기 때문이다. 실제로 조기조정을 처음으로 시행한 서울중앙지방법원의 경우를 보면, 조기조정 성공률은 전국법원의 실질 조정·화해율에 차이가 거의 없으며 오히려 소액사건의 경우에는 더욱 양호한 성공률을 보이고 있고, 조정회부 사건의 조정 성공률보다 더 높게 나타나고 있다고 한다.[107] 그러나 조기조정제도가 대체적 분쟁해결제도로 확고히 정립되기 위해서는 조정기법의 향상과 전문 연수프로그램 강화 등을 통하여 전문성을 높이고 조정절차에 대한 투명성을 제고해야 한다는 의견이 많다고 한다. 또 조정제도는 당사자의 입장에 대한 이해가 중요한 요건이 될 수 있으므로 사건 당사자들이 자신들의 입장을 충분히 설명할 수 있게 조정시간을 늘리고, 조기조정제도는 곧 외부기관과의 법원연계조정을 의미하므로 이에 대한 법률적인 근거를 보완해 줄 필요가 있다.

2. 가사조정

가사조정의 관련 법규로는 가사소송법과 가사소송규칙이 있으며 그 외 미비한 사항에 대해서는 민사조정법과 민사조정규칙을 준용하고 있다. 가사조정 사건은 그에 상응하는 가사소송 사건이나 가사비송 사건을 관할하는 가정법원 또는 당사자가 합의로 정한 가정법원이 관할한다. 가사조정에는 조정전치주의가 적용

---

106) 법률신문, "조기조정제도, 사건 당사자 80%이상 만족", 2010. 12. 09.
107) 황승태·계인국, 전게서, 316-320쪽.

되며 가사소송법에 따라 가사소송 사건의 나류 및 다류 가사소송 사건과 마류 가
사비송 사건에 대하여 가정법원에 소를 제기하거나 심판을 청구하려는 사람은 먼
저 조정을 신청하여야 한다.[108] 만일 조정을 먼저 신청하지 않고 소를 제기하거나
심판을 청구하면 가정법원은 이를 조정에 회부하여야 한다. 가사조정규칙에는 격
지조정을 규정하고 있는데, 이는 당사자의 편의를 고려하고 조정의 가능성을 높
이기 위한 것으로 조정위원회 또는 조정담당판사는 당사자가 동시에 출석하여 조
정할 수 없는 사정이 있다고 인정한 때에는 서면으로 조정안을 작성하여 각 당사
자에게 제시하고, 당사자가 그 조정안에 동의한 때에는 조정위원회 또는 조정담
당판사가 지명한 조정위원의 면전에서 조정안에 기명날인 또는 서명을 하게 하여
조정을 성립시킬 수 있는 것이다. 가사조정도 당사자 사이에 합의된 사항을 조서
에 기재함으로써 조정이 성립하는데, 이 또한 재판상 화해와 같은 효력이 있다.
조정이 불성립하거나 조정에 갈음하는 결정이 이의신청에 의해 효력을 상실한 경
우에는 조정 신청을 한 때에 소가 제기된 것으로 간주한다. 화해와 마찬가지로 당
사자가 임의로 처분할 수 없는 가류 가사소송사건은 조정을 할 수 없다.[109]

　　아래의 표에서와 같이 최근 6년간 가사사건에 대하여 당사자가 스스로 조
정을 신청한 사건과 조정담당판사 및 조정위원회에 회부하여 처리한 사건의 상
황을 보면, 스스로 조정을 신청한 사건의 수는 2008년도에 2,216건에서 점증하
는 추세를 보이다가 2012년도에 와서 3,112건으로 3,000건을 넘어 섰다. 이는
가사사건에 대하여 조정을 신청하는 당사자의 입장에서는 가사조정제도에 대한
인지도가 높아지고 가사조정의 장점에 대해 인식이 제고되었기 때문인 것으로
보인다. 그에 비해 조정담당판사 및 조정위원회에 회부하여 처리한 사건은 2008
년도에 2,035건에서 점차 감소하는 추세를 보이다가 2010년부터는 1,000건 이
하로 하락하였음을 알 수 있다. 그런데 가사조정 사건의 조정 성공률은 조정 신
청 사건의 경우에는 평균적으로 70% 후반을 유지하고 있으나, 조정담당판사 및
조정위원회에 회부하여 처리한 사건은 30-40% 대에 머물고 있는 실정이다. 조
정회부 사건의 조정성공률이 높아지지 않는 현상에 대해서는 이에 대한 원인의
분식과 내책이 필요한 대목이라 할 것이다.

---

108) 가사소송법 제2조(가정법원의 관장 사항) 및 제50조 참조.
109) 양경승, 전게서, 67쪽.

<표 4-10> 최근 5년간 가사조정 신청 및 조정회부 사건처리 상황

		처리 합계	조정 성립	조정 불성립	조정 갈음 결정	취 하	기 타	이의신청	조정 성공률(%)
2013	조정신청	3,240	2,395	287	89	338	131	12	76.3
	조정회부	728	238	398	53	-	39	33	35.4
2012	조정신청	3,112	2,330	241	58	331	152	1	76.7
	조정회부	802	241	466	56	-	39	20	34.5
2011	조정신청	2,854	2,162	219	92	271	110	6	78.8
	조정회부	770	303	385	38	-	44	19	41.8
2010	조정신청	2,539	1,837	60	205	323	114	7	80.1
	조정회부	977	340	97	471	-	69	50	77.9
2009	조정신청	2,350	1,758	159	88	242	103	20	77.7
	조정회부	1,306	417	546	263	-	80	147	40.8
2008	조정신청	2,216	1,673	191	61	198	93	12	77.7
	조정회부	2,035	574	1,142	141	-	178	81	31.2

＊조정회부 건수는 수소법원을 제외한 조정담당판사 및 조정위원회에 회부하여 처리한 사건임(고등법원 제외).
＊조정성공률=(조정성립건수+조정에 갈음하는 결정 건수-이의신청·조정에 갈음하는 결정 취소
   건수)÷조정처리 건수×100.
＊2009-2014년도 사법연감 참조하여 작성함.

3. 노동전문조정

사법부에서는 노동사건의 특성을 반영하여 노동문제의 전문가나 당사자의 입장을 대변할 수 있도록 민사 및 가사조정의 사무 처리에 관한 예규를 개정하여 노동전문조정위원제도를 도입하였다. 2013년 기준으로 서울중앙 및 남부지방법원과 인천, 대구, 부산 지방법원의 노동 관련 합의 사건 및 조정 신청 사건에 대하여 시행하고 있다.[110] 노동전문조정위원회가 속행되는 경우에는 2주일 이내로 하는 것을 원칙으로 하고, 노동전문조정위원회의 조정은 가능하면 3회 이내에 심리를 종결하도록 함으로써 분쟁의 조기 타결을 지향하고 있다. 또한 노동전

---

110) 법원행정처, 2013 사법연감, 2013. 8, 146쪽.

문조정위원회는 조정위원들의 전문성과 당사자의 신뢰를 존중하는 데 중점을 두어 운영하고 있다고 한다.

4. 화 해

화해는 재판외의 화해와 재판상의 화해로 나누어 볼 수 있다. 재판외의 화해는 당사자들끼리 자발적으로 양보하여 합의를 하는 사법상의 화해 계약을 말한다. 이는 당사자가 서로 양보하여 분쟁을 끝내기로 약정하는 것으로 국가가 개입하지 않고 당사자 간의 자발적인 분쟁해결 합의이므로 가장 바람직하다 할 수 있다. 화해 계약이 이루어지면 당사자 한 쪽이 양보한 권리는 소멸되고 상대방에게는 권리를 취득하는 창설적 효력이 생기므로 화해 이전의 법률관계를 다툴 수 없게 된다. 화해 계약에는 법원이 어떠한 형식으로도 관여하지 아니하지만 화해 계약을 이행하지 않으면 결국 민사소송으로 해결을 할 수밖에 없다.

재판상의 화해는 제소전 화해와 소송상의 화해가 있다. 소를 제기하기 전에 당사자가 법원에 출석하여 판사에게 화해 신청을 하고 이를 조서에 기재하면 확정판결과 같은 효력이 생기는데 이를 제소전 화해라고 한다. 그 구체적 절차는 민사소송법 제2편의 제4장에서 제소전 화해의 절차를 규정하고 있다. 민사소송법에 의하면 법원은 소송의 정도와 관계없이 화해를 권고하거나, 수명법관 또는 수탁판사로 하여금 권고하게 할 수 있다.[111] 소송상의 화해는 소송을 진행하는 중간에 법률관계에 대하여 당사자가 서로 양보하여 합의한 결과를 법원에 확인받는 것이다. 소송계속 후 화해가 성립하면 이를 조서에 기재함으로써 소송은 종료되고 그 조서는 확정판결과 동일한 효력이 생긴다. 소송상 화해에는 강제집행을 할 수 있는 집행력이 인정된다.

아래의 표에서 최근 민사본안사건 제1심의 조정, 화해 처리 결과를 보면, 조정이 4%대에서 5%대로 늘어나는 추세에 있는 반면 제1심에서 화해도 처리되는 비율이 2-3%대에 머물러 있는 것을 알 수 있다. 특히 1980년대에 화해의 비율이 4-5%대였던 것을 감안하면 오히려 화해로 처리되는 비율은 감소하고 있다

---

111) 민사소송법 제 145조 이하 참조.

고 할 수 있다.

<표 4-11> 최근 민사본안사건 제1심 조정, 화해 처리 결과

	2008	2009	2010	2011	2012	2013
처리	1,284,430 (100)	1,102,464 (100)	989,868 (100)	967,988 (100)	1,020,187 (100)	1,117,175 (100)
조정	51,958 (4.0)	52,146 (4.7)	54,081 (5.5)	52,616 (5.5)	54,640 (5.5)	58,334 (5.2)
화해	31,124 (2.4)	32,781 (3.0)	36,191 (3.7)	34,782 (3.6)	36,972 (3.6)	39,039 (3.5)

* ( )안은 구성 비율임.
* 2009-2014년도 사법연감 참조하여 작성.

그런가 하면 아래의 표에서 최근 지방법원 제소전 화해 접수 현황을 보면, 2013년도를 제외하면 연도별로 증가율은 다르지만 매년 증가해 왔다. 이에 대해서는 소송상 화해는 과거에 비해 감소하는데 비해 제소전 화해는 증가 추세에 있어 법원의 역할이 당사자들 간에 합의한 것을 단순히 공증해주는 것에 불과하는 것에 그치는 의미가 있으므로, 이에 대한 개선책을 마련해야 한다는 의견도 있다.[112] 이러한 견해는 분쟁의 원활한 해결을 위해 법원의 적극적인 노력을 주문한 것으로 보이나 소송상 화해의 감소 현상에 대해서는 전체 사건 수의 증가 및 조정 건수의 증가 추세와 함께 판단할 사항으로 생각된다.

<표 4-12> 최근 지방법원 제소전 화해 접수 현황

	2008	2009	2010	2011	2012	2013
건수	10,871	10,905	11,010	11,435	12,483	11,998
증가율(%)	13.4	0.3	1.0	3.9	9.2	-3.9

* 2009-2014년도 사법연감 참조하여 작성.

---

112) 양병회, "ADR과 화해제도의 활성화-독일의 민사소송법 개정을 보면서-", 민사소송법의 제문제(김홍규박사 화갑기념논문), 서울 삼영사, 1992, 397쪽.

제2장 한국 ADR의 발전방안

우리나라에서는 2000년대에 들어서 사법개혁과 사법 서비스 확충방안의 일환으로 대체적 분쟁해결(ADR)제도의 도입·확대를 검토한 적이 있었다. 2003년도에 설치된 사법개혁위원회에서는 2004년 11월 제24차 회의에서 다음과 같은 건의문을 채택하였다.[113] 첫째, 대체적 분쟁해결기구(ADR)로서 중재원 또는 민사중재원의 설립을 검토할 필요가 있으며, 이를 구체화하는 방안으로 우선 성공 가능성이 높은 특정 사건에 대한 분쟁해결을 담당하는 중재원을 설립하는 방안을 검토할 필요가 있다. 둘째, 사법심사에 앞서 분쟁을 전문적으로 신속히 조정, 해결하기 위하여 설치된 각종 행정형 분쟁해결기구(각종 위원회)의 종류·기능·구성 등 전반에 대하여 통일적으로 점검, 정비하고 그 운영을 활성화할 필요가 있다. 셋째, 고소·고발을 통하여 형사 사건화 되고 있는 민사 분쟁을 해결하기 위한 대체적 분쟁해결 방안을 모색할 필요가 있다. 넷째, 집단적 공공분쟁 등을 예방·조정·해결하기 위한 대체적 분쟁해결기구의 설립을 신중히 고려할 필요가 있으나, 우선 행정부 내에서 추진 중인 공공갈등관리를 위한 제도정비 상황을 지켜 보면서 연구·검토하는 것이 요청된다. 다섯째, 효율적 분쟁처리 제도의 확립을 위해서는 대한변호사협회를 비롯한 민간 영역에서의 대체적 분쟁해결기구의 확충을 위한 기반을 조성할 필요가 있다.

다음으로 2005년도에 설치된 사법제도개혁추진위원회는 행정형 ADR의 활성화 방안 및 민사사건의 형사 사건화 방지 방안, 새로운 중재기구의 설치, 민간 ADR기구의 확충 방안 등에 대하여 다음과 같은 내용을 2006년 11월 제14차 본회의에서 채택하였다.[114]

첫째, 행정형 ADR의 활성화 방안: 각종 행정형 ADR기구를 전체적으로 파악하여 홍보를 담당할 전담부서를 둘 필요가 있으며, 홍보 전담부서를 중심으로 행정형 ADR기구 간의 네트워크를 구축할 필요가 있다. 제도적 정비 방안으로는

---

113) 사법제도개혁추진위원회, 사법선진화를 위한 개혁, 2006, 290쪽.
114) 상게서, 293-294쪽.

행정형 ADR 신청에 대한 시효중단의 효력 부여, 조정의 효력 규정 통일 및 조정절차에 관한 규정의 정비가 필요하다. 또한 행정형 ADR기구가 실질적인 분쟁해결기구로서 기능하기 위해서는 예산과 인력의 확충이 필수적이다.

둘째, 고소나 고발을 통하여 형사 사건화 하는 민사 분쟁에 대한 ADR 방안: 민사적 분쟁에 대한 고소사건에서 조정 등 각종 ADR 프로그램을 적극 활용함으로써 수사기관이 본래의 기능을 다할 수 있도록 하는 방안을 검토할 필요가 있다. 또한 고소·고발이 형사 소추의 의사가 없이 단순히 민사소송을 위한 증거확보수단으로 활용되는 경우가 많으므로 분쟁 당사자가 손쉽게 관련 자료에 접근하여 증거를 확보할 수 있도록 민사증거개시에 대한 제도적 장치를 마련함으로써 민사적 분쟁의 형사 사건화를 방지하고, 당사자 간의 자율적인 분쟁해결을 촉진할 필요가 있다.

셋째, 새로운 중재기구의 설치 여부: 중재를 활성화하기 위하여 전문성과 신뢰성을 갖춘 다양한 중재기관의 설치 방안을 검토할 필요가 있으며, 새로운 중재기구가 성공하기 위해서는 충분한 중재 수요를 창출할 수 있어야 한다.

넷째, 민간형 ADR기구의 확충방안: ADR에 대한 인식을 제고하기 위하여 ADR에 대한 홍보를 강화하고, 대학 등에 ADR 강좌를 개설하여 ADR에 관한 연구를 촉진하는 한편 ADR 전문가를 양성할 필요가 있다. 또한 민간형 ADR에 대한 일반적인 절차를 정비할 필요가 있으며, 민간형 ADR기구의 신뢰성을 높이기 위하여 ADR 인증 제도의 도입을 검토할 필요가 있다.

하지만 위와 같은 대체적 분쟁해결(ADR) 제도의 활성화 방안은 국가적인 차원에서 법적·제도적 지원을 제대로 받지 못한 채 지지부진한 상태에 있는 것이 현실이다. 이하에서는 우리나라 ADR 발전방안을 ADR 법·제도적 측면, ADR 인력 측면, ADR 환경적 측면으로 나누어 살펴보고자 한다.

제1절 ADR 법·제도적 측면의 발전방안

1. 대체적 분쟁해결 법령체계의 정립[115]

　　개인 또는 집단의 갈등이나 분쟁은 전통적으로 법원의 소송을 통하여 해결되어왔으나 갈수록 분쟁의 양상이 복잡해지고 다양해짐에 따라 법원의 업무과중과 전문성 부족으로 인하여 분쟁해결의 효과적인 달성과 비용 및 시간을 절약할 수 있는 대체적 분쟁해결(ADR)에 대한 관심이 증대되어 왔다. 우리나라는 대체적 분쟁해결에 대한 관심과 연구의 활성화가 상당히 진전되어 있음에도 불구하고 실무계를 비롯한 분쟁해결의 현장에서는 발전에 한계를 보이고 있고, 특히 민간 부문에서의 조정이나 중재 등 민간형 ADR은 대한상사중재원의 중재를 제외하면 이렇다 할 ADR 기관의 활동을 찾아보기가 어려운 부진을 면치 못하고 있는 것이 현실이다. 따라서 ADR의 활성화와 ADR제도의 정착을 기하기 위해서는 ADR 관련법의 기반 구축과 함께 ADR 기관의 제도화[116]가 수반되어야 한다는 목소리가 높다. 특히 미국·영국· 독일·프랑스·일본 등 선진국에서는 공공갈등이나 분쟁을 체계적으로 관리하기 위한 법·제도와 지원체계를 갖추고 있으나 우리나라는 그러한 체계가 미비된 상태에서 산발적으로 분쟁해결기구가 운영되고 있는 실정이다.

　　우리나라의 대체적 분쟁해결(ADR) 법령체계는 민간형 ADR로 '중재법'이 있고, 사법형 ADR[117]로 '민사조정법'이 있으며 행정형 ADR로 공공기관의 업무와 관련된 분쟁을 해결하기 위해 공공기관 등에 설치되어 있는 각종 분쟁조정위원회 등의 설치와 운영 등을 규율하는 각 개별법이 있다. 그런데 현재의 대체적 분쟁해결 법령체계 상으로는 중재법을 제외하면 조정 등 민간형 ADR을 규율할 일반법이 없고, 각종 행정형 ADR은 개별법에서 필요에 따라 그때 그때 마련되

---

115) 이 부분은 필자가 중재지에 기고한 글을 발췌하고 다시 정리한 것이다. 박철규, "한국 ADR법제의 체계화 및 대체적 분쟁해결 기본법의 제정 방향에 관한 고찰", 중재, 2013 봄·여름, 38-47쪽 참조.

116) ADR의 제도화에 관해서는 Sharon Press, "Institutionalization: Savior or Saboteur of Mediation", 24 Fla. St. U. L. Rev. 903, 1997 참조.

117) 가사소송법은 제4편에 사법형 ADR이라 할 수 있는 가사조정을 포함하고 있다.

었기 때문에 그 절차나 효력 등이 일관성이 없다는 지적이 있어 왔다.[118] 따라서 조정에 관한 절차법을 별도로 제정하거나 공공기관의 업무와 관련된 분쟁 절차 및 효과를 통일적으로 규율할 법률이 필요하다는 주장이 제기되기도 하였다.

그런가 하면 대체적 분쟁해결의 기본적인 사항들을 포함하고 각각의 대체적 분쟁해결 절차에 공통된 지도원리 등을 규율하는 대체적 분쟁해결 기본법을 제정하여야 우리나라에 대체적 분쟁해결이 활성화되고 정착이 빨라질 수 있다는 학계의 주장과 실무계의 세미나 등의 노력이 있어 왔다.[119] 대체적 분쟁해결 기본법이 제정되어야 하는 근거로는 법률에 의하여 대체적 분쟁해결을 인지시킴으로써 정통화와 함께 그 이용이 촉진될 수 있다는 기대가 있고, 미국에서 보는 바와 같이 대체적 분쟁해결의 발전을 위해서는 법원과의 연계가 중요한데 그 연계를 원활하게 하는 법적 근거를 제공해 주며,[120] 대체적 분쟁해결의 절차나 효력 등에 관한 사항을 일반적으로 규율하는 대체적 분쟁해결 기본법의 제정이 있어야 대체적 분쟁해결 제도가 정착될 수 있다는 것이다.[121] 여기에 대체적 분쟁해결이 법적인 근거를 가지게 되면 국가적인 관심과 재정적 지원이 이어지게 되고, 이는 설립 초기에 어려울 수 있는 대체적 분쟁해결 기관의 정상적인 운영·발전과 아직은 미흡한 대체적 분쟁해결 인재의 양성에 크게 이바지할 것으로 생각된다.

이와 같이 대체적 분쟁해결 관련법을 보완하여 대체적 분쟁해결 법령체계를 정립할 필요가 있다. 우선 대체적 분쟁해결 기본법을 제정할 필요가 있는데, 대체적 분쟁해결 기본법을 제정하는 경우에도 민간형·행정형·사법형 ADR과 관련하여 대체적 분쟁해결 기본법과 각각의 ADR 개별법과의 관계 설정을 대체적 분쟁해결 법령체계 상에서 어떻게 정립해 나가야 할 것인가에 대하여 고민할

---

118) 행정형 조정의 경우 조정의 성립이나 시효중단·제소기간 준수의 효력, 조정위원의 비밀유지 의무 등을 하나의 법률로 정리할 필요가 있다는 주장이 있기도 하다. 전병서, 대체적 분쟁처리제도 (ADR) 도입방안, 사법제도개혁추진위원회, 2006, 54-56쪽; 유병현, "ADR의 발전과 법원의 조정의 효력", 법조, 2004, 72쪽.

119) 강병근 외, 인터넷분쟁의 소송외적 해결을 위한 법제도 연구, 정보통신정책연구원, 2001, 103-104쪽; 김민중, "우리나라 ADR제도의 발전기반구축을 위한 실천과제", 언론중재, 봄호, 2010, 21-23쪽; 김상찬, "ADR기본법의 입법론에 관한 연구", 중재연구 제13권 제2호, 2004, 159쪽; 서정일, "ADR 분쟁조정제도의 통합적 운영방안", 중재 제331호, 2010년 봄, 57쪽; 정준영, 전게서, 37쪽 참조.

120) 김상찬, 전게서, 159쪽.

121) 김민중, 전게서, 21-23쪽.

필요가 있다고 하겠다.

이에 대해서는 여러 가지 조합들을 생각해 볼 수 있는데, 먼저 민간형 ADR 을 직접적으로 규율하는 법으로 현재는 중재법만이 존재하므로 민간형 ADR에서 가장 많이 사용될 수 있는 조정에 관한 절차를 일반적으로 규율하는 '조정절차법(가칭)'을 별도로 제정하여 주는 방안이 있다. 이 방안은 미국의 각 주에서 입법 시 원용하여 채택할 수 있는 통일조정법(Uniform Mediation Act)이나 중국의 인민조정법(中華人民共和國人民調解法)을 비롯하여, UNCITRAL의 모델조정법(Model Law on International Commercial Conciliation) 등과 같이 '조정'에 대하여는 다른 대체적 분쟁해결 절차와 달리 독립적인 법률을 입법화 해 주는 경향을 반영하는 것이다. 이 경우 대체적 분쟁해결 기본법은 각 개별법에 공통적으로 적용될 사항만을 최소한으로 규정하고 조정절차법 상의 조정이나 중재법 상의 중재 외의 ADR 절차에 대해서는 보완적으로 포함시켜 주면 될 것이다. 이를 도표화하면 다음과 같다.

<그림 4-2> 대체적 분쟁해결 법령체계 정립방안 1

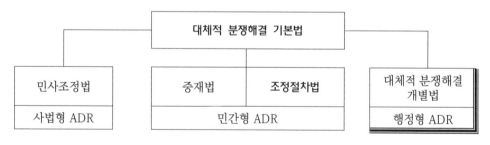

거기에 앞의 방안에서 좀 더 나아간 것으로 조정절차법을 제정하는 외에 행정형 ADR과 관련한 비판을 반영하여 공공기관의 업무와 관련된 분쟁을 재판 외의 방법으로 해결하기 위한 절차들을 통일적으로 규율하여 주는 '공공기관의 대체적 분쟁해결 절차에 관한 법률(가칭)'을 추가적으로 제정하여 주는 방안이 있다. 이 법을 제정하게 되면 현재 그 절차나 효력 등에 있어서 일관성이나 통일성이 없이 각 개별법에 산재되어 규정되어 있는 공공기관에 의한 대체적 분쟁해결 절차들에 대해 공통적인 절차적 규정들을 구비하는 대신, 개별법의 유사 규정들을 삭제하고 특별히 규정해야 할 사항만을 각각의 개별법에 남겨 놓는 방

식을 생각해 볼 수 있는바, 과거에 행정절차법을 제정하면서 많은 개별법들을 정비한 것을 모델로 할 수도 있을 것이다.[122]

다음으로 대체적 분쟁해결 기본법 안에 각 대체적 분쟁해결 관련법에 공통적으로 적용할 원칙이나 지도원리 등을 규정하되, 별도의 조정 절차법을 제정하지 않고 '조정'에 관한 장을 기본법 안에 독립적으로 넣어 줌으로써 하나의 대체적 분쟁해결 기본법 안에 포괄하여 규정하는 방안이 있을 것이다. 이 경우에도 행정형 ADR을 통일적으로 규율하는 공공기관의 대체적 분쟁해결 절차에 관한 법률을 별도로 제정하여 주거나 그러한 독립적인 법률에 들어 갈 사항들을 아예 대체적 분쟁해결 기본법 안에 포함시키는 방안이 있을 것이다. 하지만 이에 대하여는 공공기관의 분쟁조정을 위한 각종 위원회에서 접하는 분쟁이 전문화·복잡화되어 있어 각종 위원회에도 각각 특수한 절차와 규정을 두어야 하는 경우가 있으므로, 기본법에서 각종 위원회의 특수성을 모두 고려하여 규정하려면 많은 규정을 두어야 하고 그 내용도 복잡해질 수밖에 없기 때문에 대체적 분쟁해결 기본법에서는 각종 위원회에 공통적으로 적용되는 기본적인 사항에 관하여만 규정하는 것이 좋다는 견해가 있다.[123]

생각건대, 각종 위원회 방식으로 운영되는 우리나라의 행정형 ADR은 당사자의 자율성을 바탕으로 하는 ADR의 특성을 반영하지 못하고 민원을 원만하게 해결하는 절차로 이용되고 있는 실정을 부정할 수 없는 것이 현실이다. 그렇지만 공공기관에 의한 대체적 분쟁해결 절차를 두고 있는 개별법들이 규정하고 있는 분쟁의 태양과 해결 절차에 차이가 있음을 인정하고, 개별법의 분쟁해결 규정 방식에도 이미 상당한 입법적 진전이 있음을 감안할 필요가 있다. 따라서 개별법 상의 각종 위원회 관련 규정을 대체적 분쟁해결 기본법 속에 통일적으로 규정하여 정비하도록 하지 않고, 개별법의 위원회 관련 규정은 그대로 살려 두면서 대체적 분쟁해결 기본법에 보충적인 규정만을 담는 방안이 있다. 그러면 그러한 분쟁조정위원회 외에 공공기관이 보유하고 있는 중립인 명부에서 중립인을 선택적으로 활용할 수 있게 함으로써 당사자의 자율성을 반영하면서도 신속하게 분쟁해결 절차를 진행할 수 있는 규정을 기본법 안에 담을 수 있을 것이다.

---

122) 김유환, 전게서, 393-407쪽; 서정일, 전게서, 53쪽 참조.
123) 박홍래, "재판 외 분쟁해결제도(ADR) 기본법 제정에 관하여", 언론중재위원회 강원지역 토론회 발제문, 2010 참조.

이 경우 중립인을 이용하는 방안은 두 가지 경우로 나누어 볼 수 있다. 첫째는 그 공공기관에 분쟁조정위원회가 설치되어 있지 아니하는 경우에 중립인을 신청하여 대체적 분쟁해결 방식으로 분쟁을 해결하고자 하는 경우이고, 둘째는 그 공공기관에 분쟁조정위원회가 설치되어 있다고 할지라도 당사자는 분쟁조정위원회와 독립적인 중립인 중 자신들의 편의와 선택에 따라 분쟁해결을 도모할 수 있도록 하는 방법이다. 첫 번째는 해당 공공기관에 분쟁조정위원회가 설치되어 있지 아니하는 경우에 대체적 분쟁해결 기본법에 따라 대체적 분쟁조정을 신청하고자 하는 경우로 한정해서 운용하는 방법이다. 이에 비해 두 번째는 해당 공공기관에 분쟁조정위원회가 설치되어 있다고 할지라도 분쟁조정위원회 외에 당사자에게 독립적인 중립인을 선택할 수 있는 옵션을 하나 더 주는 방식인 것이다. 후자의 경우에는 기존에 분쟁조정위원회가 있는 경우까지 추가적으로 중립인을 선택할 수 있게 함으로써 불필요한 중복과 혼선을 가져올 수 있다는 우려가 있을 수 있다. 그러나 후자의 경우에도 조정위원회 방식이 회의체 형식을 가짐으로써 진정한 의미의 '조정'과는 거리가 있다는 지적이 있으므로 별도의 중립인 제도에 대한 운용의 묘를 어떻게 살려나가느냐에 따라 그 효과는 달라질 수 있기 때문에 법안 심사 시에 이에 대한 심도 있는 논의를 하는 것이 좋을 것이다. 이 방안들을 담은 법령체계를 도표로 나타내면 다음과 같다.

<그림 4-3> 대체적 분쟁해결 법령체계 정립방안 2

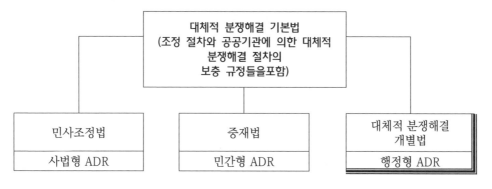

대체적 분쟁해결 기본법을 제정할 경우에도 일본과 같이 민간형 ADR을 규율할 일반법만으로 그칠 것인가, 아니면 민간형·행정형뿐만 아니라 사법형

ADR까지 함께 규율할 수 있는 명실상부한 통합 ADR법으로서의 대체적 분쟁해결 기본법을 지향할 것인가에 대하여도 숙고할 필요가 있다 할 것이다.[124] 이에 대하여는 사법형·민간형·행정형 ADR이 결국은 그 절차·내용·효력이 모두 접근하거나 같아질 것으로 보고 이를 감안하여 대체적 분쟁해결에 관한 기본법이 제정되어야 하며, 사법형·민간형·행정형 ADR에 모두 적용되는 기본법을 염두에 두는 것이 좋다는 견해가 있다.[125] 통합적인 대체적 분쟁해결 기본법이 제정되면 조정·중재·알선 등 다양한 ADR 간의 상호관계를 정의하여 분쟁해결 프로그램을 선택적으로 혹은 연계적으로 제공할 수 있고,[126] 민간형, 행정형은 물론 사법형 ADR의 통합적인 지도원리와 공통적인 규정들을 하나로 엮어 다양한 ADR 개념의 정립과 함께 체계적인 ADR제도의 발전을 이루어 나갈 수 있을 것이다. 사실 이러한 통합적인 개념 정립은 현실에서 중재가 아닌데도 중재라 하거나 중재처럼 구속적 효력이 있는데도 조정이라 한다든지,[127] 알선을 ADR 기관의 직원이 하는 곳이 있는가 하면 제3자인 중립인이 하는 경우를 의미하기도 하는 등의 혼란을 정리하는 효과가 있을 것이다.

따라서 대체적 분쟁해결 기본법을 제정함에 있어서 미국이나 일본에서처럼 민간형 ADR, 행정형 ADR, 사법형 ADR과 관련된 법률을 각각 따로 제정하는 것에 한 걸음 더 나아가 민간형·행정형·사법형 ADR을 하나의 법률 속에 녹여 들어가게 함으로써 통합적인 대체적 분쟁해결 기본법을 제정하는 방안을 고려해 볼 필요가 있다. 이러한 기본법이 제정된다면 중재법, 민사조정법 등과 같은 개별법을 전체 ADR 법령체계하에서 대체적 분쟁해결 기본법과 유기적인 연계를 이루게 하는 효과를 가져올 수 있을 것이다.

---

124) 일본의 ADR촉진법은 인증사업자를 대상으로 하는 민간형 ADR을 규율하는 법이며, 미국은 행정형 ADR을 규율하는 행정분쟁해결법과 사법형 ADR을 규율하는 대체적 분쟁해결법이 별개로 되어 있다. 한국이 민간형 ADR뿐만 아니라 행정형 ADR과 사법형 ADR까지 규율할 수 있는 ADR기본법을 하나의 개별법으로 제정할 수 있다면 명실상부한 통합 ADR기본법이 될 수 있을 것이다. 미국 연방정부의 ADR 관련법에 대하여는 Jeffrey M. Senger, Federal dispute resolution: using ADR with the United States government, Jossey-Bass, 2004, pp. 11-17 참조.

125) 박흥래, 전게서 참조.

126) 강병근 외, 전게서, 103-104쪽.

127) 상게서, 104쪽.

2. ADR 기관의 설립 확대 및 활성화

우리나라의 ADR 기관은 ADR이 발달한 미국 등에 비해 그 숫자도 적지만 그나마 있는 ADR 기관도 대한상사중재원을 제외하면 그 활동도 지극히 제한되어 있는 실정이다. 특히 민간형 ADR 기관은 그 숫자에 있어서나 활동성 측면에서 대한상사중재원에 부응할 만한 ADR 기관을 찾아보기가 어려운 것이 현실이다. 일부 민간형 ADR 기관이 있기는 하지만 그 활동은 주로 ADR 담당자나 일반인들에 대한 교육에 치우치고 있으며 분쟁해결을 위한 사건을 처리하는 역할은 제대로 운영되고 있지 아니하다. 이는 근원적으로는 ADR에 대한 홍보 부족과 국민들의 인식 부족에 기인한다고 할 수 있으나, 이렇다 할 ADR 기관의 절대 부족과 운영에 있어서의 영세성을 벗어나지 못하는 데도 원인이 있다. 따라서 ADR 기관이 자생적으로 운영되기 위해서는 그 초기 단계에서 국가적인 지도하에 ADR 기관의 설립과 지원이 이루어져야 할 것이다.

(1) 사법개혁위원회(2004)의 개혁안 검토

ADR 기관의 설립 방안에 대해서는 2004년 사법개혁위원회의 회의 자료에서 언급된 안에 대하여 먼저 검토해 보고자 한다.[128] 첫째, 전국 지방법원 본원에 중재원을 설립하는 방안이 제시된 적이 있다. 이를 요약하면 다음과 같다. 전국 지방법원 본원에 중재인단을 둔 중재원을 설치하여 중재원장은 지방법원장이 겸임하게 하고 중재원의 행정사무는 지방법원에서 담당하게 한다는 것이다. 중재인단은 상임 중재인과 비상임 중재인으로 구성하여 상임 중재인은 퇴임 법관이나 법원공무원 또는 변호사·법무사 중에서 선임하고, 비상임 중재인은 법조인과 비법조인을 망라하여 적임자를 선임한다. 중재인은 사건마다 당사자로부터 중재에 대한 법정 보수를 지급받고, 상임 중재인은 그 외에 국가로부터 일정한 보수를 지급받게 한다는 것이다. 중재절차는 중재법에 따르게 하고, 중재원에서 민사조정법에 따른 민사조정도 담당하게 한다.

---

128) 사법개혁위원회, 효율적인 분쟁처리제도(ADR)의 확대 방안, 사법개혁위원회 제1분과 제13차 회의자료, 2004. 11. 1.

이는 지방법원 내에 중재원을 설치하여 중재원의 행정사무는 지방법원에서 담당하게 하면서도 상임 또는 비상임 중재인을 두는 등의 복합적인 구성을 함으로써 법원과 완전히 독립적인 조직은 아니면서 법원 내에 별도의 조직을 두되 조정과 중재 업무를 같이 할 수 있는 기능을 상정한 것으로 보인다. 그러나 현행 법체계상으로 지방법원장이 중재원장을 겸임하게 하는 것이 부적절해 보이고, 중재절차는 중재법을 적용한다고 하면 이 중재원에서 하는 중재는 공법이 아닌 사법상의 분쟁만을 처리해야 하며, 미국과 같은 비구속적인 법원중재도 아니면서 중재법상의 구속적인 중재만을 위해 법원 내에 별도의 조직체를 둘 필요성이 있는가 하는 생각이 든다. 게다가 현행 중재법 제6조에 의하면 법원은 중재법에서 정한 경우를 제외하고는 중재법에 관한 사항에 대하여 관여할 수 없게 되어 있으므로, 중재절차를 중재법에 따라 적용하는 중재원을 지방법원 내에 설립하는 방안은 위 모든 사항들을 반영하여 중재법의 근간에 대한 개정 문제까지 고려해야 하는 사안이다. 게다가 법원에 중재원을 별도로 설치하면 이는 또 하나의 법원을 두는 것과 같아 오히려 혼란과 중복으로 그 올바른 이용을 기대할 수가 없게 될 것이다.[129]

둘째, 민사중재원을 사단법인으로 설립하자는 방안도 나왔다. 이는 대법원이 관장하는 사단법인 민사중재원을 서울에 설치하고, 각 지방법원 본원 소재지에 그 분원을 설치하여 중재원의 역할을 하게 하자는 방안이다. 대한상사중재원이 상사거래에 관한 상사분쟁의 해결을 담당하는 것에 대하여 상거래가 아닌 일반 민사 사건을 위한 중재원의 설립을 염두에 둔 것으로 보인다.

하지만 이는 각 지역에 별도로 지역분쟁해결센터를 설립하게 될 경우에 이러한 센터와의 관계를 어떻게 정립할 것인가 하는 문제가 발생하게 된다. 사단법인 민사중재원에서 지역분쟁해결센터의 역할까지 하게 하는 대신 지역분쟁해결센터는 별도로 설립하지 않는 방안을 택할 수도 있을 것이다. 이 경우 대한상사중재원처럼 조정도 민사중재원의 업무에 포함하여 민사 사건에 관하여 조정 및 중재를 시행할 수 있게 할 수는 있겠으나 민사중재원이 상사분쟁을 취급하게 될 경우에는 대한상사중재원과의 경쟁관계 등 세부적인 논의가 필요할 것이다. 그러나 반대로 대법원이 관장하는 이러한 민사중재원을 설립하여 제한적으로

---

129) 유병현, "우리나라 ADR의 발전방향", 안암법학, 통권 제22호, 2006. 4, 309쪽.

운영하는 것보다는 지역에서 발생하는 모든 종류의 분쟁을 취급하는 지역분쟁
해결센터를 설립하는 방안이 더 효율적이고 자율적인 대체적 분쟁해결의 취지
에 합당할 것으로 생각된다.

셋째, 특정 사건을 전담하여 처리하는 중재원을 설립하는 방안도 제시된 바
있다. 이는 조정률이 높은 특정 사건에 대해 전담하여 처리하는 중재원을 설립
하여 운영하여 보고, 그 성과를 보아가며 일반적인 분쟁해결을 하는 중재원을
확대해 나가자는 입장이다. 예를 들어 조정률이 높은 분야인 교통사고 또는 임
대차 관계 사건의 경우에 교통사고중재원 또는 임대차중재원 등 특정사건을 전
담 처리하는 중재원을 우선 설립하여 조정전치주의 또는 중재전치주의를 채택
하여 운영해 보자는 것이다. 이는 일본의 재단법인 교통사고분쟁처리센터를 모
델로 상정하고 있는 듯하다. 이에 대하여는 조정률이 높다고 하더라도 분쟁해결
의뢰 건수가 적은 분야에 기관을 설립하는 것이 합당한가를 고려해야 할 것이
며, 조정률에 초점을 둘 것인가 분쟁해결 의뢰건수가 많은 것을 기준으로 할
것인가의 문제를 생각해야 할 것이다. 또한 신속하고 원만한 분쟁해결의 필요
성은 모든 영역에서 필요한 것이고, 이렇게 분야별로 시작하면 개별적인 중재원
의 난립으로 불필요한 자원의 낭비와 함께 선후에 따른 형평성의 논란이 있을
것이다.

(2) ADR제도 종합운영체계 구축 방안

위에서 살펴본 사법개혁위원회의 회의 자료에서 언급된 방안들은 사실상
사법형 ADR의 확대방안의 일환으로 제시된 아이디어이므로, 현실적으로는 보
다 광범위하고 민간형 ADR과 행정형 ADR까지 모두 포괄할 수 있는 총체적인
측면에서의 ADR 기관의 설립 추진 방향과 그 구체적인 활성화 방안을 고민해
야 할 것이다. 참고로 사법개혁위원회의 건의문상의 민사중재원 등을 설립하기
보다는 현재 있는 중재기관을 실무에 잘 활용히여 디 빌전시기고, 오히려 장기
적인 ADR 연구 및 보급을 위한 '분쟁해결연구원'의 설치가 더 유용하다는 의견
도 있다.[130] 이러한 사항들을 감안하여 종합적으로 검토될 수 있는 ADR 기관의

---

130) 장문철, "대체적 분쟁처리제도(ADR) 도입방안", 사법선진화를 위한 개혁: 연구보고서·참고

설립확대 및 활성화 방안을 제시하면 다음과 같다.

첫째, 국가 전체적인 차원에서 ADR을 지도하고 홍보하며 ADR 기관을 육성·지원할 수 있는 '분쟁해결지원센터'를 설립하는 것이 좋을 것이다. 분쟁해결지원센터는 ADR에 관한 중장기계획 수립과 매년 그 계획의 집행과정을 지도하고 평가하며, 법원에서 스스로 잘 운영되고 있는 사법형 ADR을 제외한 행정형 ADR기구와 민간형 ADR 기관을 통틀어 지도하고 지원하는 기능을 통하여 국가 전체의 ADR에 관한 컨트롤타워로서의 역할을 할 수 있게 하여야 할 것이다. 이는 ADR제도나 기구를 총괄하는 ADR 종합지원센터로서 작용할 것이므로, 법무부[131]나 국무총리실의 소속기관으로 하거나 독립적인 합의제 행정기관 또는 별도의 공익 법인으로 하여 국가적인 차원에서 예산 지원이 수반되어야 할 것이다. 그런데 이러한 '분쟁해결지원센터'는 공적 기관의 추가적인 설립을 최소화하고 분쟁의 예방과 해결이라는 공통 목적을 감안한다면, 현재 대통령령(공공기관의 갈등 예방과 해결에 관한 규정)으로 시행되고 있는 공공갈등관리에 관한 지원센터로서의 역할도 병행할 수 있을 것이다. 즉 '분쟁해결지원센터'의 기능을 공공갈등관리 지원기능과 대체적 분쟁해결 지원기능을 함께 수행하는 기관으로 발전시켜 나가면 좋을 것이다.

둘째, 전국적인 민간단체로서 ADR협회의 창설을 들 수 있다. 이는 전국에 산재되어 있는 ADR 기관이나 연구단체들을 회원으로 조직화하여 ADR에 관한 건의, ADR법·제도 등에 관한 의견 제시, ADR제도 및 기구에 대한 홍보, ADR 기구 간의 연계, ADR 컨퍼런스 및 세미나 개최 등을 통하여 앞에서 언급한 '분쟁해결지원센터'와 함께 민간 차원에서 ADR을 진흥시키는 역할을 하게 될 것이다. 이에 대해서는 최근 일본에서 2010년에 설립되어 ADR에 관한 조사·연구 사업, ADR의 이용에 관한 홍보 및 계몽 활동, ADR 종사자에 대한 교육 등을 시행하는 일본ADR협회[132]의 사례와 활동을 눈여겨 볼 필요가 있다.

셋째, 전국적인 차원이 아닌 각 지역에도 지역사회 종합분쟁해결센터의 설

자료 Ⅵ-10, 사법제도개혁추진위원회, 2006, 307쪽.

131) 미국에서는 갈등 관련 중앙행정기관들이 매년 갈등관리 성과를 법무부 분쟁해결실(Office of Dispute Resolution)에 제출하여 대통령에게 보고하도록 한다고 한다. 이 보고서에는 갈등관리의 현안과 갈등 대응방안 등이 포함되어 있어 각 부처의 정책결정과 집행에 있어서의 갈등을 관리할 수 있게 한다. 심준섭 외, 공공갈등민원 해결의 제도화 방안 정책연구, 국민권익위원회, 2013, 137쪽 참조.

132) http://japan-adr.or.jp/kaiin-top.html 참조.

립이 필요하다. 지역사회의 주민과 관련된 크고 작은 분쟁들에 대하여 민·형사를 포함한 분쟁해결센터로서 지역주민들의 분쟁이라 할 수 있는 층간소음, 주차시비, 토지 경계, 학교폭력, 애완동물, 지역개발 등으로 인한 갈등 등 수많은 지역사회의 분쟁들에 대해서 종합적인 지역분쟁해결기구인 '주민분쟁해결센터(주민조정센터)'를 설치하여야 할 것이다.

넷째, 자생적인 ADR 서비스 제공기관의 육성을 강화해야 한다. ADR 서비스 제공기관으로는 대한상사중재원과 같은 민간형 서비스 제공기관을 비롯하여 한국소비자원, 한국의료분쟁조정중재원, 한국공정거래조정원 등과 같은 행정형 ADR 기관이 발달해 있지만, 민간 부문에서 자생적으로 운영되는 ADR 서비스 제공기관은 아직 빈약한 상태에 있는 것이 현실이다. 따라서 민간형 ADR 서비스 제공기관을 육성·지원하는 것은 ADR의 기반을 넓히고 ADR제도가 뿌리를 내릴 수 있게 하는 토양을 제공하게 될 것이다. 이를 위해서는 ADR 관련법의 보완, 자생적 ADR 기관에의 행·재정적 지원(예를 들어 고용노동부의 ADR 훈련비용 환급), 조정인 등 중립인 제도의 정립, ADR 서비스기관 인증제의 도입 등이 함께 추진·확대되어야 할 것이다.

이러한 방안들을 고려하여 중앙에 있는 분쟁해결지원센터의 지도 아래 민간형, 행정형 ADR 기관은 물론 공공갈등관리기구와 지역분쟁해결센터(주민조정센터)까지 아우르는 종합적인 ADR제도 운영체계를 그림으로 나타내면 다음과 같다.

<그림 4-4> ADR제도 종합운영체계

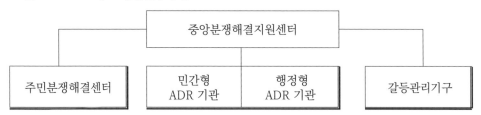

3. ADR 사건회부시스템의 구축

ADR 그 중에서도 민간형 ADR제도와 ADR 기관을 유지시키고 활성화를 위해서는 사건을 많이 접수하는 법원, 경찰을 비롯하여 정부 등의 민원처리기관, 각종 소비자 불만 처리단체, 학교 등과 ADR 기관과의 사건회부를 위한 연계시스템을 구축 운영하여야 한다. 특히 민간형 ADR 기관에 대한 국민들의 신뢰가 아직 형성되지 않은 단계에서는 어떠한 형태로든지 법원과 연계할 필요가 있다.[133] 법원을 비롯한 외부기관으로부터 사건회부를 받지 않으면 ADR 기관은 취급 사건 수의 부족으로 존립의 문제가 발생하고 운영을 위한 재원 문제가 심화될 수 있다. 앞에서 지역사회의 분쟁해결을 위한 미국의 세 이웃분쟁해결센터로의 사건 회부는 민·형사 사법시스템으로부터 회부되는 비중이 세 센터 전체의 62%를 차지하여 주종을 이루고 있었음을 살펴보았다. 또 이웃분쟁해결 프로그램은 사건 회부에 있어 법원과의 유대가 강할수록 신뢰성도 높아지고, 공적이거나 사적인 재정 지원뿐만 아니라 법원의 예산을 지원받기도 수월하였던 것을 파악하였다.[134] 미국의 지역사회 분쟁해결 프로그램을 평가한 바 있는 Daniel McGillis도 그의 보고서에서 지역사회 조정프로그램의 발전을 위한 과제로 '사건접수와 회부 시스템의 개선 및 회부 사건 수의 증가 필요'를 중요한 고려 요소로 꼽고, 민간형 분쟁해결 프로그램은 지역사회의 서비스 기관이나 사법시스템 기관들을 포괄하는 사건회부 시스템의 향상 방안을 강구해야 한다고 제안한 바 있다.[135] 특히 그는 경찰, 검찰, 법원들과 같은 사법시스템 기관에서 사건회부를 훨씬 더 적극적으로 유치할 수 있도록 해야 한다고 하였다.

최근 우리나라 서울중앙지법에서 사상 최초로 시행한 바 있는 법원연계조정(Court-Connected Mediation)은 법원이 외부 조정기관에 조정을 의뢰하는 것으로서 2010년에 대한상사중재원과 서울지방변호사회를 필두로 이에 대한 반응이 좋아지자 그 대상기관을 점차 확대하고 있다. 그런데 법원연계조정을 시행하

---

133) 조원철, "법원연계형 ADR의 도입을 위한 법적 과제", 언론중재, 2010년 봄호, 35-36쪽.

134) Edith B. Primm, "The neighborhood Justice Center Movement", 81 Ky. L. J. 1067, 1992-1993, p. 1079.

135) Daniel McGillis, Community Mediation Programs: Developments and Challenges, National Institute of Justice, July 1997, pp. 89-91.

기 전에 서울지방변호사회가 2006년 12월에 중재센터를 개설하고 270명의 소속 변호사로 중재인단을 구성하여 의욕적으로 민간형 분쟁해결을 위해 나선 바 있으나, 초기에 약간의 사건 처리 이후에 실적이 별로 없었다. 그 후 2010년 6월에 서울중앙지방법원으로부터 조기조정을 위한 사건회부를 계기로 기존의 중재센터를 확대하여 '조정·중재센터'를 개설하여 활발한 활동을 하고 있다고 한다.[136] 이러한 사례는 법원과의 사건회부시스템이 얼마나 ADR의 발전에 중요한 연결 고리가 될 수 있는가를 알 수 있는 단서이다.

한편 법원연계조정제도의 활성화를 위해서는 법원연계제도 및 사건회부시스템에 관한 법적 근거를 보완해 주어야 할 필요가 있다. 현행 민사조정법에 의하면 조정위원회는 조정장(調停長) 1명과 조정위원 2명 이상으로 구성하게 되어 있고, 조정장은 법관(판사)이나 상임 조정위원이 하게 되어 있는데 상임 조정위원은 변호사 자격이 있는 사람으로서 대법원규칙으로 정하는 일정한 경력을 가진 사람 중에서 법원행정처장이 위촉하게 되어 있다. 따라서 법원 외부 ADR 기관의 조정인만으로는 변호사이건 비변호사 ADR 전문가이건 조정위원회를 구성할 수가 없게 되어 있다. 따라서 실무적으로 외부기관의 조정에 의한 합의는 조정담당판사에게 송부하여 그 내용대로 조정에 갈음하는 결정을 하는 형식으로 되어 있다.[137] 이는 외부기관의 ADR 기관으로서의 독립성, 주체성에도 문제가 있을 뿐만 아니라 장기적으로는 민간형 ADR 발전에도 저해 요인으로 작용할 수 있다. 따라서 민사조정법의 해당 조문을 개정하여 그 법적 근거를 명확하게 하는 것이 좋을 것이다. 그러나 그보다는 해당 조문만을 개정해 주는 것에서 더 나아가 법원연계와 외부 ADR 기관에의 사건회부시스템 구축을 위한 별도의 조문을 마련할 것을 제안한다.

일본에서 ADR촉진법을 제정한 이래 기대 이하의 저조한 ADR 성과를 보이는 것도 결국 법원과의 연계시스템이 부재한 데서 찾을 수 있는 반면, 대만의 마을조정의 경우에는 마을조정에서 성립된 합의가 법원의 승인을 통한 집행력 등의 효력이 부여되어 법원 조정과 같은 효력을 갖게 됨으로써 활성화의 초석이 되었다는 지적이 있다.[138] 이 또한 외부 ADR기관과 법원과의 연계가 중요한 예

---

136) 황승태·계인국, 전게서. 348쪽.
137) 김도현, "민사조정 통계의 법사회학적 해석", 법과사회. 제45호, 2013. 12, 349쪽.
138) 황승태·계인국, 전게서, 362-363쪽.

이다. 따라서 ADR의 활성화를 위해서는 ADR 기관과 사건을 많이 처리하는 사법시스템 등 외부기관과의 긴밀한 연계 및 ADR 사건회부시스템의 구축이 우리나라 ADR의 성공적인 정착에 중대한 시금석이 될 수 있을 것이다. ADR 기관을 설립하거나 ADR을 확대하고자 함에 있어 ADR 활용 부진에 대한 염려가 우리나라의 ADR제도나 법의 확충을 망설이게 하는 커다란 요인 중의 하나임을 생각할 때, 이러한 두려움을 불식시킬 수 있는 실질적인 제도적 방안은 ADR 사건회부시스템의 구축으로부터 찾을 수 있을 것이다.

제 2 절 ADR 인력 측면의 발전방안[139]

1. 중립인의 전문직업화 제도 정립

우리나라의 ADR을 발전시키기 위해서는 ADR 기관의 형성, ADR제도 및 법적 정비, ADR 홍보, ADR 인력 양성, ADR 환경 조성에 이르기까지 다양한 접근 방법이 요청된다. 그동안 많은 연구에서 다각도의 ADR 발전 방안들이 제시되어 왔으나 ADR을 시행하는 데 필수불가결한 ADR 중립인(neutrals)의 제도화 문제를 주제로 한 연구는 드문 상황이었다. 하지만 우리나라 ADR제도의 정착을 위해서는 ADR 전문인력을 체계적으로 양성하는 방안을 모색하는 것이 중요한 시점에 와 있다고 할 수 있다.

ADR 인력 양성은 관점에 따라 다를 수 있겠지만 ADR을 주재하고 진행하는 ADR 전문인력의 제도화 방안과 ADR의 저변 확대 및 광범위한 ADR의 확산과 발전을 위한 ADR 교육 확대 방안으로 나누어 볼 수 있다고 생각된다. 그 중에서도 성공적인 ADR제도를 정착하기 위해서는 ADR을 현장에서 시행하는 ADR 전문인력으로서의 양질의 중립인(neutrals)을 확보하여 운용하는 것이 중요하다. 중립인이란 조정

---

139) 이 부분은 이 책을 집필하는 과정에서 정리하여 발표한 필자의 논문을 다시 본 책의 편제에 맞게 수정하여 실은 것이다. 박철규, "ADR(대체적 분쟁해결)의 정착을 위한 중립인(neutrals) 제도화 방안에 관한 연구", 동아법학, 제70호, 2016. 2, 409-438쪽 참조.

인이나 중재인과 같이 양 당사자로부터 독립된 제3자가 중립적인 입장에서 분쟁해결
을 촉진·지원하는 사람을 말한다. 중립인은 대체적 분쟁해결의 성공 여부를 결정할 수
있는 중요한 위치에 있으므로 미국이나 영국과 같이 오래 전부터 ADR을 발전시켜 온
나라에서는 세계적인 ADR 기관을 중심으로 중립인이 되기 위한 기준을 정립해 왔다.

이하에서는 ADR 전문인력인 중립인의 자격 요건에 관한 외국의 사례를 살
펴보고 우리나라의 중립인 제도의 현황과 그의 새로운 정립방안에 대하여 검토
해 보고자 한다.

(1) 중립인 자격제도의 의의

전문직업인의 자격에 대해 규제하는 방식은 크게 세 가지로 나누어 볼 수
있다.[140] 첫째는 등록(registration)이다. 이는 등록 제도를 마련해 놓고 일정한 범
주에 해당하는 사람들은 국가에 개인 정보나 활동 정보에 대해 통지하여 등록을
하는 것으로 족하다. 이는 택시 운전자를 예로 들 수 있다. 둘째는 인증(certification)
이다. 이는 국가가 특정한 기술이나 기능을 가진 사람에 대하여 공인을 하고 인
증을 하는 방법이다. 여기에서는 인증을 받지 않은 사람도 같은 일을 할 수는
있으나 공인된 사람보다 공신력이 떨어질 것이다. 미국의 경우에 건축가가 이에
해당한다고 할 수 있다. 셋째는 면허(licensure) 자격제도이다. 이는 변호사나 의
사와 같이 법에 정해진 면허 자격 요건을 충족하는 사람에게 부여해 주는 자격
증 제도이다. 이 세 가지 방법 중에서 전문직업인으로서의 중립인의 자격 요건
을 어떻게 정할 것인가는 쉽지가 않다.

중립인의 자격 요건은 자격 부여 주체를 기준으로 국가에 의해 법제화된
기준을 마련하는 방법과 중립인 명부를 유지하는 ADR 기관에서 자체적으로 기
준을 정하는 방법이 있는데, 역사적으로 볼 때 중립인의 자격 기준은 국가에 의
한 획일적인 기준을 정하지 않고 ADR 기관에서 독자적으로 결정하는 경향이
더욱 우세하다. 최근 중재인의 자격 요건에 대한 33개국의 해외 법률을 조사·연
구한 바에 의하면,[141] 캐나다, 잉글랜드 및 웨일즈, 프랑스, 독일, 일본 등 14개

---

140) E. Wendy Trachte-Huber & Stephen K. Huber, Mediation and Negotiation: Reaching
Agreement in Law and Business, LexisNexis, 2007, p. 700.

141) 안건형, "비변호사 중재인 활용의 문제점과 개선방안", 중재연구, 제25권 제1호, 2015년 3월,

국에서는 중재인의 자격요건에 대해 아무런 규정을 두지 않았고, 벨기에, 인도, 러시아, 싱가포르 등 9개국은 중재인의 자격에 관한 규정은 있지만 특별한 제한은 없었으며, 이집트, 핀란드, 헝가리, 인도네시아, 이탈리아 등 8개국은 어느 정도의 자격요건에 대하여만 규정하였고, 중재법에서 중재인 자격 요건에 대해 비교적 구체적인 규정이 있는 국가는 중국[142]과 사우디아라비아[143] 정도인 것으로 나타났다. 중립인의 자격 요건을 제도화하기 위해서는 어떠한 사람들이 자격이 있는지, 자격부여의 주체는 어떻게 할 것인지, 사건의 유형에 걸 맞는 자격 요건은 어떻게 할 것인지 등을 고민하여야 한다.[144]

이와 관련하여 미국에서도 많은 논의와 연구가 시행되었는데, Sarah는 조정인 등의 자격제도를 둠으로써 자격 미달의 조정인으로부터 소비자를 보호하고, 법원의 업무 부담을 덜며, 조정인에 대한 신뢰도를 제고하여 조정을 촉진할 수 있다고 하였다.[145] 또한 분쟁해결협회(the Association for Conflict Resolution: ACR)의 조정인 자격제도 태스크 포스(Mediator Certification Task Force)에 의하면, 조정인 자격제도는 기본적인 교육훈련에 대한 통일적인 검증을 제공하고, 보다 능력 있고 전문화된 조정인을 제공하며, 당사자의 조정인 선택을 도와주

55-60쪽.

142) 중국 중재법 제13조
① 중재위원회는 공정하고 정직한 자들 중에서 중재인을 초빙하여야 한다.
② 중재인은 다음 각 호의 어느 하나에 해당하는 조건을 충족하여야 한다.
　1. 중재 업무 종사기간 8년 이상
　2. 변호사업무 종사기간 8년 이상
　3. 법관 임용기간 8년 이상
　4. 법률연구 및 교육에 종사하며 고급직함(高級職称)을 가진 자
　5. 법률지식이 있고 경제무역 등 전문 업무에 종사하며 고급직함이 있거나 동등한 전문 수준에 이른 자.
③ 중재위원회는 전문분야별로 중재인명부를 구비하여야 한다.
143) 사우디아라비아 중재법 제14조
중재인은 다음과 같아야 한다:
　1. 법률행위능력이 있을 것;
　2. 행실이 올바를 것;
　3. 이슬람법(Islamic Legislation) 또는 일반적인 지식을 갖고 최소 대학 학위를 보유하고 있을 것.
그리고 만일 중재판정부가 2인 이상의 중재판정부로 구성되는 경우에는 의장중재인이 상기 조건을 갖추면 충분하다.
144) Karen Grover Duffy, James W. Grosch, Paul V. Olczak, Community Mediation: A Handbook for Practitioners and Researchers, the Guilford Press, 1991, p. 209.
145) Sarah Rudolph Cole, "Mediator Certification: Has the Time Come?", 11 Disp. Resol. Mag. 7, 2004-2005, p. 7.

고, 공인된 조정인으로 하여금 조정제도를 발전시킬 수 있게 한다고 한다. ACR
의 조정인 자격제도 태스크 포스는 조정인 자격제도를 정립하기 위해 구비해야
할 요소들로 ① 조정인으로서의 경험과 교육을 겸비할 것, ② 일정한 지식의 필
기 평가를 통과할 것, ③ 정기적인 재인증 절차를 가질 것, ④ 예외적인 여건에
서는 면제를 청구할 수 있는 절차를 가질 것, ⑤ 윤리적으로나 직업적인 기준을
위배할 경우 자격을 정지하는 절차를 둘 것, ⑥ 인증의 각 단계별 결정에 대해
재심청구 절차를 둘 것 등을 권유하였다.[146]

　　중립인의 자격제도와 관련하여 미국의 플로리다 주는 법원조정에서의 조정
인 자격제도를 일찍부터 선도적으로 발전시켰으며 버지니아 주 등 다른 주에서
그 제도를 참조할 정도로 유지하여 왔는데, 최근에는 플로리다 대법원의 ADR위
원회에서 훈련 이수와 아울러 교육·경험 등을 통하여 얻은 점수(point)를 합산하
여 자격을 주는 포인트 시스템을 제시하기도 하였다.[147] 미국의 Community
Mediation Program에서의 조정인 자격 요건과 관련하여 지역사회 조정프로그
램을 제공하는 기관들은 그들이 제공하는 분쟁해결 서비스의 품질에도 많은 관
심을 기울였다.[148] 조정인들이 합당한 조정기술을 보유하지 않거나 윤리적으로
부적합하면, 사건을 의뢰한 당사자들은 결국은 시간 낭비가 되고 오히려 당사자
간의 갈등을 더욱 악화시키는 쪽으로 사건이 흘러갈 수도 있다고 생각했다. 따
라서 지역사회 조정프로그램을 운영하던 기관들은 초기부터 지속적으로 조정인
들에 대한 다양한 교육훈련을 시행하여 분쟁해결 서비스의 품질 향상을 위하여
노력하였다.

　　조정 및 갈등해결연구소(the Institute for Mediation and Conflict Resolution)의
소장이었던 George Nicolau는 1989년에 개최된 미국변호사협회 회의에서 분쟁
해결 서비스의 품질관리가 중요함을 역설하면서, 지역사회 조정프로그램은 그
것을 운영하는 중립인들의 정직성, 판단력, 조정능력들에 의해 성공 여부가 좌
우된다고 한 바 있다. 또한 일부 정부 측 인사는 지역사회 조정프로그램이 공적
재원을 지원받아 운영될 경우에는 조정인들의 책임성을 확보하기 위한 보다 정

---

146) Charles Pou, Jr., "Assuring Excellence, or Merely Reassuring? Policy and Practice in
Promoting Mediator Quality", 2004 J. Disp. Resol. 303, 2004, p. 313.

147) Sarah Rudolph Cole, *op. cit.*, p. 9.

148) Daniel McGillis, *op. cit.*, pp. 68-69.

형화된 기준이 적용되어야 하고, 공적 자금이 가장 효과적이고 효율적으로 사용
되도록 하여야 한다고 지적하기도 하였다. 지역사회 조정프로그램의 서비스 품
질을 위해 일부 주에서는 특정한 사건의 경우에 변호사 자격이 있는 사람에게만
허용하기도 하였는데, 플로리다 대법원은 5,000달러가 넘는 사건을 담당하는 조
정인은 반드시 전직 법관이거나 5년 이상의 경험이 있는 변호사로 한정하는 규
칙을 만들기도 하였다.[149]

하지만 의회나 법원, 정부기관들이 조정인 자격 요건을 너무 정형적으로 마
련하려는 경향을 보이는 반면에, 분쟁해결전문가협회(the Society of Professionals in
Dispute Resolution: SPIDR)나 미국중재협회 같은 분쟁해결기관들은 실무계의 경
험을 기초로 한 의견의 반영이 없는 그러한 자격 요건의 정형화는 현실에 적합
하지 않고 조정제도가 탄력적으로 운용되기 힘들다고 판단하여 조정인의 자격
요건에 대한 자신들의 자발적인 합의를 형성하고자 노력하였다. Mistelis도 자
격 요건을 정하는 문제는 어느 정도의 요건을 요구할 것인지와 ADR 종사자에
대한 규제를 어느 정도로 하여야 할 것인지의 문제를 고려해야 한다고 주장하
였다.[150] 자격 요건이 필요하지만 그것이 너무 엄격한 잣대로 사용되어서는 안
되며, 또 그것이 진입장벽으로 작용하여서 자격 요건이 미흡하지만 우수하고
인정받는 ADR 전문가로 활동할 수 있는 사람에게 장애가 되어서는 안 된다는
것이다.

1989년 NIDR(the National Institute for Dispute Resolution)로부터 재정지원을
받은 SPIDR 자격위원회(the SPIDR Commission on Qualification)는 조정인의 자
격요건에 대하여 첫 번째 보고서를 내놓은 바 있다. 동 위원회에서 구체적으로
자격 요건을 제시하지는 않았고 그 대신에 채택한 세 가지 원리는 아래와 같
다.[151]

첫째, 중립인의 자격에 대하여는 다양한 조직들이 그 요건을 설정하는 데
참여하여야 하며 단 하나의 조직체가 중립인의 자격요건을 정해서는 안 된다.

둘째, 분쟁해결 절차나 프로그램, 중립인 등에 대하여 당사자가 선택할 수

---

149) *Id.*, p. 69.
150) Loukas A. Mistelis, "ADR in England and Wales", 12 Am, Rev. Int'l Arb. 167, 2001, pp.
219-220.
151) Daniel McGillis, *op. cit.*, p. 69.

있는 여지가 크면 클수록 중립인에 대한 자격 요건은 덜 경직적이어야 한다.

셋째, 그 자격 기준은 어떠한 자격증명서보다는 분쟁해결 실적을 바탕으로 하여야 한다.

1995년에 SPIDR 자격위원회는 두 번째 보고서를 내놓았지만 여기에서도 구체적인 기준을 제시하지는 않았고, 분쟁해결 방법이 다양한 경우와 분쟁해결 제도의 발전 초기에 있어서는 명백한 자격 기준을 정하는 것이 적합하지 않다고 하였다. 한편 1992년에 샌 디에고 조정센터(the San Diego Mediation Center)는 조정인의 훈련, 조정 경험, 실행(performance) 등 세 가지 요소의 평가에 기반을 두는 자격제도를 마련하였는데, 여기에서 실행(performance)에 의한 평가란 시뮬레이션으로 조정을 진행하는 것을 관찰하면서 평가하는 것이었다.[152]

(2) 외국의 중립인 자격제도

이하에서는 ADR이 비교적 일찍부터 발전한 국가를 중심으로 외국의 ADR 기관에서 정하고 있는 중재인이나 조정인과 같은 중립인의 자격 기준에 대하여 살펴보고자 한다.

1) 미국중재협회의 중립인

미국중재협회(AAA)는 다양한 분야의 분쟁을 해결하기 위해 중재 및 조정을 비롯하여 폭넓은 서비스를 제공한다. 그동안 중재를 꾸준히 발전시켜 온 미국중재협회는 최근의 조정 수요가 높아가는 경향에 부응하고 있다. 미국중재협회의 중재인은 산업계나 변호사 등 전문직업인 중에서 위촉되는데 미국중재협회의 중재인 명부에 등록되어 있다.[153] 미국중재협회는 중립인의 자격 요건을 세부적으로 정해 놓고 있다. 협회 스스로도 미국중재협회의 중립인이 되는 것이

---

152) *Id.*, p. 70.

153) 미국중재협회는 설립 초기에 480여 명의 중재인으로 운영되었으나, 1976년에는 37,000명으로 급속히 증가하였고 1986년에는 60,000여 명으로까지 불어났다. 하지만 협회의 중립인들의 공신력을 높이고 효율적으로 운영하기 위하여 2002년에는 11,000 여명으로 줄였으며 2003년 이후에는 전 세계적으로 8,000여 명 정도로 유지하였다. American Arbitration Association, *Public Service at the American Arbitration Association*, 2003, p. 9.

매우 엄격하고 제한적(extremely limited)인 절차에 의해 이루어진다고 하고 있다.

먼저 중재인(Arbitrator) 명부에 등록하기 위해서는 일반적인 실무 경험, 교육, 중재인으로서의 연수 및 경험 등을 요구하며 상당히 세분화된 구체적인 요건을 규정하고 있으며, 중재인 자격 요건은 조정인보다도 더 까다롭게 되어 있다.[154] 중재인 자격 요건으로 전문직업인이나 법조인으로서 10년 이상의 관리자급 경험이 요구되고, 지원자의 전문 영역과 관련되는 학위나 전문 자격증이 있을 것을 요구하고 있다. 또 자신의 전문 영역에서 리더십을 나타내는 수상이나 경력이 있어야 하고, 중재나 다른 분쟁해결에 관한 연수 및 경험을 필요로 하며, 전문직업 단체의 회원일 것을 요구하기도 한다. 추가적으로 ADR에 관한 저술과 같은 경험이나 업적이 있을 것을 요구한다. 그 외 중재인으로서의 중립성(Neutrality)과 사법절차 진행 능력(Judicial Capacity), 동료들에 의한 정직성·공정성 등에 대한 평판(Reputation)을 요구하고, 필요하다고 판단되면 동종업계 세 명으로부터 받은 추천서(Letters of Recommendation)를 제출하게 하기도 한다.

다음으로 조정인(Mediator) 명부에 등록하기 위해서는 일반적인 실무 경험, 교육, 조정인으로서의 연수 및 경험 등으로 세분화된 요건을 규정하고 있다.[155] 미국중재협회의 조정인이 되기 위해서는 기업이나 전문직업인으로서 10년 이상의 관리자급 경험이 요구되고 지원자의 전문 영역과 관련되는 학위나 전문 자격증이 있어야 한다. 특히 조정인으로서의 연수 및 경험을 함께 요구하는 바 갈등이론·협상·중립인 윤리 등을 포함하는 조정 절차나 테크닉에 대한 연수를 최소 24시간 이상 받아야 하며, 동시에 조정인 경험으로서 최근 3년 동안 자신의 전문 영역과 관련된 사건을 최소한 5건 이상 조정한 경험이 있거나 또는 비공식적으로라도 최근 2년 동안에 최소 4건의 조정을 시행한 경험이 있다는 것을 증명하도록 하고 있다. 여기에서 비공식적이라는 것은 법원의 조정이나 다른 ADR 기관에 의해 시행되는 조정이 아닌 회사 내에서 조정인으로서 분쟁해결 역할을 한다든지 하는 경험을 말한다.

그 밖에 특정 분야에 대해서는 위와 같은 일반적인 기준 외에 그 분야에 관한 경험이나 지식을 추가적인 요건으로 하여 자격 기준을 제시하고 있기도 하다. 추가적인 요건을 필요로 하는 특정 분야는 복잡한 건설사건 중재인(Construction Complex-

---

154) https://www.adr.org/aaa/ShowPDF?doc=ADRSTG_003878 참조(2016년 6월 21일 방문).
155) https://www.adr.org/aaa/ShowPDF?doc=ADRSTG_003877 참조(2016년 6월 21일 방문)..

Case Arbitrators), 건설 조정인(Construction Mediators), 건설 중재인(Construction Arbitrators), 고용사건 중재인(Employment Arbitrators), 노동사건 패널(Labor Panel), 국제분쟁해결 사건 중재인 및 조정인(ICDR Panel of Arbitrators and Mediators), 재판상 화해 서비스 패널(Judicial Settlement Service Panel) 등이 있다.

위와 같은 미국중재협회의 중립인 자격 요건을 살펴볼 때 ADR 관련 학위나 자격증을 직접적으로 요구하지는 않으나, 자신의 오랜 직업상의 경력과 관련된 전문 영역에 대한 학위나 자격증은 중요시 하고 있음을 알 수 있다. 이는 특정 분야에 대한 분쟁해결 시 필요한 중립인의 전문성을 검증하려고 하는 것으로 보인다. 또 다른 기관에서의 중재인이나 조정인으로서의 경험을 요구함으로써 미국중재협회의 중립인이 되기 위해서는 분쟁해결 분야에 종사한 경력을 중시하고 있음을 알 수 있다.

2) 영국 공인중재인협회

영국에서 법정변호사(barrister)의 훈련과 인증은 변호사기준위원회(the Bar Standards Board)에서 담당하는데, 2010년부터 ADR 교육을 법정변호사 훈련 코스의 의무적 이수 과목으로 시행하고 있다. 그에 비해 사무변호사(solicitor)에게는 ADR 교육을 의무적 이수 과목으로 하고 있지 않다고 한다.[156] 영국에서 조정인에 대한 훈련과 인증은 ADR 기관에서 자율적으로 시행하고 있으며,[157] 중재인에 대해서는 보다 엄격한 자격 요건을 두고 있는바, 공인중재인협회(the Chartered Institute of Arbitrators: CIArb)에 의해 관리되고 있다.

영국 공인중재인협회는 1915년에 설립된 비영리단체로서 세계적으로 37개의 지사가 있고 120개국 이상에서 13,000여 명의 회원을 보유하고 있는 ADR 기관이다.[158] 영국 공인중재인협회는 과거에 소비자 관련 소액 사건을 처리하는 중재기관의 역할도 하였으나 2008년에는 IDRS(International Dispute Resolution Service)라는 독립법인을 출범시켜 사건을 처리하게 하다가 2011년에는 CEDR

---

156) Susan Blake, Julie Browne & Stuart Sime, A Practical Approach To Alternative Dispute Resolution, Oxford University Press, 2011, p. 20.

157) 조정인에 대한 인증과 교육을 시행하는 ADR 기관으로는 The Center for Effective Dispute Resolution, Mediator Training, The ADR Group, The TMC Group, National Family Mediation 등이 있다. Susan Blake, Julie Browne & Stuart Sime, *op. cit.*, p. 20 참조.

158) http://www.ciarb.org 참조.

(the Centre for Effective Dispute Resolution)이라는 영국의 커다란 분쟁해결기관에 IDRS를 매각함으로써 현재는 중재(조정)인에 대한 교육이나 인증 업무만을 하고 있다.[159] 영국 공인중재인협회의 조직은 두 개의 이사회(the Board of Trustees와 A Board of Management)가 있고 이사회에서 임명된 사무총장(a Director General)이 있으며, 이사회 산하에 네 개의 위원회(Education and Membership Committee, Practice and Standards Committee, Panels Management Group, Examinations Board)가 있다.[160]

영국 공인중재인협회는 철저히 회원제로 운영되는데 동 협회의 회원은 준회원 (Associate), 회원(Member), 상급회원(Fellow)의 3개 등급으로 구분하여 유지되고 있다.

첫째, 준회원(Associate)은 ADR에 대해 약간의 지식이 있거나 분쟁해결 업계의 경력을 쌓고자 하는 사람들을 대상으로 하며, 준회원 자격 기준은 협회에서 주관하는 조정·중재·ADR 등에 관한 기초 코스를 이수하거나, 그에 동등한 것으로 인정되는 다른 코스를 이수한다든지, 협회에서 요구하는 관련 분야의 실무 경험에 관한 증거서류를 제시하면 협회에서 주관하는 조정·중재·ADR 등에 관한 기초 코스를 이수하지 않더라도 준회원 자격이 인정될 수 있다.[161]

둘째, 회원(Member)은 ADR 시행에 관한 경험이 있고 국제적으로 인증되는 자격을 얻고자 하는 경우에 신청할 수 있으며, 회원 자격은 준회원으로서 협회가 제공하는 연수 프로그램의 제1 및 제2 단계 과정을 통과하거나, 그에 동등한 것으로 인정되는 다른 코스를 이수한다든지, 협회에서 요구하는 관련 분야의 실무 경험에 관한 증거서류를 제시하면 된다.[162] 중재의 경우에는 준회원이 아니더라도 중재에 관한 약간의 경험이 있으면 속성 절차를 통하여 회원이 될 수 있는 절차를 마련하고 있다.

셋째, 상급회원(Fellow)은 국제적으로 인정받기를 원하는 경험 많은 분쟁해결 전문가를 위한 것으로서 그 자격 기준은 회원으로서 협회가 제공하는 연수 프로그램의 제3 및 제4 단계 과정을 통과하거나, 그에 동등한 것으로 인정되는 다른 코스를 이수한다든지, 협회에서 요구하는 관련 분야의 실무 경험에 관한

---

159) 이재우, "영국중재인협회의 중재인교육제도", 중재, 2012. 봄/여름, 50-51쪽.
160) http://www.ciarb.org/about/governance 참조(2016년 6월 21일).
161) http://www.ciarb.org/membership/associate 참조(2016년 1월 1일 방문).
162) http://www.ciarb.org/membership/member 참조(2016년 1월 1일 방문).

증거서류를 제시하면 된다. 또한 상급회원이 되는 속성 과정을 통과하고 협회가 제공하는 중재 또는 adjudication 연수 프로그램의 4 단계를 이수하거나, 협회가 제공하는 국제상사중재 Diploma 과정을 수료하고 중재연수 프로그램의 4 단계를 이수해도 상급회원의 자격이 주어진다.[163] 특히 법률 분야의 전문 직업에 종사하는 자로서 중재나 adjudication에 상당한 경험이 있다면 CIArb에서는 상급회원이 될 수 있는 속성 코스를 제공한다. 게다가 ADR 경험이 많은 실무가들을 위해서는 법률 분야의 학위 등이 있으면 상급회원이 될 수 있는 실무전문가 코스를 별도로 두고 있기도 한다.

위에서 보듯이 영국 공인중재인협회는 준회원(Associate), 회원(Member), 상급회원(Fellow)의 3개 등급으로 구분하여 자격 기준을 중립인의 경험과 수준에 따라 구분하여 관리하고 있음을 알 수 있다. 또 각 단계별 자격 인정에 있어서도 위에 나열된 요건을 모두 충족해야 하는 것은 아니고 그 중의 하나만 충족되어도 중립인이 되고자 하는 자의 경험이나 자격 등을 다양하게 인정하고 있는 편이다. 하지만 정식 중재인단으로 위촉되기 위해서는 위의 상급회원 자격을 취득하더라도 별도의 심사와 면접을 통과하도록 함으로써 실제 사건에 투입되는 중재인단이 되는 요건은 상당히 엄격한 절차를 거쳐야 함을 알 수 있다. 영국 공인중재인협회는 객관적인 자격 요건을 요구하면서도 당해 협회 자체의 단계별 자격 부여 코스를 직접 제공하고 있을 뿐만 아니라 일정한 경우에는 속성 코스를 제공하고 있는 점도 특색이라 할 수 있다.

3) 일본중재인협회의 중재인 검정제도

일본에서 중재 사건을 유치하기 위해 법적 인프라의 정비가 중요하다고 생각한 일본은 중재 및 ADR에 관한 법령 개혁의 일환으로 UNCITRAL 모델법에 준거한 새로운 중재법을 2003년에 마련하고 이어서 2004년에는 ADR 촉진법을 제정하였다. 신 중재법은 일본의 경제규모와 세계경제에서 차지하는 위상을 고려해 볼 때 중재의 이용 건수가 너무 적었고, 일본의 중재법 제도가 너무 낙후되었다는 비판을 반영한 것이기도 했다.[164] 일본의 구 중재법은 1890년에 제정

---

163) http://www.ciarb.org/membership/fellow 참조(2016년 1월 1일 방문).
164) JCAA Newsletter, No. 15, 2002. 8, p. 2.

된 이래 100여 년에 걸쳐 실질적으로는 변화 없이 유지되어 왔었기 때문에 신 중재법은 조문을 쉽게 하면서도 국제적 표준에 따라 규정하는데 주안을 두었다. 2004년에는 ADR 입법에 대한 세계적인 추세에 주의를 기울이고 그러한 동향에 부응하기 위해서 '재판 외 분쟁 해결 절차의 이용 촉진에 관한 법률'을 제정하여 민간형 ADR을 진흥시키기 위한 노력을 기울이고 있다.

또한 일본은 중재 및 ADR의 진정한 발전을 위해서는 ADR제도를 실제로 운영하는 ADR 절차 주재자의 중요성을 깨닫게 되었다. 이에 중재인·조정인·기타 ADR 관계자를 양성하고 연수시키며, 법률실무의 연구 및 ADR의 개발, ADR 관계자 및 ADR에 관심을 가진 자 간의 상호 교류를 통한 중재 및 ADR의 확산 등을 위하여 2003년 10월에 일본중재인협회를 설립하였다.[165] 일본중재인협회는 중재의 질을 더욱 향상시키기 위해 중재인 검정제도를 두고 있다. 그런데 중재인 검정제도는 법적으로 국가자격을 주는 것은 아니고 협회가 시행하는 사적인 제도이다.

검정제도에 의하면 협회의 회원을 특정회원(Special Associate), 보통회원(Ordinary Associate), 상급회원(Fellow)으로 구분하고 있다.[166] 여기에서 특정회원과 일반회원을 구분하는 것은 법률을 전문으로 하고 있지 않더라도 특정한 분야의 전문가도 중재인이 될 수 있도록 하기 위한 것이다.

첫째, 특정회원(Special Associate)은 법률 이외의 특정 전문분야를 갖고 있는 자에게 자격을 인정해 주는 회원 등급이다. 하지만 특정회원은 그 전문분야에 관한 국내 및 국제 중재에서 단독 중재인 또는 당사자들이 선임하지 않는 제3의 중재인이 될 수는 없다. 상급회원 또는 상급회원 정도의 지식을 가지는 사람과 함께 중재재판부의 일원이 될 수 있는 정도의 지식을 가진 회원을 말한다.

둘째, 보통회원(Ordinary Associate)은 국내 및 국제 중재에서 단독 중재인 또는 제3의 중재인이 될 수는 없고, 상급 회원 또는 상급회원 정도의 지식을 가지는 사람과 함께 중재재판부의 일원이 될 수 있는 정도의 지식을 가진 회원을 말한다.

셋째, 선임회원(Fellow)은 국내 및 국제 중재에서 단독 또는 제3의 중재인이 될 수 있는 정도의 지식을 가진 회원을 말한다.

---

165) http://arbitrators.jp 참조(2016년 1월 1일 방문).
166) http://arbitrators.jp/examination 참조(2016년 1월 1일 방문)..

일본중재인협회는 검정위원회를 구성하여 검정을 관리하는데, 그 방법은 일본 중재인협회 회원이어야 하고, 중재인 연수과정이 정하는 과목을 이수하고 각 과목에 대해서는 확인시험에 합격하여야 하며, 중재인협회가 정하는 윤리규칙의 준수를 서약하는 방법으로 한다.[167] 연수과정은 크게 중재절차 연수강좌가 있고, 중재인 연수강좌 Ⅰ, Ⅱ가 있다. 특정회원을 위한 연수과정은 중재총론과 국제중재가 필수이고 노동, 지적 재산 등 전문 중재과목은 선택하게 되어 있으며, '계약법 입문'의 이수가 필요하다. 주로 법률전문직인 보통회원을 위한 연수과정은 중재총론과 국제중재 및 민법·상법 등의 기초법이 필수로 구성되어 있다. 기초법은 변호사나 법대에서 동일과목을 이수한 경우 등은 이를 인정하여 준다고 한다.

4) 독일 조정법에 의한 조정인의 교육과 연수의무

최근 독일은 유럽연합의 조정지침에 의거하여 2012년에 '조정 및 재판 외 분쟁해결 절차의 촉진을 위한 법'을 제정하였다. 그동안 독일에서는 조정제도에 관한 일반법이 없었고, 민사소송법이나 가사소송법에 조정에 관한 개별 규정만을 두고 있었다. 동 법 제5조는 조정인의 교육과 연수 의무에 대해 규정하고 있는바, 조정인은 이론적인 지식과 실무경험을 보유하여야 한다고 하고 있다. 이를 위해 조정인 교육은 조정의 기초 및 조정의 진행 과정과 범위, 협상기법과 의사소통의 기술, 분쟁 해결의 능력, 조정 관련법의 내용과 조정 관련법의 역할에 대한 지식, 조정 관련 사례 연습, 역할극 및 감독 등을 포함하여야 한다고 하고 있다.[168]

독일 조정법에서는 조정인을 일반조정인과 인증조정인(zertifizierter Mediator)으로 구분하고, 후자는 120시간의 교육과정을 이수한 경우에만 스스로를 인증조정인으로 표기할 수 있다. 이러한 인증조정인은 조정인의 전문화를 강화하고 지향하는 의미를 가지고 있다고 할 수 있겠다. 하지만 독일에서는 직업단체별로 자발적인 교육과 연수의 기준을 마련하는 실정이므로, 이러한 경향을 반영하여 조정법에서는 조정인의 자격 요건에 대해 구체적으로 명시하여 한정시키지는

---

167) http://arbitrators.jp/examination 참조(2016년 1월 1일 방문).
168) 독일 조정법 제5조 참조.

않았다고 한다.[169] 한편 연방 법무부에서는 2014년 1월에 조정인의 자격 부여를 위한 교육과 재교육(연수) 등을 위한 시행령안을 마련한 바 있는데, 이에 의하면 조정인 자격을 받기 위해서는 직업훈련 과정이나 대학 과정을 마치고 2년 이상의 실무 경험과 120시간 이상의 기본 교육을 받아야 하는 것으로 되어 있다.[170] 다음의 표에서는 조정인 자격 취득을 위한 기본 교육 요건을 나타내고 있다.

<표 4-13> 조정인 자격 취득을 위한 기본 교육 내용과 시간

번호	교육 내용	시간
1	〈조정제도의 개관과 조정의 기초〉 1. 조정의 기초 가. 조정 원칙, 절차, 단계의 이해 나. 조정 절차의 커뮤니케이션과 업무의 이해 2. 소송 및 다른 ADR 절차와 조정의 구별 3. 조정을 할 수 있는 분야의 이해	18시간
2	〈조정 절차의 과정과 구조〉 1. 조정 절차의 세부 단계 가. 조정 절차 이용 합의 나. 조정 절차에 필요한 자료 다. 당사자 이익의 파악 라. 여러 합의안의 수렴과 평가 마. 최종 합의안 2. 다양한 조정 방식 가. 분리 조정 방식 나. 협력/팀별 조정, 다수 당사자 조정, 셔틀(shuttle) 조정 다. 제3자의 참가 3. 기타 가. 조정의 사전 준비와 사후 평가 나. 조정 과정의 기록과 보관	30시간
3	〈협상 기법과 능력〉 1. 협상 과정의 분석 2. 협상과 협상의 관리 직관적 협상, 하버드 콘셉에 따른 협상/통합 협상기법, 분할 협상기법	12시간
4	〈면담, 커뮤니케이션 기법〉 1. 커뮤니케이션의 기초 2. 커뮤니케이션 기법[예: 적극적 청취, 환언(재진술), 질문법, 동사화(Verbalisiersen), 재구성, 언어-비언어적 커뮤니케이션] 3. 해결책의 개발과 평가기법(예: 브레인스토밍, 마인드매핑, 다른 창의적 기술, 위험 분석)	18시간

---

169) 정선주, "2012년 독일 조정법의 내용과 평가", 민사소송 제16권2호, 2012. 11, 432-434쪽..
170) 황승태·계인국, 전게서, 170-173쪽.

	4. 시각화 기술과 절제 기법 5. 위기 상황 대처법(예: 방해, 거부, 심화, 지위의 불균형)	
5	〈갈등(해소) 능력〉 1. 갈등 이론(갈등 요소, 갈등 구조 및 갈등 분석, 심화 단계, 갈등 유형) 2. 갈등 구조의 이해 3. 개입 기법	12시간
6	〈조정에 관한 법〉 1. 법적 영역: 조정인 계약, 직무상 권리, 비밀 유지, 보수, 책임과 보험 2. 직무 관련법의 편입 3. 법률구조법의 이해	6시간
7	〈조정 절차와 법〉 1. 조정 절차에서 법의 역할 2. 조정인에 의한 조정 절차에서 허용되는 정보와 허용되지 않는 법률 상담의 구별 3. 변호사의 임무와 조정인 역할의 구별 4. 법적으로 중요한 사안에 관하여 조정 당사자에게 외부의 법률 상담을 추천해야 하는지 여부의 판단 5. 외부 상담인과의 협력 6. 합의에서 조정인 협력의 법적 특수성 7. 집행 가능성을 고려한 합의의 법적 의미와 실현 가능성	12시간
8	〈개인적 능력 · 책임과 역할의 이해〉 1. 역할의 정의, 역할 갈등 2. 조정인의 임무와 자기 이해(특히 존중, 존경 및 마음가짐) 3. 양측의 대변, 중립성, 조정 신청인과 분쟁으로부터 전문적인 거리 유지 4. 조정 절차에서의 영향력과 공정함 5. 감정 다스리기 6. 자기반성(예: 직업적 신념 및 사회화와 관련된 자기 한계의 인식)	12시간
합계		120시간

* 황승태·계인국(2016, 171-172쪽) 참조하여 재작성.

(3) 우리나라의 중립인 자격제도 현황

우리나라에서 중립인제도를 운용하는 ADR 기관으로는 민간형 ADR에서 대한상사중재원이 대표적이고, 사법형 ADR로는 민사조정법과 가사소송법 상의 조정위원 제도를 들 수 있다. 행정형 ADR은 좀 더 복잡한 양상을 띠고 있다. 게 다기 행정형 ADR을 이루는 중립인들은 각 기관 내에 설치되어 있는 각종 분쟁 조정위원회의 형태로 되어 있다. 따라서 여기에서는 행정형 ADR인 각종 조정위 원회는 제외하고 대한상사중재원의 중재인과 법원에서 운용되는 조정위원의 자격제도에 대해서 살펴보고자 한다.

1) 대한상사중재원의 중재인 자격제도

대한상사중재원은 앞에서 살펴본 바와 같이 원래 1966년 3월 상사중재를 전담하는 국제상사중재위원회로 출범하여 1970년 3월에 사단법인 대한상사중재협회로 변경되었다가 1980년에 사단법인 대한상사중재원(KCAB)으로 이름을 바꾸어 오늘에 이르게 되었다.[171] 대한상사중재원은 국내와 국제중재를 처리하는 전문적인 중재기관으로서 그 활동영역을 확대해 왔다.

그런데 우리나라 중재의 근거법인 중재법에는 중재인 자격 요건에 대하여 별도의 규정을 두고 있지 않다. 이는 대한상사중재원의 중재규칙에도 마찬가지여서 대한상사중재원의 중재인 자격 요건은 별도의 자격시험이 없으며 경력·학력·전문성 등을 심의위원회에서 심사하는 방식으로 한다. 사건에 대해 법률적 판단을 할 수 있는 능력뿐만 아니라 실체적 거래관계를 파악할 수 있는 전문적 식견을 요구하고 있으며, 중재인의 임기는 3년으로 매년 1회 재위촉 여부를 심사하고 있다.

대한상사중재원은 자체적으로 신규 중재인의 위촉 기준을 설정하여 운용하고 있는바,[172] 법조계에 대해서는 법조경력 10년 이상이나 법학박사 또는 외국인변호사 자격 취득자로 법조경력 5년 이상인 변호사로 하고, 실업계에 대해서는 실무경력이 10년 이상인 자로서 상장기업은 3년 이상, 비상장기업은 5년 이상 임원으로 근무하거나, 전문 직종에 15년 이상 또는 분야별 최상위급 자격 취득자로 5년 이상 근무한 자이어야 하며, 학계에 대해서는 대학교수로 5년 이상이거나 박사학위자로서 5년 이상 근무한 자로 하고 있고, 공공기관이나 전문단체에 대해서는 해당 기관에서 임원으로 또는 박사학위 소지자로 5년 이상 근무한 자로 하고, 전문 자격인에 대해서는 공인회계사·변리사·세무사·관세사 등 자격 취득자로 5년 이상 현직에서 근무한 자로 하고 있다. 주한 외국인에 대해서는 외국변호사 자격 소지자, 교수, 주한 외국상사 내지 무역유관기관의 임원 또는 대표자로 근무한 자, 전문 직종에서 10년 이상 근무한 자로 하고, 국외 거

---

171) 대한상사중재원, 전게서, 42쪽.
172) 대한상사중재원 홈페이지 (http://www.kcab.or.kr) 중재인 위촉기준 참조.

주자에 대해서는 국내 거주자의 기준에 준하여 위촉하고 있다.

이상으로 볼 때 대한상사중재원의 중재인 위촉 기준은 주로 경력에 입각한 전문성을 위주로 심사하고 있고 별도의 교육과정의 이수를 요구하거나 시험을 실시하고 있지는 않다. 앞에서 영국공인중재인협회나 일본중재인협회는 당 협회가 주관하는 연수 코스를 이수하는 절차를 두고 있으나, 미국중재협회는 실무 경력과 전문성 등을 바탕으로 엄격하게 요건을 적용하되 당 협회가 제공하는 연수 코스를 별도로 두지는 않고 다른 기관에서 주관하는 교육을 이수하거나 ADR 절차를 진행한 경험도 인정함으로써 상대적으로 더 개방된 방식을 취하고 있음을 알 수 있다. 따라서 대한상사중재원은 영국이나 일본보다는 미국에 보다 가까운 중재인 위촉 기준을 두고 있음을 알 수 있다.

2) 법원의 조정위원 자격제도

우리나라 법원의 조정위원 제도는 민사조정법에 따른 민사조정위원과 가사소송법에 따른 가사조정위원을 두고 있다. 그 중 상임조정위원은 법원행정처장이 15년 이상 판사·검사·변호사 직에 있던 사람이나 변호사의 자격이 있는 사람으로서 국가기관, 지방자치단체, 국·공영기업체, 정부투자기관 기타 법인에서 법률에 관한 사무에 종사한 사람 또는 변호사의 자격이 있는 사람으로서 공인된 대학의 법률학 조교수 이상의 직에 있던 사람 중에서 위촉한다.[173]

그런데 조정위원규칙(대법원규칙)에 의하면 상임위원이 아닌 민사조정위원과 가사조정위원에 대하여는 금고이상의 형을 받은 자 등 소극적 결격사유만을 규정하고 있는 외에, 어떠한 위촉 기준이나 자격 요건에 대해 적극적인 규정을 두고 있지는 않다. 대법원의 민사 및 가사조정의 사무처리에 관한 예규를 보더라도 제4조(조정위원의 위촉)에서[174] 조정위원 위촉 시 '조정위원으로 위

---

173) 조정위원규칙(대법원규칙) 제2조의2 참조.

174) 민사 및 가사조정의 사무처리에 관한 예규 제4조(조정위원의 위촉) ① 법원장은 관할구역 내에서 주로 발생하는 분쟁의 유형, 사건 수, 조정위원으로 위촉할 만한 사람의 수, 연령 및 직업분포 등 해당 지역의 실정을 감안하여 적정한 인원수의 조정위원을 위촉하여야 한다. ② 법원장은 지방자치단체, 교육기관, 변호사회, 변리사회, 법무사회, 의사회, 건축사회, 감정평가사협회 기타 적당하다고 인정되는 직능단체 또는 사회단체에 추천을 의뢰하거나 각급법원의 인터넷 홈페이지에 공모하는 등의 방법으로 사회 각계각층으로부터 광범위하게 조정위원으로 위촉할 만한 사람을 물색하도록 한다. ③ 법원장은 조정위원으로 위촉할 사람에 대하여 면접과 추천자의 의견 청취 등 적절한 방법으로 조정위원으로서 충분한 자질을 갖추었는지 여부를 조사하여야 한다. ④ 법원장은 변호사, 법무사, 공인회계사, 의사, 교수, 건

촉할 만한 사람의 수, 연령 및 직업분포 등 해당 지역의 실정을 감안'한다든
지, '사회 각계각층으로부터 광범위하게 조정위원으로 위촉할 만한 사람을 물
색'한다든지, '조정위원으로 위촉할 사람에 대하여 면접과 추천자의 의견 청
취 등 적절한 방법으로 조정위원으로서 충분한 자질을 갖추었는지 여부를 조
사'한다든지, '다양한 분야에 관한 전문적인 지식과 경험을 가진 조정위원을
다수 위촉'한다든지 하는 식으로 막연하게 규정되어 있을 뿐 구체적인 자격
요건을 요구하고 있지는 않다.

(4) 우리나라의 중립인제도 정립방안

1) 중립인 자격제도의 도입

위에서 보듯이 중립인의 자격제도는 나라와 ADR 기관마다 다르게 운용되
고 있다. 하지만 중립인의 자격 요건을 정하는 방법은 크게 세 가지 유형으로
나누어 볼 수 있을 것이다. 먼저 국가가 법규로 중립인의 자격 요건을 정하는
방법이다. 이는 중립인의 자격을 명확하게 할 수 있고 변호사나 법무사와 같은
전문직업인의 자격증과 같이 운용하는 데 유용한 방법이라 할 수 있다. 둘째로
중립인의 자격요건을 개별 ADR 기관의 재량에 맡겨두는 방법이다. 이는 개별
ADR 기관이 주로 제공하는 분쟁해결 방식에 맞게 스스로 정하게 하는 것으로
서 개별 기관의 상황과 환경에 맞도록 자율적인 자격 요건을 운용하는 데 적합
하다. 셋째로는 양자의 절충적인 방식으로 조정인, 중재인 등 모든 중립인에게
공통적으로 필요한 기본적인 ADR 이론이나 윤리과목 등의 이수는 법규에 의해
정하고 그 외 각종 경력에 대한 요건(requirements)이나 기타 ADR 기법, 법률 과
목 등의 이수는 개별 ADR 기관이 요구하는 방식을 따르도록 여지를 남겨두는
방법이 있다.

이 중에서 우리나라의 중립인 자격제도로서 세 번째인 절충형을 도입하는
방안을 검토해 볼 수 있을 것이다. 이 경우 법규에서 정하는 최소한의 교육을
이수하면 중립인의 자격을 부여하되, 개별 ADR 기관의 중립인으로 등록되기 위

축사, 감정평가사 등 다양한 분야에 관한 전문적인 지식과 경험을 가진 조정위원을 다수 위촉하여 분쟁
의 적정한 해결에 실질적인 기여를 할 수 있도록 하여야 한다.

해서는 추가적으로 그 기관이 요구하는 경력 요건(requirements)이나 과목을 이수한 자에 한하여 등록이 가능하게 하거나 기관에 따라서는 추가적인 교육의 이수 없이도 경력 요건만 충족되면 바로 법정 교육만 이수한 중립인을 자신의 중립인으로 등록할 수 있게 할 수도 있을 것이다. 여기에서 어떠한 방식을 택하든 다른 법률 관련 전문직업인과는 달리 필기시험을 통해 합격 여부를 결정하는 것보다는 세계적인 추세에 맞추어 교육·훈련의 이수로 자격 부여가 가능하도록 하는 것이 좋을 것이다. 다만 교육 이수의 요건으로 교육의 말미에 약간의 인터뷰나 간단한 필기시험을 부가하는 정도는 큰 문제가 없을 것이다.

2) 중립인의 전문직업화 정착

일본에서는 ADR촉진법을 제정하면서 민간사업자에 대한 인증제도를 도입하였는데, 우리나라도 ADR기본법을 제정하고 민간형 ADR에 인증제도를 도입하는 것을 전제로 조정인, 중재인 등 모든 유형의 중립인에게 공통된 자격요건을 법규화 하여 중립인의 자격요건을 정하고 이러한 요건을 충족하면 '중립인'이라는 전문직업인으로서의 자격(Certificate)을 주게 하는 제도를 도입하는 것을 제안한다. 이 자격 요건은 사회적 ADR교육기관에서뿐만 아니라 법학대학원에서의 일정한 과목 이수나 ADR 관련 학위 취득 시에도 인정할 수 있을 것이다.

현재의 법원이나 행정기관의 조정위원들의 경우에는 체계적인 조정교육과 평가를 거쳐 위촉되는 것이 아니라 명망가를 위촉하고 형식적 교육에 머무르는 경우가 많다는 지적이 있다.[175] 또 교육 단계별로 인증 시스템이 미비하다는 것이다. 따라서 중립인에게 요구되는 최소한의 자격 요건을 정하고 이러한 자격 요건을 충족하는 경우에만 중립인 자격을 부여함으로써 중립인의 전문직업화를 정립할 필요가 있다. 중립인의 전문직업화를 정립하면 조정·중재와 같은 대체적 분쟁해결에 대하여 공신력이 생기고, 국민들로부터 전문적인 지식과 함께 분쟁해결에 대한 윤리 기준을 충족하는 중립인을 충원할 수 있게 되어 ADR에 대한 국민의 신뢰를 높일 수 있을 것이다. 그런데 중립인의 전문직업화를 정립하기 위해서 필요한 선결조건은 조정위원의 수당이나 처우 등을 전문직업화에 부

---

175) 조홍준, "ADR의 사회통합적 기능" 제8회 한국법률가대회: 사회 통합과 법의 역할, 사단법인 한국법학원, 2012. 10. 23, 37-38쪽.

응하여 현실화함으로써, 사회 각계의 유능한 인재들이 미국에서와 같이 중립인 이라는 직업만으로도 자긍심과 보람을 가지고 참여할 수 있도록 하는 유인 방안 을 강구해야 할 것이다. 또 그러한 자격에 걸맞게 중립인에 대한 윤리기준 준칙 도 마련하는 것이 중립인제도의 신뢰성 확보에 도움이 될 것이다.

3) 중립인 제도화를 위한 입법적 지원

우리나라는 ADR이 도입된 지 역사가 짧고 아직은 ADR제도나 기구에 대 한 입법적 기반이 취약한 상태에 있기 때문에, 중립인을 양성할 ADR 교육기관 이나 중립인이 활동할 수 있는 ADR 기관이 수적으로나 질적으로 한계를 보이 고 있는 것이 현실이다. 따라서 중립인 제도를 발전시키기 위해서는 그에 필요 한 최소한의 자격제도를 법제화하고 이들을 양성할 교육기관 및 프로그램의 확 충과 중립인들이 활동할 수 있는 ADR 기관이 자생할 수 있도록 행정적·재정적 지원이 수반되어야 할 것이다. 이러한 사항들이 원활하게 작동할 수 있도록 하기 위해서는 ADR 측면의 입법적 지원이 수반되는 것이 좋을 것이다. 그 방법으로 는 중립인의 개념 정립, 중립인의 자격 요건, 중립인 선정 절차, 중립인협회의 설립 등을 담아낼 ADR기본법[176]을 비롯하여 ADR을 지원하는 입법적인 보완이 조속히 이루어져야 할 것이다.

2. ADR 인력양성과 교육의 확충

(1) 개 요

ADR 인력을 양성하기 위해서는 이에 대한 교육이 중요하다. ADR 교육은 ADR제도 자체에 대한 교육과 ADR의 중심축이라 할 수 있는 조정인, 중재인과 같은 중립인(Neutrals)과 같은 ADR 인력에 대한 교육으로 나눌 수 있다. 교육을 받는 대상자를 기준으로 보면 ADR을 시행하는 중립인에 대한 교육, ADR을 시

---

176) 박철규, 2012. 12. 한국 ADR법령체계의 현황과 정립방안 연구 – 대체적 분쟁해결 기본법(안) 제안을 중심으로, 한국개발연구원(KDI) 참조.

행함에 있어 직·간접적으로 참여하게 되는 법관·변호사 등의 전문 직업군에 대한 교육, 초·중등학생들을 비롯하여 대학원생까지 학생들에 대한 교육, 그리고 당사자가 될 수 있는 일반인을 대상으로 하는 교육 등으로 나누어질 수 있다.

따라서 ADR제도 자체에 대한 교육은 그 대상에 따라 초·중등학생을 대상으로 하는 민주시민으로서 갈등이나 분쟁에 성숙하게 대처하고 조정을 할 줄 알게 하는 교육을 비롯하여,[177] 법학전문대학원 등의 학생들과 같은 예비법조인에 대한 교육, 변호사·법관 등과 같은 법률 관련 전문 직역에 대한 교육, 법을 집행하는 경찰이나 행정기관의 공무원에 대한 교육, 중립인이 되고자하는 사람들을 대상으로 하는 교육, 분쟁의 당사자가 될 수 있는 일반 국민들에 대한 교육 등을 들 수 있다. 그런가 하면 ADR을 시행하는 데 있어 필수불가결한 중립인을 직접적으로 양성하거나 조정인·중재인과 같이 이미 중립인으로 활동하고 있는 사람들을 대상으로 하는 중립인 자격 또는 심화 교육이 중요하다고 할 것이다. 이러한 교육을 제공하기 위해서는 우수 연구 인력이나 연구 프로젝트를 지원하기 위한 ADR 연구펀드를 조성하고, 로스쿨 등 법학 분야 교육기관을 위한 ADR 관련 교과목 설치 및 교재 개발 등이 보다 적극적으로 추진되어야 할 것이다.[178]

(2) 대학에서의 ADR 교육

대학에서 ADR 전문인력 양성 교육은 경영대학원이나 일반대학에서도 할 수 있지만 ADR 중립인과 관련하여 보다 직접적인 교육은 주로 법학 분야라 할 수 있을 것이다. 미국변호사협회의 보고서에 따르면 로스쿨이 가르쳐야 할 10개의 기본적인 법조실무과목으로 문제해결, 법적 분석 및 추론, 법적 연구조사, 사실조사, 커뮤니케이션, 상담, 법무 조직 및 경영, 윤리적 딜레마에 대한 인정 및 해결과 함께 협상과 소송 및 대체적 분쟁해결이 포함되어 있다고 한다.[179]

---

177) Andrew Floyer Acland, Resolving Disputes Without Going to Court: A Consumer Guide to Alternative Dispute Resolution, C Century, 1995, p. 227.

178) 김민중, 전게서, 29쪽.

179) 이로리, "미국 로스쿨에서의 협상 교육 방법론에 관한 연구", 중재연구 제23권 제2호, 2013. 6. 122쪽.

그런데 우리나라의 경우 2013년 3월 기준으로 한국법학교수회에 가입된 69개 법과대학(법학과 포함) 중에서 협상이나 ADR 관련 과목이 교과과정에 편성되어 있는 대학은 경찰대를 비롯한 5개 대학뿐이었으며, 25개 법학전문대학원 중에서 협상과목을 독립적으로 편성한 곳은 11개, 중재를 독립 과목으로 한 곳은 13개, ADR을 독립적인 과목으로 하고 있는 곳은 9개인 것으로 조사되었다.[180] 이는 앞의 학부과정의 경우 우리나라에 아직 ADR에 대한 인식이 낮은데다 학부에서 조정이나 중재 등 ADR을 가르칠 수 있는 교수들이 부족하고 학부생들이 취업 준비를 위해 당장 ADR 교육에 대한 필요성이 낮은 것으로 인식하는 데에 기인하며, 법학전문대학원의 경우는 학부와는 달리 법조인을 직접적으로 양성하는 역할을 함에 따라 실무에 바로 활용할 수 있는 협상이나 중재 등 ADR에 대한 교육을 상대적으로 중시하는 것으로 볼 수 있다.

하지만 미국 로스쿨과 비교해 볼 때 우리나라 법학전문대학원의 ADR 관련 과목의 설강은 아직 초기 단계에 있음을 부정할 수 없다. 미국변호사협회의 분쟁해결분과는 1983년부터 로스쿨에서의 ADR 과목에 대해 조사를 하여 왔다. 이에 의하면 1983년에는 전체 로스쿨의 25%만이 ADR 과목을 제공하고 있었으나, 1986년에는 미국변호사협회 인증 로스쿨의 대부분이 ADR 과목이나 클리닉을 제공하였고, 1989년에는 174개 로스쿨에서 550개의 ADR 코스를, 1997년에는 177개 로스쿨에서 714개의 ADR 코스를 제공함으로써 오늘날에 이르러서는 거의 모든 로스쿨에서 분쟁해결과 관련된 복수의 과목을 제공하는 것으로 나타났다.[181] 2003년을 기준으로 한 조사에서는 전체 184개의 로스쿨에서 887개의 ADR 코스를 제공하고 있고, 46개의 로스쿨에서 대체적 분쟁해결 관련 클리닉(clinic)을 운영하고 있는데 그 중에서 31개는 조정클리닉이었다고 한다.[182] 미국의 로스쿨은 단순히 협상, 중재와 같은 ADR 관련 과목을 설강하는 데 그치지 않고 ADR 클리닉 프로그램의 설치,[183] 로스쿨의 ADR 관련 자체 논문집(Law

---

180) 상게서, 117-121쪽.

181) Robert B Moberly, "ADR in the Law School Curriculum: Opportunities and Challenges", 1998 (http://www.mediate.com/articles/moberly.cfm 참조).

182) C. Michael Bryce, "ADR Education from A Litigator/Educator Perspective", St. Jhon's L. Rev. 337, Winter 2007, pp. 345-346.

183) 미국에서는 2010년 기준으로 약 35개의 로스쿨에서 조정 클리닉을 운영하고 있는 것으로 나타나고 있다. 여기에서의 클리닉(clinic)이란 이론과 실무 경험이 풍부한 교수의 지도 아래 분쟁해결 절차의 계획, 집행, 평가에 이르기까지 실제 사건을 가지고 하는 분쟁해결 경험을 갖는 프로그램을 말한다.

Review) 발간을 비롯하여 분쟁해결센터와 같은 분쟁해결연구기관을 직접적으로 설치하여 지역사회 분쟁에 조정 서비스를 제공하기도 한다.

예를 들어 하버드대에서는 1983년에 협상프로그램으로 PON(the Program on Negotiation)을 설치하여 협상과 분쟁해결에 관한 연구와 교육을 시행하고 있으며,[184] 미주리대의 분쟁해결연구센터(the Center for the Study of Dispute Resolution: CSDR)는 국내 및 국제적 갈등을 해결하기 위한 방법들을 연구·보급하고, 대학 내 갈등의 조정을 시행하며 법원이나 행정기관으로부터 사건을 회부 받아 조정 서비스를 실시하기도 한다.[185] 페퍼다인대에서는 분쟁해결연구소(Straus Institute for Dispute Resolution)를 운영할 뿐만 아니라 분쟁해결 석사(Master of Dispute Resolution)와 분쟁해결 법학석사(Master of Laws in Dispute Resolution) 학위 프로그램을 유지하고 있고, 로스엔젤레스 카운티를 대상으로 학생들에게 소액 사건에 대한 조정 기회를 부여하는 클리닉을 운영하며 학부생들을 위한 갈등관리 수료증 과정을 제공하기도 한다.[186] 로스쿨은 아니지만 조지 메이슨대학교는 갈등분석 및 해결대학을 독립적으로 설치하여 학부 과정은 물론 석사 및 박사 학위 과정까지 두고 갈등관리에 대해 특화되는 연구를 수행하고 있다.[187] 또 미국의 경영대학도 협상을 중심으로 ADR 교육을 시행하는 곳이 많다.[188] 2007년 기준으로 미국 경영대학 MBA과정에서의 협상 강의의 방식을 분석한 자료에 의하면, 역할수행 시뮬레이션 및 녹화분석이 압도적으로 많이 시용되고 있으며, 다음으로 강의 및 토론, 사례/시나리오 분석, 실무전문가 특강의 순으로 시행되

클리닉은 보다 더 넓고 다양한 의미로 사용되는 프랙티컴(practicum)보다 더 일반적으로 사용되며, 분쟁해결 절차를 옆에서 관찰하거나 배우기 위해 도와주는 인턴십(internship)과도 구별된다. Cynthia A. Savage, "Recommendations Regarding Establishment of A Mediation Clinic", 11 Cardozo J. Conflict Resol. 511, Spring 2010, pp. 511-515.

184) http://www.pon.harvard.edu 참조.

185) http://www.law.missouri.edu/csdr/about.html 참조.

186) http://law.pepperdine.edu/straus/ 참조.

187) http://scar.gmu.edu/ 참조.

188) 미국 대학 경영학부의 ADR 관련 과목 설강을 파악하기 위하여 미국 50개 주별로 톱 스쿨에 해당하는 대학 50개를 선별하여 조사한 바에 이하면, 2002년도에는 전체 50개 중 34%인 17개 대학에서 '갈등해결', '갈등관리', '협상', '중재', '조정' 등의 과목을 개설하였고, 2010년도에는 전체의 56%인 28개 대학에서 ADR 관련 과목을 설강한 것으로 나타났다. 하지만 필수과목으로 하지는 않고 선택 과목으로 운영되고 있었다고 한다. David B. Stephens, Robert D. Stephens & John P. Kohl, "U.S. Business Colleges Still Lag in Teaching ADR: Comparing the Availability of ADR Courses in the 2002 amd 2010 Curricula", Dispute Resolution Journal 67.2, May-Jul 2012, pp. 22-28 참조.

었다고 한다.[189)

　　이러한 사항들을 감안할 때 우리나라 대학의 ADR 관련 교육의 개발 여지
는 막대하다고 할 것이다. ADR 및 조정교육을 통한 다각적인 분쟁해결 능력을
제고하기 위해서는 단순한 법률이론보다는 사실관계의 핵심파악 능력과 증거확
보능력, 논리의 개발과 소송전략을 짜는 기법, ADR 등 교섭을 통한 분쟁해결 기
법 등을 통하여 종합적인 실무처리 능력을 제고하는 데 초점을 두어야 할 것이
다.[190) 또한 단순히 협상론, 중재법, ADR 실무 등의 과목 설강을 넘어서 협상
및 조정에 대한 사례연구, 게임, 역할극, 시뮬레이션, 디브리핑, 협상프로젝트 등
을 개발하고,[191) ADR 기관 실무수습이나 공동 워크숍, 해외 ADR 기관 연수 등
ADR 기관과의 협력을 통한 실무 교육을 강화해 나가야 할 것이다.[192) 특히 시
뮬레이션이 종료되는 시점에 협상결과에 대하여 검토해보는 디브리핑을 통해
자신의 협상 결과뿐만 아니라 다른 팀들의 결과와의 차이도 비교하고, 자신의
협상에 대한 성찰과 함께 협상에 대한 새로운 시각을 일깨워줄 수 있다.[193) 효
과적인 협상 교육의 방법으로 영화를 통한 협상교육을 제시하는 경우도 있는바,
영화는 우뇌의 창의성과 직관력을 자극하고 몰입의 강도를 높이며 수용성의 측
면에서도 효과가 높아 학습효과를 극대화할 수 있다고 한다.[194) 또 대학 내에
분쟁해결연구센터의 설립과 분쟁해결 관련 연구 과정이나 학위의 설치, 분쟁해
결대학원의 설치 등을 추진하며, 어느 정도 성숙한 단계에 이르면 대학에서도
독자적으로 외부기관으로부터 직접적으로 사건을 회부 받아 조정 서비스를 제
공하는 방향으로 발전시켜나갈 수 있을 것이다.

---

189) 조남신, "협상교육, 무엇을 어떻게 가르칠 것인가: 미국 경영대학원의 협상교육 내용과 방법
분석을 통한 제언", 경영교육연구 제12권 제3호, 2009. 2, 211-214쪽.
　　190) 김용섭, "로스쿨에서의 실무역량 강화를 위한 커리큘럼(교과과정) 개선과제", 로스쿨 교과과
정의 문제점에 관한 심포지엄, 서울지방변호사회, 2013. 10, 18쪽.
　　191) 이로리, 전게서, 129-134쪽.
　　192) 김민중, 전게서, 30쪽.
　　193) 이로리, 전게서, 132-133쪽.
　　194) 박헌준, Joseph E. Champoux & 김상준, "영화와 경영교육-영화를 통한 협상교육 사례를 중
심으로", 경영교육연구 제7권 제2호, 2004. 2, 171-197쪽 참조.

(3) 사회적 ADR 기관에 의한 ADR 교육

다음으로 ADR 전문인력을 양성하는 기관을 보다 넓은 스펙트럼으로 가져가서 ADR 관련 종사자를 대상으로 하는 교육이나 ADR에 관심이 있는 일반인을 대상으로 하는 교육, 분쟁해결과 관련되는 전문 직업인을 위한 사회적 ADR 교육기관이 필요하다. 이러한 교육을 시행하는 기관에는 국무총리실로부터 갈등관리 및 ADR 교육기관으로 지정된 한국행정연구원과 같이 ADR 서비스를 직접 제공하지는 않고 교육만을 담당하는 기관이 있는가 하면, 상사분쟁을 중재하는 대한상사중재원과 같이 조정이나 중재 업무를 수행하면서 동시에 교육 기능도 병행하고 있는 ADR 기관도 있다. 대한중재인협회는 신규로 위촉되는 중재인을 대상으로 교육을 실시하고 있으며 전문중재인 포럼을 운영한다든지 기존 중재인을 위한 연수와 훈련을 시행하고 있다. 최근에는 언론보도와 관련된 분쟁을 조정, 중재하는 언론중재위원회가 대체적 분쟁해결 분야의 전문가로 구성된 강사진과 커리큘럼을 갖추고 공무원·교사·법조인·언론인과 ADR에 관심 있는 일반인을 대상으로 ADR 교육을 무료로 시행하고 있기도 하다. 또한 변호사협회 차원에서도 ADR의 중요성을 인식하여 서울변호사회에 조정중재센터를 개설하고 분야별 전문가로 구성된 변호사 인력풀을 확충하는 한편, 조정과 중재를 통한 분쟁해결의 순기능을 확산하기 위한 교육이나 홍보를 수행하고 있다. 대한법무사협회도 2012년에 조정중재센터를 개설하였다.

법관이나 변호사의 경우에도 조정담당법관이나 조정인으로 표기하기 위해서는 소정의 조정인 전문교육을 이수한 후에 가능하도록 하자는 견해도 있다.[195] 오스트리아에서도 조정인으로 등록을 하기 위해서는 2004년부터 법령에 의해 조정인 양성교육을 이수하도록 하였다고 한다. ADR 관련 종사자를 대상으로 하는 교육을 내실 있게 하기 위해서는 ADR 관련 협회나 기관에서 ADR 연수 및 중립인 검정 관련 규정을 정비하고 ADR 연수 및 중립인 검정 전담부서를 설치하며, 연수교재 발간위원회의 설치 및 ADR 연수 정규 과정을 개설하여 운영하자는 논의가 있다.[196]

---

195) 정선주, "법학전문대학원 체제에서 ADR의 활성화를 위한 제언", 중재, 2008년 봄, 9쪽.

196) 이강빈, "ADR제도 활성화를 위한 효율적인 교육 프로그램에 관한 연구", 중재연구 제18권 제1호, 2008. 3, 22-26쪽.

그 밖에 비전문가를 위해 가장 좋은 ADR 교육 방법은 실제 사건을 통해 보고 배우게 하는 방법이 가장 효과가 있으므로 초·중등학생의 갈등해결기법으로서의 또래조정을 많이 경험하게 한다든지, 주민배심조정의 기회를 늘려 살아있는 교육을 하는 것이 좋다는 의견도 있다.[197] 또 ADR 교육의 확대를 위해 재원이 필요한 바 이를 위해서는 ADR 연구기금의 설립을 통하여 ADR 연구인력에 대한 프로젝트의 지원이나 로스쿨 등에서의 ADR관련 교재개발을 진작하는 방안을 제시하기도 한다.[198] 그러나 우리나라에서 아직은 ADR제도나 기구에 대한 입법적 기반이 취약한 상태에 있기 때문에 ADR 교육기관이 수적으로나 질적으로 한계를 보이고 있는 것이 현실이다. 따라서 ADR 교육의 수요자라 할 수 있는 중립인에 대한 제도의 법제화와 함께 ADR 교육기관이 자생할 수 있는 행정적·재정적 지원이 가능토록 하는 입법적인 보완이 시급한 실정이다.

제3절 ADR 환경적 측면의 발전방안

1. ADR 확산을 위한 홍보 방안

ADR의 도입 역사가 짧은 우리나라에서 대체적 분쟁해결을 진작하기 위해서는 이에 대한 국민들의 이해가 중요한 발전 기반이 될 수 있다. 앞에서 살펴본 바와 같이 미국의 지역사회분쟁해결센터(Community Dispute Resolution Center)들도 발전 과정에 있어서 초기에는 운영에 어려움을 겪고 분쟁처리 사건 수가 적었던 것도 국민들의 이해 부족과 홍보 부족에 기인한 바가 컸다. ADR에 대한 국민들의 인식도를 높이기 위해서는 단순히 top-down 식으로 광고만을 많이 한다고 달성될 수 있는 것은 아니다. 가장 좋은 홍보는 많은 자생적인 ADR 기

---

197) 주민배심조정은 우리나라의 광주지방법원 장흥지원에서 2006년부터 시작하였다고 한다. 주민들 중에서 배심조정위원을 추첨으로 구성하고 문화예술회관이나 군민회관을 활용하여 주민들에게 찾아가는 분쟁해결제도로서의 배심조정제도라고 한다. 정준영, 전게서, 73-77쪽 참조.

198) 김민중, "민사사건과 ADR", 법학연구 제26집, 전북대학교 법학연구소, 2008. 6, 37쪽.

관들이 사회 구석구석에 포진하여 활발하게 활동을 함으로써 국민들의 ADR에 대한 접촉의 빈도를 높이고, 또 그를 이용해 본 국민들의 만족도가 높으면 자연스럽게 홍보가 될 수 있을 것이다. 그러나 이 방법은 시간이 많이 걸릴 뿐만 아니라 제도 초기에는 효율적이지 않으며 적극적인 대책이라고 할 수는 없는 것이다. 미국에서는 대법원장은 물론 대통령까지 나서서 ADR을 통한 분쟁해결의 필요성을 강조한 것을 눈여겨보아야 할 것이다. 따라서 ADR의 저변 확대와 발전을 위해서는 다음과 같은 전략적인 접근이 필요하다.

첫째, 홍보에는 우선 많은 비용이 들게 마련이므로 ADR 기관의 발전이나 제도의 정립 및 직접적인 언론매체 홍보 등을 위한 예산의 확보를 위해 ADR 관련법을 정립하는 것이 필요하다. ADR에 관한 입법은 곧 예산 지원의 근거와 기관 형성의 토대를 제시해 주기 때문이다. 그를 위해서는 법령을 제정할 권한이 있는 입법자나 행정부의 최고 정책결정자 차원의 ADR에 대한 관심과 노력이 절실하다. 그들의 지원 아래 우선적으로 ADR기본법을 제정하고 관련법을 정비하여 ADR에 공통되는 지도 원리나 제도를 정립하고 ADR 홍보와 ADR 기관에 대한 행·재정적 지원을 할 수 있는 법적 근거를 부여해 주어야 한다. 결국은 국민들이 ADR의 장점을 인식하고 또 그를 이용하고 싶어 하도록 대대적인 공공교육(public education)과 홍보방안이 추진되어야 한다.[199]

둘째, ADR제도를 본격적으로 추진하기 위한 구체적이고도 단계적인 실천방안으로 일본의 ADR촉진법 제정을 위해 설치한 바 있는 ADR검토회나 싱가포르의 ADR위원회와 같이 우리나라의 법조계·학계·실무계를 총체적으로 망라하여 'ADR위원회'를 설치하여 세계의 ADR제도의 발전추세를 조사하고, 우리나라의 현황과 문제점 및 각계의 제안을 종합적으로 검토하여 ADR 발전 추진 실천방안을 수립·시행하게 하면 이는 우리나라의 획기적인 ADR 발전을 위한 전환점이 될 수 있을 것이다.

셋째, 부분적으로나마 활성화 되어 있는 대한상사중재원, 언론중재위원회, 대한변호사회, 대한중재인협회와 같은 ADR 기관과 중재학회, 협상학회, 조정학회 능과 같은 ADR 관련 학회 등을 단체 회원으로 망라하는 'ADR협회'를 설립하여 그 회원들의 회비나 사회단체의 기부금 등을 활용하여 대중 매체에의 홍

---

199) 황승태·계인국, 전게서, 366쪽.

보, 각종 세미나 개최, 일반인 및 ADR 종사자를 위한 교육·훈련, 초·중등학생과 대학생을 위한 경시대회 등을 통하여 꾸준한 홍보와 ADR의 저변 확대를 기하는 것이 좋을 것이다.

넷째, 앞에서 살펴보았듯이 중앙에 분쟁해결지원센터를 설립하고 각 지역에 주민분쟁해결센터를 설치하면 그 자체의 활동으로도 ADR에 대한 홍보 효과가 있을 뿐만 아니라, 정부 차원의 중앙 집중적인 홍보와 각 지역 주민분쟁해결센터들의 광고 및 홍보 활동이 어우러져 전국적인 확산 효과가 있게 될 것이다. 아울러 각 법원과 지방자치단체에서도 ADR에 대한 홍보 활동을 병행해 나가는 것이 좋을 것이다.

다섯째, ADR 서비스 제공기관이나 교육기관의 자체 홍보도 ADR 홍보에 일익을 담당할 수 있다. 따라서 ADR 관련 기관의 설립과 확산을 위한 지원과 함께 ADR 친화적인 환경을 조성하여 줌으로써 ADR에 대한 홍보가 자생적으로 이루어지도록 해주는 것이 좋을 것이다.

여섯째, 초·중등학교의 학생들에게 동료나 이웃들과의 갈등이나 분쟁에 대한 이해를 넓히고 갈등의 예방 방법 및 갈등이나 분쟁이 발생했을 때의 대처 방법이나 사후 해결 방법 등에 대해 시민교육의 일환으로서 분쟁해결의 절차나 제도에 대해 교과서에 반영하는 방법도 생각해 볼 수 있을 것이다. 또한 초·중등 학생들을 대상으로 분쟁해결, 갈등 조정 등에 대해 글짓기나 사례발표, 콘테스트 등을 실시함으로써 보다 현실감 있는 교육의 실현과 함께 저변 확대를 기할 수 있을 것이다. 이에 대해서는 미국의 오하이오 주정부에서 1989년에 '오하이오 분쟁해결 및 갈등관리위원회(Ohio Commission on Dispute Resolution and Conflict Management)'를 설립하여 각급 교육기관을 대상으로 분쟁해결과 갈등관리에 관한 교육·컨설팅·갈등관리 프로그램 설계 지원, 조정·중재 서비스의 제공 등을 하고, 학교 내의 분쟁에 대해서는 학생·교사·학부모를 상대로 갈등관리 워크숍을 정기적으로 시행한 것을 참고할만하다.[200] 또 동 위원회는 매년 갈등관리 주간(Conflict Management Week)을 통하여 일반 시민이나 정부 기관, 사회단체 등에 대해 갈등관리와 분쟁해결 방법을 홍보하는 기능을 수행하였다.[201]

---

200) 김광구, "공공갈등관리를 위한 사회교육체제 구축", 경희행정논총 제19권1호, 2006, 113쪽.

201) 오하이오 분쟁해결 및 갈등관리위원회(Ohio Commission on Dispute Resolution and Conflict Management)는 2011년에 폐지되었고, 대신 이 위원회의 일부 프로그램을 이어 받은 새로운 분쟁해결위원회 (Commission on Dispute Resolution)가 2012년에 설치되었다(http://www.supre-mecourt.ohio.gov 참조).

2. 온라인 분쟁해결의 발전 토대 구축

(1) 온라인 분쟁해결(Online Dispute Resolution : ODR)[202]의 발전과정

인터넷은 다른 정보전달매체와는 다른 특성을 가지고 있다.[203] 첫째로 인터넷은 전 세계 시장을 대상으로 쉽게 접근할 수 있는 환경을 제공한다. 둘째로 다른 대중매체와 달리 디지털 기술을 이용하여 다자간에 시간이나 공간의 제약이 없이 커뮤니케이션이 가능하다. 셋째로 인터넷은 비동기로(asynchronously) 소통을 할 수 있어 24시간 내내 활용이 가능하다.

인터넷이 1969년에 시작되었지만 온라인 분쟁해결 문제는 1990년대 초반에서야 등장하기 시작하였다.[204] 인터넷 접속은 초기에는 군사 분야나 학자들에 의해서 제한적으로 이용되다가 1989년에 이르러 WWW(World Wide Web)가 개발되었다. 1950년에 설립된 미국의 국립과학재단(the National Science Foundation)은 1992년까지도 인터넷의 상업적 사용을 제한하였다. 1992년에야 상업적 제한이 풀리자 온라인 상거래로 인한 분쟁이 출현하기 시작하였으며, 1994년에는 미국 연방거래위원회(the U.S. Federal Trade Commission)가 온라인 사기에 관한 사건을 취급하기도 하였다. 1996년에 착수된 VMAG(The Virtual Magistrate Project)는 인터넷 기반의 분쟁에 ADR을 이용하는 아이디어를 최초로 구현한 것이었다.[205] 1996년에 자동화정보연구센터(the National Center for Automated Information Research: NCAIR)에서 온라인 분쟁해결을 위한 컨퍼런스를 후원하였는데, 이는 온라인 분쟁해결운동의 시초로 간주된다.[206] 1997년에는 휴렛패커드 재단이 매사추세츠대학의 정보기술 및 분쟁해결센터(Center for Information

---

202) 온라인 분쟁해결(ODR)은 Online ADR(OADR), Internet Dispute Resolution(IDR), Electronic ADR(E-ADR), Electronic Dispute Resolution(EDR) 등 다양한 용어로 사용되고 있다.

203) Haitham A. Haloush & Bashar H. Malkawi, "Internet Characteristics and Online Alternative Dispute Resolution", Harvard Negotiation Law Review Vol. 13, Spring 2008, pp. 329-332.

204) Ethan KATSH, "Online Dispute Resolution: Some Implications for the Emergence of Law in Cyberspace", Lex Electronica, vol.10 nO, Hiver/Winter 2006
(http://www.lex-electronica.org/articles/v10-3/katsh.htm).

205) VMAG는 주로 중재를 온라인으로 시행했는데, 제공되는 서비스를 널리 홍보하지 못했고 사람들은 이러한 온라인 분쟁해결 서비스에 대해 잘 몰랐으며, 그 결정에 집행력이 없어서 대체로 실패하였다. Aashit Shah, "Using ADR to Solve Online Disputes", 10 RICH. J. L. & TECH. 25, 2004 참조.

206) Ethan KATSH, *op. cit.*, p. 2.

Technology and Dispute Resolution)의 설립을 후원하였는데, 이 센터는 온라인 경매회사인 이베이(eBay)의 요청으로 온라인 조정의 온라인 판매 분쟁의 유용성에 대해 검토하게 되었고, 이에 대해 긍정적인 결과가 나오자 이베이는 Square Trade를 분쟁해결 제공자로 선정하기도 하였다. 1998년에 미국 정부는 도메인 네임 체계를 관장하는 ICANN(the Internet Corporation for Assigned Names and Numbers)의 설립을 허용하였다. ICANN은 도메인 네임 분쟁을 결정하는 UDRP(the Uniform Dispute Resolution Policy)라는 절차와 규정을 마련하였다. 이는 일종의 변형된 비구속적 중재를 사용하여 원거리에서 대면하지 않고 분쟁해결을 시도하는 것으로서 온라인 분쟁해결의 초석을 다지는 것이었다.[207]

Conley Tyler는 온라인 분쟁해결의 발전 단계를 네 단계로 나누고 있다.[208] 첫 번째는 아마추어 단계(1990-1996)로서 공식적인 지원이 없이 온라인 ADR 사업을 시작한 단계이다. 둘째는 실험 단계(1997-1998)로서 재단이나 국제기구 등으로부터 후원을 받아 파이로트 프로그램을 비영리적으로 시행하는 단계이다. 셋째는 기업화 단계(1999-2000)로서 인터넷 시장에 진출한 영리기업에 의한 영업 단계이다. 넷째는 닷컴 시장의 거품이 꺼지고 2001년 이후에 나타난 기관화 단계로서 법원 등에서 온라인 서비스를 도입하는 단계이다.

(2) 온라인 분쟁해결의 종류

온라인 분쟁해결이란 인터넷과 웹기술을 이용하여 서로 떨어져 있는 당사자와 조정인 등 중립인들이 온라인상으로 다양한 전자적 수단을 이용하여 분쟁을 신속하고 효율적으로 해결하는 것을 말한다. 이는 기본적으로 대체적 분쟁해결(ADR)을 온라인 기술을 이용하여 시행하는 것이라고 말할 수 있으나, 최근에는 전자소송이나 온라인행정심판 등도 온라인 웹사이트에 접속하여 수행되기도

---

207) Andrea M. Braeutigam, "Fusses That Fit Online: Online Mediation in Non-Commercial Contexts Issue on Alternative Dispute Resolution", 5 Appalachian J. L. 275, 2006, p. 278.

208) Josep Suquet, Marta Poblet, Pablo Noriega, Sílvia Gabarró, "Online Dispute Resolution in 2010: a Cyberspace Odyssey?", in: Marta Poblet, Brooke Abrahams, John Zeleznikow (Eds.): Proceedings of the 6th International Workshop on Online Dispute Resolution 2010, Liverpool, United Kingdom, December 15, 2010. CEUR-WS.org 2010 CEUR Workshop Proceedings, p. 3.

한다. ODR은 크게 온라인상으로 이루어지는 거래에서 분쟁이 발생하였을 때 이를 해결하는 것과 일반적인 실제 거래(offline transactions)로부터 일어나는 분쟁을 온라인을 이용하여 해결하는 방법으로 나눌 수 있다.

온라인분쟁해결시스템은 이메일을 이용한 서비스로부터 시작하여 이메일과 병행하여 채팅룸을 마련하고 제3자인 중립인에 의해 조정이나 중재가 이루어지는 사이버 조정 및 중재시스템, 제3의 인증기관이 전자상거래를 희망하는 기업의 신용도를 평가하여 인증마크를 부여한 후 분쟁이 발생 시에는 온라인으로 분쟁을 해결해 주는 인증시스템, 보험이나 증권 분야에서 제3자의 개입 없이 당사자들끼리 스스로 온라인으로 분쟁을 해결하도록 한 사이버협상시스템 등 다양한 형태가 있다.[209] 온라인 중재는 제출된 서류만으로 중재인이 온라인 판정을 내리는 것으로서 비용과 시간을 크게 줄여줄 수 있는데, 이를 제공했던 기관으로는 Dispute Resolution Services(DRS), Mediation Arbitration Resolution Service (MARS), JAMS, e@dr, Square Trade, Resolution Forum, Online Resolution, Private Judge, Online Confidence, Web Assured, Web Mediate 등이다.[210] 또한 자동화된 협상(Automated Negotiation)은 입찰절차와 같이 상대방이 제안하는 금액을 모른 상태에서 자신이 원하는 금액을 적어 내게 하고, 쌍방의 금액 차이가 일정한 범위 안으로 좁게 나오면 자동적으로 그 중간 금액으로 합의가 이루어지게 하기도 한다. 자동화된 협상을 제공했던 기관으로는 Cybersettle, The Claim Room, MARS, WebMediate, Dispute Manager 등이 있으며, 이 중에서 Cybersettle이 가장 성공적으로 운영되었다.

그 밖에 소비자 불만을 처리하는 온라인 소비자불평 해결(Complaint Handling)이나 특정 사건에 대하여 중립적인 제3자인 전문가가 사건의 내용을 파악한 후 온라인으로 평가 조언해 주는 사건평가(Case Appraisal)를 비롯하여 Blind Bidding, 협상지원시스템(Negotiation Support Systems) 등이 있으며, 최근에는 화상회의시스템을 이용하거나 스마트폰 등을 이용하여 인터넷이나 웹사이트에 접속할 수 있게 됨으로써 이동시에도 화상의 전송뿐만 아니라 실시간으로 다지긴에 영상통화까지 가능하여 온라인분쟁해결시스템의 발전 가능성을 한층 높여주고 있

---

209) 이경옥, "대안적분쟁해결제도(ADR)로서의 온라인분쟁해결시스템의 평가", 소비자학연구 제14권제2호, 2003. 6, 186-187쪽.

210) Andrea M. Braeutigam, *op. cit.*, pp. 282-284.

다. 분쟁해결을 위한 첨단 지능형 정보기술의 발달로 인해 규칙에 근거한 결론(rule-based reasoning), 사례에 근거한 결론(case-based reasoning), 기계학습(machine learning), 신경망(neural networks) 등의 도구를 이용한 지능형 의사결정 지원시스템(Intelligent Decision Support Systems)의 개발, 협상 시에 시스템을 이용하여 양자의 합의점에 얼마나 가까워졌는지를 알려주고 사안의 불일치 정도 등에 대해서 보여줌으로써 의사결정을 돕는 템플릿 기반 협상지원시스템(Template-based Negotiation Support Systems)의 소프트웨어의 발전, 흥정과 게임이론에 기반한 협상지원시스템(Negotiation Support System Based on Bargaining and Game Theory), 인공지능 기술을 사용하여 이혼에 뒤따르는 재산분할에 의견을 제공하는 결별시스템(The Split-Up System)과 같은 인공지능 협상지원시스템을 통하여 보다 발전된 ODR 시스템을 적용하려는 시도가 이어지고 있다.[211]

(3) 온라인 분쟁해결의 장·단점

온라인 분쟁해결(ODR)이 보다 신축적이고 창조적이며 신속한 결정을 하게 할 수 있지만 온라인 분쟁해결을 활용함에 있어서는 그 장·단점을 구분해야 한다.[212] 온라인 분쟁해결의 장점은 당사자가 직접 이동하지 않고도 분쟁해결을 위한 절차에 참가할 수 있으므로 비용절감과 편의성이 가장 큰 장점이라 할 수 있다. 또한 온라인 분쟁해결은 서로 떨어져 있으므로 신체적 언어로 인한 불필요한 표정이나 동작에서 오는 오해나 부정적 감정을 가질 필요 없이 협상에 임할 수 있는 장점이 있다. 지역적으로 멀리 떨어져 있거나 국경을 넘는 국제적인 거래와 관련된 분쟁이 발생하였을 경우에도 공간에 대한 큰 제약이 없이 해결을 도모할 수 있는데, 이는 재판관할권이 어디에 있느냐 하는 복잡한 문제를 피할 수 있는 장점이 있다. 게다가 온라인 분쟁해결의 비동시적(asynchronous)이면서도 구두가 아닌 문장으로 의사소통을 하는 특성은 분쟁으로 인한 감정에 휩싸이지 않고 차분한 대응을 하도록 하며, 상호간에 보다 역동적인 커뮤니케이션이

---

211) 이지윤, 온라인 분쟁해결(ODR)에 관한 국제규범 모델 연구(Ⅲ), 한국법제연구원, 2011. 11, 89-107쪽.

212) Joseph W. Goodman, "The Pros and Cons of Online Dispute Resolution: An Assessment of Cyber-Mediation Websites", 2 Duke Law & Technology Review, 2003, pp. 1-16; Andrea M. Braeutigam, *op. cit.*, pp. 292-297; Aashit Shah, *op. cit.* 참조.

가능하게 한다. 온라인 분쟁해결의 익명성은 상대의 나이나 성별, 사회적 위치, 인종 등에 대해 선입관을 갖지 않게 하여 사회경제적인 편견 없이 분쟁해결에 임할 수 있게 한다.

그러나 온라인 분쟁해결에도 단점은 있다. 아무래도 직접적인 대면을 통해 의사소통을 하지 않고 컴퓨터 화면을 통한 사이버상의 커뮤니케이션으로 인하여 상대의 정확한 의도를 파악하는 데 한계를 가질 수밖에 없고, 분쟁의 대상이나 이슈에 대해서도 한정적으로만 다루어지게 될 수 있다. 또한 컴퓨터나 인터넷에 익숙한 정도에 따라 온라인 분쟁해결을 적용하기 어렵거나 적용하더라도 온라인 소통능력 불평등의 문제가 발생할 수 있다.[213] 따라서 온라인에 쉽게 접근할 수 없는 노인이나 장애인 등에게는 오히려 불편을 초래하고 불리하게 될 것이다. 또한 분쟁해결 절차에서 다루어지는 전자적인 기록들이 쉽게 복사되거나 인터넷에 전파될 수 있는 등 시스템의 보안 수준이나 당사자의 부주의로 인한 비밀 노출의 위험도 크다. 국제거래와 관련된 사건일 경우에는 언어적·문화적인 차이에서 오는 어려움도 있을 수 있다.

(4) 온라인 분쟁해결기관

Consumers International(CI)이 조사한 2001년도 보고서에 따르면, 국경을 넘는 소비자 간의 분쟁을 해결하기 위한 온라인 분쟁해결 서비스 제공기관은 전체의 약 83%가 북아메리카(미국 76%, 캐나다 7%)에 있으며 약 17%는 유럽에 있는 것으로 보고한 바 있다.[214] 따라서 대부분의 온라인 분쟁해결기관은 미국을 중심으로 발전하고 있음을 알 수 있다. 온라인 분쟁해결의 짧은 역사는 온라인 분쟁해결 관련기관의 생존과 활동이 안정적이지 못함을 보여주고 있다. 2004년에는 과거의 조사 대상 115개 서비스 제공자 중에서 30개 이상이 영업을 하지 않는 것으로 나타났으며, 2010년에는 과거의 115개 중 81개를 제외한 약 30%에 해당하는 34개의 온라인 분생해결 제공자만이 생존하고 있는 것으로 보고되

---

213) 이를 영어로는 'the digital divide'로 표현하며, 'info-haves'와 'info-have-nots'로 구분한다. Andrea M. Braeutigam, *op. cit.*, p. 291.

214) Disputes in cyberspace 2001, Consumers International, November 2001, p. 7 참조.

고 있다.[215] 그런데 온라인 분쟁해결 기관이 존재하는 나라별 분포는 2010년의 조사에서도 전체 34개 중 50%인 17개가 미국에 존재하는 것으로 나타나 2001년도 조사 때보다 세계 각 국에 퍼져 있기는 하지만 역시 미국에 편중되어 있음을 확인할 수 있다.

미국의 온라인 분쟁해결기관으로는 BBB(Better Business Bureau) Online이 인터넷 베이스의 사업자를 대상으로 분쟁해결 프로그램을 제공한다. 이 회사는 1912년에 설립되었는데 자체 개발한 규정의 준수를 회원사에게 요구하여 자사의 기준에 맞는 기업에 대해 BBB 인증마크를 부여하고 회원사와 소비자 사이에 분쟁이 발생할 경우에 이에 대한 서비스를 제공한다. 미국과 캐나다에 걸쳐 3백만여 기업과 자선단체에 대해 평가 관리하며, 분쟁해결 서비스로는 조정, 중재, 자동화 협상, 소비자 불만처리 시스템 등을 제공한다. 2012년 연간보고서에 의하면 BBB 인증을 받은 기업은 37만 5천여 개를 유지하고 있는데, 98만 4천여 건의 소비자 불만 처리를 하였고 약 1,500 건에 근접하는 중재 심리를 시행하였다.[216]

그 밖에 Cybersettle은 1996년도에 설립되었는데 1998년부터 온라인 분쟁해결 서비스를 개시하여 보험, 의료, 정부 업무를 대상으로 서비스를 제공하고 있다.[217] 1999년에 설립된 Square Trade는 소비자가 Square Trade의 사이트에 접속하여 불만을 접수하면 상대편은 그에 대한 상황에 대한 이메일을 받게 된다.[218] 상대방이 이에 응하여 사이트상에서 상호간에 문제를 해결하면 되지만 협의가 이루어지지 않으면 조정인이 개입하게 된다. 전술한 바와 같이 미국의 경매회사인 eBay에서는 Square Trade를 분쟁해결 서비스 제공자로 선택하였다.

우리나라에서는 전자문서 및 전자거래기본법 제32조에 근거하여 전자문서·전자거래분쟁조정위원회가 설치되어 운영되고 있다.[219] 당사자 간에 조정에 합의한 경우 동 위원회의 조정 효력은 재판상 화해와 같은 효력이 부여된다. 정부는 전자문서 및 전자거래기본법 제18조에 따라 전자거래 분쟁의 사전

---

215) Josep Suquet, *op. cit.*, p. 3.
216) http://www.bbb.org/council/about/annual-reports/ 참조.
217) http://www.cybersettle.com/about-us 참조.
218) http://www.squaretrade.com/ 참조.
219) 전자문서·전자거래분쟁조정위원회 사무국은 정보통신산업진흥원 내에 설치되어 있다가, 2016년 1월부터 한국인터넷진흥원으로 그 소속이 변경되었다.

예방활동의 일환으로 전자거래 촉진 및 전자거래이용자 보호를 위하여 우수한 전자거래사업자에게 인증 마크를 부여하는 eTrust 인증제도를 운영하고 있다. 이는 소비자를 보호하고 전자거래의 건전한 발전을 위해 우수 전자거래사업자에게 국가의 신뢰마크인 eTrust 인증마크를 부여하는 것인데, 인터넷을 통해 상품·용역의 거래를 운영하는 사업자를 심사하여 인증하고 eTrust 로고 및 인증서 부여와 웹 적합성 심사에 따른 컨설팅 서비스 등을 지원하는 프로그램이다.

최근에 발표된 자료에 의하면 전자거래 분쟁 상담 및 조정 신청은 크게 증가하고 있으며, 특히 스마트폰 등의 휴대용 전자기기의 사용 증가에 따라 영상·음원 등의 다운로드를 이용한 휴대폰 소액결제 분쟁이 급증하고 있는 것으로 보고되고 있다.[220] 그런데 아래의 표에서 최근 5년간의 전자거래로 인한 분쟁 조정 신청 건수와 실적 추이를 보면, 분쟁조정 신청건수의 경우 2011년도까지 4천여 건에 머물다가 2012년도에 5,596건, 2013년도에는 6,756건까지 증가하였으나, 2014년도에는 3,382건으로 절반 정도가 급격히 감소하였음을 알 수 있다. 이러한 추세는 분쟁조정건수의 경우도 마찬가지이다. 이는 최근에 급증하였던 음원·영상물 등의 콘텐츠 제공 서비스 분야의 분쟁조정 신청이 급감하였기 때문인 것으로 나타났다.[221] 그 요인은 불법 다운로드에 대한 처벌과 소비자의 경각심 향상 등에 의한 영향으로 보인다. 한편 전자문서·전자거래분쟁조정위원회에서 처리된 분쟁해결율은 85% 전후로 상당히 높은 것으로 나타나고 있다.

---

220) 미래창조과학부 보도자료(2013. 5. 16) 참조.
221) 정보통신산업진흥원, 2015 전자거래분쟁조정사례집, 2015. 10, 15쪽.

<표 4-14> 전자문서·전자거래분쟁조정위원회의 분쟁조정 실적 추이

(단위: 건, %)

구 분		2010	2011	2012	2013	2014
분쟁조정 신청건수		4,521	4,546	5,596	6,756	3,382
증 가 율		-	0.6	23.1	20.7	-49.9
분쟁조정건수		3,148	3,004	3,548	4,341	2,165
증 가 율		-	4.6	18.1	22.4	-50.1
분쟁 해결	합의종료	2,586	2,527	3,029	3,729	1,787
	조정안수락	24	20	21	29	27
	소 계	2,610	2,547	3,050	3,758	1,814
분쟁 미해결	조정안 불수락	19	9	7	8	4
	조정절차 거부	519	448	491	575	347
	소 계	539	457	498	583	351
분쟁해결율(%)*		82.9	84.8	85.9	86.6	83.8

* 분쟁해결율(%) = (합의종료+조정안 수락) / 분쟁조정건수.
* 2015 전자거래분쟁조정사례집 참조하여 작성.

전자거래의 분쟁유형은 아래의 표에서와 같이 2014년을 기준으로 볼 때, 계약의 취소나 반품·환불 등과 관련된 분쟁이 1,322건으로 가장 많은 비율 (39.1%)을 차지하였고, 계약 내용과 다르게 이행된 재화 하자 관련 분쟁이 그 다음으로 17.9%를 차지하였으며, 배송지연이나 배송비 부담 등 배송 관련 분쟁 (14.8%), 계약변경·불이행(14.0%) 등의 분쟁이 상대적으로 높은 비율을 차지하였다. 그 외의 분쟁 유형은 모두 5% 미만으로 나누어져 있다. 그런데 2010년도에 전체의 20.3%를 차지하였던 게임계정·아이템·머니 등의 분쟁이 2014년도에 1.9%로 급감하였고, 2010년도에 2.6%에 지나지 않았던 재화 하자 분쟁이 2014년도에는 17.9%로 크게 증가한 것이 이채를 띤다.

<표 4-15> 전자거래의 분쟁유형 현황

(단위: 건, %)

구 분	2010	구성비율	2011	구성비율	2012	구성비율	2013	구성비율	2014	구성비율
계약취소/반품·환불	2,181	48.2	2,397	52.7	2,822	50.4	2,827	41.8	1,322	39.1
재화 하자	118	2.6	197	4.3	492	8.8	742	11.0	604	17.9
배송 관련	418	9.2	495	10.9	591	10.6	825	12.2	501	14.8
계약변경·불이행	339	7.5	408	8.9	441	7.9	634	9.4	475	14.0
허 위·과장 광고	142	3.1	452	9.9	519	9.3	861	12.7	149	4.4
시스템 오류	18	0.4	22	0.5	90	1.6	64	0.9	78	2.3
상품 정보 오기	95	2.1	74	1.6	102	1.8	91	1.3	70	2.1
서비스 불만	76	1.7	83	1.8	102	1.8	61	0.9	68	2.0
게임계정·아이템 등	918	20.3	275	6.1	320	5.7	526	7.7	64	1.9
사이버몰 폐쇄	45	1.0	31	0.7	93	1.7	93	1.4	22	0.7
기타*	171	3.8	112	2.5	24	0.2	32	0.5	29	0.8
합계	4,521	100	4,546	100	5,596	100	6,756	100	3,382	100

* 기타는 웹호스팅, 쇼핑몰 분양, 개인정보, 한글인터넷 주소, 이용약관 등임.
* 2015 전자거래분쟁조정사례집(17쪽) 참조.

전자문서·전자거래분쟁조정위원회는 2000년 4월부터 사이버분쟁조정센터를 설치하고 온라인 조정서비스를 시행하고 있으나 본격적으로 운영되지는 못하고 있다. 대신 반복적으로 발생하는 분쟁에 대하여 보다 효율적으로 처리하기 위하여 당사자가 자신의 분쟁 민원을 입력하면 개인에 맞춰 자동화된 답변을 제공하는 자동상담시스템(Auto Consulting System)을 상당히 활발하게 운영하고 있다.[222] 자동상담시스템은 온라인상에서 실시간으로 전자거래분쟁 당사자들이 자신이 처한 상황을 입력하면 이를 시스템 상에서 자동으로 처리하여 개인화된 답변을 제공하는 시스템인데, 배송·계약취소·반품·환불·물품 하자 등 13개 분야에 걸쳐 자동상담 서비스가 제공된다고 한다. 그 외에 전문가 상담을 신청하면 분쟁조정위원회에서 전자거래 전문가에게 직접 상담을 의뢰하고, 상담을 의뢰받은 전문가들은 해당 내용에 대하여 직접 답변을 하며 신청자는 이 내용을 이메일로 받는 서비스도 시행하고 있다고 한다.

---

222) http://lex.ecmc.or.kr/ 참조.

한편 대법원에서는 전자소송시스템을 구축하고 2010년 4월부터 특허전자
소송 서비스를 시작한 이래 2011년 5월부터는 민사전자소송을 개시하였다.[223]
전자소송은 법원이 구축한 전자소송시스템을 이용하여 소를 제기하고 소송절차
를 진행하는 재판방식으로서 향후 형사사건을 제외한 모든 사건에서 전자소송
을 단계적으로 도입할 계획이라고 한다. 전자소송은 소송문서 제출부담의 감소,
소송비용의 절감, 소송절차의 신속성과 투명성의 제고, 친환경적인 종이 없는
소송으로 사회 경제적 비용을 절감시키는 효과를 기대하고 있다. 전자소송을 구
현하기 위하여 '민사소송 등에서의 전자문서 이용 등에 관한 법률'과 '민사소송
등에서의 전자문서 이용 등에 관한 규칙' 등이 마련되어 있다. 국민권익위원회
에서도 온라인 행정심판을 개시하였는바 중앙행정심판위원회에서 인터넷 행정
심판시스템을 구축하여 기존에 서면으로 하던 행정심판 절차와는 달리 인터넷
을 이용하여 행정심판의 청구, 진행상황 및 결과 조회 등을 할 수 있도록 하였
다.[224] 국민권익위원회는 온라인 행정심판 서비스의 보급을 점진적으로 확대함
으로써 국민들이 행정심판 제도를 보다 편리하게 이용하게 하고, 행정심판 서비
스의 질적 개선을 통한 국민의 권리구제 향상을 도모하고 있다. 대한상사중재원
에서는 분쟁해결을 위하여 중재 등의 온라인시스템을 운영하지는 않으나 사이
버 알선과 상담을 시행하고 있고, 한국소비자원에서도 최근에 인터넷을 이용한 소
비자 민원 신청을 받고 있다. 2012년부터 서울시에서는 환경분쟁조정을 위해 비록
분쟁해결을 온라인으로 하지는 않지만 신청서를 접수하여 질문과 답변, 관련 사례
등 필요한 정보를 수시로 확인할 수 있게 하는 온라인 처리시스템을 마련하였다.

(5) 온라인 분쟁해결의 국제적 노력과 우리나라의 발전과제

위의 실태를 통하여 볼 때 우리나라에서 온라인 분쟁해결을 활성화하기 위
하여 해결해야 할 과제가 많은 것을 알 수 있다. 먼저 인터넷 공간은 국경을 넘
어서 국제적인 문제가 개입될 소지가 많으므로 각 국의 상이한 법률체계에서의

---

223) http://ecfs.scourt.go.kr/ecf/index.jsp 참조.

224) 온라인 행정심판은 청구건수 및 빈도, 처분청의 전산환경 및 관련인력 등을 감안하여 결정되므로
온라인 행정심판이 적용되지 않는 사건이 있으며, 온라인 행정심판이 지원되지 않는 사건은 서면으로 청구
서를 작성하여 제출하면 사건 진행 현황만을 온라인으로 조회할 수 있다. http://www.acrc.go.kr 참조.

국제적 합의가 요구된다. 일찍이 OECD는 1999년에 전자상거래에서 소비자를 보호하기 위한 가이드라인을 제시하였고 2007년에 소비자 분쟁해결 및 구제에 관한 공통원칙을 제안한 OECD 권고안을 발표하였으며, ICC는 2003년에 온라인 거래상 소비자 신뢰를 제고하기 위하여 B2C와 C2C 거래를 위한 ODR 모범 실무지침을 발표한 바 있다.[225] 2011년에 유럽 의회는 ADR의 국경을 초월한 광범위한 사용과 ODR의 규제를 위한 제안을 담은 결의안을 통과시켰다. EU 의회 및 이사회는 소비자 분쟁의 대체적 분쟁해결에 관한 지침(Directive on consumer ADR) 및 소비자 분쟁을 위한 온라인 분쟁해결 규정(Regulation on consumer ODR)을 패키지로 제안하고 2013년 3월 동 지침과 규정을 채택하였다.[226] 이는 각 회원국의 ADR제도를 그대로 둔 상태로 EU 전역에 걸쳐 싱글포인트 개념의 ODR 플랫폼에 연계되어 있는 웹사이트에 분쟁해결 신청을 하면 해당 국가의 ADR 기관으로 연결되어 분쟁해결 절차가 진행될 수 있도록 하는 것을 상정하고 있다.

한편 UNCITRAL은 2010년에 ODR Working Group을 설치하고 온라인 분쟁해결에 관한 법적 기준을 검토하게 하였다. 2011년에 동 Working Group은 그 절차적 규정들을 고안하고, 2015년의 비엔나 회의나 2016년의 뉴욕 회의에 이르기까지 지속적으로 회원국이나 관련 기관과의 협의를 통해 이를 정립하기 위한 노력을 하고 있다. 하지만 UNCITRAL의 국제 규범 마련 노력은 각국의 ODR 관련 국내법이나 소비자 관련법과의 마찰 문제 등으로 인하여 의견 일치가 어려운 실정에 있으며, 다각도의 국제적인 노력에도 아직 국제적인 기준에는 온전한 합의가 이루어지지 않고 있는 실정이다.

우리나라에서도 사이버 전자거래 분쟁조정에 관하여 전자문서 및 전자거래 기본법, 전자상거래 등에서의 소비자보호에 관한 법률 등이 있고, 전자소송 관련 법률로서 민사소송 등에서의 전자문서 이용 등에 관한 법률,[227] 온라인 행

---

225) 손승우, 온라인 분쟁해결(ODR)에 관한 국제규범 모델 연구(Ⅰ), 한국법제연구원, 2011. 6., 27-42쪽.

226) 손현, "최근 ODR 규범화 동향과 법제 발전방향", 2014 한국중재학회 동계 학술발표대회 자료집, 한국중재학회, 2014. 12, 26쪽.

227) 2006년부터 시행된 「독촉절차에서의 전자문서 이용 등에 관한 법률」은 2010년부터 소송절차별로 단계적으로 시행되고 있는 「민사소송 등에서의 전자문서 이용 등에 관한 법률」에 비하여 규정 체계와 내용이 세분화되어 있지 않으므로, 2014년에 「독촉절차에서의 전자문서 이용 등에 관한 법률」을 폐지하고 독촉절차에도 「민사소송 등에서의 전자문서 이용 등에 관한 법률」의 규정이 적용되도록 하였다.

정심판 관련 법률로서 행정심판법 등 온라인 분쟁해결 관련법들이 마련되어 있으나 온라인 분쟁해결의 절차, 효력, 집행, 기준 및 운영체제 등에 있어 많은 법률적 문제가 발생할 수 있어 국제적 규격과 수준에 맞는 온라인 분쟁해결 법령체계가 구축되도록 개선되어야 할 것이다.[228] 이에 대해서는 개별 ADR제도의 공통적인 사항을 규율하고 통합적인 ODR 포털을 구축하며, 온라인 분쟁해결 절차와 온라인 서비스 제공자 및 플랫폼의 기준 등을 정립하여 각 개별법에 산재되어 있는 온라인 분쟁해결 관련 법규를 통일성 있게 규율할 수 있는 통합법의 마련이 필요하다는 견해가 있다.[229]

앞에서 살펴보았듯이 우리나라의 온라인 분쟁해결 시스템은 아직 인터넷 접수와 자동상담시스템 수준을 벗어나지 못하고 온라인을 통한 본격적인 분쟁해결이 이루어지고 있지 않을 뿐만 아니라 서비스도 조정과 같은 일부에 국한되어 있는 등의 한계를 가지므로, 알선·화해·조정·중재 등 다양한 온라인분쟁해결 기법과 보다 발전된 시스템 기술의 적극적 개발과 모색이 필요하다고 할 것이다. 다음으로 온라인 분쟁해결은 이용자의 접근성과 편의성이 중요한 요소이고, 시스템의 신뢰성이 활성화의 여부에 중차대하게 작용하므로 시스템의 보안과 안전성, 절차상의 투명성 강화, 분쟁해결 과정에 드러나는 개인정보에 대한 프라이버시 보호에 관한 문제 등이 정밀하게 검토되어야 할 것이다. 그리고 아직은 온라인 분쟁해결이 일반인들에게는 낯설게 느껴지고 그 시스템에 대하여 의구심을 가지고 있는 실정이므로 온라인 분쟁해결의 시스템과 장점에 대한 홍보와 교육을 지속적으로 확대하여야 할 것이다.

3. 남북의 경제협력과 ADR

(1) 북한의 외국인 투자 관련 법률과 환경

남북 경제교류와 상사중재에 관한 이해를 위해서는 북한의 외국인 투자 관

---

228) 한삼인·정창보, "ODR의 국내·외 동향과 활성화방안에 관한 연구", 강원법학 제36권, 2012. 6, 427쪽.
229) 손현, 전게서, 28쪽.

련 법률을 먼저 살펴볼 필요가 있다.[230] 북한의 외국인 투자 관련 법률은 1984년에 제정된 합영법으로부터 시작되었다고 할 수 있다. 이 법은 북한이 폐쇄경제를 탈피하고 대외적인 개방을 통해 외국인 투자를 보호해 주겠다고 한데서 의의를 찾을 수 있다. 1992년 최고인민회의에서 채택된 외국인투자법은 북한의 외국인 투자 관련법령을 총괄하는 상위법으로서 외국인 투자와 관련된 전반적인 사항을 포괄적으로 규율하고 있는 것으로 알려지고 있다. 역시 1992년에 제정된 합작법은 외국인 투자유치에 목적을 두고 그 절차와 적용 범위에 관한 규정을 하고 있다. 역시 1992년에 최고인민회의에서 채택된 외국인기업법은 외국인 기업이 북한 내에서 창설되고 운영될 수 있는 법적인 근거를 규정하고 있다. 1999년에는 대외경제중재법을 제정하여 외국인 투자와 관련된 분쟁을 중재 절차에 따라 중재기관을 통하여 해결될 수 있도록 외국인 투자를 보호할 분쟁해결 총괄법을 마련하였다. 2008년에는 대외경제중재법을 개정하였는바, 이는 이전의 법의 내용과 체계상의 문제점을 보완한 것으로서[231] 국제적 기준에 보다 부응하려고 노력하였고, 사적 자치의 원리를 강화하여 분쟁해결 절차의 공정성과 신속성을 제고하였다는 점에 의의가 있다.

외국인투자 관련법의 분쟁해결 조항들을 보면 무역 및 투자 관련 분쟁이 발생할 경우 외국인투자법, 합영법, 합작법, 외국인기업법 공히 협의를 통한 화해를 우선적으로 하고, 이에 의해 해결되지 않으면 북한의 재판기관이나 중재기관에 의해 판정을 받도록 하고 있다. 그런데 외국인투자법과 합영법은 협의에 의해 제3의 중재기관에 분쟁해결을 의뢰할 수 있게 하는 규정이 있지만, 합작법과 외국인기업법은 그에 대한 규정이 없어 관련법의 해석상 서로 충돌되고 모호한 점이 있어 외국인 투자자의 불안감을 불러올 수 있다는 지적이 있다.[232] 또한 합영법은 합영 당사자들 간의 분쟁해결에 대해서만 규정하고 있어 합영기업

---

230) 이용근·김성룡, "외국인투자에 있어 북한 중재제도의 문제점과 대응방안", 국제상학 제26권 제4호, 2011. 12. 31, 224-226쪽 참조.

231) 1999년 중재법이 총4장 43개 조항으로 이루어져 있던 것을 2008년 개정에서는 총 7장 65개 조항으로 내용을 보강하였고, 법문의 표제를 새로 삽입하는 등 보다 짜임새 있는 입법체계를 갖추었다. 제1장은 대외경제법의 기본(제1조-제11조), 제2장은 중재합의(제12조-제19조), 제3장은 중재부(제20조-제32조), 제4장은 중재절차(제33조-제44조), 제5장은 재결(제45조-제54조), 제6장은 재결의 효력 및 취소 제기(제55조-제59조), 제7장은 재결의 집행(제60조-제65조)으로 구성하였다. 신현윤, "북한 대외경제중재법의 주요 개정내용과 문제점", 상사판례연구 제25집 제3권, 2012. 9, 496쪽.

232) 이용근· 김성룡, 전게서, 227쪽.

과 북한 당국 또는 제3자 간의 분쟁이 발생할 경우에는 혼란을 부를 수 있는 법규상의 충돌 문제도 있다.[233]

(2) 남북상사중재의 발전과정과 내용

2000년 6월의 남북정상회담에서 합의한 '6.15 남북공동선언'의 정신에 따라 남북 간 경제협력 사업을 증진시키고 그 과정에서 발생하는 분쟁의 해결을 위한 장치 등을 논의하기 위해서 개최된 동년 12월의 장관급회담에서 '남북 사이의 투자보장에 관한 합의서', '남북 사이의 소득에 대한 이중과세 방지 합의서', '남북 사이의 상사분쟁 해결 절차에 관한 합의서', '남북 사이의 청산결제에 관한 합의서' 등 경협분야 4대 합의서가 타결되었다. 이후 남북 사이의 경제협력 사업과정에서 발생되는 상사분쟁을 신속·공정하게 해결하기 위하여 2003년 10월에는 '남북상사중재위원회 구성·운영에 관한 합의서'가 채택되었다.

그런데 남북상사중재위원회는 '남북 사이의 상사분쟁 해결 절차에 관한 합의서'(이하 '상사분쟁 합의서'라 한다)와 '남북상사중재위원회 구성·운영에 관한 합의서'(이하 '중재위원회 합의서'라 한다)를 같이 검토해 봐야 그 성격과 기능을 뚜렷이 알 수 있다. 남북상사중재위원회는 중재위원회 합의서에 그 법적 성격이 명백하게 나타나 있듯이 남북 간의 경제교류·협력 과정에서 생기는 상사분쟁을 해결하기 위한 독립적인 법인 능력을 가지는 남북 공동의 상사분쟁해결기관이라 할 수 있다. 남북상사중재위원회는 남과 북에서 각기 정한 위원장 1명과 위원 4명씩 총 10명으로 구성하며, 쌍방 위원장은 위원회를 공동으로 대표한다.[234] 위원장과 위원의 임기는 4년이며, 연속하여 연임할 수 있게 되어 있다. 남북상사중재위원회의 기능은 남북 사이에 발생하는 상사분쟁을 효율적으로 해결하기 위한 대책을 수립하고 집행한다.[235] 이는 동 위원회가 남북 상사분쟁 관련 정책수립기관임을 의미한다. 또한 남북의 경제교류·협력 과정에서 생기는 상사분쟁이나 '남북 사이의 투자보장에 관한 합의서'에 규정된 분쟁으로서 당사자가 제기한 분쟁의 중재 또는 조정 및 그와 관련한 사무 처리를 하게 되어 있

---

233) 안택식, "북한 개정합영법의 평가와 전망", 한양법학 제21집, 2007. 8, 508쪽.
234) 남북상사중재위원회 구성·운영에 관한 합의서 제2조.
235) 남북상사중재위원회 구성·운영에 관한 합의서 제3조.

다.[236) 아울러 남북 간의 상사문제를 다룰 중재규정을 제정하고 중재인을 선정할 수 있게 되어 있다.

상사분쟁 합의서에 의하면 남북은 각기 30명의 중재인 명부를 작성하여 상대방 위원회에 통지하여야 한다. 중재신청이 있게 되면 중재판정부는 당사자 사이의 합의에 따라 중재인 3명으로 구성하는데, 중재판정은 중재인 과반수의 찬성으로 결정하고, 신청이 접수된 날부터 6개월 이내에 중재판정을 하되 3개월까지 연장이 가능하게 되어 있다. 그런데 상사분쟁 합의서 제9조에 따르면 의장중재인을 선정하지 못하는 경우에는 쌍방의 중재위원회 위원장이 협의하여 선정하되, 그래도 선정이 안 되면 「국제투자분쟁해결센터」에 의뢰하여 선정할 수 있게 되어 있다. 이 경우 그 선정 절차가 명확하지 않고 이에 대해 국제투자분쟁해결센터 측과 어떠한 사전 협의도 없는 상태에서 이러한 규정을 둔 것은 의문이라고 할 것이다.[237) 남북상사중재위원회의 중재판정부에서 내린 중재판정은 특별한 사정이 없는 한 구속력이 있는 것으로 하고 확정판결과 동일하게 집행할 수 있다.[238) 여기에서 특별한 사정은 중재위원회가 결정하도록 되어 있는데, 이는 일반적으로 생각되는 사기나 중재인의 비윤리적인 행위 등을 예상할 수 있지만 북한 쪽 중재위원회의 입장에 따라 특별한 사정의 요건에 대하여 향후 논란의 여지를 가지고 있다고 할 수 있다.

흥미로운 것은 상사분쟁 합의서를 보면 중재위원회를 규율하는 규정에 '조정'을 별도의 조문으로 두고 있다는 점이다. '제17조 조정'에 의하면 중재신청이 있은 후 조정의 요청이 있으면 중재위원회는 중재 절차를 중지하고 조정 절차를 개시하게 되어 있고, 당사자가 합의한 조정의 결과는 조정으로서의 효력을 가지기보다는 중재판정의 형식으로 하며 중재판정과 같은 효력을 가진다고 되어 있다. 이는 중국의 중재조정 제도와 상당히 유사한 성격을 가지는 조정제도를 도입한 것이라 할 수 있다. 조정인은 1명이나 3명을 선정하며, 조정인이 선정되고 나서 30일 이내에 조정이 성립되지 않으면 조정 절차는 종결되고 중재 절차가 다시 진행된다. 한편 중재위원회 합의서 제10조에 의하면 남과 북은 남북상사중

---

236) 남북 사이의 상사분쟁 해결 절차에 관한 합의서 제3조.
237) 김광수, "남북상사중재제도 활성화를 위한 남북협력 방안", 중재연구 제21권 제1호, 2011. 3. 2, 274쪽.
238) 남북 사이의 상사분쟁 해결 절차에 관한 합의서 제16조.

재위원회의 중재사무처리 기관을 각기 지정하게 되어 있다. 이에 따라 남한은 대한상사중재원을 남한측 중재사무처리 기관으로 지정한 바 있다. 중재위원회는 그 운영에 필요한 기금을 남과 북에 각각 두고, 공동비용에 대해서는 쌍방이 균등하게 부담하도록 하며 나머지는 각기 부담하게 되어 있다.[239]

(3) 남북상사중재의 발전과제

과거에 동독과 서독, 중국과 대만 사이에는 상사분쟁과 관련하여 양측의 법원을 통해 해결하고자 하였는 데 비하여,[240] 우리의 경우 남북 경제교류에 따른 분쟁해결을 위하여 중재제도를 활용하기로 한 것은 다행스러운 일이다. 하지만 남북상사중재위원회의 회의와 관련하여 위원 명단은 교환되었으나 중재규정이 아직까지 미비 되어 있는 등 구체적인 진전에 있어서는 아직도 부진한 상태에 있다.

그런데 개성공단에서 발생하는 분쟁해결에 국제적으로 통용되는 제도적 방식을 도입하기 위하여 2013년 9월 제2차 개성공단 남북공동위원회에서 개성공단과 관련해 상사중재위원회를 구성하기로 합의하게 되었다. 2014년 3월 13일에는 개성공단 남북상사중재위원회 제1차 회의가 개최되었는바, 이는 남북당국간 처음으로 열리는 상사중재위원회의 회의라고 할 수 있다. 이에 대해 통일부의 홈 페이지에 의하면,[241] 남북은 개성공단 남북상사중재위원회 회의에서 향후 상사중재위원회가 가동되면 적용될 중재규정에 대해 실무적 논의를 진행하였고, 세부 중재 절차 및 북측 중재인 명부 전달 문제 등을 의견 교환하였으며, 향후 협의를 계속해 나가기로 하고 2차 회의는 개성공단 사무처를 통해 협의하기로 하였다. 이에 대해서는 개성공단 분쟁해결제도 구축을 향한 초석을 마련한 것으로 평가되고 있다. 하지만 우리 측에서 중재인 30명의 명단을 통보하였으나, 현재까지 북한의 중재인을 포함한 중재인의 명단이 확정되지 않아 현실적으로 경제사업으로 인한 문제에 대하여 실질적으로 해결에 착수할 준비가 완성되어 있지는 못하다고 할 수 있다.

---

239) 남북상사중재위원회 구성·운영에 관한 합의서 제11조.
240) 윤병철, "남북상사중재 제도의 현황: 개성공단 상사중재위원회의 구성 및 운영과 관련하여", 중재 제341호, 대한상사중재원, 2013. 12, 18쪽.
241) http://www.unikorea.go.kr/content.do?cmsid=1554&mode=view&page=&cid=11505 참조.

또 중재위원회 합의서 제8조에는 중재규정이 정하는 바에 따라 중재판정의 취소를 신청할 수 있게 되어 있는데, 중재규정이 어떠한 경우에 취소할 수 있게 하느냐 하는 문제는 남아 있지만, 그것은 별론으로 하더라도 중재의 취소를 신청한다거나 취소가 인정된 경우 중재를 다시 진행할 수 있도록 되어 있는 것은 중재의 일반 원리상 최종성(finality)과 관련하여 상당히 이질적인 규정이라 할 수 있을 것이다.[242] 또 북한은 국제상사분쟁 해결을 위한 뉴욕협약과 국제투자분쟁 해결을 위한 워싱턴협약에 가입되어 있지 않은 상태이므로 제3국의 중재기관에 중재사건을 맡기는 문제가 애매한 상태에 있을 뿐만 아니라, 제3의 중재기관을 통하여 공정하게 판정을 받았다 할지라도 북한의 법원이 그러한 중재판정을 승인하고 집행을 할 수 있도록 허용할지는 의문이라 할 수 있다.[243] 게다가 개정된 북한 대외경제중재법 제65조제7호에 의하면 외국의 중재기관의 판정에 대한 집행거부 사유로서 '북한의 사회질서'에 어긋나는 경우를 들고 있는데 '북한의 사회질서'라는 내용이 너무 막연하기 때문에 더욱 불확실한 우려를 낳을 수도 있다.[244] 결국, 북한에서 계약의 체결이나 이행 등과 관련하여 북한의 중재기관을 통하여 해결한 사례가 아직 알려진 바가 없기 때문에, 분쟁 발생 시 투자자 보호를 위해 원용할 근거 자료도 취약하여 이러한 예측불가 상황은 북한과의 경제 협력이나 투자에 큰 걸림돌이 되고 있다고 할 것이다.[245]

이러한 사항들을 감안할 때 남북 간의 원활한 경제 교류를 위해 거래 상황에서 발생할 수 있는 분쟁의 원만한 해결을 위한 다양한 장치의 마련이 긴요한 실정에 있다. 이를 위해 다음과 같은 내용들이 검토되어야 할 것이다.

첫째, 분쟁 발생 시 이를 해결할 수 있는 근거 규정인 동시에 구체적인 절차를 규율할 남북 중재규정을 속히 완성하고 남북 중재인 명부를 확정함으로써 실제적인 중재 업무에 들어갈 수 있는 준비를 마쳐야 한다. 남북상사중재위원회가 가동되고 분쟁해결을 위한 사업이 진행되면 중재위원회 합의서에 따라 그 비용을 위해서는 독자적인 재정운영에 필요한 기금을 남과 북에 각각 설치하게 되어 있지만, 기금이 확보되기 전이라도 이에 필요한 예산은 국고에서 지원되어야

---

242) 최석범 외, "남북상중재위원회 운영상의 문제점과 활성화 방안", 중재연구 제17권 제1호, 2007. 3, 173-174쪽.

243) 이용근·김성룡, 전게서, 232쪽.

244) 신현윤, 전게서, 512쪽.

245) 이용근·김성룡, 전게서, 233쪽.

할 것이다. 이와 관련하여 남북협력기금의 용도가 "교역 및 경제 분야 협력사업에 소요되는 자금의 지원 등"으로 규정되어 있는 것을 근거로 이 사업을 연계하여 지원하는 방안도 검토될 수 있을 것이다.[246]

둘째, 투자 관련 법규와 분쟁해결 관련 법규들에 대한 남북한 공동연구가 수행된다면, 북한의 불확실한 상황을 감소시키는데 도움이 될 수 있고 남북 간의 이해와 협력의 증진에도 기여할 수 있을 것이다. 남북한 법제 공동연구는 북한의 법규 간의 충돌문제나 국제적 기준에 미치지 못하는 법규들을 정비하는 기회를 줄 수 있을 것이다. 이를 위해 법제 관련 공동 세미나 개최, 남북 중재인 공동 연수회, 국제중재기관의 공동 시찰이나 연수를 비롯하여 공동연구기관의 설립도 검토할 수 있을 것이다.[247]

셋째, 북한과 가장 많은 무역과 투자를 하고 있는 중국과 한국이 북한과 함께 다국적 성격의 국제중재기관을 설립한다면 북한의 대외적 신뢰도를 높이고 외국 투자자가 안심하고 투자할 수 있는 기반을 마련해 줄 것이다. 이에 대해서는 미국, 캐나다, 멕시코 사이의 무역을 증진시키기 위해 결성된 NAFTA(북미자유협정)에 의해 1995년에 설립되어 북미 역내 국가 간 상사거래에서 발생하는 분쟁의 해결을 촉진하는 CAMCA(Commercial Arbitration and Mediation Center for Americas)를 참조하면 좋을 것이다.[248] 이를 위해 대한상사중재원과 중국의 CIETAC 등 중재기관이 북한 측과 협의를 진행하는 것도 좋을 것이다.

넷째, 북한의 중재제도의 가장 큰 문제는 중재판정의 승인과 집행이 실효성 있게 될 수 있느냐 하는 것과도 관련이 크므로, 외국 투자자들의 불안감 해소와 권리 구제를 위해 북한으로 하여금 뉴욕협약 및 워싱턴협약에의 가입을 유도 내지는 설득하여야 할 것이다.[249] 이를 위해서는 최근 북한과 중국의 관계가 소원해진 측면도 있지만 아직까지는 교역이 가장 많은 중국과의 관계와 설득을 무시할 수 없는 상황이므로, 중국과의 협조로 북한을 국제적인 기준에 참여시킬 수 있는 노력을 경주하여야 할 것이다.

---

246) 김상호, "남북상중재위원회의 발전과제", 국제상학 제25권 제1호, 2010. 3. 31, 139쪽.
247) 김광수, 전게서, 274쪽; 이용근·김성룡, 전게서, 233-234쪽.
248) 김상호, 전게서, 139쪽.
249) 이용근· 김성룡, 전게서, 235쪽.

제5편 ADR 입법론

제1장 한국 ADR 법령체계[1]

제1절 한국 ADR 법령체계의 의의

우리 사회는 정치는 물론 노사, 계층 간의 갈등을 비롯하여 소비자, 교육, 여성, 환경, 복지 등 거의 전 분야에 걸쳐 통제하기 어려울 정도로 사회갈등이 표출되고 있다. 특히 개발과 보전을 둘러싼 대립이나 혐오시설 등의 설치와 관련한 갈등은 그 범위나 강도가 커서 국가적 이슈로 확대되고 그로 인한 소모적인 논쟁이나 갈등은 막대한 예산을 투입하고도 제대로 해결이 되지 않는가 하면 국민들 간의 대립이나 상처로 남아 국가적 효율성이 심각하게 왜곡되는 등의 문제가 지속되고 있는 실정이다. 그런데, 그러한 갈등이나 분쟁은 법원에서 소송을 통하여 해결하고자 하는 경우 그 비용이나 시간이 많이 소요되어 국민들의

---

[1] 이 부분은 한국 ADR법령체계를 검토하고, 대체적 분쟁해결 기본법안을 제안하는 필자의 연구보고서 중 일부를 본 책의 편제에 맞게 수정하고 정리하여 실은 것이다. 박철규, 한국 ADR법령체계의 현황과 정립방안 연구 – 대체적 분쟁해결 기본법(안) 제안을 중심으로, 한국개발연구원(KDI), 2012.12 참조.

고통으로 이어지고, 전통적인 분쟁해결기관으로서의 법원에 대하여는 업무과중과 전문성 부족으로 인하여 국민들의 소송 절차에 대한 불만과 사법 불신이 심화되어 있으므로 법원의 업무 부담을 줄이고[2] 분쟁의 재판 외적인 단계에서의 해결을 활성화할 경우 효과적인 분쟁해결과 비용 및 시간을 절약할 수 있으므로 대체적 분쟁해결(ADR)에 대한 관심이 점증하고 있는 실정이다.[3] 그러나 우리나라는 대체적 분쟁해결 제도에 대한 연구는 상당히 활성화되어 있음에도 불구하고 실생활에서는 그 발전에 한계를 보이고 있고, 특히 민간부문의 대체적 분쟁해결 제도의 정착이 미진한 상태에 있어 이의 개선을 위해서는 ADR 관련법령의 체계 정비와 함께 ADR 기관의 제도화가 긴요한 실정이다.

우리나라의 ADR 법령체계는 견해에 따라 다를 수는 있겠지만 공공갈등을 예방하고 해결하기 위한 갈등관리 관련법령과 민사나 상사 분쟁을 법원에 의한 재판에 의하지 않고 해결하기 위한 민사조정이나 상사중재 등을 포괄하는 대체적 분쟁해결 관련법령으로 양분할 수 있다 하겠다. 전자는 공공정책을 수립하거나 추진하는 과정에서 발생하는 이해관계의 충돌을 예방하거나 해결하기 위한 법령이고, 후자는 주로 개인이나 기업의 사적인 이해관계의 충돌을 재판 외의 방법으로 해결하는 것과 관련된 법령이다. 대체적 분쟁해결 법령체계를 말할 때 보통 후자만을 지칭하기도 하나, 공공갈등관리 역시 재판 외의 방법으로 갈등을 해결하기 위하여 협상하고 협의하며 조정 또는 중재를 이용할 경우에는 이 역시 광의의 대체적 분쟁해결제도의 일환으로 볼 수 있을 것이다.[4] 실제로 학자들도

---

2) 법원의 신속한 사건 해결을 위해 독일은 1974년 「지방재판소의 부담 경감과 재판상의 의사록의 간소화에 관한 법률」, 1976년 「재판 절차의 간소화와 촉진에 관한 법률」, 1990년 「사법간소화법」, 1993년 「사법부담경감법」등 일련의 입법 지원을 통하여 법원의 업무 부담 감소와 신속한 재판을 추구하여 왔다. 三上威彦, "比較法的視点からみた わが国 ADRの特質 −ドイツ法から", ジュリスト, N0.1207, 2001, 65-71面 참조.

3) Frank Sander에 의하면, ADR의 목표는 다음과 같다.

① 고비용 및 지연은 물론, 법원의 혼잡을 완화하는 것일 것, ② 분쟁해결 과정에 있어 지역사회의 개입을 제고할 것, ③ 사법에의 접근을 촉진할 것, ④ 더 효과적인 분쟁해결을 제공할 것

Frank E.A. Sander, "Alternative Methods of Dispute Resolution: An Overview", 37 University of Florida Law Review 1, 1985, p. 3.

4) 갈등관리 및 해결 방법은 학자들의 독자적 기준에 따른 다양한 접근 방법이 제시되고 있지만, 그 중에서도 Carpenter & Kennedy는 전통적 갈등관리 접근법(conventional approach)과 대체적 갈등관리 접근법(alternative approach)으로 구분하고 있다. 전통적 갈등관리 접근법은 갈등 당사자 한 쪽이 주도적으로 해결하려는 독자적 관리방식과 법원에 의한 강제적인 사법적 판결방식을 포함하고, 대체적 갈등관리 접근법은 전통적인 방식의 문제점을 보완하기 위하여 협상·조정·중재 등을 활용하는 갈등 관리 방식을 제시하고 있다. 오늘날은 과거의 일방적이고 강제적인 갈등관리 방식에서 벗어나 보다 유연

공공갈등관리에 관한 적지 않은 연구에서 외국의 ADR 관련 제도나 법을 갈등 관리 내지 갈등해결의 장치로 소개하고 있다. 따라서 여기에서는 광의의 대체적 분쟁해결 관련 법령체계를 'ADR 법령체계'라고 표현하고 협의의 의미를 각각 '갈등관리 법령체계'와 '대체적 분쟁해결 법령체계'로 나누고자 한다.

우리나라의 ADR 법령체계를 '갈등관리 법령체계'와 '대체적 분쟁해결 법령 체계'로 구분하였을 때, 갈등관리 법령체계는 해당 기본법이 제정되지 않은 상 태에서 하위법인 대통령령으로서 '공공기관의 갈등 예방과 해결에 관한 규정'과 총리령으로서 '공공기관의 갈등 예방과 해결에 관한 규정 시행규칙'만이 마련되 어 운용되고 있는 실정이다. 이와 같이 ADR 법령체계의 큰 축을 형성하고 있는 갈등관리 법령체계는 현재까지 입법적 미비 상태에서 옹색하게 운용되고 있다. 그런가 하면 대체적 분쟁해결 법령체계상으로는 현행법으로 '중재법', '민사조정 법'과 분쟁을 조정하기 위한 조항을 포함한 기타 개별법으로 구성되어 있는바, 조정 등 민간형 ADR을 규율할 일반법이 없고 각종 행정형 ADR은 개별법에서 그 필요에 따라 그 때 그 때 마련되었기 때문에 그 절차나 효력 등이 일관성이 없고 법체계가 정비되어 있지 않다는 비판이 있어 왔다. 그에 따른 당연한 결과 로 대체적 분쟁해결 기본법의 제정이 시급하다는 학계나 실무계의 주장이 있어 왔다.[5]

따라서 우선 갈등관리 법령체계상의 입법적 미비상태에서 '공공갈등관리법' (이하에서는 편의상 이 용어로 약칭하여 통일한다)을 제정해 주는 것이 시급하지만, 그 방법에 있어서도 공공갈등관리법을 제정하는 것으로 그칠 것인가, 아니면 국 가예산이나 사회적 비용을 종합적으로 감안하여 공공갈등관리와 대체적 분쟁해 결을 하나의 큰 틀로 묶어 공공갈등관리 및 대체적 분쟁해결을 통합하는 하나의 통합법을 만들어 줌으로써 나중에 지원기관을 설치하더라도 하나의 지원기관에 서 양자의 역할을 포괄하여 하게 하는 보다 효율적인 입법이 되게 하는 것이 좋

하고 협의적인 갈등관리 방식인 대체적 갈등관리 접근법이 보다 유효한 것으로 인정되어 공공갈등관리 에 있어서도 ADR에 대한 관심과 적용이 늘고 있는 것이다. 임동진, 중앙정부의 공공갈등관리 실태분석 및 효과적인 갈등관리 방안 연구, 한국행정연구원, 2010, 40-45쪽 참조.

5) 강병근 외, 인터넷분쟁의 소송외적 해결을 위한 법제도 연구, 정보통신정책연구원, 2001; 김광 수, ADR과 국제중재 입문, 두남, 2012; 김민중, "우리나라 ADR제도의 발전기반구축을 위한 실천과제", 언론중재, 2010 봄호; 김상찬, "ADR기본법의 입법론에 관한 연구", 중재연구 제13권제2호, 2004; 정준 영, "가칭 ADR기본법의 제정방향과 선결과제", 언론중재 겨울호, 2010; 이건묵, 대체적 분쟁해결제도 법제의 주요쟁점과 입법과제, 국회입법조사처, 2012 참조.

을 것이냐 하는 고민에 봉착하게 된다. 한편 공공갈등관리법과는 별개로 '대체적 분쟁해결 기본법'(이하에서는 편의상 이 용어로 통일한다)을 제정하는 방안을 선택하는 경우에도 일본과 같이 민간형 ADR을 규율할 일반법만으로 그칠 것인가, 아니면 민간형 ADR 뿐만 아니라 행정형 ADR과 나아가서는 사법형 ADR까지 함께 규율할 수 있는 ADR 통합법인 명실상부한 대체적 분쟁해결 기본법을 지향할 것인가에 대하여도 숙고할 필요가 있을 것이다.[6]

제2절 한국 ADR 법령체계의 현황과 문제점

1. ADR 법령체계의 현황에 있어서의 문제점

전술하였듯이 우리나라의 ADR 법령체계는 견해에 따라 다를 수는 있겠지만 공공갈등을 예방하고 해결하기 위한 갈등관리 관련법령과 민사나 상사 분쟁을 법원에 의한 재판에 의하지 않고 해결하기 위한 민사조정이나 상사중재 등을 포괄하는 대체적 분쟁해결 관련법령으로 양분할 수 있다 하겠다. ADR 법령체계를 '갈등관리 법령체계'와 '대체적 분쟁해결 법령체계'로 구분하였을 때 갈등관리 법령체계는 해당 기본법이 없는 상태에서 하위법인 '공공기관의 갈등 예방과 해결에 관한 규정'과 '공공기관의 갈등 예방과 해결에 관한 규정 시행규칙'만이 마련되어 있는 실정이다. 그런가 하면 대체적 분쟁해결 법령체계상으로는 조정 등 민간형 ADR을 통합적으로 규율할 대체적 분쟁해결 기본법은 아직 없는 상황이다.

그런데, 갈등관리 법령체계와 대체적 분쟁해결 법령체계 양자의 영역에 걸쳐 있는 것으로는 공공기관 등에 설치되어 있는 각종 분쟁조정(중재)위원회 등의 설치와 운영 등을 규율하는 각 개별법이 있다. 그러한 위원회는 공공기관의 업무와 관련된 분쟁을 다룬다는 측면에서는 전자와 유사하나, 주로 공공기관의

---

6) 일본의 ADR촉진법은 인증사업자를 대상으로 하는 민간형 ADR을 규율하는 법이며, 미국은 행정형 ADR을 규율하는 행정분쟁해결법과 사법형 ADR을 규율하는 대체적 분쟁해결법이 각각 별개로 제정되어 있다.

업무로 인해 침해되는 개인이나 기업 등의 사적인 이해관계를 해결하기 위한 제도라는 측면에서는 후자에 가깝다. 이러한 개별법들은 전자의 성격을 포함하고 있으나, 이미 발생한 이해관계를 대상으로 하고 분쟁 해결을 위해서는 대부분 당사자의 신청이 있어야 한다는 것과 그 해결 방법이 조정, 중재 등 대체적 분쟁해결 방식을 이용한다는 측면에서 구태여 분류를 한다면 후자의 범주에 포함시킬 수 있다 할 것이다. 따라서 여기에서는 그러한 개별법들을 행정형 ADR로서 대체적 분쟁해결 관련법령 체계 안에 포함시킬 것이다.

한편 갈등관리 관련 법령체계에 있어서도 공공갈등관리법(제정되어 있다고 하더라도) 외에 행정절차 관련법령(행정절차법, 공공기관의 정보공개에 관한 법률 등), 국토계획 관련법령(국토의 계획 및 이용에 관한 법률 등), 환경 관련법령(환경영향평가법 등), 혐오 기피시설 관련법령(중·저준위방사성폐기물 처분시설의 유치지역 지원에 관한 특별법, 댐건설 및 주변지역 지원 등에 관한 법률 등)과 같은 개별법들이 있다.[7] 이러한 분류들을 감안하여 현행 우리나라의 ADR 법령체계를 도표로 작성하면 다음과 같다.

<그림 5-1> 현행 ADR 법령체계

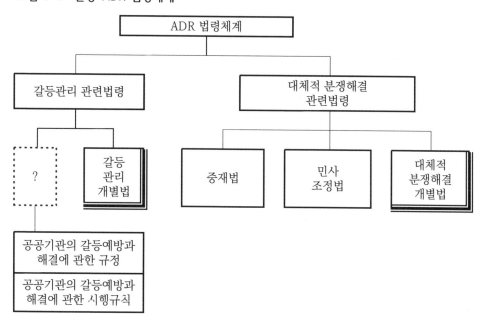

_____

7) 박홍엽 외, 국내외 갈등관련 법·제도 분석과 효율적인 운영방안, 경제·인문사회연구회, 2005, 105~175쪽.

<그림 5-1>에서 보는 바와 같이 우리나라의 ADR관련 법령체계는 갈등관리 관련법령과 대체적 분쟁해결 관련법령으로 양축을 형성하고 있다. 그런데 갈등관리 관련법령 체계에서 공공기관의 갈등예방과 해결에 관한 규정(대통령령)과 공공기관의 갈등예방과 해결에 관한 시행규칙(총리령)은 있는데 이를 지도하고 규율할 '공공갈등관리법'이 부재한 상황이다. 대한민국의 법령체계는 최상위에 헌법이 있고 그 아래로 법률이 있으며 이를 시행하기 위하여 법률의 위임으로나 이를 집행하기 위한 시행령과 시행규칙이 축차적으로 구축되어 있어야 하는데, 현행 갈등관리 관련 제도는 기본법이 마련되지 않은 채 시행령과 시행규칙으로만 유지되고 있는 실정인 것이다.

한편 대체적 분쟁해결 관련법령 체계로는 상사중재의 근거법으로 1966년에 제정된 중재법이 시행되고 있고 법원에서의 민사조정의 근거법으로 1990년에 제정된 민사조정법이 있으며, 전술한 바와 같이 주로 공공기관의 업무로 인해 침해되는 개인이나 기업 등의 이해관계를 해결하기 위해 행정형 ADR로서의 각종 분쟁조정위원회 등을 설치하고 있는 각 개별법이 있다.[8] 그런데 중재법은 대체적 분쟁해결 방식 중에서 중재만을 규율하고 있고, 민사조정법은 사법형 ADR인 민사조정만을 다루고 있으며, 공공기관의 업무와 관련하여 각종 분쟁조정위원회 등을 설치하고 있는 각 개별법은 분쟁을 해결하기 위한 위원회를 둠에 있어 그 구성 방식과 기능 및 의결 결과의 효력 등을 규정할 때 일관된 기준이 없어 체계적인 파악이 힘들뿐만 아니라 이해관계를 해결하고자 하는 분쟁 당사자들의 입장에서도 혼동되고 있는 실정이다.

결과적으로 대체적 분쟁해결 관련법령 체계상으로는 분쟁이 발생하였을 경우 법원에 가기 전에 필터링 역할을 해주는 민간 부문에서의 대체적 분쟁해결제도가 중재법에 의한 중재 외에는 제도적으로 체계화되어 있지 않고, 행정형 ADR 측면에서도 분쟁조정위원회 등을 설치하고 있는 각 개별법은 위원들의 구성에 있어서나 운영방식에 있어 공공기관의 행정작용적인 성격을 떨칠 수가 없어서 유연한 절차와 신속한 분쟁해결이라는 본래적 의미의 대체적 분쟁해결제도가 미비한 실정이라고 할 수 있다. 따라서 민간 부문 및 행정영역에서의 다양한 대체적 분쟁해결제도를 지원하고 그러한 제도의 정착을 위해 필요한 기본적

---

8) 2010년에 형사조정제도를 입법화한 범죄피해자 보호법도 대체적 분쟁해결 관련법에 포함시킬 수 있을 것이다.

인 사항과 공통적인 요소들을 종합적으로 규율할 수 있는 대체적 분쟁해결 기본법의 제정이 긴요한 시점에 있다고 할 것이다.

2. ADR 법령체계에 대한 논의의 문제점

갈등관리 관련 연구나 대체적 분쟁해결 관련 논의를 살펴보면 크게 세 가지의 흐름으로 되어 있다.

첫째는 공공갈등관리 관련 연구나 논의를 하면서 갈등관리 제도를 대체적 분쟁해결제도와 같은 맥락에서 보는 입장이다. 이 경우에는 갈등관리 제도를 설명하면서 외국의 대체적 분쟁해결 관련제도나 법령체계를 인용하기도 한다.[9] 이는 공공갈등을 해결하기 위한 법령이나 시스템을 설명하면서 갈등이나 분쟁을 해결하기 위한 제도적 장치라는 측면에서 대체적 분쟁해결제도를 갈등관리 제도와 별개로 보지 않는다.

둘째는 공공갈등관리에 관한 연구를 하면서 공공갈등관리를 대체적 분쟁해결제도와는 그 성격을 달리하는 것으로 보며 공공기관에 의한 정책적 측면을 부각시켜 보는 입장이 있다. 이 경우에는 갈등관리 관련 제도나 기구를 설명하면서 대체적 분쟁해결 제도에 대해서는 언급을 하지 않거나 별개인 것처럼 취급을 한다.

마지막으로 셋째는 대체적 분쟁해결에 관한 연구를 하면서 분쟁해결을 위한 비용과 시간을 감소시키고 당사자의 협의나 합의를 위주로 하는 대체적인 분쟁해결 방식을 논의하는 것으로서 두 번째의 방식에서처럼 역시 공공갈등관리와는 다른 특성을 가진 제도로 보는 입장이다. 이 경우에도 대체적 분쟁해결 제도는 갈등관리 제도와는 별개인 것으로 취급하여 갈등관리 관련 제도나 법령을 인용하거나 연결 지어 논의를 전개하지 않는다.[10]

---

9) 박홍엽 외, 국내외 갈등관련 법·제도 분석과 효율적인 운영방안, 경제·인문사회연구회, 2005; 임동진, 중앙정부의 공공갈등관리 실태분석 및 효과적인 갈등관리 방안 연구, 한국행정연구원, 2010; 변상정, "정부의 사회갈등 해소 노력과 정책적 고려사항", 정책연구 통권143호, 2004; 정정화, "공공갈등 해결을 위한 ADR의 활성화 방안", 한국자치행정학보 제26권제2호, 2012 등.

10) 김민중, "우리나라 ADR제도의 발전기반구축을 위한 실천과제", 언론중재 봄호, 2010; 전병서, "ADR의 확충·활성화에 관한 검토", 변호사 제37권, 2007; 정준영, "가칭 ADR기본법의 제정방향과 선결과제", 언론중재 겨울호, 2010 등.

이상 세 가지 흐름 중에 두 번째와 세 번째가 반드시 공공갈등관리와 대체적 분쟁해결제도에 대하여 서로 전혀 상관이 없다는 주장을 하거나 반드시 그러한 의미를 내포하고 있는 것은 아니다. 오히려 공공정책을 수립하거나 집행하는 과정에서 발생하는 집단적인 민원이나 갈등을 예방 또는 해결하고자 하는 공공갈등관리와 개인의 경제 활동이나 기업의 거래 관계 또는 공공기관의 업무와 관련하여 발생하는 사적인 이해의 충돌이나 분쟁을 재판 외의 대체적인 방법으로 해결하고자 하는 대체적인 분쟁해결 제도는 출발이나 전제가 다른 것으로 보는데서 나타나는 현상으로 보인다. 또 양자의 관계에 대한 설명은 공공갈등관리를 위한 접근법의 하나로 전통적인 접근법과 대비되는 대체적 분쟁해결 방식을 소개하는 형식으로 주로 이루어진다. 그럼에도 불구하고 공공갈등관리와 대체적 분쟁해결 제도에 대하여 그 차이점을 식별하거나 왜 함께 논의를 해줘야 하는지, 아니면 양자를 별개로 보고 왜 별도의 법률이 필요한가에 대하여 명쾌하게 정리된 연구는 찾아보기 어려운 것이 현실이다.

제3절 한국 ADR 법령체계의 정립방안

우리나라의 ADR 관련 법령체계는 위에서 검토한 바와 같이 갈등관리 관련법령과 대체적 분쟁해결 관련법령으로 이원화되어 있으며 갈등관리에 관한 기본법은 제정되지 않은 채 법령체계가 기형적으로 형성되어 있다. 따라서 이제는 공공갈등관리법을 제정해야 할 시점에 와 있으며, 이와는 별도로 대체적 분쟁해결제도의 활성화와 정착을 위해 대체적 분쟁해결의 총괄법인 대체적 분쟁해결 기본법의 제정을 모색하여야 할 것이다. 이를 위해서는 두 가지 접근방법이 있는데 하나는 ADR 관련 법령체계를 갈등관리 관련법령과 대체적 분쟁해결 관련법령으로 이원화하는 방법이고, 다른 하나는 법령체계를 갈등관리 관련법령과 대체적 분쟁해결 관련법령으로 분리하지 않고 하나의 법령체계에 담아줌으로써 ADR 관련 법령체계를 일원화하는 방법이다.

그 중에서 첫 번째인 갈등관리 관련법령과 대체적 분쟁해결 관련법령으로 이원화하는 방법은 공공갈등을 예방하고 해결하기 위한 공공갈등관리법과 이와는 별도로 민간형 및 사법형 ADR과 공공기관의 업무로 인해 침해되는 개별 주체들의 이해관계를 해결하기 위한 행정형 ADR을 포괄하는 대체적 분쟁해결 기본법을 각각 제정하여 갈등관리 관련 입법체계의 흠결을 보완하고 전체적인 ADR 법령체계를 구축하는 방법이다. 이를 도표로 나타내면 아래와 같다.

<그림 5-2> ADR 법령체계 이원화 방안

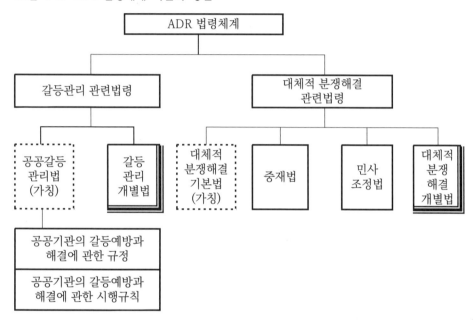

다른 하나는 ADR 관련 법령체계를 일원화하는 방법이다. 이는 갈등관리제도가 기본법이 아직 없는 상태에서도 공공기관의 갈등예방과 해결에 관한 규정(대통령령)과 공공기관의 갈등예방과 해결에 관한 시행규칙(총리령)에 의해서 이미 운용되고 있음을 감안하여 갈등관리 법령체계와 대체적 분쟁해결 법령체계로 된 양 법령체계를 '갈등관리 및 대체적 분쟁해결에 관한 법률(가칭)'로 통일하여 하나의 법률로 규합하는 방법이다. 이는 갈등관리와 대체적 분쟁해결을 위한 공통적인 사항과 지도 원리를 총칙규정에서 하나로 규율해주고, 공공갈등관리에 필요한 시스템과 절차를 별도로 규정하되 공공갈등관리를 위한 분쟁의 예방과 해결 방법으로서 조정, 중재 등 대체적 분쟁해결제도를 이용할 수 있게 해주는

것이다. 대체적 분쟁해결제도는 민간형, 사법형, 행정형 ADR에 대해 전체적으로 지도할 원리를 공통적으로 묶어주고 각각에 특유한 규정들은 장을 달리하여 규율하여 줌으로써 전체와 개별적인 제도가 체계적이면서도 조화를 이루도록 규정하면 될 것이다. 특히 이러한 일원화 방안은 공공갈등관리나 대체적 분쟁해결을 위한 지원센터를 설립하고자 하는 경우 이를 하나의 기관으로 통합함으로써 양 기능을 하나의 기관에서 지원할 수 있게 하면, 예산상으로나 효율적인 관리 측면에서도 유용한 방안이 될 수 있다고 할 것이다. 이를 도표로 나타내면 아래와 같다.

<그림 5-3> ADR 법령체계 일원화 방안

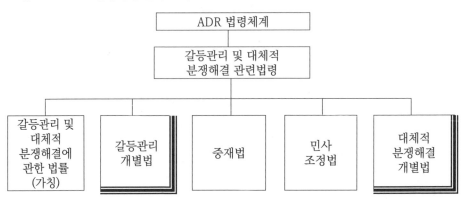

생각건대 공공갈등을 예방하고 해결하기 위한 갈등관리 관련법령과 주로 민사적 측면에서 이해관계에 대한 분쟁이 발생하였을 경우 이를 재판 외의 방법으로 해결하기 위한 대체적 분쟁해결 관련법령은 성질상 다르게 취급할 필요가 있다고 할 것이다. 그러나 갈등과 분쟁은 동전의 양면과 같은 성격을 가지고 있고 이를 해결하기 위해서 갈등관리와 대체적 분쟁해결을 전혀 별개로 생각하기는 어려운 것이 현실이다. 외국에서도 갈등관리와 대체적 분쟁해결에 대하여 두 개의 별도 법령체계를 확고하게 정립하여 운용하는 경우는 찾아보기 어렵다는 점을 감안할 때 장기적으로는 갈등관리 관련법령과 대체적 분쟁해결 관련법령을 통합하여 단일의 종합적인 갈등관리 및 대체적 분쟁해결에 관한 기본법을 제정하여 주는 것이 좋을 것으로 판단된다.[11] 그러나 우리나라에서 공공갈등관리의 독자적인 필요성을 인정하고 이미 갈등관리법령이 운용되고 있음을 감안하여 통합

---

11) 전재경, "갈등관리 법제의 구조와 과제", 국토 통권283호, 2005, 28-29쪽 참조.

법으로 가는 과도기적 측면에서 ADR 관련 법령체계를 갈등관리 관련법령과 대체적 분쟁해결 관련법령으로 이원화하는 형태를 당분간 유지하여 운용하다가 나중에 두 법령체계를 하나로 통합해 나가는 단계적인 전략이 좋을 것으로 생각된다.

그러한 의미에서 갈등관리 관련법령 부문에서는 공공갈등관리법이 조속히 제정되어야 할 것이며, 대체적 분쟁해결 부문에서는 대체적 분쟁해결 기본법이 마찬가지로 입법화되어야 할 것이다. 공공갈등관리법과 관련해서는 2005년에 정부에서 '공공기관의 갈등관리에 관한 법률안'을 국회에 제출한 적이 있으나 입법화되지 못하였고, 2009년에는 '사회통합을 위한 정책갈등관리법안',[12] 2010년에는 '공공정책갈등 예방 및 해결을 위한 기본법안',[13] 2012년에는 '국가공론위원회법안',[14] 21013년에는 '공공정책 갈등관리에 관한 법률안'[15] 등이 각각 의원 발의 형태로 국회에 제출되었으나 역시 통과가 되지 못하였다. 그러나 공공갈등관리법은 시행령과 시행규칙이 현재 운용되고 있고 법률안에 대한 연구는 그동안 여러 차례의 법안 제출과 함께 충분히 되어 있어 법 제정에 대한 의지와 합의만 있으면 쉽게 입법화가 가능한 상태에 있다. 그에 비해 대체적 분쟁해결 기본법은 이 법안을 제시하기 전에는 법안 자체가 국회에 제출된 적이 없을 뿐만 아니라[16] 법안에 대한 연구 자체도 드문 실정에 있었다.[17] 따라서 이하에서는 대체적 분쟁해결 기본법을 입법화하기 위한 제정안을 제시하기 위하여 동 법안의 체계와 내용을 연구하고 이어서 조문별로 축차적으로 검토하여 성안을 하고자 한다.

---

12) 18대국회에서 임두성의원에 의해 대표발의 되었다.

13) 18대국회에서 권택기의원에 의해 대표발의 되었다.

14) 19대국회에서 김동완의원에 의해 대표발의 되었다.

15) 19대국회에서 김태호의원에 의해 대표발의 되었다.

16) 필자가 대체적 분쟁해결 기본법안을 제안한 이후 필자의 제안 법안을 수용하는 대체적 분쟁해결 기본법안(의안번호 1908392)이 2013년 12월 6일 우윤근 의원에 의해 19대국회에서 대표발의 되었다. 박철규, 한국 ADR법령체계의 현황과 정립방안 연구 – 대체적 분쟁해결 기본법(안) 제안을 중심으로, 한국개발연구원(KDI), 2012.12 참조.

17) 그동안 ADR관련 법률안에 대해 연구된 것으로는 정선주의 조정절차를 중심으로 한 민간형 ADR을 규율한 검토안, 김유환의 공공기관에 의한 분쟁해결절차를 중심으로 한 행정형 ADR 규율 법안, 장문철의 분쟁해결센터의 설립을 위한 한국분쟁해결연구원법안, 함영주의 민간형 ADR을 규율한 법안, 양경승의 사법상의 분쟁을 대상으로 규율한 법안 등이 있으나 민간형, 행정형, 사법형 ADR을 망라하여 통합적으로 규율하는 법안이 제시된 적은 없었다. 따라서 여기에서는 그러한 통합적인 ADR기본법을 제정할 것을 제안한다는 데 의의가 있다 할 것이다.

제2장 대체적 분쟁해결 기본법의 제정안

제1절 대체적 분쟁해결 기본법의 체계와 내용

여기에서 제시되는 법안은 민간형 뿐만 아니라 행정형과 사법형 ADR까지 망라하여 대체적 분쟁해결에 적용될 공통원칙과 지도원리 등을 담고자 한다. 동 법안에 대한 입법 추진이 이루어져 우리나라에도 대체적 분쟁해결 기본법이 제정될 수 있다면, ADR의 제도적 기반을 구축하고 국가적 관심과 지원의 새로운 동인이 이루어져 ADR 발전의 획기적인 초석이 될 수 있을 것이다. 우리나라에서 대체적 분쟁해결 제도를 활성화하고 정착시키기 위한 학계의 관심과 실무계의 갈망은 상당히 높은 것으로 보여 진다. 그러나 그러한 관심과 노력을 현실에 정착시키기 위한 입법적·제도적 노력은 상대적으로 저조한 실정이다. 미국, 일본을 비롯한 많은 나라들이 대체적 분쟁해결제도를 발전시키기 위하여 입법적으로 지원해 온 사실을 우리는 주의 깊게 살펴보아야 할 것이다. 이제는 우리나라에서도 대체적 분쟁해결 기본법 제정의 당위성만 주장하는 단계를 넘어 구체적인 법체계와 조문들을 제시해야 할 시점에 와 있다.

일반적으로 법률의 기본적인 형식과 체계는 크게 본칙과 부칙으로 나누어지며, 본칙은 다시 총칙규정, 실체규정, 보칙규정 및 벌칙규정으로 이루어진다.[18] 이러한 법률안의 형식을 감안하여 검토해 볼 때 대체적 분쟁해결 기본법은 우선 제1편 총칙을 두어 대체적 분쟁해결 기본법이 필요한 이유를 나타내는 목적을 비롯하여, '대체적 분쟁해결'이라는 용어의 정립과 '당사자', '중립인' 등 분쟁해결 과정에서 필요하고 수반되는 용어를 정리하여 규정해 주는 정의 규정, 대체적 분쟁해결 기본법의 기본이념, 대체적 분쟁해결 제도의 발전을 위해 필요한 행정적·재정적 지원 등을 위한 국가 등의 책무, 다른 법률과의 관계 등을 규

---

18) 국회 법제실, 법제실무, 2011, 74쪽.

율하는 것이 좋을 것이다.

다음으로는 실체적 규정으로서 제2편 대체적 분쟁해결을 두고 그 이하에 제1장 통칙을 두어 대체적 분쟁해결을 진행하게 될 때 필요한 대체적 분쟁해결의 효력이나 비용부담, 절차의 통합, 절차의 비공개 같은 규정들을 담는 것이 좋을 것이다. 통칙을 규정한 뒤에는 제2장 대체적 분쟁해결 절차 참가자를 규정하여야 하는데, 이에는 당사자와 그 대리인, 당사자가 아닌 자로서 당해 분쟁과 이해관계가 있는 이해관계인 등에 대한 규정이 필요하고, 추가적으로 대체적 분쟁해결을 진행하게 되는 중립인에 대한 규정이 필요할 것이다. 중립인에 대한 규정에는 중립인의 자격 요건, 결격 사유, 중립인 명부 등을 규정하여 중립인 제도의 법제화를 마련하고, 중립인의 선정 절차를 비롯하여 중립인의 권한·책무 등을 규정하여야 할 것이다. 다음으로 대체적 분쟁해결의 기본법이자 통합법을 지향하는 본 법안의 취지를 감안하여 '조정'의 방식과 절차에 대한 독립적인 제3장 조정을 마련하면, 조정 절차에 대한 별도의 법률을 제정하지 않고도 이 기본법의 제정만으로 조정의 절차에 필요한 규정도 통합하는 효과를 가질 수 있을 것이다.

다음으로는 민간형 ADR로서 제3편 민간사업자에 의한 대체적 분쟁해결을 두어 일본의 ADR촉진법처럼 대체적 분쟁해결을 업무로 하고자 하는 민간 사업자를 대상으로 하는 인증제도의 도입을 고려해 볼 수 있다. 그러한 전제하에 인증의 방법, 인증의 결격 사유, 인증사업자가 인증업무를 지속하기 어려울 경우 다른 인증사업자에게 넘기는 업무의 인계·인수 절차, 보고·검사 및 인증사업자에 대한 국가의 지원 등을 규정할 수 있을 것이다.

그리고는 행정형 ADR로서 제4편 공공기관에 의한 대체적 분쟁해결을 두어 공공기관의 업무와 관련된 분쟁해결을 신청하는 절차, 관계기관의 협조, 공공기관의 정보공개에 관한 법률에 의한 정보공개와 관련한 특칙 등을 규정할 수 있을 것이다.

다음으로 사법형 ADR로서 제5편 법원에 의한 대체적 분쟁해결을 두어 법원이 현재 민사조정법에 따른 조정 외에 조기중립평가(early neutral evaluation) 등 다양한 대체적 분쟁해결 방식을 제공할 수 있는 법적 근거를 부여하고, 논란이 되고 있는 대체적 분쟁해결 전치주의의 도입 여부와 도입의 정도를 고려한 조문의 마련, 대체적 분쟁해결을 위한 소송절차의 중지, 대체적 분쟁해결에 관한 대법원의 규칙 제정 권한 등을 규정할 수 있을 것이다.

그 다음으로는 제6편 보칙에 소멸시효의 중단, 준용 규정, 인증사업자에 대한 벌칙 적용 시의 공무원 의제 등을 둘 수 있을 것이다.

마지막으로 제7편 벌칙에는 직무상의 비밀을 누설하거나, 증인·참고인 또는 감정인으로서 허위의 진술이나 감정을 한 자 등에 대한 처벌 규정이 필요할 것이다. 이러한 편제를 감안하여 대체적 분쟁해결 기본법의 체계를 도표화하면 다음과 같다.

<그림 5-4> 대체적 분쟁해결 기본법(안)의 체계

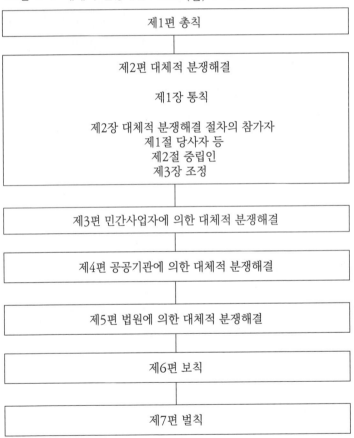

제2절 대체적 분쟁해결 기본법 제정안의 조문별 검토

이하에서는 대체적 분쟁해결 기본법 제정안을 조문별로 성안하고 해당 조문에 대하여 검토한 결과를 설명하는 형식을 취하고 있다. 이 제정안의 전체 구성은 71개 조로 되어 있으며 조문 수가 비슷한 가사소송법을 참조하여 그와 유사한 편·장·절 체제를 유지하였다. 대체적 분쟁해결 기본법 제정안을 각 편·장·절과 조문별로 구분하여 성안·검토하고자 한다.

1. 총칙과 대체적 분쟁해결

<제1편 총 칙>

> 제1조(목적) 이 법은 민사 및 공공기관의 업무에 관한 분쟁에 대하여 재판 외의 대체적 분쟁해결제도의 확립을 위한 기본적인 사항을 규정함으로써 신속하고도 합리적인 분쟁해결을 도모하고, 분쟁 당사자가 적합한 대체적 분쟁해결 절차를 용이하게 선택하게 하여 국민의 권리이익 실현에 이바지하는 것을 목적으로 한다.

이 법안의 제1조는 동 법의 목적을 규정하는 것으로서 일본의 ADR촉진법 제1조[19]가 '민사상'의 분쟁해결을 대상으로 하고 있음에 비하여 민사상의 분쟁뿐만 아니라 행정 영역인 공공기관의 업무와 관련된 분쟁으로까지 그 대상을 확대하였다. 이는 이 법안이 민간형 ADR만 규율하는 일본법과는 달리 민간형에서부터 사법형과 행정형 ADR까지 포괄하는 종합적인 ADR기본법으로서의 위치를 지향하고 있기 때문이기도 하다. 또한 일본의 ADR촉진법 제1조는 '제3자의

---

19) 제1조(목적) 이 법률은 내외의 사회경제정세의 변화에 수반하여 재판외 분쟁해결절차(소송절차에 의하지 아니하고 민사상의 분쟁의 해결을 하고자 하는 분쟁당사자를 위하여 공정한 제3자가 관여하여 그 해결을 도모하는 절차를 말한다. 이하 같다)가 제3자의 전문적인 식견을 반영하여 분쟁의 실정에 맞는 신속한 해결을 도모하는 절차로서 그 중요성을 더해가고 있는 점에 비추어, 재판외 분쟁해결절차에 관한 기본이념 및 국가 등의 책무를 정함과 동시에, 민간분쟁해결절차의 업무에 관하여 인증제도를 두고, 더불어 시효의 중단 등에 관한 특례를 정하여 그 편의의 향상을 도모하는 것 등에 의하여, 분쟁당사자가 그 해결을 도모하는 데 적합한 절차를 용이하게 선택하게 함으로써 국민의 권리이익의 적절한 실현에 이바지하는 것을 목적으로 한다.

전문적인 식견'을 반영하여 '신속한 해결'을 도모한다고 규정하고 있는 데 비해, 이 법안은 제3자의 식견이라는 표현은 직접적으로 사용하지 않았다. 이는 대체적 분쟁해결이란 개념이 이 법안의 제2조 정의 규정에서 '중립인의 도움으로'라는 제3자의 개입을 포함하고 있기 때문이다. 또한 일본법의 '신속한 해결' 대신 '신속하고도 합리적인 분쟁해결'로 하였다. 여기서 ADR의 주요 목적 중 하나인 '저비용'이란 표현을 넣을 것인가에 대하여 고민하였으나 저비용이라는 개념이 사건의 내용과 성질에 따라 상대적 차이가 크고, 동일 기준으로 재판과 ADR 사이의 비용관계를 비교하기가 어려워 이에 대한 논란이 많으므로 '신속하고도 합리적인 분쟁해결'이 이루어지면 비용도 낮아질 수 있다는 측면에서 이 정도로 규정해도 무리가 없을 것으로 생각하였다.

일본의 ADR촉진법에서는 그 외 기본이념, 국가 등의 책무, 인증제도, 시효의 중단 등에 대한 특례 등을 규정하고 있다는 법 전체에 대한 개괄적인 소개의 형식을 취하고 있으나, 이는 동법의 목적이라기보다는 법률이 담고 있는 전체 개요에 관한 규정 방식으로서 우리나라의 입법실무에서는 잘 취하고 있지 않는 방식이다. 조 제목이 목적이면 직접적으로 목적에 대해서만 규정하는 우리나라의 입법방식이 우위에 있지 않나 생각된다. 한편 참고적으로 대체적 분쟁해결과 관련하여 우리나라의 현행법상 '재판 외 분쟁해결 절차'라는 표현을 조 제목에서 직접적으로 쓰고 있는 법률의 예로는 '지식재산 기본법'이 있다.[20]

> 제2조(정의) 이 법에서 사용하는 용어의 정의는 다음과 같다.
>   1. "대체적 분쟁해결"이란 법원의 재판이나 행정심판 등에 의하지 아니하고, 당사자의 동의 또는 합의에 기반하여 중립인의 도움으로 신속하고 합리적으로 분쟁을 해결하는 것으로서 대통령령으로 정하는 절차를 말한다.
>   2. "당사자"라 함은 대체적 분쟁해결 절차에 의한 결과로 인해 중대하게 영향을 받을 자로서 대체적 분쟁해결의 신청인 또는 피신청인으로 그 절차에 참여하는 자를 말한다.
>   3. "이해관계인"이란 대체적 분쟁해결 절차에 의한 결과로 인해 이해관계의 영향을 받을 자로서 대체적 분쟁해결의 신청인 또는 피신청인이 아닌 분쟁해결 절차 참여자를 말한다.

---

20) 지식재산 기본법 제22조(재판 외 분쟁해결 절차 활성화) 정부는 지식재산 관련 분쟁이 신속하고 원만하게 해결될 수 있도록 조정·중재 등 재판 외의 간단하고 편리한 분쟁해결 절차를 활성화하고, 전문성을 제고하며, 쉽게 이용될 수 있도록 안내와 홍보를 강화하는 등 필요한 조치를 하여야 한다.

> 4. "중립인"이란 대체적 분쟁해결에 있어 이 법에 따른 자격 교육을 이수하고 중립인 명부에 등재된 자로서 당사자들을 중립적으로 돕는 역할을 하는 조정인, 중재인 등의 제3자를 말한다.
> 5. "조정"이란 당사자들의 분쟁해결을 위하여 중립인이 개입하여 자발적 합의를 도출하는 것을 지원하는 대체적 분쟁해결 절차를 말한다.
> 6. "조정인"이란 조정을 수행하는 중립인을 말한다.
> 7. "공공기관"이란 중앙행정기관, 지방자치단체와 그 밖의 공공단체 중 대통령령으로 정하는 기관을 말한다.
> 8. "위원회"란 그 명칭 여하에 불구하고 공공기관의 업무와 관련된 분쟁해결을 위하여 다른 법령에 의해 해당 공공기관에 설치된 대체적 분쟁해결 절차를 진행하는 합의체를 말한다.

　　제2조에서는 이 법의 용어에 관한 정의를 규정하고 있다. 특히 법률 용어상으로는 '대체적 분쟁해결'이란 용어를 최초로 도입하기 때문에 이에 대한 정의를 명확히 할 필요가 있다. 이 용어가 규정되면 그동안의 '대안적 분쟁해결', '재판 외의 분쟁해결', '소송 외의 분쟁해결', 'ADR' 등으로 다양하게 사용되던 용어를 통일하는 효과가 있을 것으로 보인다. 이 법안에서 사용하는 '대체적 분쟁해결'의 범위에 학문상의 협상이나 알선을 포함할 것인지에 대하여 고민할 필요가 있다. 생각건대 나중에 이 법안의 제정과정이나 대통령령의 마련 과정에서 논의되겠지만, 이 법안에서 사용하는 '대체적 분쟁해결'의 방식에 대하여는 중립인의 개입이 없는 당사자끼리의 협상이나 단순한 상담 등은 제외하는 것이 좋을 것으로 생각된다.[21] '알선'의 의미는 그것을 운영하는 기관별로 다양하게 사용되고 있지만, 내부 직원이 상담하면서 처리해 주는 것이 아니고 제3자인 알선인이 개입하여 분쟁을 해결하여 주는 것이라면 이 법안의 대체적 분쟁해결의 범위에 포함하는 것이 좋을 것으로 생각된다.

　　또 여기서 대통령령으로 정하는 절차라고 한 것은 조정이나 중재와 같은 일반적인 방식 외에 조기중립평가(early neutral evaluation), 간이심리(mini-trial) 등 대체적 분쟁해결 방식을 보다 신축적으로 규정할 수 있게 하기 위함이다. 그런데 대체적 분쟁해결 방식을 대통령령으로 열거하게 하는 방식보다는 '법원의

---

21) 일본에서 상담을 고충 처리 차원에서 대체적 분쟁해결의 통계에 넣는 것을 자주 보는데, 소비자 상담이나 고충 처리를 대체적 분쟁해결의 한 방식으로 하느냐의 여부는 입법정책상의 문제이겠으나, 이 법안에 의하면 대체적 분쟁해결이란 전문 자격이 있는 제3자인 중립인의 도움을 받아 분쟁을 해결하는 것이므로 상담이나 직원에 의한 고충 처리 등은 제외하는 것이 좋을 것으로 생각된다.

재판이나 행정심판 등에 의하지 아니하고, 당사자의 동의 또는 합의에 기반하여 중립인의 도움으로 신속하고 합리적으로 분쟁을 해결하는 절차'라고만 규정하여 보다 유연하게 규율하는 방안도 있을 것이다.

'중립인(neutrals)'이란 용어와 관련하여 아직은 일상에서 생소한 개념일 수 있으나 대체적 분쟁해결에서는 일반적으로 중립적인 위치에서 분쟁 당사자의 분쟁해결을 도와주기 위해 전문적인 제3자가 개입하기 때문에 이에 대한 용어가 정립될 필요가 있다. 현재 개별법에서는 조정인, 중재인, 재정인 등으로 사용되고 있으나, 이러한 기능을 수행하는 사람들을 통칭하는 전문직업인으로서의 명칭이 필요한 것으로 보인다. 이러한 개념 정립은 중립인의 자격요건과 훈련 프로그램을 개발하는 데 도움이 될 것으로 판단되며 대체적 분쟁해결의 체계적 발전을 도모하기 위해서도 필요할 것으로 생각된다. 이 법안에서 '위원회'란 행정형 ADR의 일환으로 '분쟁조정위원회'나 '조정(중재)위원회' 등 명칭 여하에 상관없이 공공기관에 설치되어 대체적 분쟁해결을 수행하기 위한 합의제 기구를 의미한다. 개별법상 공공기관에서는 거의 합의제 형식의 위원회에서 분쟁해결을 하도록 하고 있으나 이 법안에서는 위원회 형식으로 분쟁을 해결하는 방식은 각 개별법에 맡겨 두고, 해당 공공기관에서 위원회 외에 별도의 중립인을 통하여 이 법에 따른 대체적 분쟁해결을 할 경우나 해당 기관에서 위원회를 설치하고 있지 않는 경우에 이 법에 의한 중립인을 통해 분쟁해결을 할 수 있도록 하기 위하여 제4편에 공공기관에 의한 대체적 분쟁해결을 두고 있다.

> 제3조(기본이념) 대체적 분쟁해결은 분쟁 당사자의 자주적인 분쟁해결 노력을 존중하면서 신속·공정하게 실시되고, 중립인의 전문적인 식견을 반영하여 분쟁의 실정에 맞는 합리적인 해결을 도모하는 것이어야 한다.

대체적 분쟁해결의 기본 이념은 자주적인 분쟁해결을 주안으로 하면서 신속·공정한 절차의 진행과 전문가의 식견을 반영하여 합리적인 결과를 도출할 수 있는 것이어야 한다는 것을 밝히고 있다.

> 제4조(국가 등의 책무) ① 국가는 대체적 분쟁해결제도의 확립과 발전을 위하여 대체적 분쟁해결 절차에 관한 국내외의 동향, 그 이용 상황 등에 대한 조사·분석 및 정보의 제공, 대체적 분쟁해결 프로그램의 개발 및 대체적 분쟁해결 관련기관의 육성방안 등을 포함한 종합적인 시책을 세우고 그 시책의 추진에 필요한 행정적·재정적 지원방안 등을 마련하여야 한다.
> ② 지방자치단체는 대체적 분쟁해결 절차의 보급이 주민복지의 향상에 기여한다는 점에 비추어 국가의 시책에 협조하고 대체적 분쟁해결 절차에 관한 정보의 제공과 그 밖에 필요한 행정적·재정적 지원조치를 하여야 한다.

제4조는 국가와 지방자치단체의 책무를 규정하는 것으로서 국가는 대체적 분쟁해결제도의 확립과 발전을 위하여 대체적 분쟁해결 절차와 그 이용 상황 등에 대한 정보를 제공하고 대체적 분쟁해결 관련기관의 육성방안 등을 포함한 종합적인 시책을 세우며, 그 시책의 추진에 필요한 행정적·재정적 지원방안 등을 마련하도록 하고 있다. 한편 지방자치단체는 국가의 종합 시책에 협조하고, 역시 대체적 분쟁해결제도의 발전을 위하여 필요한 행정적·재정적 지원조치를 하도록 하였다.

추가적으로 국가기관이 당사자로 되는 경우에는 원칙적으로 대체적 분쟁해결 절차를 이용하도록 국가의 대체적 분쟁해결제도 장려 책무를 부여하는 규정을 두는 것이 좋다는 의견도 있으며, 감사원의 행정기관에 대한 직무 감찰에 있어서도 행정기관의 업무와 관련하여 분쟁 발생 시 ADR을 이용하지 않는 것을 지적하는 쪽으로 방향 전환을 할 필요가 있다는 견해도 있다.[22]

> 제5조(다른 법률과의 관계) 대체적 분쟁해결에 관하여 다른 법률에 특별한 규정이 있는 경우를 제외하고는 이 법이 정하는 바에 따른다.

제5조는 다른 법률과의 관계를 규정하고 있는바 대체적 분쟁해결 절차에 관하여 다른 법률에 특별한 규정이 있는 경우란 중재법, 민사조정법, 가사소송법 등과 각종 조정위원회와 중재위원회 등을 규정하고 있는 개별법을 말한다. 따라서 중재는 중재법이 우선적으로 적용되고, 법원에서의 민사조정은 민사조정법이 우선적으로 적용되는 등 특정한 대체적 분쟁해결 절차에 관하여 다른 법

---

22) 유병현, "'가칭 ADR기본법의 제정방향과 선결과제'에 대한 지정토론문", 언론조정·중재제도와 ADR기본법 제정방향, 언론중재위원회·한국조정학회, 2010. 11, 84쪽.

에 특별한 규정이 있으면 그 법이 우선적으로 적용된다고 할 것이다.

다음으로 변호사법 제109조(벌칙)에 의하면 '변호사가 아니면서 금품·향응 또는 그 밖의 이익을 받거나 받을 것을 약속하고 또는 제3자에게 이를 공여하게 하거나 공여하게 할 것을 약속하고' 법률사건 등에 관하여 '감정·대리·중재·화해·청탁·법률상담 또는 법률관계 문서 작성, 그 밖의 법률사무를 취급하거나 이러한 행위를 알선한 자'는 '7년 이하의 징역 또는 5천만 원 이하의 벌금'에 처하게 되어 있다. 이 법에 따른 중립인은 분쟁을 전제로 하는 법률사건을 다루게 마련이기 때문에 분쟁해결의 대가로 보수를 받으면 변호사법 제109조에 의해 처벌을 받을 수 있으므로 그 적용을 제외하는 특례를 규정해 주어야 한다는 의견이 있다. 이에 대해서는 분쟁해결에 대한 보수가 아니고 단순히 수고비 정도에 해당하는 경우에는 변호사법에 위반되지는 않는다는 견해가 있다. 또한 형법의 일반원칙에 의한 정당업무행위로 위법성을 조각하는 것으로도 볼 수 있다는 견해도 있다.[23)]

생각건대, ADR을 활성화하고 발전시키기 위해서는 단순한 수고비 차원을 넘어 전문적인 직업인으로서의 ADR 전문가에 대한 정당한 보수 체계가 정립되어야 할 것이다. 또 각 분야별로 법률 사건을 다루는 전문직업인인 법무사, 공인회계사, 세무사, 공인중개사 등의 업무를 위해 해당 법에 별도로 변호사법 제109조의 적용을 제외하는 특례를 규정하지 않는 것처럼, 중립인의 경우에도 개인적으로 대가를 받고 법률자문을 하거나 소송에 관여하는 것이 아닌 한, '이 법에 따른 대체적 분쟁해결 업무를 하는 경우'에는 법률에 의하여 허용되는 자신의 합법적인 업무를 하는 것이고 또 그에 따른 정당한 보수를 받는 것도 당연하다고 할 것이다. 중재법에 의해 중재인이 사건을 중재하는 것도 같은 맥락이며, 중재인의 활동을 변호사법 위반이라고 주장하는 경우는 찾아보기 어렵다. 변호사법은 법률사건을 일반인이 합법적인 법적 근거 없이 취급하는 것을 금지하는 법이지만, 법무사·공인중개사·중재인·이 법에 따른 중립인 등의 활동은 법률문제가 개입된 사안 중에서 특정한 분야나 특정한 분쟁해결 절차를 제한적으로 법률에 의해 합법적으로 인정하는 것이고, 그 권한을 주는 법률의 한도 내에서의 활동에 대해서는 변호사법 위반 여부를 논할 필요가 없는 것으로 생각한다.

---

23) 김민중, 전게서, 27쪽.

한편 여기서 개별법에서 규정하고 있는 각종 위원회와 관련하여, 이 법안의 제4편 공공기관에 의한 대체적 분쟁해결에서 각종 위원회의 운영을 통일적으로 규정함으로써 개별법의 위원회 관련 규정을 이 법안의 내용에 맞게 정비하도록 할 것인가, 아니면 개별법의 위원회 관련 규정을 그대로 살려 두면서 이 법안은 별도의 중립인을 통한 조정 등을 위하여 적용할 수 있는 보충적인 규정만을 담을 것인가에 대하여 고민을 하였다. 결국 개별법이 규정하고 있는 분쟁의 태양과 해결 절차에 대하여 적지 않은 차이를 인정할 필요가 있고 개별법의 규정방식에도 상당한 진도가 나가 있음을 감안하여 후자를 선택하였다. 이러한 개별법들에 대한 정비는 대체적 분쟁해결 기본법이 제정되고 이를 어느 정도 시행을 해보면서 진행되어도 좋을 것으로 생각된다.

<제2편 대체적 분쟁해결>

제1장 통 칙

> 제6조(절차의 신청) ① 민사 또는 공공기관의 업무에 관한 분쟁해결을 위하여 이 법에 따른 대체적 분쟁해결 절차의 개시를 신청하고자 하는 자는 중립인에게 신청서를 제출하여야 한다.
> ② 제1항에 따른 신청서의 기재 사항은 제20조에 따른 대체적 분쟁해결 운영기관이 정하는 바에 따른다.

민사 또는 공공기관의 업무에 관한 분쟁의 당사자가 이 법에 따른 대체적 분쟁해결 절차의 개시를 신청하고자 하는 경우에는 먼저 중립인에게 신청서를 제출하여야 한다. 신청서의 기재 사항은 당사자가 분쟁해결을 의뢰하고자 하는 대체적 분쟁해결 운영기관의 소정 양식에 맞게 작성하면 될 것이다. 여기에서 신청서의 기재 사항을 대통령령으로 정하게 할 것인지 대체적 분쟁해결 운영기관이 정하는 바에 따르게 할 것인지에 대하여 생각해 볼 수 있다. 신청서의 기재 사항을 전국적으로 통일하기 위해서는 대통령령으로 정하게 할 수도 있으나, 이의 양식에 대해서는 대체적 분쟁해결 운영기관의 필요에 따라 달라질 수 있음을 감안하여 대체적 분쟁해결 운영기관이 정하는 바에 따르도록 하였다.

> 제7조(신청의 각하 등) ① 복수의 중립인 중 대체적 분쟁해결 절차를 주재하는 책임이 있는 중립인(이하 "책임중립인"이라 한다)은 제6조제1항에 따른 대체적 분쟁해결 절차 개시의 신청이 부적법 또는 부적절하다고 인정되는 경우에는 상당한 기간을 정하여 그 기간 내에 흠을 바로 잡을 것을 권고할 수 있다.
> ② 책임중립인은 대체적 분쟁해결 절차의 신청인이 제1항에 따른 권고에 불응하거나 흠을 바로잡을 수 없는 경우에는 결정으로 신청을 각하할 수 있다.
> ③ 책임중립인은 신청인이 법원의 재판 또는 이 법에 따른 대체적 분쟁해결 절차를 거치고 있는 경우에는 대체적 분쟁해결 절차 개시의 신청을 결정으로 각하할 수 있다.

책임중립인은 신청인에 의한 대체적 분쟁해결 절차 개시의 신청이 부적법 또는 부적절하다고 인정되는 경우에는 대체적 분쟁해결 절차의 신청인에게 흠을 바로 잡을 것을 권고할 수 있다. 이 경우 책임중립인의 권고에 불응하거나 흠을 바로잡을 수 없는 경우 또는 법원의 소송 또는 이 법에 따른 대체적 분쟁해결 절차를 거치고 있는 경우에는 결정으로 신청을 각하할 수 있다고 할 것이다. 여기에서 이 법에 따른 대체적 분쟁해결 절차를 이미 거친 경우에도 각하요건으로 둘 것인가에 대하여 고민하였으나, 이미 다른 대체적 방법을 사용한 후에도 양 당사자가 동의하면 다른 대체적 분쟁해결을 다시 시도할 수 있게 하는 것이 당사자의 의사에도 부합하고 대체적 분쟁해결을 촉진할 수 있다는 측면에서 대체적 분쟁해결 절차를 이미 거친 경우에도 다른 대체적 분쟁해결 절차를 다시 신청할 수 있게 하였다.

그런데 여기에서 복수의 중립인이 있는 경우 각하의 요건이 충족되었는가에 대하여 중립인 간에 이견이 있으면 지연의 문제가 발생할 수 있으므로 책임중립인의 결정으로 하게 하였다. 그렇다 하더라도 책임중립인은 그 요건의 충족 여부에 대하여 결정할 때는 다른 중립인의 의견을 물어 합리적으로 결정하여야 할 것이다.

> 제8조(절차의 통합) 대체적 분쟁해결 절차를 진행하는 중립인은 동일한 사안에 대하여 다수의 분쟁해결 절차의 개시가 신청된 경우에는 그 다수의 신청을 통합하여 분쟁해결 절차를 진행할 수 있다.

중립인은 동일한 사안에 대하여 다수의 분쟁해결 절차의 개시가 신청된 경우에는 그 다수의 신청을 통합하여 진행할 수 있다. 이 때 '동일한 시기'에 제출된 신청만을 통합할 수 있다고 보아야 하느냐를 생각할 수 있다.[24] 생각건대 나중에 신청되었더라도 동일한 사안이고 통합하여 진행하는 데 지장이 없으며 그것이 오히려 더 효율적이라고 인정되는 경우에는 통합을 인정하는 것이 좋을 것이다.

> 제9조(대체적 분쟁해결의 효력) ① 이 법에 따른 대체적 분쟁해결 절차의 결과 당사자 간의 합의가 성립된 경우(중재에 의한 경우를 제외한다)에는 민법상 화해의 효력이 있다.
> ② 제1항에도 불구하고 다른 법령에 따라 공공기관에 의한 대체적 분쟁해결 절차에서 당사자 간의 합의가 성립된 경우(중재에 의한 경우를 제외한다)에는 그 근거가 되는 다른 법령이 분쟁해결의 효력에 대해 별도로 규정하는 바에 따른다.

이 법에 따른 대체적 분쟁해결 절차에 따른 당사자 간의 합의의 효력에 대하여 '민법상 화해'의 효력만을 인정할 것인가, '재판상 화해'의 효력을 인정할 것인가, 아니면 대체적 분쟁해결 절차의 유형에 따라 '민법상 화해'나 '재판상 화해'의 효력을 각각 갖게 할 것인가의 문제를 검토할 수 있다. 현행 민사조정법 제29조에서 조정은 '재판상의 화해'와 동일한 효력이 있다고 하고 있고, 행정형 대체적 분쟁해결은 개별법에서 다양하게 규정하고 있다. 일부에서는 '민법상의 화해'와 같은 효력을 인정하는가 하면, 다른 법률에서는 '재판상 화해'와 같은 효력을 인정하기도 한다. 그런데 각 분쟁조정위원회의 기능과 설립 목적 등에 차이가 있음을 인정한다고 하더라도 '민법상의 화해'와 '재판상의 화해'와는 확정 판결과 같은 효력이 있느냐 없느냐와 같은 큰 차이가 있고 집행력을 당연히 포함하느냐의 문제와 직결되는 데 비해서,[25] 각 개별법에서 부여하는 효력의 차이는 명확한 법적·논리적 근거에 의해서 규정된 것이라고 보기 어렵다. 따라서 조정 등에 확정판결과 같은 효력을 인정한다면 합의에 흠이 있는 경우에 이에 대한 구제가 어렵게 되고 법관에 의한 재판을 받을 권리의 침해라는 위헌 문제가 생길 수도 있다는 의견에 주의를 기울일 필요가 있음 등을 감안하여 중재를

---

24) 김유환, "행정형 ADR 정비방안-모델절차법(안)", 사법개혁추진위원회자료집, 사법제도개혁추진위원회, 2007, 402쪽.

25) 강현중, 민사소송법, 박영사, 2003, 694-695쪽 참조.

제외하고는 민법상 화해의 효력이 있는 것으로 하였다. 다만 대체적 분쟁해결 기본법의 제정 목적이 민간형 ADR의 정착에 있고 이러한 ADR기본법의 신뢰성 구축이나 분쟁해결 이중 노력의 방지 필요성 등을 고려하여 대체적 분쟁해결 기본법에 의거한 분쟁해결 절차에 대하여는 집행력이 부여될 수 있게 재판상의 화해와 같은 효력을 부여하여야 한다는 유력한 견해들이 있으므로,[26] 이에 대해서는 입법과정에서 양자를 형량하여 심도 있게 검토하여야 할 것이다. 대체적 분쟁해결 절차에 따른 당사자 간의 합의의 효력에 대하여 민법상 화해의 효력으로 하더라도 ADR 실효성 제고의 차원에서 집행력을 부여할 필요는 있다. 이에 대해서는 당사자의 신청에 의해 법원이 집행력을 부여하는 집행결정을 하도록 하자는 견해가 있지만, 이 경우 중재도 집행에 관하여는 집행판결을 요하는데 다른 ADR에 대하여 집행결정만으로 충분하게 하는 것은 균형에 맞지 않다는 비판이 있었다.[27] 다른 한편으로는 조정조서에 집행수락의 의사표시를 기재하도록 하여 집행증서로서의 효력을 갖게 하면 된다는 견해가 있지만, 이 경우 현행 민사집행법상 집행증서의 대상 청구권은 일정한 금액의 지급이나 대체물 또는 유가증권의 일정한 수량의 급여를 목적으로 하는 청구에 한하므로 ADR의 이행 확보책은 될 수 없다는 비판이 있다.[28]

제10조(감정 등의 비용부담) ① 대체적 분쟁해결 절차에서의 감정·진단·시험 등에 소요되는 비용은 당사자 간에 특별한 합의가 없으면 당사자가 각자 부담하여야 한다.
② 중립인은 필요하다고 인정하는 경우 대통령령으로 정하는 바에 따라 당사자로 하여금 제1항에 따른 비용을 예납하게 할 수 있다.
③ 제1항에 따른 비용의 범위 등에 관하여 세부적인 규율이 필요한 경우 제20조에 따른 대체적 분쟁해결 운영기관은 내부 규정을 정할 수 있다.

대체적 분쟁해결 절차는 당사자의 자발적인 의사가 중요하므로 그 절차에서의 감정·진단·시험 등에 소요되는 비용은 당사자의 합의에 의해 정해지는 비

---

26) 김민중, "민사사건과 ADR", 법학연구 제26집, 전북대학교 법학연구소, 2008. 6, 47-48쪽..

27) 2016년 5월의 중재법 개정으로 중재판정에 기초한 집행은 법원에서 집행결정으로 허가할 수 있게 하였다.

28) 김원태, "재판 외 분쟁해결제도의 현상과 과제", 법학연구 제22권 제1호, 충북대학교 법학연구소, 2011. 6, 52-55쪽.

율을 부담하게 할 수 있을 것이다. 다만, 당사자 간에 비용부담에 대한 합의가 되지 아니하는 경우에는 중립인이 부담비율을 정할 수 있게 하자는 견해가 있을 수 있는데, 부담 비율을 중립인에게 정하도록 하면 당사자의 한 쪽이 불만을 가지는 상황이 생길 수 있고 그렇게 되면 당사자와 중립인 간의 불신이 깊어져 원활한 분쟁해결 절차에 장애가 될 수 있으므로, 당사자 간의 합의를 전제로 하되 합의가 안 되면 당사자가 각자 부담하도록 아예 법률로 정하는 것이 불필요한 잡음과 지연을 예방할 수 있지 않을까 한다.

> 제11조(절차의 비공개 등) ① 이 법에 의한 대체적 분쟁해결 절차는 당사자가 승인하는 경우를 제외하고는 공개하지 아니한다.
> ② 당사자와 중립인, 공공기관의 공무원 또는 직원 등으로서 이 법에 따른 분쟁해결 절차에 관여하였던 자와 그 지원업무에 종사하였던 자 및 이해관계인이나 증인·참고인·감정인 등으로 분쟁해결 절차에 참여하였던 자는 다른 법률에 특별한 규정이 있는 경우를 제외하고는 그 대체적 분쟁해결 절차상 알게된 비밀을 타인에게 누설하거나 직무상 목적 외에 사용하여서는 아니 된다.

대체적 분쟁해결은 상호간의 신뢰로 매우 개인적이거나 사업상의 비밀에 속하는 사항을 허심탄회하게 소통하여 솔직한 대화와 상호 양보를 이끌어내는 것이 긴요하다. 따라서 분쟁해결 진행 중의 사항에 대하여는 철저히 비밀을 유지하도록 비공개를 원칙으로 해야 할 것이다. 단, 당사자가 승인하는 경우에는 예외로 한다. 그런데 여기서 당사자가 아닌 중립인이 승인하는 경우에 예외로 하자는 의견이 있을 수 있다.[29] 누구보다 비밀을 지켜줘야 할 중립인이 공개 여부 권한을 갖는 것은 이상하다. 대체적 분쟁해결은 당사자의 의사가 가장 중요하며, 오직 당사자가 승인하는 경우에만 공개가 가능하다고 해야 할 것이다. 또한 대체적 분쟁해결에 참여한 당사자나 중립인은 물론 절차에 관여하거나 대체적 분쟁해결 업무를 지원하면서 알게 된 사람들도 다른 법률에 특별한 규정이 있는 경우를 제외하고는 비밀을 유지해야 할 것이며 이를 위반할 시에는 벌칙이 수반되어야 할 것이다. 추가적으로 중립인의 소송에서의 증인거부권을 인정할 것인가의 문제도 검토될 수 있을 것이다.

---

29) 김유환, 전게서, 401쪽.

제2장 대체적 분쟁해결 절차의 참가자

제1절 당사자 등

> 제12조(당사자의 의무) 당사자는 대체적 분쟁해결 절차의 원활한 진행과 신속하고도 합리적인 분쟁해결을 위해 성실하게 노력하여야 하며, 대체적 분쟁해결 절차의 결과에 따른 자신의 의무를 이행하여야 한다.

당사자는 중립인의 절차 진행이 원활하게 될 수 있도록 협조하고 분쟁해결이 신속히 이루어지도록 노력하여야 하며, 대체적 분쟁해결 절차 결과의 내용대로 자신의 의무를 이행하여야 할 것이다. '이행하도록 노력하여야 한다.'로 할 것인가 '이행하여야 한다.'로 할 것인가에 대하여 생각할 수 있으나, 어떻게 표현을 하든 결국 이행하지 않았을 경우에는 같은 효과를 가질 수밖에 없고 법문상 대체적 분쟁해결의 결과를 좀 더 확실히 이행하도록 느낄 수 있게 '이행하여야 한다.'로 하였다.

> 제13조(대표당사자) ① 당사자가 다수인 경우에는 그 중에서 1인 또는 소수의 대표자(이하 '대표당사자'라 한다)를 선정할 수 있다.
> ② 대체적 분쟁해결 절차를 진행하는 중립인은 당사자가 제1항에 따른 대표당사자를 선정하지 아니한 경우에 필요하다고 인정할 때에는 당사자들에게 대표자를 선정할 것을 권고할 수 있다.
> ③ 대표당사자가 선정된 때에는 다른 당사자들은 그 대표당사자를 통하여서만 그 사건에 관한 행위를 할 수 있다.
> ④ 대표당사자는 다른 신청인 또는 피신청인을 위하여 그 사건의 분쟁해결에 관한 모든 행위를 할 수 있다. 다만, 신청의 철회 및 조정안 등 분쟁해결안의 수락은 다른 당사자들의 서면에 의한 동의를 얻어야 한다.
> ⑤ 대표당사자를 선정한 당사자들은 필요하다고 인정하는 경우에는 대표당사자를 해임하거나 변경할 수 있다. 이 경우 당사자들은 그 사실을 지체 없이 중립인에게 통지하여야 한다.

당사자가 다수인 경우에는 그 중에서 1인 또는 소수의 대표자를 선정하여 절차를 진행하는 것이 효율적일 것이다. 여기서 '3인 이하'의 대표자로 하자는 의견이 있을 수 있으나,[30] 미리 3인 이하로 제한하는 것 보다는 다수 당사자의

---

30) 상게서, 399쪽.

인적 구성이 이질적인 네 그룹 이상일 수도 있고 경우에 따라 대표당사자를 3명 이상으로 할 필요성이 있을 경우도 감안하여 소수로 해도 큰 문제는 없을 것으로 판단된다. 대표당사자는 다른 당사자를 위하여 그 사건의 분쟁해결에 관한 모든 행위를 할 수 있다. 다만, 대체적 분쟁해결의 신청을 철회한다든지 조정안 등 분쟁해결안을 수락하는 것은 중대한 문제이므로 다른 당사자들의 서면에 의한 동의를 얻어서 하도록 하였다.

여기에서 공동의 이해관계를 가진 다수인이 대표당사자를 정하기 어려운 경우가 있을 수 있는데, 이 경우 그대로 절차를 진행하면 비효율적일 뿐만 아니라 심각한 지연의 문제가 있을 수 있으므로 당사자 중 1인 또는 수인이 책임중립인의 승인을 얻어 대표자의 역할을 수행할 수 있는 방안을 생각해 볼 수 있다. 그러나 다수 당사자 간에 이견이 있어 대표당사자를 정하지 못하는 사안에 대해 중립인의 승인만으로 대표자를 정하게 하는 것은 더 큰 분란의 소지가 있으므로, 이에 대해서는 당사자들에게 맡겨 놓는 것이 좋을 것으로 생각된다.

> 제14조(피신청인의 경정) ① 중립인(복수의 중립인일 경우에는 제7조에 따른 책임중립인을 말한다. 이하 이 조에서 같다)은 대체적 분쟁해결의 신청인이 피신청인을 잘못 지정하였을 경우에는 신청인의 신청이나 중립인의 권고에 의하여 피신청인의 경정을 승인할 수 있다.
> ② 중립인은 제1항에 따른 승인을 한 경우 이를 당사자와 새로운 피신청인에게 통보하여야 한다.
> ③ 제1항에 따른 승인이 있는 때에는 종전의 피신청인에 대한 절차개시 신청은 철회되고 새로운 피신청인에 대한 신청이 제1항에 따른 경정 신청이 있은 때에 있는 것으로 본다.

대체적 분쟁해결의 신청인이 피신청인을 잘못 지정하였을 경우에는 신청인이 발견할 경우도 있지만 신청인의 착오나 오해로 인하여 잘못되어 있을 경우에 중립인이 발견하고 경정을 권유할 수도 있다. 이 경우 책임중립인은 모든 당사자와 새로운 피신청인에게 이 사실을 통보하여야 할 것이다.

> 제15조(대리인) ① 당사자는 다음 각 호에 해당하는 자를 대리인으로 선임할 수 있다.

> 1. 당사자의 배우자, 직계존비속[31] 또는 형제자매
> 2. 당사자인 법인의 임직원
> 3. 변호사
> ② 대리인의 권한은 서면으로 정하여야 한다.
> ③ 제1항제1호 또는 제2호의 자를 대리인으로 선임하는 당사자는 중립인에게 그 사실과 대리인의 권한을 서면으로 통보하여야 한다.
> ④ 대리인은 다음 각 호의 행위에 대하여는 당사자로부터 특별히 위임을 받아야 한다.
> 1. 신청의 철회
> 2. 조정안 등 분쟁해결안의 수락

당사자가 불가피한 사유로 분쟁해결 절차에 참석하기 어려울 경우 대리인을 참석시켜야 할 때가 있다. 변호사가 아닌 배우자, 직계존비속 등을 대리인으로 하기 위해서는 대체적 분쟁해결 절차의 진행을 맡고 있는 중립인의 '승인'을 받도록 하자는 의견이 있을 수 있다.[32] 이는 대체적 분쟁해결 절차에서 대리인을 명확히 하고 절차상 관리를 용이하게 하기 위한 것으로 보인다. 그러나 당사자의 대리인을 선임하는 데 분쟁해결 절차를 진행하는 측의 승인까지 받을 필요가 있는지 의문시 된다. 대리인의 인적 사항과 권한을 명시한 서면을 통보해서 알게 하는 것으로 충분할 것으로 판단된다.

> 제16조(당사자의 불출석) ① 대체적 분쟁해결의 신청인 또는 피신청인이 사전에 중립인의 허가를 받지 않거나 천재지변 등 대통령령으로 정하는 정당한 사유 없이 통보된 분쟁해결 절차 기일에 출석하지 않으면 대체적 분쟁해결을 위한 합의를 철회한 것으로 본다. 이 경우 중립인은 분쟁해결 절차의 종료를 선언하여야 한다.
> ② 제1항에 따라 분쟁해결 절차의 종료를 선언하는 경우 중립인은 그 사유를 당사자에게 통보하여야 한다.
> ③ 제1항에 따른 분쟁해결 절차 기일 불출석의 효과에 대해서는 분쟁해결 절차 기일 통보 시 양 당사자에게 미리 고지하여야 한다.

대체적 분쟁해결의 신청인 또는 피신청인이 절차를 진행하는 중립인으로부

---

31) "직계 존·비속"으로 표현하는 경우가 흔히 있는데, 입법실무에서 이에 대하여는 "직계존비속" 또는 "형제자매"처럼 한 단어로 붙여서 흔히 사용하고 있다. "임직원"도 마찬가지이다.

32) 김유환, 전게서, 400쪽.

터 사전에 허가를 받지 않거나 천재지변 등 대통령령으로 정하는 정당한 사유 없이 통보된 분쟁해결 절차 기일에 출석하지 않으면 대체적 분쟁해결을 위한 합의를 철회한 것으로 본다. 이 경우 중립인은 분쟁해결 절차의 종료를 선언하여야 한다. 이는 분쟁해결 절차를 가능하면 조속히 진행하기 위한 것이며 한 쪽 당사자가 불출석 시 출석을 강제할 수도 없기 때문이다.

> 제17조(절차에의 참가) ① 사건이 대체적 분쟁해결 절차에 계류되고 있는 경우에 동일한 사유로 그 분쟁해결 절차에 참가하고자 하는 자는 책임중립인의 승인을 얻어 당사자로서 해당 절차에 참가할 수 있다.
> ② 당사자가 아닌 자로서 당해 분쟁과 이해관계가 있는 자는 책임중립인의 승인을 얻어 이해관계인으로서 해당 절차에 참가할 수 있다.
> ③ 제1항 및 제2항의 경우에 책임중립인은 승인 여부를 결정하는 당시의 당사자들로부터 동의를 얻은 후 승인을 하여야 한다.

동일한 사유로 계류되어 있는 대체적 분쟁해결 절차에 참가하고자 하는 자는 책임중립인의 승인을 얻어 해당 절차에 참가할 수 있도록 하였는바, 예를 들어 복수의 중립인이 있는 경우에 중립인에게 승인권을 주면 중립인 사이에 의견이 엇갈릴 경우 또 다시 비효율성의 문제가 대두될 수 있으므로 그 절차를 주재하는 책임중립인에게 승인권을 줌으로써 대체적 분쟁해결의 신속한 진행을 지향하는 이 법안의 특성을 반영하였다. 여기에서 당사자로서 나중에 추가적으로 참가하는 경우와 당사자가 아닌 이해관계인으로서 분쟁해결 절차에 참가하고자 하는 경우 중립인이 승인을 하고자 할 때 기존 당사자의 의견을 들어서 하게 하자는 견해가 있다.[33] 이 경우 의견을 들을 때 당사자가 동의를 해줘야 하는 건지 단순히 참고로 듣기만 해도 되는 것인지 분명하지가 않다. 법률 조문은 상황을 명확하게 규정하는 것이 좋다. 이에 본 법안에서는 책임중립인이 승인 여부를 결정하는 당시의 당사자들로부터 동의를 얻은 후에 승인을 하도록 명확히 하였다. 당사자들로부터 동의를 얻은 후에 승인을 하도록 한 것은 절차의 지연을 방지하면서도 당사자의 자율적인 의사가 우선시 되어야 함을 반영한 것이라 할 수 있다.

---

33) 상동.

제2절 중 립 인

> 제18조(중립인의 자격 등) ① 중립인이 되고자 하는 자는 대통령령으로 정하
> 는 자격 교육을 이수하여야 한다. 공공기관이나 법원에 의한 대체적 분쟁해결을
> 위하여 법령에 따른 당연직으로 중립인의 역할을 하는 경우에는 예외로 한다.
> ② 제1항에 따른 교육은 법원, 제42조에 따라 법무부장관이 인증하는 대체적
> 분쟁해결기관 기타 대통령령으로 정하는 기관에서 시행할 수 있다.

제18조는 대체적 분쟁해결 절차를 진행하는 제3자인 전문가를 중립인으로
할 경우 그 자격요건 등을 규정하고 있다. 중립인의 경우 대체적 분쟁해결 절차
를 공정하고 합리적으로 진행하기 위하여 갖추어야 할 자질로서는 크게 윤리성
(ethicality)과 전문성(expertise)이라 할 수 있다. 또한 전문성에는 자신의 전공과
관련된 전문분야(specialty)의 지식과 대체적 분쟁해결제도와 절차에 대한 지식
이나 경험을 지닌 대체적 분쟁해결 전문가로서의 소양을 포함한다 할 것이다.
따라서 대통령령으로 정하는 자격 교육에는 중립인으로서 갖추어야 할 최소한
의 윤리성과 전문성을 요구하는 교육의 이수 시간과 내용이 포함되어야 할 것이
다. 제2항에서 '기타 대통령령으로 정하는 기관'에는 대한상사중재원, 대한변호
사협회를 비롯하여 법학전문대학원 등을 상정하는 것으로서 그 범위를 가능하
면 넓혀 줌으로써 대체적 분쟁해결제도의 보다 신속한 저변확대를 도모할 수 있
도록 하는 것이 좋을 것이다.

> 제19조(중립인 결격사유) 다음 각 호의 어느 하나에 해당하는 사람은 중립인
> 이 될 수 없다.
> 1. 파산선고를 받고 복권되지 아니한 사람
> 2. 금치산 또는 한정치산의 선고를 받은 사람
> 3. 법원의 판결 또는 법률에 따라 자격이 정지된 사람
> 4. 금고 이상의 실형을 선고받고 그 집행이 끝나거나(끝난 것으로 보는 경우
>   를 포함한다) 그 집행을 받지 아니하기로 확정된 후 3년이 지나지 아니한
>   사람
> 5. 금고 이상의 형의 집행유예를 선고받고 그 유예기간 중에 있는 사람

중립인은 양 당사자의 중간에서 공정하고도 합리적인 진행에 의하여 분쟁
해결을 위한 대안을 제시하여야 하는바 객관적인 사고능력이나 법률적인 의사
결정능력에 있어 하자가 있어서는 아니 될 것이다.

> 제20조(중립인 명부) 법원, 제42조에 따라 법무부장관이 인증하는 대체적 분쟁해결기관 기타 대통령령으로 정하는 바에 따라 대체적 분쟁해결 절차를 운영하는 기관(이하 "대체적 분쟁해결 운영기관"이라 한다)은 대통령령 또는 대법원규칙으로 정하는 바에 따라 중립인에 대한 명부를 작성하여 일반인이 쉽게 알 수 있도록 홈페이지 등에 게시하고 법무부장관에게 통보하여야 한다.

대통령령으로 정하는 이수 과목이나 이수 시간을 충족시키는 중립인 자격 교육 이수자를 중립인으로 위촉한 대체적 분쟁해결 운영기관으로 하여금 중립인 명부를 작성하고 홈페이지 등에 게시하게 함으로써, 대체적 분쟁해결 운영기관을 선택하는 당사자가 중립인을 쉽게 선택할 수 있게 하여야 할 것이다. 또한 각 대체적 분쟁해결 운영기관은 그 명부를 법무부장관에게 통보함으로써 전국적으로 중립인을 통일되게 파악하고 관리할 수 있게 하는 효과가 있을 것이다.

> 제21조(중립인의 선정절차 등) ① 제20조에 따른 대체적 분쟁해결 운영기관은 대통령령 또는 대법원규칙으로 정하는 바에 따라 중립인 명부에서 중립인을 선정할 수 있는 절차를 마련하여야 한다.
> ② 중립인은 당사자 간에 다른 합의가 없으면 복수로 선정함을 원칙으로 하며, 복수로 할 경우에는 홀수로 한다.
> ③ 제2항에도 불구하고 당사자 간에 다른 합의가 없으면 조정인인 중립인의 경우에는 1명을 원칙으로 한다.
> ④ 위원회 외에 대체적 분쟁해결 절차를 운영하고자 하는 공공기관은 법령에 의한 당연직을 제외하고 제20조에 따른 중립인 명부에서 중립인을 임명 또는 위촉하여야 한다.

대체적 분쟁해결 운영기관은 대체적 분쟁해결 절차를 이용하고자 하는 당사자에게 중립인에 관한 정보를 제공하고 중립인 명부에서 중립인을 자유스럽고 편리하게 선정할 수 있는 절차를 마련하여야 할 것이다. 또한 중립인을 선정할 때는 당사자가 별도로 합의하면 1명으로 할 수도 있겠지만 별도로 합의하지 않는 한 복수로 함을 원칙으로 하였다. 복수로 할 경우에는 대체적 분쟁해결 절차를 주재하는 책임중립인을 포함하여 홀수로 하는 것이 효율적으로 운영될 수 있을 것이다. 다만 조정절차는 조정인을 1명으로 하는 것을 원칙으로 하여 조정을 신속하게 진행할 수 있게 하였다.

공공기관에서는 위원회의 형식으로 의결을 통한 분쟁해결을 도모하는 경우가 많지만, 이 법안에서는 그러한 위원회가 아닌 1명 또는 소수의 중립인으로 하여금 대체적 분쟁해결 절차를 운영할 수 있게 하는 법적인 근거를 부여하고 있다. 따라서 당사자가 위원회 방식이 아닌 1명 또는 소수의 중립인을 통한 대체적 분쟁해결을 신청하는 경우에 해당 공공기관은 법령에 의한 당연직을 제외하고는 제20조에 따른 중립인 명부에서 중립인을 임명 또는 위촉하도록 하였다.

> 제22조(중립인의 제척, 기피, 회피) ① 임명 또는 위촉된 중립인은 다음 각 호의 1에 해당하는 경우에는 당해 사건의 대체적 분쟁해결 절차에서 제척된다.
> 1. 중립인 또는 그 배우자나 배우자이었던 자가 당해 사건의 당사자가 되거나 당해 사건에 관하여 공동의 권리자 또는 의무자의 관계에 있는 경우
> 2. 중립인이 당해 사건의 당사자와 친족이거나 친족이었던 경우
> 3. 중립인이 당해 사건에 관하여 증언이나 감정, 법률자문을 한 경우
> 4. 중립인이 당해 사건에 관하여 당사자의 대리인으로서 관여하거나 관여하였던 경우
> 5. 중립인이 당해 사건의 원인이 된 처분 또는 부작위에 관여한 경우
> ② 제1항에도 불구하고 그 제척 사유가 모든 당사자에게 서면으로 공개되고 모든 당사자가 그 중립인의 활동에 동의하는 경우에는 예외로 한다.
> ③ 책임중립인은 당해 절차의 중립인 중에 제1항의 사유가 있는 때에는 직권으로 제척의 결정을 하여야 한다. 책임중립인에게 제1항 또는 제4항의 사유가 있는 때에는 다른 중립인 중 연장자가 제척의 결정을 할 수 있다.
> ④ 제1항 외의 사유로 대체적 분쟁해결의 공정을 기대하기 어려운 중립인이 있을 경우에는 당사자는 책임중립인에게 서면으로 기피신청을 할 수 있다. 이 경우 책임중립인은 기피신청이 이유 있다고 인정되는 경우에는 분쟁해결 절차를 진행하는 전체 중립인의 의결을 거치지 아니하고 그 중립인을 제척한다.
> ⑤ 제4항의 기피신청이 분쟁해결 절차의 지연을 목적으로 하는 것이 분명한 것으로 인정되는 경우에는 책임중립인의 결정으로 기피신청을 각하한다.
> ⑥ 중립인이 제1항 또는 제4항의 사유에 해당하는 경우에는 책임중립인의 허가를 받아 당해 절차에서 회피할 수 있다.

임명 또는 위촉된 중립인이 당사자와 재정적 또는 개인적 관계에 있을 경우에는 공정한 진행을 위하여 당해 분쟁해결 절차에서 배제되어야 하는 것은 당연한 것이다. 이 경우 복수로 구성된 중립인의 경우 전체 중립인의 의결이 필요한가 아니면 책임중립인 단독으로 결정할 수 있느냐가 논의될 수 있는데, 이에 대해 의결을 요하면 또 다른 논란과 대체적 분쟁해결의 신속성을 저해할 수 있으므로 책임중립인 단독으로 결정할 수 있게 하는 것이 좋을 것이다. 제2항에서

는 제척 사유가 있음에도 불구하고 그 제척 사유가 모든 당사자에게 서면으로 공개되고 모든 당사자가 그 중립인의 활동에 동의하는 경우에는 예외로 하였다. 당사자 자치를 중시하는 대체적 분쟁해결의 특성을 반영한 결과이다.

제3항은 책임중립인에게 기피 사유가 있는 때에 다른 중립인 중 연장자가 제척 또는 기피의 결정을 할 수 있게 하는 보완장치를 마련하였다. 제4항에서 제1항 외의 사유로 대체적 분쟁해결의 공정을 기대하기 어려운 중립인이 있을 경우란 제1항에서 열거된 사유 외의 개인적 친분이 있는 경우나 기타 절차의 공정을 기대하기 어려운 사유로서 책임중립인이 충분히 인정될 수 있는 경우를 말한다. 그러나 제4항의 기피신청이 분쟁해결 절차의 지연을 목적으로 하는 것이 분명한 것으로 인정되는 경우에는 역시 책임중립인의 결정으로 기피신청을 각하하게 하여 균형을 유지하도록 하였다. 제6항에서는 당사자가 이의를 제기하지 아니 하거나 책임중립인이 제척 등의 사유를 인지하지 아니한 경우라도 해당 중립인이 스스로 책임중립인에게 신청하여 당해 절차를 회피할 수 있게 하였다. 이 경우 책임중립인의 허가가 필요한가에 대하여 의문을 제기할 수도 있으나 중립인 사이의 커뮤니케이션을 분명히 하고 대체적 분쟁해결 절차를 명확히 하기 위하여 형식적으로라도 책임중립인의 허가를 받도록 하는 것이 좋을 것으로 생각된다.

제23조(중립인의 공정성) 중립인은 대체적 분쟁해결 절차에서 당사자의 합의를 지원함에 있어 독립적이며 공정하여야 한다.

중립인은 그 직무를 수행하는 과정에서 첫째는 당사자들로부터, 둘째는 임명권자나 위촉권자로부터 독립하여 절차를 진행할 수 있으며, 양 당사자가 만족할 수 있도록 공정한 결과를 도출할 수 있어야 할 것이다.

제24조(중립인의 직권조사 등) ① 중립인은 필요한 경우 직권으로 사실관계를 조사할 수 있다.
② 당사자의 합의가 있는 경우 중립인은 증인·참고인·감정인 등의 진술을 들을 수 있다.

중립인은 대체적 분쟁해결을 신속히 진행하고 당사자의 합의를 도출하기

위해 필요한 경우 직권으로 사실조사를 할 수 있다. 이 경우 당사자의 일방이 조사를 거부할 경우에는 어떻게 할 것인가에 대해 고민스러운 부분이 있다, 이에 대해서는 중립인의 강제력이 없으므로 중재법이나 민사조정에서처럼 법원에 조사를 촉탁하는 방법도 생각할 수 있을 것이다.[34] 또 당사자의 합의가 있는 경우 증인, 참고인 또는 감정인 등의 진술을 들을 수 있다. 이 경우 당사자의 합의가 있어야 하는 것은 증인 등의 진술을 들을 때 비용이 들 수 있는 것도 중요한 이유 중의 하나이다. 감정인 등의 진술에 드는 비용은 제9조(감정 등의 비용부담)에 따라 당사자의 합의가 없는 한 당사자의 각자 부담으로 해야 할 것이다.

> 제25조(중립인의 책임 면제) 중립인은 대체적 분쟁해결 절차 및 결과와 관련하여 형사상 범죄행위를 제외하고는 어떠한 민형사상 책임을 지지 않는다.

중립인이 분쟁해결을 진행하는 과정에서 본인의 범죄행위를 제외하고 그 절차나 결과와 관련하여 어떠한 민형사상 책임을 지우지 않는 것은 대체적 분쟁해결제도를 발전시키기 위해 필수불가결한 전제 요소이다. 대체적 분쟁해결과 관련하여 중립인 본인에게 형사적인 귀책이 없음에도 불구하고 어떠한 책임을 지도록 하면 중립인은 소극적이고 방어적이 되어 적극적인 해결 노력을 하지 않으려 할 것이다. 이러한 중립인의 면책조항[35]은 대체적 분쟁해결제도의 정착을 위하여 미국의 개정 통일중재법(the Revised Uniform Arbitration Act 0f 2000)에서도 새로이 도입된 바 있다.[36]

> 제26조(중립인에 대한 수당 등) ① 중립인에 대한 수당 등은 법령에 의하여 법원이나 공공기관이 부담하는 경우를 제외하고 당사자 간 별도의 합의가 없으면 당사자 각자 부담으로 한다.
> ② 중립인 명부를 유지하는 대체적 분쟁해결 운영기관은 대통령령으로 정하는 바에 따라 대체적 분쟁해결 절차에 소요되는 행정비용과 중립인에 대한 수당 등을 당사자가 알기 쉽게 홈페이지 등에 게시하여야 한다.

---

34) 법원에 증거조사를 촉탁하는 문제는 당사자의 자율성을 우선시해야 하는 ADR 특성상 신중을 기해야 한다는 의견도 있다. 사법제도개혁추진위원회 기획추진단, 재판 외 분쟁해결제도 활성화 방안 참고자료, 2001. 11, 95쪽.

35) 조정인의 면책에 대하여는 김경배, 국제무역분쟁과 ADR, 무역경영사, 2005, 147-152쪽 참조.

36) 2000년에 미국의 전미통일주법위원회(the National Conference of Commissioners on Uniform State Laws)에서는 1955년의 통일중재법을 ADR계의 새로운 경향을 반영하여 대대적인 개정을 하였다. 그 예로 개별 중재 절차의 병합, 임시적 처분, 중재인의 면책조항, 전자적 정보의 활용 등이다.

제1항과 관련하여 중립인에 대한 수당을 대통령령 등으로 규정하여 전국적으로 통일적으로 규율하는 것이 좋은가에 대하여 고민할 수 있다. 생각건대 대체적 분쟁해결기관의 특성에 따라 주로 처리하는 분쟁이 다를 수 있고, 또한 분쟁의 태양이 다양할 수 있을 뿐만 아니라 중립인의 경험과 수준에 따라 수당이 달라질 수 있으므로 일률적으로 규율하는 것보다는 대체적 분쟁해결기관에서 자율적으로 정할 수 있도록 하는 것이 좋을 것이다. 법령에 의해 당연직 중립인 역할을 하는 경우에는 본인의 당연한 업무로 취급되어 별도의 수당을 지급하지 않을 수 있다. 제2항과 관련하여 분쟁해결 절차에는 기관을 운영하는 행정비용과 중립인에 대한 수당이 별도로 소요될 수 있으므로 이에 대해 부담의 주체와 그 금액 등에 대하여 대통령령으로 정하는 바에 따라 분쟁해결을 의뢰하는 당사자가 알기 쉽게 게시하여야 할 것이다. 여기에서 대통령령으로 정하는 것은 행정비용과 중립인에 대한 수당이 아니고 자율적으로 정한 동 내용에 대하여 어떠한 방식으로 어느 기간 내에 게시하여야 할 것인가를 대통령령으로 정하라는 의미이다.

제27조(협회의 설립) ① 대체적 분쟁해결제도의 건전한 발전과 중립인의 자질 향상, 교육훈련 등을 위하여 중립인은 중립인협회(이하 "협회"라 한다)를 설립할 수 있다.
② 협회는 법인으로 한다.
③ 협회는 주된 사무소의 소재지에서 설립등기를 함으로써 성립한다.
④ 협회 회원의 자격과 임원에 관한 사항 등은 정관으로 정한다.
⑤ 협회의 설립 절차, 정관의 기재 사항과 기타 협회의 업무 및 감독에 필요한 사항은 대통령령으로 정한다.

대체적 분쟁해결제도의 건전한 발전과 중립인의 교육훈련 등을 위하여 중립인단체를 설립할 수 있게 하고, 중립인협회는 대체적 분쟁해결에 대한 제도 연구나 교육훈련 등을 통하여 중립인들의 윤리나 전문성 등에 대한 중립인 자질을 향상시킬 수 있을 것이다.

> 제28조(건의와 자문 등) ① 협회는 대체적 분쟁해결제도에 관한 사항에 대하여 정부에 건의할 수 있고, 대체적 분쟁해결제도에 관한 정부의 자문에 응하여야 한다.
> ② 협회는 회원 또는 회원 자격을 가진 중립인이 이 법을 위반한 사실을 발견하면 그 내용을 확인하여 대통령령으로 정하는 바에 따라 법무부장관에게 보고하여야 한다.

중립인협회는 대체적 분쟁해결의 발전을 위하여 정부와 소통체계를 가질 필요가 있고, 중립인이 이 법을 위반한 사실이 있을 경우에는 자체 징계하고 그 사실을 법무부장관에게 보고하게 하여 중립인의 불공정성이나 비위 등에 대한 통제장치를 유지해야 할 것이다.

> 제29조(「민법」의 준용) 협회에 관하여 이 법에 규정된 사항을 제외하고는 「민법」 중 사단법인에 관한 규정을 준용한다.

중립인협회에 대하여는 이 법에 규정된 사항이 아닌 사안에 대해서는 '민법' 중 사단법인에 관한 규정을 준용할 수 있을 것이다.

제3장 조 정[37]

> 제30조(조정합의) ① 민사 또는 공공기관의 업무에 관한 분쟁의 당사자는 당사자 간에 이미 발생하였거나 장래 발생할 수 있는 분쟁의 전부 또는 일부를 조정에 의하여 해결하도록 하는 합의(이하 "조정합의"라 한다)를 할 수 있다.
> ② 조정합의는 독립된 합의 또는 계약에 조정 조항을 포함하는 형식으로 할 수 있다.
> ③ 분쟁을 조정에 회부하기로 하는 당사자의 합의는 구술 또는 서면으로 할 수 있다.

조정합의에 대하여 이미 발생한 분쟁뿐만 아니라 장래 발생할 수 있는 분쟁에까지 확대하는 것은 계약이나 상거래 시 장래에 발생할 수 있는 분쟁에 대

---

37) 제2편 대체적 분쟁해결의 제3장은 조정으로서 정선주의 연구 법안인 ADR 통일절차법의 내용을 참조하고 인용하였다. 위 연구가 조정에 관하여 필요한 주요 쟁점 위주로 요약하여 설명하고 있는 데 비하여, 이 제정안에서는 조정 절차를 진행하기 위하여 필요한 내용들을 전반적으로 세부적으로 검토하고 조정 절차와 관련된 쟁점들에 대하여 위 연구와의 차이점을 제시하고 설명하였다.

하여 조정에 회부할 수 있도록 미리 합의를 해 놓음으로써 조정의 활성화에 도움이 될 것으로 본다. 또 분쟁을 조정에 회부하기로 하는 조정합의를 서면으로만 하게 할 것인지 구술로도 가능하게 할 것인지가 문제가 된다.[38] 이에 대해서는 조정합의가 있다고 하여 법원에의 제소권이 제한되는 것은 아니기 때문에 중재합의처럼 서면성을 요구할 필요가 없고, 조정합의는 당사자 간에 명시적인 구술뿐만 아니라 일방당사자의 조정신청에 상대방이 응한 경우에 묵시적으로 합의가 있는 것으로 볼 수도 있으므로 반드시 서면으로 행해질 필요가 없다는 견해가 있다.[39] 이에 대하여는 제32조에서 조정신청서를 작성하도록 하고 있으므로 조정합의 단계에서는 구술로도 가능하게 하여도 무방할 것으로 보인다.

> 제31조(제소와 조정합의) 분쟁을 조정절차에 회부하기로 합의한 경우에도 조정절차의 어느 단계에서든 법원에 소를 제기할 수 있다.

제31조는 분쟁의 당사자가 조정절차가 진행되는 중에 언제라도 조정을 포기하고 법원에 소를 제기할 수 있다고 규정함으로써 당사자가 안심하고 조정절차에 합의할 수 있게 하고 조정절차를 더 손쉽게 이용하게 하는 효과가 있을 것이다.

> 제32조(조정신청서) ① 조정절차의 개시를 원하는 당사자는 조정신청서를 작성하여 조정인에게 제출하여야 한다.
> ② 조정신청서에는 당사자, 분쟁의 대상, 조정합의의 내용을 적어야 한다.

조정절차의 개시를 원하는 당사자는 조정신청서를 제출하여야 하며, 신청서에는 양 당사자와 분쟁의 대상이 특정되고 피신청자와 어떠한 조정합의가 있었는가를 기재하여야 할 것이다.

> 제33조(다수 당사자의 조정절차) ① 공동의 이해관계를 가진 다수 당사자가 있는 경우에 조정신청서는 대통령령으로 정하는 바에 따라 각 당사자에게 개별적으로 송부되어야 한다. 다만, 제13조에 따른 대표당사자가 있는 경우에는 그러하지 아니한다.

---

38) 중재법은 제8조(중재합의의 방식)제2항에서 "중재합의는 서면으로 하여야 한다"로 되어 있다.
39) 정선주, "ADR통일절차법의 제정에 대한 연구", 민사소송, 제11권제1호, 2007, 291쪽.

② 조정신청서가 송부된 당사자 전원이 조정절차에 동의하지 않는 경우 조정절차는 동의한 당사자 사이에서만 진행된다.

공동의 이해관계를 가진 다수인이 분쟁해결절차의 당사자가 되는 다수 당사자의 경우 조정신청서는 제13조에 따른 대표당사자가 없으면 각 당사자에게 모두 송부되어야 하며 조정절차에 동의하지 않은 당사자에게는 조정의 효력이 미치지 아니한다.

제34조(조정인의 선정) 당사자 간에 합의하면 조정인은 국적에 관계없이 선정될 수 있다.

조정인의 선정절차는 제21조에 따라 대통령령 또는 대법원규칙으로 정하는 바에 따른다. 필요에 따라 외국인 조정인도 당사자의 합의로 선정될 수 있을 것이다. 「중재법」은 제12조제1항에서 "당사자 간에 다른 합의가 없으면 중재인은 국적에 관계없이 선정될 수 있다"고 되어 있다. 하지만 조정은 중재와 달리 최종성(finality)이 없고 조정을 위해 조정인과 당사자 사이의 의사소통이 더욱 긴밀할 필요가 있으므로 외국인 조정인을 선정하기 위해서는 당사자의 명백한 합의를 필요로 하는 것이 좋을 것이다.

제35조(조정절차의 개시) ① 조정절차는 신청인의 조정신청에 대해 상대방이 동의한 경우에 시작된다.
② 동의의 의사표시는 서면, 팩스, 이메일 등을 통하여 할 수 있다.
③ 상대방이 조정절차에 응한 경우에는 동의의 의사표시가 있는 것으로 본다.
④ 상대방이 신청인이 제시한 기한 내에 답변하지 않거나, 기한을 제시하지 않은 경우에는 조정 신청 후 10일 이내에 답변하지 않으면 조정에 동의하지 아니하는 것으로 본다.

조정절차는 신청인의 조정신청에 대해 상대방이 동의한 경우에 시작된다. 여기에서 조정신청은 서면으로 하는데 상대방의 동의는 구술로도 가능한가에 대하여 생각해 볼 수 있다. 동의를 구술로 하게 되면 나중에 다툼의 소지가 있으므로 조정 절차를 명확히 하고 신속하게 하기 위해서는 서면이나 이에 준하는 팩스 또는 이메일 등으로 하게 하는 것이 좋을 것으로 생각된다. 조정 신청을 한 후 상대방이 10일 이내 답변하지 않거나 신청인이 제시한 기한 내에 답변하지 않으면 조정에 동의하지 아니하는 것으로 봄으로써 조정절차를 지연의 전략으로 사용하는 것을 최소화하도록 하였다.

제36조(조정절차의 진행) ① 당사자는 조정절차에서 동등한 대우를 받아야 하며, 자신의 사안에 대해 충분히 진술할 기회를 부여받아야 한다.
② 당사자는 구술 방식으로 할 것인지 또는 서면으로만 조정을 할 것인지 등 조정절차의 진행 방식에 관하여 합의할 수 있다.
③ 당사자의 합의가 없는 경우 조정인은 공정하고 합리적인 방식에 따라 조정절차를 진행한다.

조정은 당사자의 합의에 기초하고 있으므로 조정절차의 진행 방식 역시 당사자의 합의에 의해 서면 방식과 구술 방식을 병용할 수도 있고 서면으로만 조정을 할 수 도 있다. 당사자의 합의가 없는 경우 조정인은 중립적이고 합리적인 방식에 따라 조정절차를 진행해야 할 것이다.

제37조(조정의 성립) ① 조정인은 조정의 어느 단계에서든 조정안을 제시할 수 있다.
② 조정인은 당사자가 조정안에 대해 의견을 제시할 수 있는 기회를 부여하여야 한다.
③ 조정인은 조정안에 대해 당사자에게 합의를 강요해서는 안 된다.
④ 조정안을 당사자에게 제시한 이후 1주 내에 당사자가 반대의견을 제시하지 않으면 조정이 성립된 것으로 본다.
⑤ 조정서는 서면으로 작성하며, 조정인과 당사자(제13조제4항에 따라 대표당사자가 다른 당사자들의 서면에 의한 동의를 받았을 경우에는 대표당사자)가 모두 서명하여야 한다. 다만, 3명 이상의 조정인으로 구성된 경우에는 과반수에 미달하는 일부 조정인에게 서명할 수 없는 사유가 있을 때에는 다른 조정인이 그 사유를 적어야 한다.
⑥ 조정서에는 이유를 기재할 필요가 없다.

조정인에 의해 조정안이 제시되면 당사자와의 의견을 조율하여 조정인은 최종 조정안을 마련하여야 하며 이러한 과정에서 당사자에게 합의를 강요해서는 안 될 것이다. 합의가 성립되지 않는 경우에 민사조정법상의 조정에 갈음하는 결정제도와 같이 ADR 기관이 직권으로 판단을 내리고 일정한 기간 내에 당사자의 이의가 없으면 합의가 성립된 것으로 간주하는 규정을 두자는 견해도 있을 수 있다.[40] 이는 법관과 달리 중립인 지위의 특성과 당사자의 자율성을 최우선으로 하는 대체적 분쟁해결의 성격상 무리가 있는 것으로 볼 수 있으나, 당사자에게 이의신청을 허용함으로써 자율적인 판단을 할 수 있는 기회를 주기 때문에 대체적 분쟁해결의 효율성을 제고하기 위한 유효한 방법이 될 수 있으므로 입법 과정에서 검토해볼만 하다고 생각된다. 조정안이 당사자에게 제시된 후 1주 이내에 반대의견이 없으면 조정이 성립된 것으로 간주하도록 하였다. 이에 대해서는 법원의 판결에 대한 불복기간이 2주인 점을 고려하여 2주로 하자는 의견이 있으나,[41] 판결에 대한 불복과는 그 비중이 다를 뿐만 아니라 조정절차에서는 조정인과 당사자 사이에 충분히 의사소통이 있었을 것이고 당사자와 조율하여 최종 조정안이 제시되면 이에 대해 당사자는 일반적으로 바로 동의 여부를 표명할 수 있으므로 신속한 조정 절차를 위해 1주 이내로 해도 무방할 것으로 생각된다.

또한 조정서는 서면으로 작성하며, 조정인과 당사자가 모두 서명하여야 할 것이다. 다만, 3명 이상의 조정인으로 구성된 경우 과반수에 미달하는 일부 조정인에게 서명할 수 없는 사유가 있을 때에는 다른 조정인이 그 사유를 적고, 과반수 이상의 조정인이 서명을 하면 그 성립에 문제가 없다고 할 것이다. 한편 조정은 중재와 달리 조정서에 이유를 기재할 필요가 없다.

> 제38조(조정서의 경정) 조정서에 오기 기타 이와 유사한 경미한 오류가 있는 경우 조정인은 직권으로 또는 당사자의 신청에 의해 이를 경정할 수 있다.

조정서에 오기 기타 이와 유사한 경미한 오류가 있는 경우 조정인은 직권 또는 당사자의 신청에 의해 이를 경정할 수 있다. 당사자의 경정 신청은 다른 합의가 없으면 조정서를 받은 후 10일 내에 제기하도록 하여야 한다는 의견이 있으나[42] 어차피 내용에 차이가 없는 경미한 자구 수정에 한하므로 큰 문제가 없고, 오히려 진실에 부합되는 것이므로 기한에 제한을 두지 않아도 되지 않을까 생각된다.

---

40) 김상찬, "ADR기본법의 입법론에 관한 연구", 중재연구 제13권 2호, 2004. 2., 164쪽.

41) 정선주, 전게서, 306쪽.

42) 정선주, "ADR통일절차법", 사법개혁추진위원회자료집, 사법제도개혁추진위원회, 2007, 32쪽.

> 제39조(조정절차의 종료) ① 조정절차는 다음 각 호의 사유에 의해 종료한다.
> 1. 조정이 성립되거나 불성립이 확정된 경우
> 2. 신청인이 신청을 철회한 경우
> 3. 당사자가 조정절차의 종료에 합의한 경우
> 4. 조정인이 조정절차의 진행이 불필요하거나 불가능하다고 인정한 경우
> 5. 조정사건에 대해 법원에 소가 제기된 경우
> ② 조정인은 제1항에 따른 조정절차 종료에 관해 조서를 작성하여야 한다.

조정절차는 조정의 성립 외에도 다양한 사유에 의하여 종료된다. 조정의 성립이 실패되면 조정인은 조정절차 종료에 관해 조서를 작성하여야 한다. 이는 제60조에 따른 대체적 분쟁해결 전치주의를 시행하기 위한 요건으로서 조정의 불성립에 대한 중립인의 확인서로 사용될 수 있을 것이다. 이 경우 조정인의 서명은 조정서의 서명과 같게 적용되어야 할 것이다.

> 제40조(조정서의 집행) ① 당사자는 법원에 조정서의 집행을 신청할 수 있다.
> ② 법원은 조정서의 집행에 대한 결정을 내릴 수 있다.

조정이 성립되면 당사자가 조정의 내용대로 자발적으로 이행을 하면 문제가 없지만 조정이 성립된 후에도 이행을 하지 않을 경우 이를 강제할 수 있느냐가 조정의 실효성과 관련하여 검토되어야 할 것이다. 조정의 효력이 재판상의 화해가 아닌 단순한 민법상의 화해 계약의 효과밖에 인정되지 않는다면 강제집행을 할 수는 없다. 그런데 조정의 효력에 집행력이 인정되지 않으므로 집행을 위하여 법원에 다시 소를 제기하여야 한다면, 대체적 분쟁해결은 공허한 것이 되고 조정을 이용하려고 하지 않을 것이다. 따라서 법원에 집행결정을 신청하면 법원은 절차적 정당성만을 심사한 뒤 집행력을 부여하는 집행결정을 내릴 수 있는 근거 규정을 두는 것이 필요하다.

또 당사자가 법원에 조정서의 집행을 신청할 때 당사자의 합의가 있어야 하는가에 대한 의문을 제기하는 경우가 있다.[43] 이에 대하여는 조정서의 내용에 대해서 합의가 이미 된 상태에서 당사자의 일방이 이행을 하지 않는 경우의 집행력을 확보하고자 하는 데 이 조문의 의미가 있으므로 오히려 당사자의 합의를

---

43) 정선주, "ADR통일절차법의 제정에 대한 연구", 민사소송, 제11권제1호, 2007, 308쪽.

전제로 하지 않는 것이 나을 것이다.

> 제41조(조정절차의 신뢰성) 조정절차에서 행해진 당사자나 이해관계인의 진술 및 제출 자료는 재판 등 이후의 어떠한 절차에서도 원용될 수 없다. 다만, 법률로 공개가 의무화되어 있거나 당사자 사이에 다른 합의가 있는 경우에는 그러하지 아니하다.

조정절차가 원활하게 이루어지고 당사자 간의 신뢰로 허심탄회하게 정보나 자료를 공개할 수 있는 것이 조정절차의 장점인데 당사자나 이해관계인의 진술이나 제출 자료를 재판을 포함한 이후의 다른 절차에서 원용할 수 있을 경우에는 조정의 이점을 최대로 살릴 수가 없다. 그럴 경우에는 조정절차에서 이후의 절차를 의식하여 소극적으로 조정에 임하게 될 수 있다. 따라서 법률로 공개가 의무화되어 있거나 당사자 사이의 합의로 공개할 경우를 제외하고는 재판을 포함한 이후의 절차에서 당사자나 이해관계인의 진술이나 제출 자료를 원용할 수 없도록 하는 것이 보장되어야 할 것이다. 그런데 조정절차에서 제출된 자료를 소송 절차에서 완전히 제외하는 것은 합당하지 않으므로, 예를 들어 조정합의의 무효확인 소송이나 조정인에 대한 책임을 묻는 소송 등의 경우에는 예외를 인정할 수 있어야 한다는 주장이 있을 수 있으므로 이에 대해서는 입법과정에서 검토할 수 있을 것이다.[44]

2. 민간사업자·공공기관·법원에 의한 대체적 분쟁해결

<제3편 민간사업자에 의한 대체적 분쟁해결>[45]

> 제42조(대체적 분쟁해결 민간사업자에 대한 인증 등) ① 법무부장관은 대체적 분쟁해결을 업무로 하는 민간사업자에 대하여 대체적 분쟁해결 민간사업자의 인증(이하 "인증"이라 한다)을 할 수 있다.
> ② 인증을 받으려는 민간사업자는 법무부장관에게 신청하여야 한다.

---

44) 김상찬, 전게서, 165쪽.

45) 제3편 민간사업자에 의한 대체적 분쟁해결은 민간사업자에 대한 인증제도를 채택하고 있는 일본의 ADR촉진법의 내용을 참조하였다.

> ③ 법무부장관은 제1항에 따라 인증을 받은 민간사업자(이하 "인증사업자"라 한다)에 대하여는 인증서를 발급할 수 있다.
> ④ 법무부장관은 인증사업자가 제5항에 따른 인증기준에 적합하게 유지하는지를 점검할 수 있다.
> ⑤ 인증사업자 지정을 위한 인증기준·신청절차·점검 등에 필요한 사항은 대통령령으로 정한다.

대체적 분쟁해결 민간사업자의 인증 및 관리 권한을 법무부에 둘 것인가 법원에 둘 것인가에 대해 논란이 있을 수 있다. 대체적 분쟁해결은 기본적으로 재판을 대체하는 분쟁해결 수단이고 법원 부속의 대체적 분쟁해결이 민사조정을 중심으로 활성화되어 있다는 점 등을 고려할 때 법원에 인증 및 관리 권한을 주어야 한다고 생각할 수 있다. 그러나 민간사업자에 인증을 부여하고 인증기준에 적합하게 유지하는지를 점검하여 영업정지나 벌칙을 부과하는 등 행정처분이 이루어지는 행정작용을 고려할 때 집행기관인 법무부에 그 관리감독 관할권을 주고 법원은 대체적 분쟁해결 프로그램의 개발이나 확산을 지원하는 것이 자연스러울 것으로 판단된다. 일본에서도 이에 대한 고민을 했겠지만 법무성에서 관할하는 것으로 입법화되었다.

> 제43조(인증의 결격사유) 법무부장관은 인증을 받으려는 자가 다음 각 호의 어느 하나에 해당하는 경우에는 인증을 하여서는 아니 된다.
> 1. 미성년자·피성년후견인 또는 피한정후견인
> 2. 파산선고를 받고 복권되지 아니한 자
> 3. 금고 이상의 실형을 선고받고 그 집행이 끝나거나(끝난 것으로 보는 경우를 포함한다) 그 집행을 받지 아니하기로 확정된 후 2년이 지나지 아니한 자
> 4. 금고 이상의 형의 집행유예를 받고 그 집행유예 기간 중에 있는 자
> 5. 법인의 대표자를 포함한 임원 중 제3호부터 제4호까지에 해당하는 사람이 있는 경우
> 6. 제44조에 따라 인증이 취소된 날부터 3년이 지나지 아니한 경우

인증사업자는 타인의 분쟁해결을 위해 합리적인 판단력과 건전한 경제적·사회적 능력을 가져야 할 것이다. 따라서 미성년자·피성년후견인 또는 피한정후견인은 물론 파산자나 일정한 형을 받은 자와 그 법인의 임원이 그러한 형을 받은 경우에는 인증을 하여서는 아니 될 것이다. 또한 인증이 취소된 날부터 3

년이 지나지 아니한 경우에도 다시 인증을 줄 수 없도록 하였는바, 이에 대하여는 다른 입법례에서 2년 정도로 하는 경우도 있으나 이 법을 위반하여 인증이 취소된 경우 짧은 기간에 바로 다시 인증해 주는 것을 방지하는 차원에서 3년으로 하였다.

제44조(인증의 취소 등) ① 법무부장관은 인증사업자가 다음 각 호의 어느 하나에 해당하는 경우에는 1년 이내의 기간을 정하여 업무를 정지하거나 인증을 취소할 수 있다. 다만, 제1호에 해당하거나 인증사업자에게 제4호의 사유가 발생한 후 60일이 지났을 때에는 인증을 취소하여야 한다.
  1. 거짓이나 그 밖의 부정한 방법으로 인증을 받은 경우
  2. 제42조제4항에 따른 점검을 정당한 사유 없이 거부한 경우
  3. 업무정지명령을 위반하여 그 정지 기간 중 인증업무를 행한 경우
  4. 제42조제5항의 인증기준에 적합하지 아니하게 된 경우
  5. 다른 사람에게 자기의 성명 또는 상호를 사용하여 제42조에 따른 영업을 하게 하거나 인증서를 대여한 경우
  6. 인증사업자 지정 후 1년 이상 실적이 없는 경우
② 인증사업자는 제1항에 따라 인증이 취소된 경우에는 제42조제3항에 따른 인증서를 반납하여야 한다.
③ 법무부장관은 제1항에 따라 인증을 취소하려면 청문을 하여야 한다.
④ 제1항에 따른 업무의 정지 및 인증의 취소에 관한 절차는 대통령령으로 정한다.

인증사업자가 인증의 기준을 지키지 못하거나 정상적인 영업활동을 하지 못하는 경우에는 영업을 정지하거나 인증을 취소할 수 있다. 특히 거짓이나 그 밖의 부정한 방법으로 인증을 받은 경우나 인증기준에 적합하지 아니하게 되고 60일 이내에 기준을 충족시키는 노력을 하지 않으면 인증을 취소하게 하였다. 감독기관은 인증기준에 부합되는지를 점검할 필요가 있는데 이러한 점검을 정당한 사유 없이 거부한 경우에는 영업정지 처분을 할 수 있을 것이다. 입법례에 따라서는 3회 이상 거부한 경우로 규정되는 경우[46]도 있으나 '정당한 사유 없이' 거부하는 경우를 2번까지 용인할 필요가 있겠는가 하는 차원에서 바로 정지 처분을 가능하도록 하였다.

---

46) 물류정책기본법 제39조제1항 참조

> 제45조(인증사업자에 관한 정보의 공표) 법무부장관은 대체적 분쟁해결을 촉진하고 인증 분쟁해결 업무에 관한 정보를 널리 국민에게 제공하기 위하여 법무부령으로 정하는 바에 따라 인증사업자의 성명 또는 명칭, 주소 및 해당 업무를 취급하는 사무소의 소재지 그리고 해당 업무의 내용 및 그 실시 방법에 관하여 공표할 수 있다.

법무부장관은 인증 분쟁해결 업무에 관한 정보를 널리 국민에게 제공하기 위하여 인증사업자에 관한 정보를 공표할 수 있다고 하였다. 이에 대하여 대통령령으로 할 것인지 법무부령으로 할 것인지에 대하여 생각할 수 있으나, 인증사업자의 성명 또는 명칭이나 업무 내용 등 구체적인 정보를 공표하는 것이므로 법무부령으로 하게 하였다.

> 제46조(변경의 신고) ① 인증사업자는 아래의 변경이 있을 때는 법무부령으로 정하는 바에 따라 지체 없이 법무부장관에게 신고하여야 한다.
> 1. 성명이나 명칭 또는 주소
> 2. 법인의 경우는 정관, 그 밖의 기본약관
> 3. 기타 법무부령으로 정하는 사항

인증사업자에 대한 관리 감독 차원에서 상호나 주소가 변경되거나 정관 등의 변경 시 법무부장관에게 신고하도록 하였다.

> 제47조(업무의 인계·인수 등) ① 인증사업자가 업무의 정지나 인증의 취소로 대체적 분쟁해결 업무를 지속하기 어려울 경우에는 당사자의 동의를 얻어 다른 대체적 분쟁해결 운영기관에게 그 업무를 인계하여야 한다.
> ② 제1항에 따라 업무의 인계를 받은 대체적 분쟁해결 운영기관은 당사자의 동의를 얻어 대체적 분쟁해결 절차를 진행하던 중립인이 계속하게 할 수 있다.
> ③ 제1항에 따른 업무의 인계·인수 등에 필요한 사항은 대통령령으로 정한다.

인증사업자가 업무의 정지나 인증의 취소로 대체적 분쟁해결 업무를 지속하기 어려울 경우 계류된 사건을 어떻게 처리할 것인가 하는 문제가 생길 수 있다. 이 경우 다른 인증사업자에게 업무를 인계하게 할 것인가, 아니면 다른 인증사업자뿐만 아니라 비인증 분쟁해결기관에게도 인계를 허용할 것인가를 고민할 수 있다. 생각건대 인증사업자가 진행하던 절차는 다른 인증사업자에게 인계하도록 하는 것이 인증제도의 취지에 합당할 수 있으나, 시행 초기에는 인증사업자의 숫자가 적을 것이고 또 많다 하더라도 양 당사자의 동의가 있으면 비인증 분쟁해결기관에서도 인계 받을 수 있게 하는 것이 당사자의 의사에 부합하고 분쟁해결의 신속성과 효율성을 기할 수 있을 것이므로, 이 법에 따른 중립인을 확보하고 있으면 비인증 분쟁해결기관에서도 이어서 처리할 수 있게 하는 것이 좋을 것이다.

그런데 인계받은 분쟁해결기관에 등록된 중립인에게 새로 사건을 배당하면 지연의 문제가 발생할 수 있으므로 절차를 진행하던 인증사업자 소속의 중립인이 계속하여 분쟁을 적기에 해결할 수 있도록 보완 규정을 두는 것이 좋을 것이다. 구체적인 인계·인수 등의 절차나 방법은 대통령령으로 하게 하였다.

제48조(인증사업자의 권리·의무 승계 등) ① 인증사업자가 그 사업을 양도하거나 사망한 경우 또는 법인인 인증사업자가 합병한 경우에는 그 양수인이나 상속인 또는 합병 후 존속하는 법인이나 합병에 따라 설립되는 법인은 인증사업자의 권리·의무를 승계한다.
② 제1항에 따라 인증을 받은 자의 지위를 승계한 자는 30일 이내에 법무부장관에게 신고하여야 하다.
③ 제1항에 따라 인증을 받은 자의 지위를 승계한 자는 당사자의 동의를 얻어 대체적 분쟁해결 절차를 진행하던 중립인이 계속하게 할 수 있다.
④ 제2항에 따른 신고에 필요한 사항은 대통령령으로 정한다.

인증사업자가 그 사업을 양도하거나 사망한 경우 또는 법인인 인증사업자가 합병한 경우에 그 인증사업자의 권리·의무를 승계하는 규정을 두었다. 이 경우 역시 계류된 사건을 어떻게 처리할 것인가 하는 문제가 생길 수 있다. 따라서 계류된 사건을 인증을 받은 자의 지위를 승계한 자에 등록된 중립인에게 새로 배당하면 지연의 문제가 발생할 수 있으므로 인증을 받은 자의 지위를 승계한 자는 절차를 진행하던 인증사업자 소속의 중립인이 계속하여 분쟁을 적기에 해결할 수 있도록 하였다.

제49조(사업보고서 등의 제출) 인증사업자는 그 인증 업무에 관하여 매 사업연도 개시 후 3개월 이내에 법무부령으로 정하는 바에 따라 그 사업연도의 사업보고서, 재산목록, 대차대조표 및 손익계산서 등을 작성하여 법무부장관에게 제출하여야 한다.

인증사업자의 사업에 대하여 사업보고서, 재산목록, 대차대조표 및 손익계산서 등을 작성하여 법무부장관에게 제출하게 하면, 대체적 분쟁해결 인증 사업자의 사업 현황 및 대체적 분쟁해결제도의 정착 여부를 파악할 수 있는 것과 동시에 건전한 인증사업자의 양성에도 기여하게 될 것이다.

제50조(보고 및 검사) ① 법무부장관은 법무부령으로 정하는 바에 따라 인증사업자에 대하여 해당 업무의 실시상황에 관한 필요한 보고를 요구하거나, 소속 공무원으로 하여금 해당 사업자의 사무소에 출입하여 업무의 실시상황 또는 장부, 서류 그 밖의 물건을 검사하게 하거나 관계자에게 질문하게 할 수 있다.
② 제1항에 따라 현장검사를 하는 공무원은 그 신분을 나타내는 증표를 휴대하여 이를 관계자에게 제시하여야 한다.

법무부장관은 대체적 분쟁해결 인증사업자에 대하여 해당 업무의 실시상황을 파악하기 위하여 필요한 보고를 요구하거나, 소속 공무원으로 하여금 해당 사업자의 사무소에 출입하여 업무의 실시상황이나 서류 등을 검사하게 하거나 관계자에게 질문하게 할 수 있다. 이는 잘못 이해하면 인증사업자에 대한 간섭으로 생각될 수도 있으나, 인증제도의 건전한 발전을 유도하기 위한 행정 지도적 성격을 띠며 인증사업자가 국가에 의한 행·재정적 지원을 받는 것에 대한 대칭적인 관리 감독의 차원에서 필요하다고 할 수 있다. 이 때 현장검사를 하는 공무원은 그 신분을 나타내는 증표를 휴대하여 관계자에게 제시하여야 하는데, 일부 법령에서는 관계자의 요구가 있을 경우에 증표를 제시하도록 규정하고 있는 경우도 있으나 요구가 있기 전에 출입의 목적과 사유를 설명하면서 스스로 증표를 제시하여야 할 것이다.

제51조(권고 등) ① 법무부장관은 인증사업자에 대하여 제50조의 검사 결과 그 인증 업무의 적정한 운영을 확보하기 위하여 필요하다고 인정할 때에는 기한을 정하여 해당 업무에 관하여 필요한 조치를 취하도록 권고할 수 있다.
② 법무부장관은 제1항의 권고를 받은 인증사업자가 정당한 이유 없이 그 권고와 관련된 조치를 취하지 않을 경우에는 해당 인증사입자에 내하여 그 권고와 관련된 조치를 취할 것을 명할 수 있다.

법무부장관은 인증사업자에 대하여 제50조의 검사 결과 그 인증 업무의 적정한 운영을 확보하기 위하여 필요하다고 인정할 때에는 해당 업무에 관하여 필

요한 조치를 취하도록 권고할 수 있다. 이 때 인증사업자가 정당한 이유 없이 그 권고와 관련된 조치를 취하지 않을 경우에는 해당 인증사업자에 대하여 그 권고와 관련된 조치를 취할 것을 명할 수 있다 할 것이다.

> 제52조(인증사업자에 대한 지원) 법무부장관은 인증사업자에 대하여 예산의 범위 내에서 다음 각 호에 해당하는 사항을 지원할 수 있다.
> 1. 대체적 분쟁해결 업무의 컨설팅
> 2. 대체적 분쟁해결 업무 네트워크 구축
> 3. 대체적 분쟁해결 업무 종사자의 교육 및 복지
> 4. 그 밖에 대체적 분쟁해결 민간사업자 육성을 위하여 대통령령으로 정하는 사항

공공기관이나 법원에 의한 대체적 분쟁해결제도의 활성화도 중요하지만 대체적 분쟁해결제도를 정립하고 장기적 발전을 도모해 나가기 위해서는 민간사업자의 육성을 통하여 대체적 분쟁해결제도가 국민들의 접근성이 용이하고 일상생활에 널리 확산되도록 하여야 할 것이다. 그 도입 초기에는 정부의 예산을 통한 국가적 지원이 광범위하게 이루어져야 할 것이다. 인증을 받은 대체적 분쟁해결 서비스 제공자와 인증을 받지 않은 서비스 제공자와의 차이는 사업의 공신력 외에도 사실상 이러한 예산상의 지원 때문에 인증을 받으려고 할 것이다.

<제4편 공공기관에 의한 대체적 분쟁해결>[47]

> 제53조(대체적 분쟁해결 절차의 개시 신청 등) ① 공공기관의 업무와 관련된 분쟁해결을 위하여 제6조에 따라 대체적 분쟁해결 절차를 신청하고자 하는 자는 해당 법령으로 정하는 각 위원회의 장(이하 "위원장"이라 한다)에게 대통령령으로 정하는 바에 따라 대체적 분쟁해결 신청서를 제출하여야 한다. 이 경우 해당 분쟁의 해결을 위한 위원회가 설치되어 있지 아니한 경우에는 해당 공공기관의 장에게 제출한다.
> ② 공공기관을 분쟁의 일방 당사자로 하는 분쟁해결의 절차에 있어서는 당해

---

47) 제4편 공공기관에 의한 대체적 분쟁해결은 김유환의 "공공기관에 의한 분쟁해결절차에 관한 법률안"의 내용을 참조하고 인용하였다. 위 법안이 공공기관에 설치되어 있는 각종 분쟁해결을 위한 위원회에 대한 규정들을 동 법안에서 통일적으로 규율하려고 하는 것임에 비해서, 이 제정안에서는 각종 위원회 관련 규정을 포함한 개별법들을 그대로 두고 그러한 위원회 외의 중립인을 통한 대체적 분쟁해결 방식을 규율하는 데 차이가 있다고 하겠다.

사건에 대해 결정권을 가지는 공공기관의 장이 당사자가 된다. 이 경우 그 공공기관의 장은 소속공무원 또는 직원을 절차수행자로 지정할 수 있다.
③ 위원장 또는 공공기관의 장이 제1항에 따른 신청서를 받은 때에는 당사자와 협의하여 지체 없이 제21조에 따른 중립인을 선정하여 분쟁해결 절차를 개시할 수 있게 하여야 한다.
④ 제3항에 따른 중립인이 분쟁해결 절차의 개시 신청을 받은 때에는 대통령령으로 정하는 기간 내에 그 절차를 마쳐야 한다.

공공기관의 업무와 관련된 분쟁해결을 이 법의 제6조에 따른 대체적 분쟁해결 절차에 의해 신청하고자 하는 자는 먼저 각 위원회나 공공기관의 장에게 대통령령으로 정하는 바에 따라 대체적 분쟁해결 신청서를 제출하도록 하였다. 공공기관의 경우에 각 위원회나 공공기관의 장에게 신청서를 제출하면, 공공기관 내부에서 자연스럽게 중립인에게 신청서가 전달되기 때문이다. 공공기관을 분쟁의 일방 당사자로 하는 분쟁해결의 절차에 있어서는 당해 사건에 대해 결정권을 가지는 공공기관의 장이 당사자가 되게 함으로써 신속하고도 실질적인 분쟁해결이 가능하게 하였다.

제4항에서는 중립인이 분쟁해결 절차의 개시 신청을 받은 때에는 대통령령으로 정하는 기간 내에 그 절차를 마쳐야 한다고 규정하고 있는바, 입법과정이나 대통령령 마련 과정에서 논의가 있겠지만 분쟁해결의 종류에 관계없이 분쟁해결 처리 기간을 대통령령으로 일률적으로 정하거나 조정, 중재 등의 종류에 따라 통일적으로 규율할 수 있을 것이다. 아니면 분쟁해결의 종류나 사건의 특성에 따라 분쟁해결 운영기관에서 자율적으로 정하도록 하는 방법도 생각해 볼 수 있을 것이다.

제54조(관계기관의 협조) ① 제53조에 따른 중립인은 분쟁해결을 위하여 필요하다고 인정하는 경우 관계 공공기관의 장에 대하여 자료 또는 의견의 제출, 검증 등 필요한 협조를 요청할 수 있다.
② 중립인은 분쟁의 해결을 위하여 관계 공공기관의 장의 시정조치 등 행정조치가 필요하다고 인정하는 경우에는 그러한 행정조치를 취하도록 권고할 수 있다.
③ 제1항 및 제2항에 따른 협조를 요청받거나 권고를 받은 관계 공공기관의 장은 정당한 사유가 없는 한 이에 응하여야 한다.

중립인은 분쟁해결을 위하여 필요하다고 인정하는 경우에는 관계 공공기관의 장에 대하여 자료 또는 의견의 제출, 검증 등 필요한 협조를 요청할 수 있고, 관계 공공기관의 장의 시정조치 등 행정조치가 필요하다고 인정하는 경우에는 그러한 행정조치를 취하도록 권고할 수 있게 하였다. 이에 대하여는 중립인을 위촉한 공공기관의 장이 타 공공기관의 장에게 그러한 협조 요청이나 행정조치를 권고할 수 있게 하는 것이 실효성 면에서 나은 것 아니냐 하는 것과, 또한 해당 공공기관에 의해 위촉된 중립인이 과연 타 공공기관의 장에게 직접 요청할 수 있는 권한을 가질 수 있느냐 하는 논란이 있을 수 있다.

생각건대 중립인이 해당 공공기관의 장에게 의뢰하는 형식을 취하면 중립인과 공공기관의 장 사이에 의견이 다를 경우 문제가 발생할 수 있고, 같은 의견이라 하더라도 그 과정에서 지연의 문제가 생길 수 있다. 또한 중립인의 권한은 단순히 협조 요청이나 권고에 불과하고 '정당한 사유'가 있으면 요청받은 공공기관의 장은 거절할 수가 있다. 따라서 대체적 분쟁해결제도의 활성화를 위해서는 위와 같이 중립인에게 직접 요청 권한을 법률로 부여해주는 것이 바람직하다 할 것이다.

제55조(조사권 등) ① 중립인은 분쟁의 해결을 위하여 필요하다고 인정하는 때에는 당사자가 점유하고 있는 사건과 관련이 있는 장소에 출입하여 관계문서 또는 물건을 조사·열람 또는 복사 하거나 참고인의 진술을 들을 수 있다.
② 중립인은 제1항에 따른 조사 결과를 대체적 분쟁해결의 자료로 할 때에는 당사자의 의견을 들어야 한다.
③ 제1항의 경우에 중립인은 제53조제3항에 따른 공공기관의 장이 발행하고 그 권한을 나타내는 증표를 휴대하여 이를 관계자에게 제시하여야 한다.

중립인은 분쟁의 해결을 위하여 필요하다고 인정하는 때에는 당사자가 점유하고 있는 사건과 관련이 있는 장소에 출입하여 조사하거나 참고인의 진술을 들을 수 있다. 이 경우 중립인은 그 권한을 나타내는 증표를 휴대하여 이를 관계자에게 제시하여야 하는바, 이 때는 공공기관의 장이 발행하고 중립인임을 확인할 수 있는 증표를 제시하도록 하였다.

제56조(정보공개의 특칙) 공공기관에서 이루어진 대체적 분쟁해결 절차에서 당사자의 요청에 의하여 중립인이 비공개하도록 결정한 정보는 공공기관의 정보공개에 관한 법률에 의한 정보공개의 대상이 되더라도 공개하지 아니한다. 다만, 명백히 위법한 행위를 방지하거나 공공의 안전을 위하여 필요한 경우 등 대통령령으로 정하는 경우에는 그러하지 아니하다.

공공기관에서 이루어진 대체적 분쟁해결 절차에서 당사자의 요청에 의하여 중립인이 비공개하도록 결정한 경우에는 공공기관의 정보공개에 관한 법률에 의한 정보공개의 대상이 되더라도 공개하지 아니하도록 하였다. 이는 공공기관에서 이루어지는 대체적 분쟁해결 절차의 신뢰성과 비밀을 보호하기 위한 것으로서 공공기관의 정보공개에 관한 법률 제4조(적용범위)제1항에서 "정보의 공개에 관하여는 다른 법률에 특별한 규정이 있는 경우를 제외하고는 이 법이 정하는 바에 의한다."고 한 규정에 근거를 두고 있다고 할 수 있다.

제56조의 단서와 관련하여 "명백히 위법한 행위를 방지하거나 위법을 입증하기 위하여 필요하거나 공중의 건강과 안전에 대한 위해를 막기 위하여 필요한 경우에는 당해 정보공개심의회의 결정을 거쳐 정보를 공개할 수 있다"로 규정하자는 의견이 있다.[48] 하지만 대체적 분쟁해결 기본법에 따라 공공기관에서 이루어진 대체적 분쟁해결 절차에서 중립인이 비공개하도록 결정한 것에 대하여, 타 법률인 공공기관의 정보공개에 관한 법률에 근거를 두고 있는 정보공개심의회에서 일일이 다시 공개할 수 있도록 하는 여부를 심사하게 한다는 것은 법체계상으로도 문제가 있을 뿐만 아니라 현실적으로도 그 운용상에 어려움이 있게된다. 따라서 이 법의 대통령령에 의해 확실하게 규정하여 줌으로써 다른 기구의 회의 소집과 운영 등에 의해 좌우될 수 있는 지연 방지나 효율성의 문제도 해결할 수 있게 될 것이다.

또한 공공기관에 의한 분쟁해결 절차에서 구두로 설명되거나 전달된 정보의 기록, 녹취, 촬영 자료는 중립인 또는 당사자가 개인적으로 관리하는 자료로

---

48) 김유환, 전게서, 401쪽, 이 의견은 이 법에 따른 대체적 분쟁해결 방식에 의할 경우가 아닌 위원회에서 직접 분쟁해결을 하고자 할 때를 상정한 것이나(제4편 공공기관에 의한 대체적 분쟁해결 모두에 해당한다), 그러한 경우라 할지라도 위원회를 중립인으로 대치해서 같은 상황에 대한 판단을 할 수 있을 것이다.

간주되고 공공기관이 관리하는 공식자료로 인정되지 아니하게 하자는 의견이 있다.[49] 생각건대 행정기관을 포함한 공공기관에서 생성된 정보의 기록, 녹취, 촬영자료 등은 그 자체가 공공기관의 자료로서 자명하다 할 수 있으므로, 이에 대하여는 "중립인이 비공개하도록 결정한 정보는 공공기관의 정보공개에 관한 법률에 의한 정보공개의 대상이 되더라도 공개하지 아니한다"는 일반론에 맡겨 놓아도 충분히 해결되지 않을까 판단된다.

<제5편 법원에 의한 대체적 분쟁해결>

> 제57조(대체적 분쟁해결의 촉진 의무 등) ① 법원은 신속하고 합리적인 분쟁의 해결을 촉진하기 위하여 대법원규칙으로 정하는 바에 따라 대체적 분쟁해결의 이용을 장려하기 위한 다양한 대체적 분쟁해결 프로그램을 마련하고, 법원 외의 대체적 분쟁해결 관련기관에의 효율적인 사건 회부 등 대체적 분쟁해결 연계 시스템 구축 방안을 마련하여야 한다.
> ② 법원은 민사 및 공공기관의 업무와 관련된 모든 사건의 소송 당사자가 소송의 적절한 단계에서 대체적 분쟁해결의 이용을 고려하도록 요구할 수 있다.
> ③ 법원의 요구로 대체적 분쟁해결의 절차가 시작되면 소송절차는 중지된다.

각급 법원은 대법원규칙으로 정하는 바에 따라 신속하고 합리적인 분쟁의 해결을 촉진하기 위하여 대체적 분쟁해결의 이용을 장려하기 위한 다양한 대체적 분쟁해결 프로그램을 마련하도록 함으로써 현재의 민사조정법에 근거한 조정 이외의 다양한 대체적 분쟁해결 프로그램의 개발 의무를 부과하였다.

또 법원은 모든 민사소송의 적절한 단계에서 대체적 분쟁해결의 이용을 고려하도록 당사자에게 요구할 수 있게 하였다. 그런데 여기에서 대체적 분쟁해결의 이용을 고려하도록 하는 법원의 요구에 대한 당사자의 동의가 필요한가에 대하여 논란이 있을 수 있다. 이에 대하여 일본의 민사조정에서는 원칙적으로 당사자의 동의를 필요로 하지 않게 하는 대신 쟁점 정리 후에는 동의가 필요한 것으로 하였고, 프랑스에서는 과거에 동의를 필요로 하지 않은 것에 대한 비판을 반영하여 항시 동의를 필요로 하게 개선한 바 있으며, 미국의 ADR법은 중재에 한하여 동의를 필요로 하게 하되 그 동의가 당사자가 충분히 상황을 파악한 상

---

49) 상게서, 401쪽.

태에서의 동의여야 하고, 동의를 거부하더라도 불이익이 없을 것을 전제로 하고 있다는 점에서 섬세한 미국법의 면모를 알 수가 있다.[50] 우리나라의 민사조정법에 의한 민사조정의 경우에는 법원이 필요하다고 인정하는 경우에는 당사자의 동의가 없이도 법원의 결정에 의해 조정에 회부할 수가 있으나, 민사조정이 아닌 그 밖의 대체적 분쟁해결 절차는 당사자의 동의를 필요로 하는 것이 좋다는 견해가 적지 않으므로 입법 논의 과정에서 당사자의 동의 부분을 보완해주는 것도 검토될 수 있을 것이다.

제3항에서 법원의 요구로 대체적 분쟁해결의 절차가 시작되면 소송절차는 중지되도록 하였는바, 현행 민사조정규칙(대법원규칙)에 의하면 제4조(소송절차와의 관계)제1항에서 "조정의 신청이 있는 사건에 관하여 소송이 계속된 때에는, 수소법원은 결정으로 조정이 종료될 때까지 소송절차를 중지할 수 있다"고 규정하고 있고, 제2항에서는 "법 제6조의 규정에 의하여 소송사건이 조정에 회부된 때에는 그 절차가 종료될 때까지 소송절차는 중지된다."고 규정하고 있다.

한편 법원 밖의 ADR 기관의 발전을 위해서는 법원으로부터의 사건 회부가 원활히 이루어져서 민간형 ADR 기관이 지속적으로 존립할 수 있는 충분한 사건처리 건수와 풍부한 분쟁해결 경험을 가질 수 있는 것이 좋다. 이 제정안에서 민간형 ADR 기관이 인증을 받는 것도 같은 맥락이다. ADR의 발전 초기나 우리나라와 같이 민간형 ADR에 대한 국민들의 인식이나 신뢰수준이 높지 않은 상태에서는 법원으로부터의 사건 회부를 위한 대체적 분쟁해결 연계 시스템 구축이 더욱 필요한 항목이라 할 수 있을 것이다.

> 제58조(대체적 분쟁해결 프로그램 전담 공무원 지정) 법원은 대체적 분쟁해결의 촉진을 위하여 대법원규칙으로 정하는 바에 따라 대체적 분쟁해결 절차에 관하여 지식과 경험이 풍부한 법관이나 법관 외의 법원공무원을 대체적 분쟁해결 프로그램 전담 공무원으로 지정하여야 한다.

각급 법원은 대법원규칙으로 정하는 바에 따라 대체적 분쟁해결 절차에 관하여 지식과 경험이 풍부한 법관이나 법관 외의 법원공무원을 대체적 분쟁해결 프로그램 전담 공무원으로 지정하게 하였다. 대체적 분쟁해결 프로그램 전담 공

---

50) 김상찬, 전게서, 169쪽.

무원을 지정함으로써 대체적 분쟁해결제도의 개발과 정착을 촉진하고, 법원 소속의 중립인 교육이나 관리를 용이하게 할 수 있을 것이다. 또 이들은 지역사회 분쟁해결센터 등 민간형 ADR 기관과의 연계 역할도 할 수 있을 것이다. 이의 지정에는 상응하는 부서 설치나 대체적 분쟁해결 프로그램 전담 공무원으로 지정된 사람에 대하여 인센티브가 수반되는 것이 좋을 것이다.

> 제59조(다양한 대체적 분쟁해결 방식의 제공) 법원은 대체적 분쟁해결의 촉진을 위하여 제2조제1호에 따른 방식 외에 조기중립평가, 간이심리 및 비구속적 중재 등 대법원규칙으로 정하는 바에 따라 다양한 대체적 분쟁해결 방식을 제공할 수 있다.

현재 우리나라의 법원에 의한 대체적 분쟁해결은 대부분을 조정에 한정해 운용하고 있는 실정이다. 이 법안은 대체적 분쟁해결제도의 활성화와 촉진을 위하여 조정, 중재 등의 일반적 방식 외에 법원으로 하여금 조기중립평가(early neutral evaluation),[51] 간이심리(mini-trial)[52] 및 비구속적 중재[53] 등 미국의 법원에서 활용되고 있는 다양한 대체적 분쟁해결프로그램을 제공할 수 있는 근거를 부여하였다. 이와 같은 다양한 대체적 분쟁해결 방식을 제2조제1호에 따라 대통령령으로 규정하게 하여 행정기관을 포함하여 처음부터 다양하게 상정할 것인지, 제59조처럼 추가적으로 법원에서만 가능하도록 할 것인지에 대하여는 추가적인 연구나 법 제정 심의단계에서 심도 있는 논의를 하여야 할 것이다.

그런데 우리나라 법원에서 이루어지는 민사조정은 촉진형 조정과 평가형 조정을 포괄하고 있고 '조정에 갈음하는 결정'은 비구속적 중재에 해당하며, 조정위원 수를 늘리면 간이배심심리와 유사한 배심 조정을 실시할 수가 있으므로,

---

51) 이는 사건 당사자들의 비용이 그리 많이 소비되지 않은 소송의 초기 단계에서 중립적이고 경험이 많은 평가인을 임명하고, 그 평가인으로 하여금 당사자의 주장 및 증거를 확인케 하고 당사자의 강점과 약점을 평가하게 하는 방식이다. 이점인, "재판외 분쟁해결제도: 미국의 ADR을 중심으로", 동아법학 제26권, 1999, 90-93쪽 참조.

52) mini-trial이 거래관계의 유지, 신속성, 대폭적인 비용절감, 엄격한 비밀유지라는 측면에서 국제거래 분쟁의 해결에 유용한 해결책이 될 수 있다는 견해도 있다. 강이수·박종삼, 국제거래분쟁론, 삼영사, 2010, 356-359쪽 참조.

53) 이는 소액사건을 신속하게 처리하기 위해 이용되는 분쟁해결 절차로서 일정한 액수에 미달하는 민사소송에 대하여 법원에서 선임한 중재인의 판정을 거치도록 하고, 이의신청이 있으면 통상의 소송 절차로 돌아가게 한다. 류재철, "소송 외의 대체적 분쟁해결제도(ADR)에 관한 연구", 동의법정 제18권, 2002, 238쪽 참조.

현행의 조정 외에 다른 분쟁해결 절차를 추가하는 것은 실효성이 없고 오히려 절차만을 복잡하게 할 수 있다는 견해가 있다.[54] 이는 현실적인 측면에서 충분히 수긍이 가는 입장이다. 하지만 미국의 경우에도 비슷한 착상을 하였을 것이고, 실제로 미국 연방법원에서의 ADR 활용 상황을 보면[55] 연방지방법원의 ADR 유형 중에서 조정이 전체의 63.08%를 차지하여 가장 많은 이용을 보이고 있음에도 불구하고, 사건의 복잡화·대형화 등에 따른 다양한 분쟁해결 방안들을 제시하고 있는 노력을 참고할 필요는 있는 것으로 보인다. 따라서 이는 법안 심의 과정에서 추가적인 논의가 필요할 것이다.

제60조(대체적 분쟁해결 전치주의) ① 민사 또는 공공기관의 업무와 관련된 사건의 당사자는 대법원규칙으로 정하는 소송물 가액 이하인 사건의 경우에는 법원에 제소하기 전에 이 법에 따른 대체적 분쟁해결 절차를 거쳐야 한다.
② 제1항에 따른 당사자는 이 법에 따른 대체적 분쟁해결 절차를 거친 결과로서의 대체적 분쟁해결 성립이나 불성립에 관한 중립인의 확인서를 대법원규칙으로 정하는 바에 따라 법원에 제출하여야 한다.

민사 또는 공공기관의 업무와 관련된 사건의 당사자는 대법원규칙으로 정하는 소송물 가액 이하인 사건의 경우에는 법원에 제소하기 전에 이 법에 따른 인증사업자나 공공기관 등 대체적 분쟁해결 운영기관에 의해 진행되는 대체적 분쟁해결 절차를 거치도록 하였다.[56] 이 경우 당사자는 대체적 분쟁해결 절차를 거친 결과로서의 대체적 분쟁해결 성립이나 불성립에 관한 중립인의 확인서를 법원에 제출함으로써 입증하여야 한다. 확인서의 발급 방식이나 절차 등은 대법원규칙으로 정하면 될 것이다. 여기에서는 대법원규칙으로 정하는 소송물 가액 이하인 사건에 대해서만 전치주의를 적용하였지만, 법안 심의 과정에서 독일처럼 전치주의를 적용하는 사건의 유형을 규정할 것인가에 대하여도 논의하여야

---

54) 황승태·계인국, 한국형 대체적 분쟁해결(ADR) 제도의 발전 방향에 관한 연구, 사법정책연구총서 2016-04, 대법원 사법정책연구원, 2016. 2, 398쪽.

55) Donna Stienstra, ADR in the Federal District Courts: An Initial Report, Federal Judicial Center, November, 2011.

56) "민사사건에서 조정전치절차를 택하는 경우 반드시 법원의 조정전치절차를 요구할 필요는 없다고 본다. 각 전문분야에 많은 분쟁조정기구가 설치되어 있으므로 어느 조정절차를 거치든지 허용하는 것이 합당할 것이다. ... 국가에서 많은 비용을 투입하여 개설한 각종 분쟁조정기구가 제대로 활용되지 못하고 모든 분쟁사건이 현재와 같이 법원으로 집중되는 것은 국가운영의 효율에 반하는 것이다." 박준서 위원장(서울법원조정센터), 법률신문(입력: 2012-06-04 오후 3:34:19).

할 것이다. 이에 대해서는 조정률이 높은 교통사고나 임대차와 관련된 사건을 전치주의의 대상으로 하자는 의견도 있다. 또 통상적으로 민사단독 관할사건이나 5천만 원 이하인 사건의 경우에 대체적 분쟁해결을 통한 신속한 처리가 긴요하다는 의견도 있다.[57] 이러한 대체적 분쟁해결 전치주의[58]는 법안심의 과정에서 많은 논란을 가져올 것으로 예상된다. 그러나 이를 도입하면 우리나라에 ADR제도를 활성화하고 정착시키기 위해 강력한 수단이 될 것이며, 대체적 분쟁해결 기본법을 도입한다고 해도 그 제도를 얼마나 이용할 것인가에 대한 회의론을 치유할 수 있는 좋은 아이디어가 될 수 있을 것이다.

이에 대해서는 조정전치주의를 찬성하면서도 효율성의 측면에서 소송목적의 값만을 기준으로 그 대상을 삼는 것은 무리가 있으며, 조정성공률이 저조한 사건이나 피고가 다투지 않는 사건 등에 대해서는 조정 전치를 하지 않는 것이 좋다는 의견이 있다.[59] 그 결과 쟁점에 확립된 판례가 있는 사건, 사실관계에 다툼이 없거나 추가적인 심리가 필요치 않은 사건, 일도양단적이지 않고 타협적 해결이 바람직한 사건 등이 조정전치에 맞으며, 구체적으로는 민사소액 사건 중 손해배상 사건과 민사단독 사건 중 교통사고 관련 사건, 임대차 관련 사건 등을 조정전치 사건의 적합한 유형으로 제시하기도 한다.[60] 이는 법원에 접수된 사건의 조정·화해율 등을 고려한 현실적인 분석으로 생각되나, 법원 내의 절차에서 조정 성공률이 높은 것은 조정전치의 대상이 될 수 있고 조정성공률이 낮은 것은 조정전치의 대상으로 하는 것이 적합하지 않다고 하는 전제를 배경으로 하고 있다. 하지만 이는 법원 외의 조정의 의미나 특성에 대한 고려가 충분하지 않은 것으로 생각되고, 지나치게 법원 실무적 관점에서 이루어진 판단인 것으로 보인다. 많은 경우 소액을 사이에 두고 분쟁이 있을 때 가능하면 시간과 비용 및 심리적 부담으로 인하여 법원에 가기 전에 해결을 하려는 경우가 많고, 실제로 법원 절차에 이르기 전에 해결되거나 해결을 포기하는 소액 분쟁의 숫자는 법원에

---

57) 정준영, "가칭 ADR기본법의 제정방향과 선결과제", 언론조정·중재제도와 ADR기본법 제정방향, 언론중재위원회·한국조정학회, 2010. 11. 77쪽.

58) 독일에서는 1999년 민사소송법시행법에 의하여 소액사건, 인인분쟁(隣人紛爭), 언론매체를 제외한 명예훼손분쟁 등에 대하여 각 주의 법률에 따라 조정전치를 의무화할 수 있도록 하였고, 일본은 임대료 증감액 청구 사건과 가사심판법에 의한 가사조정에 대하여 조정전치주의를 채택하였다.

59) 황승태·계인국, 전게서, 372-383쪽.

60) 상게서, 380쪽.

접수되는 사건보다 훨씬 많을 것이라는 것은 사실 조사가 없더라도 충분히 추측할 수 있는 사안이다. 법원 외의 ADR은 법원에 이르기 전의 이러한 사건들을 해결하는 데 도움을 줄 수 있고, 상대적으로 간편한 대체적 분쟁해결이 정착되면 마땅한 분쟁해결제도가 없어서 할 수 없이 법원에 가야 하는 소액분쟁들의 사건 접수까지도 줄이는 데도 영향을 줄 수 있을 것이다.

그런데 대체적 분쟁해결 전치주의를 도입함에 있어 함께 고려해야 할 중요한 변수가 있다. 이는 민간형 ADR 기관과의 효율적인 법원연계 ADR시스템 구축에 관한 것이다. 앞에서 제57조에 법원 외의 분쟁해결 관련기관에의 원활한 사건 회부를 위한 대체적 분쟁해결 법원연계 회부시스템을 구축하는 조문을 마련하였지만, 사건 회부를 위한 법원연계 ADR시스템을 확실히 할 수 있다면 경우에 따라서는 대체적 분쟁해결 전치주의를 구태여 도입하지 않아도 되거나, 대체적 분쟁해결 전치주의와 함께 사건 회부를 위한 법원연계시스템의 동시 구축은 그야말로 강력한 ADR 진작방안이 될 수 있을 것이다.

> 제61조(대체적 분쟁해결 제외 사건) 법원은 제60조에 따라 대법원규칙으로 정하는 소송물 가액 이하인 사건이라 할지라도 대체적 분쟁해결의 이용이 적절하지 않은 사건에 대하여는 대법원규칙으로 정하는 바에 따라 이 법의 적용을 배제할 수 있다.

민사 또는 공공기관의 업무와 관련된 사건이 대법원규칙으로 정하는 소송물 가액 이하인 사건이라 할지라도 그 사건의 성격이나 특성상 대체적 분쟁해결의 이용이 적절하지 않은 사건에 대하여는 대법원규칙으로 정하는 바에 따라 이 법의 적용을 배제하여 줌으로써 전치주의를 도입했을 때 발생할 수 있는 문제점까지 보완하는 안전장치를 마련할 수 있다. 그러한 특성을 가지는 사건은 국민들이 알기 쉽게 대법원규칙으로 유형화 해 주어야 할 것이다.

> 제62조(조정의 전치에 관한 특칙) 가사소송법 제50조제1항의 사건에 관하여 소를 제기한 당사자가 해당 소의 제기 전에 해당 사건에 관하여 이 법에 따른 대체적 분쟁해결 절차의 개시를 신청하고 해당 분쟁해결 절차에 의해서는 당사자 간의 합의가 성립될 가망이 없음을 이유로 그 절차가 종료 되었을 경우에는 가사소송법 제50조의 규정은 적용하지 않는다. 이 경우 수소법원(受訴法

> 院)이 적당하다고 인정할 때는 직권으로 사건을 조정에 회부할 수 있다.

　　가사소송법은 제50조에서 조정전치주의를 채택하고 있다. 따라서 ADR제도를 활성화하고자 하는 입장에서 가사소송법은 상당히 고무적이고 진취적인 법이다. 그러나 해당 소의 제기 전에 해당 사건에 관하여 이 법에 따른 대체적 분쟁해결 절차의 개시를 신청하고 해당 분쟁해결 절차에 의해서는 당사자 간의 합의가 성립될 가망이 없음을 이유로 그 절차가 종료 되었을 경우에는 가사소송에 대하여도 조정전치주의의 예외를 인정하는 규정을 두었다.

> 제63조(소송절차의 중지) ① 민사 또는 공공기관의 업무와 관련된 분쟁에 관하여 소송이 계속되어 있는 경우 다음 각 호의 어느 하나에 해당하는 사유가 있고 해당 당사자의 공동의 신청이 있는 경우에는 수소법원은 4개월 이내의 기간을 정하여 소송절차를 중지하는 취지의 결정을 할 수 있다.
> 1. 해당 분쟁에 관하여 분쟁 당사자 사이에 대체적 분쟁해결 절차가 실시되고 있는 경우
> 2. 제1호가 규정하는 경우 이외에 분쟁 당사자 사이에 대체적 분쟁해결 절차에 의하여 해당 분쟁의 해결을 도모하는 취지의 합의가 있는 경우
> ② 수소법원은 언제라도 전항의 결정을 취소할 수 있다.
> ③ 제1항의 신청을 기각하는 결정 및 제2항에 따라 제1항의 결정을 취소하는 결정에 대하여는 불복할 수 없다.

　　민사 또는 공공기관의 업무와 관련된 분쟁에 관하여 소송이 계속되어 있는 경우에 당사자 사이에 대체적 분쟁해결 절차가 실시되고 있는 경우나 대체적 분쟁해결 절차에 의하여 해당 분쟁의 해결을 도모하는 취지의 합의가 있는 경우에는 수소법원은 4개월 이내의 기간을 정하여 소송절차를 중지하는 취지의 결정을 할 수 있게 하였다. 이에 대해서는 영국법이 1개월을 규정한 바 있고 프랑스에서는 최대 3개월까지로 하되 각각 같은 기간 연장이 가능하도록 하였지만,[61] 여기에서는 최대 4개월까지로 충분한 기간을 부여하되 수소법원은 사건의 종류나 특성에 따라 보다 짧은 기간을 정하여 줄 수 있게 하였다. 입법 과정에서 그 기간의 정도나 연장 여부에 대하여는 추가적인 논의를 할 수 있을 것이다. 또

---

61) 김상찬, 전게서, 171쪽.

수소법원은 언제라도 소송 절차를 중지하는 결정을 취소할 수 있게 하였다.

> 제64조(규칙 제정 권한) 법원에 의한 대체적 분쟁해결의 구체적인 시행을 위하여 필요한 사항에 대하여는 대법원규칙으로 정할 수 있다.

각급 법원에서 대체적 분쟁해결의 구체적인 시행을 위하여 필요한 세부적인 사항에 대하여는 이 법률에 위배되지 않는 범위에서 대법원규칙으로 자율적으로 정하여 운영할 수 있을 것이다.

3. 보칙 및 벌칙

<제6편 보 칙>

> 제65조(소멸시효의 중단) ① 이 법에 따른 대체적 분쟁해결 절차 개시의 신청은 시효중단의 효력이 있다.
> ② 당사자의 신청에 의한 대체적 분쟁해결 사건에 관하여 다음 각 호의 어느 하나에 해당하는 사유가 있는 때에는 1개월 이내에 소를 제기하지 아니하면 시효중단의 효력이 없다.
>   1. 대체적 분쟁해결 절차 개시의 신청이 철회되거나 철회된 것으로 보는 때
>   2. 제16조에 따라 분쟁해결 절차의 종료가 선언된 때

대체적 분쟁해결제도의 활성화를 위하여 대체적 분쟁해결 절차를 신청하면 시효중단의 효력이 있는 것으로 규정하였다. 이에 대해서는 대체적 분쟁해결 절차의 신청만으로 시효중단의 효력이 있게 하면 대체적 분쟁해결 절차를 통한 해결의 진정한 의지가 없이 단순히 시효중단의 효력만을 위하여 동 절차를 남용할 우려가 있으므로, 대체적 분쟁해결 절차가 종료된 후 일정기간 내에 소를 제기하면 신청 시로 소급하여 시효중단의 효력이 생기게 하고 소의 제기가 없으면 시효중단의 효력이 없게 하여야 한다는 견해가 있다.[62] 이는 귀기울여 들을 수 있는 입장이므로 법 제정 시에 반영을 검토할 수 있는 사안이라 할 것이다.

한편 여기에서는 당사자의 신청에 의한 대체적 분쟁해결 사건에 관하여 대

---

62) 김민중, 전게서, 2008. 6, 46-47쪽.

체적 분쟁해결 절차 개시의 신청이 철회되거나 철회된 것으로 볼 수 있는 때나 제16조에 따라 중립인에 의해 분쟁해결 절차의 종료가 선언된 때에는 1개월 이 내에 소를 제기해야 시효중단의 효력이 유지되게 하였다.

> 제66조 (준용규정) 문서의 송달 및 법정이율에 관하여는 「민사소송법」 중 송 달에 관한 규정과 「소송촉진 등에 관한 특례법」 제3조를 각각 준용한다.

이 법안의 집행을 위한 문서의 송달에 관하여는 '민사소송법' 중 송달에 관 한 규정을 준용하고, 법정이율에 관하여는 '소송촉진 등에 관한 특례법' 제3조[63] 를 준용한다.

> 제67조(권한의 위임·위탁) ① 법무부장관은 이 법에 따른 권한의 일부를 대통 령령으로 정하는 바에 따라 시·도지사 또는 시장·군수·구청장(자치구의 구청 장을 말한다)에게 위임할 수 있다.
> ② 법무부장관은 이 법에 따른 업무의 일부를 대통령령으로 정하는 바에 따라 대체적 분쟁해결제도의 발전을 촉진할 목적으로 설립된 기관이나 법인 또는 단체에 위탁할 수 있다.

법무부장관은 이 법에 따른 권한이나 업무의 일부를 대통령령으로 정하는 바에 따라 지방자치단체의 장에게 위임하거나 대체적 분쟁해결 운영기관이나 중립인협회 등 대체적 분쟁해결 관련 기관에게 위탁할 수 있다고 할 것이다.

> 제68조(벌칙 적용 시의 공무원 의제) 제42조에 따른 인증 업무를 수행하는 자 는 「형법」 제129조부터 제132조까지의 규정에 따른 벌칙을 적용할 때에는 공 무원으로 본다.

제42조에 따라 인증을 받은 민간사업자가 형법 제129조(수뢰, 사전수뢰), 제

---

63) 「소송촉진 등에 관한 특례법」제3조(법정이율) ① 금전채무의 전부 또는 일부의 이행을 명하는 판결(심판을 포함한다. 이하 같다)을 선고할 경우, 금전채무 불이행으로 인한 손해배상액 산정의 기준이 되는 법정이율은 그 금전채무의 이행을 구하는 소장(訴狀) 또는 이에 준하는 서면(書面)이 채무자에게 송 달된 날의 다음 날부터는 연 100분의 40 이내의 범위에서 「은행법」에 따른 은행이 적용하는 연체금리 등 경제 여건을 고려하여 대통령령으로 정하는 이율에 따른다. 다만, 「민사소송법」 제251조에 규정된 소 (訴)에 해당하는 경우에는 그러하지 아니하다. ② 채무자에게 그 이행의무가 있음을 선언하는 사실심(事 實審) 판결이 선고되기 전까지 채무자가 그 이행의무의 존재 여부나 범위에 관하여 항쟁(抗爭)하는 것이 타당하다고 인정되는 경우에는 그 타당한 범위에서 제1항을 적용하지 아니한다.

130조(제삼자뇌물제공), 제131조(수뢰후부정처사, 사후수뢰), 제132조(알선수뢰)에 따른 죄를 범한 경우에는 공무원으로 의제하여 처벌하게 하였다.

<제7편 벌 칙>

제69조(벌칙) 다음 각 호의 어느 하나에 해당하는 자는 2년 이하의 징역 또는 1천만 원 이하의 벌금에 처한다.
 1. 제11조제2항에 따른 비밀을 타인에게 누설하거나 직무상 목적 외에 사용한 자
 2. 제24조제2항에 따른 증인, 참고인 또는 감정인으로서 허위의 진술 또는 감정을 한 자
 3. 거짓이나 그 밖의 부정한 방법으로 제42조제1항에 따른 인증을 받은 자
 4. 제42조제4항에 따른 점검을 거부·방해 또는 기피한 자
 5. 제44조제1항에 따른 업무의 정지 기간이나 인증이 취소된 후 해당 업무를 수행한 자
 6. 제56조제1항에 의한 중립인의 출입·조사·열람·복사 또는 참고인의 진술 청취를 정당한 사유 없이 거부 또는 기피하거나 이를 방해한 자

　벌칙을 정할 때는 책임주의와 비례성의 원칙을 염두에 두고 적합하게 이루어져야 할 것이다. 벌칙에는 대체적 분쟁해결 제도를 정립하기 위하여 준수가 필요한 사항에 대하여 이 법이 금지하는 것을 대상으로 하였다. 위반자에 대한 형량을 입법화함에 있어서 2년 이하의 징역 또는 1천만 원 이하의 벌금으로 하여 적정성의 원칙을 고려하였다.[64]

제70조(양벌규정) 법인(법인이 아닌 단체로서 대표자에 대한 규정이 있는 것을 포함한다)의 대표자나 법인 또는 개인의 대리인, 사용인, 그 밖의 종업원이 그 법인 또는 개인의 업무에 관하여 제69조의 위반행위를 하면 그 행위자를 벌하는 외에 그 법인 또는 개인에게도 해당 조문의 벌금형을 과한다. 다만, 법인 또는 개인이 그 위반행위를 방지하기 위하여 해당 업무에 관하여 상당한 주의와 감독을 게을리 하지 아니한 경우에는 그러하지 아니하다.

---

64) 현행 민사조정법 제41조(벌칙)제2항은 "조정위원 또는 조정위원이었던 사람이 정당한 이유 없이 그 직무수행 중에 알게 된 타인의 비밀을 누설한 경우에는 2년 이하의 징역 또는 100만 원 이하의 벌금에 처한다"고 되어 있다. 이 조항은 1990년에 제정된 동 법의 벌칙 부분이 지금까지 개정되지 않은 채 유지되어 온 것으로서 현실성이 부족한 바, 2년 징역형의 경우에는 1천만 원 정도의 징역형 대비 벌금형 액수가 되어야 할 것이다. 향후 민사조정법의 개정 시 고려해야 할 부분이라 할 것이다.

양벌 규정을 둠으로써 법인이나 비법인 인증사업자의 책임감을 환기시키고 대체적 분쟁해결 인증의 공신력을 제고하는 효과를 가질 수 있을 것이다. 이 경우에도 선량한 관리자로서의 주의 의무를 다했다고 인정되는 경우에는 양벌 규정을 적용하지 않아야 할 것이다.

제71조 (과태료) ① 다음 각 호의 어느 하나에 해당하는 자는 500만 원 이하의 과태료에 처한다.
  1. 제28조제2항 및 제50조제1항에 따른 보고를 하지 않거나 허위의 보고를 한 자
  2. 제46조 및 제48조제2항에 따른 신고를 하지 않거나 허위의 신고를 한 자
  3. 제47조에 따른 인계를 하지 않은 자
  4. 제49조에 따른 사업보고서 등을 제출하지 아니 하거나 허위로 제출한자
  5. 제50조제1항에 따른 공무원의 출입·검사 또는 관계자에 대한 질문을 정당한 사유 없이 거부 또는 기피하거나 이를 방해 한 자
  6. 제51조제2항에 따른 명령에 따르지 아니한 자
② 제1항에 따른 과태료는 대통령령으로 정하는 바에 따라 법무부장관이 부과·징수한다.

과태료는 간접적으로 행정상의 질서에 장애를 줄 우려가 있는 정도의 단순한 의무태만에 대하여 과하는 것이므로 제69조의 벌칙 조항보다는 가벼운 법규 위반에 대하여 적정성의 원칙을 고려하여 500만 원 이하로 하였다.

제3절 후속 연구의 방향과 결론

우선 정부에서나 학계에서 우리나라 ADR 법령체계의 정립을 위한 향후의 논의는 여기에서 문제를 제기했던 공공갈등관리 법령체계와 대체적 분쟁해결 법령체계를 통합할 것인가 아니면 별도의 독립적인 제도로 발전시켜 나갈 것인가를 고민해야 할 것이다. 대체적 분쟁해결 법령체계를 개인이나 기업의 이해관계에 따른 재판 외 분쟁해결에 초점을 둔다면 공공갈등관리와는 다른 대체적 분

쟁해결 제도가 독립적으로 논의되고 서로 다른 법령체계를 발전시켜 나갈 수 있을 것이다. 대체적 분쟁해결의 영역에 사적인 이해관계뿐만 아니라 국가를 비롯한 공공기관의 업무와 관련되어 발생할 수 있는 갈등이나 분쟁의 예방과 해결까지도 포함하여 갈등 예방과 분쟁 해결의 동시적 취급에 무게중심을 둔다면 공공갈등관리 및 대체적 분쟁해결에 관한 통합법 체계를 발전시켜 나갈 수 있을 것이다. 대체적 분쟁해결 법령체계에 있어서도 민사나 상사와 같은 사법 영역으로 한정할 것인가 아니면 공공기관의 업무영역까지 할 것인가 나아가서는 형사법의 영역까지도 대체적 분쟁해결을 이용할 수 있도록 확장할 것인가에 대한 논의가 있어야 할 것이다.

이 제정안에서는 민간사업자인 인증사업자를 대체적 분쟁해결 교육기관이자 운영기관으로 상정하고 있다. 하지만 도입 초기에 인증사업자의 운영이 어려울 수 있고 갈등관리 관련 법령체계상의 공공갈등관리지원센터의 설립 여부 및 도입 시의 운영상의 난제 등을 종합적으로 고려할 때, 인증사업자가 대체적 분쟁해결 운영뿐만 아니라 공공갈등관리의 지원센터로서의 역할도 병행할 수 있도록 하는 방안도 생각해 볼 수 있으며, 아니면 별도의 공적인 기관으로서의 공공갈등관리 및 대체적 분쟁해결 지원센터의 설립을 추진할 것이냐 등에 대하여도 충분한 논의와 검토가 있는 것이 좋을 것이다.

또한 공공기관에 의한 대체적 분쟁해결과 관련하여 이 제정안에서는 개별법상의 각종 위원회 관련 규정을 이 법안 속에 통일적으로 규정하여 정비하도록 하지 않고, 개별법의 위원회 관련 규정은 그대로 살려 두면서 추가적으로 이 법이 정한 다양한 대체적 분쟁해결 방식을 통하여 신속하고 탄력적인 분쟁해결을 할 수 있도록 보충적인 규정만을 담았다. 이는 개별법이 규정하고 있는 분쟁의 태양과 해결 절차에 대하여 차이를 인정하고 개별법의 규정방식에도 이미 상당한 입법적 진전이 있음을 감안한 결과이다. 따라서 이 법의 제정 논의 과정이나 제정 후의 연구를 통해서 이러한 개별법들의 위원회 관련 규정을 어떻게 정립해 나갈 것인가에 대한 추가적인 연구가 수반되어야 할 것이다.

현재 우리나라의 법원에 의한 대체적 분쟁해결은 대부분을 민사조정법에 따른 조정에 한정해 운용하고 있는 실정이다. 이 제정안에서는 대체적 분쟁해결 제도의 활성화와 촉진을 위하여 조정, 중재 등의 일반적 방식 외에 법원으로 하여금 조기중립평가(early neutral evaluation), 간이심리(mini-trial) 및 비구속적 중재 등 미국의 법원에서 활용되고 있는 다양한 대체적 분쟁해결프로그램을 제공할 수 있도록 하였다. 그런데 이와 같은 다양한 대체적 분쟁해결 방식을 법원뿐만 아니라 공공기관 등에서도 할 수 있도록 아예 이 법안의 제2조제1호에 따라 대통령령으로 다양하게 상정할 것인지 법원에서만 가능하도록 할 것인지, 아니면 우리나라에서는 이러한 다양한 방식들이 아직은 시기상조인지 등에 대하여 추가적인 연구나 법 제정 심의단계에서 심도 있는 논의가 있어야 할 것이다. 또 법원이 소송사건을 외부 민간형 ADR 기관에 회부하여 처리케 하는 대체적 분쟁해결 법원연계 시스템을 어떻게 개발하고 구축할 것인지에 대하여도 세부적인 연구가 필요할 것이다.

대체적 분쟁해결 절차에 따른 당사자 간의 합의의 효력에 대하여 '민법상 화해'의 효력만을 인정할 것인가, '재판상 화해'의 효력을 인정할 것인가, 아니면 대체적 분쟁해결 방식에 따라 '민법상 화해'나 '재판상 화해'의 효력을 각각 다르게 갖도록 유형화할 것인가의 문제도 검토해야 할 것이다. 민법상의 화해와 같은 효력을 부여하는 경우라 할지라도 집행력의 필요성에 대해서는 대부분이 인정하고 있으므로, 집행력 부분은 절차의 엄격성과 인적 요건 측면에서 별도로 어떤 방식으로 확보 방법을 강구해 주느냐에 따라 대체적 분쟁해결 제도의 성공적인 안착이 좌우될 수 있기 때문에 이들에 대한 논의도 중요한 문제이다.

제정안에서는 민사 또는 공공기관의 업무와 관련된 사건의 경우에 대법원규칙으로 정하는 소송물 가액 이하인 사건에 대하여는 법원에 제소하기 전에 대체적 분쟁해결 절차를 거치도록 하는 대체적 분쟁해결 전치주의를 도입하였는바 이에 대하여도 그 장점과 발생할 수 있는 문제점을 검토하여야 할 것이다.[65] 이러한 대체적 분쟁해결 전치주의는 어차피 대체적 분쟁해결 기본법을 도입하는 마당에 채택할 수 있는 강력한 ADR 활성화 수단이 될 수 있을 것이다.

한편 법률구조(法律救助)는 경제적으로 어려운 분쟁 당사자에게 ADR이 매력적인 선택이 될 수 있도록 보장해 주는 제도로서 영국이나 프랑스에서도 ADR 활성화 수단으로 하고 있다.[66] ADR도 경우에 따라서는 변호사 대리를 필요로 할 때가 있고, 중립인의 보수에 대해서도 부담을 가질 수 있는 저소득층에 대해서는 중립인의 보수 등에 대하여 일정 정도를 부담해 주는 것이 필요할 수 있

---

65) 전병서, "ADR의 확충·활성화에 관한 검토", 변호사 제37권, 2007 참조.
66) 山本和彦, "ADR基本法に関する一試論", ジュリスト, NO.1207, 2001, 26-34面 참조.

다. 이에 대해서는 ADR에 대한 법률구조의 적용 여부나 그 정도 등에 대해서 추가적인 논의가 있어야 할 것이다.

대체적 분쟁해결 제도를 정착 발전시키기 위해서는 ADR 관련 인력을 양성하는 일도 중요하다. 그 중에서도 절차를 진행하는 제3자인 중립인에 대하여 어떻게 제도화하는 것이 좋을 것인가에 대한 논의가 필요하다. 그 자격요건으로 전국적인 통일성을 가진 자격제도를 시행할 것인지 아니면 각 기관에 맡겨 놓을 것인지를 판단해야 할 것이다. 대체적 분쟁해결 절차를 공정하고 합리적으로 진행하기 위하여 갖추어야 할 중립인의 윤리성 문제를 어떻게 확보해 나갈 것인가는 대체적 분쟁해결 제도의 신뢰성과 제도화에 중요한 관건이 될 것이다. 따라서 대통령령으로 정하는 자격교육에는 중립인으로서 갖추어야 할 최소한의 윤리성과 전문성을 요구하는 교육의 이수 시간과 내용이 포함되어야 할 것이다. 법학전문대학원에서 ADR 관련 과목이나 프로그램을 강화하는 방법은 대체적 분쟁해결 제도의 신속한 저변확대에 박차를 가하게 되는 효과를 가져 올 수 있을 것이다.

끝으로 이 제정안에서는 나중의 법안 심사를 위해 부칙 규정은 일부러 생략하였다. 일본의 ADR촉진법에서는 부칙으로 "이 법률은 공포한 날로부터 기산하여 2년 6개월을 넘지 않는 범위 내에서 정령으로 정하는 날부터 시행한다." 라는 규정과 "정부는 이 법률의 시행 후 5년을 경과하였을 때 이 법률의 시행상황에 관하여 검토하고, 필요하다고 인정할 때는 그 결과에 근거하여 필요한 조치를 강구하는 것으로 한다"는 규정을 두어 시행일에 유동성을 부여하고 일정한 기간 경과 후에 법의 시행 상황에 대하여 평가하여 필요한 조치를 취하도록 상정하고 있다. 이러한 입법방식은 대체적 분쟁해결 제도의 입법화에 따른 시행착오를 최소화하기 위한 것으로 보이나, 우리 입장에서 기본법을 제정할 때에도 이러한 방식을 취할 것인가 아니면 일정한 기간이 경과되면 당연히 법률에 대한 검토 과정이 있게 될 것이므로 다른 법률과 같은 정도의 시행일 규정만 두어도 좋을 것인가에 대하여 생각해 볼 필요가 있을 것이다.

대체적 분쟁해결 제도가 도입만 된다고 해서 저절로 분쟁해결에 비용과 시간이 절약되고 소송의 문제점이 모두 해결되는 것은 아니다. 그럼에도 불구하고 우리나라에서 대체적 분쟁해결 제도를 활성화하고 정착시키기 위한 학계의 관심과 실무계의 갈망은 상당히 높은 것으로 판단된다. 그러나 그러한 관심과 노력을 현실에 정착시키기 위한 실무적·입법적 노력이나 성과는 앞의 기대에 비해 상대적으로 낮은 것이 현실이다. 미국을 비롯한 많은 나라들이 대체적 분쟁해결 제도를 발전시키기 위하여 입법적 지원을 꾸준히 강화해 온 사실을 우리는 유념해야 할 것이다.

여기의 대체적 분쟁해결 기본법안은 민간형 ADR을 비롯하여 행정형과 사법형 ADR까지 망라하는 것을 지향하고 있으나, ADR의 모든 영역을 포괄하고 대체적 분쟁해결의 기본법으로서의 명실상부한 지도 원리로 작용하기 위해서는 기본법의 체계와 그 세세한 조문의 내용에 있어서는 더 보완할 부분도 있고 완성도를 더 높일 필요도 있을 것이다. 학문적인 연구는 물론 법제 분야의 실무계와 입법자의 입장에서도 이 기본법안의 완성을 위해 더 정교한 제정안의 마련을 위한 논의를 강화해 나가기를 기대하고 촉구한다.

제4절 대체적 분쟁해결 기본법안 전체 조문

<대체적 분쟁해결 기본법(안)>

제1편 총 칙

제1조(목적) 이 법은 민사 및 공공기관의 업무에 관한 분쟁에 대하여 재판 외의 대체적 분쟁해결제도의 확립을 위한 기본적인 사항을 규정함으로써 신속하고도 합리적인 분쟁해결을 도모하고, 분쟁 당사자가 적합한 대체적 분쟁해결 절차를 용이하게 선택하게 하여 국민의 권리이익 실현에 이바지하는 것을 목적으로 한다.

제2조(정의) 이 법에서 사용하는 용어의 정의는 다음과 같다.
  1. "대체적 분쟁해결"이란 법원의 재판이나 행정심판 등에 의하지 아니하고, 당사자의 동의 또는 합의에 기반하여 중립인의 도움으로 신속하고 합리적으로 분쟁을 해결하는 것으로서 대통령령으로 정하는 절차를 말한다.
  2. "당사자"라 함은 대체적 분쟁해결 절차에 의한 결과로 인해 중대하게 영향을 받을 자로서 대체적 분쟁해결의 신청인 또는 피신청인으로 그 절차에 참여하는 자를 말한다.

3. "이해관계인"이란 대체적 분쟁해결 절차에 의한 결과로 인해 이해관계의 영향을 받을 자로서 대체적 분쟁해결의 신청인 또는 피신청인이 아닌 분쟁해결 절차 참여자를 말한다.
4. "중립인"이란 대체적 분쟁해결에 있어 이 법에 따른 자격 교육을 이수하고 중립인 명부에 등재된 자로서 당사자들을 중립적으로 돕는 역할을 하는 조정인, 중재인 등의 제3자를 말한다.
5. "조정"이란 당사자들의 분쟁해결을 위하여 중립인이 개입하여 자발적 합의를 도출하는 것을 지원하는 대체적 분쟁해결 절차를 말한다.
6. "조정인"이란 조정을 수행하는 중립인을 말한다.
7. "공공기관"이란 중앙행정기관, 지방자치단체와 그 소속 기관 및 그 밖의 공공단체 중 대통령령으로 정하는 기관을 말한다.
8. "위원회"란 그 명칭 여하에 불구하고 공공기관의 업무와 관련된 분쟁해결을 위하여 다른 법령에 의해 해당 공공기관에 설치된 대체적 분쟁해결 절차를 진행하는 합의체를 말한다.

제3조(기본이념) 대체적 분쟁해결은 분쟁 당사자의 자주적인 분쟁해결 노력을 존중하면서 신속·공정하게 실시되고, 중립인의 전문적인 식견을 반영하여 분쟁의 실정에 맞는 합리적인 해결을 도모하는 것이어야 한다.

제4조(국가 등의 책무) ① 국가는 대체적 분쟁해결제도의 확립과 발전을 위하여 대체적 분쟁해결 절차에 관한 국내외의 동향, 그 이용 상황 등에 대한 조사·분석 및 정보의 제공, 대체적 분쟁해결 프로그램의 개발 및 대체적 분쟁해결 관련기관의 육성방안 등을 포함한 종합적인 시책을 세우고 그 시책의 추진에 필요한 행정적·재정적 지원방안 등을 마련하여야 한다.
② 지방자치단체는 대체적 분쟁해결 절차의 보급이 주민복지의 향상에 기여한다는 점에 비추어 국가의 시책에 협조하고 대체적 분쟁해결 절차에 관한 정보의 제공과 그 밖에 필요한 행정적·재정적 지원조치를 하여야 한다.

제5조(다른 법률과의 관계) 대체적 분쟁해결에 관하여 다른 법률에 특별한 규정이 있는 경우를 제외하고는 이 법이 정하는 바에 따른다.

제2편 대체적 분쟁해결

제1장 통 칙

제6조(절차의 신청) ① 민사 또는 공공기관의 업무에 관한 분쟁해결을 위하여 이 법에 따른 대체적 분쟁해결 절차의 개시를 신청하고자 하는 자는 중립인에게 신청서를 제출하여

야 한다.

② 제1항에 따른 신청서의 기재 사항은 제20조에 따른 대체적 분쟁해결 운영기관이 정하는 바에 따른다.

제7조(신청의 각하 등) ① 복수의 중립인 중 대체적 분쟁해결 절차를 주재하는 책임이 있는 중립인(이하 "책임중립인"이라 한다)은 제6조제1항에 따른 대체적 분쟁해결 절차 개시의 신청이 부적법 또는 부적절하다고 인정되는 경우에는 상당한 기간을 정하여 그 기간 내에 흠을 바로 잡을 것을 권고할 수 있다.

② 책임중립인은 대체적 분쟁해결 절차의 신청인이 제1항에 따른 권고에 불응하거나 흠을 바로잡을 수 없는 경우에는 결정으로 신청을 각하할 수 있다.

③ 책임중립인은 신청인이 법원의 재판 또는 이 법에 따른 대체적 분쟁해결 절차를 거치고 있는 경우에는 대체적 분쟁해결 절차 개시의 신청을 결정으로 각하할 수 있다.

제8조(절차의 통합) 대체적 분쟁해결 절차를 진행하는 중립인은 동일한 사안에 대하여 다수의 분쟁해결 절차의 개시가 신청된 경우에는 그 다수의 신청을 통합하여 분쟁해결 절차를 진행할 수 있다.

제9조(대체적 분쟁해결의 효력) ① 이 법에 따른 대체적 분쟁해결 절차의 결과 당사자 간의 합의가 성립된 경우(중재에 의한 경우를 제외한다)에는 민법상 화해의 효력이 있다.

② 제1항에도 불구하고 다른 법령에 따라 공공기관에 의한 대체적 분쟁해결 절차에서 당사자 간의 합의가 성립된 경우(중재에 의한 경우를 제외한다)에는 그 근거가 되는 다른 법령이 분쟁해결의 효력에 대해 별도로 규정하는 바에 따른다.

제10조(감정 등의 비용부담) ① 대체적 분쟁해결 절차에서의 감정·진단·시험 등에 소요되는 비용은 당사자 간에 특별한 합의가 없으면 당사자가 각자 부담하여야 한다.

② 중립인은 필요하다고 인정하는 경우 대통령령으로 정하는 바에 따라 당사자로 하여금 제1항에 따른 비용을 예납하게 할 수 있다.

③ 제1항에 따른 비용의 범위 등에 관하여 세부적인 규율이 필요한 경우 제20조에 따른 대체적 분쟁해결 운영기관은 내부 규정을 정할 수 있다.

제11조(절차의 비공개 등) ① 이 법에 의한 대체적 분쟁해결 절차는 당사자가 승인하는 경우를 제외하고는 공개하지 아니한다.

② 당사자와 중립인, 공공기관의 공무원 또는 직원 등으로서 이 법에 따른 분쟁해결 절차에 관여하였던 자와 그 지원업무에 종사하였던 자 및 이해관계인이나 증인·참고인·감정인 등으로 분쟁해결 절차에 참여하였던 자는 다른 법률에 특별한 규정이 있는 경우를 제외하고는 그 대체적 분쟁해결 절차상 알게 된 비밀을 타인에게 누설하거나 직무상 목적 외에 사용하여서는 아니 된다.

제2장 대체적 분쟁해결 절차의 참가자

제1절 당사자 등

제12조(당사자의 의무) 당사자는 대체적 분쟁해결 절차의 원활한 진행과 신속하고도 합리적인 분쟁해결을 위해 성실하게 노력하여야 하며, 대체적 분쟁해결 절차의 결과에 따른 자신의 의무를 이행하여야 한다.

제13조(대표당사자) ① 당사자가 다수인 경우에는 그 중에서 1인 또는 소수의 대표자(이하 '대표당사자'라 한다)를 선정할 수 있다.

② 대체적 분쟁해결 절차를 진행하는 중립인은 당사자가 제1항에 따른 대표당사자를 선정하지 아니한 경우에 필요하다고 인정할 때에는 당사자들에게 대표자를 선정할 것을 권고할 수 있다.

③ 대표당사자가 선정된 때에는 다른 당사자들은 그 대표당사자를 통하여서만 그 사건에 관한 행위를 할 수 있다.

④ 대표당사자는 다른 신청인 또는 피신청인을 위하여 그 사건의 분쟁해결에 관한 모든 행위를 할 수 있다. 다만, 신청의 철회 및 조정안 등 분쟁해결안의 수락은 다른 당사자들의 서면에 의한 동의를 얻어야 한다.

⑤ 대표당사자를 선정한 당사자들은 필요하다고 인정하는 경우에는 대표당사자를 해임하거나 변경할 수 있다. 이 경우 당사자들은 그 사실을 지체 없이 중립인에게 통지하여야 한다.

제14조(피신청인의 경정) ① 중립인(복수의 중립인일 경우에는 제13조에 따른 책임중립인을 말한다. 이하 이 조에서 같다)은 대체적 분쟁해결의 신청인이 피신청인을 잘못 지정하였을 경우에는 신청인의 신청이나 중립인의 권고에 의하여 피신청인의 경정을 승인할 수 있다.

② 중립인은 제1항에 따른 승인을 한 경우 이를 당사자와 새로운 피신청인에게 통보하여야 한다.

③ 제1항에 따른 승인이 있는 때에는 종전의 피신청인에 대한 절차개시 신청은 철회되고 새로운 피신청인에 대한 신청이 제1항에 따른 경정 신청이 있은 때에 있는 것으로 본다.

제15조(대리인) ① 당사자는 다음 각 호에 해당하는 자를 대리인으로 선임할 수 있다.
  1. 당사자의 배우자, 직계존비속 또는 형제자매
  2. 당사자인 법인의 임직원
  3. 변호사
② 대리인의 권한은 서면으로 정하여야 한다.
③ 제1항제1호 또는 제2호의 자를 대리인으로 선임하는 당사자는 중립인에게 그 사실과 대리인의 권한을 서면으로 통보하여야 한다.
④ 대리인은 다음 각 호의 행위에 대하여는 당사자로부터 특별히 위임을 받아야 한다.
  1. 신청의 철회

2. 조정안 등 분쟁해결안의 수락

제16조(당사자의 불출석) ① 대체적 분쟁해결의 신청인 또는 피신청인이 사전에 중립인의 허가를 받지 않거나 천재지변 등 대통령령으로 정하는 정당한 사유 없이 통보된 분쟁해결 절차 기일에 출석하지 않으면 대체적 분쟁해결을 위한 합의를 철회한 것으로 본다. 이 경우 중립인은 분쟁해결 절차의 종료를 선언하여야 한다.

② 제1항에 따라 분쟁해결 절차의 종료를 선언하는 경우 중립인은 그 사유를 당사자에게 통보하여야 한다.

③ 제1항에 따른 분쟁해결 절차 기일 불출석의 효과에 대해서는 분쟁해결 절차 기일 통보 시 양 당사자에게 미리 고지하여야 한다.

제17조(절차에의 참가) ① 사건이 대체적 분쟁해결 절차에 계류되고 있는 경우에 동일한 사유로 그 분쟁해결 절차에 참가하고자 하는 자는 책임중립인의 승인을 얻어 당사자로서 해당 절차에 참가할 수 있다.

② 당사자가 아닌 자로서 당해 분쟁과 이해관계가 있는 자는 책임중립인의 승인을 얻어 이해관계인으로서 해당 절차에 참가할 수 있다.

③ 제1항 및 제2항의 경우에 책임중립인은 승인 여부를 결정하는 당시의 당사자들로부터 동의를 얻은 후 승인을 하여야 한다.

제2절 중 립 인

제18조(중립인의 자격 등) ① 중립인이 되고자 하는 자는 대통령령으로 정하는 자격 교육을 이수하여야 한다. 공공기관이나 법원에 의한 대체적 분쟁해결을 위하여 법령에 따른 당연직으로 중립인의 역할을 하는 경우에는 예외로 한다.

② 제1항에 따른 교육은 법원, 제42조에 따라 법무부장관이 인증하는 대체적 분쟁해결기관 기타 대통령령으로 정하는 기관에서 시행할 수 있다.

제19조(중립인 결격사유) 다음 각 호의 어느 하나에 해당하는 사람은 중립인이 될 수 없다.
1. 파산선고를 받고 복권되지 아니한 사람
2. 금치산 또는 한정치산의 선고를 받은 사람
3. 법원의 판결 또는 법률에 따라 자격이 정지된 사람
4. 금고 이상의 실형을 선고받고 그 집행이 끝나거나(끝난 것으로 보는 경우를 포함한다) 그 집행을 받지 아니하기로 확정된 후 3년이 지나지 아니한 사람
5. 금고 이상의 형의 집행유예를 선고받고 그 유예기간 중에 있는 사람

제20조(중립인 명부) 법원, 제42조에 따라 법무부장관이 인증하는 대체적 분쟁해결기관 기타 대통령령으로 정하는 바에 따라 대체적 분쟁해결 절차를 운영하는 기관(이하 "대체적 분쟁해결 운영기관"이라 한다)은 대통령령 또는 대법원규칙으로 정하는 바에 따라 중립인에 대한 명부를 작성하여 일반인이 쉽게 알 수 있도록 홈페이지 등에 게시하고 법무부장관

에게 통보하여야 한다.

제21조(중립인의 선정절차 등) ① 제20조에 따른 대체적 분쟁해결 운영기관은 대통령령 또는 대법원규칙으로 정하는 바에 따라 중립인 명부에서 중립인을 선정할 수 있는 절차를 마련하여야 한다.

② 중립인은 당사자 간에 다른 합의가 없으면 복수로 선정함을 원칙으로 하며, 복수로 할 경우에는 홀수로 한다.

③ 제2항에도 불구하고 당사자 간에 다른 합의가 없으면 조정인인 중립인의 경우에는 1명을 원칙으로 한다.

④ 위원회 외에 대체적 분쟁해결 절차를 운영하고자 하는 공공기관은 법령에 의한 당연직을 제외하고 제20조에 따른 중립인 명부에서 중립인을 임명 또는 위촉하여야 한다.

제22조(중립인의 제척, 기피, 회피) ① 임명 또는 위촉된 중립인은 다음 각 호의 1에 해당하는 경우에는 당해 사건의 대체적 분쟁해결 절차에서 제척된다.

  1. 중립인 또는 그 배우자나 배우자이었던 자가 당해 사건의 당사자가 되거나 당해 사건에 관하여 공동의 권리자 또는 의무자의 관계에 있는 경우
  2. 중립인이 당해 사건의 당사자와 친족이거나 친족이었던 경우
  3. 중립인이 당해 사건에 관하여 증언이나 감정, 법률자문을 한 경우
  4. 중립인이 당해 사건에 관하여 당사자의 대리인으로서 관여하거나 관여하였던 경우
  5. 중립인이 당해 사건의 원인이 된 처분 또는 부작위에 관여한 경우

② 제1항에도 불구하고 그 제척 사유가 모든 당사자에게 서면으로 공개되고 모든 당사자가 그 중립인의 활동에 동의하는 경우에는 예외로 한다.

③ 책임중립인은 당해 절차의 중립인 중에 제1항의 사유가 있는 때에는 직권으로 제척의 결정을 하여야 한다. 책임중립인에게 제1항 또는 제4항의 사유가 있는 때에는 다른 중립인 중 연장자가 제척의 결정을 할 수 있다.

④ 제1항 외의 사유로 대체적 분쟁해결의 공정을 기대하기 어려운 중립인이 있을 경우에는 당사자는 책임중립인에게 서면으로 기피신청을 할 수 있다. 이 경우 책임중립인은 기피신청이 이유 있다고 인정되는 경우에는 분쟁해결 절차를 진행하는 전체 중립인의 의결을 거치지 아니하고 그 중립인을 제척한다.

⑤ 제4항의 기피신청이 분쟁해결 절차의 지연을 목적으로 하는 것이 분명한 것으로 인정되는 경우에는 책임중립인의 결정으로 기피신청을 각하한다.

⑥ 중립인이 제1항 또는 제4항의 사유에 해당하는 경우에는 책임중립인의 허가를 받아 당해 절차에서 회피할 수 있다.

제23조(중립인의 공정성) 중립인은 대체적 분쟁해결 절차에서 당사자의 합의를 지원함에 있어 독립적이며 공정하여야 한다.

제24조(중립인의 직권조사 등) ① 중립인은 필요한 경우 직권으로 사실관계를 조사할 수 있다.

② 당사자의 합의가 있는 경우 중립인은 증인·참고인·감정인 등의 진술을 들을 수 있다.

제25조(중립인의 책임 면제) 중립인은 대체적 분쟁해결 절차 및 결과와 관련하여 형사상 범죄행위를 제외하고는 어떠한 민형사상 책임을 지지 않는다.

제26조(중립인에 대한 수당 등) ① 중립인에 대한 수당 등은 법령에 의하여 법원이나 공공 기관이 부담하는 경우를 제외하고 당사자 간 별도의 합의가 없으면 당사자 각자 부담으로 한다.
② 중립인 명부를 유지하는 대체적 분쟁해결 운영기관은 대통령령으로 정하는 바에 따라 대체적 분쟁해결 절차에 소요되는 행정비용과 중립인에 대한 수당 등을 당사자가 알기 쉽 게 홈페이지 등에 게시하여야 한다.

제27조(협회의 설립) ① 대체적 분쟁해결제도의 건전한 발전과 중립인의 자질 향상, 교육 훈련 등을 위하여 중립인은 중립인협회(이하 "협회"라 한다)를 설립할 수 있다.
② 협회는 법인으로 한다.
③ 협회는 주된 사무소의 소재지에서 설립등기를 함으로써 성립한다.
④ 협회 회원의 자격과 임원에 관한 사항 등은 정관으로 정한다.
⑤ 협회의 설립 절차, 정관의 기재 사항과 기타 협회의 업무 및 감독에 필요한 사항은 대통 령령으로 정한다.

제28조(건의와 자문 등) ① 협회는 대체적 분쟁해결제도에 관한 사항에 대하여 정부에 건 의할 수 있고, 대체적 분쟁해결제도에 관한 정부의 자문에 응하여야 한다.
② 협회는 회원 또는 회원 자격을 가진 중립인이 이 법을 위반한 사실을 발견하면 그 내용 을 확인하여 대통령령으로 정하는 바에 따라 법무부장관에게 보고하여야 한다.

제29조(「민법」의 준용) 협회에 관하여 이 법에 규정된 사항을 제외하고는 「민법」 중 사단법 인에 관한 규정을 준용한다.

제3장 조 정

제30조(조정합의) ① 민사 또는 공공기관의 업무에 관한 분쟁의 당사자는 당사자 간에 이 미 발생하였거나 장래 발생할 수 있는 분쟁의 전부 또는 일부를 조정에 의하여 해결하도록 하는 합의(이하 "조정합의"라 한다)를 할 수 있다.
② 조정합의는 독립된 합의 또는 계약에 조정 조항을 포함하는 형식으로 할 수 있다.
③ 분쟁을 조정에 회부하기로 하는 당사자의 합의는 구술 또는 서면으로 할 수 있다

제31조(제소와 조정합의) 분쟁을 조정절차에 회부하기로 합의한 경우에도 조정절차의 어 느 단계에서든 법원에 소를 제기할 수 있다.

제32조(조정신청서) ① 조정절차의 개시를 원하는 당사자는 조정신청서를 작성하여 조정인에게 제출하여야 한다.

② 조정신청서에는 당사자, 분쟁의 대상, 조정합의의 내용을 적어야 한다.

제33조(다수 당사자의 조정절차) ① 공동의 이해관계를 가진 다수 당사자가 있는 경우에 조정신청서는 대통령령으로 정하는 바에 따라 각 당사자에게 개별적으로 송부되어야 한다. 다만, 제13조에 따른 대표당사자가 있는 경우에는 그러하지 아니한다.

② 조정신청서가 송부된 당사자 전원이 조정절차에 동의하지 않는 경우 조정절차는 동의한 당사자 사이에서만 진행된다.

제34조(조정인의 선정) 당사자 간에 합의하면 조정인은 국적에 관계없이 선정될 수 있다.

제35조(조정절차의 개시) ① 조정절차는 신청인의 조정신청에 대해 상대방이 동의한 경우에 시작된다.

② 동의의 의사표시는 서면, 팩스, 이메일 등을 통하여 할 수 있다.

③ 상대방이 조정절차에 응한 경우에는 동의의 의사표시가 있는 것으로 본다.

④ 상대방이 신청인이 제시한 기한 내에 답변하지 않거나, 기한을 제시하지 않은 경우에는 조정 신청 후 10일 이내에 답변하지 않으면 조정에 동의하지 아니하는 것으로 본다.

제36조(조정절차의 진행) ① 당사자는 조정절차에서 동등한 대우를 받아야 하며, 자신의 사안에 대해 충분히 진술할 기회를 부여받아야 한다.

② 당사자는 구술 방식으로 할 것인지 또는 서면으로만 조정을 할 것인지 등 조정절차의 진행 방식에 관하여 합의할 수 있다.

③ 당사자의 합의가 없는 경우 조정인은 공정하고 합리적인 방식에 따라 조정절차를 진행한다.

제37조(조정의 성립) ① 조정인은 조정의 어느 단계에서든 조정안을 제시할 수 있다.

② 조정인은 당사자가 조정안에 대해 의견을 제시할 수 있는 기회를 부여하여야 한다.

③ 조정인은 조정안에 대해 당사자에게 합의를 강요해서는 안 된다.

④ 조정안을 당사자에게 제시한 이후 1주 내에 당사자가 반대의견을 제시하지 않으면 조정이 성립된 것으로 본다.

⑤ 조정서는 서면으로 작성하며, 조정인과 당사자(제13조제4항에 따라 대표 당사자가 다른 당사자들의 서면에 의한 동의를 받았을 경우에는 대표당사자)가 모두 서명하여야 한다. 다만, 3명 이상의 조정인으로 구성된 경우에는 과반수에 미달하는 일부 조정인에게 서명할 수 없는 사유가 있을 때에는 다른 조정인이 그 사유를 적어야 한다.

⑥ 조정서에는 이유를 기재할 필요가 없다.

제38조(조정서의 경정) 조정서에 오기 기타 이와 유사한 경미한 오류가 있는 경우 조정인은 직권으로 또는 당사자의 신청에 의해 이를 경정할 수 있다.

제39조(조정절차의 종료) ① 조정절차는 다음 각 호의 사유에 의해 종료한다.
1. 조정이 성립되거나 불성립이 확정된 경우
2. 신청인이 신청을 철회한 경우
3. 당사자가 조정절차의 종료에 합의한 경우
4. 조정인이 조정절차의 진행이 불필요하거나 불가능하다고 인정한 경우
5. 조정사건에 대해 법원에 소가 제기된 경우
② 조정인은 제1항에 따른 조정절차 종료에 관해 조서를 작성하여야 한다.

제40조(조정서의 집행) ① 당사자는 법원에 조정서의 집행을 신청할 수 있다.
② 법원은 조정서의 집행에 대한 결정을 내릴 수 있다.

제41조(조정절차의 신뢰성) 조정절차에서 행해진 당사자나 이해관계인의 진술 및 제출 자료는 재판 등 이후의 어떠한 절차에서도 원용될 수 없다. 다만, 법률로 공개가 의무화되어 있거나 당사자 사이에 다른 합의가 있는 경우에는 그러하지 아니하다.

제3편 민간사업자에 의한 대체적 분쟁해결

제42조(대체적 분쟁해결 민간사업자에 대한 인증 등) ① 법무부장관은 대체적 분쟁해결을 업무로 하는 민간사업자에 대하여 대체적 분쟁해결 민간사업자의 인증(이하 "인증"이라 한다)을 할 수 있다.
② 인증을 받으려는 민간사업자는 법무부장관에게 신청하여야 한다.
③ 법무부장관은 제1항에 따라 인증을 받은 민간사업자(이하 "인증사업자"라 한다)에 대하여는 인증서를 발급할 수 있다.
④ 법무부장관은 인증사업자가 제5항에 따른 인증기준에 적합하게 유지하는지를 점검할 수 있다.
⑤ 인증사업자 지정을 위한 인증기준·신청절차·점검 등에 필요한 사항은 대통령령으로 정한다.

제43조(인증의 결격사유) 법무부장관은 인증을 받으려는 자가 다음 각 호의 어느 하나에 해당하는 경우에는 인증을 하여서는 아니 된다.
1. 미성년자·피성년후견인 또는 피한정후견인
2. 파산선고를 받고 복권되지 아니한 자
3. 금고 이상의 실형을 선고받고 그 집행이 끝나거나(끝난 것으로 보는 경우를 포함한다) 그 집행을 받지 아니하기로 확정된 후 2년이 지나지 아니한 자
4. 금고 이상의 형의 집행유예를 받고 그 집행유예 기간 중에 있는 자
5. 법인의 대표자를 포함한 임원 중 제3호부터 제4호까지에 해당하는 사람이 있는 경우
6. 제44조에 따라 인증이 취소된 날부터 3년이 지나지 아니한 경우

제44조(인증의 취소 등) ① 법무부장관은 인증사업자가 다음 각 호의 어느 하나에 해당하는 경우에는 1년 이내의 기간을 정하여 업무를 정지하거나 인증을 취소할 수 있다. 다만, 제1호에 해당하거나 인증사업자에게 제4호의 사유가 발생한 후 60일이 지났을 때에는 인증을 취소하여야 한다.

   1. 거짓이나 그 밖의 부정한 방법으로 인증을 받은 경우
   2. 제42조제4항에 따른 점검을 정당한 사유 없이 거부한 경우
   3. 업무정지명령을 위반하여 그 정지 기간 중 인증업무를 행한 경우
   4. 제42조제5항의 인증기준에 적합하지 아니하게 된 경우
   5. 다른 사람에게 자기의 성명 또는 상호를 사용하여 제42조에 따른 영업을 하게 하거나 인증서를 대여한 경우
   6. 인증사업자 지정 후 1년 이상 실적이 없는 경우

② 인증사업자는 제1항에 따라 인증이 취소된 경우에는 제42조제3항에 따른 인증서를 반납하여야 한다.
③ 법무부장관은 제1항에 따라 인증을 취소하려면 청문을 하여야 한다.
④ 제1항에 따른 업무의 정지 및 인증의 취소에 관한 절차는 대통령령으로 정한다.

제45조(인증사업자에 관한 정보의 공표) 법무부장관은 대체적 분쟁해결을 촉진하고 인증 분쟁해결 업무에 관한 정보를 널리 국민에게 제공하기 위하여 법무부령으로 정하는 바에 따라 인증사업자의 성명 또는 명칭, 주소 및 해당 업무를 취급하는 사무소의 소재지 그리고 해당 업무의 내용 및 그 실시 방법에 관하여 공표할 수 있다.

제46조(변경의 신고) ① 인증사업자는 아래의 변경이 있을 때는 법무부령으로 정하는 바에 따라 지체 없이 법무부장관에게 신고하여야 한다.
   1. 성명이나 명칭 또는 주소
   2. 법인의 경우는 정관, 그 밖의 기본약관
   3. 기타 법무부령으로 정하는 사항

제47조(업무의 인계·인수 등) ① 인증사업자가 업무의 정지나 인증의 취소로 대체적 분쟁해결 업무를 지속하기 어려울 경우에는 당사자의 동의를 얻어 다른 대체적 분쟁해결 운영기관에게 그 업무를 인계하여야 한다.
② 제1항에 따라 업무의 인계를 받은 대체적 분쟁해결 운영기관은 당사자의 동의를 얻어 대체적 분쟁해결 절차를 진행하던 중립인이 계속하게 할 수 있다.
③ 제1항에 따른 업무의 인계·인수 등에 필요한 사항은 대통령령으로 정한다.

제48조(인증사업자의 권리·의무 승계 등) ① 인증사업자가 그 사업을 양도하거나 사망한 경우 또는 법인인 인증사업자가 합병한 경우에는 그 양수인이나 상속인 또는 합병 후 존속하는 법인이나 합병에 따라 설립되는 법인은 인증사업자의 권리·의무를 승계한다.
② 제1항에 따라 인증을 받은 자의 지위를 승계한 자는 30일 이내에 법무부장관에게 신고하여야 하다.

③ 제1항에 따라 인증을 받은 자의 지위를 승계한 자는 당사자의 동의를 얻어 대체적 분쟁해결 절차를 진행하던 중립인이 계속하게 할 수 있다.

④ 제2항에 따른 신고에 필요한 사항은 대통령령으로 정한다.

제49조(사업보고서 등의 제출) 인증사업자는 그 인증 업무에 관하여 매 사업연도 개시 후 3개월 이내에 법무부령으로 정하는 바에 따라 그 사업연도의 사업보고서, 재산목록, 대차대조표 및 손익계산서 등을 작성하여 법무부장관에게 제출하여야 한다.

제50조(보고 및 검사) ① 법무부장관은 법무부령으로 정하는 바에 따라 인증사업자에 대하여 해당 업무의 실시상황에 관한 필요한 보고를 요구하거나, 소속 공무원으로 하여금 해당 사업자의 사무소에 출입하여 업무의 실시상황 또는 장부, 서류 그 밖의 물건을 검사하게 하거나 관계자에게 질문하게 할 수 있다.

② 제1항에 따라 현장검사를 하는 공무원은 그 신분을 나타내는 증표를 휴대하여 이를 관계자에게 제시하여야 한다.

제51조(권고 등) ① 법무부장관은 인증사업자에 대하여 제50조의 검사 결과 그 인증 업무의 적정한 운영을 확보하기 위하여 필요하다고 인정할 때에는 기한을 정하여 해당 업무에 관하여 필요한 조치를 취하도록 권고할 수 있다.

② 법무부장관은 제1항의 권고를 받은 인증사업자가 정당한 이유 없이 그 권고와 관련된 조치를 취하지 않을 경우에는 해당 인증사업자에 대하여 그 권고와 관련된 조치를 취할 것을 명할 수 있다.

제52조(인증사업자에 대한 지원) 법무부장관은 인증사업자에 대하여 예산의 범위 내에서 다음 각 호에 해당하는 사항을 지원할 수 있다.
  1. 대체적 분쟁해결 업무의 컨설팅
  2. 대체적 분쟁해결 업무 네트워크 구축
  3. 대체적 분쟁해결 업무 종사자의 교육 및 복지
  4. 그 밖에 대체적 분쟁해결 민간사업자 육성을 위하여 대통령령으로 정하는 사항

제4편 공공기관에 의한 대체적 분쟁해결

제53조(대체적 분쟁해결 절차의 개시 신청 등) ① 공공기관의 업무와 관련된 분쟁해결을 위하여 제6조에 따라 대체적 분쟁해결 절차를 신청하고자 하는 자는 해당 법령으로 정하는 각 위원회의 장(이하 "위원장"이라 한다)에게 대통령령으로 정하는 바에 따라 대체적 분쟁해결 신청서를 제출하여야 한다. 이 경우 해당 분쟁의 해결을 위한 위원회가 설치되어 있지 아니한 경우에는 해당 공공기관의 장에게 제출한다.

② 공공기관을 분쟁의 일방 당사자로 하는 분쟁해결의 절차에 있어서는 당해 사건에 대해 결정권을 가지는 공공기관의 장이 당사자가 된다. 이 경우 그 공공기관의 장은 소속공무원

또는 직원을 절차수행자로 지정할 수 있다.

③ 위원장 또는 공공기관의 장이 제1항에 따른 신청서를 받은 때에는 당사자와 협의하여 지체 없이 제21조에 따른 중립인을 선정하여 분쟁해결 절차를 개시할 수 있게 하여야 한다.

④ 제3항에 따른 중립인이 분쟁해결 절차의 개시 신청을 받은 때에는 대통령령으로 정하는 기간 내에 그 절차를 마쳐야 한다.

제54조(관계기관의 협조) ① 제53조에 따른 중립인은 분쟁해결을 위하여 필요하다고 인정하는 경우 관계 공공기관의 장에 대하여 자료 또는 의견의 제출, 검증 등 필요한 협조를 요청할 수 있다.

② 중립인은 분쟁의 해결을 위하여 관계 공공기관의 장의 시정조치 등 행정조치가 필요하다고 인정하는 경우에는 그러한 행정조치를 취하도록 권고할 수 있다.

③ 제1항 및 제2항에 따른 협조를 요청받거나 권고를 받은 관계 공공기관의 장은 정당한 사유가 없는 한 이에 응하여야 한다.

제55조(조사권 등) ① 중립인은 분쟁의 해결을 위하여 필요하다고 인정하는 때에는 당사자가 점유하고 있는 사건과 관련이 있는 장소에 출입하여 관계문서 또는 물건을 조사·열람 또는 복사 하거나 참고인의 진술을 들을 수 있다.

② 중립인은 제1항에 따른 조사 결과를 대체적 분쟁해결의 자료로 할 때에는 당사자의 의견을 들어야 한다.

③ 제1항의 경우에 중립인은 제53조제3항에 따른 공공기관의 장이 발행하고 그 권한을 나타내는 증표를 휴대하여 이를 관계자에게 제시하여야 한다.

제56조(정보공개의 특칙) 공공기관에서 이루어진 대체적 분쟁해결 절차에서 당사자의 요청에 의하여 중립인이 비공개하도록 결정한 정보는 공공기관의 정보공개에 관한 법률에 의한 정보공개의 대상이 되더라도 공개하지 아니한다. 다만, 명백히 위법한 행위를 방지하거나 공공의 안전을 위하여 필요한 경우 등 대통령령으로 정하는 경우에는 그러하지 아니하다.

제5편 법원에 의한 대체적 분쟁해결

제57조(대체적 분쟁해결의 촉진 의무 등) ① 법원은 신속하고 합리적인 분쟁의 해결을 촉진하기 위하여 대법원규칙으로 정하는 바에 따라 대체적 분쟁해결의 이용을 장려하기 위한 다양한 대체적 분쟁해결 프로그램을 마련하고, 법원 외의 대체적 분쟁해결 관련기관에의 효율적인 사건 회부 등 대체적 분쟁해결 연계 시스템 구축 방안을 마련하여야 한다.

② 법원은 민사 및 공공기관의 업무와 관련된 모든 사건의 소송 당사자가 소송의 적절한 단계에서 대체적 분쟁해결의 이용을 고려하도록 요구할 수 있다.

③ 법원의 요구로 대체적 분쟁해결의 절차가 시작되면 소송절차는 중지된다.

제58조(대체적 분쟁해결 프로그램 전담 공무원 지정) 법원은 대체적 분쟁해결의 촉진을 위하여 대법원규칙으로 정하는 바에 따라 대체적 분쟁해결 절차에 관하여 지식과 경험이 풍부한 법관이나 법관 외의 법원공무원을 대체적 분쟁해결 프로그램 전담 공무원으로 지정하여야 한다.

제59조(다양한 대체적 분쟁해결 방식의 제공) 법원은 대체적 분쟁해결의 촉진을 위하여 제2조제1호에 따른 방식 외에 조기중립평가(early neutral evaluation), 간이심리(mini-trial) 및 비구속적 중재 등 대법원규칙으로 정하는 바에 따라 다양한 대체적 분쟁해결 방식을 제공할 수 있다.

제60조(대체적 분쟁해결 전치주의) ① 민사 또는 공공기관의 업무와 관련된 사건의 당사자는 대법원규칙으로 정하는 소송물 가액 이하인 사건의 경우에는 법원에 제소하기 전에 이 법에 따른 대체적 분쟁해결 절차를 거쳐야 한다.
② 제1항에 따른 당사자는 이 법에 따른 대체적 분쟁해결 절차를 거친 결과로서의 대체적 분쟁해결 성립이나 불성립에 관한 중립인의 확인서를 대법원규칙으로 정하는 바에 따라 법원에 제출하여야 한다.

제61조(대체적 분쟁해결 제외 사건) 법원은 제60조에 따라 대법원규칙으로 정하는 소송물 가액 이하인 사건이라 할지라도 대체적 분쟁해결의 이용이 적절하지 않은 사건에 대하여는 대법원규칙으로 정하는 바에 따라 이 법의 적용을 배제할 수 있다.

제62조(조정의 전치에 관한 특칙) 가사소송법 제50조제1항의 사건에 관하여 소를 제기한 당사자가 해당 소의 제기 전에 해당 사건에 관하여 이 법에 따른 대체적 분쟁해결 절차의 개시를 신청하고 해당 분쟁해결 절차에 의해서는 당사자 간의 합의가 성립될 가망이 없음을 이유로 그 절차가 종료 되었을 경우에는 가사소송법 제50조의 규정은 적용하지 않는다. 이 경우 수소법원(受訴法院)이 적당하다고 인정할 때는 직권으로 사건을 조정에 회부할 수 있다.

제63조(소송절차의 중지) ① 민사 또는 공공기관의 업무와 관련된 분쟁에 관하여 소송이 계속되어 있는 경우 다음 각 호의 어느 하나에 해당하는 사유가 있고 해당 당사자의 공동의 신청이 있는 경우에는 수소법원은 4개월 이내의 기간을 정하여 소송절차를 중지하는 취지의 결정을 할 수 있다.
  1. 해당 분쟁에 관하여 분쟁 당사자 사이에 대체적 분쟁해결 절차가 실시되고 있는 경우
  2. 제1호가 규정하는 경우 이외에 분쟁 당사자 사이에 대체적 분쟁해결 절차에 의하여 해당 분쟁의 해결을 도모하는 취지의 합의가 있는 경우
② 수소법원은 언제라도 전항의 결정을 취소할 수 있다.
③ 제1항의 신청을 기각하는 결정 및 제2항에 따라 제1항의 결정을 취소하는 결정에 대하여는 불복할 수 없다.

제64조(규칙 제정 권한) 법원에 의한 대체적 분쟁해결의 구체적인 시행을 위하여 필요한 사항에 대하여는 대법원규칙으로 정할 수 있다.

제6편 보 칙

제65조(소멸시효의 중단) ① 이 법에 따른 대체적 분쟁해결 절차 개시의 신청은 시효중단의 효력이 있다.

② 당사자의 신청에 의한 대체적 분쟁해결 사건에 관하여 다음 각 호의 어느 하나에 해당하는 사유가 있는 때에는 1개월 이내에 소를 제기하지 아니하면 시효중단의 효력이 없다.

  1. 대체적 분쟁해결 절차 개시의 신청이 철회되거나 철회된 것으로 보는 때
  2. 제16조에 따라 분쟁해결 절차의 종료가 선언된 때

제66조 (준용규정) 문서의 송달 및 법정이율에 관하여는 「민사소송법」 중 송달에 관한 규정과 「소송촉진 등에 관한 특례법」 제3조를 각각 준용한다.

제67조(권한의 위임·위탁) ① 법무부장관은 이 법에 따른 권한의 일부를 대통령령으로 정하는 바에 따라 시·도지사 또는 시장·군수·구청장(자치구의 구청장을 말한다)에게 위임할 수 있다.

② 법무부장관은 이 법에 따른 업무의 일부를 대통령령으로 정하는 바에 따라 대체적 분쟁해결제도의 발전을 촉진할 목적으로 설립된 기관이나 법인 또는 단체에 위탁할 수 있다.

제68조(벌칙 적용 시의 공무원 의제) 제42조에 따른 인증 업무를 수행하는 자는 「형법」 제129조부터 제132조까지의 규정에 따른 벌칙을 적용할 때에는 공무원으로 본다.

제7편 벌 칙

제69조(벌칙) 다음 각 호의 어느 하나에 해당하는 자는 2년 이하의 징역 또는 1천만 원 이하의 벌금에 처한다.

  1. 제11조제2항에 따른 비밀을 타인에게 누설하거나 직무상 목적 외에 사용한 자
  2. 제24조제2항에 따른 증인, 참고인 또는 감정인으로서 허위의 진술 또는 감정을 한 자
  3. 거짓이나 그 밖의 부정한 방법으로 제42조제1항에 따른 인증을 받은 자
  4. 제42조제4항에 따른 점검을 거부·방해 또는 기피한 자
  5. 제44조제1항에 따른 업무의 정지 기간이나 인증이 취소된 후 해당 업무를 수행한 자
  6. 제56조제1항에 의한 중립인의 출입·조사·열람·복사 또는 참고인의 진술 청취를 정당한 사유 없이 거부 또는 기피하거나 이를 방해한 자

제70조(양벌규정) 법인(법인이 아닌 단체로서 대표자에 대한 규정이 있는 것을 포함한다)의 대표자나 법인 또는 개인의 대리인, 사용인, 그 밖의 종업원이 그 법인 또는 개인의 업무에 관하여 제69조의 위반행위를 하면 그 행위자를 벌하는 외에 그 법인 또는 개인에게도 해당 조문의 벌금형을 과한다. 다만, 법인 또는 개인이 그 위반행위를 방지하기 위하여 해당 업무에 관하여 상당한 주의와 감독을 게을리 하지 아니한 경우에는 그러하지 아니하다.

제71조 (과태료) ① 다음 각 호의 어느 하나에 해당하는 자는 500만 원 이하의 과태료에 처한다.

　　1. 제28조제2항 및 제50조제1항에 따른 보고를 하지 않거나 허위의 보고를 한 자
　　2. 제46조 및 제48조제2항에 따른 신고를 하지 않거나 허위의 신고를 한 자
　　3. 제47조에 따른 인계를 하지 않은 자
　　4. 제49조에 따른 사업보고서 등을 제출하지 아니 하거나 허위로 제출한자
　　5. 제50조제1항에 따른 공무원의 출입·검사 또는 관계자에 대한 질문을 정당한 사유 없이 거부 또는 기피하거나 이를 방해 한 자
　　6. 제51조제2항에 따른 명령에 따르지 아니한 자

② 제1항에 따른 과태료는 대통령령으로 정하는 바에 따라 법무부장관이 부과·징수한다.

부 록

Ⅰ. 외국의 대체적 분쟁해결 관련법(번역본)

1. 미국 행정분쟁해결법(1996)[1]

미국연방법전(U.S.C.) 제5편 정부조직과 피용자

제1부 행정청 총론
제5장 행정절차
제4절 행정과정에서의 대체적 분쟁해결수단

제571조 정의
본 절에서 사용하는 용어의 정의는 다음과 같다.
  (1) '행정청'은 본 편 제551조 (1)에서 규정된 바와 같은 의미로 사용한다.
  (2) '행정프로그램'은 공익의 보호와 본장 제2절에서 이들 용어가 사용된 바와 같이, 규칙제정, 재결, 인, 허가 또는 조사 등을 통한 사인의 권리나 특권 및 의무의 결정과 관련되는 연방기능을 포함한다.
  (3) '행정과정에서의 대체적 분쟁해결수단'이란 분쟁의 쟁점을 해결하기 위하여 사용되는 절차를 의미한다. 여기에는 화해, 간이화, 조정, 사실 확인, 약식심리, 중재 그리고 옴부즈만의 사용 또는 그들의 결합 등이 포함되며 이에 국한되지 아니한다.
  (4) '판정'이라 함은 분쟁을 해결하는 중재자(조정자)에 의해 내려진 결정을 말한다.
  (5) '분쟁해결 커뮤니케이션'이라 함은 중립인에 의한 모든 메모, 노트, 작업물을 포함하는 분쟁해결절차를 위하여 준비된 모든 구두 또는 서면 커뮤니케이션을 의미한다. 다만, 분쟁해결절차를 개시하는 서면합의나 분쟁해결절차의 결과로 이루어진 최종서면합의나 중재판정은 분쟁해결커뮤니케이션이 아니다.
  (6) '분쟁해결절차'란 그 해결을 위하여 중립인이 선임되고 특정 당사자들이 참여하는 분쟁의 쟁점을 해결하기 위해 분쟁해결의 대체수단이 사용되는 각각의 과정을 의미한다.

---

1) 사법제도개혁추진위원회, 참고 자료(재판 외 분쟁해결제도 활성화),2006 (http://pcjr.pa.go.kr 참조).

(7) '은밀히(비밀로)'라 함은 정보와 관련하여 다음과 같은 상황하에서 정보가 제공되었음을 의미한다.
    (A) 비공개로 할 것이라고 하는 정보원의 명시적 의사와 함께, 또는
    (B) 정보원을 위하여 정보가 비공개로 될 것이라고 하는 합리적인 기대를 만들어 내는 상황하에서,
(8) '분쟁의 쟁점'이라 함은 행정청의 행정프로그램과 관련된 결정에 중요한 의미가 있고 다음의 관계에서 의견 불일치가 있는 쟁점을 말한다.
    (A) 행정청과 결정에 의해 중대한 영향을 받을 사람 사이 또는
    (B) 결정에 의해 중대한 영향을 받는 사람들 사이
(9) '중립인'이라 함은 분쟁의 해결에 있어 분쟁의 쟁점과 관련하여 특별히 당사자들을 돕는 역할을 하는 개인을 말한다.
(10) '당사자'라 함은
    (A) 지명된 당사자들에 관한 절차에 관하여는 본 편 제551조 (3)과 같은 의미이고
    (B) 지명되지 않은 당사자들에 관한 절차에 관하여는 절차에서의 결정을 통하여 중대하게 영향을 받을 사람과 절차에 참여하는 사람을 말한다.
(11) '사람'은 본 편 제551조 (2)에서와 같은 의미를 가진다.
(12) '명부'라 함은 중립인으로 봉사할 자격을 갖춘 사람의 목록을 말한다.

제572조 일반적 권한
(a) 만약 당사자가 그러한 절차에 동의한다면, 행정청은 행정프로그램과 관련되는 분쟁의 쟁점의 해결을 위하여 분쟁해결절차를 이용할 수 있다.
(b) 다음의 경우에는 행정청은 분쟁해결절차를 이용하지 못한다.
    (1) 선례적 가치를 위해 결정적이고 권위 있는 사안의 해결이 요구될 때, 그리고 그러한 절차가 권위 있는 선례로 받아들여지기 어려울 때
    (2) 사안이, 그 최종적인 해결이 이루어지기 전에 추가적인 절차를 요구하는 정부정책의 중요한 문제점들을 포함하거나 그에 관련되어 있을 때, 그리고 그러한 절차가 행정청에게 권고된 정책을 발전시키는 데 기여하기 어려울 때
    (3) 확립된 정책을 유지하는 것이 특별한 중요성이 있어서 개별 결정 사이에 변화가 증가되지 않으며 그러한 절차가 개별 결정들 사이에 일관된 결과에 도달하기 어려울 때
    (4) 사안이 절차의 당사자가 아닌 사람 또는 조직에 중대한 영향을 미칠 때
    (5) 절차에 대한 완전한 공식적 기록이 중요하고 분쟁해결절차가 그러한 기록을 제공할 수 없을 때, 그리고
    (6) 행정청이 변화된 상황에 비추어 사안의 처리를 변경시킬 수 있는 권한을 가지고 사안에 대한 계속적인 관할권을 유지하여야 하며 분쟁해결절차가 그러한 요구에 대한 행정청의 이행에 간섭하게 될 때,

(c) 본 절에서 수권된 대체적 분쟁해결수단은 다른 가능한 행정청의 분쟁해결수단의 테크닉을 제한하기보다는 보완하는 자발적 절차이다.

제573조 중립인

(a) 중립인은 연방정부의 영구적 또는 임시적 공무원이거나 피용자이거나 분쟁해결절차의 당사자들에게 받아들여진 다른 개인이다. 관련 이익이 완전히 모든 당사자에게 서면으로 공개되고 모든 당사자가 중립인의 활동에 동의하지 않는 한, 중립인은 분쟁의 쟁점에 관한 공식적, 재정적, 또는 개인적 이해대립이 없어야 한다.

(b) 화해, 편의화, 조정에 종사하는 중립인은 당사자들의 뜻에 따라야 한다.

(c) 대통령은 행정청으로 하여금 본 절하의 분쟁해결을 활용하는 것을 편의화시키고 권장하기 위하여 행정청이나 지정인을 지명하거나 행정청간의 위원회를 설립하여야 한다. 그러한 행정청이나 행정청 간의 위원회는 분쟁해결에 관한 문제에 경험을 가진 전문 단체 및 적절한 연방 행정청과의 협의하에

    (1) 행정청으로 하여금 대체적 분쟁해결수단을 사용할 것을 권장하고 촉진시켜야 하며,

    (2) 행정청이 신속히 중립인의 봉사를 확보할 수 있도록 하는 절차를 개발하여야 한다.

(d) 행정청은 분쟁해결절차에서 다른 행정청의 1인 이상의 피용자를 중립인으로 활용할 수 있다. 행정청은 사용 행정청이나 당사자가 그러한 피용자의 활동의 전부 또는 일부의 비용을 상환하도록 규정하는 행정청 간의 합의를 채택할 수 있다.

(e) 어느 행정청이나 어떤 개인과 중립인으로서의 봉사나 대체적 분쟁해결수단과 연결된 훈련을 위하여 계약을 체결할 수 있다. 분쟁해결절차에 있는 당사자들은 정부에 대해 공정하고 합리적인 중립인에 대한 보상에 합의하여야 한다.

제574조 비밀유지

(a) (d), (e) 항에 규정된 것을 제외하고는 다음에 해당되지 않는 한, 분쟁해결절차에 있는 중립인은 어떠한 분쟁해결 커뮤니케이션 또는 중립인에게 은밀히 제공된 어떠한 커뮤니케이션도 자발적으로 공개시킬 수 없고 노출 또는 강제과정을 통하여 공개시킬 것을 요구받지 않는다.

    (1) 분쟁해결절차의 모든 당사자와 중립인이 서면으로 동의하고, 만약 분쟁해결 커뮤니케이션이 비당사자인 참가자에 의해 제공되었을 때에는 그 참가자 역시 서면으로 동의한 경우

    (2) 분쟁해결 커뮤니케이션이 이미 공표된 경우

    (3) 분쟁해결 커뮤니케이션이 제정법에 의하여 공표될 것이 요구될 때, 다만 중립인은 다른 사람이 합리적으로 그러한 커뮤니케이션을 공개시킬 수 없는 경우에만 그러한 커뮤니케이션을 공표하여야 한다.

(4) 법원이 그러한 증거 또는 공개시, 특정한 사건에 있어서, 커뮤니케이션이 비밀로 남을 장래의 사건에 있어서 당사자의 비밀성을 축소함으로써 분쟁해결절차의 완전성을 능가하게 할 만큼 충분히 중대하게 다음을 위해 필수적이라고 판단한 때

(A) 명백한 부정의를 방지하기 위해

(B) 법률 위반의 입증을 돕기 위해 또는

(C) 공중의 건강과 안전의 위해를 방지하기 위해

(b) 분쟁해결절차의 당사자는 다음의 경우를 제외하고는 어떠한 분쟁해결 커뮤니케이션도 자발적으로 공개시킬 수 없고 또는 노출이나 강제과정을 통해 공개시킬 것을 요구받지 않는다.

(1) 커뮤니케이션이 공개를 바라는 당사자에 의해 준비되었을 때.

(2) 분쟁해결절차의 모든 당사자가 서면으로 동의하였을 때.

(3) 분쟁해결 커뮤니케이션이 이미 공표되었을 때.

(4) 제정법에 의해 분쟁해결 커뮤니케이션이 공표될 것이 요구될 때.

(5) 법원이 그러한 증거 또는 공개가, 특정한 사건에 있어서, 커뮤니케이션이 비밀로 남을 장래의 사건에 있어서 당사자의 비밀성을 축소함으로써 일반적으로 분쟁해결절차의 완전성을 능가하게 할 만큼 충분히 중대하게 다음을 위해 필수적이라고 판단한 때,

(A) 명백한 부정의를 방지하기 위해

(B) 법률 위반의 입증을 돕기 위해 또는

(C) 공중의 건강과 안전의 위해를 방지하기 위해

(6) 분쟁해결 커뮤니케이션이 분쟁해결절차에 의해 이루어진 합의나 판정의 존재나 의미의 결정에 관련되어 있거나 또는 그러한 합의나 판정의 집행에 관련되어 있을 때.

(7) 중립인에 의해 만들어진 분쟁해결 커뮤니케이션을 제외하고, 분쟁해결 커뮤니케이션이 분쟁해결의 모든 당사자에게 제공되었거나 모든 당사자가 입수할 수 있을 때,

(c) (a), (b) 항을 위반하여 공개된 어떠한 분쟁해결 커뮤니케이션도 그 분쟁의 쟁점과 관련한 어떤 절차에서도 그 커뮤니케이션이 만들어진 분쟁의 쟁점에 관하여 받아들여질 수 없다.

(d) (1) 당사자들은 중립인에 의한 공개에 대한 대체적 비밀절차에 합의할 수 있다. 이러한 합의를 한 경우에는 당사자들은 분쟁해결절차의 개시 이전에 분쟁해결절차의 비밀성을 규율하게 되는 (a)항의 규정에 대한 어떠한 수정에 대해서도 중립인에게 통지하여야 한다. 당사자들이 중립인에게 통지하지 않았을 경우에는 (a)항이 적용된다.

(2) (j) 항에 의해 규정된 면제의 자격을 갖추기 위해 본 항의 대체적 비밀절차는

본조에서 달리 규정된 비밀절차보다 덜 공개하도록 할 수 없다.

(e) 분쟁해결 커뮤니케이션에 관하여 인지요청이나 다른 법적 과정을 통하여 공개에 대한 요구가 중립인에게 있을 때에는, 중립인은 당사자들과 모든 이해영향이 있는 비당사자 참가자들에게 그 요구를 통지하여야 한다. 그러한 통지를 받은 당사자나 이해영향 있는 비당사자 참가자가 15일 이내에 중립인의 요청받은 정보의 공개를 거절하는 것을 변호하려는 제의를 하지 않으면 그러한 공개에 대한 반대를 포기한 것이다.

(f) 본조의 어느 규정도 단지 증거가 분쟁해결절차의 진행 중에 제출되었다는 이유로 그렇지 않았더라면 노출될 수 있는 증거의 노출이나 채택가능성을 막지 못한다.

(g) (a), (b) 항은 분쟁해결절차에 따라 도달된 동의 또는 발표된 명령을 입증하는 데 필요한 정보 그리고 자료에 대하여 아무런 영향력을 갖지 않는다.

(h) (a), (b) 항은 당사자들과 분쟁의 특별 쟁점이 확인될 수 없는 한, 다른 행정청이나 정부기관, 또는 분쟁해결프로그램과의 협조 하에 연구나 교육 목적의 정보 수집을 막지 못한다.

(i) (a), (b) 항은 그러한 분쟁해결 의견교환이 그러한 논쟁을 해결하는 데 필요한 정도로 공개되는 한, 분쟁해결 절차에 있는 중립인과 그러한 절차에 있는 당사자 또는 참여자 간의 분쟁을 해결하기 위한 분쟁해결 의견교환의 사용을 금하지 않는다.

(j) 중립인과 당사자 사이의 분쟁해결 커뮤니케이션과 본조에 의해 공개되지 않는 분쟁해결커뮤니케이션은 제552조 (b)(3)의 공개에서도 면제된다.

제575조 중재의 수권

(a) (1) 모든 당사자가 동의한다면 중재는 언제든지 대체적 분쟁해결수단으로 활용될 수 있다. 동의는 분쟁의 쟁점이 떠오르기 전이나 후에 주어질 수 있다. 당사자는 다음의 사항에 동의할 수 있다.

(A) 분쟁의 특정 쟁점만을 중재에 제출한다.

(B) 판정은 가능한 결과의 일정 범위 안에서 이루어져야 한다는 조건하에서의 중재

(2) 중재인에게 제출되는 주 안건을 진술하는 중재합의는 서면으로 하여야 한다. 각각의 중재합의는 중재인에 의하여 발하여지는 중재판정의 최대한도를 명시하여야하며 가능한 결과의 범위를 제한하는 다른 조건들을 명시할 수 있다.

(3) 행정청은 누구에게도 계약체결의 조건이나 수혜의 조건으로서 중재에 동의할 것을 요구할 수 없다.

(b) 행정청의 공무원이나 피용자는 그들이 다음과 같은 경우에 해당하지 않는 한 분쟁의 쟁점의 해결을 위하여 중재의 활용을 제의할 수 없다.

(1) (중재를 활용하지 않는다 하더라도) 안건에 관하여 합의절차를 개시할 권한이 있을 때.

(2) 행정청에 의하여 명시적으로 중재의 활용을 수권 받았을 때.

(c) 본 절의 구속적 중재를 활용하기에 앞서서 행정기관의 장은 법무장관과의 협의하에 그리고 제572조 (b)의 요인들을 감안한 후에, 구속적 중재의 적절한 활용과 행정청의 공무원이나 피용자가 언제 구속적 중재를 통한 분쟁의 쟁점을 해결할 권한을 가지는 가에 대한 지침을 발하여야 한다.

제576조 중재합의의 시행

사안을 중재하기로 하여 본 절이 적용되는 중재합의는 제9편 제4조에 의하여 시행할 수 있고, 그러한 합의를 시행하기 위해 제기된 어떠한 소송도 각하되거나 그것이 특히 미합중국에 대한 것이라든가 미합중국이 필수적인 당사자의 하나라는 근거로 기각될 수 없다.

제577조 중재인

(a) 중재절차의 당사자들은 중재인의 선정에 참여할 권리가 있다.

(b) 중재인은 본편 제573조의 기준에 적합한 중립인이어야 한다.

제578조 중재인의 권한

본 절의 규정하에 분쟁을 담당한 중재인은 다음의 행위를 할 수 있다.

(1) 중재청문의 진행과 행위를 규율한다.

(2) 선서나 확인을 관장한다.

(3) 제9편 제7조의 규정하에 관계행정청이 다른 경우에도 법에 의해 그렇게 할 수 있도록 수권 받은 범위에서만 청문에 있어서의 증인의 출석과 증거의 제출을 강요한다. 그리고

(4) 판정을 내린다.

제579조 중재절차

(a) 중재인은 분쟁에 대한 청문의 시간과 장소를 정하고 당사자에게 적어도 청문의 5일 이전에 통지하여야 한다.

(b) 청문의 기록을 원하는 당사자는

(1) 그러한 기록의 준비에 대한 책임을 진다.

(2) 다른 당사자와 중재인에게 그 기록의 준비에 대해 고지한다.

(3) 모든 확인 가능한 당사자와 중재인에게 사본을 제공한다. 그리고

(4) 당사자들이 달리 합의하거나 중재인이 비용이 분담되어야 한다고 결정하지 않은 한, 그러한 기록을 위한 모든 비용을 부담한다.

(c) (1) 중재당사자는 청문을 받고 분쟁에 중요한 증거를 제출하고 청문에 나타난 증인을 교호심문 할 권리를 가진다.

(2) 중재인은 당사자의 동의하에, 각 당사자가 참여할 기회를 가진다면, 청문의 전부 또는 일부를 전화 텔레비전, 컴퓨터, 또는 기타의 전자적 수단에 의하여 시행할 수 있다.

(3) 청문은 신속히 비공식적으로 이루어져야 한다.

(4) 중재인은 어떠한 구두 또는 서면 증거를 받을 수 있다. 다만, 부적절하거나, 중요하지 않거나 불합리하게 중복적이거나 또는 제한적 비밀보장이 된 증거는 중재인에 의해 배척된다.

(5) 중재인은 관련 법령과 규제요건, 법적 전례 그리고 정책지침을 해석하고 적용한다.

(d) 당사자들이 달리 합의하지 않은 한, 어떠한 이해관계인도 중재인과 절차의 본안과 관련한 일방적 접촉을 하거나 고의로 그것이 이루어지도록 만들 수 없다. 본 항을 위반하여 커뮤니케이션이 이루어지면, 중재인은 커뮤니케이션에 대한 메모가 마련되고 기록이 한 부분이 되는 것과 반박의 기회가 허용된다는 것을 보장하여야 한다. 본 항을 위반하여 이루어진 커뮤니케이션을 받은 즉시 중재인은 정의의 이익과 본 절의 기초를 이루는 규율에 일치하는 범위까지, 위반 당사자에게 부적절한 행위의 결과로 그러한 당사자의 청구가 그 당사자에 불리하게 판단되면 안 되는 이유를 밝힐 것을 요구할 수 있다.

(e) 중재인은 청문 종결 후 또는 중재인에 의해 공인된 요약의 서류완성일 후 30일 이내에 판정을 내려야 하며 다음의 경우가 아닌 한 양자 중 어느 기일도 어기면 안 된다.

(1) 당사자가 다른 시간제한에 동의한 경우 또는

(2) 행정청이 규칙에 의해 다른 시간제한을 규정한 경우

제580조 중재판정

(a) (1) 행정청이 규칙으로 달리 정하지 않은 한, 본 절에서의 중재절차에서의 판정은 요약, 판정의 사실적, 법적 근거에 대한 비공식 토론을 포함하여야 한다. 다만, 공식적인 사실판단이나 법의 결론 등은 요구되지 않는다.

(2) 우세한 당사자들은 판정서를, 모든 당사자에게 송부한 증거와 함께 관련 행정청에 제출하여야 한다.

(b) 중재절차의 판정은 그것이 모든 당사자들에게 송달되고 30일 후에 확정된다. 절차의 당사자인 어느 행정청도 첫 번째 30일의 기간이 종료하기 전에 모든 다른 당사자에게 기간 연장의 통지를 송달함으로써 이 30일 기간에 30일을 더 연장할 수 있다.

(c) 확정 판정은 중재절차의 모든 당사자들을 구속한다. 그러한 판정을 시행하기 위해 제기된 어떠한 소송도 각하되거나 그것이 특히 미합중국에 대한 것이라든가 미합중국이 필수적인 당사자의 하나라는 근거로 기각될 수 없다.

(d) 중재절차에서 본 절의 규정하에 이루어진 판정은 이 절차에서 결정된 어떤 쟁점을 위한 어느 다른 절차에서 금반언의 근거로 사용될 수 없다. 그러한 판정은 또한 본 절에 의하든, 행정청에 의하든 또는 법원에서 또는 어느 다른 중재절차에서 이루어지는 것이든 사실상 관련된 어느 절차에서도 선례로 또는 다른 의미로 존중되어질 수 없다.

제581조 사법심사

(a) 법의 다른 어느 규정에도 불구하고, 본 절에 의해 이루어진 중재절차에서 내려진 판정에 의하여 불리한 영향을 받거나 손해를 당한 자는 제9편 제9조에서 제13조의 규정에 의하여서만 그러한 판정에 대한 심사를 청구하는 소송을 제기할 수 있다.

(b) 본 절에서의 분쟁해결절차를 사용할 것인지 아닌지에 대한 행정청의 결정은 행정청의 재량에 맡겨지며 사법심사의 대상이 아니다. 다만 중재는 제9편 제10조 (b)에 의한 사법심사의 대상이 된다.

제582조(1996. 10. 19. 삭제)

제583조 지원서비스

본 절의 목적을 위하여 그러한 기관, 조직, 개인의 동의하에 행정청은(상환없이 또는 상환과 더불어) 다른 연방 행정청, 주, 지방, 종족 정부, 공사조직 및 기관, 개인 등의 편의나 시설을 활용할 수 있다. 행정청의 제31편 1342조의 규정과 관계없이 본 절의 목적을 위해 자발적이고 보상없는 편의제공을 받아들일 수 있다.

제584조 지출승인

본 절의 목적을 수행하기 위해 필요한 만큼의 금액이 지출될 것이 승인된다.

2. 미국 대체적 분쟁해결법(1998)[2]

제44장: 대체적 분쟁해결

§651. 대체적 분쟁해결수단의 근거

(a) 정의 - 이 장(章)에서 말하는 대체적 분쟁해결 수단이란 판사의 재판을 제외한 이 장 654조 내지 658조 소정의 조기 중립 평가, 조정, 간이재판, 중재 등의 절차를 통하여 중립적인 제3자가 분쟁의 해결을 위하여 보조하는 모든 절차 내지 과정 모두를 말한다.

(b) 권한 - 모든 미합중국의 지방법원은 2071조(a) 항에 의거하여 제정된 지방법원규칙에 따라, 이 장의 내용과 부합하는 범위 내에서 파산법상 대심절차를 포함한 모든 민사소송에서의 대체적 분쟁해결 절차의 활용을 명할 수 있다. 다만, 제654조에 따라 중재의 활용이 허용될 수 있는 경우에는 예외로 한다. 모든 미합중국의 법원은 제2071조 (a)에 따라 그 관할 지역 내에서 대체적 분쟁해결의 활용을 촉진시키기 위하여 당해 법원 고유의 대체적 분쟁해결 프로그램을 고안하고 시행할 수 있다.

(c) 현재의 대체적 분쟁 해결 프로그램 - 1998년의 대체적 분쟁해결법 제정 시에 이미 대체적 분쟁해결 프로그램이 존재하는 법원의 경우, 당해 법원은 그 프로그램의 유용성에 대하여 조사하고 당해 장의 규정과 목적에 일치하도록 그 프로그램의 개선사항을 채택하여야 한다.

(d) 대체적 분쟁해결 프로그램의 운영 - 모든 미합중국의 지방법원은 당해 법원의대체적 분쟁해결 프로그램을 시행, 운영, 감독 그리고 평가하기 위하여 대체적 분쟁해결 관례와 절차에 익숙한 노무자, 혹은 사법 공무원을 임명하여야 한다. (임명된) 그들은 또한 그 법원의 대체적 분쟁해결절차에 있어서 중립인과 중재인으로 종사할 변호사를 고용하고 감독하고 교육시킬 책임을 부담할 수도 있다.

(e) 제9편에는 영향이 없음 - 이 장은 미합중국 법규집 9편에 대해서는 영향을 미치지 않는다.

(f) 프로그램 보조 - 연방 사법 센터와 미합중국 법원의 행정기구는 성공적인 프로그램에서 사용된 각각의 관례들을 확인하고, 필요하고 적절한 부가적인 보조를 지원함으로써 대체적 분쟁해결 프로그램의 창설과 향상을 위하여 지방법원을 보조할 수 있다.

---

2) 언론중재위원회, "외국 ADR 관련법률", 언론중재, 2010년 여름호, 180-184쪽 참조.

§652. 관할

(a) 적절한 사건에 있어서 대체적 분쟁해결의 고려- (b), (c) 항에서 규정된 모순되거나 예외적인 법 규정에도 불구하고, 모든 지방 법원은 제2071 (a)조를 근거로 지방법원규칙을 제정하여 모든 민사 소송에서의 당사자가 소송의 적절한 단계에서 대체적 분쟁해결 절차의 활용을 고려할 것을 요구하여야 한다. 지방법원은 모든 민사소송에서의 당사자에게 제654조부터 제658조에 규정되어 있는 조정, 조기 중립 평가, 약식 재판, 중재 또는 이 이외의 대체적 분쟁해결 절차를 적어도 하나 이상 제공하여야 한다. 특정 사건에서 대체적 분쟁해결의 활용을 요구하기로 한 지방법원은 조정과 조기 중립 평가를 시행할 수 있으며, 당사자가 동의하는 경우에는 중재를 할 수 있다.

(b) 대체적 분쟁해결의 고려로부터 면제될 수 있는 사건 - 지방법원은 대체적 분쟁해결수단의 활용이 적합하지 않은 특정한 사건에 대해서는 이 장의 적용을 면제할 수 있다. 그 면제 여부를 정함에 있어서 해당 법원은 당해 지방의 미국 법률가협회를 포함하여 미합중국변호사협회의 구성원들과 협의를 하여야 한다.

(c) 법무장관의 권한 - 이 장의 어느 규정도 미합중국을 위한 소송을 수행하는 법무장관의 권한, 미국 법원에서 소송을 수행할 수 있는 모든 연방 기구의 권한과 법무장관에 의한 소송 위임 권한을 변경하거나 방해하지 않는다.

(d) 비밀엄수 조항 - 대체적 분쟁해결수단에 관한 비밀엄수 사항을 정하고 있는 이 편 제131조를 구체화하는 세부 규정이 제정될 때까지는, 지방법원은 제2071 (a) 항에 근거하여 지방법원 규칙으로써 대체적 분쟁해결 절차의 비밀 엄수에 관한 사항을 규정하여야 하고 분쟁 해결 과정상의 내부적인 진술 내용이 외부에 유출되는 것을 금지시켜야 한다.

§653. 중립인

(a) 중립인 패널 - 대체적 분쟁해결절차의 활용을 명할 수 있는 법원은 모든 종류의 소송 절차에서 소송당사자에 의하여 활용 가능한 중립인을 임명할 수 있는 적절한 절차를 채택하여야 한다. 법원은 패널 중에서 중립인의 선정을 위한 고유한 절차와 기준을 공포하여야 한다.

(b) 자질과 교육 - 대체적 분쟁해결 절차에서 중립인으로 종사하는 개인은 중립인으로서의 자질이 있어야 하며, 적절한 분쟁해결 절차에서 중립적으로 업무를 수행하도록 교육받아야 한다. 당해 목적을 위하여 지방법원은, 특히 중립인으로서 종사할 수 있도록 교육을 받은 치안판사, 사적 분야에서 임명된 전문적 중립인, 그리고 대체적 분쟁해결 절차에서 중립인으로서 봉사하도록 교육을 받은 사인을 활용할 수 있다. 중립인의 결격 사유와 관련한 당해편의 제131장에 구체적 규정이 채택되기 전까지 법원은 적절하다고 판단하는 경우, 당해 편의 452조에서의 결격 사유, 다른 적용 가능한 법, 그리고 전문적인 책임 기준을 포함하여 제2071 (a)

항에서 중립인의 결격 사유와 관련한 규칙을 제정·공포하여야 한다.

§654. 중재

(a) 소송사건의 중재 회부 - 지방법원은 다른 법 규정들 또는 제652조 (a), (b), (c)항 및 본 조 (d)항의 규정 내용에도 불구하고, 당사자들이 동의할 경우에는 당해 법원에 계속 중인 민사소송사건 {파산사건에서의 대심(對審)절차를 포함하여}을 중재에 회부할 수 있다. 다만 다음과 같은 경우에는 중재에 회부될 수 없다.

  (1) 미연방헌법이보장하는 권리가 침해되었다는 주장에 근거하는 사건;

  (2) 관할이 전적으로 혹은 부분적으로 이 편[제28편]의 제1343조에 근거하는 사건;

  (3) 손해배상 청구액이 150,000달러를 초과하는 사건.

(b) 동의 사건에서의 보호장치 - 본 조에 규정된 절차와 관련하여 이 편[제28편]의 제131장에 따라 규칙들이 채택될 때까지, 지방법원은 동의에 의한 중재사건에 관하여 아래의 사항을 보장하는 절차를, 제2071조 (a)항에 따라 지방법원규칙으로 정하여야 한다.

  (1) 중재를 하기로 하는 동의는 자유로운 인식 아래에서 획득되어야 하고;

  (2) 양 당사자의 어느 일방이나 변호인은 중재에 참여하기를 거부하였다는 이유로 불이익을 받지 않는다.

(c) 추정 - 위(a)항의 (3)과 관련하여 지방법원은, 손해가 150,000달러를 넘는다는 변호사의 입증이 없는 한, 손해액이 150,000달러를 초과하지 않는 것으로 추정할 수 있다.

(d) 기존의 프로그램들 - 이 장의 어떤 내용도 사법(司法)의개선 및 사법에의 접근에 관한 법률(공법 100-702; 그리고 공법 105-53 제1조에 의해 개정된)의 제Ⅸ편 제[1]조에 따라 행해지는 중재 프로그램에 영향을 미치지 않는다.

§655. 중재인

(a) 중재인의 권한 - 제654조에 따라 회부된 사건의 중재인은 사건을 중재절차로 회부한 지방법원의 관할 지역 범위 내에서 다음과 같은 권한을 가진다.

  (1) 중재의 심리를 수행;

  (2) 선서나 선서에 갈음하는 확약을 하게 함; 그리고

  (3) 판정을 내림.

(b) 자격의 기준(Standards for Certification) - 중재절차를 인가한 각 지방법원은 중재인에 대한 자격의 기준을 확립해야 하며, 중재인이 이 장과 그러한 기준에 따라 직무를 수행할 수 있도록 보장하여야 한다. 그 기준은 다음의 내용을 포함하는 것이어야 한다.

  (1) 중재인은 제453조 소정의 선서나 그에 갈음하는 확약을 해야 하고;

  (2) 중재인은 제455조 소정의 결격 규칙(disqualification rules)에 기속된다.

(c) 면제 - 대체적 분쟁해결 프로그램에서 중재인으로 복무하는 모든 개인은 준사법적 기능을 수행하고 있는 것이다. 따라서 그러한 지위에서 복무하는 개인은 법이 부여하는 면책과 보호를 보장받는다.

§656. 소환영장(Subpoenas)

(소환영장에 관한) 연방 민사소송규칙 45는 이 장에 따라 행하는 중재심리에서 증인의 출석과 서증의 제출에 대한 영장에 적용된다.

§657. 중재판정과 판결

(a) 중재판정의 제출과 효력 - 이 장에 따라 중재인이 내린 판정은, 승리한 당사자 혹은 원고가 상대방당사자에 대해 그 판정을 이끌어 내기 위하여 제출했던 증거들과[증명;proof]과 함께 중재심리가 종결된 후 지체 없이 사건을 중재에 회부한 법원의 서기에게 제출되어야 한다. 그러한 판정은 (그에 불복하여) 새로이 재판을 요청하는 기간이 만료된 후에는 법원의 판결로 간주된다. 위와 같이 확정된 판정은 상소 절차 등에 따라 타 법원의 또 다른 재판을 받지 않는다는 점을 제외하고는, 민사소송절차에 따른 법원의 판결과 동일한 효력이 있고 동일한 법 적용을 받는다.

(b) 중재판정의 비밀엄수 - 지방법원은 제2071조 (a)항에 따라 채택한 지방법원규칙에 따라, 법원이 민사소송상의 최종판결을 내리거나 혹은 다른 방법으로 사건이 종결되기 전까지는 이 장에 따라 내려진 중재판정의 내용이 잠재적으로 사건을 배당받을 수 있는 판사에게 알려지지 않도록 하여야 한다.

(c) 중재판정의 신규재판 -

　(1) 재판신청의 시한 - 위(a)항에 따라 중재판정을 지방법원에 제출한 후 30일 이내에 어느 일방 당사자는 지방법원에 신규재판(a trial de novo)을 서면으로 신청할 수 있다.

　(2) 법원사건목록으로의 회귀 - 신규재판을 신청하면 사건은 법원의 사건목록으로 회귀되며 모든 측면에서 중재에 회부되지 않았던 것처럼 다루어져야 한다.

　(3) 중재 증거의 배제 - 신규재판에서 법원은 중재절차가 있었다는 어떤 증거도 인정해서는 안 되고, 중재판정의 본질적 내용이나 요지, 혹은 중재절차상의 행위와 관련한 어떤 사실도 증거로 인정해서는 안 된다. 다만,

　　(A) 증거가 연방증거규칙(the Federal Rules of Evidence)에 따라 다른 방식으로 법원에서 허용될 경우; 혹은

　　(B) 당사자들이 다른 방식으로 약정한 경우에는 그러하지 아니하다.

§658. 중재인과 중립인들에 대한 보상(Compensation of arbitrators and neutrals)

(a) 보상 – 미연방사법협의회(the Judicial Conference of the United States)가 승인한 지침규정(regulations)에 따라, 지방법원은 이 장에 따른 각 사건에서 중재인이나 중립인이 수행한 역할에 대해 받을 보상 금액을 정하여야 한다.

(b) 교통비수당– 미연방법원행정처장(the Director of the Administrative Office of the United States Courts)이 제정한 지침규정에 따라, 지방법원은 중재인과 다른 중립인들에게 이 장에 따른 의무의 수행에 의해 필요적으로 초래된 실제의 교통비용을 변상할 수 있다.

＊번역: 오규성 (춘천지방법원 판사)

3. 미국 표준조정법(2003)[3]

제1조(명칭)

이 법의 명칭은 표준조정법이라 할 수 있다.

제2조(용어의 정의)

이 법에서 사용하는 용어의 정의는 다음과 같다.

(1) "조정"이란 조정자가 당사자들 간 의사소통 및 협상을 도모하여 당사자들의 분쟁과 관련하여 자발적 합의를 도출하는 것을 지원하는 과정을 의미한다.

(2) "조정진술"이란 조정과정 혹은 조정의 검토, 시행, 참여, 착수, 지속, 재개 또는 조정자 보유의 목적으로 작성되는, 구두 혹은 서면으로 이루어진 언어적 또는 비언어적 진술을 의미한다.

(3) "조정자"란 조정을 수행하는 개인을 의미한다.

(4) "비당사자참여자"는 당사자 혹은 조정자 외에 조정에 참여하는 주체를 의미한다.

(5) "조정당사자"는 조정에 참여하는 주체를 의미하며, 분쟁을 해결하기 위하여서는 조정 당사자의 동의가 필요하다.

(6) "주체"란 개인, 기업, 사업신탁, 재산, 신탁, 파트너십, 유한회사, 협회, 합작회사, 정부, 정부산하기관, 대행업체, 중개업체, 공기업 혹은 기타 법적, 상업적 주체를 의미한다.

(7) "절차"란
  (A) 관련 사전심리, 사후심리, 협의, 증거개시를 포함한 사법, 행정, 중재 혹은 기타 심판 과정, 또는
  (B) 입법상심리 혹은 이와 유사한 과정을 의미한다.

(8) "기록"이란 유형매체에 기입된, 혹은 전자적 매체 또는 기타 매체에 저장되어 판독 가능한 형태로 회수될 수 있는 정보를 의미한다.

(9) "서명"이란
  (A) 기록을 증명하기 위한 현재 의도를 가지고 유형의 기호를 만들거나 채택하는 것, 혹은
  (B) 기록을 증명하기 위한 현재 의도를 가지고 전자적 기호, 소리, 혹은 과정을 기록에 첨부하거나 기록과 적절히 결합시키는 것을 의미한다.

제3조(범위)

(a) (b) 또는 (c)항에서 달리 규정하지 아니하는 한, 이 법은 다음 항목들 중 하나에

---

3) 언론중재위원회, "외국 ADR 관련법률", 언론중재, 2010년 겨울호, 192-197쪽 참조.

해당하는 경우의 조정에 적용된다.

　(1) 조정 당사자들이 법령 혹은 법원, 행정기관 규칙에 의하여 조정을 하여야 하는 경우, 또는 법원, 행정기관, 혹은 중재자에 의하여 조정으로 회부 되는 경우.

　(2) 조정 당사자들과 조정자가 조정 진술이 비공개 특권을 가지지 아니할 것이라는 기대를 나타내는 서면을 통하여 조정에 동의하는 경우.

　(3) 조정 당사자들이 조정자의 역할을 자청하는 개인을 조정자로 활용하는 경우, 혹은 조정자의 역할을 자청하는 주체에 의하여 조정이 제공되는 경우.

(b) 이 법은 다음 항목들 중 하나에 해당하는 경우의 조정에는 적용되지 아니한다.

　(1) 단체교섭관계의 수립, 협상, 운영, 혹은 종료와 관련되는 경우.

　(2) 단체교섭협의에 의하여 수립된 과정하에서 미결 상태인, 혹은 그 과정의 일부인 분쟁과 관련되는 경우. 단, 행정기관이나 법원에 제기된 분쟁으로부터 야기되는 조정에는 이 법이 적용된다.

　(3) 해당 건에 대하여 판결을 내릴 수 있는 판사에 의하여 시행되는 경우.

　(4) (A) 모든 당사자들이 학생인 경우 초, 중등학교의 후원하에, 혹은

　　　(B) 모든 당사자들이 청소년교정기관에 속하여 있는 경우 해당 교정기관의 후원하에 이루어지는 경우.

(c) 당사자들이 어떠한 조정의 전체 혹은 일부가 특권을 가지지 아니한다는 사실에 서면으로 사전 동의하는 경우, 혹은 조정 절차의 기록이 당사자들의 동의를 내포하는 경우, 제4~6조에서 명시하는 특권은 해당 조정 또는 동의된 일부분에 적용되지 아니한다. 단, 조정 진술이 작성되기 전 동의에 대한 실제 통보를 받지 아니한 주체가 작성한 조정 진술의 경우 제4~6조가 적용된다.

제4조(공개, 증거능력, 증거개시 금지의 특권)

(a) 제6조에서 달리 규정하지 아니하는 한, 조정 진술은 (b)항에서 서술하는 특권을 가지며, 제5항에서 규정하는 포기 혹은 배제의 경우를 제외하고 공개, 증거능력, 또는 증거개시의 대상이 되지 아니한다.

(b) 조정 절차에서 다음의 특권들이 적용된다.

　(1) 조정당사자는 조정 진술 공개를 거부할 수 있으며, 어떠한 타 주체로부터 조정 진술이 공개되는 것을 금지할 수 있다.

　(2) 조정자는 자신의 조정 진술 공개를 거부할 수 있으며, 어떠한 타 주체로부터 자신의 조정 진술이 공개되는 것을 금지할 수 있다.

　(3) 비당사자 참여자는 자신의 조정 진술 공개를 거부할 수 있으며, 어떠한 타 주체로부터 자신의 조정 진술이 공개되는 것을 금지할 수 있다.

(c) 다른 경우 증거능력이 인정되거나 증거개시의 대상이 되는 증거 혹은 정보는 조정에서 공개 혹은 사용되었다는 이유만으로 증거능력이 불허되거나 증거개시로부터 보호받지는 아니한다.

제5조(특권의 포기 및 배제)

(a) 제4조에서 명시하는 특권은 조정의 모든 당사자들의 포기 의사가 명백한 경우, 그리고 다음 항목들을 모두 충족하는 경우 조정 절차 도중 서면 혹은 구두로 포기될 수 있다.

(1) 조정자의 특권에 있어서, 해당 조정자가 명백히 특권을 포기하는 경우.

(2) 비당사자 참여자의 특권에 있어서, 해당 비당사자 참여자가 명백히 특권을 포기하는 경우.

(b) 조정 절차에서 타 주체에게 불리한 조정 진술을 공개하거나 이에 대한 설명을 하는 주체는 제4조에서 규정하는 특권을 주장하지 못한다. 단, 이러한 특권의 배제는 불리한 입장에 처한 타 주체가 해당 조정 진술에 대한 설명 혹은 공개에 대응하는 데 필요한 정도에 국한된다.

(c) 범죄를 계획, 시도하거나 실제 범죄를 행하기 위하여, 혹은 진행 중인 범죄 또는 범죄행위를 은폐하기 위하여 의도적으로 조정을 이용하는 주체는 제4조에서 규정하는 특권을 주장하지 못한다.

제6조(특권의 예외)

(a) 다음 항목들 중 하나를 충족하는 조정 진술의 경우 제4조에서 규정하는 특권이 적용되지 아니한다.

(1) 모든 합의 당사자들이 서명한 서면을 통하여 입증되는 합의에 기반한 조정 진술.

(2) [공개기록법의 참조 법령 삽입]에 근거하여 대중에 공개되는, 혹은 대중에 공개된 조정 세션 또는 대중에 공개되도록 법이 요구하는 조정 세션 도중 이루어진 조정 진술.

(3) 신체적 부상을 가하거나 폭력 범죄를 행하고자 하는 위협, 혹은 그 계획을 담은 진술.

(4) 범죄를 계획, 시도하거나 실제 범죄를 행하기 위하여, 혹은 진행 중인 범죄 또는 는 범죄행위를 은폐하기 위하여 의도적으로 이용되는 조정 진술.

(5) 조정자의 직무상 위법 혹은 과실 행위에 대하여 제기되는 주장 또는 비난을 입증 또는 반증하기 위하여 요구되거나 제공되는 조정 진술.

(6) (c)항에서 달리 규정하지 아니하는 한, 조정 도중에 일어나는 행위를 기반으로 조정 당사자, 비당사자 참여자, 또는 당사자 대표의 직무상 위법 혹은 과실 행위에 대하여 제기되는 주장 또는 비난을 입증 또는 반증하기 위하여 요구되거나 제공되는 조정 진술.

(7) 아동 혹은 성인 보호 서비스 기관이 당사자로 참여하는 조정 절차에서 학대, 방치, 유기, 또는 착취를 입증 또는 반증하기 위하여 요구되거나 제공되는 조정 진술. 단, [대안 A: [예를 들어 "아동 혹은 성인 보호" 문구 삽입] 사건이 법원에 의하여 조정으로 회부되고 공공기관이 참여하는 경우], [대안 B: 공공기

관이 [예를 들어 "아동 혹은 성인 보호" 문구 삽입] 사건 조정에 참여하는 경우]에는 특권의 예외가 적용되지 아니한다.

(b) 법원, 행정기관, 또는 중재자가 비공개 심리 후, 증거개시를 요구하는 당사자 또는 증거의 지지자가 그 증거가 다른 경우에서는 사용 불가능하다는 점, 그 증거의 필요성이 비밀유지의 중요성보다 훨씬 크다는 점, 그리고 조정 진술이 다음 항목들 중 하나를 충족한다는 점을 보여주었다는 사실을 발견하는 경우, 제4조에서 규정하는 특권은 적용되지 아니한다.

   (1) 조정 진술이 중범죄[혹은 경범죄]와 관련된 법원 절차에서 요구되거나 제공됨.

   (2) (c)항에서 달리 규정하는 경우를 제외하고, 조정 진술이 무효화 혹은 개정을 위한 주장을 입증하기 위한 절차에서, 또는 해당 조정으로 인하여 발생 하는 계약상의 책임을 회피하기 위한 변호의 목적으로 요구되거나 제공됨.

(c) 조정자는 (a)(6)항 또는 (b)(2)항에 서술된 조정 진술의 증거를 제공하도록 강요되어서는 아니된다.

(d) 어떠한 조정 진술이 (a) 또는 (b)항에 근거하여 특권을 가지지 아니한다고 하더라도, 그 조정 진술 중 비공개의 예외사항을 적용하는 데 필요한 일부분에 대하여만 증거능력이 허용될 수 있다. (a) 또는 (b)항에 따른 증거의 허용은 다른 목적을 위하여 증거개시 또는 증거능력이 적용되는 증거 혹은 기타 조정 진술을 의미하지는 아니한다.

제7조(조정자의 보고 금지)

(a) (b)항에서 요구하는 경우를 제외하고, 조정자는 조정과 관련하여 법원, 행정기관, 혹은 조정의 대상이 되는 분쟁에 관하여 판결을 내릴 수 있는 기타 당국에 보고, 평가, 판단, 권고, 판정, 또는 기타 진술을 할 수 없다.

(b) 조정자는 다음 항목들을 공개할 수 있다.

   (1) 조정의 발생 혹은 종료 여부, 합의 도달 여부, 참석자.

   (2) 제6조에서 공개를 허가하는 조정 진술.

   (3) 개인에 대한 학대, 방치, 유기, 또는 착취를 증명하는 조정 진술을 학대로부터 개인을 보호하는 책임을 지니는 공공기관에 공개하는 경우.

(c) (a)항을 위반하여 이루어진 진술은 법원, 행정기관, 혹은 조정자에 의하여 고려될 수 없다.

제8조(비밀유지)

[공개 회의법 및 공개 기록법에 대한 참고 법령 삽입]의 대상이 되지 아니하는 한, 조정 진술은 당사자에 의하여 합의되는 범위, 혹은 이 주(州)의 기타 법이나 규칙이 명시하는 범위 내에서 비밀로 유지되어야 한다.

제9조(조정자의 이해관계 충돌 공개, 배경)

(a) 조정자의 역할을 담당하도록 요청 받은 개인은 조정을 수락하기 전 다음 항목들을 수행하여야 한다.

　(1) 조정 결과에 대한 재정적 혹은 개인적 이해관계, 조정 당사자 일방 혹은 미리 알 수 있는 조정 참여자와의 현재 혹은 과거의 관계를 포함하여, 합리적인 개인이 조정자의 공정성에 영향을 미칠 가능성이 있는 것으로 간주할 수 있는 알려진 사실이 있는지 판단하기 위하여 해당 상황하에서 합리적인 조사를 시행한다.

　(2) 조정 수락 전 현실적으로 가능한 한 빨리 이와 같이 알려진 사실을 조정 당사자들에게 공개한다.

(b) 조정자가 조정 수락 후에 (a)(1)항에 명시된 사실을 알게 되는 경우, 현실적으로 가능한 한 빨리 이를 공개하여야 한다.

(c) 조정 당사자 일방의 요청이 있는 경우, 조정자의 역할을 하도록 요청 받은 개인은 분쟁을 조정하기 위하여 조정자의 자격사항을 공개하여야 한다.

(d) [(a) 혹은 (b)항] [(a), (b), 혹은 (g)항]을 위반 하는 주체는 그 위반사실로 인하여 제4조에서 규정하는 특권을 주장할 수 없다.

(e) (a), (b), (c), [(g)]항은 판사의 역할을 하는 개인에게는 적용되지 아니한다.

(f) 이 법은 조정자에게 배경 혹은 직업 등 특별한 자격요건을 요구하지 아니한다.

(g) 조정자는 (a), (b)항에서 공개를 요구하는 사실이 공개된 후 당사자들이 달리 합의하지 아니하는 한 공정성을 가져야 한다.

제10조(조정에의 참여)

변호사 혹은 당사자 일방이 지정한 기타 개인은 해당 당사자와 동행하여 조정에 참여할 수 있다. 조정 전에 이루어지는 참여의 포기는 무효화될 수 있다.

제11조(국제상사조정)

(a) 이 조에서, "모범법"이란 2002년 6월 28일 유엔 국제무역법위원회에 의하여 채택되었고 2002년 11월 19일 유엔총회 결의안(A/RES/57/18)에서 권고된국제상사조정에관한모범법을의미하며, "국제 상사조정"이란 모범법의 제1조에 규정된 국제 조정을 의미한다.

(b) (c), (d)항에서 달리 규정하지 아니하는 한, 어떠한 조정이 국제상사조정인 경우 그 조정은 모범법의 지배를 받는다.

(c) 이 법의 제3조 (c)항에 근거하여 당사자들이 국제상사조정의 전부 혹은 일부가 특권을 가지지 아니 한다는 사실에 합의하지 아니하는 한, 이 법의 제4, 5, 6조, 그리고 제2조의 적용 가능한 정의 역시 조정에 적용되며, 모범법 제10장의 어떠한 조항도 제4, 5, 6조를 훼손하지 아니한다.

(d) 국제상사조정의 당사자들이 모범법 제1조 (7)항에 근거하여 모범법이 적용되지 아니한다는 사실에 동의하는 경우, 이 법이 적용된다.

제12조(국내외 상거래 전자서명법 관련)

이 법은 15 U.S.C. 7001조 이하 국내외 상거래 전자서명법을 수정, 제한, 혹은 대신 한다. 그러나 이 법은 전자서명법 101조 (c)항을 수정, 제한, 혹은 대신 하지 아니하며, 전자서명법 103조 (b)항에 규정된 정보의 전자적 공지를 허가하지 아니한다.

제13조(적용 및 해석의 통일성)

이 법의 적용 및 해석에 있어, 이 법의 내용과 관련하여 이 법을 제정하는 주(州)들 간 통일성을 추구할 필요성에 대해 고려하여야 한다.

제14조(분리 가능 조항)

이 법의 어떠한 조항이 효력을 잃거나, 어떠한 주체나 상황에 대한 그 조항의 적용이 무효화되는 경우에도, 이는 이 법의 기타 조항 및 그 적용에 영향을 미치지 아니한다. 기타 조항 및 그 적용은 무효화 된 조항 혹은 그 적용 없이도 효력을 발생하며, 그러한 목적으로 이 법의 조항은 분리 가능하다.

제15조(발효일)

이 법은 …………에 효력이 발생된다.

제16조(무효화)

다음의 법 및 법의 일부는 이에 따라 무효화된다.
(1)
(2)
(3)

제17조(기존 합의 혹은 회부에의 적용)

(a) 이 법은 [이 법의 발효일] 당일 혹은 그 이후에 이루어지는 조정 회부 혹은 조정 합의에 근거한 조정에 대하여 적용된다.
(b) [지연일] 당일 혹은 그 이후의 경우, 이 법은 일자에 관계없이 조정 합의에 대하여 적용된다.

4. 영국 중재법(1996)[4]

第1章 仲裁合意에　따른　仲裁

概　　要

1. 一般原則

本　章의 규정은 다음의 原則에 근거하며 同 原則에 따라 해석되어야 한다.

　　(a) 仲裁는 中立的인 判定部에 의한 紛爭의 신속, 공정한 해결을 그 목적으로 한다.

　　(b) 분쟁당사자는 公共秩序를 違背하지 않는 범위내에서 분쟁해결방식에 대해 자유롭게 합의할 수 있다.

　　(c) 法院은 本 章에서 정한 경우를 제외하고는 本 章이 규율하는 사항에 관여할 수 없다.

2. 適用範圍

(1) 本 章의 규정은 仲裁地가 영국, 웨일즈(Wales) 또는 북아일랜드(Northern Ireland)인 경우에 적용된다.

(2) 다만 아래의 규정은 仲裁地가 영국, 웨일즈 또는 북아일랜드 이외의 곳이거나 중재지가 결정되지 아니한 경우에도 적용된다.

　　(a) 제9조 내지 제11조(訴訟節次의 中止 등) 또는,

　　(b) 제66조(仲裁判定의 執行)

(3) 아래의 규정에 따라 부여된 권한은 중재지가 영국, 웨일즈 또는 북아일랜드 이외의 곳이거나 중재지가 결정되지 아니한 경우에도 적용된다.

　　(a) 제43조(證人의 參席 强制)

　　(b) 제44조(仲裁節次의 協助를 위한 法院의 權限)

　　그러나 法院은 중재지가 영국, 웨일즈 또는 북아일랜드 이외의 곳이거나 그러한 가능성을 이유로 위 권한을 행사하는 것이 적절치 않다고 판단하는 경우에는 이를 거부할 수 있다.

(4) 法院은

　　(a) 중재지가 결정되지 아니하거나

　　(b) 영국, 웨일즈 또는 북아일랜드와의 관계를 이유로 적절하다고 판단되는 경우, 仲裁節次의 협조를 위하여 위 (2), (3)항에서 규정하지 않은 권한이라 하더라도 이를 행사할 수 있다.

---

4) 대한상사중재원 홈페이지(중재 법규) 참조.

(5) 제7조(仲裁合意의 獨立性)와 제8조(當事者의 死亡)는 비록 중재지가 영국, 웨일즈 또는 북아일랜드 이외의 곳이거나 중재지가 결정되지 아니한 경우라도 仲裁合意에 적용될 準據法이 영국, 웨일즈 또는 북아일랜드의 法인 경우에는 적용된다.

3. 仲 裁 地
본 장에서 '仲裁地'라 함은 다음에 의해 지정된 法律上의 중재지를 의미한다.
  (a) 仲裁合意의 당사자가 지정한 仲裁場所,
  (b) 중재지에 관하여 당사자로부터 권한을 위임받은 仲裁機關, 기타 기관 또는 제3자가 지정한 중재장소,
  (c) 중재지 지정에 관한 당사자의 위임이 있는 경우에 중재판정부가 지정한 중재장소를 가리킨다. 위와 같은 지정이 없는 경우에는 당사자의 합의와 기타 제반 상황을 고려하여 결정된 법률상의 중재지를 의미한다.

4. 强行規定, 任意規定
(1) 本 章의 강행규정은 부속서 1에 명시되어 있으며 이에 反하는 당사자의 별도 합의와 관계없이 效力을 갖는다.
(2) 本 章의 다른 조항(任意規定)은 당사자들간의 합의로 절차 관련 규정을 정하는 것을 허용하며, 그러한 합의가 없는 경우 仲裁節次에 적용될 規則이 된다.
(3) 당사자는 특정 기관의 규칙 적용에 합의함으로써, 또는 다른 분쟁해결방법을 규정함으로써 前述한 節次規定을 정할 수 있다.
(4) 당사자간의 합의에 적용될 준거법이 영국법, 웨일즈법 또는 북아일랜드법인지 여부는 묻지 않는다.
(5) 本 章에서 임의규정으로 규정된 사안에 대하여 준거법으로 영국, 웨일즈 또는 북아일랜드의 법을 선택한 경우에는 당해 사안에 관하여 그러한 법을 준거법으로 합의한 것으로 본다. 당사자의 합의에 의해 결정된 준거법, 또는 당사자간의 明示的, 黙示的 선택없이 결정된 준거법은 당사자가 이를 선택한 것으로 간주한다.

5. 書面合意
(1) 本 章의 규정은 仲裁合意가 書面인 경우에 적용되며 당사자간의 기타 모든 합의는 서면인 경우에 한하여 效力을 갖는다. '合意', '合意하다', '合意된' 등의 용어는 그에 따라 해석되어야 한다.
(2) 다음의 경우 서면 합의가 있는 것으로 본다.
  (a) 중재합의서가 서면으로 작성된 경우(당사자의 署名 여부는 묻지 않는다)
  (b) 중재합의가 당사자간에 교환된 서신에 포함되어 있거나
  (c) 중재합의의 사실을 서면으로 입증할 수 있는 경우
(3) 당사자가 서면으로 된 契約條件의 引用을 통하여 서면 이외의 합의를 한 경우에는

서면합의를 한 것으로 본다.

(4) 서면이 아닌 합의가 당사자 일방에 의해 또는 당해 합의에 관한 권한을 위임받은 제3자에 의해 기록으로 남겨진 경우 이는 서면 입증이 가능한 합의로 간주된다.

(5) 仲裁 또는 訴訟節次上 준비서면 등의 교환과정에서 일방당사자가 서면이 아닌 합의의 존재를 주장하고 상대당사자가 이를 부인하지 않는 경우 이는 유효한 서면합의를 구성한다.

(6) 本 章에서 서면으로 이루어진 것이라 함은 여하한 방법으로 기록된 모든 것을 포함한다.

仲裁合意

6. 仲裁合意의 定義

(1) 本 章에서 '仲裁合意'라 함은 현재 또는 장래의 분쟁(계약상의 분쟁인지 여부에 관계없이)을 중재에 回附키로 하는 합의를 말한다.

(2) 계약서 안에 서면 仲裁條項에 대한 또는 중재조항을 포함한 문서에 대한 인용이 있고 당해 조항이 계약의 일부를 구성하는 경우 이는 중재합의를 이룬다.

7. 仲裁合意의 獨立性

당사자간의 별도 합의가 없는 한, 다른 계약(서면계약인지 여부에 관계없이)의 일부를 구성하는 중재합의는 同 계약이 無效이거나 存在하지 않았거나 아직 效力이 발생하지 않았음을 이유로 무효, 부존재 또는 효력이 발생하지 않는 것으로 간주되어서는 아니되며 별도의 독립된 합의(계약)로 간주된다.

8. 當事者의 死亡으로 인한 仲裁合意의 效力喪失 與否

(1) 당사자간의 별도 합의가 없는 한, 중재합의는 당사자의 사망으로 失效되지 않으며 그 相續人에 대하여 효력을 갖는다.

(2) 전항의 규정은 사망에 따른 당사자의 실질적인 권리, 의무의 소멸을 규정한 다른 법률의 적용에 영향을 미치지 아니한다.

訴訟節次의 中止

9. 訴訟節次의 中止

(1) 중재의 대상이 된 분쟁에 관하여 訴訟節次의 被告가 된 중재당사자는 (당해 소송절차의 상대당사자에 대한 통지 후에) 그러한 소송절차가 繫留中인 法院에 당해 절차의 중지를 요청할 수 있다.

(2) 해당 사건이 중재에 회부되어야 하는 경우에도 節次中止의 요청은 다른 분쟁해결

절차를 경유한 후에만 가능하다.

(3) 위 절차중지 요청은 당해 소송절차의 개시 사실을 접수하였다는 적절한 절차상의 조치를 취하기 전이나, 위 절차에서 本案 내용에 관하여 答辯을 한 이후에는 허용되지 아니한다.

(4) 本 條에 따른 요청에 법원은 중재합의가 무효, 실효 또는 이행불능이 아닌 한 절차를 중지하여야 한다.

(5) 법원이 소송절차의 중지 요청을 거절하는 경우, 仲裁判定이 소송절차의 개시를 위한 先決條件이라는 규정은 당해 소송절차와 관련하여 효력이 없다.

10. 競合權利者 確認 問題의 仲裁 回附

(1) 소송절차에서 競合權利者 確認訴訟에 의해 救濟가 인정되고 원고 사이에 문제된 쟁점에 대하여 중재합의가 있는 경우, 위 구제를 허여한 法院은 그 쟁점을 중재합의에 따라 결정하도록 명하여야 한다. 다만, 그 문제에 대해 원고가 제기한 절차를 사정상 중지할 수 없는 경우에는 그러하지 아니하다.

(2) 제(1)항이 적용되지만 법원이 당해 분쟁을 중재합의에 따라 해결하도록 명하지 않는 경우에는, 仲裁判定이 소송절차의 개시를 위한 先決條件이라는 규정은 당해 분쟁에 대한 법원의 결정에 효력을 갖지 못한다.

11. 海事訴訟節次가 中止되는 경우의 擔保 保全

(1) 당해 분쟁이 중재의 대상임을 이유로 海事訴訟節次가 중지되는 경우, 중지 명령을 내린 法院은 위 절차에서 財産 押留가 있었거나 또는 그러한 압류를 막기 위해 供託金, 기타 擔保가 제공된 경우,

(a) 당해 압류재산을 중재판정의 이행을 위한 담보로 보유하도록 명하거나

(b) 위 절차의 중지를 위하여 중재판정의 이행에 필요한 담보를 제공하도록 명할 수 있다.

(2) 法院 規則에서 정한 규정에 따를 것을 조건으로, 위 명령을 내린 法院에서의 訴訟節次에서와 동일한 法律 및 慣行이 위 命令에 따라 保全된 財産에 관하여 적용된다.

仲裁節次의 開始

12. 法院의 仲裁節次 開始期限 延長 權限

(1) 장래의 분쟁을 중재에 회부한다는 중재합의에 따라 당사자간의 합의로 정한 기한 내에 신청인이

(a) 중재절차의 개시,

(b) 또는 중재절차가 개시되기 전 경유해야 하는 기타 절차를 경유하지 않으면 신청인의 請求權이 消滅한다는 규정을 둔 경우, 법원은 위 期限의 延長을 명할 수 있다.

(2) 중재합의의 당사자는 (상대당사자에게 통지 후) 法院에 기한연장 명령을 요청할 수 있으나 그에 앞서 분쟁 발생 후 기한 연장을 위한 중재절차상의 가능한 모든 절차를 우선 경유하여야 한다.

(3) 법원은 다음의 경우 기한연장 명령을 내려야 한다.

  (a) 전술한 기한에 관하여 합의할 당시의 사정이 당사자들의 합리적인 고려 범위를 벗어난 것이거나 기한을 연장하는 것이 정당한 경우

  (b) 일방당사자의 행위로 인하여 상대당사자에게 전술한 기한 규정의 엄격한 조건에 부과하는 것이 부당한 경우

(4) 법원은 적절한 범위와 조건을 정하여 기한을 연장할 수 있으며 당사자의 합의 또는 이전의 명령에 따라 확정된 기한의 滿了 與否는 묻지 않는다.

(5) 本 條에 따른 법원의 명령은 出訴期限法의 적용에 효력을 미치지 아니한다.

(6) 本 條의 규정에 따른 법원의 결정에 대한 抗告는 법원의 許可를 얻어야 한다.

13. 出訴期限法의 適用

(1) 출소기한법은 소송절차에 적용되는 것과 마찬가지로 중재절차에도 적용된다.

(2) 法院은 절차(중재절차 포함)의 개시에 관하여 출소기한법에서 규정한 기간을 산정함에 있어, 법원이 (a) 취소 또는 무효라고 선고한 判定의 本案에 관한 분쟁 또는, (b) 법원이 일부취소 또는 일부무효라고 선고한 해당 중재판정 일부의 본안에 관한 분쟁에 관하여는 중재절차 개시일과 위 (a)항 또는 (b)항상의 법원의 명령일 사이의 기간을 산입하지 않도록 명할 수 있다.

(3) 출소기한법의 적용에 있어 訴訟原因이 있어 訴權이 발생한 경우에는, 중재판정이 중재합의의 대상에 관한 소송절차 개시의 선결조건이라는 규정은 배척된다.

(4) 本 章에서 '출소기한법'이라 함은

  (a) 영국과 웨일즈에서는 1980년 出訴期限法, 1984년 對外除斥期間法 그리고 (법안 통과 시기는 불문) 提訴期限과 관련한 기타 法令을 가리키며

  (b) 북아일랜드에서는 1989년 出訴期限令, 1985년 對外除斥期間法令 그리고 (법안 통과 시기는 불문) 提訴期限과 관련한 기타 法令을 가리킨다.

14. 仲裁節次의 開始

(1) 당사자들은 本 章의 규정 그리고 출소기한법의 규정에 따른 중재절차의 개시 시점에 관하여 합의할 수 있다.

(2) 전항의 합의가 없는 경우 아래의 규정이 적용된다.

(3) 중재합의에서 仲裁人을 지명 또는 지정한 경우 중재절차는 일방당사자가 상대당사자(들)에게 당해 분쟁을 위 중재인에게 회부하자는 서면통지를 송달한 시점에 개시된다.

(4) 당사자의 합의로 중재인(들)을 선정하는 경우, 중재절차는 일방당사자가 상대당사

자(들)에게 중재인선정, 또는 특정 중재인의 선정에 대한 동의를 요구하는 서면통지가 송달된 시점에 개시된다.

(5) 중재절차의 당사자가 아닌 자가 중재인을 선정하기로 한 경우, 중재절차는 일방당사자가 그 자에게 중재인선정 요청을 서면통지한 시점에 개시된다.

仲裁判定部

15. 仲裁判定部

(1) 당사자들은 중재판정부를 구성할 중재인의 數에 관하여 그리고 議長仲裁人 또는 審判官을 별도로 둘 것인지 여부에 관하여 합의할 수 있다.

(2) 당사자가 달리 합의하지 않는 한 중재인의 수를 2人 또는 짝수의 중재인으로 한다는 합의는 議長仲裁人으로 1인의 중재인을 추가 선정한다는 합의로 간주된다.

(3) 중재인의 수에 관한 정함이 없는 경우 중재판정부는 1인 중재인으로 구성된다.

16. 仲裁人選定節次

(1) 당사자는 의장중재인(또는 심판관)을 포함한 중재인(들)의 선정 방법에 관하여 합의할 수 있다.

(2) 전항의 합의가 없는 경우 아래의 규정이 적용된다.

(3) 單獨 仲裁判定部의 경우 양당사자들은 일방당사자의 중재인 선정요청을 수령한 날로부터 28일 이내에 공동으로 중재인을 선정하여야 한다.

(4) 중재판정부가 2인으로 구성되는 경우, 각 당사자는 중재인 선정요청을 수령한 날로부터 14일 이내에 각각 1인의 중재인을 선정하여야 한다.

(5) 중재판정부가 3인 중재인으로 구성되는 경우,
   (a) 각 당사자는 중재인선정 요청을 수령한 날로부터 14일 이내에 각각 1인의 중재인을 선정하고
   (b) 선정된 2인의 중재인이 제3의 중재인을 의장중재인으로 선정하여야 한다.

(6) 중재판정부가 2인의 중재인과 심판관 1인으로 구성되는 경우,
   (a) 각 당사자는 중재인 선정요청을 수령한 날로부터 14일 이내에 각각 1인의 중재人을 선정하고
   (b) 선정된 2人의 중재인은 어느 때라도 심판관을 선정할 수 있으나 本案 審理가 개최되기 전에 이를 선정해야 하며, 중재와 관련한 특정 사안에 관하여 합의가 불가능한 경우 즉시 위 심판관을 선정하여야 한다.

(7) 그 외의 경우(특히 복수의 당사자가 있는 경우)에는 합의에 의한 선정절차가 불가능한 경우와 마찬가지로 제18조가 적용된다.

17. (仲裁人選定) 不履行時 單獨仲裁人을 選定할 權限

(1) 당사자가 달리 합의하지 않는 한 중재합의의 양당사자가 각각 1인의 중재인을 선정하도록 되어 있고, 일방당사자가 중재인 선정을 거부하거나 또는 정해진 기일 내에 선정을 하지 못한 경우 상대 당사자는 중재인을 선정하고 선정불이행 당사자에게 서면통지로 자신이 선정한 중재인을 단독중재인으로 할 것을 제안할 수 있다.

(2) 선정불이행 당사자가 위 통지를 수령한 후 7일 이내에

    (a) 요청받은 선정을 이행하지 않거나

    (b) 상대당사자에게 선정을 이행했음을 통지하지 않은 경우 상대당사자는 자신이 선정한 중재인을 단독중재인으로 할 수 있으며 동 중재인이 내린 중재판정은, 당사자의 합의로 선정한 중재인의 경우에서처럼 양당사자에게 구속력을 갖는다.

(3) 위 (2)항에 따라 단독중재인이 선정된 경우, 선정불이행 당사자는(선정 이행 당사자에게 통지 후) 法院에 위 선정의 취소를 요청할 수 있다.

(4) 本 條에 따른 法院의 결정에 대한 抗告는 法院의 許可를 얻어야 한다.

18. 選定節次의 失敗

(1) 당사자는 중재인 선정절차가 실패한 경우 어떠한 방식을 채택할 것인지 합의할 수 있다. 제17조에 따른 선정이 이루어진 경우 적절한 선정절차가 완료된 것으로 본다. 다만 그러한 선정이 法院에 의해 취소된 경우에는 그러하지 아니하다.

(2) 전항의 합의가 없는 경우, 중재합의 당사자는 (다른 당사자에게 통지 후) 법원이 本 條에서 부여받은 권한을 행사하도록 요청할 수 있다.

(3) 전술한 법원의 권한은 다음과 같다.

    (a) 필요한 중재인 선정에 관한 지시

    (b) 이미 중재인을 선정한 경우 그에 따라 중재판정부를 구성하도록 지시

    (c) 以前의 중재인 선정을 취소

    (d) 법원이 직접 필요한 선정을 함

(4) 本 條에 따른 법원의 중재인 선정은 당사자의 합의에 의한 선정과 동일한 효력을 갖는다.

(5) 本 條에 따른 法院의 결정에 대한 抗告는 法院의 허가를 얻어야 한다.

19. 當事者들이 合意한 仲裁人 資格에 관하여 法院이 고려해야 할 事項

제16조(仲裁人選定)와 제18조(選定節次의 不履行)와 관련한 권한의 행사 여부와 그 방식을 결정함에 있어 法院은 중재인의 자격에 관한 당사자의 합의를 적절히 고려하여야 한다.

20. 議長仲裁人

(1) 중재판정부에 의장중재인을 두기로 한 경우, 당사자들은 중재절차와 관련한 결정, 명령, 판정에 대한 의장중재인의 역할을 정할 수 있다.

(2) 전항의 합의가 없는 경우, 다음의 규정에 따른다.

(3) 중재절차와 관련한 결정, 명령, 판정은 중재인 전원 또는 과반수(의장중재인을 포함하여)에 의해 내려져야 한다.

(4) 중재판정부의 결정, 명령 또는 판정에 관하여 만장일치 또는 과반수에 이르지 못하는 경우에는 의장중재인의 의견에 따른다.

21. 審 判 官

(1) 중재판정부에 심판관을 두기로 한 경우, 당사자들은 심판관의 역할에 관하여, 특히 다음 사항에 관하여 합의할 수 있다.

  (a) 심판관의 중재심리 참석 여부

  (b) 심판관이 다른 중재인을 대신하여 결정, 명령 또는 판정을 내릴 수 있는 권한을 갖는지 여부

(2) 전항의 합의가 없는 경우에는 다음의 규정에 따른다.

(3) 심판관은 중재절차에 참석하며 다른 중재인들에게 제출된 것과 동일한 서증 및 기타 자료를 제출받는다.

(4) 중재인들이 특정 문제에 관하여 합의를 하지 못하는 경우를 제외하고는 중재절차와 관련한 결정, 명령 및 중재판정은 심판관을 제외한 나머지 중재인들에 의해 내려져야 한다. 중재인들간의 합의가 불가능한 경우 중재인들은 당사자와 심판관에게 그러한 사실을 서면 통지하고, 이에 심판관이 위 중재인들을 대신하여 단독판정부의 권한으로 결정, 명령 및 중재판정을 내려야 한다.

(5) 중재인들이 특정 사안에 대해 합의를 하지 못하고 그러한 사실을 당사자에게 통지하지 않는 경우 일방당사자는(상대당사자와 중재판정부에 통지 후) 심판관이 나머지 중재인들을 대신하여 단독중재인의 권한으로 결정, 명령 및 중재판정을 내리도록 법원에 요청할 수 있다.

(6) 本 條에 따른 法院의 결정에 대한 抗告는 法院의 許可를 얻어야 한다.

22. 議長仲裁人 또는 審判官이 없는 경우의 意思決定

(1) 당사자들이 의장중재인 또는 심판관을 두지 않고 2인 또는 그 이상의 중재인으로 중재판정부를 구성하기로 합의한 경우, 당사자들은 중재판정부가 결정, 명령 및 중재판정을 내리는 방식에 관하여 합의할 수 있다.

(2) 전항의 합의가 없는 경우 중재와 관련한 결정, 명령 및 중재판정은 중재인 전원 또는 과반수의 결정에 따른다.

23. 仲裁人 權限의 撤回

(1) 당사자들은 중재인 권한을 철회할 수 있는 사유를 정할 수 있다.

(2) 전항의 합의가 없는 경우 다음의 규정을 적용한다.

(3) 중재인의 권한은 아래의 경우를 제외하고는 철회되지 않는다.

   (a) 당사자의 합의로 중재인 권한을 철회하는 경우

   (b) 당사자들로부터 중재인 권한을 철회할 수 있는 권한을 위임받은 중재기관, 기타 기관 또는 제3자가 중재인의 권한을 철회하는 경우

(4) 당사자들이 중재합의의 종료를 합의(서면 여부에 관계없이)하지 않는 한, 중재인 권한의 철회는 그에 대한 서면합의를 요한다.

(5) 本 條의 어떠한 규정도 法院의 아래 권한에 영향을 미치지 아니한다.

   (a) 제18조(仲裁人選定 不履行時 法院의 權限 行使)에 따라 중재인 선정을 취소할 수 있는 권한

   (b) 제24조상의 사유로 중재인을 해임할 수 있는 권한

24. 法院의 仲裁人 解任權

(1) 중재절차의 당사자는(상대당사자와 관련 중재인 그리고 다른 중재인에게 통지 후) 법원에 다음의 사유로 해당 중재인을 해임할 것을 요청할 수 있다.

   (a) 중재인의 공정성에 관하여 타당한 의심을 야기할 수 있는 사정이 존재하는 경우

   (b) 중재인이 중재합의에서 요구하는 자격을 갖추지 못한 경우

   (c) 중재인이 정신적 또는 육체적으로 절차를 수행할 수 없거나 절차수행 능력에 대하여 의심할 만한 정당한 이유가 있는 경우

   (d) 중재인이

     (i) 적절한 방식으로 절차를 수행하지 않거나

     (ii) 절차 수행 또는 판정문 작성에 성실히 임하지 않는 경우, 그리고 중재신청인이 실질적인 권리 침해를 입었거나 입게 될 경우

(2) 중재인 해임 권한을 가진 자 또는 중재기관이 있는 경우, 신청인이 그러한 자 및 기관을 통해 가능한 모든 구제절차를 우선 경유한 경우가 아닌 한 법원은 해임 권한을 행사해서는 아니된다.

(3) 本 條에 따른 신청이 법원에 계류중인 경우에도 중재판정부는 중재절차를 속행하여 중재판정을 내릴 수 있다.

(4) 법원이 중재인을 해임하는 경우, 法院은 당해 중재인의 수당 또는 경비 청구권 및 기지급된 수당 또는 경비의 상환과 관련하여 적절한 명령을 내릴 수 있다.

(5) 위 중재인은 법원이 本 條에 따른 명령을 내리기 전 법원에 출두하여 진술할 수 있다.

(6) 本 條에 따른 법원의 결정에 대한 抗告는 법원의 許可를 얻어야 한다.

25. 仲裁人의 辭任
(1) 당사자는 중재인의 사임과 관련하여 당해 중재인과 다음에 관하여 합의할 수 있다.
   (a) 중재인의 수당 및 경비
   (b) 그에 따른 중재인의 책임
(2) 전항의 합의가 없는 경우 다음 규정이 적용된다.
(3) 사임하는 중재인은 (당사자들에게통지 후) 法院에 다음의 사항을 요청할 수 있다.
   (a) 자신에게 부여된 책임의 면제
   (b) 중재인 수당 또는 경비 청구권 또는 기지급된 수당 및 경비의 반환과 관련하
      여 적절하다고 인정되는 명령
(4) 절차와 관련한 모든 정황에 비추어 중재인이 사임하는 것이 합리적이라고 판단되
   는 경우 法院은 위 (3)(a)항에 언급된 구제를 명할 수 있다.
(5) 本 條에 따른 법원의 결정에 대한 항고는 법원의 허가를 얻어야 한다.

26. 仲裁人 또는 그를 選定한 者의 事望
(1) 중재인의 권한은 對人全屬的이며 사망 시에 소멸한다.
(2) 당사자가 달리 합의하지 않는 한, 중재인을 선정한 자의 사망은 당해 중재인의 권
   한에 영향을 미치지 않는다.

27. 缺員 仲裁人의 充員
(1) 중재인의 결원이 발생한 경우, 당사자들은 아래 사항에 합의할 수 있다.
   (a) 충원 여부와 그 방식
   (b) 이전 절차의 유지 여부와 인정 범위
   (c) 당해 중재인의 결원이 그가 (단독 또는 공동으로) 행한 중재인 선정에 어떠한
      효력을 갖는지 여부
(2) 전항의 합의가 없는 경우 다음의 규정이 적용된다.
(3) 제16조(仲裁人 選定節次) 및 제18조(仲裁人 選定의 不履行)의 규정은 이전 중재인
   선정절차에 準하여 缺員 중재인의 補闕節次에 적용된다.
(4) 중재판정부(재구성된 경우)는 이전의 절차를 어떠한 방식으로 그리고 어느 범위까지
   유지할지 여부를 결정해야 한다. 이는 중재인의 결원 이전에 발생한 사유를 근거로
   이전 절차에 관하여 이의를 제기할 수 있는 당사자의 권리를 침해하지 않는다.
(5) 중재인의 결원은 그가 (단독 또는 공동으로) 행한 다른 중재인의 선정, 특히 의장
   중재인 또는 심판관의 선정에 효력을 미치지 아니한다.

28. 仲裁人手當 및 經費에 대한 當事者의 共同 및 個別 債務
(1) 당사자들은 중재인에게 합리적인 수당 및 경비를 지급할 연대 책임을 부담한다.
(2) 당사자는 누구라도 (다른 당사자 및 중재인에게 통지한 후) 중재인의 수당 및 경

비를 法院이 정하는 방법과 조건에 따라 조정해 줄 것을 法院에 요청할 수 있다.

(3) 전항의 요청이 중재인에 대한 보수 및 경비로 일정 금액이 기지급된 후에 제기된 경우, 法院은 초과 금액의 반환을 명할 수 있다. 다만 그러한 반환 명령이 합리적 이라고 판단되는 경우에 한한다.

(4) 전항의 규정은 제24조 (4)항 및 제25조(3)(b)항(중재인의 해임 및 사임에 따른 수 당 및 경비 청구에 대한 명령)에서 정한 法院의 명령에 따른다.

(5) 本 條의 어떠한 규정도 일방당사자의 상대당사자에 대한 중재비용 지급의무(제59 조 및 제65조 참조) 또는 중재인의 수당 및 경비청구에 관한 계약상 권리에 영향 을 미치지 아니한다.

(6) 本 條에서 중재인이라 함은 결원되는 중재인과 심판관(다른 중재인을 대체한 경 우가 아닌)을 가리킨다.

29. 仲裁人의 免責

(1) 중재인은 자신의 역할 수행과 관련한 作爲, 不作爲에 관하여 면책된다. 다만 그러 한 작위 또는 부작위가 惡意인 경우에는 그러하지 아니하다.

(2) 전항의 규정은 중재인 뿐만 아니라 그 고용인 또는 대리인에 관하여도 적용된다.

(3) 本 條는 중재인의 사임에 따른 同 중재인의 책임에 아무런 영향을 미치지 아니한다.

仲裁判定部의 權限

30. 자신의 管轄權에 관하여 決定할 수 있는 仲裁判定部의 權限

(1) 당사자가 달리 합의하지 않는 한, 중재판정부는 자신의 관할권에 관한 결정을 내 릴 수 있다. 즉,
    (a) 중재합의가 유효한 것인지 여부
    (b) 중재판정부가 적절히 구성되었는지 여부
    (c) 중재합의에 따라 중재에 회부된 분쟁 사안

(2) 전항 중재판정부의 결정에 관하여 당사자는 本 章의 규정에 따라 이용 가능한 중 재절차상의 이의제기 또는 재심 절차를 통하여 이의를 제기할 수 있다.

31. 仲裁判定部의 實質的 管轄權에 대한 抗辯

(1) 심리 개시단계에서 중재판정부에게 실질적 관할권이 없다는 항변은, 중재판정부 의 관할권에 대한 항변과 관련한 문제를 다루기 위한 절차상의 여하한 조치를 취 하기 이전에 제기되어야 한다. 당사자는 자신이 중재인을 선정하였거나 선정 절 차에 관여했다는 이유로 위 항변을 제기할 권한을 박탈당하지 않는다.

(2) 중재절차의 진행 중에 중재판정부가 그 권한을 유월하였다는 항변은, 그 권한을 초과하였다고 주장하는 사안이 제기되는 즉시 이루어져야 한다.

(3) 중재판정부는 정당한 사유가 있다고 판단하는 경우 위 (1)항 및 (2)항에서 정한 기한을 경과하여 제기된 항변을 허용할 수 있다.

(4) 전술한 항변이 중재판정부의 실질적인 관할권에 관한 것이고 판정부가 그에 대한 결정권을 갖는 경우, 중재판정부는

(a) 중재판정에서 관할권에 관한 문제를 결정하거나

(b) 본안 판정에서 위 항변을 다룰 수 있다.

중재판정부가 채택하여야 하는 방식에 관하여 당사자의 합의가 있는 경우 판정부는 그에 따라야 한다.

(5) 중재판정부는 제32조(管轄權에 관한 本案前 事項의 決定)에 따른 신청이 法院에 계류중인 경우, 언제든 중재절차를 중지할 수 있으며 당사자가 합의하는 경우에는 반드시 중재절차를 중지해야 한다.

32. 管轄權에 관한 本案前 事項의 決定

(1) 法院은 중재절차 일방당사자의 신청(상대당사자에게 통지 후)에 따라 중재판정부의 실질적 관할권에 관한 문제를 결정할 수 있다. 당사자는 일정한 경우 관할권에 대한 항변권을 상실한다(제73조 참조).

(2) 本 條에 따른 신청이 다음에 해당하는 경우 법원은 이를 고려하지 않는다.

(a) 중재절차의 모든 당사자들이 위 신청에 대해 서면 합의하지 않은 경우 또는,

(b) 중재판정부의 허가를 얻지 못하고 또한 법원이

(i) 同 신청에 대한 결정으로 실질적인 비용절감 효과가 있거나

(ii) 同 신청이 지체없이 제출되었고

(iii) 법원이 이 문제를 결정해야 할 타당한 사유가 있다고 판단하지 않는 경우

(3) 다른 모든 당사자의 동의 없이 本 條에 따른 신청을 한 경우에는 법원이 그에 관한 결정을 내려야 하는 사유를 명시해야 한다.

(4) 당사자가 달리 합의하지 않은 한, 本 條에 따른 신청이 법원에 계류중인 경우에도 중재판정부는 절차를 속행하여 중재판정을 내려야 한다.

(5) 법원의 허가가 없는 한, 本 條 (2)항에서 규정한 조건이 충족되었는지 여부에 대한 법원의 결정에 대하여는 抗告할 수 없다.

(6) 관할권 문제에 대한 법원의 결정은 일반 항고에 대한 법원 판결과 동일한 효력을 갖는다. 항고는 법원의 허가를 얻어야 가능하며, 다른 특별한 사유로 인하여 抗訴法院(Court of Appeal)이 이를 심리해야 한다는 판단이 없는 한 법원은 그러한 허가를 부여할 수 없다.

仲裁節次

33. 仲裁判定部의 一般義務
(1) 중재판정부는
    (a) 공정하고 공평하게 절차를 수행하여야 하며 각 당사자에게 합리적인 진술기회와 상대방에 대한 공격·방어 기회를 제공하여야 하며
    (b) 특정사안에 적합한 절차를 채택하고 불필요한 지연 또는 비용을 제거하여 당해 분쟁의 공정한 해결 수단을 제공하여야 한다.
(2) 중재판정부는 절차수행 과정과 절차 또는 증거 문제에 대한 결정 그리고 판정부에 부여된 기타 모든 권한을 행사함에 있어 일반적인 의무를 준수하여야 한다.

34. 節次 및 證據上의 問題
(1) 절차 및 증거와 관련한 모든 문제는 중재판정부가 이를 결정하여야 한다. 다만 당사자의 합의가 있는 경우에는 그에 따라야 한다.
(2) 중재절차 및 증거에 관한 문제는 다음 사항을 포함한다.
    (a) 절차진행의 시기와 장소
    (b) 중재절차에서 사용할 언어 그리고 절차 관련 서증의 번역본 제출 여부
    (c) 중재신청서와 답변서의 형식, 제출시기와 추후 보정의 허용 한도
    (d) 당사자간에 공개해야 하는, 그리고 당사자가 제출해야 하는 서류 및 서증의 종류와 제출 시기
    (e) 당사자심문을할 것인지, 하는 경우 당사자심문 내용, 시기 및 형식
    (f) 제출된 증거자료(구두, 서면, 기타)의 허용성, 관련성 또는 신빙성에 관하여 엄격한 증거규칙을 적용할지 여부와 그러한 증거자료가 당사자간 서로 교환되고 제출되어야 하는 시기, 방식 및 형식
    (g) 사실관계의 확정과 법률의 적용에 있어 중재판정부가 재량을 행사할 수 있는지 여부와 그 범위
    (h) 口頭證據, 書面證據, 口頭主張, 書面主張의 허용여부와 그 범위
(3) 중재판정부는 지시한 내용의 이행 기한을 정할 수 있으며 적절하다고 판단되는 경우 이를 (기한의 만료 여부에 관계없이) 연장할 수 있다.

35. 節次의 倂合 및 竝行審理
(1) 당사자들은 다음에 합의할 수 있다.
    (a) 중재절차와 다른 중재절차의 병합
    (b) 당사자들이 합의한 조건에 따라 병행심리를 개최
(2) 당사자들의 권한 위임이 없는 한, 중재판정부는 절차의 병합이나 병행심리를 명할 권한이 없다.

36. 法律的 또는 其他 代理

당사자들간의 별도 합의가 없는 한, 중재절차의 당사자는 변호사 또는 자신이 선임한 다른 이가 절차를 대리하게 할 수 있다.

37. 專門家, 法律顧問 또는 輔佐人 先任權

(1) 당사자들이 달리 합의하지 않은 한,
    (a) 중재판정부는
        (i) 전문가 또는 법률고문을 선임하여 판정부와 당사자들에게 보고하게 하거나
        (ii) 기술적 문제에 관하여 판정부를 보좌할 보좌인을 선임할 수 있다.
    (b) 이들이 제공한 정보, 의견 또는 조언에 대해 당사자들이 진술할 수 있는 합리적인 기회를 부여하여야 한다.
(2) 중재인은 중재판정부가 선정한 전문가, 법률고문 또는 보좌인의 보수와 경비를 지급할 의무가 있고, 本 章의 규정상 이는 중재인의 경비로 한다.

38. 仲裁判定部의 一般的인 權限

(1) 당사자는 중재절차와 관련한 중재판정부의 권한에 관하여 합의할 수 있다.
(2) 당사자가 달리 합의하지 않은 한, 중재판정부는 다음의 권한을 갖는다.
(3) 중재판정부는 신청인에게 중재비용에 대한 담보 제공을 명할 수 있다.
    다음의 사유에 해당하는 경우에는 이러한 권한을 행사할 수 없다. 즉, 신청인이
    (a) 영국 외에 거주하는 개인인 경우
    (b) 영국 이외 국가의 법률에 따라 설립된 회사 또는 단체인 경우, 또는 그 회사 또는 단체에 대한 관리와 지배권이 영국 밖에서 행사되는 경우
(4) 중재판정부는 일방당사자가 소유 또는 보유하고 있는, 중재절차의 대상인 재산에 대해 다음의 지시를 내릴 수 있다.
    (a) 중재판정부 전문가 또는 일방당사자에 의한 위 재산에 대한 검사, 사진촬영, 보존조치, 보관 또는 관리
    (b) 위 재산에 대한 견본채취, 실험 및 검사
(5) 중재판정부는 당사자 또는 증인이 서약 또는 확약을 하고 조사에 임하도록 할 수 있으며 이를 위해 필요한 서약 또는 확약을 받도록 할 수 있다.
(6) 중재판정부는 절차의 진행을 위하여 당사자가 보유하고 있는 모든 증거물을 보존하도록 지시할 수 있다.

39. 暫定判定權限

(1) 당사자는 중재판정부가 최종 중재판정에서 내릴 수 있는 구제조치를 잠정적으로 부여하는 것에 합의할 수 있다.
(2) 전항의 구제조치는 다음 사항을 포함한다.

(a) 당사자간 금전의 지급 또는 재산의 처분을 위한 잠정 명령

(b) 중재비용의 잠정지급 명령

(3) 이러한 명령은 중재판정부의 종국 판정에 따른다. 분쟁의 본안 또는 비용에 관한 중재판정부의 종국 판정은 전술한 명령을 고려하여야 한다.

(4) 당사자의 권한 위임이 없는 경우에는 중재판정부에게 위 권한이 없다.

이는 제47조(기타 사안에 관한 중재판정)에 따른 중재판정부의 권한에 영향을 미치지 아니한다.

40. 當事者의 一般的인 義務

(1) 당사자는 중재절차의 적절하고 신속한 진행을 위해 필요한 모든 협조를 하여야 한다.

(2) 이는 다음의 사항을 포함한다.

(a) 절차 또는 증거문제와 관련한 중재판정부의 모든 결정을 지체없이 이행하고 그 밖의 모든 지시나 명령에 따를 것

(b) 관할권 또는 法의 적용과 관련한 本案前 問題에 관한 법원의 결정을 구하기 위하여 필요한 조치를 지체없이 취할 것(제32조 및 제45조 참조)

41. 當事者의 懈怠와 관련한 仲裁判定部의 權限

(1) 당사자는 일방당사자가 중재절차의 신속한 수행에 필요한 행위를 해태한 경우 중재판정부가 행사할 수 있는 권한에 대해 합의할 수 있다.

(2) 당사자간의 별도 합의가 없는 경우, 다음의 규정이 적용된다.

(3) 신청인이 신청을 함에 있어 다음 2가지 요건을 충족하는 경우, 즉

① 과도한 지연을 하고

② 그러한 지연이

(a) 청구 사안에 대한 공정한 해결을 저해할 수 있는 위험을 야기하거나 야기할 것으로 보여지는 경우 또는,

(b) 피신청인에게 부당한 결과를 초래하였거나 초래할 것으로 판단되는 경우 중재판정부는 신청인의 청구를 기각하는 판정을 내릴 수 있다.

(4) 정당한 사유없이 일방당사자가,

(a) 적절한 통지를 받고도 구술심리에 불참하거나

(b) 서면 심리의 대상에 관하여 적절한 통지 후에도 서면 증거의 제출이나 서면 진술을 거부하는 경우,

중재판정부는 해당 당사자가 불참하여도 절차를 속행하여 서증, 또는 준비서면의 제출 없이도 기제출된 증거에 근거하여 중재판정을 내릴 수 있다.

(5) 일방당사자가 정당한 사유 없이 중재판정부의 명령이나 지시를 따르지 않는 경우, 판정부는 적절한 이행 기간을 정하여 이와 동일한 취지의 강제명령을 내릴 수 있다.

(6) 신청인이 중재비용에 관한 담보 제공의 강제명령을 이행하지 않을 경우 중재판정부는 신청인의 청구를 기각하는 판정을 내릴 수 있다.

(7) 일방당사자가 다른 기타의 강제명령을 이행하지 않는 경우 중재판정부는 제42조(법원에 의한 중재판정부의 강제명령 집행)를 해함이 없이,

　(a) 불이행 당사자가 해당 명령의 대상이 된 진술과 자료를 援用할 수 없도록 하거나

　(b) 합리적인 범위 내에서, 위 불이행을 사유로 불리한 推定을 하거나

　(c) 중재판정부에 기제출된 증거에 근거하여 판정을 내리거나

　(d) 위 불이행의 결과로 발생한 중재비용의 지급에 관하여 적절한 명령을 내릴 수 있다.

仲裁節次와 관련한 法院의 權限

42. 仲裁判定部의 確定命令 執行

(1) 당사자의 별도 합의가 없는 한, 법원은 일방당사자에게 중재판정부의 확정명령을 이행하도록 명할 수 있다.

(2) 本 條에 따른 법원 명령의 신청은,

　(a) 중재판정부(당사자에게 통지 후)가 신청하거나

　(b) 중재판정부의 허가를 얻어 중재절차의 일방당사자가 (다른 당사자에게 통지한 후) 신청하거나

　(c) 당사자들이 법원의 本 條에 따른 권한에 합의함으로써 할 수 있다.

(3) 전술한 법원 명령의 신청인이 중재판정부 명령의 불이행과 관련한 중재절차상의 가능한 모든 절차를 경유하지 않은 경우 법원은 위 신청을 기각한다.

(4) 중재판정부의 명령을 받은 당사자가 同 명령에서 정한 기간 내에 이를 이행하지 않는 경우 또는 기간의 정함이 없는 경우에는 합리적인 기간 내에 이를 이행하지 못한 경우를 제외하고는 법원은 명령을 내려서는 아니된다.

(5) 本 條에 따른 법원의 결정에 대한 항고는 법원의 허가를 얻어야 한다.

43. 證人 出席의 强制

(1) 중재절차의 당사자는 소송절차상의 이용 가능한 법원 절차를 통해 증인의 출석을 강제하여 중재판정부에 구두 증언을 하도록 하거나, 서증 및 기타 중요한 증거를 제출하도록 할 수 있다.

(2) 이는 중재판정부의 허가 또는 당사자의 합의를 얻어야 한다.

(3) 법원 절차는 다음의 경우에 한하여 이용할 수 있다.

　(a) 증인이 영국내에 거주하고 있는 경우

　(b) 중재절차가 영국, 웨일즈 또는 북아일랜드에서 수행되는 경우

(4) 소송절차상 강제할 수 없는 여타의 서증이나 증거물의 제출을 本 條의 규정에 근거하여 제출하도록 강요해서는 아니된다.

44. 仲裁節次에 대한 協助를 위하여 法院이 行使할 수 있는 權限

(1) 당사자가 달리 합의하지 않은 한, 법원은 중재절차와 관련하여 아래 열거한 사항에 관하여 소송절차에서와 동일한 명령 권한을 갖는다.

(2) 명령의 대상은
   (a) 證人 證據의 채택
   (b) 證據의 保存
   (c) 중재절차의 대상인 재산과 관련한, 또는
      (i) 그 재산에 관한 검사, 사진촬영, 보전조치, 관리 또는 점유
      (ii) 위 재산에 관한 견본채취와 실험을 위한 명령
   (d) 절차 대상 물품의 매각
   (e) 臨時的 處分禁止命令 또는 財産管理人의 選定

(3) 절박한 사정이 있는 경우, 법원은 중재절차 당사자의 신청에 따라 증거 또는 재산의 보전을 위해 필요한 명령을 내릴 수 있다.

(4) 그렇지 않은 경우 법원은 중재절차 당사자의 신청(다른 당사자와 중재판정부에 통지 후)이 있는 경우에 한하여 이를 검토하여야 하며 위 신청은 중재판정부의 허가 또는 다른 모든 당사자의 서면합의를 얻은 것이어야 한다.

(5) 여하한 경우에도 법원은 중재판정부 또는 그 밖에 권한 있는 자 및 기관이 당해 문제에 관하여 권한이 없거나 또는 일시적으로 절차를 수행할 수 없는 사안에 한하여 관여할 수 있다.

(6) 本 條의 규정에 따른 법원의 명령은 중재판정부가 내린 또는 그 법원 명령의 대상에 관하여 권한을 가진 중재기관, 기타 기관 또는 제3자가 내린 명령에 대하여는 전부 또는 부분적으로 효력을 갖지 못한다.

(7) 本 條에 따른 법원의 결정에 대한 항고는 법원의 허가를 얻어야 한다.

45. 本案前 法律問題에 대한 決定

(1) 당사자가 달리 합의하지 않은 한 법원은 중재절차 일방당사자의 신청에 따라 당사자의 권리에 실질적으로 영향을 미치는, 중재절차 진행과정에서 발생하는 법률문제를 결정할 수 있다.
   중재판정의 이유를 생략하기로 하는 합의는 本 條의 규정에 대한 법원의 관여를 배제하는 합의로 간주된다.

(2) 本 條에 따른 신청은 다음의 경우를 제외하고는 이를 고려하지 않는다.
   (a) 중재절차 당사자 전원의 합의를 얻어 신청한 경우
   (b) 위 신청이 중재판정부의 허가를 얻어 법원이

(i) 법률문제에 대한 결정을 통해 실질적인 비용절감 효과가 있거나

(ii) 위 신청이 지체없이 제출되었다고 판단하는 경우

(3) 위 신청은 결정할 법률문제를 특정해야 하고, 중재절차의 다른 당사자 전원의 합의를 얻지 못한 경우에는 법원이 위 법률문제를 결정해야만 하는 사유를 명시하여야 한다.

(4) 당사자가 달리 합의하지 않은 한, 중재판정부는 위 신청이 법원에 계류중인 경우에도 절차를 속행하여 중재판정을 내릴 수 있다.

(5) 법원의 허가가 없는 경우 本 條 (2)항 요건의 충족 여부에 대한 법원의 결정에 관하여는 抗告할 수 없다.

(6) 법률문제에 대한 법원의 결정은 일반 항고상의 법원 판결과 동일한 것으로 간주된다. 抗告에는 법원의 허가를 필요로 하는바, 위 법률문제가 중대한 것이며 다른 특별한 사정으로 항소법원이 이를 심사해야 한다는 판단이 없는 한 위 허가를 부여할 수 없다.

仲裁判定

46. 本案에 適用할 規則

(1) 중재판정부는,

(a) 당사자들이 분쟁의 본안에 적용하기로 합의한 法 또는,

(b) 당사자들의 동의가 있는 경우에는 당사자들이 합의한 또는 중재판정부가 결정한 기타 조건에 따라 분쟁을 해결한다.

(2) 특정 국가의 法을 準據法으로 채택하는 것은 당해 국가의 國際私法 原則이 아닌 實體法을 지정한 것으로 본다.

(3) 준거법에 관한 지정 또는 합의가 없는 경우, 중재판정부는 적절하다고 판단되는 국제사법 원칙에 따라 결정된 법률을 적용한다.

47. 其他 事項에 대한 仲裁判定

(1) 당사자가 달리 합의하지 않은 한, 중재판정부는 분쟁의 서로 다른 쟁점에 관하여 시점을 달리하여 복수의 중재판정을 내릴 수 있다.

(2) 중재판정부는

(a) 신청취지 전체에 영향을 미치는 사안에 관하여 또는,

(b) 판정부에 제출된 신청 또는 반대신청의 일부분에 관하여 중재판정을 내릴 수 있다.

(3) 이 경우 중재판정부는 중재판정의 대상인 주요쟁점 또는 신청취지의 전부 또는 일부를 중재판정에서 명시할 수 있다.

48. 救 濟
(1) 당사자는 구제와 관련한 중재판정부의 권한에 관하여 합의할 수 있다.
(2) 당사자가 달리 합의하지 않는 한 중재판정부는 다음의 권한을 갖는다.
(3) 중재판정부는 중재절차에서 결정해야 할 사안에 관하여 宣告를 내릴 수 있다.
(4) 중재판정부는 일정한 金員의 지급을 명할 수 있으며 通貨의 종류는 묻지 않는다.
(5) 중재판정부는 다음 열거하는 法院의 권한과 동일한 권한을 갖는다.
    (a) 일방당사자에게 특정행위의 이행 또는 금지를 명령
    (b) 계약(토지와 관련한 계약을 제외하고)의 특정이행을 명령
    특정한 (c) 증서나 기타 서류의 보정, 보류 또는 취소를 명령

49. 利 子
(1) 당사자는 이자와 관련한 중재판정부의 판정 권한에 관하여 합의할 수 있다.
(2) 당사자의 별도 합의가 없는 한 다음의 규정이 적용된다.
(3) 중재판정부는
    (a) 중재판정 금액의 일부 또는 전부에 관하여 중재판정일까지의 기간에 대하여,
    (b) 중재절차 개시 시점에 미지급되었으나 중재판정 전까지 지급된 금액의 전부
       또는 일부에 대하여는 그 지급일까지의 기간에 대하여 적절하다고 판단되는
       날로부터 적절한 이율에 의한 單利 또는 複利의 이자를 결정할 수 있다.
(4) 중재판정부는 판정금액에 대하여(위 (3)항에 따른 利子判定과 비용에 대한 모든
    판정을 포함하여) 적절하다고 판단되는 이율에 따라 중재판정일로부터(또는 그 후
    의 일자로부터) 완제일까지 단리 또는 복리의 이자를 지급하도록 결정할 수 있다.
(5) 本 條의 판정금액에는 중재판정부의 宣言的 判定에 따라 지급해야 하는 금원을 포
    함한다.
(6) 상기 규정은 중재판정부의 이자판정 권한에 영향을 미치지 아니한다.

50. 仲裁判定 期限의 延長
(1) 중재합의에서 중재판정의 기한을 두고 있는 경우 당사자 간의 별도 합의가 없는
    한, 法院은 다음 규정에 따라 명령으로써 그 기한을 연장할 수 있다.
(2) 本 條에 따른 법원의 명령 신청은
    (a) (당사자들에게 통지 후) 중재판정부가 또는,
    (b) 중재절차의 일방당사자가(중재판정부와 상대당사자에게 통지 후) 신청할 수
       있으나 다만, 그러한 기한 연장에 관한 중재절차상의 다른 모든 절차를 우선
       경유하여야 한다.
(3) 법원은 기한 연장이 없으면 실질적인 부당한 결과가 초래될 것이라 판단되는 경
    우에 한하여 기한 연장을 명해야 한다.
(4) 법원은 적절하다고 판단되는 기간과 조건을 정하여 판정 기한을 연장할 수 있으

며, 이전에 정한(중재합의에 의한 것이든 이전 法院 명령에 의한 것이든) 기한의 만료 여부에 관계없이 그 기한을 연장할 수 있다

(5) 本 條에 따른 법원의 명령에 대한 항고는 법원의 허가를 얻어야 한다.

51. 和解判定

(1) 중재절차 진행중에 당사자들이 화해로 분쟁을 해결하면 당사자간의 별도 합의가 없는 한 아래 규정이 적용된다.

(2) 중재판정부는 실질적인 절차를 종료하여야 하며 당사자의 요청이 있고 판정부가 달리 반대하지 않는 한 당사자간의 합의안을 화해판정 형식으로 기록해야 한다.

(3) 화해판정에는 당해 판정이 중재판정부의 중재판정이라는 점과, 분쟁의 본안에 관한 다른 중재판정과 동일한 지위 및 효력을 갖는다는 점을 명시해야 한다.

(4) 중재판정에 관한 本 章의 아래 규정(제52조 내지 제58조)은 화해판정에 적용된다.

(5) 당사자가 중재비용의 지급에 관하여 합의하지 못한 경우, 本 章의 비용 관련 규정 (제59조 내지 제65조)이 적용된다.

52. 仲裁判定의 形式

(1) 당사자는 중재판정의 형식에 관하여 합의할 수 있다.

(2) 전항의 합의가 없는 경우, 다음의 규정이 적용된다.

(3) 중재판정에는 중재인 전원 또는 해당 중재판정에 동의하는 모든 중재인의 서명이 있어야 한다.

(4) 중재판정은, 화해판정의 경우 또는 당사자들이 판정이유의 기재를 생략하기로 합의한 경우를 제외하고는, 그 이유를 기재하여야 한다.

(5) 중재판정에는 중재지와 중재판정일을 기재해야 한다.

53. 仲裁判定이 내려진 것으로 看做되는 場所

당사자가 별도 합의하지 않은 한, 중재지가 영국, 웨일즈 또는 북아일랜드인 경우 중재판정은 위 장소에서 내려진 것으로 간주되며, 서명된 장소, 당사자에게 송부된 장소는 묻지 않는다.

54. 仲裁判定日

(1) 당사자가 달리 합의하지 않은 한, 중재판정부는 중재판정일을 결정할 수 있다.

(2) 전항의 결정이 없는 경우, 중재판정일은 중재인이(1인 이상의 중재인이 있는 경우에는 마지막 중재인이) 중재판정에 서명한 날로 한다.

55. 仲裁判定의 通知

(1) 당사자는 중재판정의 통지 요건에 관하여 합의할 수 있다.

(2) 전항의 합의가 없는 경우, 중재판정은 그 副本 送達을 통해 중재판정일 이후 지체 없이 통지되어야 한다.

(3) 本 條의 어떠한 규정도 제56조(仲裁費用의 未納時 仲裁判定文 送付 保留)의 적용에 영향을 미치지 아니한다.

56. 仲裁費用 未納時 仲裁判定文 送付 保留

(1) 중재판정부는 당사자들이 중재인수당 및 경비를 완납할 때까지 중재판정문을 송부하지 아니할 수 있다.

(2) 중재판정부가 상기 이유로 판정문의 송부를 거부하는 경우 중재절차의 일방당사자는 (다른 당사자와 중재판정부에 통지 후) 법원에 다음의 명령을 요청할 수 있다.

　(a) 중재인수당 및 경비 상당액 또는 법원이 더 적은 금액을 특정한 경우 그 금액을 당사자가 법원에 공탁하면 중재판정부가 당해 중재판정문을 송부할 것

　(b) 당사자가 납부해야할 중재인수당 및 경비를 법원이 정하는 조건과 방법으로 결정할 것

　(c) 법원에 공탁한 금원으로 적절한 중재인 수당 및 경비를 지급할 것, 그리고 정산 잔액은 신청인에게 반환할 것

(3) 이 경우 납부해야할 중재인수당과 경비는 제28조 또는 중재인수당 지급에 관한 당사자 간의 합의에 따라 신청인이 부담해야 할 금액을 말한다.

(4) 중재인수당 및 경비 금액에 대한 중재절차상 별도의 재심 및 항고 절차가 있는 경우에는 법원에 위 요청을 할 수 없다.

(5) 本 條의 중재인은 사임한 중재인과 심판관(다른 중재인을 대체하지 않은)을 포함한다.

(6) 本 章의 상기 규정은 중재판정문의 송부에 관한 권한을 위임받은 자, 중재기관 및 기타 기관에 대하여도 적용된다. 이 경우 중재인수당 및 경비에는 전술한 자 및 기관의 수당과 경비가 포함되는 것으로 간주된다.

(7) 本 條에 따른 법원의 결정에 대한 항고는 법원의 허가를 얻어야 한다.

(8) 本 條의 어떠한 규정도, 중재인에 대한 수당 및 경비의 지급을 규정한 제28조의 적용에 영향을 미치지 아니한다.

57. 仲裁判定의 訂正 또는 追加判定

(1) 당사자는 중재판정의 정정 및 추가판정에 대한 중재판정부의 권한에 관하여 합의할 수 있다.

(2) 전항의 합의가 없는 경우 다음 규정이 적용된다.

(3) 중재판정부는 직권으로 또는 일방당사자의 신청에 따라,

　(a) 중재판정을 정정하여 계산상의 착오 또는 오류를 제거하거나, 모호한 부분을 구체화 또는 삭제할 수 있다.

(b) 중재판정부에 회부되었으나 중재판정에서 다루지 않은 모든 신청(이자 또는 비용관련 청구를 포함하여)에 관하여 추가판정을 내릴 수 있다.

위 권한을 행사함에 있어 중재판정부는 나머지 당사자들에게 합리적인 진술 기회를 부여해야 한다.

(4) 상기 권한의 행사를 위한 요청은 중재판정일로부터 28일 이내에, 또는 당사자간에 이보다 더 긴 기간에 대한 합의가 있는 경우에는 그 기간 내에 이루어져야 한다.

(5) 중재판정의 정정은 중재판정부가 당사자의 정정 신청을 접수한 날로부터 28일 이내에, 중재판정부가 직권으로 정정하는 경우는 중재판정일로부터 28일 이내에 또는 당사자들이 합의한 기간 내에 이루어져야 한다.

(6) 追加仲裁判定은 原仲裁判定日로부터 56일 이내에 또는 당사자들이 합의한 기간내에 내려져야 한다.

(7) 중재판정의 정정은 중재판정의 일부를 구성한다.

58. 仲裁判定의 效力

(1) 당사자가 달리 합의하지 않은 한, 중재판정은 당사자 및 이들을 통해 청구하는 모든 자에 관하여 확정적이며 구속력이 있다.

(2) 상기 규정은 本 章의 규정에 따른 중재절차에서 이의제기 또는 재검토를 통해 중재판정에 이의제기 할 수 있는 당사자의 권리에 영향을 미치지 아니한다.

仲裁費用

59. 仲裁費用

(1) 本 章에서 중재비용이라 함은
  (a) 중재인수당 및 경비
  (b) 관련 중재기관의 요금 및 경비
  (c) 당사자의 법률상 또는 기타 비용을 말한다.

(2) 위 중재비용에는 상환 가능한 중재비용을 결정하기 위한 여타의 절차에 소요된 비용과 그에 부수되는 비용이 포함된다.

60. 仲裁費用의 負擔 合意

중재비용의 전부 또는 일부를 여하한 경우에도 일방당사자가 부담한다는 합의는 분쟁 발생 후에 이루어진 경우에 한하여 유효하다.

61. 費用에 관한 仲裁判定

(1) 중재판정부는 당사자간에 부담해야 할 중재비용을 분배하는 중재판정을 내릴 수 있다. 다만 당사자간의 합의가 있는 경우에는 그에 따른다.

(2) 당사자간의 별도 합의가 없는 한, 중재판정부는 비용 산정에 관한 일반원칙에 따라 중재비용을 결정해야 한다. 다만 비용의 전부 또는 일부에 관하여 이러한 원칙을 적용하는 것이 부적합한 경우에는 그러하지 아니하다.

62. 費用에 관한 當事者間 合意 또는 仲裁判定의 效力
당사자간의 별도 합의가 없는 한, 중재비용의 부담방법에 관한 당사자간의 합의 또는 중재비용의 부담방법을 명시한 중재판정에 따라 당사자가 부담해야 할 채무는 상환 가능한 비용(판정으로 지급받을 수 있는 금액)을 그 한도로 한다.

63. 償還 可能한 仲裁費用
(1) 당사자는 중재비용 가운데 상환 가능한 부분을 합의로 정할 수 있다.
(2) 전항의 합의가 없는 경우에는 다음의 규정을 적용한다.
(3) 중재판정부는 적절한 기준에 따라 상환 가능한 중재비용을 중재판정으로 결정할 수 있다. 이 경우 중재판정부는
  (a) 그러한 결정의 근거와
  (b) 상환 가능한 비용의 항목과 각 항목에 대한 금액을 명시하여야 한다.
(4) 중재판정부가 상환가능한 중재비용을 결정하지 않는 경우, 중재절차의 당사자는 (다른 당사자에게 통지 후) 법원에 다음을 요청할 수 있다.
  (a) 법원이 적절하다고 판단하는 기준에 따라 상환가능한 중재비용을 결정
  (b) 법원이 특정하는 조건과 방법에 따라 위 비용을 산정할 것을 명령
(5) 중재판정부 또는 법원이 달리 결정하지 않는 한,
  (a) 상환 가능한 중재비용은, 이미 발생한 비용에 관하여 합리적 금액을 인정한다는 기본원칙에 따라 결정되어야 하며
  (b) 비용이 합리적으로 지출되었는지와 적절한 수준인지 여부의 판단은 실제로 비용을 부담한 당사자에게 유리하게 해석되어야 한다.
(6) 상기 규정은 제64조(상환 가능한 중재인수당 및 경비)의 규정에 따른다.
(7) 本 條의 규정은 중재인, 전문가, 법률고문 또는 중재판정부나 기타 중재기관이 선정한 보좌인이 자신의 수당 및 경비에 대해 갖는 권리에 영향을 미치지 아니한다.

64. 償還 可能한 仲裁人手當 및 經費
(1) 당사자가 달리 합의하지 않은 한, 상환 가능한 중재비용은 중재인수당과 경비 중에 정황상 타당하다고 판단되는 합리적인 수당과 경비만을 포함한다.
(2) 합리적인 수당과 경비에 관한 이의가 제기되고 그에 관한 결정을 제63조(4)항에 따라 법원에 요청하기 전, 법원은 일방당사자의 신청(다른 당사자에게 통지 후)에 따라
  (a) 당해 문제를 결정하거나

(b) 법원이 특정하는 조건과 방법에 따라 해결하도록 명할 수 있다.

(3) 위 (1)항의 규정은 제24조(4)항 또는 제25조(3)항(중재인이 해임 또는 사임하는 경우 중재인수당 및 경비청구권에 관한 명령)에 따른 법원의 명령에 제한을 받는다.

(4) 本 條의 어떠한 규정도 중재인의 수당 및 경비청구권에 대해 영향을 미치지 아니한다.

65. 償還 費用의 制限

(1) 당사자가 달리 합의하지 않은 한, 중재판정부는 상환 가능한 중재비용, 또는 중재절차의 일부와 관련한 상환 가능한 중재비용을 일정 한도로 제한할 수 있다.

(2) 중재판정부는 중재절차의 어느 단계에서도 상환가능한 중재비용의 제한과 관련한 지시를 할 수 있다. 다만 그러한 지시는 제한의 대상이 되는 비용이 발생하기 이전 또는 당사자들이 그러한 제한을 고려하여 중재절차상 별도의 조치를 취하기 전에 내려져야 한다.

仲裁判定과 관련한 法院의 權限

66. 仲裁判定의 執行

(1) 중재합의에 따라 중재판정부가 내린 중재판정은, 법원의 승인을 얻어, 법원 판결 또는 명령과 동일한 방식으로 집행될 수 있다.

(2) 법원의 허가를 얻은 경우, 중재판정의 내용대로 법원 판결이 내려질 수 있다.

(3) 중재판정 집행의 상대방이 중재판정부에 실질적 판정권한이 없음을 입증한 경우에는 중재판정의 집행을 허가하여서는 아니된다.
  상기 항변권은 일정한 경우 상실될 수 있다.(제73조 참조)

(4) 本 條의 어떠한 규정도 다른 法律 또는 1950년 仲裁法(제네바협약에 따른 仲裁判定의 執行) 第Ⅱ章上의 法原則에 따른 중재판정의 승인 및 집행, 또는 뉴욕협약에 따른 중재판정의 승인 및 집행에 관한 이 法 第Ⅲ章의 규정에 영향을 미치지 아니한다.

67. 仲裁判定에 대한 不服 : 本案에 관한 管轄權

(1) 중재절차의 일방당사자는 (다른 당사자와 중재판정부에 통지 후) 법원에,

  (a) 중재판정부에 實質的 管轄權이 없음을 이유로 중재판정에 대한 불복을 제기할 수 있으며

  (b) 중재판정부에게 실질적인 관할권이 없음을 이유로, 중재판정부가 본안에 관하여 내린 중재판정의 전부 또는 일부가 무효임을 선언하는 명령을 신청할 수 있다.

  당사자는 일정한 경우 전술한 항변권을 상실할 수 있으며(제73조 참조) 법원

에 대한 위 신청권은 제70조(2)항 및 (3)항상의 제한 규정을 따라야 한다.

(2) 중재판정부는 관할권에 관한 중재판정과 관련하여 **本 條**에 따른 신청이 법원에 계류 중인 경우에도 중재절차를 속행하여 추가 중재판정을 내릴 수 있다.

(3) 중재판정부의 실질적 권한에 관한 중재판정에 대하여 불복 신청이 접수된 경우, 법원은 명령으로써

　　(a) 중재판정을 확정하거나

　　(b) 이를 변경하거나 또는

　　(c) 중재판정의 전부 또는 일부를 취소할 수 있다.

(4) **本 條**에 따른 법원의 결정에 대한 항고는 법원의 허가를 얻어야 한다.

68. 仲裁判定에 대한 不服 : 重大한 違法

(1) 중재절차의 당사자는 (다른 당사자들과 중재판정부에 통지 후) 중재판정부와 중재절차 또는 중재판정에 영향을 미친 중대한 위법을 사유로 법원에 중재판정의 불복을 신청할 수 있다.

당사자는 일정한 경우 이러한 항변권을 상실할 수 있으며(제73조 참조) 법원에 대한 위 신청권은 제70조(2)항 및 (3)항상의 제한 규정을 따라야 한다.

(2) 중대한 위법이라 함은 신청인에게 실질적인 부정의를 초래하였거나 초래할 것으로 보이는 다음의 위법을 포함한다.

　　(a) 중재판정부가 제33조(중재판정부의 일반 의무)의 규정을 준수하지 않은 경우

　　(b) 중재판정부가 (실질적 관할권을 벗어난 경우가 아닌 : 제67조 참조) 그 권한을 유월한 경우

　　(c) 중재판정부가 당사자의 합의된 절차를 따르지 않은 경우

　　(d) 중재판정부가 중재에 회부된 신청의 일부를 다루지 않은 경우

　　(e) 중재기관, 당사자들로부터 중재절차 및 중재판정에 관한 권한을 위임받은 자 및 기관이 그 권한을 유월한 경우

　　(f) 중재판정의 효력에 대한 불확실 또는 모호한 부분이 있는 경우

　　(g) 詐欺에 의해 중재판정이 내려진 경우 또는 중재판정이나 同 판정에 이른 과정이 公序良俗에 반하는 경우

　　(h) 중재판정의 형식에 관한 요건을 따르지 않은 경우

　　(i) 중재절차 수행과정에서의 위법이 있거나 중재절차 또는 중재판정에 관한 권한을 위임받은 자 및 기관이 승인한 중재판정상에 위법이 있는 경우

(3) 중재판정부, 중재절차 또는 중재판정에 영향을 미치는 중대한 위법이 있는 경우 법원은,

　　(a) 중재판정의 일부 또는 전부의 재심을 위해 중재판정부에 同 중재판정을 환송하거나

　　(b) 중재판정의 일부 또는 전부를 취소하거나

(c) 중재판정 일부 또는 전부의 무효를 선언할 수 있다.

법원은 중재판정부에 환송하는 것이 부적합하다고 판단하지 않는 한, 중재판정 일부 또는 전부의 취소 또는 무효 선언에 관한 권한을 행사해서는 아니된다.

(4) 本 條에 따른 법원의 결정에 대한 항고는 법원의 허가를 얻어야 한다.

69. 法律問題에 관한 抗訴

(1) 당사자가 달리 합의하지 않은 한, 중재절차의 당사자는 중재판정상의 법률문제에 관하여 法院에 抗訴할 수 있다. 중재판정의 이유를 생략하기로 한 당사자간의 합의는 本 條에 따른 법원의 관할을 배제키로 하는 합의로 간주한다.

(2) 本 條에 따른 항소는 다음의 경우에 한한다.

(a) 중재절차의 다른 모든 당사자의 합의가 있는 경우

(b) 법원의 허가를 얻은 경우

또한 本 條에 따른 항소는 제70조 (2)항 및 (3)항상의 제한을 받는다.

(3) 법원은 다음의 경우에 한하여 항소를 허가해야 한다.

(a) 법률문제에 관한 법원의 결정이 당사자의 권리에 실질적인 영향을 미치게 될 경우

(b) 위 법률문제에 대한 중재판정부의 결정이 요청된 바 있는 경우

(c) 중재판정에 나타난 사실관계에 비추어, 법률문제에 대한 중재판정부의 결정이 명백히 오류이거나 同 법률문제가 중대한 사안이고 그에 대한 중재판정부의 결정에 중대한 의문의 여지가 있다고 보여 지는 경우

(d) 당해 문제를 중재로 해결하기로 하는 당사자의 합의에도 불구하고 모든 정황에 비추어 법원이 위 문제를 결정하는 것이 적절하다고 보여 지는 경우

(4) 本 條에 따른 항소 허가 신청에는 당해 법률문제를 구체적으로 적시하고 항소 허가의 근거를 명시하여야 한다.

(5) 法院은 별도 심리가 필요하다고 보여 지지 않는 한, 심리 없이 本 條에 따른 위 허가 신청에 대해 결정해야 한다.

(6) 법원의 本 條에 따른 항소의 허가 또는 거절 결정에 대한 항고는 법원의 허가를 얻어야 한다.

(7) 本 條에 따른 항소에 관하여 법원은 명령으로서,

(a) 중재판정을 확정하거나,

(b) 중재판정을 변경하거나,

(c) 중재판정부에 중재판정의 일부 또는 전부를 환송하여 법원의 결정을 참조하여 재검토하도록 하거나 또는,

(d) 중재판정의 일부 또는 전부를 취소할 수 있다.

법원은 중재판정부에 재심을 위해 환송하는 것이 부적합하다고 판단하지 않는 한, 중재판정 일부 또는 전부를 취소하여서는 아니 된다.

(8) 本 條에 따른 항소에 대한 법원의 결정은, 추가 항소가 있는 경우의 법원 판결과 동일한 효력을 갖는다.

위 항소는 법원의 허가를 요하는 바, 당해 사안이 중대하고 기타 특별한 사유로 抗訴法院(Court of Appeal)의 심리를 거쳐야 한다는 법원의 판단이 있는 경우에 한하여 허가를 부여한다.

70. 不服 또는 抗訴 : 補則 規定

(1) 아래 규정은 제67조, 제68조 및 제69조에 다른 不服 및 抗訴에 적용된다.

(2) 상기 신청 및 항소를 구하기 위하여 불복 신청인 또는 항소인은 아래의 절차를 우선 경유하여야 한다.

(a) 중재절차상의 모든 이의제기 또는 재심절차

(b) 제57조(仲裁判定 또는 追加仲裁判定의 訂正)상의 모든 구제절차

(3) 本 條에 따른 모든 신청 또는 항소는 중재판정일로부터 28일 이내에, 중재절차상의 항고나 재심절차가 있는 경우에는 신청인 또는 항소인이 그 결정을 통지받은 날로부터 28일 이내에 제기되어야 한다.

(4) 상기 신청 또는 항소가 제기된 경우 중재판정상에,

(a) 중재판정의 이유가 생략되어 있거나,

(b) 법원이 위 신청 또는 항소를 검토하기에 충분한 판정이유가 설시되어 있지 않은 경우 법원은 중재판정부에 중재판정의 이유를 상세히 기재하도록 명할 수 있다.

(5) 本 條 (4)항에 따른 명령을 내리는 경우, 법원은 동 명령에 따라 발생한 중재절차상의 추가비용과 관련하여 적절하다고 판단되는 추가 명령을 내릴 수 있다.

(6) 법원은 신청인 또는 항소인에게 동 신청 또는 항소 비용에 대한 담보 제공을 명할 수 있으며 이를 이행하지 않을 경우 위 신청 또는 항소를 기각할 수 있다. 법원의 담보제공 명령권은 다음 사유에 해당하는 경우에는 이를 행사할 수 없다.

(a) 신청인 또는 항소인이 영국 내에 거주하지 않는 개인인 경우

(b) 영국 이외 국가의 법률에 따라 설립된 법인 또는 기관인 경우 또는 그에 대한 관리와 지배가 영국 외에서 행사되는 경우

(7) 법원은 중재판정에 따라 지급해야 할 금원을 법원에 공탁하도록 하거나 상기 신청 또는 항소에 대한 결정시까지 이를 담보로 설정하도록 명할 수 있으며 불이행시 위 신청 또는 항소를 기각할 수 있다.

(8) 법원은 本 條 제(6)항 또는 (7)항상의 명령과 동일한 취지의 조건에 따를 것을 조건으로 위 항소를 허가할 수 있다. 이는 일정한 조건에 따라 허가를 부여할 수 있는 법원의 일반적 재량권에 영향을 미치지 아니한다.

71. 不服 또는 抗訴 : 法院 命令의 效力

(1) 아래 규정은 법원이 중재판정과 관련하여 제67조, 제68조 및 제69조에 따른 명령을 내리는 경우 효력을 갖는다.

(2) 중재판정이 변경되는 경우 이는 중재판정의 일부로써 효력을 갖는다.

(3) 중재판정의 일부 또는 전부가 중재판정부에 재심을 위해 환송된 경우, 중재판정부는 위 법원의 환송 명령일로부터 3개월 이내에 또는 법원이 지정하는 기일 내에 환송된 부분에 관하여 새로운 중재판정을 내려야 한다.

(4) 중재판정의 일부 또는 전부가 취소 또는 무효 선언된 경우 법원은, 중재판정이 중재합의의 대상에 관한 소송절차 개시를 위한 선결조건이라는 조항은 중재판정의 본안 또는 해당 부분과 관련하여 무효라는 것을 함께 명령하여야 한다.

雜　則

72. 仲裁節次에 參與하지 않은 者의 權利 保全

(1) 중재절차의 당사자이면서 절차에 참여하지 않은 자는,

(a) 유효한 중재합의가 있는지 여부

(b) 중재판정부가 적절히 구성되었는지 여부

(c) 중재합의에 따라 중재에 회부된 사안이 무엇인지에 관하여 법원의 선고 또는 금지명령에 관한 절차 또는 기타 적절한 구제절차를 통해 이의를 제기할 수 있다.

(2) 또한 다음의 방법을 통하여 중재절차의 당사자와 동일한, 중재판정에 이의를 제기할 수 있는 권리를 갖는다.

(a) 관할권 없음을 이유로 한 제67조에 따른 신청

(b) 중대한 위법을 이유로 한 제68조에 따른 신청

그러나 제70조(2)항(중재절차 사전경유 의무)은 적용되지 않는다.

73. 抗辯權喪失

(1) 중재절차의 일방당사자가 절차에 참여하였거나 계속 참여하여 중재합의나 중재판정부 또는 本 章의 기타 규정이 허용하는 기간 내에

(a) 중재판정부에게 실질적 관할권이 없거나

(b) 중재절차가 부적절하게 수행되었거나

(c) 중재합의 또는 本 章의 규정을 따르지 아니하였거나

(d) 중재판정부 또는 절차에 영향을 미치는 위법이 있었다는 주장을 하지 않는 경우 중재절차에 참여할 당시 이의제기의 사유를 알지 못했고 상당한 주의를 기울여도 발견할 수 없었다는 점을 입증하지 않는 한, 중재판정부 또는 법원에 대하여 차후에 그러한 이의를 제기할 수 없다.

(2) 중재판정부가 스스로 관할권 있음을 설시하고, 중재절차의 당사자가

    (a) 중재절차상의 이의제기 또는 재심절차를 통해 또는

    (b) 중재판정에 대한 불복을 통해

그러한 중재판정부의 관할권 결정에 관해 항변할 수 있었음에도 그리 하지 않거나 중재합의 또는 本 章의 규정에서 허용하는 기간 내에 이의를 제기하지 않는 경우, 중재절차에 참여한 자는 위 관할권 결정의 대상인 사유를 근거로 중재판정부의 실질적 관할권에 관하여 항변할 수 없다.

74. 仲裁機關의 免責 등

(1) 당사자로부터 중재인의 선정 또는 선임에 관한 요청을 받은 자, 중재기관 및 기타 기관은 위 선정 또는 선임과 관련한 행위에 악의가 없는 한 면책된다.

(2) 중재인을 선정 또는 선임한 자, 중재기관 및 기타 기관은 중재인선정 또는 선임의 사실을 이유로 중재인의 업무수행과 관련한 행위에 대하여 책임을 지지 아니한다.

(3) 상기 규정은 전술한 자 및 기관의 고용인 또는 대리인에 대해서도 적용된다.

75. 辯護士費用 支給의 確保를 위한 手數料

1974년 변호사법 제73조 또는 1976년 북아일랜드 변호사법 제71H(訴訟에서 얻은 資産에 대한 辯護士費用 賦課權)상의 선언 또는 명령을 내릴 수 있는 법원의 소송절차상의 권한은 중재절차와 관련해서도 행사될 수 있다.

補 則

76. 送 達

(1) 당사자는 중재합의에 따라 또는 중재절차상 제출, 송달이 요구되거나 허용되는 제반 통지나 서류의 송달 방법에 관하여 합의할 수 있다.

(2) 전항의 합의가 없는 경우 아래 규정이 적용된다.

(3) 특정인에 대한 통지나 서류의 송달은 모든 효율적인 방법으로 할 수 있다.

(4) 통지 또는 기타 서류가 우편으로

    (a) 수령인의 최후로 알려진 주된 거주지에, 또는 상거래를 영위하고 있는 자의 최후로 알려진 주된 영업소에 전달된 경우,

    (b) 法人인 수령인의 등록된 또는 주된 사무소에 전달된 경우 유효하게 송달된 것으로 본다.

(5) 本 條의 규정은 법원 규칙이 적용되는 소송절차상의 서류 송달에는 적용되지 아니한다.

(6) 本 章에서 통지 또는 기타 서류라 함은 모든 형식의 서면 교환을 포함하며, 통지

또는 기타 서류의 제출 및 송달이라 함은 위 취지에 따라 해석되어야 한다.

77. 書類 送達에 관한 法院의 權限

(1) 本 條의 규정은 당사자의 합의에 따른 서류 송달이 그러한 합의가 없을 시에는 제76조상의 서류 송달이 부적합한 경우에 적용된다.

(2) 당사자가 달리 합의하지 않은 한 법원은 적절하다고 판단되는 다음의 명령을 내릴 수 있다.

(a) 법원이 지시하는 방법으로 송달할 것

(b) 서류의 송달을 생략할 것

(3) 중재합의의 당사자는 누구라도 위 명령을 신청할 수 있으나 중재절차상의 가능한 모든 절차를 우선 경유하여야 한다.

(4) 本 條에 따른 법원의 결정에 대한 항고는 법원의 허가를 얻어야 한다.

78. 期間算定

(1) 당사자는 합의에 따른, 그러한 합의가 없는 경우에는 本 章의 규정에 따른 기간 산정 방법에 관하여 합의할 수 있다.

(2) 전항의 합의가 없는 경우 기간 산정은 아래의 규정에 따른다.

(3) 특정일 후 또는 그 날로부터 특정한 기간 내에 일정한 이행이 요구되는 경우 당해 기간은 위 특정일로부터 기산한다.

(4) 특정일로부터 공휴일을 제외한 數日내에 일정한 행위의 이행이 요구되는 경우, 그 이행일과 전술한 특정일 사이의 기간은 위 數日 사이의 기간이어야 한다.

(5) 특정 기간이 일주일(7일)이거나 또는 토요일, 일요일 기타 공휴일이 포함되어 있어 이보다 짧은 기간인 경우에는 이를 기간 산정에서 제외한다.

영국, 웨일즈 또는 북아일랜드에서, '공휴일'이라 함은 성탄절, Good Friday 또는 1971년 은행·재정거래법상의 은행휴무일을 가리킨다.

79. 仲裁節次와 관련한 法院의 期限延長 權限

(1) 당사자가 달리 합의하지 않은 한, 法院은 명령으로써 중재절차와 관련하여 당사자가 합의한 기한, 그러한 합의가 없는 경우에는 本 章의 규정에 따른 期限을 延長할 수 있다. 제 12조(法院의 仲裁節次 開始 期限 延長權)상의 기한에 관하여는 本 條의 규정이 적용되지 아니한다.

(2) 위 명령은

(a) 중재절차의 당사자(상대당사자와 중재판정부에 통지 후) 또는

(b) 중재판정부(당사자들에게 통지 후)가 요청할 수 있다.

(3) 법원은 다음의 경우에 한하여 기한을 연장할 수 있다.

(a) 중재판정부 또는 기한연장에 관한 권한을 갖고 있는 자, 중재기관 또는 기타

의 기관에 가능한 모든 구제절차를 우선 경유한 경우

(b) 기한을 연장하지 않을시 중대한 위법이 발생하게 되는 경우

(4) 本 條에 따른 법원의 권한은 기한의 만료 여부에 관계없이 행사할 수 있다.

(5) 本 條에 따른 명령은 법원이 적절하다고 판단하는 조건에 따라 내려질 수 있다.

(6) 本 條에 따른 법원의 결정에 대한 항고는 법원의 허가를 얻어야 한다.

80. 訴訟節次와 관련한 通知 및 기타 要件

(1) 本 章에서 중재절차의 기타 당사자에 대한 '통지' 후 취해진 소송절차 관련 신청, 항고 및 기타 행위라 함은 법원의 규칙상 요구되는 原節次上의 통지를 말하며 별도의 요건을 요하지 않는다.

(2) 법원은 규칙을 통해

(a) 本 章의 규정에 따른 통지에 관하여, 그리고

(b) 그러한 통지의 방법, 형식 및 내용에 관하여 규율할 수 있다.

(3) 법원 규칙의 제규정에 따를 것을 조건으로 중재판정부에 대한 소송절차의 통지라 함은

(a) 1人 이상의 중재인이 있는 경우 각 중재인에게

(b) 중재판정부가 구성되지 않은 경우에는 기선정된 중재인에게 통지하는 것을 뜻한다.

(4) 本 章에서 특정 기일내 법원에 대한 신청 및 항고라 함은, 당해 기간 내 법원의 규칙에 따른 原節次上의 신청 및 항고를 말한다.

(5) 本 章에서 특정한 기일 내에 법원에 대한 신청 및 항고를 요구하는 경우 기한의 산정, 기한의 연장 및 단축에 관한 법원 규칙과 동 규칙에서 정한 기일 내에 아무런 조치를 취하지 않을 경우의 결과가 本 章의 요건과 관련하여 적용된다.

(6) 本 章의 흠결을 보완하는 법원 규칙을 통하여

(a) 법원에 대한 신청 및 항고에 관한 기한을 정할 수 있고

(b) 중재절차와 관련한 本 章의 규정이 법원 소송절차에 관한 법원 규칙의 관련 규정과 부합하도록 할 수 있으며

(c) 소송절차와 관련한 本 章의 규정을 법원 절차에 일반적으로 적용되는 법원 규칙에 부합되도록 할 수 있다.

(7) 本 章의 어떠한 규정도 법원의 일반적인 규칙 제정 권한에 영향을 미치지 아니한다.

81. 普通法의 規律을 받는 事項에 대한 留保

(1) 本 章의 어떠한 규정도, 本 章의 규정에 부합하는 法原則의 적용 특히,

(a) 중재로 해결할 수 없는 분쟁에 관한 법원칙,

(b) 구두중재합의의 효력에 대한 법원칙,

(c) 공서양속을 이유로 한 중재판정의 승인 또는 집행의 거부에 대한 법원칙의 적

용을 배제하는 것으로 해석되어서는 아니된다.

(2) 이 法의 어떠한 규정도 중재판정상의 사실관계 또는 법적용의 오류를 이유로 한 중재판정의 취소 또는 환송에 관한 법원의 권한을 복원시키는 것으로 해석되어서는 아니 된다.

82. 其他定義

(1) 本 章에서 '중재인'이라 함은, 정황상 다른 요건이 없는 한, 심판관을 포함하는 개념이다.

'활용 가능한 중재절차'라 함은 당해 문제에 관한 권한을 위임받은 자, 중재기관 및 기타 기관에 대한 모든 이의제기 또는 위 기 관에 의한 재심 절차를 포함한다.

'신청인'이라 함은, 정황상 다른 요건이 없는 한, 반대신청인을 포함하며 관련 명칭은 그러한 취지에 따라 해석되어야 한다.

'분쟁'이라 함은 여타의 견해 차이를 포함한다.

'立法'이라 함은 북아일랜드의 제정 법률에 포함된 입법을 포함한다.

'소송절차'라 함은 고등법원 또는 지방법원에서의 민사절차를 가리킨다.

'강행명령'이라 함은 제41조(5)항에 따른 명령 또는 당사자가 위임한 권한 행사에 따라 내려진 명령을 포함한다.

'부동산'이라 함은 토지, 건물, 이동성 구조물, 운반수단, 선박, 항공기, 호버크래프트를 포함한다.

'法律問題'라 함은

(a) 영국과 웨일즈 法院의 경우에는 영국 또는 웨일즈법상의 문제를

(b) 북아일랜드 法院의 경우에는 북아일랜드법상의 문제를 가리킨다.

중재판정부와 관련한 '실질적 관할권'이라 함은 제30조(1)항 (a) 내지 (c)호에서 규정한 사안에 대한 관할권을 뜻하며 실질적 권 한을 벗어난 중재판정부라 함은 그러한 맥락에서 해석되어야 한다.

(2) 本 章의 중재합의 당사자라 함은 중재합의의 일방당사자를 통해 청구하는 모든 자를 포함한다.

83. 定義 索引表 : 第1章

아래 열거한 本 章의 용어는 우측에 기재된 해당조항에서 정의 또는 설명한다.

합의, 합의하다, 합의된 제5조(1)항
서면합의제5조(2)항 내지 (5)항
중재합의제6조, 제5조(1)항
중재인제82조 (1)항
활용 가능한 중재절차제82조 (1)항
신청인제82조 (1)항

開始(중재절차와 관련한) ; 제14조
중재비용제59조
法院제105조
분쟁제82조 (1)항
立法제82조 (1)항
소송절차제82조 (1)항
出訴期限法제13조 (4)항
通知(또는 기타 서류) ; 제76조 (6)항
당사자 -
중재합의와 관련하여제82조 (2)항
제106조 (2)항 또는 (3)항이 적용되는 경우제106조 (4)항
강제명령제82조 (1) 및 제41조 (5)
부동산제82조 (1)항
법률문제제82조 (1)항
상환 가능한 비용제63조 및 64조
중재지제3조
송달(통지 또는 기타 서류) ; 제76조 (6)항
실질적 관할권(중재판정부와 관련하여) ; 제82조 (1)항 및 제30조 (1)항
(a)호 내지 (c)호
통지 후(당사자 또는 중재판정부에 대한) ; 제80조
서면제5조 (6)항

84. 經過條項
(1) 本 章의 규정은 그 효력 발생일 이전에 개시된 중재절차에는 적용되지 아니한다.
(2) 本 章의 규정은 중재합의에 따라 本 章의 효력발생일 또는 그 이후에 개시된 중재
    절차에 적용된다. 중재합의의 시점은 묻지 않는다.
(3) 上記 조항의 효력은 제109조 (2)항상의 명령에 따른 경과 규정(중재절차의 개시
    명령에 관한 경과조항 설정권)에 따라야 한다.

第2章 仲裁關聯其他條項

國內仲裁合意

85. 國內 仲裁合意와 關聯한 第1章 規定의 變更

(1) 국내 중재합의의 경우 第1章의 규정은 아래 내용에 따라 변경된다.

(2) '국내 중재합의'라 함은 중재합의의 당사자 중 어느 일방도 다음에 해당하지 않는 경우를 말한다.

   (a) 영국 이외 국가의 국적을 갖고 있거나 그 국가에 상시 거주하는 개인인 경우

   (b) 영국 이외의 국가에서 설립된 法人 또는 동 법인에 대한 관리와 경영이 영국 이외의 국가에서 행사되는 경우

   그리고 위 중재합의에 따른 중재지(중재지가 결정된 경우)가 영국내인 경우

(3) 상기 (2)항에서 '중재합의' 및 '중재지'라 함은 第Ⅰ章의 정의(제3조, 제5조 (1)항 및 제6조)와 동일한 의미를 갖는다.

86. 訴訟節次의 中止

(1) 제9조(訴訟節次의 中止) (4)항(仲裁合意가 無效이거나 效力喪失, 履行不能이 아닌 한 訴訟 節次를 中止)의 규정은 국내 중재합의에 관하여는 적용되지 아니한다.

(2) 국내 중재합의와 관련하여 제9조에 따른 신청이 있는 경우 다음의 경우가 아닌 한 법원은 소송절차를 중지하여야 한다.

   (a) 중재합의가 무효, 실효 또는 이행불능인 경우

   (b) 당사자들에게 중재합의에 따르도록 요구해서는 아니되는 타당한 사유가 있는 경우

(3) 법원은 신청인이 중재나 중재 회부 전에 경유해야 하는 다른 분쟁해결절차의 수행에 필요한 사항을 특정 시기에 이행할 준비가 되어 있지 않거나 그러한 의사가 없는 경우 이를 전항 (b)호에서 규정한 사유로 간주할 수 있다.

(4) 本 條에 따른 중재합의가 국내 중재합의에 해당하는지 여부는 소송절차가 개시되는 시점에서의 사실관계를 검토하여 결정한다.

87. 法院의 管轄權을 排除키로 하는 合意의 效力

(1) 국내 중재합의의 경우,

   (a) 제45조(本案前 法律問題에 대한 決定)

   (b) 제69조(仲裁判定에 대한 不服 : 法律問題에 대한 抗訴)에 따른 법원의 관할을 배제하기로 하는 합의는 중재절차의 개시 후에 성립된 경우에 한하여 효력을 갖는다.

(2) 여기서 말하는 '중재절차의 개시'라 함은 第1章(제14조)에서의 정의와 같다.

(3) 本 條의 중재합의가 국내 중재합의인지의 여부는 당해 중재합의가 성립될 당시의
사실관계를 검토하여 결정한다.

88. 제85조 내지 제87조의 廢止 또는 改正

(1) 국무장관은 命令으로 제85조 내지 제87조의 규정을 폐지하거나 개정할 수 있다.
(2) 本 條에 따른 명령은 적절하다고 판단되는 보칙 또는 경과규정을 포함할 수 있다.
(3) 本 條의 명령은 法律文書로 작성되어야 하며 그 草案은 議會에 제출하여 上下 兩
院의 결의와 승인을 얻어야 한다.

消費者紛爭仲裁合意

89. 消費者紛爭 仲裁合意에 대한 不公正約款規制法의 適用

(1) 아래의 규정은 「소비자계약에 관한 불공정약관규제법(1994)」의 내용을 중재합의
에 관한 조건에 확대 적용한다. 여기서 '중재합의'라 함은 계약상의 분쟁인지 여
부에 관계없이 현재 또는 장래의 분쟁을 중재에 회부하기로 하는 합의를 말한다.
(2) '불공정약관규제법'이라 함은 이를 개정 또는 대체하는 여타의 규정을 포함한다.
(3) 아래의 규정은 중재합의에 적용되는 모든 법률을 적용한다.

90. 消費者가 法人인 경우의 適用

불공정약관규제법은 소비자가 자연인인 경우에서처럼 법인에 대하여도 적용된다.

91. 不公正한 仲裁合意

(1) 중재합의를 구성하는 계약 조건이 本 條에 따른 명령에서 정한 금액을 초과하지
않는 금전적 구제와 관련된 청구인 경우 이는 불공정한 계약조건이 된다.
(2) 本 條에 따른 명령은 개별 사건과 목적에 따라 상이한 규정을 둘 수 있다.
(3) 本 條에 따른 명령은
  (a) 영국과 웨일즈에서는 대법원장의 동의를 얻어 국무장관이,
  (b) 스코트랜드에서는 대법원장의 동의를 얻어 국무장관이,
  (c) 북아일랜드에서는 대법원장의 동의를 얻어 경제개발부가 내릴 수 있다.
(4) 그러한 명령은 영국과 웨일즈의 경우 법률문서로 작성되어야 하며 상하 양원의
결의로 이를 폐지할 수 있다.
(5) 북아일랜드의 경우 그러한 명령은 「제정법상의 규칙에 관한 시행령(1979)」상의
제정법상 규칙이 되며 이는 「법해석에 관한 법률(1954)」 제41조 (6)항에서 규정
한 반대결의에 구속된다.

地方法院의 少額仲裁

92. 地方法院의 少額仲裁와 관련한 第1章의 適用 排除
이 法 第1章의 규정은 지방법원법(1984) 제64조상의 중재에는 적용되지 아니한다.

法院判事를 仲裁人으로 選定

93. 法院判事를 仲裁人으로 選定
(1) 商事法院의 判事 또는 公認仲裁人은 모든 정황에 비추어 적절하다고 판단하는 경우 단독중재인, 또는 중재합의에 따른 심판관으로서의 선정을 수락할 수 있다.
(2) 상사법원의 판사는 고등법원 또는 형사법원의 업무 형편상 중재인 수락이 가능하다고 수석재판관이 인정하는 경우에 한하여 위 중재인 선정을 수락할 수 있다.
(3) 공인중재인은 업무형편상 중재인 수락이 가능하다고 수석재판관이 인정하는 경우에 한하여 위 중재인 선정을 수락할 수 있다.
(4) 상사법원의 판사 또는 공인중재인의 수당은 고등법원에 귀속된다.
(5) 本 條에서 '중재합의'라 함은 第1章의 정의와 같다.
   '공인중재인'이라 함은 대법원법(1981) 제68조 (1)항 (a)호에 따라 선정된 자를 말한다.
(6) 이 法 第1章의 규정은 Schedule 2상의 수정 규정 및 본 조의 규정에 따라 선정된 자가 수행하는 중재절차에 적용된다.

法定仲裁

94. 法定仲裁에 대한 第1章의 適用
(1) 第Ⅰ章의 규정은 立法上의 모든 중재(法定仲裁 statutory arbitration)에 적용되며 당해 입법이 이 法의 시행 전·후에 통과되었는지 여부는 묻지 않는다. 다만 이는 제95조 내지 제98조의 규정에 구속된다.
(2) 다음의 경우 第Ⅰ章의 규정은 법정중재에 적용되지 아니한다.
   (a) 第1章의 적용이 법정중재에 관한 규정 및 법정중재에서 허용하는 규칙 또는 절차에 위배되는 경우
   (b) 다른 입법에 의해 第1章의 적용이 배제되는 경우
(3) 本 條에서 그리고 本 章의 아래 조항에서 '입법'이라 함은
   (a) 영국과 웨일즈에서는, 「법해석에 관한 법률(1978)」의 하위 법률에 포함된 입법을 포함하며
   (b) 북아일랜드에서는, 「법해석에 관한 법률(1954)」 제1조 (f)항상의 법률 규정을 가리킨다.

95. 法定仲裁와 관련한 條項의 一般的인 變容

(1) 第1章의 규정이 법정중재에 적용됨에 있어

(a) 이는 중재합의에 따른 중재와 동일하게 간주되며 당해 입법은 당사자간의 중재합의로 간주된다.

(b) 법정중재 절차의 신청인 또는 피신청인은 위 중재합의의 당사자로 본다.

(2) 모든 법정중재는 영국 또는 웨일즈를 중재지로 하며 필요한 경우 북아일랜드로 한다.

96. 法定仲裁와 관련한 條項의 特殊한 變容

(1) 第1章의 아래 규정은 다음의 변용을 통해 법정중재에 적용된다.

(2) 유효한 중재합의의 존재 여부에 대한 제30조 (1)항(管轄權 決定에 관한 仲裁判定部의 裁量) (a)호의 규정은 해당 입법이 당해 분쟁에 적용되는지에 대한 규정으로 해석되어야 한다.

(3) 제35조(節次倂合과 竝行審理)는 동일한 입법의 적용을 받는 중재절차의 병합 또는 병행심리를 허용하기 위한 경우에 한하여 적용된다.

(4) 제46조(紛爭의 實體에 適用되는 規則)는 동 조 제(1)항 (b)호(당사자가 합의한 내용에 따라 결정)의 규정을 제외하고 적용된다.

97. 法定仲裁에 適用 排除되는 條項

第1章의 아래 규정은 법정중재에는 적용되지 아니한다.

(a) 제8조(當事者의 死亡으로 인한 仲裁合意의 無效)

(b) 제12조(當事者가 合意한 期限을 法院이 延長할 수 있는 權限)

(c) 제9조 (5)항, 제10조 (2)항 및 제71조(4)항(仲裁判定이 訴訟節次의 開始를 위한 先決條件이라는 규정의 效力에 대한 制限)

98. 法令 형식으로 追加條項을 設定할 수 있는 權限

(1) 국무장관은 法令을 통해 법정중재와 관련하여 第Ⅰ章의 규정 일부를 변용 또는 배제하는 추가 규정을 둘 수 있다.

(2) 상기 권한은 관련 입법이 이 法의 시행 전·후에 통과되었는지 여부에 상관없이 행사될 수 있다.

(3) 本 條에서 말하는 법령은 법률문서의 형식을 갖추어야 하며 상하 양원의 결의로 이를 폐지할 수 있다.

第3章 外國仲裁判定의 承認 및 執行

제네바협약에 따른 仲裁判定의 執行

99. 1950년 仲裁法 第Ⅱ章의 存續

1950년 仲裁法 第Ⅱ章(外國仲裁判定의 執行)의 규정은 뉴욕협약에 따른 중재판정이 아닌 경우에도 적용된다.

뉴욕협약에 따른 仲裁判定의 承認 및 執行

100. 뉴욕협약에 따른 仲裁判定

(1) 本 章에서 '뉴욕협약에 따른 중재판정'이라 함은, 중재합의에 따라 뉴욕협약 가입국(영국 이외에) 내에서 내려진 중재판정을 의미한다.

(2) 위 (1)항 그리고 그러한 외국중재판정에 관한 本 章의 규정에서,

   (a) '중재합의'라 함은 서면 중재합의를 말하며

   (b) 중재판정은 서명 또는 당사자에게 발송, 송부된 장소에 관계없이, 당해 중재지에서 내려진 것으로 보아야 한다.

   本 條에서 '서면중재합의' '중재지'라 함은 第Ⅰ章의 규정과 동일한 의미를 갖는다.

(3) 여왕이 각료이사회의 명령으로 특정국이 뉴욕협약의 가입국이거나 특정지역과 관련한 당사자임을 선언하는 경우 이는 뉴욕협약 가입의 확정적 증거가 된다.

(4) 本 條에서 '뉴욕협약'이라 함은 1958년 UNCITRAL 제10차 회의에서 채택한 외국중재판정의 승인 및 집행에 관한 협약을 말한다.

101. 仲裁判定의 承認 및 執行

(1) 뉴욕협약에 따른 중재판정은 당사자 사이에 구속력 있는 것으로 인정되며 이는 영국, 웨일즈 또는 북아일랜드에서의 소송절차에서 防禦, 相計, 기타의 방법으로 援用될 수 있다.

(2) 뉴욕협약에 따른 중재판정은 법원의 허가를 얻어, 법원 판결 또는 명령과 동일한 방식으로 집행될 수 있다.

   本 條에서 말하는 '법원'의 의미에 관하여는 제105조를 참조.

(3) 법원의 허가를 얻은 경우 중재판정에 대한 法院의 판결을 구할 수 있다.

102. 仲裁判定의 承認 및 執行을 구하는 當事者가 提出해야 할 證據

(1) 뉴욕협약에 따른 중재판정의 승인 및 집행을 구하는 당사자는 다음 각 호의 서류를 제출해야 한다.

   (a) 정당하게 인증된 중재판정 원본 또는 그 사본

(b) 중재합의서 원본 또는 정당하게 인증된 그 사본

(2) 중재판정 또는 중재합의서가 외국어로 작성되어 있는 경우 당사자는 공증 번역인, 외교관 또는 영사대리인에 의해 인증된 번역본을 제출해야 한다.

103. 承認 및 執行의 拒否

(1) 뉴욕협약에 따른 중재판정의 승인 및 집행은 다음의 경우를 제외하고는 거부되지 않는다.

(2) 중재판정의 승인 및 집행은 집행의 대상이 되는 자가 다음 각 호를 입증하는 경우 거부될 수 있다.

 (a) 중재합의의 당사자가 그 준거법에 의해 무능력자인 경우

 (b) 중재합의가 당사자가 지정한 法에 의하여 무효이거나 그러한 지정이 없는 경우에는 중재판정이 내려진 국가의 法에 의해 무효인 사실

 (c) 중재인 선정 또는 중재절차에 관하여 적절한 통지를 받지 못하였거나 기타의 사유로 인하여 본안에 관한 변론을 할 수 없었던 사실

 (d) 중재판정이 중재합의의 대상이 아닌 분쟁을 다룬 사실 또는 중재판정이 중재합의의 범위를 벗어난 사안을 다룬 사실

 (e) 중재판정부의 구성 또는 중재절차가 당사자간의 합의에 따르지 아니하거나 그러한 합의가 없는 경우 중재절차가 진행된 국가의 법에 따르지 아니하였다는 사실

 (f) 중재판정이 당사자에게 아직 구속력을 갖지 아니하였거나, 중재판정이 내려진 국가 또는 그 준거법이 속한 국가의 권위있는 기관에 의해 취소 또는 보류된 사실

(3) 중재판정의 승인 및 집행은 중재판정의 대상이 된 분쟁이 중재로 해결될 수 없는 경우 또는 중재판정의 승인 또는 집행이 공공질서에 위배되는 경우 거부될 수 있다.

(4) 중재판정이 중재에 회부되지 않은 분쟁에 대한 결정을 포함한 경우, 중재에 회부된 대상에 관한 부분과 그렇지 않은 부분으로 분리될 수 있는 경우에는 승인 또는 집행될 수 있다.

(5) 중재판정의 취소 또는 보류에 대한 신청이 本 條 제(2)항 (f)호에 언급한 권위있는 기관에 접수된 경우, 법원은 적절하다고 판단되는 경우, 중재판정의 승인 또는 집행에 관한 결정을 연기할 수 있다.

 법원은 중재판정의 승인 또는 집행을 구하는 당사자의 신청에 따라 상대당사자에게 적절한 담보를 제공할 것을 명할 수 있다.

104. 其他 承認 및 執行에 관한 根據의 例外

전술한 本 章의 어떠한 규정도 보통법 또는 제66조에 따라 뉴욕협약상의 중재판정을 원용하거나 집행할 수 있는 당사자의 권리에 영향을 미치지 아니한다.

第4章 一般 條項

105. '法院'의 의미 : 高等法院과 地方法院의 管轄權

(1) 이 法에서 '법원'이라 함은 '고등법원' 또는 '지방법원'을 의미하며 아래 규정에 따른다.

(2) 대법원장은 명령으로써 아래의 규정을 둘 수 있다.
  (a) 이 法에 따른 절차를 고등법원 또는 지방법원에 할당
  (b) 고등법원 또는 지방법원에서 개시되거나 그 전속 관할에 속하는 이 法에 따른 절차의 특정

(3) 대법원장은 명령으로써 특정 지방법원이 관할권을 갖는, 이 法의 규정이 적용되는 절차를 하나 또는 그 이상의 특정 지방법원에서 수행하도록 할 수 있다.
  특정 지방법원이 행사할 수 있는 관할권은 영국, 웨일즈 또는 북아일랜드에서 행사될 수 있다.

(4) 本 條에 따른 명령은
  (a) 대법원장이 특정하는 기준에 따라 개별 절차의 유형별로 내용이 상이할 수 있으며
  (b) 대법원장이 필요하다고 인정하는 임시 또는 경과조항을 둘 수 있다.

(5) 本 條에 따른 명령은 영국과 웨일즈의 경우, 법률문서로 작성되어야 하며 의회의 결의에 따라 이를 폐지할 수 있다.

(6) 本 條에 따른 명령은 북아일랜드의 경우, 「북아일랜드 제정규칙령(1979)」상의 제정 규칙이 되며 일반적인 법률문서와 마찬가지로 의회의 결의를 통해 무효화 될 수 있고 아울러 「제정법률문서법(1946)」제5조의 규정이 이에 적용된다.

106. 王室과 관련한 紛爭에의 適用

(1) 이 法 第1章의 규정은 왕실이 중재합의의 일방당사자가 되는 경우 적용된다.

(2) 여왕이 私人의 자격으로 중재합의의 당사자가 되는 경우, 중재절차에서
  (a) 중재합의를 여왕이 왕실의 권한으로 체결한 경우에는 대법관 또는 그가 지명하는 자가 여왕을 대리하며
  (b) 기타의 경우에는 여왕이 지명하는 자가 대리한다.

(3) 公爵이 중재합의의 당사자가 되는 경우에는 그가 지명하는 자가 절차를 대리한다.

(4) 第1章에서 중재합의 또는 중재절차의 당사자라 함은, 전항 (2), (3)항이 적용되는 경우에 있어서는 여왕 또는 공작을 대리하는 자를 가리킨다.

107. 修正 및 取消

(1) 'Schedule 3'에서 특정한 立法은 同 Schedule에 따라 개정될 수 있으며 개정된 내용은 이 法의 규정에 효력을 갖는다.

(2) 'Schedule 4'에서 특정한 立法은 특정 범위내에서 폐지될 수 있다.

108. 範 圍
(1) 이 法의 규정은 영국과 웨일즈에 효력을 미치며, 아래에 규정된 경우를 제외하고
는 북아일랜드에도 효력을 미친다.
(2) 第Ⅱ章의 아래 규정은 북아일랜드에는 적용되지 않는다. 제92조(地方法院에서의
少額仲裁와 관련한 第Ⅰ章의 適用 排除), 제93조 및 Schedule 2(法院判事를 仲裁
人으로 選定).
(3) 제89조, 제90조 및 제91조(消費者紛爭 仲裁合意)는 스코트랜드에 효력을 미치며
Schedule 3 및 Schedule 4의 규정(改正 및 廢止)은, 효력이 확대 적용되는 입법
과 관련을 갖는 경우에 한하여 스코트랜드에 확대 적용된다.
(4) 1975년 중재법의 폐지는 영국, 웨일즈 및 북아일랜드에 한하여 효력을 갖는다.

109. 效力發生
(1) 이 法의 규정은 국무장관이 법률문서 형식의 명령으로 정한 일자에 효력을 발생
하며, 다른 사유가 있는 경우에는 그 일자를 달리 정할 수 있다.
(2) 위 (1)항에 따른 명령에는 국무장관이 적절하다고 판단하는 경과조항을 둘 수 있다.

110. 略稱
이 法은 「1996년 仲裁法」으로 약칭할 수 있다.
Arbitration Act 1996

5. EU 조정지침(2008)[5]

민사 및 상사 부분에 관한 2008년 5월 21일 유럽 의회 및 위원회 2008/52/EC 지침

유럽 의회와 이사회는 유럽 공동체 창설조약(특히 61(c)조와 67(5)조의 둘째 단), 유럽 위원회의 제안, 유럽경제사회위원회의 의견에 기반하고, EC조약 251조에 규정된 절차를 따라,

(1) 유럽 공동체는 사람의 자유로운 이동을 보장하기 위한 자유, 안보 및 정의의 영역을 유지하고 발전시킬 목적을 설정하였다. 이러한 목적의 달성을 위해 유럽 공동체는 특히 내부 시장의 적절한 기능을 위해 필요한 민사부분에 있어서의 사법적 협력 수단을 채택하여야 한다.

(2) 정의에 대한 접근은 기본적 원칙이다. 정의에 대한 보다 나은 접근을 촉진하기 위해 유럽 이사회는 1999년 10월 15일, 16일에 개최된 Tampera 회의에서 회원국들이 사법관할 외의 대체적 절차를 마련할 것을 요청하였다.

(3) 2000년 5월 유럽 이사회는 민사 및 상사법과 관련된 분쟁의 대체적 해결 수단에 대한 결론을 채택하면서, 정의에 대한 접근을 개선하고 단순화하기 위한 이 분야에서의 기본원칙 설립은 민사 및 상사 부분 분쟁해결에 있어서 사법관할 외적 절차의 적절한 개발과 운영을 가능하게 하는 필수적 절차라고 선언하였다.

(4) 2002년 4월 유럽 위원회는 유럽연합 내 대체적 분쟁해결 수단의 현 상황을 살펴보고, 조정의 활성화 방안에 대해 회원국과 이해 당사자들이 광범위한 협의를 시작하도록 하는 민사 및 상사 분야에서의 대체적 분쟁해결에 관한 녹서를 제출하였다.

(5) 자유, 안보 및 정의 영역 확립을 위한 유럽연합의 정책으로써 정의에 대한 보다 나은 접근을 확보하고자 하는 목적은 사법관할 외의 분쟁해결 수단뿐 아니라 사법적 수단에 대한 접근을 포함하여야 한다. 본 지침은 내부시장의 적절한 기능, 특히 조정 서비스의 이용 가능성에 기여하여야 한다.

(6) 조정은 민사 및 상사 문제와 관련하여, 당사자들의 요구에 따른 과정을 통해 경제적이고, 신속한 사법관할 외 분쟁해결을 제공할 수 있다. 조정을 통한 합의는 당사자들의 자발적인 준수를 이끌어내고, 당사자들 사이의 평화적이고 지속가능한 관계를 유지시키는 경향이 있다. 이러한 장점은 국경 간 문제에서 더욱 잘 드러난다.

(7) 조정을 더욱 촉진하고, 조정에 임하고자 하는 당사자들에게 예측 가능한 법적 테두리를 제공하기 위하여, 민사 절차의 주요 사안을 포함하는 기본 법안을 도입할

---

5) 언론중재위원회, "외국 ADR 관련법률", 언론중재, 2010년 가을호, 184-189쪽 참조.

필요가 있다.

(8) 본 지침의 규정은 국경 간 분쟁의 조정에만 적용된다. 그러나 회원국들이 이들 규정을 내부의 조정과정에 적용하는 것을 금지하지 않는다.

(9) 본 지침은 조정 과정에서 현대 통신기술을 사용하는 것을 금지하지 않는다.

(10) 본 지침은 양자 또는 다자 사이의 국경 간 분쟁에서 당사자들이 자발적 의지를 바탕으로 조정인의 조력을 받아 평화적인 합의를 통해 분쟁을 해결하고자 하는 과정에 적용된다. 본 지침은 민사 및 상사문제에 적용된다. 본 지침은 그러나 관련법에 따라 당사자들이 스스로 결정할 수 없는 권리와 의무에는 적용되지 않는다. 그러한 권리와 의무는 가족법과 고용법에 빈번히 나타난다.

(11) 본 지침은 계약 전 협상이나 사법적 조정제도, 소비자 불만제도, 중재 및 전문가 결정과 같은 사법적 성격의 과정이나 법적인 구속 여부와 상관없이 공식적인 권고를 행사는 사람 또는 기관이 관리하는 절차에는 적용되지 않는다.

(12) 본 지침은 법원이 당사자들을 조정에 회부하거나 국내법이 조정을 규정하는 사건에 적용된다. 또 한 판사가 국내법에 따라 조정자로 활동할 수 있는 한, 본 지침은 해당 분쟁 사안이나 분쟁과 관련한 사법 절차와 관련하여 책임을 맡고 있지 않는 판사가 수행하는 조정에도 적용된다. 본 지침은 그러나 해당 분쟁에 관한 사법 절차를 담당하는 법원 또는 판사에 의한 분쟁해결 과정, 담당 법원 또는 판사가 관련자로부터 지원 또는 조언을 요청하는 사안에는 적용되지 않는다.

(13) 본 지침에 규정된 조정은 당사자들 스스로가 그 과정에 대한 책임을 가지고 자신들이 바라는 대로 조정을 조직할 수 있고, 언제든지 그 과정을 종결할 수 있다는 점에서 자발적 과정이어야 한다. 그러나 법원이 국내법에 의거, 조정 과정에 시간적 제한을 부과하는 것은 가능하여야 한다. 더욱이, 법원은 그것이 적절하다고 판단될 경우 당사자들이 조정의 가능성에 주의를 기울이도록 할 수 있어야 한다.

(14) 법령이 당사자들로 하여금 사법체계에 접근할 수 있는 권리를 막지 않는 한, 본 지침은 의무적으로 조정에 임하게 하거나, 조정을 장려 또는 제한하는 국내법을 저해하지 않는다. 또한 본 지침은 지침이 규정하지 않고 있는 내용을 다루는 기존의 자율 규제적 조정제도를 침해하지 않는다.

(15) 법적 확실성을 제공하기 위하여, 본 지침은 당사자들이 조정을 통해 해결하고자 하는 분쟁이 국경간 분쟁인지 여부를 결정하는 기준일을 어느 일자로 하는 것이 타당한지 지정하여야 한다. 서면 합의가 없는 경우, 당사자들은 자신들이 조정을 개시하는 특정한 행위를 취한 시점에 조정을 하기로 합의한 것으로 간주되어야 한다.

(16) 비밀유지, 추소기간, 시효기간의 효과 및 조정의 결과인 합의의 승인과 이행에 필요한 상호신뢰를 보장하기 위하여, 회원국들은 적절한 수단을 통해 조정인의 양성과 효과적인 조정 서비스 제공을 위한 통제장치의 도입을 장려하여야 한다.

(17) 회원국들은 시장원리에 근거한 분쟁해결 의지를 포함하는 제도를 마련하여야 한

다. 그러나 이를 위한 자금을 제공하도록 요구받지는 않는다. 분쟁해결 제도는 조정 과정의 유연성과 당사자들의 자율성을 유지하도록 하고, 조정이 효과적이고, 공정하며 적절한 방법으로 수행되도록 보장하는 것을 목적으로 하여야 한다. 조정인은 일반대중들도 인터넷상에서 접근 가능하도록 하여야 하는 '조정인을 위한 행위규약'(European Code of Conduct for Mediators)의 존재를 인지하여야 한다.

(18) 유럽 위원회1)는 소비자 보호 분야에서의 합의적 분쟁해결에 관여하는 법원 이외의 기관이 이용자에게 제공하는 서비스의 질적 수준을 담보하게 하기 위한 최소한의 기준을 세워야 한다는 권고를 채택하였다. 이러한 권고의 범위 내에 있는 조정인과 기관은 그 원칙들을 존중하여야 한다. 이들 기관에 대한 정보의 보급을 촉진하기 위해 유럽 위원회는 동 권고의 원칙을 존중하는 회원국들의 법원 외 제도에 관한 데이터베이스를 구축하여야 한다.

(19) 조정을 통한 합의의 준수가 당사자들의 선의에 의존한다는 점으로 인해 조정이 사법 절차에 대한 빈약한 대안으로 간주되지 않아야 한다. 회원국들은 당사자들의 서면 합의가 이행될 수 있도록 보장하여야 한다. 합의 내용이 국제사법을 포함한 법률에 저촉되거나 법률이 특정한 합의 내용에 집행력을 제공하지 않는 경우에만 회원국들은 합의 내용에 대한 집행을 거부할 수 있다. 합의에 특정된 의무가 그 성격상 집행되지 못하는 것일 경우도 이에 포함될 수 있다.

(20) 회원국에서 이뤄진 집행력 있는 합의는 유럽공동체법 또는 국내법에 따라 다른 회원국들에서도 인정되고 집행가능하다고 선언되어야 한다. 예컨대, 다음의 유럽 이사회 규칙들이 그 근거가 될 수 있다:
Council Regulation (EC) No 44/2001 of 22 December 2000 on jurisdiction and the recognition and enforcement of judgements in civil and commercial matters 또는 Council Regulation (EC) No 2201/2003 of 27 November 2003 concerning jurisdiction and recognition and enforcement of judgements in matrimonial matters and the matters of parental responsibility.

(21) 다른 회원국에서도 합의가 집행될 수 있도록 하기 위해, Regulation (EC) No 2201/2003은 당사자 간의 합의는 합의가 이루어진 회원국에서 집행될 수 있어야 함을 특별히 규정한다. 결과적으로 본 지침은 가족법 사안에 관한 합의의 내용이 합의가 이루어지고 집행이 요청된 회원국에서 집행되지 못한 사안을 다른 회원국에서 집행함으로써 원래 회원국의 법을 회피하게 하는 행위를 조장하지 않는다.

(22) 본 지침은 조정을 통한 합의의 집행과 관련한 회원국들의 규정에 영향을 주지 않는다.

(23) 조정 과정에서의 비밀유지는 중요하다. 그러므로 본 지침은 추후의 민사 및 상

사 분야 사법 절차나 중재에서 조정 과정의 비밀이 유지될 수 있도록 최소한의 장치를 제공하여야 한다.

(24) 당사자들에게 조정을 장려하기 위하여, 회원국들은 낭사자 간의 조정 시도가 실패할 경우 출소기간과 시효기간에 관한 규정이 당사자들이 법원이나 중재를 통해 문제를 해결하는 것을 저해하지 않도록 보장하여야 한다. 회원국들은 본 지침이 출소기간과 시효기간에 관한 국내 규정과 조화를 이루지 못하는 경우에도 결과가 달성될 수 있도록 하여야 한다. 회원국에서 시행되고 있는 출소기간과 시효기간에 관한 국제협정상의 조항은(예를 들면 운송법 영역에서의) 본 지침의 영향을 받지 않는다.

(25) 회원국들은 일반대중이 조정인과 조정 서비스를 제공하는 기관에 접근하는 방법에 관한 정보제공을 장려하여야 한다. 또한 법률 실무자들이 의뢰인에게 조정의 가능성을 알리도록 장려하여야 한다.

(26) 보다 나은 입법4)에 관한 기관 간 합의 34조에 따라 회원국들은 자신과 유럽 공동체의 이익을 위하여 본 지침과 전환 조치의 상관관계를 표시하는 테이블을 작성하고 공개하도록 장려된다.

(27) 본 지침은 기본권의 고취를 추구하며, 특히 유럽연합 기본권헌장에서 인정된 원칙들을 존중한다.

(28) 본 지침의 목적은 각 회원국들만의 노력으로 충분히 달성될 수 없고, 조치의 규모, 효과 등의 측면에서 공동체 차원에서 더 잘 달성 될 수 있기 때문에, 유럽 공동체는 EC조약 5조에 규정된 보충성의 원칙에 따른 조치를 취할 수 있다. 동 조문의 비례성의 원칙에 따라 본 지침은 그 목적의 달성에 필요한 이상을 강제하지 않는다.

(29) 유럽연합 조약과 유럽 공동체 창설조약에 부속된 영국과 아일랜드의 입장에 관한 의정서 3조에 따라 영국과 아일랜드는 본 지침의 채택과 적용에 동참하고자 하는 의사를 통보하였다.

(30) 유럽연합 조약과 유럽 공동체 창설조약에 부속된 덴마크의 입장에 관한 의정서 1조와 2조에 따라 덴마크는 본 지침의 채택에 참여하지 않으며, 동 지침에 구속되지도, 그 적용을 받지도 않는다.

본 지침을 채택한다:

제1조: 목적 및 범위

1. 본 지침의 목적은 조정을 장려하고 조정과 사법 절차의 균형적 관계를 보장함으로써 대체적 분쟁해결에의 접근과 분쟁의 평화적인 해결을 촉진하는 것이다.
2. 본 지침은 관련 법에 따라 당사자들의 재량에 맡겨져 있지 않은 권리와 의무에 관한 사항을 제외한 국경 간 분쟁에 있어서의 민사 및 상사 문제에 적용된다. 본

지침은 세입, 관세 또는 행정적 사안이나 국가 권한의 행사에 있어 작위 또는 부작위에 대한 국가 책임 문제에는 적용되지 않는다.

3. 본 지침에서 사용하는'회원국'은 덴마크를 제외한 유럽연합 회원국들을 의미한다.

제2조: 국경 간 분쟁

1. 본 지침이 목적으로 하는 분쟁은 적어도 한 당사자가 다음의 경우에 해당하는 날에 회원국에 주소를 두고 있거나, 상주하는 경우에 발생한 국경 간 분쟁이다.
   (a) 당사자들이 분쟁이 발생한 후에 조정의 사용에 동의한 경우
   (b) 법원이 조정을 명령한 경우
   (c) 국내법에 의해 조정의 의무가 부과된 경우
   (d) 제5조의 목적으로 당사자들에게 조정이 권유되는 경우

2. 제1항에도 불구하고, 제7조와 제8조의 목적을 달성하기 위해 제1항 (a), (b), (c)호에서 해당하는 일자에 분쟁 당사자들이 회원국에 주소를 두고 있거나 상주하고 있고, 조정 이후에 회원국에서 사법 절차나 중재를 시작한 경우는 국경 간 분쟁으로 본다.

3. 제1항과 제2항의 주소지는 Regulation (EC) No 44/2001의 제59조와 제60조에 따라 결정된다.

제3조: 정의

본 지침에서 사용하는 용어 정의는 다음과 같다.

(a) '조정'은 그것이 어떻게 불리는가에 상관없이, 둘 또는 그 이상의 당사자들이 조력자의 도움을 받아, 자발적인 합의를 통한 분쟁해결에 노력을 기울이는 체계화된 과정을 말한다. 이러한 과정은 당사자들이 스스로 원하거나, 법원의 제안 또는 명령, 회원국의 법 규정에 의해서 개시될 수 있다. 이러한 조정은 해당 분쟁에 관한 사법 절차의 책임을 맡고 있지 않는 판사가 행하는 조정을 포함한다. 그러나 해당 분쟁해결과 관련한 사법적 절차에 관여하고 있는 법원 또는 판사에 의한 조정은 제외한다.

(b) '조정인'은 관련 회원국에서 불리는 명칭, 직업 또는 조정을 수행하도록 임명되거나 요청받은 형식과 상관없이, 효과적이고, 공정하며, 적절한 방법으로 조정을 수행하도록 요구받은 제3자를 의미한다.

제4조: 조정의 질적 보장

1. 회원국들은 적절한 수단을 통하여 조정 서비스의 질적 수준을 담보할 수 있는 관리체계를 만들어야 하며, 조정인과 조정 서비스 제공 기관이 자발적으로 행위규약을 도입하도록 독려하여야 한다.

2. 회원국들은 조정이 효과적이고, 공정하며, 적절한 방법으로 수행되도록 조정인의 초기 및 사후 교육을 장려하여야 한다.

제5조: 조정 회부

1. 소송이 제기된 법원은 사건의 모든 상황을 고려하여, 적절하다고 판단될 때에는 당사자들에게 분쟁해결을 위한 조정을 권유할 수 있다. 법원은 또 조정에 관한 정보를 제공하는 세션(session)이 개최되고 있고, 그에 대한 접근이 용이한 경우에는 당사자에게 정보 세션에 참석할 것을 권유할 수 있다.
2. 본 지침은 법률이 사법 절차에 대한 당사자의 접근권을 방해하지 않는 한, 사법 절차의 개시 전후와 상관없이 조정의 사용을 강제하거나, 독려 또는 제재하는 국내법을 침해하지 않는다.

제6조: 조정을 통한 합의의 집행력

1. 회원국들은 당사자들 또는 다른 당사자들의 명시적 승인을 얻은 일방 당사자가 조정으로 도출된 서면 합의의 집행을 요청할 수 있도록 보장하여야 한다. 승인된 합의는 집행 요청이 이뤄진 회원국의 법률에 저촉되거나 회원국의 법률이 그에 대한 집행력을 인정하지 않는 경우가 아닌 이상 집행력을 가진다.
2. 합의내용은집행요청이이루어진회원국의법률에 따라 판결, 결정, 인증문서를 통해 법원 또는 다른 권한 있는 기관에 의해 집행될 수 있다.
3. 회원국들은 제1항과 제2항에 따라 집행 요청을 접수받을 법원 또는 권한 있는 기관을 유럽 위원회에 통보하여야 한다.
4. 제1항에 따라, 본 조문은 집행력 있는 합의를 다른 회원국에서 승인과 집행하는 데 적용되는 규정에 영향을 미치지 않는다.

제7조: 조정의 비밀유지

1. 특별히 당사자들의 합의가 있지 않는 한, 조정은 비밀유지를 존중하는 방식으로 진행된다는 것을 고려하여, 회원국은 다음의 경우를 제외하고는 조정인과 조정 과정에 행정적으로 관여한 자가 조정 과정에서 알게 된 정보를 민사 및 상사 관련 사법 절차 또는 중재를 위해 제공하도록 강제되지 않게 하여야 한다.
   (a) 어린이의 이익 보호나 사람의 육체적, 정신적 일체성에 대한 피해를 방지하기 위한 목적 등, 해당 회원국의 우선적 공공정책을 위하여 필요한 경우
   (b) 조정으로 도출된 합의의 이행 또는 집행을 위하여 합의 내용의 공개가 필요한 경우
2. 제1항의 규정은 조정 과정의 비밀 보호를 위해 보다 엄격한 수단을 규정하는 회원국의 법률 제정을 저해하지 않는다.

제8조: 출소기간과 시효기간에 관한 조정의 효력

1. 회원국은 분쟁해결을 위해 조정을 선택하는 당사자들이 조정 과정 중에 출소기간 또는 시효기간이 만료하여 추후 해당 분쟁과 관련한 사법 절차 또는 중재를 이용하는 길이 막히지 않도록 보장하여야 한다.
2. 제1항은 회원국을 당사자로 하는 국제협약의 출소기간과시효기간에관한규정을침해하지않는다.

제9조: 일반대중을 위한 정보

회원국은 적절한 수단을 통해 일반대중이, 특히 인터넷상에서, 조정인과 조정 서비스를 제공하는 기관에 접근할 수 있도록 정보 제공을 장려하여야 한다.

제10조: 관할 법원과 기관에 대한 정보

유럽 위원회는 제6조제3항에 따라 회원국들이 전달한 관할 법원이나 기관에 대한 정보에 대중이 접근할 수 있도록 적절한 조치를 취하여야 한다.

제11조: 심사

2016년 5월 21일까지 유럽 위원회는 유럽 의회, 유럽 이사회 및 유럽경제사회위원회에 본 지침의 적용에 관한 보고서를 제출하여야 한다. 보고서는 유럽연합 전반에서의 조정의 발전과 회원국에서의 본 지침의 영향을 고려하여야 한다. 필요한 경우, 보고서는 본 지침의 수정을 위한 제안을 첨부하여야 한다.

제12조: 전환

1. 회원국들은 2011년 5월 21일까지 본 지침의 준수에 필요한 법률, 규칙 및 행정 규정을 발효해야 한다. 다만, 제10조에 대한 적용은 2011년 11월 21일까지로 한다. 회원국들은 유럽 위원회에 이를 바로 통보하여야 한다. 회원국들이 채택하는 조치에는 본 지침이 직접 참조되어 포함되거나, 해당 조치를 공식 공포할 때 지침을 첨부하는 식으로 지침의 참조를 나타내어야 한다. 이러한 참조의 방법은 회원국들이 결정한다.
2. 회원국들은 본 지침이 적용되는 분야에서 채택한 국내법의 주요 조항들을 유럽 위원회에 통보하여야 한다.

제13조: 발효

본 지침은 Official Journal of the European Union에 게재된 후 20일째 되는 날부터 발효된다.

제14조: 수신자

본 지침은 회원국들을 수신자로 한다.

2008년 5월 21일 Strasbourg에서 채택.

유럽 의회 의장 H.-G. PO¨TTERING

유럽 이사회 의장 J. LENARCC

6. 일본 재판 외 분쟁절차의 촉진에 관한 법률(2004)[6]
2004년 12월 1일 법률 제151호

제1장 총 칙

제1조(목적) 이 법률은, 내외의 사회경제정세의 변화에 수반하여, 재판 외 분쟁해결절차(소송절차에 의하지 아니하고 민사상의 분쟁의 해결을 하고자 하는 분쟁당사자를 위하여 공정한 제3자가 관여하여 그 해결을 도모하는 절차를 말한다. 이하 같다)가, 제3자의 전문적인 식견을 반영하여 분쟁의 실정에 맞는 신속한 해결을 도모하는 절차로서 그 중요성을 더해가고 있는 점에 비추어, 재판 외 분쟁해결절차에 관한 기본이념 및 국가 등의 책무를 정함과 동시에, 민간분쟁해결절차의 업무에 관하여 인증제도를 두고, 더불어 시효의 중단 등에 관한 특례를 정하여 그 편의의 향상을 도모하는 것 등에 의하여, 분쟁당사자가 그 해결을 도모하는 데 적합한 절차를 용이하게 선택하게 함으로써 국민의 권리이익의 적절한 실현에 이바지하는 것을 목적으로 한다.

제2조(정의) 이 법률에서 아래 각 호의 용어의 의의는 각각 해당 각 호에 정하는 바에 의한다.
  1. 민간분쟁해결절차 : 민간사업자가, 분쟁당사자가 화해를 할 수 있는 민사상의 분쟁에 관하여 분쟁당사자 쌍방으로부터 의뢰를 받아 해당 분쟁 당사자와의 사이의 계약에 터 잡아 화해의 중개를 하는 재판 외 분쟁해결절차를 말한다. 다만, 법률의 규정에 의하여 지정을 받은 자가 해당 법률의 규정에 의한 분쟁해결의 업무로서 처리하는 재판 외 분쟁해결절차로서 정령으로 정하는 것을 제외한다.
  2. 절차실시자 : 민간분쟁해결절차에서 화해의 중개를 실시하는 자를 말한다.
  3. 인증분쟁해결절차 : 제5조의 인증을 받은 업무로서 취급하는 민간분쟁해결절차를 말한다.
  4. 인증분쟁해결사업자 : 제5조의 인증을 받아 인증분쟁해결절차의 업무를 취급하는 자를 말한다.

제3조(기본이념 등) ① 재판 외 분쟁해결절차는 법에 의한 분쟁해결을 위한 절차로서, 분쟁당사자의 자주적인 분쟁해결의 노력을 존중하면서 공정하고 적정하게 실시되고 또한 전문적인 식견을 반영하여 분쟁의 실정에 맞는 신속한 해결을 도모하는 것이어야 한다.

---

6) 언론중재위원회, "외국 ADR 관련법률", 언론중재, 2010년 봄호, 166-177쪽 참조.

② 재판 외 분쟁해결절차를 취급하는 자는 전항의 기본이념에 따라 서로 제휴를 도모하면서 협력하도록 노력하여야 한다.

제4조(국가 등의 책무) ① 국가는 재판 외 분쟁해결절차의 이용촉진을 도모하기 위하여, 재판 외 분쟁해결 절차에 관한 내외의 동향, 그 이용 상황, 그 밖의 사항에 대한 조사 및 분석, 그리고 정보의 제공, 그 밖의 필요한 조치를 강구하여 재판 외 분쟁해결절차에 대한 국민의 이해를 증진시키도록 노력하여야 한다.
② 지방공공단체는 재판 외 분쟁해결절차의 보급이 주민복지의 향상에 기여한다는 점에 비추어 국가와의 적절한 역할 분담을 바탕으로 하면서 재판 외 분쟁 해결절차에 관한 정보의 제공 그 밖의 필요한 조치를 강구하도록 노력하여야 한다.

제2장 인증분쟁해결절차의 업무

제1절 민간분쟁해결절차 업무의 인증

제5조(민간분쟁해결절차 업무의 인증) 민간분쟁해결절차를 업무로서 취급하는 자(법인이 아닌 단체로서 대표자 또는 관리인의 규정이 있는 것을 포함한다)는, 그 업무에 관하여 법무대신의 인증을 받을 수 있다.

제6조(인증의 기준) 법무대신은 전조의 인증을 신청한 자(이하'신청자'라고 한다)가 취급할 해당 신청에 관련된 민간분쟁해결절차의 업무가 아래의 기준에 적합하며, 또한 신청자가 해당 업무를 취급하는 데 필요한 지식 및 능력, 그리고 경리적 기초를 가졌다고 인정한 때에는, 해당 업무에 관하여 인증을 하는 것으로 한다.
1. 그 전문적인 식견을 활용하여 화해의 중개를 하는 분쟁의 범위를 정하고 있을 것
2. 전호의 분쟁의 범위에 대응하여 개개의 민간분쟁해결절차에 있어서 화해의 중개를 하는 데 적합한 자를 절차실시자로 선임할 수 있을 것
3. 절차실시자의 선임방법 및 절차실시자가 분쟁당사자와 이해관계를 가지거나 그 밖의 민간분쟁해결 절차의 공정한 실시를 방해할 우려가 있는 사유가 있는 경우에 해당 절차실시자를 배제하기 위한 방법을 정하고 있을 것
4. 신청자의 실질적 지배자 등(신청자의 주식의 소유, 신청자에 대한 융자, 그 밖의 사유를 통하여 신청자의 사업을 실질적으로 지배하거나, 또는 그 사업에 중요한 영향을 주는 관계에 있는 자로서 법무성령으로 정하는 자를 말한다. 이하 이 호에서 같다) 또는 신청자의 자회사 등(신청자가 주식의 소유 그 밖의 사유를 통하여 그 사업을 실질적으로 지배하는 관계에 있는 자로서 법무성령으로 정하는 자를 말한다)을 분쟁당사자로 하는 분쟁에 관하여 민간분쟁해결절차의

업무를 취급하는 것으로 하고 있는 신청자의 경우에는, 해당 실질적 지배자 등 또는 신청자가 절차실시자에 대하여 부당한 영향을 미치는 것을 배제하기 위한 조치가 강구되어 있을 것

5. 절차실시자가 변호사가 아닌 경우(사법서사법 제3조제1항제7호가 규정하는 분쟁에 관한 민간분쟁해결절차에서 절차실시자가 같은 조 제2항이 규정하는 사법서사인 경우를 제외한다)에 있어서, 민간분쟁해결절차를 실시함에 있어 법령의 해석적용에 관하여 전문적 지식을 필요로 할 때 변호사의 조언을 받을 수 있도록 하기 위한 조치를 정하고 있을 것

6. 민간분쟁해결절차를 실시할 때에 하는 통지에 관하여 상당한 방법을 정하고 있을 것

7. 민간분쟁해결절차의 개시부터 종료에 이르기까지의 표준적인 절차의 진행에 관하여 정하고 있을 것

8. 분쟁당사자가 신청자에 대하여 민간분쟁해결 절차의 실시를 의뢰하는 경우의 요건 및 방식을 정하고 있을 것

9. 신청자가 분쟁의 일방당사자로부터 전호의 의뢰를 받았을 경우, 분쟁의 타방당사자에 대하여 신속하게 그 취지를 통지함과 동시에, 해당 분쟁의 타방당사자가 이에 응하여 민간분쟁해결절차의 실시를 의뢰할지의 여부를 확인하기 위한 절차를 정하고 있을 것

10. 민간분쟁해결절차에서 제출된 자료의 보관, 반환 그 밖의 취급방법을 정하고 있을 것

11. 민간분쟁해결절차에서 진술되는 의견 또는 제출되거나 제시되는 자료에 포함된 분쟁당사자 또는 제3자의 비밀에 관하여 해당 비밀의 성질에 따라 이를 적절히 유지하기 위한 취급방법을 정하고 있을 것. 제16조가 규정하는 절차실시기록에 기재되어 있는 이러한 비밀에 대하여도 같다.

12. 분쟁당사자가 민간분쟁해결절차를 종료시키기 위한 요건 및 방식을 정하고 있을 것

13. 절차실시자가 민간분쟁해결절차에 의해서는 분쟁당사자 사이에 화해가 성립할 가망이 없다고 판단하였을 때에는, 신속하게 해당 민간분쟁해결절차를 종료하고 그 취지를 분쟁당사자에게 통지할 것을 정하고 있을 것

14. 신청자(법인의 경우에는 그 임원, 법인이 아닌 단체로서 대표자 또는 관리인의 규정이 있을 경우에는 그 대표자 또는 관리인), 그 대리인, 사용인 그 밖의 종업원 및 절차실시자에 관하여 이들이 민간분쟁해결절차의 업무에 관하여 알게 된 비밀을 확실히 유지하기 위한 조치를 정하고 있을 것

15. 신청자(절차실시자를 포함한다)가 지급받는 보수 또는 비용이 있는 경우에는 그 금액 또는 산정방법, 지급방법 그 밖의 필요한 사항을 정하고 있으며, 이것이 현저히 부당하지 않을 것

16. 신청자가 취급하는 민간분쟁해결절차의 업무에 대한 불만의 처리에 관하여 정하고 있을 것

제7조(결격사유) 전조의 규정에 관계없이, 다음의 각 호의 하나에 해당하는 자는 제5조의 인증을 받을 수 없다.

1. 성년피후견인 또는 피보좌인
2. 민간분쟁해결절차의 업무에 관하여 성년자와 동일한 행위능력을 갖지 않는 미성년자
3. 파산자로서 복권되지 않은 자
4. 금고 이상의 형을 받고 그 형의 집행을 마쳤거나 또는 형의 집행을 받지 않게 된 날로부터 5년이 경과하지 않은 자
5. 이 법률 또는 변호사법(소화 24년 법률 제205호)의 규정에 위반하여 벌금의 형을 받고 그 집행을 마쳤거나 또는 집행 받지 않게 된 날로부터 5년이 경과하지 않은 자
6. 제23조 제1항 또는 제2항의 규정에 의해 인증이 취소되고 그 취소일로부터 5년이 경과하지 않은 자
7. 인증분쟁해결사업자로서 법인(법인이 아닌 단체로서 대표자 또는 관리인의 규정이 있는 것을 포함한다. 제9호, 제8조제2항제1호, 제13조제1항제3호 및 제17조제3항도 같다)인 자가 제23조 제1항 또는 제2항의 규정에 의하여 인증이 취소된 경우, 그 취소일 전 60일 이내에 그 임원(법인이 아닌 단체로서 대표자 또는 관리인의 규정이 있는 경우에는 그 대표자 또는 관리인. 제9호도 같다)이었던 자로서 그 취소일로부터 5년이 경과하지 않는 자
8. 폭력단원에 의한 부당한 행위의 방지 등에 관한 법률(평성 3년 법률 제77호) 제2조제6호가 규정하는 폭력단원(이하 이 호에서 '폭력단원'이라고 한다) 또는 폭력단원이 아니게 된 날로부터 5년이 경과 하지 않는 자(이하 '폭력단원 등'이라고 한다)
9. 법인으로서 그 임원 또는 정령으로 정하는 사용인 중 전 각 호의 하나에 해당하는 자가 있는 것
10. 개인으로서 그 정령으로 정하는 사용인 중 제1 호로부터 제8호까지의 어느 하나에 해당하는 자가 있는 자
11. 폭력단원 등을 그 민간분쟁해결절차의 업무에 종사시키거나 해당 업무의 보조자로서 사용할 우려가 있는 자
12. 폭력단원 등이 그 사업 활동을 지배하는 자

제8조(인증의 신청) ① 제5조의 인증의 신청은, 법무성령으로 정하는 바에 의하여 아래의 사항을 기재한 신청서를 법무대신에게 제출하는 것으로서 하여야 한다.

    1. 성명 또는 명칭 및 주소, 그리고 법인인 경우에는 그 대표자(법인이 아닌 단체
      로서 대표자 또는 관리인의 규정이 있는 경우에는 그 대표자 또는 관리인)의
      성명
    2. 민간분쟁해결절차의 업무를 취급하는 사무소의 소재지
    3. 전 2호가 정하는 것 외에 법무성령으로 정하는 사항
② 전항의 신청서에는 아래의 서류를 첨부하여야 한다.
    1. 법인인 경우에는 정관, 그 밖의 기본약관을 기재 한 서류
    2. 그 신청에 관련된 민간분쟁해결절차의 업무내용 및 그 실시방법을 기재한 서류
    3. 그 신청에 관련된 민간분쟁해결절차의 업무에 관 한 사업보고서 또는 사업계
      획서
    4. 신청자의 재산목록, 대차대조표, 수지계산서 또는 손익계산서, 그 밖의 해당
      신청에 관련된 민간분쟁해결절차의 업무를 실시하는 데 필요한 경리적 기초를
      가졌음을 밝히는 서류로서 법무성령으로 정하는 것
    5. 전 각 호 이외에 법무성령으로 정하는 서류
③ 제5조의 인증의 신청을 하는 자는 실비를 감안하여 정령으로 정하는 금액의 수수
료를 납부하여야 한다.

제9조(인증에 관한 의견청취) ① 법무대신은 제5조의 인증의 신청에 대한 처분을 하
려고 하는 경우 또는 해당 신청에 대한 처분에 관한 이의신청에 대한 결정을 하려고
하는 경우에는, 사전에, 신청자가 법률에 의하여 직접 설립된 법인 또는 특별한 법률
에 의하여 특별한 설립행위에 의하여 설립된 법인일 때는 이러한 법인을 소관하는 대
신과, 신청자가 설립에 관하여 허가 또는 인가를 받은 법인일 때는 그 허가 또는 인
가를 한 대신 또는 국가공안위원회와 각각 협의하여야 한다.
② 법무대신은 제5조의 인증을 하려고 할 때는 제7조제8호부터 제12호까지의 해당
사유(같은 조 제9호 및 제10호에 해당하는 사유에 있어서는 같은 조 제8호에 관련된
사유에 한한다)의 유무에 대하여 경찰청장관의 의견을 들어야 한다.
③ 법무대신은 제1항이 규정하는 처분 또는 결정을 하려고 하는 경우에는 법무성령
으로 정하는 바에 의하여 제10조제1항이 규정하는 인증심사 참여원의 의견을 들어야
한다.

제10조(인증심사참여원) ① 법무성에, 제5조의 인증의 신청 및 해당 신청에 대한 처
분에 관한 이의신청, 제12조제1항의 변경의 인증 신청 및 해당 신청에 대한 처분에
관한 이의신청, 그리고 제23조제2항의 규정에 의한 인증의 취소 및 해당 취소에 대
한 이의신청에 관하여 법무대신에 대하여 전문적인 지식경험에 근거한 의견을 진술
하게 하기 위하여 인증심사참여원 약간 명을 둔다.
② 인증심사참여원은 행정불복심사법(소화 37년 법률 제160호) 제48조에서 준용하

는 같은 법 제25조제1항 단서의 규정에 의한 이의신청인 또는 참가인의 의견진술에 관련된 절차에 입회하고, 또한 이러한 자에게 직접 질문을 할 수 있다.

③ 인증심사참여원은 민간분쟁해결절차에 관한 전문적인 지식경험을 가진 자 중에서 법무대신이 임명한다.

④ 인증심사참여원의 임기는 2년으로 한다. 다만, 재임할 수 있다.

⑤ 인증심사참여원은 비상근으로 한다.

제11조(인증의 공시 등) ① 법무대신은 제5조의 인증을 하였을 때에는 인증분쟁해결 사업자의 성명 또는 명칭 및 주소를 관보에 공시하여야 한다.

② 인증분쟁해결사업자는 인증분쟁해결절차를 이용하거나 이용하려고 하는 자에게 적정한 정보를 제공하기 위하여 법무성령으로 정하는 바에 의하여 인증분쟁해결사업 자라는 취지 및 그 인증분쟁해결절차의 업무내용 및 그 실시방법에 관련된 사항으로 서 법무성령으로 정하는 것을 인증분쟁 해결절차의 업무를 취급하는 사무소에 눈에 잘 띄도록 게시하여야 한다.

③ 인증분쟁해결사업자가 아닌 자는 그 명칭 중에 인증분쟁해결사업자로 오인될 우 려가 있는 문자를 쓰거나 또는 그 업무에 관하여 인증분쟁해결 사업자로 오인될 우려 가 있는 표시를 하여서는 아니 된다.

제12조(변경의 인증) ① 인증분쟁해결사업자는 그 인증분쟁해결절차의 업무내용 또 는 그 실시방법을 변경하려고 할 때는 법무대신의 변경의 인증을 받아야 한다. 다만, 법무성령으로 정하는 경미한 변경에 관하여는 그러하지 아니하다.

② 전항의 변경의 인증을 받으려고 하는 자는 법무성령으로 정하는 바에 의하여 변경 에 관련된 사항을 기재한 신청서를 법무대신에게 제출하여야 한다.

③ 전항의 신청서에는 변경 후의 업무내용 및 그 실시방법을 기재한 서류 그 밖의 법 무성령으로 정하는 서류를 첨부하여야 한다.

④ 제6조, 제8조제3항 및 전조 제1항의 규정은 제1항의 변경의 인증에 관하여, 제9 조 제1항 및 제3항의 규정은 제1항의 변경의 인증 신청에 대한 처분을 하려고 하는 경우 및 해당 처분에 관한 이의신청에 대한 결정을 하려고 하는 경우에 관하여 각각 준용한다.

제13조(변경의 신고) ① 인증분쟁해결사업자는 아래의 변경이 있을 때는 법무성령으 로 정하는 바에 의하여 지체 없이 그 취지를 법무대신에게 신고하여야 한다.

  1. 성명이나 명칭 또는 주소의 변경
  2. 인증분쟁해결절차의 업무내용 또는 그 실시방법에 관한 전조 제1항 단서의 법
     무성령으로 정하는 경미한 변경
  3. 법인의 경우는 정관, 그 밖의 기본약관(전2호의변경과 관련되는 것을 제외한

　다)의 변경

　　4. 전3호 이외에 법무성령으로 정하는 사항의 변경

② 법무대신은 전항 제1호의 변경에 관하여 같은 항의 규정에 의한 신고가 있을 때는 그 취지를 관보에 공시하여야 한다.

제2절 인증분쟁해결사업자의 업무

제14조(설명의무) 인증분쟁해결사업자는 인증분쟁 해결절차를 실시하는 계약의 체결에 앞서, 분쟁당사자에 대하여 법무성령으로 정하는 바에 의하여 아래의 사항에 관하여, 이를 기재한 서면을 교부하거나 또는 이를 기록한 전자적 기록(전자적 방식, 자기적 방식, 그 밖의 사람의 지각에 의해서는 인식할 수 없는 방식으로 만들어지는 기록으로서 전자계산기에 의한 정보처리용으로 제공되는 것을 말한다)을 제공하여 설명하여야 한다.

　　1. 절차실시자의 선임에 관한 사항

　　2. 분쟁당사자가 지급하는 보수 또는 비용에 관한 사항

　　3. 제6조제7호가 규정하는 인증분쟁해결절차의 개시부터 종료에 이르기까지의 표준적인 절차의 진행

　　4. 전3호 이외에 법무성령으로 정하는 사항

제15조(폭력단원 등의 사용의 금지) 인증분쟁해결사업자는 폭력단원 등을 업무에 종사시키거나 업무의 보조자로서 사용하여서는 아니 된다.

제16조(절차실시기록의 작성 및 보존) 인증분쟁해결 사업자는 법무성령으로 정하는 바에 의하여 그 실시한 인증분쟁해결절차에 관하여 아래의 사항을 기재한 절차실시기록을 작성하여 보존하여야 한다.

　　1. 분쟁당사자와의 사이에 인증분쟁해결절차를 실시하는 계약을 체결한 연월일

　　2. 분쟁당사자 및 그 대리인의 성명 또는 명칭

　　3. 절차실시자의 성명

　　4. 인증분쟁해결절차 실시의 경위

　　5. 인증분쟁해결절차의결과(인증분쟁해결절차의 종료 이유 및 그 연월일을 포함한다)

　　6. 전 각 호 이외에, 실시한 인증분쟁해결절차의 내용을 명확히 하기 위하여 필요한 사항으로서 법무성령으로 정하는 것

제17조(합병의 신고 등) ① 인증분쟁해결사업자가 아래의 행위를 하려고 할 때에는 법무성령으로 정하는 바에 의하여 사전에 그 취지를 법무대신에게 신고하여야 한다.

　　1. 해당 인증분쟁해결사업자가 소멸하게 되는 합병(법인이 아닌 단체로서 대표
　　　 자 또는 관리인의 규정이 있는 경우에는 합병에 상당하는 행위. 제3항에서도
　　　 같다)
　　2. 인증분쟁해결절차의 업무와 관련된 영업 또는 사업의 전부 또는 일부의 양도
　　3. 해당 인증분쟁해결사업자를 분할하는 법인으로 하는 분할로서 그 인증분쟁해
　　　 결절차의 업무에 관한 영업 또는 사업의 전부 또는 일부를 승계시키는 것
　　4. 인증분쟁해결절차의 업무의 폐지
② 법무대신은 전항의 규정에 의한 신고가 있을 때는 그 취지를 관보에 공시하여야
한다.
③ 제1항 각 호의 행위를 한 자(같은 항 제1호의 행위에 있어서는 합병 후 존속하는
법인 또는 합병에 의하여 설립되는 법인)는, 그 행위를 한 날에 인증분쟁해결절차가
실시되고 있었던 때에는 해당 행위를 한 날로부터 2주 이내에 해당 인증분쟁 해결절
차의 당사자에 대하여 해당 행위를 한 취지 및 제19조의 규정에 의하여 인증이 그
효력을 상실하였다는 취지를 통지하여야 한다.

제18조(해산의 신고 등) ① 인증분쟁해결사업자가 파산 및 합병 이외의 이유에 의하
여 해산(법인이 아닌 단체로서 대표자 또는 관리인의 규정이 있는 경우에는 해산에
상당하는 행위. 이하 같다) 하였을 경우, 그 청산인(법인이 아닌 단체로서 대표자 또
는 관리인의 규정이 있는 경우에는 그 대표자 또는 관리인. 다음 항에서도 같다)은
해당 해산의 날로부터 1개월 이내에 그 취지를 법무대신에게 신고하여야 한다.
② 전항의 청산인은 해당 해산의 날에 인증분쟁해결절차가 실시되고 있었을 때에는
그 날부터 2주일 이내에 해당 인증분쟁해결절차의 당사자에 대하여 해당 해산을 한 취
지 및 다음 조의 규정에 의하여 인증이 그 효력을 상실하였다는 취지를 통지해야한다.
③ 전조 제2항의 규정은 제1항의 규정에 의한 신고가 있었을 경우에 준용한다.

제19조(인증의 실효) 아래의 경우에 있어서는 제5조의 인증은 그 효력을 상실한다.
　　1. 인증분쟁해결사업자가 제17조제1항 각 호의 행위를 하였을 때
　　2. 인증분쟁해결사업자가 전조 제1항의 해산을 하였을 때
　　3. 인증분쟁해결사업자가 사망하였을 때

제3절 보고 등

제20조(사업보고서 등의 제출) 인증분쟁해결사업자는 그 인증분쟁해결절차의 업무에
관하여 매 사업연도 경과 후 3개월 이내에 법무성령으로 정하는 바에 의하여 그 사업
연도의 사업보고서, 재산목록, 대차대조표 및 수지계산서 또는 손익계산서를 작성하
여 법무대신에게 제출하여야 한다.

제21조(보고 및 검사) ① 법무대신은 인증분쟁해결사업자에 관하여 제23조제1항 각 호 또는 제2항 각 호의 어느 하나에 해당하는 사유가 있다고 의심하기에 충분한 상당한 이유가 있을 경우에는, 그 인증분쟁해결절차 업무의 적정한 운영을 확보하기 위하여 필요한 한도에서 법무성령으로 정하는 바에 의하여, 인증분쟁해결사업자에 대하여 해당 업무의 실시상황 에 관한 필요한 보고를 요구하거나, 그 직원에게 해당 인증분쟁해결사업자의 사무소에 입회하여 해당 업무의 실시상황 또는 장부, 서류 그 밖의 물건을 검사하게 하거나 관계자에게 질문하게 할 수 있다.

② 전항의 규정에 의하여 현장검사를 하는 직원은 그 신분을 나타내는 증명서를 휴대하여 관계자의 청구가 있을 때에는 이를 제시하여야 한다.

③ 제1항의 규정에 의한 현장검사의 권한은 범죄수사를 위하여 인정된 것이라고 해석하여서는 아니 된다.

제22조(권고 등) ① 법무대신은 인증분쟁해결사업자에 관하여 다음 조 제2항 각 호의 어느 하나에 해당하는 사유가 있다고 의심하기에 충분한 상당한 이유가 있는 경우, 그 인증분쟁해결절차 업무의 적정한 운영을 확보하기 위하여 필요하다고 인정할 때에는, 해당 인증분쟁해결사업자에 대하여 기한을 정하여 해당 업무에 관하여 필요한 조치를 취하여야 한다는 취지의 권고를 할 수 있다.

② 법무대신은 전항의 권고를 받은 인증분쟁해결사업자가 정당한 이유 없이 그 권고와 관련된 조치를 취하지 않았을 때는 해당 인증분쟁해결사업자에 대하여 그 권고와 관련된 조치를 취할 것을 명할 수 있다.

제23조(인증의 취소) ① 법무대신은 인증분쟁해결 사업자가 다음 각 호의 어느 하나에 해당할 때는 그 인증을 취소하여야 한다.

　　1. 제7조 각 호(제6호를 제외한다)의 어느 하나에 해당하게 되었을 때
　　2. 거짓 그 밖의 부정한 수단에 의하여 제5조의 인증 또는 제12조제1항의 변경의 인증을 받았을 때
　　3. 정당한 이유 없이 전조 제2항의 규정에 의한 명령에 따르지 않을 때

② 법무대신은 인증분쟁해결사업자가 다음의 각 호의 어느 하나에 해당할 때에는 그 인증을 취소할 수 있다.

　　1. 그 취급하는 인증분쟁해결절차의 업무내용 및 그 실시방법이 제6조 각 호가 정하는 기준의 어느 하나에 적합하지 않게 되었을 때
　　2. 인증분쟁해결절차의 업무를 실시하는 데 필요한 지식이나 능력 또는 경리적 기초를 갖지 않게 되었을 때
　　3. 이 법률의 규정에 위반하였을 때

③ 법무대신은 전 2항의 규정에 의한 인증의 취소를 하려고 할 때에는, 제7조제8호 내지 제12호에 해당하는 사유(같은 조 제9호 및 제10호에 해당하는 사유에 있어서는

같은 조 제8호에 관련된 것에 한한다) 또는 제15조의 규정에 위반하는 사실의 유무에 관하여 경찰청장관의 의견을 들을 수 있다.

④ 법무대신은 제1항 또는 제2항의 규정에 의하여 인증을 취소하였을 때는 그 취지를 관보에 공시하여야 한다.

⑤ 제1항 또는 제2항의 규정에 의하여 인증취소의 처분을 받은 자는, 해당 처분일로부터 2주일 이내에 해당 처분일에 인증분쟁해결절차가 실시되고 있었던 분쟁당사자에 대하여 해당 처분이 있었다는 취지를 통지하여야 한다.

⑥ 제9조 제1항 및 제3항의 규정은 제2항의 규정에 의하여 인증취소의 처분을 하려고 하는 경우 및 해당 처분에 대한 이의신청에 대한 결정을 하려고 하는 경우에 준용한다.

제24조(민간분쟁해결절차의 업무특성에 대한 배려) 법무대신은, 제21조제1항의 규정에 의하여 보고를 요구하거나, 그 직원에게 검사 또는 질문을 하게 하거나, 제22조의 규정에 의하여 권고를 하거나 명령을 함에 있어서는, 민간분쟁해결절차가 분쟁당사자와 민간분쟁해결절차의 업무를 실시하는 자와의 사이의 신뢰관계에 근거하여 성립하는 것이며 또한 분쟁당사자의 자주적인 분쟁해결의 노력이 존중되어야 한다는 점그 밖의 민간분쟁해결절차의 업무특성을 배려하여야 한다.

제3장 인증분쟁해결절차의 이용에 관한 특례

제25조(시효의 중단) ① 인증분쟁해결절차에 의해서는 분쟁당사자 사이에 화해가 성립할 가망이 없음을 이유로 절차실시자가 해당 인증분쟁해결절차를 종료하였을 경우, 해당 인증분쟁해결절차의 실시를 의뢰한 해당 분쟁당사자가 그 취지의 통지를 받은 날로부터 1개월 이내에 해당 인증분쟁해결절차의 목적이 된 청구에 관하여 소를 제기 하였을 때는, 시효의 중단에 관하여는 해당 인증 분쟁해결절차에서의 청구 시에 소의 제기가 있었던 것으로 본다.

② 제19조의 규정에 의하여 제5조의 인증이 그 효력을 상실하고 또한 해당 인증이 그 효력을 상실한 날에 인증분쟁해결절차가 실시되고 있던 분쟁이 있었던 경우, 해당 인증분쟁해결절차의 실시를 의뢰한 해당 분쟁당사자가 제17조제3항이나 제18조제2항의 규정에 의한 통지를 받은 날 또는 제19조 각 호가 규정하는 사유가 있었음을 안 날 중 빠른 날(인증분쟁해결사업자의 사망에 의하여 제5조의 인증이 그 효력을 상실하였을 경우에는 그 사망의 사실을 안 날)로부터 1개월 이내에 해당 인증분쟁해결절차의 목적이 된 청구에 관하여 소를 제기하였을 때도 전항과 같다.

③ 제5조의 인증이 제23조 제1항 또는 제2항의 규정에 의하여 취소되고 또한 그 취소처분일에 인증분쟁해결절차가실시되고있었던분쟁이있을경우, 해당 인증분쟁해결

절차의 실시를 의뢰한 해당 분쟁당사자가 같은 조 제5항의 규정에 의한 통지를 받은 날 또는 해당 처분을 안 날 중 빠른 날로부터 1개월 이내에 해당 인증분쟁해결절차의 목적이 된 청구에 관하여 소를 제기하였을 때도 제1항과 같다.

제26조(소송절차의 중지) ① 분쟁당사자가 화해를 할 수 있는 민사상의 분쟁에 관하여 해당 분쟁당사자 사이에 소송이 계속되어 있는 경우, 다음 각 호의 어느 하나에 해당하는 사유가 있고 해당 분쟁당사자의 공동의 신청이 있을 때는, 수소재판소는 4개월 이내의 기간을 정하여 소송절차를 중지하는 취지의 결정을 할 수 있다.
　　1. 해당 분쟁에 관하여 해당 분쟁당사자 사이에 인증분쟁해결절차가 실시되고 있을 것
　　2. 전호가 규정하는 경우 이외에 해당 분쟁당사자 사이에 인증분쟁해결절차에 의하여 해당분쟁의 해결을 도모하는 취지의 합의가 있을 것
② 수소재판소는 언제라도 전항의 결정을 취소할 수 있다.
③ 제1항의 신청을 각하하는 결정 및 전항의 규정에 의하여 제1항의 결정을 취소하는 결정에 대하여는 불복할 수 없다.

제27조(조정의 전치에 관한 특칙) 민사조정법(소화 26년 법률 제222호) 제24조의2 제1항의 사건 또는 가사심판법(소화 22년 법률 제152호) 제18조 제 1항의사건(같은 법 제23조의 사건을 제외한다)에 관하여 소를 제기한 당사자가 해당 소의 제기 전에 해당 사건에 관하여 인증분쟁해결절차의 실시를 의뢰하고, 또한 해당 의뢰에 근거하여 실시된 인증분쟁해결절차에 의해서는 당사자 사이에 화해가 성립할 가망이 없음을 이유로 해당 인증분쟁해결절차가 종료 되었을 경우에는, 민사조정법 제24조의2 또는 가사 심판법 제18조의 규정은 적용하지 않는다. 이 경우 수소재판소는 적당하다고 인정할 때는 직권으로 사건을 조정에 회부할 수 있다.

제4장 잡 칙

제28조(보수) 인증분쟁해결사업자(인증분쟁해결 절차에서의 절차실시자를 포함한다)는 분쟁당사자 또는 분쟁당사자 이외의 자와의 계약으로 정하는 바에 의하여 인증분쟁해결절차의 업무를 취급하는 것에 관하여 보수를 받을 수 있다.

제29조(협력의뢰) 법무대신은 이 법률의 시행을 위하여 필요하다고 인정할 때는 관청, 공공단체 그 외의 자에게 조회하거나 협력을 요구할 수 있다.

제30조(법무대신에 대한 의견) 경찰청장관은 인증 분쟁해결사업자에 관하여 제7조제

8호 내지 제12호에 해당하는 사유(같은 조 제9호 및 제10호에 해당하는 사유에 있어서는 같은 조 제8호에 관련된 사유에 한한 다) 또는 제15조의 규정에 위반하는 사실이 있다고 의심하기에 충분한 상당한 이유가 있기 때문에 법무대신이 해당 인증분쟁해결사업자에 대하여 적당한 조치를 취하는 것이 필요하다고 인정하는 경우에는, 법무대신에 대하여 그러한 취지의 의견을 말할 수 있다.

제31조(인증분쟁해결절차의 업무에 관한 정보의 공표) 법무대신은 인증분쟁해결절차의 업무에 관한 정보를 널리 국민에게 제공하기 위하여 법무성령으로 정하는 바에 의하여 인증분쟁해결사업자의 성명 또는 명칭 및 주소, 해당 업무를 취급하는 사무소의 소재지 그리고 해당 업무의 내용 및 그 실시방법과 관련되는 사항으로서 법무성령으로 정하는 것에 관하여 인터넷의 이용 그 밖의 방법으로 공표할 수 있다.

제5장 벌 칙

제32조 ① 거짓 그 밖의 부정한 수단에 의하여 제5조의 인증 또는 제12조제1항의 변경의 인증을 받은 자는 2년 이하의 징역 또는 100만 엔 이하의 벌금에 처하거나 이를 병과 한다.
② 제15조의 규정에 위반하여 폭력단원 등을 그 인증분쟁해결절차의 업무에 종사시키거나 해당 업무의 보조자로서 사용한 자는 1년 이하의 징역 또는 100만 엔 이하의 벌금에 처거나 이를 병과 한다.
③ 다음 각 호의 어느 하나에 해당하는 자는 100 만 엔 이하의 벌금에 처한다.
    1. 제8조제1항의 신청서나 같은 조 제2항 각 호가 규정한 서류 또는 제12조 제2항의 신청서나 같은 조 제3항의 서류에 허위의 기재를 하여 제출한 자
    2. 제11조제3항의 규정에 위반한 자

제33조 ① 법인(법인이 아닌 단체로서 대표자 는 관리인의 규정이 있는 것을 포함한다. 이하 이 항에서 같다)의 대표자나 관리인 또는 법인이나 자연인의 대리인, 사용인 그 밖의 종업원이 그 법인 또는 자연인의 업무에 관하여 전조 각 항의 위반행위를 하였을 때에는, 행위자를 처벌하는 외에 그 법인 또는 자연인에 대하여도 해당 각 항의 벌금형을 과한다.
② 법인이 아닌 단체에 대하여 전항의 규정의 적용이 있을 경우에는, 그 대표자 또는 관리인이 그 소송행위에 관하여 법인이 아닌 단체를 대표하는 것을 제외하고, 법인을 피고인 또는 피의자로 하는 경우의 형사소송에 관한 법률의 규정을 준용한다.

제34조 ① 다음 각 호의 어느 하나에 해당하는 자는 50만 엔 이하의 과태료에 처한다.

1. 제11조제2항의 규정에 의한 게시를 하지 않거나 허위의 게시를 한 자
2. 제13조제1항, 제17조제1항 또는 제18조제1항의 규정에 의한 신고를 하지 않거나 허위의 신고를 한 자
3. 제16조의 규정에 위반하여 절차실시기록을 작성하지 않거나 허위의 절차실시기록을 작성하거나, 또는 절차실시기록을 보존하지 않은 자
4. 제17조제3항, 제18조제2항 또는 제23조제5항의 규정에 의한 통지를 하지 않거나 허위의 통지를 한 자
5. 제20조의 규정에 위반하여 사업보고서, 재산목록, 대차대조표나 수지계산서, 또는 손익계산서를 제출하지 않거나 이러한 서류에 허위의 기재를 하여 제출한 자
6. 제21조제1항의 규정에 의한 보고를 하지 않거나 허위의 보고를 한 자
7. 제22조제2항의 규정에 의한 명령에 위반한 자

② 인증분쟁해결사업자(법인일 경우에는 그 대표자, 법인이 아닌 단체로서 대표자 또는 관리인의 규정이 있을 경우에는 그 대표자 또는 관리인), 그 대리인, 사용인, 그 밖의 종업원이 제21조제1항의 규정에 의한 검사를 거부, 방해 또는 기피하였을 때는 50만 엔 이하의 과태료에 처한다.

부 칙

제1조(시행기일) 이 법률은 공포한 날로부터 기 산하여 2년 6개월을 넘지 않는 범위 내에서 정령으로 정하는 날로부터 시행한다.

제2조(검토) 정부는 이 법률의 시행 후 5년을 경과하였을 때 이 법률의 시행상황에 관하여 검토하고, 필요하다고 인정할 때는 그 결과에 근거하여 필요한 조치를 강구하는 것으로 한다.

제3조(종합법률지원법의 일부개정) 종합법률지원법(평성 16년 법률 제74호)의 일부를 다음과 같이 개정한다.

제7조 중 '재판외의 법에 의한 분쟁해결'을 '재판 외 분쟁해결절차{재판 외 분쟁해결절차의 이용촉진에 관한 법률(평성 16년 법률 제151호) 제1조가 규정하는 재판 외 분쟁해결절차를 말한다. 제30조제1항제6호 및 제32조제3항도 같다}'로 개정한다. 제30조제1항제6호 및 제32조제3항 중 '재판외의 법에 의한 분쟁의 해결'을 '재판 외 분쟁해결절차'로 개정한다.

제4조(법무성설치법의 일부개정) 법무성설치법(평성 11년 법률 제93호)의 일부를 다음과 같이 개정한다.

제4조제25호의 다음에 아래 1호를 추가한다.

25의2 재판외 분쟁해결절차의 촉진에 관한 법률(평성 16년 법률 제151호)의 규정에 의한 민간분쟁해결절차의 업무의 인증에 관한 것

7. 중화인민공화국 중재법(1994)[7]

1994. 8. 31. 제8기 전국인민대표대회상무위원회 제9차 회의에서 채택
1995. 9. 1. 공포(중화인민공화국 주석령 제31호)

제 1 장 총 칙

제1조
이 법은 경제적 분쟁에 대해 공정하고 시의적절한 중재를 보장하고 분쟁당사자의 정당한 권리와 이해관계를 보호하며, 사회주의 시장경제의 건전한 발전을 도모함을 그 제정 목적으로 한다.

제2조
평등한 주체로써의 공민, 법인, 기타 경제단체간의 계약상의 분쟁 및 재산권과 관련한 분쟁은 중재에 회부할 수 있다.

제3조
다음의 분쟁은 중재의 대상이 될 수 없다.
　　1. 혼인, 입양, 후견, 부양 및 상속 관련 분쟁
　　2. 행정기관이 해결하도록 법으로 규정된 분쟁

제4조
분쟁을 중재로 해결코자 하는 당사자는 우선 자발적인 의사에 기한 중재합의를 체결하여야 한다. 그러한 합의가 없는 경우, 중재위원회는 일방당사자의 중재신청을 수리할 수 없다.

제5조
당사자가 중재합의를 체결한 경우, 일방당사자가 인민법원에 소를 제기한 때에 인민법원은 소를 수리하여서는 아니된다. 다만 중재합의가 무효인 경우에는 그러하지 아니하다.

제6조
중재위원회의 구성원은 당사자가 이를 선정한다. 중재는 여하한 행정부서 관할이나 지역관할에 종속되어서는 아니된다.

---

7) 대한상사중재원 홈페이지(중재 법규) 참조.

제7조
중재는 진실한 사실관계 및 관련 법률에 근거하여, 분쟁을 공정하고 합리적으로 해결하여야 한다.

제8조
중재는 행정기관 사회단체나 개인의 간섭을 받지 아니하고, 법률에 따라 독립적으로 수행되어야 한다.

제9조
중재판정은 확정력을 갖는다. 중재판정이 내려진 후 중재위원회 또는 인민법원은 관련당사자의 일방이 동일한 분쟁 사안에 대해 제기한 소를 수리해서는 아니된다. 인민법원이 법령에 근거하여 중재판정을 취소하거나 무효로 한 경우 분쟁당사자는 별도의 중재합의를 체결하여 중재를 신청하거나 인민법원에 제소할 수 있다.

제Ⅱ장 중재위원회와 중재협회

제10조
중재위원회는 중앙정부의 직할시, 성 그리고 자치구 인민정부의 소재지의 시나 그외 필요에 따라 다른 지역의 시에 설립할 수 있으나 행정구획별로는 설립할 수 없다. 중재위원회는 전술한 시(市)들 인민정부의 협조를 받아 관련부서 또는 상업회의소가 이를 설립한다. 중재위원회의 설립은 성, 자치구 그리고 직할시의 사법행정부서에 이를 등록하여야 한다.

제11조
중재위원회는 다음의 요건을 충족하여야 한다.
    1. 고유명칭과 주소 및 정관
    2. 필요한 자산
    3. 자체 회원
    4. 선임된 중재인
중재위원회의 정관은 이 법에 근거하여 작성되어야 한다.

제12조
중재위원회는 주임 1인, 2~4인의 부주임, 7~11인의 위원으로 구성된다.
중재위원회의 주임, 부주임 그리고 위원은 법률, 경제, 무역에 실무지식을 겸비한 전문가이어야 한다. 중재위원회의 구성원 가운데 법률, 경제, 무역 분야 전문가는 전체의 2/3 이상이어야 한다.

제13조
중재위원회의 위원은 공정한 자 가운데서 선정되어야 한다.
중재인은 아래의 요건 가운데 하나를 충족하여야 한다.
    1. 중재 분야에 8년 이상의 실무경험
    2. 변호사로서 8년 이상의 경력
    3. 판사로써 8년 이상의 경력
    4. 고급 학위를 소지하고 법률연구 및 법학교육 분야에 종사하고 있을 것.
중재위원회는 전문분야별로 중재인명부를 구비해야 한다.

제14조
중재위원회는 여타의 행정기구에 예속되지 않으며 독립된 지위를 갖는다. 중재위원
회 상호간에도 예속적 관계를 갖지 않는다.

제15조
중국중재협회는 모든 개별 중재위원회를 그 회원으로 하는 사회단체법인이다. 중국
중재협회의 정관은 전국회원대회에서 이를 제정한다. 중국중재협회는 각 중재위원회
와 그 구성원 및 동 위원회의 소속 중재인에 대한 감독을 맡는 자율기구이다.
중국중재협회는 이 법과 민사소송법에 따라 중재규칙을 제정한다.

제Ⅲ장 중재합의

제16조
중재합의는 계약중에 삽입된 중재조항 또는 분쟁 발생 전 또는 후에 체결된 서면중재
합의를 포함한다.
중재합의에는 다음 사항을 기재해야 한다.
    1. 중재신청의 의사 표시
    2. 중재의 대상
    3. 중재위원회의 지정

제17조
중재합의가 다음 각 호의 1에 해당하는 경우에는 효력이 없다.
    1. 중재합의 대상이 된 분쟁이 이 법에 규정한 중재의 범위를 벗어난 경우
    2. 중재합의의 당사자가 무능력자이거나 민사상 행위능력이 제한된 자인 경우

3. 상대방의 강압에 의해 중재합의가 체결된 경우

제18조

중재합의에서 중재의 대상인 분쟁 또는 중재위원회를 명시하지 않거나 불명확하게 한 경우, 분쟁당사자는 이를 보완하는 합의를 할 수 있다. 보완하여 합의를 할 수 없는 경우 당해 중재합의는 무효가 된다.

제19조

중재합의의 효력은 독립적이며 당해 계약의 변경, 소멸, 종료 또는 무효에 영향을 받지 아니한다.

중재판정부는 계약의 유효성을 판단할 권한을 갖는다.

제20조

중재합의의 효력에 관하여 이의가 있는 당사자는 이에 관하여 중재위원회에 결정을 신청하거나 또는 법원에 판결을 신청할 수 있다. 일방당사자가 중재위원회에 전술한 신청을 하고 상대당사자가 인민법원에 동 신청을 한 경우에는 인민법원이 이에 관하여 판결한다. 중재합의의 효력에 대한 이의는 중재판정부의 1차 심리 개최 전에 제기해야 한다.

제Ⅳ장 중재절차

제1절 신청 및 수리

제21조

당사자는 중재신청 시 다음의 요건을 갖추어야 한다.
  1. 중재합의가 존재할 것
  2. 중재신청의 취지와 사실관계 및 이유를 기재할 것
  3. 중재 회부된 사안이 중재위원회의 권한 범위를 벗어나지 않을 것

제22조

중재신청 시 당사자는 중재합의서와 중재신청서 및 부본을 제출하여야 한다.

제23조

중재신청서에는 다음의 사항을 명시하여야 한다.
  1. 분쟁당사자의 성명, 성별, 나이, 직업, 근무처와 주소.

법인 기타 조직의 명칭, 주소와 법률상 대표자 또는 주된 책임자의 성명과 직위
2. 신청인의 신청 내용과 신청의 근거가 되는 사실관계와 이유
3. 증거와 그 출처, 증인의 성명과 주소

제24조
중재위원회는 중재신청서를 수령한 날로부터 5일 이내에 동 신청이 위 요건에 부합하는 것으로 판단되면 이를 수리하고 당사자에게 그 사실을 통지해야 한다. 중재신청서가 위 요건에 부합하지 아니한 경우 중재위원회는 당사자에게 이유를 기재하여 서면으로 그 사실을 통지하여야 한다.

제25조
중재위원회는 중재신청을 수리한 후 중재규칙에서 정한 기한 내에 신청인에게 중재규칙과 중재인명단을 송부하고 피신청인에게는 중재신청서 부본과 중재규칙, 중재인명단을 송부해야 한다. 피신청인은 중재신청서 부본을 수령한 후, 중재규칙에서 정한 기한 내에 중재위원회에 답변서를 제출하여야 한다. 피신청인의 답변서를 수령한 후 중재위원회는 중재규칙에서 정한 기한 내에 신청인에게 답변서 부본을 송부해야 한다. 피신청인이 답변서를 제출하지 않은 경우에도 중재절차의 진행에는 아무런 영향을 미치지 아니한다.

제26조
당사자간에 중재합의를 체결하였으나 일방당사자가 인민법원에 중재합의 존재 사실을 밝히지 않고 소를 제기한 경우 인민법원은 , 이를 수리하고, 상대당사자가 제1차 변론 개시 전에 중재합의를 제시하면, 인민법원은 중재합의가 무효인 경우를 제외하고는, 위 소를 각하하여야 한다. 1차 변론 시까지 법원의 위 사건 수리에 이의를 제기하지 않는 경우, 당사자는 중재합의에 대한 권리를 포기한 것으로 간주되며 이에 인민법원은 변론을 계속하여야 한다.

제27조
신청인은 신청을 포기하거나 변경할 수 있다. 피신청인은 신청인의 신청을 인정하거나 반박할 수 있으며 반대중재신청을 제기할 권리를 갖는다.

제28조
상대당사자의 행위 또는 기타 사정으로 중재판정을 집행할 수 없거나 집행하기 곤란한 경우, 당사자는 재산보전 신청을 할 수 있다. 신청인이 재산보전 신청을 한 경우 중재위원회는, 민사소송법의 관련 규정에 따라 위 신청을 인민법원에 제출하여야 한다. 위 신청에 과실이 있는 경우, 신청인은 당해 재산보전으로 인하여 발생한 손해를

피신청인에게 배상하여야 한다.

제29조

당사자 또는 법정대리인은 변호사 또는 기타 대리인에게 중재관련 업무의 수행을 위임할 수 있다. 변호사 또는 기타 대리인이 중재업무와 관련한 위임을 받은 경우 대리인은 중재위원회에 위임장을 제출하여야 한다.

제2절 중재판정부의 구성

제30조

중재판정부는 3인 또는 1인의 중재인으로 구성된다. 3인의 중재인으로 구성되는 경우 의장중재인 1인을 둔다.

제31조

당사자들이 3인 중재판정부의 구성에 합의한 경우 당사자는 각자 1인의 중재인을 선정하거나 중재위원회 주임에게 지정을 위임하여야 하며, 제3중재인은 당사자들이 공동으로 선정하거나 당사자들의 공동위임을 받은 중재위원회 주임이 지정하여야 한다. 제3중재인은 중재판정부의 의장중재인이 된다. 당사자들이 1인 중재인으로 중재판정부를 구성하기로 합의한 경우, 양당사자는 공동으로 단독(1인)중재인을 선정하거나 중재위원회 주임에게 중재인 선정을 위임하여야 한다.

제32조

당사자들이 중재규칙에서 정한 기한 내에 중재판정부의 구성에 결정을 내리지 못하거나 중재인을 선정하지 못하는 경우 중재위원회 주임이 이를 결정한다.

제33조

중재판정부가 구성되면 중재위원회는 이 사실을 서면으로 당사자에게 통지한다.

제34조

다음 각 호의 사유가 있는 경우 중재인은 사임해야 하며 당사자들은 중재인의 기피를 신청할 권리를 갖는다.
  1. 중재인이 당해 분쟁의 당사자이거나, 당사자 또는 그 대리인의 혈연 또는 인척 관계가 있는 경우
  2. 중재인이 당해 분쟁에 중대한 개인적인 이해관계를 갖고 있는 경우
  3. 중재인이 당사자 또는 그 대리인과 기타 관계를 갖고 있으며 이것이 분쟁의 공정한 판정에 영향을 미칠 수 있는 경우

　　4. 중재인이 당사자 또는 그 대리인을 사적으로 접견하거나 이들이 제공하는 선
　　　물이나 향응을 받은 경우

제35조
중재인 기피 신청을 하는 경우, 당사자는 제1차 심리 전에 그 사유를 제출하여야 한
다. 제1차 심리 후에 알게 된 사유는 최종 심리 종결 전까지 제출되어야 한다.

제36조
중재인 기피에 대한 결정은 중재위원회 주임이 내린다. 중재위원회 주임이 중재인 임
무를 수행하는 경우에는 중재위원회 공동 결의로 결정한다.

제37조
중재인이 기피되거나 기타 사정으로 직무를 수행할 수 없는 경우, 이 법의 관련 조항
에 따라 새로운 중재인을 선정 또는 지정하여야 한다. 중재인 기피에 따른 재선정 또
는 재지명의 경우, 당사자는 중재절차를 처음부터 다시 진행할 것을 요청할 수 있다.
이에 관한 최종결정은 중재판정부가 내린다. 또한 중재판정부는 중재절차를 처음부
터 다시 진행할 것인지 여부를 직권으로 결정할 수 있다.

제38조
중재인에게 이 법 제34조 4항의 사유가 발견되고 그 정도가 심각한 경우, 또는 이 법
제58조 6항의 사정이 발견된 경우, 당해 중재인은 이 법의 규정에 따른 법적 책임을
지며, 중재위원회는 그를 중재인명부에서 제명한다.

제3절 심리 및 판정

제39조
중재판정부는 구술 심리를 개최하여야 한다. 당사자들이 구술 심리를 개최하지 아니
하기로 합의한 경우 중재판정부는 중재신청서, 답변서 및 기타 서류에 근거하여 중재
판정을 내릴 수 있다.

제40조
중재판정부는 심리를 비공개로 진행한다. 당사자들의 합의가 있는 경우에는 이를 공
개할 수 있다. 다만 국가기밀과 관계된 경우에는 그러하지 아니하다.

제41조
중재위원회는 중재규칙에서 정한 기한 내에 당사자들에게 심리기일을 통지하여야 한

다. 일방당사자는 정당한 사유가 있는 경우, 이 규칙에서 정한 기한 내에 심리의 연기를 요청할 수 있다. 심리의 연기 여부는 중재판정부가 결정한다.

제42조
신청인이 서면통지를 받고도 정당한 사유 없이 심리에 불참하거나 중재판정부의 허가 없이 심리 진행 중에 퇴장한 경우, 중재신청을 철회한 것으로 간주한다. 피신청인이 서면통지를 받고도 정당한 사유 없이 심리에 불참하거나 중재판정부의 허가 없이 심리 진행중에 퇴장한 경우, 궐석으로 중재판정을 내릴 수 있다.

제43조
당사자들은 자신의 주장에 대한 증거를 제시하여야 한다. 중재판정부는 필요하다고 판단하는 경우 직권으로 증거를 수집할 수 있다.

제44조
중재판정부는 특정 사안에 대한 감정이 필요하다고 판단하는 경우 당사자들이 합의로 선정한 감정기관 또는 중재판정부가 지정하는 감정기관에 위 사안을 의뢰할 수 있다. 당사자 또는 중재판정부의 요청이 있는 경우, 감정기관은 감정인을 심리에 참가하도록 하여야 한다. 중재판정부의 허락이 있는 경우, 당사자들은 감정인에게 질의를 할 수 있다.

제45조
증거는 심리중에 제출하여야 하며 당사자들은 제시된 각 증거에 대해 질의를 하거나 이를 입증할 수 있다.

제46조
증거가 파손, 멸실의 위험이 있거나 복원이 불가능한 경우, 당사자들은 증거 보전 신청을 할 수 있다. 일방당사자가 증거 보전을 신청하는 경우, 중재위원회는 증거가 소재한 곳을 관할하는 인민법원에 위 증거를 제출하여야 한다.

제47조
당사자는 심리 진행 과정에서 변론할 권리를 갖는다. 변론 종결 시 의장중재인 또는 단독중재인은 당사자들에게 최종진술을 할 기회를 부여하여야 한다.

제48조
중재판정부는 심리 내용을 서면으로 기록하여야 한다. 당사자 또는 당해 중재절차와 관련 있는 제3자는 자신의 진술이 기록상 누락되었거나 잘못 기록되어 있음을 발견한 경우, 이의 정정을 요청할 수 있다. 심리조서에는 중재인, 기록관리자, 당사자 및 기타 중재절차에 참여한 자가 서명 또는 날인하여야 한다.

제49조
중재 신청 후 당사자들은 스스로 화해(和解)를 할 수 있다. 화해가 성립된 경우, 당사자들은 화해의 내용을 중재판정으로 내려줄 것을 중재판정부에 요청하거나 중재신청을 철회할 수 있다.

제50조
화해 성립 후 당사자들이 이를 번복하는 경우, 중재합의에 근거하여 다시 중재를 신청할 수 있다.

제51조
중재판정부는 판정 전에 조정(調停)을 할 수 있다. 당사자들이 조정절차에 동의하는 경우 중재판정부는 조정을 하여야 한다. 조정이 성립되지 못하는 경우, 중재판정부는 즉시 판정을 내려야 한다. 조정을 통하여 합의가 성립된 경우, 중재판정부는 조정조서를 작성하거나 합의 결과에 근거하여 판정문을 작성하여야 한다. 조정조서와 중재판정문은 동일한 법률적 효력이 있다.

제52조
조정조서에는 중재신청의 신청 내용과 당사자 간의 합의 내용을 기재하여야 한다. 조정조서는 중재인이 서명하고 중재위원회가 날인한 후에 당사자에게 송부한다. 조정조서는 양 당사자가 수령하는 즉시 법적 효력이 생긴다. 당사자 일방이 조정조서의 수령 후 합의 내용을 번복하는 경우, 중재판정부는 즉시 판정을 내려야 한다.

제53조
중재판정은 중재인 다수결로 결정하며 나머지 중재인의 소수 의견은 기록으로 남길 수 있다. 다수결이 이루어지지 아니하는 경우 중재판정은 의장중재인의 결정에 따른다.

제54조
중재판정에는 중재신청취지, 분쟁사실, 판정의 이유, 판정 내용, 중재비용 및 중재판정일을 기재하여야 한다. 당사자간에 합의가 있는 경우에는 분쟁사실과 판정 이유의 기재를 생략할 수 있다. 중재판정에는 중재인이 서명하고 중재위원회가 날인하여야 한다. 중재판정의 내용과 다른 의견을 가진 중재인은 서명을 하거나 또는 하지 않을 수 있다.

제55조
중재판정부는 분쟁 사안 중 이미 명확한 일부 사실에 대하여는 판정을 내릴 수 있다.

제56조
중재판정부는 문구 또는 계산상의 오류를 수정하여야 하며, 중재판정상의 판단에서 누락된 부분을 보완하여야 한다. 당사자들은 중재판정문의 수령일로부터 30일 이내에 중재판정부에 정정 신청을 할 수 있다.

제57조
중재판정은 작성된 날로부터 법적 효력을 갖는다.

제Ⅴ장 중재판정 취소의 소

제58조
당사자가 다음 각 호의 1을 입증하는 증거를 제시하는 경우, 중재위원회가 소재하는 곳의 중급 인민법원에 중재판정 취소의 소를 제기할 수 있다.
   1. 중재합의가 없는 경우
   2. 중재판정의 대상이 된 사안이 중재합의의 범위를 벗어난 것이거나 중재위원회의 권한을 벗어난 경우
   3. 중재판정부의 구성 또는 중재절차가 법적 절차를 위반한 경우
   4. 중재판정의 근거가 된 증거가 위조된 것일 경우
   5. 상대방 당사자가 공개하지 아니하고 제출한 증거가 중재판정의 공정성에 영향을 미친 것으로 밝혀진 경우
   6. 중재인이 뇌물을 수령하였거나 개인적 영리를 위해 기만행위를 하였거나 법적용을 그르친 경우 인민법원은 이를 심사할 합의부를 구성하여야 한다. 전술한 사유 중 하나가 발견되는 경우 법원은 중재판정을 취소하는 판결을 내려야 한다. 중재판정이 공공질서에 위배된다고 판단하는 경우 법원은 당해 중재판정을 취소하여야 한다.

제59조
중재판정 취소의 소는 중재판정의 수령일로부터 6개월 이내에 제기되어야 한다.

제60조
인민법원은 중재판정 취소의 소를 접수한 날로부터 2개월 이내에 중재판정을 취소하거나 위 소를 기각하여야 한다.

제61조

인민법원이 중재판정 취소의 소를 접수한 후에 중재판정부가 새로운 중재판정을 내리는 것이 필요하다고 판단하는 경우, 법원은 판정부에게 일정한 기한 내에 새로운 판정을 할 것을 통지하고 취소의 소 절차를 종료하도록 명하여야 한다. 중재판정부가 새로이 판정하는 것을 거절하는 경우에는 중재판정 취소절차의 재개를 명하여야 한다.

제 Ⅵ장 중재판정의 집행

제62조

당사자들은 중재판정을 이행하여야 한다. 당사자 일방이 판정을 이행하지 아니하는 경우, 상대당사자는 민사소송법의 규정에 따라 인민법원에 중재판정의 집행을 신청할 수 있다. 신청을 접수한 인민법원은 이를 집행하여야 한다.

제63조

피신청인이 민사소송법 제217조제2항의 각 1호에 해당하는 사유를 입증하는 증거를 제출하는 경우, 중재판정은 인민법원 합의부가 이를 심사하기까지는 집행할 수 없다.

제64조

일방당사자가 중재판정의 집행을 신청하고 상대당사자가 중재판정의 취소를 신청한 경우, 인민법원은 중재판정 집행의 중지를 명하여야 한다. 중재판정의 취소를 명한 경우 인민법원은 중재판정 집행의 중지를 함께 명하여야 한다. 중재판정 취소의 신청이 기각된 경우, 인민법원은 중재판정 집행의 재개를 명하여야 한다.

제 Ⅶ장 섭외(涉外)중재에 관한 특별규정

제65조

본 장의 규정은 섭외경제, 무역, 운송 그리고 해운관련 분쟁의 중재에 적용된다. 본 장에서 규정하지 않은 사항은 이 법의 기타 관련 규정에 따라 해결한다.

제66조

중국국제상업회의소는 섭외중재위원회를 설립할 수 있다. 섭외중재위원회는 주임 1인과 수인의 부주임, 위원으로 구성된다. 섭외중재위원회의 주임, 부주임 및 위원은 중국국제상업회의소가 임명한다.

제67조
섭외중재위원회는 법률, 경제 및 무역, 과학 및 기술 분야의 전문지식을 가진 외국인 중에서 중재인을 선임할 수 있다.

제68조
섭외중재의 당사자가 증거보전 신청을 하는 경우, 섭외중재위원회는 증거 소재지 중급인민법원에 당사자의 신청을 제출하여야 한다.

제69조
섭외중재의 중재판정부는 심리 내용을 서면으로 기록하거나 요약서로 작성할 수 있다. 심리 기록은 중재당사자 및 기타 중재참가자가 서명하거나 날인하여야 한다.

제70조
당사자가 민사소송법 제260조제1항의 각 호에 해당하는 사유를 입증하는 증거를 제출하는 경우, 인민법원은 합의부를 구성하여 사실관계를 심사하고 중재판정의 취소를 명하여야 한다.

제71조
피신청인이 민사소송법 제260조제1항의 각 호에 해당하는 사유를 입증하는 증거를 제출하는 경우 인민법원은 합의부를 구성하여 사실관계를 심사하고 중재판정의 불집행을 명하여야 한다.

제72조
섭외중재의 일방당사자가 법률적 효력이 있는 중재판정의 집행을 신청하였으나 중재판정을 이행하여야 하는 당사자 또는 그의 재산이 중화인민공화국 영토 내에 있지 아니한 경우에는, 당사자는 관할권이 있는 외국 법원에 중재판정의 승인과 집행을 신청하여야 한다.

제73조
섭외중재에 관한 규칙은 이 법 및 민사소송법의 관련 규정에 따라 중국국제상업회의소가 제정한다.

제Ⅷ장 부 칙

제74조
법률에서 중재의 시효에 관하여 규정하고 있는 경우 동 규정에 따른다. 법률 중에 중재시효에 관하여 규정을 두고 있지 않은 경우에는 소송시효에 관한 규정을 적용한다.

제75조
중국중재협회가 중재규칙을 제정하기 전까지 중재위원회는 이 법 그리고 민사소송법의 관련 규정에 따라 임시 중재규칙을 제정할 수 있다.

제76조
당사자는 규정에 따라 중재비용을 납부하여야 한다. 중재비용표는 물가관리부의 인준을 받아야 한다.

제77조
노동쟁의 중재나 집단농업조직 내의 농업계약 관련 분쟁의 중재는 별도로 규정한다.

제78조
이 법의 시행 전에 제정된 중재관련 규정이 이 법의 규정과 저촉되는 경우에는 이 법의 규정에 따른다.

제79조
이 법의 시행 전에 설립된 직할시, 성 및 자치구의 인민정부가 소재한 시 그리고 기타 지역구의 시에 설립된 중재기관은 이 법의 관련 규정에 따라 재설립된다. 재설립의 승인을 얻지 못한 중재기관은 이 법의 시행일로부터 1년 내에 폐지된다. 이 법의 시행 전에 설립된 중재기관 중 이 법의 규정에 저촉되는 기타 중재기관은 이 법의 시행일로부터 폐지된다.

제80조
이 법은 1995년 9월 1일부터 시행한다.

8. 중화인민공화국 인민조정법(2010)[8]

2010년 8월 28일 제11차 전국인민대표대회 상무위원회 제16차 회의 통과

제1장 총 칙

제1조 인민조정제도를 완비하고 인민의 조정활동을 규범화하며 적시에 민간분쟁을 해결하고 사회의 조화와 안정을 수호하기 위하여 헌법(憲法)에 근거하여 이 법을 제정한다.

제2조 이 법에서 인민조정이란 인민조정위원회(人民調解委員會)가 설득, 소통 등의 방법으로 당사자가 평등하게 협상을 진행한다는 전제하에서 자발적으로 조정협의를 달성하여 민간분쟁을 해결하는 활동을 말한다.

제3조 인민조정위원회의 민간분쟁의 조정은 마땅히 다음의 원칙을 준수하여야 한다.
  (一) 당사자 간에 자발적이고 평등하게 조정을 진행한다.
  (二) 법률, 법규와 국가 정책을 위배하지 아니한다.
  (三) 당사자의 권리를 존중하고 조정으로 인하여 당사자가 법에 따라 중재, 행정, 사법 등 경로를 통하여 자신의 권리를 수호하는 것을 저지하지 아니한다.

제4조 인민조정위원회의 민간분쟁의 조정은 어떠한 비용도 수취하지 아니한다.

제5조 국무원 사법행정부서는 전국의 인민조정작업을 지도하며 현급 이상 지방 인민정부의 사법행정부서가 해당 행정구역의 인민조정작업을 담당한다. 최하부의 인민법원은 인민조정위원회의 민간분쟁 조정에 대하여 업무지도를 실시한다.

---

8) 세계법제정보센터 홈페이지 (http://newworld.moleg.go.kr/World/EastAsia/CN/law/3055 참조).

제6조 국가는 인민의 조정작업을 격려하고 지원한다. 현급 이상 지방 인민정부는 인민조정작업에 필요한 경비에 대하여 필요한 지원과 보장을 제공하여야 하며 현저한 공로가 있는 인민조정위원회와 인민조정위원에 대하여 국가의 규정에 따라 표창하고 장려한다.

제2장 인민조정위원회

제7조 인민조정위원회는 법에 따라 설립한 민간분쟁을 조절하는 군중성 조직이다.

제8조 촌민위원회(村民委員會), 거주민위원회(居民委員會)는 인민조정위원회를 설립한다. 기업사업기관은 필요에 따라 인민조정위원회를 설립한다. 인민조정위원회는 3인에서 9인의 위원으로 구성되며 1인의 주임을 설치하고 필요 시 약간 명의 부주임을 설치할 수 있다. 인민조정위원회는 마땅히 부녀자 구성원이 있어야 하며 다민족이 거주하는 지역은 마땅히 소수민족을 대표하는 구성원의 있어야 한다.

제9조 촌민위원회, 거주민위원회의 인민조정위원회의 위원은 촌민회의 또는 촌민대표회의, 거주민회의의 추천으로 선임한다. 기업사업기관이 설립한 인민조정위원회의 위원은 직원총회(職工大會), 직원대표대회(職工代表大會) 또는 노동조합조직(工會組織)의 추천으로 선임한다. 인민조정위원회의 위원의 임기는 3년이며 연속하여 연임할 수 있다.

제10조 현급 인민정부의 사법행정부서는 마땅히 해당 행정구역 내의 인민조정위원회의 설립상황에 대한 통계를 실시하고 인민조정위원회 및 인원 구성과 조정상황을 적시에 소재지의 최하부 인민법원에 통보하여야 한다.

제11조 인민조정위원회는 마땅히 건전한 조정작업제도(調解工作制度)를 구축하여 군중의 의견을 청취하고 군중의 감독을 수용하여야 한다.

제12조 촌민위원회, 거주민위원회와 기업사업기관은 마땅히 인민조정위원회의 작업 개진을 위하여 사무조건과 필요한 작업경비를 제공하여야 한다.

제3장 인민조정원

제13조 인민조정원은 인민조정위원회의 위원과 인민조정위원회가 초빙한 인원이 담

당한다.

제14조 인민조정원은 마땅히 공정하고 도덕적이며 열정적으로 인민조정작업에 임하여야 하며 일정한 문화적 교양과 정책 수준 및 법률지식을 구비한 성년의 공민이 담당하여야 한다. 현급 인민정부의 사법행정부서는 마땅히 정기적으로 인민조정원에 대한 교육을 실시하여야 한다.

제15조 인민조정원이 조정 작업 중 다음의 행위 중 하나가 있는 경우 그가 소속된 인민조정위원회가 비평교육을 실시하고 시정을 명령하며 정황이 엄중한 경우 추천기관 또는 초빙기관이 파면하거나 해임한다.
    (一) 일방 당사자에게 치우쳐 비호하는 경우.
    (二) 당사자를 모욕하는 경우.
    (三) 재물을 요구, 수수하거나 그 밖의 부정당한 이익을 도모하는 경우.
    (四) 당사자 개인의 사생활, 상업 기밀을 누설한 경우.

제16조 인민조정위원의 조정작업의 종사는 마땅히 적당한 개인의 업무 지연에 따른 보조금을 지급하여야 한다. 조정작업에의 종사로 인하여 상해를 입고 장애가 발생하여 생활이 곤란해진 경우 현지 인민정부는 마땅히 필요한 의료, 생활 보조금을 지급하여야 한다. 인민조정작업기관에서 희생된 인민조정원의 배우자, 자녀는 국가의 규정에 따라 무휼과 우대혜택을 향유한다.

제4장 조정절차

제17조 당사자는 인민조정위원회에 조정을 신청할 수 있다. 인민조정위원회 역시 주동적으로 조정할 수 있다. 당사자 일방이 명확히 조정을 거절한 경우 조정하여서는 아니 된다.

제18조 최하부 인민법원, 공안기관은 인민조정의 방식으로 해결하기에 적합한 분쟁에 대하여 수리 전에 당사자에게 인민조정위원회에 조정을 신청할 것을 고지할 수 있다.

제19조 인민조정위원회는 조정분쟁의 필요에 근거하여 1인 또는 다수인의 인민조정원을 지정하여 조정을 실시할 수 있으며 당사자가 1인 또는 다수인의 인민조정원을 선택하여 조정을 실시할 수 있다.

제20조 인민조정원은 분쟁 조정의 필요에 근거하여 당사자의 동의를 득한 후 당사자

의 친족, 이웃, 동료 등이 조정에 참여하도록 요청할 수 있으며 전문지식 또는 특정 경험을 구비한 인원 또는 관련 사회조직의 인원이 조정에 참여하도록 요청할 수도 있다. 인민조정위원회는 현지의 공정하고 도덕적이며 열정적으로 조정업무에 임하고 군중이 인정하는 사회인사의 조정 참여를 지지한다.

제21조 인민조정위원회의 민간분쟁의 조정은 마땅히 원칙을 견지하고 법에 따라 이치를 분석하며 사회윤리를 주지하여야 한다. 민간분쟁의 조정은 마땅히 적시에, 현지에서 진행되어 모순의 발생을 방지하여야 한다.

제22조 인민조정원은 분쟁의 정황에 따라 여러 종류의 방식을 채택하여 민간분쟁을 조정하고 충분히 당사자의 진술을 청취하여 유관법률, 법규와 국가정책을 해설하고 인내심을 갖고 소통에 노력하며 당사자가 평등하게 협상하고 상호 양보하고 이해하는 분위기에서 분쟁의 해결방안을 모색하여 당사자가 자발적으로 조정협의에 달성하도록 협력하여야 한다.

제23조 당사자는 인민조정활동 중 다음의 권리를 향유한다.
　(一) 인민조정원의 선택 또는 수용.
　(二) 조정의 수용, 조정의 거절 또는 조정 중지의 요구.
　(三) 공개적인 조정 진행 또는 비공개 진행의 요구
　(四) 자발적인 의사의 표시, 자발적인 조정 협의의 달성.

제24조 당사자는 인민조정활동 중 다음의 의무를 수행하여야 한다.
　(一) 진실된 분쟁 사실의 진술.
　(二) 조정 현장 질서의 준수, 인민조정원의 존중.
　(三) 상대방 당사자의 권리 행사의 존중.

제25조 인민조정원은 분쟁 조정의 과정 중에서 분쟁이 격화될 가능성이 있는 경우 마땅히 전략적인 예방조치를 취하여야 한다. 치안사건, 형사사건이 발생할 가능성이 있는 분쟁에 대하여 마땅히 적시에 현지 공안기관 또는 그 밖의 유관기관에 보고하여야 한다.

제26조 인민조정원은 분쟁의 조정 시 조정이 성립되지 아니한 경우 마땅히 조정을 중지하고 유관법률, 법규의 규정에 근거하여 당사자에게 법에 따라 중재, 행정, 사법 등의 경로를 통하여 자신의 권리를 수호할 수 있음을 고지하여야 한다.

제27조 인민조정원은 마땅히 조정상황을 기록하여야 한다. 인민조정원은 마땅히 조

정작업문서를 작성하여 조정의 등기, 조정작업의 기록, 조정협의서 등의 자료를 문서로 보관하여야 한다.

제5장 조정협의

제28조 인민조정위원회의 조정으로 조정협의에 달성한 경우 조정협의서를 작성할 수 있다. 당사자가 조정협의서를 작성할 필요가 없다고 인정하는 경우 구두 협의방식을 채택할 수 있으며 인민조정원은 마땅히 협의내용을 기록하여야 한다.

제29조 조정협의서는 다음의 사항을 명기할 수 있다.
　(一) 당사자의 기본 정황.
　(二) 분쟁의 주요한 사실, 쟁의사항 및 각 방 당사자의 책임.
　(三) 당사자가 조정협의를 달성한 내용, 이행 방식, 기한.
　조정협의서는 각 방 당사자의 서명, 날인 또는 지장을 날인하며 인민조정원이 서명하고 인민조정위원회 인장을 날인한 날로부터 효력을 발생한다. 조정협의서는 당사자 각 방이 1부씩 보관하며 인민조정위원회에 1부를 보관한다.

제30조 구두조정협의는 각 방 당사자가 협의에 달성한 날로부터 효력을 발생한다.

제31조 인민조정위원회의 조정으로 달성한 조정협의는 법률적 구속력을 가지며 당사자는 마땅히 약정에 따라 이행하여야 한다. 인민조정위원회는 마땅히 조정협의의 이행상황을 감독하고 당사자가 약정한 의무를 이행할 것을 독촉하여야 한다.

제32조 인민조정위원회의 조정으로 조정을 달성한 후 당사자 간에 조정협의의 이행 또는 조정협의의 내용에 쟁의가 발생한 경우 일방 당사자는 인민법원에 소송을 제기할 수 있다.

제33조 인민조정위원회의 조정으로 조정협의에 달성한 후 쌍방 당사자가 모두 필요하다고 인정할 시 조정협의의 효력발생일로부터 30일 이내에 공동으로 인민법원에 사법확인을 신청할 수 있으며 인민법원은 마땅히 적시에 조정협의를 심사하고 법에 따라 조정협의의 효력을 확인하여야 한다. 인민법원은 법에 따라 조정협의의 유효함을 확인하였으나 일방 당사자가 이행을 거절하거나 전부 이행하지 아니한 경우 타방 당사자는 인민법원에 강제집행을 신청할 수 있다. 인민법원이 법에 따라 조정협의가 무효함을 확인한 경우 당사자는 인민조정방식을 통하여 원 조정협의를 변경하거나 새로운 조정협의를 달성할 수 있으며 인민법원에 소송을 제기할 수도 있다.

제6장 부칙

제34조 향진, 가도 및 사회단체 또는 그 밖의 조직은 필요에 따라 이 법의 유관규정을 참조하여 인민조정위원회를 설립하여 민간분쟁을 조정할 수 있다.

제35조 이 법은 2011년 1월 1일부터 시행한다.

9. 국제상거래법위원회 국제상사중재에 관한 모델중재법(1985)[9]

제1장 총 칙

제1조(적용 범위) ① 이 법은 당국과 타국 간에 체결된 모든 합의에 순응할 것을 조건으로 하고 국제상사중재에 이를 적용한다.

② 이 법의 규정은 제8조, 제9조, 제35조 및 제36조를 제외하고, 중재지가 해당국의 영역 내에 있는 경우에 한하여 적용한다.

③ 국제중재는 다음에 해당하는 경우이다.

  1. 중재합의의 당사자가 중재합의를 체결할 당시 상이한 국가내에 영업소를 두고 있는 경우

  2. 다음 장소 중 어느 한 장소가 당사자의 영업소 소재지국외에 있는 경우

    (i) 중재합의에서 결정되어 있거나 또는 그에 따라 결정되는 중재지

    (ii) 상거래상 의무의 실질적인 부분이 이행되어야 할 장소 또는 분쟁의 본안사항과 가장 밀접하게 연결되어 있는 장소

  3. 중재합의의 본안사항이 2개국 이상과 관련되어 있다고 당사자들이 명시적으로 합의한 경우

④ 제3항의 적용상

  1. 일방당사자가 2개 이상의 영업소를 두고 있는 경우에는 중재합의와 가장 밀접한 관계가 있는 영업소를 지칭하고

  2. 일방당사자가 영업소를 두고 있지 아니하는 경우에는 상거소를 참조하는 것으로 한다.

⑤ 해당국가의 법령에 의하면 특정 분쟁이 중재에 회부될 수 없거나 이 법 이외의 규정에 따라서만 중재에 회부되어야 하는 경우에 이 법은 해당 국가의 타 법령에 영향을 미치지 아니한다.

제2조(정의와 해석의 원칙) 이 법의 적용상

  1. "중재"라 함은 상설중재기관에 의하여 관리되거나 아니되거나를 불문하고 모든 중재를 말한다.

  2. "중재판정부"라 함은 단독 중재인 또는 수인의 중재인단을 말한다.

  3. "법원"이라 함은 한 국가의 사법기관을 말한다.

  4. 제28조를 제외한 이 법의 규정이 당사자로 하여금 일정한 쟁점을 자유롭게 결정하도록 허용하고 있는 경우에는, 어떤 기관을 포함한 제3자에게 당해 결정

---

9) 대한상사중재원 홈페이지(법규 자료) 참조.

을 내릴 권한을 부여하는 당사자의 권리가 포함된다.

5. 이 법의 규정에서 당사자가 합의하였거나 합의할 수 있다고 정하거나 또는 기타 방법으로 당사자의 합의에 관하여 언급한 경우에 그러한 합의는 그 합의 속에 언급된 모든 중재규칙을 포함한다.

6. 제25조제1호 및 제32조제2항제1호를 제외하고 청구에 관한 이 법의 규정은 반대청구에도 적용된다. 방어에 관한 규정은 그러한 반대청구의 항변에도 적용된다.

제3조(서면통지의 수령) ① 당사자간에 달리 합의가 없는 한

1. 모든 서면통지는 수신인에게 직접 교부되거나 수신인의 영업소, 상거소 또는 우편 주소지에 전달된 경우에는 수령된 것으로 본다. 또한 그러한 주소들이 합리적인 조회의 결과로써도 발견될 수 없는 경우에는 등기우편 또는 전달하려고 한 기록을 제공할 수 있는 그 밖의 다른 수단에 의하여 수신인의 최후 영업소, 상거소, 또는 우편주소지에 발송된 경우 에는 서면통지가 수령된 것으로 본다.

2. 서면통지는 1호의 방법으로 전달된 일자에 수령된 것으로 본다.

② 제1항의 규정은 소송절차상의 송달에는 적용되지 아니한다.

제4조(이의신청권의 포기) 이 법의 규정에 의하여 당사자가 그 효력을 배제할 수 있다는 규정이나 중재합의의 요건이 준수되지 아니한 사실을 알았거나 알 수 있으면서 당사자가 지체없이 또는 기한이 정해져 있는 경우에는 그 기한 내에 그러한 불이행에 대해 이의를 제기하지 아니하고 중재절차를 속행한 경우에는 자신의 이의신청권을 포기한 것으로 본다.

제5조(법원의 관여) 이 법이 적용되는 사항에 대해서 법원은 이 법이 규정한 경우를 제외하고는 관여하여서는 아니된다.

제6조(중재 지원 및 감독 기능을 수행하는 법원 또는 기타 기관) 제11조제3항, 제11조제4항, 제13조제3항, 제14조, 제16조제3항 및 제34조제2항에 규정된 기능은 … [이 모델법을 입법하는 각 국가는 법원 또는 이 기능을 수행할 수 있는 기타 기관을 명시하여야 함] … 에 의하여 수행된다.

제2장 중재합의

제7조(중재합의의 정의와 방식) ① "중재합의"는 계약에 의하거나 또는 계약에 의하

지 아니한 일정한 법률관계에 관하여 당사자간에 이미 발생하였거나 장래 발생할 수 있는 모든 분쟁 또는 특정한 분쟁을 중재에 부탁하는 당사자 사이의 합의이다. 중재합의는 계약상의 중재조항의 형식이나 별도의 합의형태로 할 수 있다.

② 중재합의는 서면으로 하여야 한다. 중재합의는 당사자가 서명한 서류에 포함되어 있거나 서신, 텔렉스, 전신 등 기타 중재합의를 기록한 통신 등의 교환에 포함되어 있거나 또는 신청서와 답변서의 교환 속에서 중재합의의 존재가 일방당사자에 의해서 주장되고 상대방당사자가 이를 부인하지 아니하는 경우에는 그러한 합의는 서면으로 작성한 것으로 한다. 그리고 당사자간의 계약속에서 어떤 중재조항이 포함되어 있는 서류에 대한 언급이 있는 경우에는 이를 중재합의로 의미하고 있는 것으로 해석한다. 다만 그러한 계약이 서면으로 작성되어 있어야 하며, 당해 조항이 그러한 계약의 일부를 구성하는 것으로 볼 수 있을 경우에 한한다.

제8조(중재합의와 법원에 제소) ① 중재합의의 대상이 된 사건이 법원에 제소되었을 경우로서, 일방당사자가 그 분쟁의 본안에 관한 제1차 진술서를 제출하기 이전에 이에 관한 항변을 제기하면, 법원은 그 중재합의가 무효이거나, 실효하였거나, 또는 이행불능의 상태에 있는 것으로 판단되지 아니하는 한당사자들을 중재에 회부하여야 한다.

② 제1항에서 언급한 소송이 제기된 경우에도 중재절차는 개시되거나 속행될 수 있으며 사건이 법원에 계속 중인 경우에도 중재판정이 행해질 수 있다.

제9조(중재합의와 법원의 보전처분) 일방당사자가 중재절차 전이나 진행 중에 법원에 보전처분을 신청하거나 법원이 이러한 조치를 허여하는 것은 중재합의에 반하지 아니한다.

제3장 중재판정부의 구성

제10조(중재인의 수) ① 당사자는 중재인의 수를 자유로이 정할 수 있다.
② 그러한 결정이 없는 경우에는 중재인의 수는 3인으로 한다.

제11조(중재인의 선정) ① 당사자가 달리 합의하지 않는 한 누구라도 자신의 국적을 이유로 중재인으로서 활동하는 데 배제되지 아니한다.
② 본조 제4항과 제5항의 제한하에 당사자는 중재인의 선정절차를 자유로이 합의할 수 있다.
③ 그러한 합의가 없는 경우에
　　1. 3인 중재에서 각 당사자는 1인의 중재인을 선정하고 이에 따라 선정된 2인의

중재인이 제3의 중재인을 선정한다. 일방당사자가 상대방으로 부터 중재인 선정을 요구받은 후 30일 이내에 중재인을 선정하지 않거나 2인의 중재인이 그 선정 된 후 30일 이내에 제3의 중재인을 선정하지 못하였을 경우에는 일방당 사자의요청에 따라 제6조에 규정된 법원이 나 기타 기관이 중재인을 선정한다.

2. 단독중재의 경우에 당사자가 중재인 선정을 합의하지 못한 때에는 일방당사 자의 요청이 있으면 제6조에 규정된 법원이나 기타 기관이 중재인을 선정한다.

④ 당사자가 합의한 중재인 선정절차에 따라

1. 일방당사자가 그 절차에서 요구하는 대로 이행하지 아니하거나,
2. 양당사자나 2인의 중재인이 그 절차에서 기대되는 합의에 이를 수 없거나,
3. 일정 기관을 포함한 제3자가 그 절차에서 위임된 기능을 수행할 수 없는 때에 당사자는 선정절차 합의내용속에 그 선정을 보전하는 그밖의 다른 조치가 없 는 한 제6조에 규정된 법원이나 기타 기관에 필요한 처분을 취할 것을 요청할수 있다.

⑤ 본조 제3항과 제4항에 따라 제6조에 규정된 법원이나 기타 기관에 위임된 사항에 관한 결정에 대하여는 항고할 수 없다. 중재인을 선정할 때 법원이나 기타 기관은 당사자들의 합의에서 요구하는 중재인의 자격을 고려하여야 하며 또한 독립적이며 공정한 중재인의 선정을 보장하는 데 적절한지도 고려하여야 한다. 단독중재인이나 제3의 중재인의 경우에는 당사자들의 국적 이외의 국적을 가진 중재인을 선정하는 것이 바람직한 지도 고려하여야 한다.

제12조(중재인기피의 사유) ① 중재인으로 직무수행의 요청을 받은 자는 그 자신의 공정성이나 독립성에 관하여 당연시되는 의심을 야기할 수 있는 모든 사정을 고지하여야 한다. 중재인은 중재인으로 선정된 때로부터 그리고 중재절차의 종료시 까지 그러한 사정을 당사자에게 지체없이 고지하여야 한다. 다만, 중재인이 그러한 사정을 이미 통지한 당사자에게 대하여는 그러하지 아니하다.

② 중재인은 그 자신의 공정성이나 독립성에 관하여 당연시되는 의심을 야기할 수 있는 사정이 존재하거나 또는 당사자가 합의한 자격을 갖추지 못한 때에 한해 기피될 수 있다. 당사자는 자신이 선정하였거나 그 선정절차에 참여한 중재인에 대하여 선정 후에 비로소 알게 된 사유에 의해서만 기피할 수 있다.

제13조(중재인의 기피절차) ① 본조 제3항의 제한하에 당사자들은 중재인 기피절차를 자유로이 합의할 수 있다.

② 제1항의 합의가 없는 경우에 중재인을 기피하고자 하는 당사자는 중재판정부가 구성된 후 또는 제12조제2항의 사정을 알게된 후 15일 이내에 중재인기피사유를 진술한 서면을 중재판정부에 송부하여야 한다. 기피당한 중재인이 그 직무로부터 사퇴하지 아니하거나, 상대방당사자가 그 기피신청에 동의하지 아니하는 한 중재판정부

는 그 기피신청에 관하여 결정하여야 한다.

③ 당사자가 합의한 절차나 본조 제2항의 절차에 따라 기피신청이 받아들여지지 아니하면,기피신청한 당사자는 그 기피거절 결정의 통지를 받은 후 30일 이내에 제6조에서 정한 법원이나 기타 기관에 기피에 대한 결정을 신청할 수 있다. 그 결정에 대하여는 항고할 수 없으며 그러한 신청이 계속 중인 경우에도 기피신청의 대상이 된 중재인을 포함한 중재판정부는 중재절차를 속행하여 판정을 내릴 수 있다.

제14조(중재인의 불이행 또는 이행불능) ① 중재인이 법률상 또는 사실상 자신의 직무를 이행할 수 없거나, 다른 사유로 인하여 적정기간에 직무를 수행하지 아니하는 경우에 그가 자진하여 사임하거나 당사자의 합의로써중재인의 직무권한은 종료된다. 이러한 사유에 관하여 다툼이 있는 경우에 각 당사자는 제6조에 기재된 법원이나 기타 기관에 대하여 중재인의 권한종료에 관하여 결정할 것을 요청할 수 있으며 그 결정에 대하여는 항고할 수 없다.

② 본조나 제13조제2항에 따라 중재인이 자진하여 사임하거나 당사자가 중재인의 권한종료에 합의하였다 하더라도 이러한 사실이 본조나 제12조제2항에서 언급하고 있는 기피사유의 유효성을 인정하는 것을 의미하지는 아니한다.

제15조(보궐중재인의 선정) 제13조나 제14조에 따라 또는 기타 사유로 인하여 중재인이 자진하여 사임하거나 또는 당사자의 합의로 중재인의 권한이 취소되었거나 기타 사유로 인하여 중재인의 권한이 종료되는 경우에 보궐중재인은 대체되는 중재인의 선정에 적용되었던 규칙에 따라 선정되어야 한다.

제4장 중재판정부의 관할

제16조(자신의 관할에 관한 중재판정부의 결정권한) ① 중재판정부는 중재합의의 존부 또는 유효성에 관한 이의를 포함하여 자신의 관할을 결정할 권한을 가진다. 그러한 규정의 적용상 계약의 일부를 이루는 중재조항은 그 계약의 다른 조항과는 독립된 합의로 취급하여야 한다. 중재판정부에 의한 계약무효의 결정은 법률상 당연히 중재조항의 부존재 내지 무효를 의미하는 것은 아니다.

② 중재판정부가 관할권을 가지고 있지 않다는 항변은 늦어도 답변서를 제출할 때까지 제기되어야 한다. 당사자의 이러한 항변은 자신이 중재인을 선정하였거나 또는 중재인의 선정에 참여하였다는 사실때문에 배제되지 아니한다. 중재판정부가 그 직무권한의 범위를 벗어났다는 항변은 그러한 권한유월이 주장되는 사항이 중재절차 진행중에 제출된 즉시 제기되어야 한다. 중재판정부는 시기에 늦게 제출된 항변에 대해서도 그 지연이 정당하다고 인정하는 경우에는 이를 허용할 수 있다.

③ 중재판정부는 본조 제2항의 항변에 관하여 선결문제로서 또는 본안에 관한 중재판정에서 결정할 수 있다. 중재판정부가 선결문제로서 자신의 관할권이 있음을 결정하는 경우에 당사자는 당해 결정의 통지를 받은 후 30일 이내에 제6조에 명시된 법원에 대하여 당해 사항을 결정해 줄 것을 신청할 수 있으며 그 결정에 대하여는 항고할 수 없다. 이러한 신청이 계속중인 경우에도 중재판정부는 중재절차를 속행하여 중재판정을 내릴 수 있다.

제17조(중재판정부의 보전처분) 당사자가 달리 합의하지 않는 한 중재판정부는 일방당사자의 신청에 따라 분쟁의 본안에 관하여 필요하다고 인정하는 보전처분을 명하도록 일방당사자에게 명할 수 있다. 중재판정부는 각 당사자에게 그러한 조치와 관련하여 적절한 담보를 제공할 것을 요구할 수 있다.

제5장 중재절차의 진행

제18조(당사자의 동등한 대우) 양당사자는 동등한 대우를 받아야 하며 각 당사자는 자신의 사안을 진술할 수 있는 충분한 기회를 가져야 한다.

제19조(중재절차규칙의 결정) ① 이 법의 규정에 따라 당사자는 중재판정부가 중재절차를 진행할 때 지켜야할 절차규칙에 관하여 자유로이 합의할 수 있다.
② 제1항의 합의가 없는 경우에 중재판정부는 이 법의 규정에 따라 스스로 적절하다고 여기는 방식으로 중재를 진행할 수 있다. 중재판정부의 권한에는 증거의 채택 여부, 관련성, 중요성 및 그 경중을 결정할 권한이 포함된다.

제20조(중재지) ① 당사자는 중재지에 관하여 자유로이 합의할 수 있다. 그러한 합의가 없는 경우는 중재지는 중재판정부가 당사자의 편의 등을 포함한 당해사건의 사정을 고려하여 결정한다.
② 본조 제1항의 규정에도 불구하고 당사자의 별도 합의가 없는 한 중재판정부는 그 구성원간의 협의를 위해서나 증인, 감정인 또는 당사자의 심문을 위하여 또는 물품, 기타 재산 또는 문서의 조사를 위하여중재판정부가 적당하다고 여기는 장소에서 회합 할 수 있다.

제21조(중재절차의 개시) 당사자간에 달리 합의하지 않는 한 특정한 분쟁에 관한 중재절차의 진행은 당해 분쟁을 중재에 부탁할 것을 요구한 서면이 피신청인에 의하여 수령된 일자에 개시된다.

제22조(언 어) ① 당사자는 중재절차의 진행에 사용되는 일개 또는 수개 언어에 관하여 자유로이 합의할 수 있다.그러한 합의가 없는 경우에는 중재판정부는 중재절차에 사용되는 일개 또는 수개 언어를 결정하여야 한다. 그러한 합의 또는 결정은 그 속에 별도의 의사가 명시되어 있지 않는 한 당사자의 서면진술, 중재판정부의 심문 및 판정, 결정 또는 기타 통지에도 적용된다.
② 중재판정부는 어떤 서증에 대하여서도 당사자에 의하여 합의하거나 중재판정부가 결정한 일개 또는 수개 언어로 번역한 문서를 첨부하도록 명할 수 있다.

제23조(중재신청서 와 답변서) ① 당사자가 합의하였거나 또는 중재판정부가 결정한 기간 내에 신청인은 청구의 원인사실, 쟁점사항과 신청취지를 진술하여야 하고, 피신청인은 그러한 세부사항에 대한 답변내용을 진술하여야 한다. 그러나 당사자가 그러한 진술의 필요한 사항을 달리 합의하는 경우에는 그러하지 아니하다. 당사자는 직접 관계가 있다고 보는 모든 서류를 상기 진술서에 첨부하여 제출할 수 있으며 자신이 제출하고자 하는 기타 증거에 참고자료로 추가할 수도 있다.
② 당사자간에 달리 합의하지 않는 한 어느 일방 당사자가 중재절차 진행 중에 자신의 청구내용이나 답변을 수정하거나 보충할 수 있다. 다만 중재판정부가 이를 인정함으로써 야기되는 지연을 고려하여 그러한 수정을 허용하는 것이 부적절하다고 여기는 경우에는 그러하지 아니하다.

제24조(구술심리 및 서면절차) ① 당사자간에 반대의 합의를 하지 않는 한, 중재판정부는 증거의 제출이나 구술변론을 위하여 구술심문을 할 것인지 아니면 서면 및 기타 자료에 근거하여 중재절차를 진행시킬 것인지를 결정하여야 한다. 그러나 당사자간에 구술심문을 개최하지 아니한다는 별단의 합의가 없는 한, 중재판정부는 당사자 일방의 요청이 있으면 중재절차 진행 중의 적절한 단계에서 그러한 구술심문을 개최하여야 한다.
② 모든 심문에 관한 통지 및 물품, 또는 기타 재산 및 문서의 조사를 위한 중재판정부 의회합의 통지는 충분한 시간적 여유를 두고 사전에 당사자들에게 발송되어야 한다.
③ 당사자의 일방에 의하여 중재판정부에 제출된 모든 진술서, 문서, 또는 기타 정보는 타방 당사자에게도 통지되어야 한다. 중재판정부가 그 결정상 원용하게 될지도 모르는 감정인의 모든 보고서 또는 서증도 당사자들에게 통지되어야 한다.

제25조(일방당사자의 해태) 당사자가 달리 합의하지 않는 한 충분한 이유를 제시하지 아니하고
   1. 신청인이 제23조제1항에 의하여 청구에 관한 진술서를 제출하지 않는 경우 에는 중재판정부는 중재절차를 종료하여야 한다.
   2. 피신청인이 제23조제1항에 의하여 방어에 대한 진술서를 제출하지 아니하는

경우에는 중재판정부는 그러한 해태의 사실자체가 피신청인이 신청인의 주장을 그대로 인정하는 것으로 취급함이 없이 중재절차를 속행하여야 한다.

3. 당사자의 어느 일방이 심문에 출석하지 아니하거나, 서증을 제출하지 아니하는 경우에는 중재판정부는 중재절차를 속행하고 중재판정부에 제출된 증거에 근거하여 중재판정을 내릴 수 있다.

제26조(중재판정부가 지정한 감정인) ① 당사자가 달리 합의하지 않는 한 중재판정부는,

1. 중재판정부에 의하여 결정될 특정한 쟁점에 관하여 보고할 1인 이상의 감정인을 지정할 수 있다.

2. 일방당사자로 하여금 감정인에게 관계 정보를 주거나 감정인의 조사를 위해 관련 문서의 제출, 물품 또는 기타의 재산을 조사하거나 또는 감정인이 이용할 수 있도록 명할 수 있다.

② 당사자가 달리 합의하지 않는 한 당사자 일방의 요청이 있거나 중재판정부가 필요하다고 여기는 경우에는 그 감정인은 자신의 서면 또는 구두보고를 제출한 후에도 문제된 쟁점에 관하여 당사자들이 그 감정인에게 질문할 기회 및 타감정인들이 그 전문가적 증언을 할 기회를 갖는 심문에 참가하여야 한다.

제27조(증거조사에서 법원의 협조) 중재판정부나 중재판정부의 승인을 받은 당사자는 해당국가의 관할법원에 대해 증거조사에서 협조를 요청할 수 있다. 법원은 그 권한 범위 내에서 증거조사의 규칙에 따라 그러한 요청에 응할 수 있다.

제6장 중재판정문의 작성과 중재절차의 종료

제28조(분쟁의 실체에 적용할 법규) ① 중재판정부는 당사자들이 분쟁의 본안에 적용하려고 선택한 법규에 따라 판정을 하여야 한다. 달리 명시하지 아니하는 한 일정한 국가의 법 또는 법률체계의 지정이 있을 때는 당해 국가의 실체법을 직접 지칭하는 것으로 해석하며, 그 국가의 국제사법원칙을 지칭하는 것으로 해석하지 아니한다.

② 당사자들에 의한 준거법의 지정이 없는 경우에는 중재판정부는 중재판정부가 적용가능하다고 보는 국제사법 규정에 따라 결정되는 법을 적용한다.

③ 중재판정부는 당사자가 명시적으로 권한을 부여하는 경우에 한하여 형평과 선에 의하여 또는 우의적 중재인으로서 판정을 내려야 한다.

④ 전 각항의 모든 경우에 있어서 중재판정부는 계약조건에 따라 결정하여야 하며, 당해 거래에 적용가능한 상관습을 고려하여야 한다.

제29조(중재판정부의 결정방법) 당사자들이 달리 합의하지 않는 한, 2인 이상의 중재

인에 의한 중재절차진행에 있어서는 중재판정부의 모든 결정은 전 구성원중의 과반수 결의에 의한다. 그러나 중재절차의 문제는 당사자나 중재판정부 구성원 전원의 수권이 있으면 의장중재인이 결정할 수 있다.

제30조(화해) ① 중재절차 진행 중에 당사자들 자신이 분쟁을 해결하는 경우에는 중재판정부는 그 절차를 종료하여야 하며, 당사자들의 요구가 있고 중재판정부가 이의를 제기하지 않는 한 중재판정부는 그 화해를 당사자가 합의한 내용의 중재판정문의 형식으로 기록하여야 한다.

② 당사자가 합의한 내용의 중재판정문은 제31조의 규정에 따라 작성되어야 하고 이를 중재판정으로 한다고 기재되어야 한다. 그러한 중재판정문은 당해 사건의 본안에 관한 다른 모든 중재판정과 동일한 지위와 효력을 가진다.

제31조(중재판정의 형식 및 내용) ① 중재판정문은 서면으로 작성되어야 하며 중재인 또는 중재인들이 이에 서명하여야 한다.2인 이상의 중재에 있어서는 중재판정부 구성원 중의 과반수의 서명으로 충분하다. 다만 이 경우에는 서명이 생략된 이유가 기재됨을 요한다.

② 중재판정문에는 그 판정의 근거가 되는 이유를 기재하여야 한다. 다만, 당사자간에 이유의 불기재에 관하여 합의하였거나 또는 그 중재판정문이 제30조에 의하여 합의된 내용의 판정인 경우에는 그러하지 아니하다.

③ 중재판정문에는 작성일자와 제20조제1항에 따라 정해진 중재지를 기재하여야 한다. 중재판정문은 당해 장소에서 작성된 것으로 한다.

④ 중재판정문이 작성된 후 본조 제1항에 따라 중재인들이 서명한 등본은 각 당사자에게 송부되어야 한다.

제32조(중재절차의 종료) ① 중재절차는 최종판정에 의하거나 본조 제2항에 따른 중재판정부의 명령에 의하여 종료된다.

② 중재판정부는 다음의 경우에 중재절차의 종료를 명하여야 한다:
　　1. 신청인이 그 신청을 철회하는 경우. 다만, 피신청인이 이에 대하여 이의를 제기하고중재판정부가 분쟁의 최종적 해결을 구하는 데에 대하여 피신청인에게 적법한 이익이 있다고 인정하는 때에는 그러하지 아니하다.
　　2. 당사자가 중재절차의 종료를 합의하는 경우
　　3. 중재판정부가 그밖의 사유로 중재절차를 속행하는 것이 불필요하거나 불가능하다고 인정하는 경우

③ 제33조와 제34조제4항의 규정에 따를 것을 조건으로 하고 중재판정부의 판정임무는 중재절차의 종료와 동시에 종결된다.

제33조(중재판정문의 정정 및 해석과 추가판정) ① 당사자들이 달리 정하지 않는 한 중재판정문을 수령한 날로부터 30일 이내에,

1. 일방당사자는 상대방에게 통지함과 동시에 그 판정문의 계산상 오류, 오기나 오식 또는 이와 유사한 오류를 정정해 줄 것을 중재판정부에 요청할 수 있다.
2. 당사자간에 합의가 있는 경우에 일방당사자는 상대방 당사자에게 통지함과동시에중재판정의 특정 사항이나 판정의 일부에 대한 해석을 중재판정부에 요청할 수 있다. 중재판정부는 그 요청이 이유가 있다고 보는 경우에는 이를 수령 한 날로부터 30일 이내에 정정 또는 해석하여야 한다. 그 해석은 중재판정의 일 부를 형성하는 것으로 한다.

② 중재판정부는 판정일자로 부터 30일 이내에 본조 제1항 (가)호에 규정된 유형의 오류도 정정할 수 있다.

③ 당사자들이 달리 합의하지 않는 한, 일방당사자는 상대방에게 통지함과 동시에 중재판정문을 수령한 날로부터 30일 이내에 중재절차 중에 제출되었으나 중재판정에서 유탈된 청구부분에 관한 추가판정을 중재판정부에 요청할 수 있다. 중재판정부는 그 요청이 정당하다고 보는 경우에 60일 이내에 추가판정을 내려야 한다.

④ 중재판정부는 필요한 경우 본조 제1항 또는 제3항에 따라 정정, 해석 또는 추가판정의 기간을 연장할 수 있다.

⑤ 제31조의 규정은 중재판정문의 정정이나 해석 또는 추가판정의 경우에 이를 적용한다.

제7장 중재판정에 대한 불복

제34조(중재판정에 대한 유일한 불복방법으로서 취소신청) ① 중재판정에 대하여 법원에 제기하는 불복은 본조 제2항과 제3항에 따라 취소신청을 함으로써 가능하다.

② 중재판정은 다음에 해당하는 경우에 한하여 제6조에 명시된 관할법원에 의해 취소될 수 있다.

1. 취소신청을 한 당사자가 다음의 사실에 대한 증거를 제출하는 경우
   (i) 제7조에 규정된 중재합의의 당사자가 무능력자인 사실 또는 그 중 재합의가 당사자들이 준거법으로서 지정한 법에 의하여 무효이거나 그러한 지정이 없는 경우에는 중재판정이 내려진 국가의 법률에 의하여 무효인 사 실
   (ii) 취소신청을 한 당사자가 중재인의 선정 또는 중재절차에 관하여 적절한 통지를 받지 못하였거나 기타 사유로 인하여 방어할 수 가 없었다는 사실
   (iii) 중재판정이 중재부탁의 내용에 예정되어 있지 아니하거나 그 범위에 속하지 아니하는 분쟁을 다루었거나 또는 중재부탁합의의 범위를 유월 한 사항에 관한 결정을 포함하고 있다는 사실. 다만, 중재에 부탁된 사항에

관한 결정이 부탁되지 아니한 사항에 관한 결정으로부터 분리될 수 있는 경 우에는 중재에 부탁되지 아니한 사항에 관한 결정을 포함하는 중재판정 부 분에 한하여 취소될 수 있다는 사실

(iv) 중재판정부의 구성이나 중재절차가 당사자간의 합의에 따르지아니하였다는 사실 또는 그러한 합의가 없는 경우에 이 법에 따르지 아니 하였다는 사실. 다만, 그 합의는 당사자에 의해 배제될 수 없는 성격을 가진본 법의 규정에 저촉되어서는 아니된다는 사실, 또는

2. 법원이 다음의 사실을 알았을 경우,
   (i) 분쟁의 본안이 해당국의 법령상 중재로 해결할 수 없다는 사실 또 는
   (ii) 중재판정이 해당국의 공서양속에 저촉되는 사실

③ 중재판정취소의 신청인이 중재판정문을 수령한 날로부터 3개월이 경과하였거나 또는 제33조에 의하여 신청을 하였을 경우에는 당해 신청이 중재판정부에 의해 처리된 날로부터 3개월이 경과한 후에는 제기할 수 없다.

④ 중재판정취소신청이 있을 경우에 법원은 당사자의 신청이 있고 또한 그것이 적절한 때에는 중재판정부로 하여금 중재절차를 재개하게 하거나 중재판정부가 취소사유를 제거하는 데 필요한 기타의 조치를 취할 기회를 허여하기 위하여 일정한 기간을 정하여 정지할 수 있다.

제8장 중재판정의 승인과 집행

제35조(승인과 집행) ① 중재판정은 그 판정이 어느 국가에서 내려졌는지 불문하고 구속력있는 것으로 승인되어야 하며 관할법원에 서면으로 신청하면 본조 및 제36조의 규정에 따라 집행되어야 한다.

② 중재판정을 원용하거나 그 집행을 신청하는 당사자는 정당하게 인증된 중재판정문의 원본 또는 정당하게 증명된 등본과 제7조에서 규정한 중재합의서의 원본 또는 정당하게 증명된 등본을 제출하여야 한다. 중재판정문이나 중재합의서가 해당국의 공용어로 작성되어 있지 아니한 경우에 당사자는 정당하게 증명된 해당국의 공용어 번역본을 제출하여야 한다.

제36조(승인 또는 집행의 거부사유) ① 중재판정의 승인과 집행은 판정이 내려진 국가에 관계없이 다음의 경우에 한하여 거부할 수 있다.

1. 중재판정이 불리하게 원용되는 당사자의 신청이 있을 때 그 당사자가 다음의 사실에 대하여 승인 또는 집행을 신청한 관할법원에 증거를 제출하는 경우
   (i) 제7조에 규정된 중재합의의 당사자가 무능력자인 사실 또는 그 중 재합의가 당사자들이 준거법으로서 지정한 법에 의하여 무효이거 나 그러한 지

정이 없는 경우에는 중재판정이 내려진 국가의 법에 의하여 무효인 사실

(ii) 중재판정이 불리하게 원용되는 당사자가 중재인의 선정 또는 중재절차에 관하여 적절한 통지를 받지 못하였거나 기타 사유로 인하여 방어할 수없었다는 사실

(iii) 중재판정이 중재부탁의 내용에 예정되어 있지 아니하거나 그 범위에 속하지 아니하는 분쟁을 다루었거나 또는 중재부탁합의의 범위를 유월한 사항에 관한 결정을 포함하고 있다는 사실. 다만, 중재에 부탁된 사항에 관한결정이 부탁되지 아니한 사항에 관한 결정으로부터 분리될 수 있는 경우에는 중재에 부탁되지 아니한 사항에 관한 결정을 포함하는 중재판정부분에 한하여 취소될 수 있다는 사실

(iv) 중재판정부의 구성이나 중재절차가 당사자간의 합의에 따르지 아니하였다는 사실 또는 그러한 합의가 없는 경우에 이 법에 따르지 아니하였다는 사실. 다만, 그 합의는 당사자에 의해 배제될 수 없는 성격을 가진 본 법의 규정에 저촉되어서는 아니된다는 사실, 또는

2. 법원이 다음의 사실을 알았을 경우,

(i) 분쟁의 본안이 해당국의 법령상 중재로 해결할 수 없다는 사실 또는

(ii) 중재판정이 해당국의 공서양속에 저촉되는 사실

② 중재판정의 취소 또는 정지신청이 본조 제1항 (가)호 (5)에서 정한 법원에 제출되었을 경우에 승인 또는 집행의 청구를 받은 법원은 정당하다고 판단하는 경우에 그 결정을 연기할 수 있으며 중재판정의 승인 또는 집행을 구하는 당사자의 신청이 있으면 상대방에게 상당한 담보를 제공할 것을 명할 수 있다.

9-1. 국제상거래법위원회 국제상사중재에 관한 모델중재법 개정 조문(2006)[10]

제1조 적용범위

(2) 이 법의 규정은 제8조, 제9조, 제17조의H, 제17조의I, 제17조의J, 제35조 및 제 36조를 제외하고, 중재지가 해당국의 영토 내에 있는 경우에 한하여 적용된다.

제2조의A 국제성 및 일반원칙

(1) 이 법을 해석함에 있어서는 이 법의 국제적 성격, 그리고 법적용의 통일성과 신의 칙 준수를 증진할 필요성이 함께 고려되어야 한다.

(2) 이 법이 규율하는 사안으로서 이 법의 규정으로 명백하게 해결할 수 없는 문제는 이 법이 기초하는 일반원칙에 맞게 해결되어야 한다.

제7조 Option I 중재합의의 정의와 형식

(1) "중재합의"란 계약적이든 비계약적이든 일정한 법류관계에 기초하여 당사자 사이 에 이미 발생하였거나 발생할 분쟁의 전부 또는 일부를 중재로 해결하기로 하는 당사자 간의 합의를 말한다. 중재합의는 계약에서 중재조항의 일부로 이루어질 수도 있고 독립된 형식으로도 가능하다.

(2) 중재합의는 반드시 서면으로 이루어져야 한다.

(3) 만약 중재합의 또는 계약이 구두, 행위 기타 어떤 다른 수단에 의하여 이루어진 것인지 여부와 관계없이 그 계약내용이 기록되었다면 그 중재합의는 서면에 의한 것이다.

(4) 중재합의의 서면성은 전자적 의사표시에 의하여도 충족될 수 있는바, 이에 포함 된 정보는 사후 참조를 위하여 이용될 수 있도록 접근 가능한 것이어야 한다. 전 자적 의사표시란 전자문서의 수단으로 당사자가 하는 어떤 형태의 의사표시를 의 미한다. 전자문서란 전자, 전기 또는 광학적 기타 유사한 수단에 의하여(전자문서 교환, 전자우편, 전보, 전신 또는 전화복사기를 포함하나 이에 한하지 않는다) 생 성, 송신, 수신 또는 저장된 정보를 말한다.

(5) 더 나아가 청구원인과 항변에 관한 주장이 담긴 준비서면이 서로 교환된 경우 그 중 어느 일방 당사자에 의하여 중재합의의 존재가 주장되었는데 상대방이 이를 다투지 아니하였다면 중재합의는 서면에 의한 것이다.

(6) 계약에서 중재조항을 포함한 다른 문서에 대한 인용이 있고, 그 인용에 당해 계약 조항을 구성한다면 중재합의는 서면에 의한 것이다.

---

10) 노태악, "UNCITRAL 모델중재법 및 중재규칙 개정에 따른 국내법 개정의 필요성 검토", 국제사 법연구 제16호, 2010. 12, pp. 137-141 참조.

제7조 Option Ⅱ 중재합의의 정의

"중재합의"란 계약적이든 비계약적이든 일정한 법률관계에 기초하여 당사자 사이에 이미 발생하였거나 발생할 분쟁의 전부 또는 일부를 중재로 해결하기로 하는 당사자 간의 합의를 말한다.

제4장 임시적 처분과 사전명령
제1절 임시적 처분

제17조 중재판정부의 임시적 처분 권한
(1) 당사자사이에 다른 합의가 없는 경우에 중재판정부는 일방 당사자의 신청에 따라 임시적 처분을 내릴 수 있다.
(2) 임시적 처분이란, 판정 또는 다른 형태로든, 본안에 대한 최종적인 중재판정 이전에, 중재판정부가 일방 당사자에게 다음의 내용을 명하는 일체의 잠정적 처분을 말한다.
  (a) 본안에 대한 중재판정이 있기까지 현상의 유지 또는 원상회복
  (b) 중재절차 자체에 현저하고 급박한 위험을 끼치거나 영향을 미칠 행위의 방지 또는 중단을 구하는 행위를 취할 것
  (c) 본안에 대한 중재판정의 집행 대상이 되는 자산에 대한 보전 방법의 제공
  (d) 분쟁의 해결에 관련성과 중요성을 가지는 증거의 보전

제17조 A. 임시적 처분의 요건
(1) 제17조 (2)항 (a), (b) 및 (c)목까지 임시적 처분을 신청하기 위해서는 신청인의 다음의 요건을 갖추어야 한다.
  (a) 임시적 처분이 발령되지 않음으로 인하여 신청인에게 중재판정의 손해배상금 으로는 적절히 보상되지 않는 손해가 발생될 것으로 염려되고, 그러한 손해가 임시적 처분이 발령됨으로 인하여 상대방 당사자에게 발생될 것으로 예상되 는 손해를 능가할 것
  (b) 본안에 대하여 합리적으로 승소가능성이 있을 것, 그러나 이러한 승소가능성 에 대한 판단은 본안의 심리에서의 중재판정부의 재량에 영향을 미치지 못한다.
(2) 제17조 (2)항 (d)목에 따라 임시적 처분을 취하는 경우에는, 중재판정부는 (1)항 의 (a) 및 (b)목의 요건을 적절히 고려할 수 있다.

제2절 사전명령

제17조 B. 사전명령의 신청과 요건
(1) 당사자 사이에 다른 합의가 없는 경우에, 일방 당사자는, 상대방 당사자에 대한

통지 없이, 임시적 처분의 신청과 함께 상대방 당사자가 임시적 처분의 목적을 방해하지 못하도록 사전명령을 신청할 수 있다.

(2) 중재판정부는 상대방 당사자가 임시적 처분의 신청이 있음을 알면 그 임시적 처분의 실행을 방해할 염려가 있다고 인정되는 경우에 사전명령을 허가할 수 있다.

(3) 임시적 처분의 요건에 관한 제17조의 A는 사전명령을 신청할 경우에도 충족되어야 한다.

제17조 C. 사전명령에 대한 특별한 절차

(1) 일방 당사자의 신청에 의하여 사전명령을 허가한 경우, 중재판정부는 즉시 임시적 처분의 신청과 관련된 모든 당사자에게 사전명령의 신청서, 사전명령, 그리고 일방 당사자와 중재판정부와의 구술심리결과를 비롯한 심리 내용 등을 통지하여야 한다.

(2) 또한, 중재판정부는 사전명령의 상대방 당사자에게 가능한 가장 빠른 시기에 심리를 개시할 기회를 부여하여야 한다.

(3) 중재판정부는 사전명령의 상대방 당사자의 이의가 있은 경우 즉시 이를 처리하여야 한다.

(4) 사전명령은 중재판정부의 결정으로부터 20일의 기간이 지나면 그 효력이 소멸한다. 그러난 상대방 당사자에게 그 통지가 되었고, 심리를 개시할 기회가 부여된 후에는, 중재판정부는 사전명령의 내용을 그대로 또는 변경하여 임시적 처분의 형태로 발령할 수 있다.

(5) 사전명령은 당사자를 구속한다. 그러나 법원에 의한 집행의 대상이 되지 않는다. 이러한 사전명령은 중재판정의 형태로 발령되지 못한다.

제3절 임시적 처분과 사전명령의 효력과 절차 등

제17조 D, 변경, 중지, 취소
중재판정부는 일방 당사자의 신청 또는 특별한 사정이 있는 경우에는 당사자에 대한 통지 전에는 직권으로, 발령된 임시적 처분 또는 사전명령을 변경, 중지, 취소할 수 있다
.

제17조 E, 담보의 제공

(1) 중재판정부는 임시적 처분을 신청하는 당사자에게 상당한 담보를 제공할 것을 명령할 수 있다.

(2) 중재판정부는, 필요 없다고 인정되지 않는 이상, 사전명령을 신청하는 당사자에게 상당한 담보를 제공하도록 명령하여야 한다.

제17조의 F. 고지 의무
(1) 임시적 처분을 신청한 당사자는 임시적 처분의 신청 시 또는 발령시와 다른 중요한 사정변경이 발생한 경우 즉시 이를 고지하여야 한다.
(2) 사전명령을 신청한 당사자는 중재판정부에게 그 사전명령의 허가와 관련된 사정변경이 생긴 경우는 이를 고지하여야 하고, 상대방 당사자가 이의의 제기할 수 있을 때까지 이러한 의무를 부담한다. 위 제1항은 사전명령을 신청한 당사자에게도 적용된다.

제17조 G. 비용과 손해배상책임
임시적 처분이나 사전명령을 신청한 당사자는 나중에 중재판정부가 임시적 처분이나 사전명령이 부적법한 것으로 판단한 경우에는 이로 인한 비용이나 손해를 상대방 당사자에게 배상할 책임을 진다. 중재판정부는 중재절차 중 어느 시기에서나 임시적 처분이나 사전명령으로 인한 비용이나 손해를 판정할 수 있다.

제4절 임시적 처분의 승인과 집행

제17조 H. 승인과 집행
(1) 중재판정부에 의해 발령된 임시적 처분은 구속력 있는 것으로 승인되어야 하고, 중재판정부에 의하여 달리 정하여지지 않는 이상, 어느 국가에서 발령되었는지를 불문하고 제17조 I. 의규정에 따라 관할 법원에 그 집행을 신청할 수 있다.
(2) 임시적 처분의 승인과 집행을 신청하는 당사자는 임시적 처분의 취소, 중지, 변경이 있는 경우 즉시 이를 법원에 알려야 한다.
(3) 중재판정부가 임시적 처분과 관련하여 담보제공 결정을 하지 않은 경우나, 제3자의 권리를 침해할 염려가 있는 경우에는, 임시적 처분의 승인과 집행을 신청받은 법원은 필요하다고 인정할 때는 승인과 집행을 신청한 당사자에게 상당한 담보를 제공할 것을 명령할 수 있다.

제17조 I, 승인 또는 집행의 거부사유
(1) 임시적 처분의 승인과 집행은 다음의 경우에 한하여 거부될 수 있다.
  (a) 임시적 처분이 불리하게 원용되는 당사자의 신청에 의하여, 법원이 다음의 각목의 사정을 인정할 때
    (i) 제36조 (1)항 (a)(i), (ii), (iii) 또는 (iv)목에서 규정된 중재판정의 승인과 집행의 거부사유에 따른 거부사유가 있는 경우
    (ii) 임시적 처분에 대하여 중재판정부가 명한 담보가 제공되지 않는 경우
    (iii) 중재판정부에 의하여나, 중재지 또는 임시적 처분이 허가된 근거 법률에 의하면 법원에 의한 임시적 처분의 중지, 취소고가 가능한 경우에 그 법원

에 의하여, 임시적 처분이 중지, 취소된 경우
 (b) 법원이 다음 각목의 사정을 알았을 경우
  (i) 법원의 권한과 양립할 수 없는 경우, 다만 법원이 임시직 처분의 집행을 위
하여 임시적 처분을 변경할 것으로 결정한 경우는 제외한다.
  (ii) 제36조 (1)항 (b)(i) 또는 (ii)목에서 규정된 중재판정의 승인과 집행의 거
부사유에 따른 거부사유가 있는 경우
(2) (1)항의 거부사유에 대한 법원의 판단은 임시적 처분의 승인과 집행에 한하여만
그 효력이 있다. 승인과 집행의 청구를 받은 법원은 그 결정을 함에 있어서 임시
적 처분의 타당성 여부를 심리하지 못한다.

제5절 법원에 의한 보전처분

제17조 J. 법원에 의한 보전처분
중재지 또는 중재지 이외의 다른 국가의 법원은 중재절차와 관련되고 중재절차를 위
한 보전명령을 명할 권한이 있다.
법원은 그 권한을 국내법의 규정과 절차에 따라 행사하여야 한다. 이 경우 그 국내법
의 규정과 절차는 국제중재의 특징을 반영하는 것이어야 한다.

제35조 승인과 집행 제2항
중재판정을 원용하거나 그 집행을 신청하는 당사자는 중재판정의 원본
또는 인증된 등본을 제출하여야 한다. 만약 중재판정이 당해 국가의 국어
로 작성되지 않았다면 법원은 당사자에게 인증된 번역문의 제출을 요구할 수 있다.

10. 국제상거래법위원회 국제상사조정에 관한 모델조정법(2002)[11]
2002년 6월 28일 UNCITRAL 총회 제35회기에서 채택

제1조(적용범위 및 정의) ① 이 법률은 국제상사조정에 적용한다.

② 이 법률의 취지상, '조정인'이란 경우에 따라 단독 또는 두 명 이상의 조정인을 말한다.

③ 이 법률의 목적상, '조정'이라 함은 조정(conciliation), 알선(mediation), 또는 그 외의 유사한 의미를 가지는 표현에 불구하고 당사자가 단독 또는 복수의 제3자('조정인')에 대해, 계약 또는 그 외의 법률관계로부터 생긴 분쟁이나 이것과 관련된 분쟁에 관하여 그 우호적인 해결의 시도에 대해서 협조를 요구하는 절차를 말한다. 조정인은 당사자에 관하여 그 분쟁의 해결을 강제하는 권한은 가지지 않는다.

④ 조정은 이하의 경우에 국제성을 가진다.

   (a) 조정합의의 당사자 쌍방이 합의당시에 서로 다른 국가에 영업소를 가지는 경우, 또는

   (b) 당사자가 그 영업소를 가지는 국가와

   (i) 상사상의 의무의 주요한 부분이 이행되어야 할 국가 혹은,

   (ii) 분쟁의 대상 사항과 가장 밀접한 관련을 가지는 국가가 다른 경우.

⑤ 본조의 적용에 관하여

   (a) 당사자가 2개 이상의 영업소를 가지는 경우의 영업소라 함은 조정합의와 가장 밀접한 관련을 가지는 영업소를 말한다.

   (b) 당사자가 영업소를 가지지 않을 때는 그 당사자의 주된 거주지에 의하는 것으로 한다.

⑥ 이 법률은, 당사자가 조정합의가 국제적이라는 점에 합의하거나 본법의 적용에 관하여 합의한 때에는, 상사 조정합의에도 적용된다.

⑦ 당사자는 이 법률의 적용을 배제하는 취지를 합의할 수 있다.

⑧ 본조 제9항에 정하는 경우를 제외하고, 이 법률은 조정 실시의 원인에 불구하고 적용된다. 이 조정 실시의 원인에는 당사자 사이에 분쟁의 발생 전 또는 발생 후에 이루어진 합의, 법률에 의해서 정해진 의무, 또는 법원, 중재정 혹은 권한 있는 정부기관의 지시 또는 제안이 포함된다.

⑨ 이 법률은 이하의 경우에는 적용하지 않는다.

   (a) 재판관 또는 중재인에 의한, 재판 또는 중재의 절차중에 있어서의 화해의 시도, 및,

   (b) [...].

---

11) 사법제도개혁추진위원회, 참고 자료(재판 외 분쟁해결제도 활성화), 2006 (http://pcjr.pa.go.kr 참조).

제2조(해석) ① 이 법률의 해석에 있어서 그 국제적인 기원 및 그 통일적인 적용을 촉진하는 필요성 및 신의칙의 준수에 배려해야 한다.

② 이 법률이 정하는 사항이며 명시적으로 정해지지 않은 문제에 대해서는 이 법률의 일반 원칙에 따라서 해결되어야 한다.

제3조(합의에 의한 변경) 제2조 및 제6조 제③항의 규정을 제외하고는, 당사자는 이 법률의 어떤 조항에 관해서도 그 적용의 배제 또는 변경을 합의할 수 있다.

제4조(조정절차의 개시) ① 이미 발생한 분쟁에 관한 조정절차는 그 분쟁의 당사자가 조정절차에 들어가는 취지의 합의를 한 날에 개시한다.

② 상대방에게 조정을 신청하는 당사자가 그 신청서를 발송한 날로부터 30일 이내 또는 그 제안에 관하여 정한 기간 내에 그 신청서에 관한 승낙을 수령하지 못한 때에는 이를 조정의 신청이 거절된 것으로 간주할 수 있다.

제5조(조정인의 수 및 선임) ① 조정인은 당사자간에 조정인을 2인 이상으로 하는 취지의 합의가 있는 경우를 제외하고는, 1인으로 한다.

② 당사자는 선임절차에 관하여 특별한 합의가 있는 경우를 제외하고는, 조정인의 선임에 관하여 합의에 이르도록 노력하여야 한다.

③ 당사자는 조정인의 선임에 관하여 기관이나 개인에게 협조를 요청할 수 있다. 특히,
  (a) 당사자의 일방은 협조를 요청한 기관 또는 개인에 대해서 적당한 조정인을 추천하도록 요청할 수 있다.
  (b) 당사자의 쌍방은 협조를 요청한 기관 또는 개인이 1인이나 1인 이상의 조정인을 직접 선임하도록 하는 취지의 합의를 할 수 있다.

④ 조정인을 추천 또는 선임함에 있어서, 그 기관 또는 개인은 독립적이고 공정한 조정인이 선임되도록 배려해야 한다. 또, 상황에 따라 당사자의 국적 이외의 국적을 소지한 조정인을 선임하는 것의 타당성을 고려해야 한다.

⑤ 조정인으로서 선임되도록 지명된 자는 자신의 공정성 또는 독립성에 대해 정당한 의심을 일으키게 하는 모든 사정을 개시하여야 한다. 조정인은 자신이 의심을 받고 있는 사정에 대해서 사전에 양 당사자에게 고지하지 않았다면, 그 선임 당시는 물론이고 그 이후 조정절차 전반에 걸쳐 지체 없이 그러한 사정을 양 당사자에게 개시하여야 한다.

제6조(조정의 실시) ① 당사자는 조정규칙의 적용 또는 그 외의 방법에 의해, 조정절차의 진행방식을 자유롭게 합의할 수 있다.

② 조정절차의 진행방식에 대해 당사자 사이에 합의가 없을 때는, 조정인은 해당 사건의 사정, 당사자의 희망 및 분쟁의 신속한 해결의 요청을 고려하고, 스스로 상당하

다고 판단하는 방법으로써 조정절차를 실시할 수 있다.

③ 조정인은 어떠한 경우에도 조정절차를 실시함에 있어서 당사자를 공평하게 처우하도록 하여야 하며, 또한 해당 사건의 사정을 고려해야 한다.

④ 조정인은 조정절차의 어느 단계에서든지 해당 분쟁에 관한 화해를 제안할 수 있다.

제7조(조정인과 당사자의 연락) 조정인은 당사자 쌍방과 동시에 또는 각자와 개별적으로 면담하거나 연락할 수 있다.

제8조(정보의 개시) 조정인은 당사자의 일방으로부터 분쟁에 관한 정보를 수령했을 때는 해당 조정에 있어서의 다른 모든 당사자에 대해서 그 정보의 실질적인 내용을 개시할 수 있다. 다만, 당사자의 일방이 특히 비밀유지를 조건으로 조정인에 정보를 제공했을 때에는 해당 조정의 어떠한 당사자에 대해서도 그 정보를 개시할 수 없다.

제9조(비밀유지의무) 당사자 사이에 특별한 합의가 있는 경우를 제외하고, 조정절차에 대한 모든 정보에 관하여 그 비밀을 지켜야 한다. 다만, 법률이 정하거나 또는 화해합의의 이행 혹은 집행을 위해서 개시가 필요하게 되는 경우에는 그러하지 아니하다.

제10조(다른 절차에 있어서의 증거의 허용성) ① 조정절차의 당사자, 조정인 및 조정절차의 운영에 관여한 사람을 포함한 모든 제3자는 중재 절차, 소송절차 또는 그 외의 유사한 절차에 있어서, 이하의 사항을 증거로 제시하거나 증거나 진술을 할 수 없다.
　　(a) 당사자의 조정절차개시신청 또는 당사자가 조정절차에의 참가를 바라고 있었다고 하는 사실,
　　(b) 화해의 당사자가 조정절차에 대해 표명한 의견이나 제안,
　　(c) 조정절차 중 당사자의 진술 또는 인정사실,
　　(d) 조정인의 제안,
　　(e) 조정인이 제시한 화해안에 관하여 당사자의 수락의사가 표시된 사실,
　　(f) 오로지 조정절차를 위해서 준비된 서면.

② 본조 제1항의 규정은 동항 각 호의 정보 또는 증거의 형태여하를 불문하고 모두 적용된다.

③ 중재정, 법원, 또는 그 외의 권한 있는 정부 기관은 본조 제1항에 정하는 정보의 개시를 명할 수 없다. 당해 정보가 본조 제1항에 위반하여 증거로 제출되었을 때는 그 증거는 증명력이 없다. 다만, 이러한 정보가 법률이 달리 정하거나 또는 화해합의의 이행 혹은 집행을 위하여 필요한 경우에는 그 한도만큼 개시하거나 증거로 할 수 있다.

④ 본조 제1항, 제2항 및 제3항의 규정은 그 중재 절차, 소송절차 또는 그 외의 같은 절차가 현재 또는 과거에 있어서의 조정절차의 대상 사항인 분쟁과 관련되는지 여부

와 무관하게 적용된다.

⑤ 본조 제1항의 제한에 따라, 중재나 사법 또는 그와 유사한 절차에 있어서 동항의 제한이 아니라면 허용될 수 있는 증거는 화해에서 사용될 수 있는 결론으로서 허용되지 못할 것은 아니다.

제11조(조정절차의 종료) 조정절차는 이하에서 정한 날에 종료한다.

 (a) 당사자 사이에 화해합의가 체결되었을 경우에는 그 합의한 날,

 (b) 조정인이 당사자의 의견을 들은 후에 조정에 대해 더 이상의 노력이 상당하지 않다는 취지를 선언했을 경우에는 이를 선언한 날,

 (c) 당사자의 전원이 조정인에 대해서 조정절차를 종료하는 취지의 선언을 했을 경우에는 이를 선언한 날,

 (d) 당사자의 일방이 다른 당사자에 대하여 또는 조정인이 임명된 경우 당사자와 그 임명된 조정인에 대하여 조정절차를 종료하는 취지를 선언했을 경우에는 그 선언한 날.

제12조(조정인에 의한 중재) 당사자 사이에 특별한 합의가 있는 경우를 제외하고는, 조정인은 현재 혹은 과거에 있어서의 조정절차의 대상인 분쟁, 또는 동일한 계약이나 법률관계 또는 관련된 계약 혹은 법률관계로부터 생긴 다른 분쟁에 대해서 중재인으로서 활동할 수 없다.

제13조(중재 또는 소송의 제기) 당사자들이 화해를 합의하고 명시적으로 특별한 기간 동안 또는 어느 특정한 사건이 발생할 때까지 조정이나 사법절차를 현재나 장래에 개시하지 않기로 합의한 경우에, 당해 합의는 중재정이나 법원에 의하여 합의된 기간 동안 당사자가 자신의 권리를 보존하는 데에 필요하다고 판단한 범위를 제외하고는 효력이 있다. 당해 절차의 신청은 그 자체로서 화해합의의 포기나 화해절차의 종료로 간주되지 않는다.

제14조(화해합의의 집행력) 당사자가 분쟁해결의 화해합의서를 체결했을 때에는 당해 화해합의는 구속력 및 집행력을 갖는다... [입법을 하는 국가는 화해합의를 집행하는 방법의 상세한 사항을 삽입하거나 화해합의의 집행에 관하여 정하는 조항을 인용할 수 있다.]

11. 뉴욕협약(1958)[12]
외국중재판정의 승인 및 집행에 관한 UN협약(1958년 6월 10일 뉴욕에서 채택)

한국의 유보선언

한국은 이 협약가입에 있어서 1) 한국법상 상사관계의 분쟁에 한해서 이 협약을 적용한 것과, 2) 내국 중재판정일지라도 그 외국이 이 협약의 체약국인 경우에 한해서 이 협약을 적용할 것을 선언하였다.

제1조

1. 이 협약은 중재판정의 승인 및 집행의 요구를 받은 국가 이외의 국가의 영토 내에서 내려진 판정으로 서, 자연인 또는 법인간의 분쟁으로부터 발생하는 중재판정의 승인 및 집행에 적용한다. 이 협약은 또 한 그 승인 및 집행의 요구를 받은 국가에서 내국판정이라고 인정되지 아니하는 중재판정에도 적용한다

2. "중재판정"이라 함은 개개의 사건을 위하여 선정된 중재인이 내린 판정뿐만 아니라 당사자들이 부탁한 상설 중재기관이 내린 판정도 포함한다.

3. 어떠한 국가든지 이 협약에 서명, 비준 또는 가입할 때, 또는 이 제10조에 의하여 확대 적용을 통고할 때에 상호주의의 기초에서 다른 체약국의 영토 내에서 내려진 판정의 승인 및 집행에 한하여 이 협약을 적용한다고 선언할 수 있다. 또한 어떠한 국가든지 계약적 성질의 것이거나 아니거나를 불문하고 이러 한 선언을 행하는 국가의 국내법상 상사상의 것이라고 인정되는 법률관계로부터 발생하는 분쟁에 한하여 이 협약을 적용할 것이라고 선언할 수 있다.

제2조

1. 각 체약국은 계약적 성질의 것이거나 아니거나를 불문하고 중재에 의하여 해결이 가능한 사항에 관 한 일정한 법률관계에 관련하여 당사자간에 발생하였거나 또는 발생할 수 있는 전부 또는 일부의 분쟁을 중재에 부탁하기로 약정한 당사자간의 서면에 의한 합의를 승인하여야 한다.

2. "서면에 의한 합의"라 함은 계약문중의 중재조항 또는 당사자간에 서명되었거나, 교환된 서신이나 전보에 포함되어 있는 중재의 합의를 포함한다.

3. 당사자들이 본조에서 의미하는 합의를 한 사항에 관한 소송이 제기되었을 때에는, 체약국의 법원은, 전기 합의를 무효, 실효 또는 이행불능이라고 인정하는 경우를 제외하고, 일방 당사자의 청구에 따라서 중재에 부탁할 것을 당사자에게 명하여야 한다.

---

12) 대한상사중재원 홈페이지(법규 자료) 참조.

제3조

각 체약국은 중재판정을 다음 조항에 규정한 조건하에서 구속력 있는 것으로 승인하고 그 판정이 원용될 영토의 절차 규칙에 따라서 그것을 집행하여야 한다.

이 협약이 적용되는 중재판정의 승인 또는 집행에 있어서는 내국중재 판정의 승인 또는 집행에 있어서 부과하는 것보다 실질적으로 엄격한 조건이나 고액의 수수료 또는 과징금을 부과하여서는 아니된다.

제4조

1. 전조에서 언급된 승인과 집행을 얻기 위하여 승인과 집행을 신청하는 당사자는 신청서에 다음의 서류를 제출하여야 한다.

   가. 정당하게 인증된 중재판정원본 또는 정당하게 증명된 그 등본.

   나. 제2조에 규정된 합의의 원본 또는 정당하게 증명된 그 등본.

2. 전기 판정이나 합의가 원용될 국가의 공용어로 작성되어 있지 아니한 경우에는, 판정의 승인과 집행을 신청하는 당사자는 그 문서의 공용어 번역문을 제출하여야 한다. 번역문은 공증인 또는 선서한 번역관, 외교관 또는 영사관에 의하여 증명되어야 한다.

제5조

1. 판정의 승인과 집행은 판정이 불리하게 원용되는 당사자의 청구에 의하여, 그 당사자가 판정의 승인 및 집행의 요구를 받은 국가의 권한 있는 기관에게 다음의 증거를 제출하는 경우에 한하여 거부될 수 있다.

   가. 제2조에 규정된 합의의 당사자가 그들에게 적용될 법률에 의하여 무능력자 이었던가 또는 당사자들이 준거법으로서 지정한 법령에 의하여 또는 지정이 없는 경우에는 판정을 내린 국가의 법령에 의하여 전기 합의가 무효인 경우 또는,

   나. 판정이 불리하게 원용되는 당사자가 중재인의 선정이나 중재절차에 관하여 적절한 통고를 받지 아니 하였거나 또는 기타 이유에 의하여 응할 수 없었을 경우 또는,

   다. 판정이 중재부탁조항에 규정되어 있지 아니하거나 또는 그 조항의 범위에 속하지 아니하는 분쟁에 관한 것이거나 또는 그 판정이 중재부탁의 범위를 벗어나는 사항에 관한 규정을 포함하는 경우. 다만, 중재에 부탁한 사항에 관한 결정이 부탁하지 아니한 사항과 분리될 수 있는 경우에는 중재부탁사항에 관한 결정을 포함하는 판정의 부분은 승인되고 집행될 수 있다.

   라. 중재기관의 구성이나 중재절차가 당사자간의 합의와 합치하지 아니하거나, 또는 이러한 합의가 없는 경우에는 중재를 행하는 국가의 법령에 합치하지 아니하는 경우 또는

   마. 판정이 당사자에 대한 구속력을 아직 발생하지 아니하였거나 또는 판정이 내

려진 국가의 권한 있 느 기관이나 또는 그 국가의 법령에 의거하여 취소 또는 정지된 경우
2. 중재판정의 승인 및 집행이 요구된 국가의 권한 있는 기관이 다음의 사항을 인정하는 경우에도 중재 판정의 승인과 집행은 거부할 수 있다.
   가. 분쟁의 대상인 사항이 그 국가의 법률하에서는 중재에 의한 해결을 할 수 없는 경우, 또는
   나. 판정의 승인이나 집행이 그 국가의 공공의 질서에 반하는 경우

제6조
판정의 취소 또는 정지를 요구하는 신청이 제5조 1항의 (마)에 규정된 권한 있는 기관에 제기되었을 경우에는, 판정의 원용이 요구된 기관은, 그것이 적절하다고 인정될 때에는 판정의 집행에 관한 판결을 연기할 수 있고, 또한 판정의 집행을 요구한 당사자의 신청에 의하여 타당사자에 대하여 적당한 보장을 제공할 것을 명할 수 있다.

제7조
1. 이 협약의 규정은 체약국에 의하여 체결된 중재판정의 승인 및 집행에 관한 다자 또는 양자 협정의 효력에 영향을 미치지 아니하며, 또한 어떠한 관계 당사자가 중재판정의 원용이 요구된 국가의 법령이나 조약에서 인정된 방법과 한도 내에서 그 판정을 원용할 수 있는 권리를 박탈하지도 아니한다.
2. 1923년 중재조항에 관한 제네바 의정서 및 1927년 외국중재판정의 집행에 관한 제네바 협약은 체약국 간에 있어 이 협약에 의한 구속을 받게 되는 때부터 그 구속을 받는 한도 내에서 효력을 종료한다.

제8조
1. 이 협약은 국제연합회원국, 현재 또는 장래의 국제연합 전문기구의 회원국, 현재 또는 장래의 국제사법재판소규정의 당사국, 또는 국제연합총회로부터 초청장을 받은 기타 국가의 서명을 위하여 1958년 12월31일 까지 개방된다.
2. 이 협약은 비준되어야 하며 비준서는 국제연합사무국총장에게 기탁되어야 한다.

제9조
1. 이 협약은 제 8조에 규정된 모든 국가의 가입을 위하여 개방된다.
2. 가입은 국제연합사무총장에게 가입서를 기탁함으로써 발효한다.

제10조
1. 어떠한 국가든지 서명, 비준 또는 가입시에 국제관계에 있어서 책임을 지는 전부 또는 일부의 영토에 이 협약을 확대 적용할 것을 선언할 수 있다. 이러한 선언은

이 협약이 관계국가에 대하여 효력을 발생할 때 발효한다.

2. 이러한 확대적용은 그 이후 어느 때든지 국제연합사무총장 앞으로 통고함으로써 행할 수 있으며, 그 효력은 국제연합사무총장이 통고를 접수한 날로부터 90일 후 또는 관계국가에 대하여 이 협약이 효력을 발생하는 날 중의 늦은 편의 일자에 발생한다.

3. 서명, 비준 또는 가입시에 이 협약이 확대 적용되지 아니한 영토에 관하여는, 각 관계국가는 헌법상의 이유에 의하여 필요한 경우에는 이러한 영토의 정부의 동의를 얻을 것을 조건으로 하고, 이 협약을 이러한 영토에 확대 적용하기 위하여 조치를 취할 수 있는 가능성을 고려하여야 한다.

第11조

1. 연방국가 또는 비단일국가의 경우에는 다음의 규정이 적용된다.

　　가. 이 협약은 조항 중 연방정부의 입법 관할권 내에 속하는 것에 관하여는, 연방정부의 의무는 그 한도 내에서 연방국가 아닌 다른 체약국의 의무와 동일하여야 한다.

　　나. 이 협약의 중재조항중 주 또는 지방의 입법권의 범위 내에 있고 또한 연방의 헌법체제하에서 입법조치를 취할 의무가 없는 것에 관여하는, 연방정부는 주 또는 지방의 관계기관에 대하여 가급적 조속히 호의적 권고를 첨부하여 이러한 조항에 대한 주의를 환기 시켜야 한다.

　　다. 이 협약의 당사국인 연방국가는, 국제연합 사무총장을 통하여 전달된 기타 체약국의 요청이 있을 때에는, 이 협약의 어떠한 특정 규정에 관한 연방과 그 구성단위의 법령 및 관례와 아울러 입법 또는 기타 조치에 의하여 그 규정이 실시되고 있는 범위를 표시하는 설명서를 제공하여야 한다.

第12조

1. 이 협약은 세번째의 비준서 또는 가입서의 기탁일자로부터 90일 이후에 발효한다.

2. 세번째의 비준서 또는 가입서의 기탁일자 후에 이 협약을 비준하거나 또는 이 협약에 가입하는 국가에 대하여는 그 국가의 비준 서 또는 가입서의 기탁일로부터 90일 후에 효력을 발생한다.

第13조

1. 어떠한 체약국이든지 국제연합 사무총장 앞으로의 서면통고로서 이 협약을 폐기할 수 있다. 폐기는 사무총장이 통고를 접수한 일자로 부터 1년 후에 발효한다.

2. 제10조에 의하여 선언 또는 통고를 한 국가는, 그 후 어느때 든지 사무총장이 통고를 접수한 일자로 부터 1년후에 관계영토에 대한 확대 적용이 종결된다는 것을 선언할 수 있다.

3. 폐기가 발효하기 전에 시작된 판정의 승인이나 집행절차에 관여하는 이 협약이 계속하여 적용된다.

제14조
체약국은, 타 체약국에 대하여 이 협약을 적용하여야 할 의무가 있는 범위를 제외하고는, 이 협약을 원용할 권리를 가지지 못한다.

제15조
국제연합사무총장은 제8조에 규정된 국가에 대하여 다음의 사항에 관하여 통고하여야 한다.
　　가. 제8조에 의한 서명 또는 비준
　　나. 제9조에 의한 가입
　　다. 제 1조, 제10조 및 제11조에 의한 선언 및 통고
　　라. 제12조에 의하여 이 협약이 효력을 발생한 일자
　　마. 제13조에 의한 폐기 및 통고

제16조
1. 중국어, 영어, 러시아어 및 스페인어로 된 이 협약은 동등한 효력을 가지며 국제연합 기록 보관소에 기탁 보존 되어야 한다.
2. 국제연합 사무총장은 이 협약의 인증 등본을 제8조에 규정된 국가에 송부하여야 한다

12. 워싱턴 협약(1965)[13]

國家와 他方國家 國民間의 投資紛爭의 解決에 관한 協約

전 문

締約國은, 경제발전을 위한 國際的 協力의 필요와 그에 대한 國際的인 民間投資의 역할을 고려하고, 이러한 投資와 關聯하여 一方 國家와 他方締約國 國民間에 분쟁이 수시로 야기될 수 있는 가능성에 유의하고, 이러한 분쟁이 통상적으로 國內의 法的 節次에 따라야 하나 경우에 따라서는, 국제적인 해결 방법이 적절한 것임을 인정하고, 締約國과 他方 締約國 國民이 원한다면 이러한 분쟁을 回附할 수 있는 國際調停이나 國際仲裁의 機關의 유용성을 특히 중요시하고, 국제부흥개발은행의 주관하에 이러한 기관을 설치할 것을 희망하고, 당해 紛爭을 그 기관에 의한 調停 또는 仲裁에 回附한다는 當事國間의 상호 同意는 拘束力있는 合意를 구성하며, 이 合意는 調停人의 어떠한 건의에 대하여서도 적절한 고려할 것과 또한 어떠한 仲裁判定도 준수되어야 한다는 점을 특히 요구하는 것임을 인정하고, 어떠한 締約國도 본 協約을 批准, 受諾 또는 承認했다는 단순한 사실만으로 별도의 同意없이 특정 분쟁을 調停이나 仲裁에 回附해야 할 의무를 부담하지아니함을 宣言하며, 다음과 같이 合意하였다.

제1장 投資紛爭의 解決을 위한 國際센터

제1절 設置와 機構

제1조
(1) 投資紛爭의 解決을 위한 國際센터(이하 '센터'라 한다)를 이에 設置한다.
(2) 센터의 目的은 본 協約의 규정에 따라 締約國과 他方締約國 國民間의 投資紛爭의 調停과 仲裁를 위한 시설을 제공함에 있다.

제2조
센터의 소재지는 國際復興開發銀行(이하 世界銀行이라 한다) 주사무소의 소재지로 한다. 그 소재지는 運營委員會 理事 2/3 이상의 표결로 다른 장소로 이전할 수 있다.

---

13) 대한상사중재원 홈페이지(법규 자료) 참조.

제3조

센터에는 運營理事會와 事務局을 두고, 調停人團과 仲裁人團을 둔다.

제2절 運營理事會

제4조

(1) 運營理事會는 각 締約國의 代表 1人으로 構成된다. 代表代理는 代表가 회의에 결석하거나 또는 職務를 遂行할 수 없는 경우 代表의 資格을 갖는다.

(2) 별도의 指名이 없는 경우, 각 체약국이 世界銀行에 任命하는 委員과 代理 委員은 職權上 당해 締約國의 代表 및 代表代理가 된다.

제5조

世界銀行의 총재는 職權上 운영이사회의 議長(이하 議長이라 한다)이 되나 投票權은 갖지 아니한다. 총재가 결석하거나 職務를 遂行할 수 없는 때와 총재직에 空席이 생기는 경우 총재의 代理權者가 운영이사회의 議長職을 맡는다.

제6조

(1) 운영이사회는 본 協約의 다른 규정에 의하여 운영이사회에 부여된 권한과 기능을 침해함이 없이,

(가) 센터의 行政規則과 財政規則을 채택하고,

(나) 調停 및 仲裁의 開始를 위한 節次規則을 채택하고,

(다) 調停 및 仲裁節次를 위한 規則(이하 調停規則 및 仲裁規則이라 한다)을 채택하고,

(라) 世界銀行의 행정적 시설과 용역을 이용하기 위한 약정을 승인하고,

(마) 사무국장 및 사무차장의 복무조건을 결정하고,

(바) 센터의 연간 收入, 支出 豫算을 채택하며,

(사) 센터의 활동에 관한 연간보고서를 승인한다.

상기 (가), (나), (다) 및 (바)에 규정된 결정은 운영이사회 이사 2/3 이상의 다수결로 채택한다.

(2) 운영이사회는 필요하다고 인정하는 委員會를 임명할 수 있다.

(3) 운영이사회는 본 協約의 제 규정을 이행하기 위하여 필요한 기타 권한을 행사한다.

제7조

(1) 운영이사회는 年次會議와 理事會가 결정하거나 의장이 소집하는 경우, 또는 이사회 재적 5人 이상의 요구에 의하여 사무국장이 소집하는 기타 회의를 개최한다.

(2) 운영이사회의 각 理事는 1표의 투표권을 가지며, 달리 규정한 경우를 제외하고는 이사회에 回附되는 모든 案件은 과반수 투표로 이를 결정한다.

(3) 운영이사회의 會議 定足數는 그 구성원의 과반수로 한다.

(4) 운영이사회는, 동 이사회 이사 2/3 이상의 찬성 표결로, 의장이 理事會를 소집하지 않고 동 이사회의 표결을 구할 수 있는 절차를 제정할 수 있다. 이러한 표결은 위 절차에 의하여 지정된 기간 내에 이사회의 과반수 이사가 투표를 한 경우에 한하여 유효한 것으로 간주한다.

제8조

운영이사회의 理事와 議長은 센터로부터 보수를 받지 아니하고 근무한다.

제3절 事 務 局

제9조

사무국에는 1명의 사무국장과 1명 또는 그 이상의 사무차장 및 직원을 둔다.

제10조

(1) 사무국장과 사무차장은 운영이사회가 의장의 지명에 의하여 동 이사회 재적 2/3 이상의 표결로, 6년을 초과하지 아니하는 임기로 선출되고 재선될 수 있다. 의장은 운영이사회 이사와 협의 후 해당 직위에 1人 또는 그 이상의 후보를 제안하여야 한다.

(2) 사무국장과 사무차장의 직무는 여타의 정치적 기능의 행사와 양립할 수 없다. 사무국장이나 사무차장은 운영이사회의 승인 없이는 겸직이 금지되며 다른 직업에 종사하지 못한다.

(3) 사무국장이 결석하거나 권한을 행사할 수 없을 때 또는 사무총장 직에 공석이 생긴 경우 사무차장이 이를 대행한다.

제11조

사무국장은 센터의 法律上 代表이자 수석직원이며, 또한 본 협약의 제 규 정과 운영이사회가 채택한 규칙에 따라 직원의 임명을 포함한 센터의 운영 에 대하여 책임을 진다. 사무국장은 謄錄官으로써의 역할을 수행하며 본 협약에 따라 내려진 仲裁判定을 認證하고 그 寫本을 認證할 권한을 가진 다.

제4절 調停人團 및 仲裁人團

제12조

調停人團과 仲裁人團은 이하에서 규정한 바에 따라 지명된 자로서 당해 團(Panel)에 服務할 의사를 가진 適格者로 구성된다.

제13조

(1) 締約國은 각 Panel에 4명의 仲裁人 및 調停人을 지명한다. 동 후보자가 自國民임은 묻지 않는다.
(2) 議長은 각 Panel에 10명을 지명한다. 의장에 의해 지명된 자는 각각 다른 國籍을 가져야 한다.

제14조

(1) 각 Panel에 지명된 자는 덕망이 높고, 法律, 商社, 産業 및 財政 분야에 전문지식을 갖고, 중립적 판결을 내릴 수 있는 者라야 한다. 仲裁人團에 지명되는 仲裁人의 경우 법률분야의 전문지식이 특별히 요구된다.
(2) 의장은 각 Panel에 복무할 자를 지명함에 있어서 이들이 전세계의 주요한 法制度와 經濟體制를 대표한다는 중요성을 함께 고려해야 한다.

제15조

(1) Panel 委員의 任期는 6년이며 再任될 수 있다.
(2) Panel 委員의 死亡이나 辭職의 경우 그 委員을 지명한 당국은 당해 委員의 잔여 임기동안 복무할 다른 자를 지명할 권한을 가진다.
(3) Panel 委員은 그 後任者가 지명될 때까지 계속 복무한다.

제16조

(1) 1人의 委員은 양 Panel에 복무할 수 있다.
(2) 1人의 委員이 1이상의 締約國에 의해 또는 1이상의 체약국과 議長에 의하여 동일한 Panel에 指名된 경우, 당해 委員은 최초로 그를 지명한 기관에 의해 지명된 것으로 간주한다. 지명 기관이 그의 소속 국가인 경우는 당해국에 의하여 지명된 것으로 간주된다.
(3) 모든 지명은 사무국장에게 이를 통지하여야 하며, 통지가 접수된 날로부터 효력이 발생한다.

제5절 센터에 대한 財政 支援

제17조

센터의 시설이용에 대한 料金이나 기타 수입금으로 센터의 경비를 충당하지 못하는 경우, 世界銀行 회원국은 각자의 분담금에 비례하여, 그리고 同 銀行의 회원이 아닌 締約國의 경우는 운영이사회가 채택한 規則에 따라 그 부족액을 부담한다.

제6절 地位, 免責 및 特權

제18조
센터는 완전한 國際法 人格을 가진다. 센터의 法的 權限에는 다음의 내용들이 포함된다.
(1) 契約의 締結
(2) 動産과 不動産의 取得 및 處分
(3) 訴의 提起

제19조
역할 수행을 위한 범위 내에서 센터는 각 締約國의 영역 안에서 본 절에 규정된 免責과 特權을 가진다.

제20조
센터 및 그 資産은 모두 訴訟으로부터 免除된다. 다만, 그 免除를 포기한 때에는 그러하지 아니하다.

제21조
議長, 運營理事會 理事, 調停人이나 또는 仲裁人으로서 행동하는 者, 또는 제52조제3항에 따라 임명된 委員會의 委員과 사무국의 직원 및 고용원은,
(1) 센터가 이러한 免責을 포기하지 아니하는 한 직무행사로서 수행한 행위에 관하여 法的 節次로부터 免責된다.
(2) 現地 國民이 아닌 때에는 一方締約國이 他方締約國의 동등한 직급의 대표, 직원 및 고용원에 부여하는 것과 동일한 出入國制限, 外國人登錄要件 및 國內勞役으로부터의 免除와 換制限에 있어 동일한 편의제공 및 여행편의를 제공받는다.

제22조
제21조의 규정은 본 協約에 따라 當事者, 代理人, 法律諮問官, 辯護人, 證人 또는 전문가로서 節次에 참가하는 자에게 적용된다. 다만, 동조 (2)항은 訴訟이 진행되고 있는 곳에 체류 또는 출입하는 경우에 한해 적용된다.

제23조
(1) 센터의 문서보관소는 그 소재 여하를 불문하고 不可侵이다.
(2) 公用通信에 관하여 센터는 각 締約國이 기타 國際機構에 부여하는 것보다 불리하지 않은 대우를 받는다.

제24조

(1) 센터는 그 資産 및 收入과 본 協約에 의하여 인정된 운영과 거래에 대한 모든 租稅와 關稅를 免稅받는다. 센터는 또한 여타의 租稅 또는 關稅의 徵收와 納付 義務로부터 免除된다.

(2) 現地 國民인 경우를 제외하고, 센터가 운영이사회의 의장이나 위원에게 지급한 소요경비, 센터가 사무국의 직원이나 고용원에게 지급한 봉급, 소요경비, 기타 수당에 대하여는 免稅된다.

(3) 租稅에 대한 유일한 課稅權의 기초가 센터의 위치에 관한 것이거나 이러한 節次가 진행된 곳 또는 절차에 따른 경비, 수당이 지급된 곳과 관련된 경우, 본 協約 제52조제3항에 따라 임명된 調停人, 仲裁人 또는 委員會의 委員으로서 행동하는 자가 받은 수당이나 소요경비에 대해서는 어떠한 租稅도 賦課되지 아니한다.

제2장 센터의 管轄權

제25조

(1) 센터의 管轄權은 紛爭當事者가 센터에 回附할 것을 書面上으로 同意한 紛爭으로서 締約國(또는 당해 締約國에 의하여 센터에 지정된 동 체약국의 下部組織이나 機關)과 타방체약국 국민간의 투자로부터 직접적으로 발생하는 모든 法律上 紛爭에 미친다. 그러한 同義를 한 경우에는 어떠한 당사자도 이를 일방적으로 철회할 수 없다.

(2) "타방체약국 국민"이라 함은 다음의 者를 말한다.

(가) 제23조제1항 또는 제36조제3항에 따라 要請書가 등록된 일자 및 당사자가 분쟁을 조정이나 중재에 회부하기로 同意한 日字에 그러한 분쟁 당사국 이외의 締約國 國籍을 가진 自然人. 다만, 前述한 日字에 紛爭當事國의 國籍을 가진 者는 이에 포함되지 아니한다.

(나) 당사자가 분쟁을 調停이나 仲裁에 회부하기로 同意한 日字에 그러한 분쟁당사국 이외의 締約國 國籍을 가진 法人 및 上記 日字에 紛爭當事國 의 國籍을 가지고, 外國人의 支配로 인하여 위 當事國이 본 協約상 다른 締約國의 國民으로 간주할 것에 합의한 法人.

(3) 締約國의 下部組織이나 機關의 同意는 체약국의 承認을 요한다. 다만, 당해 국가가 이러한 承認이 필요하지 아니하다고 통고한 경우에는 그러하지 아니하다.

(4) 체약국은 본 協約을 批准, 受諾 또는 承認하는 때 또는 그 이후의 어느 때라도 센터의 管轄에 속하는 것으로 고려하거나 그렇지 않은 분쟁의 유형을 센터에 통고하여야 한다. 사무국장은 이러한 통고를 모든 締約國에 즉시 통지한다. 締約國의 이러한 통고는 제1항이 요구하는 同意를 구성한다.

제26조

본 協約에 따른 당사자의 仲裁合意는 달리 규정한 바가 없으면, 다른 어떠한 구제수단도 排除한 것으로 간주된다. 체약국은 본 協約에 따른 仲裁에 同意하는 조건으로, 국내의 行政的 또는 司法的 救濟手段의 完了를 요구할 수 있다.

제27조

(1) 어떠한 체약국도 自國民과 타방체약국이 본 協約에 따라 仲裁에 回附하기로 同意한 분쟁에 관하여 外交的 保護를 부여하거나 國際的 請求를 제기해서는 아니된다. 다만, 당해 체약국이 이러한 분쟁에 대해 내린 仲裁判定에 불복하거나 불이행한 경우에는 그러하지 아니하다.

(2) 제1항상의 外交的 保護라 함은 분쟁의 해결만을 목적으로 한 비공식적 외교조치는 포함하지 아니한다.

제3장 調 停

제1절 調停 要請

제28조

(1) 調停節次를 제기하고자 하는 체약국이나 체약국의 국민은 그러한 취지의 要請書를 사무국장에게 書面으로 제출하여야 하며 사무국장은 그 寫本을 타방당사자에게 송부하여야 한다.

(2) 要請書에는 분쟁의 本案, 당사자의 신원, 調停 및 仲裁節次開始規則에 따른 調停 回附의 同意에 관한 자료가 포함되어야 한다.

(3) 사무국장은 要請書에 포함된 자료에 의하여 당해 분쟁이 명백히 센터의 管轄權 밖이라고 인정되는 경우가 아닌 한 同 要請書를 등록하여야 하고 즉시 당사자에게 등록이나 등록의 거부를 통고하여야 한다.

제2절 調停委員會의 構成

제29조

(1) 調停委員會(이하 委員會라 한다)는 제28조에 따라 要請書가 登錄된 후 가능한 한 조속히 구성되어야 한다.

(2) (가) 위원회는 당사자의 합의로 선정한 1人 또는 홀수의 調停人으로 구성된다.

　　(나) 當事者가 調停人의 數와 選定 方法에 관하여 합의하지 아니한 경우 에는, 委員會는 각 당사자가 선정하는 1人의 조정인과 그 委員會의 위원장이 될 자로

서 당사자의 합의에 의하여 선정될 제3의 調停人을 포함, 모두 3人의 조정인
으로 구성된다.

제30조

제28조제3항에 따라 사무국장이 要請書의 등록 통지를 발송한 후 90일 이내에 또는
당사자가 합의한 기한 내에 委員會가 구성되지 아니하면, 議長은 일방당사자의 요청
에 의하여 아직 선정되지 아니한 調停人 또는 조정인들을 선정하여야 한다.

제31조

(1) 調停人은 調停人團(Panel)에 포함되어 있지 않은 자도 중에서 선정할 수 있다. 다
   만, 제30조에 따라 議長이 선정하는 경우에는 그러하지 아니하다.
(2) 調停人團의 외부로부터 선정된 調停人은 제14조제1항에 규정된 자격을 갖고 있어
   야 한다.

제3절 調停 節次

제32조

(1) 委員會는 그 자신의 권한을 결정하여야 한다.
(2) 분쟁이 센터의 管轄權내에 있지 아니하거나 또는 기타 이유로 委員會의 권한을 벗
   어난다는 당사자의 異意는 委員會가 이를 고려하며 또한 그 異意를 예비문제로 다
   룰 것인지, 분쟁의 本案에 병합할 것인지의 여부도 委員會가 결정하여야 한다.

제33조

모든 調停節次는 본 절의 규정에 따라 수행되며 당사자가 별도 합의한 경우를 제외하
고는 調停 회부 당시 발효 중인 調停規則에 따른다. 본 절의 규정이나 조정규칙 또는
분쟁 당사자가 합의하는 기타 규칙으로 해결할 수 없는 절차상의 문제는 委員會가 이
를 결정하여야 한다.

제34조

(1) 委員會는 당사자간의 분쟁 현안을 명확히 하고 兩者가 수용할 수 있는 合意案을
   성립시키도록 노력한다. 이를 위해 審理節次의 어느 단계에서든 당사자에게 합의
   조건을 제안할 수 있다. 분쟁당사자는 委員會가 그 기능을 수행할 수 있도록 성실
   히 협력하여야 하며, 委員會의 권고안을 진지하게 고려해야 한다.
(2) 당사자가 합의에 이르면 委員會는 분쟁 현안과 당사자의 합의 사실을 보고서로
   작성하여야 한다. 심리절차의 어느 단계에서든 당사자간에 합의 가능성이 없다고
   판단되는 경우 委員會는 심리절차를 종결하고, 분쟁의 제기 사실과 당사자가 합

의도달에 실패하였음을 기록한 보고서를 작성하여야 한다.

제35조
달리 합의한 경우를 제외하고 당사자는 조정심리 과정에서 타방당사자가 표명한 意見, 聲明, 또는 분쟁해결을 위한 條件의 容認, 提示나 또는 委員會가 작성한 보고서나 권고안 등을 仲裁節次나 訴訟節次 또는 기타 어떠한 審理節次에서도 援用할 권리가 없다.

제4장 仲　裁

제1절 仲裁要請

제36조
(1) 仲裁를 신청하고자 하는 체약국이나 체약국 국민은 書面으로 이와 같은 취지의 要請書를 사무국장에게 제출하여야 하며 사무국장은 同 要請書의 사본을 상대방에게 송부하여야 한다.
(2) 要請書에는 紛爭의 本案, 당사자의 신원, 調停 및 仲裁節次開始規則에 따른 仲裁回附 合意 등에 관한 정보가 포함되어야 한다.
(3) 사무국장은 要請書에 포함된 정보에 의하여 당해 분쟁이 명백히 센터의 管轄權 밖이라고 판단하는 경우가 아닌 한 同 要請書를 등록하여야 하고 당사자에게 등록이나 등록의 거부 사실을 즉시 통지하여야 한다.

제2절 判定部의 構成

제37조
(1) 仲裁判定部(이하 判定部라 한다)는 제36조에 따른 要請書의 登錄 후 가급적 빠른 시일 내에 구성되어야 한다.
(2) (가) 判定部는 당사자가 합의하는 1人 또는 홀수의 중재인으로 구성된다.
　　(나) 당사자가 仲裁人의 數와 選定方法에 관하여 합의하지 아니한 경우 判定部는 각 당사자가 선정하는 각 1人의 仲裁人과 議長仲裁人이 될 자로서 당사자의 합의로 선정한 제3仲裁人을 포함하여 모두 3人의 仲裁人으로 구성된다.

제38조
제36조제3항에 따라 사무국장이 要請書의 등록통지를 발송한 후 90일 이내에 또는 당사자가 합의하는 기타 기간 내에 判定部가 구성되지 아니하면 議長은 일방당사자의

요청에 의하여 아직 선정되지 아니한 仲裁人 또는 중재인들을 선정하여야 한다. 본조에 따라 議長이 선정하는 仲裁人은 분쟁당사자인 締約國의 國民이거나 또는 그 所屬國民이 분쟁당사자인 締約國의 國民이어서는 아니된다.

제39조

判定部의 과반수 이상은 분쟁당사자인 締約國 및 그 소속 국민이 분쟁당사자인 체약국 이외의 국적을 가진 국민이어야 한다. 그러나 본조의 上記 규정은 단독중재인이거나 判定部의 모든 중재인이 당사자의 합의로 선정된 때에는 적용되지 아니한다.

제40조

(1) 仲裁人은 仲裁人團의 외부로부터 선정될 수 있다. 다만, 제38조에 따라 議長이 선정하는 경우에는 그러하지 아니하다.
(2) 仲裁人團의 외부로부터 선정되는 仲裁人은 제14조제1항에 규정된 자격을 가지고 있어야 한다.

제3절 判定部의 權限과 機能

제41조

(1) 判定部는 그 자신의 권한을 결정하여야 한다.
(2) 분쟁이 센터의 管轄權 밖에 있거나, 또는 기타 이유로 判定部의 권한 밖에 있다는 당사자의 異意 제기는 판정부가 이를 고려하며 또한 그러한 異意를 豫備問題로 취급할 것인지, 분쟁의 本案에 倂合시킬 것인지의 여부도 判定部가 결정한다.

제42조

(1) 判定部는 당사자가 합의하는 法規則에 따라 분쟁을 해결하여야 한다. 이러한 합의가 없는 경우, 분쟁당사국의 法(抵觸法에 관한 당해 국가의 法規則을 포함한다) 및 적용할 수 있는 國際法 原則을 적용하여야 한다.
(2) 판정부는 法의 부존재나 불명료를 이유로 判決을 거부할 수 없다.
(3) 제1항과 제2항의 규정은, 당사자가 합의하는 경우 衡平과 善의 原則에 따라 분쟁을 결정할 판정부의 권한을 침해해서는 아니된다.

제43조

당사자가 달리 합의하는 경우를 제외하고 仲裁節次의 어느 단계에서라도 判定部는,
　(1) 당사자에게 문서나 기타 증거의 제출을 요구할 수 있고,
　(2) 분쟁과 관련되는 현장을 조사하고 판정부가 적절하다고 판단하는 장소에서 조사를 실시할 수 있다.

제44조

모든 仲裁節次는 본 절의 규정에 따라 수행되어야 하며 또한 당사자가 별도로 합의하는 경우를 제외하고는, 仲裁 回附 당시 발효 중인 仲裁規則에 따라 진행되어야 한다. 본 節의 仲裁規則이나 당사자가 합의한 規則에 의해 해결할 수 없는 절차상의 문제는 判定部가 이를 결정하여야 한다.

제45조

(1) 일방당사자의 불참이나 답변 거부는 상대방의 주장에 대한 자백으로 간주되지 아니한다.

(2) 상대방이 불참하거나 진술하지 않는 경우에도 당사자는 판정부가 당해 請求를 다루고 判定을 내릴 것을 요청할 수 있다. 判定部는 판정을 내리기 전에 불참한 당사자에게 이를 통고하고 猶豫期間을 주어야 한다. 다만, 당해 당사자에게 그러한 意思가 없음을 判定部가 認知한 경우에는 그러하지 아니하다.

제46조

당사자가 달리 합의하는 경우를 제외하고 일방당사자의 요청이 있으면 判定部는 분쟁의 本案으로부터 직접적으로 발생한 追加請求나 反對請求를 함께 다루어야 한다. 다만, 이러한 請求는 당사자가 합의한 범위 내의 것이고 당사자의 그러한 합의는 센터의 管轄權 內에 있어야 한다.

제47조

당사자가 달리 합의하는 경우를 제외하고 판정부는 필요하다고 인정하는 경우,당사자의 권리를 보전하기 위한 잠정적 조치를 권고할 수 있다.

제4절 判　定

제48조

(1) 判定部는 모든 仲裁人의 다수결에 의하여 결정한다.

(2) 仲裁判定은 書面으로 작성되어야 하며 仲裁人이 이에 署名하여야 한다.

(3) 判定은 판정부에 제출된 모든 請求를 다루어야 하고 또한 판정의 근거가 되는 이유를 명시하여야 한다.

(4) 仲裁人은 중재판정에 대한 소수의견 또는 반대의견을 첨부할 수 있다.

(5) 센터는 당사자의 동의 없이 判定文을 발급해서는 아니된다.

제49조

(1) 사무국장은 判定文의 認證 謄本을 신속히 당사자에게 送付한다. 判定은 그 判定文

의 認證 謄本이 송부되는 날에 내려진 것으로 간주된다.

(2) 判定이 내려진 날로부터 45일 이내에 일방당사자의 요청이 있으면 判定部는 타방당사자에게 이를 통고한 후 判定에서 누락된 사항을 결정할 수 있고, 또한 判定文 上의 어떠한 誤記, 誤算 또는 기타 이에 유사한 오류를 정정하여야 한다. 判定部의 이러한 결정은 判定의 일부를 구성하며 판정문와 동일한 방법으로 당사자에게 통고되어야 한다. 제51조제2항 및 제52조제2항에 규정된 기간은 결정이 내려진 날로부터 起算되어야 한다.

제5절 判定의 解釋, 訂定 및 無效

제50조

(1) 判定文의 해석 또는 범위에 관하여 당사자간에 다툼이 있는 경우 당사자는 사무국장 앞으로 申請書를 제출하여 判定의 해석을 요청할 수 있다.

(2) 위 신청서는 判定을 내린 판정부에 제출해야 하며 그것이 불가능한 경우에는 본 章 제2절의 규정에 따라 새로운 判定部가 구성되어야 한다. 판정부는 필요한 경우에는 위 결정이 있을 때까지 判定의 執行을 유예할 수 있다.

제51조

(1) 당사자가 判定에 결정적으로 영향을 미칠 수 있는 사실을 발견한 경우 사무국장 앞으로 申請書를 제출하여 判定文의 수정을 요청할 수 있다. 다만, 판정이 내려졌을 당시에 이러한 사실이 判定部 및 申請人에게 알려지지 아니하였고 또한 그러한 사실을 알지 못하였음에 過失이 없어야 한다.

(2) 신청은 이러한 사실을 발견한 날로부터 30일 이내에 이루어져야 하고 어떠한 경우에도 判定이 내려진 날로부터 3년 이내에 제기되어야 한다.

(3) 申請書는 판정을 내린 판정부에 제출되어야 하며 그것이 불가능한 경우에는본 章 제2절에 따라 새로운 判定部가 구성되어야 한다.

(4) 판정부는 필요하다고 인정되는 경우 그 결정을 내릴 때까지 判定의 執行을 유예할 수 있다. 신청인이 申請書上에서 判定執行의 유예를 요청할 경우 집행은 判定部가 이러한 요청에 대한 결정을 내릴 때까지 잠정적으로 유예되어야 한다.

제52조

(1) 당사자는 다음 各号의 1이상의 사유로 사무국장에게 申請書를 제출하여 판정의 無效를 요청할 수 있다.

(가) 判定部가 적절한 방법으로 구성되지 아니한 경우

(나) 판정부가 명백히 그 권 한을 逾越 한 경우

(다) 仲裁人에게 부정이 있는 경우

(라) 節次規則으로부터 중대한 逸脫이 있는 경우

(마) 판정문에 判定의 理由를 명시하지 아니한 경우

(2) 신청은 判定이 내려진 날로부터 120일 이내에 이루어져야 한다. 다만, 판정부의 부정을 이유로 한 무효 신청은 그러한 부정을 발견한 날로부터 120일 이내에, 그리고 어떠한 경우라 할지라도 判定이 내려진 날로부터 3년 이내에 해야 한다.

(3) 신청서를 접수하면 議長은 즉시 3人으로 구성된 特別委員會를 仲裁人團으로부터 선정하여야 한다. 판정을 내린 판정부의 仲裁人은 同 委員會에서 제외되며, 분쟁 당사국이나 분쟁당사자의 소속 국가 국민이어서도 아니되며, 이들 국가에 의해 仲裁人團에 지명되지 아니했어야 하고 또는 동일한 분쟁의 調停人으로 활동한 사실이 없어야 한다. 委員會는 제1항에 규정된 사유를 근거로 하여 判定의 전부 또는 일부를 무효로 할 수 있다.

(4) 제41조 내지 제45조, 제48조, 제49조, 제53조 및 제54조와 제6장 및 제7장의 규정은 同 委員會의 節次에 준용된다.

(5) 委員會는 필요한 경우 결정을 내릴 때까지 判定의 집행을 유예할 수 있다. 신청인이 申請書上에서 판정집행의 유예를 요청한 경우 집행은 위원회가 이러한 요청에 대한 결정을 내릴 때까지 잠정적으로 유예되어야 한다.

(6) 判定이 무효가 되면 당해 분쟁은 일방당사자의 요청에 따라 본 章 제2절의 규정에 따라 구성되는 새로운 判定部에 제출되어야 한다.

제6절　判定의　承認과　執行

제53조

(1) 판정은 당사자를 구속하며 본 協約에 규정된 바를 제외하고는 어떠한 抗訴나 또는 기타 救濟手段의 대상이 되지 아니한다. 각 당사자는 본 協約의 관계조항에 따라 집행이 유예된 경우를 제외하고는 判定 내용을 이행해야 한다.

(2) 본 節의 적용상 判定이라 함은 제50조, 제51조 또는 제52조에 따라 이러한 判定을 해석, 수정 또는 무효케 하는 모든 결정을 포함한다.

제54조

(1) 각 체약국은 본 協約에 따라 내려진 判定을 구속력 있는 것으로 승인하고 이를 당해 국가 法院의 最終判決과 같이 취급하여, 同 國家 내에서 이러한 판정에 따른 금전상의 의무를 집행하여야 한다. 연방헌법을 가진 체약국은 연방법원을 통하여 당해 判定을 집행하여야 하며 또한 同 法院은 이를 州 法院의 最終判決과 동등하게 다루어야 한다.

(2) 체약국의 영역 안에서 承認이나 執行을 구하는 당사자는 당해 국가가 이러한 목적을 위하여 지정한 법원이나 기타 당국에 사무국장이 인증한 판정서의 등본을

제출하여야 한다. 각 締約國은 承認과 執行 목적을 위한 관계 法院이나 관련 당국의 指定 및 그 변경 사항을 사무국장에게 통고하여야 한다.

(3) 판정의 집행은 그 집행이 요구된 국가에서 發效 중인 判決의 執行에 관한 法律에 의하여 규율되어야 한다.

제55조

제54조의 어떠한 규정도 당해 국가 또는 외국의 執行免除에 관한 체약국의 法律에 영향을 미치지 않는다.

제5장 仲裁人 및 調停人의 交替 및 不適格

제56조

(1) 調停委員會나 仲裁判定部가 구성되고 심리절차가 개시된 후에는 당해 委員 또는 仲裁人을 변경하지 않는다. 그러나 仲裁人이나 調停人의 사망, 능력상실, 또는 사직에 따른 缺員은 제3장 제2절 또는 제4장 제2절의 규정에 따라 충원되어야 한다.

(2) 調停委員會의 委員이나 또는 仲裁判定部의 仲裁人은 調停人團 또는 仲裁人團 의 職을 喪失한 후에도 委員 또는 仲裁人 자격으로 계속 직무를 수행한다.

(3) 일방당사자가 선정한 調停人 또는 仲裁人이 委員會나 判定部의 同意없이 사직하는 경우 議長은 그 공석을 해당 Panel로부터 충원해야 한다.

제57조

當事者는 仲裁人 또는 調停人이 제14조제1항에서 규정하는 부적격 사유에 해당하는 경우 당해 조정인 또는 중재인의 부적격을 조정위원회나 중재판정부에 주장할 수 있다. 仲裁節次의 일방당사자는 또한 제4장 제2절에 따라 해당 중재인이 중재인으로 선정될 자격이 없음을 이유로 당해 중재인의 부적격을 주장할 수 있다.

제58조

調停人이나 仲裁人의 부적격 주장에 대한 결정은 필요한 경우 위원회나 판정부의 기타 위원이나 중재인이 내려야 한다. 다만, 이러한 기타 위원이나 중재인의 견해가 나누어지거나, 單獨調停人이나 單獨仲裁人에 대한 부적격 결정에 대해서 또는 과반수 조정인이나 중재인의 부적격 결정에 대해서는 理事會 議長이 결정을 내린다. 부적격 주장에 충분한 타당성이 있다는 결정이 내려진 경우 그 결정에 관련되는 調停人이나 仲裁人은 제3장 제2절, 또는 제4장 제2절의 규정에 따라 교체되어야 한다.

제6장 節次 費用

제59조
당사자가 센터 시설의 이용에 대해 부담해야 할 비용은 운영이사회가 채택한 규정에 따라 사무국장이 이를 결정하여야 한다.

제60조
(1) 각 委員會 및 判定部는 운영이사회가 정하는 범위 내에서 또는 사무국장과 합의한 후에 그 委員이나 仲裁人의 수당과 경비를 결정하여야 한다.
(2) 본 조 제1항의 규정은 당사자가 仲裁人의 수당과 경비에 관하여 판정부와 사전에 합의하는 것을 배제하지 아니한다.

제61조
(1) 調停節次의 경우 센터시설의 사용경비와 調停委員會 委員의 수당 및 경비는 당사자가 균등히 분담한다. 당사자는 또한 절차와 관련한 기타 경비를 부담하여야 한다.
(2) 당사자들이 달리 合意한 경우를 제외하고 판정부는 당사자의 절차 관련 부담경비를 산정하여야 하며 또한 판정부의 경비, 仲裁人의 수당과 경비 및 센터시설의 이용에 따른 비용를 누가, 어떻게 부담할지 결정하여야 한다. 이러한 결정은 判定의 일부를 이룬다.

제7장 調停 및 仲裁의 場所

제62조
調停節次와 仲裁節次는 이하에서 달리 규정하는 경우를 제외하고는 센터의 소재지에서 수행되어야 한다.

제63조
調停 및 仲裁節次는 당사자가 합의하는 경우 아래의 장소에서 행하여질 수 있다.
　　(가) 常設仲裁法院(Permanent Court of Arbitration)의 소재지 또는 센터가 절차 수행을 위하여 약정한 기타 기관의 소재지.
　　(나) 조정위원회나 중재판정부가 사무국장과 협의한 후 승인한 기타 장소.

제8장 締約國間의 紛爭

제64조

본 協約의 해석이나 적용에 관하여 체약국간에 발생하여 당사국간에 교섭에 의해해결되지 아니한 분쟁은, 당해 국가가 다른 해결방법에 합의한 경우를 제외하고는 일방당사자의 신청에 의하여 國際司法裁判所(International Court of Justice)에 회부되어야 한다.

제9장 改 正

제65조

어느 체약국이든 본 協約의 改正을 제안할 수 있다. 改正案은 이를 검토할 運營理事會의 會期 90일 전까지 사무국장에게 送付되어야 하며, 사무국장은 운영이사회의 전 구성원에게 이를 전달하여야 한다.

제66조

(1) 운영이사회가 在籍 2/3 이상의 표결로 可決하면 改正案은 批准, 受諾 또는 承認을 위하여 모든 체약국에 송부된다. 본 協約의 寄託機關이 모든 체약국이 그 개정을 비준, 수락 또는 승인하였다는 취지의 통고를 각 체약국에 발송한 후 30일이 경과하면 改正案은 효력을 발생한다.

(2) 同 改正案의 효력 발생 이전에 체약국 또는 그 下部組織이나 機關 또는 그 국가의 국민이 센터의 管轄權에 同意함으로써 갖게 된 본 협약상의 권리, 의무에 改正案은 영향을 미치지 아니한다.

제10장 最終 條項

제67조

본 協約은 世界銀行 회원국의 서명을 위하여 개방된다. 또한 國際私法裁判所(ICJ) 규정의 당사국이며 운영이사회가 그 재적위원 2/3 이상의 찬성으로 서명을 위해 영입한 여타의 국가에 대해서도 개방된다.

제68조

(1) 본 協約은 서명하는 국가의 國內 憲法上 節次에 따라 批准, 受諾 또는 承認되어야 한다.

(2) 본 協約은 批准書, 受諾書 또는 承認書가 20번째로 寄託된 후 30일이 지나면 효력
   을 발생한다. 비준서, 수락서 또는 승인서를 기탁한 국가에 대하여서는 기탁일로
   부터 30일 경과 후 구속력을 갖는다.

제69조
각 체약국은 당해국의 영역 내에서 본 協約의 규정이 발효되기 위해 필요한 입법적
또는 기타 필요한 조치를 취하여야 한다.

제70조
본 協約은 체약국의 모든 책임있는 국제관계 영역에 적용된다. 다만, 批准, 受諾 또는
承認할 당시 본 協約의 寄託機關에 書面 通告로 배제시킨 영역에 대하여서는 그러하
지 아니하다.

제71조
모든 체약국은 본 協約의 寄託機關에 서면 통고로 본 協約을 거부할 수 있다. 이러한
거부는 통고가 접수된 날로부터 6개월 후에 효력을 발생한다.

제72조
제70조 또는 제71조에 의거한 체약국의 통고는, 그러한 통고를 받기 전에 센터의 관
할권에 동의함으로써 체약국 및 그 하부조직, 기관 또는 당해 국가의 국민이 갖는 본
협약상의 권리, 의무에 영향을 미치지 아니한다.

제73조
본 協約 및 그 改正案에 대한 비준서, 수락서 또는 승인서는 본 協約의 기탁기관인 세
계은행에 기탁되어야 한다. 기탁기관은協約의 認證 謄本을 회원국과 협약에 서명하도
록 요청받은 기타 국가에 송부하여야 한다.

제74조
기탁기관은 국제연합헌장 제102조 및 이에 관하여 총회가 채택한 규정에 따라 국제
연합사무국에 본 協約을 등록하여야 한다.

제75조
기탁기관은 모든 체약국에 대하여 다음의 사항을 통고하여야 한다.
   (1) 제67조에 따른 서명
   (2) 제73조에 따른 비준서, 수락서 및 승인서의 기탁
   (3) 제68조에 따른 본 협약의 효력발생 일자

(4) 제70조에 따른 본 협약 적용 제외 영역
(5) 제66조에 따른 본 협약 개정의 효력 발생 일자
(6) 제71조에 따른 거부

영어, 불어 및 서반아어로 同等하게 正本인 協約案을 워싱턴에서 작성하였으며, 國際復興開發銀行(IBRD)의 文書局에 이를 기탁하여야 한다. 同 銀行은 아래에 署名함으로써 본 協約에 의하여 부과된 기능을 수행하는 데 동의하였다.

Ⅱ. 국내 ADR 관련법안(국회에 제출된 법안)[14]

1. 대체적 분쟁해결 기본법안(우윤근 의원 대표발의)[15]

제1편 총 칙

제1조(목적) 이 법은 민사 또는 공공기관의 업무에 관한 분쟁을 대체적 분쟁해결제도에 의하여 적정·공평·신속하게 해결함을 목적으로 한다.

제2조(정의) 이 법에서 사용하는 용어의 뜻은 다음과 같다.
  1. "대체적 분쟁해결"이란 법원의 재판이나 행정심판 등에 의하지 아니하고 민사 또는 공공기관의 업무에 관한 분쟁을 해결하기 위해 제3자가 관여하여 분쟁의 공정한 해결을 도모하는 절차를 말한다.
  2. "당사자"란 민사 또는 공공기관의 업무에 관한 분쟁에 있어 대체적 분쟁해결 절차의 개시를 신청한 자(이하 "신청인"이라 한다) 또는 그 상대방(이하 "피신청인"이라 한다)을 말한다.
  3. "이해관계인"이란 대체적 분쟁해결 절차의 결과에 따라 이해관계가 달라지는 자로서 대체적 분쟁해결 절차의 신청인 또는 피신청인이 아닌 절차의 참여자를 말한다.
  4. "중립인"이란 이 법에 따른 자격 교육을 이수하고 중립인 명부에 등재된 자로서 대체적 분쟁해결 절차에 관여하여 분쟁의 공정한 해결을 도모하는 제3자를 말한다.
  5. "책임중립인"이란 복수의 중립인 중 대체적 분쟁해결 절차를 주재하는 책임 있는 중립인을 말한다.
  6. "조정"이란 당사자들의 분쟁해결을 위하여 중립인이 개입하여 자발적 합의를 도출하는 것을 지원하는 대체적 분쟁해결 절차를 말한다.
  7. "조정인"이란 조정을 수행하는 중립인을 말한다.

---

14) 여기의 법안들은 17대~19대국회에 제출된 후 통과되지 못했으나, 향후의 ADR 관련법 입법 시에 언제든지 중요한 참고자료가 될 수 있으므로 부록에 실었다.

15) 이 법안은 2013년 12월 6일 19대국회에 제출되었다.

   8. "공공기관"이란 국가기관 및 지방자치단체, 그 밖에 대통령령으로 정하는 공공단체를 말한다.

   9. "위원회"란 그 명칭 여하에 불구하고 공공기관의 업무와 관련된 분쟁해결을 위하여 다른 법령에 따라 해당 공공기관에 설치된 대체적 분쟁해결 절차를 진행하는 합의체를 말한다.

제3조(기본이념) 대체적 분쟁해결은 분쟁 당사자의 자주적인 분쟁해결 노력을 존중하고, 중립인의 전문적인 식견을 반영하여 분쟁의 실정에 맞는 신속하고 공정하며 합리적인 해결을 도모하는 것을 기본이념으로 한다.

제4조(국가 등의 책무) ① 국가는 대체적 분쟁해결제도의 확립과 발전을 위하여 대체적 분쟁해결 절차에 관한 국내외의 동향, 그 이용 상황 등에 대한 조사·분석 및 정보의 제공, 대체적 분쟁해결 프로그램의 개발 및 대체적 분쟁해결 관련기관의 육성방안 등을 포함한 종합적인 시책을 세우고 그 시책의 추진에 필요한 행정적·재정적 지원방안 등을 마련하여야 한다.
② 지방자치단체는 국가의 시책에 협조하고 대체적 분쟁해결 절차에 관한 정보의 제공 및 그 밖에 필요한 행정적·재정적 지원조치를 하여야 한다.

제5조(다른 법률과의 관계) 대체적 분쟁해결에 관하여 다른 법률에 특별한 규정이 있는 경우를 제외하고는 이 법이 정하는 바에 따른다.

제2편 대체적 분쟁해결

제1장 통 칙

제6조(대체적 분쟁해결 절차의 개시 신청) ① 민사 또는 공공기관의 업무에 관한 분쟁해결을 위하여 이 법에서 정하는 분쟁해결 절차의 개시를 신청하고자 하는 자는 중립인에게 대체적 분쟁해결 신청서를 제출하여야 한다.
② 제1항에 따른 신청서의 기재사항은 대통령령으로 정한다.

제7조(신청의 각하 등) ① 이 법에 따른 대체적 분쟁해결 절차 개시의 신청이 부적법한 경우 중립인(중립인이 복수일 경우에는 책임중립인을 말한다. 이하 이 조에서 같다)은 상당한 기간을 정하여 그 기간 내에 흠을 바로 잡을 것을 권고할 수 있다.
② 대체적 분쟁해결 절차의 신청인이 제1항에 따른 권고에 불응하거나 흠을 바로잡을 수 없는 경우 중립인은 결정으로 신청을 각하할 수 있다.

③ 대체적 분쟁해결 절차의 신청인이 법원의 재판 또는 이 법에 따른 대체적 분쟁해결 절차를 이미 거쳤거나 거치고 있는 경우 중립인은 대체적 분쟁해결 절차 개시의 신청을 결정으로 각하할 수 있다.

제8조(절차의 통합) 대체적 분쟁해결 절차를 진행하는 중립인은 동일한 사안에 대하여 다수의 분쟁해결 절차의 개시가 신청된 경우에는 그 다수의 신청을 통합하여 분쟁해결 절차를 진행할 수 있다.

제9조(감정 등의 비용부담) ① 대체적 분쟁해결 절차에서의 감정·진단·시험 등에 소요되는 비용은 당사자 간에 특별한 합의가 없으면 당사자가 각자 부담하여야 한다.
② 중립인은 필요하다고 인정하는 경우 대통령령으로 정하는 바에 따라 당사자로 하여금 제1항에 따른 비용을 예납하게 할 수 있다.
③ 제20조에 따른 대체적 분쟁해결 운영기관은 내부 규정으로 제1항에 따른 비용의 범위 등에 관하여 세부적으로 정할 수 있다.

제10조(절차의 비공개 등) ① 이 법에 의한 대체적 분쟁해결 절차는 당사자가 동의하는 경우를 제외하고는 공개하지 아니한다.
② 당사자와 중립인, 공공기관의 공무원 또는 직원 등으로서 이 법에 따른 분쟁해결 절차에 관여하였던 자와 그 지원업무에 종사하였던 자 및 이해관계인이나 증인·참고인·감정인 등으로 분쟁해결 절차에 참여하였던 자는 다른 법률에 특별한 규정이 있는 경우를 제외하고는 그 대체적 분쟁해결 절차상 알게 된 비밀을 타인에게 누설하거나 직무상 목적 외에 사용하여서는 아니 된다.

제11조(대체적 분쟁해결의 효력) ① 이 법에 따른 대체적 분쟁해결 절차에 따라 당사자 간의 합의가 성립된 경우에는 민법상 화해의 효력이 있다.
② 제1항에도 불구하고 다른 법령에 따른 공공기관에 의한 대체적 분쟁해결 절차에서 당사자 간의 합의가 성립된 경우에는 그 근거가 되는 다른 법령이 분쟁해결의 효력에 대해 별도로 규정하는 바에 따른다.

제2장 대체적 분쟁해결 절차의 참가자

제1절 당사자 등

제12조(당사자의 의무) 당사자는 대체적 분쟁해결 절차의 원활한 진행과 신속하고 합리적인 분쟁해결을 위하여 성실하게 노력하여야 하며, 대체적 분쟁해결 절차의 결과에 따른 자신의 의무를 이행하여야 한다.

제13조(대표당사자) ① 공동의 이해관계가 있는 다수의 당사자는 그 중 한 사람 또는 여러 사람을 대표당사자로 선정할 수 있다.

② 대체적 분쟁해결 절차를 진행하는 중립인은 당사자가 제1항에 따른 대표당사자를 선정하지 아니한 경우 필요하다고 인정할 때에는 당사자에게 대표당사자를 선정할 것을 권고할 수 있다.

③ 대표당사자가 선정된 때에는 다른 당사자는 그 대표당사자를 통하여서만 그 사건에 관한 행위를 할 수 있다.

④ 대표당사자는 자신을 선정한 다른 당사자를 위하여 그 사건의 분쟁해결에 관한 모든 행위를 할 수 있다. 다만, 대체적 분쟁해결 절차의 개시 신청의 철회 및 조정안 등 분쟁해결안의 수락은 다른 당사자의 서면에 의한 동의를 얻어야 한다.

⑤ 대표당사자를 선정한 당사자는 필요하다고 인정하는 경우에는 대표당사자를 해임하거나 변경할 수 있다. 이 경우 당사자는 그 사실을 지체 없이 중립인에게 통지하여야 한다.

제14조(피신청인의 경정) ① 중립인(중립인이 복수일 경우에는 책임중립인을 말한다. 이하 이 조에서 같다)은 대체적 분쟁해결의 신청인이 피신청인을 잘못 지정하였을 경우에는 신청인의 신청에 따라 피신청인의 경정을 승인할 수 있다.

② 중립인은 제1항에 따른 승인을 한 경우 이를 당사자와 새로운 피신청인에게 통보하여야 한다.

③ 제1항에 따른 승인이 있는 때에는 종전의 피신청인에 대한 절차개시 신청은 철회되고 새로운 피신청인에 대한 신청이 제1항에 따른 경정 신청이 있은 때에 있는 것으로 본다.

제15조(대리인) ① 당사자는 다음 각 호의 어느 하나에 해당하는 사람을 대리인으로 선임할 수 있다.

    1. 당사자의 배우자, 직계존비속 또는 형제자매

    2. 당사자인 법인의 임직원

    3. 변호사

② 대리인의 권한은 서면으로 정하여야 한다.

③ 제1항제1호 또는 제2호의 사람을 대리인으로 선임하는 당사자는 중립인에게 그 사실과 대리인의 권한을 서면으로 통보하여야 한다.

④ 대리인은 다음 각 호의 행위에 대하여는 당사자로부터 특별히 위임을 받아야 한다.

    1. 대체적 분쟁해결 절차의 개시 신청의 철회

    2. 조정안 등 분쟁해결안의 수락

제16조(당사자의 불출석) ① 대체적 분쟁해결의 신청인이 사전에 중립인의 허가를 받

지 않거나 천재지변 등 대통령령으로 정하는 정당한 사유 없이 통보된 분쟁해결 절차 기일에 출석하지 않으면 신청을 철회한 것으로 본다. 이 경우 중립인은 분쟁해결 절차의 종료를 선언하고 그 사유를 당사자에게 통보하여야 한다.

② 대체적 분쟁해결의 피신청인이 사전에 중립인의 허가를 받지 않거나 천재지변 등 대통령령으로 정하는 정당한 사유 없이 통보된 분쟁해결 절차 기일에 출석하지 않으면 중립인은 분쟁해결 절차의 종료를 선언하고 그 사유를 당사자에게 통보하여야 한다.

③ 제1항 및 제2항에 따른 분쟁해결 절차 기일 불출석의 효과에 대해서는 분쟁해결 절차 기일 통보 시 양 당사자에게 미리 고지하여야 한다.

제17조(절차의 참가) ① 사건이 대체적 분쟁해결 절차에 계류되고 있는 경우에 동일한 사유로 그 분쟁해결 절차에 참가하고자 하는 사람은 중립인의 승인을 얻어 당사자로서 해당 절차에 참가할 수 있다.

② 당사자가 아닌 사람으로서 분쟁과 이해관계가 있는 사람은 중립인의 승인을 얻어 이해관계인으로서 해당 절차에 참가할 수 있다.

제2절 중 립 인

제18조(중립인 결격사유) 다음 각 호의 어느 하나에 해당하는 사람은 중립인이 될 수 없다.

1. 미성년자 또는 피성년후견인
2. 파산선고를 받고 복권되지 아니한 사람
3. 금고 이상의 실형을 선고받고 그 집행이 끝나거나 그 집행을 받지 아니하기로 확정된 후 5년이 지나지 아니한 사람
4. 금고 이상의 형의 집행유예를 선고받고 그 유예기간이 지난 후 3년이 지나지 아니한 사람
5. 금고 이상의 형의 집행유예를 선고받고 그 유예기간 중에 있는 사람
6. 탄핵이나 징계처분에 의하여 파면된 후 5년이 지나지 아니하거나 징계처분에 의하여 해임된 후 3년이 지나지 아니한 사람

제19조(중립인의 자격 등) ① 중립인이 되고자 하는 자는 대통령령으로 정하는 자격 교육을 이수하여야 한다. 대체적 분쟁해결을 위하여 법원 또는 공공기관에서 법령에 따른 당연직으로서 중립인의 역할을 하는 경우에는 그러하지 아니하다.

② 제1항에 따른 교육은 법원 또는 제42조에 따라 법무부장관이 인증하는 대체적 분쟁해결기관, 그 밖에 대통령령으로 정하는 기관에서 시행한다.

제20조(중립인 명부) 법원 및 제42조에 따라 법무부장관이 인증하는 대체적 분쟁해

결기관, 그 밖에 대통령령으로 정하는 바에 따라 대체적 분쟁해결 절차를 운영하는 기관(이하 "대체적 분쟁해결 운영기관"이라 한다)은 대통령령으로 정하는 바에 따라 중립인에 대한 명부를 작성하여 홈페이지에 게시하고 이를 법무부장관에게 통보하여야 한다.

제21조(중립인의 선정절차 등) ① 대체적 분쟁해결 운영기관은 대통령령으로 정하는 바에 따라 중립인 명부에서 중립인을 선정할 수 있는 절차를 마련하여야 한다.
② 중립인은 3인 이상의 홀수로 선정하여야 한다. 다만, 당사자 간의 합의로 1인으로 할 수 있다.
③ 중립인이 복수일 경우 책임중립인을 선정하여야 한다.
④ 위원회가 설치되지 않은 공공기관이 대체적 분쟁해결 절차를 운영하고자 하는 경우에는 법령에 의한 당연직을 제외하고 제20조에 따른 중립인 명부에서 중립인을 임명 또는 위촉하여야 한다.

제22조(중립인의 제척·기피·회피) ① 임명 또는 위촉된 중립인은 다음 각 호의 어느 하나에 해당하면 해당 사건의 대체적 분쟁해결 절차에서 제척된다. 다만, 당사자가 동의하는 경우에는 그러하지 아니하다.
　　1. 중립인 또는 그 배우자나 배우자이었던 사람이 사건의 당사자가 되거나, 사건의 당사자와 공동권리자·공동의무자 또는 상환의무자의 관계에 있는 때
　　2. 중립인이 당사자와 친족의 관계에 있거나 그러한 관계에 있었을 때
　　3. 중립인이 사건에 관하여 증언이나 감정, 자문을 하였을 때
　　4. 중립인이 당사자의 대리인이었거나 대리인이 된 때
　　5. 중립인이 사건의 원인이 된 처분 또는 부작위에 관여하였을 때
② 당사자는 중립인에게 공정한 대체적 분쟁해결을 기대하기 어려운 사정이 있는 때에는 서면으로 기피신청을 할 수 있다.
③ 기피신청이 대체적 분쟁해결 절차의 지연을 목적으로 하는 것이 분명한 경우에는 책임중립인은 결정으로 이를 각하한다.
④ 책임중립인은 제척 또는 기피신청에 대하여 직권으로 결정을 하여야 한다. 다만, 책임중립인에게 제척 또는 기피사유가 있는 때에는 다른 중립인 중 연장자가 이에 대한 결정을 하여야 한다.
⑤ 중립인은 제1항 또는 제2항의 사유가 있는 경우에는 스스로 해당 사건의 대체적 분쟁해결 절차에서 회피할 수 있다.

제23조(중립인의 공정성) 중립인은 대체적 분쟁해결 절차에서 당사자 간의 분쟁해결을 지원함에 있어 독립적이고 공정하여야 한다.

제24조(중립인의 직권조사 등) ① 중립인은 필요한 경우 직권으로 사실관계를 조사할 수 있다.

② 당사자의 합의가 있는 경우 중립인은 증인·참고인·감정인 등의 진술을 들을 수 있다.

제25조(중립인의 책임) 중립인은 대체적 분쟁해결 절차 및 결과와 관련하여 형사상 범죄행위를 제외하고는 어떠한 민형사상 책임을 지지 않는다.

제26조(행정비용 및 중립인에 대한 수당) ① 대체적 분쟁해결 절차에 소요되는 행정비용 및 중립인에 대한 수당은 법령에 의하여 법원이나 공공기관이 부담하는 경우를 제외하고 당사자가 각자 부담한다.

② 대체적 분쟁해결 운영기관은 대통령령으로 정하는 바에 따라 제1항에 따른 비용 및 수당을 미리 홈페이지에 게시하여야 한다.

제27조(협회의 설립) ① 중립인은 대체적 분쟁해결제도의 건전한 발전과 중립인의 자질 향상, 교육훈련 등을 위하여 중립인협회(이하 "협회"라 한다)를 설립할 수 있다.

② 협회는 법인으로 한다.

③ 협회는 주된 사무소의 소재지에서 설립등기를 함으로써 성립한다.

④ 협회 회원의 자격과 임원에 관한 사항 등은 정관으로 정한다.

⑤ 협회의 설립 절차, 정관의 기재 사항과 그 밖에 협회의 업무 및 감독에 필요한 사항은 대통령령으로 정한다.

제28조(건의와 자문 등) ① 협회는 대체적 분쟁해결제도에 관한 사항에 대하여 정부에 건의할 수 있고, 대체적 분쟁해결제도에 관한 정부의 자문에 응하여야 한다.

② 협회는 회원 또는 회원 자격을 가진 중립인이 이 법을 위반한 사실을 발견하면 그 내용을 확인하여 법무부장관에게 보고하여야 한다.

제29조(「민법」의 준용) 협회에 관하여 이 법에 규정된 사항을 제외하고는 「민법」 중 사단법인에 관한 규정을 준용한다.

제3장 조　정

제30조(조정이용합의) ① 민사 또는 공공기관의 업무에 관한 분쟁의 당사자는 당사자 간에 이미 발생하였거나 장래 발생할 수 있는 분쟁의 전부 또는 일부를 조정에 의하여 해결하도록 하는 합의(이하 "조정이용합의"라 한다)를 할 수 있다.

② 조정이용합의는 구술 또는 서면으로 할 수 있다.

③ 당사자는 조정이용합의를 한 경우에도 언제든지 법원에 소를 제기할 수 있다.

제31조(조정신청서) ① 조정절차의 개시를 원하는 당사자는 조정신청서를 작성하여 조정인에게 제출하여야 한다.
② 조정신청서에는 당사자, 분쟁의 대상, 조정이용합의의 내용을 기재하여야 한다.

제32조(다수 당사자의 조정절차) ① 조정인은 당사자가 다수인 경우 조정신청서를 각 당사자에게 개별적으로 송부하여야 한다. 다만, 대표당사자가 있는 경우에는 대표당사자에게만 송부할 수 있다.
② 조정신청서를 송부받은 당사자 전원이 조정절차에 동의하지 않는 경우 조정절차는 동의한 당사자 사이에서만 진행된다.

제33조(조정인의 선정) 당사자 간에 합의가 있으면 조정인은 국적에 관계없이 선정될 수 있다.

제34조(조정절차의 개시) ① 조정절차는 신청인의 조정신청에 대하여 상대방이 동의한 경우에 시작된다.
② 동의의 의사표시는 서면, 팩스, 전자우편을 통하여 할 수 있다.
③ 상대방이 조정절차에 참석한 경우에는 동의의 의사표시가 있는 것으로 본다.
④ 상대방이 신청인이 제시한 기한 내에 동의 여부에 관하여 답변하지 않거나, 기한을 제시하지 않은 경우 조정 신청 후 10일 내에 답변하지 않으면 조정절차의 개시에 동의하지 아니하는 것으로 본다.

제35조(조정절차의 진행) ① 당사자는 조정절차에서 동등한 대우를 받아야 하며, 사건에 대하여 충분히 진술할 기회를 부여받아야 한다.
② 당사자는 조정절차의 진행 방식에 관하여 합의할 수 있다.
③ 당사자의 합의가 없는 경우 조정인은 공정하고 합리적인 방식에 따라 조정절차를 진행한다.

제36조(조정의 불성립) 조정인은 당사자 사이에 합의가 성립하지 아니하는 경우에는 조정이 성립되지 아니한 것으로 사건을 종결시켜야 한다.

제37조(조정의 성립) ① 조정인은 조정의 어느 단계에서든 조정안을 제시할 수 있다.
② 조정인은 조정안에 대하여 당사자에게 합의를 강요해서는 안 된다.
③ 조정인이 조정안을 당사자에게 제시한 이후 1주 내에 당사자가 반대의견을 제시하지 않으면 조정은 성립된 것으로 본다.
④ 조정서는 서면으로 작성하고, 조정인과 당사자(제13조제4항에 따라 대표당사자가

조정안 수락에 대하여 다른 당사자들의 서면에 의한 동의를 받았을 경우에는 대표당사자)가 모두 서명하여야 한다. 다만, 조정인이 조정서에 서명함에 지장이 있는 때에는 다른 조정인이 조정서에 그 사유를 적고 서명하여야 한다.
⑤ 조정서에는 이유를 기재할 필요가 없다.

제38조(조정서의 경정) 조정서에 잘못된 계산이나 기재, 그 밖에 이와 비슷한 잘못이 있음이 분명한 때에 조정인은 직권으로 또는 당사자의 신청에 따라 이를 경정할 수 있다.

제39조(조정절차의 종료) ① 조정절차는 다음 각 호의 어느 하나에 해당하는 경우 종료한다.
   1. 조정이 성립하거나 불성립한 경우
   2. 신청인이 조정신청을 철회한 경우
   3. 당사자가 조정절차의 종료에 합의한 경우
   4. 조정인이 조정절차의 진행이 불필요하거나 불가능하다고 인정한 경우
   5. 조정사건에 대해 법원에 소가 제기된 경우
② 제1항의 경우 조정인은 조정절차 종료에 관하여 조서를 작성하여야 한다.

제40조(조정서의 집행) ① 당사자는 법원에 조정서의 집행을 신청할 수 있다.
② 법원은 제1항의 신청에 따라 조정서의 집행에 대한 결정을 내릴 수 있다.

제41조(조정절차의 신뢰성) 조정절차에서의 당사자나 이해관계인의 진술 및 제출된 자료는 재판 등 이후의 어떠한 절차에서도 원용할 수 없다. 다만, 법률로 공개가 의무화되어 있거나 당사자 사이에 합의가 있는 경우에는 그러하지 아니하다.

제3편 민간사업자에 의한 대체적 분쟁해결

제42조(대체적 분쟁해결 민간사업자에 대한 인증 등) ① 법무부장관은 대체적 분쟁해결을 업무로 하는 민간사업자에 대하여 대체적 분쟁해결 민간사업자의 인증(이하 "인증"이라 한다)을 할 수 있다.
② 인증을 받으려는 민간사업자는 대통령령으로 정하는 바에 따라 법무부장관에게 신청하여야 한다.
③ 법무부장관은 제1항에 따라 인증을 받은 민간사업자(이하 "인증사업자"라 한다)에게 인증서를 발급할 수 있다.
④ 법무부장관은 인증사업자가 제5항에 따른 인증기준을 적합하게 유지하는지에 대

하여 점검할 수 있다.

⑤ 인증의 기준, 절차 및 점검 등에 필요한 사항은 대통령령으로 정한다.

제43조(인증의 결격사유) 법무부장관은 인증을 받으려는 자가 다음 각 호의 어느 하나에 해당하는 경우에는 인증을 하여서는 아니 된다.

    1. 미성년자 또는 피성년후견인

    2. 파산선고를 받고 복권되지 아니한 사람

    3. 금고 이상의 실형을 선고받고 그 집행이 끝나거나 그 집행을 받지 아니하기로 확정된 후 3년이 지나지 아니한 사람

    4. 금고 이상의 형의 집행유예를 선고받고 그 유예기간이 지난 후 2년이 지나지 아니한 사람

    5. 금고 이상의 형의 집행유예를 선고받고 그 유예 기간 중에 있는 사람

    6. 법인의 대표자를 포함한 임원 중 제3호부터 제5호까지에 해당하는 사람이 있는 경우

    7. 제44조에 따라 인증이 취소된 날부터 3년이 지나지 아니한 경우

제44조(인증의 취소 등) ① 법무부장관은 인증사업자가 다음 각 호의 어느 하나에 해당하는 경우에는 인증을 취소하거나 1년 이내의 기간을 정하여 업무의 정지를 명할 수 있다. 다만, 제1호에 해당하거나 제4호의 사유가 발생한 후 60일이 지났을 때에는 인증을 취소하여야 한다.

    1. 거짓이나 그 밖의 부정한 방법으로 인증을 받은 경우

    2. 업무정지명령을 위반하여 업무를 수행한 경우

    3. 제42조제4항에 따른 점검을 정당한 사유 없이 거부한 경우

    4. 제42조제5항의 인증기준에 적합하지 아니하게 된 경우

    5. 다른 사람에게 자기의 성명 또는 상호를 사용하여 제42조에 따른 영업을 하게 하거나 인증서를 대여한 경우

    6. 인증사업자로 지정된 후 1년 이상 실적이 없는 경우

② 인증사업자는 제1항에 따라 인증이 취소된 경우에는 제42조제3항에 따른 인증서를 반납하여야 한다.

③ 법무부장관은 제1항에 따라 인증을 취소하거나 업무정지명령을 하려면 청문을 하여야 한다.

④ 제1항에 따른 인승취소 및 업무정지명령의 절차 및 기준 등에 필요한 사항은 대통령령으로 정한다.

제45조(인증사업자에 관한 정보의 공표) 법무부장관은 인증사업자에 의한 대체적 분쟁해결을 촉진하기 위하여 법무부령으로 정하는 바에 따라 인증사업자의 성명 또는

명칭, 해당 업무를 취급하는 사무소의 소재지, 해당 업무의 내용 및 그 실시 방법 등에 관하여 공표할 수 있다.

제46조(변경의 신고) 인증사업자는 다음 각 호의 어느 하나에 해당하는 사항의 변경이 있을 때는 법무부령으로 정하는 바에 따라 지체 없이 법무부장관에게 신고하여야 한다.
    1. 성명이나 명칭 또는 주소
    2. 법인의 경우는 정관, 그 밖의 기본약관
    3. 그 밖에 법무부령으로 정하는 사항

제47조(업무의 인계) ① 인증사업자가 인증의 취소 또는 업무의 정지로 인하여 대체적 분쟁해결 업무를 지속하기 어려울 경우에는 당사자의 동의를 얻어 다른 인증사업자에게 그 업무를 인계하여야 한다.
② 제1항에 따라 업무의 인계를 받은 인증사업자는 당사자의 동의를 얻어 기존에 대체적 분쟁해결 절차를 진행하던 중립인으로 하여금 절차를 계속하여 진행하도록 할 수 있다.
③ 제1항에 따른 업무의 인계 절차, 방법 등에 필요한 사항은 대통령령으로 정한다.

제48조(인증사업자 권리·의무의 승계) ① 인증사업자가 그 사업을 양도하거나 사망한 경우 또는 법인인 인증사업자가 합병한 경우에는 그 양수인이나 상속인 또는 합병 후 존속하는 법인이나 합병에 따라 설립되는 법인은 인증사업자의 권리·의무를 승계한다.
② 제1항에 따라 인증을 받은 자의 지위를 승계한 자는 30일 이내에 법무부장관에게 신고하여야 하다.
③ 제1항에 따라 인증을 받은 자의 지위를 승계한 자는 당사자의 동의를 얻어 기존에 대체적 분쟁해결 절차를 진행하던 중립인으로 하여금 절차를 계속하여 진행하도록 할 수 있다.
④ 제2항에 따른 신고에 필요한 사항은 대통령령으로 정한다.

제49조(사업보고서 등의 제출) 인증사업자는 그 업무에 관하여 매 사업연도 개시 후 3개월 이내에 법무부령으로 정하는 바에 따라 그 사업연도의 사업보고서, 재산목록, 대차대조표 및 손익계산서 등을 작성하여 법무부장관에게 제출하여야 한다.

제50조(보고 및 검사) ① 법무부장관은 법무부령으로 정하는 바에 따라 인증사업자에 대하여 해당 업무의 실시상황에 관하여 필요한 보고를 하도록 하거나, 소속 공무원으로 하여금 해당 사업자의 사무소에 출입하여 업무의 실시상황 또는 장부, 서류 그 밖의 물건을 검사하게 하거나 관계자에게 질문하게 할 수 있다.

② 제1항에 따라 현장검사를 하는 공무원은 그 신분을 나타내는 증표를 휴대하여 이를 관계자에게 제시하여야 한다.

제51조(권고 등) ① 법무부장관은 인증사업자에 대하여 제50조의 보고 또는 검사 결과 그 업무의 적정한 운영을 확보하기 위하여 필요하다고 인정할 때에는 기한을 정하여 해당 업무에 관하여 필요한 조치를 취하도록 권고할 수 있다.
② 법무부장관은 제1항의 권고를 받은 인증사업자가 정당한 이유 없이 그 권고에 응하지 않을 경우에는 해당 인증사업자에 대하여 그 권고와 관련된 조치를 취할 것을 명할 수 있다.

제52조(인증사업자에 대한 지원) ① 법무부장관은 인증사업자에 대하여 예산의 범위 내에서 다음 각 호에 해당하는 지원을 할 수 있다.
   1. 대체적 분쟁해결 업무의 컨설팅
   2. 대체적 분쟁해결 업무 네트워크 구축
   3. 대체적 분쟁해결 업무 종사자의 교육 및 복지
   4. 그 밖에 대체적 분쟁해결 민간사업자 육성을 위하여 필요한 사항
② 제1항에 따른 지원의 절차와 범위 등에 필요한 사항은 대통령령으로 정한다.

제4편 공공기관에 의한 대체적 분쟁해결

제53조(대체적 분쟁해결 절차의 개시 신청 등) ① 공공기관의 업무와 관련된 분쟁해결을 위하여 이 법이 정하는 대체적 분쟁해결 절차를 신청하고자 하는 자는 해당 법령으로 정하는 각 위원회의 장(이하 "위원장"이라 한다)에게 대체적 분쟁해결 신청서를 제출하여야 한다. 다만, 위원회가 설치되어 있지 아니한 경우에는 해당 공공기관의 장에게 제출한다.
② 공공기관이 분쟁의 일방 당사자가 되는 경우 해당 공공기관의 장은 소속공무원 또는 직원을 절차수행자로 지정할 수 있다.
③ 위원장 또는 공공기관의 장이 제1항에 따른 신청서를 받은 때에는 당사자와 협의하여 지체 없이 제21조에 따라 중립인을 선정하여야 한다.

제54조(관계기관의 협조) ① 제53조에 따라 선정된 중립인은 분쟁해결을 위하여 필요하다고 인정하는 경우 관계 공공기관의 장에 대하여 자료 또는 의견의 제출, 검증 등 필요한 협조를 요청할 수 있다.
② 중립인은 분쟁의 해결을 위하여 관계 공공기관의 장의 시정조치 등 행정조치가 필요하다고 인정하는 경우에는 그러한 행정조치를 취하도록 권고할 수 있다.

③ 제1항 및 제2항에 따른 협조를 요청받거나 권고를 받은 관계 공공기관의 장은 정당한 사유가 없는 한 이에 응하여야 한다.

제55조(조사권 등) ① 중립인은 분쟁의 해결을 위하여 필요하다고 인정하는 때에는 당사자가 점유하고 있는 사건과 관련이 있는 장소에 출입하여 관계문서 또는 물건을 조사·열람 또는 복사하거나 참고인의 진술을 들을 수 있다.
② 제1항의 경우에 중립인은 그 권한을 나타내는 증표를 휴대하여 이를 관계자에게 제시하여야 한다.
③ 중립인은 제1항에 따른 조사 결과를 대체적 분쟁해결의 자료로 할 때에는 당사자의 의견을 들어야 한다.

제56조(정보공개의 특칙) 공공기관에 의한 대체적 분쟁해결 절차에서 당사자의 요청에 의하여 중립인이 비공개하도록 결정한 정보는 공개하지 아니한다. 다만, 위법한 행위를 방지하거나 공공의 안전을 위하여 필요한 경우 등 대통령령으로 정하는 경우에는 그러하지 아니하다.

제5편 법원에 의한 대체적 분쟁해결

제57조(대체적 분쟁해결의 촉진 등) ① 법원은 대법원규칙으로 정하는 바에 따라 신속하고 합리적인 분쟁의 해결을 촉진하기 위하여 다양한 대체적 분쟁해결 프로그램을 마련하여야 한다.
② 법원은 민사 또는 공공기관의 업무에 관한 분쟁의 당사자에게 소송의 적절한 단계에서 대체적 분쟁해결 절차를 이용하도록 권고할 수 있다.
③ 법원의 권고로 대체적 분쟁해결 절차가 시작되면 소송절차는 중지된다.

제58조(대체적 분쟁해결 프로그램 전담 공무원 지정) 법원은 대체적 분쟁해결의 촉진을 위하여 대법원규칙으로 정하는 바에 따라 대체적 분쟁해결 절차에 관하여 지식과 경험이 풍부한 법관이나 법관 외의 법원공무원을 대체적 분쟁해결 프로그램 전담 공무원으로 지정하여야 한다.

제59조(대체적 분쟁해결 전치주의) ① 민사 또는 공공기관의 업무에 관한 분쟁의 당사자는 소송목적의 값이 대법원규칙으로 정하는 금액 이하인 사건의 경우에는 법원에 소를 제기하기 전에 이 법에 따른 대체적 분쟁해결 절차를 거쳐야 한다.
② 제1항에 따른 당사자는 이 법에 따른 대체적 분쟁해결 절차를 거친 후 대체적 분쟁해결의 성립이나 불성립에 관한 중립인의 확인서를 대법원규칙으로 정하는 바에

따라 법원에 제출하여야 한다.

제60조(대체적 분쟁해결 제외 사건) 법원은 제59조에 따라 소송목적의 값이 대법원 규칙으로 정하는 금액 이하인 사건이라 할지라도 대체적 분쟁해결의 이용이 적절하지 않은 사건에 대하여는 대법원규칙으로 정하는 바에 따라 이 법의 적용을 배제할 수 있다.

제61조(조정전치주의에 관한 특칙) 「가사소송법」에 따른 나류 및 다류 가사소송사건과 마류 가사비송사건에 대하여 소를 제기한 당사자가 소제기 전에 이 법에 따른 대체적 분쟁해결 절차의 개시를 신청한 후 당사자 간의 합의가 성립될 가망이 없음을 이유로 그 분쟁해결 절차가 종료되었을 경우에는 「가사소송법」 제50조의 규정은 적용하지 않는다. 이 경우 수소법원이 적당하다고 인정할 때는 직권으로 사건을 조정에 회부할 수 있다.

제62조(소송절차의 중지) ① 민사 또는 공공기관의 업무에 관한 분쟁에 관하여 소송이 계속되어 있는 경우 다음 각 호의 어느 하나에 해당하는 사유가 있고 해당 당사자의 공동의 신청이 있는 경우에는 수소법원은 4개월 이내의 기간을 정하여 소송절차의 중지를 명할 수 있다.
   1. 해당 분쟁에 관하여 당사자 사이에 대체적 분쟁해결 절차가 실시되고 있는 경우
   2. 당사자 사이에 대체적 분쟁해결 절차에 의하여 해당 분쟁의 해결을 도모하는 취지의 합의가 있는 경우
② 수소법원은 언제라도 전항의 결정을 취소할 수 있다.
③ 제1항의 신청을 기각하는 결정 및 제2항에 따라 제1항의 결정을 취소하는 결정에 대하여는 불복할 수 없다.

제63조(규칙 제정권) 법원에 의한 대체적 분쟁해결의 구체적인 시행을 위하여 필요한 사항에 관하여는 대법원규칙으로 정할 수 있다.

제6편 보 칙

제64조(소멸시효의 중단) ① 이 법에 따른 대체적 분쟁해결 절차 개시의 신청은 시효중단의 효력이 있다.
② 당사자의 신청에 의한 대체적 분쟁해결 사건에 관하여 다음 각 호의 어느 하나에 해당하는 사유가 있는 때에는 당사자가 1개월 내에 소를 제기하지 아니하면 시효중단의 효력이 없다.
   1. 대체적 분쟁해결 절차 개시의 신청이 철회된 때

2. 제16조에 따라 분쟁해결 절차의 종료가 선언된 때

제65조 (준용규정) 문서의 송달에 관하여는 「민사소송법」 제1편제4장제4절의 규정을, 법정이율에 관하여는 「소송촉진 등에 관한 특례법」 제3조를 각각 준용한다.

제66조(권한의 위임·위탁) ① 이 법에 따른 법무부장관의 권한은 그 일부를 대통령령으로 정하는 바에 따라 특별시장·광역시장·특별자치시장·도지사·특별자치도지사 또는 시장·군수·구청장(자치구의 구청장을 말한다)에게 위임할 수 있다.
② 법무부장관은 이 법에 따른 업무의 일부를 대통령령으로 정하는 바에 따라 대체적 분쟁해결제도의 발전을 촉진할 목적으로 설립된 기관이나 법인 또는 단체에 위탁할 수 있다.

제67조(벌칙 적용에서의 공무원 의제) 제42조에 따른 인증사업자는 「형법」 제129조부터 제132조까지의 규정에 따른 벌칙을 적용할 때에는 공무원으로 본다.

제7편 벌 칙

제68조(벌칙) 다음 각 호의 어느 하나에 해당하는 자는 2년 이하의 징역 또는 2천만원 이하의 벌금에 처한다.
  1. 제10조제2항을 위반하여 대체적 분쟁해결 절차상 알게 된 비밀을 타인에게 누설하거나 직무상 목적 외에 사용한 자
  2. 제24조제2항에 따른 증인·참고인·감정인으로서 허위의 진술 또는 감정을 한 자
  3. 거짓이나 그 밖의 부정한 방법으로 제42조제1항에 따른 인증을 받은 자
  4. 제42조제4항에 따른 점검을 정당한 사유 없이 거부·방해 또는 기피한 자
  5. 제44조제1항에 따라 인증이 취소된 후 또는 업무정지기간 중에 인증업무를 수행한 자
  6. 제55조제1항에 따른 중립인의 출입·조사·열람·복사 또는 참고인의 진술 청취를 정당한 사유 없이 거부·방해 또는 기피한 자

제69조(양벌규정) 법인·기관·단체의 대표자나 법인·기관·단체 또는 개인의 대리인, 사용인, 그 밖의 종업원이 그 법인·기관·단체 또는 개인의 업무에 관하여 제68조의 위반행위를 하면 그 행위자를 벌하는 외에 그 법인·기관·단체 또는 개인에게도 해당 조문의 벌금형을 과한다. 다만, 법인·기관·단체 또는 개인이 그 위반행위를 방지하기 위하여 해당 업무에 관하여 상당한 주의와 감독을 게을리 하지 아니한 경우에는 그러하지 아니하다.

제70조 (과태료) ① 다음 각 호의 어느 하나에 해당하는 자는 1천만원 이하의 과태료에 처한다.

    1. 제46조 및 제48조제2항에 따른 신고를 하지 않거나 허위의 신고를 한 자

    2. 제47조에 따른 인계를 하지 않은 자

    3. 제49조에 따른 사업보고서 등을 제출하지 아니하거나 거짓으로 작성하여 제출한 자

    4. 제50조제1항에 따른 보고를 하지 않거나 허위의 보고를 한 자

    5. 제50조제1항에 따른 공무원의 출입·검사 또는 관계자에 대한 질문을 정당한 사유 없이 거부·방해 또는 기피한 자

    6. 제51조제2항에 따른 명령을 정당한 이유 없이 따르지 아니한 자

② 제1항에 따른 과태료는 대통령령으로 정하는 바에 따라 법무부장관이 부과·징수한다.

부 칙

제1조(시행일) 이 법은 공포 후 1년이 경과한 날부터 시행한다.

제2조(금치산자 등의 결격사유에 관한 특례) 이 법 시행 당시 이미 금치산 또는 한정치산의 선고를 받은 사람에 대하여는 제18조 및 제43조에도 불구하고 2018년 6월 30일까지는 이 법에 따른 결격사유가 있는 것으로 본다.

2. 공공기관의 갈등관리에 관한 법률안(정부)[16]

제1장 총 칙

제1조(목적) 이 법은 공공기관의 갈등 예방과 해결에 관한 역할·책무 및 절차 등을 정함으로써 공공기관의 갈등 예방과 해결능력을 향상시키고 사회통합에 이바지함을 목적으로 한다.

제2조(기본이념) 이 법은 공공기관과 국민 상호간에 대화와 타협 그리고 신뢰회복을 통한 합의의 틀을 구축하고 참여와 협력을 바탕으로 갈등을 원만하게 예방·해결함으로써 민주사회의 지속가능한 발전에 이바지함을 기본이념으로 한다.

제3조(정의) 이 법에서 사용하는 용어의 정의는 다음과 같다.
1. "갈등"이라 함은 공공기관이 법령 또는 자치법규(이하 "법령 등"이라 한다)를 제정 또는 개정하거나 구체적 사실에 관하여 법령 등을 집행하는 과정 또는 정책·사업계획을 수립하거나 추진하는 과정에서 발생하는 이해관계의 충돌을 말한다.
2. "공공기관"이라 함은 국가행정기관·지방자치단체 그밖에 공공단체 중 대통령령이 정하는 기관을 말한다.
3. "공공정책 등"이라 함은 공공기관의 장 및 제11조제4항의 규정에 의한 민간사업자(이하 "공공기관의 장등"이라 한다)가 행하는 법령 등의 제정 또는 개정 및 정책·사업계획을 말한다.
4. "갈등영향분석"이라 함은 공공정책 등을 수립·추진함에 있어서 공공정책 등이 사회에 미치는 갈등의 요인을 예측·분석하고 예상되는 갈등에 대한 대책을 강구하는 것을 말한다.
5. "갈등관리"라 함은 공공기관이 갈등을 예방하고 해결하기 위하여 수행하는 모든 활동을 말한다.

제4조(공공기관의 책무) ① 국가 및 지방자치단체는 사회 전반의 갈등예방 및 해결능력을 강화하기 위하여 종합적인 시책을 수립하여 추진하여야 한다.
② 국가 및 지방자치단체는 갈등의 예방 및 해결과 관련된 법령 등을 이 법의 취지에 따라 정비하여야 한다.
③ 공공기관은 갈등을 신속하고 효율적으로 해결할 수 있는 다양한 수단을 발굴하여

---

16) 이 정부안은 2005년 17대국회에 제출되었다.

적극 활용하여야 한다.

④ 공공기관은 소속 직원에 대하여 갈등의 예방과 해결능력 향상에 필요한 교육훈련
을 실시하고 갈등관리능력을 기관의 인사운영의 중요한 기준으로 설정·반영하여야
한다.

제5조(다른 법률과의 관계) 갈등의 예방과 해결에 관하여 다른 법률에 특별한 규정이
있는 경우를 제외하고는 이 법이 정하는 바에 따른다.

제2장 갈등 예방 및 해결의 원칙

제6조(자율해결과 신뢰확보) ① 공공기관의 장등과 이해관계자는 대화와 타협으로 갈
등을 자율적으로 해결할 수 있도록 서로 노력하여야 한다.

② 공공기관의 장은 공공정책 등을 수립·추진함에 있어서 이해관계자의 신뢰를 확보
할 수 있도록 노력하여야 한다.

제7조(참여와 절차적 정의) 공공기관의 장은 공공정책 등을 수립·추진함에 있어서 이
해관계자·일반시민 또는 전문가 등의 실질적인 참여와 절차적 정의가 보장되도록 노
력하여야 한다.

제8조(이익의 비교형량) 공공기관의 장은 공공정책 등을 수립·추진함에 있어 달성하
고자 하는 공익과 이와 상충되는 다른 공익 또는 사익을 비교·형량하여야 한다.

제9조(정보공개 및 공유) 공공기관의 장은 이해관계자가 공공정책 등의 취지와 내용
을 충분히 이해할 수 있도록 관련정보를 공개하고 공유하도록 노력하여야 한다.

제10조(지속가능한 발전의 고려) 공공기관의 장은 공공정책 등을 수립·추진함에 있
어서 미래의 세대에게 발생하는 편익·비용과 함께 경제적으로 계량화하기 어려운 가
치도 고려하여야 한다.

제3장 갈등의 예방

제11조(갈등영향분석) ① 공공기관의 장은 대통령령이 정하는 공공정책 등을 수립·
시행·변경함에 있어서 국민생활에 중대하고 광범위한 영향을 주거나 국민의 이해 상
충으로 인하여 과도한 사회적 비용이 발생할 우려가 있다고 판단되는 경우에는 해당

공공정책 등을 결정하기 전에 갈등영향분석을 실시할 수 있다.

② 공공기관의 장은 제1항의 규정에 의한 갈등영향분석을 위하여 대통령령이 정하는 바에 따라 갈등영향분석서를 작성하여 제12조의 규정에 의한 갈등관리심의위원회에 심의를 요청하여야 한다.

③ 국가행정기관 및 지방자치단체의 장은 「사회기반시설에 대한 민간투자법」 제2조 제7호의 규정에 의한 사업시행자 그 밖에 대통령령이 정하는 공공사업을 시행하는 사업자에게 갈등영향분석을 실시하게 할 수 있다.

④ 제3항의 규정에 의하여 갈등영향분석을 실시하는 사업자(이하 "민간사업자"라 한다)는 대통령령이 정하는 바에 따라 갈등영향분석서를 작성하여 동사업을 소관하는 공공기관의 장에게 제출하여야 한다. 이 경우 제출된 갈등영향분석에 대한 심의절차는 제2항의 규정을 준용한다.

⑤ 제2항의 규정에 의한 갈등영향분석서에는 다음 각 호의 사항이 포함되어야 한다.
　　1. 공공정책 등의 개요 및 기대효과
　　2. 이해관계자의 확인 및 의견조사내용
　　3. 관련단체 및 전문가의 의견
　　4. 갈등유발요인 및 예상되는 주요쟁점
　　5. 갈등의 예방·해결을 위한 구체적인 계획
　　6. 그 밖에 갈등의 예방·해결을 위하여 필요한 사항으로서 대통령령이 정하는 사항
⑥그 밖에 갈등영향분석에 관하여 필요한 사항은 대통령령으로 정한다.

제12조(갈등관리심의위원회의 설치 등) ① 공공기관 소관 사무의 갈등관리와 관련된 사항을 심의하기 위하여 대통령령이 정하는 바에 따라 공공기관에 갈등관리심의위원회를 둔다.

② 갈등관리심의위원회는 위원장을 포함하여 11인 이내의 위원으로 구성한다.

③ 공공기관의 장은 소속 관계직원과 갈등의 예방과 해결에 관한 학식과 경험이 풍부한 자 중에서 위원을 임명 또는 위촉하되, 위원장은 위촉위원 중에서 위촉한다.

④ 갈등관리심의위원회의 위원은 중립적이고 공정한 입장에서 활동하여야 한다.

⑤ 그 밖에 갈등관리심의위원회의 구성·운영에 관하여 필요한 사항은 대통령령으로 정한다.

제13조(갈등관리심의위원회의 기능) 갈등관리심의위원회는 다음 각 호의 사항을 심의한다.
　　1. 제4조제1항의 규정에 의한 종합적인 시책의 수립·추진에 관한 사항
　　2. 제4조제2항의 규정에 의한 법령등의 정비에 관한 사항
　　3. 제4조제3항의 규정에 의한 다양한 갈등해결수단의 발굴·활용에 관한 사항
　　4. 제4조제4항의 규정에 의한 교육훈련의 실시에 관한 사항

　5. 제11조의 규정에 의한 갈등영향분석에 관한 사항
　6. 갈등의 예방·해결에 관한 민간활동의 지원에 관한 사항
　7. 그 밖에 갈등의 예방·해결에 관하여 공공기관의 장이 필요하다고 인정한 사항

제14조(심의결과의 반영) 공공기관의 장등은 정당한 사유가 있는 경우를 제외하고는 제13조의 규정에 의한 갈등관리심의위원회의 심의결과를 공공정책 등의 결정과정 또는 사업시행과정에 성실히 반영하여야 한다.

제15조(참여적 의사결정방법의 활용) ① 공공기관의 장등은 갈등관리심의위원회의 제13조제5호의 규정에 의한 갈등영향분석에 대한 심의결과 갈등의 예방·해결을 위하여 이해관계자·일반시민 또는 전문가 등의 합의(이하 "사회적 합의"라 한다) 등이 중요한 요인으로 판단되는 경우에는 이해관계자·일반시민 또는 전문가 등이 참여하는 의사결정방법을 활용할 수 있다
② 공공기관의 장등은 참여적 의사결정방법의 활용결과를 공공정책 등의 결정과정에서 충분히 고려하여야 한다.
③제1항의 규정에 의한 의사결정방법에 관하여 필요한 사항은 대통령령으로 정한다.

제16조(소관 행정기관의 협조요청) 국가행정기관 및 지방자치단체를 제외한 공공기관의 장 및 민간사업자가 제13조의 규정에 의한 갈등관리심의위원회의 심의결과 자체적으로 갈등의 예방과 해결이 어렵다고 판단되는 경우에는 대통령령이 정하는 바에 따라 소관 행정기관의 장에게 협조를 요청할 수 있다.

제4장 갈등관리지원센터

제17조(갈등관리지원센터의 설치) ① 갈등관리를 위한 조사·연구·교육훈련·전문가양성과 공공기관의 갈등관리 지원 등을 위하여 갈등관리지원센터(이하 "지원센터"라 한다)를 설립한다.
② 지원센터는 법인으로 한다.
③ 지원센터에 관하여 이 법에서 정한 것을 제외하고는 「민법」중 재단법인에 관한 규정을 준용한다.

제18조(지원센터의 기능) ① 지원센터는 다음 각 호의 업무를 수행한다.
　1. 갈등의 예방·해결을 위한 정책 조사·연구
　2. 갈등의 예방·해결을 위한 법령·제도·문화 등의 조사·연구
　3. 갈등의 예방·해결 과정과 관련된 매뉴얼 작성·보급

　　4. 갈등의 예방·해결을 위한 교육훈련 프로그램의 개발·보급·지원
　　5. 갈등의 예방·해결을 위한 관련전문가 양성
　　6. 제11조의 규정에 의한 갈등영향분석에 관한 지원
　　7. 제12조 및 제13조의 규정에 의한 갈등관리심의위원회의 활동 지원
　　8. 제15조의 규정에 의한 참여적 의사결정방법의 활용 지원
　　9. 제20조 내지 제22조의 규정에 의한 갈등조정회의 활동 지원
　10. 민간부문의 갈등관리와 관련된 활동의 지원
　11. 그 밖에 갈등의·해결을 위한 지원에 관하여 필요하다고 인정되는 사업으로서
　　　대통령령이 정하는 사업
② 지원센터는 제1항의 규정에 의한 목적달성의 범위내에서 필요한 경비를 조달하기 위하여 대통령령이 정하는 바에 따라 수익사업을 할 수 있다.
③ 그 밖에 지원센터의 설치 및 운영 등에 관하여 필요한 사항은 대통령령으로 정한다.

제19조(출연) ① 정부는 지원센터의 설립·운영에 필요한 경비를 예산의 범위 안에서 출연할 수 있다.
② 제1항의 규정에 의한 출연에 관하여 필요한 사항은 대통령령으로 정한다.

제5장　갈등조정회의

제20조(갈등조정회의) ① 공공기관의 장은 공공정책 등으로 인하여 발생한 갈등을 조정하기 위하여 필요하다고 판단되는 경우에는 사안별로 사회적 합의촉진을 위한 갈등조정회의(이하 "조정회의"라 한다)를 둘 수 있다.
② 공공기관의 장은 조정회의의 구성과 운영에 필요한 행정적 지원을 하여야 한다.

제21조(조정회의의 기본규칙 등) ① 조정회의의 구성과 운영은 공공기관과 이해관계자(이하 "당사자"라 한다)간의 합의에 의하여 정하는 기본규칙을 따른다.
② 당사자가 필요하다고 인정하는 경우 관련단체와 전문가를 조정회의에 참석시킬 수 있다.
③ 공동의 이해관계가 있는 다수의 당사자는 그 중 1인 또는 수인을 대표당사자로 선임할 수 있다.
④ 당사자 등은 상호존중과 신뢰를 바탕으로 공동의 이익이 되는 대안을 창출하기 위하여 적극적으로 협력하여야 한다.
⑤ 조정회의의 의장 또는 진행자는 중립성과 공정성을 바탕으로 당사자간에 합의가 도출될 수 있도록 지원하는 역할에 충실하여야 한다.
⑥ 그 밖에 조정회의의 기본규칙에 관하여 공통적으로 필요한 사항은 대통령령으로

정한다.

제22조(합의의 효력 및 이행) ① 조정회의의 합의사항은 문서로 작성하고 당사자가
서명하여야 한다.
② 제1항의 규정에 의한 조정회의의 합의사항은 법령 등에 위배되거나 중대한 공익
을 침해하지 아니하여야 한다.
③ 당사자는 제1항의 규정에 의한 합의사항을 신의에 따라 성실하게 이행하여야 한다.

제6장 보 칙

제23조(갈등전문인력의 양성 등) 국가는 갈등관리에 관한 전문인력을 양성하기 위한
교육훈련, 자격제도의 도입 등 필요한 시책을 수립할 수 있다.

제24조(재정지원 등) 국가 및 지방자치단체는 갈등관리에 필요한 조사·연구·교육훈
련과 민간부문의 자발적인 갈등관리 활동을 촉진하기 위하여 필요한 재정지원 등을
할 수 있다.

부 칙

제1조(시행일) 이 법은 공포 후 6월이 경과한 날부터 시행한다.다만, 제11조의 규정
중 중앙행정기관을 제외한 공공기관과 민간사업자의 갈등영향분석에 관한 사항과 제
12조 내지 제16조의 규정중 중앙행정기관을 제외한 공공기관에 두는 갈등관리심의
위원회의 설치 등에 관한 사항은 이 법 공포 후 1년 6월이 경과한 날부터 시행한다.

제2조(지원센터 설립준비) ① 국무조정실장은 이 법 시행일 전에 7인 이내의 설립위
원을 위촉하여 지원센터의 설립에 관한 사무와 설립 당시의 이사 및 감사의 선임에
관한 사무를 담당하게 하여야 한다.
② 설립위원은 지원센터의 정관을 작성하여 국무조정실장의 인가를 받아야 한다.
③ 실립위원은 제2항의 규정에 의한 인가를 받은 때에는 지체없이 연명으로 지원센
터의 설립등기를 한 후 지원센터의 장에게 사무를 인계하여야 한다.
④ 설립위원은 제3항의 규정에 의한 사무인계가 끝난 때에 해촉된 것으로 본다.
⑤ 지원센터의 설립을 위하여 지출한 경비는 정부출연금 및 지원센터의 수익금으로
이를 충당한다.

제3조(갈등영향분석과 갈등관리심의위원회의 시범실시에 관한 특례) ① 공공기관의 장 등은 이 법 시행일 전에 소관사무의 범위 안에서 시범적으로 제11조의 규정에 의한 갈등영향분석을 실시할 수 있다.

② 공공기관의 장은 이 법 시행일 전에 시범적으로 제12조 내지 제16조의 규정에 의한 갈등관리심의위원회의 설치 등을 할 수 있다.

3. 사회통합을 위한 정책갈등관리법안(임두성 의원 대표발의)[17]

제1장 총 칙

제1조(목적) 이 법은 국가기관, 지방자치단체 등이 공공정책을 추진할 때에 발생할 수 있는 정책갈등을 사전에 예방하고 원만하게 해결하기 위한 제도적 절차를 마련함으로써 사회통합에 이바지함을 목적으로 한다.

제2조(정의) 이 법에서 사용하는 용어의 뜻은 다음과 같다.
1. "정책갈등"이란 국가기관, 지방자치단체 또는 「공공기관의 운영에 관한 법률」에 따른 공공기관 중 대통령령으로 정하는 기관(이하 "국가기관 등"이라 한다)이 공공정책을 추진하는 과정에서 이해관계가 충돌하는 것을 말한다.
2. "공공정책"이란 국가기관 등의 장 또는 제10조제3항에 따른 사업자가 하는 법령 등의 제정·개정 및 각종 사업계획의 수립·추진을 말한다.
3. "정책갈등영향분석"이란 공공정책을 수립·추진함에 있어서 공공정책이 사회에 미치는 갈등요인을 예측·분석하고, 예상되는 정책갈등에 대한 대책을 강구하는 것을 말한다.
4. "정책갈등관리"란 국가기관 등이 정책갈등을 예방하고 해결하기 위하여 수행하는 모든 활동을 말한다.

제3조(국가 및 지방자치단체의 책무) ① 국가 및 지방자치단체는 사회 전반의 정책갈등 예방 및 해결 능력을 강화하기 위하여 종합적인 시책을 수립·추진하여야 한다.
② 국가 및 지방자치단체는 정책갈등의 예방 및 해결과 관련된 법령 및 조례 등을 이 법의 취지에 따라 정비하여야 한다.
③ 국가기관등은 정책갈등을 신속하고 효율적으로 해결할 수 있는 다양한 정책갈등 해결 방식을 발굴하여 적극 활용하여야 한다.

제4조(다른 법률과의 관계) 정책갈등의 예방과 해결에 관하여 다른 법률에 특별한 규정이 있는 경우를 제외하고는 이 법에서 정하는 바에 따른다.

---

17) 이 법안은 2009년 18대국회에 제출되었다.

제2장 정책갈등관리의 기본원칙

제5조(자율해결과 신뢰확보) ① 국가기관등의 장과 이해관계인(이하 "당사자"라 한다)은 대화와 타협으로 정책갈등을 자율적으로 해결할 수 있도록노력하여야 한다.
② 국가기관 등의 장은 공공정책을 수립·추진할 때 이해관계인의 신뢰를 확보할 수 있도록 노력하여야 한다.

제6조(참여와 절차적 정의) 국가기관 등의 장은 공공정책을 수립·추진할 때 이해관계인·일반시민 또는 전문가 등의 실질적인 참여가 보장되도록 노력하여야 한다.

제7조(이익의 비교형량) 국가기관 등의 장은 공공정책을 수립·추진할 때 달성하려는 공익과 이와 상충되는 다른 공익(公益) 또는 사익 (私益)을 비교·형량하여야 한다.

제8조(정보공개 및 공유) 국가기관 등의 장은 「공공기관의 정보공개에 관한 법률」에 따라 이해관계인이 공공정책의 취지와 내용을 충분히 이해할 수 있도록 관련된 정보를 공개하고 공유하여야 한다.

제9조(사회적 가치의 고려) 국가기관 등의 장은 공공정책을 수립·추진할 때 미래의 세대에게 발생하는 비용·편익과 함께 사회적 가치를 고려하여야 한다.

제3장 정책갈등의 예방 및 조정

제10조(정책갈등영향분석) ① 국가기관등의 장은 공공정책을 수립·시행·변경할 때에는 국민생활에 중대하고 광범위한 영향을 주거나 국민의 이해 상충에 따라 과도한 사회적 비용이 발생할 우려가 있다고 판단되는 등 대통령령으로 정하는 경우에는 해당 공공정책을 결정하기 전에 정책갈등영향분석을 실시할 수 있다.
② 국가기관등의 장은 제1항에 따른 정책갈등영향분석을 위하여 대통령령으로 정하는 바에 따라 정책갈등영향분석서를 작성하여 제12조에 따른 정책갈등관리심의위원회에 심의를 요청하여야 한다.
③ 국가기관등의 장은 「사회기반시설에 대한 민간투자법」 제2조제7호에 따른 사업시행자, 그 밖에 대통령령으로 정하는 공공사업을 시행하는 사업자에게 제1항에 따른 정책갈등영향분석서 작성을 위탁할 수 있다.
④ 제2항에 따른 정책갈등영향분석서에는 다음 각 호의 사항이 포함되어야 한다.
    1. 공공정책의 개요 및 기대효과
    2. 이해관계인의 확인 및 의견조사내용

    3. 관련 단체 및 전문가의 의견

    4. 정책갈등유발요인 및 예상되는 주요쟁점

    5. 정책갈등의 예방·해결을 위한 구체적인 계획

    6. 그 밖에 정책갈등의 예방·해결을 위하여 필요한 사항으로서 대통령령으로 정하는 사항

⑤ 그 밖에 정책결정영향분석에 관하여 필요한 사항은 대통령령으로 정한다.

제11조(국가지속가능발전위원회 등과의 협의) 국가기관등은 공공정책을 수립·추진하는 과정에서 정책갈등영향분석에 관하여 「지속가능발전 기본법」에 따른 국가지속가능발전위원회, 「지방자치법」에 따른 행정협의조정위원회, 「환경분쟁조정법」에 따른 중앙환경분쟁조정위원회 및 지방환경분쟁조정위원회와 협의하거나 이에 대하여 필요한 자문을 요청할 수 있다.

제12조(정책갈등관리심의위원회의 설치 등) ① 국가기관등은 소관 사무의 정책갈등관리와 관련된 사항을 심의하기 위하여 대통령령으로 정하는 바에 따라 국가기관등에 정책갈등관리심의위원회(이하 "위원회"라 한다)를 둔다.

② 위원회는 위원장을 포함한 11인 이내의 위원으로 구성한다.

③ 국가기관등의 장은 소속 직원과 학식 또는 경험이 풍부한 자(이하 "민간위원"이라 한다) 중에서 위원을 임명 또는 위촉하되, 민간위원이 전체 위원의 과반수가 되도록 하여야 한다.

④ 위원장은 민간위원 중에서 호선(互選)한다.

⑤ 그 밖에 위원회의 구성·운영 등에 필요한 사항은 대통령령으로 정한다.

제13조(위원회의 기능) 위원회는 다음 각 호의 사항을 심의한다.

    1. 제10조에 따른 정책갈등영향분석에 관한 사항

    2. 제22조에 따른 정책갈등관리 전문인력의 양성과 제23조에 따른 공무원의 정책갈등관리 능력향상에 관한 사항

    3. 정책갈등의 예방·해결에 관한 민간활동의 지원에 관한 사항

    4. 그 밖에 정책갈등의 예방·해결에 관하여 국가기관등의 장이 필요하다고 인정한 사항

제14조(심의결과의 반영) 국가기관등의 장은 정당한 사유가 있는 경우를 제외하고는 제13조에 따른 위원회의 심의결과를 공공정책의 결정과정 또는 사업시행과정에 성실히 반영하여야 한다.

제15조(참여적 의사결정방법의 활용) ① 국가기관등의 장은 위원회의 제13조제1호에

따른 정책갈등영향분석에 대한 심의결과 정책갈등의 예방·해결을 위하여 이해관계인·일반시민 또는 전문가 등의 합의가 필요한 경우에는 공공정책의 결정과정에 이해관계인·일반시민 또는 전문가 등을 참여시킬 수 있다.
② 제1항에 따른 의사결정방법에 관하여 필요한 사항은 대통령령으로 정한다.

제16조(소관 행정기관의 협조요청) 중앙행정기관 및 지방자치단체를 제외한 국가기관등의 장과 민간사업자는 제13조에 따른 위원회의 심의결과 자체적으로 정책갈등의 예방과 해결이 어렵다고 판단되는 경우에는 대통령령으로 정하는 바에 따라 관계 행정기관의 장에게 정책갈등해결을 위한 자문 등의 협조를 요청할 수 있다

제17조(정책갈등조정협의회의 설치) ① 국가기관등의 장은 정책갈등을 원만하게 조정하고 관리하기 위하여 당사자의 요청 등 필요하다고 인정하는 경우에는 사안별로 사회적 합의촉진을 위한 정책갈등조정협의회(이하 "협의회"라 한다)를 설치할 수 있다. 다만, 국가안보에 중대한 영향을 줄 것으로 예상되는 정책갈등의 경우 대통령령으로 정하는 바에 따라 국가기관등의 장이 미리 협의회를 구성할 수 있다.
② 그 밖에 협의회의 구성·운영 등에 필요한 사항은 대통령령으로 정한다.

제18조(협의회의 구성) ① 협의회는 의장 1인을 포함한 이해관계인·전문가 등 9인 이하의 회원으로 구성하며, 의장은 해당 사안과 직접 관련이 없는 자 중에서 회원들의 협의에 의하여 선정한다.
② 회원은 국가기관 및 지방자치단체의 관계 공무원·이해관계인·일반시민 또는 전문가로 한다.
③ 의장은 필요하다고 인정하는 경우 관련 단체와 전문가를 협의회에 참석시킬 수 있다.

제19조(협의결과의 효력 및 이행) ① 협의회의 협의결과는 그 내용을 문서로 작성하고 회원 전원이 서명하여야 한다.
② 제1항에 따른 협의결과는 법령에 위반되거나 중대한 공익을 침해하여서는 아니 된다.
③ 당사자는 제1항에 따른 협의결과의 내용을 신의에 따라 성실하게 이행하여야 한다.

제4장 정책갈등관리 연구기관의 지정 및 교육훈련

제20조(정책갈등관리 연구기관의 지정 등) ① 국무총리는 정책갈등관리와 관련하여 다음 각 호의 업무를 수행하도록 하기 위하여 정책갈등관리와 관련 있는 연구기관 또는 단체를 정책갈등관리 연구기관으로 지정·운영할 수 있다.

　　1. 정책갈등의 예방·해결을 위한 법령·정책·제도·문화 등의 조사·연구
　　2. 정책갈등의 예방·해결과정과 관련된 지침의 작성·보급
　　3. 정책갈등의 예방·해결을 위한 교육훈련 프로그램의 개발·보급
　　4. 정책갈등영향분석에 관한 조사·연구
　　5. 참여적 의사결정방법의 활용방안에 대한 조사·연구
　　6. 그 밖에 정책갈등의 예방·해결에 필요한 사항
② 국무총리는 제1항에 따라 지정된 연구기관에 대하여 그 활동에 필요한 경비의 전부 또는 일부를 예산의 범위에서 지원할 수 있다.
③ 제1항에 따른 연구기관의 지정·운영 등에 필요한 사항은 총리령으로 정한다.

제21조(정책갈등관리지침의 작성 및 활용) ① 국무총리는 제20조제1항제2호에 따른 정책갈등관리지침을 국가기관등의 장에게 통보하여야 한다.
② 국가기관등의 장은 정책갈등관리지침에 따라 공공정책을 추진하여야 한다.
③ 국가기관등의 장은 제1항에 따른 정책갈등관리지침에 해당 국가기관등의 특성을 반영한 내용을 추가·보완할 수 있다.

제22조(정책갈등관리 전문인력의 양성 등) 국무총리는 정책갈등관리에 관한 전문인력을 양성하기 위하여 교육훈련·자격제도의 도입 등 필요한 시책을 수립·시행하여야 한다.

제23조(공무원 등의 정책갈등관리 능력향상) 국무총리는 공무원의 정책갈등관리 능력을 향상시키기 위하여 정책갈등관리 교육훈련기관과 연구기관을 통하여 필요한 교육과 유형별 교재 개발을 위한 시책을 수립·시행하여야 한다.

제5장 보 칙

제24조(비밀 엄수) 위원회의 위원 및 협의회의 회원은 정책갈등조정과정에서 알게 된 비밀을 타인에게 누설하거나 직무상 목적 외에 이를 사용하여서는 아니 된다.

제25조(정책갈등관리실태의 점검·보고 등) ① 국무총리는 국가기관등에 의한 정책갈등관리의 실태 등을 점검·평가하여야 한다.
② 국무총리는 제1항에 따른 점검·평가를 위하여 국가기관등의 장에게 정책갈등관리 실태 등에 관한 자료의 제출을 요청할 수 있다.
③ 국가기관등의 장은 제2항에 따라 자료의 제출을 요청받은 경우 특별한 사유가 없는 한 관련 자료를 제공하여야 한다.

④ 국무총리는 제1항에 따른 점검·평가결과를 국회와 국무회의에 보고하여야 한다.

⑤ 국무총리는 정책갈등관리에 관한 국가기관등의 협의를 위하여 제12조에 따른 위원회를 설치한 국가기관등으로 구성되는 정책갈등관리협의회를 둔다.

⑥ 제1항에 따른 점검과 제5항에 따른 정책갈등관리협의회 운영에필요한 사항은 대통령령으로 정한다.

제26조(정보시스템의 구축) 국무총리는 정책갈등관리 정보시스템을 구축하여 정책갈등사례·정책갈등관리전문가·국내외 자료 등 관련 정보를 제공할 수 있다.

제27조(재정지원) 국가 및 지방자치단체는 정책갈등관리에 필요한 조사, 연구, 정보시스템의 구축, 교육훈련과 민간부문의 자발적인 정책갈등관리 활동을 촉진하기 위하여 예산의 범위에서 필요한 재정지원 등을 할 수 있다.

제28조(벌칙) 제24조를 위반하여 비밀을 누설한 자 또는 직무상 목적외 사용한 자는 2년 이하의 징역 또는 1천만원 이하의 벌금에 처한다.

부　칙

이 법은 공포 후 6개월이 경과한 날부터 시행한다.

4. 공공정책갈등 예방 및 해결을 위한 기본법안(권택기 의원 대표발의)[18]

제1조(목적) 이 법은 공공정책의 수립·추진 단계에서부터 이해관계인의 적극적 참여를 보장하고 지원함으로써 공공정책갈등으로 인한 과도한 사회적 비용의 지출을 방지하고 사회통합에 이바지함을 목적으로 한다.

제2조(기본이념) 이 법은 공공기관과 국민 상호 간에 대화와 타협 그리고 신뢰회복을 통한 합의의 틀을 구축하고 참여와 협력을 바탕으로 공공정책갈등을 원만하게 예방·해결함으로써 성숙한 시민사회의 건설과 지속가능한 발전에 이바지함을 기본이념으로 한다.

제3조(정의) 이 법에서 사용하는 용어의 뜻은 다음과 같다.
1. "공공정책갈등"이란 공공기관이 공공정책을 수립하거나 추진하는 과정에서 발생되는 이해관계의 충돌을 말한다.
2. "공공정책"이란 공공기관의 장이 수립하거나 추진하는 정책 또는 사업계획을 말한다.
3. "공공기관"이란 국가행정기관, 지방자치단체, 「공공기관의 운영에 관한 법률」제4조에 따른 공공기관, 그 밖에 대통령령으로 정하는 법인이나 단체를 말한다.
4. "공공정책갈등영향분석"이란 공공기관이 공공정책을 수립·추진할 때 이해관계의 대립요인과 이로 인해서 발생될 수 있는 갈등을 파악·예측·분석하고 이를 해결하기 위한 적절한 방안 등을 제시하는 것을 말한다.

제4조(국가 및 지방자치단체의 책무 등) ① 국가 및 지방자치단체는 공공정책갈등의 예방과 해결 능력을 강화하기 위하여 종합적인 시책을 수립·추진하여야 한다.
② 공공기관은 공공정책갈등을 효율적이고 합리적으로 해결할 수 있는 다양한 방식을 발굴하여 적극 활용하여야 한다.
③ 공공기관은 소속 직원에 대하여 공공정책갈등 예방과 해결 능력 향상에 필요한 교육훈련을 실시하고, 공공정책갈등관리 능력을 해당 공공기관의 인사운영에 있어서 중요한 기준으로 설정하며, 이를 인사에 반영하도록 노력하여야 한다.

제5조(다른 법률과의 관계) 공공정책갈등의 예방과 해결, 분쟁의 알선·조정·중재 등에 관하여 다른 법률에 특별한 규정이 있는 경우를 제외하고는 이 법을 따른다.

---

18) 이 법안은 2010년 18대국회에 제출되었다.

제6조(정보공개 및 공유) 공공기관의 장은 「공공기관의 정보공개에 관한 법률」 및 「행정절차법」에 따라 누구나 공공정책의 취지와 내용을 충분히 이해할 수 있도록 관련 정보를 공개하고 공유하여야 한다.

제7조(참여 보장) 공공기관의 장은 공공정책을 수립·추진할 때 이해관계인·일반시민·관련 전문가 또는 관련 단체 등으로부터 광범위한 의견 수렴절차를 거치는 등 이들의 실질적인 참여가 보장되도록 노력하여야 한다.

제8조(자율해결과 신뢰확보) ① 공공기관의 장과 이해관계인(이하 "이해당사자"라 한다)은 대화와 타협으로 공공정책갈등을 자율적으로 해결할 수 있도록 노력하여야 한다.
② 공공기관의 장은 공공정책을 수립·추진할 때 모든 이해관계인의 신뢰를 확보할 수 있도록 노력하여야 한다.

제9조(협의회의 구성 등) ① 이해당사자는 공공정책갈등을 원만하게 조정하고 해결하기 위하여 공공기관의 장·이해관계인·일반시민 또는 관련 전문가(해당 공공정책갈등에 이해관계가 없는 사람이어야 한다) 등이 참여하는 공공정책갈등조정협의회(이하 "협의회"라 한다)를 구성할 수 있다.
② 협의회의 구성 및 운영 방법은 이해당사자의 합의에 따른다. 이 경우 공공정책을 추진하는 해당 공공기관의 장(공공기관의 장으로부터 권한을 위임 받은 자를 포함한다)은 협의회의 위원으로 포함되어야 한다.
③ 이해당사자는 제13조제1항에 따른 공공정책갈등해결지원단에 협의회의 구성과 운영 방법 등을 자문하고 필요한 지원을 요청할 수 있다. 이 경우 공공정책갈등해결지원단은 즉시 이에 따라야 한다.
④ 협의회의 회의는 공개를 원칙으로 한다. 다만, 공개될 경우 군사·외교·안보에 중대한 영향을 미친다고 협의회가 판단하면 그러하지 아니하다.
⑤ 협의회는 회의록(녹화 또는 녹음을 포함 한다)을 작성하여야 한다.
⑥ 협의회는 그 밖에 협의회의 합리적이고 효율적인 활동을 위하여 필요한 사항을 운영세칙으로 정할 수 있다.

제10조(협의결과의 이행 등) ① 협의회는 협의결과를 문서로 작성하고 위원 전원이 서명하여야 한다.
② 제1항에 따른 협의결과는 법령에 위반되거나 공익을 침해해서는 아니 된다.
③ 이해당사자는 제1항에 따른 협의결과를 신의에 따라 성실하게 이행하여야 한다.

제11조(협의회 활동 경비 지원) 국가 및 지방자치단체는 협의회의 활동을 위한 경비의 일부 또는 전부를 지원할 수 있다.

제12조(협의회 활동 방해 금지) 누구든지 정당한 이유 없이 협의회 활동을 방해해서는 아니 된다.

제13조(지원단 설치) ① 국무총리실에 공공정책갈등의 예방과 해결에 관한 종합적인 사무관리와 활동지원을 위한 전담부서로 공공정책갈등해결지원단(이하 "지원단"라 한다)을 둔다.
② 국무총리실장은 지원단의 원활한 업무수행을 위하여 필요하면 다음 각 목에 해당하는 사람을 지원단에 파견이나 협조하도록 요청할 수 있다.
　　1. 국가행정기관·지방자치단체·공공기관 소속 공무원 또는 임직원
　　2. 공공정책갈등에 관한 학식과 경험이 풍부한 전문가
③ 국무총리실장은 제2항에 따라 지원단에 파견이나 협조하는 사람에게 예산의 범위에서 수당이나 여비를 지급할 수 있다. 다만, 공무원이 그 소관업무와 직접 관련된 경우에는 그러하지 아니하다.
③ 지원단의 구성 및 운영에 필요한 사항은 대통령령으로 정한다.

제14조(지원단의 사무) 지원단은 다음 각 호의 업무를 수행한다.
　　1. 제9조제1항 따른 협의회 활동과 운영에 관한 지원
　　2. 공공정책갈등의 예방과 해결을 위한 정책 조사·연구 및 관련 전문가 양성
　　3. 공공정책갈등의 해결수단 발굴·활용·보급 및 교육훈련 실시
　　4. 제15조제1항에 따른 공공정책갈등영향분석 실시에 관한 지원
　　5. 공공기관이 공공정책갈등을 예방하고 해결하는 모범사례 홍보
　　6. 그 밖에 공공정책갈등의 예방과 해결에 필요하다고 인정되는 사항으로서 대통령령으로 정하는 업무

제15조(지원단 사무의 위탁) ① 제14조에 따른 지원단의 사무 일부를 대통령령으로 정하는 바에 따라 연구기관 또는 단체에 위탁할 수 있다.
② 국무총리실장은 제1항에 따라 위탁에 필요한 경비의 일부 또는 전부를 예산의 범위에서 지원할 수 있다.

제16조(갈등영향분석 실시) ① 공공기관의 장은 필요한 경우 공공정책을 수립·시행 또는 변경하기 전에 공공성책에 관한 공공정책갈등영향분석(이하 "갈등영항분석"이라 한다)을 실시할 수 있다. 다만, 제9조에 따른 협의회가 요청하면 이에 따라야 한다.
② 갈등영향분석에는 다음 각 호의 사항이 포함되어야 한다.
　　1. 공공정책의 개요 및 기대효과
　　2. 이해관계인·일반시민·관련 전문가 또는 관련 단체 등에 대한 의견조사내용
　　3. 공공정책갈등의 배경 및 원인

　　4. 공공정책갈등의 전개과정 및 주요쟁점
　　5. 공공정책갈등 예방·해결을 위한 적절한 방안 제시
　　6. 그 밖에 대통령령으로 정하는 사항
③ 공공기관의 장은 대통령령으로 정하는 바에 따라 제1항에 따른 갈등영향분석을 위탁할 수 있다.
④ 갈등영향분석 실시의 방법·절차 등에 관한 구체적 사항은 대통령령으로 정한다.

제17조(재정지원 등) 국가 및 지방자치단체는 공공정책갈등관리에 필요한 조사·연구·교육훈련과 민간부문의 자발적인 공공정책갈등관리 활동을 촉진하기 위하여 필요한 재정지원 등을 할 수 있다.

제18조(벌칙 적용 시의 공무원 의제) 제13조제2항에 따라 지원단에 파견되거나 협조하는 공공기관 소속 임직원 및 관련 전문가는 「형법」 제129조부터 제132조까지의 적용에 있어서는 공무원으로 본다.

제19조(벌칙) 제12조를 위반한 사람은 2년 이하의 징역 또는 1천만원 이하의 벌금에 처한다.

부　칙

이 법은 공포 후 6개월이 경과한 날부터 시행한다.

5. 공공정책 갈등관리에 관한 법률안(김태호 의원 대표발의)[19]

제1장 총 칙

제1조(목적) 이 법은 공공정책을 수립·추진하는 과정에서 발생할 수 있는 갈등을 예방하고 해결하기 위한 갈등관리 절차를 마련함으로써 갈등으로 인한 사회적 비용의 낭비를 방지하고 성숙한 시민사회의 건설과 사회통합에 이바지함을 목적으로 한다.

제2조(정의) 이 법에서 사용하는 용어의 뜻은 다음과 같다.
1. "국가기관등"이란 국가기관, 지방자치단체 및 「공공기관의 운영에 관한 법률」 제4조에 따른 공공기관을 말한다.
2. "공공정책"이란 법령의 제정·개정, 사업계획 등 국가기관등의 장이 수립하거나 추진하는 각종 정책을 말한다.
3. "갈등"이란 공공정책을 수립하거나 추진하는 과정에서 발생하는 이해관계의 충돌을 말한다.
4. "갈등관리"란 갈등의 원인과 성격 등을 분석하고 해당 갈등을 예방·완화 및 해결하는 일련의 조치를 말한다.
5. "갈등영향분석"이란 공공정책을 수립·추진할 때 발생하는 갈등의 요인을 예측·분석하고 예상되는 갈등에 대한 대책을 찾는 것을 말한다.

제3조(국가 및 지방자치단체 등의 책무) ① 국가 및 지방자치단체는 갈등관리의 능력을 강화하기 위한 종합적인 시책을 수립·추진하여야 한다.
② 국가 및 지방자치단체는 갈등관리와 관련하여 필요한 경우 법령 및 조례 등을 이 법의 취지에 따라 정비하여야 한다.
③ 국가기관등은 갈등을 효율적이고 합리적으로 해결할 수 있는 다양한 갈등관리의 수단을 발굴하여 적극 활용하여야 한다.

제4조(다른 법률과의 관계) 갈등관리에 관하여 다른 법률에 특별한 규정이 있는 경우를 제외하고는 이 법에서 정하는 바에 따른다.

---

19) 이 법안은 2013년 19대국회에 제출되었다.

제2장 갈등관리의 기본원칙

제5조(자율해결과 신뢰확보) ① 공공정책을 수립·추진하는 국가기관등과 이해관계인(이하 "갈등당사자"라 한다)은 대화와 타협을 통하여 갈등을 자율적으로 해결할 수 있도록 노력하여야 한다.
② 국가기관등의 장은 공공정책을 수립·추진할 때 이해관계인의 신뢰를 확보할 수 있도록 노력하여야 한다.

제6조(참여와 절차적 정의) 국가기관등의 장은 공공정책을 수립·추진할 때 이해관계인, 일반시민, 관련 전문가 및 단체 등의 실질적인 참여가 보장되도록 노력하여야 한다.

제7조(이익의 비교형량) 국가기관등의 장은 공공정책을 수립·추진함으로써 달성하려는 공익과 이와 상충되는 다른 공익 또는 사익을 비교·형량하여야 한다.

제8조(정보공개 및 공유) 국가기관등의 장은 「공공기관의 정보공개에 관한 법률」 및 「행정절차법」에 따라 이해관계인이 공공정책의 취지와 내용을 충분히 이해할 수 있도록 관련 정보를 공개하고 공유하여야 한다.

제9조(지속가능한 발전의 고려) 국가기관등의 장은 공공정책을 수립·추진할 때 지속가능한 발전을 위한 요소를 고려하여야 한다.

제3장 갈등 예방 및 갈등 조정

제10조(갈등영향분석) ① 국가기관등의 장은 공공정책을 수립·추진할 때 해당 공공정책이 국민생활에 중대하고 광범위한 영향을 주거나 갈등으로 인하여 과도한 사회적 비용이 발생할 우려가 있다고 판단되는 경우에는 해당 공공정책을 결정하기 전에 갈등영향분석을 실시하여야 한다.
② 제1항에 따른 갈등영향분석에는 다음 각 호의 사항이 포함되어야 한다.
　　1. 공공정책의 개요 및 기대효과
　　2. 이해관계인의 확인 및 의견조사내용
　　3. 관련 전문가 및 단체의 의견
　　4. 갈등유발요인 및 예상되는 주요쟁점
　　5. 갈등으로 인한 사회적 영향
　　6. 갈등관리를 위한 구체적인 계획
　　7. 그 밖에 갈등관리를 위하여 필요한 사항으로서 대통령령으로 정하는 사항

③ 제1항에 따른 갈등영향분석의 실시 절차 및 후속 조치 등에 필요한 사항은 대통령령으로 정한다.

제11조(갈등조정협의회의 운영 등) ① 국가기관등의 장은 공공정책으로 인하여 발생하는 갈등을 원만하게 조정하고 해결하기 위하여 필요하다고 인정되는 경우에는 각 사안별로 갈등조정협의회(이하 "협의회"라 한다)를 구성하여 운영하여야 한다.
② 협의회는 의장 1명, 해당 국가기관등의 장 및 이해관계인으로 구성한다. 이 경우 의장은 갈등당사자의 합의에 따라 사안과 직접 관련이 없는 자 중에서 선정한다.
③ 의장은 필요하다고 인정하는 경우 관련 전문가 및 단체를 협의회에 참석시킬 수 있다.
④ 협의회의 협의절차는 비공개를 원칙으로 한다. 다만, 갈등당사자의 합의에 따라 이를 공개할 수 있다.
⑤ 그 밖에 협의회의 구성과 운영에 필요한 사항은 대통령령으로 정한다.

제12조(협의회 활동의 지원) ① 국가기관등의 장은 협의회의 활동에 필요한 행정적 지원을 하여야 한다.
② 국가 및 지방자치단체는 협의회의 활동에 필요한 경비의 전부 또는 일부를 예산의 범위에서 지원할 수 있다.

제13조(협의결과의 이행) ① 협의회의 협의결과는 그 내용을 문서로 작성하고 협의에 참여한 갈등당사자 전원이 서명하여 일반에 공개하여야 한다. 다만, 공개될 경우 군사·외교·안보 또는 그 밖의 공공이익에 중대한 영향을 미친다고 인정되는 경우에는 갈등당사자의 합의에 따라 이를 공개하지 아니할 수 있다.
② 제1항에 따른 협의결과는 법령 등에 위배되거나 중대한 공익을 침해하여서는 아니 된다.
③ 갈등당사자는 제1항에 따른 협의결과를 이행하여야 한다.

제14조(비밀유지) 누구든지 협의과정에서 알게 된 비밀을 타인에게 누설하거나 직무상 목적 외에 사용하여서는 아니 된다.

제4장 보칙 및 벌칙

제15조(갈등관리연구기관의 지정 등) ① 국무조정실장은 갈등관리에 관한 다음 각 호의 업무를 수행하도록 하기 위하여 관련 연구기관 또는 단체를 갈등관리연구기관으로 지정할 수 있다.

   1. 갈등관리를 위한 법령·정책·제도·문화 등의 조사·연구
   2. 갈등관리에 관한 지침의 작성·보급
   3. 갈등관리를 위한 교육훈련 프로그램의 개발·보급
   4. 갈등영향분석에 관한 조사·연구
   5. 참여적 의사결정방법의 활용방안에 대한 조사·연구
   6. 그 밖에 갈등관리에 필요한 사항
② 국무조정실장은 제1항에 따라 지정된 연구기관에 대하여 그 활동에 필요한 경비의 전부 또는 일부를 예산의 범위에서 지원할 수 있다.
③ 제1항에 따른 연구기관의 지정 및 운영 등에 필요한 사항은 대통령령으로 정한다.

제16조(갈등관리지침의 작성 및 활용) ① 국무조정실장은 제15조제1항제2호에 따른 갈등관리에 관한 지침(이하 "갈등관리지침"이라 한다)을 국가기관등의 장에게 통보하여야 한다.
② 국가기관등의 장은 공공정책을 수립·추진할 때 제1항에 따른 갈등관리지침을 활용하여야 한다.
③ 국가기관등의 장은 제1항에 따른 갈등관리지침에 해당 국가기관등의 특성을 반영한 내용을 추가·보완할 수 있다.

제17조(갈등관리실태의 평가 및 보고) ① 국무조정실장은 국가기관등에 의한 갈등관리실태를 주기적으로 점검·평가하여야 한다.
② 국무조정실장은 제1항에 따른 점검·평가를 위하여 국가기관등의 장에게 갈등관리실태에 관한 자료의 제출을 요청할 수 있다.
③ 국가기관등의 장은 제2항에 따라 자료의 제출을 요청받은 경우 특별한 사유가 없으면 관련 자료를 제출하여야 한다.
④ 국무조정실장은 제1항에 따른 점검·평가의 결과를 국회와 국무회의에 보고하여야 한다.
⑤ 제1항에 따른 점검·평가 및 제4항에 따른 보고에 필요한 사항은 대통령령으로 정한다.

제18조(갈등관리 전문인력의 양성 등) ① 국가 및 지방자치단체는 대통령령으로 정하는 바에 따라 갈등관리 전문인력의 양성을 위한 교육훈련, 자격제도의 도입 등 필요한 시책을 수립·시행하여야 한다.
② 국가 및 지방자치단체는 갈등관리 정보시스템을 구축하여 갈등관리 사례 및 갈등관리 전문가 등에 관한 정보를 제공하여야 한다.

제19조(재정지원) 국가 및 지방자치단체는 갈등관리에 필요한 조사·연구, 정보시스

템의 구축, 교육훈련 및 자발적인 갈등관리활동의 촉진 등을 위하여 공공기관 및 관련 단체 등에 대하여 예산의 범위에서 필요한 재정적 지원을 할 수 있다.

제20조(벌칙) 제14조를 위반하여 비밀을 타인에게 누설하거나 직무상 목적 외에 사용한 자는 2년 이하의 징역 또는 2천만원 이하의 벌금에 처한다.

부 칙

이 법은 공포 후 6개월이 경과한 날부터 시행한다.

6. 국가공론위원회법안(김동완 의원 대표발의)[20]

제1장 총 칙

제1조(목적) 이 법은 국가공론위원회를 설치하여 국책사업의 계획수립 단계에서부터 공공토론 등을 통한 국민의 참여를 보장함으로써 정부의 정책방향과 정책내용에 대한 사회적 공감대를 형성하고 공공갈등 예방과 해결 능력을 향상시킴으로써 사회통합에 이바지함을 목적으로 한다.

제2조(정의) 이 법에서 사용하는 용어의 뜻은 다음과 같다
    1. "공공정책"이란 국가, 지방자치단체, 공공기관이 국익의 목적으로 추진하는 국책사업을 말한다.
    2. "공공갈등"이란 공공정책을 수립하거나 추진하는 과정에서 발생하는 국가, 지방자치단체, 공공기관과 국민 간의 이해관계 충돌을 말한다.
    3. "공공토론"이란 공공정책 수립·이행 과정에서 발생할 수 있는 공공갈등을 조정·해소할 목적으로 공공정책 기획 단계부터 집행단계까지, 전 과정에 걸쳐 국민 참여를 보장하기 위하여 제5조에 따른 국가공론위원회가 개최하는 공개적인 토론 등을 말한다.

제3조(국가 등의 의무) ① 국가, 지방자치단체, 공공기관은 사회전반의 갈등예방 및 해결 능력을 강화하기 위하여 종합적인 시책을 수립·추진하여야 한다.
② 국가, 지방자치단체, 공공기관은 갈등을 신속하고 효율적으로 해결할 수 있는 다양한 수단을 발굴하여 적극 활용하여야 한다.

제4조(다른 법률과의 관계) 공공정책의 갈등 조정 및 해소 등에 관하여는 다른 법률에 우선하여 이 법을 적용한다. 다만, 국가안보 또는 비밀유지에 관한 법률의 적용을 받는 공공정책에 대하여는 이 법을 적용하지 아니한다.

제2장 국가공론위원회 설치 및 운영 등

제5조(국가공론위원회 설치) ① 이 법에 따른 공공정책에 대한 공공토론 진행 및 운영 등의 업무를 수행하기 위하여 국가공론위원회(이하 "위원회"라 한다)를 둔다.

---

20) 이 법안은 2012년 19대국회에 제출되었다.

② 위원회는 「정부조직법」제2조에 따른 중앙행정기관으로 본다. 다만, 제3항의 업무는 「정부조직법」제16조를 적용하지 아니하고, 그 권한에 속하는 업무를 독립적으로 수행한다.

③ 위원회는 다음 각 호의 업무를 수행한다.

　　1. 공공토론 대상사업의 선정
　　2. 공공토론 개최방식·절차·일정수립
　　3. 공공토론 제출 자료 심사
　　4. 공공토론위원회 구성
　　5. 갈등 조정을 위한 조정 권고
　　6. 공공토론 종합보고서 작성
　　7. 활동보고서 작성 및 제출
　　8. 정책과정 모니터링을 통한 국민참여 및 소통 증진
　　9. 그 밖에 위원장이 필요하다고 인정하는 사항

제6조(위원회 구성 및 임명 등) ① 위원회는 위원장 1명과 부위원장 2명을 포함한 19명의 위원으로 구성하며, 그 중 위원장 및 부위원장 1명은 상임위원으로 한다.

② 위원은 공공토론업무를 공정하고 독립적으로 수행할 수 있다고 인정되는 사람 중에서 다음 각 호의 사람을 대통령이 임명한다. 다만, 제5호 및 제6호의 위원은 대통령, 국회의장, 대법원장이 각각 1명씩 임명한다.

　　1. 국회가 선출한 3명(상임위원 1인 포함)
　　2. 대통령이 지명하는 3명
　　3. 대법원장이 지명하는 3명
　　4. 전국시도지사협의회·전국시장군수구청장협의회·전국시도의회의장협의회·전국
　　　 시군구의회의장협의회에서 추천하는 각 1명
　　5. 공공갈등에 관하여 전문적인 지식과 경험이 있는 갈등관리전문가 3명
　　6. 시민단체(「비영리민간단체 지원법」 제2조에 따른 비영리민간단체를 말한다)의
　　　 대표자 3명

③ 위원장은 위원 중에서 대통령이 임명한다.

④ 위원장과 부위원장 1명은 정무직으로 임명한다.

제7조(위원장 직무) ① 위원장은 위원회를 대표하고 위원회의 회의를 주재히며 소관 사무를 총괄한다.

② 위원장은 국회에 출석하여 위원회의 소관 사무에 관하여 의견을 진술할 수 있으며 국회의 요구가 있을 때에는 출석하여 보고하거나 답변하여야 한다.

③ 위원장은 필요한 경우에는 국무회의에 출석하여 발언할 수 있으며, 그 소관 사무에 관하여 국무총리에게 의안의 제출을 건의할 수 있다.

④ 위원장이 부득이한 사유로 직무를 수행할 수 없는 때에는 부위원장 또는 위원회가 미리 정한 위원 순으로 그 직무를 대행한다.

⑤ 위원장은 위원회의 예산 관련 업무를 수행할 때 「국가재정법」제6조제3항에 따른 중앙관서의 장으로 본다.

제8조(위원의 임기) 위원의 임기는 3년으로 하되, 1회에 한하여 연임할 수 있다.

제9조(신분보장 등) 위원은 금고 이상의 형의 선고에 의하지 아니하고는 본인의 의사에 반하여 면직되지 아니한다. 다만, 장기간의 심신쇠약 등으로 직무를 수행하는 것이 불가능하게 된 경우에는 그러하지 아니하다.

제10조(결격사유) ① 다음 각 호의 어느 하나에 해당하는 사람은 위원이 될 수 없다.
   1. 대한민국 국민이 아닌 사람
   2. 「국가공무원법」제33조 각 호의 어느 하나에 해당하는 사람
   3. 「정당법」제22조에 따른 당원
   4. 「공직선거법」에 따라 실시하는 선거에 후보자로 등록한 사람
② 위원회 제1항 각 호의 어느 하나에 해당하게 되면 당연히 퇴직한다.

제11조(회의) ① 위원장은 위원회의 회의를 소집하고 그 의장이 된다.
② 위원회는 위원장이 필요하다고 인정하는 경우, 제6조제2항 각 호별 임명 근거가 같은 위원 3명의 만장일치에 의한 소집요구, 재적위원 과반수 이상의 소집요구가 있을 경우 또는 제17조제2항에 따른 공공토론 소집요청이 있는 경우에 위원장이 소집한다.
③ 위원회의 회의는 위원 과반수의 출석으로 개의하고, 출석의원 과반수의 찬성으로 의결한다.
④ 위원회의 회의 운영과 관련하여 그 밖에 필요한 사항은 대통령령으로 정한다.

제12조(자문기구) ① 위원회는 그 업무 수행에 필요한 사항을 자문하기 위하여 자문기구를 둘 수 있다.
② 자문기구의 조직과 운영에 필요한 사항은 위원회 규칙으로 정한다.

제13조(사무처) ① 위원회에 위원회의 사무를 처리한 사무처를 둔다.
② 사무처에 사무총장 1명과 필요한 직원을 두되, 사무총장은 공공갈등 해소에 관한 식견과 풍부한 경험이 있고 공론위원회의 업무를 공정하고 독립적으로 수행할 수 있다고 인정되는 민간인 가운데 위원회의 심의를 거쳐 위원장의 제청으로 대통령이 임명한다.

③ 사무처장의 임기는 3년으로 하되, 1회에 한하여 연임할 수 있다.

④ 사무처 소속의 직원 수는 대통령령으로 정하되, 사무처 전속 공무원, 파견 공무원, 계약직 민간인으로 구성하고 그 수는 동일한 비율로 구성한다.

⑤ 소속 직원 중 5급 이상 공무원 또는 고위공무원단에 속하는 일반직 공무원은 위원 장의 제청으로 대통령이 임명하며, 6급 이하 공무원은 위원장이 임명한다.

⑥ 그 밖에 사무처의 조직 및 운영 등에 필요한 사항은 대통령령으로 정한다.

제14조(공무원 등의 파견 요청) 위원회는 위원회의 운영 또는 사무처의 업무수행을 위하여 필요한 경우에는 중앙행정기관, 지방자치단체 소속의 공무원 및 관련 민간기 관·단체 또는 연구소, 기업 임직원 등의 파견 또는 겸임을 요청할 수 있다.

제3장 공공토론

제15조(공공정책 범주) ① 이 법의 적용을 받는 공공정책의 범주는 다음 각 호에 해 당하는 설치·토목·건설 사업에 한정한다.

　1. 도시 개발사업
　2. 산업입지 및 산업단지 조성사업
　3. 에너지 개발사업
　4. 항만 건설사업
　5. 도로 건설사업
　6. 수자원 개발사업
　7. 철도(도시철도를 포함한다) 건설사업
　8. 공항 건설사업
　9. 방사성폐기물(사용후핵연료를 포함) 관리 등을 위한 사업
　10. 그 밖에 대통령령으로 정하는 시설의 설치사업

② 다음 각 호의 어느 하나에 해당하는 경우에는 공공토론을 실시하지 아니한다.

　1. 「재난 및 안전관리기본법」 제37조에 따른 응급조치를 위한 사업
　2. 국방·군사·안보와 관련된 사업

제16조(공공토론 의무대상) ① 국가, 지방자치단체, 공공기관(이하 "정책추진자"라 한 다)이 총사업비가 5,000억원 이상으로 추정되는 제15조에 해당하는 공공정책을 수립 하고 타당성 검토를 마친 다음, 사업 추진이 타당하다고 판단할 경우에는 공공토론 대상여부에 대한 위원회 심의를 거쳐야 한다. 이 경우 위원회는 제2항에 따른 자료제 출일로부터 2개월 이내에 공공토론 대상여부에 대한 심의를 완료하여야 한다.

② 정책추진자는 제1항에 따른 공공토론 대상 심의를 위하여 사업의 목적, 주요특성,

사회경제적 파급효과, 추정비용 등 대통령령으로 정하는 사항을 포함한 자료를 위원회에 제출하여야 한다.

③ 제1항에 따른 공공토론 대상 심의 기준·절차 등에 필요한 사항은 대통령령으로 정한다.

제17조(공공토론 임의대상) ① 총 사업비가 5,000억원 미만으로 추정되는 제15조에 해당하는 공공정책이 대통령령으로 정하는 공고의무대상범주에 해당하는 경우에는 정책추진자는 대통령령으로 정하는 바에 따라 사업목적과 주요 특성 등을 일간신문 등에 공고하여야 한다.

② 제1항에 따른 공고의무 공공정책에 대하여는 다음 각 호에 해당하는 자가 위원회에 공공토론 소집을 요청할 수 있다. 이 경우 소집요청은 제2항에 따른 공고일로부터 2개월 이내에 이루어져야 한다.

　　1. 정책추진자
　　2. 해당 지역 개발을 관할하는 지방자치단체의 장
　　3. 「비영리민간단체 지원법」 제2조에 따른 전국 규모의 비영리민간단체 연합회
　　4. 국회의 의결이 있을 경우

③ 위원회는 제2항에 따른 공공토론 소집요청이 있는 경우에는 정책추진자에게 알려야하고 정책추진자는 고지를 받은 때로부터 1개월 이내에 제16조제2항에 따른 자료를 위원회에 제출하여야 한다.

④ 위원회는 제2항에 따른 공공토론 소집요청을 받은 날로부터 2개월 이내에 해당 공공정책에 대한 공공토론 대상 심의를 하고 그 결과를 제2항에 따른 공공토론 소집요청자에게 통보해야 한다.

⑤ 제1항·제2항 및 제4항에 따른 공고절차·방법·기간, 위원회 소집요청절차 및 결정통보 등에 필요한 사항은 대통령령으로 정한다.

제18조(공공토론 운영방식) ① 위원회는 공공정책의 중요도 및 파급효과 등을 고려하여 공공토론 소집여부 및 제2항에 따른 운영방식을 결정하여야 한다.

② 위원회가 공공토론을 개최하기로 결정하는 경우에는 해당 안건의 중요성 등을 고려하여 다음 각 호의 어느 하나에 해당하는 공공토론 운영방식을 결정하여야 한다.

　　1. 위원회가 제20조에 따른 공공토론위원회를 구성하여 공공토론을 직접 개최하는 방식
　　2. 정책추진자에게 공공토론 개최를 위임하는 방식

③ 위원회는 제2항에 따라 공공토론 개최를 결정한 경우에는 공공토론 진행기간 및 방식 등을 관보에 게재하여야 한다. 이 경우 공공토론은 4개월을 초과하여 진행될 수 없다. 다만 위원회가 필요하다고 인정하는 경우에는 2개월의 범위에서 연장될 수 있다.

④ 위원회는 공공토론과정에 전문가, 이해관계인 등 국민의 실질적인 참여가 보장되

도록 노력하여야 하고 공공정책의 취지와 내용을 충분히 이해할 수 있도록 관련정보를 공개하고 공유하도록 노력하여야 한다.

제19조(공공토론 자료제출 및 일정 공고) ① 정책추진자는 제18조제3항에 따른 관보 게시일로부터 6개월 이내에 대통령령으로 정하는 바에 따라 국민에게 공개할 목적으로 작성된 공공토론 자료를 위원회에 제출하여야 한다. 이 경우 위원장은 공공토론 자료에 대한 보완이 필요할 경우에는 이에 대한 보완을 요청할 수 있고, 필요한 경우에는 제20조에 따른 공공토론위원회 의장도 자료보완을 요청할 수 있다.
② 위원회는 제1항에 따른 자료에 관하여 전문가 자문을 받을 수 있다.
③ 위원회는 제1항에 따른 공공토론 자료의 최종수령일로부터 2개월 이내에 공공토론 개시일자 등을 포함한 세부진행방식을 정하고 이를 공고하여야 한다. 이 경우 위원장은 토론개시일자 및 세부진행방식 결정 등에 관하여 제20조에 따른 공공토론위원회 의장에게 위임할 수 있다.
④ 제1항 및 제2항에 따른 자료 제출기한산정·작성기준 및 공공토론 세부진행방식, 공고기간·내용 등에 필요한 사항은 대통령령으로 정한다.

제20조(공공토론위원회 등) ① 위원회는 제18조제1항에 따른 공공토론 개최방식으로 결정한 경우에는 의장을 포함하여 3명 내지 7명으로 이루어진 공공토론위원회를 구성하여야 한다.
② 위원장은 공공토론을 개최하기로 결정한 때로부터 30일 이내에 대통령령으로 정하는 공공갈등관리에 대한 전문지식과 경험 등이 풍부한 민간전문가 또는 시민 중에서 공공토론위원회 의장을 지명하여야 한다.
③ 공공토론위원회 위원은 공공토론위원회 의장의 추천으로 위원회가 지명한다. 이 경우 위원장은 공공토론위원회 의장 또는 위원으로 지명될 수 없다.
④ 공공토론위원회는 공공토론의 효율적·전문적인 진행 등을 위하여 소위원회를 구성할 수 있다.
⑤ 공공토론위원회는 제19조제3항에 따른 공공토론 진행절차·방식·세부일정 등을 준수하여 공공토론을 진행한다. 다만, 공공토론의 추진일정 등에 대하여 수정이 필요한 경우에는 위원회에 보고하여 이를 수정할 수 있다.
⑥ 공공토론위원회는 공공토론 해당정책의 갈등 조정을 용이하게 하고 효율적으로 해결하기 위한 조언 및 권고를 할 수 있으나 해당 공공정책에 대한 의견을 표출하지 아니한다.
⑦ 공공토론위원회 토론운영 및 윤리지침 등에 필요한 사항은 위원회 규칙으로 정한다.

제21조(공공토론 위임개최) ① 위원회는 제18조제2항에 따른 공공토론 개최방식을 결정하면 제18조제3항에 따른 관보게재일로부터 1개월 이내에 공공토론 예상일정·

방식 등을 정책추진자에게 제안할 수 있다. 이 경우 정책추진자는 특별한 경우가 없는 경우에는 이를 따라야 한다.

② 정책추진자는 제19조에 따른 공공정책 자료의 최종접수가 완료되면 위원장과 협의하여 공공토론 개시일자 및 참석대상 등을 포함한 세부운영일정을 결정하고 이를 공고하도록 한다.

③ 정책추진자의 토론운영 및 윤리지침 등에 관하여는 제20조제7조를 준용한다.

제22조(공공토론 보고서 작성) ① 공공토론위원회 의장과 정책추진자는 공공토론이 종결되면 이로부터 2개월 이내에 공공토론 보고서를 작성하여 위원회에 제출하여야 한다.

② 위원회는 공공토론과정의 충실성, 민주성, 형평성, 객관성 등에 대한 종합평가서를 작성하여야 한다.

③ 위원회는 제1항에 따른 공공토론 보고서와 제2항에 따른 종합평가서를 대통령령으로 정하는 바에 따라 공고하여야 한다.

④ 제1항 및 제2항에 따른 보고서와 평가서 작성방식·내용 등에 필요한 사항은 대통령령으로 정한다.

제23조(공공토론 후속조치) ① 정책추진자는 제22조제3항에 따른 종합평가서 발표 이후 해당 공공정책에 대한 공공토론 반영사항 등 조치사항을 관보에 게재하여야 한다.

② 위원회는 정책추진자가 공고한 바와 같이 정책추진이 이루어지는지 정책 종결 시까지 모니터링할 의무를 지며, 정책과정에서 이해관계자 및 국민의 의견이 적절히 반영되는지 감독하고, 그렇지 않을 경우 정책추진자에게 국민 참여를 보장하도록 권고하여야 한다.

제24조(조정) ① 위원회는 공공토론이 불필요하지만 이해당사자 간 조정이 필요하다고 결정하는 경우, 정책추진자에게 대통령령으로 정하는 바에 따라 해당 공공정책에 대한 조정을 권고할 수 있다. 이 경우 정책추진자는 특별한 사정이 없는 경우에는 이에 따라야 하고 그 정책에 대한 조정계획과 방법 및 일정 등을 작성하여 위원회에 알려야 한다.

② 정책추진자는 제1항에 따른 조정과정이 끝난 후에는 조정보고서를 위원회에 제출하고, 위원회는 이를 공개하여야 한다.

③ 위원회는 조정과정의 충실성, 민주성, 형평성, 객관성 등에 대한 종합평가서를 작성하고 이를 공개하여야 한다.

제4장 보 칙

제25조(위원회 운영공개 및 국회보고 등) ① 위원회는 해마다 전년도의 활동 내용 등에 관한 보고서를 작성하여 회계연도의 위원회 업무수행에 관한 보고서를 국회에 보고하여야 한다.

　　1. 위원회 구성 및 기능
　　2. 위원회 회의 개최 등 운영실적
　　3. 위원회 운영인력, 예산집행현황 등 대통령령으로 정하는 사항
② 위원회는 제1항의 보고서를 공표하여야 한다.

제26조(재정적 지원) ① 국가 등은 공공토론 활성화에 필요한 조사·연구·교육·홍보 등을 촉진하기 위하여 필요한 재정지원 등을 할 수 있다.
② 공론위원회는 회의에 출석한 위원 및 공공토론위원에 대하여는 예산의 범위 내에서 수당이나 여비 그 밖의 필요한 경비를 지급할 수 있다. 다만, 공무원인 위원 또는 공공토론위원이 그 소관업무와 직접 관련되어 출석하는 경우에는 그러하지 아니한다.
③ 공공토론에 필요한 경비와 예산 일체는 대통령령에 규정된 절차에 따라 정책추진자가 부담한다.

제27조(조사연구교육) 위원회는 국가정책 추진 과정에서 발생하는 공공갈등 예방 및 해소를 위해 필요한 교육 및 홍보를 위해 노력하여야 한다.

제28조(벌칙 적용 시 공무원 의제) 공론위원회 및 공공토론위원회의 위원 중 공무원이 아닌 위원은 형법 기타 법률에 의한 벌칙의 적용에 있어서 공무원으로 본다.

부 칙

이 법은 공포 후 3개월이 경과한 날부터 시행한다.

7. 국책사업국민토론위원회의 설립 및 운영에 관한 법률안(부좌현 의원 대표발의)[21]

제1장 총 칙

제1조(목적) 이 법은 국책사업국민토론위원회를 설립·운영하여 대규모 국토개발사업 등의 공공정책이나 이와 관련된 사업계획의 수립 또는 시행 등에 따른 공공갈등을 예방하고, 사회통합을 도모함으로써 성숙한 민주주의 구현에 이바지함을 목적으로 한다.

제2조(기본이념) 이 법은 국책사업이나 이와 관련된 사업의 이해관계인들이 상호신뢰를 바탕으로 민주적인 방식에 따라 참여와 숙의적 토론기회를 보장하여 당해 사업에 관한 공감대를 형성하고 갈등을 예방하여 사회통합의 촉진과 성숙한 민주사회 구현에 이바지함을 기본이념으로 한다.

제3조(정의) 이 법에서 사용하는 용어의 뜻은 다음과 같다.
  1. "국책사업"이란 국가, 지방자치단체 또는 「공공기관의 운영에 관한 법률」 제4조에 따른 공공기관(이하 "국가 등"이라 한다)이 공공의 이익을 위하여 수립하는 정책 또는 이를 시행하기 위한 계획을 말한다.
  2. "국책사업 갈등"이란 국책사업이나 이와 관련된 사업의 계획을 수립 또는 시행하는 과정에서 발생하는 이해관계의 충돌을 말한다.
  3. "국책사업 국민토론"이란 국책사업이나 이와 관련된 사업을 추진하는 국가 등이 이해관계인, 일반시민, 전문가 등에게 정보를 투명하게 공개하고, 이를 토대로 사업 시행의 타당성과 추진절차의 적정성 등에 대한 합의를 만들어 나가는 과정을 말한다.

제4조(국가 등의 책무) 국가 등은 국책사업 갈등을 예방하기 위하여 국책사업이나 이와 관련된 사업계획의 수립 또는 시행에 있어 국책사업 국민토론에 성실하게 임해야 하며 그 결과를 적극적으로 반영하도록 노력하여야 한다.

제5조(국책사업국민토론위원회의 설립과 독립성) ① 국책사업이나 이와 관련된 사업계획의 수립 또는 시행의 공정한 수행을 위하여 국책사업국민토론위원회(이하 "위원회"라 한다)를 둔다.
② 국책사업국민토론위원회는 그 권한에 속하는 업무를 독립적으로 수행한다.
③ 국책사업국민토론위원회의 조직·운영에 관하여 필요한 사항은 대통령령으로 정한다.

---

21) 이 법안은 2013년 19대국회에 제출되었다.

제2장 국책사업국민토론위원회의 구성과 운영

제6조(위원회의 구성) ① 위원회는 위원장 1명과 상임위원 2명을 포함한 11명의 국책사업국민토론위원(이하 "위원"이라 한다)로 구성한다.

② 위원은 공공갈등 해소에 관한 풍부한 경험이 있고 국책사업국민토론위원회의 업무를 공정하고 독립적으로 수행할 수 있다고 인정되는 사람 중에서 다음 각 호의 사람을 대통령이 임명한다.

　　1. 대통령이 지명하는 4명

　　2. 국회가 선출하는 4명(상임위원 2명을 포함한다)

　　3. 대법원장이 지명하는 3명

③ 위원장은 위원들 간 호선으로 선출하여 대통령이 임명한다. 이 경우 위원장은 국회의 인사청문을 거쳐야 한다.

④ 위원장과 상임위원은 정무직 공무원으로 한다.

제7조(위원장의 직무) ① 위원장은 위원회를 대표하여 위원회 회의를 주재하는 한편 소관 업무를 총괄한다.

② 위원장은 국회나 국무회의에 출석하여 위원회 소관 사무에 관한 의견을 진술할 수 있으며, 국회에서 요구하면 출석하여 보고하거나 답변하여야 한다.

③ 위원장이 부득이한 사유로 직무를 수행할 수 없을 때에는 위원회가 미리 정한 위원 순으로 그 직무를 대행한다.

제8조(위원장 및 위원의 임기) ① 위원장과 위원의 임기는 3년으로 하고, 한 번만 연임할 수 있다.

② 위원 중 결원이 생기면 대통령은 결원된 날로부터 30일 이내에 후임자를 임명하여야 한다.

③ 결원이 된 위원의 후임으로 임명된 위원의 임기는 새로 시작한다.

④ 위원이 부득이한 사유로 사임하고자 할 때에는 그 뜻을 서면으로 위원장에게 제출하여야 하며, 그 서면이 접수된 날부터 7일이 지나면 해임된 것으로 본다.

제9조(위원의 신분보장) ① 위원은 다음 각 호의 어느 하나에 해당하는 경우를 제외하고는 그 의사에 반하여 면직되지 아니한다.

　　1. 위원이 금고 이상의 형의 선고를 받는 경우

　　2. 장기간 심신장애로 인하여 직무를 수행할 수 없다고 판단되어 전체 위원 3분의 2 이상이 퇴직에 찬성하는 경우

　　3. 이 법 또는 그 밖의 다른 법률에 따른 직무상의 의무를 위반하였거나소관 직무와 관련해 부당한 이득을 취한 경우

② 위원은 직무를 집행함에 있어 부당한 지시나 간섭을 받지 아니 한다.

제10조(위원의 결격사유) ① 다음 각 호의 어느 하나에 해당하는 사람은 위원이 될 수 없다.

　　1. 「국가공무원법」 제33조 각 호의 어느 하나에 해당하는 사람
　　2. 「공직선거법」에 따라 실시하는 선거에 후보자로 등록한 사람
　　3. 「정당법」 제22조에 따른 당원

② 위원이 제1항 각 호의 어느 하나에 해당하게 되면 그 직에서 퇴직하여야 한다.

제11조(상임위원회 및 소위원회) ① 위원회는 그 업무 중 일부를 수행하게 하기 위하여 상임위원회와 해당사업별 국책사업 국민토론을 진행하는 소위원회(이하 "소위원회"라 한다)를 둘 수 있다.

② 상임위원회는 위원장과 상임위원으로 구성한다.

③ 소위원회는 상임위원 2명을 포함하여 3명 이상 5명 이하의 위원과 상임위원회에서 위촉하는 4명의 민간 전문가를 포함하여 구성한다.

④ 소위원회 위원장(이하 "소위원장"이라 한다)은 해당 소위원회에 포함되는 상임위원 중 1명을 위원장이 임명한다.

⑤ 상임위원회에 위촉하는 4명의 민간 전문가는 시민단체(「비영리민간단체지원법」 제2조에 따른 비영리민간단체를 말한다)에서 추천하는 공공갈등과 관련하여 전문적인 지식과 경험이 있는 갈등관리 전문 민간인 중에서 위촉하여야 한다(다만, 제10조에 따른 위원의 결격사유는 민간전문가에도 동일하게 적용한다).

⑥ 소위원회는 한시적인 기구로써 소위원회의 운영기간은 최소 4개월 최장 12개월 이내에서 위원장이 위원들과 협의하여 정하도록 한다.

⑦ 상임위원회, 소위원회의 구성·업무 및 운영 등과 관련하여 필요한 사항은 위원회 규칙으로 정한다.

제12조(회의 의사 및 의결 정족수) ① 위원회 회의는 위원장이 주재하며 이 법에 특별한 규정이 없으면 재적위원 과반수의 찬성으로 의결한다.

② 위원회는 대통령령이 정하는 바에 따라 회의록을 작성·보존 하여야 한다.

제13조(의결서 작성) ① 위원회가 의결하는 경우에는 의결서를 작성하여야 하며, 의결에 참여한 위원은 의결서에 이름을 쓰고 도장을 찍거나 서명하여야 한다.

② 위원회 의결서는 위원회가 정하는 바에 따라 공개하여야 한다. 다만, 다음 각 호의 어느 하나에 해당하는 경우에는 공개하지 아니할 수 있다.

　　1. 다른 법률에서 비밀 또는 비공개 사항으로 규정하고 있는 정보
　　2. 국가안보 등에 관한 사항으로 공개될 경우 국방의 중대한 이익을 현저히 해할

우려가 있다고 인정되는 정보

3. 이름이나 주민등록번호 등 개인 신변에 관한 사항으로서 공개될 경우 개인의 사생활을 침해할 우려가 있다고 인정되는 정보. 다만, 다음에 열거한 항목은 제외한다.

　가. 법령이 정하는 바에 따라 열람할 수 있는 정보

　나. 공공기관이 공표를 목적으로 작성하거나 취득한 정보로서 개인 사생활을 부당하게 침해하지 않는 경우

　다. 공공기관이 작성하거나 취득한 정보로서 공익 또는 개인의 권리구제를 위하여 공개가 필요하다고 인정되는 경우

　라. 직무를 수행한 공무원의 성명이나 직위

　마. 국가 또는 지방자치단체가 업무의 일부를 위탁 또는 위촉한 개인의 성명이나 직업

제14조(위원 등의 제척 등) ① 위원 또는 민간 전문가가 다음 각 호의 어느 하나에 해당하는 경우에는 그 직무집행에서 제척된다.

1. 위원 또는 민간 전문가의 그 배우자나 배우자였던 자가 당해 사안의 당사자가 되거나 당해 사안에 관하여 공동권리자 또는 의무자의 관계에 있는 경우

2. 위원또는 민간 전문가가 당해 사안의 당사자와 친족이거나 친족이었던 경우

3. 위원또는 민간 전문가가 당해 사안에 관하여 증언이나 감정을 한 경우

4. 위원또는 민간 전문가가 당해 사안에 관하여 당사자의 대리인으로서 관여하거나 관여 하였던 경우

② 위원회는 직권에 의하여 위원또는 민간 전문가의 제척을 결정할 수 있다.

제15조(사무처의 설치) ① 위원회는 효율적인 사무처리와 국민토론의 원활한 진행을 위해 국책사업국민토론위원회에 사무처를 둔다.

② 사무처는 사무처장 1인과 그 밖에 필요한 직원을 둘 수 있다. 다만, 사무처장은 공공갈등 해소에 관한 풍부한 경험이 있는 민간인 전문가로 한다.

③ 사무처장은 위원장의 지휘를 받아 위원회 및 소위원회의 사무를 관장하고 소속 직원을 지휘하고 감독한다.

④ 그 밖에 사무처의 조직·운영에 관하여 필요한 사항은 대통령령으로 정한다.

제16조(청렴 및 비밀유지의 의무) ① 위원, 민간 전문가, 사무처의 직원은 공공사업에 종사하는 사람으로부터 금품이나 그 밖의 이익을 제공받아서는 아니 된다.

② 위원, 민간 전문가, 사무처의 직원 또는 그 직에 있었던 자는 직무상 알게 된 정보를 타인에게 누설하거나 직무상 목적 이외에 사용해서는 아니 된다.

③ 위원, 민간 전문가, 사무처의 직원은 대상사업의 필요성과 타당성 등을 포함해 대

상사업 내용 전반에 대해 개인적 의견을 표명하여서는 아니 된다.

제17조(재정지원 등) 국가 등은 국민토론 활성화에 필요한 조사·연구·교육·홍보 등을 촉진하기 위하여 필요한 재정지원 등을 할 수 있다.

제18조(위원의 수당 등) 위원회는 회의에 출석한 위원과 민간 전문가에 대하여는 예산의 범위 내에서 수당이나 여비 그 밖의 필요한 경비를 지급할 수 있다. 다만, 공무원인 위원이 소관 업무와 직접 관련되어 출석하는 경우에는 그러하지 아니 한다.

제19조(벌칙적용에 있어서의 공무원의 의제) 위원 중 공무원이 아닌 위원과 민간 전문가는 형법 기타 법률에 의한 벌칙의 적용에 있어서 공무원으로 본다.

제3장 위원회의 업무와 권한

제20조(업무) ① 위원회는 다음 각 호의 업무를 수행한다.
1. 제24조에 따른 국책사업 국민토론 대상사업에 대한 토론의 실시여부를 전원위원회 회의를 통해 결정
2. 전원위원회를 통해 토론 진행이 결정되면 4개월 이내에 해당 사업별 토론을 위한 소위원회 구성
3. 토론의 전 과정에 걸쳐 정보제공과 주민참여가 보장되고 토론이 공정하게 진행될 수 있도록 관리·감독
4. 토론과 관련해 사업추진 기관의 문의사항에 대해 조언
5. 국가 등 사업추진 주체가 토론의 결과를 성실하게 이행하는지 감독
6. 토론 결과 등의 공표
7. 위원회의 예산 집행에 관한 사항
8. 그 밖에 공공갈등 예방 및 해소를 위한 교육 및 홍보

제21조(자료제출 등) ① 위원회는 그 업무를 수행하기 위하여 필요하다고 인정하면 국가 등에 필요한 자료 등의 제출을 요구할 수 있다.
② 위원회는 업무를 수행하기 위하여 필요한 사실을 알고 있거나 전문적 지식 또는 경험을 가지고 있다고 인정되는 사람에게 출석을 요구하여 그 진술을 들을 수 있다.
③ 제1항에 따른 요구를 받은 국가 등은 지체 없이 협조하여야 한다.

제22조(국책사업국민토론 결과의 전달 등) ① 위원회는 토론 결과를 종합·정리하여 30일 이내에 국가 등에 전달하여야 한다.

② 국가 등은 위원회로부터 토론 결과를 전달받은 날부터 14일 이내에 결과의 이행 여부를 위원회에 통지하여야 하고, 아니할 경우에는 그 이유를 첨부하여야 한다.

③ 위원회는 제1항에 따른 토론 결과 및 제2항에 따른 토론 이행과 관련하여 국가 등이 통지한 내용을 관보와 위원회 홈페이지 등에 공표하여야 한다.

제23조(보고서 작성 등) ① 위원회는 해마다 전년도 토론의 개최상황, 결과 등에 관한 보고서를 작성하여 대통령과 국회에 보고해야 한다.

② 위원회는 제1항에 따른 보고 외에도 필요하다고 인정되면 대통령과 국회에 특별 보고할 수 있다.

③ 국책사업국민토론위원회는 제1항 및 제2항에 따른 보고서를 공개하여야 한다. 다만, 국가의 안전보장, 개인의 명예 또는 사생활의 보호를 위하여 필요하거나 다른 법률에 따라 공개가 제한된 사항은 공개하지 아니할 수 있다.

제4장 국책사업 국민토론의 대상사업 및 실시

제24조(토론의 검토대상) ① 국가 등은 다음 각 호의 어느 하나에 해당되는 경우 국민토론 실시 여부를 위원회에 검토 의뢰하여야 한다.

1. 총사업비(총사업비가 확정되지 않은 경우에는 추정된 사업비의 총액을 말한다)가 5천억원 이상으로서 국가 등이 시행하고자 하는 국책사업
2. 총사업비가 5천억원 미만, 5백억원 이상인 국책사업에 대해서는 위원 3인 이상의 요청이나 해당 부처 주무장관의 요청, 또는 사업과 관련이 있는 이해관계인 등의 요청이 있는 경우

② 다음 각 호의 어느 하나에 해당하는 경우에는 국민토론을 실시하지 아니한다.

1. 「재난 및 안전관리 기본법」 제37조에 따른 응급조치를 위한 사업
2. 국가안보 등에 관한 사업으로 공개될 경우 국방의 중대한 이익을 현저히 해할 우려가 있다고 위원회 전원 회의를 통해 인정된 사업

제25조(토론의 진행) ① 소위원장은 토론의 참여자가 자신들의 의견을 충분히 제시할 수 있도록 공정하고 투명하게 운영하여야 하며, 제시된 의견은 가감 없이 종합·정리하여야 한다.

② 소위원장은 해당 국책사업이나 이와 관련된 사업으로 인한 갈등 예방·해결을 위하여 중요하다고 판단되는 경우에는 이해관계인·일반시민 또는 전문가 등도 참여하는 의사 결정방법을 활용할 수 있다.

③ 소위원장은 토론의 원활한 진행을 위하여 관련 분야 전문가의 의견을 들을 수 있다.

④ 토론을 진행하는 데 소요되는 경비는 해당 국책사업의 추진 기관이 전액 부담한다.

제26조(토론의 결과보고서 작성 등) ① 소위원회는 토론이 종료되는 날 부터 60일 이내에 공공토론에 관한 결과 보고서를 작성하여 국책사업국민토론위원회에 제출하여야 한다.

② 제1항에 따른 결과보고서에 포함되는 내용은 대통령령으로 정한다.

부　칙

이 법은 공포 후 90일이 경과한 날부터 시행한다.

참고문헌

Ⅰ. 국내 문헌

강병근·고영국·전병서·정찬모, 인터넷분쟁의 소송외적 해결을 위한 법제도 연구, 정보통신정책연구원, 2001.

강이수·박종삼, 국제거래분쟁론, 삼영사, 2010.

강현중, 민사소송법, 박영사, 2004.

고형석, "일본 개정 독립행정법인국민생활센터법상 대안적 분쟁해결제도", 법제, 2009. 1.

국무조정실, 주요국의 갈등관리 시스템 조사·연구, 국무조정실 연수보고서, 2005.

국회 법제실, 법제실무, 2011.

김경배, 국제무역분쟁과 ADR, 무역경영사, 2005.

──────, "한국 대체적 분쟁해결제도(ADR)의 제도화 및 발전방안에 관한 연구", 산업경제연구, 2005.

김광구, "공공갈등관리를 위한 사회교육체제 구축", 경희행정논총 제19권 1호, 2006.

김광수, "남북상사중재제도 활성화를 위한 남북협력 방안", 중재연구 제21권 제1호, 2011. 3.

──────, ADR과 국제중재 입문, 두남, 2012.

김도현, "민사조정 통계의 법사회학적 해석", 법과사회 제45호, 2013. 12.

김민중, "민사사건과 ADR", 법학연구 제26집, 전북대학교 법학연구소, 2008. 6.

──────, "우리나라 ADR제도의 발전기반구축을 위한 실천과제", 언론중재 봄호, 2010.

김상수, "바람직한 ADR의 운영기관", 중재, 대한상사중재원, 2009년.

──────, "우리나라 ADR법제의 운영현황과 발전방향", 국회입법조사처 세미나 자료, 2012. 2. 27.

──────, "환경분쟁해결을 위한 재판과 ADR의 역할 분담", 환경법연구 28권 1호, 2006.

김상찬, "ADR기본법의 입법론에 관한 연구", 중재연구 제13권 제2호, 2004.

──────, "ADR제도의 비교법적 연구: 아시아의 주요 국가를 중심으로", 중재연구 제19권 제3호, 2009.

김상찬·양영화, "우리나라 ADR제도의 활성화 방안", 법학연구 제45집, 2012.

김상태, "행정법상 대체적 분쟁해결제도의 허용성에 관한 연구", 법학연구 제35호, 2009.

김상호, "남북상중재위원회의 발전과제", 국제상학 제25권 제1호, 2010. 3. 31.

김선정, "필리핀의 2004년 대체적 분쟁해결법 소고-UNCITRAL 모범법 수용과 관련하여-", 중재연구 제19권 제2호, 2009.

김성수, "ADR 활성화를 위한 법원의 노력", 사법선진화를 위한 개혁: 연구보고서·참고 자료 Ⅵ-10, 사법제도개혁추진위원회, 2006.

김연, "소송외 분쟁해결제도에 관한 서론적 연구", 사회과학연구 제13집, 1997.

─────, "법원이 관여하지 않는 특별 조정절차의 검토", 민사소송 제14권 1호, 2010.

김영욱·임유진, "언론-소스 간 갈등해소와 '조정' 기능 강화장치로서의 언론중재제도연구", 한국언론학보 제54권 1호, 2010.

김용, "학교교육 관련 분쟁에 관한 대안적 분쟁 해결 제도의 현황과 과제", 한국초등 도덕 교육학회 학술발표자료, 2008.

─────, "교육 부문 대안적 분쟁해결 제도의 현황과 과제", 교육법학연구 제20권 1호, 2008.

김용섭, "로스쿨에서의 실무역량 강화를 위한 커리큘럼(교과과정) 개선과제", 로스쿨교과 과정의 문제점에 관한 심포지엄, 서울지방변호사회, 2013. 10.

김원태, "재판 외 분쟁해결제도의 현상과 과제", 법학연구 제22권 제1호, 충북대학교 법학 연구소, 2011. 6.

김유환, "행정형 ADR 정비방안-모델절차법(안)", 사법 선진화를 위한 개혁, 사법제도개혁 추진위원회, 2006.

김인숙, "내용분석을 통한 소비자분쟁조정 실태 연구", 소비자문제연구, 2007.

김정순, 행정법상 재판외 분쟁해결법제 연구, 한국법제연구원, 2006.

김준한, "행정부와 대체적 분쟁해결제도", 한국행정학보 제30권 4호, 1996.

김중년, "중국의 상사조정제도와 그 시사점에 관한 연구", 무역상사연구 제66권, 2015. 5.

김태한, "미국의 재판외 분쟁해결제도", 중재연구 제13권 제2호. 2004. 2.

김태홍, 사회갈등 해소를 위한 갈등관리제도의 구축 및 효율적 운영방안 연구, 한국여성 개발원, 2005. 12.

김학린, "한국 공공분쟁해결의 현황 및 특징: 공공분쟁해결시스템 구축에의 시사점을 중 심으로", 분쟁해결연구 제9권 제1호, 2011. 4.

김호, 중국의 ADR제도에 관한 연구-한국 제도와의 비교-, 연세대학교 대학원 박사학위 논문, 2008. 6.

김홍규, "우리나라 중재제도의 연혁과 특질", 연세행정논총 17, 1992.

나태준·박재희, 갈등해결의 제도적 접근: 현행 갈등관련 제도분석 및 대안, 서울:한국행정 연구원, 2004.

남윤봉, "재판외 분쟁해결", 재산법연구 제13권 제1호, 1996.

노순규, 지역갈등·주민갈등·사회갈등-학교갈등과 공무원갈등의 해결 포함-, 한국기업경영 연구원, 2010.

노태악, "UNCITRAL 모델중재법 및 중재규칙 개정에 따른 국내법 개정의 필요성 검토", 국제사법연구 제16호, 2010. 12.

대한상사중재원, 상사중재30년사, 1996.

도중진, "학교폭력의 분쟁조정과 회복적 사법- 학교폭력 예방 및 대책에 관한 법률 및 시 행령상의 분쟁조정제도의 실효적 개선 방안을 중심으로-", 형사법의 신동향 통권 제 35호, 2012. 6.

로저 피셔, 윌리엄 유리, 브루스 패튼 지음, 박영환 옮김, YES를 이끌어내는 협상법, 도서 출판 장락, 2013.

류재철, "소송 외의 대체적 분쟁해결제도(ADR)에 관한 연구", 동의법정 제18권, 2002.

류창호, "말레이시아의 사법제도와 소송외 분쟁해결제도", 아시아 법제연구 제7호, 2000. 3.

박노형·이로리, 유럽의 대체적 분쟁해결(ADR)제도에 관한 연구, 서울:법제처, 2008.

박준·김용기·이동원·김선빈, "한국의 사회갈등과 경제적 비용", CEO Information, 제
710호, 삼성경제연구소, 2009. 6.

박철규, "미국 민간형 ADR로서의 주민조정프로그램(Community Mediation Program)
의 역사적 발전과정과 현황에 관한 연구", 서울법학 제23권 제3호, 2016. 2.

────, "외국의 Community Mediation 제도를 통해 본 민간형 ADR로서의 우리나라 주
민분쟁해결센터 도입 방안에 관한 연구", 의정논총 제9권 제1호, 2014. 6.

────, 한국 ADR법령체계의 현황과 정립방안 연구-대체적 분쟁해결 기본법(안) 제안을
중심으로, 한국개발연구원(KDI), 2012. 12.

────, "한국 ADR법제의 체계화 및 대체적 분쟁해결 기본법의 제정 방향에 관한 고찰",
중재 제339호, 2013년 봄·여름.

────, "행정형 ADR의 입법현황과 개선방안에 관한 연구", 법제연구 통권 제46호,
2014. 6.

────, "ADR법 발전과정에 관한 비교법적 연구 - 미·영·독·불·일을 중심으로 -", 미국헌
법연구 제27권 제1호, 2016. 4.

────, "ADR(대체적 분쟁해결)의 정착을 위한 중립인(neutrals) 제도화 방안에 관한 연
구에 관한 연구", 동아법학 제70호, 2016. 2.

박헌준, Joseph E. Champoux & 김상준, "영화와 경영교육-영화를 통한 협상교육사례를
중심으로", 경영교육연구 제7권 제2호, 2004. 2.

박홍래, "재판 외 분쟁해결제도(ADR) 기본법 제정에 관하여", 언론중재위원회 강원 지역
토론회 발제문, 2010.

박홍엽 외, 국내외 갈등관련 법·제도 분석과 효율적인 운영방안, 경제·인문사회연구회, 2005.

반흥식, 소송 외 분쟁해결제도에 관한 연구, 전북대학교대학원 박사학위논문, 1998.

법원행정처, 2012 사법연감, 2012(2009-2014년도 연도별 사법연감 참조함).

변상정, "정부의 사회갈등 해소 노력과 정책적 고려사항", 정책연구 통권 143호, 2004.

사법제도개혁추진위원회, 재판 외 분쟁해결제도 활성화 방안 참고자료, 2001. 11.

서순복, 거버넌스 상황에서 갈등관리를 위한 대체적 분쟁해결제도, 집문당, 2005.

서정일, "ADR 분쟁조정제도의 통합적 운영방안", 중재 제331호, 2010년 봄.

손수일, "미국 법원에서의 ADR의 발전과 캘리포니아 북부 연방지방법원의 Early Neutral
Evaluation(ENE)", 외국사법연수논집 13, 법원도서관.

손승우, 온라인 분쟁해결(ODR)에 관한 국제규범 모델 연구(Ⅰ), 한국법제연구원, 2011. 6.

손현, "최근 ODR 규범화 동향과 법제 발전방향", 2014 한국중재학회 동계 학술발표대회
자료집, 한국중재학회, 2014. 12.

송길룡, "ADR 관련 입법에 대한 검토", 사법선진화를 위한 개혁: 연구보고서·참고자료
Ⅵ-10, 사법제도개혁추진위원회, 2006.

Schmidt, Warren H, 협상과 갈등해결: 차이를 시너지로 바꾸는 관계의 기술, 이상욱 역,
21세기북스, 2009.

신군재·김경배, "중국의 ADR제도와 국제중재판정의 강제집행절차에 관한 연구", 국제상학 제19권 제1호, 2004. 3.

신종원, "이웃분쟁 해결을 위한 주민자율조정위원회 구성 - 은평구 제각말 주민자율조정 활동 사례 -", 학문 분야별 협상사례, 한국협상학회 2014 추계 정기학술대회, 2014.

신한동, "미국중재협회 연수보고", 중재 제108호, 1981. 1.

신현윤, "북한 대외경제중재법의 주요 개정내용과 문제점", 상사판례연구 제25집 제3권, 2012. 9.

심준섭, "국내 행정형 ADR 기구의 비교분석: 문제점과 대안", 공존협력연구 창간호, 2012. 12.

심준섭 외, 공공갈등민원 해결의 제도화 방안 정책연구, 국민권익위원회, 2013. 10.

안건형, "비변호사 중재인 활용의 문제점과 개선방안", 중재연구 제25권 제1호, 2015. 3.

안성훈·심재우·조균석·김선혜, 형사사건에서의 전통적 대체분쟁해결방안에 대한 기초 연구 - 한·중·일의 대체적 분쟁해결방안 비교연구 -, 한국형사정책연구원, 2014.

안순철·최장섭, "대안적 분쟁해결(ADR)의 이론과 실제: 미국의 경험과 한국사회에의 적용", 분쟁해결연구 제1권 제1호 통권1호, 2003.

안택식, "북한 개정합영법의 평가와 전망", 한양법학 제21집, 2007. 8.

양경승, 우리나라 ADR의 활성화방안과 기본법 제정을 위한 연구, 서울:언론중재위원회, 2010.

양병회, "ADR과 화해제도의 활성화", 민사소송법의 제문제, 삼영사, 1992.

──, "ADR의 활성화를 위한 화해제도의 개선방안 - 독일의 변호사화해제도를 중심으로 -", 민사소송 제1권, 1998.

언론중재위원회(편), "중국의 법문화로 살펴본 인민조해(人民調解) 제도의 특징", 조정을 위한 설득과 수사의 자료, vol. 7 월차보고서 12월호, 2013. 12.

──, "외국 ADR 관련법률", 언론중재, 2010년 봄호, 여름호, 가을호, 겨울호, 2010.

오원석·이경화, "중국의 "중재와 조정의 결합" 제도와 시사점", 무역학회지 제 38권 제4호, 2013.

왕홍송, "중국중재제도", 중재연구 제13권 제2호, 2004. 2.

우광명, "중국 재판외분쟁해결제도의 문제점과 활성화방안에 관한 연구-인민조정제도와 중재제도를 중심으로-", 국제상학 제21권 제1호, 국제상학회, 2006. 3.

원용수, "프랑스 ADR제도의 특성", 지역학논집 제8집, 숙명여자대학교 지역학연구소, 2004.

──, "프랑스의 ADR과 그 활용 현황에 관한 고찰", 중재연구 제17권 제1호, 2007.

윌리엄 유리, 이수정 옮김, 혼자 이기지 마라, 스몰빅라이프, 2016.

유병현, "미국의 소송대체분쟁해결제도(ADR)의 현황과 그 도입방안", 민사소송 13(1), 2009.

──, "법원외 분쟁조정위원회의 발전방향", 고려법학 제43호, 2004.

──, "ADR의 발전과 법원의 조정의 효력", 법조, 2004.

──, "우리나라 ADR의 발전방향", 안암법학 통권 제22호, 2006. 4.

──, "미국의 소송대체분쟁해결제도(ADR)의 현황과 그 도입방안", 민사소송 제13권 제1호, 2009.

윤병철, "남북상사중재 제도의 현황: 개성공단 상사중재위원회의 구성 및 운영과 관련하여", 중재 제341호, 대한상사중재원, 2013. 12.

윤인진, "한국인의 갈등의식과 갈등조정방식", 한국의 갈등관리시스템: 선진적 시스템 구축을 위한 과제, 한국개발연구원, 2008. 12. 15 발표.

은재호·윤광석·주재복·서성아·김은아, 정부 간 분쟁조정제도 개선 방안 연구, 국무총리실, 2009.

이강빈, "ADR제도 활성화를 위한 효율적인 교육 프로그램에 관한 연구", 중재연구 제18권 제1호, 2008. 3.

이건묵, 대체적 분쟁해결제도 법제의 주요쟁점과 입법과제, 국회입법조사처, 2012.

이경옥, "대안적분쟁해결제도(ADR)로서의 온라인분쟁해결시스템의 평가", 소비자학연구 제14권 제2호, 2003. 6.

이달곤, 협상론-협상의 과정, 구조, 그리고 전략-, 법문사, 2005.

이동근, "민사사건과 ADR 토론문", 법학연구 제26집, 전북대학교 법학연구소, 2008. 6.

이로리, "미국 로스쿨에서의 협상 교육 방법론에 관한 연구", 중재연구 제23권 제2호, 2013. 6.

──, "프랑스의 ADR제도-법원관련 중개 및 조정제도를 중심으로", 안암법학 제29권, 2009.

──, "ADR의 활성화와 법원의 역할-영국의 민형사 법원중개제도를 중심으로-", 경영법률, 2009.

이만희, "중국의 조정제도", 저스티스, 한국법학원, 1993. 7.

이보영, "형사조정제도의 법이론적 문제점 및 효과성 검토", 경희법학 제48권 제2호, 경희법학연구소, 2013. 6.

이순우, 상사중재제도의 법적구조에 관한 연구, 성균관대학교 박사학위 논문, 2002.

이시윤, "한국에서의 ADR의 경험과 진전", 민사소송 제19권 제1호, 2015. 5.

이용근·김성룡, "외국인투자자에 있어 북한 중재제도의 문제점과 대응방안", 국제상학 제26권 제4호, 2011. 12. 31.

이재우, "영국중재인협회의 중재인교육제도", 중재, 2012. 봄/여름.

이점인, "재판외분쟁해결제도:미국의 ADR을 중심으로", 동아법학 제26호, 1999.

이준상, "미국에서의 ADR 운영 현황(법원실무를 중심으로)과 우리나라에서의 활성화 방안", 외국사법연수논집 25, 법원도서관.

──, "ADR 활성화를 위한 실천적 과제", 민사사법제도개선세미나, 2005. 10. 25.

이지윤, 온라인 분쟁해결(ODR)에 관한 국제규범 모델 연구(Ⅲ), 한국법제연구원, 2011. 11.

이창호, 공동주택의 층간소음의 현황과 개선과제-주택의 건설기준과 관리방안을 기준으로-, 국회입법조사처 현안보고서, 2013. 7. 24.

이춘원, "공동주택의 층간소음분쟁에 관한 연구", 집합건물법학 제5집, 2015. 6.

이홍숙, 중국내 소송과 중재에서 준거법 결정에 관한 연구, 성균관대학교 박사학위논문, 2013.

이희정, "환경분쟁의 발생배경, 유형, 그리고 대책", 환경법연구, 2006.

임동진, "공공갈등관리의 실태 및 갈등해결 요인분석", 한국행정학보, 2011.

──, 내안직 갈등해결방식(ΛDR)제도의 운영실태 및 개선방안 연구, 한국행정연구원, 2012.

──, 중앙정부의 공공갈등관리 실태분석 및 효과적인 갈등관리 방안 연구, 한국행정연구원, 2010.

임상혁, 조선전기 민사소송과 소송이론의 전개, 서울대학교 박사학위논문, 2000.

장문철, "대체적 분쟁처리제도(ADR) 도입방안", 사법선진화를 위한 개혁:연구보고서·참고자료 Ⅵ-10, 사법제도개혁추진위원회, 2006.

──, "중재법의 개정방향", 중재 제335호, 2011년 봄.

──────, 현대중재법의 이해, 세창출판사, 2000. 9.

장문철·정선주·강병근·서정일, UNCITRAL 모델중재법의 수용론, 세창출판사, 1999. 3.

전병서, 대체적 분쟁처리제도(ADR) 도입방안, 사법제도개혁추진위원회, 2006.

──────, "ADR의 확충·활성화에 관한 검토", 변호사 제37권, 2007.

전재경, "갈등관리 법제의 구조와 과제", 국토 통권 283호, 2005.

정남철, "행정형 ADR과 언론조정·중재제도", 언론조정·중재제도와 ADR기본법 제정방향, 언론중재위원회·한국조정학회, 2010. 11.

정선주, "2012년 독일 조정법의 내용과 평가", 민사소송 제16권 2호, 2012. 11.

──────, "법학전문대학원 체제에서 ADR의 활성화를 위한 제언", 중재, 2008 봄.

──────, "ADR통일절차법의 제정에 대한 연구", 민사소송 제11권 제1호, 2007.

정영수, "일본의 ADR법에 관한 소개", 중앙법학 제7집 제1호, 2005.

정용균, "미국의 조정-중재(Med-Arb) 제도에 관한 연구", 중재연구 제24권 제1호, 2014. 3.

정용균·이승석, "중재기관평가모형을 통한 중국 지방중재위원회의 특성 연구", 중재연구 제20권 제2호, 2010. 8.

정재길·반홍식, "대체적 분쟁해결의 형성배경", 전북대 논문집 제42권, 1996.

정정화, "공공갈등해결을 위한 ADR의 활성화 방안", 한국자치행정학보 제26권 제2호, 2012.

정준영, "가칭 ADR기본법의 제정방향과 선결과제", 언론중재, 2010 겨울호.

조기숙, "한국 대학의 협상 강의안(Syllabus) 분석", 한국협상학회 학술·세미나 발표자료집, 한국협상학회, 2001.

조남신, "협상교육, 무엇을 어떻게 가르칠 것인가: 미국 경영대학원의 협상교육 내용과 방법 분석을 통한 제언", 경영교육연구 제12권 제3호, 2009. 2.

조원철, "법원연계형 ADR의 도입을 위한 법적 과제", 언론중재, 2010년 봄호.

조형석·신민철, "대체적 분쟁해결기구로서의 감사원의 역할 탐색", 한국행정연구 제21권 제3호, 2012.

조홍식, "대안적(代案的) 분쟁해결제도(ADR)의 경제학: 환경분쟁조정제도에 대한 평가를 중심으로", 법학 제47권 1호, 2006.

조홍준, "ADR의 사회통합적 기능" 제8회 한국법률가대회:사회 통합과 법의 역할, 사단법인 한국법학원, 2012. 10. 23.

최병록, "소송외적 분쟁해결제도의 활성화방안에 관한 연구", 사회과학연구 제13호, 2000.

최석범 외, "남북상중재위원회 운영상의 문제점과 활성화 방안", 중재연구 제17권 제1호, 2007. 3.

최장호, "우리나라 알선, 조정상의 문제점과 그 개선방안", 무역학회지 제27권 제4호, 2002.

하용득, "중재법의 개정경과 및 주요 내용", 중재, 2000 봄호.

하혜영, "대체적 분쟁해결방식의 효과에 대한 경험적 연구: 환경분쟁조정위원회의 분쟁사례를 중심으로", 한국행정학괴 2008년도 하계학술대회 발표논문집(1), 2008.

──────, "환경분쟁에서 조정성립의 결정요인에 관한 연구: 조성성립 요인의 판결과 예측을 중심으로", 한국행정학보, 2009.

──────, "정부의 대체적 분쟁조정제도에 대한 고찰", 한국행정학회 동계학술발표논문집, 2010.

──────, "정부갈등해결을 위한 ADR기구 연구-법적 접근을 중심으로", 한국행정학회 2011년도 춘계국제학술대회, 2011.

――――, "행정형 ADR 기구의 제도설계에 대한 비교 연구", 분쟁해결연구 제10권 제2호, 2012. 8.

한국비교사법학회·한국디지털재산법학회, 재판에 갈음하는 분쟁해결방안(ADR)의 현황과 과제, 2005.

한귀현, 행정상의 갈등해소를 위한 법제개선방안 연구, 한국법제연구원, 2004.

한삼인·정창보, "ODR의 국내·외 동향과 활성화방안에 관한 연구", 강원법학 제36권, 2012. 6.

함영주, 분쟁해결방법론, 진원사, 2010.

――――, "우리나라 민간분쟁해결기관 구축시의 유의점", 민사소송 15(2), 2011. 11.

――――, "우리 법제 하 행정형 ADR의 현황과 과제", 언론중재 제29권 제1호, 언론중재위원회, 2009. 봄.

허대원, "중국 인민조정법에 관한 연구", 일감법학 제22호, 2012. 6.

호문혁, "판결과 ADR 체계의 정립에 관한 연구", 법학 제53권 제1호, 2012. 3.

홍성만·김광구, "공공갈등관리기구의 운영과 실효성에 대한 탐색적 연구: 정부간 갈등관리 기구를 중심으로", 한국공공관리학보 제22권 4호, 2008.

홍준형, "환경갈등과 조정: 쟁점과 대안", 환경법연구, 2010.

황승태·계인국, 한국형 대체적 분쟁해결(ADR) 제도의 발전 방향에 관한 연구, 사법정책연구총서 2016-04, 대법원 사법정책연구원, 2016. 2.

황재영, "국토개발분쟁의 조정제도에 관한 연구- 정부와 지역주민간의 분쟁을 중심으로-", 한국토지행정학회보 제7호, 2000. 3.

Ⅱ. 외국 문헌

Acland, Andrew Floyer, Resolving Disputes Without Going to Court: A Consumer Guide to Alternative Dispute Resolution, C Century, 1995.

Aksen, Gerald, Ad Hoc versus Institutional Arbitration, 2 ICC ICArb. Bull, 1991.

Amsler, Terry, "Community Dispute Resolution: Assessing Its Importance and Addressing Its Challenges", Vol. 19 No. 2 Disp. Resol, Mag, 4. 2013.

Arnold, Tom, "Vocabulary of ADR Procedures", 50 Disp. Resol. J. 69, 1995.

Barrett, Jerome T., A History of Alternative Dispute Resolution: The Story of a Political, Cultural, and Social Movement, Jossey-Bass, 2004.

Batra, Rishi, "Providing Dispute Resolution Expertise to the Community", 19 No.2 Disp. Resol. Mag. 24, Winter, 2013.

Benson, Bruce L., "An Exploration of the Impact of Modern Arbitration Statutes on the Development of Arbitration in the United States", 11 J.L. Econ. & Org. 479, October. 1995.

Bennett, Steven C., Arbitration: Essential Concepts, ALM Publishing, 2002.

Bingham, L.& Wise, C., "The Administrative Dispute Resolution Act of 1990: How Do We Evaluate Its Success?", Journal of public Administration Research and Theory, 1996.

Blake, Susan, Julie Browne & Stuart Sime, A Practical Approach To Alternative

Dispute Resolution, Oxford University Press, 2011.

Bok, Derek C., "A Flawed System", Harv. Mag., May-June. 1983.

Born, Gary B., International Commercial Arbitration in the United States: Commentary and Materials, 1994.

Braeutigam, Andrea M., "Fusses That Fit Online: Online Mediation in Non-Commercial Contexts Issue on Alternative Dispute Resolution", 5 Appalachian J. L. 275, 2006.

Brams, Steven J. & Alan D. Taylor, Fair division: From Cake-Cutting to Dispute Resolution, Cambridge University Press, 1996.

Brazil, Wayne D., "Special Masters in Complex Cases; Extending the Judiciary or Reshaping Adjudication?", 53 U. Chi. L. Rev, 394, 1986.

Brazil, Wayne D. et al., "Early Neutral Evaluation: An Experimental Effort to Expedite Dispute Resolution", 69 Judicature 279, 1986.

Bronsteen, John., "Some thoughts about the economics of settlement", 78 Fordham L. Rev, 2009.

Brown, Henry J. & Arthur Marriott Q.C., ADR Principles and Practice, Sweet & Maxwell, 2011.

Brunet, Edward, "Questioning the Quality of Alternate Dispute Resolution", 62 Tul. L. Rev, 1, 1987-1988.

Bryce, C. Michael, "ADR Education from A Litigator/Educator Perspective", St. Jhon's L. Rev, 337, Winter, 2007.

Burger, Warren E., "Isn't There a Better Way?", 68 A. B. A. J. 274, 1982.

Bush, Robert A. Baruch & Joseph P. Folger, The Promise of Mediation: Responding to Conflict through Empowerment and Recognition, Jossey-Bass Inc., 1994.

Capulong, Eduardo R. C., "Mediation and the Neocolonial Legal Order: Access to Justice and Self-Determination in the Philippines", Ohio State Journal on Dispute Resolution, 2012.

Carrington, Paul D., "Civil Procedure and Alternative Dispute Resolution", 34 J. Legal Educ. 298, 1984.

Cohen, Amy J., "Revisiting Against Settlement: some reflections on dispute resolution and public values", 78 Fordham L. Rev, 2009.

Cole, Sarah Rudolph, "Mediator Certification: Has the Time Come?", 11 Disp. Resol, Mag, 7. 2004-2005.

Coltri, Laurie S., Alternative Dispute Resolution: A Conflict Diagnosis Approach (2nd Edition), Prentice Hall, 2010.

Cook, Royer F., Janifer A. Roehl & David I. Sheppard, Neighborhood Justice Centers Field Test - Final Evaluation Report -, U.S. Department of Justice & National Institute of Justice, 1980.

Coolley, "Magistrates and Masters in Patent Cases", 66. J. PAT. Off. Soc'y 374, 1984.

Corbett, Wendy E. Hollingshead & Justin R. Corbett, "Community Mediation in Economic Crisis: the Reemergence of Precarious Sustainability", 11 Nev. L.

J. 458, Spring, 2011.

Coy, Patrick G. & Timothy Hedeen, "A Stage Model of Social Movement Co-optation: Community Mediation in the United States", The Sociological Quarterly 46(3), 2005.

Craig, W. Lawrence, "Some Trends and Developments in the Laws an Practice of International Commercial Arbitration", 30 Texas International Law Journal, 1. 1995.

Curtis, Richard C., "A Comparison of the Recent Arbitration Statutes", 13 Am. Bar Ass'n J. 567, 1927.

Cutrona, Cheryl, "Fitting the Fuss to the Community Mediation Center Forum", 19 No. 2 Disp. Resol. Mag. 11, Winter, 2013.

De Voe Pamela A. & C. J. Larkin, "Community Mediation as Tool for Addressing Social Exclusion in Nepal", Critical Half, Women for Women International, Vol. 3 No.2, Fall 2005.

Deckert, Katrin, Mediation in France: Legal Framework and Practical Experiences, Mediation: Principles and Regulation in Comparative Perspective, (Klaus J. Hopt and Felix Steffek Ed.), Oxford University Press, 2012.

Duffy, Karen Grover, James W. Grosch & Paul V. Olczak, Community Mediation: A Handbook for Practitioners and Researchers, The Guilford Press, 1991.

Edwards, Harry T., "Alternative Dispute Resolution - Panacea or Anathema?", Harv. L. Rev, 99, 1986.

Epps, Doug Van, "Public Funding of Community Dispute Resolution Centres", 19 No. 2 Disp. Resol. Mag. 7, Winter, 2013.

Erichson, Howard M., "Foreword: reflections on the adjudication-settlement divide", 78 Fordham L. Rev, 2009.

Ethan KATSH, "Online Dispute Resolution: Some Implications for the Emergence of Law in Cyberspace", Lex Electronica, vol. 10 nO, Hiver/Winter, 2006.

Farrell, Margaret G., "Coping with Science Evidence; The Use of Special Masters", 43 Emory L. J. 927, 1994.

Feinberg, Kenneth R., "Reexamining the arguments in Owen M. Fiss, Against Settlement", 78 Fordham L. Rev, 2009.

Fiss, Owen M., "Against Settlement", 93 Yale L. J. 1073, 1984.

————, "Out of Eden", 94 The Yale Law Journal 1669, 1985.

————, "The history of an idea", 78 Fordham L. Rev, 2009.

Fuller, L. L., "Mediation-Its Forms and Functions", 44 S California L. Rev, 305, 1971.

————, "The Forms and Limits of Adjudication", 92 Harv. L. Rev, 353, 1979.

Gaillarda1, Emmanuel & Jenny Edelstein, "Mediation in France", Dispute Resolution Journal, Jan, 2001.

Galanter, Marc., "the Day after the Litigation Explosion", Maryland L. Rev, 46. 1986.

————, "The Vanishing Trial: An Examination of Trials and Related Matters in Federal and State Courts", 1(3) Journal of Empirical Legal Studies 459, 2004.

Garner, Bryan A, Blacks Law Dictionary, Thomson/West, 2005.

Garvey, Jack & Totten Heffelfinger, "Towards Federalizing U.S. International Commercial Arbitration Law", 25 INT'L LAW, 209, 1991.

Goldberg, Stephen B., Dispute resolution: Negotiation, Mediation, and Other Processes, Wolters Kluwer Law & Business/Aspen Publishers, 2007.

Goodman, Joseph W., "The Pros and Cons of Online Dispute Resolution: An Assessment of Cyber-Mediation Websites", 2 Duke Law & Technology Review, 2003.

Gray, John, Responding to Community Conflict: A Review of Community Mediation, Joseph Rowntree Foundation, 2002.

Gulliver, P. H., Disputes and Negotiations: A Cross-Cultural Perspective, Academic Press, 1979.

Haagen, Paul H., "forward" in Arbitration Now: Opportunities for Fairness, Process Renewal and Invigoration, xv (Paul H. Haagen, ed.), American Bar Association, 1999.

Haloush Haitham A. & Bashar H. Malkawi, "Internet Characteristics and Online Alternative Dispute Resolution", Harvard Negotiation Law Review Vol. 13, Spring, 2008.

Harter, Philip J. et al., Alternative Dispute Resolution: A Handbook for Judges, American Bar Association, 1991.

Haynes, John & Gretchen Haynes, Mediating Divorce, Jossey-Bass, 1989.

Hedeen, Timothy, "Institutionalizing Community Mediation: Can Dispute Resolution 'Of, By, and For the People' Long Endure?" 108 Penn. St. L. Rev, 265, Summer, 2003.

Hedeen, Timothy & Patrick G. Coy, "Community Mediation And The Court System: The Ties That Bind", 17 Mediation Quarterly 351, 2000.

Heinsz, Timothy J., "The Revised Uniform Arbitration Act: Modernizing, Revising, and Clarifying Arbitration Law", 2001 J. Disp. Resol. 1, 2001.

Heise, Michael, "Justice Delayed?: An Empirical Analysis of Civil Case Disposition Time", 50 Case W. Res. L. Rev. 813, Summer, 2000.

Hensler, Deborah R., "Our Courts, Ourselves: How the Alternative Dispute Resolution Movement Is Reshaping Our Legal System", 108 Penn St. L. Rev, 165, 2003-2004.

Honeyman, Chris, "Private Judging"(http://www.crinfo.org/coreknowledge/private-judging).

Howard, William M., "The Evolution of Contractually Mandated Arbitration", 48 ARB. J. 27, 1993.

Issacharoff, Samuel and Robert H. Klonoff, "The public value of settlement", 78 Fordham L. Rev, 2009.

Jaeger, Laurent, "Commercial mediation in France", Latham & Watkins. (www.lawseminars.com/.../imedny%20m%2017%20Jaeger.doc).

Jan, Mohammad Naqib Ishan & Ashgar Ali Ali Mohamed, Mediation in Malaysia: the Law and Practice, LexisNexis, 2010.

Jarrosson, C., "La médiation et la conciliation: Essai de présentation", Droit et

Patrimoine, décembre. 1999.

Jones, Sabra A., "Historical Development of Commercial Arbitration in the United States", 12 Minn. L. Rev, 240, 1927.

Jones, William Catron, "Three centuries of Commercial Arbitration in NewYork: A Brief Survey", Wash. U. L. Q. 193, 1956.

Jurrius, Cynthia M., "Building More Peaceful Communities Through Community Mediation", Md. B. J. 30, Vol. 45 No. 2, March/April. 2012.

Khan, Hanna Binti Ambaras, "Community Mediation in Malaysia: A Comparison Between Rukun Tetangga and Community Mediation in Singapore", Journal of Literature and Studies Vol. 3, No. 3, 2013. 3.

King Jr., Henry T. & Marc A. LeForestier, "Arbitration in Ancient Greece", 49-SEP Disp. Resol. J., September. 1994.

Kleiman, Mark, "Mending the Fabric of Community", 19 No. 2 Disp. Resol. Mag. 16, Winter, 2013.

Kovach, Kinberlee, "Mediation", The Handbook of Dispute Resolution, (edited by Michael L. Moffitt & Robert C. Bordone), Jossey-Bass, 2005.

Lambros, Thomas D., The Summary Jury Trial and Other Alternative Methods of Dispute Resolution: A Report to the Judical Conference of the Unites States, Committee on the Operation of the Jury System, 103 F. R. D. 461, 1984.

Lan, Zhiyong, "A Conflict Resolution Approach to Public Administration," Public Administration Review, 57(1), 1997.

Lieberman, Jethro K. & James F. Henry, "Lessons From the Alternatives Dispute Resolution Movement", 53 U. Chi. L. Rev, 424, 1986.

Liebmann, Marian, Community & Neighbour Mediation, Cavendish Publishing, Limited, 1998.

Lipsky, David B. & Ronald L. Seeber, The Appropriate Resolution of Corporate Disputes: A Report on the Growing Use of ADR by U.S. Corporations, Cornell Unversity, 1998.

Mackie, Karl J., A Handbook of dispute resolution: ADR in action, Routledge and Sweet & Maxwell, 1991.

Macneil, Ian R., American Arbitration Law: Reformation --Nationalization-- Internationalization, Oxford University Press, USA, 1992.

Malty, Lewis L., "Private Justice: Employment Arbitration and Civil Rights", 30 Colum. Human Rights L. Rev, 29, Fall, 1998.

Mann, Bruce H., "The Formalization of Informal Law: Arbitration Before the American Revolution", 59 N.Y.U. L. Rev, 443, 1984.

Manring, J. Manring, "ADR and Administrative Responsiveness: Challenges for Public Administrators", Public Administration Review 54(2), 1994.

Marsee, Howard R., "Utilizing 'Special Masters' in Florida: Unanswered Questions, Practical Considerations, and the Order of Appointment", The Florida Bar Journal, Vol. 81, No. 9, October. 2007.

Martinez, Luis M. & Thomas Ventrone, "The International Center for Dispute

Resolution Mediation Practice"(https://www.adr.org).

McGillis, Daniel, Community Mediation Programs: Developments and Challenges, National Institute of Justice, July. 1997.

McThenia, Andrew W. & Thomas L. Shaffer, "For Reconciliation", 94 Yale L. J. 1660, 1985.

Meister, Jonathan D., "Administrative Dispute Resolution Act of 1996: Will the New Era of ADR in Federal Administrative Agencies Occur at the Expense of Public Accountability?", 13 Ohio St. J. on Disp. Resol. 167, 1997-1998.

Menkel-Meadow, Carrie, "Whose dispute is it anyway?: A Philosophical and Democratic Defense of Settlement(In Some Cases)", 83 Geo. L. J. 2663, 1995.

Menkel-Meadow Carrie J. et al., Dispute Resolution: Beyond the Adversarial Model, ASPEN Publishers, 2005.

Mentschikoff, "Commercial Arbitration", 61 Colum. L. Rev, 846, 1961.

Miller, Arthur R., "The Adversary System: Dinosaur or Phoenix", 69 Minnesota L. Rev, 1, 1984-1985.

Mistelis, Loukas A., "ADR in England and Wales", 12 Am, Rev, Int'l Arb, 167, 2001.

Moffitt, Michael., "Three things to be against ("settlement" not included)", 78 Fordham L. Rev, 2009.

Moore, C. W., The Mediation Process: Practical Strategies for resolving Conflict (3rd), CA: John Wiley & Sons, 2003.

Morrill, Calvin & Cindy McKee, "Institutional Isomorphism and Informal Social Control: Evidence from a Community Mediation Center", 40 Soc. Probs. 445, 1993.

Murray, John S., Alan Scott Rau, Edward F. Sherman, Processes of Dispute Resolution: The Role of Lawyers, Foundation Press, 1996.

Nabatchi, Tina, "The Institutionalization of Alternative Dispute Resolution in the Federal Government", Public Administration Review, 67(4), 2007.

Nader, Laura, "Controlling Processes in the Practice of Law: Hierarchy and Pacification on the Movement to Re-Form Dispute Ideology", 9 Ohio St. J. on Disp. Resol. 1, 1993.

Nolan-Haley, Jacqueline, Alternative Dispute Resolution in a Nutshell, West Group, 2001.

―――, Jacqueline, "Mediation exceptionality", 78 Fordham L. Rev, 2009.

O'Leary, R. & Raines, S., "Lessons Learned from Two Decades of Alternative Dispute Resolution Programs and Processes at the U.S. Environmental Protection Agency", Public Administration Review, 61(6), 2011.

Olson, Ronald L., "Dispute Resolution: An Alternative for Large Case Litigation", 6 Litigation 22, 1979-1980.

Oppetit, B., "Arbitrage, m'ediation et conciliation", Rev. Arb., 1984.

Park, Chul-Gyoo, A Comparative Study on Histories, Realities, and Legal Issues of Arbitration Systems in the United States and Korea: Evaluation and Proposals, Doctoral Dissertation, Washington University School of Law,

August 2004.

Partridge, Mark V. B., Alternative dispute resolution: an essential competency for lawyers, Oxford University Press, 2009.

Pavlich, George C., Justice Fragmented: Mediating Community Disputes Under Postmodern Conditions, Routledge, 1996.

Pluyette, G., "La médiation judiciaire en matière civile", Gaz. Pal., 4 Octobre. 1994.

Posner, Richard A., "The Summary Jury Trial and Other Methods of Alternative Dispute Resolution: Some Cautionary Observations", 53 University of Chicago Law Review 366, 1986.

Pou, Jr., Charles, "Assuring Excellence, or Merely Reassuring? Policy and Practice in Promoting Mediator Quality", 2004 J. Disp. Resol. 303, 2004.

Press, Sharon, "Institutionalization: Savior or Saboteur of Mediation", 24 Fla. St. U. L. Rev. 903, 1997.

Primm, Edith B., "The neighborhood Justice Center Movement", 81 Ky. L. J. 1067, Summer, 1992-1993.

Prütting, Hanns, "Schlichten statt Richten?", JZ 1985.

Pryles, Michael, Dispute Resolution in Asia, Kluwer Law International, 2006.

Purcell, Heather A., "State International Arbitration statutes: Why They Matter", 32 Tex. Int'l L. J. 525, 1997.

Purdy, J. M., & Gray, B., Government agencies as mediators in public policy conflicts, The International Journal of Conflict Management, 1994.

Rayburn, Jill Richey, "Neighborhood Justice Centers: Community Use of ADR-Does It Really Work?", 26 U. Mem. L. Rev. 1197, Spring, 1996.

Resnik, Judith, "Many Doors? Closing Doors? Alternative Dispute Resolution and Adjudication", 10 Ohio St. J. on Disp. Res. 211, 1995.

Riomet, Nathalie, "The French Approach: legal and practical aspects" in the State of Affairs of mediation in Europe, What can Governments do (more)?, Programme International Expert Meeting, Hague, 29 and 30 June. 2006.

Riskin, Leonard L., "Understanding Mediators' Orientations, Strategies, and Techniques: A Grid for the Perplexed", Harvard Negotiation Law Review, Vol. 1, No. 7, 1996.

Rosenberg, Joshua D. & H. Jay Folberg, "Alternative Dispute Resolution: An Empirical Analysis", 46 Stan. L. Rev, 1487, 1993-1994.

Rottleuthner, "Probleme der Beobachtung von Arbeitsgerichtsverfahren" in: Alternativen in Ziviljustiz 1982, S. 146.

Sander, Frank E.A., "Alternative Methods of Dispute Resolution: An Overview", 37 University of Florida Law Review 1, 1985.

————, "The Future of ADR", J. Disp. Resol. 3, 2000.

Savage, Cynthia A., "Recommendations Regarding Establishment of A Mediation Clinic", 11 Cardozo J. Conflict Resol. 511, Spring, 2010.

Sayre, Paul L., "Development of Commercial Arbitration Law", 37 YALE L. J. 595, 1928.

Schoenbrod, David, "Limits and Dangers of Environmental Mediation: A Review Essay", 58 N. Y. U. L. Rev. 1453, 1983.

Senger, Jeffrey M., Federal dispute resolution: using ADR with the United States government, Jossey-Bass, 2004.

Shah, Aashit, "Using ADR to Solve Online Disputes", 10 RICH. J. L. & TECH. 25.

Shepherd, R., Neighborhood Dispute Settlement: An Evaluation of Neighborhood Dispute Settlement Center's Program with the City of Harrisburg Bureau of Police, Unpublished paper, Shippensburg: Shippensburg State University, 1995.

Stephens, David B., Robert D. Stephens & John P. Kohl, "U.S. Business Colleges Still Lag in Teaching ADR: Comparing the Availability of ADR Courses in the 2002 amd 2010 Curricula", Dispute Resolution Journal 67.2, May-Jul. 2012.

Stienstra, Donna, ADR in the Federal District Courts: An Initial Report, Federal Judicial Center, November. 2011.

Suquet, Josep, Marta Poblet, Pablo Noriega, Sílvia Gabarró, "Online Dispute Resolution in 2010: a Cyberspace Odyssey?", in: Marta Poblet, Brooke Abrahams, John Zeleznikow (Eds.): Proceedings of the 6th International Workshop on Online Dispute Resolution 2010, Liverpool, United Kingdom, December. 15. 2010. CEUR-WS.org 2010 CEUR Workshop Proceedings.

Suurmond Jeannine & Prakash Mani Sharma, "Like Yeast That Leavens the Dough? Community Mediation as Local Infrastructure for Peace in Nepal", Jounal of Peacebuilding & Development, Vol. 7 No. 3, 2012.

Tarabeux, X., "La pratique de la médiation judiciaire devant la Cour d'Appel de Paris", Droit et Patrimoine, Décembre. 1999.

Terry, Jeffery, "A new US arbitration statute for the 21stcentury: an English Perspective in the wake of the English Arbitration Act 1996", in Arbitration Now: Opportunities for Fairness, Process Renewal and Invigoration, 111, 128 (Paul H. Haagen, ed.), American Bar Association, 1999.

Trachte-Huber, E. Wendy & Stephen K. Huber, Alternative Dispute Resolution: Strategies for Law and Business, Anderson Pub. Co., 1996.

————, Mediation and Negotiation: Reaching Agreement in Law and Business, LexisNexis, 2007.

Twining, William, "Alternative to What? Theories of Litigation, Procedure and Dispute Settlement in Anglo-American Jurisprudence: Some Neglected Classics", 56 Mod. L. Rev, 380, 1993.

Vidmar, Neil & Jeffrey J. Rice, "Jury-Determined Settlements and Summary Jury Trials: Observations About Alternative Dispute Resolution in an Adversary Culture", 9 Fla. St. U. L. Rev, 89, 1991-1992.

Ward, Ettie "Mandatory Court-Annexed Alternative Dispute Resolution in the United States Federal Courts: Panacea or Pandemic Symposium: Transatlantic Perspectives on Alternative Dispute Resolution", 81 St. John's L. Rev, 77, 2007.

Ware, Stephen J., Principles of Alternative Dispute Resolution, Thomson/West, 2007.

Wehringer, Cameron K., Arbitration: Precepts and Principles, Oceana Publications, 1969.

Weinstein, Hon. Jack B., "Comments on Owen M. Fiss, Against Settlement (1984)", 78 Fordham L. Rev, 2009.

Winkle, John R. Van, "An Analysis of the Arbitration Rule of the Indiana Rules of Alternative Dispute Resolution", 27 Indiana Law Review 735, 1994.

Wolaver, Earl S., "The historical background of Commercial Arbitration", 83 U. Pa. L. Rev, 132, 1934.

Wood, Diane P, "Court-Annexed Arbitration: The Wrong Cure The Role of the Jury in Civil Dispute Resolution," 1990 University of Chicago Legal Forum 421, 1990.

Yamada, Aya, "ADR in Japan: Does The New Law Liberalize ADR from Historical Shackles or Legalize It?", 2(1) Contemp. Asia Arb. J. 1. 2009.

Zimmer, Markus, "Overview of Alternative Dispute Resolution: A Primer for Judges and Administrators, International Journal for Court Administration", December. 2011.

棚瀨孝雄. "法化社會の調停モデル", 法學論叢 第126卷 第4, 5, 6號, 1990.

山本和彦, "ADR 基本法に関する一試論 -ADRの紛争解決機能の強化に向けて", ジュリスト, No.1207, 2001. 9.

三木浩一, "仲裁制度の国際的動向と仲裁法の改正の課題", ジュリスト, No.1207, 2001. 9.

三上威彦, "比較法的視点からみた わが国 ADRの特質", ジュリスト, No.1207, 2001. 9.

三上威彦譯, 比較裁判外紛争解決制度, 1997.

小島武司・伊藤眞編, 裁判外紛争処理法, 有斐閣, 1998.

小柳光一郎, "交通事故紛争処理センターにおける業務の実態と今後の課題", ジュリスト, No.1207, 2001. 9.

楊磊, "中華人民共和國 における 人民調停制度", 修道法學 第12卷 第2号, 1990. 3.

색 인

우전(友田) **박 철 규**

워싱턴대학교 로스쿨 법학박사(JSD)
위스콘신대학교 로스쿨 법학석사(MLI)
서울대학교 행정대학원 행정학석사(정책학 전공)
IGM NCP 협상 최고위과정 수료

변호사(USA)
전자문서·전자거래분쟁조정위원
한국중재학회 평생회원
대한상사중재원 중재CEO과정 교수진
한국행정연구원 갈등교육 ADR과정 강사
서울중앙지방법원 조정위원 역임

제10회 입법고등고시 합격
국회 법제예산실, 정무위원회, 보건복지위원회 입법조사관
국회기록보존소장
국회 법제실, 농림해양수산위원회 심의관
국회 법제사법위원회 전문위원
국회의정연수원 교수
대한민국헌정회 사무차장

현재 국회 국방위원회 전문위원

대체적 분쟁해결 총론

초판인쇄 2016. 8. 20
초판발행 2016. 8. 30

저 자 박 철 규
발행인 황 인 욱
발행처 도서출판 **오 래**
　　　　서울특별시용산구 한강대로38가길 7-18
　　　　전화: 02-797-8786,8787; 070-4109-9966
　　　　Fax: 02-797-9911
　　　　신고:제302-2010-000029호(2010.3.17)

ISBN 979-11-5829-017-7　93360

 http://www.orebook.com
email orebook@naver.com

정가 50,000원